MANUAL DE
DIREITO PENAL
VOLUME ÚNICO

O GEN | Grupo Editorial Nacional – maior plataforma editorial brasileira no segmento científico, técnico e profissional – publica conteúdos nas áreas de concursos, ciências jurídicas, humanas, exatas, da saúde e sociais aplicadas, além de prover serviços direcionados à educação continuada.

As editoras que integram o GEN, das mais respeitadas no mercado editorial, construíram catálogos inigualáveis, com obras decisivas para a formação acadêmica e o aperfeiçoamento de várias gerações de profissionais e estudantes, tendo se tornado sinônimo de qualidade e seriedade.

A missão do GEN e dos núcleos de conteúdo que o compõem é prover a melhor informação científica e distribuí-la de maneira flexível e conveniente, a preços justos, gerando benefícios e servindo a autores, docentes, livreiros, funcionários, colaboradores e acionistas.

Nosso comportamento ético incondicional e nossa responsabilidade social e ambiental são reforçados pela natureza educacional de nossa atividade e dão sustentabilidade ao crescimento contínuo e à rentabilidade do grupo.

GUILHERME DE SOUZA NUCCI

MANUAL DE
DIREITO PENAL
VOLUME ÚNICO

21ª edição revista e atualizada

- O autor deste livro e a editora empenharam seus melhores esforços para assegurar que as informações e os procedimentos apresentados no texto estejam em acordo com os padrões aceitos à época da publicação, e todos os dados foram atualizados pelo autor até a data de fechamento do livro. Entretanto, tendo em conta a evolução das ciências, as atualizações legislativas, as mudanças regulamentares governamentais e o constante fluxo de novas informações sobre os temas que constam do livro, recomendamos enfaticamente que os leitores consultem sempre outras fontes fidedignas, de modo a se certificarem de que as informações contidas no texto estão corretas e de que não houve alterações nas recomendações ou na legislação regulamentadora.

- Fechamento desta edição: *20.01.2025*

- O autor e a editora se empenharam para citar adequadamente e dar o devido crédito a todos os detentores de direitos autorais de qualquer material utilizado neste livro, dispondo-se a possíveis acertos posteriores caso, inadvertida e involuntariamente, a identificação de algum deles tenha sido omitida.

- **Atendimento ao cliente: (11) 5080-0751 | faleconosco@grupogen.com.br**

- Direitos exclusivos para a língua portuguesa
  Copyright © 2025 by
  Editora Forense Ltda.
  Uma editora integrante do GEN | Grupo Editorial Nacional
  Travessa do Ouvidor, 11 – Térreo e 6º andar
  Rio de Janeiro – RJ – 20040-040
  www.grupogen.com.br

- Reservados todos os direitos. É proibida a duplicação ou reprodução deste volume, no todo ou em parte, em quaisquer formas ou por quaisquer meios (eletrônico, mecânico, gravação, fotocópia, distribuição pela Internet ou outros), sem permissão, por escrito, da Editora Forense Ltda.

- Esta obra passou a ser publicada pela Editora Forense a partir da 10ª edição

- Capa: Fabricio Vale

- **CIP-BRASIL. CATALOGAÇÃO NA PUBLICAÇÃO**
  SINDICATO NACIONAL DOS EDITORES DE LIVROS, RJ

N876m
21. ed.

    Nucci, Guilherme de Souza
        Manual de direito penal : volume único / Guilherme de Souza Nucci. - 21. ed., rev., atual. e ampl. - Rio de Janeiro : Forense, 2025.
        1264 p. ; 24 cm.

    Apêndice
    Inclui bibliografia
    ISBN 978-85-3099-645-1

    1. Direito penal - Brasil. I. Título.

25-95711

CDU: 343.2(81)

Gabriela Faray Ferreira Lopes - Bibliotecária - CRB-7/6643

07/01/2025   10/01/2025

Sobre o Autor

Livre-docente em Direito Penal, Doutor e Mestre em Direito Processual Penal pela PUC-SP. Professor Associado da PUC-SP, atuando nos cursos de Graduação e Pós--graduação (Mestrado e Doutorado). Desembargador na Seção Criminal do Tribunal de Justiça de São Paulo.

www.guilhermenucci.com.br

Sumário

PARTE GERAL

Capítulo I
DIREITO PENAL, POLÍTICA CRIMINAL E CRIMINOLOGIA

1.	Conceito de direito penal...	3
2.	Direito penal objetivo e direito penal subjetivo..	4
3.	Política criminal...	4
4.	Criminologia...	5
5.	Bem jurídico...	6
Síntese...		8

Capítulo II
EVOLUÇÃO HISTÓRICA DO DIREITO PENAL E ESCOLAS PENAIS

1.	Aspectos históricos relevantes do direito penal...	9
2.	Panorama histórico do direito penal no Brasil...	16
Síntese...		17

Capítulo III
PRINCÍPIOS DE DIREITO PENAL

1.	Conceito de princípio e importância...	19
	1.1 Princípios regentes...	19

2. Princípios de direito penal 20
   2.1 Constitucionais explícitos 20
       2.1.1 Concernentes à atuação do Estado 20
Ponto relevante para debate 22
• A prisão no Brasil e a humanidade 22
       2.1.2 Concernentes ao indivíduo 23
   2.2 Constitucionais implícitos 24
       2.2.1 Concernentes à atuação do Estado 24
       2.2.2 Concernente ao indivíduo 28
Ponto relevante para debate 29
• A ofensividade (ou lesividade) como princípio de direito penal 29
Síntese 30

Capítulo IV
FONTES DO DIREITO PENAL E INTERPRETAÇÃO DAS LEIS PENAIS

1. Fontes do direito penal 33
   1.1 Iniciativa de leis em matéria penal 35
   1.2 Costume e fonte do direito penal 35
   1.3 Plebiscito e referendo como fontes do direito penal 35
2. Interpretação e integração no direito penal 36
Síntese 39

Capítulo V
LEGALIDADE E ANTERIORIDADE DA LEI PENAL

1. Conceito de legalidade 41
   1.1 Origem histórica 41
   1.2 Legalidade e garantismo penal 42
   1.3 Legalidade material e legalidade formal 42
2. Conceito de anterioridade 43
3. Extensão da palavra *crime* 43
4. Aplicação do dispositivo para pena e medida de segurança 43
5. Eficácia dos princípios da legalidade e da anterioridade 44
Ponto relevante para debate 46
• A legalidade pede socorro? 46
Síntese 47

Capítulo VI
APLICAÇÃO DA LEI PENAL NO TEMPO

1. Conceito e alcance da lei penal no tempo 49
2. *Abolitio criminis* (abolição do delito) 50
   2.1 Confronto com a edição de lei penal benéfica (*novatio legis in mellius*) 50
   2.2 Confronto com a edição de lei penal prejudicial (*novatio legis in pejus*) 51
3. Lei penal benéfica em *vacatio legis* e combinação de leis 51

Ponto relevante para debate	53
• A impossibilidade de combinação de leis penais para beneficiar o réu	53
4. Competência para aplicação da lei penal benéfica	54
5. Crime permanente e lei penal benéfica	55
6. Crime continuado e lei penal benéfica	55
7. Retroatividade da lei processual penal benéfica	56
8. Leis intermitentes	56
8.1 Extensão e eficácia	57
Ponto relevante para debate	57
• A ultratividade das leis intermitentes (art. 3.º, CP) e a observação obrigatória da retroatividade de toda lei penal benéfica prevista no art. 5.º, XL, da Constituição Federal	57
8.2 Normas penais em branco, legalidade e intermitência	59
Síntese	62
Esquemas	63
↳ Extratividade da lei penal	63
↳ Extratividade da lei penal	64
↳ Leis penais benéficas intermediárias	65

Capítulo VII
TEMPO E LUGAR DO CRIME

1. Teorias sobre o tempo do crime	67
2. Alcance da teoria da atividade	67
3. O tempo do crime nas infrações penais permanentes e continuadas	67
4. Teorias sobre o lugar do crime	68
5. Conflito aparente entre o art. 6.º do CP e o art. 70 do CPP	68
6. Lugar do crime nas infrações penais permanentes ou continuadas	69
Síntese	69

Capítulo VIII
APLICAÇÃO DA LEI PENAL NO ESPAÇO

1. Territorialidade e extraterritorialidade	71
2. Regras para a aplicação da lei penal no espaço	71
3. Conceito de território e seus elementos	72
3.1 Rios, lagos e mares fronteiriços e sucessivos	72
3.2 Espaço aéreo	72
3.3 Mar territorial brasileiro	72
4. Território brasileiro por equiparação	73
4.1 Competência para o julgamento de crimes cometidos a bordo de embarcações e aeronaves	73
4.2 A lei penal e a Convenção de Tóquio	74
5. Critérios para a extraterritorialidade	75
5.1 Crítica à extraterritorialidade incondicionada	75

5.2	Hipóteses de extraterritorialidade incondicionada....................................	75
5.3	Hipóteses de extraterritorialidade condicionada	76
5.4	Condições para a extraterritorialidade	77

6. Extradição 77
   6.1 Espécies de extradição e fonte legislativa 78
   6.2 Requisitos para a concessão 78
7. Pena cumprida no estrangeiro, tentativa de amenizar a não aplicação do princípio *ne bis in idem* e não recepção parcial do art. 8.º do Código Penal 81
8. Outras exceções à regra da territorialidade 82
   8.1 Tratados, convenções e regras de direito internacional........................... 82
   8.2 Imunidades diplomáticas... 83
       8.2.1 Abrangência, extensão e exclusão da imunidade......................... 83
       8.2.2 Características das imunidades diplomáticas............................... 84
   8.3 Imunidades consulares 84
   8.4 Imunidades parlamentares 85
       8.4.1 Natureza jurídica da imunidade substantiva................................ 86
       8.4.2 Características da imunidade substantiva.................................... 86
       8.4.3 Características da imunidade processual...................................... 88
   8.5 Outras imunidades e foros privilegiados.. 89
       8.5.1 Deputados estaduais 89
       8.5.2 Vereadores... 89
       8.5.3 Advogados 90
       8.5.4 Prefeitos... 90
9. Direito penal internacional e direito internacional penal 90

Síntese 91
Esquema 92
   ↳ Aplicação da lei penal no espaço 92

Capítulo IX
EFICÁCIA DE SENTENÇA ESTRANGEIRA

1. Homologação de sentença estrangeira e soberania nacional............................ 93
2. Hipóteses para a homologação.. 94
   2.1 Reparação civil do dano causado à vítima 94
   2.2 Aplicação de medida de segurança 94
   2.3 Hipótese prevista na Lei de Lavagem de Dinheiro.................................. 94
   2.4 Cumprimento de pena imposta no exterior.. 94
3. Efeitos da sentença condenatória estrangeira que independem de homologação 95

Síntese 95

Capítulo X
CONTAGEM DE PRAZO E FRAÇÕES DA PENA

1. Prazos penais e processuais penais.. 97
2. O calendário comum como parâmetro para a contagem do prazo.................. 98

3. Frações não computáveis da pena 98
Síntese 98
Esquema 99
   ↳ Contagem de prazos penais e processuais 99

Capítulo XI
CONFLITO APARENTE DE NORMAS

1. Conceito 101
2. Critério da sucessividade 102
3. Critério da especialidade.. 102
4. Critério da subsidiariedade (tipo de reserva)... 104
5. Critério da absorção (ou consunção) 104
6. Critério da alternatividade... 105
Síntese 105
Esquemas 106
   ↳ Sucessividade 106
   ↳ Especialidade 107
   ↳ Subsidiariedade = um tipo contém outro(s) 108
   ↳ Consunção (ou absorção) = um fato típico contém outro(s)............. 109

Capítulo XII
CRIME

1. Conceito de crime.. 111
   1.1 Conceito material 112
   1.2 Conceito formal 112
   1.3 Conceito analítico.. 112
2. Diferença entre crime e contravenção penal.. 114
3. Sujeitos e objetos do crime 115
   3.1 Sujeito ativo 115
Ponto relevante para debate 115
   • A pessoa jurídica como sujeito ativo do crime 115
   3.2 Sujeito passivo... 117
   3.3 Objeto do crime 118
4. Classificação dos crimes... 118
   4.1 Crimes comuns e próprios 118
   4.2 Crimes instantâneos e permanentes 119
   4.3 Crimes comissivos e omissivos 121
   4.4 Crimes de atividade e de resultado 121
   4.5 Crimes de dano e de perigo... 122
   4.6 Crimes unissubjetivos e plurissubjetivos....................................... 122
   4.7 Crimes progressivos e crimes complexos 122
   4.8 Progressão criminosa.. 123
   4.9 Crime habitual 123

4.10 Crimes unissubsistentes e plurissubsistentes	125
4.11 Crimes de forma livre e de forma vinculada	125
4.12 Crimes vagos (multivitimários ou de vítimas difusas)	125
4.13 Crimes remetidos	125
4.14 Crimes condicionados	125
4.15 Crimes de atentado (ou de empreendimento)	125
Síntese	126
Esquemas	127
✤ Conceito analítico de crime (quadro sintético)	127
✤ Diferenças entre os crimes instantâneos, permanentes, habituais e continuados	128
✤ Crime é fato	129
✤ Estrutura do crime	130

Capítulo XIII
TIPICIDADE

1. Apresentação	131
2. Conceito de tipo penal e sua estrutura	132
2.1 Elementos do tipo penal incriminador	132
2.2 Classificação do tipo	134
3. Conceito de conduta penalmente relevante	138
Ponto relevante para debate	142
• A conduta penalmente irrelevante decorrente da falta de consciência derivada de ações em curto-circuito e de gestos habituais	142
4. Conceito de resultado	143
5. Conceito de nexo causal	143
5.1 Teorias que cuidam do nexo de causalidade (equivalência dos antecedentes, causalidade adequada e imputação objetiva)	144
Ponto relevante para debate	149
• Crítica e defesa à teoria da equivalência dos antecedentes por meio de um exemplo	149
5.2 Causas independentes e relativamente independentes	150
5.2.1 Concausas e seus efeitos	150
Esquemas	152
✤ Teoria da equivalência das condições (ou dos antecedentes) – (Art. 13, *caput*, CP)	152
✤ Teoria da causalidade adequada (ou das condições qualificadas)	153
✤ Teoria da imputação objetiva	154
✤ Concausas: são as causas que se unem para gerar o resultado	155
✤ Causa superveniente, que corta o nexo causal (art. 13, § 1.º, CP)	156
5.3 Relação de causalidade nos crimes omissivos próprios e omissivos impróprios	157
5.3.1 Natureza jurídica da omissão própria	157
5.3.2 Significado da expressão penalmente relevante	158
5.3.3 Dever de agir	158
Pontos relevantes para debate	159
• Deixar o agressor morrer depois de se defender constitui crime?	159

- Pais e filhos maiores de 18 anos como garantidores da segurança recíproca 160
- A posição de garante como fruto de outros relacionamentos de afetividade 160
- Envenenamento e navalhada como causas da morte 160
6. Conceito de tipicidade e excludentes 161
   6.1 Adequação social 162
   6.2 Insignificância 163
Ponto relevante para debate 165
- Bagatela imprópria 165
Síntese 165

Capítulo XIV
ELEMENTOS SUBJETIVOS DO CRIME: DOLO E CULPA

1. Conceito de dolo 167
2. Distinção entre dolo genérico e dolo específico 168
3. Características do dolo 168
4. Conceito de dolo direto 168
   4.1 Dolo direto de primeiro grau e dolo direto de segundo grau 169
5. Conceito de dolo indireto ou eventual 169
Ponto relevante para debate 170
- A presença do dolo eventual nos graves crimes de trânsito 170
6. Exigibilidade do dolo direto e do dolo eventual 171
7. Outras classificações do dolo 171
8. Conceito de culpa 172
9. Distinção entre culpa inconsciente e culpa consciente 173
10. Elementos da culpa 173
11. Situações peculiares no campo da culpa 174
12. Espécies de culpa 175
   12.1 Distinção entre imperícia e erro profissional 176
13. Diferença entre culpa consciente e dolo eventual 176
Síntese 178
Esquemas 179
- Dolo direto de 1.º grau 179
- Dolo direto de 2.º grau 179
- Dolo eventual 180
- Culpa consciente 180
- Culpa inconsciente 181

Capítulo XV
CRIMES QUALIFICADOS PELO RESULTADO

1. Conceito 183
2. Distinção entre crime qualificado pelo resultado e delito preterdoloso 183
3. Exigência do elemento subjetivo no resultado qualificador 184
4. Classificação dos crimes qualificados pelo resultado 185
Síntese 186

Capítulo XVI
ILICITUDE (ANTIJURIDICIDADE)

1. Conceito de ilicitude (antijuridicidade) 187
2. Excludentes de ilicitude 187
3. Classificação das excludentes de ilicitude 188
4. Elemento subjetivo nas excludentes 189
5. Conceito de estado de necessidade 190
    5.1 Espécies de estado de necessidade 191
    5.2 Requisitos do estado de necessidade 192
        5.2.1 Existência de perigo atual 192
        5.2.2 Involuntariedade na geração do perigo 192
Ponto relevante para debate 193
• A valoração da vontade no contexto da produção do perigo 193
        5.2.3 Inevitabilidade do perigo e inevitabilidade da lesão 194
        5.2.4 Proteção a direito próprio ou de terceiro 194
        5.2.5 Proporcionalidade do sacrifício do bem ameaçado 194
        5.2.6 Dever legal de enfrentar o perigo 194
    5.3 Causa de diminuição de pena 195
6. Conceito e fundamento da legítima defesa 195
    6.1 Elementos da legítima defesa 196
        6.1.1 Injustiça da agressão 196
        6.1.2 Atualidade ou iminência da agressão 197
        6.1.3 Agressão contra direito próprio ou de terceiros 199
Ponto relevante para debate 200
• A legítima defesa da honra no contexto do flagrante adultério 200
        6.1.4 Utilização dos meios necessários para a reação 202
        6.1.5 Moderação da reação 203
        6.1.6 Proporcionalidade na legítima defesa 204
Ponto relevante para debate 205
• A natureza jurídica dos ofendículos 205
    6.2 Outras questões polêmicas envolvendo a legítima defesa 208
        6.2.1 Legítima defesa contra legítima defesa (legítima defesa recíproca) ou contra qualquer outra excludente de ilicitude 208
        6.2.2 Legítima defesa contra pessoa jurídica 208
        6.2.3 Legítima defesa contra agressão de inimputáveis 208
        6.2.4 Legítima defesa sucessiva 209
        6.2.5 Legítima defesa contra multidão 209
        6.2.6 Legítima defesa contra provocação 209
        6.2.7 Legítima defesa nas relações familiares 210
        6.2.8 Legítima defesa por omissão 210
        6.2.9 Legítima defesa praticada por inimputáveis 211
        6.2.10 Legítima defesa da comunidade 211

		6.2.11	Legítima defesa de animais	212
		6.2.12	Legítima defesa de refém	212
7.	Conceito de estrito cumprimento do dever legal			212
	7.1	Situações de cumprimento de dever legal		213
8.	Conceito de exercício regular de direito			214
	8.1	Situações de exercício regular de direito		214
	8.2	Situações polêmicas no contexto do exercício regular de direito		215
		8.2.1	O estupro da esposa praticado pelo marido	215
		8.2.2	O trote acadêmico ou militar	216
		8.2.3	Os castigos dos pais e dos professores	216
		8.2.4	As lesões praticadas no esporte	217
9.	Consentimento do ofendido			218
	9.1	Requisitos da excludente do consentimento do ofendido		220
10.	Os excessos no contexto das excludentes			221
	10.1	Modalidades de excessos		222
Síntese				223
Esquema				224
↳ Diferenças entre o estado de necessidade e a legítima defesa				224

Capítulo XVII
CULPABILIDADE

1.	Conceito de culpabilidade			225
	1.1	Culpabilidade formal e culpabilidade material		230
	1.2	Conceito de coculpabilidade		230
2.	Excludentes de culpabilidade			231
	2.1	Excludentes concernentes ao agente do fato		231
		2.1.1	Imputabilidade penal	231
		2.1.2	Doença mental e desenvolvimento mental incompleto ou retardado	233
Ponto relevante para debate				235
• A verificação de inimputabilidade penal e o princípio processual da prevalência do interesse do réu (*in dubio pro reo*)				235
		2.1.3	Embriaguez decorrente de vício	237
		2.1.4	Menoridade	237
Ponto relevante para debate				239
• O marco temporal do início da maioridade penal aos 18 anos				239
	2.2	Excludentes concernentes ao fato		239
		2.2.1	Coação moral irresistível	239
Ponto relevante para debate				240
• A viabilidade da coação moral irresistível com apenas duas partes envolvidas				240
		2.2.2	Obediência hierárquica	241
		2.2.3	Embriaguez decorrente de caso fortuito ou força maior	242
		2.2.4	Erro de proibição escusável e descriminantes putativas	245
		2.2.5	Inexigibilidade de conduta diversa	245
		2.2.6	Estado de necessidade exculpante e excessos exculpante e acidental	247

3. Emoção e paixão 247
   3.1 Emoção 247
   3.2 Paixão 248
Síntese 248

Capítulo XVIII
CRIME CONSUMADO E TENTATIVA

1. Crime consumado 251
2. Tentativa 251
   2.1 Conceito de crime tentado 251
   2.2 Natureza jurídica da tentativa 252
   2.3 Teorias fundamentadoras da punição da tentativa 253
   2.4 Dolo e culpa na tentativa 254
   2.5 Conceito e divisão do *iter criminis* 254
Ponto relevante para debate 256
- Os critérios para a verificação da passagem da preparação para a execução do crime 256
   2.6 Tentativa e dolo eventual 257
   2.7 Tentativa e crime de ímpeto 260
   2.8 Crimes que não admitem a tentativa 261
   2.9 Critério para a diminuição da pena na tentativa 263
   2.10 Distinção entre tentativa perfeita e tentativa imperfeita 264
   2.11 Diferença entre crime falho e tentativa falha 264
3. Desistência voluntária e arrependimento eficaz 264
   3.1 Conceito de desistência voluntária 264
      3.1.1 Desistência momentânea 265
      3.1.2 O problema da execução retomada 265
   3.2 Conceito de arrependimento eficaz 266
   3.3 Natureza jurídica 266
   3.4 Distinção entre voluntariedade e espontaneidade 268
   3.5 Diferença entre desistência ou arrependimento e tentativa 268
4. Arrependimento posterior 268
   4.1 Conceito 268
   4.2 Natureza jurídica 268
   4.3 Requisitos para a aplicação 268
Ponto relevante para debate 271
- A reparação do dano moral no contexto do arrependimento posterior 271
   4.4 Critérios para a diminuição da pena 272
   4.5 Análise crítica da Súmula 554 do STF 272
   4.6 Incomunicabilidade da causa de diminuição da pena no concurso de pessoas ... 273
5. Crime impossível 273
   5.1 Conceito e natureza jurídica 273
   5.2 Fundamento da não punição do crime impossível 273

5.3	Diferença entre a tentativa inidônea, o erro de tipo e o crime putativo	274
5.4	Análise dos elementos do crime impossível	274
5.5	Flagrante provocado, flagrante esperado e crime impossível	274

Ponto relevante para debate 275
- O furto sob vigilância como crime impossível ou tentativa punível 275

Síntese 276
Esquemas 277
  ↳ Tentativa e consumação 277
  ↳ Desistência voluntária e arrependimento eficaz 278
  ↳ Quadro comparativo 279

Capítulo XIX
ERRO DE TIPO E ERRO DE PROIBIÇÃO

1.	Conceitos de erro e ignorância	281
2.	Conceito de erro de tipo	281
3.	Possibilidade de punição por crime culposo	282
4.	Erro escusável e erro inescusável	282
5.	Erro essencial e erro acidental	282
6.	Erro quanto à pessoa	282
7.	Erro determinado por terceiro	283
8.	Conceito de erro de proibição	283
9.	Diferença entre desconhecimento da lei e erro quanto à ilicitude	283
10.	Erro de proibição escusável e inescusável	284
11.	Diferença entre crime putativo e erro de proibição	285
12.	Conceito de descriminantes putativas	285
13.	Divisão das descriminantes putativas	285
14.	Natureza jurídica das descriminantes putativas	286

Síntese 287
Esquemas 289
  ↳ Erro de tipo 289
  ↳ Erro de tipo x delito consumado sem erro (art. 20) 290
  ↳ Erro de proibição 291
  ↳ Erro de proibição x delito consumado sem erro (art. 21) 292

Capítulo XX
CONCURSO DE PESSOAS

1.	Conceito de concurso de pessoas	293
2.	Teorias do concurso de pessoas	293
3.	Distinção entre autoria e participação	294
	3.1 Autoria imediata e autoria mediata	295
	3.2 Executor de reserva	296
4.	Critérios quanto à punição do partícipe	296
5.	Concurso de agentes e crime plurissubjetivo	297
6.	As modificações introduzidas pela Reforma Penal de 1984	297

6.1	Punição do coautor ou partícipe "na medida da sua culpabilidade"	297
6.2	Participação de menor importância	298
6.3	Participação em crime menos grave (cooperação dolosamente distinta)	298
7.	Requisitos do concurso de agentes	299
8.	Alguns aspectos da autoria mediata	299
9.	Autoria colateral	300

Ponto relevante para debate 300
- A coautoria e a participação em crime culposo 300

10.	Conivência	301
11.	Coautoria e participação em crimes omissivos próprios e impróprios	301

Ponto relevante para debate 302
- A participação posterior à consumação do crime 302

12.	Participação e cumplicidade	303
13.	Incomunicabilidade de determinadas circunstâncias	304

Ponto relevante para debate 304
- A comunicação aos coautores e partícipes das circunstâncias e condições de caráter objetivo 304

	13.1 Exceção quanto à elementar do crime	305

Ponto relevante para debate 305
- O concurso de pessoas no infanticídio 305

14.	Casos de impunibilidade	306

Síntese 307

Capítulo XXI
TEORIA GERAL DA PENA

1.	Conceito, funções e finalidades da pena	309
2.	Abolicionismo penal e direito penal do inimigo	311
3.	Garantismo penal	313
4.	Direito penal máximo e direito penal mínimo	313
5.	Justiça Retributiva x Justiça Restaurativa	314
6.	Cominação das penas	315
7.	Princípios da pena	315
8.	Espécies de penas	316

Síntese 316

Capítulo XXII
PENAS PRIVATIVAS DE LIBERDADE

1.	Diferenças entre as penas de reclusão, detenção e prisão simples	317
2.	Regime progressivo de cumprimento da pena	318
3.	Cumprimento das penas mais graves em primeiro lugar	322
4.	Progressão nos crimes hediondos e no delito de tortura	323
5.	Critérios para a regressão a regime mais rigoroso	323
6.	Imprescindibilidade do regime fechado	324

7. Utilização do art. 59 do Código Penal para fixação do regime de cumprimento da pena 324
8. Exigência da reparação do dano ou devolução do produto do ilícito para a progressão de regime 325
9. Regime fechado 325
Pontos relevantes para debate 326
- A aplicação do regime fechado à pena de detenção 326
- A viabilidade da progressão *por salto* 326
    9.1 Pena fixada no mínimo e regime prisional mais severo 327
    9.2 Local de cumprimento da pena no regime fechado 328
    9.3 Regime Disciplinar Diferenciado 329
Ponto relevante para debate 330
- A constitucionalidade do regime disciplinar diferenciado 330
    9.4 Trabalho externo do condenado 331
10. Regime semiaberto 331
    10.1 Saídas temporárias e trabalho externo 332
    10.2 Situação do índio 332
11. Regime aberto 332
    11.1 Hipóteses de regressão do aberto a regime mais rigoroso 333
    11.2 Inviabilidade de fixação de penas restritivas de direitos como condição do regime aberto 333
12. Direitos do preso 334
    12.1 Direito à visita íntima 334
    12.2 Direito de cumprir a pena no local do seu domicílio 334
    12.3 Disposição constitucional de proteção ao preso 334
    12.4 Direito do preso à execução provisória da pena 335
13. Trabalho do preso 336
    13.1 Distinção entre trabalho forçado e trabalho obrigatório 336
    13.2 Trabalho do preso e remição 336
        13.2.1 Perda dos dias remidos e falta grave 337
        13.2.2 Inexistência de oportunidade de trabalho e preso provisório 337
        13.2.3 Remição pelo estudo 338
Ponto relevante para debate 338
- A remição pelo estudo e o aproveitamento escolar 338
14. Superveniência de doença mental 339
15. Detração 340
    15.1 Cômputo da prisão provisória na medida de segurança 340
    15.2 Ligação entre a prisão provisória e a pena concreta para aplicar a detração 340
    15.3 Detração e pena de multa 340
    15.4 Detração e determinação do regime inicial da pena 341
    15.5 Detração e suspensão condicional da pena 341
    15.6 Detração e penas alternativas previstas ao usuário de drogas 341
    15.7 Detração e medidas alternativas processuais 342
Síntese 342

Capítulo XXIII
PENAS RESTRITIVAS DE DIREITOS

1. Conceito de penas restritivas de direitos 345
2. Natureza jurídica 345
3. Espécies de penas restritivas de direitos 346
4. Requisitos para a concessão das penas restritivas de direitos 347

Pontos relevantes para debate 348
- A substituição de pena privativa de liberdade por restritiva de direitos para os delitos hediondos e equiparados 348
- As penas alternativas no cenário da violência doméstica e familiar 349

5. Momentos para a conversão 350
6. Exigências para a conversão 350
7. Reconversão da pena restritiva de direitos em privativa de liberdade 352
8. Peculiaridades no cumprimento das penas restritivas de direitos 353
    8.1 Prestação pecuniária 353

Ponto relevante para debate 356
- A banalização da pena de prestação pecuniária e a doação de cestas básicas 356
    8.2 Perda de bens ou valores 356
    8.3 Prestação de serviços à comunidade ou a entidades públicas 357
    8.4 Interdição temporária de direitos 358
    8.5 Limitação de fim de semana 358

Síntese 359

Capítulo XXIV
PENA PECUNIÁRIA

1. Conceito e destinação da multa 361
2. Critérios para a fixação da pena de multa 361

Ponto relevante para debate 362
- O critério para a substituição da pena privativa de liberdade por multa 362

3. O valor do dia-multa em salário mínimo 363
4. Atualização monetária da multa 364
5. Pagamento da multa 365
6. Multa como dívida de valor 365
7. Causas interruptivas e suspensivas da prescrição 365

Síntese 365

Capítulo XXV
APLICAÇÃO DA PENA

1. Conceito 367

Ponto relevante para debate 368
- As razões de implementação da política da pena mínima pelo Poder Judiciário 368

2. Circunstâncias judiciais 368
3. Pena-base 369

3.1	Critérios para a fixação da pena-base	369
4.	Elementos do art. 59 do Código Penal	370
4.1	Culpabilidade	370

Ponto relevante para debate 371
- Culpabilidade do fato e culpabilidade do autor 371

Esquema 373
- ✼ Culpabilidade como elemento do crime e fundamento da pena, além de constituir parâmetro para o limite da pena 373

4.2	Antecedentes	375

Ponto relevante para debate 375
- A caducidade dos maus antecedentes 375

4.3	Conduta social	376
4.4	Personalidade	377

Ponto relevante para debate 378
- A avaliação da personalidade do acusado pelo julgador 378

4.5	Motivos do crime	378
4.6	Circunstâncias do crime	379
4.7	Consequências do crime	379

Esquemas 380
- ✼ Motivos do crime: podem ser conscientes ou inconscientes 380
- ✼ Motivo ≠ elemento subjuntivo do crime (dolo/culpa) 380

4.8	Comportamento da vítima	381

Esquema 382
- ✼ Comportamento da vítima 382

5.	Fixação do regime inicial de cumprimento da pena	383
6.	Substituição da pena privativa de liberdade	383
7.	Agravantes e atenuantes	384
7.1	Agravantes	384
7.1.1	Motivo fútil	385
7.1.2	Motivo torpe	386
7.1.3	Motivação torpe específica	386
7.1.4	Traição, emboscada, dissimulação ou outro recurso que dificulta ou torna impossível a defesa do ofendido	386
7.1.5	Veneno, fogo, explosivo, tortura ou outro meio insidioso ou cruel ou de que possa resultar perigo comum	387
7.1.6	Relações familiares	387
7.1.7	Abuso de autoridade, relações do lar e violência contra a mulher	388
7.1.8	Abuso de poder e violações de dever	389
7.1.9	Criança, maior de sessenta anos, enfermo e mulher grávida	390
7.1.10	Ofendido sob proteção da autoridade	392
7.1.11	Situação de desgraça particular ou calamidade pública	392
7.1.12	Embriaguez preordenada	392
7.1.13	Agravantes em caso de crime cometido por mais de uma pessoa	392

7.1.14 Reincidência	393
Ponto relevante para debate	394
• A reincidência e o princípio constitucional da vedação da dupla punição pelo mesmo fato (*ne bis in idem*)	394
Ponto relevante para debate	395
• A suficiência da pena de multa para caracterizar a reincidência criminal	395
7.2 Atenuantes	398
7.2.1 Menoridade relativa	398
7.2.2 Senilidade	399
7.2.3 Desconhecimento da lei	400
7.2.4 Relevante valor social ou moral	401
7.2.5 Arrependimento	401
7.2.6 Coação resistível	401
7.2.7 Cumprimento de ordem superior	401
7.2.8 Violenta emoção	402
7.2.9 Confissão espontânea	402
7.2.10 Influência de multidão, em meio a tumulto	403
7.2.11 Atenuante inominada	403
7.3 Concurso de agravantes e atenuantes	404
7.3.1 Agravantes e atenuantes específicas	404
Esquema	405
↳ Confronto entre agravantes e atenuantes (art. 67, CP)	405
8. Cálculo da pena	406
8.1 Sistemas para a fixação da pena	406
8.2 Existência de duas ou mais qualificadoras	408
8.3 Compensação entre circunstâncias judiciais e legais	408
8.4 Concurso entre causas de aumento e de diminuição	409
8.5 Critério para aplicação dos aumentos e das diminuições	409
Síntese	410
Esquemas	411
↳ Fixação da pena	411
↳ Circunstâncias do crime	412

Capítulo XXVI
CONCURSO DE CRIMES

1. Conceito e critério de análise	413
2. Sistemas do concurso de crimes	414
2.1 Sistema da acumulação material	414
2.2 Sistema da exasperação da pena	414
2.3 Sistema da absorção	414
2.4 Sistema da acumulação jurídica	414
3. Concurso material	415
3.1 Conceito	415

3.2	Critérios para a aplicação da pena	415
3.3	Possibilidade de cumulação de pena privativa de liberdade com restritiva de direitos	415

4. Concurso formal 416
    4.1 Conceito 416
    4.2 Concurso formal perfeito e imperfeito 416

Ponto relevante para debate 416
- A amplitude conceitual da expressão desígnios autônomos 416
    4.3 Concurso material favorável ou benéfico 418
    4.4 Concorrência de concursos 418

5. Crime continuado 418
    5.1 Conceito 418
    5.2 Natureza jurídica 419
    5.3 Teorias do crime continuado 420
    5.4 Crimes da mesma espécie 421
    5.5 Condições de tempo 421
    5.6 Condições de espaço 422
    5.7 Formas de execução 422
    5.8 Outras circunstâncias semelhantes 422

Ponto relevante para debate 423
- O benefício do crime continuado para a delinquência habitual ou profissional ... 423
    5.9 Critério de dosagem do aumento 423
    5.10 Crime continuado e inimputabilidade 423
    5.11 Crimes praticados contra vítimas diferentes e bens personalíssimos 424
    5.12 Ações concomitantes, contemporâneas ou simultâneas 424
    5.13 Espécies de crime continuado 424
    5.14 Diferença entre crime continuado e delito habitual 425

Ponto relevante para debate 425
- A obrigatoriedade, ou não, da soma das multas no concurso de crimes 425

6. Concurso de infrações e execução da pena 425
Síntese 426
Esquemas 427
  ↳ Concurso material 427
  ↳ Concurso formal próprio 428
  ↳ Concurso formal impróprio 428
  ↳ Crime continuado 429
  ↳ Crime continuado qualificado 430

Capítulo XXVII
ERRO NA EXECUÇÃO E RESULTADO DIVERSO DO PRETENDIDO

1. Conceito de erro na execução (*aberratio ictus*) 431
2. Modalidades de erro na execução 431
3. Responsabilidade penal objetiva na *aberratio ictus* 432
4. Conceito de resultado diverso do pretendido (*aberratio criminis* ou *aberratio delicti*) ... 433
Síntese 434

Capítulo XXVIII
LIMITE DE PENAS E UNIFICAÇÃO

1. Fundamento para o limite das penas, visão crítica e soluções para a conversão da pena em medida de segurança durante o cumprimento 435
2. Unificação das penas em 40 anos 439
3. Modo de unificação 439
Síntese 440

Capítulo XXIX
SUSPENSÃO CONDICIONAL DA PENA

1. Conceito e aspectos históricos 441
2. Natureza jurídica 441
3. Requisitos para a sua concessão 442
4. Espécies de *sursis* 442
Ponto relevante para debate 443
- A concessão do *sursis* como faculdade do juiz ou direito subjetivo do réu 443
5. Pontos controversos 444
   5.1 *Sursis* e indulto 444
   5.2 Existência de processos em andamento 444
   5.3 Réu ausente 444
   5.4 Estrangeiros de passagem pelo Brasil 445
   5.5 Compatibilidade com a fixação do regime penitenciário 445
   5.6 *Sursis* e *habeas corpus* 446
Ponto relevante para debate 447
- A possibilidade do cabimento do *sursis* para crime hediondo 447
6. Período de prova e escolha das condições 447
7. Causas de revogação 448
   7.1 Revogação obrigatória 448
   7.2 Revogação facultativa 449
8. Prorrogação do período de prova 449
9. Finalização do *sursis* 450
Síntese 451

Capítulo XXX
LIVRAMENTO CONDICIONAL

1. Conceito de livramento condicional e aspectos históricos 453
2. Natureza jurídica 454
3. Requisitos para a sua concessão 454
   3.1 Objetivos 454
   3.2 Subjetivos 455
4. Duração do livramento 456
5. Pontos polêmicos 456
   5.1 Livramento condicional e *habeas corpus* 456

	5.2	Livramento condicional cautelar	456
	5.3	Livramento condicional para estrangeiro	457
6.	Parecer do Conselho Penitenciário		457
7.	Soma das penas para efeito de livramento		457
8.	Condições do livramento condicional		458
	8.1	Obrigatórias	458
	8.2	Facultativas	458
9.	Revogação do livramento		458
	9.1	Causas obrigatórias	458
	9.2	Causas facultativas	458
	9.3	Prévia oportunidade de defesa	459
	9.4	Livramento insubsistente	459
10.	Efeitos da revogação		459
11.	Extinção da pena e prorrogação automática		459
Síntese			460

Capítulo XXXI
EFEITOS DA CONDENAÇÃO

1.	Conceito e natureza jurídica dos efeitos da condenação		461
2.	Efeitos secundários penais e extrapenais da sentença penal condenatória		462
3.	Efeitos genéricos		463
	3.1	Tornar certa a obrigação de reparar o dano	463
	3.2	Perda em favor do Estado de bens e valores de origem ilícita	463
4.	Efeitos específicos		465
	4.1	Perda de cargo, função pública ou mandato eletivo	465
	4.2	Efeito específico da incapacidade para o poder familiar, tutela ou curatela	466
	4.3	Destaque específico para crimes contra a mulher	468
	4.4	Inabilitação para dirigir veículo advinda do art. 92, III, do CP	468
	4.5	Efeito da condenação advindo de lei especial	468
5.	Enriquecimento ilícito		469
Síntese			471

Capítulo XXXII
REABILITAÇÃO

1.	Conceito	473
2.	Competência para a concessão de reabilitação	475
3.	Prazo e procedimento	475
4.	Indeferimento da reabilitação e recursos	476
5.	Reabilitação e reincidência	476
6.	Reabilitação *em porções*	476
Síntese		476

Capítulo XXXIII
MEDIDAS DE SEGURANÇA

1. Conceito 477
2. Sistemas de aplicação da pena e da medida de segurança 477
3. Espécies de medidas de segurança 478
4. Extinção de punibilidade 478
5. Pressupostos para aplicação da medida de segurança 479
6. Sentença de absolvição imprópria 479
7. Critério de escolha entre internação e tratamento ambulatorial 480
8. Duração da medida de segurança 480
9. Culpabilidade e periculosidade 481
10. Conversão da pena em medida de segurança no curso da execução 481
Ponto relevante para debate 482
- O limite temporal do cumprimento da medida de segurança advinda da conversão de pena 482
11. Possibilidade de reconversão da medida de segurança em pena 483
12. Detração e medida de segurança 483
13. Exame de cessação da periculosidade 484
14. Condições para a desinternação ou liberação 484
15. Substituição da pena por medida de segurança para o semi-imputável 485
16. Incompatibilidade da medida de segurança com o presídio comum 486
Ponto relevante para debate 486
- Concorrência da medida de segurança com a Lei 10.216/2001 486
Síntese 487

Capítulo XXXIV
AÇÃO PENAL

1. Conceito de ação penal 489
2. Princípios que regem a ação penal pública incondicionada 490
3. Critério de iniciativa da ação penal 490
4. Espécies de ação penal, quanto ao polo ativo 490
5. Ação penal no crime complexo 492
Síntese 492

Capítulo XXXV
EXTINÇÃO DA PUNIBILIDADE

1. Conceito de extinção da punibilidade 493
2. Causas gerais e específicas 494
3. Comunicabilidade das causas extintivas da punibilidade 495
4. Momentos de ocorrência 495
5. Morte do agente 495

Ponto relevante para debate 497
- As possibilidades jurídicas em face do descobrimento da falsidade da certidão de óbito após a extinção da punibilidade do agente 497
6. Anistia 497
7. Graça ou indulto individual 498
8. Indulto coletivo 499
Ponto relevante para debate 500
- Indulto humanitário 500
9. *Abolitio criminis*... 500
10. Decadência.. 501
11. Perempção... 501
12. Renúncia e perdão 502
13. Retratação 503
14. Perdão judicial.. 504
15. Prescrição.. 505
  15.1 Conceito e teorias justificadoras.. 505
  15.2 Prazos para o cálculo da prescrição 506
Ponto relevante para debate 507
- A prescrição da medida de segurança.. 507
  15.3 Prescrição como matéria de ordem pública 508
Ponto relevante para debate 508
- A influência da detração no cálculo prescricional 508
  15.4 Modalidades de prescrição 509
  15.5 Termos iniciais da prescrição... 510
  15.6 Causas suspensivas ou impeditivas da prescrição.. 513
Ponto relevante para debate 515
- O limite temporal da suspensão da prescrição em face da suspensão do processo pela citação ficta do art. 366 do CPP 515
  15.7 Causas interruptivas da prescrição... 515
Ponto relevante para debate 517
- A interrupção da prescrição pela prática de novo crime: contagem do dia dos fatos ou da data do trânsito em julgado 517
    15.7.1 Comunicabilidade das causas interruptivas 518
16. A prescrição no contexto do concurso de crimes... 518
17. Prescrição em leis especiais 520
18. Prescrição e perdão judicial... 520
Síntese 520
Esquemas.. 522
  ✥ Formas de clemência do estado.. 522
  ✥ Tabela de prazos prescricionais.. 523
  ✥ Lapsos prescricionais e causas interruptivas da prescrição.................................. 524
  ✥ Lapsos prescricionais da prescrição retroativa, levando-se em conta a pena em concreto (art. 110, § 1.º)... 525

↳ Lapsos prescricionais da prescrição intercorrente, levando-se em conta a pena em concreto (art. 110, § 1.º) 525
↳ Lapso da suspensão da prescrição (art. 116) 526

PARTE ESPECIAL
INTRODUÇÃO À PARTE ESPECIAL

Título I
DOS CRIMES CONTRA A PESSOA

Capítulo I
DOS CRIMES CONTRA A VIDA

Homicídio – Art. 121 533
Pontos relevantes para debate 541
- A existência de homicídio simples hediondo 541
- A existência de homicídio qualificado-privilegiado 541
- A não aceitação do homicídio qualificado-privilegiado como hediondo 541
- A questão do ciúme como elemento motivador do homicídio 542
- O homicídio sem motivo 542
- A polêmica questão da eutanásia e seus desdobramentos 543
- A existência de duas ou mais causas de aumento no homicídio contra menor de 14 anos 545
- Feminicídio – Art. 121-A 546
Pontos relevantes para debate 549
- Razões da condição do sexo feminino é de natureza objetiva ou subjetiva 549
- Particularidade 550
- Induzimento, instigação ou auxílio a suicídio ou a automutilação – Art. 122 550
Pontos relevantes para debate 554
- O auxílio por omissão 554
- A situação denominada pacto de morte 554
Infanticídio – Art. 123 555
Ponto relevante para debate 556
- O concurso de pessoas no infanticídio 556
Aborto provocado pela gestante ou com seu consentimento – Art. 124 557
Aborto provocado por terceiro sem consentimento – Art. 125 559
Aborto provocado por terceiro com consentimento – Art. 126 560
Formas qualificadas de aborto – Art. 127 562
Excludentes de ilicitude – Art. 128 562
Pontos relevantes para debate 564
- A autorização do aborto se o estupro decorrer de violência presumida 564
- A autorização do aborto se o feto for portador de anencefalia 564
- Aborto eugênico 565

Capítulo II
DAS LESÕES CORPORAIS

Lesão corporal – Art. 129	567
Ponto relevante para debate	576
• A cirurgia de mudança de sexo como lesão corporal	576

Capítulo III
DA PERICLITAÇÃO DA VIDA E DA SAÚDE

Perigo de contágio venéreo – Art. 130	579
Perigo de contágio de moléstia grave – Art. 131	582
Ponto relevante para debate	582
• Transmissão do vírus da AIDS	582
Perigo para a vida ou saúde de outrem – Art. 132	583
Abandono de incapaz – Art. 133	584
Exposição ou abandono de recém-nascido – Art. 134	585
Omissão de socorro – Art. 135	587
Ponto relevante para debate	589
• As providências a serem tomadas quando a vítima recusa o auxílio	589
Condicionamento de atendimento médico-hospitalar emergencial – Art. 135-A	589
Maus-tratos – Art. 136	591

Capítulo IV
DA RIXA

Rixa – Art. 137	593

Capítulo V
DOS CRIMES CONTRA A HONRA

Calúnia – Art. 138	595
Difamação – Art. 139	597
Injúria – Art. 140	599
Disposições comuns – Arts. 141 a 145	602

Capítulo VI
DOS CRIMES CONTRA A LIBERDADE INDIVIDUAL

Seção I
Dos crimes contra a liberdade pessoal

Constrangimento ilegal – Art. 146	609
Intimidação sistemática (*bullying*) – Art. 146-A	611
Ameaça – Art. 147	613
Perseguição – Art. 147-A	615
Violência psicológica contra a mulher – Art. 147-B	617
Sequestro e cárcere privado – Art. 148	619

Redução a condição análoga à de escravo – Art. 149 621
Tráfico de pessoas – Art. 149-A 623

Seção II
Dos crimes contra a inviolabilidade do domicílio

Violação de domicílio – Art. 150 626

Seção III
Dos crimes contra a inviolabilidade de correspondência

Violação de correspondência – Art. 151 629
Violação de correspondência comercial – Art. 152 631

Seção IV
Dos crimes contra a inviolabilidade dos segredos

Divulgação de segredo – Art. 153 632
Violação do segredo profissional – Art. 154 634
Violação de dispositivo informático – Arts. 154-A e 154-B 635

Título II
DOS CRIMES CONTRA O PATRIMÔNIO

Capítulo I
DO FURTO

Furto – Art. 155 641
Pontos relevantes para debate 653
- A questão da casa habitada no furto noturno 653
- O furto de coisas de estimação 654
- O furto de cadáver 654
- O furto de coisas de ínfimo valor 654
- O furto de imagem 655
- O furto de talão de cheques e de cartão de crédito 655
- O furto de uso como crime 655
- A trombada como furto ou roubo 656
- A aplicação do privilégio (§ 2.º) à figura qualificada (§ 4.º) 656
- Furto sob vigilância eletrônica 656
Furto de coisa comum – Art. 156 657

Capítulo II
DO ROUBO E DA EXTORSÃO

Roubo – Art. 157 659
Pontos relevantes para debate 667
- O roubo de uso 667
- A análise do roubo em confronto com o estado de necessidade 667
- A existência da tentativa no roubo impróprio 668

- O critério para a elevação da pena quando houver a incidência de mais de uma causa de aumento no mesmo parágrafo com acréscimo variável (ex.: § 2.º do art. 157: aumento de 1/3 até metade) 668

Extorsão – Art. 158 669
Extorsão mediante sequestro – Art. 159 674
Ponto relevante para debate 677
- A necessidade de a vantagem exigida como condição ou preço do resgate ser econômica... 677

Extorsão indireta – Art. 160 678

Capítulo III
DA USURPAÇÃO

Alteração de limites – Art. 161, *caput*.. 681
Usurpação de águas – Art. 161, § 1.º, I 682
Esbulho possessório – Art. 161, § 1.º, II 683
Supressão ou alteração de marca em animais – Art. 162 685

Capítulo IV
DO DANO

Dano – Art. 163 687
Introdução ou abandono de animais em propriedade alheia – Art. 164 689
Dano em coisa de valor artístico, arqueológico ou histórico – Art. 165 690
Alteração de local especialmente protegido – Art. 166 691
Ação penal – Art. 167 692

Capítulo V
DA APROPRIAÇÃO INDÉBITA

Apropriação indébita – Art. 168 693
Apropriação indébita previdenciária – Art. 168-A 695
Apropriação de coisa havida por erro, caso fortuito ou força da natureza – Art. 169 696
Causa de diminuição de pena – Art. 170 698

Capítulo VI
DO ESTELIONATO E OUTRAS FRAUDES

Estelionato – Art. 171 699
Pontos relevantes para debate 703
- A questão do trabalho espiritual (cartomancia, passes espirituais, bruxaria, macumba etc.) 703
- O afastamento do crime pela esperteza nas atividades comerciais e a torpeza bilateral... 703
- O concurso de crimes entre o estelionato e a falsidade 703
- O estelionato como delito permanente quando cometido contra entidade de direito público ou instituto de economia popular, assistência social ou beneficência 703

- A questão do pagamento de cheque sem provisão de fundos para impedir o ajuizamento de ação penal 703
- A configuração do estelionato pelo cheque pré-datado ou dado como garantia 704
- O cheque sem fundos emitido para pagar dívida de jogo 704
- O cheque sem fundos emitido para pagar serviço de prostituição 704
- O cheque sem fundos, emitido em substituição de outro título de crédito, como causa suficiente para gerar o crime 705

Estelionato digital – Art. 171-A 705
Duplicata simulada – Art. 172 707
Abuso de incapazes – Art. 173 708
Induzimento à especulação – Art. 174 709
Fraude no comércio – Art. 175 710
Outras fraudes – Art. 176 712
Ponto relevante para debate 714
- A questão da "pendura" para configurar o delito previsto no art. 176 714

Fraudes e abusos na fundação ou administração de sociedade por ações – Art. 177 714
Emissão irregular de conhecimento de depósito ou *warrant* – Art. 178 716
Fraude à execução – Art. 179 718

Capítulo VII
DA RECEPTAÇÃO

Receptação – Art. 180 721
Receptação de animal – Art. 180-A 725

Capítulo VIII
DISPOSIÇÕES GERAIS

Disposições gerais – Arts. 181 a 183-A 727
Pontos relevantes para debate 729
- O erro quanto à propriedade do objeto material para afastar a punição 729
- A aplicação da imunidade a cônjuges separados e no contexto da união estável 729
- Causa de aumento aos crimes patrimoniais 730

Título III
DOS CRIMES CONTRA A PROPRIEDADE IMATERIAL

Capítulo I
DOS CRIMES CONTRA A PROPRIEDADE INTELECTUAL

Violação de direito autoral – Art. 184 733
Usurpação de nome ou de pseudônimo alheio – Art. 185 736
Ação penal – Art. 186 736

Capítulo II
DOS CRIMES CONTRA O PRIVILÉGIO DE INVENÇÃO

Violação de privilégio de invenção – Art. 187 737
Falsa atribuição de privilégio – Art. 188 737
Usurpação ou indevida exploração de modelo ou desenho privilegiado – Art. 189 737
Falsa declaração de depósito em modelo ou desenho – Art. 190 738
Ação penal – Art. 191 738

Capítulo III
DOS CRIMES CONTRA AS MARCAS DE INDÚSTRIA E COMÉRCIO

Violação do direito de marca – Art. 192 739
Uso indevido de armas, brasões e distintivos públicos – Art. 193 739
Marca com falsa indicação de procedência – Art. 194 739
Ação penal – Art. 195 740

Capítulo IV
DOS CRIMES DE CONCORRÊNCIA DESLEAL

Concorrência desleal – Art. 196 741

Título IV
DOS CRIMES CONTRA A ORGANIZAÇÃO DO TRABALHO

Atentado contra a liberdade de trabalho – Art. 197 743
Atentado contra a liberdade de contrato de trabalho e boicotagem violenta – Art. 198 ... 745
Atentado contra a liberdade de associação – Art. 199 746
Paralisação de trabalho, seguida de violência ou perturbação da ordem – Art. 200 747
Paralisação de trabalho de interesse coletivo – Art. 201 748
Invasão de estabelecimento industrial, comercial ou agrícola. Sabotagem – Art. 202 749
Frustração de direito assegurado por lei trabalhista – Art. 203 750
Frustração de lei sobre a nacionalização do trabalho – Art. 204 752
Exercício de atividade com infração de decisão administrativa – Art. 205 753
Aliciamento para o fim de emigração – Art. 206 754
Aliciamento de trabalhadores de um local para outro do território nacional – Art. 207 755

Título V
DOS CRIMES CONTRA O SENTIMENTO RELIGIOSO E CONTRA O RESPEITO AOS MORTOS

Capítulo I
DOS CRIMES CONTRA O SENTIMENTO RELIGIOSO

Ultraje a culto e impedimento ou perturbação de ato a ele relativo – Art. 208 759

Capítulo II
DOS CRIMES CONTRA O RESPEITO AOS MORTOS

Impedimento ou perturbação de cerimônia funerária – Art. 209 761
Violação de sepultura – Art. 210 762
Destruição, subtração ou ocultação de cadáver – Art. 211 763
Vilipêndio a cadáver – Art. 212 765

Título VI
DOS CRIMES CONTRA A DIGNIDADE SEXUAL

Capítulo I
DOS CRIMES CONTRA A LIBERDADE SEXUAL

Estupro – Art. 213 769
Pontos relevantes para debate 772
- A questão do afastamento da configuração do estupro se a ameaça for justa 772
- A perspectiva de aplicação do crime continuado, do concurso material, do concurso formal ou do crime único 773
- O estupro cometido por vingança ou como instrumento de humilhação 773

Esquema 775
↳ Esquema comparativo 775
Atentado violento ao pudor – Art. 214 776
Violação sexual mediante fraude – Art. 215 776
Importunação sexual – Art. 215-A 778
Atentado ao pudor mediante fraude – Art. 216 780
Assédio sexual – Art. 216-A 780
Pontos relevantes para debate 783
- A configuração do crime de assédio sexual entre professor(a) e aluno(a) 783
- A configuração do crime de assédio sexual entre ministro religioso e fiel 783

Registro não autorizado da intimidade sexual – Art. 216-B 783

Capítulo II
DOS CRIMES SEXUAIS CONTRA VULNERÁVEL

Sedução – Art. 217 787
Estupro de vulnerável – Art. 217-A 787
Ponto relevante para debate 791
- Vulnerabilidade absoluta e vulnerabilidade relativa 791

Corrupção de menores – Art. 218 792
Satisfação de lascívia mediante presença de criança ou adolescente – Art. 218-A 794
Favorecimento da prostituição ou outra forma de exploração sexual de criança ou adolescente ou de vulnerável – Art. 218-B 795
Divulgação de cena de estupro ou de cena de estupro de vulnerável, de cena de sexo ou de pornografia – Art. 218-C 799

Capítulo III
DO RAPTO

Rapto violento ou mediante fraude – Art. 219	801
Rapto consensual – Art. 220	801
Diminuição de pena – Art. 221	802
Concurso de rapto e outro crime – Art. 222	802

Capítulo IV
DISPOSIÇÕES GERAIS

Formas qualificadas – Art. 223	803
Presunção de violência – Art. 224	803
Ação penal – Art. 225	803
Aumento de pena – Art. 226	804

Capítulo V
DO LENOCÍNIO E DO TRÁFICO DE PESSOA PARA FIM DE PROSTITUIÇÃO OU OUTRA FORMA DE EXPLORAÇÃO SEXUAL

Mediação para servir a lascívia de outrem – Art. 227	807
Favorecimento da prostituição ou outra forma de exploração sexual – Art. 228	809
Ponto relevante para debate	811
• *Sites* de prostituição	811
Casa de prostituição – Art. 229	812
Pontos relevantes para debate	815
• A questão da análise das casas de massagem, *relax for men*, boates para encontros, motéis, *drive in*, saunas mistas, hotéis de alta rotatividade	815
• A inviabilidade da prisão em flagrante	815
Rufianismo – Art. 230	815
Ponto relevante para debate	817
• A medida da intervenção mínima no crime de rufianismo	817
Tráfico internacional de pessoa para fim de exploração sexual – Art. 231	817
Tráfico interno de pessoa para fim de exploração sexual – Art. 231-A	817
Promoção de migração ilegal – Art. 232-A	818

Capítulo VI
DO ULTRAJE PÚBLICO AO PUDOR

Ato obsceno – Art. 233	821
Ponto relevante para debate	822
• A publicidade como elemento fundamental para a configuração da figura típica	822
Escrito ou objeto obsceno – Art. 234	823
Ponto relevante para debate	824
• A inconstitucionalidade do art. 234 do Código Penal	824

Capítulo VII
DISPOSIÇÕES GERAIS

Aumento de pena – Art. 234-A	825
Ponto relevante para debate	826
• Mulher estupra homem e engravida: aplicabilidade da causa de aumento	826
Sigilo processual (rubrica inserida pelo autor) – Art. 234-B	827
Publicidade e monitoramento – Art. 234-B, §§ 1.º a 3.º, e Art. 234-C	827

Título VII
DOS CRIMES CONTRA A FAMÍLIA

Capítulo I
DOS CRIMES CONTRA O CASAMENTO

Bigamia – Art. 235	831
Induzimento a erro essencial e ocultação de impedimento – Art. 236	833
Conhecimento prévio de impedimento – Art. 237	835
Simulação de autoridade para celebração de casamento – Art. 238	836
Simulação de casamento – Art. 239	837
Adultério – Art. 240	838

Capítulo II
DOS CRIMES CONTRA O ESTADO DE FILIAÇÃO

Registro de nascimento inexistente – Art. 241	839
Parto suposto. Supressão ou alteração de direito inerente ao estado civil de recém-nascido – Art. 242	840
Sonegação de estado de filiação – Art. 243	842

Capítulo III
DOS CRIMES CONTRA A ASSISTÊNCIA FAMILIAR

Abandono material – Art. 244	845
Entrega de filho menor a pessoa inidônea – Art. 245	847
Abandono intelectual – Art. 246	848
Abandono moral – Art. 247	849

Capítulo IV
DOS CRIMES CONTRA O PÁTRIO PODER, TUTELA OU CURATELA

Induzimento a fuga, entrega arbitrária ou sonegação de incapazes – Art. 248	851
Subtração de incapazes – Art. 249	852

Título VIII
DOS CRIMES CONTRA A INCOLUMIDADE PÚBLICA

Capítulo I
DOS CRIMES DE PERIGO COMUM

Incêndio – Art. 250	857
Explosão – Art. 251	860
Uso de gás tóxico ou asfixiante – Art. 252	861
Fabrico, fornecimento, aquisição, posse ou transporte de explosivos ou gás tóxico, ou asfixiante – Art. 253	863
Inundação – Art. 254	864
Perigo de inundação – Art. 255	865
Desabamento ou desmoronamento – Art. 256	866
Subtração, ocultação ou inutilização de material de salvamento – Art. 257	867
Formas qualificadas de crime de perigo comum – Art. 258	869
Difusão de doença ou praga – Art. 259	869

Capítulo II
DOS CRIMES CONTRA A SEGURANÇA DOS MEIOS DE COMUNICAÇÃO E TRANSPORTE E OUTROS SERVIÇOS PÚBLICOS

Perigo de desastre ferroviário – Art. 260	871
Atentado contra a segurança de transporte marítimo, fluvial ou aéreo – Art. 261	873
Atentado contra a segurança de outro meio de transporte – Art. 262	874
Forma qualificada – Art. 263	876
Arremesso de projétil – Art. 264	876
Atentado contra a segurança de serviço de utilidade pública – Art. 265	877
Interrupção ou perturbação de serviço telegráfico, telefônico, informático, telemático ou de informação de utilidade pública – Art. 266	879

Capítulo III
DOS CRIMES CONTRA A SAÚDE PÚBLICA

Epidemia – Art. 267	881
Infração de medida sanitária preventiva – Art. 268	882
Omissão de notificação de doença – Art. 269	884
Envenenamento de água potável ou de substância alimentícia ou medicinal – Art. 270	885
Corrupção ou poluição de água potável – Art. 271	887
Falsificação, corrupção, adulteração ou alteração de substância ou produtos alimentícios – Art. 272	888
Falsificação, corrupção, adulteração ou alteração de produto destinado a fins terapêuticos ou medicinais – Art. 273	889
Ponto relevante para debate	891
• A inconstitucionalidade da pena cominada ao art. 273 do Código Penal	891
Emprego de processo proibido ou de substância não permitida – Art. 274	893

Invólucro ou recipiente com falsa indicação – Art. 275 894
Produto ou substância nas condições dos dois artigos anteriores – Art. 276 896
Substância destinada à falsificação – Art. 277 897
Outras substâncias nocivas à saúde pública – Art. 278 898
Substância avariada – Art. 279 899
Medicamento em desacordo com receita médica – Art. 280 899
Comércio clandestino ou facilitação de uso de entorpecentes – Art. 281 900
Exercício ilegal da medicina, arte dentária ou farmacêutica – Art. 282 901
Charlatanismo – Art. 283 902
Curandeirismo – Art. 284 903
Forma qualificada – Art. 285 904

Título IX
DOS CRIMES CONTRA A PAZ PÚBLICA

Incitação ao crime – Art. 286 905
Apologia de crime ou criminoso – Art. 287 907
Pontos relevantes para debate 908
- Marchas, protestos, passeatas e outras manifestações 908

Associação criminosa – Art. 288 909
Pontos relevantes para debate 912
- A tipificação do delito de associação criminosa na hipótese de crime continuado 912
- A possibilidade de concurso de pessoas 912
- O concurso do crime de associação criminosa com outro delito qualificado pela mesma circunstância 913

Constituição de milícia privada – Art. 288-A 913

Título X
DOS CRIMES CONTRA A FÉ PÚBLICA

Capítulo I
DA MOEDA FALSA

Moeda falsa – Art. 289 917
Crimes assimilados ao de moeda falsa – Art. 290 919
Petrechos para falsificação de moeda – Art. 291 921
Emissão de título ao portador sem permissão legal – Art. 292 922

Capítulo II
DA FALSIDADE DE TÍTULOS E OUTROS PAPÉIS PÚBLICOS

Falsificação de papéis públicos – Art. 293 925
Petrechos de falsificação – Art. 294 928
Causa de aumento de pena – Art. 295 929

Capítulo III
DA FALSIDADE DOCUMENTAL

Falsificação de selo ou sinal público – Art. 296	931
Falsificação de documento público – Art. 297	934
Falsificação de documento particular – Art. 298	937
Falsidade ideológica – Art. 299	939
Pontos relevantes para debate	942
• As diferenças entre falsidade material e ideológica	942
• A possibilidade de haver falsidade em folha de papel em branco	942
Falso reconhecimento de firma ou letra – Art. 300	943
Certidão ou atestado ideologicamente falso – Art. 301	945
Ponto relevante para debate	947
• A configuração do crime de falsificação destinando-se à obtenção de cargo público ou outra vantagem por parte do próprio agente	947
Falsidade de atestado médico – Art. 302	947
Reprodução ou adulteração de selo ou peça filatélica – Art. 303	948
Uso de documento falso – Art. 304	950
Pontos relevantes para debate	952
• A indispensabilidade, para a configuração do crime, da apresentação espontânea do documento	952
• O concurso de delitos no caso do autor da falsificação que fizer uso do documento	952
Supressão de documento – Art. 305	953

Capítulo IV
DE OUTRAS FALSIDADES

Falsificação do sinal empregado no contraste de metal precioso ou na fiscalização alfandegária, ou para outros fins – Art. 306	955
Falsa identidade – Art. 307	957
Ponto relevante para debate	959
• O afastamento da configuração do crime em caso de intenção defensiva	959
Falsa identidade – Art. 308	959
Fraude de lei sobre estrangeiro – Art. 309	961
Fraude de lei sobre estrangeiro – Art. 310	962
Adulteração de sinal identificador de veículo automotor – Art. 311	964

Capítulo V
DAS FRAUDES EM CERTAMES DE INTERESSE PÚBLICO

Fraudes em certames de interesse público – Art. 311-A	967
Ponto relevante para debate	969
• Cola eletrônica e tipificação penal	969

Título XI
DOS CRIMES CONTRA A ADMINISTRAÇÃO PÚBLICA

Capítulo I
DOS CRIMES PRATICADOS POR FUNCIONÁRIO PÚBLICO CONTRA A ADMINISTRAÇÃO EM GERAL

Peculato – Art. 312	973
Ponto relevante para debate	976
• O peculato de uso e o crime previsto no art. 312	976
Peculato mediante erro de outrem – Art. 313	976
Inserção de dados falsos em sistema de informações – Art. 313-A	978
Modificação ou alteração não autorizada de sistema de informações – Art. 313-B	980
Extravio, sonegação ou inutilização de livro ou documento – Art. 314	981
Emprego irregular de verbas ou rendas públicas – Art. 315	982
Concussão – Art. 316	984
Ponto relevante para debate	985
• O momento e a possibilidade do cabimento da prisão em flagrante nos delitos de concussão	985
Corrupção passiva – Art. 317	986
Ponto relevante para debate	988
• A ausência de menção à expressão *ato de ofício*	988
Facilitação de contrabando ou descaminho – Art. 318	989
Prevaricação – Art. 319	990
Prevaricação em presídio – Art. 319-A	991
Condescendência criminosa – Art. 320	993
Advocacia administrativa – Art. 321	995
Violência arbitrária – Art. 322	996
Abandono de função – Art. 323	998
Exercício funcional ilegalmente antecipado ou prolongado – Art. 324	999
Violação de sigilo funcional – Art. 325	1001
Violação do sigilo de proposta de concorrência – Art. 326	1002
Funcionário público – Art. 327	1003
Pontos relevantes para debate	1004
• O conceito de entidade paraestatal	1004
• A possibilidade de o conceito de funcionário público, previsto no art. 327, servir aos sujeitos ativo e passivo do crime	1004

Capítulo II
DOS CRIMES PRATICADOS POR PARTICULAR CONTRA A ADMINISTRAÇÃO EM GERAL

Usurpação de função pública – Art. 328	1005
Resistência – Art. 329	1006

Ponto relevante para debate 1008
- O concurso entre os crimes de resistência e roubo 1008

Desobediência – Art. 330 1009

Ponto relevante para debate 1012
- O sigilo médico e o afastamento da configuração do crime de desobediência, caso o profissional se recuse a colaborar com o Poder Judiciário 1012

Desacato – Art. 331 1013
Tráfico de influência – Art. 332 1015
Corrupção ativa – Art. 333 1016
Ponto relevante para debate 1017
- A questão referente à conduta *dar* 1017

Descaminho – Art. 334 1018
Contrabando – Art. 334-A 1022
Impedimento, perturbação ou fraude de concorrência – Art. 335 1026
Inutilização de edital ou de sinal – Art. 336 1026
Subtração ou inutilização de livro ou documento – Art. 337 1027
Sonegação de contribuição previdenciária – Art. 337-A 1028

Capítulo II-A
DOS CRIMES PRATICADOS POR PARTICULAR CONTRA A ADMINISTRAÇÃO PÚBLICA ESTRANGEIRA

Corrupção ativa em transação comercial internacional – Art. 337-B 1031
Tráfico de influência em transação comercial internacional – Art. 337-C 1032
Funcionário público estrangeiro – Art. 337-D 1034

Capítulo II-B
DOS CRIMES EM LICITAÇÕES E CONTRATOS ADMINISTRATIVOS

Contratação direta ilegal – Art. 337-E 1037
Frustração do caráter competitivo de licitação – Art. 337-F 1039
Patrocínio de contratação indevida – Art. 337-G 1040
Modificação ou pagamento irregular em contrato administrativo – Art. 337-H 1042
Perturbação de processo licitatório – Art. 337-I 1043
Violação de sigilo em licitação – Art. 337-J 1044
Afastamento de licitante – Art. 337-K 1046
Fraude em licitação ou contrato – Art. 337-L 1048
Contratação inidônea – Art. 337-M 1050
Impedimento indevido – Art. 337-N 1052
Omissão grave de dado ou de informação por projetista – Art. 337-O 1053
Aplicação da pena de multa – Art. 337-P 1055

Capítulo III
DOS CRIMES CONTRA A ADMINISTRAÇÃO DA JUSTIÇA

Reingresso de estrangeiro expulso – Art. 338 1057

Denunciação caluniosa – Art. 339	1058
Ponto relevante para debate	1061
• A avaliação do direito à autodefesa em confronto com a denunciação caluniosa	1061
Comunicação falsa de crime ou de contravenção – Art. 340	1062
Autoacusação falsa – Art. 341	1063
Ponto relevante para debate	1064
• A questão de o réu ter o amplo direito de mentir para se defender	1064
Falso testemunho ou falsa perícia – Art. 342	1065
Ponto relevante para debate	1067
• A questão da configuração do crime de falso testemunho e a indispensabilidade de se tomar o compromisso de dizer a verdade	1067
O concurso de pessoas no crime de falso	1069
Suborno – Art. 343	1070
Coação no curso do processo – Art. 344	1071
Exercício arbitrário das próprias razões – Art. 345	1073
Exercício arbitrário das próprias razões – Art. 346	1074
Fraude processual – Art. 347	1075
Favorecimento pessoal – Art. 348	1077
Favorecimento real – Art. 349	1079
Favorecimento real em presídio – Art. 349-A	1080
Exercício arbitrário ou abuso de poder – Art. 350	1082
Fuga de pessoa presa ou submetida a medida de segurança – Art. 351	1082
Evasão mediante violência contra pessoa – Art. 352	1083
Arrebatamento de preso – Art. 353	1084
Motim de presos – Art. 354	1085
Patrocínio infiel. Patrocínio simultâneo ou tergiversação – Art. 355	1087
Sonegação de papel ou objeto de valor probatório – Art. 356	1088
Exploração de prestígio – Art. 357	1089
Violência ou fraude em arrematação judicial – Art. 358	1091
Desobediência à decisão judicial sobre perda ou suspensão de direito – Art. 359	1092

Capítulo IV
DOS CRIMES CONTRA AS FINANÇAS PÚBLICAS

Contratação de operação de crédito – Art. 359-A	1095
Inscrição de despesas não empenhadas em restos a pagar – Art. 359-B	1097
Assunção de obrigação no último ano do mandato ou legislatura – Art. 359-C	1098
Ordenação de despesa não autorizada – Art. 359-D	1100
Prestação de garantia graciosa – Art. 359-E	1101
Não cancelamento de restos a pagar – Art. 359-F	1103
Aumento de despesa total com pessoal no último ano do mandato ou legislatura – Art. 359-G	1104
Oferta pública ou colocação de títulos no mercado – Art. 359-H	1106

Título XII
DOS CRIMES CONTRA O ESTADO DEMOCRÁTICO DE DIREITO

Capítulo I
DOS CRIMES CONTRA A SOBERANIA NACIONAL

Atentado à soberania – Art. 359-I	1111
Atentado à integridade nacional – Art. 359-J	1113
Espionagem – Art. 359-K	1114

Capítulo II
DOS CRIMES CONTRA AS INSTITUIÇÕES DEMOCRÁTICAS

Abolição violenta do Estado Democrático de Direito – Art. 359-L	1119
Golpe de Estado – Art. 359-M	1121

Capítulo III
DOS CRIMES CONTRA O FUNCIONAMENTO DAS INSTITUIÇÕES DEMOCRÁTICAS NO PROCESSO ELEITORAL

Interrupção do processo eleitoral – Art. 359-N	1123
Art. 359-O. (Vetado).	1124
Violência política – Art. 359-P	1124
Art. 359-Q. (Vetado).	1126

Capítulo IV
DOS CRIMES CONTRA O FUNCIONAMENTO DOS SERVIÇOS ESSENCIAIS

Sabotagem – Art. 359-R	1127

Capítulo V
(VETADO)

Capítulo VI
DISPOSIÇÕES COMUNS

Art. 359-T	1131
Art. 359-U. (Vetado).	1132
BIBLIOGRAFIA	1139
APÊNDICE – CASOS PRÁTICOS	1173
OBRAS DO AUTOR	1201

Parte Geral

Capítulo I
Direito Penal, Política Criminal e Criminologia

1. CONCEITO DE DIREITO PENAL

É o conjunto de normas jurídicas voltado à fixação dos limites do poder punitivo do Estado, instituindo infrações penais e as sanções correspondentes, bem como regras atinentes à sua aplicação. Embora a sua definição se concentre nos *limites* do poder punitivo, significando um enfoque voltado ao Direito Penal Democrático, não se há de olvidar constituir o ramo mais rígido do Direito, prevendo-se as mais graves sanções viáveis para o ser humano, como é o caso da privação da liberdade.

O ordenamento jurídico-penal é regido por princípios constitucionais, em particular, o da legalidade, nos seus aspectos amplo (ninguém é obrigado a fazer ou deixar de fazer alguma coisa senão em virtude de lei, art. 5.º, II, CF) e estrito (não há crime sem lei anterior que o defina, nem pena sem lei anterior que a comine, art. 5.º, XXXIX, CF).

Para vários autores, há diferença entre *direito penal* e *direito criminal*, sendo este abrangente daquele, porque daria enfoque ao *crime* e suas consequências jurídicas, enquanto aquele seria mais voltado ao estudo da *punição*. Assim não nos parece e tudo não passa de uma opção terminológica. Já tivemos, no Brasil, um Código Criminal (1830), mas depois passamos a denominar o corpo de normas jurídicas voltados ao combate à criminalidade como Código Penal (1890 e 1940). O mesmo ocorre em outros países, havendo ora a opção pela denominação de *direito criminal* (*v.g.*, Grã-Bretanha), ora de *direito penal* (*v.g.*, Itália, França, Espanha).

2. DIREITO PENAL OBJETIVO E DIREITO PENAL SUBJETIVO

O *direito penal objetivo* é o corpo de normas jurídicas destinado ao combate à criminalidade, garantindo a defesa da sociedade, como exposto no item anterior. Encontra-se configurado nos textos das Leis, como o Código Penal.

Por outro lado, embora alguns autores denominem *direito penal subjetivo* como o direito de punir do Estado, que surge após o cometimento da infração penal, parece-nos correta a visão de Aníbal Bruno ao sustentar que inexiste, propriamente, um direito penal subjetivo, pois "o que se manifesta no exercício da Justiça penal é esse poder soberano do Estado, um poder jurídico que se faz efetivo pela lei penal, para que o Estado cumpra a sua função originária, que é assegurar as condições de existência e continuidade da organização social. Reduzi-lo a um direito subjetivo falsifica a natureza real dessa função e diminui a sua força e eficácia, porque resolve o episódio do crime apenas em um conflito entre direitos do indivíduo e direitos do Estado" (*Direito penal – Parte geral*, t. I, p. 34-35).

A própria natureza do Direito Penal foge a qualquer enfoque *subjetivo* da punição; pune-se por dever imposto por lei; não se pune, igualmente, quando regido por lei. É inadequada a visualização do *direito de punir*, como direito subjetivo, pois o referido direito de punir não passa, na realidade, do poder-dever punitivo estatal, do qual não pode abrir mão, quando provocado pelos órgãos competentes, exceto por força de lei.

3. POLÍTICA CRIMINAL

Variando do conceito de ciência, para uns, a apenas uma técnica ou um método de observação e análise crítica do Direito Penal, para outros, parece-nos que política criminal é uma maneira de raciocinar, estudar, elaborar e aplicar o Direito Penal, fazendo-o de modo crítico, voltado ao direito posto, expondo seus defeitos, sugerindo reformas e aperfeiçoamentos, bem como com vistas à criação de novos institutos jurídicos que possam satisfazer as finalidades primordiais de controle social desse ramo do ordenamento.

A política criminal se dá tanto antes da criação da norma penal como por ocasião de sua aplicação. Eis o motivo pelo qual não se trata de uma matéria a ser estudada em sala de aula, pois o Poder Legislativo vale-se de política criminal para elaborar as leis penais, conforme a diretriz observada pelo Poder Executivo, encarregado de administrar a segurança pública e os presídios. Finalmente, não se deve esquecer da política criminal aplicada pelo Poder Judiciário em seus julgamentos, como considerar alguns crimes – embora tipificados em lei – como delitos de bagatela, não redundando em punição.

Ensina Heleno Fragoso que o nome de *política criminal* foi dado a importante movimento doutrinário, devido a Franz von Liszt, que teve influência como "tendência técnica, em face da luta de escolas penais, que havia no princípio deste século [referindo-se ao Século XX] na Itália e na Alemanha. Essa corrente doutrinária apresentava soluções legislativas que acolhiam as exigências de mais eficiente repressão à criminalidade, mantendo as linhas básicas do Direito Penal clássico". E continua o autor, afirmando que o termo passou a ser utilizado pela ONU para denominar o "critério orientador da legislação, bem como os projetos e programas tendentes a mais ampla prevenção do crime e controle da criminalidade" (*Lições de direito penal*, parte geral, p. 18).

"Todo Direito penal responde a uma determinada Política criminal, e toda Política criminal depende da política geral própria do Estado a que corresponde" (Mir Puig, *Estado, pena y delito*, p. 3). Segundo nos parece, essa é a sua real importância, ao mesmo tempo em que é um problema para o Brasil. Os Poderes do Estado, particularmente o Legislativo e o Executivo, que elaboram as leis penais, não possuem uma política criminal definida. Não se sabe qual objetivo pretendem atingir, editando leis penais ora brandas demais, ora extremamente severas. O sistema legislativo brasileiro é capaz de inserir normas pertinentes ao abolicionismo penal, em determinada época, para, na sequência, criar normas equivalentes ao direito penal máximo (sobre esses sistemas, consultar o Capítulo XXI, item 2).

A ausência de uma política criminal definida espelha um ordenamento penal desconexo, repleto de falhas, lacunas e contradições, acarretando ao Poder Judiciário maior volume de trabalho, em particular, buscando interpretar coerentemente as leis penais para evitar erros e injustiças.

Estabelecendo a diferença entre política criminal e criminologia, Sérgio Salomão Shecaira diz que "aquela implica as estratégias a adotarem-se dentro do Estado no que concerne à criminalidade e a seu controle; já a criminologia converte-se, em face da política criminal, em uma ciência de referências, na base material, no substrato teórico dessa estratégia. A política criminal, pois, não pode ser considerada uma ciência igual à criminologia e ao direito penal. É uma disciplina que não tem um método próprio e que está disseminada pelos diversos poderes da União, bem como pelas diferentes esferas de atuação do próprio Estado" (*Criminologia*, p. 41).

Permitimo-nos acrescer nem mesmo se tratar de disciplina no âmbito do Direito, mas de efetiva matriz política, envolvendo o Direito Penal. Qualquer país que pretenda acertar na criação de leis para o combate à criminalidade necessita, antes, ter uma política criminal definida. É justamente o que carece no Brasil.

4. CRIMINOLOGIA

Trata-se da ciência voltada ao estudo das causas do crime e das razões que levam alguém a delinquir, enfocando essas causas e razões por meio de métodos empíricos e pela observação dos fenômenos sociais, onde se insere a avaliação da vítima, apresentando críticas ao modelo punitivo existente e proporcionando sugestões de aperfeiçoamento da política criminal do Estado. A criminologia permite o aprimoramento da legislação penal, processual penal e de execução penal.

Os estudos criminológicos devem gerar propostas de solução dos mais complexos problemas existentes no campo da aplicação da lei penal – e, também, da sua criação.

A criminologia envolve a antropologia criminal (estudo da constituição física e psíquica do delinquente) – inaugurada por Cesare Lombroso com a obra *O homem delinquente* –, bem como a psicologia criminal (estudo do psiquismo do agente da infração penal) e a sociologia criminal (estudo das causas sociais da criminalidade). Roberto Lyra inclui, ainda, no seu contexto a política criminal, definindo-a como a "ciência que estuda: a) as causas e as concausas da criminalidade e da periculosidade preparatória da criminalidade; b) as manifestações e os efeitos da criminalidade e da periculosidade preparatória da criminalidade; c) a política a opor, assistencialmente, à etiologia da criminalidade e da periculosidade preparatória da criminalidade, suas manifestações e seus efeitos" (*Criminologia*, p. 39). E arremata, afirmando que, enquanto a criminologia "considera, verticalmente, a criminalidade (conceito criminológico)", o Direito Penal "considera, horizontalmente, o crime (conceito jurídico)" (*Criminologia*, p. 51).

Nas palavras de Sérgio Salomão Shecaira, "criminologia é um nome genérico designado a um grupo de temas estreitamente ligados: o estudo e a explicação da infração legal; os meios formais e informais de que a sociedade se utiliza para lidar com o crime e com atos desviantes; a natureza das posturas com que as vítimas desses crimes serão atendidas pela sociedade; e, por derradeiro, o enfoque sobre o autor desses fatos desviantes" (*Criminologia*, p. 31). Ou, ainda, na definição de Antonio García-Pablos de Molina, a "ciência empírica e interdisciplinar, que se ocupa do estudo do crime, da pessoa do infrator, da vítima e do controle social do comportamento delitivo, e que trata de subministrar uma informação válida, contrastada, sobre a gênese, dinâmica e variáveis principais do crime – contemplado este como problema individual e como problema social –, assim como sobre os programas de prevenção eficaz do mesmo e técnicas de intervenção positiva no homem delinquente e nos diversos modelos ou sistemas de resposta ao delito" (*Criminologia*, p. 28).

5. BEM JURÍDICO

O termo *bem* indica, sempre, algo positivo, como um favor, uma benesse, um proveito ou uma ventura. Por outro lado, num prisma material, aponta para algo apto a satisfazer as necessidades humanas, integrando seu patrimônio. Quando se fala em bem comum, denota-se o nível das condições favoráveis ao êxito coletivo. Em suma, o bem se apresenta vinculado aos mais preciosos interesses humanos, seja do ponto de vista material, seja do prisma incorpóreo (moral ou ético).

Há bens tutelados pelo Direito, eleitos pelo ordenamento jurídico como indispensáveis à vida em sociedade, merecendo proteção e cuidado. A partir dessa escolha, o bem se transforma em *bem jurídico*. Dos mais simples aos mais complexos; dos inerentes à natureza humana às criações alternativas da vida moderna; dos ligados à dignidade humana aos vinculados a puros interesses materialistas; todos os bens jurídicos gozam do amparo do Direito. Os mais relevantes e preciosos atingem a tutela do Direito Penal, sob a ótica da intervenção mínima. "Nem todo bem jurídico requer tutela penal, nem todo *bem jurídico* há de se converter em um *bem jurídico-penal*" (Mir Puig, *Estado, pena y delito*, p. 85 – traduzi).

Por isso, quando o bem jurídico penal é destacado como tal, surgem tipos penais incriminadores para protegê-los, indicando as condutas proibidas, sob pena de lesão ao referido bem jurídico tutelado.

A Constituição Federal indica vários bens jurídicos, vários dos quais o Direito Penal chamou a si para a conveniente proteção e amparo. Ilustrando, veem-se os seguintes bens jurídicos fundamentais: vida, liberdade, igualdade, segurança, propriedade, intimidade, vida privada, honra, trabalho, dentre outros.

A eleição do bem jurídico, como a *vida,* dá ensejo a vários outros desdobramentos naturais da proteção ao bem principal: integridade física, respeito ao feto, saúde, repúdio à tortura etc. A tutela da liberdade envolve o direito de ir e vir (locomoção) e ainda a livre manifestação do pensamento, da atividade intelectual, artística, científica e de comunicação e a livre manifestação da consciência e da crença, com o exercício de cultos religiosos. O amparo à igualdade abarca o repúdio ao racismo e a toda forma de discriminação. O culto à segurança desdobra-se em tutela da paz pública, vedando-se a formação de associações criminosas, bem como o porte de arma de fogo, sem autorização legal. A propriedade possui inúmeros desdobros, alcançando vários tipos penais, que proíbem o furto, o roubo, a apropriação indébita, o estelionato etc. Além disso, alcança-se, a despeito da propriedade material, a intelectual, tutelando-se variadas formas de propriedade imaterial. A intimidade e a vida privada demandam inviolabilidade de domicílio, de correspondência e de comunicações em geral, chamando-se o Direito Penal a punir as lesões aos referidos bens jurídicos tutelados. A honra demanda a proteção do ordenamento jurídico, por mecanismos civis e penais, sancionando-se a calúnia, a difamação e a injúria. O direito ao livre exercício de qualquer trabalho faz parte da sociedade democrática, demandando punição a quem busque, ilegalmente, reprimir e coibir essa opção individual.

Quando o ordenamento jurídico opta pela tutela de um determinado bem, não necessariamente a proteção deve dar-se no âmbito penal. A este, segundo o princípio da intervenção mínima, são reservados os mais relevantes bens jurídicos, focando-se as mais arriscadas condutas, que possam, efetivamente, gerar dano ou perda ao bem tutelado.

Observa-se, portanto, que a tipicidade, a ilicitude e a culpabilidade, elementos do crime, gravitam em torno do bem jurídico; em razão dele são tecidos tipos penais incriminadores, formando a ilicitude penal; conforme o grau de lesão provocado ao bem jurídico, ingressa-se na avaliação da culpabilidade, tanto na parte concernente à formação do delito, como também no âmbito da aplicação da pena, afinal, bens jurídicos fundamentais demandam penas mais severas.

O sistema penal, envolvendo o crime e a pena, ergue-se em torno do bem jurídico eleito para ser amparado e protegido, conforme o seu grau de importância. Na lição de Bustos Ramírez, o ordenamento seleciona certas relações, dentro das quais a norma proibitiva elege determinados aspectos para coibir. Ilustrando, o ordenamento jurídico escolhe a relação matrimonial monogâmica como bem jurídico tutelado, dando lugar a várias regras jurídicas, com diferentes valorações, bem como uma norma concreta, proibitiva, estabelecendo o âmbito da lesão e os sujeitos e objetos envolvidos (*Obras completas*, v. I, p. 80). É o que se dá com o tipo penal da bigamia (art. 235, CP), que pune a lesão ao bem jurídico *casamento monogâmico*.

Portanto, para a correta análise dos elementos do crime e, também, para inspirar a aplicação da pena, é fundamental o conhecimento do bem jurídico em questão, no caso concreto, avaliando se houve efetiva lesão ou se, na essência, encontra-se ele preservado, sem necessidade de se movimentar a máquina estatal punitiva para tanto. Exemplo disso é o emprego do princípio da insignificância (crime de bagatela), quando se percebe que, em face do bem jurídico *patrimônio*, a conduta do agente, ainda que se configure em subtração de coisa alheia móvel, é inócua para ferir, na substância, o bem jurídico protegido.

Outro ponto a destacar é a fortuita ofensa ao bem, que, nesse caso, não se considera jurídico, mas apenas um interesse individual. A vida é tutelada penalmente (art. 121,

CP), mas a agressão focada depende de origem humana, dolosa ou culposa. Portanto, se um raio mata o ser humano, não se trata de lesão a bem jurídico, porém somente a um valor biológico (cf. Bustos Ramírez, *Obras completas*, v. I, p. 538).

A boa lida do bem jurídico, captando-o em todos os tipos penais incriminadores, analisando-o e conferindo-lhe o merecido alcance e abrangência, favorece – e muito – a atividade do operador do Direito, permitindo-lhe construir a justa aplicação do Direito Penal compatível com o Estado Democrático de Direito.

SÍNTESE

Direito Penal: é o ramo do ordenamento jurídico que se ocupa dos mais graves conflitos existentes, devendo ser utilizado como a última opção do legislador para fazer valer as regras legalmente impostas a toda comunidade, utilizando-se da pena como meio de sanção, bem como servindo igualmente para impor limites à atuação punitiva estatal, evitando abusos e intromissões indevidas na esfera de liberdade individual.

Direito penal objetivo e subjetivo: o primeiro é o conjunto das leis penais, enquanto o segundo, na realidade, inexiste, pois o que o Estado faz valer, quando um crime ocorre, é seu soberano poder de punir – e não meramente um direito.

Política criminal: trata-se de uma postura crítica permanente do sistema penal, tanto no campo das normas em abstrato, quanto no contexto da aplicação das leis aos casos concretos, implicando, em suma, a postura do Estado no combate à criminalidade.

Criminologia: é a ciência que estuda o crime, como fenômeno social, o criminoso, como parte integrante do mesmo contexto, bem como as origens de um e de outro, além dos fatores de controle para superar a delinquência.

Bem jurídico: é o bem escolhido pelo ordenamento jurídico para ser tutelado e amparado. Quando se constituir em bem jurídico deveras relevante, passa ao âmbito de proteção penal, permitindo a formação de tipos incriminadores, coibindo as condutas potencialmente lesivas ao referido bem jurídico penal.

Capítulo II
Evolução Histórica do Direito Penal e Escolas Penais

1. ASPECTOS HISTÓRICOS RELEVANTES DO DIREITO PENAL

O ser humano sempre viveu em permanente estado de associação, na busca incessante do atendimento de suas necessidades básicas, anseios, conquistas e satisfação (cf. Carrara, *Programa do curso de direito criminal*, v. I, p. 18; Aníbal Bruno, *Direito penal – Parte geral*, t. I, p. 67). E desde os primórdios violou as regras de convivência, ferindo os semelhantes e a própria comunidade onde vivia, tornando inexorável a aplicação de uma punição. Sem dúvida, não se entendiam as variadas formas de castigo como se fossem *penas*, no sentido técnico-jurídico que hoje possuem, embora não passassem de embriões do sistema vigente. Inicialmente, aplicava-se a sanção como fruto da libertação do clã da ira dos deuses, em face da infração cometida, quando a reprimenda consistia, como regra, na expulsão do agente da comunidade, expondo-o à própria sorte.

Acreditava-se nas forças sobrenaturais, que, por vezes, não passavam de fenômenos da natureza, como a chuva ou o trovão, motivo pelo qual, quando a punição era concretizada, imaginava o povo primitivo que poderia acalmar os deuses. O vínculo existente entre os membros de um grupo era dado pelo totem (estátuas em formas de animais ou vegetais), que era o antepassado comum do clã: ao mesmo tempo, era o seu espírito guardião e auxiliar, que lhe enviava oráculos, e embora perigoso para os outros, reconhecia e poupava os seus próprios filhos (Freud, *Totem e tabu*, p. 13). Na relação totêmica, instituiu-se a punição quando houvesse a quebra de algum tabu (algo sagrado e misterioso). Não houvesse a sanção, acreditava-se que a ira dos deuses atingiria todo o grupo.

Atingiu-se, em uma segunda fase, o que se convencionou chamar de *vingança privada*, como forma de reação da comunidade contra o infrator. Na realidade, a *justiça pelas próprias mãos* nunca teve sucesso, pois implicava, na essência, em autêntica forma de agressão. Diante disso, terminava gerando uma contrarreação e o círculo vicioso tendia a levar ao extermínio de clãs e grupos.

O vínculo totêmico (ligação entre os indivíduos pela mística e mágica) deu lugar ao vínculo de sangue, que implicava na reunião dos sujeitos que possuíam a mesma descendência. Vislumbrando a tendência destruidora da *vingança privada*, adveio o que se convencionou denominar de *vingança pública*, quando o chefe da tribo ou do clã assumiu a tarefa punitiva.

A centralização de poder fez nascer uma forma mais segura de repressão, sem dar margem ao contra-ataque. Nessa época, prevalecia o critério do talião (olho por olho, dente por dente), acreditando-se que o malfeitor deveria padecer do mesmo mal que causara a outrem. Não é preciso ressaltar que as sanções eram brutais, cruéis e sem qualquer finalidade útil, a não ser apaziguar os ânimos da comunidade, acirrados pela prática da infração grave. Entretanto, não é demais destacar que a adoção do talião constituiu uma evolução no direito penal, uma vez que houve, ao menos, maior equilíbrio entre o crime cometido e a sanção destinada ao seu autor.

No Oriente Antigo, fundava-se a punição em caráter religioso, castigando-se o infrator duramente para aplacar a ira dos deuses. Notava-se o predomínio do talião, que, se mérito teve, consistiu em reduzir a extensão da punição e evitar a infindável onda de vingança privada.

Na Grécia Antiga, como retrataram os filósofos da época, a punição mantinha seu caráter sacro e continuava a representar forte tendência expiatória e intimidativa. Em uma primeira fase, prevalecia a vingança de sangue, que terminou cedendo espaço ao talião e à composição.

O Direito Romano, dividido em períodos, contou, de início, com a prevalência do poder absoluto do chefe da família (*pater familias*), aplicando as sanções que bem entendesse ao seu grupo. Na fase do reinado, vigorou o caráter sagrado da pena, firmando-se o estágio da vingança pública. No período republicano, perdeu a pena o seu caráter de expiação, pois separou-se o Estado e o culto, prevalecendo, então, o talião e a composição. Havia, para tanto, a possibilidade de se entregar um escravo para padecer a pena no lugar do infrator, desde que houvesse a concordância da vítima – o que não deixava de ser uma forma de composição (cf. José Henrique Pierangeli, *Escritos jurídico-penais*, p. 366-368).

A Lei das XII Tábuas teve o mérito de igualar os destinatários da pena, configurando autêntico avanço político-social. Durante o Império, a pena tornou-se novamente mais rigorosa, restaurando-se a pena de morte e instituindo-se os trabalhos forçados. Se na República a pena tinha caráter predominantemente preventivo, passou-se a vê-la com o aspecto eminentemente repressivo. Mas foi também a época de significativos avanços na concepção do elemento subjetivo do crime, diferenciando-se o dolo de ímpeto do dolo de premeditação, entre outras conquistas. Continuavam a existir, no entanto, as penas infamantes, cruéis, de morte, de trabalhos forçados e de banimento.

O Direito Germânico, de natureza consuetudinária, caracterizou-se pela vingança privada e pela composição, havendo, posteriormente, a utilização das ordálias ou juízos de Deus (provas que submetiam os acusados aos mais nefastos testes de culpa – caminhar pelo fogo, ser colocado em água fervente, submergir num lago com uma pedra amarrada aos pés –, caso sobrevivessem seriam inocentes, do contrário, a culpa estaria demonstrada, não sendo preciso dizer o que terminava ocorrendo nessas situações) e também dos duelos judiciários, onde terminava prevalecendo a *lei do mais forte*.

O Direito Canônico, que predominou na Idade Média, perpetuou o caráter sacro da punição, que continuava severa, mas havia, ao menos, o intuito corretivo, visando à regeneração do criminoso. "Assim, na Europa medieval o Estado concebeu-se em termos religiosos, como Estado confessional cristão, e isso gerava uma justificação também religiosa do Direito Penal. O delito era visto como uma forma de pecado, e a pena era justificada como exigência de justiça, análoga ao castigo divino" (Mir Puig, *Estado, pena y delito*, p. 4).

A religião e o poder estavam profundamente ligados nessa época e a heresia implicava crime contra o próprio Estado. Surgiram os manifestos excessos cometidos pela denominada *Santa Inquisição*, que se valia, inclusive, da tortura para extrair a confissão e punir, exemplarmente, com medidas cruéis e públicas, os culpados.

Inexistia, até então, qualquer proporcionalidade entre a infração cometida e a punição aplicada. A partir do Iluminismo, diversos filósofos e juristas modificaram esse entendimento e uma das obras determinantes para essa alteração foi *Dos delitos e das penas*, de Cesare Bonesana, o Marquês de Beccaria. Posicionou-se contra a pena de morte e defendeu a proporcionalidade entre a gravidade do crime e a sanção penal aplicada. Nasce a denominada *Escola Clássica*. O caráter preponderantemente humanitário presente em sua obra foi um marco para o Direito Penal, até porque se contrapôs ao arbítrio e à prepotência dos juízes, sustentando-se que somente leis poderiam fixar penas, não cabendo aos magistrados interpretá-las, mas somente aplicá-las tais como postas. Insurgiu-se contra a tortura como método de investigação criminal e pregou o princípio da responsabilidade pessoal, buscando evitar que as penas pudessem atingir os familiares do infrator, o que era fato corriqueiro até então.

É inequívoco que o processo de modernização do direito penal somente teve início com o Iluminismo, a partir das contribuições de Bentham (Inglaterra), Montesquieu e Voltaire (França), Hommel e Feuerbach (Alemanha), Beccaria, Filangieri e Pagano (Itália). Houve preocupação com a racionalização na aplicação das penas, combatendo-se o reinante arbítrio judiciário. A inspiração contratualista voltava-se ao banimento do terrorismo punitivo, uma vez que cada cidadão teria renunciado a uma porção de liberdade para delegar ao Estado a tarefa de punir, nos limites da necessária defesa social. A pena ganha um contorno de utilidade, destinada a prevenir delitos e não simplesmente castigar.

Esses princípios espalharam-se pela Europa, registrando-se a denominada Reforma Leopoldina de 1786, introduzida na Toscana, mitigando penas e conferindo proporcionalidade entre delito e sanção, eliminando a tortura e o sistema da prova legal. Consagra-se o pensamento iluminista na Declaração dos Direitos do Homem e do Cidadão, de 26 de agosto de 1789.

Destaque-se que a prisão, como pena privativa de liberdade, surgiu apenas a partir do Século XVII, consolidando-se no Século XIX. Até essa época, utilizava-se a prisão como meio de guardar os réus, preservando-os fisicamente até que houvesse o julgamento (cf. Cezar Roberto Bitencourt, *Falência da pena de prisão – Causas e alternativas*, p. 4, 58-59, 71-73). Esses sistemas penitenciários, que consagraram as prisões como lugares de cumprimento da pena, foram, principalmente, os surgidos nas colônias americanas.

Embora existam menções de que, antes do sistema americano, outros modelos de prisão celular foram implantados na Europa, como o ocorrido em 1677 com o cárcere de Murate, em Florença, ou os estabelecimentos de Amsterdã entre os anos de 1595 e 1597 (cf. Hans Welzel, *Derecho penal alemán*, p. 291), na realidade, começou-se a implementar, de fato, esse sistema de 1681 em diante, idealizado por Guilhermo Penn, fundador da colônia da Pensilvânia, cumprindo despacho do Rei Carlos II, que proscreveu a severidade das prisões inglesas, generalizando-se, então, a partir daí, as penas privativas de liberdade como formas de buscar a ressocialização.

Criou-se, em 1818, a *Western Pennsylvania Penitentiary* e, na sequência, em 1829, a *Eastern State Penitentiary*, nos Estados Unidos. Era o denominado *sistema pensilvânico*, onde havia isolamento completo do condenado, que não podia receber visitas, a não ser dos funcionários, membros da Associação de Ajuda aos Presos e do sacerdote. O pouco trabalho realizado era manufaturado. Vigorava a lei do silêncio, separando-se os presos em celas individuais, o que não deixava de ser uma vantagem se comparado à promiscuidade das celas coletivas dos dias de hoje.

Posteriormente, surgiu o *sistema auburniano*, com a prisão de Auburn, que tomou pulso com a indicação do Capitão Elam Lynds como diretor (1823). Preocupava-se, essencialmente, com a obediência do criminoso, com a segurança do presídio e com a exploração da mão de obra barata. Adotou a regra do silêncio absoluto, voltado ao controle dos condenados, mas fomentou, diferentemente do pensilvânico, o trabalho do preso durante o dia.

Nos dois, como explica Cezar Roberto Bitencourt (*Falência da pena de prisão – causas e alternativas*, p. 63-80), havia a proibição de contato durante a noite, pois estavam separados em celas individuais. Ambos adotaram, basicamente, a visão punitiva e retributiva da pena.

Registre-se que esse sistema de privação da liberdade, com trabalho imposto aos condenados, também tinha a finalidade de sustentar o capitalismo, com mão de obra barata e sem o poder de reivindicação dos trabalhadores livres, caracterizando um período denominado de *utilitarista*. Entrou em declínio quando os sindicatos americanos passaram a desenvolver ações impeditivas da compra dos produtos fabricados pelos presos, pois reputavam haver *concorrência desleal* (cf. Barja de Quiroga, *Teoría de la pena*, p. 36).

Não se deve olvidar que, por volta de 1787, com sua célebre série de cartas, Jeremy Bentham sugeriu a criação do presídio ideal, denominado "O Panóptico" ou "Casa de

Inspeção" (*O panóptico*, p. 11-75). A origem do termo advém de "pan-óptico", ou seja, aquilo que permite uma visão total. Todas as celas voltavam-se para o centro do presídio e o condenado passava praticamente todas as horas do dia em constante vigilância. Para Bentham, a pena tinha a função de prevenção particular, que se aplica ao delinquente individual, e a prevenção geral, que se aplica a todos os membros da comunidade.

Nessa época, surge o sistema progressivo de cumprimento da pena privativa de liberdade na Europa. Mencione-se a colônia penal de Norfolk, ilha situada entre a Nova Zelândia e Nova Caledônia, onde, em 1840, o capitão inglês Maconochie distribuiu vales ou marcas aos condenados, conforme o seu comportamento e rendimento no trabalho, de modo a alterar positivamente a sua condição, podendo diminuir a pena. Era possível passar do sistema inicial de isolamento celular diurno e noturno, com árduo trabalho e pouca alimentação, para um trabalho em comum, em silêncio, com isolamento noturno. O terceiro estágio era o da liberdade condicional. Foi transposto, em face do seu sucesso, para a Inglaterra.

Aprimorado na Irlanda por Walter Crofton, o sistema passou a dividir o encarceramento em estágios, conforme o merecimento, passando do isolamento celular ao trabalho comum, com período de semiliberdade (colônia agrícola) até atingir a liberdade sob vigilância até o final da pena (cf. Aníbal Bruno, *Das penas*, p. 59). Vale citar, ainda, a experiência de Montesinos, no presídio de Valência, bem como de Ober-Mayer, em Munique (cf. Barja de Quiroga, *Teoría de la pena*, p. 37). Tal modelo até hoje exerce influência em nossa legislação.

Tornando à doutrina europeia, registra-se, a partir do Iluminismo, o predomínio de duas teorias contrapostas: teoria da retribuição (absoluta) e teoria da prevenção (relativa).

A primeira (Carrara, Rossi, Kant, Hegel, entre outros), denominada *absoluta*, defendia que a pena tinha finalidade eminentemente retributiva, voltada ao castigo do criminoso. O fundamento da pena era a justiça e a necessidade moral, pouco interessando sua efetiva utilidade. Kant sustentava que a pena era a retribuição justa desprovida de finalidade, representando a causação de um mal como compensação à infração penal cometida. Se o ser humano pode ser considerado moralmente livre, com capacidade de se autodeterminar, natural se torna sofrer punição pelo que faz de errado. Hegel, por sua vez, embora inserido na mesma corrente, possuía visão diferenciada, afirmando que a pena deveria ser considerada retribuição apenas no sentido de que se contrapunha ao crime (cf. Lesch, *La función de la pena*, p. 9 *et seq.*).

A segunda (Beccaria, Feuerbach, Carmignani, entre outros), considerada *relativa*, entendia que a pena deveria ter um fim utilitário, consistente na prevenção geral e especial do crime.

A escola clássica (essa denominação somente surgiu depois de sua existência consolidada, visando contrapor-se à denominada *escola positiva*) encontrou seu grande representante e consolidador em Francesco Carrara, que se manifestou contrário à pena de morte e às penas cruéis, afirmando que o crime seria fruto do livre-arbítrio do ser humano, devendo haver proporcionalidade entre o crime e a sanção aplicada.

Os clássicos visualizavam a responsabilidade penal do criminoso com base no livre-arbítrio. Nas palavras de Antonio Moniz Sodré de Aragão, "o criminoso é *penalmente responsável*, porque tem a *responsabilidade moral e é moralmente responsável* porque possui o *livre-arbítrio*. Este livre-arbítrio é que serve, portanto, de justificação às penas que se impõem aos delinquentes como um castigo merecido, pela ação criminosa e livremente voluntária" (*As três escolas penais*, p. 59).

Passou-se a considerar que a responsabilidade penal se fundava na responsabilidade moral, justamente porque se deu ênfase ao livre-arbítrio. O crime passou a ser tratado como um *ente jurídico* e não como simples *fato do homem*. O escopo da pena era retribuir o mal do crime com o mal da sanção, embora pudesse haver – e até fosse desejável que ocorresse – a emenda do infrator. Essa situação, no entanto, não concernia ao Direito Penal.

Com a publicação do livro *O homem delinquente* (1876), de Cesare Lombroso, cravou-se o marco da linha de pensamento denominada *escola positiva*. Lombroso sustentou que o ser humano poderia ser um criminoso nato, submetido a características próprias, originárias de suas anomalias físico-psíquicas. Dessa forma, o homem nasceria delinquente, ou seja, portador de caracteres impeditivos de sua adaptação social, trazendo como consequência o crime, algo naturalmente esperado. Não haveria livre-arbítrio, mas simples atavismo. A escola positiva deslocou o estudo do Direito Penal para o campo da investigação científica, proporcionando o surgimento da antropologia criminal, da psicologia criminal e da sociologia criminal. Ferri e Garofalo foram discípulos de Lombroso e grandes expoentes da escola positiva, sobretudo o primeiro.

Defendeu Enrico Ferri que o ser humano seria responsável pelos danos que causasse simplesmente porque vivia em sociedade. Negou terminantemente o livre-arbítrio, defendido pela escola clássica. Assim, o fundamento da punição era a defesa social. A finalidade da pena consubstanciava-se, primordialmente, na prevenção a novos crimes.

A escola positiva baseava-se no estudo da pessoa real do delinquente e não na figura abstrata e jurídica do crime. Na investigação das causas do delito, seria indispensável elaborar a história do criminoso, observá-lo nos laboratórios e sujeitá-lo a experiências fisiológicas e um exame completo da sua personalidade. Com isso, nega o livre-arbítrio e a responsabilidade moral do indivíduo, pois seria a negação das leis científicas fundamentais (cf. Antonio Moniz Sodré de Aragão, *As três escolas penais*, p. 34-35 e 67).

Não há dúvida de que a escola positiva exerceu forte influência sobre o campo da individualização da pena, princípio que rege o Direito Penal até hoje, levando em consideração, por exemplo, a personalidade e a conduta social do delinquente para o estabelecimento da justa sanção.

Ambas as escolas merecem críticas, justamente por serem radicalmente contrapostas. Enquanto a clássica olvidava a necessidade de reeducação do condenado, a positiva fechava os olhos para a responsabilidade resultante do fato, fundando a punição no indeterminado conceito de periculosidade, conferindo poder ilimitado ao Estado, ao mesmo tempo em que não resolve o problema do delinquente ocasional, portanto, não perigoso.

Várias outras escolas surgiram após a clássica e a positiva, buscando conciliar os princípios de ambas, mas nenhuma delas atingiu o grau de consistência das primeiras. Denominaram-se escolas ecléticas ou críticas. Apreciando as inúmeras escolas penais, professa Frederico Marques que, na escola clássica, houve excesso de preocupação com o homem abstrato, sujeito de direitos, elaborando suas ideias com o método dedutivo do jusnaturalismo, enquanto na escola positiva houve uma hipertrofia naturalista, preocupando-se em demasia com as leis físicas que regem o universo, em detrimento da espiritualidade da pessoa humana. A escola eclética denominada técnico-jurídica, por sua vez, baseou-se na hipertrofia dogmática, sem grande conteúdo. Enfim, conclui, "o Direito Penal deve estudar o criminoso como espírito e matéria, como pessoa humana, em face dos princípios éticos a que está sujeito e das regras jurídicas que imperam na vida social, e também ante as leis do mundo natural que lhe afetam a parte contingente e material" (*Tratado de direito penal*, v. I, p. 110-111).

Após a Segunda Guerra Mundial, Filippo Gramatica inaugurou a valorização da *defesa social* – um modelo de *escola eclética* –, negando a existência de um direito de castigar por parte do Estado e indicando que o caminho adequado seria socializar o criminoso, aplicando-lhe *medidas de defesa social*, de natureza preventiva, educativa e curativa, respeitada a personalidade do agente (García-Pablos de Molina, *Tratado de criminologia*, p. 507; Antonio Sólon Rudá, *Breve história do direito penal e da criminologia*, p. 389). A valorização da defesa social centralizava-se no grau de antissociabilidade subjetiva do agente, permitindo-se individualizar as medidas, conforme a proporcionalidade exigida pelo caso concreto. Com isso, a sanção penal não seria um fim em si mesma, atendendo racionalmente a defesa da sociedade, pois o objetivo seria a recuperação do infrator, possibilitando o desaparecimento das causas geradoras da sua antissociabilidade. A proposta seria a substituição da responsabilidade penal pela antissociabilidade subjetiva. A pena perderia o caráter de castigo, gerando temor, para assumir a natureza de medida de defesa social preventiva, curativa e educativa.

Em síntese, Gramatica indicou que o Estado não teria o direito de castigar, mas de socializar o delinquente, razão pela qual o foco se concentraria na sua personalidade e não no dano causado pelo crime (*Principios de defensa social*, p. 28-57). Não se negou a existência do livre-arbítrio para a prática do delito, mas se pretendia superar o debate entre ele e o determinismo, substituindo esse quadro pela antissociabilidade. Entretanto, a aplicação de uma medida de defesa social seria uma espécie de medida de segurança, concentrando-se no grau de periculosidade apresentado pelo indivíduo, cuja verificação se daria pela sua conduta, considerada antissocial, mesmo sem haver um prévio dano a bem jurídico tutelado.

Pode-se diferenciar a teoria de Gramatica da ofertada, anteriormente, por Lombroso, porque a defesa social não afirma a origem atávica do criminoso, mas como consequência da sua antissociabilidade, fruto da personalidade. A inconveniência se torna nítida, pois a culpabilidade termina substituída pela antissociabilidade, podendo-se aplicar a medida preventiva para reabilitação a quem apresentasse periculosidade social, como os vagabundos, rufiões, homossexuais, prostitutas, traficantes de pornografia, mendigos, ébrios habituais e toxicômanos etc. (*Principios de defensa social*, p. 188).

Opondo-se à defesa social, Marc Ancel apontou a necessidade de uma política criminal humanista, objetivando a proteção eficiente da sociedade, conhecendo-se, cientificamente, a personalidade do infrator e buscando neutralizar a sua periculosidade de modo individualizado e humanitário (*A nova defesa social*, p. 8-86). Surgiu a *nova* defesa social, buscando o tratamento ressocializador do criminoso e apresentando-se como uma reação ao sistema retributivo da pena. Reconheceu na sanção penal uma proteção à comunidade, visando à prevenção do delito e ao tratamento do delinquente, por meio de medidas extrapenais e mecanismos curativos ou educativos. Assim sendo, o ideal seria o estudo do fato criminoso e da personalidade do criminoso. Afastou-se o ingrediente metafísico do livre-arbítrio para fundamentar a prática do crime, como se fosse uma escolha entre o bem e o mal, eliminando-se a aplicação da pena como mecanismo para realizar a justiça *absoluta*, proporcional ao mal causado pelo crime em abstrato. Afinal, a justiça humana é sempre *relativa*, julgando-se a pessoa concreta. A nova defesa social considerou o crime com um fato humano, expressando a personalidade do agente e a crise do direito penal se concentraria na ideia de uma pena como expressão de simples retribuição. Se esta fosse a meta, estar-se-ia dando uma solução meramente abstrata e jurídica a um problema que ultrapassa a esfera limitada da lei. Rejeitou, também, o determinismo positivista, impondo-se o respeito à dignidade humana, com garantia da liberdade individual, a preservação da legalidade e a não adoção de medidas de segurança preventivas, antes da ocorrência do delito (*A nova defesa social*, p. 232-241).

Marc Ancel defendeu a individualização da pena como uma obrigação do magistrado, imposta por lei, adotando-se uma postura diferenciada em relação ao criminoso, o que levaria ao estudo da sua personalidade por métodos científicos. Porém, opôs-se ao sistema do duplo binário (aplicação de pena e medida de segurança), por considerá-lo superado; o Estado deve optar pela via penal (impondo pena) ou pela via da defesa social (aplicando medida de segurança). De qualquer forma, a política criminal da nova defesa social deve privilegiar a ressocialização, permitindo que o condenado se torne um cidadão livre (*A nova defesa social*, p. 281-350).

Consultar o nosso conceito de pena e suas funções e finalidades no Cap. XXI.

2. PANORAMA HISTÓRICO DO DIREITO PENAL NO BRASIL

Na época do descobrimento, os portugueses encontraram a terra habitada por índios, que não possuíam um *direito penal* organizado e muito menos civilizado, aplicando-se penas aleatórias, inspiradas na vingança privada, além de se estabelecer, casualmente, algumas formas de composição. Muitas penalidades eram cruéis, implicando tortura, morte e banimento.

Sem dificuldade, instalou-se a legislação portuguesa, traduzida nas Ordenações do Reino. Inicialmente, vigoraram as Ordenações Afonsinas (1446), da época de D. Afonso V. Posteriormente, passaram a viger as Ordenações Manuelinas (1521), da época de D. Manuel I. Antes das Ordenações Filipinas (1603), do reinado de D. Filipe II, houve a aplicação da compilação organizada por D. Duarte Nunes de Leão, por volta de 1569.

A mais longa delas – 1603 a 1830 – foram as Ordenações Filipinas, que previam penas cruéis e desproporcionais, sem qualquer sistematização. Somente com a edição do Código Criminal do Império (1830), advindo do projeto elaborado por Bernardo Pereira de Vasconcellos, conseguiu-se uma legislação penal mais humanizada e sistematizada. Constituiu-se um avanço notável, criando institutos (como, por exemplo, o dia-multa) até hoje utilizados pelo direito brasileiro e, também, por legislação estrangeira.

Em 1890, aprovou-se o Código Penal da era republicana. Sob muitas críticas, acusado de não ter mantido o nível de organização e originalidade de seu antecessor, foi mantido até que se editou o atual Código Penal (Decreto-lei 2.848/1940), da época de Getúlio Vargas, advindo de projeto elaborado por Alcântara Machado. No meio-tempo, em razão da criação de inúmeras leis penais desconexas, houve a Consolidação das Leis Penais de Vicente Piragibe (1932).

Houve uma tentativa de modificação integral do atual Código em 1969, quando os militares, então no poder, editaram o Decreto-lei 1.004/1969 que, no entanto, permaneceu em *vacatio legis* por cerca de nove anos, revogado que foi definitivamente pela Lei 6.578/1978.

Posteriormente, editou-se a Lei 7.209/1984, promovendo extensa reforma na Parte Geral do Código atual, embora sem modificá-la por completo. O Código original de 1940, nascido de concepção causalista, sofreu algumas modificações de natureza finalista por ocasião da mencionada reforma do ano de 1984, permanecendo, pois, híbrido, não se podendo afirmar ser de conotação causalista pura, nem tampouco finalista na essência.

Outras reformas pontuais foram introduzidas, tanto na Parte Geral quanto na Especial, fazendo com que o Código Penal não possua mais um sistema harmônico. Ao contrário, conseguiu-se deformá-lo, apresentando situações contraditórias como, apenas para citar um exemplo, a possibilidade de concessão de penas restritivas de direitos, mais brandas, a crimes cuja pena privativa de liberdade não ultrapasse quatro anos, embora a suspensão condicional da pena, mais rigorosa, somente possa ser aplicada a crimes cuja pena privativa de liberdade não supere dois anos. As contradições devem ser dirimidas pelo juiz em cada caso concreto, o que não deixa de gerar um sistema inseguro e imprevisível.

O ideal seria a reforma uniforme e sistematizada do Código Penal e da Lei de Execução Penal, de modo a conferir-lhes uma feição inteligível e de aplicação lógica.

SÍNTESE

Evolução do direito penal: nos primórdios, a pena era aplicada desordenadamente, sem um propósito definido, de forma desproporcional e com forte conteúdo religioso. Atingiu-se a vingança privada e, na sequência, a vingança pública, chamando o Estado a si a força punitiva. Aplicou-se o talião (olho por olho, dente por dente), o que representou um avanço à época, pois se traçou o contorno da proporcionalidade entre o crime praticado e a pena merecida. Seguiu-se a fase de humanização do direito penal, após a Revolução Francesa, estabelecendo-se, no mundo todo, a pena privativa de liberdade como a principal sanção aplicada, evitando-se, como meta ideal a ser atingida, as penas consideradas cruéis.

Escola clássica: fundamentalmente, via o criminoso como a pessoa que, por livre-arbítrio, infringiu as regras impostas pelo Estado, merecendo o castigo denominado pena. Visualizava primordialmente o fato cometido, razão pela qual consagrou o princípio da proporcionalidade, evitando-se as penas corporais de toda ordem.

Escola positiva: essencialmente, enxergava o criminoso como um produto da sociedade, que não agia por livre-arbítrio, mas por não ter outra opção, além de ser levado ao delito por razões atávicas. Visualizava, sobretudo, o homem-delinquente e não o fato praticado, motivo pelo qual a pena não necessitava representar castigo, mas tinha caráter preventivo, isto é, até quando fosse útil poderia ser aplicada.

Capítulo III
Princípios de Direito Penal

1. CONCEITO DE PRINCÍPIO E IMPORTÂNCIA

Etimologicamente, princípio tem vários significados, entre os quais o de momento em que algo tem origem; causa primária, elemento predominante na constituição de um corpo orgânico; preceito, regra ou lei; fonte ou causa de uma ação.

No sentido jurídico, não se poderia fugir de tais noções, de modo que o conceito de princípio indica uma ordenação, que se irradia e imanta os sistemas de normas, servindo de base para a interpretação, integração, conhecimento e aplicação do direito positivo.

Há princípios expressamente previstos em lei, enquanto outros estão implícitos no sistema normativo. Existem, ainda, os que estão enumerados na Constituição Federal, denominados de *princípios constitucionais* (explícitos e implícitos) servindo de orientação para a produção legislativa ordinária, atuando como garantias diretas e imediatas aos cidadãos, bem como funcionando como critérios de interpretação e integração do texto constitucional.

1.1 Princípios regentes

O conjunto dos princípios constitucionais forma um sistema próprio, com lógica e autorregulação. Por isso, torna-se imperioso destacar dois aspectos: a) há integração entre os princípios constitucionais penais e os processuais penais; b) coordenam o sistema de princípios os mais relevantes para a garantia dos direitos humanos fundamentais: dignidade da pessoa humana e devido processo legal.

Estabelece o art. 1.º, III, da Constituição Federal: "A República Federativa do Brasil, formada pela união indissolúvel dos Estados e Municípios e do Distrito Federal, constitui-se em Estado Democrático de Direito e tem como fundamentos: (...) III – a dignidade da pessoa humana". No art. 5.º, LIV, da Constituição Federal, encontra-se: "ninguém será privado da liberdade ou de seus bens sem o devido processo legal".

Nada se pode tecer de justo e realisticamente isonômico que passe ao largo da dignidade humana, base sobre a qual todos os direitos e garantias individuais são erguidos e sustentados. Ademais, inexistiria *razão de ser* a tantos preceitos fundamentais não fosse o nítido suporte prestado à dignidade humana.

Há dois prismas para o princípio constitucional regente da dignidade da pessoa humana: objetivo e subjetivo. Sob o aspecto objetivo, significa a garantia de um *mínimo existencial* ao ser humano, atendendo as suas necessidades básicas, como moradia, alimentação, educação, saúde, lazer, vestuário, higiene, transporte e previdência social, nos moldes fixados pelo art. 7.º, IV, da CF. Sob o aspecto subjetivo, trata-se do sentimento de respeitabilidade e autoestima, inerentes ao ser humano, desde o nascimento, em relação aos quais não cabe qualquer espécie de renúncia ou desistência.

O Direito Penal, constituindo a mais drástica opção estatal para regular conflitos e aplicar sanções, deve amoldar-se ao princípio regente da dignidade humana, justamente pelo fato de se assegurar que o *braço forte* do Estado continue a ser democrático e de direito.

O devido processo legal guarda suas raízes no princípio da legalidade, garantindo ao indivíduo que somente seja processado e punido se houver lei penal anterior definindo determinada conduta como crime, cominando-lhe pena. Além disso, modernamente, representa a união de todos os princípios penais e processuais penais, indicativo da regularidade plena do processo criminal.

Associados, os princípios constitucionais da dignidade humana e do devido processo legal entabulam a regência dos demais, conferindo-lhes unidade e coerência. Consultar o nosso *Princípios constitucionais penais e processuais penais* para mais esclarecimentos.

2. PRINCÍPIOS DE DIREITO PENAL

2.1 Constitucionais explícitos

2.1.1 Concernentes à atuação do Estado

2.1.1.1 Legalidade (ou reserva legal)

Trata-se do fixador do conteúdo das normas penais incriminadoras, ou seja, os tipos penais, mormente os incriminadores, somente podem ser criados através de lei em sentido estrito, emanada do Poder Legislativo, respeitado o procedimento previsto na Constituição. Encontra-se previsto, expressamente, no art. 5.º, XXXIX, da CF, bem como no art. 1.º do Código Penal (será estudado em capítulo próprio).

2.1.1.2 Anterioridade

Significa que uma lei penal incriminadora somente pode ser aplicada a um fato concreto, caso tenha tido origem *antes* da prática da conduta para a qual se destina.

Como estipulam o texto constitucional e o art. 1.º do Código Penal, "não há crime sem lei *anterior* que o defina", nem tampouco pena "sem *prévia* cominação legal" (destacamos).

De nada adiantaria adotarmos o princípio da legalidade, sem a correspondente anterioridade, pois criar uma lei, após o cometimento do fato, seria totalmente inútil para a segurança que a norma penal deve representar a todos os seus destinatários. O indivíduo somente está protegido contra os abusos do Estado, caso possa ter certeza de que as leis penais são aplicáveis para o futuro, a partir de sua criação, não retroagindo para abranger condutas já realizadas.

2.1.1.3 Retroatividade da lei penal benéfica

É natural que, havendo anterioridade obrigatória para a lei penal incriminadora, não se pode permitir a retroatividade de leis, especificamente as prejudiciais ao acusado. Logo, quando novas leis entram em vigor, devem envolver somente fatos concretizados sob a sua égide.

Abre-se exceção à vedação à irretroatividade quando se trata de lei penal benéfica. Esta pode voltar no tempo para favorecer o agente, ainda que o fato tenha sido decidido por sentença condenatória com trânsito em julgado (art. 5.º, XL, CF; art. 2.º, parágrafo único, CP). É o que estudaremos no capítulo referente à lei penal no tempo.

Pode-se denominá-lo, também, como *princípio da irretroatividade da lei penal*, adotando como regra que a lei penal não poderá retroagir, mas, como exceção, a retroatividade da lei benéfica ao réu ou condenado.

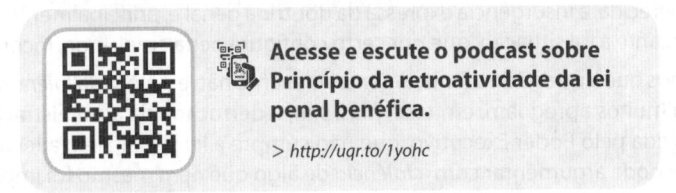

Acesse e escute o podcast sobre **Princípio da retroatividade da lei penal benéfica.**
> http://uqr.to/1yohc

2.1.1.4 Humanidade

Significa que o direito penal deve pautar-se pela benevolência, garantindo o bem-estar da coletividade, incluindo-se o dos condenados. Estes não devem ser excluídos da sociedade, somente porque infringiram a norma penal, tratados como se não fossem seres humanos, mas animais ou coisas.

Por isso, estipula a Constituição que não haverá penas: a) de morte (exceção feita à época de guerra declarada, conforme previsão dos casos feita no Código Penal Militar); b) de caráter perpétuo; c) de trabalhos forçados; d) de banimento; e) cruéis (art. 5.º, XLVII), bem como que deverá ser assegurado o respeito à integridade física e moral do preso (art. 5.º, XLIX).

Na realidade, há uma redação imprecisa, pois as penas cruéis constituem o gênero do qual são espécies as demais (pena de morte, prisão perpétua, banimento, trabalho forçado). Logo, na alínea *e*, onde se lê *cruéis*, devemos incluir as penas *corporais*, que implicam castigos físicos.

🕭 PONTO RELEVANTE PARA DEBATE

A prisão no Brasil e a humanidade

A Constituição Federal consagra o princípio da humanidade, voltando-se, particularmente, às penas apontadas, internacionalmente, como cruéis, tais como a morte, a prisão perpétua, o banimento e os trabalhos forçados.

Não considera, por óbvio, como cruel a pena privativa de liberdade, que, aliás, consta da relação do art. 5.º, XLVI, *a*, da CF, uma das sugeridas para adoção pela lei ordinária.

O ponto relevante para ser destacado é a real condição do cárcere na maioria das comarcas brasileiras. É de conhecimento público e notório que vários presídios apresentam celas imundas e superlotadas, sem qualquer salubridade. Nesses locais, em completo desacordo ao estipulado em lei, inúmeros sentenciados contraem enfermidades graves, além de sofrerem violências de toda ordem.

Parte considerável dos estabelecimentos penais não oferece, como também determina a lei, a oportunidade de trabalho e estudo aos presos, deixando-os entregues à ociosidade, o que lhes permite dedicar-se às organizações criminosas.

Sob outro prisma, observa-se carência de vagas igualmente no regime semiaberto, obrigando a que presos aguardem, no fechado, o ingresso na colônia penal, direito já consagrado por decisão judicial.

Outras várias mazelas poderiam ser apontadas, indicando a forma desumana com que a população carcerária é tratada em muitos presídios. Entretanto, não se registra, com a frequência merecida, a insurgência expressa da doutrina penal e, principalmente, da jurisprudência, no tocante a tal situação, que por certo configura pena cruel, logo, inconstitucional.

Parece-nos que a questão autenticamente relevante não é a alegada *falência da pena de prisão*, como muitos apregoam, em tese, mas, sim, a derrocada da administração penitenciária, conduzida pelo Poder Executivo, que não cumpre a lei penal, nem a lei de execução penal. Não se pode argumentar com a *falência* de algo que nem mesmo foi implementado. Portanto, a solução proposta é muito simples: cumpra-se a lei.

Diante disso, haveria de se demandar do Judiciário uma avaliação realista do sistema carcerário, impedindo a *crueldade* concreta na execução das penas privativas de liberdade, por se tratar de tema diretamente ligado à Constituição Federal. Quando o juiz da execução penal tomar conhecimento de situação desastrosa no estabelecimento penal sob sua fiscalização, deve tomar as medidas legais cabíveis para sanar a flagrante ilegalidade e consequente inconstitucionalidade.

Se a parcela da sociedade que se encontra no cárcere não tiver seus direitos, expressamente previstos em lei, respeitados, nem puder confiar no Poder Judiciário, prejudica-se seriamente o Estado Democrático de Direito.

O Supremo Tribunal Federal tomou importante passo ao declarar o estado de coisas inconstitucional no sistema carcerário brasileiro, determinando providências. Fixou a seguinte tese: "1. Há um estado de coisas inconstitucional no sistema carcerário brasileiro, responsável pela violação massiva de direitos fundamentais dos presos. Tal estado de coisas demanda a atuação cooperativa das diversas autoridades, instituições e comunidade para a construção de uma solução satisfatória. 2. Diante disso, União, Estados e Distrito Federal, em conjunto com o Departamento de Monitoramento e Fiscalização do Conselho Nacional de Justiça (DMF/CNJ), deverão elaborar planos a serem submetidos à homologação do Supremo

Tribunal Federal, nos prazos e observadas as diretrizes e finalidades expostas no presente voto, especialmente voltados para o controle da superlotação carcerária, da má qualidade das vagas existentes e da entrada e saída dos presos. 3. O CNJ realizará estudo e regulará a criação de número de varas de execução penal proporcional ao número de varas criminais e ao quantitativo de presos" (ADPF 347, Plenário, rel. Marco Aurélio, redator para o acórdão Luís Roberto Barroso, 04.10.2023, v.u.).

2.1.2 Concernentes ao indivíduo

2.1.2.1 Personalidade ou da responsabilidade pessoal

Significa que a punição, em matéria penal, não deve ultrapassar a pessoa do delinquente. Trata-se de outra conquista do direito penal moderno, impedindo que terceiros inocentes e totalmente alheios ao crime possam pagar pelo que não fizeram, nem contribuíram para que fosse realizado.

A família do condenado, por exemplo, não deve ser afetada pelo crime cometido. Por isso, prevê a Constituição, no art. 5.º, XLV, que "nenhuma pena passará da pessoa do condenado". Isso não significa a impossibilidade de garantir à vítima do delito a indenização civil ou que o Estado não possa confiscar o produto do crime – aliás, o que o próprio art. 5.º, XLV, prevê.

Se o ofendido ajuizar ação civil de reparação de danos contra o sentenciado, caso este morra, a ação pode prosseguir contra o espólio, atendido o limite da herança. Por outro lado, sobre a decretação do perdimento de bens, aplica-se o disposto pelo art. 91, II, b, do Código Penal ("produto do crime ou de qualquer bem ou valor que constitua proveito auferido pelo agente com a prática do fato criminoso"). Desse modo, mesmo que o criminoso transfira patrimônio, em vida ou em virtude de falecimento, a terceiros, o Estado pode confiscá-los, visto que a ninguém é dado enriquecer ilicitamente.

2.1.2.2 Individualização da pena

Significa que a pena não deve ser padronizada, cabendo a cada delinquente a exata medida punitiva pelo que fez. Não teria sentido igualar os desiguais, sabendo-se, por certo, que a prática de idêntica figura típica não é suficiente para nivelar dois seres humanos. Assim, o justo é fixar a pena de maneira individualizada, seguindo-se os parâmetros legais, mas estabelecendo a cada um o que lhe é devido.

O processo de aplicação da pena depende da discricionariedade judicial, embora devidamente fundamentada, permitindo a apreciação dos vários elementos colocados à disposição pela lei ordinária, no intuito de tornar específica e detalhada a individualização da pena.

Por isso, desenvolve-se em três estágios: a) fixação do *quantum* da pena; b) estabelecimento do regime de cumprimento da pena; c) opção pelos benefícios legais cabíveis (penas alternativas, *sursis*). Para a escolha do montante da pena, o magistrado se baseia no sistema trifásico: a.1) elege a pena-base, com fundamento nos elementos do art. 59 do Código Penal; a.2) aplica as agravantes e atenuantes possíveis (arts. 61 a 66 do Código Penal); a.3) finaliza com as causas de aumento e diminuição da pena.

É o que prevê o art. 5.º, XLVI, da Constituição e será detalhadamente analisado no capítulo concernente à aplicação da pena.

Sob outro aspecto, é relevante destacar que a individualização da pena figura em três níveis: a) individualização legislativa: quando um tipo penal incriminador é criado pelo legislador, cabe a este a primeira fixação do *quantum* abstrato da pena, estabelecendo o mínimo e o máximo previstos para o delito; b) individualização judiciária: ao término da instrução, compete ao juiz, em caso de condenação do réu, fixar a pena concreta – entre o mínimo e o máximo abstratamente previstos no tipo penal, conforme exposto linhas acima; c) individualização executória: transitada em julgado a decisão condenatória, inicia-se o cumprimento da pena perante o juiz da execução penal. Passa-se, então, a determinar os benefícios cabíveis ao sentenciado, sendo possível diminuir a pena (indulto, remição, como exemplos), alterar o regime para um mais benéfico ou para um mais rigoroso (progressão ou regressão), dentre outras medidas. Em suma, a pena continua a ser individualizada até o término de seu cumprimento. Observe-se a preocupação do constituinte com tal aspecto, determinando que "a pena será cumprida em estabelecimentos distintos, de acordo com a natureza do delito, a idade e o sexo do apenado" (art. 5.º, XLVIII, CF).

2.2 Constitucionais implícitos

2.2.1 Concernentes à atuação do Estado

2.2.1.1 Intervenção mínima e princípios paralelos e corolários da subsidiariedade, fragmentariedade e ofensividade

Significa que o direito penal não deve interferir em demasia na vida do indivíduo, retirando-lhe autonomia e liberdade. Afinal, a lei penal não deve ser vista como a primeira opção (*prima ratio*) do legislador para compor conflitos existentes em sociedade, os quais, pelo atual estágio de desenvolvimento moral e ético da humanidade, sempre estarão presentes.

Há outros ramos do Direito preparados a solucionar as desavenças e lides surgidas na comunidade, compondo-as sem maiores traumas. O direito penal é considerado a *ultima ratio*, isto é, a última cartada do sistema legislativo, quando se entende que outra solução não pode haver senão a criação de lei penal incriminadora, impondo sanção penal ao infrator. Como bem assinala Mercedes García Arán, "o direito penal deve conseguir a tutela da paz social obtendo o respeito à lei e aos direitos dos demais, mas sem prejudicar a dignidade, o livre desenvolvimento da personalidade ou a igualdade e restringindo ao mínimo a liberdade" (*Fundamentos y aplicación de penas y medidas de seguridad en el Código Penal de 1995*, p. 36).

Caso o bem jurídico possa ser protegido de outro modo, deve-se abrir mão da opção legislativa penal, justamente para não banalizar a punição, tornando-a, por vezes, ineficaz, porque não cumprida pelos destinatários da norma e não aplicada pelos órgãos estatais encarregados da segurança pública. Podemos anotar que a vulgarização do direito penal, como norma solucionadora de qualquer conflito, pode levar ao seu descrédito e, consequentemente, à ineficiência de seus dispositivos.

Atualmente, somente para exemplificar, determinadas infrações administrativas de trânsito possuem punições mais temidas pelos motoristas, diante das elevadas multas e do ganho de pontos no prontuário, que podem levar à perda da carteira de habilitação – tudo isso, sem o devido processo legal – do que a aplicação de uma multa penal, sensivelmente menor.

Enfim, o direito penal deve ser visto como *subsidiário* aos demais ramos do Direito. Fracassando outras formas de punição e de composição de conflitos, lança-se mão da lei penal para coibir comportamentos desregrados, que possam lesionar bens jurídicos tutelados.

Luiz Luisi sustenta que o Estado deve evitar a criação de infrações penais insignificantes, impondo penas ofensivas à dignidade humana. Tal postulado encontra-se implícito na Constituição Federal, que assegura direitos invioláveis, como a vida, a liberdade, a igualdade, a segurança e a propriedade, bem como colocando como fundamento do Estado democrático de direito a dignidade da pessoa humana. Daí ser natural que a restrição ou privação desses direitos invioláveis somente se torne possível, caso seja estritamente necessária a imposição da sanção penal, para garantir bens essenciais ao homem (*Os princípios constitucionais penais*, p. 26).

Não menos correta é a visão de Anabela Miranda Rodrigues ao dizer que "na verdade, na mais recente definição de bem jurídico, independentemente da diversidade de formulações, o ponto de partida é o de que o bem jurídico possui natureza social e o de que o direito penal só deve intervir para prevenir danos sociais e não para salvaguardar concepções ideológicas ou morais ou realizar finalidades transcendentes". E firma entendimento de que "a premissa de base continua a ser a de que o hodierno Estado de direito é informado pelo princípio do pluralismo e da tolerância, daqui se deduzindo, ainda mais uma vez, que a pena estatal não pode ser legitimamente aplicada para impor o mero respeito por determinadas concepções morais. Desta orientação axiológica do sistema constitucional derivaria, pois, um princípio vinculante de política criminal: o direito penal tem por função apenas preservar as condições essenciais a uma pacífica convivência dos indivíduos-cidadãos, só nesta medida logrando, pois, legitimidade a intervenção jurídico-penal" (*A determinação da medida da pena privativa de liberdade*, p. 268 e 282-283).

Destacávamos o princípio da fragmentariedade, como autônomo, para fins didáticos, embora fosse, sem dúvida, corolário da intervenção mínima. A partir da edição da nossa obra *Princípios constitucionais penais e processuais penais*, em mais apurada reflexão, passamos a incluí-lo como mero coadjuvante do princípio mais amplo.

Fragmentariedade significa que nem todas as lesões a bens jurídicos protegidos devem ser tuteladas e punidas pelo direito penal que, por sua vez, constitui somente parcela do ordenamento jurídico. *Fragmento* é apenas a parte de um todo, razão pela qual o direito penal deve ser visto, no campo dos atos ilícitos, como *fragmentário*, ou seja, deve ocupar-se das condutas mais graves, verdadeiramente lesivas à vida em sociedade, passíveis de causar distúrbios de monta à segurança pública e à liberdade individual.

Outras questões devem ser resolvidas pelos demais ramos do direito, através de indenizações civis ou punições administrativas. Pode-se, ainda, falar em fragmentariedade de 1.º grau e de 2.º grau. A primeira refere-se à forma consumada do delito, ou seja, quando o bem jurídico precisa ser protegido na sua integralidade. A segunda cinge-se à tentativa, pois se protege o risco de perda ou de lesão, bem como a lesão parcial do bem jurídico (cf. José de Faria Costa, *Tentativa e dolo eventual*, p. 21-22).

Por derradeiro, o princípio da ofensividade (ou lesividade), outro consectário da intervenção mínima, demonstra ser indispensável a criação de tipos penais incriminadores, cujo objetivo seja eficiente e realístico, visando à punição de condutas autenticamente lesivas aos bens jurídicos tutelados. Ver, ainda, o quadro referente ao *ponto para debate* exposto linhas a seguir.

2.2.1.2 Taxatividade

Significa que as condutas típicas, merecedoras de punição, devem ser suficientemente claras e bem elaboradas, de modo a não deixar dúvida por parte do destinatário da norma.

A construção de tipos penais incriminadores dúbios e repletos de termos valorativos pode dar ensejo ao abuso do Estado na invasão da intimidade e da esfera de liberdade dos indivíduos. Aliás, não fossem os tipos taxativos – limitativos, restritivos, precisos – e de nada adiantaria adotar o princípio da legalidade ou da reserva legal. Este é um princípio decorrente, nitidamente, da legalidade.

Ensina Luiz Luisi que "o postulado em causa expressa a exigência de que as leis penais, especialmente as de natureza incriminadora, sejam claras e o mais possível certas e precisas. Trata-se de um postulado dirigido ao legislador vetando ao mesmo a elaboração de tipos penais com a utilização de expressões ambíguas, equívocas e vagas de modo a ensejar diferentes e mesmo contrastantes entendimentos. O princípio da determinação taxativa preside, portanto, a formulação da lei penal, a exigir qualificação e competência do legislador, e o uso por este de técnica correta e de uma linguagem rigorosa e uniforme" (*Os princípios constitucionais penais*, p. 18).

Em nossa obra *Princípios constitucionais penais e processuais penais*, apresentamos os mecanismos legítimos para a construção dos tipos penais, respeitada a taxatividade. Além disso, apontamos os vários defeitos existentes na legislação brasileira, em relação à tipicidade incriminadora. Dentre eles, podemos destacar os seguintes: a) tipos excessivamente abertos, apresentando elementos normativos de valoração cultural, que exigem interpretação controversa, a ponto de gerar insegurança jurídica (ex.: ato *obsceno* – art. 233, CP); b) termos de encerramento excessivamente abertos, provocando a indevida extensão do núcleo do tipo, abrangendo situações incompatíveis com o propósito da norma incriminadora (ex.: *outro meio que impeça ou dificulte a livre manifestação de vontade da vítima* – art. 215, CP); c) tipos integralmente abertos, promovendo construções típicas inadequadas em seu conjunto, por lesão à taxatividade (ex.: art. 4.º, parágrafo único, da Lei 7.492/1986, tipificando a "gestão temerária", de difícil compreensão do seu alcance); d) condutas excessivamente abertas, prevendo condutas descompassadas com o tipo penal, demonstrativas de inaceitável descaso na composição da figura criminosa (ex.: praticar *ato de abuso* contra animais – art. 32, Lei 9.605/1998); e) emprego de tautologia, impondo repetições inúteis na construção do tipo penal (ex.: *injuriar* alguém *ofendendo*... – art. 140, CP); f) omissão descritiva, gerando a inaplicabilidade do tipo penal, por ausência de elementos fundamentais à sua compreensão (o tipo do art. 216-A do Código Penal não tem objeto para a conduta de *constranger alguém*...); g) excesso descritivo, buscando abranger todas as possibilidades do caso, mas desfigurando a ideia de intervenção mínima do Direito Penal (art. 29, Lei 9.605/1998, que equipara *matar* e *perseguir* animais); h) estrutura fechada em tipo aberto, fazendo com que tipos abertos terminem acolhendo excesso descritivo, próprio de tipos fechados, inviabilizando a sua correta aplicação (ex.: redução a condição análoga à de escravo – art. 149, CP); i) estrutura aberta em tipo fechado, provocando a inserção de dados inadequados a tipos meramente descritivos (ex.: *praticar homicídio culposo*... – art. 302, Código de Trânsito Brasileiro); j) estrutura fechada excessivamente limitante, fazendo com que o tipo se torne inaplicável (ex.: conduzir veículo com concentração de álcool por litro de sangue igual ou superior a 6 decigramas... – art. 306, Código de Trânsito Brasileiro, antiga redação, hoje alterada, justamente porque aquela inviabilizava a aplicação do tipo penal); k) inserção de elemento subjetivo genérico no tipo penal, gerando dúvida quanto ao seu real alcance (ex.: a expressão *sabe* ou *deve saber* – art. 130, CP); l) exposição contraditória do elemento genérico, provocando a ilogicidade na interpretação do tipo penal (ex.: demanda-se dolo direto da receptação simples e dolo eventual, da qualificada – art. 180, CP); m) inserção de elemento subjetivo específico limitador, fazendo com que a amplitude do tipo, para abranger diversas situações fáticas, torne-se restrita indevidamente (ex.: o crime de tortura somente se configura se preenchido algum dos objetivos especificamente descritos no art. 1.º da Lei 9.455/1997); n) titulação inadequada, demonstrando total falta de criatividade legislativa (ex.: bigamia admite mais de dois casamentos, de modo que o título é restritivo ao alcance do tipo – art. 235, CP); o) titulação implícita, evidenciado a falta de originalidade para denominar tipos penais, especialmente os novos (ex.: o art. 319-A do CP encontra-se em título próprio).

> **Acesse e escute o podcast sobre Taxatividade e Tipo penal – Partes 1 e 2.**
> > http://uqr.to/1yohd

2.2.1.3 Proporcionalidade

Significa que as penas devem ser harmônicas à gravidade da infração penal cometida, não tendo cabimento o exagero, nem tampouco a extrema liberalidade na cominação das penas nos tipos penais incriminadores. Não teria sentido punir um furto simples com elevada pena privativa de liberdade, como também não seria admissível punir um homicídio qualificado com pena de multa.

A Constituição, ao estabelecer as modalidades de penas que a lei ordinária deve adotar, consagra implicitamente a proporcionalidade, corolário natural da aplicação da justiça, que é dar a cada um o que é seu, por merecimento. Fixa o art. 5.º, XLVI, as seguintes penas: a) privação ou restrição da liberdade; b) perda de bens; c) multa; d) prestação social alternativa; e) suspensão ou interdição de direitos.

O legislador brasileiro, por falta de adoção de uma política criminal definida, comete vários deslizes no cenário da proporcionalidade, ao cominar penas muito brandas ou excessivamente severas a determinados casos. Ilustrando, ao estabelecer a pena restritiva de direito, consistente em prestação pecuniária (art. 45, § 2.º, CP), permite que se fixe uma quantia de pena em salários mínimos, destinada à vítima, a ser descontada em futura indenização civil. Ora, se essa for a única punição, em verdade, o que se faz é antecipar a reparação civil do dano, sem qualquer medida punitiva efetivamente penal. Esse é o lado brando demais, demonstrativo da desproporcionalidade.

Sob outro aspecto, estabelece-se o montante de 10 a 15 anos de reclusão, e multa, para a falsificação, corrupção, adulteração ou alteração de produto destinado a fins terapêuticos ou medicinais (art. 273, CP), que é delito de perigo, passível de abranger até mesmo a adulteração de cosmético para a sua configuração. Há uma desproporcionalidade por excesso punitivo. Justamente por conta desse aspecto, o Superior Tribunal de Justiça tem considerado desproporcional a aplicação da pena do art. 273 do Código Penal para vários casos, pois se cuida de medicamento autorizado, embora falsificado, corrompido, adulterado ou alterado. Em comparação, a droga ilícita, cujo tratamento se dá na Lei 11.343/2006, no cenário do tráfico (art. 33), delito equiparado a hediondo, possui penas de reclusão, de 5 a 15 anos, e multa. Assim, tem-se utilizado o preceito sancionador do tráfico, valendo-se de analogia *in bonam partem* (em benefício do réu) para punir certos casos previstos pelo art. 273 do Código Penal.

2.2.1.4 Vedação da dupla punição pelo mesmo fato

Quer dizer que ninguém deve ser processado e punido duas vezes pela prática da mesma infração penal. Tal garantia está prevista, implicitamente, na Convenção Americana sobre Direitos Humanos (art. 8.º, n. 4). Se não há possibilidade de processar novamente quem já foi absolvido, ainda que surjam novas provas (princípio processual da vedação do duplo processo pelo mesmo fato), é lógico não ser admissível punir o agente outra vez pelo mesmo delito.

Esse princípio encontra cenário para a sua fiel observância quando da aplicação da pena. Existindo vários estágios e fases para fixar a sanção penal, é preciso atenção por parte do julgador, a fim de não considerar o mesmo fato mais de uma vez para provocar o aumento da pena. Ilustrando, se o agente possui um antecedente criminal, ele somente pode ser considerado uma vez: ou como agravante da reincidência ou como circunstância judicial do art. 59 do CP.

2.2.2 Concernente ao indivíduo

2.2.2.1 Culpabilidade

Significa que ninguém será penalmente punido, se não houver agido com dolo ou culpa, dando mostras de que a responsabilização não será objetiva, mas subjetiva (*nullum crimen sine culpa*). Trata-se de conquista do direito penal moderno, voltado à ideia de que a liberdade é a regra, sendo exceção a prisão ou a restrição de direitos.

Além disso, o próprio Código Penal estabelece que somente há crime quando estiver presente o dolo ou a culpa (art. 18). Note-se, ainda, a redação do parágrafo único desse artigo: "Salvo os casos expressos em lei, ninguém será punido por fato previsto como crime, senão quando o pratica dolosamente". Assim, a regra adotada é buscar, para fundamentar e legitimar a punição, na esfera penal, o dolo do agente. Não o encontrando, deve-se procurar a culpa, desde que expressamente prevista, como alternativa, no tipo penal incriminador. Em hipóteses extremadas, devidamente previstas em lei, pode-se adotar a responsabilidade penal objetiva, fundada em ato voluntário do agente, mas sem que, no momento da prática da conduta criminosa, estejam presentes o dolo ou a culpa, como ocorre com a embriaguez voluntária (art. 28, II, CP).

O princípio da culpabilidade encontra-se previsto de maneira implícita na Constituição, justamente porque não se pode, num Estado Democrático de Direito, transformar a punição mais gravosa que o ordenamento pode impor (pena) em simples relação de causalidade, sem que exista vontade ou previsibilidade do agente. Haveria flagrante intervencionismo estatal na liberdade individual caso fosse possível padronizar esse entendimento. Na ótica de Jescheck, o princípio da culpabilidade serve, de um lado, para conferir a necessária proteção do indivíduo em face de eventual excesso repressivo do Estado, fazendo com que a pena, por outro, circunscreva-se às condutas merecedoras de um juízo de desvalor ético-social (*Tratado de derecho penal – Parte general*, p. 25-26).

📌 PONTO RELEVANTE PARA DEBATE

A ofensividade (ou lesividade) como princípio de direito penal

Há quem sustente a existência autônoma do princípio da ofensividade (ou lesividade), alegando que somente podem ser criados tipos penais incriminadores capazes de ofender um bem jurídico alheio, devidamente tutelado. Em outras palavras, não se poderia aceitar a incriminação de uma conduta não lesiva – ou provocadora de ínfima lesão – a bem jurídico determinado. Fundam-se os autores em direitos constitucionais como *intimidade*, *liberdade*, *vida privada* etc. (por todos, cf. Paulo Queiroz, *Direito penal – Parte geral*, p. 46-47).

Permitimo-nos discordar em parte. Aceitamos o ponto de vista de que o Direito Penal deve ocupar-se de condutas graves, ofensivas a bens jurídicos relevantes, evitando-se a intromissão excessiva na vida privada de cada um, cerceando em demasia a liberdade alheia e expondo ao ridículo, muitas vezes, o ser humano, buscando puni-lo por fatos nitidamente irrelevantes aos olhos da imensa maioria da sociedade. Não se trataria de um Direito Penal típico do Estado Democrático de Direito, mas de um Estado Totalitário e Intervencionista. Porém, não vemos o nomeado princípio da ofensividade como algo autônomo, com vida própria, distinto, pois, do princípio da intervenção mínima. Afinal, em homenagem à *ultima ratio*, deixa-se ao Direito Penal o âmbito da tipificação das condutas mais sérias, efetivamente lesivas a interesses relevantes. Punir pensamentos, por exemplo, seria o ápice da invasão de privacidade do indivíduo. Ofenderia o denominado princípio da lesividade? Na realidade, atacaria a *intervenção mínima*.

O Estado deve respeitar a esfera íntima do cidadão. Se o fizer, haveria respeito à intervenção mínima e, como consequência, ao princípio da ofensividade. Em outras palavras, não é todo bem jurídico protegido que merece proteção do Direito Penal. Há outros ramos do direito para isso. Portanto, podemos encontrar situações *ofensivas* a determinados bens, mas *inofensivas* em matéria penal.

Quando defendemos em nossa obra *Leis penais e processuais penais comentadas* (v. 1) a inconstitucionalidade da contravenção penal da *vadiagem* (art. 59 da Lei de Contravenções Penais), conforme expusemos na nota 318 ao referido art. 59, baseamo-nos no princípio da intervenção mínima, associado ao caráter discriminatório do tipo penal. O mesmo fizemos quanto à contravenção da *mendicância* (art. 60 da mesma Lei, hoje revogado pela Lei 11.983/2009). Ora, pode-se argumentar, igualmente, que não há bem jurídico relevante a ser atacado por qualquer dessas contravenções. São condutas, na essência, inofensivas à ordem pública e à sociedade. Sob outro prisma, quando defendemos o princípio da insignificância, como causa de exclusão da tipicidade (nota 27-A, ao art. 14 do nosso Código Penal comentado), fundamo-nos, também, na intervenção mínima e, por via de consequência, na falta de ofensividade a qualquer bem jurídico de relevo, ao menos a ser protegido penalmente.

Defendemos, portanto, que a ofensividade (ou lesividade) deve estar presente no contexto do tipo penal incriminador, para validá-lo, legitimá-lo, sob pena de se esgotar o Direito Penal em situações inócuas e sem propósito, especialmente quando se contrasta a conduta praticada com o tipo de sanção para ela prevista como regra, ou seja, a pena privativa de liberdade. Há enorme desproporção. Porém, a ofensividade é um nítido apêndice da intervenção mínima do Direito Penal Democrático. Não necessita ser considerado à parte, como princípio autônomo, pois lhe falece força e intensidade para desvincular-se do principal, nem existem requisitos próprios que o afastem da ideia fundamental de utilizar a norma penal incriminadora como última cartada para solucionar ou compor conflitos emergentes em sociedade. Em suma, a ofensividade é uma consequência do respeito à intervenção mínima.

SÍNTESE

Princípios: são as ordenações que se irradiam por todo o sistema, dando-lhe contorno e inspirando o legislador (criação da norma) e o juiz (aplicação da norma) a seguir-lhe os passos. Servem, ainda, de fonte para interpretação e integração do sistema normativo.

Dignidade da pessoa humana: é um princípio regente, base e meta do Estado Democrático de Direito, regulador do mínimo existencial para a sobrevivência apropriada, a ser garantido a todo ser humano, bem como o elemento propulsor da respeitabilidade e da autoestima do indivíduo nas relações sociais.

Devido processo legal: cuida-se de princípio regente, com raízes no princípio da legalidade, assegurando ao ser humano a justa punição, quando cometer um crime, precedida do processo penal adequado, o qual deve respeitar todos os princípios penais e processuais penais.

Legalidade: não há crime nem pena sem expressa previsão legal.

Anterioridade: não há crime nem pena sem anterior previsão legal.

Retroatividade da lei benéfica: leis penais benéficas podem retroceder no tempo para aplicação ao caso concreto, ainda que já tenha sido definitivamente julgado.

Humanidade: não haverá penas cuja aflição gerada, física ou moral, ultrapasse os limites constitucionais da dignidade humana.

Responsabilidade pessoal: a pena não passará da pessoa do condenado.

Individualização da pena: não haverá pena padronizada, dando-se a cada réu o que efetivamente merece.

Intervenção mínima (subsidiariedade, fragmentariedade ou ofensividade): o direito penal deve ser a última opção do legislador para resolver conflitos emergentes na sociedade, preocupando-se em proteger bens jurídicos efetivamente relevantes.

Taxatividade: o tipo penal incriminador deve ser bem definido e detalhado para não gerar qualquer dúvida quanto ao seu alcance e aplicação.

Proporcionalidade: as penas devem ser proporcionais à gravidade da infração penal.

Vedação da dupla punição pelo mesmo fato: o autor da infração penal somente pode sofrer punição uma única vez pelo que cometeu, constituindo abuso estatal pretender sancioná-lo seguidamente pela mesma conduta.

Culpabilidade: não há crime sem dolo e sem culpa.

Capítulo IV
Fontes do Direito Penal e Interpretação das Leis Penais

1. FONTES DO DIREITO PENAL

Fonte é origem, lugar de onde vem algo. Considera-se fonte material primária a via hábil à produção do direito, criando normas penais, que, nesse caso, é a União. Preceitua o art. 22, I, da Constituição Federal: "Compete privativamente à União legislar sobre: I – direito civil, comercial, *penal*, processual, eleitoral, agrário, marítimo, aeronáutico, espacial e do trabalho" (grifamos). Aliás, nesse sentido, confira-se a Súmula 722 do STF: "São da competência legislativa da União a definição dos crimes de responsabilidade e o estabelecimento das respectivas normas de processo e julgamento".

Excepcionalmente, prevê o art. 22, parágrafo único, da CF, que "lei complementar poderá autorizar os Estados a legislar sobre questões específicas das matérias relacionadas neste artigo". Portanto, visando à regionalização de determinadas questões penais, seria admissível que a União autorizasse o Estado a construir um tipo penal incriminador, prevendo delito peculiar a certa parte do país. Embora não se tenha notícia dessa prática, a verdade é que o Estado jamais poderia legislar em matéria de Direito Penal Fundamental (normas inseridas na Parte Geral do Código Penal, que devem ter alcance nacional, a fim de manter a integridade do sistema), nem tampouco poderia compor normas que contrariassem, de qualquer modo, a legislação federal. Portanto, a atividade legislativa do Estado, em matéria penal, ocuparia eventual lacuna existente nas normas federais. Essa atividade seria considerada uma fonte material secundária.

Aliás, o art. 103-A da Constituição Federal autoriza ao Supremo Tribunal Federal a edição de *súmula vinculante*, tornando um entendimento da Corte obrigatório, como se fosse lei. Portanto, pode-se incluir o Judiciário, nesse modelo, como fonte material secundária.

Consideram-se fontes formais aquelas que permitem o conhecimento do direito, proporcionando a exteriorização das normas penais. Dividem-se em imediatas, que são as leis em sentido estrito, criadoras e revogadoras de normas penais, e mediatas, que são os costumes e os princípios gerais de direito, auxiliares do processo de interpretação e aplicação da lei penal, bem como a jurisprudência e a doutrina, proporcionando, também, o processo de interpretação. Nesse último contexto, fontes formais mediatas, inserem-se as súmulas vinculantes – e outras súmulas dos Tribunais Superiores – porque não geram o direito diretamente, mas fornecem meios adequados para a sua interpretação. A súmula vinculante traduz-se em formato de interpretação cogente, o que não retira o seu caráter de fonte mediata. Finalmente, não se pode perder de vista a analogia, desde que se use em proveito do réu (analogia *in bonam partem*), para suprir lacunas. Trata-se de outra fonte mediata do direito penal.

Dessa forma, somente a lei, em sentido estrito, pode fixar crimes. Conceitua-se lei (formal ou em sentido estrito) como a "manifestação da vontade coletiva expressada através dos órgãos constitucionais" (Asúa, *Lecciones de derecho penal*, p. 54). Portanto, somente o Poder Legislativo Federal, como regra, pode fazer nascer uma lei penal.

Analisemos outras espécies normativas:

a) Emenda à Constituição: não pode restringir os direitos e as garantias individuais (art. 60, § 4.º, IV, da CF), de forma que não pode tocar no princípio da legalidade. Em tese, porque é fruto do Poder Constituinte Derivado ou Reformador, pode criar lei penal, já que nada veda expressamente. Entretanto, não é tradicional, nem cabível ocupar-se disso;

b) Lei Complementar: pode legislar sobre matéria penal, porque tem processo legislativo mais complexo do que a lei ordinária. Como exemplo de norma penal incriminadora editada por lei complementar, confira-se o art. 10 da Lei Complementar 105/2001: "A quebra de sigilo, fora das hipóteses autorizadas nesta Lei Complementar, constitui crime e sujeita os responsáveis à pena de reclusão, de 1 (um) a 4 (quatro) anos, e multa, aplicando-se, no que couber, o Código Penal, sem prejuízo de outras sanções cabíveis. Parágrafo único. Incorre nas mesmas penas quem omitir, retardar injustificadamente ou prestar falsamente as informações requeridas nos termos desta Lei Complementar".

Em sentido contrário, convém mencionar a posição de Cernicchiaro, sustentando que o rol da lei complementar é exaustivo na Constituição, não incluindo nenhuma hipótese de criação de lei penal, além do que é exigido *quorum* qualificado para elaborar uma lei complementar, o que iria engessar o Congresso Nacional se houvesse necessidade de modificar a lei penal que fosse criada pelo processo qualificado (*Direito penal na Constituição*, p. 46-47).

c) Leis Delegadas: são as normas elaboradas pelo Presidente da República por delegação do Congresso Nacional (art. 68 da CF). Não podem ser utilizadas para criar lei penal, pelas seguintes razões: c.1) no art. 68, § 1.º, II, consta a vedação para a delegação em matéria de *direitos individuais*. Estando o princípio da legalidade previsto no art. 5.º da Constituição, é natural que se trata de direito fundamental, alheio, portanto, à lei delegada; c.2) o procedimento legislativo, no qual deve haver intenso debate sobre as propostas de alteração da legislação penal, praticamente resta enfraquecido, não sendo permitido o trâmite pelas duas Casas do Congresso, nem a apresentação de emendas;

d) Medida Provisória: é norma jurídica, ou seja, lei em sentido amplo, mas não em sentido estrito, de modo que não pode criar lei penal. O princípio da reserva legal, previsto no inciso XXXIX do art. 5.º, fala em *lei*, não se podendo incluir nesse conceito a medida provisória. Além disso, a medida é ato de vontade exclusivo do Presidente da República, não nascendo da participação dos representantes do povo. De outra parte, seria irreparável o dano, caso alguém fosse preso, em razão de uma medida provisória criadora de lei penal, posteriormente revogada pelo Congresso Nacional. Finalmente, não existem razões de urgência e relevância que possam justificar a elaboração de leis penais por obra restrita do chefe do Executivo. Por isso, a Emenda Constitucional 32, de 11 de setembro de 2001, alterou a redação do art. 62, da Constituição Federal, acrescentando-lhe o § 1.º, nos seguintes termos: "É vedada a edição de medidas provisórias sobre matéria: I – relativa a: (...) *b)* direito penal, processual penal e processual civil".

1.1 Iniciativa de leis em matéria penal

Podem propor a criação de leis penais: a) os membros do Congresso Nacional; b) o Presidente da República; c) a iniciativa popular (art. 61, § 2.º, CF).

Entende-se que o Supremo Tribunal Federal, os Tribunais Superiores e o Procurador-Geral da República não têm iniciativa de leis ordinárias destinadas a dar existência a leis penais porque estas não são matéria de seu peculiar interesse (art. 96, II, CF).

1.2 Costume e fonte do direito penal

O costume não serve para criar ou revogar lei penal, a despeito de servir para o processo de interpretação. Assim, em que pese a evolução social da atualidade, com a constante liberação dos comportamentos, não se pode considerar "revogado", por exemplo, o art. 233 do Código Penal (ato obsceno), a pretexto de que os costumes estariam a indicar não haver mais possibilidade de uma pessoa ser tão envergonhada por outra, a fim de gerar uma obscenidade criminosa. No entanto, é possível utilizar os costumes contemporâneos para avaliar, no caso concreto, o que exatamente seria um ato considerado obsceno.

1.3 Plebiscito e referendo como fontes do direito penal

Não são meios adequados para dar origem à lei penal. O art. 49, XV, da Constituição, estipula que cabe ao Congresso Nacional autorizar referendo e convocar plebiscito, que, no entanto, somente podem aprovar ou rejeitar lei penal materializada ou a ser criada pelo Parlamento.

Confira-se exemplo de referendo invocado para a aprovação de dispositivo de lei, notando-se que ele não *cria* a norma, mas serve para acolher ou rejeitar o que já foi editado pelo Congresso Nacional: art. 35 da Lei 10.826/2003 (Estatuto do Desarmamento):

"É proibida a comercialização de arma de fogo e munição em todo o território nacional, salvo para as entidades previstas no art. 6.º desta Lei. § 1.º Este dispositivo, para entrar em vigor, dependerá de aprovação mediante referendo popular, a ser realizado em outubro de 2005. § 2.º Em caso de aprovação do referendo popular, o disposto neste artigo entrará em vigor na data de publicação de seu resultado pelo Tribunal Superior Eleitoral". O referendo ocorreu e venceu o "não", motivo pelo qual o dispositivo não entrou em vigor e continua a possibilidade de comercialização de arma de fogo no Brasil.

2. INTERPRETAÇÃO E INTEGRAÇÃO NO DIREITO PENAL

A interpretação é um processo de descoberta do conteúdo da lei e não de criação de normas. Por isso, é admitida em direito penal qualquer forma. Não desperta polêmica a interpretação literal. Em princípio, também não representava a teleológica ou mesmo a sistemática (ver comentário a seguir). O ponto problemático sempre ficou circunscrito às formas extensiva e analógica.

A extensiva é o processo de extração do autêntico significado da norma, ampliando-se o alcance das palavras legais, a fim de se atender à real finalidade do texto. A analógica é o processo de averiguação do sentido da norma jurídica, valendo-se de elementos fornecidos pela própria lei, através do método de semelhança.

Como exemplos de interpretação extensiva encontrados no Código Penal, podem-se citar os seguintes:

a) art. 172 (duplicata simulada), que preceitua ser crime "emitir fatura, duplicata ou nota de venda que não corresponda à mercadoria vendida, em quantidade ou qualidade, ou ao serviço prestado". Ora, é natural supor que a emissão de duplicata quando o comerciante não efetuou venda alguma também é crime, pois seria logicamente inconsistente punir quem emite o documento em desacordo com a venda efetiva realizada, mas não quando faz o mesmo, sem nada ter comercializado. Assim, onde se lê, no tipo penal, "venda que não corresponda à mercadoria vendida", leia-se ainda "venda inexistente";

b) no caso do art. 176 (outras fraudes), pune-se a conduta de quem "tomar refeição em restaurante (...) sem dispor de recursos para efetuar o pagamento", ampliando-se o conteúdo do termo "restaurante" para abranger, também, boates, bares, pensões, entre outros estabelecimentos similares. Evita-se, com isso, que o sujeito faça uma refeição em uma pensão, sem dispor de recursos para pagar, sendo punido por estelionato, cuja pena é mais elevada;

c) na hipótese do art. 235 (bigamia), até mesmo pela rubrica do crime, percebe-se ser delituosa a conduta de quem se casa duas vezes. Valendo-se da interpretação extensiva, por uma questão lógica, pune-se, ainda, aquele que se casa várias vezes (poligamia).

Nas hipóteses mencionadas nas letras *a* e *c*, a interpretação extensiva pode prejudicar o réu, enquanto na situação descrita na letra *b* pode beneficiá-lo. Mas isso é indiferente, pois a tarefa do intérprete é conferir aplicação lógica ao sistema normativo, evitando-se contradições e injustiças.

No caso da interpretação analógica, confira-se o disposto no art. 121, § 2.º, III. Qualifica-se o homicídio quando o agente cometer o crime "com emprego de veneno, fogo, explosivo, asfixia, tortura *ou outro meio insidioso ou cruel, ou de que possa resultar perigo comum*" (grifamos), verificando-se, pois, que, dadas as amostras pelo tipo, permite-se que o intérprete vá buscar outros meios similares aos primeiros, igualmente configuradores de insídia, crueldade ou perigo comum.

Segundo nos parece, qualquer forma de interpretação – extração do real conteúdo da norma – pode ser utilizada, pois não se está *criando* lei penal em virtude de lacuna (isto é analogia), mas tão somente analisando o efetivo e justo alcance da lei penal.

Por outro lado, em julgados mais recentes, alguns tribunais estão se valendo da interpretação denominada teleológica para, de qualquer forma, ampliar o alcance da norma penal, podendo punir quem, antes, não seria alcançado. Exemplo disso é a interpretação dada ao assédio sexual (art. 216-A, CP). A maior parte da doutrina interpretou o referido tipo incriminador como uma relação de poder existente em relação empregatícia entre superior e subordinado, não incluindo a relação professor-aluno, em face da inexistência daquele vínculo, ou seja, o aluno não é subordinado ao professor. Entretanto, em decisão de 2019, o Superior Tribunal de Justiça ampliou o alcance do tipo incriminador para permitir a aplicação ao professor que teria assediado sexualmente a aluna, valendo-se de interpretação teleológica (RE 1.759.135-SP, 6.ª T., rel. Rogerio Schietti Cruz, 13.08.2019, m.v.). Embora não concordemos com essa conclusão, por acreditar que o tipo penal é claro o suficiente para não permitir o assédio entre docente e aluno, o fato é que, afirmando utilizar interpretação teleológica – e não simplesmente extensiva – o tribunal alargou o alcance do tipo incriminador.

A analogia, por sua vez, é um processo de autointegração, criando-se uma norma penal onde, originalmente, não existe. Nas palavras de Martin Heidegger, "analogia em geral significa correspondência de algo com algo, mais exatamente, a correspondência de uma relação com outra. Na matemática, a analogia designa a correspondência entre duas relações de grandeza, sua proporção. Se três elos são dados, o quarto por ser matematicamente conquistado e dado, construído. Na matemática, a analogia é uma determinação constitutiva. Na *filosofia*, o que está em questão *não* são relações *quantitativas*, mas *qualitativas* (Wolff), e aqui o quarto elo não pode ser dado e conquistado enquanto tal, mas só é determinável *como uma relação com o quarto elo*, ou seja, só o modo como o quarto elo precisa ser é determinável, só aquilo como o que ele precisa ser alcançado na experiência, se é que deve ser em geral experienciável em sua existência" (*A essência da liberdade humana: introdução à filosofia*, p. 201-202).

O emprego de analogia não se faz por acaso ou por puro arbítrio do intérprete; há significado e lógica na utilização da analogia para o preenchimento de lacunas no ordenamento jurídico. Cuida-se de uma relação *qualitativa* entre um fato e outro. Entretanto, se noutros campos do Direito a analogia é perfeitamente aplicável, no cenário do Direito Penal ela precisa ser cuidadosamente avaliada, sob pena de ferir o princípio constitucional da legalidade (não há crime sem lei que a defina; não há pena sem lei que a comine).

Assim sendo, não se admite a analogia *in malam partem*, isto é, para prejudicar o réu. Nem todas as vozes são contrárias ao emprego em geral da analogia no Direito Penal. Confira-se a lição de Carnelutti: "Considero que a proibição da analogia na aplicação das leis penais é outra superstição da qual devemos nos livrar. Nisso não se deve enxergar uma consequência do princípio da certeza jurídica, senão uma desconfiança com relação ao juiz, a qual, se tem razões históricas bastante conhecidas, carece de todo fundamento prático" (*El problema de la pena*, p. 74 – traduzi). Essa manifestação de Carnelutti, embora feita há muito tempo, parece atual. Não é só a vedação da analogia *in malam partem* a demonstrar a desconfiança da sociedade e dos próprios operadores do direito em si mesmos, mas vários outros fatores demonstram essa cautela. Somente para ilustrar, o art. 93, IX, da Constituição Federal, preceitua ser *obrigatória* a fundamentação de *todas as decisões* judiciais. Se alguns magistrados nem mesmo fundamentam, devidamente, as suas sentenças, o emprego de analogia *in malam partem* poderia gerar uma lesão irreparável à liberdade individual. Deve permanecer vedada no âmbito penal. Exemplo dessa espécie de analogia seria a construção do tipo penal de *assédio moral* (crime inexistente) por semelhança à situação do assédio sexual, prevista no art. 216-A.

Por outro lado, em caráter excepcional, a analogia *in bonam partem* (para beneficiar) deve ser utilizada em favor do réu. Exemplo disso é a aceitação do termo *instigar* para compor o tipo penal do art. 218 do CP, que menciona apenas *induzir*, evitando-se que o agente instigador responda como partícipe de estupro de vulnerável, afinal *induzir* é análogo a *instigar*. Se não fosse acolhido o termo *instigar* para a tipificação da conduta de quem incentiva outrem a praticar ato libidinoso com menor de 14 anos, a única solução seria fazer o instigador responder como partícipe de estupro de vulnerável, com pena muito mais severa.

Por derradeiro, cumpre destacar que até mesmo o emprego da analogia para favorecer o réu deve ser reservado para hipóteses excepcionais, uma vez que o princípio da legalidade é a regra, e não a exceção. Daí que não pode o magistrado disseminar o uso da analogia para absolver o réu, pois isso colocaria em risco a segurança idealizada pelo direito penal. Não é demais citar a lição de Hungria a esse respeito: "Os preceitos sobre causas descriminantes, excludentes ou atenuantes de culpabilidade ou de pena, ou extintivas de punibilidade, constituem *jus singulare* em relação aos preceitos incriminadores ou sancionadores, e, assim, não admitem extensão além dos casos taxativamente enumerados" (*Comentários ao Código Penal*, v. 1, t. I, p. 92).

Em posição contrária, confira-se Nereu José Giacomolli, contestando a utilização de tipos abertos, normas penais em branco, interpretação extensiva e analógica: "A defesa de um direito penal com tipos abertos, difusos, indeterminados, ou com normas penais dependentes de uma normatividade integradora (normas penais em branco), ou de um regramento judicial, são características de um Direito Penal autoritário e demasiadamente repressivo, inadmissível no atual estado de desenvolvimento da civilização. (...) A exclusão das interpretações analógica, criativa ou extensiva, prejudiciais ao imputado, determinada pela reserva legal, se aplica tanto na concretude das normas criminais contidas na parte geral do Código Penal quanto nas especiais e nas extravagantes. É um imperativo da incidência da *lex stricta* a respeito da responsabilidade criminal, que engloba a descrição típica, a sanção e todas as circunstâncias que influem na dosimetria da pena" (*Função garantista do princípio da legalidade*, p. 483-485).

SÍNTESE

Fonte material do direito penal: a União (fonte primária). Excepcionalmente, o Estado-membro se autorizado por Lei complementar editada pela União. O STF para a edição de súmula vinculante. Os dois últimos são fontes secundárias.

Fonte formal do direito penal: a Lei em sentido estrito (fonte imediata). Ingressam, ainda, o costume, os princípios gerais de direito, a jurisprudência, a doutrina e a analogia *in bonam partem* como fontes mediatas.

Interpretação: processo de conhecimento do conteúdo da norma.

Interpretação extensiva: processo de conhecimento do conteúdo da norma através de ampliação do sentido de determinado termo para dar lógica à sua aplicação, o que é admissível em direito penal.

Interpretação analógica: processo de conhecimento do conteúdo da norma através de um procedimento de comparação entre os seus termos, ampliando-se o seu alcance, dentro de critérios previstos pela própria lei penal.

Interpretação teleológica: busca-se os fins, os objetivos, as metas a serem alcançadas em virtude da edição de determinada norma. Procura-se encontrar a finalidade do legislador ao criar certo tipo penal incriminador. Sob certos aspectos, é mais flexível e menos precisa que a interpretação extensiva.

Analogia: processo de integração do sistema normativo, suprindo-se lacunas e aplicando-se norma existente a caso semelhante ao que seria cabível.

Analogia *in malam partem*: aplica-se determinada norma para punir o réu em caso análogo, para o qual inexiste lei específica, constituindo procedimento inadmissível em face do princípio da legalidade.

Analogia *in bonam partem*: aplica-se certa norma para absolver o réu em caso análogo, para o qual inexiste lei específica, sendo excepcionalmente admissível para evitar o surgimento de situação de flagrante injustiça.

Capítulo V
Legalidade e Anterioridade da Lei Penal

1. CONCEITO DE LEGALIDADE

Ao cuidarmos da legalidade, devemos visualizar os seus três significados. No prisma político é garantia individual contra eventuais abusos do Estado. Na ótica jurídica, destacam-se os sentidos lato e estrito. Em sentido amplo, significa que ninguém será obrigado a fazer ou deixar de fazer alguma coisa senão em virtude de lei (art. 5.º, II, CF). Quanto ao sentido estrito (ou penal), quer dizer que não há crime sem lei que o defina, nem tampouco pena sem lei que a comine. Neste último enfoque, é também conhecido como princípio da reserva legal, ou seja, os tipos penais incriminadores somente podem ser criados por lei em sentido estrito, emanada do Poder Legislativo, de acordo com o processo previsto na Constituição Federal.

Há, ainda, a denominada reserva legal qualificada, que é a reserva de lei, dependendo das especificações feitas pela Constituição Federal. Assim, não basta editar uma lei para disciplinar determinado assunto, sendo imprescindível que se respeite o âmbito estabelecido pelo constituinte. Exemplo: para violar o sigilo das comunicações telefônicas é necessária a edição de uma lei, que está limitada aos fins de investigação criminal ou instrução processual penal (art. 5.º, XII, CF).

1.1 Origem histórica

A raiz histórica do princípio da legalidade está na Magna Carta de 1215 ("Nenhum homem pode ser preso ou privado de sua propriedade a não ser pelo julgamento de seus pares ou pela lei da terra"). A expressão original – *by the law of the land* – foi modificada em edição posterior da Magna Carta para *due process of law* (devido processo legal).

A garantia tinha por finalidade evitar que alguém fosse preso ou privado de seus bens pela vontade singular do soberano, obrigando que os magistrados aplicassem, efetivamente, as leis consuetudinárias à época consagradas pela comunidade. A formulação propriamente dita do princípio da legalidade coube a Beccaria, em sua obra *Dos delitos e das penas*, com influência de Montesquieu e Rousseau. Por outro lado, a construção do preceito latino *nullum crimen, nulla poena sine previa lege* deveu-se a Feuerbach (Cerezo Mir, *Curso de derecho penal español, Parte general*, v. 1, p. 163; Jiménez de Asúa, *Lecciones de derecho penal*, p. 14 e 57). No direito positivo de um povo segundo o qual não é permitido aplicar uma pena no sentido propriamente jurídico do termo, senão quando foi estabelecida por uma lei expressa, não poderá existir outra definição do delito que não represente uma violação da lei penal; a palavra *violação* significa atuação contra a lei e, portanto, que essa ação pode ser imputada a alguém (Birnbaum, *Sobre la necesidad de una lesión de derechos para el concepto de delito*, fls. 38).

1.2 Legalidade e garantismo penal

Podemos diferenciar a legalidade em dois outros aspectos: mera legalidade e estrita legalidade. A primeira é uma "norma dirigida aos juízes, aos quais prescreve a aplicação das leis tais como são formuladas"; a segunda designa "a reserva absoluta de lei, que é uma norma dirigida ao legislador, a quem prescreve a taxatividade e a precisão empírica das formulações legais" (Luigi Ferrajoli, *Direito e razão*, p. 31).

Não se pode, na atualidade, contentar-se com a *mera legalidade*, pois nem todo tipo penal construído pelo legislador obedece, como deveria, ao princípio da taxatividade. O ideal é sustentar a *estrita legalidade*, ou seja, um crime deve estar descrito em lei, mas *bem detalhado* (taxativo), de modo a não provocar dúvidas e questionamentos intransponíveis, bem como sendo possível visualizar uma ofensa a bem jurídico tutelado, agindo o autor com dolo ou culpa.

1.3 Legalidade material e legalidade formal

Denomina-se *legalidade material* ou *substancial* a impossibilidade de se considerar uma conduta criminosa, se não for considerada lesiva a interesse juridicamente tutelado, merecedora de pena, de acordo com a visão da sociedade, independentemente da existência de lei. Prende-se, pois, ao conceito material de crime.

Denomina-se *legalidade formal* a impossibilidade de se considerar criminosa determinada conduta se esta não for considerada lesiva a um interesse juridicamente protegido, merecedora de pena, desde que esteja devidamente prevista em lei. Vincula-se ao conceito formal de crime.

A legalidade substancial ou material não é a melhor garantia ao indivíduo, pois o conceito de crime não advém de lei em sentido estrito, mas da vontade popular, não se coadunando com o preceito constitucional do art. 5.º, XXXIX. Cuida-se de princípio adotado, como regra, em países de direito consuetudinário. No Brasil, onde se adota o direito codificado, devemos prestigiar a aplicação da legalidade formal.

> Acesse e assista ao vídeo sobre Legalidade formal e material.
> http://uqr.to/1yohe

2. CONCEITO DE ANTERIORIDADE

Significa que é obrigatória a *prévia* existência de lei penal incriminadora para que alguém possa ser por um fato condenado, exigindo, também, *prévia* cominação de sanção para que alguém possa sofrê-la.

É a garantia de que o princípio da legalidade terá um mínimo de eficácia. De nada adiantaria estipular a regra de que não há crime sem lei, se esta lei não for editada anteriormente à prática da conduta. A criação de leis penais incriminadoras que pudessem retroagir para envolver fatos ocorridos antes de seu advento esvaziaria por completo a garantia constitucional da legalidade penal.

3. EXTENSÃO DA PALAVRA *CRIME*

Quando se cuida da legalidade e da anterioridade, o texto constitucional menciona apenas a palavra *crime* (sem que se fale em contravenção penal). Tal ocorre por força da tradição do princípio, esculpido há séculos com a expressão *nullum crimen sine previa lege*. Seria incompreensível para muitos inserir na Constituição a expressão *infração penal* no lugar do conhecido termo *crime*. Faz-se, no entanto, uma interpretação extensiva, podendo certamente abranger a contravenção penal, afinal, tanto o crime quanto a contravenção são espécies de infração penal.

4. APLICAÇÃO DO DISPOSITIVO PARA PENA E MEDIDA DE SEGURANÇA

A medida de segurança não é pena, mas não deixa de ser uma espécie de sanção penal, aplicável aos inimputáveis ou semi-imputáveis, que praticam fatos típicos e ilícitos (*injustos*) e precisam ser internados ou submetidos a tratamento. Trata-se, pois, de medida de defesa social, embora se possa ver nesse instrumento uma medida terapêutica ou pedagógica destinada a quem é doente. Entretanto, ontologicamente, nas palavras de Magalhães Noronha, não há distinção alguma entre pena e medida de segurança (*Direito penal*, p. 312).

Quando se trata de privar a liberdade de alguém, é preciso respeitar o princípio da legalidade. Torna-se importante, nesse contexto, mencionar a lição de Pierangeli e Zaffaroni: "(...) *salvo o caso dos inimputáveis sempre que se tira a liberdade do homem por um fato por ele praticado, o que existe é uma pena*, porque toda privação da liberdade tem um conteúdo penoso para quem a sofre. O nome que se lhe dê não tem significação, porque não possível destruir todo o sistema de garantias trabalhado pelo Direito, na sua longa história de lutas pela liberdade humana, só com uma e outra denominações dadas a uma categoria de penas. Não é possível fazer-se aqui uma crítica geral à categoria das medidas de segurança, mas o que acabamos de afirmar constitui uma crítica sintetizada a respeito" (*Da tentativa,* p. 29). O antigo art. 75 do Código Penal dispunha que "as medidas de segurança regem-se pela lei vigente ao tempo da sentença, prevalecendo, entretanto, se diversa, a lei vigente ao tempo da execução". Ora, revogado que foi pela Reforma Penal de 1984, é natural ficarem, agora, as medidas de segurança sujeitas integralmente aos princípios da legalidade e da anterioridade.

Portanto, além das opiniões já mencionadas de Noronha, Pierangeli e Zaffaroni, com as quais concordamos, posicionam-se pela sua submissão à reserva legal e ao princípio da anterioridade ampla parcela da doutrina nacional: Julio Fabbrini Mirabete, Alberto Silva Franco, Paulo José da Costa Júnior, Celso Delmanto e Heleno Cláudio Fragoso. Em sentido contrário, admitindo a aplicação imediata da medida de segurança: Francisco de Assis Toledo, Luiz Vicente Cernicchiaro e Feu Rosa.

5. EFICÁCIA DOS PRINCÍPIOS DA LEGALIDADE E DA ANTERIORIDADE

Considera-se tipo penal um *modelo legal de conduta*. Quanto ao tipo penal incriminador, tem-se a fixação de um modelo de conduta proibida, justamente o que interessa para o campo da legalidade (não há crime sem lei). Ex.: "matar alguém" é o modelo de conduta vedada pelo ordenamento jurídico penal, intitulado "homicídio", que visa à proteção do bem jurídico "vida".

A definição legal da infração penal há de ser feita de forma clara e inteligível, para não gerar tipos *abertos demais*, causando o esvaziamento do princípio da legalidade. O tipo *aberto* é aquele que depende da interpretação do juiz para ser integralmente compreendido e aplicado. Levando-se em consideração que o direito penal veda o uso da analogia (processo de integração da lei, que atua através de um método de semelhança, quando houver lacuna) para criar tipos penais incriminadores, é preciso evitar a elaboração de definições legais de crimes que sejam tão vagas, quanto inseguras. Exemplo disso seria a elaboração de um tipo penal enunciando como crime "agir perigosamente contra os interesses da sociedade". Qualquer conduta, conforme critérios imponderáveis do juiz, poderia encaixar-se nesse preceito, ferindo, obviamente, o princípio da legalidade.

Por oportuno, deve-se mencionar a existência e diferença entre os *tipos fechados* (aqueles que contêm apenas elementos descritivos, prescindindo da valoração cultural do magistrado, como o homicídio – art. 121, CP, já citado como ilustração) e os *tipos abertos* (os que contêm elementos normativos ou subjetivos, merecedores de valoração pelo aplicador da lei, como o *ato obsceno* – art. 233, CP –, que menciona o elemento "obsceno", de difícil interpretação, variando conforme a época e o lugar). Ambos são igualmente importantes (fechados e abertos), embora o que se esteja defendendo é a impossibilidade de criação de tipos penais incriminadores que transcendam o mínimo de segurança exigido pelo texto constitucional e pelo art. 1.º do Código Penal, isto é, uma definição minimamente segura e detectável pelo intérprete.

Vale ressaltar que a legalidade, como garantia humana fundamental que é, no campo penal, não pode ser meramente formal, sendo insuficiente apenas a existência de uma lei anterior à conduta. Torna-se indispensável que a elaboração do tipo penal seja específica, ou seja, claramente individualizadora do comportamento delituoso (cf. Luiz Vicente Cernicchiaro, *Direito penal na Constituição*, p. 18).

A preceituação genérica fere o princípio da legalidade. Reportemo-nos ao art. 6.º do Código Penal soviético de 1926: "Reputa-se perigosa toda ação ou omissão dirigida contra a estrutura do Estado soviético, ou que lese a ordem jurídica criada pelo regime dos trabalhadores e camponeses para a época de transição à organização social comunista (...)". Trata-se de um tipo extremamente aberto, com foco voltado à periculosidade da conduta, numa avaliação que era, com certeza, política. Portanto, mesmo que existente a lei, o princípio da legalidade estaria sendo apenas uma formalidade, pois qualquer ação ou omissão que o Estado desejasse considerar "perigosa", diante de um modelo tão aberto, poderia fazê-lo. A União Soviética, na prática, terminou negando eficácia ao princípio da reserva legal, como adverte Basileu Garcia (*Instituições de direito penal*, v. 1, t. 1, p. 150-151).

Battaglini sempre considerou condenável colocar-se no Código Penal incriminações de alcance latíssimo, com a finalidade de cobrir, o mais possível, eventuais lacunas. Essa providência, que dá margem aos tipos exageradamente abertos, ofende a legalidade. Aliás, mesmo no direito anglo-americano, baseado no sistema do direito consuetudinário, portanto, não vinculado perfeitamente ao princípio da legalidade, já existem vários precedentes judiciais declarando inconstitucionais as regras de Direito Penal que permitem a elaboração de normas penais genéricas e imprecisas.

Do exposto, deduz-se que as descrições genéricas de tipos penais podem ser mais perigosas do que a analogia, pois esta, pelo menos, tem um parâmetro de semelhança com outra conduta certa. Preleciona Frederico Marques que "no Direito Penal, a analogia não pode ser aplicada para criar-se figura delitiva não prevista expressamente, ou sanção penal que o legislador não haja estatuído. O princípio da reserva impede que figuras típicas sejam elaboradas pelo processo analógico". Ainda assim, mencionando que a Dinamarca é um país cuja legislação adota a analogia em matéria penal, lembra o ensinamento do Prof. Stephan Hurwitz, da Universidade de Copenhague, dizendo ser mais seguro ao indivíduo a aplicação da analogia do que a formulação vaga e imprecisa de determinados tipos penais (*Tratado de direito penal*, v. 1, p. 227).

É evidente que, para a elaboração de um tipo penal, o legislador precisa operar com certa liberdade, reservando-se ao juiz a tarefa de interpretar e complementar o conteúdo do tipo incriminador. Por isso, é possível existir *tipos abertos*, caso possam ser compreendidos de maneira facilitada, tendo em vista que o destino da norma penal é a sociedade leiga. A pessoa sem formação jurídica precisa compreender o conteúdo da conduta descrita em lei como crime. Isto não significa que se deva privilegiar a criação de tipos muito vagos, pois quanto mais específicos eles puderem ser, mais adequados ao Direito Penal e ao indivíduo. Assim, para assegurar a eficácia do princípio da legalidade é preciso manter o equilíbrio e o meio-termo: nem analogia, nem tipos extremamente vagos e genéricos. Em ambos os casos, estar-se-ia preterindo a aplicação do preceito constitucional da reserva legal.

Quanto ao confronto do princípio da legalidade com as normas penais em branco, consultar o item 8.2 do Capítulo VI.

📍 PONTO RELEVANTE PARA DEBATE

A legalidade pede socorro?

Temos acompanhado, há muito tempo, o descaso com que os Poderes de Estado (Executivo, Legislativo e Judiciário) tratam as leis e, por via de consequência, o princípio da legalidade, em seus sentidos amplo (ninguém é obrigado a fazer ou deixar de fazer alguma coisa senão em virtude de lei) e estrito (não há crime sem lei anterior que o defina nem pena sem lei anterior que a comine).

O Executivo é disparadamente o campeão de desrespeito à legalidade. Exemplos existem às centenas, mas vamos ilustrar com a execução penal: a) o preso tem direito a uma cela individual, que conterá dormitório, aparelho sanitário e lavatório. Deve ser salubre pela concorrência dos fatores de aeração, insolação e condicionamento térmico adequado à existência humana e área mínima de 6 m^2 (art. 88, Lei 7.210/1984); b) cada estabelecimento penal deve ter lotação compatível com a sua estrutura e finalidade (art. 85, Lei 7.210/1984); c) o preso em regime fechado tem *direito* a progredir ao semiaberto (art. 33, Código Penal); d) o regime aberto será cumprido em Casa do Albergado (arts. 36, Código Penal; arts. 93 a 95, Lei 7.210/1984). Poderíamos listar muito mais, porém é suficiente para checar o descaso diante da legalidade. Como regra, não há preso comum, no Brasil, em condições normais, ocupando a tal cela individual; os cárceres são superlotados e vergonhosos a qualquer ser humano que ali se encontre. Praticamente nenhum estabelecimento penal encontra-se preenchido de acordo com a sua capacidade ideal. Muitos condenados, que têm a sua progressão do regime fechado ao semiaberto pelo juiz, continuam presos no fechado, como se nada tivesse acontecido, porque não há vagas no semiaberto. Desde a reforma da Parte Geral (1984), aguarda-se um gesto do Poder Executivo que nunca veio: inexistem Casas do Albergado. Os presos, em regime aberto, vão para as suas casas.

O Legislativo vem em segundo lugar, pois edita lei após lei, prevendo literalmente absurdos jurídicos e nunca é responsabilizado por nada. Além disso, cria leis ideais, baseadas em relatórios de profissionais de gabinete, que não acertam a prática necessária no campo criminal. O Parlamento nunca se preocupou em elaborar e respeitar uma definida política criminal para o Brasil. O caos no sistema penal, acompanhado da inoperância do processo penal, ambos da década de 1940, estão presentes e não há reforma prevista, de âmbito geral, para os Códigos Penal e de Processo Penal.

O Judiciário ocupa a terceira posição, pois deixa de atuar, com suas decisões, por vezes, para impor a cessação dos abusos e dos desrespeitos categóricos às leis penais, processuais penais e de execução penal. Por outro lado, muitas são as ocasiões nas quais o Poder Executivo (federal e estadual) regula o cumprimento da pena, disciplinando o que vem a ser a falta média ou leve, por meio de portarias e resoluções, com reflexo direto na progressão da pena. Parcela considerável do Judiciário cumpre esses atos administrativos como se lei fosse. O correto seria o Legislativo, ao menos nos Estados, estabelecer as regras em relação às lacunas da Lei de Execução Penal, como a previsão das faltas médias e leves.

SÍNTESE

Legalidade: tem o significado político de constituir uma garantia individual, prevista na Constituição Federal, bem como quer dizer, no campo jurídico, que ninguém é obrigado a fazer ou deixar de fazer alguma coisa senão em virtude de lei (sentido amplo) e não há crime sem lei que o defina, nem pena sem lei que a comine (sentido estrito ou jurídico-penal).

Anterioridade: significa que a lei penal incriminadora deve ser criada antes da prática da conduta que se busca punir, assegurando eficácia ao princípio da legalidade.

Eficácia da legalidade: adota-se, no Brasil, a legalidade formal, somente constituindo crime a conduta descrita em lei como tal, devendo-se exigir que os tipos penais sejam redigidos de maneira clara e minuciosa, evitando-se tipos demasiadamente abertos, que poderiam abranger qualquer atitude tomada por um indivíduo, tornando insegura a aplicação da lei penal.

Capítulo VI
Aplicação da Lei Penal no Tempo

1. CONCEITO E ALCANCE DA LEI PENAL NO TEMPO

A regra geral em direito é a aplicação da lei vigente à época dos fatos (*tempus regit actum*). No campo penal não ocorre de maneira diversa: ao crime cometido em determinada data, aplica-se a lei penal vigente exatamente no mesmo dia, ainda que posteriormente venha a ser proferida a sentença.

A exceção é a extratividade, ou seja, a possibilidade de aplicação de uma lei a fatos ocorridos fora do âmbito de sua vigência. O fenômeno da extratividade, no campo penal, realiza-se em dois ângulos: a) *retroatividade*, que é a aplicação da lei penal benéfica a fato criminoso acontecido antes do período da sua vigência (art. 5.º, XL, CF); b) *ultratividade*, que significa a aplicação da lei penal benéfica, já revogada, a fato jurídico, como a sentença, ocorrido após o período da sua vigência.

Porém, convém deixar bem claro que a data do cometimento do delito é a base e o limite inicial para a aplicação da extra-atividade. Ilustrando: crime cometido em 20 de março de 2015; lei posterior a essa data torna a pena mais branda (retroatividade da lei à data do crime); lei posterior a essa data torna a pena mais severa (ultratividade da lei vigente à data do crime para ser aplicada à data da sentença, por ser mais favorável ao réu).

O Código Penal brasileiro, no art. 2.º, faz referência somente à retroatividade, porque está analisando a aplicação da lei penal sob o ponto de vista da data do fato criminoso. Assim, ou se aplica o princípio-regra (*tempus regit actum*), se for o mais benéfico, ou se aplica a lei penal posterior, se for a mais benigna (retroatividade). Não se pode olvidar, no entanto, que, quando um juiz vai aplicar uma lei já revogada, *no instante da senten-*

ça, por ser a mais benéfica e por ser a vigente à época do crime, está materializando o fenômeno da ultratividade, vale dizer, está *ressuscitando lei morta*. Melhor teria sido o Código mencionar, também, a ultratividade, como fez o Código Penal argentino: "Se a lei vigente ao tempo de se cometer o delito for distinta da que exista ao pronunciar-se a sentença ou em período intermediário, aplicar-se-á a mais benéfica".

O advento de uma lei penal intermediária, aquela que surgiu depois da data do fato e foi revogada antes da sentença, pode gerar ambos os efeitos, isto é, a aplicação concomitante dos efeitos da retroatividade e da ultratividade, conforme o enfoque adotado. Se visualizarmos a sua aplicação sob a ótica da data do fato criminoso, ocorre a retroatividade de lei penal benéfica. Se encararmos a sua aplicação do ponto de vista da data da sentença, o fenômeno é da ultratividade. Cuida-se, na realidade, de uma lei que surgiu e desapareceu sem ter regido especificamente fato algum, embora seja a mais favorável ao acusado, devendo ser aplicada.

Para a escolha da lei penal mais favorável devemos ter em vista, como marco inicial, a data do cometimento da infração penal, e, como marco final, a extinção da punibilidade pelo cumprimento da pena ou outra causa qualquer. De todo modo, entre o fato e a extinção da punibilidade, portanto, durante a investigação policial, processo ou execução da pena, toda e qualquer lei penal favorável, desde que possível a sua aplicação, deve ser utilizada em prol do réu.

2. *ABOLITIO CRIMINIS* (ABOLIÇÃO DO DELITO)

Trata-se do fenômeno que ocorre quando uma lei posterior deixa de considerar crime determinado fato (exemplos: deixaram de ser consideradas condutas criminosas o adultério, a sedução e o rapto consensual, em face da edição da Lei 11.106/2005). Quando acontece a hipótese da *abolitio criminis*, segundo o disposto no art. 107, III, do Código Penal, extingue-se a punibilidade do agente. Em qualquer fase do processo ou mesmo da execução da pena, deve ser imediatamente aplicada a retroatividade da norma que retira a tipicidade de qualquer fato.

A desconsideração de determinada conduta como infração penal é um forte instrumento para gerar a retroatividade da lei penal benéfica à data do fato delituoso, motivo pelo qual se insere o tema na avaliação da lei penal no tempo.

Lembremos que, reconhecida a extinção da punibilidade por tal motivo, não subsiste contra o réu ou condenado nenhum efeito, apagando-se, inclusive o registro constante da sua folha de antecedentes.

Naturalmente, o fato de o Estado abolir um tipo penal incriminador, beneficiando várias pessoas acusadas ou já condenadas, não faz nascer um erro judiciário, sujeito à indenização. Cuida-se de fator externo à vontade do juiz, fruto da política criminal do legislador, razão pela qual se apaga o delito do passado do acusado, mas não tem ele direito a reparação.

2.1 Confronto com a edição de lei penal benéfica (*novatio legis in mellius*)

Por vezes, o legislador prefere alterar determinado tipo penal incriminador, variando a descrição da conduta, de forma a excluir certas maneiras de execução, bem como modificando a sanção penal, conferindo-lhe abrandamento ou concedendo-lhe benefícios penais antes inexistentes. Assim, mantém-se a figura delitiva, embora com outra face. Quando isso acontece, não se trata de abolição do crime, mas apenas de modificação benéfica da lei penal.

Essa alteração pode ser feita diretamente em um tipo penal específico, o que é muito raro de ocorrer no Brasil, pois a tendência é sempre a criminalização e o incremento das penas, como pode envolver um contexto genérico, valendo para vários tipos incriminadores. Exemplo deste último caso é a edição da Lei 9.714/1998, que permitiu a aplicação das penas restritivas de direitos a todos os delitos cuja pena privativa de liberdade não superasse a marca dos quatro anos de reclusão ou detenção, quando dolosos e não violentos. Não se aboliu penalidades, mas somente abrandou-se a punição, aumentando os benefícios.

2.2 Confronto com a edição de lei penal prejudicial (*novatio legis in pejus*)

Há hipóteses em que o legislador, sem abolir a figura delituosa, mas com a aparência de tê-lo feito, apenas transfere a outro tipo incriminador a mesma conduta, por vezes aumentando a pena. Sem dúvida, em alguns casos, não se trata de uma singela transferência, porém há alguma modificação na descrição do preceito primário. Exemplo disso ocorreu com a aparente abolição do crime de rapto, previsto no antigo art. 219 do Código Penal ("raptar mulher honesta, mediante violência, grave ameaça ou fraude, para fim libidinoso. Pena – reclusão, de 2 a 4 anos"). A Lei 11.106/2005 extirpou esse artigo, mas transferiu parte da conduta para o art. 148, § 1.º, V, do Código Penal ("privar alguém de sua liberdade, mediante sequestro ou cárcere privado, com pena de reclusão, de 2 a 5 anos, se o crime é praticado com fins libidinosos"). Ora, o rapto era mesmo considerado, por grande parcela da doutrina, como um sequestro para fins libidinosos. Agora, passou a constar no capítulo adequado, com uma pena máxima abstrata maior, implicando em *novatio legis in pejus*. Assim, o agente que tenha sido condenado por privar a liberdade de uma mulher honesta, para fim libidinoso (rapto), continuará a cumprir sua pena e será mantida a condenação, pois a figura permanece no sistema jurídico-penal, considerada como sequestro com fins libidinosos. Não teria sentido tratar o caso como *abolitio criminis*, uma vez que a conduta continua a ser objeto de punição.

3. LEI PENAL BENÉFICA EM *VACATIO LEGIS* E COMBINAÇÃO DE LEIS

Durante a *vacatio legis* – período de tempo estabelecido pelo legislador para que a sociedade tome conhecimento de uma determinada norma, após a sua publicação e antes de sua entrada em vigor – a lei penal já tem força suficiente para ser considerada lei mais favorável, aplicando-se retroativamente a fatos pretéritos? Responde *afirmativamente* Paulo José da Costa Júnior, citando Raggi: "a lei, em período de *vacatio*, não deixa de ser *lei posterior*, devendo, pois, ser aplicada desde logo, se mais favorável ao réu" (*Comentários ao Código Penal*, p. 6). E, no mesmo prisma, ensinam Cernicchiaro ("A *vacatio legis* é estabelecida para favorecer as pessoas. Instituto dessa natureza não pode ocasionar efeito oposto, ou seja, gerar prejuízo, aumentar ônus", *Direito penal na Constituição*, p. 88) e Alberto Silva Franco.

Em *sentido contrário*, no entanto, estão as opiniões de Frederico Marques, Delmanto, e Damásio, defendendo que a lei nova, em período de *vacatio*, ainda não está em vigor, motivo pelo qual as relações sociais encontram-se sob regência da lei antiga. Somente quando uma lei deixa de vigorar, outra lhe pode ocupar o espaço, produzindo efeitos.

A última nos parecia ser a melhor orientação. Não nos soava correto que uma norma tivesse validade para beneficiar réus em geral, mas não pudesse ser aplicada ao restante da população. Após minuciosa análise do tema, em particular por conta da publicação de nosso *Princípios constitucionais penais e processuais penais*, refizemos a nossa posição.

Sob o ponto de vista formalista, *todos são iguais perante a lei* e o período de *vacatio* deve ser respeitado em qualquer situação, mesmo se cuidando de lei benéfica. Sob a ótica axiológica, os valores ligados à dignidade da pessoa humana devem prevalecer sob os aspectos formais do sistema legislativo, voltados, primordialmente, a conferir segurança à sociedade. Constituindo a *vacatio legis* um período de preparação de todos para o conhecimento do conteúdo da novel norma, por certo, volta-se à preservação e proteção dos direitos individuais, vale dizer, não se instituiria uma sanção mais grave ou uma nova figura delitiva sem dar espaço à comunidade para tomar ciência disso. Mas, tratando-se de lei penal ou processual penal benéfica, inexiste prejuízo algum para a sociedade se imediatamente posta em prática. Diante disso, pode-se aplicá-la de imediato.

Por certo, pode-se argumentar que, em caso de revogação da lei, em período de *vacatio*, ocorreria situação estranha, pois o condenado não mais retornaria ao cárcere, já que extinta estaria a sua punibilidade. Entretanto, a fonte do desencontro e da contradição seria o próprio Estado. Afinal, a lei teria sido editada pelo Congresso Nacional e sancionada pelo Poder Executivo, ingressando em período de vacância apenas para conhecimento geral. O mesmo cenário bizarro poderia surgir se houvesse *abolitio criminis*, que entrasse em vigor de imediato, para, depois de algum tempo, ser reeditada a norma incriminadora. Quem foi beneficiado não tornaria ao cárcere, nem ao cumprimento de pena.

Parece-nos razoável aplicar, com primor, o princípio constitucional da retroatividade benéfica, que apenas se refere *a lei penal*, não especificando restrição ou condição. Ademais, a *vacatio legis* é instituída por lei infraconstitucional, não podendo afastar a aplicação do referido princípio constitucional. Note-se, por derradeiro, que o art. 59, parágrafo único, da Constituição Federal, preceitua que lei complementar disporá sobre a elaboração, redação, alteração e consolidação das leis, mas não menciona, expressamente, a sua vigência. Pode-se, então, deduzir, *em favor do réu*, a possibilidade de se aplicar, em plenitude, a retroatividade benéfica durante o período de vacância. Assim o determina a dignidade da pessoa humana, pairando acima de qualquer formalismo legal.

🖋 PONTO RELEVANTE PARA DEBATE

A impossibilidade de combinação de leis penais para beneficiar o réu

Trata-se de tema polêmico, pois nem sempre é possível saber, com exatidão, qual é a lei penal mais benéfica, mormente quando várias são aplicáveis ao mesmo caso. Poderia, então, o juiz combinar as leis penais, extraindo a posição mais benigna ao réu?

Defendendo a possibilidade de combinação, pois seria apenas um processo de integração da lei penal, visando à fiel aplicação do preceito "que de *qualquer modo* favorecer", contido no art. 2.º, parágrafo único, do Código Penal, estão Frederico Marques, Basileu Garcia, Magalhães Noronha, Julio Fabbrini Mirabete, Damásio de Jesus, Celso Delmanto, Nereu José Giacomolli, entre outros.

Contrários à tese, pois significaria permitir ao juiz legislar, criando outra lei, não prevista pelo legislador, encontra-se Nélson Hungria, Aníbal Bruno, Heleno Fragoso, Jair Leonardo Lopes, Paulo José da Costa Júnior, José Henrique Pierangeli, dentre outros.

E, se adotada a segunda posição, surge nova indagação: quem escolhe a lei mais favorável, o réu ou o juiz? Mais duas posições emergem: a) o réu, porque é ele quem vai cumprir a sanção penal; b) o juiz, porque ele é o órgão encarregado pelo Estado para aplicar a lei, sem ter que consultar a parte.

Preferimos posição intermediária, apontada por Jiménez de Asúa, baseando-se em von Liszt, ao lecionar que a fórmula mais exata deve levar o juiz a fazer uma aplicação mental das duas leis que conflitam – a nova e a antiga –, verificando, no caso concreto, qual terá o resultado mais favorável ao acusado, mas sem combiná-las, evitando-se a criação de uma terceira lei (*Lecciones de derecho penal*, p. 98-99). É também a posição adotada por Claus Roxin (*Derecho penal – Parte general*, t. I, p. 167-168).

Realmente, se houvesse permissão para a combinação de leis colocar-se-ia em risco a própria legalidade, pois o magistrado estaria *criando* norma inexistente, por mais que se queira dizer tratar-se de mera integração de leis. Ora, a referida integração não passa do processo criador de uma outra lei, diferente das que lhe serviram de fonte. E quando se diz que o art. 2.º, parágrafo único, do CP, autoriza a aplicação da lei posterior benéfica que "de qualquer modo favorecer o agente" não está legitimando o magistrado a *recortar* pedaços da norma e aplicá-la em formação de uma outra totalmente inédita. Quer dizer simplesmente que uma lei penal nova mais benéfica, *em qualquer ponto que seja*, merece retroagir para favorecer o réu. A previsão do mencionado parágrafo único é uma cautela positiva, para que não se deixe de aplicar lei penal benéfica sob a assertiva de que não se cuida da pena propriamente dita ou da descrição da conduta típica. Há detalhes secundários que podem ser alterados na lei penal, merecedores de aplicação imediata. Exemplificando: se uma nova lei permite *sursis* sem o cumprimento de qualquer condição, embora não diga respeito ao tipo penal incriminador e ainda que o condenado esteja em liberdade, é um *modo* de favorecê-lo, logo, deve ser aplicada, eliminando-se as condições anteriormente fixadas.

Acolhendo-se a impossibilidade de combinar as leis, cremos ser da competência do juiz a escolha de qual norma é a mais favorável, pois cabe ao Estado e não ao particular aplicar a lei ao caso concreto. Se o réu não concordar, pode recorrer da decisão. Deve-se ressaltar que o direito em jogo é indisponível, de modo que não cabe ao indivíduo optar por algo que considere, em seu ponto de vista, mais favorável.

Adotando a nossa posição, o Superior Tribunal de Justiça decidiu pela impossibilidade de combinação de leis penais, editando a Súmula 501: "É cabível a aplicação retroativa da

> Lei n. 11.343/2006, desde que o resultado da incidência das suas disposições, na íntegra, seja mais favorável ao réu do que o advindo da aplicação da Lei n. 6.368/1976, sendo vedada a combinação de leis." E, finalmente, em 07 de novembro de 2013, o STF outra vez apreciou o tema e, no Plenário, por maioria de votos, vedou a combinação de leis penais (RE 600.817-MS, rel. Ricardo Lewandowski).

4. COMPETÊNCIA PARA APLICAÇÃO DA LEI PENAL BENÉFICA

A competência para a aplicação da lei nova favorável divide-se da seguinte forma:

a) com o processo em andamento, até a sentença, cabe ao juiz de 1.º grau a aplicação da lei;

b) em grau de recurso, poderá aplicar a norma favorável o tribunal. Nesta hipótese, depende da situação concreta, pois não poderá haver supressão de instância. Exemplos: b.1) o juiz fixa a pena mínima para o furto simples em um ano de reclusão, mencionando todas as circunstâncias favoráveis ao réu. Se, durante o trâmite do recurso da defesa, houvesse modificação da lei penal, com a redução da pena mínima para seis meses, poderia o tribunal, caso não desse provimento para absolver o acusado, reduzir a sua pena para seis meses, pois esse seria o mínimo agora previsto no tipo penal. Não haveria supressão de instância, na medida em que o mínimo foi o montante fixado pelo magistrado, agora confirmado pelo tribunal, que somente empreendeu a correção devida; b.2) o juiz realiza complexa individualização da pena, com base nos requisitos do art. 59 do Código Penal, estabelecendo um valor médio de 2 anos e 6 meses para o furto simples. Caso sejam modificados os requisitos para o cálculo da pena-base, não cabe ao tribunal realizar todo o processo de individualização novamente, pois estaria suprimindo um grau de jurisdição. Nesse caso, deve determinar que o processo retorne à primeira instância para que o juiz, em face da nova lei penal editada, torne a fixar a pena concreta;

c) havendo o trânsito em julgado da decisão, existem duas posições: c.1) cabe ao juiz da execução criminal; c.2) cabe ao tribunal, pela via da revisão criminal. A primeira orientação leva em consideração a Súmula 611 do Supremo Tribunal Federal ("Transitada em julgado a sentença condenatória, compete ao juízo das execuções a aplicação de lei mais benigna."), o art. 13, *caput*, da Lei de Introdução ao Código de Processo Penal ("A aplicação da lei nova a fato julgado por sentença condenatória irrecorrível, nos casos previstos no art. 2.º e seu parágrafo, do Código Penal, far-se-á mediante despacho do juiz, de ofício, ou a requerimento do condenado ou do Ministério Público") e o art. 66, I, da Lei de Execução Penal ("Compete ao juiz da execução: I – aplicar aos casos julgados lei posterior que de qualquer modo favorecer o condenado"). É o posicionamento majoritário da doutrina.

Em relação à posição daqueles que sustentam caber ao tribunal, pela via da revisão criminal, aplicar a lei mais favorável após o trânsito em julgado, confira-se a lição de Alberto Silva Franco: "Em algumas situações, como, por exemplo, na participação de menor importância ou na participação em fato menos grave, seria mister uma nova definição penal da conduta do agente, o que forçosamente implicaria um mergulho, em profundidade, na matéria probatória. Em casos desta ordem, a questão não deveria ser equacionada pelo juiz da execução penal, que não estaria sequer aparelhado, do ponto de vista processual, para o exame da matéria. Entendimento contrário conduziria a transformar o juiz da execução penal num 'superjuiz' com competência até para invadir a área privativa da Segunda Instância, alterando qualificações jurídicas definitivamente estatuídas. A revisão criminal, nesses casos, seria mais recomendável" (*Código Penal e sua interpretação jurisprudencial*, p. 54).

Melhor é a orientação que defende a competência do juiz da execução penal, pois, além de mais prática, agiliza e facilita para o réu a aplicação da lei que o favoreceu.

5. CRIME PERMANENTE E LEI PENAL BENÉFICA

Aplica-se a lei nova durante a atividade executória do crime permanente, aquele cuja consumação se estende no tempo, ainda que seja prejudicial ao réu. Convém mencionar a lição de Hungria: "O *crime permanente* (em que a atividade antijurídica, positiva ou negativa, se protrai no tempo) incide sob a lei nova, ainda que mais severa, desde que prossiga na vigência dela a *conduta* necessária à *permanência* do resultado. É que a cada momento de tal *permanência* está presente e militando, por ação ou omissão, a vontade do agente (ao contrário do que ocorre nos *crimes instantâneos com efeitos permanentes*), nada importando assim que o 'estado de permanência' se haja iniciado no regime da lei antiga, ou que esta incriminasse, ou não, o fato" (*Comentários ao Código Penal*, v. 1, t. 1, p. 128). Assim também é o pensamento da maioria da doutrina e da jurisprudência.

Exemplificando: se um sequestro está em andamento, com a vítima colocada em cativeiro, havendo a entrada em vigor de uma lei nova, aumentando consideravelmente as penas para tal delito, aplica-se de imediato a norma prejudicial ao agente, pois o delito está em plena consumação. É o teor da Súmula 711 do STF: "A lei penal mais grave aplica-se ao crime continuado ou ao crime permanente, se a sua vigência é anterior à cessação da continuidade ou da permanência".

6. CRIME CONTINUADO E LEI PENAL BENÉFICA

O crime continuado, previsto no art. 71 do Código Penal, a ser estudado no contexto do concurso de crimes, é uma ficção jurídica, idealizada para beneficiar o réu na aplicação da pena. Tal se dá quando o agente pratica várias condutas, implicando na concretização de vários resultados, terminando por cometer infrações penais da mesma espécie, em circunstâncias parecidas de tempo, lugar e modo de execução, aparentando que umas são meras continuações de outras. Em face disso, aplica-se a pena de um só dos delitos, se iguais, ou do mais grave, se diversas, aumentada de um sexto a dois terços.

No cenário do crime continuado, há duas posições: a) aplica-se a mesma regra do crime permanente, como defende Nélson Hungria: "Em relação ao *crime continuado* (pluralidade de crimes da mesma espécie, sem intercorrente punição, que a lei unifica em razão de sua homogeneidade objetiva), se os atos sucessivos já eram incriminados pela lei antiga, não há duas *séries* (uma anterior, outra posterior à lei nova), mas uma única (dada a unidade jurídica do crime continuado), que incidirá sob a lei nova, ainda mesmo que esta seja menos favorável que a antiga, pois o agente já estava advertido da maior severidade da sanção, caso persistisse na 'continuação'. Se, entretanto, a incriminação sobreveio com a lei nova, segundo esta responderá o agente, a título de crime continuado, somente se os atos posteriores (subsequentes à entrada em vigor da lei nova) apresentarem a homogeneidade característica da 'continuação', ficando inteiramente abstraídos os atos anteriores" (*Comentários ao Código Penal*, v. 1, t. 1, p. 128). É também a lição de Frederico Marques e Aníbal Bruno; b) não se aplica a mesma regra do crime permanente, conforme se pode conferir na posição de Delmanto: "o princípio da legalidade deve ser rigidamente obedecido. (...) Também a norma penal nova mais grave só deverá ter incidência na série de crimes ocorridos durante sua vigência e não na anterior" (*Código Penal comentado*, p. 10).

O melhor entendimento é o de Hungria, pois se o crime continuado é uma ficção, entendendo-se que uma série de crimes constitui um único delito para a finalidade de aplicação da pena, é preciso que o agente responda, nos moldes do crime permanente, pelo que praticou em qualquer fase da execução do crime continuado. Portanto, se uma lei penal nova tiver vigência durante a continuidade, deverá ser aplicada ao caso, prejudicando ou beneficiando. É o teor da Súmula 711 do STF: "A lei penal mais grave aplica-se ao crime continuado ou ao crime permanente, se a sua vigência é anterior à cessação da continuidade ou da permanência".

7. RETROATIVIDADE DA LEI PROCESSUAL PENAL BENÉFICA

Como regra, as normas processuais são publicadas para vigorar de imediato, aplicando-se a todos os atos ainda não praticados e atingindo, por conseguinte, alguns fatos ocorridos antes de sua vigência. Entretanto, existem normas processuais penais que possuem íntima relação com o direito penal, refletindo diretamente na punição ao réu. Em virtude disso, a doutrina busca classificar as normas processuais em *normas processuais penais materiais* e *normas processuais penais propriamente ditas*.

As primeiras, tratando de temas ligados ao *status libertatis* do acusado (queixa, perempção, decadência, prisão cautelar, prisão em flagrante etc.), devem estar submetidas ao princípio da retroatividade benéfica. A respeito, para exemplificar, confira-se o disposto no Código Penal argentino: "No cômputo da prisão preventiva observar-se-á separadamente a lei mais favorável ao processado" (art. 3.º).

As segundas, por serem vinculadas ao procedimento (formas de citação e intimação, modos de colheita de prova, prazos, mandados etc.), aplicam-se de imediato e não retroagem, mesmo que terminem por prejudicar o acusado.

Essa posição de permitir a retroatividade da lei processual penal material benéfica, com a qual concordamos, é adotada por Silva Franco e pela maioria da jurisprudência.

8. LEIS INTERMITENTES

As leis, como regra, são feitas para durar indefinidamente, até que outras, mais modernas, revoguem-nas ou substituam-nas.

Há leis, no entanto, denominadas de intermitentes, que são formuladas para durar um período determinado e breve. As leis excepcionais e temporárias são espécies desse gênero.

Excepcionais são as leis feitas para durar enquanto um estado anormal ocorrer. Cessam a sua vigência ao mesmo tempo em que a situação *excepcional* também terminar. Exemplo: durante o estado de calamidade pública decretado em uma localidade devastada por alguma catástrofe, podem-se aumentar as penas dos crimes contra o patrimônio para buscar evitar os saques.

Temporárias são as leis editadas com período certo de duração, portanto, dotadas de autorrevogação. Assim, por exemplo, a lei feita para valer por um prazo de seis meses.

8.1 Extensão e eficácia

As leis excepcionais ou temporárias são leis que não respeitam a regra prevista no art. 2.º do Código Penal, ou seja, o princípio da retroatividade benéfica. Se o fizessem seriam inócuas, pois, cessado o prazo de sua vigência, todos os criminosos que estivessem sendo punidos pela prática de infrações penais nesse período excepcional ou temporário teriam benefícios.

No exemplo supramencionado da calamidade pública, caso os agentes pudessem ser beneficiados pela retroatividade benigna, tão logo as penas dos crimes contra o patrimônio voltassem aos patamares originais, suas penas seriam alteradas. De nada teria adiantado a edição da lei intermitente.

Portanto, essas leis (temporárias ou excepcionais) são sempre ultrativas, ou seja, continuam a produzir efeitos aos fatos praticados durante a sua época de vigência, ainda que tenham sido revogadas (art. 3.º, CP). O objetivo é manter o seu poder intimidativo.

Há, no entanto, exceção: uma lei temporária mais benéfica, editada posteriormente, pode alterar, para melhor, lei temporária anterior, desde que respeitado o mesmo período temporal. Nesse caso, o princípio da retroatividade benéfica está fixado entre normas de igual *status* e com idêntica finalidade.

> **♣ PONTO RELEVANTE PARA DEBATE**
>
> A ultratividade das leis intermitentes (art. 3.º, CP) e a observação obrigatória da retroatividade de toda lei penal benéfica prevista no art. 5.º, XL, da Constituição Federal
>
> Há, basicamente, dois posicionamentos. O primeiro considera inconstitucional o disposto no art. 3.º do Código Penal, afirmando ter sido a norma do art. 5.º, XL, da Constituição bem clara ao dizer que a lei penal *retroagirá* para beneficiar o réu. Assim, não poderia a lei infraconstitucional dispor em sentido diverso, mesmo para garantir a sua própria eficiência.
>
> Outra posição sustenta a constitucionalidade do referido art. 3.º, lembrando integrar o fator "tempo" o tipo penal da norma temporária ou excepcional, significando que, ao deixar de existir, não traz, em seu lugar, nenhuma outra norma aplicável à mesma hipótese.
>
> Exemplificando: uma lei penal seria editada para dobrar as penas dos delitos contra o patrimônio enquanto durasse o estado de calamidade pública. Dever-se-ia ler o tipo penal excepcional do furto do seguinte modo: "Subtrair, para si ou para outrem, coisa alheia móvel, *durante estado de calamidade pública ocorrido no período de...*". Uma vez encerrado

esse tempo, tornaria a vigorar a anterior forma de punição, que não se poderia considerar nova norma penal, sujeita à retroatividade prevista na Constituição. Voltar-se-ia ao tipo penal anterior, de diferente redação: "Subtrair, para si ou para outrem, coisa alheia móvel". São normas diferenciadas, não incidindo a regra constitucional da retroatividade benéfica. Não bastaria simplesmente dizer que a temporária ou excepcional seria ultrativa, fenômeno diverso do previsto na Constituição Federal, que menciona apenas a retroatividade. Na verdade, não se aplicaria o princípio constitucional previsto no art. 5.º, XL (retroatividade benéfica), quando a lei temporária ou excepcional cessasse seu efeito, voltando a vigorar a norma anterior, que estava com eficácia suspensa. Poderia ocorrer, ainda, a edição de lei nova, concretizada especialmente para regular o mesmo caso. De toda forma, cuidar-se-iam de normas diferentes: a intermitente incluiria, na sua redação, o fator *tempo* (por isso, abrangeria todas as situações ocorridas durante a sua vigência); a outra não o faria.

O estudo sistematizado dos princípios constitucionais, após a publicação da nossa obra *Princípios constitucionais penais e processuais penais,* convenceu-nos do equívoco de adotar a segunda postura. Em primeiro lugar, o princípio da retroatividade penal benéfica é expresso na Constituição Federal (art. 5.º, XL), sem qualquer tipo de restrição ou condição. Logo, necessita *aplicação integral*, sem que se possa invocar lei ordinária para barrá-lo. Além disso, a argumentação de que o tempo integra o tipo penal incriminador, eternizando a norma, em verdade, é puramente formal. Tem por finalidade fazer valer o art. 3.º do Código Penal. Analisando-se a situação em prisma axiológico, é impossível não considerar lacunoso tal fundamento. O referido art. 3.º não especifica ser o período de tempo integrante do tipo penal; cuida-se de criação doutrinária. E mesmo que se pudesse deduzir tal incorporação, quando a lei intermitente perde a vigência, em seu lugar, por certo, surge norma mais favorável ao réu, merecendo sobreposição no tocante à anterior. Ainda mais, inserindo-se o tema sob o prisma da dignidade humana, não há como sustentar se possam editar leis de curta duração, buscando punir mais severamente alguns indivíduos, por exíguo tempo, para depois retroceder, abolindo o crime ou amenizando a pena. Não se deve tratar o Direito Penal como instrumento político para a correção de casos concretos temporários ou passageiros. A intervenção mínima demanda a instituição de lei penal incriminadora somente em *ultima ratio*, quando nada mais resta ao Estado senão criminalizar determinada conduta. Por isso, leis intermitentes não se coadunam com o texto constitucional de 1988, reputando-se não recepcionado o art. 3.º do Código Penal.

Atualmente temos um exemplo concreto de lei penal temporária, estabelecendo tipos penais incriminadores para atender à Copa do Mundo no Brasil, em 2014. A Lei 12.663/2012 (Lei Geral da Copa) criou os tipos incriminadores dos arts. 30 a 33, todos visando à tutela do interesse patrimonial da FIFA. Estipula, no art. 36, o seguinte: "Os tipos penais previstos neste Capítulo terão vigência até o dia 31 de dezembro de 2014". Segundo nos parece, decorrido o prazo da sua vigência, a eles não se poderá aplicar o disposto no art. 3.º do Código Penal, mas, sim, o previsto pelo art. 2.º, com respaldo no art. 5.º, XL, da Constituição Federal.

Há, ainda, quem adote uma posição intermediária, considerando inconstitucionais as temporárias e constitucionais as excepcionais, mas com outro conceito. Nesse sentido, leciona Luiz Luisi que as leis excepcionais são as que existem, em caráter permanente, embora só adquiram eficácia quando ocorrem fatos e situações especiais. Cita como exemplo o Código Militar. Há normas que somente se aplicam em época de guerra. Cessada esta, perdem a eficácia, mas continuam vigendo. Aplica-se para o passado, levando-se em conta que a lei ainda existe, mas sem eficácia (*Os princípios constitucionais penais*, p. 22). Quanto às temporárias, que desaparecem após determinado período, crê ser inconstitucional o disposto no art. 3.º, CP, mandando que sejam aplicadas retroativamente (*Os princípios constitucionais penais*, p. 23).

> Segundo nos parece, o Código Penal Militar é lei permanente e não excepcional. As suas normas podem ser aplicadas assim que surja uma situação fática permitindo a adequação típica. O mesmo ocorre com o Código Eleitoral e seus tipos penais incriminadores. Muitos deles somente têm aplicação em época de eleição, mas isso não significa que se trate de lei penal excepcional. Esta é aquela que surge e morre em período determinado, somente para atender a uma situação anormal. E, na realidade, é inconstitucional.

8.2 Normas penais em branco, legalidade e intermitência

São normas penais em branco aquelas cujo preceito primário (descrição da conduta) é indeterminado quanto a seu conteúdo, porém determinável, e o preceito sancionador é sempre certo.

Dividem-se em: a) *normas impropriamente em branco*, que se valem de fontes formais homogêneas, em outras palavras, são as que possuem o complemento em norma de igual hierarquia. Ex.: os impedimentos matrimoniais descritos no tipo do crime do art. 237 (casar-se conhecendo tais impedimentos) são encontrados no Código Civil, que possui o mesmo *status* legal do Código Penal; b) *normas propriamente em branco*, que se utilizam de fontes formais heterogêneas, porque o órgão legiferante é diverso, ou seja, buscam o complemento em norma de inferior hierarquia. Ex.: o crime contra a economia popular, referente à transgressão de tabela de preços, encontra o complemento (elaboração da tabela) em norma estabelecida por órgão do Poder Executivo, de diferente fonte normativa.

Em nosso entendimento, somente podem ser denominadas normas penais *em branco* aquelas que são específicas quanto à pena – jamais delegando a sua fixação abstrata a outro órgão legiferante que não seja penal – bem como indeterminadas quanto ao seu conteúdo, que, entretanto, é encontrado em outra norma extrapenal, perfeitamente inteligível. Não consideramos normas penais em branco os chamados tipos penais remetidos, que, para sua integral compreensão, fazem menção a outra(s) norma(s) penal (penais), bastando que esta(s) seja(m) consultada(s) para aclarar a primeira. Como ensinam Maurach e Zipf, esses tipos penais possuem "maior complexidade externa", mas não dependem de legislação fora do âmbito penal, logo, não são normas em branco (*Derecho penal – Parte general*, v. 1, p. 134). Nessa ótica, o art. 304 do Código Penal não é uma norma penal em branco, mas somente um tipo remetido: "fazer uso de qualquer dos papéis falsificados ou alterados a que se referem os arts. 297 a 302. Pena – a cominada à falsificação ou à alteração". Uma simples consulta aos referidos artigos 297 a 302 do mesmo Código esclarece perfeitamente o alcance da norma, que não é, pois, em branco. O art. 150 do Código Penal (violação de domicílio) prevê, no *caput*: "entrar ou permanecer, clandestina ou astuciosamente, ou contra a vontade expressa ou tácita de quem de direito, em casa alheia ou em suas dependências"; na sequência, entende por bem definir o que abrange a expressão *casa* (§ 4.º) e o que não abrange (§ 5.º), não a transformando, obviamente, em uma norma penal em branco. Uma norma explicativa qualquer, de conteúdo penal, não é suficiente para caracterizar a norma em branco. Veja-se o exemplo do art. 327 do Código Penal, definindo o conceito de funcionário público, para os efeitos penais. Não tem ela o condão de transformar todos os demais tipos do art. 312 a 325 em normas penais em branco.

Não nos parece, ainda, adequada a denominação de normas penais imperfeitas ou incompletas para as normas penais em branco ou para os tipos penais remetidos. Respeitados os princípios da legalidade e da taxatividade, todo tipo penal há de ser completo e perfeito, sob pena de ser considerado, automaticamente, inconstitucional. Logo, se as normais penais em branco e os tipos remetidos forem tachados de imperfeitos ou incompletos devem ser tidos por inconstitucionais, como, de fato, para alguns doutrinadores, eles o são. Soa-nos contraditório sustentar, ao mesmo tempo, que são as normas penais em branco e os tipos remetidos defeituosos ou imperfeitos, mas respeitam a legalidade e a taxatividade. Por todos os que assim pensam, confira-se Rogério Greco, *Curso de Direito Penal – Parte geral*, p. 26-27.

As normas penais em branco apenas conferem a órgão legislador extrapenal a possibilidade de precisar o seu conteúdo, fazendo-o, por inúmeras vezes, com maior rigor e mais detalhes do que os denominados tipos abertos, que dependem da imprecisa e subjetiva interpretação do juiz. Estes seriam, em tese, mais "imperfeitos" do que as normas em branco. Em suma, normas penais, especialmente os tipos incriminadores podem ser compostos de maneira complexa, mas nunca de modo imperfeito ou incompleto.

Em consequência do que foi exposto, as normas em branco não ofendem a legalidade porque se pode encontrar o complemento da lei penal em outra fonte legislativa, embora diversa do Direito Penal, previamente determinada e conhecida. Na correta visão de Bustos Ramírez, determinadas matérias, por sua própria natureza, não podem ser completamente abrangidas dentro de um tipo penal, sendo indispensável a remissão a outra norma, que pode ser inferior. Tais matérias são de grande flexibilidade, dinamismo e complexidade. Por isso, a utilização da norma penal em branco chega a ser recomendável, dentro de uma adequada técnica legislativa, evitando-se a criação de um tipo penal impreciso (*Obras completas*, v. I, p. 578-579). É preciso, no entanto, que se diga que o *complemento* da norma em branco é, em regra, de natureza intermitente, feito para durar apenas por um determinado período. Uma tabela de preços, por exemplo, tem caráter temporário.

Assim, valendo-se dessa sua natureza, quando o complemento tiver caráter *secundário* à própria norma penal, ele é sempre ultrativo. Exemplo: um comerciante que tenha transgredido a tabela A, terá sua conduta avaliada pelo juiz com base nessa mesma tabela, e não com fundamento em outra, que venha a ser editada até a data da sentença. Portanto, se determinado produto tiver o preço X na Tabela A, quando o réu for julgado é possível que já esteja em vigor a Tabela B e o produto tenha passado a valer 3X. Logo, se o comerciante vendera a coisa por 2X, não pode, à custa da edição da Tabela B, pretender a sua retroatividade à data do fato. O importante nesse crime contra a economia popular não é o preço do produto, mas sim a transgressão à tabela de preços, qualquer que seja ela.

Por outro lado, quando o complemento da lei penal em branco for a parte *essencial* da norma, vale dizer, é mais importante conhecê-lo do que a própria descrição da conduta feita no tipo penal, aplica-se a retroatividade benéfica. Ilustrando: se alguém traz consigo *substância entorpecente*, definida em portaria do Ministério da Saúde, caso a droga seja retirada dessa relação, é natural que haja retroatividade benéfica e a consequente *abolitio criminis*. Afinal, o mais importante, no caso do crime de porte de entorpecente, é saber *o que é* substância entorpecente e *quais são* as enumeradas na portaria do Ministério da Saúde, ao passo que no delito de transgredir *tabela de preços* é secundário saber qual é o preço.

Concluindo: quando o complemento da norma em branco for secundário (*v.g.*, tabela de preços), ele é ultrativo; quando o complemento for fundamental para a compreensão do crime (*v.g.*, substância entorpecente), pode retroagir para beneficiar o réu.

Um exemplo concreto: o *cloreto de etila* (lança-perfume), atualmente considerado substância entorpecente, porque incluído na relação editada pelo Ministério da Saúde, foi *excluído* da relação do DIMED pela Portaria de *04.04.1984,* retornando à lista pela Portaria 2/85, de *13.03.1985*. Houve, nesse caso, uma típica *abolitio criminis*, pois o complemento da norma em branco é fundamental à sua própria existência e compreensão, não se podendo considerar um elemento secundário. Nesse prisma, decidiu o STF: "É que o complemento da norma penal em branco passa a integrar, indubitavelmente, o conteúdo da conduta censurada, formando um todo, de forma que a alteração de uma parte, como resultado de uma nova valoração jurídica do mesmo fato, tem repercussão total e imediata, não se aplicando ao caso em exame a solução que a jurisprudência vem dando às hipóteses de tabelamento de preços, já que estes têm realmente caráter excepcional, vez que são editados como forma de disciplinar o mercado em situações especiais, revelando que se trata mesmo da hipótese prevista no art. 3.º do CP (...) as *Portarias do Ministério da Saúde*, incluindo ou excluindo substância da lista anual já citada, *não têm caráter de norma excepcional*, que é aquela promulgada para vigorar em condições sociais anormais com vigência vinculada à duração dos motivos que inspiraram a sua edição, ou de norma temporária, que é aquela que tem tempo de vigência limitado e previamente determinado em seu próprio texto" (*Lex* 164/331, 2.ª T., rel. Carlos Velloso).

Há uma regra que poderá auxiliar o intérprete, para verificar se o complemento é fundamental à compreensão da norma, ou não: quando o complemento da norma advier da mesma fonte legislativa de onde surgiu a própria lei penal em branco, a retroatividade benéfica é imperiosa. Para ilustrar, relembremos o exemplo supramencionado do art. 237 do Código Penal, que é norma penal em branco (casar-se conhecendo impedimentos matrimoniais). O seu complemento (a relação de impedimentos matrimoniais) origina-se também em lei federal de igual *status* (Código Civil). Por isso, alterando-se o complemento, em benefício do réu, a retroatividade será inevitável.

Vale destacar, por derradeiro, que, excepcionalmente, pode-se encontrar norma penal em branco que admita as duas possibilidades: aplicação do art. 2.º, tornando retroativo o complemento mais benigno, ou aplicação do art. 3.º, tornando ultrativo o complemento mais prejudicial. Menciona o art. 268 do Código Penal: "Infringir determinação do poder público, destinada a impedir introdução ou propagação de doença contagiosa". A norma é considerada em branco, pois depende de complemento, que é a "determinação do poder público" no cenário das doenças contagiosas. Caso exista a revogação da referida determinação, porque não se tratava de doença efetivamente contagiosa, é natural que haja a retroatividade benéfica para envolver todos aqueles que estiverem sendo processados – ou tiverem sido condenados – pelo delito, por terem infringido a determinação.

Entretanto, caso ocorra a revogação da determinação do poder público, porque a doença contagiosa, que se propagava, cessou de fazê-lo, é certo que o complemento é ultrativo, isto é, aqueles que estiverem sendo processados por terem infringido a determinação devem continuar respondendo pela infração penal. Portanto, o complemento, quando é vago demais, necessitando-se analisar qual é a determinação do poder público e qual foi o motivo da sua revogação, dá margem a aplicações diversas.

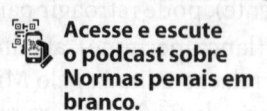

Acesse e escute o podcast sobre Normas penais em branco.
> http://uqr.to/1yohf

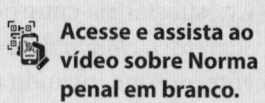

Acesse e assista ao vídeo sobre Norma penal em branco.
> http://uqr.to/1yohg

SÍNTESE

Regra geral da lei penal no tempo: aplica-se a lei vigente à época do cometimento da infração penal e ainda em vigor no momento da sentença (*tempus regit actum*).

Extratividade da lei penal: significa que a lei penal pode ser aplicada a fato ocorrido fora da sua época de vigência, dividindo-se em dois aspectos: retroatividade e ultratividade.

Retroatividade: ocorre quando o juiz aplica nova lei penal, não existente à época do fato, mas que retroage a essa data porque beneficia o réu.

Ultratividade: dá-se no momento em que o magistrado, ao sentenciar, aplica lei penal já revogada, entretanto benéfica ao réu, que era a lei vigente à época do fato.

Leis intermitentes: são as normas penais feitas para ter curta duração. Dividem-se em temporárias e excepcionais.

Leis penais temporárias: são aquelas que possuem, no seu próprio texto, a data da sua revogação. Vigoram por período certo.

Leis penais excepcionais: são as formuladas para durar enquanto decorrer uma situação anormal qualquer. Vigoram por período relativamente incerto, mas sempre de breve duração.

Normas penais em branco: são as que possuem a descrição de conduta indeterminada, dependente de um complemento, extraído de outra fonte legislativa extrapenal, para obter sentido e poder ser aplicada. A pena prevista é sempre determinada.

Norma penal em branco própria: é a que possui complemento extraído de norma hierarquicamente inferior.

Norma penal em branco imprópria: é a que possui complemento extraído de norma de igual hierarquia.

ESQUEMAS

EXTRATIVIDADE DA LEI PENAL

a mobilidade da lei penal no tempo, em favor do réu, somente é viável entre a data do fato e a extinção da punibilidade

EXTRATIVIDADE DA LEI PENAL BENÉFICA
- Retroatividade: do ponto de vista do fato, leis novas, surgidas após a prática do crime, retroagem no tempo, como se vigorassem à época da infração penal para aplicação
- Ultratividade: do ponto de vista da sentença, leis já revogadas, que vigoravam à data do delito, são ressuscitadas para aplicação em favor do acusado

EXTRATIVIDADE DA LEI PENAL

1) enfocando a data do fato criminoso

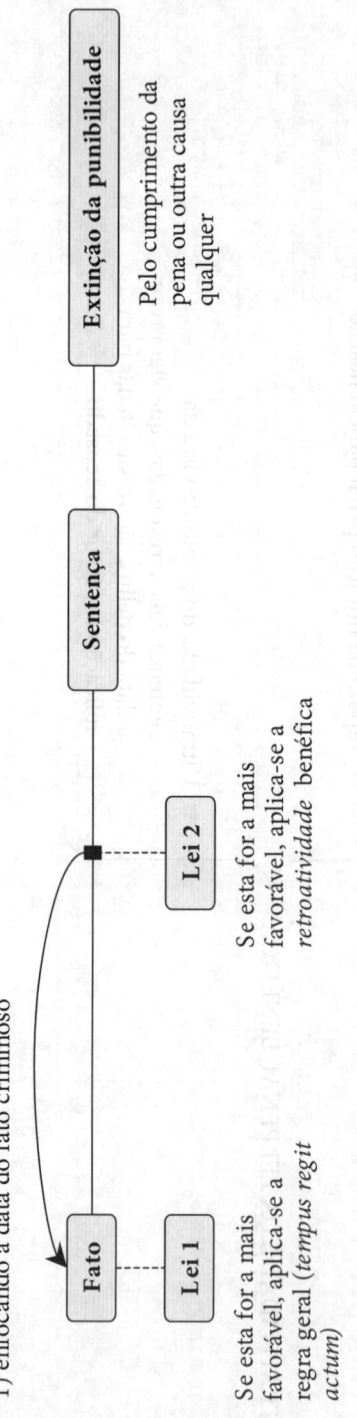

Fato ———————————— Sentença ———————————— Extinção da punibilidade

Lei 1 (abaixo de Fato): Se esta for a mais favorável, aplica-se a regra geral (*tempus regit actum*)

Lei 2 (abaixo da linha entre Fato e Sentença): Se esta for a mais favorável, aplica-se a *retroatividade* benéfica

Extinção da punibilidade: Pelo cumprimento da pena ou outra causa qualquer

2) enfocando a data da sentença

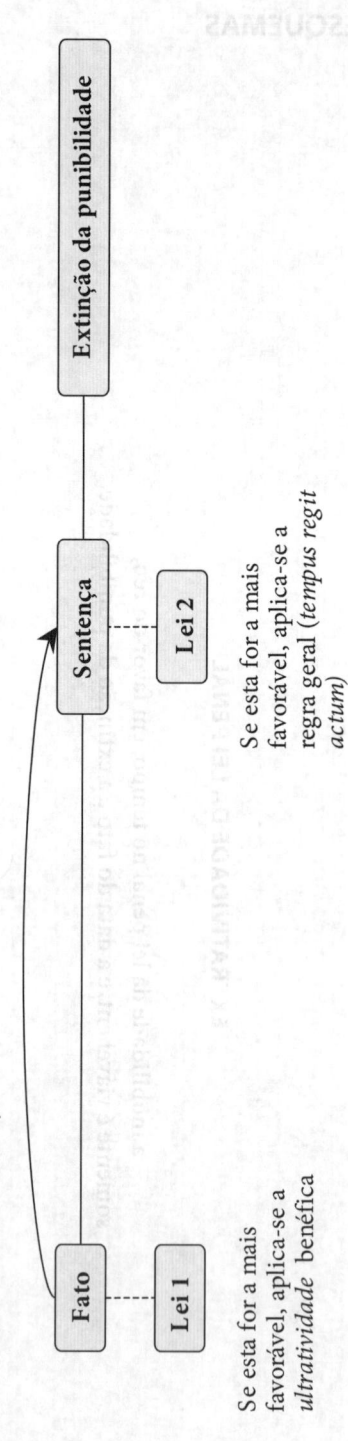

Fato ———————————— Sentença ———————————— Extinção da punibilidade

Lei 1 (abaixo de Fato): Se esta for a mais favorável, aplica-se a *ultratividade* benéfica

Lei 2 (abaixo de Sentença): Se esta for a mais favorável, aplica-se a regra geral (*tempus regit actum*)

LEIS PENAIS BENÉFICAS INTERMEDIÁRIAS
(Vigoram entre o fato e a sentença)

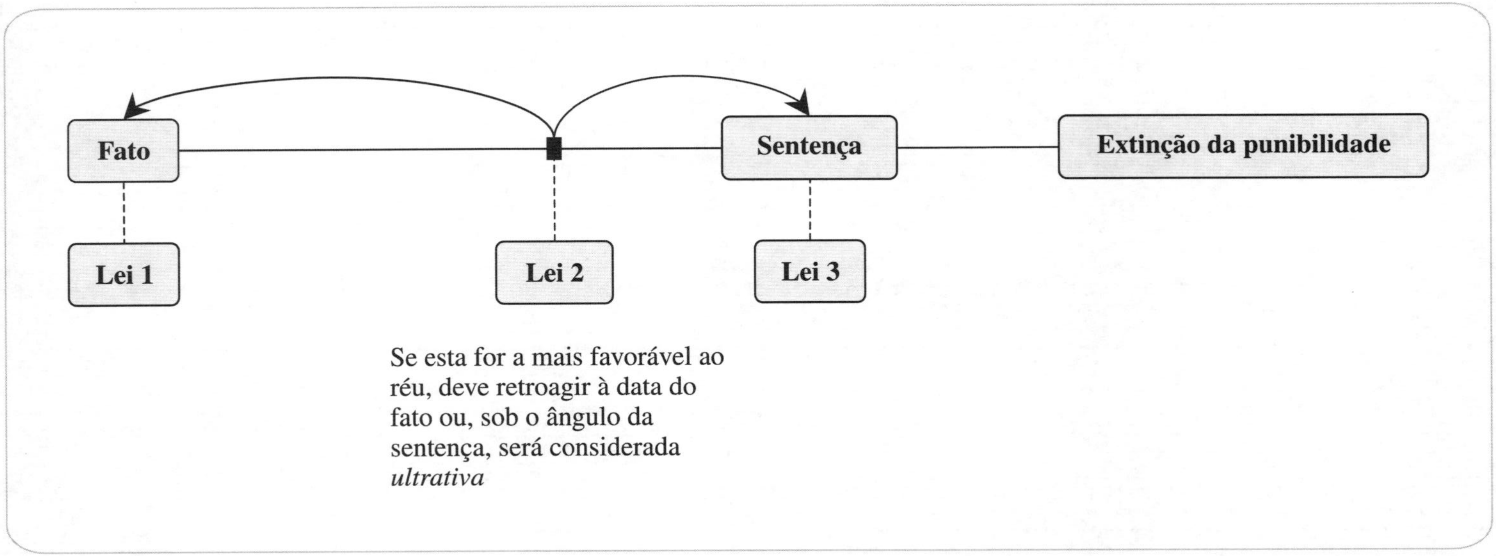

```
Fato ——————————■—————————→ Sentença ——————————— Extinção da punibilidade
 ┆                ┆                    ┆
Lei 1            Lei 2                Lei 3
```

Se esta for a mais favorável ao réu, deve retroagir à data do fato ou, sob o ângulo da sentença, será considerada *ultrativa*

Capítulo VII
Tempo e Lugar do Crime

1. TEORIAS SOBRE O TEMPO DO CRIME

Existem três: a) teoria da atividade, considerando praticado o delito no momento da conduta, não importando o instante do resultado; b) teoria do resultado, reputando cometido o crime no momento do resultado; c) teoria mista ou da ubiquidade, adotando que o momento do crime pode ser tanto o da conduta, quanto o do resultado. Adotamos, segundo demonstra o art. 4.º do Código Penal, a teoria da atividade.

2. ALCANCE DA TEORIA DA ATIVIDADE

Serve para, dentre outros efeitos: a) determinar a imputabilidade do agente; b) fixar as circunstâncias do tipo penal; c) possibilitar eventual aplicação da anistia; d) dar oportunidade à prescrição. Adotando-se essa teoria, se houver, por exemplo, um homicídio (crime material), o mais importante é detectar o instante da ação (desfecho dos tiros), e não o momento do resultado (ocorrência da morte). Assim fazendo, se o autor dos tiros for menor de 18 anos à época dos tiros, ainda que a vítima morra depois de ter completado a maioridade penal, não poderá ele responder, criminalmente, pelo delito.

3. O TEMPO DO CRIME NAS INFRAÇÕES PENAIS PERMANENTES E CONTINUADAS

Aplica-se a eles regra especial. No caso do crime permanente, a consumação se prolonga no tempo. É considerado *tempo do crime* todo o período em que se desenvolver a atividade delituosa. Ilustrando: durante um sequestro, pode ocorrer de um menor de 18 anos completar a maioridade, sendo considerado imputável para todos os fins penais.

A mesma regra deve ser aplicada ao crime continuado, uma ficção jurídica idealizada para beneficiar o réu, mas que é considerada uma *unidade delitiva*. Segundo Jair Leonardo Lopes, "é aplicável a lei do momento em que cessou a continuação (...), pois é uma unidade jurídica incindível" (*Curso de direito penal*, p. 104). Quanto ao tempo, no entanto, há quem sustente que, por ser um benefício ao réu, não se deve aplicar a mesma regra do crime permanente. Ensina Delmanto: "Também a norma penal nova mais grave só deverá ter incidência na série de crimes ocorridos durante sua vigência e não na anterior" (*Código Penal comentado*, p. 10).

No tocante à imputabilidade penal, é preciso ressalvar, no caso de crime continuado, que as condutas praticadas pelo menor de 18 anos devem ficar fora da unidade delitiva estabelecida pelo crime continuado. Sendo este uma mera ficção para beneficiar o acusado, não deve sobrepor-se a norma constitucional, afinal, o art. 228 da Constituição preceitua serem "penalmente inimputáveis os menores de dezoito anos". Assim, caso o agente de quatro furtos, por exemplo, possua 17 anos, quando do cometimento dos dois primeiros, e 18, por ocasião da prática dos dois últimos, apenas estes dois é que servirão para formar o crime continuado. Despreza-se o que foi cometido em estado de inimputabilidade. Fora dessa hipótese, que é excepcional, ao crime continuado devem ser aplicadas as mesmas regras regentes do crime permanente, quanto ao tempo de delito.

É o teor da Súmula 711 do STF: "A lei penal mais grave aplica-se ao crime continuado ou ao crime permanente, se a sua vigência é anterior à cessação da continuidade ou da permanência".

4. TEORIAS SOBRE O LUGAR DO CRIME

Existem, igualmente, três teorias: a) atividade, considerando local do delito aquele onde foi praticada a conduta (atos executórios); b) resultado, reputando o lugar do crime como sendo aquele onde ocorreu o resultado (consumação); c) mista ou da ubiquidade, aceitando como lugar do crime tanto onde houve a conduta, quanto onde se deu o resultado. Adota o art. 6.º do Código Penal a teoria mista.

5. CONFLITO APARENTE ENTRE O ART. 6.º DO CP E O ART. 70 DO CPP

Levando-se em consideração que o art. 70 do Código de Processo Penal estabelece que a competência será determinada pelo "lugar em que se consumar a infração", poder-se-ia sustentar a existência de uma contradição entre a lei penal (teoria mista) e a lei processual penal (teoria do resultado).

Ocorre que o art. 6.º do Código Penal destina-se, exclusivamente, ao denominado direito penal internacional, ou seja, à aplicação da lei penal no espaço, quando um crime tiver início no Brasil e terminar no exterior ou vice-versa (é o denominado "crime à distância"). Para delitos cometidos no território nacional, continua valendo o disposto no art. 70 da lei processual.

Em suma, o conflito é somente aparente, mas não real.

Embora essa seja a posição majoritária na jurisprudência, há julgados fazendo prevalecer o art. 6.º do Código Penal em relação ao art. 70 do Código de Processo Penal, sob o argumento de ser aquele mais recente, logo, lei mais nova afasta lei anterior. Com isso, não concordamos, pois a finalidade de se prever a *competência* do Brasil para apurar um crime que comece ou termine dentro de suas fronteiras não tem é regular o processo penal interior, mas somente afirmar a soberania nacional nesse contexto.

6. LUGAR DO CRIME NAS INFRAÇÕES PENAIS PERMANENTES OU CONTINUADAS

Continua-se a adotar a teoria mista, permitindo, portanto, considerar lugar do crime aquele onde se der qualquer ato de execução ou mesmo onde se concretizou o resultado. No caso dos delitos permanentes e continuados, peculiares que são, a execução é mais arrastada do que ocorre no crime comum e instantâneo. Exemplo: se houver um sequestro, cujos autores mudam o local do cativeiro a todo momento, passando por várias cidades até que soltam a vítima, o lugar do crime é qualquer um daqueles por onde passou o ofendido.

Para a solução do juízo competente, segue-se a regra do art. 71 do Código de Processo Penal, isto é, "praticada [a infração] em território de duas ou mais jurisdições, a competência firmar-se-á pela prevenção".

> ### 📄 SÍNTESE
>
> **Tempo do crime:** adota-se a teoria da atividade, considerando-se praticada a infração penal ao tempo do desenvolvimento da ação ou da omissão, pouco importando quando se deu o resultado.
>
> **Lugar do crime:** adota-se a teoria mista, reputando-se cometida a infração penal no lugar onde se desenvolveu a ação ou omissão ou onde ocorreu o resultado.

Capítulo VIII
Aplicação da Lei Penal no Espaço

1. TERRITORIALIDADE E EXTRATERRITORIALIDADE

Territorialidade é a aplicação das leis brasileiras aos delitos cometidos dentro do território nacional (art. 5.º, *caput*, CP). Esta é uma regra geral, que advém do conceito de soberania, ou seja, a cada Estado cabe decidir e aplicar as leis pertinentes aos acontecimentos dentro do seu território. Excepcionalmente, no entanto, admite-se o interesse do Brasil em punir autores de crimes ocorridos fora do seu território. Extraterritorialidade, portanto, significa a aplicação da lei penal nacional a delitos ocorridos no estrangeiro (art. 7.º, CP).

2. REGRAS PARA A APLICAÇÃO DA LEI PENAL NO ESPAÇO

São basicamente duas: a) *territorialidade* (regra geral); b) *extraterritorialidade* (exceção: aplicação da lei penal brasileira a crime ocorrido fora do território nacional). Esta, por sua vez, é regida pelos seguintes princípios: b.1) *defesa ou proteção* (leva-se em consideração a nacionalidade brasileira do bem jurídico lesado pelo delito); b.2) *justiça universal ou cosmopolita* (tem-se em vista punir crimes com alcance internacional); b.3) *nacionalidade ou personalidade* (leva-se em conta a nacionalidade brasileira do agente do delito); b.4) *representação ou bandeira* (tem-se em consideração a bandeira brasileira da embarcação ou da aeronave privada, situada em território estrangeiro).

3. CONCEITO DE TERRITÓRIO E SEUS ELEMENTOS

Trata-se de todo espaço onde o Brasil exerce a sua soberania, seja ele terrestre, aéreo, marítimo ou fluvial. São elementos do território nacional: a) o solo ocupado pela nação; b) os rios, os lagos e os mares interiores e sucessivos; c) os golfos, as baías e os portos; d) a faixa de mar exterior, que corre ao largo da costa e que constitui o mar territorial; e) a parte que o direito atribui a cada Estado sobre os rios, lagos e mares fronteiriços; f) os navios nacionais; g) o espaço aéreo correspondente ao território; h) as aeronaves nacionais.

3.1 Rios, lagos e mares fronteiriços e sucessivos

Fronteiriços, simultâneos ou limítrofes são os situados na fronteira entre dois países, separando-os. Cabe aos tratados ou convenções internacionais fixar a quem pertencem. Se não houver acordo internacional, entende-se que a fronteira fica estabelecida na metade do leito. Ex.: Rio Solimões, situado entre o Peru e a Colômbia.

Rios sucessivos ou interiores são os que passam pelo território de vários países. Ex.: Rio Danúbio, que corta a Alemanha, a Áustria, a Eslováquia, a Hungria, a Croácia, a Sérvia, Montenegro, a Romênia, a Bulgária e a Ucrânia.

3.2 Espaço aéreo

Quanto ao espaço aéreo, compreende todo o espaço acima do território, inclusive do mar territorial, até o limite da atmosfera. Não existe, nesse caso, o direito de *passagem inocente* e tudo é devidamente regulado por tratado. Na realidade, as aeronaves privadas podem passar, desde que informem previamente a sua rota (art. 14, § 2.º, do Código Brasileiro de Aeronáutica). Quanto às aeronaves militares ou a serviço de governo estrangeiro, a passagem pelo espaço aéreo nacional somente pode ser realizada se houver *prévia* autorização (art. 14, § 1.º, do mesmo Código). Para tanto, é imprescindível que toda aeronave tenha uma bandeira, seja ela pública ou privada, pois, do contrário, há possibilidade de ser derrubada pelo governo, caso penetre no seu espaço aéreo (art. 20 do Código Brasileiro de Aeronáutica).

Quanto ao espaço cósmico, existe o Tratado sobre Exploração e Uso do Espaço Cósmico – inclusive da Lua e outros corpos celestes –, aprovado pelo Decreto 64.362/1969. Diz o acordo internacional que a exploração e uso do espaço cósmico deve ter em mira o interesse de todos os países, além do que pode ser explorado e utilizado livremente por todos os Estados sem qualquer discriminação, em condições de igualdade e em conformidade com o direito internacional, devendo haver liberdade de acesso a todas as regiões dos corpos celestes (art. 1.º). O espaço cósmico não pode ser objeto de apropriação nacional por proclamação de soberania, por uso ou ocupação, nem por qualquer outro meio (art. 2.º).

3.3 Mar territorial brasileiro

Quanto ao mar territorial, antigamente vigorava a regra do alcance do tiro de canhão, pois a soberania terminava onde o Estado se tornava impotente para fazer-se respeitar pela força das armas. Dizia Grotius que o mar territorial deveria ir "até onde o Estado marginal pudesse tornar efetiva e eficaz a sua autoridade e posse pelos canhões colocados à praia" (menção de Pinto Ferreira, *Teoria geral do Estado*, p. 123).

Até a década de 1950, o Brasil possuía 3 milhas. Em 1966, ampliou-se o mar territorial para 6 milhas e, posteriormente, em 1970, estendeu-se para duzentas milhas. Nessa época, o mesmo critério de ampliação foi utilizado pelos seguintes países: Argentina, Chile, Peru, Equador, Uruguai, Costa Rica, São Salvador e Panamá. Atualmente, a Lei 8.617/1993 fixa as regras para o mar territorial brasileiro. Essa norma é fruto do disposto na *Convenção das Nações Unidas sobre o Direito do Mar* (aberta a assinatura em Montego Bay, Jamaica, a partir de 10 de dezembro de 1982), que foi ratificada pelo Brasil em 1988.

O mar territorial do Brasil, onde o Estado exerce soberania absoluta, possui 12 milhas. Nesse espaço, aplica-se a lei penal pátria. Além disso, na referida Lei de 1993, há também a *Zona Contígua*, que vai de 12 a 24 milhas, servindo para fiscalização sobre assuntos aduaneiros, fiscais, sanitários ou sobre matéria referente à imigração. Por fim, prevê-se, também, a *Zona Econômica Exclusiva*, que abrange o espaço compreendido de 12 a 200 milhas. Nessa área, o Brasil pode explorar, sozinho, todos os recursos naturais possíveis. O art. 8.º da Lei 8.617/1993 faz referência a "exercício de jurisdição" nesse espaço de 188 milhas, embora o direito de soberania seja exclusivamente para fins de exploração e aproveitamento, conservação e gestão dos recursos naturais, vivos ou não vivos, das águas sobrejacentes ao leito do mar, do leito do mar e seu subsolo, e no que se refere a outras atividades visando à exploração e ao aproveitamento da zona para finalidade econômica.

Dentro das 12 milhas, onde o Brasil tem soberania absoluta, existe a possibilidade da *passagem inocente*, significando a rápida e contínua travessia de barcos estrangeiros por águas nacionais, sem necessidade de pedir autorização ao governo. Ressaltemos que as ilhas brasileiras (ex.: Fernando de Noronha) também possuem o mar territorial de 12 milhas.

4. TERRITÓRIO BRASILEIRO POR EQUIPARAÇÃO

Há duas situações que a lei brasileira considera território nacional por equiparação (art. 5.º, § 1.º, CP): a) embarcações e aeronaves brasileiras de natureza pública ou a serviço do governo brasileiro *onde estiverem*. Exemplo: o interior de um navio militar brasileiro ancorado num porto estrangeiro é considerado território nacional por equiparação. Nesse sentido, reiterando o preceituado no Código Penal está o disposto no Código Brasileiro de Aeronáutica, que menciona, no art. 107, § 3.º, o seguinte: "As aeronaves públicas são as destinadas ao serviço do poder público, inclusive as requisitadas na forma da lei; todas as demais são aeronaves privadas"; b) embarcações e aeronaves brasileiras, de propriedade privada, que estiverem navegando em alto-mar ou sobrevoando águas internacionais.

4.1 Competência para o julgamento de crimes cometidos a bordo de embarcações e aeronaves

É da Justiça Federal (art. 109, IX, CF), ressalvada a competência da Justiça Militar, do local onde primeiro pousar a aeronave após o delito (ou da comarca de onde houver partido), conforme art. 90 do CPP. Entretanto, o STJ tem dado uma interpretação restritiva ao conceito de embarcação, pois a Constituição Federal menciona a palavra "navio". Entende-se por esse termo a embarcação de grande porte, autorizada e adaptada para viagens internacionais. Portanto, é da competência da Justiça Estadual a punição de crimes cometidos a bordo de iates, lanchas, botes e embarcações equiparadas. No tocante à aeronave, não há interpretação restritiva, mesmo que o crime seja praticado dentro de um avião ainda em terra.

4.2 A lei penal e a Convenção de Tóquio

Em 14 de setembro de 1963, o Brasil subscreveu a Convenção de Tóquio, que cuida das infrações praticadas a bordo de aeronaves, aprovada pelo Decreto 479/1969. Pelo texto da Convenção, aplica-se a lei do Estado de matrícula da aeronave, com relação a todas as infrações penais praticadas a bordo nas seguintes situações: a) aeronave em voo sobre qualquer território estrangeiro; b) aeronave em voo sobre a superfície de alto-mar; c) aeronave em qualquer outra zona fora do território de um Estado.

Segundo o art. 4.º, não se pode interferir no voo de uma aeronave, a fim de exercer a jurisdição penal em relação a infração cometida a bordo, a menos que "a infração produza efeitos no território deste Estado", "a infração tenha sido cometida por ou contra um nacional desse Estado ou pessoa que tenha aí sua residência permanente", "a infração afete a segurança desse Estado", "a infração constitua uma violação dos regulamentos relativos a voos ou manobras de aeronaves vigentes nesse Estado", "seja necessário exercer a jurisdição para cumprir as obrigações desse Estado, em virtude de um acordo internacional multilateral". Assim, o que se constata é o seguinte: se um avião estrangeiro de propriedade privada estiver sobrevoando o território brasileiro, havendo um crime a bordo, o Brasil somente teria interesse em punir o autor, caso uma das hipóteses enumeradas no referido art. 4.º estivesse presente. Do contrário, caberia ao Estado de matrícula da aeronave punir o infrator. Ex.: um americano agride outro, em aeronave americana, sobrevoando o território brasileiro. Seria competente o Estado americano para aplicar a sua lei penal.

Entretanto, o texto da Convenção de Tóquio entra em conflito com o disposto no art. 5.º, § 2.º, do Código Penal, com a redação dada pela Lei 7.209/1984. Nota-se, por este dispositivo, que é aplicável a lei brasileira aos crimes praticados a bordo de aeronaves estrangeiras de propriedade privada, que estejam sobrevoando o espaço aéreo nacional. Logo, no exemplo citado, de acordo com o Código Penal, seria o autor punido pela lei brasileira, no Brasil. Mas, se fosse aplicada a Convenção de Tóquio, caberia a punição aos Estados Unidos. Em função da atual posição do Supremo Tribunal Federal, a lei federal, quando mais recente que o tratado, tem prevalência sobre este, suspendendo-se a sua eficácia. Embora os internacionalistas critiquem essa postura, pregando a superioridade hierárquica normativa do tratado diante da legislação ordinária, não é o posicionamento adotado pelo Pretório Excelso. Assim, caso o referido avião americano pousasse, após a agressão de um americano contra outro, caberia a entrega do autor do delito às autoridades brasileiras.

5. CRITÉRIOS PARA A EXTRATERRITORIALIDADE

Divide-se em: a) *incondicionada*, significando que o interesse punitivo da Justiça brasileira deve ser exercido de qualquer maneira, independentemente de qualquer condição; b) *condicionada*, demonstrando que somente há interesse do Brasil em punir o autor de crime cometido no exterior se preenchidas as condições descritas no art. 7.º, § 2.º, *a, b, c, d, e* e § 3.º, do Código Penal.

5.1 Crítica à extraterritorialidade incondicionada

Essa forma de aplicação da lei penal brasileira a crime ocorrido no exterior possui vários aspectos negativos. Primeiramente, pode-se destacar que, sendo possível punir o agente, independentemente de qualquer condição, podemos atingir estágio nitidamente inconstitucional. Ilustrando: se determinada pessoa comete um roubo contra embaixada brasileira no exterior e, no país onde a infração se dá, ela é punida, não há mais sentido algum em puni-la novamente, no Brasil. É preciso lembrar que a Convenção Americana dos Direitos Humanos, em vigor desde 1992, *proíbe* o duplo processo e a dupla punição pelo mesmo fato.

Em segundo lugar, asseverar que há interesse punitivo do Brasil em relação a estrangeiro que nunca colocou os pés em território nacional beira a inutilidade, uma vez que a eventual sentença condenatória jamais será cumprida.

Observe-se o seguinte, ainda usando o exemplo anterior: o agente assalta embaixada brasileira no exterior e aí não é punido. O governo brasileiro pode pedir a extradição do autor do crime; se concedida, virá para o Brasil e aqui será processado e, eventualmente, punido (esse é um mecanismo útil, mas o agente efetivamente *ingressou* em território nacional); se negada, não adiantará a Justiça brasileira instaurar processo contra o agente, tendo em vista que ele precisará ser citado no exterior. Se for citado por rogatória e não apresentar defesa, nomeia-se um defensor dativo e o processo segue até possível condenação. Extraída esta, o juiz estrangeiro não a cumprirá, da mesma forma que o Judiciário brasileiro não cumpre sentença condenatória proveniente do exterior (exceto nos casos do art. 9.º, que, na realidade, não envolvem o cumprimento de pena). Se ele não puder ser citado por rogatória, será citado por edital no Brasil, provocando a suspensão do processo (art. 366, CPP) até que seja localizado. Enfim, de um modo ou de outro, o resultado é inútil.

Assim, pensamos que a extraterritorialidade deveria ser, em qualquer situação, condicionada aos mesmos requisitos previstos no art. 7.º, § 2.º, do Código Penal: entrar o agente no território brasileiro; haver dupla tipicidade (ser o fato punido tanto no Brasil como no país em que foi cometido o delito); estar o crime incluído dentre aqueles pelos quais a lei brasileira autoriza a extradição; não ter sido absolvido no estrangeiro ou não ter aí cumprido pena; não estar extinta sua punibilidade.

5.2 Hipóteses de extraterritorialidade incondicionada

São as seguintes:

a) crimes cometidos contra a vida ou a liberdade do Presidente da República (arts. 121 e 122 e 146 a 154 do Código Penal). É o princípio da defesa ou da proteção (art. 7.º, I, *a*, CP);

b) crimes contra o patrimônio ou a fé pública da União, do Distrito Federal, de Estado, de Município, de empresa pública, sociedade de economia mista, autarquia ou fundação instituída pelo Poder Público (são os arts. 155 a 180 e 289 a 311-A do Código Penal). Trata-se, também, do princípio da defesa ou da proteção (art. 7.º, I, b, CP);

c) crimes contra a administração pública, por quem está a seu serviço (são os arts. 312 a 326, em combinação com o art. 327, do Código Penal). É, ainda, o princípio da defesa ou da proteção (art. 7.º, I, c, CP);

d) crime de genocídio (extermínio, no todo ou em parte, de grupo nacional, étnico, racial ou religioso, matando ou causando lesão grave à integridade física ou mental de seus membros; submetendo o grupo, deliberadamente, a condições de existência capazes de proporcionar-lhe a destruição física, integral ou parcial; adotando medidas destinadas a impedir nascimentos no seio do grupo, bem como efetuando a transferência forçada de crianças do grupo para outro grupo, conforme art. 1.º da Lei 2.889/1956), quando o agente for brasileiro ou domiciliado no Brasil. Trata-se do princípio da justiça universal (art. 7.º, I, d, CP);

e) crime de tortura, conforme previsão da Lei 9.455/1997, que estabeleceu a possibilidade de se aplicar a lei brasileira ao torturador, onde quer que o delito seja cometido, desde que a vítima seja brasileira ou esteja o autor da infração penal sob jurisdição brasileira (art. 2.º). Como se trata de lei especial, que não fixou condições para se dar o interesse do Brasil na punição do torturador, trata-se de extraterritorialidade incondicionada. É aplicação do princípio da justiça universal.

5.3 Hipóteses de extraterritorialidade condicionada

São as seguintes:

a) crimes que, por tratado ou convenção, o Brasil se obrigou a reprimir (são os delitos previstos em tratados ou convenções que o Brasil subscreveu, obrigando-se a punir, como o tráfico ilícito de drogas, a pirataria, a destruição ou danificação de cabos submarinos, o tráfico de mulheres, entre outros). É o princípio da justiça universal (art. 7.º, II, a, CP);

b) crimes praticados por brasileiros. A justificativa para a existência desse princípio é a proibição de extradição de brasileiros, vedada pela Constituição Federal (art. 5.º, LI). Assim, caso um brasileiro cometa um crime no exterior e se refugie no Brasil, outra alternativa não resta – para não haver impunidade – senão a punição por um tribunal pátrio. A competência para o julgamento é da Justiça Estadual da Capital do Estado onde por último houver residido o acusado. Se nunca tiver residido no Brasil, será competente o juízo estadual da Capital da República (art. 88 do Código de Processo Penal). Cuida-se do princípio da nacionalidade ou da personalidade (art. 7.º, II, b, CP);

c) crimes praticados em aeronaves ou embarcações brasileiras, mercantes ou de propriedade privada, quando em território estrangeiro e aí não sejam julgados. Exemplo: se uma aeronave privada brasileira estiver sobrevoando território estrangeiro e um crime for cometido a bordo, por um estrangeiro contra outro, o interesse brasileiro é entregar o autor do delito às autoridades locais. Porém, pode acontecer de, conforme as leis do país alienígena, não haver previsão para tal hipótese. Assim sendo, o foro competente é o da bandeira da aeronave, ou seja, o Brasil. Frise-se: somente se aplica a lei penal brasileira caso o governo estrangeiro não tenha interesse em punir o criminoso. Trata-se do princípio da bandeira ou da representação (art. 7.º, II, *c*, CP);

d) crimes cometidos por estrangeiro contra brasileiro fora do Brasil, desde que não tenha sido pedida ou tenha sido negada a extradição e quando houver requisição do Ministro da Justiça. É a aplicação do princípio da defesa ou da proteção (art. 7.º, § 3.º, CP).

5.4 Condições para a extraterritorialidade

Nos casos descritos no subitem anterior, é preciso o advento de cinco condições para que surja o interesse punitivo da Justiça brasileira (art. 7.º, § 2.º, CP). São eles:

a) entrada do agente no território nacional. Trata-se de condição de procedibilidade. Mencione-se a lição de Frederico Marques a respeito: "Não distingue a lei se a entrada foi extemporânea ou forçada, ou se resultou simplesmente da passagem do autor do crime pelo país. Por outro lado, se essa entrada é condição *necessária*, para a perseguição penal, também o é *condição suficiente*, de forma que, instaurado o inquérito policial, com a comprovação da entrada do agente em território brasileiro, o processo ulteriormente pode desenvolver-se com ou sem a participação do réu, não tendo a revelia caráter impeditivo do prosseguimento normal da instância" (*Tratado de direito penal*, v. I, p. 338). Cumpre ressaltar, no entanto, que a posição exposta adveio antes da modificação havida no art. 366 do Código de Processo Penal. Atualmente, pois, cumpre ressalvar que, caso o réu seja citado por edital, tornando-se revel, haverá a suspensão do processo e da prescrição;

b) existência de dupla tipicidade, ou seja, o fato praticado no exterior e considerado crime no Brasil necessita ser também infração penal no exterior. Quando o crime for cometido em lugar não pertencente a país algum, aplica-se a lei da pátria do agente do delito, pois são os nacionais responsáveis pelo cumprimento das leis do seu país;

c) estar o crime incluído entre aqueles pelos quais a lei brasileira autoriza a extradição. As infrações penais sujeitas à extradição são aquelas cuja pena máxima em abstrato prevista no tipo penal incriminador ultrapassa um ano. Logo, são crimes mais graves, justificando o interesse punitivo brasileiro;

d) não ter sido o agente absolvido no estrangeiro ou, tendo sido condenado, não ter aí cumprido pena. É a consagração do princípio do *ne bis in idem* (não haverá dupla punição ou duplo processo pelo mesmo fato);

e) não ter sido o agente perdoado no estrangeiro ou, por qualquer outro motivo, não estar extinta a punibilidade, conforme a lei mais favorável.

6. EXTRADIÇÃO

Trata-se de um instrumento de cooperação internacional na repressão à criminalidade por meio do qual um Estado entrega a outro uma pessoa acusada ou condenada, para que seja julgada ou submetida à execução da pena (art. 81 da Lei 13.445/2017). A sua relevância surge a partir do momento em que consideramos os princípios da territorialidade e da extraterritorialidade. Caso alguém cometa um crime em solo nacional (territorialidade), refugiando-se em país estrangeiro, cabe ao Brasil solicitar a sua extradição, a fim de que possa responder, criminalmente, pelo que fez. Em igual prisma, se o agente comete o crime no exterior, mas ofendendo interesse ou bem jurídico brasileiro, aplicando-se a regra da extraterritorialidade, terá o Brasil interesse em puni-lo, havendo necessidade de se utilizar do instituto da extradição.

Acesse e escute o podcast sobre Extradição.
> http://uqr.to/1yohh

6.1 Espécies de extradição e fonte legislativa

Chama-se *extradição ativa* o pedido formulado por um Estado para a entrega de alguém e *extradição passiva* a entrega de uma pessoa por um Estado em razão do pedido formulado por outro. A principal fonte legislativa é a Lei 13.445/2017 – denominada *Lei da Migração*. Na Constituição Federal há dispositivo expresso determinando que somente a União pode legislar sobre extradição (art. 22, XV). O princípio básico que rege a extradição é que a punição do crime deve ser feita no local onde foi praticado, em virtude do abalo causado na sociedade.

6.2 Requisitos para a concessão

São os seguintes:

1.º) *exame prévio do Supremo Tribunal Federal* (art. 102, I, *g*, CF), em decisão tomada por uma das turmas. Trata-se de uma ação de caráter constitutivo, visando à formação de um título jurídico que habilita o Poder Executivo a entregar um indivíduo a um país estrangeiro. Há participação do Ministério Público no processo.

A nova Lei da Migração modificou o trâmite do pedido de extradição. Ele pode seguir direto do Judiciário estrangeiro ao Poder Executivo brasileiro (art. 88, *caput*). Cabe ao Executivo empreender o juízo de admissibilidade, checando os requisitos para a concessão da extradição, conforme exposto nos arts. 82 e 83, basicamente. Se considerar inadequado, pode ser remetido ao arquivo, sem prejuízo de renovação do pleito, apresentadas outras provas ou documentos (art. 89). Porém, se o Executivo entender admissível a extradição, encaminhará o pedido ao Supremo Tribunal Federal (art. 90).

Caso a Suprema Corte defira a extradição, será o Estado estrangeiro requerente notificado a retirar do território nacional o extraditando, no prazo de 60 dias. Não o fazendo, o extraditando, como regra, será colocado em liberdade, sem prejuízo de outras medidas (art. 93). Se o STF indeferir a extradição, a decisão é proferida em caráter definitivo. O atual procedimento coloca a atuação do Poder Executivo à frente do Judiciário para apreciar a admissibilidade do pleito. Se admissível, segue ao STF, que poderá autorizar (devendo a decisão ser cumprida, sem outra manifestação do Executivo) ou negar (em decisão definitiva, sem qualquer recurso).

Iniciado o processo de extradição, o extraditando poderá ser preso cautelarmente e colocado à disposição da Corte. Segundo o disposto pelo art. 86 da Lei da Migração, "o Supremo Tribunal Federal, ouvido o Ministério Público, poderá autorizar prisão albergue ou domiciliar ou determinar que o extraditando responda ao processo de extradição em liberdade, com retenção do documento de viagem ou outras medidas cautelares necessárias, até o julgamento da extradição ou a entrega do extraditando, se pertinente, considerando a situação administrativa migratória, os antecedentes do extraditando e as circunstâncias do caso". O processo de extradição, depois do *habeas corpus*, tem prioridade no Supremo Tribunal Federal.

A defesa do extraditando é limitada e consiste, fundamentalmente, em três itens (art. 91, § 1.º): a) erro quanto à identidade da pessoa reclamada; b) defeito de forma dos documentos apresentados pelo Estado estrangeiro (neste caso, confere-se ao Estado requerente a oportunidade de sanar as irregularidades; caso não o faça, o pedido é indeferido); c) ilegalidade do pedido extradicional;

2.º) *existência de convenção ou tratado firmado com o Brasil* ou, em sua falta, *oferecimento de reciprocidade*, vale dizer, o país requerente se compromete a, no futuro, em situação análoga, conceder a extradição que lhe for pedida (art. 84, § 2.º).

Os tratados e convenções nascem da vontade do Presidente da República (art. 84, VIII, CF), referendados pelo Congresso Nacional (art. 49, I, CF). Ilustrando, possuem tratado de extradição com o Brasil, entre outros, os seguintes países: Chile, Equador, México, Itália, Bolívia, Lituânia, Venezuela, Colômbia, Uruguai, Bélgica, Estados Unidos, Argentina, Austrália e Peru.

Quando mais de um Estado estrangeiro requerer a extradição da mesma pessoa, o Brasil deve seguir as seguintes regras de preferência (art. 85): a) país em cujo território deu-se a infração penal; b) país onde ocorreu o crime mais grave, segundo a lei brasileira; c) país que primeiro houver pedido a extradição; d) país de origem do extraditando; e) país do domicílio do extraditando; f) o derradeiro critério fica por conta do órgão competente do Poder Executivo, devendo ser priorizado o Estado requerente que tiver tratado de extradição com o Brasil; havendo tratado(s), prevalecem as regras nele(s) prevista(s);

3.º) *existência de sentença final condenatória*, impositiva de pena privativa de liberdade ou prisão preventiva (ou outra modalidade de prisão cautelar) decretada por autoridade competente do Estado requerente (art. 83, II);

4.º) *ser o extraditando estrangeiro* (art. 82, I). É vedada a extradição de nacionais, não se distinguindo o brasileiro nato do naturalizado, conforme dispõe o art. 5.º, LI, da CF. Há exceções para o brasileiro naturalizado, previstas no mesmo dispositivo constitucional: a) quando a naturalização foi adquirida posteriormente ao fato que motiva o pedido, b) quando for comprovado envolvimento em tráfico ilícito de entorpecentes e drogas afins, exigindo-se sentença penal condenatória com trânsito em julgado.

Aliás, é conveniente registrar que, se não é possível a concessão de extradição de brasileiro, fica o Brasil obrigado a punir os nacionais que pratiquem delitos fora do País, conforme prevê o princípio da nacionalidade. Não fosse assim estaria instaurada a impunidade. Esse é o texto expresso da *Convenção para a Repressão ao Tráfico de Pessoas e Lenocínio*, assinada pelo Brasil e devidamente ratificada pelos organismos competentes, na década de 50 (art. 9.º): "Os nacionais de um Estado, que não admite a extradição de nacionais, devem ser punidos por tais delitos pelos tribunais do seu próprio país. O mesmo se aplica caso não seja admitida a extradição de estrangeiro acusado de tráfico de pessoas ou lenocínio";

5.º) *o fato imputado deve constituir crime* – e não contravenção penal – *perante a lei brasileira e a do Estado requerente* (art. 82, II). É a aplicação do princípio da dupla tipicidade. Pode, no entanto, haver diferença de *nomen juris* ou de designação formal entre os delitos, o que é irrelevante.

No caso de dupla tipicidade, o Brasil, por força do disposto no art. 96 da Lei 13.445/2017, ao conceder a extradição, impõe *cláusulas limitadoras*, vinculando a atuação do Estado estrangeiro relativamente ao extraditando. São elas: a) "não submeter o extraditando a prisão ou processo por fato anterior ao pedido de extradição" (inciso I); b) "computar o tempo da prisão que, no Brasil, foi imposta por força da extradição" (inciso II). O STF já teve oportunidade de negar pedido de extradição formulado pela Itália, justamente porque o tempo em que o extraditando esteve preso no Brasil, preventivamente, durante o curso do processo de extradição, ultrapassou o total da pena aplicada no Estado requerente; c) "comutar a pena corporal, perpétua ou de morte em pena privativa de liberdade, respeitado o limite máximo de cumprimento de 30 (trinta) anos" (inciso III) [leia-se, pela Lei 13.964/2019, 40 (quarenta) anos]; d) "não entregar o extraditando, sem consentimento do Brasil, a outro Estado que o reclame" (inciso IV); e) "não considerar qualquer motivo político para agravar a pena" (inciso V); f) "não submeter o extraditando a tortura ou a outros tratamentos ou penas cruéis, desumanos ou degradantes" (inciso VI). A imposição das cláusulas limitadoras é decorrência do princípio da especialidade, ou seja, o extraditando somente poderá ser processado pelos fatos autorizados pelo processo de extradição. Por outro lado, é pacífico o entendimento de que não pode o Brasil impor, como cláusula limitadora, a observância de regras processuais peculiares ao direito interno, por exemplo, a aplicação da suspensão condicional do processo, prevista na Lei 9.099/1995;

6.º) *a pena máxima para o crime imputado ao extraditando deve ser privativa de liberdade superior a um ano*, pela legislação brasileira (art. 82, IV);

7.º) *o crime imputado ao extraditando não pode ser político ou de opinião*, incluídos nestes os de fundo religioso e de orientação filosófica (art. 5.º, LII, CF, e art. 82, VII, Lei da Migração).

O crime político é aquele que ofende interesse político do Estado, tais como a independência, a honra, a forma de governo, entre outros, ou crimes eleitorais. Há, basicamente, três critérios para averiguar se o crime em questão é político: a) *critério objetivo*: liga-se à qualidade do bem jurídico ameaçado ou ofendido (ex.: a soberania do Estado ou sua integridade territorial); b) *critério subjetivo*: leva em conta a natureza do motivo que impele à ação, devendo ser sempre político (ex.: conseguir dinheiro destinado a sustentar a atividade de um partido político clandestino); c) *critério misto*: é a conjunção dos dois anteriores. Trata-se da tendência atual do STF.

Os crimes de opinião são os que representam abuso na liberdade de manifestação do pensamento. A qualificação do crime como político ou de opinião é do Estado ao qual é pedida a extradição e não do país que a requer. No Brasil, cabe ao STF fazer essa avaliação. A tendência atual é restringir o conceito de crime político, excluindo atos de terrorismo com violência à pessoa praticados com fim político, anarquismo, sabotagem, sequestro de pessoa, propaganda de guerra e processos violentos para subverter a ordem política ou social. Segundo o disposto no art. 6.º da Lei 2.889/1956, os crimes de genocídio jamais serão considerados crimes políticos, para fins de extradição. Finalmente, cabe ressaltar que o Brasil é signatário da *Convenção sobre Asilo Territorial*, aprovada pelo Decreto 55.929/1965, prevendo que não se aplica a extradição quando se tratar de perseguidos políticos ou acusados da prática de delitos comuns cometidos com fins políticos, nem tampouco quando a extradição for solicitada por motivos predominantemente políticos;

8.º) *o extraditando não pode estar sendo processado, nem pode ter sido condenado ou absolvido no Brasil pelo mesmo fato em que se fundar o pedido*. É a aplicação do princípio do *ne bis in idem* (art. 82, V);

9.º) *o Brasil tem que ser incompetente para julgar a infração*, segundo suas leis, e o Estado requerente deve provar que é competente para julgar o extraditando (art. 82, III);

10.º) *o extraditando, no exterior, não pode ser submetido a tribunal de exceção*, que é o juízo criado após o cometimento da infração penal, especialmente para julgá-la (art. 82, VIII);

11.º) *não pode estar extinta a punibilidade pela prescrição*, segundo a lei do Estado requerente ou de acordo com a brasileira (art. 82, VI);

12.º) *o extraditando não pode ser considerado, oficialmente, como refugiado pelo Governo brasileiro* (art. 33, Lei 9.474/1997; art. 82, IX, Lei 13.445/2017).

Vale lembrar o disposto na Súmula 421 do STF: "Não impede a extradição a circunstância de ser o extraditando casado com brasileira ou ter filho brasileiro".

O requerimento deve ser feito pela via diplomática (art. 81, § 1.º, da Lei 13.445/2017). Na falta desta, diretamente de governo a governo (pedido instruído com cópias da sentença ou decisões, com todos os detalhes: data, local, natureza e circunstâncias do crime, identificação do extraditando etc.).

7. PENA CUMPRIDA NO ESTRANGEIRO, TENTATIVA DE AMENIZAR A NÃO APLICAÇÃO DO PRINCÍPIO *NE BIS IN IDEM* E NÃO RECEPÇÃO PARCIAL DO ART. 8.º DO CÓDIGO PENAL

Tratando-se de extraterritorialidade condicionada, a pena cumprida no estrangeiro faz desaparecer o interesse do Brasil em punir o criminoso. Entretanto, nos casos de extraterritorialidade incondicionada, o infrator, ingressando no País, estará sujeito à punição, pouco importando já ter sido condenado ou absolvido no exterior.

Para tentar amenizar a não aplicação do princípio que proíbe a dupla punição pelo mesmo fato, fixou-se, no art. 8.º do Código Penal uma fórmula compensadora. Caso a pena *cumprida* no exterior seja idêntica à que for aplicada no Brasil (exemplo: pena privativa de liberdade no exterior e pena privativa de liberdade no Brasil), será feita a compensação; caso a pena *cumprida* no exterior seja diversa da que for aplicada no Brasil (exemplo: multa no exterior e privativa de liberdade no Brasil), a pena a ser fixada pelo juiz brasileiro há de ser atenuada.

Essa previsão legislativa não se coaduna com a garantia constitucional de que ninguém pode ser punido ou processado duas vezes pelo mesmo fato – consagrada na Convenção Americana sobre Direitos Humanos, em vigor no Brasil, e cuja porta de entrada no sistema constitucional brasileiro dá-se pela previsão feita no art. 5.º, § 2.º, da Constituição Federal. Não é possível que alguém, já punido no estrangeiro pela prática de determinado fato criminoso, tornando ao Brasil, seja novamente processado e, conforme o caso, deva cumprir outra sanção penal pelo mesmo fato.

8. OUTRAS EXCEÇÕES À REGRA DA TERRITORIALIDADE

Vimos que, regra geral, aplica-se a lei penal brasileira aos crimes cometidos no território nacional. Entretanto, há duas exceções:

a) as convenções, tratados e regras de direito internacional podem afastar a aplicação da lei penal, conforme dispõe o art. 5.º, *caput*, do Código Penal. Exemplo disso é a Convenção de Viena (Decreto 56.435/1965), que trata das imunidades diplomáticas, cujos detalhes serão analisados em seguida. O diplomata que cometer um crime no Brasil não será preso, nem processado no território nacional, por força da exceção criada;

b) as imunidades parlamentares, instituídas pela Constituição Federal, configuram outra hipótese de não aplicação da lei penal brasileira a infrações cometidas no território nacional.

8.1 Tratados, convenções e regras de direito internacional

Expõe a convenção sobre direito dos tratados, finalizada em Viena, em 1969, como ensina Celso D. de Albuquerque Mello, que "tratado significa um acordo internacional concluído entre Estados em forma escrita e regulado pelo Direito Internacional, consubstanciado em um único instrumento ou em dois ou mais instrumentos conexos qualquer que seja a sua designação específica" (*Curso de direito internacional público*, v. 1, p. 133).

Para Francisco Rezek, trata-se de "todo acordo formal concluído entre sujeitos de direito internacional público, e destinado a produzir efeitos jurídicos" (*Direito internacional público*, p. 14).

Debate-se, outrossim, se tratado e convenção são termos correlatos ou diferenciados, até porque os textos legais, no Brasil, utilizam ambos, como é o caso do art. 5.º, *caput*, do Código Penal. Para Rezek são termos correlatos, indevidamente utilizados no mesmo contexto dando a ideia de que cuidam de coisas diversas (*Direito internacional público*, p. 15). Em igual posicionamento: Luis Ivani de Amorim Araújo, *Curso de direito internacional público*, p. 33; G. E. do Nascimento e Silva e Hildebrando Accioly, *Manual de direito internacional público*, p. 23; Luiz P. F. de Faro Júnior, *Direito internacional público*, p. 402. Para Albuquerque Mello, no entanto, pode-se fazer a seguinte diferença entre ambos: "tratado é utilizado para os acordos solenes, por exemplo, tratados de paz; convenção é o tratado que cria normas gerais, por exemplo, convenção sobre mar territorial" (*Curso de direito internacional público*, v. 1, p. 133). A tradição dos textos legislativos brasileiros tem, realmente, utilizado os dois termos, razão pela qual nada impede que possamos nos valer do sentido exposto por Albuquerque Mello, embora cientes de que *tratado* é a essência do conceito.

Em idêntico sentido, fazendo diferença entre tratado e convenção, confira-se a lição de Elio Monnerat Sólon de Pontes: tratados "são, sempre, solenes, formais e geralmente destinados a pôr termo ou a evitar uma grave situação atritiva entre dois ou mais países, os quais podem estar agrupados em duas partes antagônicas: ou litigantes ou conflitantes" e convenções "são atos solenes e formais, cujos trabalhos de elaboração são abertos à participação de todos os países e cujo conteúdo se destina a todos os povos, tendo por finalidade a codificação das normas concernentes a um certo e determinado campo considerável de relações jurídicas que demande tal iniciativa" (*A propósito dos atos internacionais e da prevalência das normas de direito interno dos mesmos decorrentes*, p. 77).

As regras de direito internacional regem, ainda, o contexto da aplicação da lei penal em território brasileiro, como os costumes. Exemplo disso é a imunidade concedida aos integrantes da comitiva de um Chefe de Estado estrangeiro em visita ao Brasil. Pela Convenção de Viena eles não possuem imunidade alguma, mas, por força da tradição, configurando um gesto de amizade, tem-se concedido a regalia.

8.2 Imunidades diplomáticas

A fonte das imunidades diplomáticas e consulares são as *Convenções de Viena* (1961, sobre relações diplomáticas, e 1963, sobre relações consulares), aprovadas pelos Decretos 56.435/1965 e 61.078/1967. A fonte histórica das imunidades diplomáticas está em Roma, porque os embaixadores eram tidos em grande honra, possuindo caráter religioso suas imunidades. Fazem com que os representantes diplomáticos de governos estrangeiros gozem de imunidade penal, tributária (com exceções, tais como impostos indiretos incluídos nos preços) e civil (com exceções, tais como direito sucessório, ações referentes a profissão liberal exercida pelo agente diplomático fora das funções). A natureza jurídica é causa de exclusão da jurisdição.

8.2.1 Abrangência, extensão e exclusão da imunidade

A imunidade abrange os diplomatas de carreira (de embaixador a terceiro-secretário) e os membros do quadro administrativo e técnico (tradutores, contabilistas etc.) da sede diplomática, desde que recrutados no Estado de origem (art. 37, 2, Convenção de Viena sobre Relações Diplomáticas).

Estende-se aos familiares dos diplomatas de carreira, que são todos os parentes que habitam com ele e vivem sob sua dependência econômica. Normalmente, os familiares são apresentados ao governo estrangeiro, através da inclusão de seus nomes na lista diplomática, como preceitua a Convenção de Viena. Envolvem, ainda, os familiares dos membros do quadro administrativo e técnico, os funcionários das organizações mundiais, quando estejam a serviço, os chefes de Estado estrangeiro e membros de sua comitiva, quando em visita a Estado estrangeiro, e os diplomatas *ad hoc*, pessoas nomeadas pelo Estado acreditante para determinada função no Estado acreditado, tal como acompanhar a posse de algum Presidente da República.

Excluem-se do contexto das imunidades os empregados particulares dos diplomatas (ex.: cozinheiro, faxineira, jardineiro etc.), ainda que tenham a mesma nacionalidade.

Imunidade não quer dizer impunidade. A Convenção de Viena é expressa a esse respeito, demonstrando que os diplomatas devem ser processados, pelos crimes cometidos, nos seus Estados de origem.

8.2.2 Características das imunidades diplomáticas

São as seguintes:

a) inviolabilidade pessoal: os diplomatas não podem ser presos ou detidos, nem obrigados a depor como testemunhas, mas podem ser investigados pela polícia. O mesmo ocorre com o diplomata em trânsito, significando que desde o momento da saída do seu país de origem, para assumir sua função no exterior, até a sua volta, não pode ser preso, detido ou violado de qualquer modo;

b) independência: agem livremente em relação a tudo o que se refere à sua qualidade de representantes de um Estado estrangeiro;

c) isenção da jurisdição criminal, civil e tributária (com exceções nos dois últimos casos): quanto à imunidade penal, tem-se sustentado que ela não deve ser absoluta. Há países que prendem em flagrante o diplomata envolvido em tráfico de entorpecentes, em infrações aduaneiras e terrorismo, sem qualquer autorização do Estado de origem. Sustentam que esse tipo de atividade criminosa foge completamente à função de representação inerente à diplomacia;

d) inviolabilidade de habitação: há muito não mais se consideram as sedes diplomáticas extensões do território alienígena. Portanto, a área de uma embaixada é território nacional, embora seja inviolável. A Convenção de Viena, no entanto, estabelece que a inviolabilidade da residência diplomática não deve estender-se além dos limites necessários ao fim a que se destina. Isso significa que utilizar suas dependências para a prática de crimes ou dar abrigo a criminosos comuns faz cessar a inviolabilidade. Além disso, podem as autoridades locais invadir a sede diplomática em casos de urgência, como a ocorrência de algum acidente grave;

e) dever de cumprimento das leis do Estado onde estão servindo: a atividade diplomática não lhes dá o direito de descumprir as regras do país estrangeiro. Ex.: nos EUA, os diplomatas pagam multas de trânsito. A imunidade tem início no momento em que o diplomata ingressa no país onde vai exercer suas funções até o instante em que o deixa (mesmo havendo rompimento de relações diplomáticas). Se morrer, sua família continua gozando da imunidade, até que deixe o país, ressalvada a hipótese da *imunidade em trânsito*.

A imunidade pode ser renunciada pelo Estado acreditante, mas jamais pelo diplomata. Ela pertence ao Estado e não ao indivíduo e precisa ser expressa (art. 32, 1, da Convenção de Viena). O mesmo ocorre no tocante aos funcionários e empregados consulares (art. 45, 1, da Convenção de Viena sobre Relações Consulares). Cumpre destacar que, em qualquer situação, se o diplomata, o funcionário ou empregado consular ou o Estado estrangeiro for processado e não contestar a ação, havendo revelia, esta atitude não implica em renúncia à imunidade, como vem sendo reconhecido pelo Supremo Tribunal Federal.

8.3 Imunidades consulares

Possuem imunidade à jurisdição brasileira os funcionários consulares de carreira (*cônsul-geral*, o *cônsul*, o *vice-cônsul* e o *agente consular*), quando no exercício de suas funções. A imunidade não beneficia qualquer tipo de funcionário consular honorário, inclusive o *cônsul honorário*.

Os funcionários do consulado devem ter a nacionalidade do Estado que os envia, salvo autorização expressa em outro sentido do Estado receptor. Assim, poderá haver a contratação de brasileiros para trabalhar em consulado estrangeiro, embora o Brasil possa retirar essa autorização a qualquer momento. Idêntica imunidade é garantida aos empregados consulares, que fazem parte do corpo técnico e administrativo do consulado.

Não possuem imunidade penal os membros da família, nem os empregados pessoais, tendo em vista que não podem atuar, como prevê a Convenção, *no exercício da função*. Lembremos que os funcionários e empregados consulares somente estão isentos da jurisdição brasileira, mormente a penal, quando estiverem atuando em nome do Estado que os enviou. Alguns exemplos de funções consulares: a) proteger, no Estado receptor, os interesses do Estado que envia e de seus nacionais, pessoas físicas ou jurídicas, dentro dos limites permitidos pelo direito internacional; b) fomentar o desenvolvimento das relações comerciais, econômicas, culturais e científicas entre o Estado que envia e o Estado receptor e promover ainda relações amistosas entre eles, de conformidade com as disposições da Convenção sobre Relações Consulares; c) informar-se, por todos os meios lícitos, das condições e da evolução da vida comercial, econômica, cultural e científica do Estado receptor, informar a respeito o governo do Estado que envia e fornecer dados às pessoas interessadas; d) expedir passaportes e documentos de viagem aos nacionais do Estado que envia, bem como vistos e documentos apropriados às pessoas que desejarem viajar para o referido Estado.

A imunidade destina-se a proteger os funcionários consulares no exercício das suas funções, nos limites geográficos do distrito consular. De regra, eles não podem ser detidos ou presos preventivamente, salvo em caso de crimes graves, por ordem de autoridade judiciária. Podem ser convocados para prestar depoimento, salvo no que diz respeito a fatos relacionados ao exercício de suas funções e não estão obrigados a exibir documentos e correspondências sigilosas do consulado. Preferencialmente serão ouvidos no local do seu domicílio ou na repartição consular, podendo, inclusive, prestar depoimento por escrito. As sedes consulares são invioláveis somente na medida de sua utilização funcional, assim como seus arquivos e documentos. O adido consular é pessoa sem delegação de representatividade e, portanto, não tem imunidade.

8.4 Imunidades parlamentares

Constituem outras exceções à regra da aplicação da lei penal a todo crime ocorrido em território nacional, encontrando previsão na Constituição Federal.

As imunidades parlamentares são essenciais ao correto desempenho do mandato, pois asseguram ao congressista absoluta liberdade de ação, através da exposição livre do seu pensamento, das suas ideias e, sobretudo, do seu voto. Livrando-se de determinados procedimentos legais, o parlamentar pode defender melhor o povo, que o elegeu e que é por ele representado.

É antiga a origem da imunidade, remontando à Idade Média, na sua forma mais definida. Na conceituação de Pinto Ferreira, a imunidade parlamentar "é a prerrogativa ou o privilégio outorgado a cada um dos membros do Congresso para gozar da mais ampla liberdade de palavra, em tudo o que seja relativo ao desempenho do seu mandato, garantindo-o contra qualquer coação ou abuso dos demais poderes" (*Princípios gerais do direito constitucional moderno*, p. 497). Inúmeros Estados estrangeiros a utilizam, embora possa variar a sua forma de aplicação e a sua extensão. Nos Estados Unidos, a imunidade material dá-se unicamente no recinto do Congresso, enquanto a imunidade processual começa antes das sessões e termina logo após, abrangendo o tempo necessário que o congressista deve ter para vir de seu domicílio ao Parlamento e para deste voltar à sua casa. Na Alemanha, vige a imunidade material, exceto quanto a ofensas caluniosas. No mais, pode-se prender o parlamentar, embora o Congresso possa soltá-lo, necessitando-se de licença para processá-lo. Os sistemas francês e italiano são bem similares ao brasileiro.

São espécies de imunidades parlamentares: a) *substantiva* (material, absoluta, real ou irresponsabilidade legal), que é um privilégio de direito penal substantivo e visa a assegurar a liberdade de palavra e de debates; b) *processual* (formal ou relativa), que é um privilégio de natureza processual e tem por fim garantir a inviolabilidade pessoal, evitando que o parlamentar seja submetido a processos tendenciosos ou prisões arbitrárias.

8.4.1 Natureza jurídica da imunidade substantiva

Divide-se a doutrina em três grupos principais: *grupo 1: excludente do crime*: a) causa de exclusão do crime (Nélson Hungria, Pontes de Miranda, José Celso, Nilo Batista, Manzini, Luiz Alberto David Araujo e Vidal Serrano Nunes Júnior); b) causa que se opõe à formação do crime (Basileu Garcia); c) causa de exclusão da criminalidade (Vicente Sabino Jr.); d) causa de exclusão da tipicidade (Cernicchiaro, José Afonso da Silva); e) causa de exclusão da antijuridicidade por exercício regular de direito (Pedro Aleixo, Jimenez de Asúa, Silvio Ranieri); *grupo 2: excludente de pena*: a) causa pessoal de exclusão de pena ou condição negativa de punibilidade do fato, havendo ilicitude do fato, mas sem aplicação da sanção (Heleno Fragoso); b) causa funcional de isenção ou exclusão de pena (Damásio, Roque de Brito Alves); c) causa pessoal e funcional de isenção de pena (Aníbal Bruno); d) causa de exclusão da pena (Jair Leonardo Lopes); *grupo 3: causa de incapacidade penal*: a) causa de incapacidade penal por razões políticas (Frederico Marques); b) causa de irresponsabilidade (Magalhães Noronha, Carlos Maximiliano, Manoel Gonçalves Ferreira Filho).

Posicionamo-nos pela causa excludente do crime, por afastamento da tipicidade. Diz a Constituição que o parlamentar é inviolável por suas opiniões, palavras e votos, de forma que suas manifestações são sempre penalmente lícitas. Como bem explica Luiz Vicente Cernicchiaro, nem mesmo se pode considerar um fato típico o que o congressista fala, já que a lei ordinária não pode considerar um *modelo legal de conduta proibida* o que a própria Constituição Federal diz ser inviolável, vale dizer, acima da ação da Justiça.

8.4.2 Características da imunidade substantiva

A fonte legislativa é a Constituição Federal, no art. 53, *caput*: "Os Deputados e Senadores são invioláveis civil e penalmente por quaisquer de suas opiniões, palavras e votos". Não respondem pelos crimes de palavra, ou seja, aqueles que envolvem a opinião (crimes contra a honra, apologia de crime e incitação ao crime). Parte da doutrina entende que a imunidade substantiva é absoluta, sem qualquer tipo de restrição. Nesse sentido ensina Mirabete que "ao contrário do preceito constitucional anterior, não é necessário que, por ocasião do fato, o congressista se encontre no exercício de suas funções legislativas ou que a manifestação que constitui ilícito penal verse sobre matéria parlamentar" (*Manual de direito penal*, v. 1, p. 80). Em *sentido oposto*, no entanto, estão outros doutrinadores, sustentando que a imunidade substantiva limita-se à atividade parlamentar, portanto, é restrita. Nas palavras de Fragoso, temos que: "A inviolabilidade, por óbvio, não abriga manifestações do parlamentar estranhas à sua atividade como membro do Legislativo, significando a atividade do congressista, na Casa do Congresso a que pertence, ou em missão oficial, por determinação dela. A reprodução do discurso em outro lugar ou sua divulgação em impresso não está coberta pela inviolabilidade" (*Lições de direito penal, parte geral*, p. 130). É, para nós, a melhor posição, a fim de não se permitir que o parlamentar exceda os limites do seu mandato, visto que a imunidade é um resguardo à democracia em última análise e não um manto protetor de ofensas pessoais sem qualquer vínculo com a atividade política. É preciso, pois, que a manifestação do parlamentar, ainda que produzida fora do recinto do Congresso, guarde relação com o exercício do mandato.

A imunidade substantiva não abrange a propaganda eleitoral, embora a processual continue atuante. Assim, o parlamentar-candidato, que ofenda outro, não tem imunidade substantiva, mas somente processual.

Outra questão controversa é saber se o parlamentar afastado de suas funções em virtude do exercício de outro cargo público, tal como Secretário ou Ministro de Estado, permanece com sua imunidade.

Parcela considerável da doutrina opõe-se à manutenção da imunidade. Por todos, cite-se Alexandre de Moraes: "Afastando-se, voluntariamente, do exercício do mandato, para ocupar cargo no Poder Executivo, o parlamentar não leva a prerrogativa conferida ao Poder Legislativo e, por via reflexa, a seus membros, no desempenho das funções específicas. Nem seria possível entender que, na condição de Ministro de Estado, Governador de Território, Secretário de Estado, continuasse inviolável, por suas opiniões, palavras e votos, ou com a isenção de ser preso ou processado criminalmente, sem prévia licença de sua Câmara, de modo diverso, assim do que sucede com os altos dignitários do Poder Executivo, que veio integrar, deixando de exercer a função legislativa" (*Direito constitucional*, p. 400). Em nosso entendimento, é a posição mais adequada. Deve-se resguardar a manifestação do parlamentar; porém, quando este se afasta para o exercício de outra função, não há cabimento em mantê-lo intocável. Há, no entanto, posição jurisprudencial favorável à mantença da imunidade, desde que a opinião exposta pelo parlamentar em exercício de outra função guarde relação e harmonia com o seu mandato.

A imunidade substantiva abrange as matérias penal e civil. Não envolve, pois, o caráter disciplinar, podendo o parlamentar perder o mandato caso se exceda em ofensas, por exemplo, a outros colegas ou instituições. Aplica-se o art. 55, II, da CF (quebra de decoro parlamentar).

A imunidade pertence ao Parlamento e não ao congressista, de modo que é irrenunciável. Diz Celso de Mello que a imunidade é "prerrogativa de caráter institucional, inerente ao Poder Legislativo, que só é conferida ao parlamentar *ratione numeris*, em função do cargo e do mandato que exerce. É por essa razão que não se reconhece ao congressista, em tema de imunidade parlamentar, a faculdade de a ela renunciar. Trata-se de garantia institucional deferida ao Congresso Nacional. O congressista, isoladamente considerado, não tem, sobre ela, qualquer poder de disposição" (para exemplo: Inquérito 510-DF, Pleno, *RTJ* 135/509). Acrescente-se a isso que não pode o Congresso renunciar à imunidade substantiva, salvo alterando a Constituição Federal.

Por outro lado, de acordo com a Súmula 245 do STF, a imunidade parlamentar não se estende a corréu sem essa prerrogativa. Inicia-se a imunidade a partir da expedição do diploma e segue até o término do mandato.

8.4.3 Características da imunidade processual

Diz o art. 53, § 2.º, da Constituição Federal, que "desde a expedição do diploma, os membros do Congresso Nacional não poderão ser presos, salvo em flagrante de crime inafiançável. Nesse caso, os autos serão remetidos dentro de vinte e quatro horas à Casa respectiva, para que, pelo voto da maioria de seus membros, resolva sobre a prisão" (nova redação dada pela Emenda Constitucional 35, de 20 de dezembro de 2001).

São crimes inafiançáveis os previstos no art. 323 do Código de Processo Penal, ou seja, racismo, tortura, tráfico ilícito de entorpecentes, terrorismo, crimes hediondos e ações de grupos armados contra a ordem constitucional e o Estado Democrático (art. 5.º, XLIII e XLIV, CF). Caso o parlamentar seja preso, a autoridade deve enviar os autos de prisão em flagrante para sua respectiva Casa, em 24 horas, a fim de que esta delibere a respeito de sua prisão, por maioria absoluta, autorizando ou não a formação de culpa. Retirou-se do texto constitucional que a votação seria secreta. Logo, o correto é que seja aberta.

Sob outro aspecto, a partir de agora, apresentada denúncia ou queixa contra parlamentar, o Tribunal competente pode recebê-la normalmente e, tratando-se de crime cometido *após* a diplomação, será dada ciência à Casa Legislativa respectiva. Esta, por sua vez, pelo voto de maioria dos seus membros, havendo a provocação de partido político nela representado, pode sustar o andamento do processo, desde que não tenha havido decisão com trânsito em julgado (art. 53, § 3.º, CF).

Tem a Casa o prazo improrrogável de 45 dias para deliberar sobre a eventual sustação do feito (art. 53, § 4.º, CF). É indiscutível que a modificação merece aplausos e somente confere maior moralidade e transparência ao Poder Legislativo brasileiro. Havendo a sustação, a prescrição será suspensa (art. 53, § 5.º, CF). O início da suspensão da prescrição ocorre a partir da decisão proferida pela Câmara ou pelo Senado.

Lembremos que o foro competente para julgar os parlamentares federais é o Supremo Tribunal Federal (art. 53, § 1.º, CF). Se o congressista que estiver respondendo a processo criminal for definitivamente condenado, poderá perder o mandato (art. 55, VI, CF).

Prevalece, ainda, no contexto das imunidades o sigilo parlamentar, que é a impossibilidade de obrigar o congressista "a testemunhar sobre informações recebidas ou prestadas em razão do exercício do mandato, nem sobre as pessoas que lhes confiaram ou deles receberam informações" (art. 53, § 6.º, CF). Além disso, os parlamentares devem ser ouvidos em lugar previamente agendado com o juiz, quando forem testemunhas, não cabendo qualquer tipo de condução coercitiva.

A imunidade subsiste no estado de sítio e somente pode ser suspensa pelo voto de dois terços dos membros da Casa respectiva (art. 53, § 8.º, CF).

No tocante à imunidade processual, deve-se ressaltar que não impossibilita a investigação policial, de forma que o Parlamento não pode sustar o curso de inquérito contra qualquer de seus membros. Sustenta Celso de Mello que "o membro do Congresso Nacional – Deputado Federal ou Senador da República – pode ser submetido a investigação penal, mediante instauração de Inquérito Policial perante o Supremo Tribunal Federal, independentemente de prévia licença da respectiva Casa legislativa. A garantia constitucional da imunidade parlamentar em sentido formal somente tem incidência em juízo, depois de oferecida a acusação penal" (para ilustrar: Inquérito 1.504-DF, j. 17.06.1999, *DO* 28.06.1999, p. 25).

8.5 Outras imunidades e foros privilegiados

8.5.1 *Deputados estaduais*

Os deputados estaduais possuem as mesmas imunidades que os parlamentares federais, conforme preceitua o art. 27, § 1.º, da Constituição Federal. São invioláveis pelos seus votos, opiniões e manifestações que guardem correspondência com o exercício do mandato e podem ser processados sem autorização da Assembleia Legislativa do seu Estado, em qualquer tipo de crime, inclusive federal ou eleitoral, mas o processo pode ser sustado pelo voto da maioria do Parlamento, caso haja a provocação de algum partido político nela representado.

Caso cometam delito da competência da Justiça Federal, devem ser processados pelo Tribunal Regional Federal. Se o delito for da esfera eleitoral, serão processados, no Tribunal Regional Eleitoral. Portanto, não há mais aplicação para a Súmula 3 do STF, que advém de época anterior à Constituição Federal de 1988 ("A imunidade concedida a deputados estaduais é restrita à Justiça do Estado").

8.5.2 *Vereadores*

Os vereadores possuem somente imunidade substantiva, desde que no exercício do mandato e na circunscrição do seu Município (art. 29, VIII, CF). Eles não têm imunidade processual, nem foro privilegiado.

Há *polêmica* quanto ao requisito relativo à circunscrição do seu Município: 1.º) entende Hely Lopes Meirelles que estando o vereador fora do seu Município, mas tratando de assuntos a ele relativos, pode a imunidade estabelecer-se. *In verbis*: "O espírito do Constituinte federal foi o de conceder plena liberdade ao Vereador na manifestação de suas opiniões sobre os assuntos sujeitos à sua apreciação, como agente político investido de mandato legislativo local. Dessa forma, ainda que esteja fora do território do seu Município, mas no exercício do seu mandato, como representante do Legislativo municipal, deve gozar dessa prerrogativa ao manifestar sua opinião, palavra ou voto" (*Direito municipal brasileiro*, p. 454); 2.º) em sentido contrário, com o que concordamos plenamente, a posição de José Afonso da Silva: "Representar o Legislativo fora, só por si, não caracteriza exercício do mandato" (*Manual do vereador*, p. 84).

Possuem, no entanto, direito à prisão especial (art. 295, II, do Código de Processo Penal).

8.5.3 Advogados

Prevê a Constituição Federal, no art. 133, que o advogado é inviolável por seus atos e manifestações no exercício da profissão, nos limites da lei. Portanto, os advogados possuem imunidade judiciária, tal como prevista no art. 142, I, do Código Penal.

No mesmo sentido, o Estatuto da Advocacia estabelece a imunidade substancial para o exercício da profissão (chamada *imunidade profissional*): "No exercício da profissão, o advogado é inviolável por seus atos e manifestações, nos limites desta lei" (art. 2º, § 3º, Lei 8.906/1994).

Além disso, em matéria processual, estipula o § 3.º do art. 7.º, que "o advogado somente poderá ser preso em flagrante, por motivo de exercício da profissão, em caso de crime inafiançável, observado o disposto no inciso IV deste artigo". O inciso IV preceitua que o flagrante deve ser lavrado com a presença de representante da OAB, sob pena de nulidade, quando ligado à profissão e nos demais casos comunicação expressa à seccional da OAB.

8.5.4 Prefeitos

Quanto aos prefeitos, deve-se ressaltar que eles não têm imunidade, mas somente prerrogativa de foro, adquirida após a Constituição de 1988, só podendo ser julgados pelo Tribunal de Justiça. Para receber a denúncia contra Prefeito é preciso manifestação do órgão colegiado competente e não somente do relator do processo.

9. DIREITO PENAL INTERNACIONAL E DIREITO INTERNACIONAL PENAL

Deve-se diferenciar o *direito penal internacional*, disciplina jurídica que tem por finalidade determinar a norma aplicável à ação delituosa de um indivíduo quando afete a ordem jurídica de dois ou mais Estados, do *direito internacional penal*, ramo do direito internacional que trata da aplicação de penas aos Estados.

A utilização da expressão "direito penal internacional" não conta com o apoio unânime da doutrina. Cerezo Mir a critica, dizendo que, na realidade, o que se chama de *direito penal internacional* não passa de um conjunto de normas de direito interno. Tal denominação necessitaria estar reservada à legislação penal de caráter internacional, emanada da comunidade internacional, que pudesse ser aplicada diretamente aos cidadãos de todas as nacionalidades. Seriam normas que tutelariam os interesses fundamentais da comunidade internacional, aplicadas por tribunais internacionais (*Curso de derecho penal español*, v. 1, p. 208). A mesma ressalva faz Jiménez de Asúa (*Lecciones de derecho penal*, p. 103).

Cremos ser pertinente a observação formulada. O correto seria reservar a expressão "direito penal internacional" para a aplicação de uma legislação penal universal, cabível a cidadãos de várias nacionalidades, que cometessem delitos de interesse global, afetando a ordem jurídica de várias nações. Quanto às normas de direito interno, determinando ser ou não aplicável a lei brasileira ao sujeito que praticou o delito fora das fronteiras nacionais ou àquele que deu início à execução do crime no exterior, findando-o no Brasil (ou vice-versa), devemos denominar apenas "aplicação da lei penal no espaço", mas sem a denominação de "direito penal internacional". E continuaríamos usando a expressão "direito internacional penal" para o contexto das nações que praticam crimes contra outras, como ocorreu no caso da Sérvia, acusada de ter praticado genocídio contra a Bósnia.

SÍNTESE

Territorialidade: é a aplicação da lei penal brasileira aos crimes ocorridos no território nacional. Cuida-se da regra geral, em homenagem à soberania do Estado.

Extraterritorialidade: é a aplicação da lei penal brasileira aos crimes ocorridos fora do território nacional. Cuida-se de exceção, cujas situações estão enumerados no art. 7.º do Código Penal e no art. 2.º da Lei 9.455/1997.

Extradição: é um instrumento de cooperação internacional pelo qual um Estado entrega a Outro pessoa acusada do cometimento de infração penal para o cumprimento da pena ou para que responda ao processo.

Imunidades diplomáticas e consulares: trata-se de exceção ao princípio da territorialidade, previsto em Convenções subscritas pelo Brasil, concedendo aos diplomatas e cônsules isenção à jurisdição brasileira, motivo pelo qual somente podem ser processados criminalmente em seus países de origem.

Imunidades parlamentares: cuida-se de exceção ao princípio da territorialidade, previsto na Constituição Federal, possibilitando que o parlamentar, no exercício de seu mandato, por opiniões, palavras e votos, não possa ser criminal e civilmente responsabilizado. Permite, ainda, que processos criminais contra eles instaurados possam ser sustados pela Casa Legislativa correspondente.

ESQUEMA

APLICAÇÃO DA LEI PENAL NO ESPAÇO

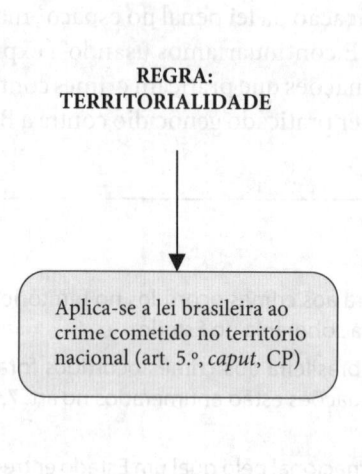

REGRA: TERRITORIALIDADE

Aplica-se a lei brasileira ao crime cometido no território nacional (art. 5.º, *caput*, CP)

EXCEÇÕES

1. Imunidades *diplomática* e *consular* → art. 5.º, *caput*, CP

2. Imunidade *parlamentar* → art. 53, *caput* e § 3.º, CF

3. Extraterritorialidade: é a aplicação da lei brasileira ao crime cometido no exterior → art. 7.º, CP

Capítulo IX
Eficácia de Sentença Estrangeira

1. HOMOLOGAÇÃO DE SENTENÇA ESTRANGEIRA E SOBERANIA NACIONAL

Em razão da soberania da nação, uma sentença estrangeira não pode produzir efeitos no Brasil sem a homologação feita por um tribunal pátrio, porque, se assim fosse feito, estar-se-ia, em última análise, aplicando em território nacional leis estrangeiras. Um povo somente é efetivamente soberano quando faz suas próprias normas, não se submetendo a ordenamentos jurídicos alienígenas.

Por isso, quando, em determinados casos, for conveniente que uma decisão estrangeira produza efeitos no Brasil é preciso haver homologação. O objetivo é nacionalizar a lei penal estrangeira que deu fundamento à sentença a ser homologada. Nesse sentido a lição de Marinoni: "É comum o ensinamento de que o Direito Penal é territorial. O poder que o Estado exerce com a norma punitiva, a finalidade que com isso objetiva, justificam usualmente a afirmação geral da territorialidade do Direito Penal. E da territorialidade de direito penal deduz-se a inaplicabilidade da lei penal estrangeira e a inexequibilidade, quando não a ineficácia, da sentença penal estrangeira, e, de um modo geral, dos atos jurisdicionais estrangeiros de caráter penal. E sendo assim, a lei penal estrangeira, quando aplicada por um Estado, é lei nacionalizada de forma que pode revestir-se da função própria de toda norma penal" (citação de Frederico Marques, *Tratado de direito penal*, v. 1, p. 363).

A competência para a homologação é do Superior Tribunal de Justiça (art. 105, I, *i*, CF).

2. HIPÓTESES PARA A HOMOLOGAÇÃO

2.1 Reparação civil do dano causado à vítima

Busca-se facilitar a posição da vítima do crime, que não terá que dar início a um processo de indenização, na esfera cível, provando novamente a culpa do infrator, uma vez que, feita a homologação da sentença condenatória estrangeira, concretiza-se a formação de um título executivo (art. 9.º, I, CP).

A discussão, quando a decisão homologada for executada, volta-se apenas ao valor da reparação do dano.

Nessa hipótese, deve o ofendido requerer a homologação no Superior Tribunal de Justiça (art. 9.º, parágrafo único, *a*, CP).

2.2 Aplicação de medida de segurança

O termo "condenado", usado no Código Penal, ainda que de forma indireta (art. 9.º, II), é relativamente impróprio nesse caso, pois o inimputável, sujeito à medida de segurança, é *absolvido*, ficando sujeito à internação ou ao tratamento ambulatorial (art. 97, CP).

O semi-imputável, por sua vez, pode ser condenado e ter sua sanção penal substituída por medida de segurança (internação ou tratamento ambulatorial), conforme previsão do art. 98 do Código Penal.

Não há, no Brasil, medida de segurança para o imputável. Utiliza-se a aplicação da medida de segurança imposta por autoridade estrangeira em benefício do próprio sentenciado e, também, da sociedade, que evitará o convívio desregrado com um enfermo perigoso.

Para essa hipótese, é preciso requerimento do Procurador-Geral da República no STJ, desde que exista tratado de extradição entre o país de onde vem a sentença impondo a medida de segurança, ou, na falta de tratado, de requisição do Ministro da Justiça.

2.3 Hipótese prevista na Lei de Lavagem de Dinheiro

A Lei 9.613/1998, no art. 8.º, assegurou a possibilidade de serem decretadas medidas assecuratórias, como o sequestro dos bens, direitos e valores decorrentes do crime de "lavagem", de forma que, findo o processo, quando se tratar de delito internacional, poderão o Brasil e o país solicitante da medida assecuratória dividir o que foi amealhado. Para tanto, é preciso a homologação da sentença estrangeira pelo Superior Tribunal de Justiça (art. 105, I, *i*, CF), a fim de que a perda dos bens se consume em definitivo.

2.4 Cumprimento de pena imposta no exterior

Considere-se, em primeiro lugar, ser inviável a extradição de brasileiro a requerimento de juízo estrangeiro para que ele possa ser processado ou cumprir pena no exterior. Diante disso, como regra, caso um brasileiro cometa infração penal em território estrangeiro, deve ser processado no Brasil (as autoridades estrangeiras enviam as provas colhidas ao juízo brasileiro). Entretanto, pode haver o caso de ser o nacional processado e condenado por juízo alienígena, vindo a se refugiar em território brasileiro.

A partir da edição da Lei 13.445/2017 (Lei da Migração), tem o Superior Tribunal de Justiça entendido ser possível a homologação de sentença estrangeira para essa finalidade, com fundamento nos arts. 100 a 102 da mencionada lei. Portanto, um brasileiro poderia cumprir pena no Brasil, mesmo que a sentença condenatória tenha sido proferida no exterior, desde que devidamente homologada pelo STJ.

3. EFEITOS DA SENTENÇA CONDENATÓRIA ESTRANGEIRA QUE INDEPENDEM DE HOMOLOGAÇÃO

Há casos em que a sentença estrangeira produz efeitos no Brasil, sem necessidade de homologação pelo Superior Tribunal de Justiça. São situações particulares, nas quais não existe *execução* da sentença alienígena, mas somente a consideração delas como fatos jurídicos.

São as seguintes hipóteses: a) gerar reincidência (art. 63, CP); b) servir de pressuposto da extraterritorialidade condicionada (art. 7.º, II, § 2.º, *d* e *e*, CP); c) impedir o *sursis* (art. 77, I, CP); d) prorrogar o prazo para o livramento condicional (art. 83, II, CP); e) gerar maus antecedentes (art. 59, CP). Para tanto, basta a prova da existência da sentença estrangeira. Note-se que, mesmo não sendo a sentença estrangeira suficiente para gerar a reincidência, é possível que o juiz a leve em consideração para avaliar os antecedentes, a conduta social e a personalidade do criminoso.

SÍNTESE

Homologação de sentença estrangeira: é a decisão do Presidente do Superior Tribunal de Justiça que permite a *nacionalização* de uma sentença penal estrangeira, a fim de ser executada no Brasil. As finalidades são três: a) permitir que a vítima a utilize para obter reparação civil do dano; b) possibilitar o cumprimento de medida de segurança; c) viabilizar o confisco de bens em razão de lavagem de dinheiro ocorrida no exterior.

Capítulo X
Contagem de Prazo e Frações da Pena

1. PRAZOS PENAIS E PROCESSUAIS PENAIS

O prazo penal conta-se de maneira diversa do prazo processual penal. Enquanto neste não se inclui o dia do começo, mas sim o do vencimento (art. 798, § 1.º, CPP), naquele é incluído o primeiro dia, desprezando-se o último (art. 10, CP).

Exemplos: se uma pessoa é recolhida ao cárcere para cumprir dois meses de pena privativa de liberdade, tendo início o cumprimento no dia 20 de março, que é incluído no cômputo, a pena findará no dia 19 de maio. Se alguém for preso às 22 horas de um dia, este dia é integralmente computado, ainda que faltem somente duas horas para findar. Entretanto, se o réu é intimado de uma sentença condenatória no dia 20 de março, cujo prazo de recurso é de 5 dias, vencerá no dia 25 de março.

Quando se tratar de instituto de dupla previsão – inserido nos Códigos Penal e de Processo Penal –, como a decadência, por exemplo, deve-se contar o prazo da forma mais favorável ao réu, ou seja, conforme o Código Penal.

Lembremos, por fim, que os prazos penais não se interrompem de modo algum. Computam-se normalmente em feriados, fins de semana e em qualquer outro dia sem expediente forense. Portanto, se alguém tiver que sair da prisão no domingo, este será o dia derradeiro, não havendo prorrogação para a segunda-feira.

2. O CALENDÁRIO COMUM COMO PARÂMETRO PARA A CONTAGEM DO PRAZO

É o gregoriano, no qual os meses não são contados por número de dias, mas de um certo dia do mês à véspera do dia idêntico do mês seguinte, sem a preocupação de verificar feriados ou anos bissextos. Segue-se o disposto na Lei 810/1949: arts. 1.º "Considera-se ano o período de 12 (doze) meses contado do dia do início ao dia e mês correspondentes do ano seguinte", 2.º "Considera-se mês o período do tempo contado do dia do início ao dia correspondente do mês seguinte" e 3.º "Quando no ano ou mês do vencimento não houver o dia correspondente ao do início do prazo, este findará no primeiro dia subsequente".

3. FRAÇÕES NÃO COMPUTÁVEIS DA PENA

As frações de dias (horas) não são computadas na fixação da pena, sendo simplesmente desprezadas. Exemplo: alguém é condenado, inicialmente, a 6 meses e 15 dias de detenção, pena da qual o juiz deve subtrair um sexto, em razão de alguma atenuante ou causa de diminuição. Seria o caso de extrair 1 mês, 2 dias e 12 horas do total. Entretanto, diante do disposto no art. 11 do Código Penal, reduz-se somente o montante de 1 mês e 2 dias, rejeitando-se as horas.

Quanto às frações de moeda, desprezam-se os centavos. Embora o art. 11 mencione, no seu texto, as frações de *cruzeiro*, moeda não mais existente, tratando-se de norma penal não incriminadora, pode-se aplicar a interpretação que extraia o autêntico significado da lei. Onde se lê "cruzeiro", leia-se "moeda vigente", no caso presente, o real. As frações de real são os centavos, que devem ser desprezados na fixação da pena de multa.

> **SÍNTESE**
>
> **Prazo penal:** inclui-se o primeiro dia, desprezando-se o último.
>
> **Prazo processual penal:** despreza-se o primeiro dia, computando-se o último.
>
> **Frações de penas:** não são computadas as horas nas penas privativas de liberdade e restritivas de direitos e os centavos na pena pecuniária.

ESQUEMA

CONTAGEM DE PRAZOS PENAIS E PROCESSUAIS

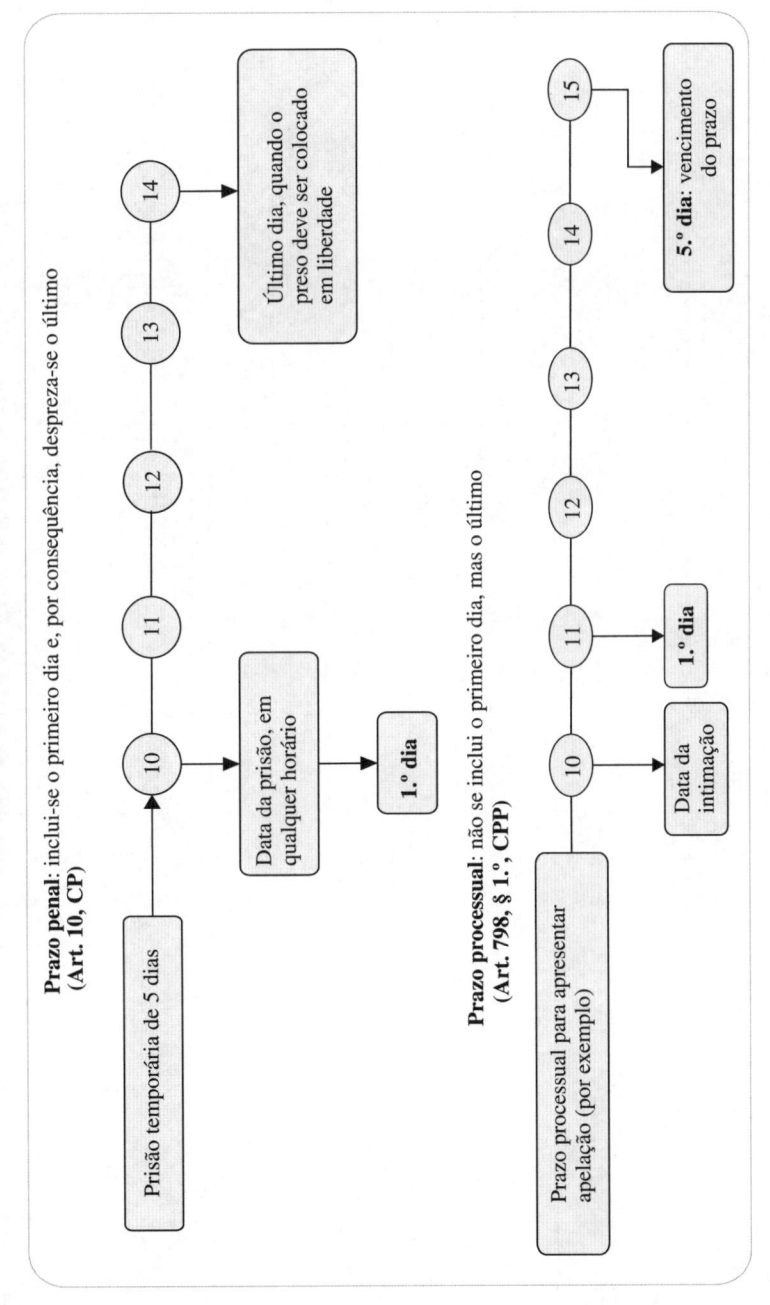

Prazo penal: inclui-se o primeiro dia e, por consequência, despreza-se o último (Art. 10, CP)

Prisão temporária de 5 dias → 10 → 11 → 12 → 13 → 14 → Último dia, quando o preso deve ser colocado em liberdade

Data da prisão, em qualquer horário → 1.º dia

Prazo processual: não se inclui o primeiro dia, mas o último (Art. 798, § 1.º, CPP)

Prazo processual para apresentar apelação (por exemplo) → 10 → 11 → 12 → 13 → 14 → 15 → 5.º dia: vencimento do prazo

Data da intimação
1.º dia

Capítulo XI
Conflito Aparente de Normas

Acesse e escute o podcast sobre Conflito aparente de normas – Partes 1 e 2.
> http://uqr.to/1yohi

1. CONCEITO

É a situação de confronto, que ocorre quando ao mesmo fato parecem ser aplicáveis duas ou mais normas, formando um conflito apenas aparente entre elas, pois há critérios para solucionar a antinomia. O conflito aparente de normas (ou concurso aparente de normas) surge no universo da aplicação da lei penal, quando esta entra em confronto com outros dispositivos penais, ilusoriamente aplicáveis ao mesmo caso.

Exemplo: quando alguém importa substância entorpecente, à primeira vista pode-se sustentar a aplicação do disposto no art. 334-A do Código Penal (crime de contrabando), embora o mesmo fato esteja previsto no art. 33 da Lei de Drogas. Estaria formado um conflito aparente entre normas, pois duas normas parecem aplicáveis ao mesmo fato ocorrido. O direito, no entanto, oferece mecanismos para a solução desse impasse aparente ou fictício. Na situação exposta, aplica-se o art. 33 da Lei de Drogas (tráfico ilícito de drogas), por se tratar de lei especial.

Há quem inclua o estudo do *conflito aparente de normas* no contexto do concurso de delitos, embora não creiamos ser esta a posição adequada. O concurso de crimes configura, efetivamente, uma concorrência de várias leis, aplicáveis a diversos fatos tipicamente relevantes, como ocorre na prática de inúmeros roubos, passíveis de gerar o concurso material (soma das penas) ou o crime continuado (aplicação da pena de um dos delitos, com um acréscimo de 1/6 a 2/3).

Quando, através de uma ação, o agente comete dois ou mais delitos, ainda assim aplica-se o concurso formal, que é a fixação da pena de um só deles, com uma exasperação. Portanto, como se vê, não há conflito algum de leis penais, mas a aplicação conjunta e uniforme de todas as cabíveis ao fato (ou aos fatos).

No cenário do conflito *aparente* de normas, no entanto, existe uma ilusória ideia de que duas ou mais leis podem ser aplicadas ao mesmo fato, o que não é verdade, necessitando-se conhecer os critérios para a *correta aplicação* da lei penal. Daí por que o mais indicado é destacar o tema do contexto do concurso de crimes ou mesmo do *concurso de leis*. Não são normas que *concorrem* (afluem para a mesma situação ou competem), mas que têm destino certo, excluindo umas às outras. Basta saber aplicá-las devidamente. Enfim, inexiste *concurso*, mas mera *ilusão de conflito*. Defendendo o estudo do tema no contexto da aplicação da lei penal – e não no concurso de crimes – encontra-se a posição de Jiménez de Asúa (*Lecciones de derecho penal*, p. 89).

Tendo em vista que o conflito entre normas penais é apenas aparente, convém conhecer os critérios que permitem solucioná-los. São, fundamentalmente, cinco: a) critério da sucessividade; b) critério da especialidade; c) critério da subsidiariedade; d) critério da absorção (consunção); e) critério da alternatividade.

2. CRITÉRIO DA SUCESSIVIDADE

Se houver um período separando duas ou mais normas aplicáveis ao mesmo fato, é sempre preferível a lei posterior (*lex posterior derogat priori*). Havendo duas normas penais incriminadoras, passíveis de aplicação ao mesmo fato, resolve-se o pretenso conflito, através do critério da sucessividade, isto é, vale o disposto na mais recente.

3. CRITÉRIO DA ESPECIALIDADE

Lei especial afasta a aplicação de lei geral (*lex specialis derogat generali*), como, aliás, encontra-se previsto no art. 12 do Código Penal. Para identificar a lei especial, leva-se em consideração a existência de uma particular condição (objetiva ou subjetiva), que lhe imprima severidade menor ou maior em relação à outra. Deve haver entre os delitos geral e especial relação de absoluta contemporaneidade. Ex.: furto qualificado exclui o simples; crime militar exclui o comum; infanticídio exclui o homicídio. Segundo Nicás, em decisão do Tribunal Supremo da Espanha, considerou-se que o princípio da especialização, conhecido dos jurisconsultos romanos, supõe que, quando entre as normas em aparente conflito exista uma relação de gênero a espécie, esta deve obter a prioridade sobre aquela, excluindo sua aplicação. Requer-se que a norma considerada especial contenha todos os elementos da figura geral, apresentando outras particularidades, características típicas que podem ser denominadas específicas, especializadoras ou de concreção, constituindo uma subclasse ou subespécie agravada ou atenuada. Em virtude disso, abrange um âmbito de aplicação mais restrito e capta um menor número de condutas ilícitas (*El concurso de normas penales*, p. 117).

Note-se que, muitas vezes, na impossibilidade de provar determinada ocorrência, que caracteriza o delito especial, pode-se desclassificar a infração penal para a modalidade genérica. É o que ocorre quando a mãe mata seu filho e não se consegue evidenciar o "estado puerperal", caracterizador do infanticídio. Responde ela por homicídio. No exemplo mencionado anteriormente, que concerne à importação de mercadoria proibida, caso não fique provado o conhecimento do agente quanto ao conteúdo do que trazia para dentro do país, isto é, evidenciado que ele sabia trazer mercadoria vedada pela lei, embora não soubesse tratar-se de substância entorpecente, pode-se desclassificar o tráfico de drogas para contrabando.

Lembremos que, como regra, a lei especial não é afetada pela edição de lei nova de caráter geral. Dessa forma, se, em determinada lei, há um critério específico para o cálculo da pena de multa, advindo modificação no Código Penal, no capítulo genérico que cuida da multa, preserva-se o disposto na legislação especial. Entretanto, há exceções. Quando uma lei geral é benéfica ao réu, contendo nova sistemática para determinado instituto, é natural que possa afetar a legislação especial, pois não teria sentido a existência de dois mecanismos paralelos voltados a um mesmo cenário, cada qual imprimindo uma feição diferenciada à lei penal.

Desse modo, quando o art. 12 do Código Penal preceitua que "as regras gerais deste Código aplicam-se aos fatos incriminados por lei especial, se esta não dispuser de modo diverso" refere-se a um contexto genérico, sem se levar em conta o princípio constitucional da retroatividade da lei penal benéfica. Por isso, quando mencionamos que a lei especial pode disciplinar a cobrança de multa de maneira diversa do que vem disposto no Código Penal, respeita-se a lei especial em detrimento da geral. Mas quando a lei geral, ao ser modificada, afeta essencialmente determinado instituto, igualmente constante em lei especial, esta deve ser afastada para aplicação da outra, que é nitidamente benéfica. É o que ocorreu com o confronto entre o art. 85 da Lei 9.099/1995 e o art. 51 do Código Penal, após a edição da Lei 9.268/1996. A atual redação do art. 51, considerando a multa como dívida de valor, afasta a possibilidade de sua conversão em prisão, caso não seja paga pelo condenado. Ocorre que o disposto no art. 85 da Lei dos Juizados Especiais estipula que "não efetuado o pagamento de multa, será feita a conversão em pena privativa de liberdade, ou restritiva de direitos, nos termos previstos em lei". É verdade que o referido art. 85 fez menção aos "termos previstos em lei", remetendo, então, ao que preceituava o Código Penal à época (a conversão se dava na proporção de um dia-multa por um dia de prisão até o máximo de 360).

Mas, ainda que assim não fosse, não haveria sentido em se manter a conversão da pena de multa não paga em prisão se o sistema penal fundamental foi alterado, ou seja, a Parte Geral do Código Penal já não admite tal situação, até porque modificou o próprio sentido da multa, considerando-a "dívida de valor". Enfim, nem sempre a lei especial mantém a sua aplicabilidade em face de modificação da lei geral. Tudo está a depender do caráter e da extensão da modificação havida nesta última: se for alteração na essência do instituto e benéfica ao réu, torna-se evidente a necessidade de sua aplicação, em detrimento da especial.

4. CRITÉRIO DA SUBSIDIARIEDADE (TIPO DE RESERVA)

Uma norma é considerada subsidiária em relação a outra, quando a conduta nela prevista integra o tipo da principal (*lex primaria derogat subsidiariae*), significando que a lei principal afasta a aplicação de lei secundária. A justificativa é que a figura subsidiária está inclusa na principal. Na lição de Nicás, a norma subsidiária somente se aplica em caso de defeito da norma principal, preferindo-se esta em detrimento daquela, devendo ter, por questão de lógica, pena mais grave a do delito subsidiário, que é residual (*El concurso de normas penales*, p. 149).

Há duas formas de ocorrência: a) *subsidiariedade explícita*, quando a própria lei indica ser a norma subsidiária de outra ("se o fato não constitui crime mais grave", "se o fato não constitui elemento de crime mais grave", "se o fato não constitui elemento de outro crime"). Ex.: exposição a perigo (art. 132), subtração de incapazes (art. 249), falsa identidade (art. 307), simulação de autoridade para celebrar casamentos (art. 238), simulação de casamento (art. 239); b) *subsidiariedade implícita* (tácita), quando o fato incriminado em uma norma entra como elemento componente ou agravante especial de outra norma. Ex.: estupro contendo o constrangimento ilegal; dano no furto qualificado pelo arrombamento.

5. CRITÉRIO DA ABSORÇÃO (OU CONSUNÇÃO)

Quando o *fato* previsto por uma lei está, igualmente, contido em outra de maior amplitude, aplica-se somente esta última. Em outras palavras, quando a infração prevista na primeira norma constituir simples fase de realização da segunda infração, prevista em dispositivo diverso, deve-se aplicar apenas a última. Conforme esclarece Nicás, ocorre a consunção quando determinado tipo penal absorve o desvalor de outro, excluindo-se este da sua função punitiva. A consunção provoca o esvaziamento de uma das normas, que desaparece subsumida pela outra (*El concurso de normas penales*, p. 157).

Trata-se da hipótese do *crime-meio* e do *crime-fim*. É o que se dá, por exemplo, no tocante à violação de domicílio com a finalidade de praticar furto a uma residência. A violação é mera fase de execução do delito patrimonial. O crime de homicídio, por sua vez, absorve o porte ilegal de arma, pois esta infração penal constitui-se simples meio para a eliminação da vítima. O estelionato absorve o falso, fase de execução do primeiro (ver, nesse caso, o disposto na Súmula 17, do Superior Tribunal de Justiça: "Quando o falso se exaure no estelionato, sem mais potencialidade lesiva, é por este absorvido").

A diferença fundamental entre o critério da consunção e o da subsidiariedade é que, neste último caso, um tipo está contido dentro de outro (a lesão corporal está incluída necessariamente no crime de homicídio, pois ninguém consegue tirar a vida de outrem sem lesioná-lo), enquanto na outra hipótese (consunção) é o fato que está contido em outro de maior amplitude, permitindo uma única tipificação (o homicídio absorve o porte ilegal de arma porque a vítima perdeu a vida em razão dos tiros disparados pelo revólver do agente, o que demonstra estar o fato – portar ilegalmente uma arma – ínsito em outro de maior alcance – tirar a vida ferindo a integridade física de alguém). Ocorre que é possível matar alguém sem dar tiros, isto é, sem portar ilegalmente uma arma. Assim, a consunção envolve fatos que absorvem fatos, enquanto a subsidiariedade abrange tipos que, de algum modo, contêm outros.

6. CRITÉRIO DA ALTERNATIVIDADE

Significa que a aplicação de uma norma a um fato exclui a aplicabilidade de outra, que também o prevê, de algum modo, como delito. Ex.: o fato *conjunção carnal* permite o enquadramento nos delitos de estupro (art. 213), violação sexual mediante fraude (art. 215) e até mesmo assédio sexual (art. 216-A). Assim, eleito o estupro, estão, automaticamente, afastados os delitos de posse sexual mediante fraude e assédio sexual.

Para Sauer, Spiezza, Maggiore, Ranieri, Basileu Garcia e outros penalistas o critério é inútil e supérfluo, pois tudo pode ser resolvido sempre pela sucessividade, especialidade, subsidiariedade ou consunção. É o que também nos parece. A despeito dessas opiniões, defende o critério Oscar Stevenson: "Sem embargo dessas objeções, justifica-se o princípio da alternatividade. Até mesmo serve como prova de exação dos resultados a que se chega no emprego dos demais princípios reitores da aparente concorrência de normas penais" (Concurso aparente de normas penais. *Estudos em Homenagem a Nélson Hungria*).

> ### 📄 SÍNTESE
>
> **Conflito aparente de normas:** é a situação de ilusória possibilidade de aplicação ao mesmo fato de duas ou mais normas penais incriminadoras, concomitantemente. Há sempre critérios para solucionar esse pretenso impasse.
>
> **Critério da sucessividade:** lei posterior afasta a aplicação de lei anterior.
>
> **Critério da especialidade:** lei especial afasta a aplicação de lei geral.
>
> **Critério da subsidiariedade:** lei principal afasta a aplicação de lei secundária.
>
> **Critério da absorção:** lei que abrange conteúdo fático mais amplo afasta a aplicação de norma abrangendo conteúdo fático mais estreito.
>
> **Critério da alternatividade:** a escolha de uma norma afasta logicamente a aplicação de outras.

ESQUEMAS

SUCESSIVIDADE

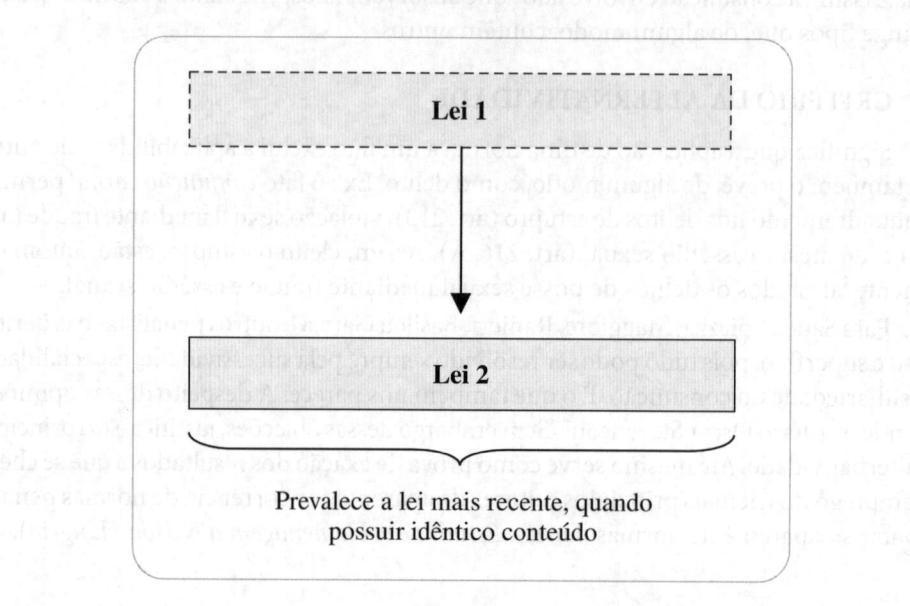

Lei 1

↓

Lei 2

} Prevalece a lei mais recente, quando possuir idêntico conteúdo

ESPECIALIDADE

Lei Geral

Lei Especial } Seu texto contém elementos particularizantes, tornando o tipo penal de maior extensão

Exemplo:

Norma Geral
Art. 121 – Matar alguém
(Homicídio simples)

Norma Especial
Art. 123 – Matar, sob a influência do estado puerperal, o próprio filho, durante o parto ou logo após
(Infanticídio)

SUBSIDIARIEDADE = UM TIPO CONTÉM OUTRO(S)

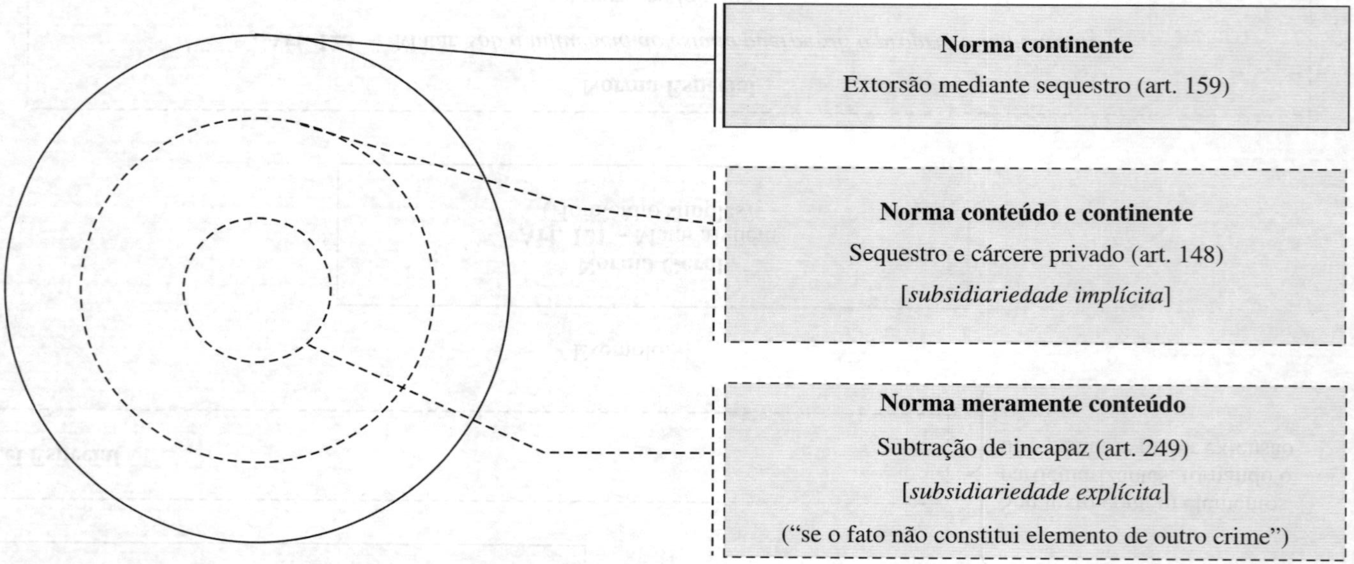

Norma continente
Extorsão mediante sequestro (art. 159)

Norma conteúdo e continente
Sequestro e cárcere privado (art. 148)
[*subsidiariedade implícita*]

Norma meramente conteúdo
Subtração de incapaz (art. 249)
[*subsidiariedade explícita*]
("se o fato não constitui elemento de outro crime")

Ver a nota explicativa do próximo quadro

CONSUNÇÃO (OU ABSORÇÃO) = UM FATO TÍPICO CONTÉM OUTRO(S)

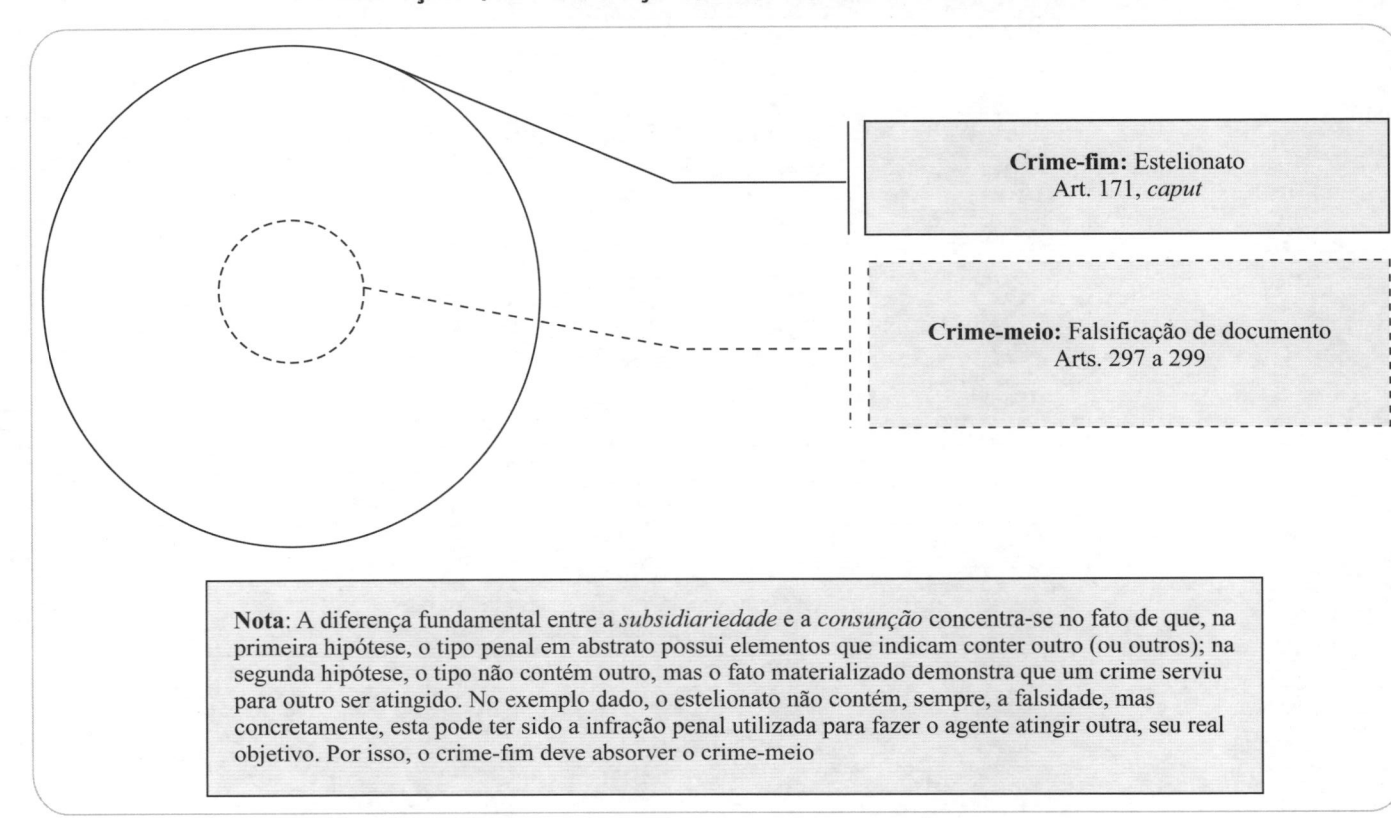

Crime-fim: Estelionato
Art. 171, *caput*

Crime-meio: Falsificação de documento
Arts. 297 a 299

Nota: A diferença fundamental entre a *subsidiariedade* e a *consunção* concentra-se no fato de que, na primeira hipótese, o tipo penal em abstrato possui elementos que indicam conter outro (ou outros); na segunda hipótese, o tipo não contém outro, mas o fato materializado demonstra que um crime serviu para outro ser atingido. No exemplo dado, o estelionato não contém, sempre, a falsidade, mas concretamente, esta pode ter sido a infração penal utilizada para fazer o agente atingir outra, seu real objetivo. Por isso, o crime-fim deve absorver o crime-meio

Capítulo XII
Crime

1. CONCEITO DE CRIME

Inicialmente, cumpre salientar que o conceito de crime é artificial, ou seja, independe de fatores naturais, constatados por um juízo de percepção sensorial, uma vez que se torna impossível classificar uma conduta, ontologicamente, como *criminosa*.

Em verdade, é a sociedade a criadora inaugural do *crime*, qualificativo que reserva às condutas ilícitas mais gravosas e merecedoras de maior rigor punitivo. Após, cabe ao legislador transformar esse intento em figura típica, criando a lei que permitirá a aplicação do anseio social aos casos concretos. Nas palavras de Michel Foucault: "É verdade que é a sociedade que define, em função de seus interesses próprios, o que deve ser considerado como crime: este, portanto, não é natural" (*Vigiar e punir*, p. 87). A partir daí, verifiquemos os três prismas dispensados ao conceito de *crime*.

Acesse e escute o podcast sobre Conceito de crime.
> http://uqr.to/1yohj

1.1 Conceito material

É a concepção da sociedade sobre o que pode e deve ser proibido, mediante a aplicação de sanção penal. É, pois, a conduta que ofende um bem juridicamente tutelado, merecedora de pena. Esse conceito é aberto e informa o legislador sobre as condutas que merecem ser transformadas em tipos penais incriminadores. Como ensina Roxin, "o conceito material de crime é prévio ao Código Penal e fornece ao legislador um critério político-criminal sobre o que o Direito Penal deve punir e o que deve deixar impune" (*Derecho Penal – Parte general*, t. I, p. 51).

A palavra *crime* tem um sentido forte e único para a sociedade. Valemo-nos da lição de Roberto Lyra para exemplificar: "Todos hão de saber, porque sentirão, o que devemos exprimir pela palavra *crime*. Julgamos criminologicamente, quando irrompe dentro de nós, diante de certos fatos, a sentença: 'isto é um *crime*'! Este clamor provém da civilização que não se limita a 'invólucro dentro do qual arde a paixão selvagem do homem' (Carlyle). Há até uma sistematização subjetiva lançada na consciência humana através de um direito natural que ficou no verbo e agora será conquista, convicção, ação" (*Criminologia*, p. 62-63).

1.2 Conceito formal

É a concepção do direito acerca do delito, constituindo a conduta proibida por lei, sob ameaça de aplicação de pena, numa visão legislativa do fenômeno. Cuida-se, na realidade, de fruto do conceito material, devidamente formalizado.

Quando a sociedade entende necessário criminalizar determinada conduta, através dos meios naturais de pressão, leva sua demanda ao Legislativo, que, aprovando uma lei, materializa o tipo penal.

Assim sendo, respeita-se o princípio da legalidade (ou reserva legal), para o qual *não há crime sem lei anterior que o defina, nem pena sem lei anterior que a comine.*

1.3 Conceito analítico

É a concepção da ciência do direito, que não difere, na essência, do conceito formal. Na realidade, é o conceito formal fragmentado em elementos que propiciam o melhor entendimento da sua abrangência.

Trata-se de uma conduta típica, antijurídica e culpável, vale dizer, uma ação ou omissão ajustada a um modelo legal de conduta proibida (tipicidade), contrária ao direito (antijuridicidade) e sujeita a um juízo de reprovação social incidente sobre o fato e seu autor, desde que existam imputabilidade, consciência potencial de ilicitude e exigibilidade e possibilidade de agir conforme o direito. Justamente quanto ao conceito analítico é que se podem encontrar as maiores divergências doutrinárias.

Há quem entenda ser o crime, do ponto de vista analítico:

a) um *fato típico* e *culpável*, estando a antijuridicidade ínsita ao próprio tipo;

b) um *fato típico* e *antijurídico*, sendo a culpabilidade apenas um pressuposto de aplicação da pena;

c) um *fato típico, antijurídico, culpável* e *punível*;

d) um *fato típico, antijurídico* e *culpável*. Nesta corrente, que é majoritária no Brasil e no exterior, e com a qual concordamos, dividem-se finalistas, causalistas, os adeptos da *teoria social da ação* e, também, *funcionalistas*.

O mais importante, nesse contexto, é perceber que a estrutura analítica do crime não se liga necessariamente à adoção da concepção finalista, causalista, social ou funcional da ação delituosa. Aliás, nesse sentido ensina o Ministro Victor Nunes Leal: "Tal como o causalismo, o finalismo vê no delito, analiticamente, uma ação típica, antijurídica e culpável. Mas, como este sistema advém de uma concepção finalista da conduta, é na teoria da ação que se situa a diferença entre os dois sistemas" (Prefácio à obra de Juarez Tavares, *Teorias do delito*, p. XV).

O causalismo busca ver o conceito de conduta despido de qualquer valoração, ou seja, neutro (ação ou omissão voluntária e consciente que exterioriza movimentos corpóreos). O dolo e a culpa estão situados na culpabilidade. Logicamente, para quem adota o causalismo, impossível se torna acolher o conceito bipartido de crime (fato típico e antijurídico), como ensina Frederico Marques, para quem o delito possui, *objetivamente* falando, dois elementos (tipicidade e antijuridicidade), mas não prescinde da parte subjetiva (culpabilidade) para formar-se completamente.

O finalismo, de Hans Welzel (que, aliás, sempre considerou o crime fato típico, antijurídico e culpável, em todas as suas obras), crendo que a conduta deve ser valorada, porque se trata de um juízo de realidade, e não fictício, deslocou o dolo e a culpa da culpabilidade para o fato típico. Assim, a conduta, sob o prisma finalista, é a ação ou omissão voluntária e consciente, que se volta a uma finalidade. Ao transferir o dolo para a conduta típica, o finalismo despiu-o da consciência de ilicitude, que continuou fixada na culpabilidade. Mais adiante tornaremos a esse ponto.

O importante é estabelecer que a adoção da teoria tripartida é a mais aceita, por ora, dentre causalistas, finalistas, adeptos da teoria social da ação e funcionalistas. Não se pode acolher a concepção bipartida, que refere ser o delito apenas um fato típico e antijurídico, simplificando em demasia a culpabilidade e colocando-a como mero pressuposto da pena. Essa corrente teve um nascimento peculiar no Brasil, em obra que nem mesmo se destinava a cuidar da teoria do crime, mas tratava do "crime de incesto" (que não chegou a vigorar no Brasil) na década de 1970, não saindo das fronteiras brasileiras, pois apresenta equívocos científicos. É francamente minoritária. Com primor alerta Juarez Tavares que "o isolamento da culpabilidade do conceito de delito representa uma visão puramente pragmática do Direito Penal, subordinando-o de modo exclusivo à medida penal e não aos pressupostos de sua legitimidade" (*Teorias do delito*, p. 109).

Se assim fosse, haveríamos de considerar criminoso o menor de 18 anos simplesmente porque praticou um fato típico e antijurídico ou aquele que, sob coação moral irresistível, fez o mesmo. Em idêntico prisma, o autor de um fato típico e antijurídico, que tenha sido levado à sua prática por erro escusável de proibição, sem ter a menor ideia de que o que praticava era ilícito, seria considerado um criminoso. E, ainda, o subordinado que segue ordem não manifestamente ilegal de autoridade superior (obediência hierárquica).

Ora, se não se pode reprovar a conduta desses agentes, porque ausente a culpabilidade (seja por inimputabilidade, seja por falta de consciência potencial de ilicitude, seja ainda por ausência de exigibilidade de conduta conforme o Direito), é incabível dizer que são "criminosos", mas deixam apenas de receber pena. Se não há reprovação – censura – ao que fizeram, não há crime, mas somente um injusto, que pode ou não dar margem a uma sanção. A importância da culpabilidade se alarga no direito penal moderno, e não diminui, de forma que é inconsistente deixá-la fora do conceito de crime. Não fosse assim e poderíamos trivializar totalmente o conceito de delito, lembrando-se que, levado ao extremo esse processo de esvaziamento, até mesmo tipicidade e antijuridicidade – incluam-se nisso as condições objetivas de punibilidade – não deixam de ser pressupostos de aplicação da pena, pois, sem tais elementos não há delito, nem tampouco punição.

Continuamos, pois, convencidos de que crime é fato típico, antijurídico e culpável, na visão finalista.

2. DIFERENÇA ENTRE CRIME E CONTRAVENÇÃO PENAL

O direito penal estabeleceu diferença entre crime (ou delito) e contravenção penal, espécies de infração penal. Entretanto, essa diferença não é ontológica ou essencial, situando-se, tão somente, no campo da pena. Os crimes sujeitam seus autores a penas de reclusão ou detenção, enquanto as contravenções, no máximo, implicam em prisão simples. Embora sejam penas privativas de liberdade, veremos as diferenças existentes entre elas em capítulo próprio.

Além disso, aos crimes cominam-se penas privativas de liberdade, isolada, alternativa ou cumulativamente com multa, enquanto, para as contravenções penais, admite-se a possibilidade de fixação unicamente da multa (o que não ocorre com os crimes), embora a penalidade pecuniária possa ser cominada em conjunto com a prisão simples ou esta também possa ser prevista ou aplicada de maneira isolada (art. 1.º da Lei de Introdução ao Código Penal). Como diz Costa e Silva, comentando o art. 8.º do Código Penal de 1890, "todos os esforços envidados pela ciência para descobrir um traço de diferenciação, claro e preciso, entre o crime e a contravenção têm sido improfícuos" (citação de Frederico Marques, *Tratado de direito penal*, v. 2, p. 49). Assim também é a lição de Antolisei, para quem o único método seguro de distinguir o crime da contravenção é ater-se ao direito positivo, verificando a qualidade e a quantidade da pena atribuída à infração penal, vale dizer, a gravidade que o legislador quis atribuir ao fato (*Manuale di diritto penal – Parte generale*, p. 190).

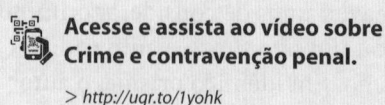

Acesse e assista ao vídeo sobre Crime e contravenção penal.

> http://uqr.to/1yohk

3. SUJEITOS E OBJETOS DO CRIME

3.1 Sujeito ativo

É a pessoa que pratica a conduta descrita pelo tipo penal. Animais e coisas não podem ser sujeitos ativos de crimes, nem autores de ações, pois lhes falta o elemento *vontade*. Entretanto, nem sempre foi assim. A história registra casos de animais condenados por suas *atuações criminosas*: "Cita-se o caso do elefante Charlie que foi absolvido por legítima defesa; é notável o exemplo de um galo condenado à morte por haver bicado os olhos de uma criança; recorda-se também o processo instaurado contra o papagaio que dava vivas ao rei, infringindo assim as novas concepções revolucionárias; assinalam-se exemplos, por igual, de cavalos homicidas, veados infanticidas e de cachorros acusados de *crimen bestialitatis*" (Marcello Jardim Linhares, *Legítima defesa*, p. 167).

Acesse e escute o podcast sobre Sujeito e objetos do crime.
> http://uqr.to/1yohl

> **🎯 PONTO RELEVANTE PARA DEBATE**
>
> **A pessoa jurídica como sujeito ativo do crime**
>
> Há duas correntes:
>
> 1 – As *principais objeções* são as seguintes:
>
> a) a pessoa jurídica não tem vontade, suscetível de configurar o dolo e a culpa, indispensáveis presenças para o direito penal moderno, que é a culpabilidade (*nullum crimen sine culpa*). Assim diz Fernando de Almeida Pedroso: "unicamente o ser humano possui capacidade delitiva. Falta às pessoas jurídicas e animais irracionais vontade própria, razão pela qual não podem externar uma ação típica e são incapazes de culpabilidade" (*Direito penal – parte geral*, p. 147);
>
> b) a Constituição Federal não autoriza expressamente a responsabilidade penal da pessoa jurídica, e os dispositivos porventura citados – arts. 173, § 5.º, e 225, § 3.º – são meramente declaratórios. Assim, à pessoa jurídica reservam-se as sanções civis e administrativas e unicamente à pessoa física podem-se aplicar as sanções penais. Nessa ótica, a posição de José Antonio Paganella Boschi: "Já o texto do § 3.º do art. 225 da CF apenas reafirma o que é do domínio público, ou seja, que as pessoas naturais estão sujeitas a sanções de natureza penal e que as pessoas jurídicas estão sujeitas a sanções de natureza administrativa. O legislador constituinte, ao que tudo indica, em momento algum pretendeu, ao elaborar o texto da Lei Fundamental, quebrar a regra por ele próprio consagrada (art. 5.º, XLV) de que responsabilidade penal é, na sua essência, inerente só aos seres humanos, pois estes, como afirmamos antes, são os únicos dotados de consciência, vontade e capacidade de compreensão do fato e de ação (ou omissão) conforme ou desconforme ao direito" (*Das penas e seus critérios de aplicação*, p. 133);

c) as penas destinadas à pessoa jurídica não poderiam ser privativas de liberdade, que constituem o cerne das punições de direito penal. Afinal, para aplicar uma multa, argumenta-se, basta o disposto no direito administrativo ou civil;

d) as penas são personalíssimas, de forma que a punição a uma pessoa jurídica certamente atingiria o sócio inocente, que não tomou parte na decisão provocadora do crime. Há outros fundamentos, embora estes sejam os principais. Valendo-se de todos os argumentos supraexpostos, Juarez Cirino dos Santos manifesta-se contrariamente à possibilidade de responsabilidade penal da pessoa jurídica, em detalhada exposição (*Direito penal – parte geral*, p. 431-456).

Em sentido contrário, estão aqueles que defendem a possibilidade de a pessoa jurídica responder pela prática de um delito. Argumentam:

a) as pessoas jurídicas têm vontade, não somente porque têm existência real, não constituindo um mito, mas porque "elas fazem com que se reconheça, modernamente, sua vontade, não no sentido próprio que se atribui ao ser humano, resultante da própria existência natural, mas em um plano pragmático-sociológico, reconhecível socialmente. Essa perspectiva permite a criação de um conceito novo denominado 'ação delituosa institucional', ao lado das ações humanas individuais" (Sérgio Salomão Shecaira, *Responsabilidade penal da pessoa jurídica*, p. 148; ver, ainda, p. 94-95);

b) ainda que não tivesse vontade própria, passível de reconhecimento através do dolo e da culpa, é preciso destacar existirem casos de responsabilidade objetiva, no direito penal, inclusive de pessoa física, como se dá no contexto da embriaguez voluntária, mas não preordenada;

c) as penas privativas de liberdade não são a única característica marcante do direito penal, além do que, atualmente, está-se afastando até mesmo para a pessoa física a pena de encarceramento, porque não reeducativa e perniciosa para a ressocialização;

d) os artigos constitucionais mencionados – 173, § 5.º, e 225, § 3.º – permitem a admissão da responsabilidade penal da pessoa jurídica, especialmente o art. 225, § 3.º, que é expresso;

e) no tocante às penas serem personalíssimas, o que não se nega, é preciso destacar que a sanção incidirá sobre a pessoa jurídica, e não sobre o sócio. Se este vai ser prejudicado ou não pela punição é outro ponto, aliás, fatal de ocorrer em qualquer tipo de crime. Se um empresário ou um profissional liberal for condenado e levado à prisão, pode sua família sofrer as consequências, passando privações de ordem material, embora não tenha participado da prática da infração penal.

Cremos estar a razão com aqueles que sustentam a viabilidade de a pessoa jurídica responder por crime no Brasil, após a edição da Lei 9.605/1998, que cuida dos crimes contra o meio ambiente, por todos os argumentos supracitados. E vamos além: seria possível, ainda, prever outras figuras típicas contemplando a pessoa jurídica como autora de crime, mormente no contexto dos delitos contra a ordem econômica e financeira e contra a economia popular (art. 173, § 5.º, CF). Depende, no entanto, da edição de lei a respeito.

No mais, é preciso lembrar que, historicamente, o Tribunal de Nuremberg chegou a condenar, por crimes de guerra contra a humanidade, não somente pessoas físicas, mas corporações inteiras, como a Gestapo e as tropas da SS. Confira-se, também, o caso retratado por Sidnei Beneti, a respeito da primeira condenação de pessoa jurídica na Justiça francesa: Responsabilidade penal da pessoa jurídica: notas diante da primeira condenação na Justiça francesa, *RT* 731/471.

No Brasil, a jurisprudência tem caminhado no sentido do acolhimento da responsabilidade penal da pessoa jurídica, inclusive no Supremo Tribunal Federal e no Superior Tribunal de Justiça. Além disso, cremos não haver necessidade de somente punir a pessoa jurídica se for individualizada a pessoa física que executou efetivamente a conduta lesiva. Afinal, a Lei 9.605/1998, no art. 3.º, não faz nenhuma menção ao concurso necessário com pessoa física, além do que a punição da pessoa jurídica é autônoma.

Ilustrando, adotam a responsabilidade penal da pessoa jurídica atualmente, além do Brasil: Estados Unidos, Inglaterra, Canadá, Austrália, Cuba, México, China, Japão, Holanda, Portugal, Escócia, França, Áustria e Dinamarca. Note-se o disposto no Código Penal do Alabama (EUA), disciplinando o conceito de sujeito ativo do crime: "Um ser humano, e, onde for apropriado, uma empresa pública ou privada, uma associação, uma sociedade, um governo ou uma instituição governamental" (art. 13 A, 1-2).

Por outro lado, o legislador brasileiro vem camuflando a responsabilidade penal da pessoa jurídica de variadas formas. A última delas estampa-se na denominada Lei Anticorrupção (Lei 12.846/2013), que tipificou vários crimes de corrupção, mas os chamou apenas de atos lesivos cometidos por pessoas jurídicas. Separou, nessa lei, a responsabilidade civil e administrativa. Quando se refere à responsabilidade penal – que pode levar inclusive ao fechamento da empresa – menciona a inédita terminologia *responsabilidade judicial*. Outra mostra do desrespeito ao princípio da legalidade, nesse caso tomado pelo Poder Legislativo.

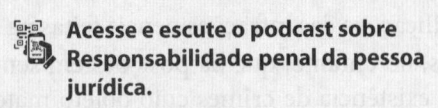

Acesse e escute o podcast sobre Responsabilidade penal da pessoa jurídica.
> http://uqr.to/1yohm

3.2 Sujeito passivo

É o titular do bem jurídico protegido pelo tipo penal incriminador, que foi violado. Divide-se em: a) *sujeito passivo formal* (ou constante), que é o titular do interesse jurídico de punir, surgindo com a prática da infração penal. É sempre o Estado; b) *sujeito passivo material* (ou eventual), que é o titular do bem jurídico diretamente lesado pela conduta do agente. Podem repetir-se na mesma pessoa o sujeito passivo formal e o material.

Conforme esclarece Rocco, "cada delito, enquanto consiste numa *ilicitude*, em um ilícito jurídico, enquanto é *violação* (ou ofensa) *de direito*, lesiona ou ameaça um determinado bem ou interesse jurídico ou um determinado direito subjetivo cujo sujeito é o sujeito passivo do delito" (*El objeto del delito y de la tutela jurídica penal*, p. 11 – traduzi).

Lembremos que inexistem as seguintes possibilidades: a) animais, coisas e mortos como sujeitos passivos; b) confusão, na mesma pessoa, do sujeito ativo e passivo, levando-se em consideração uma única conduta. Assim, não há caso em que, através de determinada conduta, o agente possa ferir-se exclusivamente, provocando a ocorrência de um crime. Para isso, seria necessário punir a autolesão, o que não ocorre no Brasil. Entretanto, é possível haver, no mesmo crime, uma pessoa que seja tanto sujeito ativo quanto passivo, como ocorre na rixa. A situação viabiliza-se porque o delito é constituído de condutas variadas, cada qual tendo por destinatário outra pessoa.

Não se deve confundir, ainda, o que foi afirmado – inexistência de delito punindo a autolesão – com situações similares, contendo certamente agressões que o agente faz contra si mesmo, mas cujo bem jurídico protegido é de pessoa diversa. É o que ocorre, por exemplo, no caso do estelionato com fraude para o recebimento de indenização ou valor de seguro (art. 171, § 2.º, V, CP). O agente, nesse caso, pode lesar o próprio corpo ou a saúde (dirige a agressão contra si mesmo), mas com o fim de prejudicar a seguradora, logo, é crime patrimonial, nada tendo a ver com a punição da autolesão.

3.3 Objeto do crime

É o bem jurídico que sofre as consequências da conduta criminosa.

Pode ser:

a) *objeto material*: é o bem, de natureza corpórea ou incorpórea, sobre o qual recai a conduta criminosa. Como explica Frederico Marques, "*bem* é vocábulo que designa tudo quanto é apto a satisfazer uma necessidade humana. Ele pode consistir em um objeto do mundo exterior, ou em uma qualidade do sujeito. Pode ainda ter natureza incorpórea, pelo que, ao lado dos bens materiais, existem os bens imateriais ou ideais, que tem particular importância para o Direito Penal" (*Tratado de direito penal*, v. II, p. 39). Por isso, sustentamos que todo delito possui objeto material, como, aliás, demonstramos nas classificações das infrações penais feitas na Parte Especial.

Salientemos, no entanto, que há posições em sentido contrário, não aceitando a possibilidade da existência de crimes cujo objeto material seja incorpóreo (cf. David Teixeira de Azevedo, *Dosimetria da pena:* causas de aumento e diminuição, p. 33);

b) *objeto jurídico*: é o interesse protegido pela norma penal, como a vida, o patrimônio, a fé pública, entre outros. Assim, exemplificando, no caso do furto de um veículo, o sujeito ativo é a pessoa que subtraiu o carro, o sujeito passivo é o proprietário do automóvel (sendo sujeito passivo formal o Estado), o objeto material é o veículo, o objeto jurídico é o patrimônio.

4. CLASSIFICAÇÃO DOS CRIMES

Constitui tema de suma importância para o estudo dos tipos penais o conhecimento de algumas classificações, que, a seguir, serão expostas:

> Acesse e escute o podcast sobre
> **Classificação dos crimes – Partes 1 e 2.**
> > http://uqr.to/1yohn

4.1 Crimes comuns e próprios

São considerados *comuns* os delitos que podem ser cometidos por qualquer pessoa (ex.: homicídio, roubo, falsificação); são *próprios* os crimes que exigem sujeito ativo especial ou qualificado, isto é, somente podem ser praticados por determinadas pessoas.

As qualidades do sujeito ativo podem ser *de fato*, referentes à natureza humana ou à inserção social da pessoa (ex.: *mulher* no autoaborto; *mãe* no infanticídio; *enfermo* no perigo de contágio venéreo), ou *de direito*, referentes à lei (ex.: funcionário público, em vários delitos do Capítulo I, Título XI, da Parte Especial; testemunha no falso testemunho; perito na falsa perícia).

Os *próprios* podem ser subdivididos em puros e impuros. Os primeiros dizem respeito aos delitos que, quando não forem cometidos pelo sujeito indicado no tipo penal, deixam de ser crimes, caso a conduta se concretize por ato de outra pessoa (ex.: advocacia administrativa – art. 321. Nesse caso, somente o funcionário pode praticar a conduta; outra pessoa que o faça não pratica infração penal). Os impuros referem-se aos delitos que, se não cometidos pelo agente indicado no tipo penal, transformam-se em figuras delituosas diversas (ex.: se a mãe mata o filho recém-nascido, após o parto, em estado puerperal, é infanticídio; caso um estranho mate o recém-nascido, sem qualquer participação da mãe, cuida-se de homicídio). Nessa ótica, conferir a lição de Nilo Batista (*Concurso de agentes*, p. 96).

No contexto dos crimes próprios encontram-se, ainda, os crimes *de mão própria*, que exigem sujeito ativo qualificado, devendo este cometer pessoalmente a conduta típica. No mesmo prisma, Bustos Ramírez, *Obras completas*, v. I, p. 798; Fernando de Almeida Pedroso, *Direito penal – parte geral*, p. 149. Assim, neste último caso, não admitem coautoria, mas somente participação, nem a autoria mediata. É o caso do falso testemunho, em que somente a testemunha pode, diretamente, cometer o crime, apresentando-se ao juiz para depor e faltando com a verdade. Mencione-se, ainda, o crime de reingresso de estrangeiro expulso (art. 338): somente a pessoa que foi expulsa pode cometê-lo, reingressando no território nacional.

Uma ressalva merece ser feita: o importante, em casos de crimes de mão própria, é a existência ativa do agente qualificado a cometê-lo no cenário do delito. Eventualmente, pode-se encontrar alguém condenado por falso testemunho, por ter coagido moralmente a testemunha a mentir em juízo. Seria um caso de autoria mediata, sem dúvida, mas excepcional. Se "A" obriga "B" (testemunha) a narrar inverdades ao depor, poderá ser processado por falso testemunho, enquanto "B", alegando coação moral irresistível (art. 22, CP), não deve ser sancionado. Quando afirmamos, linhas atrás, que o crime de mão própria inadmite autoria mediata, referimo-nos à posição de "A" (autor mediato), ou seja, se este for a testemunha jamais poderá se valer de interposta pessoa para mentir em juízo em seu lugar. Mais detalhes podem ser encontrados em nosso *Código Penal comentado*, nota 5 ao Título II da Parte Geral. Para elaborar o contraste ilustrativo, imaginemos uma situação de crime próprio (mas não de *mão própria*), como é o caso do peculato (art. 312, CP). "A" (funcionário público) pode obrigar "B" (não funcionário) a subtrair bens de uma repartição pública. "A" poderia subtrair diretamente os bens, mas prefere valer-se de "B" para tanto. "A" pode ser condenado por peculato e "B", invocando coação moral irresistível, absolvido. "A" pode ser autor mediato do crime de peculato, por não se tratar de delito de mão própria.

4.2 Crimes instantâneos e permanentes

Os delitos instantâneos são aqueles cuja consumação se dá com uma única conduta e não produzem um resultado prolongado no tempo. Assim, ainda que a ação possa ser arrastada no tempo, o resultado é sempre instantâneo (ex.: homicídio, furto, roubo).

Os delitos permanentes são os que se consumam com uma única conduta, embora a situação antijurídica gerada se prolongue no tempo até quando queira o agente. Exemplo disso é o sequestro ou cárcere privado. Com a ação de tirar a liberdade da vítima, o delito está consumado, embora, enquanto ela estiver em cativeiro, por vontade do agente, continue o delito em franca realização. Outros exemplos: extorsão mediante sequestro, porte ilegal de arma e de substância entorpecente.

O crime permanente, como regra, realiza-se em duas fases: uma comissiva e outra omissiva, na sequência, além de se voltar contra bens imateriais, como a liberdade, a saúde pública, entre outros. Essas regras não são absolutas, comportando exceções.

O delito permanente admite prisão em flagrante enquanto não cessar a sua realização, além de não ser contada a prescrição até que finde a permanência.

Por outro lado, inserem-se na categoria de crimes instantâneos – e não em uma classe à parte – os crimes instantâneos de efeitos permanentes, que nada mais são do que os delitos instantâneos que têm a aparência de permanentes por causa do seu método de execução. A bigamia é exemplo disso. Ao contrair o segundo casamento, o agente torna-se bígamo, estado que perdura com o passar do tempo. Assim, parece ser um delito permanente, que continuaria a afrontar a instituição do casamento, mas, em verdade, é instantâneo.

Há, ainda, outras espécies de crimes instantâneos, que possuem formas peculiares de consumação. É o caso dos delitos instantâneos de continuidade habitual, isto é, aqueles que se consumam através de uma única conduta provocadora de um resultado instantâneo, mas que exigem, em seguida, para a configuração do tipo, a reiteração de outras condutas em formato habitual. Note-se o caso do art. 228 (favorecimento à prostituição): "Induzir ou atrair alguém à prostituição...". A mera indução (dar a ideia) é a conduta do agente e o resultado não depende da sua vontade, configurando-se tão logo a pessoa se prostitua. Ainda que se possa falar em "resultado instantâneo", pois o que se pune é apenas o *favorecimento à prostituição*, e não o comércio do próprio corpo, depende-se, para a perfeita configuração típica, de prova concreta da reiterada conduta da vítima, uma vez que *prostituição* implica habitualidade. É o que ocorre também nos delitos previstos nos arts. 230 e 247, I e II.

Existe, também, o crime instantâneo de habitualidade preexistente, que é a figura típica passível de concretização pela prática de uma única conduta, com resultado instantâneo, embora exija, para tanto, o desenvolvimento habitual de outro comportamento preexistente. É o que ocorre no caso de venda de mercadoria proibida pela lei brasileira, *no exercício de atividade comercial* (art. 334-A, § 1.º, IV, CP). Não existindo anteriormente a prática habitual de atividade empresarial, não se configura o delito nesse tipo penal previsto, embora seja ele instantâneo.

Por derradeiro, vale mencionar o denominado *crime eventualmente permanente*, que é o delito instantâneo, como regra, mas que, em caráter excepcional, pode realizar-se de modo a lesionar o bem jurídico de maneira permanente. Exemplo disso é o furto de energia elétrica. A figura do furto, prevista no art. 155, concretiza-se sempre instantaneamente, sem prolongar o momento consumativo, contudo, como o legislador equiparou à coisa móvel, para efeito punitivo, a energia elétrica (art. 155, § 3.º), permite-se, certamente, lesionar o bem jurídico (patrimônio) desviando a energia de modo incessante, causando prejuízo continuado à distribuidora de energia.

Observação interessante, que merece registro, é feita por Giovanni Grisolia, no sentido de que muitos delitos, considerados instantâneos, podem transformar-se em permanentes, desde que a atividade possa prorrogar-se no tempo. Tal situação ocorre porque cada fato-crime é composto por uma conduta conforme a vontade do agente. E cada conduta tem uma dimensão temporal, uma duração, que pode ser brevíssima ou pode estender-se longamente no tempo: tudo depende da natureza da atividade, do bem sobre o qual incide a conduta e da vontade do agente. Uma violência sexual pode estender-se mais ou menos no tempo, por exemplo (*Il reato permanente*, p. 4).

> Acesse e escute o podcast sobre Crimes instantâneos e permanentes.
> http://uqr.to/1yoho

4.3 Crimes comissivos e omissivos

Os delitos comissivos são os cometidos por intermédio de uma ação (ex.: estupro); os omissivos são praticados por meio de uma abstenção (ex.: omissão de socorro).

Há, ainda, as modalidades anômalas: os comissivos por omissão são os delitos de ação, excepcionalmente praticados por omissão, restrita aos casos de quem tem o dever de impedir o resultado (art. 13, § 2.º – consultar o Cap. XIII, item 5.3); os omissivos por comissão são os cometidos, normalmente, através de uma abstenção, mas que podem ser, excepcionalmente, praticados pela ação de alguém (ex.: é o caso do agente que impede outrem, pelo emprego da força física, de socorrer pessoa ferida).

4.4 Crimes de atividade e de resultado

Chamam-se delitos de atividade os que se contentam com a ação humana esgotando a descrição típica, havendo ou não resultado naturalístico. São chamados de formais ou de mera conduta. Exemplo: prevaricação (art. 319). Contenta-se o tipo penal em prever punição para o agente que deixar de praticar ato de ofício para satisfazer interesse pessoal, ainda que, efetivamente, nada ocorra no mundo naturalístico, ou seja, mesmo que nenhum prejuízo efetivo se materialize.

Embora controversa, há quem estabeleça diferença entre os crimes de atividade, vislumbrando situações diversas quanto aos formais e aos de mera conduta. Os formais seriam os crimes de atividade que comportariam a ocorrência de um resultado naturalístico, embora não exista essa exigência (reportamo-nos ao exemplo da prevaricação). Os de mera conduta seriam os delitos de atividade que não comportariam a ocorrência de um resultado naturalístico, contentando-se unicamente em punir a conduta do agente (ex.: algumas formas de violação de domicílio e violação de correspondência). Nessa categoria, insere-se o crime *exaurido*, que é o delito que continua a produzir resultado danoso, depois de estar consumado. É o que ocorre nos delitos formais: se o agente prevaricador, no exemplo supramencionado, que consumou o crime somente por deixar de praticar o ato de ofício, ainda conseguir prejudicar, efetivamente, a vítima, terá provocado o exaurimento do delito. Por vezes, o exaurimento leva à exasperação da pena: ver arts. 317, § 1.º, 329, § 1.º.

Por outro lado, denominam-se crimes de resultado (também chamados de materiais ou causais) aqueles que necessariamente possuem resultado naturalístico; sem a sua ocorrência, o delito é apenas uma tentativa. Ex.: furto. Se a coisa for retirada da esfera de proteção e vigilância do proprietário, consuma-se o delito. Do contrário, caso o resultado naturalístico não se dê por circunstâncias alheias à vontade do agente, temos apenas uma tentativa de furto.

4.5 Crimes de dano e de perigo

Os delitos de dano são os que se consumam com a efetiva lesão a um bem jurídico tutelado. Trata-se da ocorrência de um prejuízo efetivo e perceptível pelos sentidos humanos. Os crimes de perigo são os que se contentam, para a consumação, com a mera probabilidade de haver um dano.

Os delitos de perigo dividem-se ainda em: a) perigo individual, quando a probabilidade de dano abrange apenas uma pessoa ou um grupo determinado de pessoas (arts. 130 a 137, CP); perigo coletivo, quando a probabilidade de dano envolve um número indeterminado de pessoas (arts. 250 a 259, CP); b) perigo abstrato, quando a probabilidade de ocorrência de dano está presumida no tipo penal, independendo de prova (ex.: porte ilegal de substância entorpecente – arts. 28 e 33, Lei 11.343/2006, conforme a finalidade –, em que se presume o perigo para a saúde pública); perigo concreto, quando a probabilidade de ocorrência de dano precisa ser investigada e provada (ex.: expor a vida ou saúde de alguém a perigo – art. 132, CP).

4.6 Crimes unissubjetivos e plurissubjetivos

São unissubjetivos os crimes que podem ser praticados por uma só pessoa (ex.: aborto, extorsão, epidemia, homicídio, constrangimento ilegal, entre outros) e plurissubjetivos aqueles que somente podem ser cometidos por mais de uma pessoa (ex.: rixa, associação criminosa, bigamia, entre outros).

Isto não significa, no caso dos plurissubjetivos, que todas as pessoas devam ser penalmente punidas. É o caso da bigamia, que exige, pelo menos, duas pessoas para a sua configuração, embora uma delas possa não ser responsabilizada, pois, não sendo casada, pode não saber que a outra o é.

Os delitos plurissubjetivos são, ainda, conhecidos pelas seguintes denominações: crimes convergentes, delitos de encontro, crimes de concurso necessário, delitos coletivos, crimes multitudinários e crimes de autoria múltipla.

4.7 Crimes progressivos e crimes complexos

Ambos fazem parte do fenômeno denominado continência, que se dá quando um tipo engloba outro.

Pode ser a continência:

a) *explícita*, quando um tipo penal expressamente envolve outro (ou outros), como ocorre no caso do crime complexo (ex.: o roubo envolve o furto, a ameaça e/ou a ofensa à integridade física). Convém, ainda, mencionar que há uma divisão, no contexto dos crimes complexos, em: a.1) *complexos em sentido estrito*, que é a autêntica forma de delito complexo, pois um tipo penal é formado pela junção de dois ou mais tipos, como no exemplo supracitado do roubo; a.2) *complexos em sentido amplo*, que é a forma anômala de delito complexo, pois o tipo penal engloba um outro tipo associado a uma conduta lícita qualquer. Como exemplo, pode-se mencionar o estupro, formado de um constrangimento ilegal (crime previsto no art. 146 do CP) associado à relação sexual (por si só, conduta lícita). Parte da doutrina, no entanto, critica a denominação de *crime complexo em sentido amplo*. Alega-se que o verdadeiro crime complexo, como indicado no art. 101 do Código Penal, quer significar um tipo penal formado de outros *crimes* e não englobando apenas um. Entretanto, preferimos considerar existentes as duas formas de crimes complexos, afinal, o mencionado art. 101 estaria fazendo referência, exclusivamente, ao delito complexo *em sentido estrito*;

b) *implícita*, quando um tipo penal tacitamente envolve outro, que é o crime progressivo. Para cometer um homicídio, necessariamente passa o agente pelo crime de lesão corporal, que no outro está contido.

4.8 Progressão criminosa

Trata-se da evolução na vontade do agente, fazendo-o passar, embora num mesmo contexto, de um crime a outro, normalmente voltado contra o mesmo bem jurídico protegido. Denomina-se progressão criminosa propriamente dita ou progressão em sentido estrito, como ensina Frederico Marques (*Tratado de direito penal*, v. II, p. 474), a ocorrência de um crime progressivo cujos atos apresentam-se, por exceção, desgarrados, temporariamente afastados. Quer o agente lesionar a vítima; após um período, delibera matá-la. Será punido unicamente pelo fato mais grave. Difere esta situação (progressão criminosa) do crime progressivo, em função do elemento subjetivo (o dolo; a vontade; o elemento volitivo do agente). Na progressão, a intenção inicial era a lesão, que evoluiu para o homicídio, enquanto no progressivo, o agente delibera matar, passando, por necessidade, pela lesão.

Há, ainda, na progressão criminosa, o que se chama de *fato antecedente não punível*, significando que um delito serviu de meio para se atingir outro. Usa-se o critério da absorção. É o que ocorre no caso do agente que contrabandeia um produto (art. 334-A) para, depois, vendê-lo (art. 334-A, § 1.º, IV).

Por derradeiro, fala-se, também, no *fato posterior não punível*, que é a sucessão de fato menos grave, contra objeto jurídico já atingido por delito mais grave, inexistindo motivo para a dupla punição. Exemplo disso ocorre quando o sujeito envenena água potável (art. 270) e, em seguida, entrega-a para consumo (art. 270, § 1.º).

4.9 Crime habitual

É aquele que somente se consuma através da prática reiterada e contínua de várias ações, traduzindo um estilo de vida indesejado pela lei penal. Logo, pune-se o conjunto de condutas habitualmente desenvolvidas e não somente uma delas, que é atípica.

São requisitos para o seu reconhecimento: a) reiteração de vários fatos, b) identidade ou homogeneidade de tais fatos, c) nexo de habitualidade entre os fatos (Marino Petrone, *Reato abituale*, p. 17).

É modalidade específica de crime, não admitindo confusão com os instantâneos e os permanentes. Configura-se, em nosso entender, equívoco a classificação que aponta a convivência da habitualidade com a permanência, isto é, o crime habitual não é permanente e vice-versa. O delito permanente consuma-se numa única conduta e o resultado prolonga-se no tempo, enquanto o habitual exige a prática de várias condutas, analisadas em conjunto no momento da aplicação da lei penal, a fim de se verificar se houve ou não habitualidade. Logo, os crimes habituais, diferentemente dos permanentes, não admitem tentativa, nem tampouco suportam prisão em flagrante. No mesmo prisma, Fernando de Almeida Pedroso, *Direito penal – parte geral*, p. 141. A impossibilidade de se aceitar essa modalidade de prisão quanto aos delitos habituais explica-se pelo fato de que jamais a polícia teria condições de verificar que o crime habitual se consumou, isto é, de constatar a habitualidade da conduta. Além disso, essa espécie de crime não tem suporte para configurar uma situação duradoura, persistente no tempo, passível de constatação e controlável, justificando a prisão em flagrante. A conduta do delito habitual é, por natureza, nebulosa e impossível de verificação à primeira vista. Em outro prisma, a flagrância não se dá no delito habitual porque o seu cometimento é dilatado no tempo, não representando uma *surpresa* (como exigiria o flagrante), mas apenas uma constatação da habitualidade, ou seja, da frequência dos atos. Assim: Mario Petrone (*Reato abituale*, p. 82-83). Na lição de Fernando de Almeida Pedroso, "o tipo do crime habitual integra-se com a prática de várias ações. Surpreendendo o agente na prática de um só ato, o auto de prisão apenas retratará o ato insulado. Não os demais integrantes do conjunto. Assim, constituindo o ato isolado um indiferente legal, evidente que o auto de prisão não estampará, em sua visualidade, o tipo legal, mas sim uma das ações que o integram. Se o flagrante é, por assim dizer, um retrato fiel da infração, na hipótese de flagrância em crime habitual não haveria um retrato do corpo inteiro, mas somente de uma parte dele, incapaz de servir de elemento para identificá-lo" (*Direito penal – parte geral – doutrina e jurisprudência*, p. 141-142). Quanto ao flagrante, há posição em sentido contrário, admitindo-o, na jurisprudência (somente a título de exemplo: TJSP: "Via de regra, a sindicância prévia constitui o melhor elemento para a definição da habitualidade. Isso não significa, porém, que ela seja imprescindível, desde que no próprio auto de flagrante sejam colhidas provas convincentes da habitualidade" [tratando de casa de prostituição – RT 415/55]). O julgado citado, como exemplo, é antigo; deve-se ao fato de a *casa de prostituição* ter se entranhado de tal forma na sociedade que é raro ocorrer prisão ou processo a respeito.

Deve-se, ainda, distinguir o crime habitual próprio do habitual impróprio. *Próprio* é o delito habitual autêntico (cuida-se da denominada habitualidade constitutiva), que somente se tipifica apurando-se a reiteração de condutas do agente, de modo a configurar um estilo próprio de vida, enquanto o *impróprio* (a chamada habitualidade delitiva) é a reiteração na prática de crimes instantâneos ou permanentes (ex.: pessoa que vive do cometimento de furtos repetidamente realizados).

Acrescente-se, também, a existência da habitualidade agravante, quando é inserida a reiteração da prática criminosa como causa de aumento da pena, embora o delito seja instantâneo ou permanente (ex.: o crime de lavagem de dinheiro reiteradamente praticado provoca a elevação de um a dois terços, conforme disposto no art. 1.º, § 4.º, da Lei 9.613/1998).

4.10 Crimes unissubsistentes e plurissubsistentes

Os delitos unissubsistentes são os que admitem a sua prática através de um único ato, enquanto os plurissubsistentes exigem vários atos, componentes de uma ação. Há figuras delitivas que admitem ambas as hipóteses. É exemplo de crime unissubsistente a injúria verbal. Não se admite tentativa nesse caso. Como exemplo de crime plurissubsistente pode-se mencionar o homicídio.

4.11 Crimes de forma livre e de forma vinculada

São delitos de forma livre os que podem ser praticados de qualquer modo pelo agente, não havendo, no tipo penal, qualquer vínculo com o método. Ex.: apropriação indébita, infanticídio, lesão corporal, entre outros. São delitos de forma vinculada aqueles que somente podem ser cometidos através de fórmulas expressamente previstas no tipo penal, como demonstra o caso do curandeirismo (art. 284, I, II e III, do CP).

4.12 Crimes vagos (multivitimários ou de vítimas difusas)

São aqueles que não possuem sujeito passivo determinado, sendo este a coletividade, sem personalidade jurídica. São os casos da perturbação de cerimônia funerária (art. 209), da violação de sepultura (art. 210), entre outros.

4.13 Crimes remetidos

São os tipos penais que fazem expressa remissão a outros. Ex.: uso de documento falso (art. 304), que remete aos delitos previstos nos arts. 297 a 302 do Código Penal.

4.14 Crimes condicionados

São os que dependem do advento de uma condição qualquer, prevista no tipo (interna) ou não (externa), para se configurarem. Ex.: o delito de induzimento, instigação ou auxílio ao suicídio depende do advento do suicídio ou, em caso de tentativa de suicídio, da ocorrência de lesões graves para a vítima (art. 122, CP). Não admitem tentativa.

4.15 Crimes de atentado (ou de empreendimento)

São os delitos que preveem, no tipo penal, a forma tentada equiparada à modalidade consumada. Ex.: art. 352 ("Evadir-se ou tentar evadir-se o preso ou o indivíduo submetido a medida de segurança detentiva, usando de violência contra a pessoa").

📄 SÍNTESE

Crime: é a conduta ilícita que a sociedade considera mais grave, merecendo, pois, a aplicação da pena, devidamente prevista em lei, constituindo um fato típico, antijurídico e culpável.

Sujeito ativo: é a pessoa que pratica a conduta típica.

Sujeito passivo: é o titular do bem diretamente lesado pelo delito (sujeito eventual ou material) ou o titular do direito de punir (sujeito constante ou formal), que é o Estado.

Objeto material: é a coisa, pessoa ou interesse que sofre diretamente a conduta criminosa.

Objeto jurídico: é o interesse protegido pela norma penal incriminadora.

Classificação dos crimes: é a organização dos delitos em diversas categorias, com a finalidade de proporcionar melhor estudo e aplicação de cada um dos tipos penais incriminadores, ora levando em consideração o momento consumativo, ora o sujeito ativo capaz de cometer a infração penal, dentre outros fatores.

ESQUEMAS

CONCEITO ANALÍTICO DE CRIME (QUADRO SINTÉTICO)

VISÃO TRIPARTIDA

- **Causalista**: dolo e culpa na culpabilidade
- **Finalista**: dolo e culpa na tipicidade

1) Fato *típico, antijurídico e culpável*

VISÃO BIPARTIDA

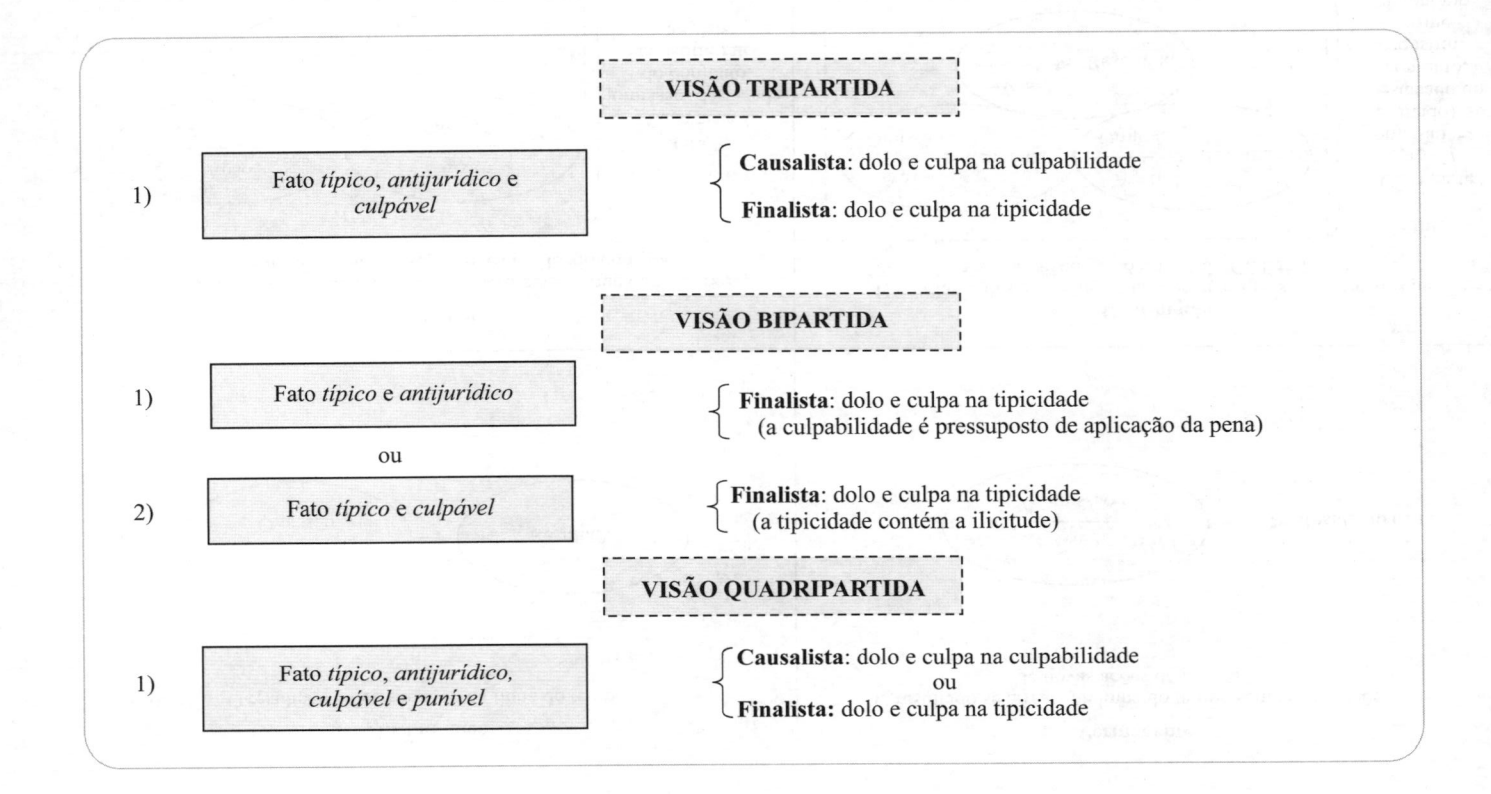

- **Finalista**: dolo e culpa na tipicidade (a culpabilidade é pressuposto de aplicação da pena)
- **Finalista**: dolo e culpa na tipicidade (a tipicidade contém a ilicitude)

1) Fato *típico e antijurídico*

ou

2) Fato *típico e culpável*

VISÃO QUADRIPARTIDA

- **Causalista**: dolo e culpa na culpabilidade
ou
- **Finalista**: dolo e culpa na tipicidade

1) Fato *típico, antijurídico, culpável e punível*

DIFERENÇAS ENTRE OS CRIMES INSTANTÂNEOS, PERMANENTES, HABITUAIS E CONTINUADOS

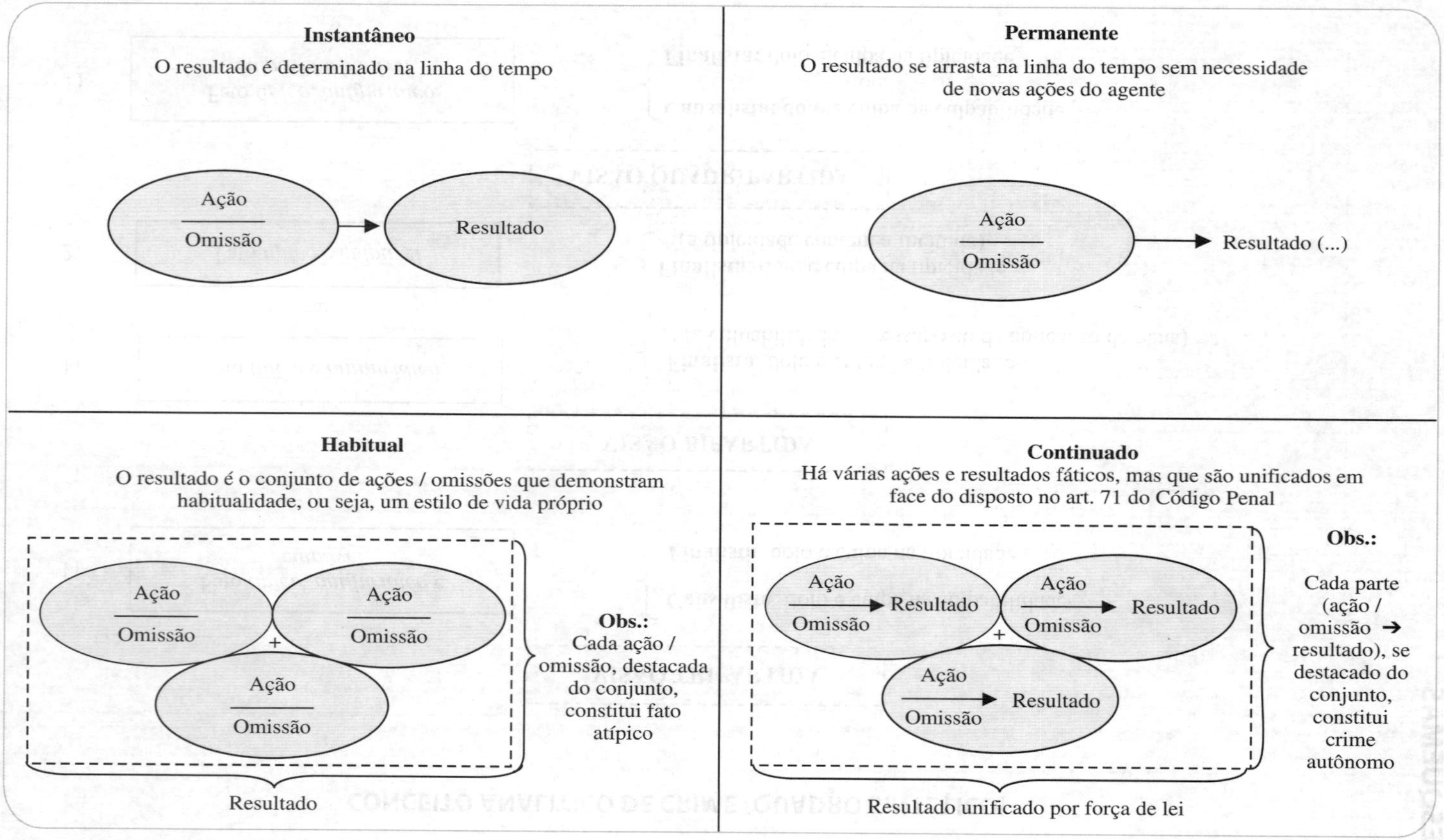

Instantâneo

O resultado é determinado na linha do tempo

Ação / Omissão → Resultado

Permanente

O resultado se arrasta na linha do tempo sem necessidade de novas ações do agente

Ação / Omissão → Resultado (...)

Habitual

O resultado é o conjunto de ações / omissões que demonstram habitualidade, ou seja, um estilo de vida próprio

(Ação/Omissão) + (Ação/Omissão) } Resultado

Obs.: Cada ação / omissão, destacada do conjunto, constitui fato atípico

Continuado

Há várias ações e resultados fáticos, mas que são unificados em face do disposto no art. 71 do Código Penal

(Ação/Omissão → Resultado) + (Ação/Omissão → Resultado) + (Ação/Omissão → Resultado)

Resultado unificado por força de lei

Obs.: Cada parte (ação / omissão → resultado), se destacado do conjunto, constitui crime autônomo

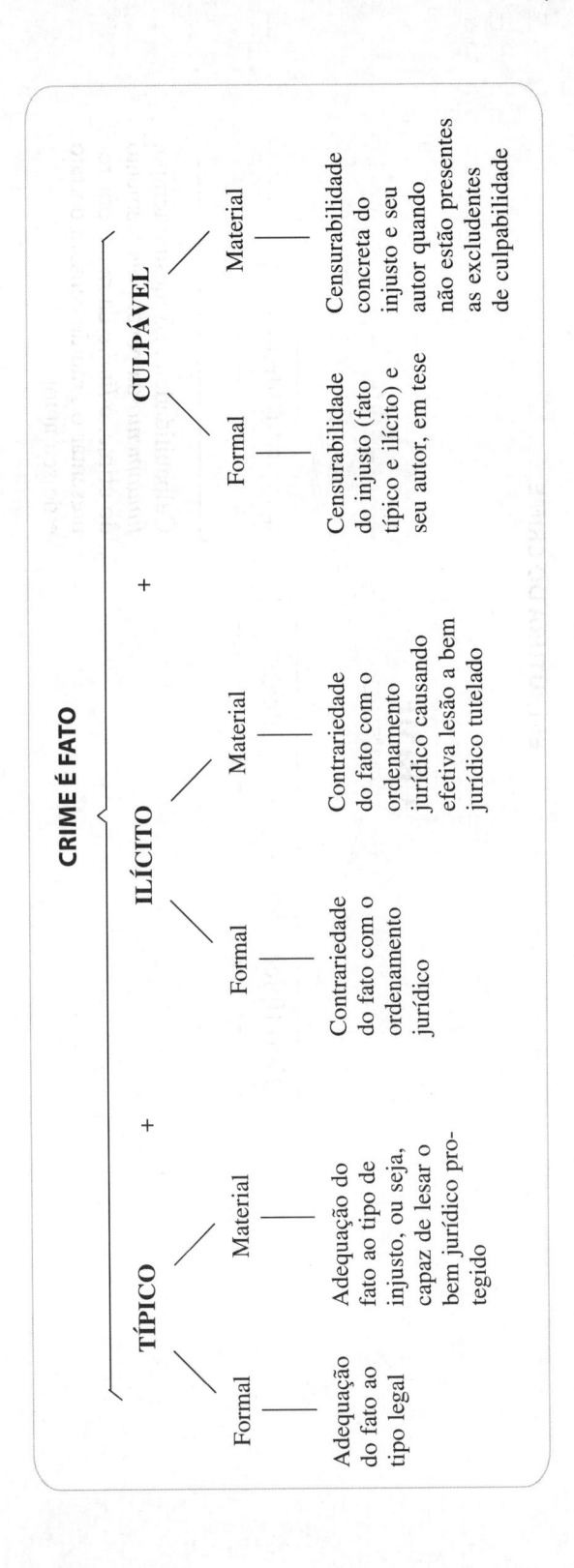

CRIME É FATO

TÍPICO + **ILÍCITO** + **CULPÁVEL**

TÍPICO
- Formal: Adequação do fato ao tipo legal
- Material: Adequação do fato ao tipo de injusto, ou seja, capaz de lesar o bem jurídico protegido

ILÍCITO
- Formal: Contrariedade do fato com o ordenamento jurídico
- Material: Contrariedade do fato com o ordenamento jurídico causando efetiva lesão a bem jurídico tutelado

CULPÁVEL
- Formal: Censurabilidade do injusto (fato típico e ilícito) e seu autor, em tese
- Material: Censurabilidade concreta do injusto e seu autor quando não estão presentes as excludentes de culpabilidade

ESTRUTURA DO CRIME

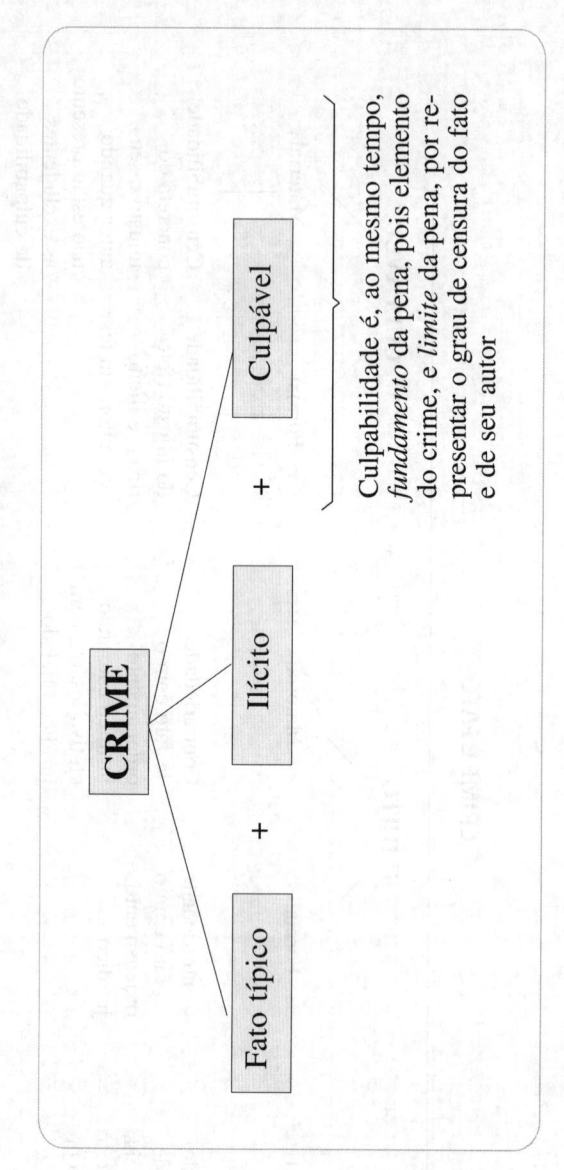

```
Fato típico    +    Ilícito    +    Culpável
                   ╲    │    ╱
                     CRIME
```

Culpabilidade é, ao mesmo tempo, *fundamento* da pena, pois elemento do crime, e *limite* da pena, por representar o grau de censura do fato e de seu autor

Capítulo XIII
Tipicidade

1. APRESENTAÇÃO

Considerando-se crime um fato típico, antijurídico e culpável, como já expusemos em capítulo anterior, convém fixar os conceitos de cada um dos seus elementos separadamente, estudando, ainda, as suas causas de exclusão.

Para cuidarmos do *fato típico*, devemos voltar os olhos aos conceitos de tipo penal, tipicidade, conduta, resultado e nexo causal, pois o fato típico é a síntese da conduta ligada ao resultado pelo nexo causal, amoldando-se ao modelo legal incriminador. Em outras palavras, quando ocorre uma ação ou omissão, torna-se viável a produção de resultado juridicamente relevante; constatada a tipicidade (adequação do fato da vida real ao modelo descrito abstratamente em lei), encontramos o primeiro elemento do crime.

Esquematicamente:

a) tipicidade = fato real perfeitamente adequado ao tipo;

b) fato típico = conduta + nexo causal + resultado, amoldados ao modelo legal.

Em suma: tipicidade é instrumento de adequação, enquanto o fato típico é a conclusão desse processo. Exemplificando: Tício elimina a vida de Caio, desferindo-lhe tiros de arma de fogo (fato da vida real). Constata-se haver o modelo legal previsto no art. 121 do Código Penal ("matar alguém"). Subsume-se o fato ao tipo e encontramos a tipicidade. Logicamente, para que os fatos da vida real possam ser penalmente valorados, é indispensável que o trinômio esteja presente (conduta + nexo + resultado).

Conceituaremos tipo penal, fornecendo sua classificação, conforme a conduta, o resultado e o nexo causal, formando então o capítulo destinado à tipicidade e suas excludentes.

2. CONCEITO DE TIPO PENAL E SUA ESTRUTURA

É a descrição abstrata de uma conduta, tratando-se de uma conceituação puramente funcional, que permite concretizar o princípio da reserva legal (não há crime sem lei anterior que o defina).

A existência dos tipos penais incriminadores (modelos de condutas vedadas pelo direito penal, sob ameaça de pena) tem a função de *delimitar* o que é penalmente ilícito do que é penalmente irrelevante, tem o objetivo de dar *garantia* aos destinatários da norma, pois ninguém será punido senão pelo que o legislador considerou delito, bem como tem a finalidade de conferir *fundamento* à ilicitude penal. Note-se que o tipo não *cria* a conduta, mas apenas a valora, transformando-a em *crime*.

O tipo penal vem estruturado da seguinte forma:

a) *título ou "nomen juris"*: é a rubrica dada pelo legislador ao delito (ao lado do tipo penal incriminador, o legislador confere à conduta e ao evento produzido um *nome*, como o *homicídio simples* é a rubrica do modelo de comportamento "matar alguém"). Sobre a importância do título, escreve David Teixeira de Azevedo que "o legislador, ao utilizar o sistema de rubricas laterais, fornece uma síntese do bem protegido, apresentando importante chave hermenêutica. A partir da identificação do bem jurídico protegido é que se extrairá do texto legal sua virtude disciplinadora, concluindo quanto às ações capazes de afligir ou pôr em risco o objeto jurídico" (*Dosimetria da pena*: causas de aumento e diminuição, p. 34);

b) *preceito primário*: é a descrição da conduta proibida, quando se refere ao tipo incriminador, ou da conduta permitida, referindo-se ao tipo penal permissivo. Dois exemplos: o preceito primário do tipo incriminador do art. 121 do Código Penal é "matar alguém"; o preceito primário do tipo permissivo do art. 25 do Código Penal, sob a rubrica "legítima defesa", é *repelir injusta agressão, atual ou iminente, a direito próprio ou de terceiro, usando moderadamente os meios necessários*. Lembremos que a função do tipo penal permissivo é fazer valer a excludente de ilicitude, o que significa que seu estudo é deslocado para esse contexto. Dizer, pois, que o estado de necessidade compõe um tipo permissivo é o mesmo que mencionar ser ele uma excludente de ilicitude. Tal postura decorre da opção pela teoria tripartida do crime, visualizando-o como fato típico (leia-se, incriminador), antijurídico (não autorizado por outra norma, inclusive por um tipo penal permissivo) e culpável (sujeito à reprovação social);

c) *preceito secundário*: é a parte sancionadora, que ocorre somente nos tipos incriminadores, estabelecendo a sanção penal. Ex.: no crime de homicídio simples, o preceito secundário é "reclusão, de seis a vinte anos".

2.1 Elementos do tipo penal incriminador

Sendo ele o modelo legal abstrato de conduta proibida, que dá forma e utilidade ao princípio da legalidade (não há crime sem lei anterior que o defina, nem pena sem lei anterior que a comine), fixando as condutas constitutivas dos crimes e contravenções penais, convém esmiuçar o estudo dos seus componentes.

O tipo incriminador forma-se com os seguintes elementos:

1.º) *objetivos*, que são todos aqueles que não dizem respeito à vontade do agente, embora por ela devam estar envolvidos. Estes subdividem-se em:

   a.1) *descritivos*, que são os componentes do tipo passíveis de reconhecimento por juízos de realidade, isto é, captáveis pela verificação sensorial (sentidos humanos). Assim, quando se estuda o tipo penal do homicídio, verifica-se que é composto integralmente por elementos descritivos. *Matar alguém* não exige nenhum tipo de valoração ou interpretação, mas apenas constatação. *Matar* é eliminar a vida; *alguém* é pessoa humana;

   a.2) *normativos*, que são os componentes do tipo desvendáveis por juízos de valoração, ou seja, captáveis pela verificação espiritual (sentimentos e opiniões). São os elementos mais difíceis de alcançar qualquer tipo de consenso, embora sua existência tenha justamente essa finalidade. Quando se analisa, no crime de ato obsceno (art. 233, CP), o conceito de *obsceno*, tem-se evidente juízo de valor. Obscenidade é o que causa vergonha, possuindo sentido sexual. Ora, nos tempos atuais, o que pode causar lesão ao pudor de uma pessoa pode, por outro lado, passar totalmente indiferente aos olhos de outra. Conforme o lugar, a época, o momento, enfim, as circunstâncias que envolvem o fato, poderemos formar uma análise do elemento mencionado, portanto, se houve ou não o preenchimento do tipo penal. Enfim, o elemento normativo produz um juízo de valor distante da mera descrição de algo. Podemos apontar, ainda, os juízos de valoração cultural (como a *obscenidade* nos delitos de ultraje ao pudor público) e os juízos de valoração jurídica (como o conceito de *cheque*, no estelionato).

Nas palavras de Roxin, "um elemento é 'descritivo' quando se pode perceber sensorialmente, vale dizer, ver e tocar o objeto que designa. Neste sentido, o conceito de 'ser humano', ao qual se referem os tipos de homicídio, é um elemento descritivo. Pelo contrário, fala-se de um elemento 'normativo' quando somente existe no âmbito das representações valorativas e, por isso, somente pode ser compreendido espiritualmente. Assim ocorre com o conceito de *alheio* em meu segundo exemplo inicial [furto]. O fato de uma coisa ser propriedade de alguém não se pode ver, senão apenas entender-se espiritualmente conhecendo os contextos jurídicos" (*La teoría del delito en la discusión actual*, p. 197);

2.º) *subjetivos*, que são todos os elementos relacionados à vontade e à intenção do agente. Denominam-se *elementos subjetivos do tipo específicos*, uma vez que há tipos que os possuem e outros que deles não necessitam. Determinadas figuras típicas, como o homicídio ("matar alguém") prescindem de qualquer finalidade especial para concretizar-se. Logo, no exemplo citado, pouco importa a razão pela qual *A* mata *B* e o tipo penal pode integralizar-se por completo. Entretanto, há tipos penais que demandam, expressamente, finalidades específicas por parte do agente, do contrário, não se realizam. Só se pode falar em prevaricação (art. 319) caso o funcionário público deixe de praticar ou retarde o ato de ofício *para satisfazer interesse ou sentimento pessoal*. Aí está o elemento subjetivo do tipo específico da prevaricação. Se não estiver presente, pode-se falar de mera falta funcional.

Há vários modos de se introduzir no tipo essas finalidades específicas: "para si ou para outrem" (furto); "com o fim de obter, para si ou para outrem, qualquer vantagem, como condição ou preço do resgate" (extorsão mediante sequestro), entre outros. Pode ocorrer, ainda, a existência de elemento subjetivo específico implícito, vale dizer, não consta expressamente no tipo penal, mas deduz-se sua presença oculta. É o que se dá no contexto dos crimes contra a honra, por exemplo. Quando o tipo penal possui finalidade específica expressa, chama-se *delito de intenção* (ou de resultado cortado); quando a finalidade específica é implícita, denomina-se *delito de tendência*.

Vale ressaltar, por fim, que o dolo e a culpa, para o finalismo, são elementos subjetivos do crime inseridos no fato típico. Assim, podemos sustentar que o dolo também faz parte do tipo de maneira implícita; a culpa está presente no tipo tanto implícita (como comportamento voluntário consciente destinado a um fim) quanto explicitamente (caracterizando a imprudência, negligência ou imperícia). Para os causalistas, no entanto, o dolo e a culpa concentram-se na culpabilidade, não se relacionando com o tipo e não constituindo seu elemento.

2.2 Classificação do tipo

Dentre as várias existentes, merecem destaque as seguintes:

a) *tipo fechado e tipo aberto:* o primeiro é constituído somente de elementos descritivos, que não dependem do trabalho de complementação do intérprete, para que sejam compreendidos (ex.: art. 121 – *matar alguém*. Os dois elementos são puramente descrições, sem qualquer valoração a exigir do intérprete conceitos que vão além do vernáculo). Defende Aníbal Bruno que, quanto mais fechado o tipo, ou seja, quanto mais restrita a sua compreensão, maior a garantia que dele decorre para as liberdades civis (*Sobre o tipo no direito penal*, p. 61); o segundo é aquele que contém elementos normativos ou subjetivos, de modo que dependem da interpretação de quem os conhece, para que adquiram um sentido e tenham aplicação (ex.: art. 134 – *expor ou abandonar recém-nascido, para ocultar desonra própria*. O tipo exige que se faça um juízo valorativo acerca do termo *desonra*, que não é meramente descritivo, mas normativo, além de conter o elemento especial referente à *vontade* do agente, que é *para ocultar desonra própria*). Normalmente, os tipos culposos são abertos, embora exista exceção (o art. 180, § 3.º, CP, constitui tipo fechado). É importante destacar que o tipo aberto deve conter um núcleo fundamental compreensível em matéria de proibição, devendo o juiz apenas *complementar* o seu entendimento. O tipo não pode ser tão aberto que a sua aplicação, ou não, dependa da arbitrariedade do juiz. Se assim ocorrer, fere-se a legalidade (cf. Bustos Ramírez, *Obras completas*, v. I, p. 580);

b) *tipo objetivo e tipo subjetivo*: o primeiro é a parte do tipo penal referente unicamente aos elementos objetivos, aqueles que não dizem respeito à vontade do agente (ex.: art. 155, subtrair coisa alheia móvel). Como diz Carnelutti, não há necessidade de se definir a circunstância objetiva. São todas as circunstâncias que *não são subjetivas* (não há necessidade de dar mais que esta noção negativa) (*Lecciones de derecho penal – El delito*, p. 177); o segundo é a parte do tipo ligada à vontade do sujeito, podendo ela estar implícita, como ocorre com o dolo (na ótica finalista), bem como explícita, quando houver expressa menção no tipo penal a respeito de finalidade (ex.: no caso do furto, pode-se dizer que o tipo subjetivo é o dolo e também a específica finalidade *para si ou para outrem*);

c) *tipo básico e tipo derivado*: o primeiro é a composição fundamental do crime, sem a qual não se poderia falar na infração penal, tal como intitulada pelo Código Penal. É a conduta nuclear com seus indispensáveis complementos. Em regra, encontra-se prevista no *caput* dos artigos (ex.: art. 163 – destruir, inutilizar ou deteriorar coisa alheia). Faltando os verbos e qualquer dos complementos – *coisa* ou *alheia* – não há crime de dano; o segundo é composto pelas circunstâncias especiais que envolvem a prática do delito, trazendo consequências na esfera da aplicação da pena (ex.: art. 163, parágrafo único: se o crime é cometido: "I – com violência à pessoa ou grave ameaça; II – com emprego de substância inflamável ou explosiva, se o fato não constitui crime mais grave; III – contra o patrimônio da União, de Estado, do Distrito Federal, de Município ou de autarquia, fundação pública, empresa pública, sociedade de economia mista ou empresa concessionária de serviços públicos; IV – por motivo egoístico ou com prejuízo considerável para a vítima"). Assim, para a existência do delito de dano, basta a configuração do tipo básico, previsto no *caput*, mas, se as circunstâncias especiais previstas no parágrafo único, componentes do tipo derivado, se realizarem, a pena é aumentada;

d) *tipo simples e tipo misto*: o primeiro é composto de uma única conduta punível – em regra, há um só verbo no tipo (ex.: art. 184 – *violar* direito autoral); o segundo é constituído de mais de uma conduta punível – como regra, há mais de um verbo no tipo, dividindo-se em tipo misto alternativo, quando a prática de uma ou várias das condutas previstas no tipo levam à punição por um só delito (art. 271 – *corromper* ou *poluir* água potável). Tanto faz que o agente corrompa (adultere) ou polua (suje) a água potável ou faça as duas condutas, pois haverá um só delito. A outra forma do tipo misto é o cumulativo, quando a prática de mais de uma conduta, prevista no tipo, indica a realização de mais de um crime, punidos em concurso material (ex.: art. 208 – *escarnecer* de alguém publicamente, por motivo de crença ou função religiosa; *impedir* ou *perturbar* cerimônia ou prática de culto religioso; *vilipendiar* publicamente ato ou objeto de culto religioso). Nesse caso, se o agente escarnecer de alguém, impedir cerimônia religiosa e vilipendiar objeto de culto religioso, deve responder por três delitos;

e) *tipo-total de injusto* (teoria dos elementos negativos do tipo): é o tipo que congrega, na sua descrição, embora implicitamente, as causas de justificação. Assim, falar em tipicidade seria considerar, ao mesmo tempo, a antijuridicidade, como se o tipo penal fosse construído da seguinte forma: furto seria "subtrair coisa alheia móvel, para si ou para outrem, *desde que* não fosse em estado de necessidade". Por isso, quem subtrai algo, sob o manto do estado de necessidade, praticaria fato atípico. Há vários problemas, apontados por Juarez Tavares, para a adoção do tipo-total de injusto: 1.º) altera-se a estrutura sistemática do delito, no seu aspecto dogmático (fato típico, antijurídico e culpável), tornando confusa a sua metodologia, afinal, foram anos de esforço para separar os componentes do crime, de maneira analítica. Inexiste vantagem prática na reunião do típico ao antijurídico; 2.º) não devem as causas de justificação ser consideradas *exceções* à regra, mas, sim, como limitações de seu conteúdo, diante de um *fato concreto*. "O tipo, portanto, como categoria abstrata, é um limitador do arbítrio e uma segurança para o cidadão. A antijuridicidade retira sua validade do caso concreto". O tipo penal incriminador do homicídio existe para proteger a vida humana, bem jurídico maior. Logo, somente no caso concreto é que se admite haver um homicídio, porque foi cometido em legítima defesa. A excludente de ilicitude realiza-se no campo concreto e jamais no contexto abstrato do tipo penal; 3.º) a junção do tipo à antijuridicidade traz dificuldades para o enquadramento sistemático das excludentes de ilicitude previstas em outros ramos do direito, logo, extrapenais. A sua "incorporação ao tipo resultaria duvidosa, ainda que sob o enfoque de seu elemento negativo" (*Teoria do injusto penal*, p. 166-167);

f) *tipo indiciário*: trata-se da posição de quem sustenta ser a tipicidade um indício de antijuridicidade. Preenchido o tipo penal incriminador, está-se constituindo uma presunção de que o fato é ilícito penal, dependente, pois, da verificação concreta da existência – ou não – de causas de justificação (excludentes de ilicitude). Nessa ótica, preceitua Muñoz Conde que "a tipicidade de um comportamento não implica, no entanto, a antijuridicidade do mesmo, mas sim um *indício* de que o comportamento pode ser antijurídico *(função indiciária do tipo)*" (*Derecho penal – Parte general*, p. 283). Criticando essa nomenclatura, professa Juarez Tavares que "em vez de perquirir se existe uma causa que exclua a antijuridicidade, porque o tipo de injusto já a indicia, o que constituiria uma presunção *juris tantum* de ilicitude, deve-se partir de que só se autoriza a intervenção se não existir em favor do sujeito uma causa que autorize sua conduta. Neste caso, o tipo não constitui indício de antijuridicidade, mas apenas uma etapa metodológica de perquirição acerca de todos os requisitos para que a intervenção do Estado possa efetivar-se" (*Teoria do injusto penal*, p. 163);

g) *tipo formal e tipo material*: o primeiro é o tipo legal de crime, ou seja, a descrição feita pelo legislador ao construir os tipos incriminadores, inseridos na Parte Especial do Código Penal (ex.: art. 129 – ofender a integridade corporal ou a saúde de outrem); o segundo é o tipo legal adequado à lesividade, que possa causar a bens jurídicos protegidos, bem como socialmente reprovável. Ex.: no caso das lesões corporais, somente se materializa a tipicidade material, caso haja o preenchimento dos elementos do art. 129, associados à efetiva lesão do bem jurídico tutelado, de maneira reprovável. Por isso, o furo na orelha de uma menina para a colocação de um brinco pode ser formalmente uma lesão à integridade corporal, mas, materialmente, trata-se de fato atípico, pois adequado socialmente. Entende-se não ter havido *lesão*, mas apenas a promoção de um fator de embelezamento estético, fruto da tradição. O delito do art. 129 tem por finalidade punir aquele que, fugindo aos parâmetros éticos e socialmente adequados, fere a integridade do corpo humano.

Nesse contexto, para apurar a tipicidade material, vale-se a doutrina dos princípios da adequação social e da insignificância, que configuram as causas implícitas de exclusão da tipicidade, como veremos no tópico próprio.

Segundo nos parece, insere-se, nesse contexto, a análise do *tipo conglobante*, que é a visão do tipo legal, associado às demais normas que compõem o sistema. Assim, algo pode preencher o tipo legal, mas, avaliando-se a conduta conglobantemente, isto é, em conjunto com as demais regras do ordenamento jurídico, verifica-se que o bem jurídico protegido não foi afetado. Na lição de Zaffaroni e Pierangeli, a "tipicidade conglobante consiste na averiguação da proibição através da indagação do alcance proibitivo da norma, não considerada isoladamente, e sim *conglobada* na ordem normativa. A *tipicidade conglobante é um corretivo da tipicidade legal*, posto que pode excluir do âmbito do típico aquelas condutas que apenas aparentemente estão proibidas..." E dizem, ainda, que além dos casos de justificação (tipos permissivos) a atipicidade conglobante surge em função de "*mandatos* ou *fomentos* normativos ou de *indiferença* (por insignificância) da lei penal" (*Manual de direito penal brasileiro*, p. 461-463);

h) *tipo congruente e tipo incongruente*: o primeiro é o tipo penal que espelha a coincidência entre a face objetiva e o lado subjetivo (ex.: no caso do homicídio, quando o agente extermina a vida da vítima preenche o tipo objetivo – matar alguém – ao mesmo tempo em que perfaz, plenamente, o tipo subjetivo – vontade de matar alguém); o segundo é o tipo penal que permite a inadequação do lado objetivo, nele previsto, com o que subjetivamente almeja o agente, embora se considere consumado o delito. Ex.: na extorsão mediante sequestro – crime patrimonial – o tipo objetivo prevê o sequestro de pessoa, com o fim de obter vantagem, como condição ou preço do resgate, demonstrando que a finalidade do agente é patrimonial. Entretanto, ainda que somente o sequestro se realize, basta haver o intuito de obter resgate e está consumado o crime. Há incongruência entre o desejado pelo agente e o efetivamente alcançado;

i) *tipo normal e tipo anormal*: o primeiro é o tipo, tal como originalmente idealizado por Beling, composto apenas de elementos descritivos, que não exigiriam valoração por parte do intérprete, para a exata compreensão da figura típica (ex.: matar alguém); o segundo é o tipo penal no qual se inseriram elementos normativos ou subjetivos, tornando-o passível de interpretação e valoração, para que possa ser convenientemente aplicado ao caso concreto (ex.: assédio sexual, quando se insere o fim de obter vantagem ou favorecimento sexual);

j) *tipo de tendência interna subjetiva transcendente*: trata-se do tipo penal que possui elemento subjetivo específico implícito, não se contentando com o dolo (ex.: é o que ocorre nos crimes contra a honra);

k) *tipo remetido*: cuida-se de um tipo penal incriminador de construção externa complexa, fazendo remissão a outro(s) tipo(s) penal (penais) para que possa ser aplicado. A referência pode dar-se tanto no preceito primário, quanto no preceito sancionador. Um exemplo das duas situações pode ser encontrado no art. 304 do Código Penal: "Fazer uso de qualquer dos papéis falsificados ou alterados, a que se referem os arts. 297 a 302: Pena – a cominada à falsificação ou à alteração".

3. CONCEITO DE CONDUTA PENALMENTE RELEVANTE

A palavra *conduta* significa *conduzida* ou *guiada*. As manifestações humanas são conduzidas ou guiadas pela mente, razão pela qual o estudo da conduta se liga ao binômio *corpo-mente* (cf. Bleger, *Psicologia da conduta*, p. 23).

No prisma jurídico, o conceito de conduta adquire diferentes pontos de vista. Na visão *finalista* que adotamos, porque se constitui a mais adequada ao Estado Democrático de Direito, conduta é a ação ou omissão, voluntária e consciente, implicando um comando de movimentação ou inércia do corpo humano, voltado a uma finalidade (tomando o conceito de conduta como gênero, do qual são espécies a ação e a omissão, ver ainda Zaffaroni e Pierangeli, *Manual de direito penal – Parte geral*, p. 413; Pierangeli, *Escritos jurídico-penais*, p. 441; Welzel, *Derecho penal alemán*, p. 238; este último dizendo que "ação e omissão são duas subclasses independentes dentro da 'conduta' susceptível de ser regida pela vontade final").

Há finalistas, no entanto, que não admitem a possibilidade de se elaborar um conceito genérico de conduta, envolvendo ação e omissão, preferindo visualizar a ação separada da omissão. Parece-nos, no entanto, que, embora a omissão tenha regramento particularizado e uma existência diferenciada da ação, não é inviável considerá-la, para efeito de estudo da conduta humana, como a *ação negativa*, pois tanto a ação propriamente dita (positiva) quanto a omissão (negativa) são frutos finalísticos da atuação do ser humano. Sobre a inclusão de ação e omissão no contexto da conduta diz Assis Toledo que "essa questão puramente terminológica parece-nos irrelevante, no caso. Não tem evidentemente o condão de solucionar problemas que, se realmente existentes, seriam de natureza insuperável por uma simples troca de expressão linguística e, além disso, não oferece utilidade prática para o direito penal, em cujo domínio a ação e a omissão apresentam um aspecto comum, verdadeiramente relevante: ambas são, em certas circunstâncias, domináveis pela vontade e, por isso, podem ser dirigidas finalisticamente, isto é, podem ser orientadas para a consecução de determinados objetivos. Por essa razão, empregamos, indiferentemente, como sinônimos, os termos 'ação', 'comportamento' e 'conduta'" (*Princípios básicos de direito penal*, p. 91-92).

Na ótica *causalista*, conduta é a ação ou omissão voluntária e consciente que determina movimentos corpóreos. Note-se que, para essa visão, não se inclui a finalidade na sua conceituação, pois é objeto de estudo no contexto da culpabilidade, em que se situa o elemento subjetivo do crime (dolo e culpa). Assim é a lição de Noronha: "A ação positiva é sempre constituída pelo movimento do corpo, quer por meio dos membros locomotores, quer por meio de músculos, como se dá com a palavra ou o olhar. Quanto à ação negativa ou omissão, entra no conceito de ação (*genus*) de que é espécie. É também um comportamento ou conduta e, consequentemente, manifestação externa, que, embora não se concretize na materialidade de um movimento corpóreo – antes é abstenção desse movimento – por nós é percebida como *realidade*, como *sucedido ou realizado*" (*Direito penal*, v. 1, p. 98).

Na *teoria social*, conduta é o comportamento voluntário e consciente socialmente relevante. Tem por finalidade servir de ponte entre o causalismo e o finalismo, pois, em verdade, prega que o mais importante para a consideração da conduta como penalmente relevante é o seu *significado ou relevo social*. Tendo em vista que se trata de conceito vago e abstrato o que vem a ser *socialmente importante*, sofreu inúmeras críticas, sem encontrar muitos adeptos no Brasil.

Para a *teoria funcional*, conduta é a ação ou omissão voluntária e consciente capaz de evidenciar uma autêntica *manifestação da personalidade*, ou seja, explicitar a esfera anímico-espiritual do ser humano (Roxin, *Derecho penal – Parte general*, t. I, p. 265). Ou, ainda, é a ação voluntária e consciente capaz de evitar um resultado, desde que lhe seja juridicamente exigível que assim faça (Jakobs, em citações de Luiz Regis Prado, *Curso de direito penal brasileiro*, v. 1, p. 255; Roxin, *Funcionalismo e imputação objetiva no direito penal*, p. 125. Trad. Luís Greco). Embora funcionalistas, as duas teorias – a primeira, teoria personalista da ação; a segunda, teoria da evitabilidade individual, segundo Luiz Regis Prado, *Curso de direito penal brasileiro*, v. 1, p. 253-254 –, baseiam-se em critérios normativos. Pretendem afastar as teorias causal e finalística de conduta, porque entendem que ambas se norteiam por critérios não jurídicos, logo, inadequados. Aliás, mencionam que as duas partem dos mesmos pressupostos e a única diferença substancial é que o finalismo acrescenta ao conceito de conduta a finalidade do agente ao movimentar-se, regido pela vontade e pela consciência. Quanto à teoria social da conduta, entendem estar ela ínsita ao conceito proposto, que é, no entender dos funcionalistas, mais amplo.

O funcionalismo intitula-se corrente pós-finalista, portanto, um aperfeiçoamento do finalismo. Como ensina Jakobs, "a discussão que se está produzindo atualmente, sob o nome de imputação objetiva, acerca da relevância jurídica de atos causais, é a prolongação, ou, melhor dizendo, a precisão da controvérsia relativa ao conceito de ação. Se Welzel tivesse integrado sua teoria da adequação social na teoria da ação, teria superado meio século de evolução" (*Fundamentos de direito penal*, p. 59). Qual seria a vantagem de se adotar uma teoria funcionalista? Explica Luís Greco que há uma finalidade político-criminal, pois, "através da valoração de que se trata de uma não ação, exclui-se, independentemente da aparência exterior e das consequências causais do existir humano, aquilo que já de antemão não se submete às categorias do proibido e do permitido" (*Fundamentos de direito penal*, p. 233).

Em nossa visão, como exposto linhas acima, o finalismo ainda é a mais correta definição de *conduta*, pois *não envolve* política criminal, que tende a ser volúvel como são os governos. A ideia de se ter um conceito *jurídico* de conduta – e não ontológico – é pueril. Tudo se faz, no mundo jurídico, por meio de conceitos, e a ótica finalista faz parte disso, logo, é também um conceito jurídico, embora baseado em juízos de realidade. Ao *criar* um conceito denominado *jurídico*, tanto Roxin quanto Jakobs caíram no vazio. A conduta é manifestação da personalidade, diz Roxin. A conduta é ação capaz de evitar um resultado, diz Jakobs. Escrevam-se páginas e páginas, mas jamais se conseguirá *definir*, de maneira segura e inteligível, o que vem a ser *manifestação da personalidade* para fins penais. E muito menos o que se pode evitar e o que não se consegue evitar, sem um puro juízo de valor, conforme a política criminal do momento, que pode servir para oprimir pessoas e transformar o Direito Penal em um instrumento de força descomunal, sem balizas realísticas. O funcionalismo pode denominar-se como quiser, inclusive como pós-finalismo, mas isso não significa avanço. Trata-se de um pós-finalismo rumo ao incerto, bastando mencionar que nem mesmo os funcionalistas se entendem.

Para a caracterização da conduta, sob qualquer dos prismas acima expostos, é indispensável a existência do binômio *vontade* e *consciência*.

Vontade é o querer ativo, apto a levar o ser humano a praticar um ato, livremente. Pode-se definir como a relação do Eu consciente e fisicamente livre com o mundo exterior, manejando processos causais (isto é: incidindo em algo ou alterando os processos causais ou, ainda, deixando que estes sigam seu curso ou que não se iniciem) (cf. Gimbernat Ordeig, *Estudios sobre el delito de omisión*, p. 14).

A vontade permite que o ser humano desencadeie movimentos corpóreos tendentes à realização dos seus propósitos.

Portanto, *não há voluntariedade* nos seguintes atos:

a) movimentos obtidos por *coação física irresistível ou força maior irresistível* (ex.: A é empurrado violentamente por B, caindo em cima de C, que se lesiona. Não se pode dizer que A praticou uma "ação", pois lhe faltou vontade; A sofre a influência de violenta corrente de vento, caindo em cima de B, ferindo-o. Igualmente, inexiste "ação"). Nas palavras de Mir Puig, "é indiscutível que a impossibilidade do autor de atuar de outro modo por razões físicas (*vis absoluta*) não exclui a culpabilidade em sentido estrito, senão a própria *ação*" (*Estado, pena y delito*, p. 163 – traduzi);

b) *movimentos reflexos*, que são as reações motoras, secretórias ou fisiológicas, produzidas pela excitação de órgãos do corpo humano (ex.: tosse, espirro etc.). No contexto dos movimentos reflexos, é preciso distinguir tais movimentos das ações semiautomáticas, pois estas são penalmente relevantes, uma vez que resultam de um processo de formação da vontade, originalmente existente, que se concentrou no subconsciente. Embora não seja dirigida pela consciência atual de quem a desenvolve, é passível de dominação. Exemplo de movimento reflexo em contraposição a uma conduta semiautomática: se o motorista de um veículo é picado por uma vespa perto do olho, durante a condução, e, em face de um instintivo movimento de defesa, move bruscamente o volante, causando um acidente, não existe conduta penalmente relevante, pois o movimento é reflexo, provocado pela dor originária da picada. Trata-se de atitude involuntária. Mas, se uma vespa ingressa no interior do veículo e começa a voltear a cabeça do motorista, perturbando-o, e fazendo com que, num gesto brusco, visando a atingir a vespa, colocando-a para fora do carro, vire o volante, causando um acidente, temos uma ação semiautomática. Trata-se de conduta penalmente relevante, pois passível de dominação (cf. Maurach e Zipf, *Derecho penal – Parte general*, v. 1, p. 247). Por outro lado, deve-se destacar a existência de alguns tiques motores ou vocais, advindos de transtornos neurológicos, tais como a síndrome de Tourette, que geram movimentos ou emissões de sons, incluindo xingamentos, involuntários. Nesses casos, encaixa-se a ação como movimento reflexo e não como simples gesto mecânico ou habitual;

c) movimentos resultantes da *hipnose*, que é um estado mental semelhante ao sono, provocado artificialmente por alguém, levando o hipnotizado a agir como se fosse um autômato, obedecendo ordens e comandos. É um "sonambulismo provocado". Trata-se de matéria controversa aceitar que a hipnose seja causa suficiente para eliminar a vontade e a consciência de alguém. Entretanto, há vários estudos nesse sentido (cf. Freud, *Artigos sobre hipnotismo e sugestão. A psicoterapia da histeria*, p. 26-29).

Consciência, a outra parte do binômio, é a possibilidade que o ser humano possui de separar o mundo que o cerca dos próprios atos, realizando um julgamento moral das suas atitudes. Significa ter noção clara da diferença existente entre realidade e ficção.

Para Flavio Fortes D'Andrea, o consciente "é uma parte relativamente pequena e inconstante da vida mental de uma pessoa. Corresponde a tudo aquilo de que o indivíduo está ciente em determinado instante e cujo conteúdo provém de duas fontes principais: o conjunto dos estímulos atuais, percebidos pelo aparelho sensorial e as lembranças de experiências passadas, evocadas naquele instante". Por outro lado, o inconsciente "é a área da vida psíquica, onde se encontram os impulsos primitivos que influenciam o comportamento e dos quais não se tem consciência e um grupo de ideias, carregadas emocionalmente, que uma vez foram conscientes, mas em vista de seus aspectos intoleráveis foram expulsas da consciência para um plano mais profundo, de onde não poderão vir à tona voluntariamente" (*Desenvolvimento da personalidade*, p. 17). Anote-se, ainda, o preceituado por Susan Cloninger, para quem o consciente refere-se "às experiências que a pessoa percebe, incluindo lembranças e ações intencionais. A consciência funciona de modo realista, de acordo com as regras do tempo e do espaço", enquanto o inconsciente é "o depósito de lixo daquilo que a consciência joga fora. É emocionalmente perturbador e menos civilizado do que a consciência" (*Teorias da personalidade*, p. 40).

Não há consciência nos estados de: a) *sonambulismo*, doença de quem age ou fala durante o sono, tornando seus sentidos obtusos. Trata-se de um "sono patológico", quando o enfermo nem percebe estar dormindo, embora mantenha a sua atividade locomotora; b) *narcolepsia*, outra doença que provoca acessos repentinos de sono, transportando o enfermo a um estado de irrealidade, permitindo-lhe, no entanto, continuar a ter movimentos e relações com o meio ambiente.

Note-se que, sem ter disso noção, uma pessoa pode padecer de sonambulismo ou narcolepsia. Se, em face desses estados surgidos naturalmente, sem qualquer provocação sua, prejudicar terceiros, não se pode considerar que houve *conduta*, pois ausente a consciência. Como exemplo de ação voluntária, porém inconsciente, lastreada no sonambulismo, em York, na Grã-Bretanha, um rapaz de 22 anos foi absolvido da acusação de estupro contra uma jovem em razão disso. "O caso ocorreu em março. Depois de sair com uma amiga de 22 anos, James Bilton convidou a jovem para ir para sua casa, oferecendo a ela o quarto enquanto dormia na sala. Dias depois, a moça reclamou à polícia ter sido acordada quando Bilton a estuprava. Bilton, que é sonâmbulo desde os 13 anos, garantiu ao juiz que não se lembrava de nada do que aconteceu naquela noite. A Justiça convocou então um especialista em problemas do sono. O médico atestou que Bilton é sonâmbulo, motivo pelo qual pode não se recordar, ao acordar, das coisas que faz quando está dormindo. O réu foi então absolvido" (*Jornal da Tarde*, Caderno A, p. 12, 21.12.2005).

Logicamente, informado o sujeito de seu estado sonambúlico, com resultados danosos a terceiros (lembremos que há sonâmbulos inofensivos), sem que tome providências para se tratar, poderá responder criminalmente pela lesão eventualmente causada, aplicando-se a teoria da *actio libera in causa* (ação livre na origem), que será mais bem estudada ao tratarmos da embriaguez, no contexto das excludentes de culpabilidade. Apenas para antecipar, se o agente sabia que adormecia repentinamente e, com isso, gerava perigo com suas atitudes, uma vez que não se tratou porque não quis, deve responder pelos seus atos. No exemplo supracitado, se Bilton tinha conhecimento de algum ato anterior seu, decorrente do sonambulismo, que tivesse gerado algum dano a outra pessoa, deveria responder pelo estupro cometido. Porém, se aquela foi a primeira vez em que atuou com violência, sem disso ter consciência, a decisão absolutória era, realmente, o caminho indicado.

No mais, há outras situações de perda da consciência ou mesmo da vontade que são tratadas em outro cenário, porque decorrentes de intoxicação química ou doenças mentais. O primeiro caso tem solução equivalente à embriaguez; o segundo integra o contexto da inimputabilidade, que sujeita o autor da lesão a uma medida de segurança. Trataremos de ambas no capítulo da culpabilidade.

🖢 PONTO RELEVANTE PARA DEBATE

> A conduta penalmente irrelevante decorrente da falta de consciência derivada de ações em curto-circuito e de gestos habituais

As ações em curto-circuito são as reações primitivas do ser humano, nas quais existe um estímulo externo, não registrando totalmente a presença de uma personalidade desenvolvida, surgindo, à superfície, de improviso, ações momentâneas e impulsivas ou mecanismos anímicos profundos, bem como reações explosivas. Exemplos: reações explosivas que se seguem ao encarceramento, estados de embriaguez patológica, estados crepusculares afetivos etc. (tradução livre de Kretschmer. *Medizinische Psychologie*, in: Edmundo Mezger, *Tratado de derecho penal*, t. I, p. 216). Consultar, também, Roque de Brito Alves, *Ciúme e crime*, p. 33.

As denominadas ações em curto-circuito permitem a liberação do inconsciente, que "contém a força propulsora por trás de todos os comportamentos e é o depósito de forças que não conseguimos ver ou controlar" (...) É a "moradia dos instintos, aqueles desejos que regem o nosso comportamento" (Schultz & Schultz, *Teorias de personalidade*, p. 49).

Discute-se, na doutrina, se tais reações podem ser consideradas condutas, para fins penais, ao que se responde, majoritariamente, sim, pois existe um *querer prévio* que participa da genética do movimento corporal. Esse querer prévio pode ser controlado pela atenção do agente. Trata-se de uma espécie de *actio libera in causa* (ação livre na origem). Ver a teoria da *actio libera in causa* no contexto da culpabilidade, mais especificamente quando se trata da embriaguez preordenada.

Quanto aos gestos habituais ou mecânicos, são os movimentos repetidos do ser humano, que terminam por estar alheios à sua vontade, pois automaticamente realizados. Nessa hipótese, igualmente, existe um *querer prévio*, sendo possível ao agente controlar, pela atenção, a instalação do gesto habitual. Constituem condutas, no âmbito penal, para a maioria da doutrina. Faça-se a ressalva dos tiques motores e vocais, advindos de transtornos neurológicos, que são considerados movimentos reflexos (ver o item *b supra*).

4. CONCEITO DE RESULTADO

Há dois critérios para analisar o *resultado*:

a) *naturalístico*: é a modificação sensível do mundo exterior. O evento está situado no mundo físico, de modo que somente pode-se falar em resultado quando existe alguma modificação passível de captação pelos sentidos. Exemplo: a morte de uma pessoa é um *resultado* naturalisticamente comprovável;

b) *jurídico* ou *normativo*: é a modificação gerada no mundo jurídico, seja na forma de dano efetivo ou na de dano potencial, ferindo interesse protegido pela norma penal. Sob esse ponto de vista, toda conduta que fere um interesse juridicamente protegido causa um resultado. Exemplo: a invasão de um domicílio, embora possa nada causar sob o ponto de vista naturalístico, certamente provoca um resultado jurídico, que é ferir o direito à inviolabilidade de domicílio do dono da casa.

Embora o critério jurídico seja o adotado pelo legislador (basta analisar o disposto na Exposição de Motivos do Código Penal: a Reforma Penal de 1984 fez referência expressa à manutenção do critério estabelecido pelo Código de 1940), prevalece, na doutrina pátria, o conceito naturalístico de resultado. Justamente por isso, faz-se diferença entre crimes de atividade (formais e de mera conduta) e de resultado (materiais). E, nesse aspecto, é a melhor opção, inclusive pelo fato de ser didaticamente superior na análise do momento consumativo a divisão entre delitos de atividade e crimes materiais. Reservamos, pois, o termo *resultado* para configurar um evento naturalístico e não simplesmente a ofensa a uma norma abstrata. O resultado, em direito penal, realiza-se na esfera do *ser* e não do *dever ser*.

Em verdade, a relação de causalidade somente tem real importância no cenário dos crimes materiais, isto é, aqueles que necessariamente relacionam a conduta a um resultado concreto, previsto no tipo. Não ocorrendo o resultado, não há consumação do crime. Os delitos de atividade (formais ou de mera conduta), que se configuram na mera realização da conduta, pouco importando se há ou não resultado naturalístico, praticamente não se valem da teoria do nexo causal.

5. CONCEITO DE NEXO CAUSAL

É o vínculo estabelecido entre a conduta do agente e o resultado por ele gerado, com relevância suficiente para formar o fato típico. Portanto, a relação de causalidade tem reflexos diretos na tipicidade. *Causalidade* significa sucessão no tempo. "Literalmente, significa que o tempo se segue, que um tempo se segue a um outro. Por conseguinte, Kant diz, por exemplo: 'tempos diversos não são ao mesmo tempo, mas são um depois do outro'. O tempo 'flui constantemente'. Sua 'constância' é o fluir" (Heidegger, *A essência da liberdade humana: introdução à filosofia*, p. 180).

Por outro lado, *causa* é toda ação ou omissão que é indispensável para a configuração do resultado concreto, por menor que seja o seu grau de contribuição. Não há qualquer diferença entre causa, condição (aquilo que permite à causa produzir o seu efeito) e ocasião (circunstância acidental que favorece a produção da causa), para fins de aplicação da relação de causalidade. Para apurar se alguma circunstância fática é causa do crime, deve-se utilizar o critério do *juízo hipotético de eliminação*, ou seja, abstrai-se determinado fato do contexto e, se ainda assim o resultado se produzisse, não seria ele causa do resultado. Ex.: o fornecimento do revólver utilizado pelo agente para desfechar os tiros que levaram a vítima à morte é causa do crime, pois a sua abstração faria desaparecer a arma do delito e, consequentemente, os tiros.

Acesse e escute o podcast sobre Nexo causal.

> http://uqr.to/1yohp

5.1 Teorias que cuidam do nexo de causalidade (equivalência dos antecedentes, causalidade adequada e imputação objetiva)

Há, fundamentalmente, duas posições doutrinárias predominantes no Brasil acerca do nexo causal, com reflexos na jurisprudência:

a) *teoria da equivalência das condições* (teoria da equivalência dos antecedentes ou teoria da condição simples ou generalizadora): qualquer das condições que compõem a totalidade dos antecedentes é causa do resultado, pois a sua inocorrência impediria a produção do evento. Nas palavras de Jiménez de Asúa, "existe relação causal quando não se pode supor suprimido o ato de vontade humana, sem que deixe de se produzir o resultado concreto" (*Lecciones de derecho penal*, p. 144, tradução nossa). É a teoria adotada pelo Código Penal (*conditio sine qua non*), que sustenta que a "causa da causa também é causa do que foi causado" (*causa causae est causa causati*). Utilizando o exemplo anterior, o fornecimento da arma do crime, mesmo em atividade lícita de comércio, é causa do resultado (morte), porque sem a arma não teria havido os tiros fatais;

b) *teoria da causalidade adequada* (teoria das condições qualificadas): um determinado evento somente será produto da ação humana quando esta tiver sido apta e idônea a gerar o resultado. No exemplo supra, o fornecimento da arma, desde que em atividade lícita de comércio, jamais seria considerado *causa do crime*, pois não se trata de ação idônea à produção desse tipo de resultado, vale dizer, armas não são vendidas em lojas para causar crimes de homicídio.

O corte do nexo causal em ambas as teorias é feito de maneira diversa, embora se chegue ao mesmo resultado, ou seja, não haverá punição ao vendedor que, sem tomar parte ativa e consciente na atividade criminosa, entregou a arma ao comprador. Ambas sofrem críticas. Na primeira, adotada pelo Código, a venda é considerada causa do delito, mas o vendedor não é punido, uma vez que não agiu com dolo ou culpa. Realizou a venda sem ter noção da finalidade do uso da arma. Sofre a crítica de ser uma teoria *cega* – geradora de uma regressão ao infinito –, colocando no nexo causal condutas, que, dentro da lógica, são despropositadas, como a venda lícita de uma arma (poder-se-ia considerar causa do crime de homicídio até mesmo o momento de fabricação da arma e assim por diante).

Na segunda teoria, como já exposto, a ação do vendedor não é razoável, nem idônea, para produzir o resultado *morte*, até mesmo porque foi lícito o negócio. Sofre, no entanto, a crítica de aproximar, em demasia, causalidade e culpabilidade, colocando o juiz numa posição especial de análise do nexo causal (o que foi e o que não foi idôneo).

Há, ainda, uma terceira teoria, hoje dominante na Alemanha e bastante difundida na Espanha, que é a da *imputação objetiva*, parcela da teoria funcionalista do delito, pretendendo sanar os problemas existentes com as duas anteriores. Ela tem por finalidade imputar ao agente a prática de um resultado delituoso apenas quando o seu comportamento tiver criado, realmente, um risco não tolerado, nem permitido, ao bem jurídico. Por isso, a venda da arma, independentemente de qualquer outra análise, não pode ser considerada *causa* do resultado, uma vez que o vendedor não agiu de modo a produzir um risco não permitido e intolerável ao bem jurídico, já que a venda da arma foi feita de modo lícito e o comerciante não tem a obrigação de checar o uso das mercadorias vendidas por quem quer que seja.

A imputação objetiva é uma teoria originária dos trabalhos de Larenz (1927) e, posteriormente, Honig (1930), que permaneceu adormecida por vários anos, na Alemanha, até obter seu grande impulso, a partir da década de 1970, pelas mãos de Claus Roxin – um dos seus principais teóricos na atualidade –, tendo por função, como expõe Chaves Camargo, "a limitação da responsabilidade penal" (*Imputação objetiva e Direito Penal brasileiro*, p. 70). Assim, segundo o autor, "a atribuição de um resultado a uma pessoa não é determinado pela relação de causalidade, mas é necessário um outro nexo, de modo que esteja presente a realização de um risco proibido pela norma".

A adoção da teoria da imputação objetiva, segundo seus defensores, transcende o contexto do nexo causal, impondo-se como uma alternativa ao finalismo, fazendo parte do contexto daqueles que aderiram ao funcionalismo – corrente intitulada de pós-finalista –, cujas premissas básicas seriam "a necessidade de legitimação do Direito Penal, com novos conceitos de suas categorias, com o fim de justificar a intervenção do Estado na sociedade moderna", bem como a busca de "transformações radicais nos institutos jurídico-penais, quer quanto ao conteúdo dogmático, quer quanto às classes e tipos de sanções a serem aplicadas", em face das constantes mudanças sociais (Chaves Camargo, *Imputação objetiva e Direito Penal brasileiro*, p. 42).

Possui a imputação objetiva, embora em linha diversa da de Roxin, outro defensor nos dias de hoje, que é Günther Jakobs. É inequívoco, no entanto, que seu maior campo de atuação é na análise do nexo causal, gerador da tipicidade, como se pode notar pelas críticas tecidas às teorias da equivalência dos antecedentes (ou das condições) e da causalidade adequada, bem como pelos exemplos dados e debatidos pelos adeptos dessa linha de pensamento.

A imputação objetiva, em síntese, exige, para que alguém seja penalmente responsabilizado por conduta que desenvolveu, a criação ou incremento de um perigo juridicamente intolerável e não permitido ao bem jurídico protegido, bem como a concretização desse perigo em resultado típico. Exemplificando: o sujeito que, dirigindo em alta velocidade, em zona habitada, perde o controle do carro, sobe na calçada e atropela um pedestre, caminhando calmamente em local permitido, deve responder por homicídio. Gerou um perigo intolerável e não permitido ao correr pela rua, em área da cidade habitada, sem que a vítima tivesse atuado de qualquer forma para isso, nem tampouco tenha ocorrido qualquer outro fator interferindo na situação de perigo gerada. Nota-se, pois, que a imputação objetiva vale-se da teoria da equivalência dos antecedentes – *conditio sine qua non* – que é naturalística, para estabelecer o vínculo entre conduta e resultado, sobre o qual aplicará seus conceitos. O veículo chocou-se contra a vítima, provocando-lhe ferimentos, que foram causa determinante de sua morte. Até esse ponto, utiliza-se o liame causal previsto no art. 13 do Código Penal – "(...) considera-se causa a ação ou omissão sem a qual o resultado não teria ocorrido" –, mas, a partir daí e antes de ingressar no contexto do elemento subjetivo – se houve dolo ou culpa, sob o prisma finalista; ou se houve ilicitude e culpabilidade, sob a ótica causalista – a imputação objetiva analisa se a conduta do agente gerou para a vítima um risco de lesão intolerável e não permitido, sem ter havido qualquer curso causal hipotético a determinar o resultado de qualquer forma, nem ter o ofendido contribuído, com sua atitude irresponsável ou dando seu consentimento, para a geração do resultado. Feito isso, imputa-se a morte ao motorista. Somente em seguida, verificar-se-á o elemento subjetivo. Portanto, interpõe-se, na verificação da tipicidade, entre o nexo causal naturalístico e o elemento subjetivo.

São exemplos trazidos pelos defensores da imputação objetiva, que excluiriam a relação de causalidade:

1.º) o funcionário de uma loja de armas, ao efetuar uma venda, não gera um risco juridicamente intolerável ou não permitido, mesmo porque o estabelecimento comercial é legalizado e a entrega de armas de fogo a particulares é regulamentada por lei. Assim, se alguém valer-se da arma adquirida para matar outra pessoa, independentemente do que se passou no íntimo do vendedor – se sabia ou não que a arma seria para isso usada – não responde este funcionário por homicídio. Afinal, sua atitude – vender a arma – era juridicamente tolerada e admissível. Não se pode considerá-la *causa* do evento;

2.º) se o vendedor de bebidas fornece refrigerante a alguém, podendo prever que o líquido será utilizado para matar, por envenenamento, a família do comprador, não deve responder, pois existe, como corolário da imputação objetiva, a proibição de regresso. A conduta imprudente de alguém, interferindo no curso causal doloso de outra pessoa, deve ser considerada irrelevante para efeito de determinar o nexo de causalidade (Chaves Camargo, *Imputação objetiva e direito penal brasileiro*, p. 151). Idêntico exemplo é citado por Jakobs, apenas servindo-se de um padeiro, que vende uma bengala de pão, a ser utilizada para envenenamento de alguém (*La imputación objetiva en derecho penal*, p. 107);

3.º) um estudante de biologia ganha um dinheiro extra, trabalhando como garçom e, quando é encarregado de servir uma salada exótica, descobre nela uma fruta que sabe, por seus estudos, ser venenosa, mas, ainda assim, serve o prato e o cliente morre. Não deve sua conduta ser considerada causa do resultado, pois seus conhecimentos especiais de biologia não diziam respeito à atividade exercida, como garçom, de modo que seu comportamento não excedeu aos níveis do risco permitido. No máximo, responderia por omissão de socorro (Jakobs, *La imputación objetiva en derecho penal*, p. 137);

4.º) se um empresário, dono de uma fábrica, permite a entrega de pincéis com pelo de cabra chinesa a seus funcionários, sem a devida desinfecção, como mandam os regulamentos, e pessoas morrem, não se poderia considerar sua conduta penalmente relevante, desde que, posteriormente, constate-se que o desinfetante indicado para utilização nos pincéis era mesmo inócuo contra o bacilo. Para a imputação objetiva, sob o prisma de que o resultado se daria de qualquer modo, inexistiria responsabilidade para o empresário, no contexto da culpa. E, tivesse ele agido com dolo, deveria ser punido somente por tentativa de homicídio. É o que sustentam Roxin (*La imputación objetiva en el derecho penal*, p. 113) e Chaves Camargo (*Imputação objetiva e Direito Penal brasileiro*, p. 79). Para Damásio, no entanto, haveria punição, pois "já havia risco diante da periculosidade do material, aumentada sua intensidade pela conduta omissiva do industrial" (*Imputação objetiva*, p. 79);

5.º) se o sobrinho envia o tio ao bosque, em dia de tempestade, na esperança de que um raio o atinja, matando-o e dando margem a que lhe possa herdar os bens, sua conduta não seria considerada causa do resultado, conforme a imputação objetiva, pois o que realizou (induzir alguém a ir ao bosque) é lícito e tolerável, inexistindo norma proibitiva nesse sentido. O que houve na floresta, com a queda do raio, não lhe pode ser *objetivamente* imputado.

Comentemos os exemplos, não sob a ótica da imputação objetiva, mas sob o prisma da teoria adotada pelo Código Penal, que é a da equivalência dos antecedentes:

1.º) quanto ao funcionário da loja de arma, que efetuou a venda, terá sua atitude considerada como causa do evento, pois, sem ela, o resultado não teria ocorrido. Mas, é preciso considerar que sua conduta não foi dolosa ou culposa, pois realizou seu mister, tal como mandam os regulamentos e leis vigentes para a venda e entrega de armas a terceiros, embora se possa sustentar ter sido atitude imoral ou antiética. Ainda que pudesse, no íntimo, imaginar que a arma seria usada para matar outras pessoas, os desejos humanos não são objeto de punição pelo Direito Penal, mas somente a vontade, fruto do querer ativo, capaz de gerar o resultado. Por outro lado, se não alertou as autoridades a respeito de eventual tendência homicida do cliente, deve-se ressaltar que sua omissão é irrelevante penalmente, pois ele não é o garante da segurança pública, não incidindo em qualquer das hipóteses do art. 13, § 2.º, do Código Penal;

2.º) quanto ao vendedor de bebidas, lembremos que ele não é garante da vida alheia, logo, sua omissão em comunicar a autoridade da eventual intenção homicida não lhe pode ser debitada. De outra parte, o simples fornecimento, sem qualquer aderência à conduta criminosa de envenenamento, afasta a incidência de dolo ou culpa, ainda que se possa, pela teoria da equivalência dos antecedentes, considerar causa do evento. Lembrança importante: ser *causa* não significa haver punição;

3.º) o fato de o garçom ter servido a refeição, contendo a fruta envenenada, permite a conclusão de existir uma ação configuradora do resultado. Resta analisar o dolo ou a culpa nessa atuação. Logo, deve ser punido por homicídio doloso ou culposo, conforme o caso. Não vemos como eximi-lo de responsabilidade, pois terminou dando causa ao envenenamento da vítima. Inexiste sentido em afirmar que ele não atuava como *biólogo*, mas como garçom, pois o fato real é que *sabia* estar servindo veneno à vítima, levando-a à morte;

4.º) quanto ao empresário, é certo que deu causa à intoxicação havida, permitindo a entrega dos pincéis sem a devida desinfecção. Se o fez com dolo, deve responder por homicídio doloso, ainda que se constate que o desinfetante, eleito para ser utilizado antes do uso pelos funcionários, era inócuo. Se o resultado se daria de qualquer modo – como é afirmado no exemplo dado pela teoria da imputação objetiva –, tal situação não serve para afastar a provocação do resultado pelo empresário e, o que é mais grave, agindo com dolo. Aliás, se assim agiu, desejando ou assumindo o risco da morte de seus empregados, certamente não estaria preocupado em utilizar o tal desinfetante, nem tampouco se ele seria eficaz. No campo da culpa, se o empresário deixou de usar o referido desinfetante por mera negligência, é natural que sua conduta causou o resultado e o dever de cuidado objetivo foi violado, havendo previsibilidade quanto ao resultado fatal, pois os pelos de cabra eram tóxicos. O fato de o desinfetante ser inócuo – constatação feita *posteriormente* – não serve para afastar o nexo causal e o elemento subjetivo, afinal, o dono da fábrica aumentou, sem dúvida, o risco de dano aos empregados. Note-se, ademais, que a utilização do desinfetante, como determinava o regulamento, poderia ter demonstrado, a tempo, que ele era inútil, salvando vidas e impedindo maiores danos;

5.º) quanto à ida do tio ao bosque, é preciso considerar que a simples conduta de enviar alguém a qualquer lugar, desejando que morra, vitimada por um raio, não passa de um querer passivo, inapto à configuração do dolo. O sobrinho não tem domínio do fato, pois não controla a natureza, nem os raios que partem do céu durante uma tempestade. Ainda que, pela teoria da equivalência dos antecedentes, possa ser considerada sua atitude causa ou condição do evento, inexistiu elemento subjetivo que o ligasse ao resultado (o dolo exige a possibilidade de gerar o resultado, pois não é mero desejo). Nem de culpa se pode tratar, pois não infringiu o dever de cuidado objetivo. Utilizando a teoria da causalidade adequada, neste caso, pode-se dizer que a conduta do sobrinho não era idônea a gerar o resultado, pois não tinha controle algum sobre a ação da natureza, geradora do raio.

Do exposto, cremos que a teoria da imputação objetiva pode ser uma alternativa à teoria da equivalência dos antecedentes – embora se valha desta para ser aplicada – ou à teoria da causalidade adequada, embora seja desnecessária e, em muitos casos, inadequada. Convém mencionar a crítica formulada por Paulo Queiroz, citando Enrique Gimbernat Ordeig, segundo o qual "relativamente aos crimes culposos, se o agente se mantém dentro do risco permitido, não há imputação objetiva simplesmente porque não existe, em tal caso, culpa, já que o autor, atuando dentro do risco socialmente tolerado, não infringe, assim, o dever objetivo de cuidado, de sorte que não é necessário, para tanto, apelar à imputação objetiva" (A teoria da imputação objetiva, p. 6). No tocante aos delitos dolosos, em muitos casos, o que a imputação objetiva oferece é um método de afastamento da punição daqueles que, realmente, já não seriam punidos por qualquer outra teoria, porque os exemplos oferecidos dizem respeito a cogitações maldosas, sem que o agente possa influenciar no resultado, efetivamente.

Ademais, em face da enorme divergência entre os autores que a sustentam – o que se viu pelos exemplos mencionados, alguns sugerindo a punição e outros, evitando-a – termina por levar à conclusão de que, realmente, ainda é uma teoria em estudos e em desenvolvimento, como reconhecem seus próprios defensores (André Luís Callegari, *A imputação objetiva no direito penal*, p. 435 e 452).

Por ora, parece-nos mais eficiente e menos sujeita a erros a teoria da equivalência dos antecedentes, adotada expressamente pelo direito penal brasileiro, mantendo-se, para sua aplicação, a ótica finalista.

> ### ⚑ PONTO RELEVANTE PARA DEBATE
>
> Crítica e defesa à teoria da equivalência dos antecedentes por meio de um exemplo
>
> "Engish propôs o seguinte exemplo: o carrasco A vai executar o assassino X às 6 da manhã; B, pai da vítima, que assiste no pátio do cárcere os preparativos da execução, deixando-se levar pela vingança pelas próprias mãos, a poucos segundos para as 6, lança-se contra o carrasco, afasta-o e aperta o mesmo botão que aciona a guilhotina, que às 6 em ponto cai sobre X, decapitando-o. Se suprimirmos o comportamento de B (que colocou em funcionamento a guilhotina), o resultado (morte de X) não desaparece, já que, nesse caso, o carrasco que teria atuado, falecendo o condenado à mesma hora e nas mesmas circunstâncias. De acordo com a fórmula da *conditio sine qua non*, haveria de ser negada a condicionalidade da ação de B para a morte de X; mas como o carrasco tampouco a causou, já que ele não teve oportunidade de atuar, encontraríamos uma morte real (a de X) que não poderia ser imputada a nenhum comportamento, embora, evidentemente, alguém teve que guilhotinar o morto. Disso segue que, para determinar se um comportamento é condição de um resultado, não se há que formular hipoteticamente a pergunta do que poderia ter ocorrido sem determinada conduta, senão averiguar o que realmente aconteceu e se uma conduta influenciou científico-naturalmente no resultado concreto" (Gimbernat Ordeig, *Estudios sobre el delito de omisión*, p. 50-51, tradução livre).
>
> Não nos parece acertada a conclusão exposta no referido exemplo. No mundo fenomênico, os fatos acontecem de determinada maneira porque não ocorreram de forma diversa. Não se trata de frase sem sentido, mas de pura realidade. Em primeiro lugar, o Direito existe para regular as relações sociais dentro de certos parâmetros; o Direito Penal tem seu lugar para impedir que as pessoas lesadas, por ilícitos praticados por outras, considerados particularmente graves, façam justiça pelas próprias mãos. Portanto, não cabe ao pai da vítima executar o réu. Essa atividade compete ao Estado (no país que adota a pena de morte). Somente por isso, *antecipar-se* ao carrasco, apertando o botão, *deu causa* à morte de X *da forma como ocorreu*.
>
> Em segundo lugar, poderia haver a interrupção da execução, segundos antes, pela concessão de graça por parte do Governador ou do Presidente, ou a quem couber essa clemência. Se B aperta o botão *antes* do carrasco, não haveria tempo de ocorrer esse perdão e X teria morrido *exclusivamente* por força da conduta do pai da vítima.
>
> Em terceiro, é preciso evitar exemplos absolutamente fantásticos, como se B tivesse acesso ao botão de execução dois segundos antes do carrasco. Se é necessário construir uma ilustração praticamente absurda para criticar uma teoria, isto significa, com nitidez, ser

ela acertada. Resolve, com precisão, 99,9% de todas as situações jurídicas, no plano real. Se ainda se mencionar um restante de 0,01%, cai-se no argumento ao qual nos referimos em primeira linha: a ninguém é dado substituir o Estado para *fazer justiça*. Assim sendo, pode-se abstrair a conduta de B e a morte de X não aconteceria *como ocorreu*. Simples assim, como é a teoria da equivalência dos antecedentes. Afirmar que se trata de uma teoria *cega*, promotora do regresso ao infinito, naturalística, não representa nada no plano prático. O Estado, na figura da autoridade policial, para conduzir uma investigação, *jamais* vai ao infinito para buscar *causadores* do resultado. Tampouco o órgão acusatório age desse modo, pois é simplesmente desnecessário. No exemplo já citado (dar o tiro; vender a arma; fabricar o revólver), a investigação de um homicídio trabalha com hipóteses críveis; a autoridade policial, no inquérito, firma o nexo causal no âmbito dos disparos da arma e concausas porventura existentes. Pode estender a investigação ao vendedor da arma, se observar a sua participação no delito. Porém, por uma singela questão de bom senso, não atinge o proprietário da fábrica regular de armas de fogo. Em suma, a teoria adotada pelo Código Penal tem sido seguramente aplicada há décadas.

5.2 Causas independentes e relativamente independentes

As causas independentes (aquelas que surgem e, por si mesmas, são aptas a produzir o resultado) cortam, naturalmente, o nexo causal. Ex.: um raio que atinja a vítima, matando-a, pouco antes de ela ser alvejada a tiros pelo agente, é suficiente para cortar o nexo de causalidade (é a chamada "causalidade antecipadora").

Por outro lado, existem causas *relativamente* independentes, que surgem de alguma forma ligadas às causas geradas pelo agente (por isso, são *relativamente* independentes), mas possuindo força suficiente para gerar o resultado por si mesmas. Exemplo tradicional da doutrina: se, por conta de um tiro, a vítima vai ao hospital e, lá estando internada, termina morrendo queimada num incêndio que toma conta do nosocômio, é preciso considerar que o fogo foi uma causa relativamente independente, que produziu o resultado *morte*. É causa do evento porque, não fosse o tiro dado, o ofendido não estaria no hospital, embora o incêndio tivesse sido algo imprevisível. Daí por que o legislador resolveu criar uma válvula de escape ao agente, a fim de não responder por algo imponderável.

5.2.1 *Concausas e seus efeitos*

Concausas são as causas concomitantes que se unem para gerar o resultado. É comum, na relação de causalidade, detectarmos a confluência de uma causa principal associada a uma causa preexistente para que haja força para gerar o resultado. O mesmo se dá na associação da causa principal com outras, consideradas concomitantes (presentes) e supervenientes (futuras).

Dentro da esfera de previsibilidade natural do ser humano médio, não se corta o nexo causal se houver a junção da causa principal com a preexistente, nem da principal com a concomitante, abrindo-se exceção, dependente de prova, no tocante à superveniente.

Exemplos: a) *A* atira em *B*, com a finalidade de matá-lo, gerando ferimento que não seria fatal não fosse o fato de existir causa preexistente (doença grave, por exemplo). Dessa forma, associando-se a lesão leve à doença grave e consequente debilidade física da vítima, esta morre. O que levou ao resultado foi a confluência de causas. Responde o agente por homicídio consumado, pois é inequívoco que deu causa ao evento. Se não tivesse gerado a lesão, o ofendido estaria vivo. Nem se diga que seria responsabilidade objetiva, uma vez que é perfeitamente previsível que pessoas tenham doenças não aparentes, motivo pelo qual uma lesão proposital pode desencadear um resultado fatal;

b) *A* atira em *B* para matar, provocando lesão leve, mas que o faz perder o equilíbrio caindo na via pública, quando é atropelado. Há confluência de causas: tiro + atropelamento. Responde o agente por homicídio consumado, pois também é previsível que sua ação poderia desencadear a queda na via pública, levando a vítima a ser colhida por algum veículo;

c) *A* atira em *B* para matar, gerando lesão leve, que conduz a vítima ao hospital. Nesse local, tratando-se, contrai infecção hospitalar e falece. Responde o agente por homicídio consumado. As concausas (tiro + infecção hospitalar) levaram à produção do evento e dentro da esfera de previsibilidade do autor.

Veja-se, no entanto, o seguinte exemplo: *A* atira em *B* para matar, causando lesão leve e fazendo com que a vítima ingresse no hospital para tratamento. Nesse local, porque há um desabamento, morre soterrada. O agente responde somente por tentativa de homicídio. A hipótese é a única exceção aberta pelo art. 13, § 1.º, do Código Penal, uma vez que se trata de causa superveniente relativamente independente que por si só gerou o resultado. Nessa situação, entende o legislador que há imprevisibilidade, motivo pelo qual o nexo causal pode ser cortado.

ESQUEMAS

TEORIA DA EQUIVALÊNCIA DAS CONDIÇÕES (OU DOS ANTECEDENTES) – (ART. 13, *CAPUT*, CP)

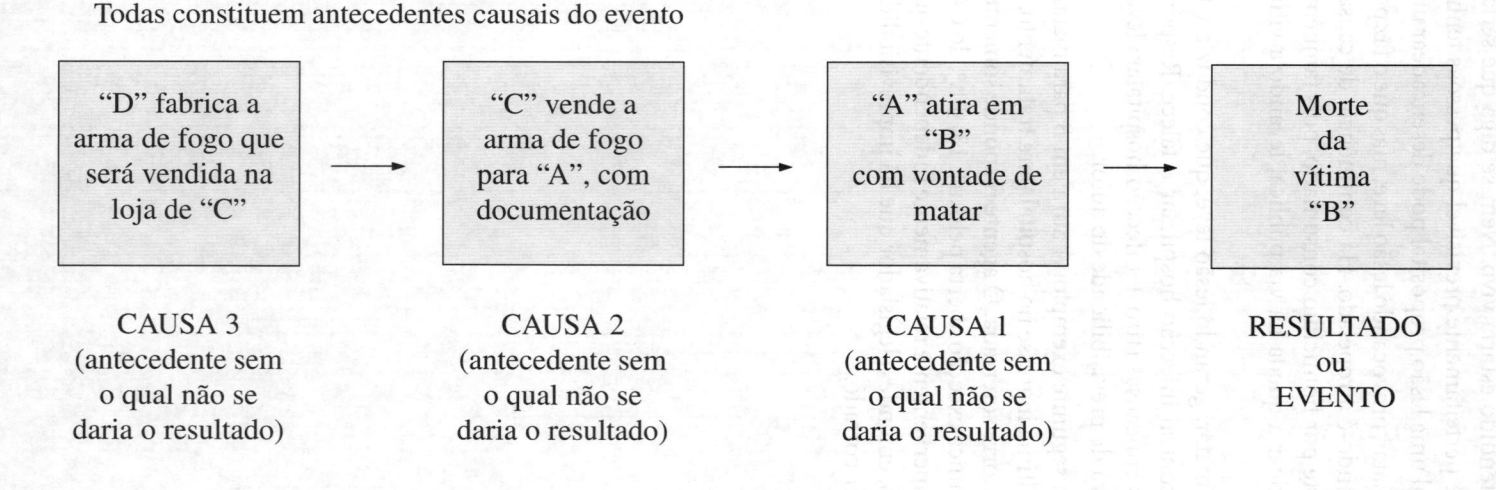

Todas constituem antecedentes causais do evento

```
┌─────────────┐     ┌─────────────┐     ┌─────────────┐     ┌─────────────┐
│ "D" fabrica │     │ "C" vende a │     │ "A" atira   │     │   Morte     │
│ a arma de   │ ──▶ │ arma de fogo│ ──▶ │ em "B"      │ ──▶ │   da        │
│ fogo que    │     │ para "A",   │     │ com vontade │     │   vítima    │
│ será vendida│     │ com         │     │ de matar    │     │   "B"       │
│ na loja de  │     │ documentação│     │             │     │             │
│ "C"         │     │             │     │             │     │             │
└─────────────┘     └─────────────┘     └─────────────┘     └─────────────┘
   CAUSA 3             CAUSA 2             CAUSA 1          RESULTADO
(antecedente       (antecedente        (antecedente            ou
 sem o qual         sem o qual          sem o qual           EVENTO
 não se daria       não se daria        não se daria
 o resultado)       o resultado)        o resultado)
```

Notas:

a) Somente "A" será punido criminalmente pela morte de "B", pois deu causa ao resultado com dolo

b) "C" e "D" praticaram condutas que constituem causas eficientes para a ocorrência do resultado, mas não serão penalmente responsabilizados, pois não agiram com dolo ou culpa

TEORIA DA CAUSALIDADE ADEQUADA (OU DAS CONDIÇÕES QUALIFICADAS)

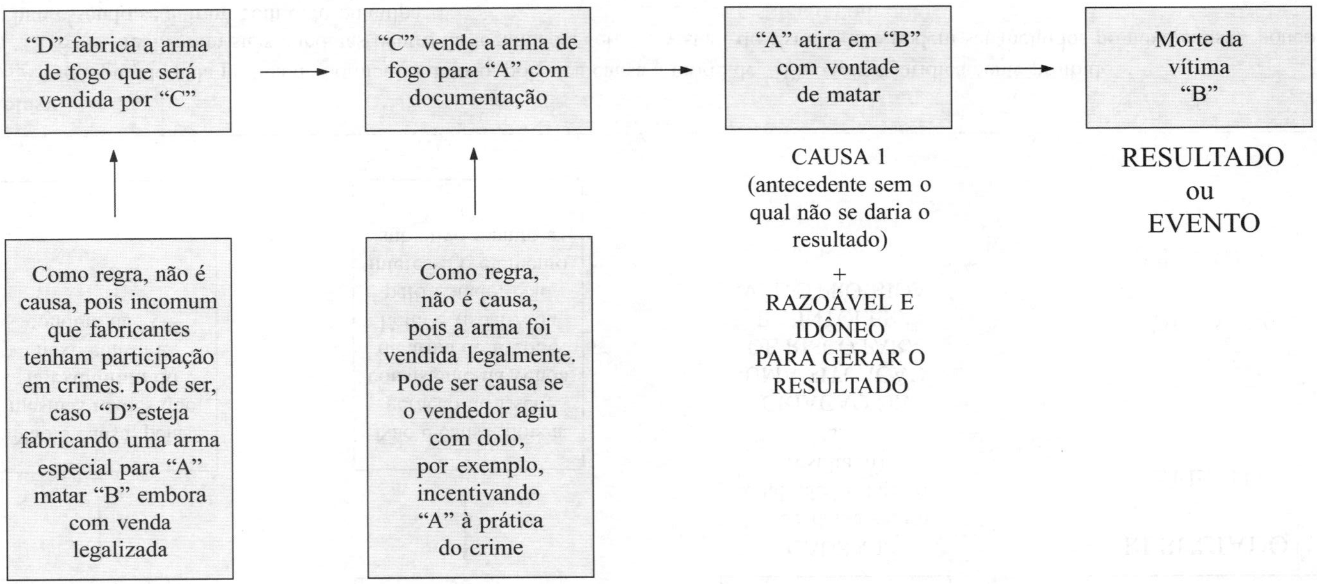

"D" fabrica a arma de fogo que será vendida por "C" → "C" vende a arma de fogo para "A" com documentação → "A" atira em "B" com vontade de matar → Morte da vítima "B"

RESULTADO ou EVENTO

CAUSA 1 (antecedente sem o qual não se daria o resultado)
+
RAZOÁVEL E IDÔNEO PARA GERAR O RESULTADO

Como regra, não é causa, pois incomum que fabricantes tenham participação em crimes. Pode ser, caso "D" esteja fabricando uma arma especial para "A" matar "B" embora com venda legalizada

Como regra, não é causa, pois a arma foi vendida legalmente. Pode ser causa se o vendedor agiu com dolo, por exemplo, incentivando "A" à prática do crime

Notas:
a) "A" será punido criminalmente por homicídio doloso, já que deu causa à morte de "B"
b) "C" e "D", como regra, não serão penalmente responsabilizados, pois não é razoável supor que o vendedor e o fabricante de armas, quando em situação legalizada, tenham alguma participação nos delitos que possam ocorrer com o emprego das armas comercializadas
c) Podem ter suas condutas consideradas como antecedentes causais válidos para sua responsabilização penal, caso se prove que algum deles tenha agido com dolo ou culpa para a ocorrência do resultado "morte"

TEORIA DA IMPUTAÇÃO OBJETIVA

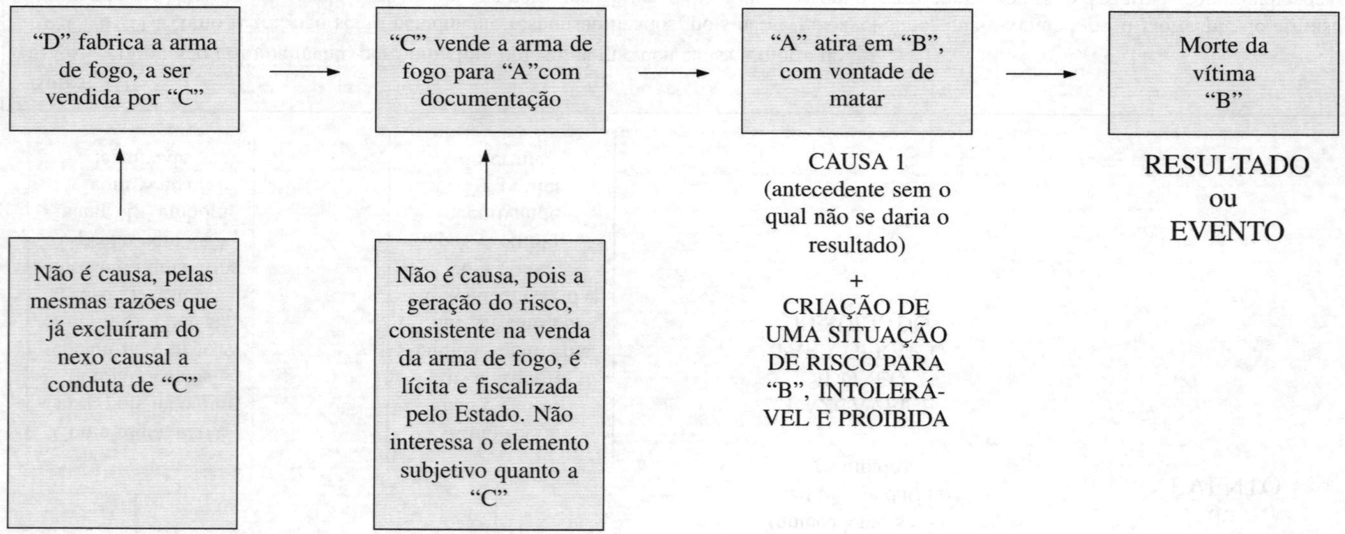

"D" fabrica a arma de fogo, a ser vendida por "C" → "C" vende a arma de fogo para "A" com documentação → "A" atira em "B", com vontade de matar → Morte da vítima "B"

RESULTADO ou EVENTO

CAUSA 1 (antecedente sem o qual não se daria o resultado)
+
CRIAÇÃO DE UMA SITUAÇÃO DE RISCO PARA "B", INTOLERÁVEL E PROIBIDA

Não é causa, pois a geração do risco, consistente na venda da arma de fogo, é lícita e fiscalizada pelo Estado. Não interessa o elemento subjetivo quanto a "C".

Não é causa, pelas mesmas razões que já excluíram do nexo causal a conduta de "C".

Notas:
a) "A" será punido pela prática de homicídio doloso, pois deu causa à morte de "B", o que é juridicamente proibido.
b) "C" e "D" realizaram suas condutas dentro da legalidade, sob "as vistas" do Estado, não podem ser incluídos no nexo causal, pouco interessando se agiram com dolo ou culpa.
c) "C" e "D" somente responderiam criminalmente e suas condutas seriam incluídas no nexo causal, caso fizessem venda e fabrico clandestinos da arma de fogo, pois, nessas situações, criariam um risco intolerável e proibido.

CONCAUSAS: SÃO AS CAUSAS QUE SE UNEM PARA GERAR O RESULTADO

Causa Preexistente

"B" é hemofílico. Ao sofrer a lesão causada pelo tiro, padece de sangramento incontrolável

+

Causa Principal →

"A" desfere um tiro em "B"

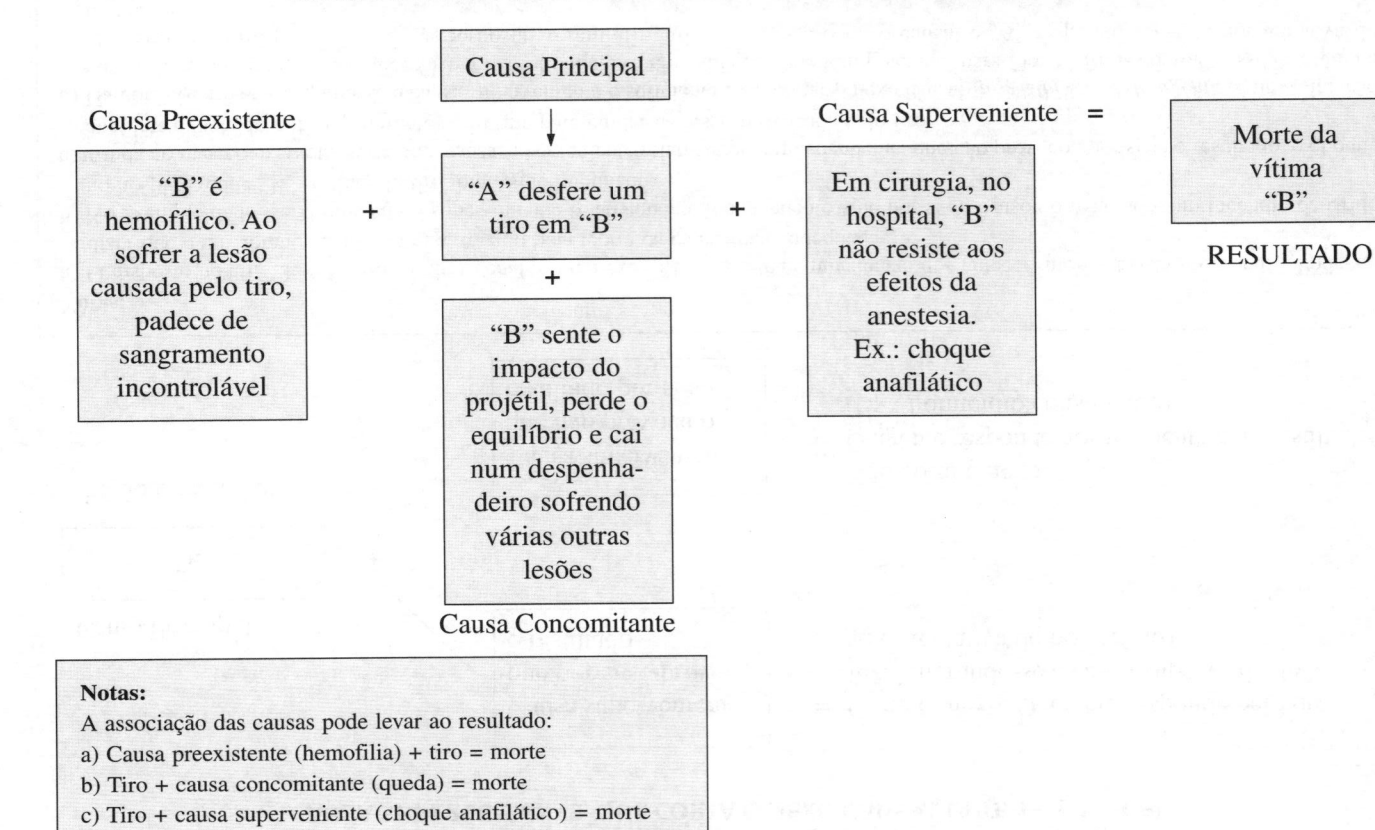

+

"B" sente o impacto do projétil, perde o equilíbrio e cai num despenhadeiro sofrendo várias outras lesões

Causa Concomitante

+

Causa Superveniente =

Em cirurgia, no hospital, "B" não resiste aos efeitos da anestesia.
Ex.: choque anafilático

Morte da vítima "B"

RESULTADO

Notas:
A associação das causas pode levar ao resultado:
a) Causa preexistente (hemofilia) + tiro = morte
b) Tiro + causa concomitante (queda) = morte
c) Tiro + causa superveniente (choque anafilático) = morte

CAUSA SUPERVENIENTE, QUE CORTA O NEXO CAUSAL (ART. 13, § 1.º, CP)

Causa Principal

Tiro

(há dolo para matar)

+

→ Causa superveniente que por si só provoca o resultado = Corta o nexo. O agente responde pelo que fez, ignorando-se a causa superveniente (Ex.: tentativa de homicídio)

→ Causa superveniente que não provoca o resultado por si só = Não corta o nexo. O agente responde normalmente pelo resultado (Ex.: homicídio consumado)

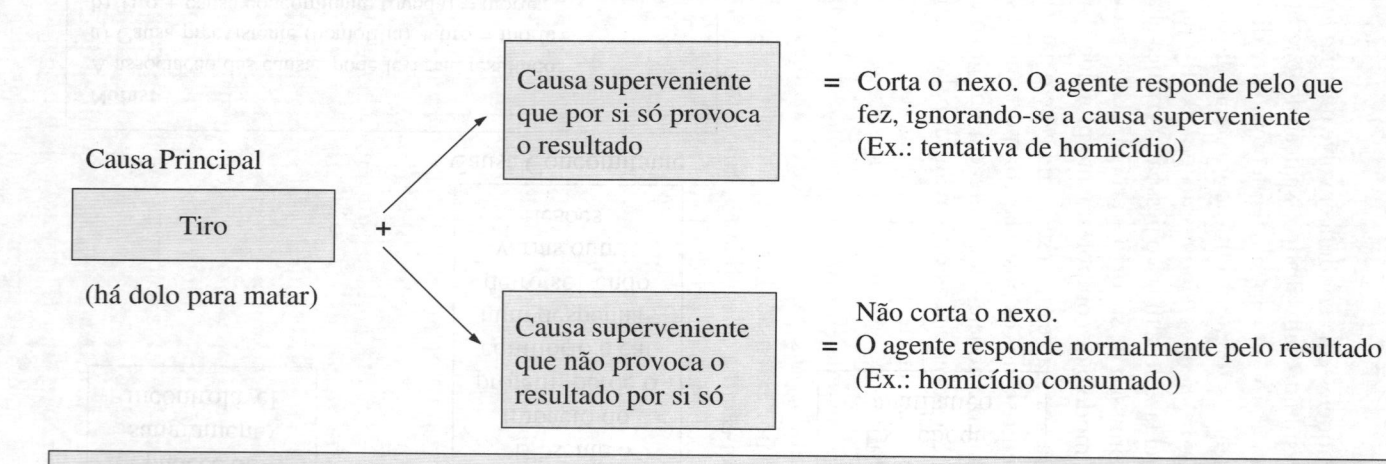

Notas:

a) O disposto no art. 13, § 1.º do Código Penal, é uma exceção à regra da equivalência dos antecedentes, prevista no "caput". Pode-se dizer que é um abrandamento à regra, trazido pela teoria da causalidade adequada.

b) No exemplo dado, seria uma causa superveniente relativamente independente, que por si só causou o resultado, um incêndio ocorrido no hospital, onde "B" se trata do tiro, morrendo queimado.

c) Ainda no mesmo exemplo, seria uma causa superveniente relativamente independente, que não provocou por si só o resultado, o choque anafilático, sofrido por "B", durante a cirurgia para cuidar da lesão provocada pelo tiro.

d) Há dois critérios para apurar se a causa superveniente é suficiente para cortar o nexo causal: *previsibilidade do agente* (é uma situação possível, como regra, de acontecer?) + força individual (é uma situação que tem potencial para tornar vítimas outras pessoas, além de "B", ferido a tiro, por "A"?). Se as respostas forem afirmativas, corta-se o nexo causal e "A" responde somente por tentativa de homicídio

5.3 Relação de causalidade nos crimes omissivos próprios e omissivos impróprios

São delitos omissivos próprios aqueles cuja conduta envolve um *não fazer* típico, que pode – ou não – dar causa a um resultado naturalístico. Na lição de João Bernardino Gonzaga, "o sujeito se abstém de praticar um movimento tendente a obter determinado efeito útil ou deixa de impedir a atuação de forças modificadoras da realidade, possibilitando o surgimento do mal" (*Crimes comissivos por omissão*, p. 250). Exemplo: deixar de prestar assistência, quando possível fazê-lo sem risco pessoal, à criança abandonada ou extraviada configura o delito de omissão de socorro – art. 135, CP – porque o *não fazer* é previsto no tipo penal, como modelo de comportamento proibido.

Conforme Gimbernat Ordeig, "a omissão é uma *espécie* do *gênero* não fazer, espécie que vem caracterizada porque, dentre todos os possíveis comportamentos passivos, selecionam-se (normativamente) somente aqueles que merecem um juízo axiológico negativo: a omissão é um não fazer que *se deveria fazer* ou, em outras palavras, a *diferença específica* da omissão diante do gênero não fazer, ao qual pertence, consiste em um não fazer desvalorado" (*Estudios sobre el delito de omisión*, p. 2, tradução livre).

São crimes omissivos impróprios os que envolvem um *não fazer*, que implica na falta do dever legal de agir, contribuindo, pois, para causar o resultado. Não têm tipos específicos, gerando uma tipicidade por extensão. Para que alguém responda por um delito omissivo impróprio é preciso que tenha o dever de agir, imposto por lei, deixando de atuar, dolosa ou culposamente, auxiliando na produção do resultado. Exemplo: um policial acompanha a prática de um roubo, deixando de interferir na atividade criminosa, propositadamente, porque a vítima é seu inimigo. Responderá por roubo, na modalidade comissiva por omissão.

5.3.1 Natureza jurídica da omissão própria

Há duas posições:

a) *existência normativa*: a omissão não tem existência no plano naturalístico, ou seja, existe apenas no mundo do *dever-ser*, sendo uma abstração. Afirmam alguns que "do nada, nada surge", por isso a existência da omissão é normativa. Somente se pune o agente que nada fez, porque a lei assim determina;

b) *existência física*: a omissão é um trecho do mundo real, embora não tenha a mesma existência física da ação. Trata-se de um fenômeno perceptível aos sentidos humanos. Contrapondo-se à afirmação que "do nada, nada surge", explica Baumann: "A meu juízo, o sofisma da não existência da causalidade da conduta omissiva se baseia sobretudo na circunstância de que à omissão falta evidência. Na ação positiva pode-se sempre observar algo e na omissão não se vê, quase sempre, nada. Se a omissão tornar-se evidente, perde rapidamente terreno a tese segundo a qual *ex nihilo nihil fit*". E continua dizendo que, se alguém deixa descer ladeira abaixo um carrinho de bebê até um obstáculo formado por *A*, caso este, cansado de ser o obstáculo, quando o carrinho se aproxima, deixa-o passar, caindo no precipício, não há dúvida quanto à causalidade da conduta de *A* e a morte do bebê. O mesmo aconteceria se *A* tivesse freado o carrinho com o corpo e depois tivesse saído do lugar (*Derecho penal – Conceptos fundamentales y sistema*, p. 142).

Na realidade, cremos que o Código Penal adotou uma teoria eclética quanto à omissão, dando relevo à existência física, no *caput* do art. 13, tal como diz a Exposição de Motivos ("Pôs-se, portanto, em relevo a ação e a omissão como as duas formas básicas do comportamento humano"), embora concedendo especial enfoque à existência normativa no § 2.º do mesmo artigo.

5.3.2 Significado da expressão penalmente relevante

A omissão que não é típica, vale dizer, quando o não fazer deixa de constar expressamente num tipo penal, somente se torna *relevante* para o direito penal caso o agente tenha o *dever de agir*. Do contrário, não se lhe pode exigir qualquer conduta. Ex.: qualquer do povo que acompanhe a ocorrência de uma agressão *pode* agir para impedir o resultado, mas não é *obrigado*. Daí por que, mesmo que aja assumido o risco de a vítima ferir-se gravemente, não pode ser punido, pois não tinha o dever jurídico de impedir o resultado. A situação é diferente se a pessoa que acompanha a agressão, não agindo de propósito, era o guarda-costas da vítima, contratado para protegê-la. Responderá como partícipe da lesão.

Lembremos, no entanto, que o art. 13, § 2.º, estabelece que "a omissão é penalmente relevante, quando o omitente *devia e podia* agir para evitar o resultado..." (grifamos). Significa que o agente, fisicamente impossibilitado de atuar, não responde pelo delito, ainda que tivesse o dever de agir. Assim, se o vigilante presencia um furto, mas não tem tempo de impedir o resultado porque sofre um desmaio, não será responsabilizado pelo evento.

5.3.3 Dever de agir

O art. 13, § 2.º, *a*, *b* e *c*, do Código Penal enumera as situações em que há o dever de agir por parte do omitente, isto é, quando alguém se torna garante de outra pessoa, motivo pelo qual deve fazer o possível para evitar que esta sofra algum dano, sob pena de responder pelo evento à custa de sua omissão.

5.3.3.1 Dever de agir imposto por lei

A legislação impõe a várias pessoas o dever de cuidar, proteger e vigiar outras, tal como o faz com os pais em relação aos filhos, com os tutores em relação aos tutelados, com os curadores em relação aos curatelados e até mesmo com o administrador de um presídio em relação aos presos. Assim, se um detento está gravemente enfermo e o administrador da cadeia, dolosa ou culposamente, deixa de lhe conferir tratamento adequado, pode responder por homicídio.

Convém mencionar a explicação de Luiz Luisi: "Neste dispositivo o nosso legislador se referiu não apenas a lei, mas especificou os deveres de cuidado, proteção e de vigilância, e adotando essa redação não se limitou a chamada teoria formal, mas acolheu a teoria das fontes. Trata-se de deveres que são impostos pela ordem jurídica *lato sensu*. Não são apenas obrigações decorrentes de lei em sentido estrito, mas de qualquer disposição que tenha eficácia de forma a poder constituir um vínculo jurídico. É o caso dos decretos, dos regulamentos, das portarias, e mesmo das sentenças judiciais e provimentos judiciários em geral, e até de ordem legítima de autoridade hierarquicamente superior. Podem tais deveres, outrossim, derivar de norma penal, como de norma extrapenal, tanto de direito público como de direito privado" (*Os princípios constitucionais penais*, p. 108).

5.3.3.2 Dever de agir de quem assumiu a responsabilidade de evitar o resultado

É o dever decorrente de negócios jurídicos ou de relações concretas da vida. No primeiro caso, o vigia contratado para tomar conta das casas de um determinado condomínio não pode ficar inerte ao acompanhar a ocorrência de um furto. Se agir dolosamente, responderá pelo crime contra o patrimônio tal como os agentes da subtração. No segundo, se alguém assume, por promessa, a posição de *garante* (ou garantidor) da segurança alheia, fica obrigado a interferir caso essa segurança fique comprometida. No tradicional exemplo da doutrina do exímio nadador que convida o amigo para uma travessia, prometendo-lhe ajuda, em caso de emergência, fica obrigado a intervir se o inexperiente nadador começar a se afogar.

5.3.3.3 Dever de agir por ter gerado o risco

É o dever surgido de ação precedente do agente, que deu causa ao aparecimento do risco. Exemplo: alguém joga outro na piscina, por ocasião de um trote acadêmico, sabendo que a vítima não sabe nadar. Fica obrigado a intervir, impedindo o resultado trágico, sob pena de responder por homicídio.

📌 PONTOS RELEVANTES PARA DEBATE

Deixar o agressor morrer depois de se defender constitui crime?

"A", depois de rechaçar uma ação ilícita, lesionando seu agressor "B", permite que ele morra sangrando, responde por um delito de omissão imprópria (homicídio) ou somente por omissão de socorro?

Ao se defender de uma agressão injusta, "A" praticou um ato lícito (desde que, valendo-se dos meios necessários, moderadamente). A partir disso, surge o dever de solidariedade, imposto pelo art. 135 do CP (omissão de socorro), para salvar vidas. Portanto, deve responder por omissão de socorro.

Não cabe inserir "A" na figura do homicídio (doloso ou culposo), com base no art. 13, § 2.º, *c*, do Código Penal (com seu comportamento anterior, criou o risco da ocorrência do resultado), pois quem se defende não está *gerando* um risco inaceitável (objeto do art. 13, § 2.º, *c*, CP); ao contrário, produz um risco perfeitamente lícito, pois se encontra na defesa de seu direito.

A doutrina alemã se divide nessa questão. Pela omissão imprópria (homicídio): Kaufmann/Hassemer; Welp; Herzberg; Baumann/Weber; Sonnen; Maurach/Gössel. Pela omissão própria (omissão de socorro): Rudolphi; Pfleiderer; Schünemann; Stratenwerth; Schmidhäuser; Otto/

Brammsen; Roxin; Bockelmann; Gallas; Freund; Wessels; Stree; Köhler (Gimbernat Ordeig, *Estudios sobre el delito de omisión*, p. 273).

Pais e filhos maiores de 18 anos como garantidores da segurança recíproca

Entre os pais e os filhos maiores de idade existe uma relação de garantia ou não? É certo que o pai deve zelar pelo filho pequeno, cuidando, protegendo e vigiando, nos termos do art. 13, § 2.º, *a*, do Código Penal.

A partir do momento em que o filho completa 18 anos, não mais subsiste o poder familiar. Nenhuma ascendência legal tem o pai no tocante ao filho. Por isso, não vemos como poderia o pai continuar garante da segurança do filho, que pode fazer o que bem entende. Por outro lado, também não se torna o filho o garante da segurança do pai. O preceituado pelo art. 229 da Constituição Federal ("os pais têm o dever de assistir, criar e educar os filhos menores, e os filhos maiores têm o dever de ajudar e amparar os pais na velhice, carência ou enfermidade") é uma norma de apoio e assistência, a realizar-se no âmbito civil (pagamento de pensão, por exemplo). Não traz nenhum comando pertinente à função de garante, pois não se fala em cuidar, proteger ou vigiar.

Entretanto, como adverte Gimbernat Ordeig, diferentes respostas são encontradas na doutrina e na jurisprudência, abrangendo avós e netos, irmãos, tios e sobrinhos etc. Outra dúvida, se houver uma posição de garante, o dever de evitar o resultado se limitaria aos bens jurídicos mais relevantes, como vida, liberdade e integridade física ou também outros, como a propriedade? (*Estudios sobre el delito de omisión*, p. 277). Como não acolhemos a posição de garante nessas hipóteses, é irrelevante o bem jurídico a ser protegido.

A posição de garante como fruto de outros relacionamentos de afetividade

Além da família natural, existem outros relacionamentos propensos a gerar a ligação afetiva entre pessoas, tais como casamento, união estável, cônjuges separados de fato, amigos íntimos etc.

Decorrente de tais vínculos afetivos, emerge a posição de garante?

Não nos parece exista o dever de impedir o resultado, nos moldes preconizados pelo art. 13, § 2.º, do Código Penal, tendo em vista que companheiros ou cônjuges, entre outros, não têm o dever jurídico de cuidar, proteger ou vigiar o outro.

Companheiros e cônjuges têm o dever de assistência mútua, mas não são *crianças*, que dependam de cuidados, proteção ou vigilância. Quanto a outros relacionamentos, como amizades íntimas, nem mesmo o dever de assistência mútua existe.

Envenenamento e navalhada como causas da morte

"Se 'A' coloca veneno em um alimento de 'X' e 'B' lhe crava a navalha, a autópsia somente pode determinar que a morte de X se deveu, com 99% de probabilidades, à ingestão do veneno, mas não pode descartar a possibilidade de 1% de que a morte tenha decorrido do apunhalamento; a solução é aplicar tanto a 'A' quanto a 'B' um delito contra a vida em grau de tentativa; não se pode condenar 'A' por um tipo que requer *ter matado alguém* quando existe uma mínima possibilidade que não tenha sido 'A' quem matou" (Gimbernat Ordeig, *Estudios sobre el delito de omisión*, p. 285).

Não podemos discordar da conclusão do autor, desde que "A" e "B" não estejam juntos, com unidade de propósitos, para matar "X". Se estiverem, conseguiram o almejado, pouco importando por qual meio. Respondem por homicídio consumado. Caso eles não estejam atuando juntos, cada qual responde por tentativa de homicídio.

No entanto, esse laudo pericial, se apresentado desse modo (99% e 1%), seria uma raridade; talvez, possa existir em um país desenvolvido. No Brasil, o laudo, nesse caso, diria certamente, quando muito bem realizado, que a navalhada e a ingestão do veneno levaram à morte da vítima. Logo, ambos terminariam respondendo por homicídio consumado em autoria colateral.

6. CONCEITO DE TIPICIDADE E EXCLUDENTES

É a adequação do fato ao tipo penal, ou, em outras palavras, é o fenômeno representado pela confluência dos tipos concreto (fato do mundo real) e abstrato (fato do mundo normativo).

Há, ainda, a denominada *tipicidade por extensão*, que é a aplicação conjunta do tipo penal incriminador, previsto na Parte Especial do Código Penal, com uma norma de extensão, prevista na Parte Geral, tendo por finalidade construir a tipicidade de determinado delito. É o que se dá com a tentativa. Não há, na Parte Especial, como regra, a descrição de crime tentado. Para a construção da tipicidade da tentativa é imprescindível a união entre o tipo incriminador com a norma prevista no art. 14, II, do Código Penal. Assim, a tentativa de roubo tem a seguinte tipicidade: art. 157, *caput*, combinando com art. 14, II, do Código Penal.

Quanto às excludentes de tipicidade, dividem-se em legais (expressamente previstas em lei) e supralegais (implicitamente previstas em lei). Como exemplos de excludentes legais, podemos citar: a) crime impossível (art. 17); b) intervenção médico-cirúrgica e impedimento de suicídio (art. 146, § 3.º); c) retratação no crime de falso testemunho (art. 342, § 2.º); d) anulação do primeiro casamento no crime de bigamia (art. 235, § 2.º).

Registremos que as excludentes de tipicidade legalmente previstas não estão agrupadas em um único artigo e, por vezes, acabam aparentando ser causa de extinção da punibilidade. Exemplo desta última é a retratação do agente no crime de falso testemunho. A lei menciona ser causa extintiva da punibilidade (art. 107, VI, CP), mas, na essência, é causa de extinção da tipicidade, pois diz o art. 342, § 2.º, que o *fato* deixa de ser punível – e não o agente. Ora, se é o fato a ser excluído, logo, não mais se fala em tipicidade.

Por outro lado, existem as excludentes supralegais, que afastam a tipicidade, embora não estejam expressamente previstas no Código Penal, como ocorre com a adequação social e a insignificância. Confira-se nesse prisma: "Paralelamente à descriminalização legislativa, assume papel significativo o reconhecimento dos princípios da adequação social e da insignificância, formas judiciais de descriminalização fática. A adequação social exclui desde logo a conduta em exame do âmbito de incidência do tipo, situando-se entre os comportamentos normalmente permitidos, isto é, materialmente atípicos. (...) O princípio da insignificância, por seu turno, equivale à desconsideração típica pela não materialização de um prejuízo efetivo, pela existência de danos de pouquíssima importância" (Sérgio Salomão Shecaira e Alceu Corrêa Junior, *Teoria da pena*, p. 155).

6.1 Adequação social

Com relação à adequação social, pode-se sustentar que uma conduta aceita e aprovada consensualmente pela sociedade, ainda que não seja causa de justificação, pode ser considerada não lesiva ao bem jurídico tutelado. É o caso da colocação do brinco, algo tradicionalmente aceito, como meta de embelezamento, embora se possa cuidar de lesão à integridade física.

Parece-nos que a *adequação social* é, sem dúvida, motivo para exclusão da tipicidade, justamente porque a conduta consensualmente aceita pela sociedade não se ajusta ao modelo legal incriminador, tendo em vista que este possui, como finalidade precípua, proibir condutas que firam bens jurídicos tutelados. Ora, se determinada conduta é acolhida como socialmente adequada deixa de ser considerada lesiva a qualquer bem jurídico, tornando-se um indiferente penal.

A evolução do pensamento e dos costumes, no entanto, é o fator decisivo para a verificação dessa excludente de tipicidade. Atualmente, não mais se considera lesão corporal a utilização de tatuagem, por exemplo. Houve tempo, entretanto, que referida prática chocava a sociedade. Confira-se na lição de Moniz de Aragão: "O uso de *tatuagem* ('cicatrizes ideográficas, como define Lacassagne, coradas pela introdução de partículas corantes nas malhas do tecido subepidérmico'), tão frequente entre os criminosos, está também ligado a essa insensibilidade física, a essa percepção menor das sensações dolorosas: é uma consequência, talvez uma prova mesmo da analgesia e disvulnerabilidade dos delinquentes. 'Em 142 criminosos examinados por mim, informa Lombroso, cinco traziam tatuagens na verga; um desenhara aí uma cabeça de mulher, disposta de modo que a boca era formada pela extremidade do meato urinário, sobre o dorso da verga estavam figuras as armas do Rei; outro aí pintou as iniciais de sua amante, outro um ramalhete de flores. Estes fatos provam uma falta absoluta de pudor, e, mais ainda, uma estranha insensibilidade, porque não há região mais sensível à dor...'. E conforme o mestre italiano, é principalmente atávico o impulso que leva os malfeitores a esse hábito singular, tão generalizado entre os selvagens" (*As três escolas penais*: clássica, antropológica e crítica – Estudo comparativo, p. 145).

Vale mencionar, ainda, para ilustrar como se expressa a adequação social, o seguinte exemplo, extraído da Espanha: "A violência culturalmente aceita adota diversas formas de manifestar-se, fora das quais, esta mesma violência não é tolerada. Um claro exemplo disso encontramos nas lutas com touros na Espanha: é um fato culturalmente aceito a tortura e morte de um touro em uma arena; no entanto, não é culturalmente aceita a violência dirigida contra o mesmo animal fora deste contexto (suponhamos atiradores disparando no animal em campo aberto)" (Margarita Beceiro Caneiro, Las dimensiones de la violencia: hacia uma tipología de la conducta antisocial, La mente criminal, p. 55, traduzi).

Em suma, "a adequação social ainda é útil instrumento do arsenal hermenêutico a ser utilizado para a superação do positivismo, o qual, de qualquer forma, isoladamente, não raro, mostra-se como fator gerador de injustiça" (Renato de Mello Jorge Silveira, *Fundamentos da adequação social em direito penal*, p. 404).

6.2 Insignificância

Com relação à insignificância (crime de bagatela), sustenta-se que o direito penal, diante de seu caráter subsidiário, funcionando como *ultima ratio*, no sistema punitivo, não se deve ocupar de bagatelas. Há várias decisões de tribunais pátrios, absolvendo réus por considerar que ínfimos prejuízos a bens jurídicos não devem ser objeto de tutela penal, como ocorre nos casos de "importação de mercadoria proibida" (contrabando), tendo por objeto material coisas de insignificante valor, trazidas por sacoleiros do Paraguai. Outro exemplo é o furto de coisas insignificantes, tal como o de uma azeitona, exposta à venda em uma mercearia. Ressalte-se que, no campo dos tóxicos, há polêmica, quanto à adoção da tese da insignificância: ora a jurisprudência a aceita; ora, rejeita-a.

Há três regras, que devem ser seguidas, para a aplicação do princípio da insignificância:

1.ª) consideração do valor do bem jurídico em termos concretos.

É preciso certificar-se do efetivo valor do bem em questão, sob o ponto de vista do agressor, da vítima e da sociedade. Há determinadas coisas, cujo valor é ínfimo sob qualquer perspectiva (ex.: um clipe subtraído de uma folha de papel não representa ofensa patrimonial relevante em universo algum). Outros bens têm relevo para a vítima, mas não para o agressor (ex.: uma peça de louça do banheiro de um barraco pode ser significativa para o ofendido, embora desprezível para o agressor). Neste caso, não se aplica o princípio da insignificância. Há bens de relativo valor para agressor e vítima, mas muito acima da média do poder aquisitivo da sociedade (ex.: um anel de brilhantes pode ser de pouca monta para pessoas muito ricas, mas é coisa de imenso valor para a maioria da sociedade). Não se deve considerar a insignificância. Registre-se, no STJ, o advento da *Súmula 589*: "É inaplicável o princípio da insignificância nos crimes ou contravenções penais praticados contra a mulher no âmbito das relações domésticas";

2.ª) consideração da lesão ao bem jurídico em visão global.

A avaliação do bem necessita ser realizada em visão panorâmica e não concentrada, afinal, não pode haver excessiva quantidade de um produto, unitariamente considerado insignificante, pois o total da subtração é capaz de atingir valor elevado (ex.: subtrair de um supermercado várias mercadorias, em diversas ocasiões, pode figurar um crime de bagatela numa ótica individualizada da conduta, porém, visualizando-se o total dos bens, atinge-se valor relevante).

Além disso, deve-se considerar a pessoa do autor, pois o princípio da insignificância não pode representar um incentivo ao crime, nem tampouco constituir uma autêntica imunidade ao criminoso habitual. O réu reincidente, com vários antecedentes, mormente se forem considerados específicos, não pode receber o benefício da atipicidade por bagatela. Seria contraproducente e dissociado do fundamento da pena, que é a ressocialização do agente. A reiteração delituosa, especialmente dolosa, não pode contar com o beneplácito estatal.

Em contrário, afirma Paulo Queiroz que, por "traduzir um problema de tipicidade, e não de individualização judicial da pena, o princípio da insignificância deve ser reconhecido independentemente da existência de maus antecedentes, reincidência ou continuidade delitiva" (*Curso de direito penal*, v. 1, p. 88).

Sob uma análise restrita da tipicidade, adotando-se um ângulo exclusivamente técnico, poder-se-ia concordar com tal assertiva. Entretanto, o princípio da insignificância não encontra previsão legal, mas é uma criação doutrinária, assimilada pela jurisprudência. Desse modo, nada impede que sejam construídos requisitos especiais para se adotar em relação ao reconhecimento dessa forma de exclusão da tipicidade. O reincidente, que tornou a furtar, por exemplo, ainda que tenha subtraído algo que, pelo valor, possa espelhar insignificância, deve ter a sua conduta mais severamente apurada. Se ele subtrai um alfinete de alguém, pode-se acolher a tese da bagatela, mas se furta um rádio de pilha, mesmo que possa simbolizar algo insignificante, não *merece* ter a sua conduta desconsiderada para efeitos de tipificação. O mesmo se dá com quem subtrai várias pequenas coisas, de valor individual ínfimo, mas que, devido à continuidade delitiva, evidencia dano patrimonial considerável. Note-se que, no cenário do crime continuado, o delinquente habitual não *merece* o benefício, embora se possa dizer que foram preenchidos os requisitos do art. 71 do Código Penal. No contexto da insignificância, dá-se idêntica interpretação.

3.ª) consideração particular aos bens jurídicos imateriais de expressivo valor social.

Há diversos bens, penalmente tutelados, envolvendo o interesse geral da sociedade, de modo que não contêm um valor específico e determinado. O meio ambiente, por exemplo, não possui valor traduzido em moeda ou em riqueza material. Diga-se o mesmo da moralidade administrativa ou do respeito aos mortos, dentre outros. Portanto, ao analisar o crime, torna-se essencial enquadrar o bem jurídico sob o prisma social merecido.

Não se quer com isso sustentar a inviabilidade total de aplicação da insignificância para delitos, cujo bem jurídico é de interesse da sociedade. O ponto de relevo é dar o devido enfoque a tais infrações penais, tendo cuidado para aplicar o princípio ora examinado. Ilustrando, um policial, que receba R$ 10,00 de propina para não cumprir seu dever, permite a configuração do crime de corrupção passiva, embora se possa dizer que o valor dado ao agente estatal é ínfimo. Nesse caso, pouco importa se a corrupção se deu por dez reais ou dez mil reais. Afinal, o cerne da infração penal é a moralidade administrativa.

De outra sorte, fisgar um único peixe, em lago repleto deles, embora proibido, permite a figuração da bagatela, ainda que se trate de delito ambiental.

Mais detalhes são expostos em nosso *Princípios constitucionais penais e processuais penais*.

Acesse e escute o podcast sobre Crime de bagatela.

> http://uqr.to/1yohq

🔖 PONTO RELEVANTE PARA DEBATE

Bagatela imprópria

Em nosso entendimento, inexiste no ordenamento jurídico-penal brasileiro.

Há quem sustente ser a bagatela imprópria uma alternativa ao julgador que, não podendo reconhecer a autêntica insignificância do delito (que exclui a tipicidade), terminaria por absolver, sem fixar pena. Em verdade, quer-se aplicar uma espécie de perdão judicial. Entretanto, para que o fato típico, antijurídico e culpável deixe de ser apenado, torna-se imperiosa a participação do legislador. Perdão não se concede a bel-prazer do magistrado, pois as suas hipóteses estão claramente tuteladas em lei.

Buscar associar a tal *bagatela imprópria* com ensinamentos funcionalistas, que propõem um conceito de culpabilidade eivado de política criminal – ser a pena útil ou não para a prevenção de crimes – não é compatível com a tradicional conceituação de culpabilidade existente no Brasil. Porém, o STJ já aceitou a tese, de modo que não se pode simplesmente ignorá-la. Resta conhecer os requisitos indispensáveis para se conceber que, apesar de ter havido um crime, a pena se torna desnecessária. Sem a clareza de tais requisitos, a insegurança jurídica cresce e não se sabe, ao certo, quando o Judiciário, mesmo reconhecendo a existência de um delito, resolve aplicar a pena.

📄 SÍNTESE

Tipicidade: é a adequação do fato ao tipo.

Tipo: é o modelo legal de conduta, podendo ser incriminador (prevê conduta proibida), permissivo (prevê conduta autorizada) e devido (prevê conduta obrigatória, art. 13, § 2.º, CP).

Conduta: é a ação ou omissão voluntária e consciente, que movimenta o corpo humano, com uma finalidade (finalismo); é a ação ou omissão voluntária e consciente, que movimenta o corpo humano (causalismo).

Resultado: é a lesão ao bem ou interesse protegido pela norma, realizando-se no campo do dever-ser (teoria do resultado jurídico); é a lesão ao bem ou interesse protegido pela norma, provocando alguma alteração no mundo naturalístico (teoria do resultado naturalístico).

Nexo causal: é o liame entre a conduta e o resultado, que faz nascer o fato típico.

Equivalência dos antecedentes: é a teoria de relação de causalidade, adotada pelo Código Penal, determinando que é causa do resultado toda ação ou omissão sem a qual o evento não se produziria.

Adequação social: é excludente supralegal de tipicidade, consistente em considerar penalmente irrelevante uma conduta aceita e aprovada socialmente, logo, não apta a gerar lesão ao bem jurídico tutelado.

Insignificância: é excludente supralegal de tipicidade, demonstrando que lesões ínfimas ao bem jurídico tutelado não são suficientes para, rompendo o caráter subsidiário do Direito Penal, tipificar a conduta.

Capítulo XIV
Elementos Subjetivos do Crime: Dolo e Culpa

1. CONCEITO DE DOLO

Depende da teoria adotada: a) é a vontade consciente de praticar a conduta típica (visão *finalista* – é o denominado *dolo natural*); b) é a vontade consciente de praticar a conduta típica, acompanhada da consciência de que se realiza um ato ilícito *(visão causalista* – é o denominado *dolo normativo*). Entre estas duas teorias encontra-se a mais expressiva diferença conceitual para o dolo: possuir ou não a consciência da ilicitude.

Preferimos o conceito finalista de dolo, ou seja, é a vontade consciente de realizar a conduta típica. Estamos convencidos de que todas as questões referentes à consciência ou à noção da ilicitude devem ficar circunscritas à esfera da culpabilidade. Quando o agente atua, basta que objetive o preenchimento do tipo penal incriminador, pouco importando se ele sabe ou não que realiza algo proibido. Portanto, aquele que mata alguém age com dolo, independentemente de acreditar estar agindo corretamente (como o faria o carrasco nos países que possuem pena de morte).

Lembremos que há pessoas, com falsa percepção da realidade onde estão inseridas, podendo agir com vontade de praticar o tipo penal, mas convencidas de que fizeram algo certo, não significando, pois, que agiram sem dolo.

Agir dolosamente, vale dizer, com vontade de concretizar a conduta típica, é atribuível a qualquer ser humano, pois se trata de uma apreciação do conteúdo do tipo penal no círculo dos pensamentos da pessoa individual e no ambiente do agente, marchando na mesma direção e sentido que a valoração legal (cf. Bustos Ramírez, *Obras completas*, v. I, p. 827). Noutros termos, o tipo do art. 121, *caput*, do Código Penal prevê: *matar alguém*. No plano concreto, o agente A quer eliminar a vida de B; age, pois, com dolo, na exata medida em que seus pensamentos coincidem, com perfeição, à descrição típica formulada em lei.

2. DISTINÇÃO ENTRE DOLO GENÉRICO E DOLO ESPECÍFICO

A doutrina tradicional costuma fazer diferença entre o dolo genérico, que seria a vontade de praticar a conduta típica, sem qualquer finalidade especial, e o dolo específico, que seria a mesma vontade, embora adicionada de uma especial finalidade. Dessa forma, nos crimes contra a honra, não bastaria ao agente divulgar fato ofensivo à reputação de alguém para se configurar a difamação, sendo indispensável que agisse com dolo específico, ou seja, a especial intenção de difamar, de conspurcar a reputação da vítima.

Outra parcela da doutrina costuma, atualmente, utilizar apenas o termo *dolo* para designar o *dolo genérico* e *elemento subjetivo do tipo específico* para definir o *dolo específico*.

Alguns autores, ainda, apreciam a denominação *elemento subjetivo do injusto* ou *elemento subjetivo do ilícito* para compor o universo das específicas finalidades que possui o agente para atuar. Entendemos ser desnecessária essas últimas duas denominações, bastando considerar a existência do dolo e de suas finalidades específicas, que constituem o elemento subjetivo específico, podendo ser explícito ou implícito.

O elemento subjetivo do tipo específico é explícito quando se pode constatar a sua presença no tipo penal (subtrair coisa alheia móvel *para si ou para outrem*, como no furto). É implícito quando, embora no tipo, não seja visível de pronto (é o caso dos crimes contra a honra, servindo o exemplo supramencionado da difamação; não há no tipo a especial vontade de prejudicar a reputação, o que se exige na prática).

3. CARACTERÍSTICAS DO DOLO

São as seguintes: a) *abrangência*: o dolo deve envolver todos os elementos objetivos do tipo; b) *atualidade*: o dolo deve estar presente no momento da ação, não existindo dolo subsequente, nem dolo antecedente; *c) possibilidade de influenciar o resultado*: é indispensável que a vontade do agente seja capaz de produzir o evento típico. Na lição de Welzel, "a vontade impotente não é um dolo relevante de um ponto de vista jurídico penal" (*Derecho penal alemán,* p. 221-222). E ainda: "A vontade de realização do tipo objetivo pressupõe a possibilidade de *influir no curso causal*, pois tudo o que estiver fora da possibilidade de influência concreta do agente pode ser desejado ou esperado, mas não significa querer realizá-lo. Somente pode ser objeto da norma jurídica algo que o agente possa realizar ou omitir" (Cezar Roberto Bitencourt, *Erro de tipo e de proibição*, p. 27).

4. CONCEITO DE DOLO DIRETO

É a vontade do agente dirigida especificamente à produção do resultado típico, abrangendo os meios utilizados para tanto. Exemplo: o agente quer subtrair bens da vítima, valendo-se de grave ameaça. Dirigindo-se ao ofendido, aponta-lhe um revólver, anuncia o assalto e carrega consigo os bens encontrados em seu poder. A vontade se encaixa com perfeição ao resultado. É, também, denominado *dolo de primeiro grau*.

4.1 Dolo direto de primeiro grau e dolo direto de segundo grau

O dolo direto de primeiro grau é a intenção do agente, voltada a determinado resultado, efetivamente perseguido, abrangendo os meios empregados para tanto (ex.: o atirador, almejando a morte da vítima, desfere-lhe certeiro e fatal tiro); o dolo direto de segundo grau, também denominado de *dolo de consequências necessárias, dolo necessário* ou *dolo mediato*, é a intenção do agente, voltada a determinado resultado, efetivamente desejado, embora, na utilização dos meios para alcançá-lo, termine por incluir efeitos colaterais, praticamente certos. O agente não persegue os efeitos colaterais, mas tem por certa a sua ocorrência, caso se concretize o resultado almejado. O exemplo é do matador que, pretendendo atingir determinada pessoa, situada em lugar público, planta uma bomba, que, ao detonar, certamente matará outras pessoas ao redor. Ainda que não queira atingir essas outras vítimas, tem por certo o resultado, caso a bomba estoure como planejado.

Diferencia-se do dolo eventual, porque neste caso o agente não persegue o resultado típico atingido e a sua vontade, portanto, está configurada mais debilmente. Não quer o autor determinado objetivo, mas somente *assume o risco* que ocorra (Roxin, *Derecho penal – Parte general*, t. I, p. 415-416 e 423-424).

Para a doutrina italiana, o dolo divide-se em *dolo intencional*, que é o dolo direto de 1.º grau, *dolo direto*, que é o dolo direto de 2.º grau, e, finalmente, *dolo eventual ou indireto*, exatamente como se denomina no Brasil (cf. Paolo Veneziani, *Motivi e colpevolezza*, p. 122).

5. CONCEITO DE DOLO INDIRETO OU EVENTUAL

É a vontade do agente dirigida a um resultado determinado, porém vislumbrando a possibilidade de ocorrência de um segundo resultado, não desejado, mas admitido, unido ao primeiro. Por isso, a lei utiliza o termo "assumir o risco de produzi-lo". Nesse caso, de situação mais complexa, o agente não quer o segundo resultado diretamente, embora sinta que ele pode se materializar juntamente com aquilo que pretende, o que lhe é indiferente.

Exemplo: *A* está desferindo tiros contra um muro, no quintal da sua residência (resultado pretendido: dar disparos contra o muro), vislumbrando, no entanto, a possibilidade de os tiros vararem o obstáculo, atingindo terceiros que passam por detrás. Ainda assim, desprezando o segundo resultado (ferimento ou morte de alguém), continua a sua conduta. Caso atinja, mortalmente, um passante, responderá por homicídio doloso (dolo eventual). É o denominado *dolo de segundo grau*. Sobre o dolo eventual, ensina José de Faria Costa que "o não querer aqui avançado nada tem de afirmação positiva da vontade, pretendendo antes expressar a atitude psíquica da passividade com que o agente encara o resultado. Certo é também, cumpre dizê-lo, que o agente sempre poderia dizer não. Sucede que não o faz porque a vontade de praticar a ação principal como que arrasta no seu halo a sujeição à passividade psíquica no que toca ao resultado possível.

O que vale por afirmar: o agente *quer* a ação principal e como que é conivente, diríamos por omissão, com as ações acessórias tão só eventualmente representadas" (*Tentativa e dolo eventual*, p. 46).

Extrai-se o dolo eventual, na grande maioria dos casos, da situação fática desenhada e não da mente do agente, como seria de se supor. Nesse sentido, conferir o preciso relato do Ministro Felix Fischer: "O dolo eventual não é, na verdade, extraído da mente do autor, mas, sim, das circunstâncias... Por exemplo, dizer-se que o fogo não mata porquanto existem pessoas com cicatrizes de queimaduras, *data venia*, não é argumento válido nem no *judicium causae*... Todos, desde cedo, independentemente do grau de instrução, sabem que brincar com fogo é muito perigoso. O fogo pode matar... Além do mais, se fogo não mata, então o que dizer do tipo previsto no art. 121, § 2.º, III ('fogo') do Código Penal? Desnecessário responder!" (STJ, REsp 192.049/DF, 5.ª T., 09.02.1999, m.v., *DJU* 01.03.1999). Embora proferido na década de 1990, continua a ser um marco na avaliação judicial do dolo eventual.

> ### ⚡ PONTO RELEVANTE PARA DEBATE
>
> | A presença do dolo eventual nos graves crimes de trânsito
>
> Tem sido posição adotada, atualmente, na jurisprudência pátria considerar a atuação do agente, em determinados delitos cometidos no trânsito, não mais como culpa consciente (consultar o item 9 infra), e sim como dolo eventual. As inúmeras campanhas realizadas, demonstrando o perigo da direção perigosa e manifestamente ousada, são suficientes para esclarecer os motoristas da vedação legal de certas condutas, tais como o racha, a direção em alta velocidade, sob embriaguez, entre outras.
>
> Se, apesar disso, continua o condutor do veículo a agir dessa forma nitidamente arriscada, estará demonstrando seu desapego à incolumidade alheia, podendo responder por delito doloso. Exemplo extraído da jurisprudência: "A conduta social desajustada daquele que, agindo com intensa reprovabilidade ético-jurídica, participa, com o seu veículo automotor, de inaceitável disputa automobilística realizada em plena via pública, nesta desenvolvendo velocidade exagerada – além de ensejar a possibilidade de reconhecimento de dolo eventual inerente a esse comportamento do agente –, ainda justifica a especial exasperação da pena, motivada pela necessidade de o Estado responder, grave e energicamente, à atitude de quem, em assim agindo, comete os delitos de homicídio doloso e de lesões corporais" (STF, HC 71.800-1/RS, 1.ª T., rel. Celso de Mello, *DJ* 20.06.1995, *RT* 733/478, embora antigo foi um marco à época para definir o dolo eventual nos crimes de trânsito).
>
> É tênue a linha divisória entre a culpa consciente e o dolo eventual. Em ambos o agente prevê a ocorrência do resultado, mas somente no dolo o agente admite a possibilidade de o evento acontecer. Na culpa consciente, ele acredita sinceramente que conseguirá evitar o resultado, ainda que o tenha previsto. Muitos ainda acreditam que, no contexto do trânsito, prevalece a culpa consciente, pois o agente não acredita que irá causar um mal tão grave. A solução, realmente, não é fácil, dependendo, em nosso ponto de vista, do *caso concreto* e das circunstâncias que envolvem o crime. Ver o item 13 adiante, a respeito da diferença entre dolo eventual e culpa consciente.

6. EXIGIBILIDADE DO DOLO DIRETO E DO DOLO EVENTUAL

A lei não faz distinção entre o dolo direto e o eventual para fins de tipificação e de aplicação da pena. Por isso, o juiz poderá fixar a mesma pena para quem agiu com dolo direto e para quem atuou com dolo eventual. Em regra, já que os tipos penais que nada falam a respeito do elemento subjetivo do delito são dolosos (ex.: "matar alguém" – art. 121, CP, onde nada se diz acerca do dolo), pode-se aplicar tanto o direto, quanto o indireto.

Excepcionalmente, quando a lei exigir unicamente o dolo direto, tal circunstância vem claramente definida no tipo penal, como se pode observar, ilustrando, no tipo da denunciação caluniosa ("crime de que o *sabe* inocente"), do art. 339 do Código Penal.

Acesse e assista ao vídeo sobre Dolo direto e dolo eventual.
> http://uqr.to/1yohr

7. OUTRAS CLASSIFICAÇÕES DO DOLO

Cremos que a única e efetiva diferença concentra-se no dolo direto e eventual. As demais não apresentam efetiva utilidade. Menciona-se, no entanto, ainda, a seguinte divisão:

a) *dolo alternativo*, que significa querer o agente, indiferentemente, um resultado ou outro. Não se trata, como alerta Maurach, de uma forma independente de dolo, mas sim de uma aplicação das regras pertinentes à congruência dos tipos objetivos e subjetivos (*Derecho penal – Parte general*, p. 385). Cita, como exemplo, o caso do ladrão que encontra uma carteira, envolta num pano, na praia. Não sabe se foi deixada ali por um banhista que foi à água ou se alguém a esqueceu ali e foi para casa. Leva-a, de todo modo. Somente a análise do caso concreto irá determinar se houve furto (art. 155, CP) ou apropriação de coisa achada (art. 169, II, CP);

b) *dolo cumulativo*, que significa desejar o agente alcançar dois resultados, em sequência. Pretende surrar a vítima (lesão corporal), para depois matá-la (homicídio). A questão não pode ser equacionada como se houvesse outra espécie de dolo (além do direto e do eventual), mas, sim, sob o ponto de vista de existir uma progressão criminosa. O agente deve responder por tantos delitos quanto seja a sua intenção atingir;

c) *dolo geral* (também chamado de erro *sucessivo* ou *aberratio causae*). Trata-se, em verdade, de uma hipótese de engano quanto ao meio de execução do delito, mas que termina por determinar o resultado visado. É um erro sobre a causalidade, mas jamais quanto aos elementos do tipo, nem tampouco quanto à ilicitude do que se pratica.

Típico exemplo é o do agente que, pretendendo matar o inimigo, esgana-o. Imaginando-o morto, o que não ocorreu de fato, estando a vítima apenas desmaiada, atira o corpo ao rio, tendo por fim eliminar a evidência do crime, ocultando o "cadáver". Nessa ocasião, a morte se produz por afogamento. Deve responder por homicídio consumado, tendo em vista a perfeita congruência entre o que fez e o que pretendia fazer, pouco importando seu equívoco, quanto ao método que lhe permitiu atingir o resultado. Trata-se de um acontecimento unitário, como defende a maioria da doutrina. No prisma: Jiménez Martínez, *Elementos de derecho penal mexicano*, p. 580; Muñoz Conde, *Derecho penal – parte especial*, p. 38.

Ensina Baumann que "é impossível exigir um *conhecimento exato* do curso causal. Segundo a doutrina dominante e a jurisprudência, basta que o autor tenha uma ideia aproximada do curso do episódio e que o resultado que se tenha representado não difira consideravelmente (quanto ao valor) do resultado que se tenha produzido: 'Divergências irrelevantes entre o curso causal representado e o que tenha sido produzido não afetam o dolo do autor'" (*Derecho penal – Conceptos fundamentales y sistema* [*introducción a la sistemática sobre la base de casos*], p. 244). Noronha, por sua vez, assinala não ser "preciso que o dolo persista ou perdure durante todo o fato; basta que a ação desencadeante do processo causal seja dolosa" (*Questões sobre a tentativa*, p. 245). E lembra Paulo José da Costa Júnior, com pertinência, que "pouco importa que o agente, que pretendia a obtenção de determinado evento, tenha conseguido alcançá-lo com uma mudança do nexo causal. Se no campo objetivo a *aberratio causae* é de todo indiferente ao direito penal, não o será fatalmente no terreno subjetivo, em que poderá apresentar certa relevância, sobretudo na motivação da conduta" (*O crime aberrante*, p. 78-79).

Outros, no entanto, preferem solução diversa. Maurach admite a possibilidade de punição por homicídio consumado, desde que o agente, na dúvida em relação à morte da vítima, atira-a ao rio, assumindo o risco de matá-la na segunda conduta (dolo eventual). Mas, se acreditava ter sido idônea a sua primeira conduta, o lançamento de seu corpo ao rio já não pode ser considerado doloso, devendo resolver-se no contexto da culpa. Assim, responderia ele por tentativa de homicídio, seguida de homicídio culposo (*Derecho penal – Parte general*, v. 1, p. 411). Assim, também, Frederico Marques, na doutrina nacional (*Tratado de direito penal*, v. II, p. 335).

8. CONCEITO DE CULPA

É o comportamento voluntário desatencioso, voltado a um determinado objetivo, lícito ou ilícito, embora produza resultado ilícito, não desejado, mas previsível, que podia ter sido evitado. Por que se pune a culpa? Responde Carrara: "os atos imprudentes também diminuem no bom cidadão o sentimento da sua segurança e dão um mau exemplo àquele que é inclinado a ser imprudente. Os atos culposos, que se ligam a um vício da vontade, são moralmente imputáveis, porque é um *fato voluntário* o conservar *inativas* as faculdades intelectuais. O negligente, se bem que *não tenha querido* a lesão do direito, *quis*, pelo menos, o ato no qual deveria reconhecer a possibilidade ou a probabilidade dessa lesão" (citação de Raul Machado, *A culpa no direito penal*, p. 186).

O dolo é a regra; a culpa, exceção. Para se punir alguém por delito culposo, é indispensável que a culpa venha expressamente delineada no tipo penal. Trata-se de um dos elementos subjetivos do crime, embora se possa definir a natureza jurídica da culpa como sendo um elemento psicológico-normativo. Psicológico, porque é elemento subjetivo do delito, implicando na ligação do resultado lesivo ao querer interno do agente através da previsibilidade. Normativo, porque é formulado um juízo de valor acerca da relação estabelecida entre o *querer* do agente e o resultado produzido, verificando o magistrado se houve uma norma a cumprir, que deixou de ser seguida. Note-se o conceito de culpa extraído do Código Penal Militar, bem mais completo do que o previsto no Código Penal comum: "Diz-se o crime: II – culposo, quando o agente, deixando de empregar a cautela, atenção, ou diligência ordinária, ou especial, a que estava obrigado em face das circunstâncias, não prevê o resultado que podia prever ou, prevendo-o, supõe levianamente que não se realizaria ou que poderia evitá-lo" (art. 33).

9. DISTINÇÃO ENTRE CULPA INCONSCIENTE E CULPA CONSCIENTE

A primeira modalidade é a culpa por excelência, ou seja, a culpa sem previsão do resultado. O agente não tem previsão (ato de prever) do resultado, mas mera previsibilidade (possibilidade de prever). A segunda é a chamada *culpa com previsão*, ocorrendo quando o agente prevê que sua conduta pode levar a um certo resultado lesivo, embora acredite, firmemente, que tal evento não se realizará, confiando na sua atuação (vontade) para impedir o resultado.

10. ELEMENTOS DA CULPA

São os seguintes:

a) *concentração na análise da conduta voluntária do agente,* isto é, o mais importante na culpa é a análise do comportamento e não do resultado;

b) *ausência do dever de cuidado objetivo,* significando que o agente deixou de seguir as regras básicas e gerais de atenção e cautela, exigíveis de todos que vivem em sociedade. Essas regras gerais de cuidado derivam da proibição de ações de risco que vão além daquilo que a comunidade juridicamente organizada está disposta a tolerar (cf. Marco Antonio Terragni, *El delito culposo,* p. 29);

c) *resultado danoso involuntário,* ou seja, é imprescindível que o evento lesivo jamais tenha sido desejado ou acolhido pelo agente;

d) *previsibilidade,* que é a possibilidade de prever o resultado lesivo, inerente a qualquer ser humano normal. Ausente a previsibilidade, afastada estará a culpa, pois não se exige da pessoa uma atenção extraordinária e fora do razoável. O melhor critério para verificar a *previsibilidade* é o critério objetivo-subjetivo, ou seja, verifica-se, no caso concreto, se a média da sociedade teria condições de prever o resultado, através da diligência e da perspicácia comuns, passando-se em seguida à análise do grau de visão do agente do delito, vale dizer, verifica-se a capacidade pessoal que o autor tinha para evitar o resultado. É o que sustenta Magalhães Noronha (*Do crime culposo,* p. 91-92). Vale mencionar, ainda, a lição de Marco Antonio Terragni sobre previsibilidade: "Em primeiro lugar, lembrar que essa palavra expressa a possibilidade de prever, não se refere à previsão concreta. Em segundo, a previsibilidade se relaciona àquilo que um homem ideal, em igualdade de condições, poderia prever. Esse conceito, *homem ideal,* não se refere ao ser comum, como o modelo das qualidades de que está dotado o cidadão médio. O homem modelo é aquele que deveria estar realizando a mesma atividade do sujeito cuja conduta se julga. O contrário implicaria desconhecer que alguém, por mais atento, diligente ou cauteloso que fosse, não poderia realizar atividades para as quais não está especialmente treinado (como pilotar uma aeronave, por exemplo)" (*El delito culposo*, p. 24);

e) *ausência de previsão* (culpa inconsciente), ou seja, não é possível que o agente tenha previsto o evento lesivo; ou *previsão do resultado, esperando, sinceramente, que ele não aconteça* (culpa consciente), quando o agente vislumbra o evento lesivo, mas crê poder evitar que ocorra;

f) *tipicidade*, vale dizer, o crime culposo precisa estar *expressamente* previsto no tipo penal. Ex.: não existe menção, no art. 155 do Código Penal, à culpa, de forma que não há "furto culposo";

g) *nexo causal*, significando que somente a ligação, através da previsibilidade, entre a conduta do agente e o resultado danoso pode constituir o nexo de causalidade no crime culposo, já que o agente não deseja a produção do evento lesivo.

11. SITUAÇÕES PECULIARES NO CAMPO DA CULPA

Há certas ocorrências que merecem análise particularizada:

a) não existe *culpa presumida*, visto que a culpa há de ser sempre demonstrada e provada pela acusação. Falava-se, no passado, na presunção de culpa, quando o agente descumpria regra regulamentar e dava margem à ocorrência de um resultado danoso. Exemplo: aquele que dirigia sem habilitação, envolvendo-se num acidente, seria o culpado, pois estaria infringindo norma regulamentar não autorizadora da direção sem autorização legal;

b) *graus de culpa* não existem no contexto do direito penal, pouco importando se a culpa é levíssima, leve ou grave. Desde que seja suficiente para caracterizar a imprudência, a negligência ou a imperícia do agente, há punição. Os graus só interessam para a individualização da pena e para excluir do campo da culpa os casos em que a imprudência ou negligência sejam insignificantes e não possam ser considerados requisitos para a concretização do tipo penal (cf. Marco Antonio Terragni, *El delito culposo*, p. 33). O ideal é "examinar a hipótese de imputabilidade culposa de acordo com um critério *individual* e *objetivo*, isto é, de acordo com a personalidade do culpado" (Raul Machado, *A culpa no direito penal*, p. 210);

c) *compensação de culpas* igualmente não se admite no direito penal, pois infrações penais não são débitos que se compensem, sob pena de retornarmos ao regime do talião. Assim, se um motorista atropela um pedestre, ambos agindo sem cautela e ferindo-se, responderão o condutor do veículo e o pedestre, se ambos atuaram com imprudência. Na lição de Raul Machado, "não há lugar a compensação, quando o evento resulta de ação culposa da parte do autor do fato e daquele que se pretenda ofendido. A responsabilidade em que um incorra não se compensa com a responsabilidade do outro, visto que uma e outra não podem, de direito e de justiça, ir além das consequências do próprio ato, e o ofendido com a sua parte de responsabilidade não elide a responsabilidade que caiba ao outro. A real coeficiência de ação do ofendido em relação ao resultado único, limita, apenas, a responsabilidade do ofensor, que seria completa se este tivesse sido o único a agir, mas que se torna parcial, atenta a coeficiência que pelo outro é prestada ao evento" (*A culpa no direito penal*, p. 213-214). Noutros termos, havendo culpa do agente e da vítima, deve o magistrado levar em consideração tal fator para a aplicação da pena; no caso, ambos gozam de elemento de brandura na fixação da pena-base, inspirado pelo *comportamento da vítima*. Os dois são vítimas e agressores ao mesmo tempo. Por isso, ao aplicar a pena-base, o julgador deve levar em conta, para ambos, o elemento positivo de ter a vítima colaborado para o evento criminoso;

d) *concorrência de culpas* é possível, pois é o que se chama de "coautoria sem ligação psicológica" ou "autoria colateral em crime culposo". Ex.: vários motoristas causam um acidente; todos podem responder igualmente pelo evento, já que todos, embora sem vinculação psicológica entre si, atuaram com imprudência;

e) *culpa imprópria*, que é a denominada *culpa com previsão*, ou seja, ocorre quando o agente deseja atingir determinado resultado, embora o faça porque está envolvido pelo erro (falsa percepção da realidade) inescusável (não há justificativa para a conduta, pois, com maior prudência, teria sido evitada).

Nessa situação, o que se dá, concretamente, é uma atuação com vontade de atingir o resultado (dolo), embora esse desejo somente tenha ocorrido ao agente porque se viu envolvido em falsa percepção da realidade. "Na verdade, *antes da ação*, isto é, durante a elaboração do *processo psicológico*, o agente valora mal uma situação ou os meios a utilizar, incorrendo em erro, *culposamente*, pela falta de cautela nessa avaliação; já, no momento subsequente, *na ação propriamente dita*, age *dolosamente*, finalisticamente, objetivando o resultado produzido, embora calcado em erro culposo" (Cezar Roberto Bitencourt, *Erro de tipo e de proibição*, p. 45).

Em suma, trata-se de uma conduta dolosa, cuja origem é a própria imprudência do agente. Exemplo: imaginando-se atacado por um desconhecido, o sujeito atira para matar, visando proteger-se. Após o fato, constata-se não ter havido agressão injusta. Houve dolo, no entanto, pois o tiro foi dado com intenção de matar ou ferir, ainda que para garantir a defesa pessoal. Entretanto, a lei penal prevê que, neste caso, se o erro for escusável estará configurada a legítima defesa putativa (art. 20, § 1.º), não havendo punição. Mas, caso o erro seja inescusável, deve haver punição a título de culpa. Cuida-se exatamente da culpa imprópria, isto é, a culpa com previsão do resultado. Pensamos que, mesmo havendo culpa imprópria, não se acolhe a possibilidade de tentativa, uma vez que a lei penal dá, a essa situação, o tratamento de culpa e esta não admite, em qualquer hipótese, tentativa.

12. ESPÉCIES DE CULPA

Divide o art. 18, II, do Código Penal, a culpa em imprudência, negligência ou imperícia. Imprudência é a forma ativa de culpa, significando um comportamento sem cautela, realizado com precipitação ou com insensatez. Ex.: a pessoa que dirige em alta velocidade dentro da cidade, onde há passantes por todos os lados.

Negligência é a forma passiva de culpa, ou seja, assumir uma atitude passiva, inerte material e psiquicamente, por descuido ou desatenção, justamente quando o dever de cuidado objetivo determina de modo contrário. Ex.: deixar uma arma de fogo ao alcance de uma criança ou não frear o carro ao estacionar em uma ladeira. No cenário da negligência, podem ser incluídos os seguintes aspectos: a inobservância de regulamento, de ordem e de disciplina, a frouxidão, a indolência, a omissão, a desídia, a distração, o esquecimento e o sono (cf. Raul Machado, valendo-se da lição de Esmeraldino Bandeira, *A culpa no direito penal*, p. 264).

Imperícia é a imprudência no campo técnico, pressupondo uma arte, um ofício ou uma profissão. Consiste na incapacidade, inaptidão, insuficiência ou falta de conhecimento necessário para o exercício de determinado mister. Trata-se, como diz Frederico Marques, da "imprudência qualificada". Ex.: o médico deixa de tomar as cautelas devidas de assepsia e anestesia em uma sala de cirurgia, demonstrando sua nítida inaptidão para o exercício profissional, situação que provoca a morte do paciente.

Existe uma tradição jurídica de milênios, que identifica culpa com falta de sabedoria, prática, experiência ou habilidade em determinada arte ou profissão. Por isso, nas palavras de Marco Antonio Terragni, "a imperícia é a atuação inexperta ou inidônea em uma tarefa que demanda uma especial destreza. Uma exigência maior se formula a quem se dedica a um trabalho que carrega risco e que, por isso, deve ser desenvolvido com especial habilidade". Na realidade, está em jogo uma questão de confiança: aquela gerada nas pessoas de que o profissional, ou quem se supõe seja idôneo para determinada atividade, detenha todos os conhecimentos necessários para o desempenho que a sua atuação requer (*El delito culposo*, p. 72).

12.1 Distinção entre imperícia e erro profissional

A deficiência profissional, que acarreta um dano a alguém, nem sempre pode ser caracterizada como imperícia. Enquanto esta é um erro grosseiro, que a média dos profissionais de determinada área não cometeria, em circunstâncias normais, o erro profissional faz parte da precariedade dos conhecimentos humanos, pois nem todos possuem o mesmo talento, a mesma cultura e idêntica habilidade. Quando houver erro, resolve-se na esfera civil.

13. DIFERENÇA ENTRE CULPA CONSCIENTE E DOLO EVENTUAL

Trata-se de distinção teoricamente plausível, embora, na prática, seja muito complexa e difícil. Em ambas as situações o agente tem a previsão do resultado que sua conduta pode causar, embora na culpa consciente não o admita como possível e, no dolo eventual, admita a possibilidade de se concretizar, sendo-lhe indiferente.

Em tópico anterior, demonstramos, através do atual encaminhamento da jurisprudência pátria, no contexto dos crimes de trânsito, como é tênue a linha divisória entre um e outro. Se, anos atrás, um racha, com vítimas fatais, terminava sendo punido como delito culposo (culpa consciente), hoje não se deixa de considerar o desprezo pela vida por parte do condutor do veículo, punindo-se como crime doloso (dolo eventual). Ensina Juarez Tavares que, enquanto no dolo eventual o agente refletiu e está consciente acerca da *possibilidade* de causar o resultado típico, embora não o deseje diretamente, na culpa consciente, o agente está, igualmente, ciente da possibilidade de provocar o resultado típico, embora não se coloque de acordo com sua realização, esperando poder evitá-lo, bem como confiando na sua atuação para isso. "A distinção, assim, deve processar-se no plano volitivo e não apenas no plano intelectivo do agente" (*Teoria do injusto penal*, p. 283-284).

Ressaltemos que essa diferença se encontra muito mais na análise das circunstâncias do caso concreto, dando a impressão a quem aplica a lei penal de estar diante de uma ou de outra forma do elemento subjetivo do crime, do que na mente do agente. Essa é a realidade dos processos criminais que cuidam do tema, pois esperar que se consiga prova daquilo que ocorreu na cabeça do autor da infração penal (assumiu o risco ou esperava sinceramente que não acontecesse?), exatamente no momento em que esta se deu, é possível, mas difícil. Então, avalia-se o cenário onde o crime se deu para captar se houve dolo eventual ou culpa consciente.

Em razão dessa complexa apuração do real contexto mental do agente do crime (se dolo eventual ou culpa consciente), passamos, agora, a propor a criação de uma figura intermediária entre o dolo eventual e a culpa inconsciente, reservada à culpa consciente, considerando-se esta uma forma de culpa gravíssima. Para isso, haveria que se estabelecer outra faixa de punição para esse modelo de culpa. Com isso, em caso de dúvida do juiz, haveria maior facilidade para inserir o agente na figura da culpa consciente (e gravíssima), com pena um pouco mais branda do que a prevista para o crime na forma dolosa. Por vezes, nota-se que a exagerada disparidade existente entre as penas de dolo e culpa (exemplo: homicídio doloso – art. 121, CP – reclusão de 6 a 20 anos; homicídio culposo – art. 121, § 3.º, CP – detenção de 1 a 3 anos) pode levar o juiz a optar pelo dolo eventual em detrimento da culpa consciente.

Aliás, o Código de Trânsito Brasileiro já previu esse patamar mais avançado de culpa, enfocando maior punição à culpa consciente, quando trata, por exemplo, do homicídio culposo, da lesão culposa e da participação em *racha*.

Citando dois exemplos para ilustrar, a prática do homicídio culposo na direção de veículo automotor (art. 302) que produz a pena de detenção, de dois a quatro anos, e suspensão ou proibição de se obter a permissão ou a habilitação para dirigir veículo automotor. No entanto, quando o agente, atuando com culpa gravíssima (por certo, a culpa consciente), por conduzir seu veículo sob a influência de álcool ou outra substância psicoativa, determinativa de dependência, causando a morte, terá a punição de reclusão, de cinco a oito anos, e suspensão ou proibição do direito de se obter a permissão ou a habilitação para dirigir veículo automotor (art. 302, § 3.º). Essa pena de reclusão de cinco anos (considerando-se o mínimo) torna-se muito similar à pena do homicídio simples, cometido com dolo, que é reclusão, de seis a vinte anos (art. 121, *caput*). No crime de participação de corrida, disputa ou competição automobilística em via pública (vulgo "racha"), a lei, modificada em 2014, introduziu, em caso de morte, ocorrida esta por culpa, a pena de reclusão de cinco a dez anos, sem prejuízo de outras sanções previstas no artigo (art. 308, § 2.º). Pode-se afirmar tratar-se de culpa pela própria redação do texto legal: "Se da prática do crime previsto no *caput* resultar morte, e as circunstâncias demonstrarem que o agente não quis o resultado nem assumiu o risco de produzi-lo". Nota-se que a morte da vítima somente pode decorrer de culpa, pois está afastado o dolo direto ("não quis o resultado") e o dolo eventual ("nem assumiu o risco de produzi-lo"). Pela substantiva quantidade de pena (cinco a dez anos de reclusão), pode-se afirmar ter o legislador considerado para isso a presença da culpa consciente, já incluindo punição maior para uma modalidade de culpa que se pode acoimar de gravíssima.

Em suma, parece-nos mais acertado prever uma faixa intermediária, com punição maior e condizente com a gravidade da culpa consciente, do que simplesmente eliminar essa forma de culpa, visto que o *querer* do agente é diverso da vontade existente no campo do dolo eventual. Essa alteração precisa advir de lei, ingressando no Código Penal, da mesma forma que já foi realizado no cenário do Código de Trânsito Brasileiro.

Acesse e escute o podcast sobre Dolo eventual e culpa consciente.

> http://uqr.to/1yohs

SÍNTESE

Dolo natural (finalista): é a vontade consciente de praticar a conduta típica, independentemente da consciência do ilícito.

Dolo normativo (causalista): é a vontade consciente de realizar a conduta típica, com consciência da ilicitude.

Dolo direto: significa querer a ocorrência do resultado típico sem tergiversação na vontade.

Dolo eventual: significa querer um determinado resultado, vislumbrando a possibilidade de atingir um outro, que não deseja, mas lhe é possível prever, assumindo o risco de produzi-lo.

Culpa: é o comportamento descuidado, infringindo o dever de cuidado objetivo, que provoca um resultado danoso involuntário, mas previsível, que deveria ter sido evitado.

Culpa inconsciente: significa que o agente tem a previsibilidade (possibilidade de prever) do resultado, mas na prática não o previu (ausência de previsão).

Culpa consciente: significa que o agente tem não somente a previsibilidade do resultado, mas a efetiva previsão (ato de prever) do resultado, esperando sinceramente que não aconteça.

ESQUEMAS

DOLO DIRETO DE 1.º GRAU

Vontade → Resultado único

DOLO DIRETO DE 2.º GRAU

Vontade → Resultado principal

+

Resultado secundário para o agente, porém necessário

DOLO EVENTUAL

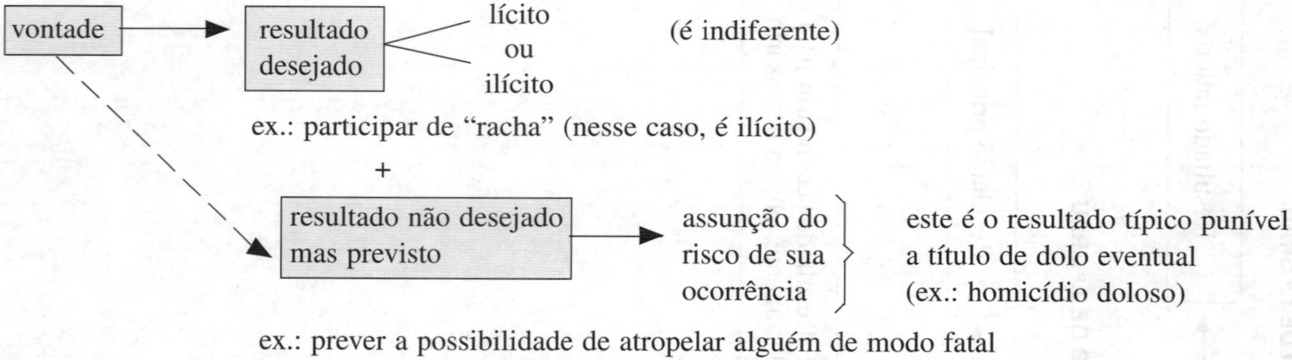

vontade → resultado desejado — lícito ou ilícito (é indiferente)

+

resultado não desejado mas previsto → assunção do risco de sua ocorrência } este é o resultado típico punível a título de dolo eventual (ex.: homicídio doloso)

ex.: participar de "racha" (nesse caso, é ilícito)

ex.: prever a possibilidade de atropelar alguém de modo fatal

CULPA CONSCIENTE

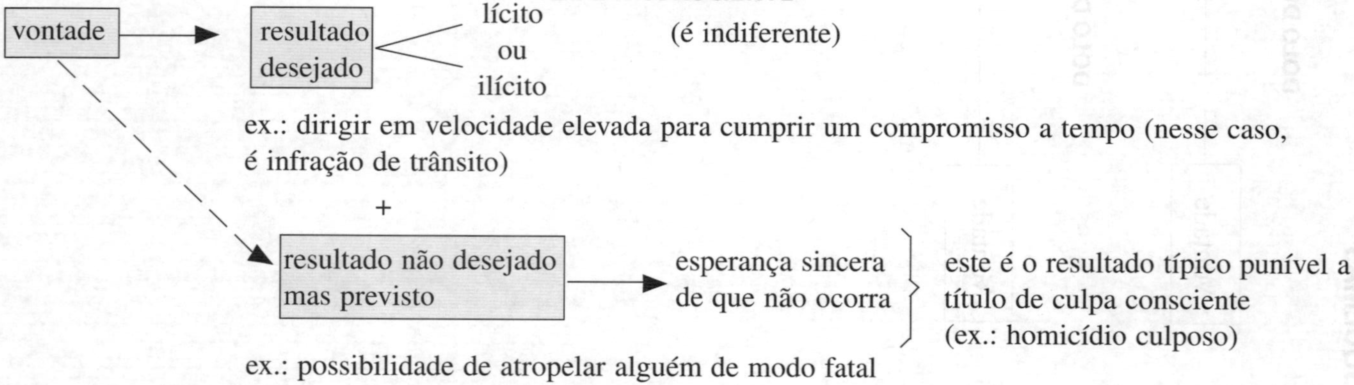

vontade → resultado desejado — lícito ou ilícito (é indiferente)

+

resultado não desejado mas previsto → esperança sincera de que não ocorra } este é o resultado típico punível a título de culpa consciente (ex.: homicídio culposo)

ex.: dirigir em velocidade elevada para cumprir um compromisso a tempo (nesse caso, é infração de trânsito)

ex.: possibilidade de atropelar alguém de modo fatal

CULPA INCONSCIENTE

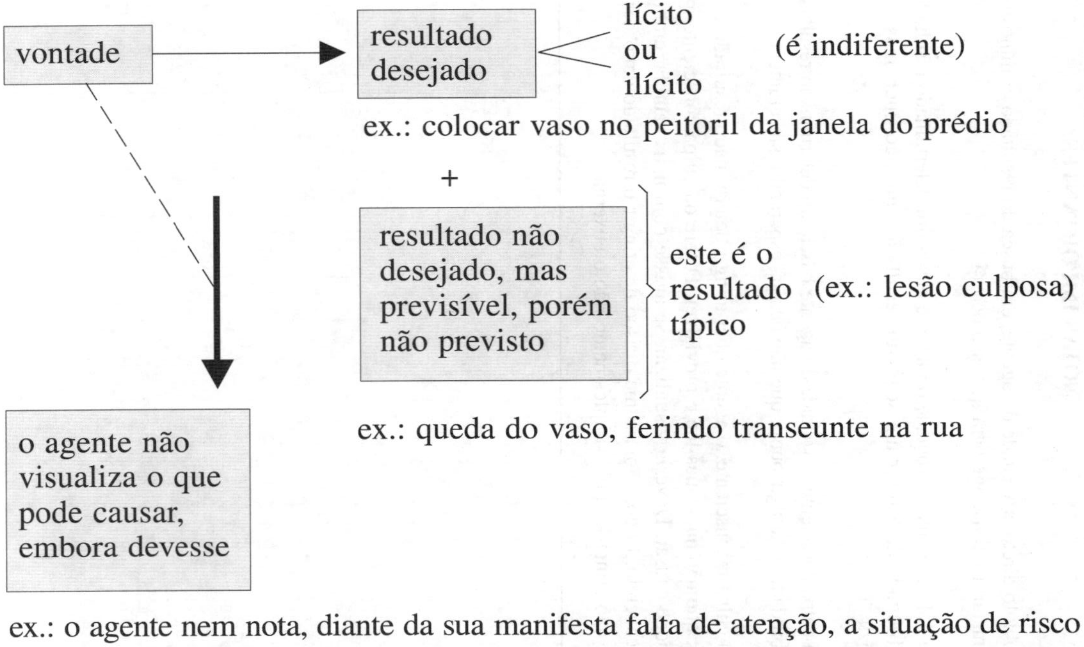

vontade → resultado desejado 〈 lícito ou ilícito (é indiferente)

ex.: colocar vaso no peitoril da janela do prédio

+

resultado não desejado, mas previsível, porém não previsto 〉 este é o resultado típico (ex.: lesão culposa)

ex.: queda do vaso, ferindo transeunte na rua

o agente não visualiza o que pode causar, embora devesse

ex.: o agente nem nota, diante da sua manifesta falta de atenção, a situação de risco

NOTAS IMPORTANTES:

1) No dolo direto, a vontade do agente, em busca do resultado criminoso é retilínea. Ex: se quer matar a vítima, age para que isso ocorra.

2) No dolo eventual, a vontade do agente busca um determinado resultado, mas visualiza a possibilidade de atingir um segundo resultado, que não quer, mas assume o risco de produzir.

3) Na culpa consciente, a vontade do agente busca um determinado resultado, mas visualiza a possibilidade de atingir outro, que não deseja, esperando, sinceramente, ser possível evitar.

4) Na culpa inconsciente, o agente quer atingir determinado resultado e não visualiza um outro, que não quer, mas lhe é previsível. Difere da culpa consciente, pois *não vê* o mal que pode causar. Deveria visualizar, se agisse com mais cautela, embora não o faça no caso concreto. Logo, não assume o risco de atingir o resultado danoso, nem tem esperança de não atingi-lo, pois simplesmente não o enxerga.

Capítulo XV
Crimes Qualificados pelo Resultado

1. CONCEITO

São os delitos que possuem um fato-base, definido e sancionado como crime, embora tenham, ainda, um evento que os qualifica, aumentando-lhes a pena, em razão da sua gravidade objetiva, bem como existindo entre eles um nexo de ordem física e subjetiva.

Quando, de um roubo (fato-base), ocorre o resultado "morte da vítima em face da violência empregada" (evento qualificador), está-se diante de um crime qualificado pelo resultado, cuja pena é bem maior que a prevista para o delito-base. A pena para o roubo é de 4 a 10 anos de reclusão, enquanto para o latrocínio varia de 20 a 30 anos.

2. DISTINÇÃO ENTRE CRIME QUALIFICADO PELO RESULTADO E DELITO PRETERDOLOSO

Há quem diferencie tais infrações penais, o que resulta, fundamentalmente, da tradição da doutrina italiana. Confira-se a lição de Cezar Roberto Bitencourt: "Tem-se utilizado, a nosso juízo equivocadamente, as expressões *crime preterdoloso* e *crime qualificado pelo resultado* como sinônimas. No entanto, segundo a melhor corrente, especialmente na Itália, no crime *qualificado pelo resultado*, ao contrário do *preterdoloso*, o resultado ulterior, mais grave, derivado *involuntariamente* da conduta criminosa, lesa um bem jurídico que, por sua natureza, não contém o bem jurídico precedentemente lesado. Assim, enquanto a *lesão corporal seguida de morte* (art. 129, § 3.º) seria preterintencional, o *aborto seguido de morte da gestante* (arts. 125 e 126 combinados com o 127, *in fine*) seria crime qualificado pelo resultado" (*Erro de tipo e de proibição*, p. 47).

Na realidade, o crime qualificado pelo resultado é o gênero no qual há a espécie preterdolosa. Esta última é, particularmente, caracterizada por admitir somente *dolo* na conduta antecedente (fato-base) e *culpa* na conduta consequente (produtora do evento qualificador), além de exigir que o interesse jurídico protegido seja o mesmo, tanto na conduta antecedente, como na consequente – ou pelo menos do mesmo gênero. Tal situação pode ocorrer, com exatidão, na lesão corporal seguida de morte, mas não no roubo seguido de morte, por exemplo.

Os crimes qualificados pelo resultado, nos quais está incluído o delito preterdoloso, podem ser caracterizados por uma infração penal que se desenvolve em duas fases, havendo as seguintes modalidades, conforme o caso concreto: a) dolo na antecedente e dolo na subsequente (ex.: latrocínio); b) dolo na antecedente e culpa na consequente (ex.: lesão corporal seguida de morte); c) culpa na antecedente e culpa na consequente (ex.: incêndio culposo com resultado lesão grave ou morte).

Não se admite, por impropriedade lógica, a modalidade que traria culpa na conduta antecedente e dolo na consequente. Torna-se impossível agir sem desejar o resultado quanto ao fato-base e almejar o resultado qualificador. É um autêntico contrassenso. A propósito, convém mencionar a lição de Esther de Figueiredo Ferraz: "Em todos os casos em que o delito-base é culposo (crimes culposos contra a incolumidade pública agravados, por exemplo, pela ocorrência de 'lesão corporal' ou 'morte'), o resultado qualificativo pode integrar, no máximo, um crime culposo, pois a existência do dolo, em relação a esse resultado, *se chocaria com a culpa* que informa o *minus delictum*" (*Os delitos qualificados pelo resultado no regime do Código Penal de 1940*, p. 87).

Não se acolhe, ainda, a possibilidade de existência de dolo de perigo na conduta antecedente e dolo de dano em relação ao resultado qualificador. São incompatíveis, por lógica. Se o agente quer apenas expor a perigo a incolumidade alheia, não pode pretender que o resultado mais grave aconteça como fruto do seu desejo, seja na modalidade de dolo direto, seja na de dolo eventual.

> Acesse e assista ao vídeo sobre Crime qualificado pelo resultado e preterdolo.
>
> > http://uqr.to/1yoht

3. EXIGÊNCIA DO ELEMENTO SUBJETIVO NO RESULTADO QUALIFICADOR

Discutia-se, antes da Reforma Penal de 1984, havendo duas posições doutrinárias, se era possível imputar ao agente do fato-base a ocorrência do resultado qualificador, mesmo que ele não tivesse a menor previsibilidade do que poderia ocorrer, ou seja, responderia o autor do fato-base pelo resultado mais grave a título de responsabilização objetiva.

Para cessar o dissídio, deixando bem clara a intenção da lei, inseriu-se o art. 19 no Código Penal, determinando que o resultado qualificador somente seja fonte de punição para o agente que o houver causado ao menos culposamente, vale dizer, quanto ao resultado mais grave é fundamental que o agente tenha atuado com dolo ou culpa.

4. CLASSIFICAÇÃO DOS CRIMES QUALIFICADOS PELO RESULTADO

Podemos dividir as figuras típicas previstas na Parte Especial da seguinte maneira:

1.º) crimes agravados pelo resultado cometidos *com dolo na conduta antecedente e dolo na subsequente* ou *dolo na antecedente e culpa na subsequente*, indiferentemente: a) roubo com resultado lesão grave ou morte (art. 157, § 3.º); b) extorsão com resultado lesão grave ou morte (art. 158, §§ 2.º e 3.º); c) extorsão mediante sequestro, com resultado lesão grave ou morte (art. 159, §§ 2.º e 3.º); d) lesão corporal grave (art. 129, § 1.º, I, III, IV); e) lesão corporal gravíssima (art. 129, § 2.º, I, II, III e IV); f) entrega de filho a pessoa inidônea, levando-o ao exterior (art. 245, § 1.º); g) violação do sigilo funcional com dano para a Administração Pública (art. 325, § 2.º). Trata-se de posição majoritária tanto na doutrina quanto na jurisprudência;

2.º) crimes agravados pelo resultado praticados com *culpa na conduta antecedente e culpa na subsequente*: a) crimes culposos de perigo comum, resultando lesão corporal grave ou morte (art. 258, c/c arts. 250, § 2.º, 251, § 3.º, 252, parágrafo único, 256, parágrafo único); b) crimes culposos contra a segurança dos meios de comunicação e transportes qualificados por resultados mais graves (art. 263, c/c arts. 260, § 2.º, 261, § 3.º, 262, § 2.º); c) crimes culposos contra a saúde pública, agravados pelos eventos lesão corporal e morte (art. 267, § 2.º; art. 285, c/c art. 258 e arts. 270, § 2.º, 271, parágrafo único, 272, § 2.º, 273, § 2.º, 278, parágrafo único, 280, parágrafo único);

3.º) crimes agravados pelo resultado na hipótese de serem cometidos com *dolo de perigo na conduta antecedente e culpa na subsequente*: a) crimes de periclitação da vida e da saúde, com resultado lesão grave ou morte (arts. 133, §§ 1.º e 2.º; 134, §§ 1.º e 2.º, 135, parágrafo único, 136, §§ 1.º e 2.º); b) crimes de perigo comum dolosos, com resultado lesão grave ou morte (art. 258, c/c arts. 250 a 257); c) crimes dolosos contra a saúde pública, exceto o art. 267, com resultado lesão grave e morte (art. 285, c/c arts. 268 a 284); d) rixa, com resultado lesão grave ou morte (art. 137, parágrafo único); e) crimes contra a segurança dos transportes e meios de comunicação dolosos, com resultado lesão corporal e morte (art. 258, c/c arts. 260 a 262, conforme dispõe o art. 263); f) arremesso de projétil, com resultado lesão e morte (art. 264, parágrafo único); g) epidemia dolosa, com resultado morte (art. 267, § 1.º). Quando houver dolo de perigo no antecedente, somente é possível culpa no consequente, pois dolo de dano neste último caso seria totalmente incompatível com o de perigo;

4.º) crimes qualificados pelo resultado que são polêmicos: a jurisprudência exige *dolo no antecedente* e *culpa no consequente*, pois se houvesse dolo seguido de dolo estaríamos diante de dois delitos. A doutrina majoritária segue o mesmo caminho, justificando que seria "injusta" a pena a ser aplicada caso houvesse *delito qualificado pelo resultado* no caso de dolo no antecedente e dolo no consequente.

No exemplo do estupro seguido de morte, havendo dolo e culpa, estar-se-ia aplicando a pena do art. 213, § 2.º, ou seja, 12 anos no mínimo. Mas, estando presente dolo no antecedente e dolo, direto ou eventual, no evento subsequente, entendiam a doutrina e a jurisprudência dominantes ser injustificada, porque reduzida, a pena de 12 anos, de forma que a aplicação correta seria o concurso de dois delitos (estupro seguido de homicídio qualificado), com pena mínima de 18 anos. Com a modificação introduzida pela Lei 12.015/2009, introduzindo a figura qualificada pelo resultado no mesmo artigo do tipo básico de estupro, cremos deva haver alteração nesse entendimento.

A doutrina minoritária sustenta que não há nada na lei que sinalize para a exigência de haver somente dolo no antecedente e culpa no consequente nesses delitos, podendo ser aceita a posição *dolo no antecedente e, também, dolo no subsequente*. Confira-se, por todos, a precisa lição de Esther de Figueiredo Ferraz (*Dos crimes qualificados pelo resultado*) com as seguintes justificativas: a) não há, em nenhum desses artigos, uma proibição para o resultado mais grave ser punido a título de dolo. O legislador não excluiu o dolo expressamente como fez com o art. 129, § 3.º; b) não há incompatibilidade entre o intuito de praticar o antecedente (estupro, por exemplo) e o intuito, mesmo que indireto, de praticar o consequente (morte, por exemplo); c) a culpa deve ser sempre expressamente prevista. Se fosse somente punível a título de culpa teria o legislador redigido o tipo na forma do art. 129, § 3.º, do Código Penal.

São os seguintes delitos, classificados como polêmicos, isto é, na essência são qualificados pelo resultado, aceitando qualquer forma (dolo seguido de dolo ou dolo seguido de culpa), mas que, majoritariamente, somente são acolhidos na forma dolosa seguida da culpa: a) aborto com resultado lesão grave e morte (art. 127); b) lesão com perigo de vida (art. 129, § 1.º, II); c) lesão seguida de aborto (art. 129, § 2.º, V); d) estupro com resultado lesão grave e morte (art. 213, §§ 1.º, 1.ª parte, e 2.º);

5.º) crime qualificado pelo resultado que somente pode ser cometido com *dolo na conduta antecedente e culpa na consequente* (forma autenticamente preterdolosa): lesão corporal seguida de morte (art. 129, § 3.º). Trata-se da única hipótese pacífica na doutrina e na jurisprudência em que é possível haver somente dolo no antecedente e culpa no consequente, afinal o legislador deixou isso expresso ("Se resulta morte e as circunstâncias evidenciam que o agente *não quis o resultado, nem assumiu o risco* de produzi-lo", destaque nosso);

6.º) delito qualificado pelo resultado, cuja prática exige *dolo na conduta antecedente e dolo na consequente*: furto de veículo automotor que venha a ser transportado para outro Estado ou para o exterior (art. 155, § 5.º).

> ### SÍNTESE
>
> **Crime qualificado pelo resultado:** é o delito que possui um fato-base, definido e sancionado como crime, mas que também acarreta outro resultado, inicialmente não desejado, que agrava o primeiro, proporcionando a aplicação de pena mais severa.
>
> **Crime preterdoloso:** é uma espécie de delito qualificado pelo resultado, que possui um fato--base a ser praticado com dolo, bem como um evento posterior, que o qualifica, devendo ser cometido com culpa exclusivamente.

Capítulo XVI
Ilicitude (Antijuridicidade)

1. CONCEITO DE ILICITUDE (ANTIJURIDICIDADE)

É a contrariedade de uma conduta com o direito, causando efetiva lesão a um bem jurídico protegido. Trata-se de um prisma que leva em consideração o aspecto formal da antijuridicidade (contrariedade da conduta com o Direito), bem como o seu lado material (causando lesão a um bem jurídico tutelado). Nas palavras de Zaffaroni e Pierangeli, "a antijuridicidade é una, material porque invariavelmente implica a afirmação de que um bem jurídico foi afetado, formal porque seu fundamento não pode ser encontrado fora da ordem jurídica" (*Manual de direito penal brasileiro – Parte geral*, p. 573).

No mesmo prisma encontra-se a lição de Muñoz Conde, mencionando como exemplos a falsificação da assinatura de uma personalidade famosa por puro passatempo ou a confecção de um título de crédito com finalidade didática. Tais situações não constituem, *materialmente*, uma ação ilícita, pois não colocam em risco o bem jurídico protegido (*Derecho penal – Parte generale*, p. 337). Pensamos que, nessa hipótese, não se pode utilizar a teoria da atipicidade material, tendo em vista que a conduta não é socialmente adequada (aceita por consenso pela sociedade). Mas reconhece-se a licitude das condutas exemplificadas por ausência de lesão ao bem jurídico.

2. EXCLUDENTES DE ILICITUDE

Se presente uma das causas relacionadas no art. 23 do Código Penal, está-se afastando um dos elementos do crime, que é a contrariedade da conduta ao direito. Ensina Maggiore que o conceito de justificação não é particular e exclusivo do direito penal, pertencendo ao direito em geral, tanto público como privado, pois é faculdade do ordenamento jurídico decidir se uma relação determinada é contrária ao direito ou está de acordo com ele. A excludente de antijuridicidade torna lícito o que é ilícito (*Derecho penal*, v. 1, p. 387-388).

É possível que fatores ligados à ilicitude sejam lançados dentro do tipo penal, como ocorre, por exemplo, no caso do crime de invasão de domicílio ("Entrar ou permanecer, clandestina ou astuciosamente, *ou contra a vontade expressa ou tácita de quem de direito*, em casa alheia ou em suas dependências" – art. 150, CP, grifo nosso). Assim ocorrendo, quando alguém entra em casa alheia *com consentimento do dono*, está praticando fato atípico, tendo em vista que a concordância do morador elimina um dos elementos do tipo penal – ainda que se esteja tratando de tópico relativo à ilicitude. Do contrário, quando a excludente está fora do tipo, a conduta pode ser considerada típica, mas não será antijurídica, tal como acontece com o agente que mata em legítima defesa.

3. CLASSIFICAÇÃO DAS EXCLUDENTES DE ILICITUDE

As excludentes de ilicitude podem ser divididas da seguinte forma:

a) as previstas na Parte Geral do Código Penal e válidas, portanto, para todas as condutas típicas estabelecidas na Parte Especial ou em leis penais especiais: a.1) estado de necessidade (arts. 23, I, e 24); a.2) legítima defesa (arts. 23, II, e 25); a.3) estrito cumprimento do dever legal (art. 23, III); a.4) exercício regular de direito (art. 23, III);

b) as previstas na Parte Especial do Código Penal e válidas, apenas, para alguns delitos. Exemplo: aborto necessário (art. 128, I, CP);

c) as previstas em legislação extrapenal. É interessante destacar que essas excludentes podem constituir modalidades específicas de estado de necessidade, legítima defesa, cumprimento de dever ou exercício de direito, mas que se voltam a situações peculiares, descritas em leis não penais. Se não existissem, seria possível que o crime se concretizasse, pois a excludente penal não seria cabível ao caso. Exemplo disso é a legítima defesa prevista no Código Civil (art. 1.210, § 1.º). *In verbis*: "O possuidor turbado, ou esbulhado, poderá manter-se ou *restituir-se por sua própria força*, contanto que o faça logo; os atos de defesa, ou de *desforço*, não podem ir além do indispensável à manutenção, ou restituição da posse" (grifos nossos). O Código Penal prevê a hipótese de utilização da legítima defesa apenas em caso de agressão atual (presente) ou iminente (futuro próximo), mas jamais em situação de agressão que já cessou. Entretanto, o Código Civil é mais flexível e admite a busca da *restituição*, mediante o emprego de força, do que já foi tomado, embora com moderação. Fala-se no Código Civil em *desforço*, cujo significado é *vingança ou desforra*. Logo, a lei civil autoriza que o possuidor, embora já tenha perdido, por esbulho, o que é seu, retome o bem usando a força. Essa amplitude não existe no contexto penal. Aquele que for agredido, ainda que logo após, não pode *vingar-se*. Aquele que foi furtado, por exemplo, não pode invadir a casa do autor da subtração e de lá retirar, à força, o que lhe pertence – seria exercício arbitrário das próprias razões;

d) consentimento do ofendido, que é excludente supralegal (não prevista expressamente em lei), consistente no desinteresse da vítima em fazer valer a proteção legal ao bem jurídico que lhe pertence.

4. ELEMENTO SUBJETIVO NAS EXCLUDENTES

Discute-se se o agente, ao invocar qualquer das excludentes de ilicitude, precisa atuar consciente de que está se defendendo ou se valendo de um direito ou de um dever. Seria a excludente de natureza meramente objetiva ou exigiria, também, o aspecto subjetivo? É possível que alguém, sem saber que está em estado de necessidade (por exemplo, está em vias de ser atacado por um animal descontrolado), invada um domicílio. Responde pela invasão por não ter ingressado na casa alheia com conhecimento de que fugia de um perigo ou deve ser reconhecido o estado de necessidade, que era real, em seu favor?

Outro exemplo: seria possível aplicar a legítima defesa a quem, pretendendo matar o inimigo, mas sem saber que este também deseja a sua morte, encontra-o, desferindo um tiro fatal, estando a vítima igualmente à procura do agente do disparo? Estava ele na iminência de ser agredido, mas disso não tinha ciência.

Há duas teorias para solucionar a questão: objetiva e subjetiva.

Sustentando a teoria objetiva, confira-se a lição de Magalhães Noronha: "É causa objetiva de excludente da antijuridicidade. 'Objetiva' porque se reduz à apreciação 'do fato', qualquer que seja o estado subjetivo do agente, qualquer que seja sua convicção. Ainda que pense estar praticando um crime, se a 'situação de fato' for de legítima defesa, esta não desaparecerá. O que está no psiquismo do agente não pode mudar o que se encontra na realidade do acontecido. A convicção errônea de praticar um delito não impede, fatal e necessariamente, a tutela de fato de um direito" (*Direito penal*, v. 1, p. 196). Especificamente, no contexto da legítima defesa, sustenta Noronha: "Situa-se no terreno físico ou material do fato, prescindindo de *elementos subjetivos. O que conta é o fim objetivo da ação, e não o fim subjetivo do autor*". Ilustrando, alega que "se, *v.g.*, um criminoso se dirige à noite para sua casa, divisando entre arbustos um vulto que julga ser um policial que o veio prender e, para escapar à prisão, atira contra ele, abatendo--o, mas verifica-se a seguir que se tratava de um assaltante que, naquele momento, de revólver em punho, ia atacá-lo, age em legítima defesa, porque de legítima defesa era a situação. *O que se passa na mente da pessoa não pode ter o dom de alterar o que se acha na realidade do fato externo*" (*Direito penal*, v. 1, p. 201). No mesmo prisma, Fernando de Almeida Pedroso, *Direito penal – Parte geral*, p. 364.

Seguindo a linha objetiva, Hungria destaca que o critério subjetivo somente poderia ser utilizado na avaliação do excesso, logo, quando este já se concretizou. Não seria o caso de analisar a *vontade de se defender* (ou a vontade de agir sob o manto de qualquer excludente de ilicitude) no momento em que a ação se dá. Aliás, se a conduta for, objetivamente, considerada razoável e proporcional, perderia o sentido apreciar o ânimo do agente. Registre-se: "O preconizado critério *subjetivo*, em matéria de legítima defesa, só é compreensível para o efeito do *relativismo* com que, ocorrendo *efetivamente* uma agressão ou perigo de agressão, se deve apreciar o 'erro de cálculo' do agente, no tocante à gravidade da *real* agressão ou do *real* perigo, e consequente *excessus* no *modus* da reação. Somente para se saber se o *excessus defensionis* é doloso, culposo ou isento de qualquer culpabilidade, é que se pode e deve indagar da *subjetividade* da ação" (*Legítima defesa putativa*, p. 141).

Pensamos que, adotada a posição finalista em relação ao crime, não há como deixar de apoiar, também neste ponto, a *teoria subjetiva*. Afinal, se a finalidade do agente era invadir casa alheia, no exemplo supracitado, sem saber que corria perigo, não é *merecedor* da excludente, certamente não idealizada para privilegiar a má-fé e o ato injusto. Em idêntico foco, não sabendo que seria atacado, não pode invocar a excludente da legítima defesa, quando, em verdade, queria matar o seu oponente. Nesse sentido, Bustos Ramírez e Valenzuela Bejas ensinam que o que interessa ao ordenamento jurídico é que exista a motivação de preservar um bem jurídico, que seja considerado valioso e cuja preservação seja analisada no caso concreto (*Derecho penal latinoamericano comparado*, p. 228). O primeiro ainda acrescenta que a ação de defesa será normalmente dolosa, dirigida a lesionar um bem jurídico alheio e não um mero processo causal, razão pela qual há de ter um necessário aspecto subjetivo (*Obras completas*, v. I, p. 881).

Melhor teria agido o legislador se tivesse feito constar, expressamente, na lei penal, como o fez o Código Penal italiano, a *consciência da necessidade* de se valer da excludente (arts. 52, 53 e 54). Aliás, a importância do ânimo de se defender ou de realizar a defesa de terceiros é tão intensa que algumas legislações expressamente exigem, em situações peculiares, como a defesa de pessoas estranhas, que o agente defensor não atue impulsionado pelo desejo de vingança, ressentimento ou outro motivo ilegítimo (nessa linha está o art. 10, § 6.º, do Código Penal chileno).

E complementa Del Rio: "Como temos mencionado, o legislador quis deixar aberto o caminho ao indivíduo que, movido por sentimentos generosos de humanidade e justiça, acode em defesa de um semelhante em perigo; mas, ao mesmo tempo, quis evitar que este defensor possa aproveitar a ocasião que se lhe apresenta para causar um mal ao agressor, movido por vingança, ressentimento ou outro motivo ilegítimo" (*Derecho penal – Parte general*, t. II, p. 171). Cremos exagerada tal disciplina, o que não ocorre na nossa lei. Se o agente efetivamente defender terceira pessoa, ainda que esteja aproveitando a ocasião para vingar-se de inimigo, que é o agressor, configura-se a legítima defesa, pois deve prevalecer o intuito de defesa. Logicamente, sabendo-se da relação de inimizade entre defensor e agressor, releva observar, com maior cautela, os elementos referentes à necessariedade dos meios empregados e à moderação. Se houver excesso, naturalmente, deve o defensor ser punido. Não é preciso qualquer sentido ético à conduta defensiva, bastando o ânimo de se defender – ou defender terceira pessoa. Assim, também, a lição de Maurach (*Derecho penal – Parte generale*, v. 1, p. 449).

Lembremos, ainda, que a consciência de agir, valendo-se da excludente, é importante, mas não se deve confundir a consciência *de se defender*, com consciência *de se utilizar um direito*. Na legítima defesa, por exemplo, um louco tem condições de se defender, por ser instinto natural, como uma criança já o tem desde cedo, mas nem por isso tem plena lucidez para compreender que exercita um direito. O mínimo que se espera é que tenha noção de estar sendo agredido.

5. CONCEITO DE ESTADO DE NECESSIDADE

É o sacrifício de um interesse juridicamente protegido, para salvar de perigo atual e inevitável o direito do próprio agente ou de terceiro, desde que outra conduta, nas circunstâncias concretas, não fosse razoavelmente exigível.

5.1 Espécies de estado de necessidade

Quanto à origem do perigo:

a) *estado de necessidade defensivo*: ocorre quando o agente pratica o ato necessário contra a coisa ou animal do qual promana o perigo para o bem jurídico. Ex.: A, atacado por um cão bravo, vê-se obrigado a matar o animal;

b) *estado de necessidade agressivo*: ocorre quando o agente se volta contra pessoa ou coisa diversa daquela da qual provém o perigo para o bem jurídico. Ex.: para prestar socorro a alguém, o agente toma o veículo alheio, sem autorização do proprietário. Não se inclui no estado defensivo a "pessoa", pois, quando o perigo emana de ser humano e contra este se volta o agente, estar-se-á diante de uma hipótese de legítima defesa. Uma ilustração real: um gato ficou preso do lado de fora da janela do apartamento dos seus donos (exatamente entre a tela de proteção e o vidro), no 15.º andar, de um prédio no bairro de Higienópolis, em São Paulo, possivelmente por esquecimento. Um vizinho detectou e acionou o zelador, que alertou o subsíndico. Num primeiro momento, este nada quis fazer, pois os proprietários viajavam e somente poderiam ingressar no apartamento se houvesse invasão de domicílio, arrombando a porta, o que seria crime, em tese. Com a pressão da imprensa e de uma ONG de proteção a felinos, terminou-se concordando com a invasão, salvando-se o gato. Dois interesses entraram em confronto (inviolabilidade de domicílio e a proteção aos animais). Elegeu-se o mais importante, naquele caso concreto, porém "agredindo-se" a inviolabilidade domiciliar (*Folha de S. Paulo*, Cotidiano, 02.01.2008, p. 4).

Quanto ao bem sacrificado:

a) *estado de necessidade justificante*: trata-se do sacrifício de um bem de menor valor para salvar outro de maior valor ou o sacrifício de bem de igual valor ao preservado. Ex.: o agente mata um animal agressivo, que pertence a terceiro, para salvar alguém sujeito ao seu ataque (patrimônio x integridade física). Há quem sustente, como o fazem Bustos Ramírez (*Obras completas*, v. I, p. 911). Jiménez Martínez (*Elementos de derecho penal mexicano*, p. 611) e Cezar Roberto Bittencourt (*Teoria geral do delito*, p. 133), que o sacrifício de bem de igual valor não é amparado pelo direito, ficando para o contexto do estado de necessidade exculpante, com o que não podemos concordar. Se um ser humano mata outro para salvar-se de um incêndio, buscando fugir por uma passagem que somente uma pessoa consegue atravessar, é natural que estejamos diante de um estado de necessidade justificante, pois o direito jamais poderá optar entre a vida de um ou de outro. Assim, é perfeitamente razoável, conforme preceitua o art. 24 do Código Penal, exigir-se o sacrifício ocorrido. E, no prisma que defendemos, confira-se a lição de Aníbal Bruno (*Direito penal*, t. I, p. 397);

b) *estado de necessidade exculpante*: ocorre quando o agente sacrifica bem de valor maior para salvar outro de menor valor, não lhe sendo possível exigir, nas circunstâncias, outro comportamento. Trata-se, pois, da aplicação da teoria da inexigibilidade de conduta diversa, razão pela qual, uma vez reconhecida, não se exclui a ilicitude, e sim a culpabilidade. Ex.: um arqueólogo que há anos buscava uma relíquia valiosa, para salvá-la de um naufrágio, deixa perecer um dos passageiros do navio. É natural que o sacrifício de uma vida humana não pode ser considerado razoável para preservar-se um objeto, por mais valioso que seja. Entretanto, no caso concreto, seria demais esperar do cientista outra conduta, a não ser a que ele teve, pois a decisão que tomou foi fruto de uma situação de desespero, quando não há tranquilidade suficiente para sopesar os bens que estão em disputa. Não poderá ser absolvido por excludente de ilicitude, visto que o direito estaria reconhecendo a supremacia do objeto sobre a vida humana, mas poderá não sofrer punição em razão do afastamento da culpabilidade (juízo de reprovação social).

5.2 Requisitos do estado de necessidade

Acesse e escute o podcast sobre Estado de necessidade.
> http://uqr.to/1yohu

5.2.1 Existência de perigo atual

Atual é o que está acontecendo, portanto, uma situação *presente*. Na ótica de Hungria é o perigo concreto, imediato, reconhecido objetivamente, não se podendo usar a excludente quando se trata de perigo incerto, remoto ou passado (*Comentários ao Código Penal*, v. I, t. II, p. 273). Igualmente: Aníbal Bruno (*Direito penal*, t. I, p. 395).

Não se inclui, propositadamente, na lei, o perigo *iminente*, visto ser uma situação futura, nem sempre fácil de ser verificada. Um perigo que está por acontecer é algo imponderável, não autorizando o uso da excludente. Ex.: vislumbrando o princípio de um naufrágio e, consequentemente, um perigo *iminente*, não pode o passageiro do navio agredir ou ferir outra pessoa a pretexto de estar em estado de necessidade. Por outro lado, quando se fala de perigo atual, está-se tratando de um dano *iminente*, daí por que se autoriza a utilização do estado de necessidade.

Aliás, como leciona Enrico Contieri, "o perigo, em sentido próprio, é sempre efetivo; o perigo de um perigo ou perigo futuro não é perigo" (*O estado de necessidade*, p. 55).

Em sentido contrário, Fernando de Almeida Pedroso sustenta que "envergando natureza permissiva o preceito legal que abriga o estado de necessidade, iniludível é que seu literalismo não há de ser levado à risca, mesmo porque, aqui, caberia a analogia *in bonam partem* junto ao dispositivo que consagra a legítima defesa" (*Direito penal – Parte geral*, p. 395). De nossa parte, não se trata de consagrar o literalismo da lei, mas aventar a impossibilidade fática para acolher o perigo *iminente*, como causa autorizadora de reação agressiva por parte de qualquer um, como acima relatamos.

5.2.2 Involuntariedade na geração do perigo

É certo que a pessoa que deu origem ao perigo não pode invocar a excludente para sua própria proteção, pois seria injusto e despropositado. Tratando-se de bens juridicamente protegidos e lícitos que entram em conflito por conta de um perigo, torna-se indispensável que a situação de risco advenha do infortúnio. Não fosse assim, exemplificando, aquele que causasse um incêndio poderia sacrificar a vida alheia para escapar, valendo-se da excludente, sem qualquer análise da origem do perigo concretizado.

> ### 🔖 PONTO RELEVANTE PARA DEBATE
>
> #### A valoração da vontade no contexto da produção do perigo
>
> Há três posições:
>
> a) o perigo não pode ser gerado nem dolosa nem culposamente. É o ensinamento de Hungria: "Cumpre que a situação de perigo seja alheia à vontade do agente, isto é, que este não a tenha provocado intencionalmente ou por grosseira inadvertência ou leviandade" (*Comentários ao Código Penal*, v. I, t. II, p. 273). No mesmo prisma, Bustos Ramírez (*Obras completas*, v. I, p. 917);
>
> No mesmo prisma, está a posição de Enrico Contieri, explicando o motivo pelo qual a lei não se valeu do termo dolo, preferindo inserir a palavra *vontade*, em relação à geração do perigo: "Poderia perguntar-se por que razão emprega a lei o termo 'voluntariamente' e não o de 'dolosamente'. É assim porque, não sendo o perigo da situação de necessidade o evento de uma infração, seria impróprio empregar um termo reservado para os delitos. O uso 'do termo 'dolosamente' provocaria, além disso, confusões, permitindo pensar que se referia a toda a situação de necessidade e, portanto, também à inevitabilidade do fato necessitado, cujo evento constitui o evento de um determinado tipo de infração" (*O estado de necessidade*, p. 83-84);
>
> b) o perigo não pode ser produzido dolosamente, mas se admite a forma culposa. Para considerável parcela da doutrina, quando o art. 24 menciona que o perigo não pode ser gerado pela *vontade* do agente do fato necessário (quem se vale do estado de necessidade), faz referência ao dolo, mas nunca à culpa. É o pensamento de Bento de Faria (*Código Penal brasileiro comentado*, v. 2, p. 195), Aníbal Bruno (*Direito penal*, t. I, p. 397), Juarez Cirino dos Santos (*Direito penal – Parte geral*, p. 250). Na doutrina estrangeira: Jiménez Martínez, *Elementos de derecho penal mexicano*, p. 617, Jiménez de Asúa (*Lecciones de derecho penal*, p. 206);
>
> c) o perigo, por vezes, pode ser gerado culposamente. Este é o posicionamento de Magalhães Noronha, que entendemos acertado. Diz Noronha: "A nós nos parece que também o *perigo culposo* impede ou obsta o estado de necessidade. A ordem jurídica não pode *homologar* o sacrifício de um direito, favorecendo ou beneficiando quem já atuou contra ela, praticando um ilícito, que até pode ser crime ou contravenção. Reconhecemos, entretanto, que na prática é difícil aceitar solução unitária para todos os casos. Será justo punir quem, por imprudência, pôs sua vida em perigo e não pôde salvar-se senão lesando a propriedade alheia?" (*Direito penal*, v. 1, p. 191). Embora com ressalvas, coloca-se no mesmo sentido Assis Toledo, argumentando ser possível provocar um perigo *culposo* e não caber a invocação do estado de necessidade (*Princípios básicos de direito penal*, p. 186).
>
> Como regra, o perigo não pode ser nem doloso nem culposo. A lei fala em perigo não provocado por "vontade" do agente, não nos parecendo tenha aí somente o significado de "dolo", ou seja, causar um perigo intencionalmente. O sujeito que provoca um incêndio culposo criou um perigo que jamais poderá deixar de ser considerado fruto da sua *vontade*; o contrário seria admitir que nos delitos culposos não há voluntariedade na conduta. Por isso, preferimos nos colocar contra a possibilidade de o agente do perigo originário da culpa poder invocar a excludente, embora façamos a mesma ressalva de Magalhães Noronha. O caso concreto poderá ditar a solução mais justa e adequada. Assim, tomando o exemplo do incêndio culposo:

se o sujeito que causou o incêndio tiver que fugir do local, não poderá tirar a vida de pessoa inocente, que perigo nenhum causou, para salvar-se, ainda arguindo em seu benefício o estado de necessidade. Por outro lado, se, na mesma situação, para fugir do lugar, houver que agredir fisicamente uma pessoa inocente, causando-lhe lesão leve, mas para salvar sua própria vida, certamente poderá alegar estado de necessidade. Parece-nos que é essencial ponderar os bens em conflito: no primeiro caso, estão em conflito bens de igual valor, merecendo perecer o bem jurídico da pessoa que deu origem, por sua vontade, à situação de perigo; na segunda situação, estão em conflito bens de diferentes valores, merecendo perecer o de menor valor, ainda que seja o da pessoa inocente, que não provocou o perigo.

Reconhecemos, entretanto, que grande parte da doutrina tem preferido a corrente que afasta a aplicação do estado de necessidade somente quando o perigo foi causado dolosamente pelo agente.

5.2.3 Inevitabilidade do perigo e inevitabilidade da lesão

Característica fundamental do estado de necessidade é que o perigo seja inevitável, bem como seja imprescindível, para escapar da situação perigosa, a lesão a bem jurídico de outrem. Podendo afastar-se do perigo ou podendo evitar a lesão, deve o autor do fato necessário fazê-lo. No campo do estado de necessidade, impõe-se a fuga, sendo ela possível. Por isso, o estado de necessidade tem o caráter subsidiário.

Exemplo: alguém se vê atacado por um cachorro feroz, embora possa, fechando um portão, esquivar-se da investida; não pode matar o cão, a pretexto de estar em estado de necessidade. O perigo era evitável, assim como a lesão causada. Concordamos com o alerta feito por Aníbal Bruno no sentido de que o agente do fato necessário deve atuar de modo a causar o menor estrago possível. Assim, entre o dano à propriedade e a lesão a alguém, o correto é a primeira opção; entre a lesão a várias pessoas e a uma só, melhor esta última (*Direito penal*, t. I, p. 395).

5.2.4 Proteção a direito próprio ou de terceiro

Não pode alegar estado de necessidade quem visa à proteção de bem ou interesse juridicamente desprotegido. Assim, exemplificando, impossível invocar a excludente quem pretenda, a pretexto de preservar carregamento de substância entorpecente de porte não autorizado, sacrificar direito alheio.

5.2.5 Proporcionalidade do sacrifício do bem ameaçado

Trata-se da condição que constitui o estado de necessidade *justificante*, já abordado. Somente se admite a invocação da excludente, interpretando-se a expressão "cujo sacrifício, nas circunstâncias, não era razoável exigir-se", quando para salvar bem de maior ou igual valor ao do sacrificado. No mais, pode-se aplicar a hipótese do estado de necessidade exculpante.

5.2.6 Dever legal de enfrentar o perigo

O dever legal é o resultante de lei, considerada esta em seu sentido lato. Entretanto, deve-se ampliar o sentido da expressão para abranger também o dever *jurídico*, aquele que advém de outras relações previstas no ordenamento jurídico, como o contrato de trabalho ou mesmo a promessa feita pelo garantidor de uma situação qualquer. Identicamente: Bento de Faria (*Código Penal brasileiro comentado*, v. 2, p. 197).

No prisma da ampliação do significado, pode-se citar o disposto na Exposição de Motivos da Parte Geral de 1940 (não alterada pela atual), item 23: "A abnegação em face do perigo só é exigível quando corresponde a um *especial dever jurídico*". Por isso, tem o dever de enfrentar o perigo tanto o policial (dever advindo de lei), quanto o segurança particular contratado para a proteção do seu empregador (dever jurídico advindo do contrato de trabalho). Nas duas situações, não se exige da pessoa encarregada de enfrentar o perigo qualquer ato de heroísmo ou abdicação de direitos fundamentais, de forma que o bombeiro não está obrigado a se matar, em um incêndio, para salvar terceiros, nem o policial a enfrentar perigo irracional somente pelo disposto no art. 24, § 1.º. A finalidade do dispositivo é evitar que pessoas obrigadas a vivenciar situações de perigo, ao menor sinal de risco, se furtem ao seu compromisso. Em contrário, posiciona-se Hungria, ressalvando que somente o dever advindo de *lei* é capaz de impedir o estado de necessidade (*Comentários ao Código Penal*, v. I, t. II, p. 279-280).

5.3 Causa de diminuição de pena

Preceitua o art. 24, § 2.º, do Código Penal que "embora seja razoável exigir-se o sacrifício do direito ameaçado, a pena poderá ser reduzida de um a dois terços". Essa causa somente é compatível com a situação do estado de necessidade exculpante, quando não reconhecido como excludente de culpabilidade.

Eventualmente, salvando um bem de menor valor e sacrificando um de maior valor, quando não se configura a hipótese de inexigibilidade de conduta diversa, permite-se ao juiz considerar a situação como *menos culpável*, reduzindo a pena.

6. CONCEITO E FUNDAMENTO DA LEGÍTIMA DEFESA

É a defesa necessária empreendida contra agressão injusta, atual ou iminente, contra direito próprio ou de terceiro, usando, para tanto, moderadamente, os meios necessários. Ou, ainda, na ótica de Jiménez de Asúa, "é a repulsa da agressão ilegítima, atual ou iminente, por parte do agredido ou em favor de terceira pessoa, contra o agressor, sem ultrapassar a necessidade da defesa e dentro da racional proporção dos meios empregados para impedi-la ou repeli-la" (*Lecciones de derecho penal*, p. 190, tradução nossa). Trata-se do mais tradicional exemplo de justificação para a prática de fatos típicos. Por isso, sempre foi acolhida, ao longo dos tempos, em inúmeros ordenamentos jurídicos, desde o direito romano, passando pelo direito canônico, até chegar à legislação moderna. Valendo-se da legítima defesa, o indivíduo consegue repelir agressões indevidas a direito seu ou de outrem, substituindo a atuação da sociedade ou do Estado, que não pode estar em todos os lugares ao mesmo tempo, através dos seus agentes. A ordem jurídica precisa ser mantida, cabendo ao particular assegurá-la de modo eficiente e dinâmico. Ilustrando, mencionemos um trecho da oração de Cícero: "Há, sem dúvida, Juízes, esta lei, *não escrita, mas congênita, que não aprendemos, ouvimos ou lemos, mas participamos, bebemos e tomamos da mesma natureza,* na qual não fomos ensinados, mas formados, nem instruídos, mas criados: que se a nossa vida cair em algumas ciladas, e em insultos e armas de inimigos e ladrões, todo o modo de a salvar nos seja lícito. Porque as leis guardam silêncio entre as armas; nem mandam que as esperem, quando aquele que as quiser esperar primeiro há de pagar a pena injusta do que satisfazer-se da merecida" (cf. Célio de Melo Almada, *Legítima defesa*, p. 34, grifos do original).

Como leciona Jescheck, a legítima defesa tem dois ângulos distintos, mas que trabalham conjuntamente: a) no prisma jurídico-individual, é o direito que todo homem possui de defender seus bens juridicamente tutelados. Deve ser exercida no contexto individual, não sendo cabível invocá-la para a defesa de interesses coletivos, como a ordem pública ou o ordenamento jurídico; b) no prisma jurídico-social, é justamente o preceito de que o ordenamento jurídico não deve ceder ao injusto, daí porque a legítima defesa manifesta-se somente quando for essencialmente *necessária*, devendo cessar no momento em que desaparecer o interesse de afirmação do direito ou, ainda, em caso de manifesta desproporção entre os bens em conflito. É desse contexto que se extrai o princípio de que a legítima defesa merece ser exercida da forma menos lesiva possível (*Tratado de derecho penal – Parte general*, p. 459-461).

> Acesse e escute o podcast sobre Legítima defesa.
> http://uqr.to/1yohv

6.1 Elementos da legítima defesa

São cinco: a) *relativos à agressão:* a.1) injustiça; a.2) atualidade ou iminência; a.3) contra direito próprio ou de terceiro; b) *relativos à repulsa:* b.1) utilização de meios necessários; b.2) moderação. Quanto ao elemento subjetivo, conforme já expusemos em tópico anterior, entendemos que deva existir também a *vontade de se defender*.

6.1.1 Injustiça da agressão

Agressão significa a conduta *humana*, que põe em perigo ou lesa um interesse juridicamente protegido, seja a pessoa ou seus direitos (Frederico Marques, *Tratado de direito penal*, v. 2, p. 149; Fernando de Almeida Pedroso, *Direito penal – Parte geral*, p. 348; Bustos Ramírez, *Obras completas*, v. I, p. 888). Eis por que não se admite legítima defesa contra animal ou coisa, que não são capazes de "agredir" alguém (inexiste ação, como ato voluntário e consciente), mas apenas de atacar, no sentido de "investir contra". Na mesma ótica, Jiménez Martínez, *Elementos de derecho penal mexicano*, p. 597-598; Jiménez de Asúa, *Lecciones de derecho penal*, p. 194.

Animais que atacam e coisas que colocam pessoas em risco podem ser danificados ou eliminados, mas estaremos diante do estado de necessidade defensivo. Nesse prisma, a lição de Bustos Ramírez e Valenzuela Bejas: "O perigo deve provir de uma *conduta humana* – também compreendido o inimputável –, pois, do contrário, surge o estado de necessidade. Isso porque somente se pode falar do justo e do injusto em relação ao homem" (*Derecho penal latinoamericano comparado*, p. 213). Em sentido contrário, porém minoritário, o ensinamento de Mezger: "O ataque deve partir de um ser dotado de vida. Os objetos inanimados, ainda quando deles possa emanar um perigo, não podem atacar. Por outro lado, podem realizar uma agressão os animais vivos" (*Tratado de derecho penal*, t. I, p. 454).

Ressaltemos, ainda, que animais podem atacar servindo de *instrumentos* de uma pessoa para ferir outra, de modo que, nesse caso, a sua eliminação não constituirá estado de necessidade, mas legítima defesa contra o ser humano, tendo em vista que eles serviram apenas de "arma" para a agressão.

A *injustiça* da agressão deve ser entendida como ilicitude, ou seja, contrária ao direito. Valer-se da legítima defesa estaria a demandar a existência de uma agressão ilícita (não necessitando que se constitua em infração penal). Nesse prisma: Aníbal Bruno (*Direito penal*, t. I, p. 376); Assis Toledo (*Princípios básicos de direito penal*, p. 195), Marcello Jardim Linhares (*Legítima defesa*, p. 300-301); Fernando de Almeida Pedroso, *Direito penal – Parte geral*, p. 349; Juarez Cirino dos Santos, *Direito penal – Parte geral*, p. 237 Bustos Ramírez, *Obras completas*, v. I, p. 891; Jiménez Martínez, *Elementos de derecho penal mexicano*, p. 602. Somente para argumentar, caso fosse admissível uma interpretação específica do termo *injustiça*, sem conectá-la à ilicitude, seria uma abertura inadmissível, permitindo-se uma reação violenta contra conduta que se considere imoral, desarrazoada, antiética, enfim, *injusta*, em concepção subjetiva. Exemplificando, suponha-se o cumprimento de mandado de despejo por falta de pagamento de uma família pobre, sem renda para satisfazer o aluguel, quando se sabe que o proprietário é muito abonado e não precisa daquele valor para a sua subsistência. Não poderia o morador resistir, em legítima defesa, afirmando se tratar de uma agressão *injusta*, sob o prisma da injustiça social ou econômica, afinal, o oficial carrega um mandado judicial e cumpre seu dever.

Certamente que uma agressão pode realizar-se nas duas modalidades da conduta (positiva = ação; negativa = omissão). Como bem exemplifica Mezger, o carcereiro que tem a obrigação de libertar um recluso, uma vez que sua pena findou, pode gerar uma agressão, através da sua omissão ilícita (*Tratado de derecho penal*, t. I, p. 453).

6.1.2 Atualidade ou iminência da agressão

Atual é o que está acontecendo (presente), enquanto *iminência* é o que está em vias de acontecer (futuro imediato). Diferentemente do estado de necessidade, na legítima defesa admitem-se as duas formas de agressão: atual ou iminente. Tal postura legislativa está correta, uma vez que a agressão iminente é um perigo atual, portanto passível de proteção pela defesa necessária do art. 25.

Não é possível haver legítima defesa contra agressão *futura*, tornando-se forma imponderável de defesa, ou *passada*, que configura autêntica vingança, nem tampouco contra meras provocações, pois justificaria o retorno ao tempo do famigerado *duelo*. Em idêntico prisma: Bento de Faria (*Código Penal brasileiro comentado*, v. 2, p. 204).

Cabe destacar que o estado de atualidade da agressão necessita ser interpretado com a indispensável flexibilidade, pois é possível que uma atitude hostil cesse momentaneamente, mas o ofendido pressinta que vai ter prosseguimento em seguida. Continua ele legitimado a agir, sob o manto da atualidade da agressão. É o que ocorre, por exemplo, com o atirador que, errando os disparos, deixa a vítima momentaneamente, em busca de projéteis para recarregar a arma e novamente atacar. Pode o ofendido investir contra ele, ainda que o colha pelas costas, desde que fique demonstrada a intenção do agressor de prosseguir no ataque.

Igualmente, não se descaracteriza a atualidade ou iminência de uma agressão simplesmente pelo fato de existir inimizade capital entre agressor e ofendido. Lembra Marcello Jardim Linhares que ambos, pelas regras da prudência, devem evitar-se, mas, se houver um encontro casual, é possível a utilização da legítima defesa se um deles iniciar agressão injusta (*Legítima defesa*, p. 323-324).

Quanto à agressão futura, que se tenha por certa e inevitável, o caminho não deve ser invocar a legítima defesa, que não abre mão da *atualidade* ou *iminência*, mas, eventualmente, a inexigibilidade de conduta diversa.

No contexto da iminência, deve-se levar em conta a situação de perigo gerada no espírito de quem se defende. Seria demais exigir que alguém, visualizando agressão pendente, tenha que aguardar algum ato de hostilidade manifesto, pois essa espera lhe poderia ser fatal. Exemplo: o avanço do inimigo na direção do outro, carregando revólver na cintura, proferindo ameaças de morte, autoriza a reação. Aguardar que o agressor saque da arma e dê o primeiro disparo é contar com a sorte, já que o único tiro dado pode ser certeiro e mortal.

Como regra, é inadmissível a legítima defesa contra atos preparatórios de um delito, pois não se poderia falar em atualidade ou iminência, embora, em casos excepcionais, seja possível. Nas palavras de Magalhães Noronha, "a agressão há de ser atual ou iminente, porém não se exclui a justificativa contra os atos preparatórios, sempre que estes denunciarem a iminência de agressão: o subtrair a pessoa a arma que um indivíduo comprou para matar um terceiro não constitui furto, agindo ela em legítima defesa de terceiro" (*Direito penal*, v. 1, p. 198). Assim também a posição de Marcello Jardim Linhares (*Legítima defesa*, p. 320).

Está excluída a possibilidade de existência da legítima defesa *presumida*, anteriormente admitida no direito romano, como bem coloca Jorge Alberto Romeiro: "A noite autorizava, ainda, para os romanos, a presunção de legítima defesa em favor daquele que matasse a um ladrão, quando surpreendido furtando, pelo justo receio do seu ataque" (*A noite no direito e no processo penal*, p. 183). No dizer de Jiménez de Asúa, seria uma legítima defesa fictícia, logo, indevida (*Lecciones de derecho penal*, p. 197). Entretanto, há ordenamentos jurídicos, como ocorre no México, ainda acolhendo essa forma de legítima defesa. Presume-se em legítima defesa, salvo prova em contrário, quem causa dano a alguém que, por qualquer meio, invadiu, sem autorização, o domicílio do agente, de sua família, de seus dependentes ou de outra pessoa com relação a qual exista a obrigação de defesa, bem como o lugar onde estão seus bens ou ainda em local particular, revelador de elevada probabilidade de ocorrência de agressão (cf. Jiménez Martínez, *Elementos de derecho penal mexicano*, p. 606).

6.1.3 Agressão contra direito próprio ou de terceiros

Tal como no estado de necessidade, somente pode invocar a legítima defesa quem estiver defendendo bem ou interesse juridicamente protegido. Não há possibilidade de defesa contra agressão a bem sem proteção jurídica (exemplo: não pode invocar a excludente quem está defendendo, contra subtração alheia, a substância entorpecente, não autorizada, que mantém em seu poder).

Permitir que o agente defenda terceiros que nem mesmo conhece é uma das hipóteses em que o direito admite e incentiva a solidariedade. Admite-se a defesa, como está expresso em lei, de direito próprio ou de terceiro, podendo o terceiro ser pessoa física ou jurídica, inclusive porque esta última não tem condições de agir sozinha.

Merecem destaque, ainda, as especiais situações do feto e do cadáver, que não são titulares de direitos, pois não são considerados *pessoa*, isto é, não possuem personalidade, atributo que permite ao homem ser titular de direitos (arts. 2.º e 6.º, CC). Porém, como bem ressalta Manzini, tanto num, quanto noutro caso, é admissível a legítima defesa, tendo em vista a proteção que o Estado lhes confere, criando tipos penais específicos para essa finalidade (aborto e destruição de cadáver). No caso do nascituro, o próprio art. 2.º do Código Civil menciona que a lei põe a salvo alguns de seus direitos desde a concepção, voltando-se o direito penal, então, para a proteção da vida uterina. No outro, leva-se em consideração o respeito aos mortos. De qualquer forma, são interesses da sociedade. Quando são protegidos por alguém, em última análise dá-se cumprimento fiel ao disposto no art. 25, pois são direitos reconhecidos pelo Estado. Por isso, trata-se de hipótese plausível (Manzini, *Trattato di diritto penale italiano*, v. 2, p. 387-388).

Para a configuração da hipótese de legítima defesa de terceiro, torna-se necessário que este dê o seu consentimento para que seja protegido de um ataque? Cremos que depende do interesse em jogo. Tratando-se de bem indisponível, como a vida, é natural que o consentimento seja desnecessário. Assim também a posição de Marcello Jardim Linhares, citando o seguinte exemplo: "A amásia, rudemente espancada pelo amante, que, pressentindo a iminente reação de um circunstante, a este se oponha, para que não seja ofendida a pessoa amada, preferindo suportar os castigos físicos a vê-la vitimada por uma intervenção inamistosa de terceiro" (*Legítima defesa*, p. 279). Não se deve, nessa situação, depender do consentimento da agredida para socorrê-la, tendo em vista que está sendo severamente espancada, o que refoge ao seu âmbito de aceitação, por tratar-se de bem indisponível.

Mas, caso se trate de algo disponível, como o patrimônio ou mesmo a integridade física, quando se tratar de lesões leves, parece-nos importante conseguir o consentimento da vítima, caso seja possível. Note-se o exemplo ilustrativo narrado por Zipf, para justificar a busca do consentimento: cliente de hotel agride a camareira, quando esta lhe entrega uma conta. Resolve, em seguida, violentá-la. O dono do lugar, vendo a cena, dá um tiro de advertência e, sem resultado, abre fogo contra o homem, atingindo a vítima. Essa lesão não está acobertada, no seu entender, pela legítima defesa, pois não houve o consentimento da ofendida. Ela não concordou que sua vida corresse risco, para escapar da agressão sexual. Dessa forma, o consentimento da vítima, ao menos presumido, o que será deduzido diante da gravidade da agressão, deve ser buscado pelo agente da legítima defesa (*Derecho penal – Parte general*, v. 1, p. 460). É fundamental mencionar a possibilidade de haver uma legítima defesa putativa, isto é, sem saber que a pessoa ofendida se opõe a qualquer tentativa de reação contra o agressor, ainda que se cuide de bem disponível, alguém poderá agir em legítima defesa de terceiro, na credulidade de se tratar de conduta lícita e desejável.

♣ PONTO RELEVANTE PARA DEBATE

A legítima defesa da honra no contexto do flagrante adultério

Tormentosa questão é saber se a honra pode ser defendida, validamente, pela excludente da legítima defesa, bem como – e principalmente – se existe legítima defesa da honra no adultério.

Basileu Garcia defende não ser possível falar em legítima defesa da honra, porque se trata de bem imaterial, não susceptível de perecimento. Uma vez ofendida, a pessoa pode conseguir reparação nas esferas penal e civil, não sendo necessário valer-se da legítima defesa. Essa posição tornou-se minoritária, pois a própria Constituição garante o direito à honra e o Código Penal (art. 25) não faz distinção entre os direitos passíveis de proteção através do instituto da legítima defesa.

A maioria da doutrina, atualmente, sustenta a possibilidade de reação contra agressão à honra, na esteira da lição de Mezger: "É indiferente a índole do interesse juridicamente protegido contra o qual o ataque se dirige: pode ser o corpo ou a vida, a liberdade, a honra, a honestidade, a inviolabilidade de domicílio, a situação jurídica familiar, o patrimônio, a posse etc. (...) Todo bem jurídico é susceptível de ser defendido legitimamente" (*Tratado de derecho penal*, t. I, p. 454), com o que concordamos plenamente. Em igual sentido: Bento de Faria (*Código Penal brasileiro comentado*, v. 2, p. 200).

Aliás, alguns textos legais, a fim de evitar qualquer dúvida nesse campo, mencionam, explicitamente, a possibilidade de defesa da honra. É o caso do Código Penal mexicano, art. 15, III (Pavon Vasconcelos, *Manual de derecho penal mexicano – Parte general*, p. 287).

Continua, no entanto, discutível a sua utilização no contexto do adultério. Neste caso, o grande dilema é descortinar qual é a honra atingida: do cônjuge inocente ou do adúltero?

Sustentando a impossibilidade, argumentam Frederico Marques e Magalhães Noronha que a honra é individual e não pode ser "partilhada" entre os cônjuges, cada qual possuindo a sua. Além disso, a honra de quem foi infiel é que foi atingida, pois foi a parte que infringiu os deveres do casamento. Em terceiro plano, deve-se considerar que não haveria mais atualidade na agressão, uma vez que já consumada com o simples início da relação adúltera. Finalmente, se o cônjuge inocente age para salvar sua honradez, em verdade, provoca, com a violência empregada, um público conhecimento do acontecido. Na mesma ótica, Fernando de Almeida Pedroso, *Direito penal – Parte geral*, p. 374-384.

Por outro lado, é preciso verificar que a sociedade atual não coloca a questão da forma como, idealmente, deveria fazer. Vê-se o cônjuge inocente e enganado como o maculado, o frouxo, aquele que teve a sua reputação manchada, mormente se nada faz no exato momento em que constata o flagrante adultério. Admissível, pois, em nosso entender, que possa agir para preservar os laços familiares ou mesmo a sua honra objetiva, usando, entretanto, violência moderada. Exemplo: pode expulsar o amante da esposa de casa, mesmo que para isso deva empregar força física. Não deve responder por lesões corporais.

O que certamente não se deve tolerar jamais é a prática do homicídio contra o cônjuge adúltero como forma de "reparar" a honra ofendida, pois há evidente desproporcionalidade entre a injusta agressão e a reação. Encontra-se importante passagem em acórdão citado por Marcello Jardim Linhares, apregoando ser inadmissível que se "possa 'lavar' a alvura da honra maculada, tingindo-a no sangue de uma vida, que nem por mal vivida é vida que nos pertença. Não se pode tolerar que o homicídio por adultério passe a ser, contra a tradição civilizadora do país, 'contra toda a doçura de nossos foros jurídicos', o único delito punido com pena de morte. E morte infligida não pelo Estado, através das garantias e consectários do processo judicial, mas morte imposta pelo ofendido, sem forma nem figura de juízo, num pretório de paixão, em que falam, apenas, as vozes cegas da cólera e da vingança" (*Legítima defesa*, p. 222-223).

Entretanto, convém mencionar a posição pessoal de Jardim Linhares, taxativa no sentido de se acolher a legítima defesa da honra no contexto do adultério, inclusive, se necessário, com a prática de homicídio contra o cônjuge traidor: "Não nos parece censurável conceder-se a legítima defesa ao marido que, surpreendendo a esposa em flagrante adultério, dentro do lar conjugal, fere ou mata os amantes, ou qualquer deles". Justifica sua linha de pensamento, alegando que há profunda influência do ambiente e da herança na formação da alma das raças humanas, motivo pelo qual seria preciso considerar a essência da concepção do brasileiro médio acerca da honra conjugal, como valor absoluto, ressaltando que não se legisla somente para o intelectual, ou para o homem que vive em uma metrópole, mais tolerante quanto aos costumes, mas também para o espírito conservador do homem médio. Destaca a pressão do meio contra o cônjuge traído, narrando que este torna-se ridículo aos olhos da sociedade que o cerca se nenhuma providência tomar ao deparar-se com adultério flagrante. "O homem de caráter para o brasileiro não pode ser o tipo conjuntivo, manso e resignado, falho de emotividade, amorfo ou apático da classificação de Heymans, ante o mundo circundante, que acaso aceite compassivamente a cena de um flagrante adultério dentro de seu próprio lar. (...) Não é esse o tipo *médio* do brasileiro. O caráter que prevalece dentro de nossa comunidade, compatível com a dignidade da pessoa humana, é o que resguarda com a pronta reação o plano de valores espirituais e morais que esse universalismo criou". E termina sustentando que à mulher traída idêntico direito assistiria (*Legítima defesa*, p. 232-249).

Ousamos discordar dessa posição, uma vez que o Direito também tem, inegavelmente, a missão de educar a sociedade, incentivando, por meio da edição de normas, pensamentos e posturas mais nobres – e outra não é a explicação para combatermos a tortura, as penas degradantes e cruéis e caminhos menos elevados para a dignificação da vida em sociedade. Dessa forma, ainda que o brasileiro *médio* possua a concepção de que a "honra se lava com sangue" – e tal postura é exercitada não somente no contexto do flagrante adultério –, torna-se indispensável que o legislador, sensível à importância do valor da vida, jamais deixe de se voltar ao direito ideal e não somente ao pensamento coletivo real, por vezes envolto de banalidade, agressividade, egoísmo e mesquinharias de toda ordem.

Eventualmente, pode-se alegar um estado de violenta emoção, após injusta provocação da vítima, o que não justifica a excludente da ilicitude (legítima defesa).

O STF decidiu inexistir a viabilidade de legítima defesa da honra no ordenamento jurídico-penal brasileiro: "1. 'Legítima defesa da honra' não é, tecnicamente, legítima defesa. A traição se encontra inserida no contexto das relações amorosas. Seu desvalor reside no âmbito ético e moral, não havendo direito subjetivo de contra ela agir com violência. Quem pratica feminicídio ou usa de violência com a justificativa de reprimir um adultério não está a se defender, mas a atacar uma mulher de forma desproporcional, covarde e criminosa. O adultério não configura uma agressão injusta apta a excluir a antijuridicidade de um fato típico, pelo que qualquer ato violento perpetrado nesse contexto deve estar sujeito à repressão do direito penal. 2. A 'legítima defesa da honra' é recurso argumentativo/retórico odioso, desumano e cruel utilizado pelas defesas de acusados de feminicídio ou agressões contra a mulher para imputar às vítimas a causa de suas próprias mortes ou lesões. Constitui-se em ranço, na retórica de alguns operadores do direito, de institucionalização da desigualdade entre homens e mulheres e de tolerância e naturalização da violência doméstica, as quais não têm guarida na Constituição de 1988" (ADPF 779 MC-REF/DF, Plenário, rel. Dias Toffoli, 15.03.2021, v.u.). O STF confirmou essa decisão, em definitivo, em 1.º de agosto de 2023.

Acesse e escute o podcast sobre Legítima defesa da honra e decisão do STF.

> http://uqr.to/1yohw

6.1.4 Utilização dos meios necessários para a reação

Meios necessários são os eficazes e suficientes para repelir a agressão ao direito, causando o menor dano possível ao atacante. Não se exige, no contexto da legítima defesa, tal como se faz no estado de necessidade, a fuga do agredido, já que a agressão é injusta. Pode ele enfrentar a investida, usando, para isso, os meios que possuir ao seu alcance, sejam eles quais forem.

Na ótica de Roxin, "a necessidade da defesa não está vinculada à proporcionalidade entre o dano causado e o impedido. Assim, pois, quem somente pode escapar de uma surra apunhalando o agressor, exerce a defesa necessária e está justificado pela legítima defesa ainda que a lesão do bem jurídico causado pelo homicídio seja muito mais grave do que a que teria sido produzida pela surra" (*Derecho penal – parte general*, p. 632).

A exigência de fuga, como lembra Bettiol, degrada a personalidade moral, mas isso não significa que, de propósito, o sujeito procure passar próximo do local onde está o agressor, que já o ameaçou, para gerar uma situação de legítima defesa (*Diritto penale – Parte generale*, p. 260). Em igual linha: Manzini, Carrara, Ranieri, Sabatini, Santoro, Vannini, Welzel, Antolisei, Maggiore, Venditti (citações de Jardim Linhares, que com a tese concorda. *Legítima defesa*, p. 353).

É curial, no entanto, mencionar a correta ressalva feita por Bento de Faria no sentido de que, "em casos excepcionais, a fuga se impõe sem acarretar vergonha, mas, ao contrário, elevando os sentimentos de quem a pratica. Assim, o filho que, embora possa reagir, prefere fugir a agressão injusta de seu pai, para não matá-lo ou molestá-lo" (*Código Penal brasileiro comentado*, v. 2, p. 205). É o que se chama de *commodus discessus*, ou seja, o cômodo afastamento do local, evitando-se a situação de perigo ou agressão, em nome da prudência, sem qualquer ofensa à imagem do ofendido. Não há cálculo preciso no uso dos meios necessários, sendo indiscutivelmente fora de propósito pretender construir uma relação perfeita entre ataque e defesa.

Como lembra Marcello Jardim Linhares, "a escolha dos meios deve obedecer aos reclamos da situação concreta de perigo, não se podendo exigir uma proporção mecânica entre os bens em conflito", nem tampouco a paridade absoluta de armas. Utilizam-se as armas da razão (*Legítima defesa*, p. 343-344). O agressor pode estar, por exemplo, desarmado e, mesmo assim, a defesa ser realizada com emprego de arma de fogo, se esta for o único meio que o agredido tem ao seu alcance. O direito não deve ceder ao injusto, seja a que pretexto for.

Nesse sentido, em situação peculiar, absolvemos sumariamente, quando atuávamos no Tribunal do Júri de São Paulo, uma vendedora ambulante que matou a tiros um assaltante de 22 anos. No acórdão, confirmando a decisão, encontramos: "E, ao que tudo indica, o revólver utilizado na reação empreendida pela valente mulher, de 45 anos de idade, contra um forte rapaz, com a metade de sua idade, pertencia ao último, que no dizer da ré, chegou a acioná-lo duas vezes (o auto de apreensão – fls. 13 – refere a existência de duas cápsulas picotadas, mas não deflagradas). Numa disputa corporal violenta, como a que envolveu as personagens principais do delito, é difícil, senão impossível, reconhecer-se excesso doloso na reação empreendida, no caso, por parte de uma mulher, idosa, em presumível desvantagem física com o experimentado assaltante, que a acometera ou uma de suas clientes (a recorrida era dona de uma barraca de ambulante)" (TJSP, RSE 175.799-3/9-SP, 4.ª C., rel. Augusto Marin, 12.07.1995, v.u.). O acórdão é antigo, mas ilustra a mantença da decisão que proferimos na Vara do Júri. Confira-se, ainda, a lição de Bento de Faria: "O homem que é subitamente agredido não pode, na perturbação e na impetuosidade da sua defesa, proceder à operação de medir e apreciar a sangue frio e com exatidão se há algum outro recurso para o qual possa apelar, que não o de infligir um mal ao seu agressor; se há algum meio menos violento a empregar na defesa, se o mal que inflige excede ou não o que seria necessário à mesma defesa. É preciso considerar os fatos como eles ordinariamente se apresentam, e reconhecer as fraquezas inerentes à natureza humana, não se exigindo dela o que ela não pode dar; reconhecer mesmo as exigências sociais, que podem justificar o emprego de certos meios de defesa, suposto não seja absoluta a necessidade desse emprego" (*Código Penal brasileiro comentado*, v. 2, p. 207).

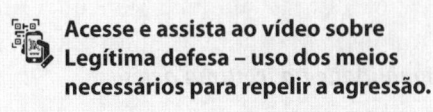

Acesse e assista ao vídeo sobre Legítima defesa – uso dos meios necessários para repelir a agressão.
> http://uqr.to/1yohx

6.1.5 Moderação da reação

É a razoável proporção entre a defesa empreendida e o ataque sofrido, que merece ser apreciada no caso concreto, de modo relativo, consistindo na *medida* dos meios necessários. Se o meio se fundamentar, por exemplo, no emprego de arma de fogo, a moderação basear-se-á no número de tiros necessários para deter a agressão.

Não se trata de conceito rígido, admitindo-se ampla possibilidade de aceitação, uma vez que a reação de uma pessoa normal não se mede por critérios matemáticos ou científicos. Como ponderar o número de golpes de faca que serão suficientes para deter um atacante encorpado e violento? Daí por que a liberdade de apreciação é grande, restando ao magistrado valer-se de todo o bom senso possível a fim de não cometer injustiça.

Rejeitando o excesso de facadas em uma briga de presos, portanto acatando a moderação, já tivemos a oportunidade de absolver sumariamente um detento que matou o outro com inúmeros golpes. Nesse contexto, não se pode exigir ponderação extremada, uma vez que ambos (agressor e agredido) estão inseridos no violento sistema penitenciário, onde se sabe que as questões terminam resolvidas pelo critério da *vida ou morte*. Confirmando a decisão, o Tribunal de Justiça pronunciou-se do seguinte modo: "Eventual excesso veio corretamente afastado pela r. decisão recorrida sob a assertiva de que o 'caso presente retrata uma briga dentro de uma prisão, onde as coisas naturalmente são violentas e rudes', sendo 'difícil argumentar que o réu, ameaçado pelo ofendido, um perigoso marginal e homicida, quando em luta corporal com ele, tivesse noção do número de golpes que estava dando na vítima'. Flagrante, então, a legítima defesa na ação do réu, e, tal como reconhecido pela r. decisão recorrida, a absolvição sumária era a solução que se impunha" (TJSP, RSE 185.848-3/1-SP, 5.ª C., rel. Christiano Kuntz, 18.07.1995, v.u.). No mesmo sentido, o acórdão é mantido para ilustrar a confirmação da decisão que proferimos.

Aliás, quanto às brigas ocorridas entre presos, narra Percival de Souza: "Cada acerto de contas é um duelo sem interferência, uma briga que geralmente só termina com a morte de um. São cenas rápidas, geralmente assistidas por privilegiados espectadores que tudo fazem para que nenhum funcionário veja o que está acontecendo e interfira para impedir o desfecho. Correr, fugir da luta, tentar escapar da morte se torna impossível. Mais do que isso, se torna imperdoável: se um dos envolvidos na briga sair correndo, não faltará quem lhe passe o pé para derrubá-lo ao chão. A briga, quando começa, tem de chegar ao fim, com um deles morto, ou perfurado a estilete" (*A prisão*, p. 18-19).

A escolha do meio defensivo e o seu uso importarão na eleição daquilo que constitua a menor carga ofensiva possível, pois a legítima defesa foi criada para legalizar a defesa de um direito e não para a punição do agressor (cf. Jardim Linhares, *Legítima defesa*, p. 368).

6.1.6 *Proporcionalidade na legítima defesa*

A lei não a exige (art. 25, CP), mas a doutrina e a jurisprudência brasileiras posicionam-se no sentido de ser necessária a proporcionalidade (critério adotado no estado de necessidade) também na legítima defesa. Por tal razão, se o agente defender bem de menor valor fazendo perecer bem de valor muito superior, deve responder por excesso. É o caso de se defender a propriedade à custa da vida. Aquele que mata o ladrão que, sem emprego de grave ameaça ou violência, levava seus pertences, fatalmente não poderá alegar legítima defesa, pois terá havido excesso, doloso ou culposo, conforme o caso. Essa visão está correta, particularmente, tendo-se em consideração a primazia do princípio constitucional da dignidade da pessoa humana. Os valores tutelados pelo

Direito são hierarquizados. Tanto assim que o homicídio (tutela da vida) possui penais variáveis de 6 a 30 anos de reclusão, enquanto o furto (tutela do patrimônio) alcança patamares inferiores, de 1 a 8 anos. Logo, não cabe defender o patrimônio em ofensa à vida. No mesmo prisma, Bustos Ramírez, *Obras completas*, v. I, p. 896.

6.1.6.1 Ofendículos

Questão importante diz respeito aos ofendículos (ou ofendículas). Proveniente o termo da palavra *offendiculum*, que quer dizer obstáculo, impedimento, significa o aparelho, engenho ou animal utilizado para a proteção de bens e interesses. São autênticos obstáculos ou impedimentos posicionados para atuar no momento da agressão alheia.

> ### ♣ PONTO RELEVANTE PARA DEBATE
>
> #### A natureza jurídica dos ofendículos
>
> Há duas posições:
>
> a) *exercício regular de direito*, sob a ótica de que os obstáculos instalados na propriedade constituem o uso legítimo de um direito. Enfoca-se, com isso, o momento de instalação do ofendículo e não de seu funcionamento, que é sempre futuro.
>
> Aliás, como alerta Marcello Jardim Linhares, quando a armadilha entra em ação, não mais está funcionando o homem, motivo pelo qual não se pode admitir esteja ocorrendo uma situação de legítima defesa, mas sim de exercício de direito. E mesmo quando atinja um inocente, como uma criança que se fira em pontas de lança de um muro, atua o exercício de direito, pois não se pode considerar uma reação contra quem não está agredindo (*Estrito cumprimento de dever legal – Exercício regular de direito*, p. 256-257). Assim: Bento de Faria (*Código Penal brasileiro comentado*, v. 2, p. 217), Aníbal Bruno (*Direito penal*, t. 2, p. 9), Mirabete (*Manual de direito penal*, v. I, p. 187), Jair Leonardo Lopes (*Curso de direito penal – Parte geral*, p. 142), Paulo José da Costa Jr. (*Direito penal – Curso completo*, p. 105), Bustos Ramírez, *Obras completas*, v. I, p. 927;
>
> b) *legítima defesa preordenada*, voltando-se os olhos para o instante de funcionamento do obstáculo, que ocorre quando o infrator busca lesionar algum interesse ou bem jurídico protegido. Posicionamo-nos nesse sentido, como o fazem Hungria (*Comentários ao Código Penal*, v. I, t. II, p. 293), Noronha (*Direito penal – Parte geral*, p. 197), Assis Toledo (*Princípios básicos de direito penal*, p. 206), Frederico Marques (*Tratado de direito penal*, v. II, p. 151), Flávio Augusto Monteiro de Barros (*Direito penal – Parte geral*, p. 307); Fernando de Almeida Pedroso (*Direito Penal – Parte geral*, p. 372); Jiménez de Asúa (*Lecciones de derecho penal*, p. 193).
>
> O aparelho ou animal é colocado em uma determinada propriedade para funcionar no momento em que esse local é invadido contra a vontade do morador, portanto serve como defesa necessária contra injusta agressão.

A primeira posição envolve o momento de instalação, montagem ou inserção do ofendículo na propriedade, afirmando ser direito do seu detentor. Sem dúvida, colocar cercas, pontas de lança, cães agressivos e até um fosso com crocodilos é direito do proprietário se tais barreiras restarem inertes. Elas seriam pouco mais que um elemento decorativo. Entretanto, no exato instante em que uma delas atinge um ser humano, ferindo-o, já se está distante do exercício regular de direito, pois este ficou no passado. Quando a situação danosa emerge no presente, segundo nos parece, o que está acontecendo diz respeito a uma reação preordenada ou programada contra agressão injusta a direito próprio. Eis uma típica legítima defesa.

É certo que o ofendículo, por constituir situação de legítima defesa (ou exercício regular de direito), precisa respeitar os mesmos elementos referentes à moderação. Qualquer excesso fará com que o instalador do ofendículo responda pelo resultado típico causado, por dolo ou culpa, conforme o caso concreto. Uma fórmula interessante para detectar a licitude do uso de ofendículos é proposta por Ranieri, que menciona o seguinte: se forem colocados de modo visível, é evidente a sua legitimidade como meio defensivo, sem qualquer restrição de intensidade, porque o agressor, conhecendo o perigo ao qual se expõe, afronta-o deliberadamente. Entretanto, se for colocado de modo oculto, somente terá legitimidade como meio de defesa se for necessário e moderado, conforme o caso concreto (*Manuale di diritto penale. Parte generale*, v. 1, p. 145). Embora creiamos ter validade essa regra para auxiliar o juiz a decidir acerca da maior ou menor reprovação que a conduta do defensor possa merecer em caso de exagero, quando o obstáculo atuar de modo intenso, ceifando a vida do agressor do patrimônio, por exemplo, tornamos ao problema da proporcionalidade, exigida majoritariamente pela jurisprudência de nossas Cortes. Trata-se, afinal, de bem indisponível (vida), pouco valendo o fato de o ofendículo estar à vista ou não.

Por outro lado, quando atingir um inocente (ex.: criança que se fere em cacos de vidro colocados em cima do muro, porque foi buscar uma pipa presa em uma árvore), pode-se invocar a *legítima defesa putativa*, desde que não haja, também nessa hipótese, flagrante exagero nos meios empregados para a defesa. Nessa ótica, confira-se a lição de Nélson Hungria: "Suponha-se, entretanto, que ocorra uma *aberratio in persona*, isto é, que, ao invés do ladrão, venha a ser vítima do insidioso aparelho uma pessoa inocente. A nosso ver, a hipótese deve ser tratada como de legítima defesa putativa, uma vez que se comprove que o proprietário ou ocupante da casa estava persuadido de que a armadilha somente poderia colher o ladrão noturno: se foram tomadas as precauções devidas para que a armadilha não fosse fiel à sua finalidade, o evento lesivo não pode ser imputado a título de dolo, nem a título de culpa; caso contrário, configurar-se-á um crime culposo" (*Legítima defesa putativa*, p. 130-132).

Heinz Zipf, no entanto, questiona o seu funcionamento contra inocentes, afirmando que, nessa situação, o instalador do ofendículo deve responder pelo evento causado. Alega ser "duvidosa a justificação desses meios porque eles não permitem uma individualização em seu funcionamento: um disparador automático opera não somente contra o ladrão de galinhas, senão também contra o hóspede que tenha confundido a porta de entrada. Se a instalação funciona como meio defensivo, o autor estará justificado. Do contrário, não cabe legítima defesa" (*Derecho penal – Parte generale*, v. 1, p. 458). Essa postura é exagerada, uma vez que, fosse assim, os ofendículos estariam inviabilizados por completo, pois nunca se poderá garantir o seu funcionamento exclusivo contra agressores reais. Aliás, se o direito acolhe a putatividade para garantir a absolvição daquele que, justificadamente, vendo-se agredido – embora seja fruto do erro – termina ferindo inocente, é natural que isso se dê no contexto do ofendículo.

Há basicamente dois tipos de obstáculos: coisas e animais. Quanto aos aparelhos e engenhos (como cercas eletrificadas, pontas de lança, arame farpado etc.), o controle do proprietário e a regulagem, em relação ao funcionamento, é maior e mais eficiente. Se alguém se ferir em um portão que, no alto, possui pontas de lanças, porque pretendia invadir a propriedade, ainda que morra, configura nítida situação de legítima defesa preordenada, necessária e moderada. A vítima, percebendo o perigo da ultrapassagem do obstáculo, aventurou-se, acreditando poder evitar a lesão. A cerca eletrificada para repelir o invasor é ofendículo razoável e moderado; se, por azar, na queda após o choque, o agressor terminar lesionando-se mais gravemente, não se pode debitar do proprietário, a título de excesso, esse episódio. É fruto do caso fortuito. Por outro lado, a cerca eletrificada para provocar choque fatal deve ser considerada ofendículo imoderado.

Confira-se caso real: "Ontem, dois pequenos moradores da Zona Norte acabaram se ferindo em lanças de portão enquanto brincavam durante a tarde nesse período de recesso escolar. Um perfurou o tórax ao cair de um rombo nas telhas da garagem de seu prédio, às 16 h, no Jardim Peri, e outro perfurou a mão a proteção, às 17 h, em Parada de Taipas. A bola colorida ainda continuava presa no telhado quando B. H. J. R., 9 anos, entrava no Centro Cirúrgico do Hospital das Clínicas (HC), Zona Oeste, para retirar a ponta da lança da grade que entrou em seu peito direito, bem na hora em que o menino escorregou para salvar a pelota isolada no jogo de futebol disputado no quintal. (...) Para o vizinho que ajudou no salvamento, o acidente era previsível. 'Eles sempre ficam pulando para lá e para cá nessas cercas. E o pior é que, para segurança mesmo, essas lanças não adiantam nada', disse R. S., 29 anos" (*Jornal da Tarde*, Caderno A, p. 4, 14.12.2006).

Quanto aos animais, especialmente os cães de guarda, o proprietário tem menor controle sobre suas reações, pois são seres vivos, que atuam por instinto de preservação do território e do dono. Não há regulagem, visto não serem aparelhos. Portanto, se um invasor for atacado por cães e terminar morrendo em virtude das lesões sofridas, trata-se de caso fortuito, não configurador de excesso. É lícito tê-los em qualquer residência ou lugar de comércio, desde que em área não acessível ao público que, legitimamente, frequenta o lugar. No mais, aquele que, durante a noite, por exemplo, invade propriedade alheia, murada, para qualquer atividade, pode ser atacado por cães, que protegem por instinto seu espaço, e morrer, configurando-se, ainda assim, a legítima defesa. Note-se que, se fosse o proprietário a dar um tiro em um mendigo invasor, poderíamos falar em excesso; porém, cães não têm discernimento para separar entre o invasor mendigo e o invasor assaltante, atacando-os igualmente.

O proprietário do animal, por certo, não pode treiná-lo para ataques fulminantes, pois isto seria o mesmo que preparar uma cerca para matar eletrocutado o invasor. No entanto, o treinamento de defesa ou mesmo a ausência de adestramento deixa o cão trabalhar com seus instintos, que, dependendo do acontecimento, pode levar a um resultado fatal. Tal situação torna-se particularmente viável quando há mais de um cão de guarda, seja de que raça for, pois nasce aí o *instinto de matilha*, representado pelo ataque conjunto dos cães, um incentivando o outro a dar cabo da presa. Por isso, não pode o proprietário ser responsabilizado por um ofendículo que lida com o instinto de animal.

Por outro lado, se alguém preferir utilizar animais diferenciados para a proteção de sua propriedade, como cobras venenosas ou felinos selvagens (leões, tigres etc.), teremos a possibilidade de levantar a imoderação do ofendículo, uma vez que a possibilidade de controle torna-se ainda menor. Mas, o ideal é sempre analisar a situação concreta, sem fórmulas preestabelecidas.

6.2 Outras questões polêmicas envolvendo a legítima defesa

6.2.1 *Legítima defesa contra legítima defesa (legítima defesa recíproca) ou contra qualquer outra excludente de ilicitude*

Não existe tal possibilidade, pois a agressão não pode ser injusta, ao mesmo tempo, para duas partes distintas e opostas. Entretanto, pode haver legítima defesa real contra legítima defesa putativa (ou contra outra excludente putativa), uma vez que a primeira é reação contra agressão verdadeiramente injusta e a segunda é uma reação a uma agressão imaginária, embora na mente da pessoa que se defende ela exista. No primeiro caso, exclui-se a antijuridicidade; no segundo, afasta-se a culpabilidade. No mesmo prisma, Jiménez de Asúa, *Lecciones de derecho penal*, p. 195.

Convém destacar, ainda, que há possibilidade de absolvição de ambos os contendores, caso aleguem ter agido em legítima defesa, por não se apurar, durante a colheita da prova, de quem partiu a primeira agressão, considerada injusta. Absolve-se não pelo reconhecimento da legítima defesa recíproca, mas por insuficiência de provas.

6.2.2 *Legítima defesa contra pessoa jurídica*

É possível, pois a pessoa jurídica materializa sua vontade através de seres humanos, constituindo, pois, abertura razoável para haver injusta agressão. Se um funcionário vê, no mural da empresa em que trabalha, dependurado um aviso, contendo flagrantes impropérios contra sua pessoa, poderá destruir o vidro que o separa do referido aviso para eliminá-lo, em defesa de sua honra. Nesse prisma, De Marsico, *Diritto penale – Parte generale*, p. 105; Célio de Melo Almada, *Legítima defesa*, p. 66-67.

6.2.3 *Legítima defesa contra agressão de inimputáveis*

É cabível, pois a lei exige apenas a existência de agressão injusta e as pessoas inimputáveis podem agir voluntária e ilicitamente, embora não sejam culpáveis. Hungria diz ser hipótese de estado de necessidade, equiparando o inimputável ao ser irracional, embora não se deva chegar a esse extremo.

Mas, para reagir contra agressão de inimputável, exige-se cautela redobrada, justamente porque a pessoa que ataca não tem consciência da ilicitude do seu ato. Vale mencionar a lição de Heinz Zipf no sentido de que, diante da agressão de crianças, enfermos mentais, ébrios, pessoas em estado de erro, indivíduos tomados por violenta emoção, enfim, que não controlam, racionalmente, seus atos, cabe invocar a legítima defesa, pois não deixam de se constituir em atitudes ilícitas (agressões injustas), mas não cabe o exercício de uma defesa *ofensiva*. Esses tipos de agressão devem ser contornados, na medida do possível, iludindo-se o agressor, ao invés de feri-lo (*Derecho penal – Parte general*, v. 1, p. 453). Em igual sentido, Bustos Ramírez, *Obras completas*, v. I, p. 895. "A solução da controvérsia, porém, quer nos parecer, depende do exame do caso concreto. *A* está no interior de sua casa, que é invadida por *B*, cujo estado de alienação mental aquele desconhece. *B* avança contra *A*, de arma em punho, ameaçando-o de agressão. *A* revida a agressão iminente e fere ou mata *B*. As condições objetivas do fato levam a admitir a excludente da legítima defesa" (cf. Célio de Melo Almada, *Legítima defesa*, p. 66).

6.2.4   Legítima defesa sucessiva

É situação perfeitamente possível. Trata-se da hipótese em que alguém se defende do excesso de legítima defesa. Assim, se um ladrão é surpreendido furtando, cabe, por parte do proprietário, segurá-lo à força até que a polícia chegue (constrangimento admitido pela legítima defesa), embora não possa propositadamente lesar sua integridade física. Caso isso ocorra, autoriza o ladrão a se defender (é a legítima defesa contra o excesso praticado).

6.2.5   Legítima defesa contra multidão

É admissível, pois o que se exige é uma agressão injusta, proveniente de seres humanos, pouco interessando sejam eles individualizados ou não. Reforce-se a ideia com a dissertação de Marcello Jardim Linhares: "Não deixará de ser legítima a defesa exercitada contra a multidão, conquanto em seu todo orgânico reúna elementos nos quais se possa reconhecer culpa e inocência, isto é, pessoas ativas ao lado de outras inertes (...) não seria a culpa dos componentes do grupo que daria origem à legítima defesa, mas a ofensa injusta, considerada do ponto de vista do atacado. Na multidão há uma unidade de ação e fim, no meio da infinita variedade de seus movimentos com uma só alma" (*Legítima defesa*, p. 166).

Em sentido contrário, visualizando, nessa hipótese, estado de necessidade, porque a multidão não tem personalidade jurídica, provocando somente um perigo, mas não uma agressão, a lição de De Marsico (*Diritto penale – Parte generale*, p. 105).

6.2.6   Legítima defesa contra provocação

É inadmissível, pois a provocação (insulto, ofensa ou desafio) não é suficiente para gerar o requisito legal, que é a agressão. Nessa ótica, a preleção de Eusebio Gómez, dizendo ser imperioso distinguir a agressão da simples provocação, questão difícil de resolver, já que não serve para gerar o estado de perigo necessário para considerar-se legítima a defesa (*Tratado de derecho penal*, t. I, p. 562).

Fazemos, no entanto, uma ressalva: quando a provocação for insistente, torna-se verdadeira agressão, justificando, pois, a reação, sempre respeitado o requisito da moderação. Observe-se, ainda, que não se elimina a possibilidade de alguém agir em legítima defesa, embora tenha provocado outra pessoa. Da mesma forma que se sustenta ser inadmissível agir em legítima defesa contra provocação, deve-se acolher a ideia de que, quando alguém reagir contra a provocação está, na verdade, agredindo injustamente. Exemplificando: se *A* provocar *B* e este, em represália, buscar agredi-lo, é natural que *A* possa agir em legítima defesa.

6.2.7 Legítima defesa nas relações familiares

Pode configurar-se situação intolerável, mormente quando se levar em consideração a possibilidade de haver exercício regular de direito por parte dos pais com relação aos filhos menores. Logo a ninguém é dado o direito de intervir contra o pai que, por exemplo, castigue moderadamente seu filho, com o propósito de educá-lo. Porém, havendo excesso, certamente poderá haver a utilização da legítima defesa, seja do filho contra o pai, seja de terceiro em favor do primeiro.

Por outro lado, qualquer agressão do marido contra a esposa – ou desta contra aquele – não será considerada exercício regular de direito – embora no passado já se tenha admitido a hipótese de o marido corrigir a mulher, exatamente como faz com os filhos menores, baseado no seu poder como chefe da sociedade conjugal – razão pela qual admite-se a legítima defesa própria ou de terceiro.

Aliás, como não admitimos a possibilidade de o marido exigir da mulher a conjunção carnal, mediante o uso de violência ou grave ameaça (conforme veremos no contexto das questões polêmicas do exercício regular de direito), consideramos perfeitamente lícita a utilização, pela mulher assediada com rudeza pelo esposo, da legítima defesa. Os que sustentam – embora hoje minoritários – o uso da excludente do exercício regular do direito pelo marido que *estupra* a esposa, logicamente, não podem aquiescer com a utilização da legítima defesa, pois não se pode contrapor reação a uma agressão justa.

6.2.8 Legítima defesa por omissão

Embora possa constituir hipótese rara, parece-nos viável a sua ocorrência. Imagine-se que o carcereiro único de um estabelecimento penal tenha sido ameaçado de morte por determinado preso perigoso, dizendo este que, ao primeiro momento possível, irá matá-lo. Antes de qualquer providência, como a transferência do detento para outro presídio ou da remoção do próprio carcereiro ameaçado, chega o alvará de soltura. É possível que esse agente penitenciário não o cumpra de imediato, para evitar agressão iminente e injusta contra sua vida, tendo em vista a concretude da ameaça realizada. Em tese, estaria praticando o delito de cárcere privado, mas assim age para garantir, antes, a sua remoção do local, deixando ao seu sucessor a tarefa de cumprir o mencionado alvará. Em decorrência disso, o potencial agressor ficaria, por exemplo, preso um dia a mais. Em situação normal, constituiria o referido delito de cárcere privado, como mencionamos. Naquela circunstância específica, entretanto, representou a defesa do carcereiro contra agressão iminente. É possível que se diga poder o condenado, depois de solto, sair ao encalço do agente penitenciário, buscando efetivar a ameaça realizada. Não importa. Ainda assim, o carcereiro não está obrigado a, ele mesmo uma vítima em potencial, abrir a cela para ser morto de imediato. Que outro o faça, enquanto o ameaçado registra a ocorrência, toma providências legais, busca proteção, enfim, procura outros mecanismos para evitar o mal que o ronda. Note-se: não se está sustentando dever o condenado, cuja pena chegou ao fim, ficar preso indefinidamente somente porque resolveu matar certo carcereiro. Argumenta-se, apenas, com a hipótese de não ser obrigado o próprio ameaçado a cumprir a ordem de soltura, colocando sua vida em risco de imediato. Sua inércia em não soltar o algoz, até que se julgue protegido, é medida de legítima defesa. Aliás, o carcereiro também pode cometer uma agressão injusta, como referido no item 6.1.1 supra, deixando de soltar o preso, ao chegar o alvará de soltura, caso não tenha justificado motivo para tanto.

6.2.9 Legítima defesa praticada por inimputáveis

É possível, pois a consciência que se exige não é da ilicitude da agressão, mas apenas da existência da agressão em si. No caso do ébrio, ensina Célio de Melo Almada, comentando acórdão do Tribunal de Justiça de São Paulo, que afastou a legítima defesa praticada por pessoa embriagada, o seguinte: "a embriaguez só oblitera a consciência no estado mais evoluído. Afirmar-se, pois, que esse estado impede que o agredido tenha consciência da defesa do seu direito, como fez o aresto citado, não nos parece muito exato. Acresce que no exercício da descriminante, como já assinalamos antes, fala alto o instinto de conservação, embora não seja este a justificação jurídica do instituto. Assim, um ébrio que receba de inopino uma agressão a que deu causa, sentindo a injustiça dessa agressão, porque ainda não em estado de comoção cerebral, pode revidá-la e acredito que ninguém dirá que não o tenha feito em legítima defesa" (cf. Célio de Melo Almada, *Legítima defesa*, p. 66).

Em posição contrária, sustentando ser estado de necessidade a defesa exercida contra agressão de inimputável, encontra-se Enrico Contieri: "quando a causa do perigo da lesão de um direito subjetivo alheio é uma pessoa que não tem capacidade para cometer um ilícito jurídico (e é o caso das pessoas que, por efeito de uma causa natural, não têm capacidade de direito penal), a ofensa ameaçada não é injusta, e, em consequência, não existe a situação de legítima defesa, mas, desde que estejam presentes todos os requisitos da situação de necessidade, existe esta" (*O estado de necessidade*, p. 116).

6.2.10 Legítima defesa da comunidade

É inadmissível que alguém pretenda revestir-se da aura de defensor da sociedade; pode-se, inclusive, gerar a indevida posição de *justiceiro* ou *vigilante*.

Lembra Roxin que, para a ordem social pacífica, haveria mais prejuízo que benefício se cada cidadão pudesse defender violentamente a comunidade, ainda que não houvesse ninguém em particular que necessite de proteção. Poderia haver lutas de "guardiães da ordem" (*Derecho penal – parte general*, p. 625).

Isso não significa a inviabilidade de qualquer cidadão agir em legítima defesa de um bem jurídico específico, embora de interesse da sociedade, como o meio ambiente. Se alguém visualiza outrem a cortar árvores de preservação garantida, pode intervir, impedindo que continue até a chegada das autoridades.

Por outro lado, não se autoriza a defesa do meio ambiente em situações de questionável concretude, *v.g.*, a atitude de um ambientalista danificando um ônibus porque entende que dele emanam gases poluentes.

As diferenças entre os dois exemplos citados, em relação ao meio ambiente, são a sua especificidade e o grau de certeza da agressão injusta, atual ou iminente, contra direito identificável, no primeiro caso (corte de árvore protegida); no segundo, por seu turno, inexiste certeza de dano irrecuperável e muito menos concretude quanto ao direito tutelado na emissão de fumaça do escapamento de um transporte coletivo.

6.2.11 Legítima defesa de animais

A proteção conferida pelo ordenamento jurídico aos animais advém de duas fontes: a) lei ambiental, tutelando animais da fauna brasileira, em particular os ameaçados de extinção; b) lei de contravenções penais, protegendo qualquer animal contra maus-tratos. Há quem sustente (não sendo objeto de estudo neste tópico) que a lei ambiental, hoje, tutela *todos* os animais, mesmo os domésticos.

De qualquer maneira, havendo maltrato evidente contra animal, o bem jurídico torna-se visível e específico, autorizando a legítima defesa. Note-se que o titular do bem é a sociedade, pois o animal encontra-se sob o manto protetor da comunidade. Ele mesmo não é sujeito de direitos. Dito isso, seja pela honestidade pública ou ética social, como bem jurídico protegido, no cenário da gratuita agressão a animais, que padecem crueldade, seja pelo meio ambiente, visando ao não extermínio de exemplares da fauna, cabe legítima defesa.

Roxin aponta a "compaixão humana em face do animal martirizado" (*Derecho penal – parte general*, p. 625).

6.2.12 Legítima defesa de refém

A Lei 13.964/2019 introduziu o parágrafo único ao art. 25: "observados os requisitos previstos no *caput* deste artigo, considera-se também em legítima defesa o agente de segurança pública que repele agressão ou risco de agressão à vítima mantida refém durante a prática de crimes". Essa inserção foi completamente desnecessária, pois a situação de um refém sendo agredido ou em vias de ser lesionado sempre esteve sob o manto da legítima defesa, vale dizer, qualquer pessoa – e naturalmente o agente policial – poderia repelir essa agressão da forma como fosse necessária, inclusive matando o criminoso.

Aliás, o texto introduzido faz menção expressa à observância dos requisitos previstos no *caput*, logo, mais uma razão para se demonstrar ser inócua a *inovação*. Algumas situações concretas, contando com a atuação de atiradores profissionais da Polícia Militar (*snipers*), abatendo ofensores a distância, podem ter sido a inspiração para a referida alteração legislativa, porém, apenas ratificando a legítima defesa de terceiro.

7. CONCEITO DE ESTRITO CUMPRIMENTO DO DEVER LEGAL

Trata-se da ação praticada em cumprimento de um dever imposto por lei, penal ou extrapenal, mesmo que cause lesão a bem jurídico de terceiro. Pode-se vislumbrar, em diversos pontos do ordenamento pátrio, a existência de deveres atribuídos a certos agentes que, em tese, podem configurar fatos típicos. Para realizar uma prisão, por exemplo, o art. 292 do Código de Processo Penal prevê que, "se houver, ainda que por parte de terceiros, resistência à prisão em flagrante ou à determinada por autoridade competente, o executor e as pessoas que o auxiliarem *poderão usar dos meios necessários para defender-se ou para vencer a resistência...*". O mesmo se diga da previsão feita no art. 245, §§ 2.º e 3.º, do mencionado Código, tratando da busca legal e autorizando o emprego de força para cumprir o mandado judicial.

Para se considerar *dever legal* é preciso que advenha de lei, ou seja, preceito de caráter geral, originário de poder público competente, embora no sentido lato (leis ordinárias, regulamentos, decretos etc.).

7.1 Situações de cumprimento de dever legal

Constituem casos típicos de estrito cumprimento de dever legal as seguintes hipóteses: a) a execução de pena de morte feita pelo carrasco, quando o sistema jurídico admitir (no caso do Brasil, dá-se em época de guerra, diante de pelotão de fuzilamento); b) a morte do inimigo no campo de batalha produzida pelo soldado em tempo de guerra; c) a prisão em flagrante delito executada pelos agentes policiais; d) a prisão militar de insubmisso ou desertor; e) a violação de domicílio pela polícia ou servidor do Judiciário para cumprir mandado judicial de busca e apreensão ou mesmo quando for necessário para prestar socorro a alguém ou impedir a prática de crime; f) a realização de busca pessoal, nas hipóteses autorizadas pelo Código de Processo Penal; g) o arrombamento e a entrada forçada em residência para efetuar a prisão de alguém, durante o dia, com mandado judicial; h) a apreensão de coisas e pessoas, na forma da lei processual penal; i) o ingresso em casa alheia por agentes sanitários para finalidades de saúde pública; j) a apreensão de documento em poder do defensor do réu, quando formar a materialidade de um crime, de acordo com a lei processual penal; k) o ingresso em casa alheia por agentes municipais para efeito de lançamento de imposto; l) a comunicação da ocorrência de crime por funcionário público à autoridade, quando dele tenha ciência no exercício das suas funções; m) a denúncia à autoridade feita por médicos, no exercício profissional, da ocorrência de um crime; n) a denúncia feita por médicos à autoridade sanitária, por ocasião do exercício profissional, tomando conhecimento de doença de notificação obrigatória; o) a violência necessária utilizada pela polícia ou outro agente público para prender alguém em flagrante ou em virtude de mandado judicial, quando houver resistência ou fuga (cf. Marcello Jardim Linhares, *Estrito cumprimento de dever legal – Exercício regular de direito*, p. 120-121).

Algumas dessas situações – e outras que também constituem cumprimento de dever legal – podem ser deslocadas para o campo da tipicidade. Por exemplo: o médico tem o dever de comunicar doença de notificação obrigatória à autoridade sanitária, sob pena de, não o fazendo, configurar o crime previsto no art. 269 do Código Penal. Logo, se fizer a comunicação, trata-se de fato atípico, não se necessitando utilizar a excludente de ilicitude do estrito cumprimento do dever legal.

Em suma, quando a abstenção do cumprimento do dever configurar fato típico, o seu exercício constitui o oposto (fato atípico). No entanto, quando o cumprimento do dever permitir a formação do fato típico (lesão corporal durante a execução de uma prisão), valemo-nos da excludente de ilicitude referente ao estrito cumprimento do dever legal.

8. CONCEITO DE EXERCÍCIO REGULAR DE DIREITO

É o desempenho de uma atividade ou a prática de uma conduta autorizada por lei, que torna lícito um fato típico. Se alguém exercita um *direito*, previsto e autorizado de algum modo pelo ordenamento jurídico, não pode ser punido, como se praticasse um delito.

O que é lícito em qualquer ramo do direito, há de ser também no direito penal. Exemplo: a Constituição Federal considera o domicílio asilo inviolável do indivíduo, sendo vedado o ingresso nele sem consentimento do morador, salvo em caso de flagrante delito ou desastre, bem como para prestar socorro (art. 5.º, XI, CF). Portanto, se um fugitivo da justiça se esconde na casa de um amigo, a polícia somente pode penetrar nesse local durante o dia, constituindo exercício regular de direito impedir a entrada dos policiais durante a noite, mesmo que possuam um mandado.

Acrescente-se, ainda, que a expressão *direito* deve ser interpretada de modo amplo e não estrito, afinal, cuida-se de excludente de ilicitude e não de norma incriminadora. Logo, compreende "todos os direitos subjetivos pertencentes a toda categoria ou ramo do ordenamento jurídico, direta ou indiretamente reconhecido, como afinal são os costumes" (Marcello Jardim Linhares, *Estrito cumprimento de dever legal – Exercício regular de direito*, p. 111).

8.1 Situações de exercício regular de direito

Constituem casos típicos de exercício de direito as seguintes hipóteses: a) o aborto, quando a gravidez resulte de estupro, havendo o consentimento da gestante; b) a correção disciplinar dos pais aos filhos menores, quando moderada; c) a ofensa irrogada na discussão da causa pela parte ou seu procurador; d) a crítica literária, artística ou científica; e) a apreciação ou informação do funcionário público, no exercício da sua função; f) o tratamento médico e a intervenção cirúrgica, quando admitidas em lei; g) o tratamento médico e a intervenção cirúrgica, mesmo sem o consentimento do paciente, quando ocorrer iminente risco de vida (nesta hipótese, diante dos termos do art. 146, § 3.º, I, do Código Penal, é mais acertado considerar excludente de tipicidade); h) a coação para impedir suicídio (nesta hipótese, diante dos termos do art. 146, § 3.º, II, do Código Penal, é mais acertado considerar excludente de tipicidade); i) a violação de correspondência dos pais com relação aos filhos menores e nos demais casos autorizados pela lei processual penal; j) a divulgação de segredo, ainda que prejudicial, feita com justa causa; k) a subtração de coisa comum fungível; l) a conservação de coisa alheia perdida pelo prazo de 15 dias; m) o adultério de pessoa separada judicialmente; n) a prática de jogo de azar em casa de família; o) a publicação dos debates travados nas Assembleias; p) a crítica às leis ou a demonstração de sua inconveniência, desde que não haja incitação à sua desobediência, nem instiguem a violência; q) o uso dos ofendículos (para quem os considera exercício regular de direito); r) o direito de greve sem violência; s) a separação dos contendores em caso de rixa; t) o porte legal de arma de fogo (neste caso, melhor tratar como fato atípico, pois a autorização legal consta do tipo); u) a venda de rifas paras fins filantrópicos, sem fim comercial, como assentado no costume e na jurisprudência; v) a doação de órgãos, tecidos e partes do corpo humano para fins de transplante, sem fins comerciais; w) a livre manifestação do pensamento, ainda que desagrade a alguns; x) a esterilização nos termos da lei; y) a prestação de auxílio a agente de crime, feita por ascendente, descendente, cônjuge ou irmão; z) os casos previstos na lei civil, como o penhor legal, a retenção de bagagens, o corte de árvores limítrofes, entre outros (cf. Marcello Jardim Linhares, *Estrito cumprimento de dever legal – Exercício regular de direito*, p. 122-125).

Outra situação particular de exercício regular de direito é a utilização de cadáver para fins de exploração científico-didática nas faculdades de medicina, conforme previsão feita na Lei 8.501/1992. É certo que se considera bem jurídico penalmente tutelado o respeito à memória dos mortos, punindo-se a destruição ou o vilipêndio ao cadáver (arts. 211 e 212, CP), embora haja, no caso mencionado, autorização legal para excepcionar a regra.

Dispõe o art. 2.º da Lei 8.501/1992 que "o cadáver não reclamado junto às autoridades públicas, no prazo de trinta dias, poderá ser destinado às escolas de medicina, para fins de ensino e de pesquisa de caráter científico". Cabe tal destinação com relação ao cadáver sem qualquer documentação ou, quando identificado, sobre o qual inexistem informações relativas a endereços de parentes ou responsáveis legais (art. 3.º). Não se autoriza o uso do cadáver caso haja indício de que a morte seja resultado de ação criminosa.

8.2 Situações polêmicas no contexto do exercício regular de direito

8.2.1 *O estupro da esposa praticado pelo marido*

É hipótese sustentada por alguns como sendo exercício regular de direito, decorrente do débito conjugal e do dever de fidelidade, que envolvem o casamento. Nessa ótica, conferir: "A mulher não pode se opor ao legítimo direito do marido à conjunção carnal, desde que não ofenda ao pudor nem exceda os limites normais do ato. Decorre daí o direito do marido de constrangê-la, mediante o uso de moderada violência" (Marcello Jardim Linhares, *Legítima defesa*, p. 308).

Não é mais tempo para se aceitar tal entendimento, tendo em vista que os direitos dos cônjuges na relação matrimonial são iguais (art. 226, § 5.º, CF) e a mulher dificilmente atingiria o mesmo objetivo agindo com violência contra seu marido, inclusive porque não existe precedente cultural para essa atitude.

De outra parte, deve-se resolver na esfera civil qualquer desavença conjugal, jamais se servindo de métodos coercitivos para qualquer finalidade, até porque seria ofensivo à dignidade da pessoa humana utilizar violência ou grave ameaça para atingir um ato que deveria ser, sempre, inspirado pelos mais nobres sentimentos e não pela rudeza e imposição.

E mais: a agressão sexual do marido contra a mulher é considerada, hoje, violência doméstica, sujeita às consequências – ao menos processuais – da Lei 11.340/2006 (Lei Maria da Penha).

> Acesse e assista ao vídeo sobre Estupro no casamento.
> http://uqr.to/1yohy

8.2.2 O trote acadêmico ou militar

É, reconhecidamente, pela força da tradição imposta pelo costume, o exercício de um direito, não se devendo olvidar, no entanto, que o grande dilema, nesse contexto, concerne ao exagero.

Deve-se coibir o trote violento, que constitui um autêntico abuso, afastando-se da previsão legal, que fala em "exercício *regular* de direito". No mais, brincadeiras, ofensas morais e constrangimentos leves podem figurar como pertinentes ao contexto desta excludente.

Além disso, a cada ano, os trotes vão diminuindo, como sinal dos tempos e resultado de políticas acadêmicas de contenção. Chegará a época em que o trote deixará de ser tradição e não mais comportará a alegação desta excludente.

8.2.3 Os castigos dos pais e dos professores

Quanto aos primeiros, continuam sendo exercício regular de direito, pois condizentes com o poder familiar, desde que presente o *animus corrigendi*, que é o elemento subjetivo específico para justificar a utilização da excludente.

Porém, entrou em vigor a Lei 13.010/2014, denominada *Lei da Palmada*, vedando qualquer espécie de castigo físico a crianças ou adolescentes. Portanto, o denominado exercício regular de direito diminuiu consideravelmente o seu alcance. Em nossa obra *Estatuto da Criança e do Adolescente comentado*, tratando do novel art. 18-A, abordamos o abuso da referida Lei da Palmada, chegando a coibir o direito natural de relacionamento entre pais e filhos. Por isso, o meio-termo há de ser aplicado. Os pais continuam responsáveis pela educação de seus filhos menores, podendo castigá-los. No entanto, o cenário de tais castigos estreitou-se, sem ter sido eliminado.

Quanto aos mestres, há muito mudou o conceito educacional no País, de modo que não há mais permissivo legal para que exista qualquer tipo de correção física ou moral violenta contra alunos, admitindo-se, no máximo, advertências, suspensões ou expulsões, dentro das regras próprias do estabelecimento de ensino.

Por incrível que possa parecer, nos tempos atuais, o professor necessita, em vários lugares, de maior proteção do que os próprios alunos. Os casos de agressões a ocupantes de cargos no magistério elevaram-se, diminuindo consideravelmente qualquer atitude mais ríspida do professor em relação ao aluno. Sinal dos novos tempos. Serão bons ou maus tempos? Só o próprio tempo dirá.

As correções disciplinares a filhos alheios, como regra, somente são admitidas se forem meras admoestações e exortações, mas não castigos físicos ou injuriosos, e desde que seja necessário para corrigir excessos prejudiciais a terceiros. Quase se poderia dizer tratar-se de legítima defesa, pois quem sofre com a conduta de um menor rebelde e estranho encontra-se no campo defensivo de si e de sua família. Mas, tratando-se de criança, o ânimo de quem "corrige" ladeia o exercício regular de direito, desde que o faça com simples advertências. No cenário de adolescentes, havendo nítida perturbação, quem (sendo estranho) refuta tais atitudes não se encontra no âmbito do exercício regular de direito, mas da legítima defesa.

Por outro lado, quando se trata de membros de uma mesma família, a solução pode ser diversa. Caso vivam sob o mesmo teto, sob o cuidado de tios, por exemplo, os menores podem ser castigados, pois se cuida de reação natural de quem educa, em lugar dos pais. E, quanto aos irmãos, os mais velhos somente podem aplicar correções disciplinares aos menores – especialmente as que importem em privações – caso tenham assumido a condução da família, em lugar dos pais. Do contrário, não lhes é reconhecido o exercício regular de direito.

Há, ainda, os abrigos para crianças e adolescentes carentes, cujos dirigentes detêm a guarda desses menores e precisam dar-lhes educação, ao menos até que sejam adotados. Possuem o mesmo direito dos pais, ao invocar o exercício regular de direito, vedados, agora, os castigos físicos, como agressões de toda ordem.

8.2.4 As lesões praticadas no esporte

Trata-se, em regra, de exercício regular de direito, quando respeitadas as regras do esporte praticado. Exemplo disso é a luta de boxe, cujo objetivo é justamente nocautear o adversário. Fugindo das normas esportivas, deve o agente responder pelo abuso (excesso doloso ou culposo) ou valer-se de outra modalidade de excludente, tal como o consentimento do ofendido ou mesmo levando-se em consideração a teoria da adequação social. Neste último caso, especificamente no contexto dos esportes não violentos (ex.: futebol), tem-se entendido que a sociedade não considera as eventuais agressões ocorridas em campo como criminosas, devendo ser apuradas e, se for o caso, punidas na órbita da justiça desportiva. Essa seria a postura socialmente adequada, logo, o fato não seria penalmente típico.

Por outro lado, considerando-se o consentimento do ofendido, pode-se deduzir que, em um jogo violento de parte a parte, os jogadores acabam abrindo mão da proteção inerente à sua integridade física, não podendo reclamar, depois, de eventuais lesões sofridas. Em suma, a violência empregada na prática de esportes em geral não possui um tratamento unificado e pacífico, devendo-se analisar cada caso para decidir qual rumo tomar. É evidente que atitudes exageradas podem – e devem – merecer punição, pois não teria sentido um jogador de futebol, por exemplo, provocar lesão tão grave, de maneira dolosa, que leve outro à morte, sem que haja qualquer tipo de punição.

9. CONSENTIMENTO DO OFENDIDO

Trata-se de uma causa supralegal e limitada de exclusão da antijuridicidade, permitindo que o titular de um bem ou interesse protegido, considerado disponível, concorde, livremente, com a sua perda.

Não se trata de matéria de aceitação pacífica, tanto na doutrina quanto na jurisprudência. Entretanto, pode-se observar que a maioria tem perfilhado o entendimento de que se trata de excludente de ilicitude aceitável, embora não prevista expressamente em lei.

O Direito Penal está mais que atrasado nessa questão. Citávamos, como exemplo de consentimento do ofendido, a luta denominada, à época, de *vale-tudo*. Hoje, é conhecida como MMA (ou Artes Marciais Mistas), regularizada, com campeonato e oficializada. Os praticantes do MMA estão no exercício regular do direito, mesmo que machuquem o adversário durante uma luta. O direito extrapenal andou mais rápido (como sempre) e regularizou tudo. Trata-se de uma negação da realidade ser contra o consentimento do ofendido em *vários* cenários, como, por exemplo, a ortotanásia, praticada todos os dias, em todos os hospitais do Brasil, mas camufladamente.

Acolhendo a tese, escreve Frederico Marques que, "quando surge o consenso, em relação a determinados bens deixa de subsistir a situação de fato em relação à qual deve entrar em vigor a norma penal, o que acontece naqueles casos em que o interesse do Estado não seja tal que prescinda da vontade do particular. É que, em ocorrendo tais situações, o interesse público do Estado não pode exigir mais do que isto: que os bens individuais não sejam atingidos contra a vontade dos respectivos sujeitos. O interesse estatal se identifica com a conservação de bens individuais enquanto esta corresponda à vontade do titular; consequentemente, esses bens não podem ser tidos como lesados quando o respectivo sujeito manifestou sua vontade em sentido favorável à lesão" (*Tratado de direito penal*, v. 2, p. 189).

E, ratificando esse entendimento, Salgado Martins leciona que "as causas ilidentes da antijuridicidade não podem limitar-se às estritas prescrições da lei positiva, mas devem ser examinadas dentro de quadro mais amplo, isto é, à luz de critérios sociológicos, éticos, políticos, em suma, critérios que se situam antes do Direito ou, de certo modo, fora do âmbito estrito do Direito positivo" (*Direito penal – Introdução e parte geral*, p. 179).

Há vários penalistas que, embora acolhendo o consentimento do ofendido como causa de exclusão da ilicitude, ressalvam que tal somente pode ocorrer quando os bens forem considerados *disponíveis*, enumerando-os. Nessa ótica, diz Fragoso que "o consentimento jamais terá efeito quando se tratar de bem jurídico *indisponível*, ou seja, aquele bem em cuja conservação haja interesse coletivo. A honra, a liberdade, a inviolabilidade dos segredos, o patrimônio são bens disponíveis. A vida e a administração pública, por exemplo, são bens irrenunciáveis ou indisponíveis. A nosso ver a integridade corporal também é bem jurídico disponível, mas não é esse o entendimento que prevalece em nossa doutrina" (*Lições de direito penal*, p. 193). No mesmo prisma: Paulo José da Costa Jr. (*Direito penal – Curso completo*, p. 109).

Cremos, igualmente, poder dar-se o consentimento somente quando se tratar de bens disponíveis, embora prefiramos não elaborar uma relação daqueles que são disponíveis e dos que são indisponíveis, pois somente a evolução dos costumes e dos valores na sociedade poderá melhor acertar e indicar qual bem ou interesse ingressa na esfera de disponibilidade do lesado.

Atualmente, somente para exemplificar, vem sendo discutida a possibilidade legal de se autorizar a ortotanásia (consentimento do paciente terminal em antecipar sua morte, quando está desenganado pela medicina). Antes mesmo de se aprovar lei nesse sentido, seria cabível punir o provocador da morte do paciente que opta por esse caminho em vez de sofrer desmedidamente, por tempo indeterminado? Nota-se, pois, que somente o caso concreto poderia determinar a melhor solução para o caso, sem que se fixe, de antemão, ser a vida, sempre, bem indisponível.

Pela importância da decisão, vinculada ao tema ora exposto, convém mencionar a edição da Resolução 1.805, de 9 de novembro de 2006, do Conselho Federal de Medicina: "na fase terminal de enfermidades graves e incuráveis é permitido ao médico limitar ou suspender procedimentos e tratamentos que prolonguem a vida do doente, garantindo-lhe os cuidados necessários para aliviar os sintomas que levam ao sofrimento, na perspectiva de uma assistência integral, respeitada a vontade do paciente ou de seu representante legal" (*DOU*, 28.11.2006, Seção I, p. 169).

É certo que uma mera *resolução* do Conselho Federal de Medicina não tem o condão de modificar a lei penal, autorizando, pois, a ortotanásia. Mas evidencia, certamente, uma mudança nítida de mentalidade. Consagra-se, no meio médico, não ser o bem jurídico *vida* indisponível em *qualquer situação*. Acompanharão os juristas o mesmo entendimento? Pensamos que, nessas situações, em grande parte camuflada a decisão da família, e mesmo do enfermo, nem mesmo chegará o caso ao conhecimento do Poder Judiciário. Porém, se porventura atingir o registro da ocorrência, por intermédio de algum familiar inconformado com o caminho tomado, haverá de ser debatida a questão do consentimento do ofendido, como excludente supralegal de exclusão da ilicitude. Seria um alento corajoso, que afastaria o lado hipócrita, representando pelo "não pode, mas eu faço".

Em ampla abordagem do consentimento do ofendido, Aníbal Bruno não deixa de mencionar a importância dos costumes na avaliação da ilicitude do fato. Como regra, diz o autor, a integridade física e a saúde são bens jurídicos indisponíveis, mas, em determinadas situações, o consentimento do ofendido pode ter poder descriminante, desde que a lesão não ponha em perigo a vida ou não afronte a capacidade do indivíduo como valor social (*Direito penal – Parte geral*, t. 2, p. 22). Consulte-se, ainda, a monografia de José Henrique Pierangeli: *O consentimento do ofendido na teoria do delito*.

Em sentido contrário, posiciona-se a minoria da doutrina, entre os quais destacam-se Soler (*Derecho penal argentino*, t. I, p. 303-307) e Nélson Hungria, professando que "só se pode falar, do ponto de vista penal, em bem ou interesse jurídico *renunciável* ou *disponível*, a exclusivo arbítrio do seu titular, nos estritos casos em que a própria lei penal, explícita ou implicitamente, o reconheça. Não há investigar alhures as hipóteses de *livre disponibilidade* de direitos (bens, interesses) penalmente tutelados. É este o ponto intransponível para os que, seduzidos pelas chamadas *questões elegantes* de interpretação do *jus positum* em matéria penal, defendem o critério aceito pelo ilustre projetista" (*Comentários ao Código Penal*, v. I, t. II, p. 269). Nesse contexto, Hungria está criticando o projeto redigido por Alcântara Machado, que havia previsto expressamente o consentimento do ofendido como excludente de ilicitude. Os exemplos dados pelo autor do referido projeto, justificadores da excludente, foram da lesão havida na prática desportiva e do crime de dano. E, para tanto, Nélson Hungria diz que a lesão no esporte não passa de *exercício regular de direito*, pois regulado pela própria lei do Estado, além do que, se houver morte ou lesão grave, o fato somente poderia deixar de ser punido pela ausência de culpabilidade. No tocante ao delito de dano, menciona que o consentimento está ínsito ao tipo penal, visto ser crime patrimonial; logo, se houvesse consentimento, seria conduta atípica.

Quanto a este, não há dúvida de que podemos resolver no campo da tipicidade. Mas, no outro caso, pensamos que Hungria olvidou a possibilidade de haver esporte violento não autorizado pelo Estado, do qual tomassem parte pessoas adultas que consentissem nas lesões recíprocas. Imagine-se que tivessem ocorrido apenas lesões leves. Teria havido conduta criminosa? Note-se que não está ínsito ao tipo da lesão corporal o dissentimento da vítima, pois a tradição, no direito penal, é considerar indisponível a integridade física. Aliás, até o advento da Lei 9.099/1995 o delito de lesões leves era de ação pública incondicionada. Atualmente, apesar de ser de ação pública condicionada à representação da vítima, pode-se continuar a debater o tema. Afinal, havendo consentimento do ofendido, segundo entendemos, não há crime, logo, nem mesmo cabe falar em direito à representação. Não se trata, pois, de uma mera *questão elegante* de interpretação do direito posto, como afirmado, mas sim de uma evolução da análise da esfera de proteção obrigatória dada pelo direito penal, colocando inúmeros bens e interesses em patamares intocáveis (indisponíveis), não mais condizentes com a realidade.

No exemplo dos esportes violentos não regulamentados pelo Estado (o que exclui o denominado *vale-tudo*, transformado em MMA), é possível que a parte lesada consinta nos danos sofridos sem que isso se transforme em drama criminal, somente sanável pela intervenção do Direito Penal. Embora possamos falar em fato típico, certamente o consentimento afasta a ilicitude, dentro da esfera razoável de disponibilidade do ofendido. É preciso salientar, por derradeiro, que o consentimento do ofendido vem ingressando no ordenamento jurídico, como fator excludente de responsabilidade penal, já há algum tempo. Exemplo disso é a edição da Lei 9.434/1997, que dispõe sobre a possibilidade de pessoa viva doar órgãos, tecidos e outras substâncias, desde que não haja o fito de comercialização. Trata-se de autêntico consentimento para a realização de uma lesão grave ou gravíssima, embora admitida expressamente em lei.

Acesse e escute o podcast sobre Consentimento do ofendido.
> http://uqr.to/1yohz

9.1 Requisitos da excludente do consentimento do ofendido

Para que se possa reconhecer presente a excludente, absolvendo o réu por ausência de ilicitude da conduta, é indispensável que determinados requisitos estejam presentes:

a) *a concordância do ofendido* (pessoa física ou jurídica) deve ser obtida livre de qualquer tipo de vício, coação, fraude ou artifício;

b) o *consentimento* deve ser emitido de maneira *explícita ou implícita*, desde que seja possível reconhecê-lo. Não se admite o consentimento presumido. Se alguém, por exemplo, concorda com uma determinada agressão física uma vez, não quer isto significar que aquiesça sempre. Logo, a presunção não tem lugar nesse contexto;

c) deve existir *capacidade para consentir*. Não havendo a excludente em nosso sistema jurídico, naturalmente não há uma idade legal para que o consentimento seja dado. Parece-nos razoável partir da idade penal, ou seja, 18 anos para estabelecer um limite. Afinal, aquele que tem capacidade para responder por seus atos, na esfera criminal, sem dúvida pode dispor, validamente, de bens ou interesses seus. Por outro lado, deve haver flexibilidade na análise da capacidade de consentimento, pois um menor, com 17 anos, por exemplo, certamente tem condições de discernir sobre a perda de algum bem;

d) o bem ou interesse precisa ser considerado *disponível*. Verifica-se a disponibilidade do bem ou interesse quando a sua manutenção interessa, sobremaneira, ao particular, mas não é preponderante à sociedade. E quando a conduta não ferir os bons costumes e a ética social. Logicamente que tal análise somente se faz, com maior precisão, no caso concreto, analisando-se os costumes e valores sociais do momento, o que está sujeito à evolução. Registre-se o conteúdo do art. 13 do Código Civil: "Salvo por exigência médica, é defeso o ato de disposição do próprio corpo, quando importar diminuição permanente da integridade física, ou *contrariar os bons costumes*. Parágrafo único. O ato previsto neste artigo será admitido para fins de transplante, na forma estabelecida em lei especial" (grifamos);

e) o *consentimento* deve ser dado *antes ou durante* a prática da conduta do agente. Não se deve admitir que o consentimento seja dado após a realização do ato, pois o crime já se consumou, não devendo ter a vítima controle sobre isso. Aceitar o consentimento após a prática da infração penal equivale ao acolhimento do perdão, que difere substancialmente da concordância na perda do bem ou do interesse;

f) o *consentimento* é *revogável* a qualquer tempo. Embora aceita a prática da conduta inicialmente, pode o titular do bem jurídico afetado voltar atrás a qualquer momento, desde que o ato não se tenha encerrado;

g) deve haver *conhecimento do agente* acerca do consentimento do ofendido. É fundamental que o autor da conduta saiba que a vítima aquiesceu na perda do bem ou interesse, como se dá, aliás, nas demais excludentes de ilicitude.

10. OS EXCESSOS NO CONTEXTO DAS EXCLUDENTES

Em cada excludente de ilicitude é possível haver excesso. Se tal situação ocorrer, deve-se verificar qual o tipo de excesso ocorrido, se punível ou não.

a) No *estado de necessidade*, concentra-se o excesso no "agir de outro modo para evitar o resultado". Se o agente afasta a ocorrência do resultado, valendo-se de meios dispensáveis, que acabem produzindo dano em bem jurídico alheio, terá agido com excesso;

b) Na *legítima defesa*, o excesso está firmado na falta do emprego dos meios necessários para evitar a agressão ou no uso imoderado desses meios;

c) No *estrito cumprimento do dever legal*, o excesso está focalizado no "dever legal". Quando a lei impõe um modo para o agente atuar, deve ele seguir exatamente os parâmetros fixados; fugindo a eles, responde pelo excesso;

d) No *exercício regular de direito*, o excesso está no exercício *abusivo* de direito, isto é, exercitar um direito, embora de modo irregular e prejudicando direito alheio;

e) No *consentimento do ofendido*, o excesso está presente na ultrapassagem das fronteiras estabelecidas pelo titular do bem ou interesse que consente na sua perda, desde que dentro de certas condições.

10.1 Modalidades de excessos

De acordo com o art. 23, parágrafo único, do Código Penal, haveria apenas duas espécies de excesso, o doloso e o culposo. Entretanto, a doutrina acrescenta mais duas, o exculpante e o acidental.

Analisemos os excessos expressamente previstos em lei:

a) *excesso doloso*: ocorre quando o agente consciente e propositadamente causa ao agressor, ao se defender, maior lesão do que seria necessário para repelir o ataque. Atua, muitas vezes, movido pelo ódio, pela vingança, pelo rancor, pela perversidade, pela cólera, entre outros motivos semelhantes.

O excesso doloso, uma vez reconhecido, elimina a possibilidade de se reconhecer a excludente de ilicitude, fazendo com que o autor da defesa exagerada responda pelo resultado típico que provocou no agressor. Pode, por vezes, funcionar como circunstância que leve à diminuição da pena ou mesmo a uma atenuante (violenta emoção após injusta provocação da vítima);

b) *excesso culposo*: é o exagero decorrente da falta do dever de cuidado objetivo ao repelir a agressão. Trata-se do *erro de cálculo*, empregando maior violência do que era necessário para garantir a defesa. Se presente o excesso, o agente responde pelo resultado típico provocado a título de culpa.

No contexto do excesso culposo, podem ser aplicadas, ainda, as mesmas regras atinentes aos erros de tipo e de proibição (neste último caso, como já mencionado, quando o agente se equivoca quanto aos limites da excludente);

Os excessos implicitamente previstos no ordenamento são:

c) *excesso exculpante*: trata-se de uma causa supralegal de exclusão da culpabilidade. Essa modalidade é decorrente de medo, surpresa ou perturbação de ânimo, fundamentados na inexigibilidade de conduta diversa. Ilustrando: o agente, ao se defender de um ataque inesperado e violento, apavora-se e dispara seu revólver mais vezes do que seria necessário para repelir o ataque, matando o agressor. Pode constituir-se uma hipótese de flagrante imprudência, embora justificada pela situação especial por que passava. Registre-se a lição de Welzel na mesma esteira, mencionando que os estados de cansaço e excitação, sem culpabilidade, dificultam a observância do cuidado objetivo por um agente inteligente, não se lhe reprovando a inobservância do dever de cuidado objetivo, em virtude de medo, consternação, susto, fadiga e outros estados semelhantes, ainda que atue imprudentemente (*Derecho penal alemán*, p. 216).

Convém mencionar, também, que, no direito espanhol, o medo chega a se constituir causa de exclusão da culpabilidade, conforme a situação (art. 20, 6.º, CP espanhol). Narra Enrique Esbec Rodríguez que o medo é um autêntico sobressalto do espírito, produzido por um temor fundado de um mal efetivo, grave e iminente, que obscurece a inteligência e domina a vontade, determinando alguém a realizar um ato que, sem essa perturbação psíquica, deveria ser considerado criminoso. Para a apreciação dessa excludente é imprescindível que o medo seja o móvel único da ação (*Psicología forense y tratamiento jurídico legal de la discapacidad*, p. 124). No âmbito da legislação mexicana, acolhe-se o medo grave, como elemento indicador a inexigibilidade de conduta diversa, desde que se observem os seguintes requisitos: a) existência de um medo considerado grave; b) influência de intensa emoção no agente; c) contemporaneidade entre a emoção e o resultado; d) alteração das faculdades intelectivas do agente (Jiménez Martínez, *Elementos de derecho penal mexicano*, p. 707). Embora no direito brasileiro não se possa considerar o medo como excludente de culpabilidade, é certo que ele pode dar margem a reações inesperadas por aquele que o sente, valendo levar esse estado de espírito em conta na análise da legítima defesa e do estado de necessidade, em especial quando se discute ter havido excesso.

Finalmente, deve-se considerar que a hipótese do excesso exculpante vem prevista no Código Penal Militar (art. 45, parágrafo único: "Não é punível o excesso quando resulta de escusável surpresa ou perturbação de ânimo, em face da situação"), inexistindo razão para deixar de considerá-lo também no direito penal comum;

d) *excesso acidental*: é o exagero que decorre do caso fortuito, embora não em intensidade suficiente para cortar o nexo causal. Por vezes, o agente se excede na defesa, mas o exagero é meramente acidental. Não se pode dizer ter havido moderação na defesa, pois o dano provocado no agressor foi além do estritamente necessário para repelir o ataque, embora o exagero possa ser atribuído ao fortuito. Exemplo: disparos de arma de fogo são dados contra o autor de uma agressão, que cai sobre um gramado, sobrevivendo. Os mesmos disparos podem ser desferidos e o agressor cair sobre o asfalto, batendo a cabeça na guia, situação que, associada aos tiros sofridos, resulta na sua morte. Teria havido moderação? É possível que, considerando o resultado havido, no primeiro caso o juiz (ou o Conselho de Sentença) considere ter sido razoável a reação, embora no segundo, por conta da morte, chegue-se à conclusão de ter havido um excesso.

Seria esse excesso meramente acidental, pois o caso fortuito estava presente, não podendo o agente responder por dolo ou culpa. Trata-se de um excesso *penalmente irrelevante* (Alberto Silva Franco e Adriano Marrey, *Teoria e prática do júri*, p. 489).

📄 SÍNTESE

Excludente de ilicitude: trata-se de uma causa de justificação da conduta típica, tornando-a lícita.

Estado de necessidade: cuida-se da prática de fato necessário para salvar de perigo atual e involuntariamente gerado um bem ou interesse juridicamente protegido, ainda que, para isso, tenha que sacrificar outro bem ou interesse igualmente protegido, desde que o perigo seja inevitável e outra conduta não seja razoavelmente exigível.

Legítima defesa: é a defesa necessária contra agressão injusta, atual ou iminente, contra direito próprio ou de terceiro, devendo ser promovida com moderação, valendo-se dos meios necessários.

Estrito cumprimento do dever legal: é o desempenho de obrigação imposta em lei, ainda que termine por ferir bem jurídico de terceiro, afastando-se a ilicitude do fato típico gerado.

Exercício regular de direito: é o desempenho de atividade permitida por lei, penal ou extrapenal, passível de ferir bem ou interesse jurídico de terceiro, mas que afasta a ilicitude do fato típico produzido.

Consentimento do ofendido: é a aquiescência, livre de qualquer vício, do titular de um bem ou interesse juridicamente tutelado em perdê-lo, desde que seja considerado disponível, tornando lícito um fato típico.

Excesso nas excludentes: quando o agente se vale de uma das causas de justificação pode, eventualmente, exceder-se. Se o fizer, deverá responder pelo excesso doloso ou culposo, como regra. Porém, pode ser absolvido, uma vez que o excesso seja considerado exculpante ou acidental, causas supralegais de exclusão da culpabilidade, baseadas na inexigibilidade de conduta diversa.

ESQUEMA

DIFERENÇAS ENTRE O ESTADO DE NECESSIDADE E A LEGÍTIMA DEFESA

Estado de Necessidade	Legítima Defesa
1) Há um conflito entre titulares de bens ou interesses juridicamente protegidos	1) Há um conflito entre o titular de um bem ou interesse juridicamente protegido e um agressor, agindo ilicitamente
2) A atuação do agente do fato necessário pode voltar-se contra pessoas, animais e coisas	2) A atuação do titular do bem ou interesse ameaçado somente se pode voltar contra pessoas
3) O bem ou interesse juridicamente tutelado está exposto a um perigo atual	3) O bem ou interesse juridicamente tutelado está exposto a uma agressão atual ou iminente
4) O agente do fato necessário pode voltar-se contra terceira parte totalmente inocente	4) O titular do bem ou interesse ameaçado somente está autorizado a se voltar contra o agressor
5) Pode haver ação contra agressão justa (estado de necessidade recíproco)	5) Deve haver somente ação contra agressão injusta (ilícita)
6) Deve haver proporcionalidade entre o bem ou interesse sacrificado e o bem ou interesse salvo pela ação do agente do fato necessário	6) É discutível a necessidade da proporcionalidade entre o bem ou interesse sacrificado, pertencente ao agressor, e o bem ou interesse salvo, pertencente ao agredido
7) Há, como regra, ação	7) Há, como regra, reação
8) O agente do fato necessário, se possível, deve fugir da situação de perigo para salvar o bem ou interesse juridicamente tutelado (subsidiariedade do estado de necessidade)	8) O agredido não está obrigado a fugir, podendo enfrentar o agressor, que atua ilicitamente

Capítulo XVII
Culpabilidade

1. CONCEITO DE CULPABILIDADE

Trata-se de um juízo de reprovação social, incidente sobre o fato e seu autor, devendo o agente ser imputável, atuar com consciência potencial de ilicitude, bem como ter a possibilidade e a exigibilidade de atuar de outro modo, seguindo as regras impostas pelo Direito (teoria normativa pura, proveniente do finalismo). Como explica Assis Toledo, "se indagarmos aos inúmeros seguidores da corrente finalista o que é a culpabilidade e onde pode ela ser encontrada, receberemos esta resposta: 1.ª) culpabilidade é, sem dúvida, um juízo valorativo, um juízo de censura que se faz ao autor de um fato criminoso; 2.ª) esse juízo só pode estar na cabeça de quem julga, mas tem por objeto o agente do crime e sua ação criminosa" (*Princípios básicos de direito penal*, p. 229-230).

A culpabilidade é um juízo de valoração concreto, razão pela qual surge a importância de se ter o fato típico e antijurídico, indicando qual é o foco de realidade a ser objeto desse juízo de reprovação social (cf. Bustos Ramírez, *Obras completas*, v. I, p. 1100).

O conceito de culpabilidade apresentou significativa evolução, podendo-se mencionar as seguintes principais teorias:

1.ª) *psicológica* (causalista): culpabilidade é importante elemento do crime, na medida em que representa o seu enfoque subjetivo, isto é, dolo e culpa. Para esta corrente, ao praticar o fato típico e antijurídico (aspectos objetivos do crime), somente se completaria a noção de infração penal se estivesse presente o dolo ou a culpa, que vinculariam, subjetivamente, o agente ao fato por ele praticado (aspecto subjetivo do crime). Em suma, culpabilidade é dolo ou culpa. A imputabilidade penal é um pressuposto de culpabilidade, portanto, somente se analisa se alguém age com dolo ou culpa, caso se constate ser essa pessoa imputável (mentalmente sã e maior de 18 anos). A teoria psicológica apresenta falhas variadas, embora a principal, em nosso entendimento, seja a inviabilidade de se demonstrar a inexigibilidade de conduta diversa, uma vez que não se faz nenhum juízo de valor sobre a conduta típica e antijurídica. Assim, aquele que é imputável e atua com dolo, por exemplo, ainda que esteja sob coação moral irresistível poderia ser considerado culpável, o que se afigura ilógico;

2.ª) *normativa ou psicológico-normativa* (causalista): dando ênfase ao conteúdo normativo da culpabilidade, e não simplesmente ao aspecto psicológico (dolo e culpa), acrescentou-se o juízo de reprovação social (ou de censura), que se deve fazer em relação ao autor de fato típico e antijurídico, quando considerado imputável (a imputabilidade passa a ser elemento da culpabilidade e não mero pressuposto), bem como se tiver agido com dolo (que contém a consciência da ilicitude) ou culpa, além de dever haver prova da exigibilidade e da possibilidade de atuação conforme as regras do Direito. A teoria continua ideal para quem siga os passos do causalismo (por todos, cf. Aníbal Bruno, *Direito penal*, t. 2, p. 31). No entanto, deslocando-se o enfoque para a corrente finalista (ver o capítulo XIII, item 3), deve-se migrar para a teoria que segue;

3.ª) *normativa pura* (finalista): a conduta, sob a ótica do finalismo, é uma movimentação corpórea, voluntária e consciente, com uma finalidade. Logo, ao agir, o ser humano possui uma finalidade, que é analisada, desde logo, sob o prisma doloso ou culposo. Portanto, para tipificar uma conduta – conhecendo-se de antemão a finalidade da ação ou da omissão – já se ingressa na análise do dolo ou da culpa, que se situam, pois, na tipicidade – e não na culpabilidade. Nessa ótica, culpabilidade é um juízo de reprovação social, incidente sobre o fato típico e antijurídico e seu autor, agente esse que precisa ser imputável, ter agido com consciência potencial da ilicitude (esta não mais está inserida no dolo – ver o capítulo XIV, item 1) e com exigibilidade e possibilidade de um comportamento conforme o Direito.

Há quem sustente, em prisma finalista, a incidência do juízo de reprovação social somente sobre o autor – e não igualmente sobre o fato – devendo o agente ser imputável, ter consciência potencial da ilicitude e por não ter agido de acordo com o Direito, quando lhe era possível e exigível tal conduta (por todos, cf. Cezar Roberto Bitencourt, *Tratado de direito penal*, v. 1, p. 304). Preferimos crer que a censura recai não somente sobre o autor do fato típico e antijurídico, mas igualmente sobre o fato. A reprovação é inerente ao que foi feito e a quem fez. Este, por sua vez, deverá ser censurado somente se for imputável, tiver atuado com consciência potencial da ilicitude e com exigibilidade e possibilidade de atuação conforme as regras impostas pelo Direito. Em outras palavras, há roubos (fatos) mais reprováveis que outros, bem como autores (agentes) mais censuráveis que outros.

Sob outro prisma, para a prática do mesmo roubo (idêntica reprovabilidade), como fato, pode-se censurar diversamente os coautores, autores do fato, na *medida da sua culpabilidade* (art. 29, *caput*, parte final, CP). Aliás, a posição que sustentamos, quanto ao conceito de culpabilidade no cenário da teoria do crime, incidindo a reprovação sobre o fato e seu autor, fortalece, quando tornamos ao tema *culpabilidade*, na teoria da pena, a restrição da gradação da censura, para efeito de aplicação de maior ou menor punição, à culpabilidade de fato – e não simplesmente à culpabilidade de autor (cf. Assis Toledo, *Princípios básicos de direito penal*, p. 235). Verificar o leitor o quadro próprio, no capítulo XXV, item 4.1 (ponto relevante para debate: culpabilidade do fato e culpabilidade do autor);

4.ª) *funcionalista*: embora sem consenso, autores denominados pós-finalistas passaram a sustentar um conceito de culpabilidade que se vinculasse às finalidades preventivo-gerais da pena, bem como à política criminal do Estado. Por isso, não poderia fundamentar-se exclusivamente numa concepção naturalística e improvável do livre-arbítrio (poder atuar, ou não, conforme as regras impostas pelo Direito). Nas palavras de Günther Jakobs, a culpabilidade representa uma falta de fidelidade do agente com relação ao Direito (*Derecho penal – Parte general*, p. 566-567). Essa falta de motivação para seguir as normas jurídicas é um conceito determinado normativamente e por tal fundamento realiza-se o juízo de culpabilidade. Portanto, analisar se há ou não déficit motivacional por parte do agente, para seguir as normas jurídicas, é tarefa que independe de prova da exigibilidade ou inexigibilidade de poder agir conforme o Direito. Deduz-se a infidelidade ao Direito sem análise individualizada do agente, mas sob o prisma social, considerando-se os fins da pena. Exemplo: um doente mental, inimputável portanto, não tem condições de se motivar a agir conforme o Direito, pois encontra limitação física. Logo, não é culpável, pois incapaz de contestar a validez da norma. Esse afastamento da atuação do livre-arbítrio do ser humano, voltando-se à mera verificação, sob critérios contestáveis, de ter sido o agente *fiel* ou *infiel* às regras jurídicas, de estar *motivado* ou *imotivado*, dentro de uma estrutura socialmente voltada às finalidades preventivas gerais da pena, torna-se incontrolável. Da mesma forma que a infidelidade ao Direito pode ser vista com complacência, garantindo-se, até, por medida de política criminal, a não aplicação da pena, pode também servir a uma análise rigorosa, buscando a aplicação de sanções penais desmedidas, que possam servir de exemplo à sociedade. A culpabilidade não mais seria analisada sob o prisma individual, deixaria de servir de fundamento *real* para a pena e nem mais poderia ser útil ao *limite* da pena, pois tudo não passaria de critérios ligados à política criminal.

Outros autores, como Roxin, criticando a posição de Jakobs, mas sem refutá-la por completo, também não aceitam a concentração da análise da culpabilidade no livre-arbítrio humano (poder ou não agir conforme as regras do Direito), pois seria requisito não sujeito à demonstração empírica. Logo, a capacidade humana de culpabilidade, em sua visão, deve ser uma verificação científico-empírica, valendo-se de critérios fornecidos pela psicologia e pela psiquiatria, medindo-se o autocontrole do agente através de dados técnicos e menos abstratos. Sustenta que sua posição prescinde da disputa filosófica e das ciências naturais acerca do livre-arbítrio (*Derecho penal – Parte general*, p. 808). Permanece fiel ao conceito funcional de culpabilidade como resultado da política criminal do Estado e de uma justificação social para a fixação da pena. Portanto, separa-se do funcionalismo de Jakobs na medida em que defende a culpabilidade como fundamento e limite para a aplicação da pena, a fim de coibir abusos do Estado, que não pode valer-se do indivíduo, ao destinar-lhe uma sanção penal, como mero instrumento de reafirmação dos valores do Direito Penal (*Derecho penal – Parte general*, p. 813-814).

Díez Ripollés, em crítica à culpabilidade funcional, diz ser ela lastreada em critérios normativos como o da motivação normal, sendo preciso considerar que a substituição da análise psicológico-individual por processos de imputação também gera déficits, empobrecendo o conteúdo da culpabilidade em discutíveis pressupostos: seja porque não se tem os instrumentos técnicos precisos para conhecer os efeitos preventivo-gerais das normas, seja porque o conceito de motivabilidade leva, afinal, ao mesmo dilema que a capacidade de atuar de outro modo, seja a capacidade de autodeterminação média que não somente é difícil de precisar, senão que nos passa uma informação irrelevante numa perspectiva individualizadora (*La polémica entre las diversas perspectivas*, p. 205). (...) E continua o autor afirmando que opta em definitivo por um enfoque fundamentalmente psicológico-normativo na formulação e constatação dos elementos subjetivos da teoria do delito (...). Entre as razões para tanto tem-se: a) sua correspondência com a edificação do Direito Penal e da sociedade democrática em seu conjunto, em torno da pessoa em sua individualidade e com sua responsabilidade, algo reconhecido constitucionalmente; as referências à psique individual são fundamentais, desprezá-las seria uma violação à dignidade da pessoa humana; b) a natureza garantista do Direito Penal nos mostra que, com todos os seus defeitos, dificilmente se pode encontrar um ponto de referência mais sólido e crível quanto ao conteúdo dos elementos subjetivos do que a sua realidade psicológico-individual. Consegue-se frear o arbítrio judicial. Deve-se rechaçar energicamente a ideia de que os princípios garantistas do Direito Penal material, e especialmente do processual, suponham um argumento em favor de bases normativistas; c) a sua legitimação se dá por meio das convicções gerais da sociedade (*La polémica entre las diversas perspectivas*, p. 268-269).

Permanecemos fiéis à teoria normativa pura, que não nos parece defeituosa, ao contrário, é a única que congrega fatores de valoração com a concreta situação do ser humano e de sua capacidade inegável de agir de acordo com seu livre-arbítrio. Não concordamos com as posições que criticam essa utilização. Por todos, Jakobs diz que colocar o livre-arbítrio como pressuposto geral da culpabilidade, já que ele não comporta prova no caso concreto, fomenta um conceito carecedor de dimensão social. A culpabilidade não teria um efeito social, mas somente seria a desvalorização do indivíduo (*Derecho penal – Parte general*, p. 584-586). Não nos parece seja assim. A possibilidade e a exigibilidade de alguém agir conforme as regras impostas pelo ordenamento jurídico, em nosso entendimento, são perfeitamente comprováveis. Como Schünemann afirma, o livre-arbítrio é uma parte da *reconstrução social da realidade*, vale dizer, é real (citação de Roxin, *Derecho penal – Parte general*, p. 809, grifamos). O julgador tem condições de analisar, pelas provas dos autos, se o agente tinha condições de atuar conforme o Direito. E, com certeza, não fará juízo de censura se verificar, dentro dos critérios de razoabilidade, que o autor do injusto optou por interesses e valores mais importantes, no caso concreto, que não poderiam ser desprezados.

Adotamos, firmemente, a ideia de que o ser humano age por livre-arbítrio, independentemente do campo penal. Em todos os sentidos e cenários, cada indivíduo faz ou deixa de fazer algo em função do seu livre querer. O crime é fruto do livre-arbítrio ou do determinismo? Certamente, em primeiro plano, do livre-arbítrio do sujeito. Nem riqueza nem pobreza determinam o criminoso. Se há fatores sociais ou mesmo da natureza a impulsionar alguém a agir de maneira estranha ou peculiar (determinismo), não se pode negar que tais elementos devem ser levados em consideração na aplicação da pena. Porém, ninguém comete crime por determinismo. "A" mata "B" porque foi forçado pelo "destino". Se assim não é, prevalece o livre-arbítrio, absolutamente fácil de ser evidenciado pelas provas colhidas nos autos. Pode-se ter dúvida se o elemento subjetivo do delito é dolo ou culpa, mas não quanto à livre vontade de praticá-lo. Aliás, se esta for coibida, está-se diante da coação física irresistível, que elimina a conduta penalmente relevante, pois a torna involuntária.

O livre-arbítrio, ao contrário do que muitos pensam, não é algo religioso, produtor do bom sujeito ou do pecador. É simplesmente o querer humano na sua essência, em qualquer cenário.

Exemplificando: se o gerente de um banco tem a família sequestrada, sob ameaça de morte, ordenando-lhe o sequestrador que vá ao estabelecimento onde trabalha e de lá retire o dinheiro do cofre, pertencente ao banqueiro. O que poderá fazer? Coagido irresistivelmente, cede e subtrai o dinheiro do patrão para entregar a terceiro. Seu livre--arbítrio poderia tê-lo conduzido a outro caminho? Sem dúvida. Poderia ter-se negado a agir assim, mesmo que sua família corresse o risco de morrer. Seria, no entanto, razoável e justo? Que sociedade teria condições de censurar o pai que salva a vida dos seus filhos, embora tenha optado pelo caminho do juridicamente injusto (furto)? Em suma, é natural supor que o gerente tivesse dois caminhos – aceitar ou não a ordem recebida – optando pelo respeito às regras jurídicas, que coíbem a subtração de coisa alheia, ou pelo desrespeito das mesmas, justamente por estar em situação de inexigibilidade de conduta diversa. O livre-arbítrio pode levar o agente a subtrair coisa pertencente a terceiro, porém em situação excepcional. A análise dessa anormalidade pode ser feita por qualquer magistrado, de modo que não há necessidade de se recorrer a critérios normativos ou funcionais, nem ao menos à política criminal. Independe de análise do denominado "déficit motivacional", pois é patente que o livre-arbítrio encaminhou-se daquela maneira por ausência de outras alternativas razoáveis e justas. A culpabilidade, pois, deve ser um juízo de censura voltado ao fato cometido por imputável, que tem consciência potencial da ilicitude e, dentro do seu livre-arbítrio (critério da realidade), perfeitamente verificável, opte pelo caminho do injusto sem qualquer razão plausível a tanto.

Note-se, pois, que culpabilidade é *fundamento* e *limite* da pena, integrativa do conceito de *crime* e não mero *pressuposto* da pena, como se estivesse fora da conceituação. *Pressuposto* é fato ou circunstância considerado antecedente necessário de outro, mas não, obrigatoriamente, elemento integrante. Considerar a culpabilidade como pressuposto da pena é retirar o seu caráter de *fundamento* da pena, pois *fundamento* é base, razão sobre a qual se ergue uma concepção, ou seja, é verdadeiro motivo de existência de algo. Logo, culpabilidade, se presente, fornece a razão de aplicação da pena e o crime nada mais é do que o fato típico e antijurídico, merecedor de punição, tendo em vista que o tipo incriminador é formado – e isto é inegável – pela descrição de uma conduta, seguida de uma pena (ex.: "matar alguém: pena – reclusão, de seis a vinte anos", constituindo o homicídio). Portanto, torna-se incabível, em nosso ver, desmembrar a pena da conduta, acreditando que uma subsista sem a outra, no universo dos tipos penais incriminadores, ou seja, no contexto do crime. Um fato típico e antijurídico, ausente a culpabilidade, não é uma infração penal, podendo constituir-se um ilícito de outra natureza. Sem a reprovação da conduta, deixa de nascer o crime. Pensar de modo diverso é esvaziar o conceito de delito e dilacerar a teoria do crime, construída por séculos, pela doutrina, a duras penas.

1.1 Culpabilidade formal e culpabilidade material

A culpabilidade formal é a censurabilidade merecida pelo autor do fato típico e antijurídico, dentro dos critérios que a norteiam, isto é, se houver imputabilidade, consciência potencial da ilicitude e exigibilidade de atuação conforme o Direito. Formalmente, a culpabilidade é a fonte inspiradora do legislador para construir o tipo penal na parte sancionadora. Surgindo um tipo penal incriminador inédito, quais serão os limites mínimo e máximo de punição? De acordo com o grau abstrato de censura, estabelece a lei, por exemplo, reclusão de 1 a 5 anos. Porém, a culpabilidade material é a censura realizada concretamente, visualizando-se o fato típico e antijurídico e conhecendo-se o seu autor, imputável, com consciência potencial do ilícito e que, valendo-se do seu livre-arbítrio, optou pelo injusto sem estar fundado em qualquer causa de exclusão da culpabilidade, por fatores de inexigibilidade de conduta diversa. Serve, então, a culpabilidade material a fundamentar a pena, auxiliando o juiz, na etapa seguinte, que é atingir o seu limite concreto.

1.2 Conceito de coculpabilidade

Trata-se da reprovação conjunta que deve ser exercida sobre o Estado, tanto quanto se faz com relação ao autor de uma infração penal, quando se verifica não ter sido proporcionada a todos igualdade de oportunidades na vida, significando, pois, que alguns tendem ao crime por falta de opção. Esclarecem Zaffaroni e Pierangeli que "há sujeitos que têm um menor âmbito de autodeterminação, condicionado desta maneira por causas sociais. Não será possível atribuir estas causas sociais ao sujeito e sobrecarregá-lo com elas no momento da reprovação de culpabilidade". Assim, deveria haver a aplicação da atenuante inominada do art. 66 (*Manual de direito penal brasileiro – Parte geral*, p. 613).

Não nos parece correta essa visão. Ainda que se possa concluir que o Estado deixa de prestar a devida assistência à sociedade, não é por isso que nasce qualquer justificativa ou amparo para o cometimento de delitos, implicando em fator de atenuação da pena. Aliás, fosse assim, existiriam muitos outros "coculpáveis" na rota do criminoso, como os pais que não cuidaram bem do filho ou o colega na escola que humilhou o companheiro de sala, tudo a fundamentar a aplicação da atenuante do art. 66 do Código Penal, vulgarizando-a. Embora os exemplos narrados possam ser considerados como fatores de impulso ao agente para a prática de uma infração penal qualquer, na realidade, em última análise, prevalece a sua própria vontade, não se podendo contemplar tais circunstâncias como suficientemente *relevantes* para aplicar a atenuante.

Há de existir uma causa efetivamente importante, de grande valor, pessoal e específica do agente – e não comum a inúmeras outras pessoas, não delinquentes, como seria a situação de pobreza ou o descaso imposto pelo Estado – para implicar na redução da pena. Ressalte-se que os próprios autores que defendem a sua aplicação admitem não possuir essa circunstância sustentação expressa no texto legal do Código Penal (*Manual de direito penal brasileiro – Parte geral*, p. 839).

Aliás, sobre a inadequação da denominada coculpabilidade para atenuar a pena, diz Von Hirsch que "se os índices do delito são altos, será mais difícil tornar a pobreza uma atenuante que diminua o castigo para um grande número de infratores. Recorrer a fatores sociais pode produzir justamente o resultado oposto: o ingresso em considerações de risco que ainda piorem a situação dos acusados pobres. (...) Não seria fácil, nem mesmo em teoria, determinar quando a pobreza é suficientemente grave e está suficientemente relacionada com a conduta concreta para constituir uma atenuante" (*Censurar y castigar*, p. 154 e 165).

2. EXCLUDENTES DE CULPABILIDADE

As excludentes de culpabilidade podem ser divididas, para seu estudo, em dois grupos, as que dizem respeito ao agente e as que concernem ao fato. Em seguida, podemos subdividi-las em legais e supralegais.

I – Quanto ao agente do fato:
   a) existência de doença mental ou desenvolvimento mental incompleto ou retardado (art. 26, *caput*, CP);
   b) existência de embriaguez decorrente de vício (art. 26, *caput*, CP);
   c) menoridade (art. 27, CP);

II – Quanto ao fato:

II.1 Legais:
   a) coação moral irresistível (art. 22, CP);
   b) obediência hierárquica (art. 22, CP);
   c) embriaguez decorrente de caso fortuito ou força maior (art. 28, § 1.º, CP);
   d) erro de proibição escusável (art. 21, CP);
   e) descriminantes putativas;

II.2 – Supralegais:
   a) inexigibilidade de conduta diversa;
   b) estado de necessidade exculpante;
   c) excesso exculpante;
   d) excesso acidental.

2.1 Excludentes concernentes ao agente do fato

2.1.1 Imputabilidade penal

É o conjunto das condições pessoais, envolvendo inteligência e vontade, que permite ao agente ter entendimento do caráter ilícito do fato, comportando-se de acordo com esse conhecimento. O binômio necessário para a formação das condições pessoais do imputável consiste em *sanidade mental* e *maturidade*.

Se o agente não possui aptidão para entender a diferença entre o certo e o errado, não poderá pautar-se por tal compreensão e terminará, vez ou outra, praticando um fato típico e antijurídico sem que possa por isso ser censurado, isto é, sem que possa sofrer juízo de culpabilidade.

O inimputável (doente mental ou imaturo, que é o menor) não comete crime, mas pode ser sancionado penalmente, aplicando-se-lhe medida de segurança, que se baseia no juízo de periculosidade, diverso, portanto, da culpabilidade. O autor de um fato típico e antijurídico, sem compreensão do que fazia, não merece ser considerado criminoso – adjetivação reservada a quem, compreendendo o ilícito, opta por tal caminho, sofrendo censura –, embora possa ser submetido a medida especial cuja finalidade é terapêutica, fundamentalmente.

A antiga Parte Geral do Código Penal, antes da reforma de 1984, classificava o Título III como "Da responsabilidade", o que, de fato, merecia ser alterado. Enquanto imputabilidade é a capacidade de ser culpável e culpabilidade é juízo de reprovação social que pode ser realizado ao imputável, responsabilidade é decorrência da culpabilidade, ou seja, trata-se da relação entre o autor e o Estado, que merece ser punido por ter cometido um delito.

Os conceitos não se confundem, embora possam ser interligados. O que está preceituado no Título III do Código Penal (arts. 26 a 28) é matéria de imputabilidade, e não de responsabilidade, observando-se, ademais, que a opção legislativa concentrou-se em fixar as causas de exclusão da imputabilidade penal, mas não o seu conceito, exatamente nos moldes de outros Códigos, como ocorre na Espanha (Enrique Esbec Rodríguez, *Psicología forense y tratamiento jurídico legal de la discapacidad*, p. 114).

Como já afirmado, as condições pessoais do agente para a compreensão do que faz demandam *dois elementos*: 1.º) *higidez biopsíquica* (saúde mental + capacidade de apreciar a criminalidade do fato); 2.º) *maturidade* (desenvolvimento físico-mental que permite ao ser humano estabelecer relações sociais bem adaptadas, ter capacidade para realizar-se distante da figura dos pais, conseguir estruturar as próprias ideias e possuir segurança emotiva, além de equilíbrio no campo sexual).

No Brasil, em lugar de se permitir a verificação da maturidade, caso a caso, optou-se pelo critério cronológico, isto é, ter *mais de 18 anos*.

Por outro lado, os critérios para averiguar a inimputabilidade, quanto à higidez mental, são os seguintes:

a) *biológico*: leva-se em conta exclusivamente a saúde mental do agente, isto é, se o agente é, ou não, doente mental ou possui, ou não, um desenvolvimento mental incompleto ou retardado. A adoção restrita desse critério faz com que o juiz fique absolutamente dependente do laudo pericial;

b) *psicológico*: leva-se em consideração unicamente a capacidade que o agente possui para apreciar o caráter ilícito do fato ou de comportar-se de acordo com esse entendimento. Acolhido esse critério de maneira exclusiva, torna-se o juiz a figura de destaque nesse contexto, podendo apreciar a imputabilidade penal com imenso arbítrio;

c) *biopsicológico*: levam-se em conta os dois critérios anteriores unidos, ou seja, verifica-se se o agente é mentalmente são e se possui capacidade de entender a ilicitude do fato ou de determinar-se de acordo com esse entendimento. É o princípio adotado pelo Código Penal, como se pode vislumbrar no art. 26. Constitui, também, o sistema de outras legislações, como a espanhola, ressaltando Enrique Esbec Rodríguez que o perito se pronuncia sobre as bases antropológicas e o juiz sobre a imputação subjetiva. Logo, não é suficiente que haja algum tipo de enfermidade mental, mas que exista prova de que esse transtorno afetou, realmente, a capacidade de compreensão do ilícito, ou de determinação segundo esse conhecimento, à época do fato (*Psicología forense y tratamiento jurídico legal de la discapacidad*, p. 118-119).

2.1.2 Doença mental e desenvolvimento mental incompleto ou retardado

Doença mental é um quadro de alterações psíquicas qualitativas, como a esquizofrenia, as doenças afetivas (antes chamadas de psicose maníaco-depressiva ou acessos alternados de excitação e depressão psíquica) e outras psicoses (cf. Wagner F. Gattaz, *Violência e doença mental*: fato ou ficção?). Nas palavras de Guido Arturo Palomba, "por *doença mental* compreendem-se todas as demências (*de*, negação; *mentis*, mente; ausência de mente) cujos quadros mentais manifestam-se por rebaixamento global das esferas psíquicas. Compreendem-se, também, todas as psicoses (psicose epilética, psicose maníaco-depressiva, psicose puerperal, esquizofrenia, psicose senil, psicose por traumatismo de crânio etc.), mais o alcoolismo crônico e a toxicomania grave. Essas duas últimas entidades mórbidas, embora possam engendrar quadros psicóticos, não são originalmente psicoses, mas nem por isso deixam de ser verdadeiras doenças mentais, uma vez que solapam do indivíduo o entendimento e o livre-arbítrio, que, diga-se de caminho, são arquitraves da responsabilidade penal" (*Tratado de psiquiatria forense*, p. 153).

O conceito deve ser analisado em sentido lato, abrangendo as doenças de origem patológica e de origem toxicológica. São exemplos de doenças mentais, que podem gerar inimputabilidade penal: epilepsia (acessos convulsivos ou fenômenos puramente cerebrais, com diminuição da consciência, quando o enfermo realiza ações criminosas automáticas; a diminuição da consciência chama-se 'estado crepuscular'); histeria (desagregação da consciência, com impedimento ao desenvolvimento de concepções próprias, terminando por falsear a verdade, mentindo, caluniando e agindo por impulso); neurastenia (fadiga de caráter psíquico, com manifesta irritabilidade e alteração de humor); psicose maníaco-depressiva (vida desregrada, mudando humor e caráter alternativamente, tornando-se capaz de ações cruéis, com detrimento patente das emoções); melancolia (doença dos sentimentos, que faz o enfermo olvidar a própria personalidade, os negócios, a família e as amizades); paranoia (doença de manifestações multiformes, normalmente composta por um delírio de perseguição, sendo primordialmente intelectual; pode matar acreditando estar em legítima defesa); alcoolismo (doença que termina por rebaixar a personalidade, com frequentes ilusões e delírios de perseguição); esquizofrenia (perda do senso de realidade, havendo nítida apatia, com constante isolamento; perde-se o elemento afetivo, existindo introspecção; não diferencia realidade e fantasia); demência (estado de enfraquecimento mental, impossível de remediar, que desagrega a personalidade); psicose carcerária (a mudança de ambiente faz surgir uma espécie de psicose); senilidade (modalidade de psicose, surgida na velhice, com progressivo empobrecimento intelectual, ideias delirantes e alucinações).

O desenvolvimento mental incompleto ou retardado consiste numa limitada capacidade de compreensão do ilícito ou da falta de condições de se autodeterminar, conforme o precário entendimento, tendo em vista ainda não ter o agente atingido a sua maturidade intelectual e física, seja por conta da idade, seja porque apresenta alguma característica particular, como o silvícola não civilizado ou o surdo-mudo sem capacidade de comunicação.

Segundo Palomba, "o *desenvolvimento mental retardado* foi criado para explicar os casos que não são distúrbios qualitativos do psiquismo, como ocorre nas doenças mentais, mas distúrbios quantitativos, basicamente os de inteligência. Neste grupo ficam as oligofrenias (*oleigos*, pequeno; *phrem*, mente) ou retardos mentais, nos três graus: 1. Debilidade mental (*débil*, fraco); 2. Imbecilidade (*in*, negação; *bacillum*, bastão: falta o bastão da inteligência); e 3. Idiotia (*idios, a, on*, próprio: indivíduo que só tem vida própria, não tem vida política). (...) Sob o nome *desenvolvimento mental incompleto* entende-se o menor de idade, o silvícola não aculturado e o surdo-mudo de nascença. O menor de idade ainda não tem totalmente desenvolvido o cérebro, consequentemente também o psiquismo. O silvícola não aculturado carece de identidade social, como ao doente mental falta a identidade pessoal. Não sendo o selvagem idêntico ao civilizado, até que se adapte e adquira essa identidade social que lhe falta será não um louco ou um retardado, mas um incompleto" (*Tratado de psiquiatria forense*, p. 154).

Deve-se dar particular enfoque às denominadas *doenças da vontade* e *personalidades antissociais*, que não são consideradas doenças mentais, razão pela qual não excluem a culpabilidade, por não afetar a inteligência e a vontade. As doenças da vontade são apenas personalidades instáveis, que se expõem de maneira particularizada, desviando-se do padrão médio, considerado normal. Ex.: o desejo de aparecer; os defeitos ético-sexuais; a resistência à dor; os intrometidos, entre outros.

No mesmo contexto estão as chamadas personalidades antissociais, mais graves, que "são as predisponentes para atos contra a sociedade, tais como indiferença pelos sentimentos alheios; desrespeito por normas sociais; incapacidade de manter relacionamentos, embora não haja dificuldades em estabelecê-los; baixo limiar para descarga de agressão e violência; incapacidade de experimentar culpa e aprender com a experiência, particularmente punição; propensão marcante para culpar os outros ou para oferecer racionalizações plausíveis para o comportamento que levou ao conflito com a sociedade" (cf. Wagner G. Gattaz, *Violência e doença mental*: fato ou ficção?).

Não é fácil detectá-las com segurança e diferençá-las das doenças ou perturbações da saúde mental. Como bem diz Roberto Lyra, "a especificação psicológica ou psiquiátrica detém-se nas fronteiras. Loucura, anormalidade, normalidade? Em relação a quê? Notas caracterológicas, por exemplo, não são sintomas mórbidos. Neuroses, simples colorações psicofísicas da conduta, não afetam os processos mentais" (*Criminologia*, p. 86).

Na ótica de Guido Palomba, trata-se de autêntica *condutopatia* (conduta, *phátos*, moléstia), com vogal de ligação (conduta + o + patia), pertinente aos que apresentam distúrbios de conduta ou distúrbios de comportamento. Os condutopatas são "indivíduos que ficam na zona fronteiriça entre a normalidade mental e a doença mental. (...) O condutopata é um indivíduo que apresenta comprometimento da afetividade (insensibilidade, indiferença, inadequada resposta emocional, egoísmo), comprometimento da conação (intenção mal dirigida) e da volição (movimento voluntário sem crítica). A sua capacidade de autocrítica e de julgamento de valores ético-morais está sempre anormalmente estruturada, pois se estivesse boa haveria inibição da intenção, não dando origem ao movimento voluntário em direção ao ato. E, como dito, o restante do psiquismo não se apresenta comprometido, ou, se há comprometimentos (por uso de drogas, bebidas, intoxicação etc.), não são esses os responsáveis pelo transtorno do comportamento; podem, isto sim, ser coadjuvantes" (*Tratado da psiquiatria forense*, p. 515-516).

Por isso, é preciso muita cautela, tanto do perito, quanto do juiz, para averiguar as situações consideradas limítrofes, que não chegam a constituir normalidade, já que se trata de personalidade antissocial, mas também não caracterizam a anormalidade a que faz referência o art. 26. Pessoas que se valem, durante muito tempo, de substâncias entorpecentes de toda ordem ou são naturalmente agressivas podem desenvolver processos explosivos que as conduzem ao crime – ainda que violento e perverso –, sem que isso implique na constatação de doença mental ou mesmo perturbação da saúde mental. Devem responder pelo que fizeram, sofrendo o juízo pertinente à culpabilidade, sem qualquer benefício – e por vezes até com a pena agravada pela presença de alguma circunstância legal.

Tendo em vista que a lei penal adotou o critério misto (biopsicológico), é indispensável haver laudo médico para comprovar a doença mental ou mesmo o desenvolvimento mental incompleto ou retardado (é a parte biológica), situação não passível de verificação direta pelo juiz. Entretanto, existe, ainda, o lado psicológico, que é a capacidade de se conduzir de acordo com tal entendimento, compreendendo o caráter ilícito do fato. Essa parte pode ser de análise do juiz, conforme as provas colhidas ao longo da instrução. É certo que se diz que o magistrado não fica vinculado ao laudo pericial, valendo-se, inclusive, do art. 182 do Código de Processo Penal, embora seja imprescindível mencionar que a rejeição da avaliação técnica, no cenário da inimputabilidade, não pode conduzir à substituição do perito pelo juiz.

Portanto, caso o magistrado não creia na conclusão pericial, deve determinar a realização de outro exame, mas não simplesmente substituir-se ao experto, pretendendo avaliar a doença mental como se médico fosse. A parte cabível ao magistrado é a psicológica, e não a biológica.

> ### ✎ PONTO RELEVANTE PARA DEBATE
>
> A verificação de inimputabilidade penal e o princípio processual da prevalência do interesse do réu (*in dubio pro reo*)
>
> A questão é complexa e não comporta resposta única. Primeiramente, relembremos que o princípio processual invocado determina que, havendo dúvida razoável, deve o juiz

decidir em favor do réu, afinal, seu estado natural é o de inocência. Prevalece, em situação duvidosa, o interesse do acusado. Pois bem, por outro lado, acabamos de expor o grau de dificuldade existente para apurar a inimputabilidade, em especial quando proveniente de doença mental e sua capacidade de influenciar no discernimento do agente no momento da prática da conduta. Imaginemos que, no caso concreto, os peritos que avaliaram o réu não conseguem chegar a uma conclusão unânime – se imputável ou inimputável – deixando o magistrado em dúvida. Qual o caminho a seguir? Valendo-se da prevalência do interesse do réu, deve o juiz considerá-lo imputável, aplicando-lhe pena, ou inimputável, submetendo-o a medida de segurança? Podemos destacar, ao menos, três posições: a) o julgador estaria atrelado ao que foi alegado pelo réu, em sua defesa, ou seja, se sustentou ser inimputável, requerendo, inclusive, a realização do exame de insanidade mental, essa deve ser a solução adotada; se, porventura, alegou imputabilidade, em caso de dúvida, o juiz assim deve considerá-lo; b) a presunção natural é a de que as pessoas são capazes, razão pela qual o estado de inimputabilidade é anormal. Assim sendo, em caso de dúvida, deve-se considerar o réu imputável, com a consequente aplicação de pena; c) o estado de inimputabilidade e suas consequências têm origem normativa, razão pela qual, somente na situação concreta, caberá ao juiz decidir se é melhor para o réu considerá-lo imputável ou inimputável (cf. Carlota Pizarro de Almeida, *Modelos de inimputabilidade:* da teoria à prática, p. 56-60). A primeira posição não nos parece adequada, pois o que está em jogo é a liberdade do acusado e, o que é mais grave, se o Estado deve puni-lo, aplicando a pena, ou submetendo-o a tratamento curativo, firmando a medida de segurança. Portanto, não se trata de direito disponível e de livre escolha da defesa. A segunda posição parece-nos simples demais. É verdade que todos nascemos presumidamente sãos, sendo esse o nosso estado natural. Entretanto, decidir em função somente dessa presunção pode acarretar grave erro judiciário, impondo pena e remetendo ao cárcere uma pessoa que não tinha condições de entender o ilícito, comportando-se de acordo com esse entendimento. Em suma, mais adequada é a terceira posição. O juiz, em caso de dúvida quanto à insanidade do réu, deve verificar, no caso concreto, conforme o tipo de doença mental afirmado por um ou mais peritos, bem como levando em consideração o fato criminoso cometido, qual caminho é o melhor a ser trilhado, em função da prevalência do interesse do acusado. Deve, ainda, o julgador lembrar-se do disposto no art. 183 da Lei 7.210/1984 (Lei de Execução Penal), permitindo a conversão da pena em medida de segurança. Uma pessoa mentalmente saudável, colocada entre doentes mentais, tende a sofrer muito mais – e até enlouquecer; um indivíduo insano, colocado dentre os que sejam mentalmente sãos, em face de seu limitado grau de compreensão, inclusive quanto à sua situação, padece menos, além do que é juridicamente possível, a qualquer tempo, transformar sua pena em medida de segurança.

2.1.2.1 Conceito de perturbação da saúde mental

Não deixa de ser também uma forma de doença mental, embora não retirando do agente, completamente, a sua inteligência ou a sua vontade. Perturba-o, mas não elimina a sua possibilidade de compreensão, motivo pelo qual o parágrafo único do art. 26 do Código Penal tornou a repetir o "desenvolvimento mental incompleto ou retardado", bem como fez referência a não ser o agente *inteiramente* capaz de entender o caráter ilícito do fato ou mesmo de determinar-se de acordo com tal entendimento. São os denominados fronteiriços ou limítrofes.

Na comparação feita por Guido Palomba, "é necessário estabelecer os limites onde termina a noite e onde começa o dia, onde não é mais doença mental e é normalidade mental. Sucede que entre a noite e o dia há a aurora, que não é nem dia nem noite, *mas é aurora*, que começa com o sol a dezoito graus abaixo da linha do horizonte, cuja luminosidade já se pode notar na parte da Terra que estava em sombras. Em psiquiatria forense também termina a alienação mental quando se observam os raios da razão iluminarem o livre-arbítrio, e termina essa 'aurora' quando razão de livre-arbítrio se fazem totalmente presentes, que é a normalidade mental" (*Tratado da psiquiatria forense*, p. 155). São caracterizadas as perturbações por várias espécies de neuroses, como síndrome de pânico, condutopatia, encefalopatia menor, alcoolismo moderado, toxicomania moderada, reações a estresse etc.

Nesse caso, não há eliminação completa da imputabilidade; logo, pode o agente sofrer o juízo de reprovação social inerente à culpabilidade, embora o juiz seja levado a *atenuar* a censura feita, reduzindo a pena de 1/3 a 2/3.

Além disso, caso a *perturbação da saúde mental* (como dissemos, uma forma de doença mental) seja intensa o suficiente, de modo a justificar um especial tratamento curativo, o magistrado ainda pode substituir a pena privativa de liberdade por medida de segurança (internação ou tratamento ambulatorial), conforme preceitua o art. 98 do Código Penal.

2.1.3 Embriaguez decorrente de vício

Vale estabelecer a diferença entre embriaguez (mera intoxicação do organismo pelo álcool) e alcoolismo (embriaguez crônica, que é caracterizada por um "abaixamento da personalidade psicoética", tornando o enfermo lento nas suas percepções ou levando-o a percepções ruins, a ponto de ter "frequentes ilusões", fixando mal as recordações e cansando-se ao evocá-las, ao mesmo tempo em que "a associação das ideias segue por caminhos ilógicos", cf. Altavilla, *Psicologia judiciária*, v. 1, p. 284), levando em conta ser o alcoolismo considerado doença mental, logo, aplica-se o disposto no art. 26, *caput*, do Código Penal, ou seja, o agente deve ser absolvido, aplicando-se-lhe medida de segurança.

2.1.4 Menoridade

Trata-se da adoção, nesse contexto, do critério puramente biológico, isto é, a lei penal criou uma presunção absoluta de que o menor de 18 anos, em face do desenvolvimento mental incompleto, não tem condições de compreender o caráter ilícito do que faz ou capacidade de determinar-se de acordo com esse entendimento.

Apesar de se observar que, na prática, menores com 16 ou 17 anos, por exemplo, têm plenas condições de compreender o caráter ilícito do que praticam, tendo em vista que o desenvolvimento mental acompanha, como é natural, a evolução dos tempos, tornando a pessoa mais precocemente preparada para a compreensão integral dos fatos da vida, o Brasil ainda mantém a fronteira fixada nos 18 anos.

Aliás, pela primeira vez, inseriu-se na Constituição Federal matéria nitidamente pertinente à legislação ordinária, como se vê no art. 228: "São penalmente inimputáveis os menores de dezoito anos, sujeitos às normas da legislação especial". A única via para contornar essa situação, permitindo que a maioridade penal seja reduzida, seria através de emenda constitucional, algo perfeitamente possível, tendo em vista que, por clara opção do constituinte, a responsabilidade penal foi inserida no capítulo *da família, da criança, do adolescente e do idoso*, e não no contexto dos direitos e garantias individuais (Capítulo I, art. 5.º, CF).

Não podemos concordar com a tese de que há direitos e garantias humanas fundamentais soltos em outros trechos da Carta, por isso também *cláusulas pétreas*, inseridas na impossibilidade de emenda prevista no art. 60, § 4.º, IV, CF, pois sabe-se que há "direitos e garantias de conteúdo material" e "direitos e garantias de conteúdo formal". O simples fato de ser introduzida no texto da Constituição Federal como *direito e garantia fundamental* é suficiente para transformá-la, formalmente, como tal, embora possa não ser assim considerada materialmente. É o caso da proibição de identificação criminal para o civilmente identificado ou mesmo para o julgamento pelo tribunal do júri, que são garantias fundamentais apenas porque foram colocados dentro do art. 5.º, embora não façam parte de direitos internacionalmente reconhecidos como *fundamentais* – como diz Pontes de Miranda, os *supraestatais*, aqueles que procedem do direito das gentes, o direito humano no mais alto grau.

Por isso, a maioridade penal, além de não ser direito fundamental em sentido material (não há notícia de reconhecimento global nesse prisma), também não o é no sentido formal. Assim, não há qualquer impedimento para emenda constitucional suprimindo ou modificando o art. 228 da Constituição.

Não se pretende, com tal modificação, combater a criminalidade, como muitos pensam. De fato, não é a redução da maioridade penal que poderá solucionar o problema do incremento da prática delitiva no País, embora fosse recomendável a redução somente para adaptar a lei penal à realidade. O menor de 18 anos já não é o mesmo do início do século, não merecendo continuar sendo tratado como uma pessoa que não tem noção do caráter ilícito do que faz ou deixa de fazer, sem poder conduzir-se de acordo com esse entendimento.

Entretanto, estamos no Brasil, repleto de contradições e desrespeitos a direitos humanos fundamentais. Reduzir a maioridade penal pode respeitar a realidade (os jovens compreendem o caráter ilícito do que fazem), mas não se coaduna com a política criminal para a área.

Os presídios brasileiros estão superlotados e não se vê luz no horizonte, visto que presos não "dão votos a políticos". O investimento em novas vagas é e será pífio. Desse modo, inserir os menores com 16 e 17 anos nesse antro de iniquidades somente produzirá um malefício imenso.

Refletindo em torno dos desmandos dos Poderes da República, no tocante aos direitos humanos fundamentais, posicionamo-nos contra a redução da idade penal, por razões de política criminal. Parece-nos desastroso ampliar o caos no sistema carcerário brasileiro, inserindo, sem a menor cautela, mais duas faixas de idade.

Nem se diga que haverá presídios juvenis. Até hoje, nem mesmo Casa do Albergado existe. O Estado (leia-se, Poder Executivo) não proporcionará absolutamente nada aos jovens de 16 e 17 anos que, porventura, passarem a responder por crimes.

> **🔖 PONTO RELEVANTE PARA DEBATE**
>
> | O marco temporal do início da maioridade penal aos 18 anos
>
> Há três correntes: a) a partir do primeiro instante do dia do aniversário ("É a lei civil que determina a idade das pessoas. Impossível caber interpretação diversa na legislação penal e processual, uma vez não ter cabimento que alguém tenha 18 anos pela lei civil e ainda não os tenha pela lei penal, ou militar, ou eleitoral. Logo, considera-se penalmente responsável o agente que pratica a infração no preciso dia em que comemora seu 18.º aniversário", TA-CRIM, HC 286.966/4-SP, 13.ª C., rel. Juiz San Juan França, 13.02.1996); b) a partir da exata hora em que nasceu o agente do dia do seu aniversário; c) a partir do último instante do dia do aniversário (cf. José Antonio Paganella Boschi, *Das penas e seus critérios de aplicação*, p. 264).
>
> Esta questão dispõe de pouco material jurisprudencial, pois rara a sua ocorrência.
>
> A primeira é predominante e, em nosso entendimento, é a correta. Civilmente, a idade é atingida no dia do aniversário, à primeira hora. Logo, no campo penal, deve-se adotar idêntica solução.

2.2 Excludentes concernentes ao fato

2.2.1 Coação moral irresistível

Tanto a coação quanto a obediência hierárquica são causas de exclusão da culpabilidade que se situam no contexto da inexigibilidade de conduta diversa. Afinal, o direito não pode exigir das pessoas comportamentos anormais ou heroicos, pretendendo que a lei penal seja aplicada cegamente, sem uma análise minuciosa da situação concreta na qual se vê envolvido o agente de um injusto (fato típico e antijurídico).

Assim, havendo coação moral insuportável, não é exigível que o coato resista bravamente, como se fosse um autômato cumpridor da lei. O mesmo se diga da obediência hierárquica, pois, havendo uma ordem do superior para o subordinado, dificilmente se pode exigir deste último que questione o autor da determinação.

A lei não definiu, nem apresentou os elementos componentes das duas excludentes, restando à doutrina e à jurisprudência a tarefa de fazê-lo. A coação irresistível, referida no art. 22 do Código Penal, é a coação moral, uma vez que a coação física afeta diretamente a voluntariedade do ato, eliminando, quando irresistível, a própria conduta.

Trata-se de uma grave ameaça feita pelo coator ao coato, exigindo deste último que cometa uma agressão contra terceira pessoa, sob pena de sofrer um mal injusto e irreparável.

São seus elementos:

a) *existência de uma ameaça* de um dano grave, injusto e atual, extraordinariamente difícil de ser suportado pelo coato;

b) *inevitabilidade do perigo* na situação concreta do coato;

c) *ameaça voltada diretamente contra a pessoa do coato ou contra pessoas queridas a ele ligadas*. Se não se tratar de pessoas intimamente ligadas ao coato, mas estranhos que sofram a grave ameaça, caso a pessoa atue, para proteger quem não conhece, pode-se falar em inexigibilidade de conduta diversa, conforme os valores que estiverem em disputa;

d) *existência de, pelo menos, três partes* envolvidas, como regra: o coator, o coato e a vítima;

e) *irresistibilidade da ameaça* avaliada segundo o critério do homem médio e do próprio coato, concretamente. Portanto, é fundamental buscar, para a configuração dessa excludente, uma intimidação forte o suficiente para vencer a resistência do homem normal, fazendo-o temer a ocorrência de um mal tão grave que lhe seria extraordinariamente difícil suportar, obrigando-o a praticar o crime idealizado pelo coator. Por isso, costuma-se exigir a existência de três partes envolvidas: o coator, que faz a ameaça; o coato, que pratica a conduta injusta; a vítima, que sofre o dano. Exemplo que, lamentavelmente, tem-se tornado comum atualmente: um gerente de banco tem sua família sequestrada, sob ameaça de morte, para obrigá-lo, acompanhando um dos integrantes de uma associação criminosa, a abrir o cofre do estabelecimento bancário e entregar o dinheiro aos ladrões. Apesar de o gerente ter praticado um fato típico (art. 155, CP) e ilícito (não há excludente de antijuridicidade em seu favor), não pode ser punido, pois inexigível, de sua parte, conduta diversa. Elimina-se, pois, a culpabilidade.

> **📌 PONTO RELEVANTE PARA DEBATE**
>
> **A viabilidade da coação moral irresistível com apenas duas partes envolvidas**
>
> Embora predomine o entendimento de que é necessária a presença de três partes (coator, coato e vítima), há precedentes aceitando a existência de apenas duas (coator – e, também, vítima – e coato). Nesse caso, o coator seria a própria vítima. A grave e injusta ameaça exercida pelo coator contra a pessoa do coato seria tão intensa e difícil de suportar que ele se voltaria contra o próprio coator, matando-o, por exemplo.
>
> Note-se que a intenção do coator não seria obrigar o coato a realizar qualquer ato contra terceiro, mas seria infligir um mal futuro qualquer que atingiria o próprio coato. Este, no entanto, não estaria em legítima defesa, por ausência de agressão atual ou iminente, mas encontrar-se-ia em situação desesperadora, causada pelo coator, contra quem terminaria agindo, para livrar-se da situação de agonia. Exemplo do STF: "O quesito que propõe a vítima como agente da coação moral irresistível não delira da lógica jurídica, nem apresenta coação absurda em tese" (HC 62.982-2, rel. Francisco Rezek, *RT* 605/380). O acórdão é antigo, mas não se apurou nenhum outro caso recente.
>
> Por outro lado, precedentes do Superior Tribunal de Justiça mostram que, eventualmente, a coação pode não vir diretamente do coator, mas sim da própria sociedade, com seus costumes e padrões rígidos: "Tecnicamente não há dúvida, a coação pressupõe coator e coato. Entretanto, o Tribunal do Júri é soberano. Vários precedentes indicam, como coator, a sociedade, que, através da sua cultura, exigiria reação violenta do coagido, no caso o réu. Exemplificativamente, nos crimes passionais, onde, em determinadas regiões, a própria

> sociedade exige que o traído sentimentalmente deve praticar determinados atos, sob pena de receber qualificativos desairosos no ambiente em que mora" (STJ, REsp 5.329-0/GO, 6.ª T., rel. José Cândido, v.u., 31.08.1992; decisão citada, embora antiga, por se tratar de caso raro).

2.2.2 Obediência hierárquica

É a ordem de duvidosa legalidade dada pelo superior hierárquico ao seu subordinado, para que cometa uma agressão a terceiro, sob pena de responder pela inobservância da determinação.

São seus elementos:

a) *existência de uma ordem não manifestamente ilegal*, ou seja, de duvidosa legalidade (essa excludente não deixa de ser um misto de inexigibilidade de outra conduta com erro de proibição);

b) *ordem emanada de autoridade competente* (excepcionalmente, quando o agente cumpre ordem de autoridade incompetente, porém equivocado, pode configurar uma forma de erro de proibição escusável);

c) *existência, como regra, de três partes* envolvidas: superior, subordinado e vítima;

d) *relação de subordinação* hierárquica entre o mandante e o executor, em direito público. Não há possibilidade de se sustentar a excludente na esfera do direito privado, tendo em vista que somente a hierarquia no setor público pode trazer graves consequências para o subordinado que desrespeita seu superior (no campo militar, até a prisão disciplinar pode ser utilizada pelo superior, quando não configurar crime: CPM, art. 163: "Recusar obedecer a ordem do superior sobre assunto ou matéria de serviço, ou relativamente a dever imposto em lei, regulamento ou instrução: Pena – detenção, de um a dois anos, se o fato não constitui crime mais grave");

e) *estrito cumprimento da ordem*. Neste último caso, cremos que, tratando-se de ordem de duvidosa legalidade, é preciso, para valer-se da excludente, que o subordinado fixe os exatos limites da determinação que lhe foi passada. O exagero descaracteriza a excludente, pois se vislumbra ter sido exigível do agente outra conduta, tanto que extrapolou o contexto daquilo que lhe foi determinado por sua própria conta e risco.

Registre-se, nesse sentido, o disposto no Código Penal Militar: "Se a ordem do superior tem por objeto a prática de ato manifestamente criminoso, ou há *excesso nos atos ou na forma da execução*, é punível também o inferior hierárquico" (art. 38, § 2.º, grifo nosso).

Tanto o coator quanto o superior podem responder pelo resultado lesivo produzido pelo coato ou pelo subordinado e, também, em concurso formal, pela coação exercida contra o coato ("Constitui crime de tortura: I – constranger alguém com emprego de violência ou grave ameaça, causando-lhe sofrimento físico ou mental: (...) *b)* para provocar ação ou omissão de natureza criminosa" – art. 1.º, Lei 9.455/1997, que define os crimes de tortura) ou pelo abuso cometido contra o subordinado (arts. 167 a 176 do Código Penal Militar).

2.2.3 Embriaguez decorrente de caso fortuito ou força maior

Embriaguez é uma intoxicação aguda provocada no organismo pelo álcool ou por substância de efeitos análogos. Na lição de Di Tullio, a respeito de embriaguez: "A consciência está fortemente obnubilada, produzem-se estados crepusculares com fenômenos de desorientação, perturbações humorais profundas, desordens psicossensoriais sob a forma de fenômenos ilusórios e alucinatórios, alterações da forma e especialmente do conteúdo ideativo até ao delírio" (citação de Enrico Altavilla, *Psicologia judiciária*, v. 1, p. 283).

Pode-se constatar esse estado de três maneiras diferentes: a) *exame clínico*, que é o contato direto com o paciente, analisando-se o hálito, o equilíbrio físico, o controle neurológico, as percepções sensoriais, o modo de falar, a cadência da voz, entre outros; b) *exame de laboratório*, que é a dosagem etílica (quantidade de álcool no sangue); c) *prova testemunhal*, que pode atestar as modificações de comportamento do agente. Naturalmente, o critério mais adequado e seguro é a união dos três, embora se existir apenas um deles já possa ser suficiente, no caso concreto, para demonstrar a embriaguez.

2.2.3.1 Embriaguez voluntária ou culposa

Voluntária é a embriaguez desejada livremente pelo agente e culposa, aquela que ocorre por conta da imprudência do bebedor. Preceitua o Código Penal que, nesses casos, não se pode excluir a imputabilidade do agente, vale dizer, não se pode afastar a sua culpabilidade.

É preciso destacar que o sujeito embriagado completamente, no exato momento da ação ou da omissão, está com sua consciência fortemente obnubilada, retirando-lhe a possibilidade de ter agido com dolo ou culpa. Portanto, ainda que se diga o contrário, buscando sustentar teorias opostas à realidade, trata-se de uma nítida *presunção* de dolo e culpa estabelecida pelo legislador, isto é, a adoção da responsabilidade penal objetiva, já que não havia outra forma de contornar o problema. Correta é a análise de Paulo José da Costa Júnior: "Não se pode estender o princípio [falando da *actio libera in causa*] à embriaguez voluntária, em que o agente ingere a bebida alcoólica somente para ficar bêbado, ou à embriaguez culposa, em que se embriaga por imprudência ou negligência. Em nenhuma dessas hipóteses, porém, pretendia o agente praticar ulteriormente o crime. O legislador penal, ao considerar imputável aquele que em realidade não o era, fez uso de uma ficção jurídica. Ou melhor, adotou nesse ponto a responsabilidade objetiva, que se antagoniza com o *nullum crimen sine culpa*, apresentado como ideia central do novo estatuto. É forçoso convir: no capítulo da embriaguez, excetuada aquela preordenada, o Código fez reviver a velha fórmula medieval do *versari in re illicita*. (...) Entendemos que, com base em medidas de política criminal, pudesse ser adotada a solução perfilhada pelo Código. Seria entretanto mister que o legislador afirmasse corajosamente, em alto e bom som, que foi compelido a aceitar a responsabilidade objetiva, nesse ponto, para evitar as escusas absolutórias que passariam os criminosos a buscar, com o uso abusivo do álcool e substâncias similares" (*Comentários ao Código Penal*, p. 126).

Destacando a responsabilidade penal objetiva que ainda impregna o contexto da embriaguez voluntária, conferir a lição de René Ariel Dotti: "Desprezando as lições mais adequadas cientificamente, o Código não empresta nenhum relevo à embriaguez voluntária ou culposa, tratando-as como se fossem iguais à preordenada. Se é verdade que em relação a esta o Código prevê uma agravação (art. 56, II, *c* [o autor cuida do CP anterior a 1984]) também é certo que considera todas num mesmo plano para negar a isenção de pena. O anteprojeto Hungria e os modelos em que se inspirava, resolviam muito melhor o assunto. O art. 31 e §§ 1.º e 2.º estabeleciam: 'A embriaguez pelo álcool ou substância de efeitos análogos, ainda quando completa, não exclui a responsabilidade, salvo quando fortuita ou involuntária. § 1.º. Se a embriaguez foi intencionalmente procurada para a prática do crime, o agente é punível a título de dolo; § 2.º. Se, embora não preordenada, a embriaguez é voluntária e completa e o agente previu e podia prever que, em tal estado, poderia vir a cometer crime, a pena é aplicável a título de culpa, se a este título é punível o fato'. Também o Código Penal de 1969 revelou-se indiferente ao problema da embriaguez voluntária e culposa, não lhes dando qualquer tratamento diversificado e ignorando-as como causas de isenção ou substituição de pena" (*O incesto*, p. 181-182).

2.2.3.2 A teoria da *actio libera in causa*

Com base no princípio de que a "causa da causa também é causa do que foi causado", leva-se em consideração que, no momento de se embriagar, o agente pode ter agido dolosa ou culposamente, projetando-se esse elemento subjetivo para o instante da conduta criminosa.

Portanto, quando o indivíduo, resolvendo encorajar-se para cometer um delito qualquer, ingere substância entorpecente para colocar-se, propositadamente, em situação de inimputabilidade, deve responder pelo que fez *dolosamente* – afinal, o elemento subjetivo estava presente no ato de ingerir a bebida ou a droga. Por outro lado, quando o agente, sabendo que irá dirigir um veículo, por exemplo, bebe antes de fazê-lo, precipita a sua imprudência para o momento em que atropelar e matar um passante. Responderá por homicídio culposo, pois o elemento subjetivo do crime projeta-se do momento de ingestão da bebida para o instante do delito.

Desenvolve a Exposição de Motivos da Parte Geral do Código Penal de 1940 a seguinte concepção: "Ao resolver o problema da embriaguez (pelo álcool ou substância de efeitos análogos), do ponto de vista da responsabilidade penal, o projeto aceitou em toda a sua plenitude a teoria da *actio libera in causa ad libertatem relata*, que, modernamente, não se limita ao estado de inconsciência preordenado, mas se estende a todos os casos em que o agente se deixou arrastar ao estado de inconsciência" (nessa parte não alterada pela atual Exposição de Motivos). Nem todos os casos em que o agente "deixou-se arrastar" ao estado de inconsciência podem configurar uma hipótese de "dolo ou culpa" a ser arremessada para o momento da conduta delituosa. Há pessoas que bebem por beber, sem a menor previsibilidade de que cometeriam crimes no estado de embriaguez completa, de forma que não é cabível a aplicação da teoria da *actio libera in causa* nesses casos.

Confira-se a lição de Walter Vieira do Nascimento: "Suponha-se, porém, que o mesmo motorista, com a sua jornada de trabalho já encerrada, depois de recolher normalmente o veículo à garagem, saia a se divertir com amigos. Horas após, inteiramente bêbado, recebe aviso inédito para fazer um serviço extra. Em estado sóbrio, jamais poderia supor fosse chamado para aquela tarefa. Era praxe rigorosa da empresa onde trabalhava não utilizar os empregados fora do expediente normal. Mas ele dirige-se à garagem e ali, ao pôr o carro em movimento, atropela o vigia. (...) Evidentemente, (...) não se situa nos domínios da *actio libera in causa*" (*A embriaguez e outras questões penais (doutrina – legislação – jurisprudência)*, p. 23). Nessa hipótese, cuida-se de responsabilidade penal objetiva, por ausência de outra opção para punir o agente.

De outra parte, se suprimirmos a responsabilidade penal dos agentes que, embriagados totalmente, matam, roubam ou estupram alguém, estaremos alargando, indevidamente, a impunidade, privilegiando o injusto diante do justo. No prisma de que a teoria da *actio libera in causa* ("ação livre na sua origem") somente é cabível nos delitos preordenados (cuidando-se do dolo), ou com flagrante imprudência no momento de beber, estão os magistérios de Frederico Marques, Magalhães Noronha, Jair Leonardo Lopes, Paulo José da Costa Júnior, Jürgen Baumann, Munhoz Neto, entre outros, com os quais concordamos plenamente. Complementando, convém destacar a posição de Narcelio de Queiroz, cuidando da *actio libera in causa*: "São os casos em que alguém, no estado de não imputabilidade, é causador, por ação ou omissão, de algum resultado punível, tendo se colocado naquele estado, ou propositadamente, com a intenção de produzir o evento lesivo, ou sem essa intenção, mas tendo previsto a possibilidade do resultado, ou ainda, quando a podia ou devia prever" (*Teoria da* actio libera in causa, p. 40).

Historicamente, o direito canônico foi o primeiro ordenamento a fixar que era inimputável o agente embriagado, considerando, no entanto, que a embriaguez era altamente censurável. Posteriormente, os práticos italianos fixaram as raízes da teoria da *actio libera in causa*, ao preceituarem que o agente que cometeu o crime em estado de embriaguez deveria ser punido pelo fato antecedente ao crime, pois durante o delito não tinha consciência do que fazia. Exceção era feita quando a embriaguez era deliberada para a prática do crime. Na Idade Média, passou-se a punir tanto o crime cometido quanto a embriaguez. No Código Criminal do Império de 1830 (art. 18, § 9.º) e no Código Penal de 1890 (art. 42, § 10), tratava-se de uma atenuante. Nessa ocasião, ainda não se tinha uma clara noção a respeito da *actio libera in causa*, não se absolvendo o réu que estava, ao tempo do crime, totalmente embriagado.

A partir de 1890, em face do disposto no art. 27, § 4.º, do Código Penal da República ("Os que se acharem em estado de completa privação de sentidos e de inteligência no ato de cometer o crime" não são considerados criminosos), começou-se a equiparar a embriaguez completa à privação dos sentidos, provocando, então, decisões absolutórias. Assim, ainda que válida a teoria no campo dos crimes preordenados, implicando até no reconhecimento de uma agravante (art. 61, II, *l*, CP), não se pode ampliá-la para abranger outras situações de embriaguez. O problema é, igualmente, sentido em outras legislações.

No direito penal alemão, pretendendo contornar o aspecto de quem bebe, voluntariamente, mas sem a intenção de cometer crimes, nem assumindo o risco de fazê-lo, criou-se figura típica específica: "Quem se coloque em um estado de embriaguez premeditada ou negligentemente por meio de bebidas alcoólicas ou de outras substâncias estimulantes, será punido com pena privativa de liberdade de até cinco anos ou com multa quando cometa neste estado um fato ilícito e por esta causa não possa ser punido, porque como consequência da embriaguez seja inimputável" (art. 323a, CP alemão). A pena não poderá ser superior àquela que seria imposta pelo fato cometido no estado de embriaguez (art. 323a, II, CP alemão).

2.2.3.3 Caso fortuito ou força maior

É fortuita a embriaguez decorrente do acaso ou meramente acidental, quando o agente não tinha a menor ideia de que estava ingerindo substância entorpecente (porque foi ludibriado por terceiro, por exemplo) ou quando mistura o álcool com remédios que provocam reações indesejadas, potencializando o efeito da droga, sem estar devidamente alertado para isso. Exemplo típico dado por Antolisei é o do operário de destilaria que se embriaga inalando os vapores do álcool, presentes na área de trabalho.

Embriaguez decorrente de força maior é a que se origina de eventos não controláveis pelo agente, tal como a pessoa que, submetida a um trote acadêmico violento, é amarrada e obrigada a ingerir, à força, substância entorpecente.

Ambas, no fundo, são hipóteses fortuitas ou acidentais. Essa causa dá margem a uma excludente de culpabilidade se, por conta dessa ingestão forçada ou fortuita, o agente acaba praticando um injusto. É preciso, no entanto, que esteja totalmente incapacitado de entender o caráter ilícito do fato ou de determinar-se de acordo com esse entendimento por conta da embriaguez completa.

2.2.3.4 Embriaguez incompleta fortuita

Nesse dispositivo não consta a exigência de ser a embriaguez *completa*, podendo-se, portanto, admitir a embriaguez incompleta que, no entanto, há de ser fortuita ou resultante de força maior, bem como suficiente para gerar, ao tempo da conduta, entendimento dificultado do caráter ilícito do fato ou determinação do comportamento de acordo com esse entendimento.

Tendo em vista que, nessa situação, o agente é imputável, pois tem conhecimento parcial do ilícito praticado, portanto culpável, há possibilidade de ser condenado, embora com redução da pena, tendo em vista que a reprovação social é menor.

2.2.4 *Erro de proibição escusável e descriminantes putativas*

Essas situações serão objeto de análise, ambas no capítulo do erro de tipo e de proibição. Lembremos que, quanto às descriminantes putativas, concluiremos que todas as suas hipóteses devem ser inseridas no contexto do erro de proibição, embora parte da doutrina destaque o erro quanto aos pressupostos fáticos da excludente de ilicitude como erro de tipo (art. 20, § 1.º, CP).

2.2.5 *Inexigibilidade de conduta diversa*

Há intensa polêmica na doutrina e na jurisprudência a respeito da aceitação da *inexigibilidade de outra conduta* como tese autônoma, desvinculada das excludentes da coação moral irresistível e da obediência hierárquica. Cremos ser perfeitamente admissível o seu reconhecimento no sistema penal pátrio. O legislador não definiu *culpabilidade*, tarefa que restou à doutrina, reconhecendo-se, praticamente à unanimidade, que a exigibilidade e possibilidade de conduta conforme o Direito é um dos seus elementos. Ora, nada impede que de dentro da culpabilidade se retire essa tese para, em caráter excepcional, servir para excluir a culpabilidade de agentes que tenham praticado determinados injustos.

É verdade que a *inexigibilidade de conduta diversa* faz parte da coação moral irresistível e da obediência hierárquica, embora se possa destacá-la para atuar isoladamente. Narra Odin Americano os casos concretos que primeiramente deram origem à tese, no início do século, na Alemanha.

Primeiro caso ocorrido (*Leinenfanger*, cavalo indócil que não obedece às rédeas): "O proprietário de um cavalo indócil ordenou ao cocheiro que o montasse e saísse a serviço. O cocheiro, prevendo a possibilidade de um acidente, se o animal disparasse, quis resistir à ordem. O dono o ameaçou de dispensa caso não cumprisse o mandado. O cocheiro, então, obedeceu e, uma vez na rua, o animal tomou-lhe as rédeas e causou lesões em um transeunte. O Tribunal alemão absolveu o cocheiro sob o fundamento de que, se houve previsibilidade do evento, não seria justo, todavia, exigir-se outro proceder do agente. Sua recusa em sair com o animal importaria a perda do emprego, logo a prática da ação perigosa não foi culposa, mercê da inexigibilidade de outro comportamento".

Outro caso, também na Alemanha (*Klaperstorch*, cegonha que traz os bebês), ocorrido num distrito mineiro alemão: "A empresa exploradora de uma mina acordou com os seus empregados que, no dia do parto da esposa de um operário, este ficaria dispensado do serviço, sem prejuízo de seus salários. Os operários solicitaram da parteira encarregada dos partos que, no caso de nascimento verificado em domingo, declarasse no Registro Civil que o parto se verificara em dia de serviço, ameaçando-a de não procurar seu mister se não os atendesse. Temerosa de ficar sem trabalho, a parteira acabou em situação difícil, por atender à exigência, e tornou-se autora de uma série de declarações falsas no Registro de Nascimento". Foi absolvida, por inexigibilidade de conduta diversa (*Da culpabilidade normativa*, p. 348-349).

Pode-se admitir, portanto, que, em certas situações extremadas, quando não for possível aplicar outras excludentes de culpabilidade, a inexigibilidade de conduta *diversa* seja utilizada para evitar a punição injustificada do agente. Convém mencionar, pela importância que o tema exige, o ensinamento de Assis Toledo: "A inexigibilidade de outra conduta é, pois, a primeira e mais importante causa de exclusão da culpabilidade. E constitui verdadeiro princípio de direito penal. Quando aflora em preceitos legislados, é uma causa legal de exclusão. Se não, deve ser reputada causa supralegal, erigindo-se em princípio fundamental que está intimamente ligado com o problema da responsabilidade pessoal e que, portanto, dispensa a existência de normas expressas a respeito" (*Princípios básicos de direito penal*, p. 328). E, também, a precisa lição de Baumann: "Se se admite que as causas de exclusão da culpabilidade reguladas na lei se baseiem no critério da inexigibilidade, nada impede que por via da analogia jurídica se postule a inexigibilidade como causa geral de exclusão da culpabilidade" (*Derecho penal – Conceptos fundamentales y sistema*, p. 70-71). Em igual prisma, defende Marco Antonio Nahum que "no Brasil, reconhecida taxativamente a lacuna do sistema jurídico quanto às hipóteses de *inexigibilidade*, há que se admiti-la como causa supralegal e excludente de culpabilidade, sob pena de não se poder reconhecer um pleno direito penal da culpa" (*Inexigibilidade de conduta diversa*, p. 98).

2.2.6 Estado de necessidade exculpante e excessos exculpante e acidental

Essas hipóteses já foram analisadas, a primeira no capítulo do estado de necessidade; a segunda no capítulo referente à legítima defesa.

3. EMOÇÃO E PAIXÃO

Preceitua o art. 28, I, do Código Penal que não excluem a imputabilidade penal a emoção e a paixão, o que é posição acertada, uma vez que em ambas as situações não se está diante de doença mental, nem mesmo de perturbação apta a retirar a capacidade de entendimento do agente ou de autodeterminação.

3.1 Emoção

É "um estado de ânimo ou de consciência caracterizado por uma viva excitação do sentimento. É uma forte e transitória perturbação da afetividade, a que estão ligadas certas variações somáticas ou modificações particulares das funções da vida orgânica (pulsar precípite do coração, alterações térmicas, aumento da irrigação cerebral, aceleração do ritmo respiratório, alterações vasomotoras, intensa palidez ou intenso rubor, tremores, fenômenos musculares, alteração das secreções, suor, lágrimas etc.)" (Nélson Hungria, *Comentários ao Código Penal*, v. 1, p. 367).

Freud diz que "as emoções são as vias para o alívio da tensão e a apreciação do prazer. Elas também podem servir ao ego ajudando-o a evitar a tomada de consciência de certas lembranças e situações". É preciso considerar que "não somos basicamente animais racionais, mas somos dirigidos por forças emocionais poderosas cuja gênese é inconsciente". Segundo Perls, "emoções são a expressão de nossa excitação básica, as vias e os modos de expressar nossas escolhas, assim como de satisfazer nossas necessidades. (...) Elas provocam os denominados 'furos de nossa personalidade'" (cf. Fradiman e Frager, *Teorias da personalidade*, p. 25).

Para Kahan e Nussbaum, há duas formas básicas de entender o papel das emoções no comportamento humano: a) mecanicista, que tende a ver as emoções como "forças", "impulsos" ou "apetites" que não contêm pensamentos, nem respondem fundamentalmente à razão, senão que mais a perturba ou dificulta. É uma visão cética acerca da possibilidade de reconhecer qualquer responsabilidade no tocante às emoções; b) avaliativa, sustentando que as emoções encarnam e expressam valorações acerca de determinados objetos; tais valorações são acessíveis a uma avaliação crítica e que as pessoas podem configurar as suas próprias emoções, por meio da educação moral, por exemplo. Assim, as emoções não somente não estão discordes da razão, como supõe a visão mecanicista, senão que implicam necessariamente um pensamento acerca do objeto ao qual se referem (Peñaranda Ramos, *Estudios sobre el delito de asesinato*, p. 50-51).

A emoção pode apresentar tanto um estado construtivo, fazendo com que o comportamento se torne mais eficiente, como um lado destrutivo; pode ainda fortalecer como enfraquecer o ser humano (D. O. Hebb, citação de Antonio Gomes Penna, *Introdução à motivação e emoção*, p. 83). E as emoções vivenciadas pelo ser humano podem ser causas de alteração do ânimo, das relações de afetividade e até mesmo das condições psíquicas, proporcionando, por vezes, reações violentas, determinadoras de infrações penais.

São exemplos de emoções a alegria, a tristeza, a aversão, a ansiedade, o prazer erótico, entre outras. Não servem para anular a imputabilidade, sem produzir qualquer efeito na culpabilidade. O agente que, emocionado, comete um delito responde normalmente pelo seu ato. No máximo, quando essa emoção for violenta e provocada por conduta injusta da vítima, pode receber algum benefício (privilégio ou atenuante).

Embora a lei não estabeleça distinção, existem dois tipos de emoções: a) *astênicas*: são as emoções resultantes daquele que sofre de debilidade orgânica, gerando situações de medo, desespero, pavor; b) *estênicas*: são as emoções decorrentes da pessoa que é vigorosa, forte e ativa, provocando situações de cólera, irritação, destempero, ira. Há situações fronteiriças, ou seja, de um estado surge outro.

3.2 Paixão

Originária da emoção, a paixão é uma excitação sentimental levada ao extremo, de maior duração, causando maiores alterações nervosas ou psíquicas (cf. Antonio Gomes Penna, *Introdução à motivação e emoção*, p. 113). Como dizia Kant, lembrado por Hungria, é o "charco que cava o próprio leito, infiltrando-se, paulatinamente, no solo". Ainda que possa interferir no raciocínio e na vontade do agente, é passível de controle, razão pela qual não elide a culpabilidade. São exemplos: ódio, amor, vingança, ambição, inveja, ciúme, entre outros.

Vale observar existirem paixões consideradas *sociais*, pois ostentam valores harmônicos aos acolhidos em sociedade como positivos, assim como há paixões reputadas *antissociais*, visto apresentarem valores negativos aos olhos da sociedade. São exemplos das paixões sociais as decorrentes do amor, da honra, do ideal político ou religioso; são ilustrações das paixões antissociais as originárias do ódio, da vingança, da cobiça, da inveja (cf. Enrico Ferri, *L'omicida nella psicologia e nella psicopatologia criminale*, p. 427). O cometimento do crime, muitas vezes o homicídio, impulsionado pela paixão, não livra o agente da punição, pois não lhe afasta a imputabilidade. Entretanto, é preciso considerar, no momento de aplicação da pena, qual espécie de paixão moveu o autor, se social ou antissocial, para graduar a pena. Como manifestação da personalidade do agente, pode-se avaliar o caráter da paixão: quando positiva, serve de elemento para abrandar a pena; quando negativa, serve de fator para elevar a sanção.

🗐 SÍNTESE

Excludentes de culpabilidade: são causas que dirimem a reprovação social no tocante àquele que pratica um fato típico e antijurídico, impedindo, pois, a consideração de que houve crime, merecendo o autor punição. Não há juízo de censura em relação ao agente que atua protegido por excludente de culpabilidade.

Inimputabilidade: é a impossibilidade do agente do fato típico e antijurídico de compreensão do caráter ilícito do fato ou de se comportar de acordo com esse entendimento, uma vez que não há sanidade mental ou maturidade.

Doença mental ou desenvolvimento mental incompleto ou retardado: é o conjunto de alterações psíquicas qualitativas, que retiram do indivíduo a inteligência ou a vontade, impossibilitando-o de atuar conforme as regras do Direito.

Embriaguez decorrente de vício: é considerada doença mental, nos termos supraexpostos.

Menoridade: cuida-se de imaturidade do agente, presumida pela lei, aplicável aos menores de 18 anos, retirando-lhe a capacidade de compreensão do ilícito ou de comportamento de acordo com esse entendimento.

Erro de proibição escusável: cuida-se da hipótese do agente que atua sem consciência potencial da ilicitude, razão pela qual não deve sofrer juízo de censura, caso pratique um fato típico e antijurídico.

Descriminantes putativas: trata-se de excludente de ilicitude imaginária, que retira do agente a capacidade de atuar conforme o direito, tendo em vista a ausência de consciência potencial de ilicitude.

Coação moral irresistível: cuida-se de situação de inexigibilidade de conduta diversa, tendo em vista que o agente atua sem condições de resistir à coação e, em face disso, de cumprir as regras impostas pelo Direito, não merecendo censura.

Obediência hierárquica: cuida-se de situação de inexigibilidade de conduta diversa, tendo em vista que o agente atua sem condições de resistir à ordem dada e, em face disso, de cumprir as regras impostas pelo Direito, não merecendo censura.

Embriaguez completa decorrente de caso fortuito ou força maior: é a intoxicação do organismo em função do álcool, sem que o agente perceba a hipótese de se embriagar ou quando não tenha como reagir à ingestão da droga, retirando-lhe a capacidade de entendimento do caráter ilícito do fato ou da determinação de acordo com tal compreensão. Não haverá juízo de reprovação social, afastando-se a culpabilidade.

Inexigibilidade de conduta diversa: significa que o agente, dentro da razoabilidade, não pôde agir de modo diverso, seguindo as regras impostas pelo Direito, motivo pelo qual não pode sofrer juízo de censura.

Estado de necessidade exculpante: é uma situação particular de inexigibilidade de conduta diversa, quando o agente opta por salvar bem de menor valor, deixando perecer outro, de maior valor, porque não lhe era razoável exigir que tivesse outra atitude.

Excesso exculpante: decorrente de medo, perturbação de ânimo ou surpresa no ataque, o agente termina exagerando na reação porque outra conduta não lhe era razoavelmente exigível no caso concreto.

Excesso acidental: decorre do fortuito, que não merece juízo de censura. Portanto, o agente termina exagerando minimamente na reação, na proteção de bem jurídico, no exercício de um direito ou no cumprimento de um dever.

Capítulo XVIII
Crime Consumado e Tentativa

1. CRIME CONSUMADO

É o tipo penal integralmente realizado, ou seja, quando o tipo concreto se enquadra no tipo abstrato (art. 14, I, CP). Exemplo: quando *A* subtrai um veículo pertencente a *B*, com o ânimo de assenhoreamento, produz um crime consumado, pois sua conduta e o resultado materializado encaixam-se, com perfeição, no modelo legal de conduta proibida descrito no art. 155 do Código Penal.

2. TENTATIVA

Acesse e escute o podcast sobre Tentativa.
> http://uqr.to/1yoi0

2.1 Conceito de crime tentado

É a realização incompleta da conduta típica, que não é punida como crime autônomo (art. 14, II, CP). Como diz Aníbal Bruno, é a tipicidade não concluída. O Código Penal não faz previsão, para cada delito, da figura da tentativa, embora a grande maioria comporte a figura tentada.

Preferiu-se usar uma *fórmula de extensão*, ou seja, para caracterizar a tentativa de homicídio, não se encontra previsão expressa no art. 121, da Parte Especial. Nesse caso, aplica-se a figura do crime consumado em associação com o disposto no art. 14, II, da Parte Geral. Portanto, o crime tentado de homicídio é a união do "matar alguém" com o "início de execução, que não se consumou por circunstâncias alheias à vontade do agente". Pode-se ler: quem, pretendendo eliminar a vida de alguém e dando início à execução, não conseguiu atingir o resultado *morte*, praticou uma tentativa de homicídio.

Denomina-se tentativa *branca* ou *incruenta* a que se desenvolve no contexto dos crimes contra a pessoa, não havendo derramamento de sangue, portanto, sem a ocorrência de lesões na vítima.

2.2 Natureza jurídica da tentativa

Trata-se de uma "ampliação da tipicidade proibida, em razão de uma fórmula geral ampliatória dos tipos dolosos, para abranger a parte da conduta imediatamente anterior à consumação" (Eugenio Raúl Zaffaroni e José Henrique Pierangeli, *Da tentativa*, p. 27). De fato, tendo em vista que o legislador não criou "tipos tentados", mas permite a aplicação da tentativa à grande maioria dos delitos, é preciso utilizar o tipo do crime consumado, unindo-o, como já explicado em tópico anterior, à previsão legal da tentativa (art. 14, II, CP), conseguindo-se atingir e punir a parte do *iter criminis* anterior à consumação.

Há outras opiniões doutrinárias acerca do tema. Dentre elas, destacam-se as seguintes:

a) *delito imperfeito ou frustrado*: "Não é como crime autônomo que se pune a tentativa, mas como forma frustrada de determinado crime, punível sob esse caráter" (Aníbal Bruno, *Direito penal*, t. 2, p. 244). Em igual prisma, Jiménez de Asúa (*Princípios de derecho penal – La ley y el delito*, p. 474-475), embora não deixe de fazer referência expressa que também significa uma causa de extensão da pena (p. 473-474); Hungria, mencionando que a tentativa corresponde, objetivamente, a um "fragmento da conduta típica do crime (faltando-lhe apenas o evento condicionante ou característico da consumação)" (*Comentários ao Código Penal*, v. I, t. II, p. 78); Frederico Marques (*Tratado de direito penal*, v. II, p. 369);

b) *regra de extensão da pena*: "Tanto a tentativa como a participação constituem fórmulas de ampliação ou extensão de pena de um delito especificado na lei, razão pela qual é impossível conciliar entre si duas figuras extensivas sem relacioná-las com o tipo legal. A tentativa é uma espécie de delito, que não chega a consumar-se e que se articula com uma fórmula de extensão de pena, situada na parte geral, mas que está vazia, enquanto não se conecte com o delito concreto que o agente queira consumar. Se uma das normas é a principal (a definição do tipo na lei) e a outra é a secundária (a que nos oferece o conceito de tentativa) não vemos como dessa conjunção nascer um novo título autônomo de delito" (Roberto Reynoso D'Avila, *Teoría general del delito*, p. 304);

c) *delito autônomo, com estrutura completa, objetiva e subjetivamente*: "A estrutura do delito tentado é completa, situando-se seu relacionamento com o delito consumado apenas na convergência dos conjuntos de meios tutelares que se empregam em dois momentos diversos sobre o mesmo bem. O grau de ataque ao bem jurídico (delito consumado: efetiva lesão; delito tentado: risco de lesão) justifica a construção típica da forma tentada, guardando-se o bem jurídico e preservando-se o valor que a ele adere do risco de negação. A proporcionalidade punitiva, por isso, deve ser respeitada, não se podendo para a simples ameaça do dano determinar pena igual àquela da efetiva lesão ao bem. Nenhuma outra razão, se não o bem jurídico, objetivamente considerado, e a modalidade do ataque contra ele dirigido, justifica a redução da margem punitiva" (David Teixeira de Azevedo, *Dosimetria da pena*, p. 100);

d) *tipo acessório do principal*: a tentativa constitui uma redução ou atenuação do tipo principal e que, por si só, não tem vida própria, entendendo-se deva o acessório seguir o principal. A tentativa é uma figura estudada em função da figura típica principal; portanto, um acessório do tipo penal principal (cf. Jiménez Martínez, *Elementos de derecho penal mexicano*, p. 735).

2.3 Teorias fundamentadoras da punição da tentativa

São basicamente quatro:

a) *subjetiva* (voluntarística ou monista): leva em consideração, para justificar a punição da tentativa, fundamentalmente, a vontade criminosa, desde que nítida, podendo ela estar presente e identificada tanto na preparação quanto na execução. Leva-se em conta apenas o *desvalor da ação*, não importando, para a punição, o *desvalor do resultado*. Nesse caso, inicia-se a possibilidade de punir a partir do momento em que o agente ingressa na fase da preparação. Como o objetivo é punir aquele que manifesta vontade contrária ao Direito, nem sempre deve o juiz atenuar a pena;

b) *objetiva* (realística ou dualista): o objetivo da punição da tentativa volta-se ao perigo efetivo que o bem jurídico corre, o que somente se configura quando os atos executórios, de caráter unívoco, têm início, com idoneidade, para atingi-lo. É a teoria adotada pelo art. 14, II, do Código Penal brasileiro. Leva-se em consideração tanto o *desvalor da ação* quanto o *desvalor do resultado*. A redução da pena torna-se, então, obrigatória, uma vez que somente se poderia aplicar a pena igual à que seria cabível ao delito consumado se o bem jurídico se perdesse por completo – o que não ocorre na figura da tentativa;

c) *subjetivo-objetiva* (teoria da impressão): o fundamento da punição é representado pela junção da avaliação da vontade criminosa com um princípio de risco ao bem jurídico protegido. Nas palavras de Roxin, "a tentativa é punível, quando e na medida em que é apropriada para produzir na generalidade das pessoas uma impressão juridicamente 'abaladora'; ela põe, então, em perigo a paz jurídica e necessita, por isso, de uma sanção correspondente a esta medida" (Resolução do fato e começo da execução na tentativa. *Problemas fundamentais de direito penal*, p. 296). Como se leva em consideração a vontade criminosa e o abalo que a sua manifestação pode causar à sociedade, é faculdade do juiz reduzir a pena;

d) *teoria sintomática*: preconizada pela Escola Positiva, entende que o fundamento de punição da tentativa concentra-se na análise da periculosidade do agente. Poder-se-ia punir os atos preparatórios, não se necessitando reduzir a pena, de caráter eminentemente preventivo.

2.4 Dolo e culpa na tentativa

Não há tentativa de crime culposo, pois o agente não persegue resultado algum. No contexto da culpa, o resultado típico atingido deve ser sempre involuntário (há divergência no tocante à culpa imprópria, cujo comentário se encontra no capítulo da culpa), tornando inviável falarmos em "tentativa de atingir resultado não desejado".

Quanto ao dolo, no crime tentado, é exatamente o mesmo do delito consumado. Afinal, o que o agente almeja é atingir a consumação, em ambas as hipóteses, consistindo a diferença no fato de que, na tentativa, foi impedido por causas exteriores à sua vontade. Portanto, não existe "dolo de tentativa". O crime tentado é subjetivamente perfeito e apenas objetivamente defeituoso.

Na lição de Roxin, está presente o dolo "quando os motivos que pressionam ao cometimento do delito alcançaram preponderância sobre as representações inibitórias, embora possam ainda subsistir umas últimas dúvidas. Quem somente considera a possibilidade de cometer o crime, ou quem indeciso hesita, não está ainda resolvido. Para quem, no entanto, chegar ao estágio da execução com uma dominante vontade de cometer o crime, as dúvidas porventura ainda existentes não impedem a aceitação de uma resolução do fato e de uma tentativa, sendo, todavia, de valorar sempre como reserva de desistência..." (*Problemas fundamentais de direito penal*, p. 301). Por isso, inexiste diferença, no campo do dolo, entre crime tentado e consumado, já que a resolução é exatamente a mesma.

2.5 Conceito e divisão do *iter criminis*

Trata-se do percurso para a realização do crime, que vai da cogitação à consumação. Divide-se em duas fases – interna e externa – que se subdividem:

a) *fase interna*, que ocorre na mente do agente, percorrendo, como regra, as seguintes etapas:

- a.1) *cogitação*: é o momento de ideação do delito, ou seja, quando o agente tem a ideia de praticar o crime;
- a.2) *deliberação*: trata-se do momento em que o agente pondera os prós e os contras da atividade criminosa idealizada;
- a.3) *resolução*: cuida do instante em que o agente decide, efetivamente, praticar o delito. Tendo em vista que a *fase interna* não é exteriorizada, logicamente não é punida, pois *cogitationis poenam nemo patitur* (ninguém pode ser punido por seus pensamentos), conforme já proclamava Ulpiano (Digesto, lib. XLVIII, título 19, lei 18);

b) *fase externa*, que ocorre quando o agente exterioriza, por meio de atos, seu objetivo criminoso, subdividindo-se em:

- b.1) *manifestação*: é o momento em que o agente proclama a quem queira e possa ouvir a sua resolução. Embora não possa ser punida esta fase como tentativa do crime almejado, é possível tornar-se figura típica autônoma, como acontece com a concretização do delito de ameaça;

b.2) *preparação*: é a fase de exteriorização da ideia do crime, através de atos, que começam a materializar a perseguição ao alvo idealizado, configurando uma verdadeira ponte entre a fase interna e a execução. O agente ainda não ingressou nos atos executórios, daí por que não é punida a preparação no direito brasileiro. Exemplo de Hungria, em relação aos atos preparatórios, não puníveis: "Tício, tendo recebido uma bofetada de Caio, corre a um armeiro, adquire um revólver, carrega-o com seis balas e volta, ato seguido, à procura do seu adversário, que, entretanto, por cautela ou casualmente, já não se acha no local da contenda; Tício, porém, não desistindo de encontrar Caio, vai postar-se, dissimulado atrás de uma moita, junto ao caminho onde ele habitualmente passa, rumo de casa, e ali espera em vão pelo seu inimigo, que, desconfiado, tomou direção diversa. Não se pode conceber uma série de atos mais inequivocamente reveladores da intenção de matar, embora todos eles sejam meramente *preparatórios*" (*Comentários ao Código Penal*, v. I, t. II, p. 79). Excepcionalmente, diante da relevância da conduta, o legislador pode criar um tipo especial, prevendo punição para a preparação de certos delitos, embora, nesses casos, exista autonomia do crime consumado. Exemplo: possuir substância ou engenho explosivo, gás tóxico ou asfixiante ou material destinado à sua fabricação (art. 253, CP) não deixa de ser a preparação para os crimes de explosão (art. 251, CP) ou de uso de gás tóxico (art. 252, CP), razão pela qual somente torna-se conduta punível pela existência de tipicidade incriminadora autônoma;

b.3) *execução*: é a fase de realização da conduta designada pelo núcleo da figura típica, constituída, como regra, de atos idôneos e unívocos para chegar ao resultado, mas também daqueles que representarem atos imediatamente anteriores a estes, desde que se tenha certeza do plano concreto do autor. Exemplo: comprar um revólver para matar a vítima é apenas a preparação do crime de homicídio, embora dar tiros na direção do ofendido signifique atos idôneos para chegar ao núcleo da figura típica "matar";

b.4) *consumação*: é o momento de conclusão do delito, reunindo todos os elementos do tipo penal.

O exaurimento do crime significa a produção de resultado lesivo ao bem jurídico após o delito já estar consumado, ou seja, é o esgotamento da atividade criminosa, implicando em outros prejuízos além dos atingidos pela consumação. É o que ocorre no contexto dos crimes formais, quando atingem o resultado previsto no tipo – mas não obrigatório para a consumação. Exemplo disso: o recebimento do resgate (exaurimento) na extorsão mediante sequestro, que se consuma após a realização da privação da liberdade da vítima. Segundo Zaffaroni e Pierangeli, denomina-se também consumação material (*Da tentativa*, p. 26).

⚡ PONTO RELEVANTE PARA DEBATE

Os critérios para a verificação da passagem da preparação para a execução do crime

Não se trata de tema fácil e uniforme. Há, basicamente, *duas teorias* acerca do assunto:

a) *subjetiva*: não existe tal passagem, pois o importante é a vontade criminosa, que está presente, de maneira nítida, tanto na preparação quanto na execução do crime. Ambas trazem punição ao agente;

b) *objetiva*: o início da execução é invariavelmente constituído de atos que principiem a concretização do tipo penal. Trata-se da teoria adotada pelo Código Penal e sustentada pela doutrina pátria. Há, pois, maior segurança para o agente, que não será punido simplesmente pelo seu "querer", salvo quando exteriorizado por atos que sejam próprios e adequados a provocar o evento típico, causando um perigo real ao bem jurídico protegido pela norma penal.

Ainda assim, dentro da teoria objetiva, a doutrina se divide em várias correntes, embora haja o predomínio das seguintes:

a) *teoria objetivo-formal,* preconizando que ato executório é aquele que "constitui uma parte real do fato incriminado pela lei" (Von Liszt, Birkmeyer), ou, segundo Beling, atos executórios são os que fazem parte do núcleo do tipo, constituído pelo verbo (cf. Hungria, *Comentários ao Código Penal*, v. I, t. II, p. 83-84). Ainda no contexto da teoria objetivo-formal, pode-se destacar a *teoria da hostilidade ao bem jurídico*, sustentando ser ato executório aquele que *ataca* o bem jurídico, retirando-o do "estado de paz". É a teoria adotada por Mayer e seguida por Hungria (*Comentários ao Código Penal*, v. I, t. II, p. 84). É a teoria que sustenta serem atos executórios apenas os idôneos e unívocos para atingir o resultado típico. Em seu apoio, além de Hungria, estão Frederico Marques (*Tratado de direito penal*, v. II, p. 373-374) e Paulo José da Costa (*Comentários ao Código Penal*, 7. ed., p. 50);

b) *teoria objetivo-material*, afirmando que atos executórios não são apenas os que realizam o núcleo do tipo ou atacam o bem jurídico, mas também aqueles imediatamente anteriores ao início da ação típica, valendo-se o juiz do critério do terceiro observador, para ter certeza da punição (cf. exposição de Zaffaroni e Pierangeli, *Da tentativa*, p. 56). É a teoria adotada pelo Código Penal português: art. 22.2 "São atos de execução: a) os que preencherem um elemento constitutivo de um tipo de crime; b) os que forem idôneos a produzir o resultado típico; ou c) *os que, segundo a experiência comum e salvo circunstâncias imprevisíveis, forem de natureza a fazer esperar que se lhes sigam atos das espécies indicadas nas alíneas anteriores*" (grifo nosso);

c) *teoria objetivo-individual*, defendendo que os atos executórios não são apenas os que dão início à ação típica, atacando o bem jurídico, mas também os praticados imediatamente antes, desde que se tenha prova do plano concreto do autor (Zaffaroni e Pierangeli, *Da tentativa*, p. 56). Logo, a diferença entre esta última teoria e a objetivo-material é que não se necessita do terceiro observador; ao contrário, deve-se buscar prova do plano concreto do agente, sem avaliação exterior.

A primeira teoria – objetivo-formal, abrangendo a da hostilidade ao bem jurídico – predominava no Brasil, por ser, em tese, mais segura na averiguação da tentativa. Entretanto, as duas últimas vêm crescendo na prática dos tribunais, especialmente porque, com o aumento da criminalidade, têm mais bem servido à análise dos casos concretos, garantindo punição a quem está em vias de atacar o bem jurídico, sendo desnecessário aguardar que tal se realize, desde que se tenha prova efetiva disso. Exemplo sob a ótica das teorias: se alguém saca seu revólver, faz pontaria, pretendendo apertar o gatilho para matar outrem, somente seria ato executório o momento em que o primeiro tiro fosse disparado (sob o critério das teorias objetivo-formal e da hostilidade ao bem jurídico), tendo em vista que unicamente o disparo poderia *atacar* o bem jurídico (vida), retirando-o do seu *estado de paz*, ainda que errasse o alvo.

Para as duas últimas teorias (objetivo-material e objetivo-individual), poderia ser o agente detido no momento em que apontasse a arma, com nítida intenção de matar, antes de apertar o gatilho, pois seria o momento imediatamente anterior ao disparo, que poderia ser fatal, consumando o delito. Não se trata de punir a mera *intenção* do agente, pois esta estaria consubstanciada em atos claros e evidentes de seu propósito, consistindo o instante de *apontar a arma* um autêntico momento executório, colocando em risco o bem jurídico (vida).

Parece-nos a teoria objetivo-individual a mais acertada. Ademais, a teoria objetivo-formal é extremamente restritiva, pretendendo punir somente atos idôneos e unívocos para atingir o resultado, desprezando os imediatamente anteriores, igualmente perigosos ao bem jurídico, o que, de certo modo, significa aguardar em demasia o percurso criminoso do agente.

De todo o exposto, no entanto, deve-se ressaltar que qualquer teoria, à luz do caso concreto, pode ganhar contornos diferenciados, pois tudo depende das provas produzidas nos autos do inquérito (antes do oferecimento da denúncia ou queixa, voltando-se à formação da convicção do órgão acusatório) ou do processo (antes da sentença, tendo por fim a formação da convicção do julgador). Por isso, encontrar, precisamente, a passagem da preparação para a execução não é tarefa fácil, somente sendo passível de solução à vista da situação real. Confira-se caso real: "C. H. S., de 24 anos, foi o protagonista de um inusitado caso policial. Às 23 horas de anteontem, ele foi içado pelo guincho do Corpo de Bombeiros do interior da chaminé de uma padaria em Bauru, Interior de São Paulo. Os policiais foram chamados pelos vizinhos que ouviram gritos vindos do alto da padaria. Quando chegaram, encontraram o homem preso pelo tórax. Depois de retirado pelos bombeiros, S. foi levado ao pronto-socorro, onde tratou as escoriações. (...) O homem revelou que frequentava a padaria e *decidiu furtá-la*, entrando pela chaminé, mas calculou mal. (...) O delegado M. G. indiciou S. por *tentativa de furto*..." (*Jornal da Tarde*, Caderno A, p. 7, 22.11.2006, grifos nossos). À luz da teoria objetivo-formal, o ato não passaria de uma preparação malsucedida. Porém, levando-se em conta a teoria objetivo-individual, o ato imediatamente anterior à subtração (ingressar no estabelecimento comercial), associado ao plano concreto do autor (afirmou querer furtar bens do local), permitiu a sua prisão por *tentativa de furto*.

Não se considerou, para análise, a teoria sintomática, há muito superada pelos sistemas legislativos tanto do Brasil quanto de outros países.

2.6 Tentativa e dolo eventual

É perfeitamente admissível a coexistência da tentativa com o dolo eventual, embora seja de difícil comprovação no caso concreto. É a precisa lição de Nélson Hungria: "Se o agente *aquiesce* no advento do resultado específico do crime, previsto como possível, é claro que este entra na órbita de sua volição: logo, se, por circunstâncias fortuitas, tal resultado não ocorre, é inegável que o agente deve responder por tentativa". E arremata, quanto à dificuldade probatória: "A dificuldade de prova não pode influir na conceituação da tentativa" (*Comentários ao Código Penal*, v. I, t. II, p. 90). Idênticos são os posicionamentos de Frederico Marques (*Tratado de direito penal*, v. II, p. 384) e Flávio

Augusto Monteiro de Barros (*Direito penal – Parte geral*, p. 238). Leciona, nesse sentido, Welzel: "Na tentativa, o tipo objetivo não está completo. Ao contrário, o tipo subjetivo deve dar-se integralmente, e por certo do mesmo modo como tem que aparecer no delito consumado. Se, por isso, para a consumação é suficiente o dolo eventual, então também é suficiente para a tentativa" (*Derecho penal alemán*, p. 224).

Em contrário, colha-se o magistério de Maia Gonçalves, comentando que não há tentativa no contexto do dolo eventual, porque o art. 22 do Código Penal português expressamente se refere à prática de atos de execução de um crime *que decidiu cometer*, logo, não pode o agente ter assumido o risco (*Código Penal anotado*, p. 131). Admite, no entanto, que o STJ português aceite a tentativa em caso de dolo eventual, pois nessa forma de dolo também existe *representação* e *vontade*, embora "enfraquecidas ou degradadas".

Em monografia sobre o tema, José de Faria Costa enumera três pontos fundamentais para rejeitar a possibilidade de haver tentativa no contexto do dolo eventual:

a) na tentativa pressupõe-se uma "irrecusável e inequívoca *decisão* de querer praticar um crime" (*Tentativa e dolo eventual*, p. 89), razão pela qual não se pode conceber que o agente *assuma* o risco de atingir o resultado como forma de compor o tipo penal tentado;

b) nos casos de existência de "elemento subjetivo específico", como ocorre no furto, é exigida uma vontade específica de ter para si a coisa subtraída e não há como praticar uma tentativa de furto com dolo eventual. Diz o autor: "O agente não pode ter uma intenção de uso e simultaneamente uma intenção de apropriação. São realidades que mesmo só ao nível psicológico se excluem mutuamente e que também penalmente não admitem acasalamento. O que pode suceder é o agente, para além do seu querer intencional de apropriação, duvidar quanto à propriedade do objeto de que se quer apoderar, considerando nessa perspectiva ser eventualmente possível o objeto ser seu, mas mesmo que assim não seja conformar-se-á com a produção do resultado. Resumindo: o agente nunca pode duvidar no ato intencional; pode, isso sim, é permitir que a dúvida se instale no seu espírito relativamente ao conteúdo de um elemento normativo mas, como nos parece de singular clareza, tal dúvida não pode bulir minimamente com o ato intencionado" (*Tentativa e dolo eventual*, p. 91-92);

c) o terceiro ponto de vista defende que a prática de atos idôneos para atingir o resultado – fator de destaque para o ingresso na fase executória do crime – não é possível de ser atingido no campo do dolo eventual. "O certo é que se o agente representa o resultado unicamente de modo eventual é manifesto que, pelo menos para o infrator, os atos que levariam ao fim desejado não podem ser tidos como idôneos. Pois, por mais plasticidade que se atribua ao conceito de idoneidade este não se compadece com a dúvida que a representação como possível acarreta. Contudo, argumentar-se-á: estamos no domínio da pura objetividade não tendo, por conseguinte, aqui cabimento o apelo a qualquer elemento do dolo, mesmo que da zona da pura cognoscibilidade" (*Tentativa e dolo eventual*, p. 103).

Menciona, ainda, que a impossibilidade de convivência entre tentativa e dolo eventual é a posição hoje predominante na doutrina italiana. Por todos, cita Mantovani: "Quem visando outros fins aceita, todavia, o risco de vir a verificar-se um delito, não representa e não quer os atos como diretos à produção do mesmo delito. O que quer dizer que só há delito tentado se o sujeito age com dolo intencional e que não é possível punir a tentativa com dolo eventual sem violar a proibição *in malam partem*" (*Tentativa e dolo eventual*, p. 104). Para fortalecer sua tese, fornece o seguinte exemplo: "A quer incendiar uma casa, mas representa como possível a morte de uma pessoa que aí vive, conformando-se, todavia, com esse resultado. Perante esta situação e pressuposto que a pessoa não morreu, os autores que advogam a compatibilidade entre o dolo eventual e a tentativa punem o agente da infração por crime de incêndio em concurso com tentativa de homicídio. Mas será isto razoável? Ou melhor: será isto dogmaticamente correto?". Respondendo, o autor diz que, caso o incêndio provocado fosse idôneo realmente para provocar o resultado morte, ainda assim o agente não poderia ser punido por tentativa de homicídio porque "a sua conformação é com o resultado, não se podendo daí concluir, como também já vimos, que aquela postura da consciência jurídico-normativa permite extrair que a conformação se estenda também à tentativa. Se B saiu ileso, não obstante a situação de real perigo a que esteve sujeito, perante este quadro subjetivo não há tentativa de homicídio" (*Tentativa e dolo eventual*, p. 108-109).

Em oposição a tais argumentos, podemos enumerar os seguintes:

a) sustentar que a *decisão* para o cometimento do crime é o único móvel da tentativa, incompatível, pois, com o dolo eventual, tendo em vista representar este elemento subjetivo apenas a assunção de um risco, não nos parece correto. Segundo a lei penal brasileira, configura-se a tentativa quando o agente deu início à execução de um crime que não se consumou por circunstâncias alheias à sua vontade, motivo pelo qual ele pode ingressar no estágio de execução movido pela assunção do risco e não necessariamente por uma vontade clara e direta de atingir o resultado. A partir do momento em que se encontra em plena fase executória, a interrupção, por ação de terceiros, leva à configuração da tentativa;

b) para a realização completa do tipo, em nível subjetivo, exige-se que o dolo envolva todos os elementos objetivos. É possível, então, valendo-se do exemplo supramencionado do furto, supor que o agente queira apoderar-se ("para si") de determinado bem ("coisa móvel"), mas tenha dúvida quanto ao elemento normativo do tipo ("alheia"). O dolo eventual incidiria justamente nessa forma: assumir o risco de levar coisa alheia ao invés de coisa própria. Se for surpreendido nessa atividade, admitindo-se que exista prova suficiente desse seu querer, do risco de levar coisa alheia em lugar da sua e pertencendo o objeto subtraído realmente a terceiro, nada impediria a configuração de tentativa de furto. Afinal, o bem jurídico correu o risco de se perder do mesmo modo que aconteceria se o agente tivesse agido com dolo direto;

c) não se trata de analogia *in malam partem* nem tampouco de incompatibilidade do querer do agente com o conhecimento da sua própria vontade em face da idoneidade dos meios utilizados. Busca-se, em verdade, transformar a mente humana em algo mais hermético do que efetivamente é. Há, em nosso entender, zonas cinzentas do querer, totalmente compatíveis com a previsão legal do dolo eventual. Em outras palavras, é perfeitamente viável a atuação do agente que, buscando determinado resultado, admite como possível a ocorrência de outro, que, embora não desejado diretamente, é assimilado, acolhido, sufragado, ainda que camufladamente. O sujeito que desfere, por exemplo, vários tiros em uma delegacia de polícia, para aterrorizar a vizinhança e os policiais, buscando fragmentar o poder estatal, não quer, de forma direta, matar este ou aquele agente policial – aliás, pode nem saber se há algum no plantão – mas, sem dúvida, *assume* o risco de fazê-lo. A representação do resultado *morte* passa-lhe na mente, ainda que como resultado secundário, admitido no íntimo, ou mesmo ignorado, quando não deveria sê-lo, o que permite a configuração de uma tentativa de homicídio caso o bem jurídico *vida* tenha efetivamente corrido risco. Ingressou na esfera executória (os tiros configuram atos idôneos para matar), estando esta indubitavelmente no âmbito do seu conhecimento, o que é mais do que suficiente para a concretização de uma tentativa, desde que haja a interrupção da trajetória por intervenção exterior à sua vontade. E frise-se: não interessa para a configuração da tentativa que a vontade seja direta, bastando que exista e haja previsão legal para a punição de um crime por dolo eventual.

A solução almejada para o exemplo do incêndio, fornecido por José de Faria Costa, não é convincente. Deve o agente responder por crime de incêndio (houve dolo direto para causar perigo comum) e por tentativa de homicídio (houve a assunção do risco de matar alguém, que parecia estar dentro da casa). Assim, se realmente o incêndio era meio idôneo para matar e havia, de fato, pessoa na casa, o agente pode ser punido também por tentativa de homicídio, frisando-se que resposta em sentido contrário parece sinalizar para a existência de "dolo de tentativa" (querer tentar matar), o que a doutrina francamente já afastou. O autor do crime de incêndio queria certamente este resultado como sua meta principal, conformando-se, no entanto, que alguém morresse em razão disso. Eis aqui o dolo eventual e, saindo *B* ileso, por circunstâncias alheias ao querer do agente, é natural seja o incendiário punido pela tentativa de homicídio que concretizou. Na prática, temos encontrado situações em que é possível aplicar a tentativa nesse contexto. Imagine-se a situação daquele que ingressa em um bar, saca o revólver e começa a efetuar disparos a esmo, atingindo garrafas e móveis, enquanto pessoas se jogam ao chão, apavoradas. Advertido de que os disparos podem atingir alguém, o autor manifesta-se expressamente no sentido de que pouco lhe interessa o resultado, e que não vai cessar sua ação. Se for detido por terceiros, antes mesmo de atingir alguém com um tiro, pode ser processado por tentativa de homicídio, pois nítido foi seu desprezo pela vida, caracterizando o dolo eventual.

2.7 Tentativa e crime de ímpeto

O delito de ímpeto é caracterizado pelo acesso de fúria ou paixão, fazendo com que o agente, sem grande reflexão, resolva agredir outrem. Argumenta-se que o momento de cólera poderia retirar qualquer possibilidade de nítida identificação do *iter criminis*, isto é, poderia o agente, com sua atitude, em momento instantâneo, atingir o resultado, sem possibilidade de fracionamento dos atos executórios. O ímpeto de seu gesto inviabilizaria a tentativa, até porque ficaria impossível discernir quanto ao seu elemento subjetivo. Tudo não passa, no entanto, como já se demonstrou no tópico anterior, cuidando do dolo eventual, de uma questão de prova.

É bem possível que o sujeito, sacando seu revólver em um momento de fúria, dispare contra alguém, com vontade de matar, errando o alvo e sendo imediatamente contido por terceiros. Teremos uma tentativa de homicídio ocorrida em crime de ímpeto. Alerta Hungria que "não se deve levar para a doutrina do dolo e da tentativa o que apenas representa a solução de uma dificuldade prática no terreno da prova. A tentativa tanto pode existir nos crimes de ímpeto quanto nos crimes refletidos. É tudo uma questão de prova, posto que a indagação do *animus* não pode deixar de ser feita *ab externo*, diante das circunstâncias objetivas" (*Comentários ao Código Penal*, v. I, t. II, p. 89).

Na realidade, pode haver dificuldade, em certas situações, para se detectar, por exemplo, quando se trata de lesão corporal consumada ou tentativa de homicídio, justamente porque o agente atuou inopinadamente, sem qualquer reflexão. Desejaria ele ferir ou matar? Essa dúvida, no entanto, não pode extirpar, no campo teórico, a viabilidade de existência da tentativa no caso de crime de ímpeto. Se persistir a incerteza, é melhor punir o agente por lesão corporal consumada em lugar da tentativa de homicídio, o que não significa que esta jamais possa existir. São também as posições de Frederico Marques (*Tratado de direito penal*, v. II, p. 385) e Flávio Augusto Monteiro de Barros (*Direito penal – Parte geral*, p. 238).

2.8 Crimes que não admitem a tentativa

São os seguintes:

a) *delitos culposos*, pois o resultado é sempre involuntário. Há quem admita no caso de culpa imprópria, como já abordamos no capítulo relativo ao dolo e à culpa. Hungria menciona o seguinte exemplo: "Supondo que o 'vigilante noturno' é um ladrão que me invade o quintal de casa, tomo de um revólver e, sem maior indagação, inconsideravelmente, faço repetidos disparos contra o policial, que, entretanto, escapa ileso ou fica apenas ferido. É inquestionavelmente, em face do Código, que se apresenta uma *tentativa de homicídio culposo*" (*Comentários ao Código Penal*, v. I, t. II, p. 86). Concordando com a tese, estão Frederico Marques (*Tratado de direito penal*, v. II, p. 376 e 383) e Magalhães Noronha (*Direito penal*, v. 1, p. 129).

Pensamos, no entanto, que tal solução não é a ideal. Se, no contexto do erro, prefere a lei a configuração do tipo culposo – e, neste, não há resultado desejado – torna-se incompatível a figura da tentativa, devendo haver punição apenas pelo resultado efetivamente atingido. No exemplo de Hungria, o agente que ferir, por erro inescusável, o policial deve responder por lesão corporal culposa;

b) *crimes preterdolosos* (havendo dolo na conduta antecedente e culpa na consequente, possuindo o mesmo bem jurídico protegido nas duas fases), pois há necessidade do resultado mais grave para a constituição do tipo. Note-se como seria ilógico falar em tentativa no delito autenticamente preterdoloso, como ocorre com a lesão corporal seguida de morte. Como pode o agente tentar lesionar, mas conseguir matar? Se o homicídio contém a lesão, torna-se inviável a tentativa de lesão com resultado morte;

c) *crimes unissubsistentes*, pois são constituídos de ato único (ex.: ameaça verbal), não admitindo *iter criminis*. Ou o agente profere a ameaça, consumando-se o delito, ou não o faz de maneira completa, deixando de intimidar a vítima e é um fato penalmente irrelevante;

d) *crimes omissivos próprios*, pois o *não fazer*, descrito no tipo, também não admite fracionamento: ou o agente deixa de fazer a conduta devida, configurando o tipo, ou faz, constituindo conduta atípica, não havendo meio-termo punível;

e) *delitos habituais próprios*, que são os que se configuram somente quando determinada conduta é reiterada, com habitualidade, pelo agente. Não pode admitir a figura tentada, uma vez que os atos isolados são penalmente irrelevantes. Como defendemos: Noronha (*Direito penal*, v. 1, p. 128); Frederico Marques (*Tratado de direito penal*, v. II, p. 377); Jiménez Martínez (*Elementos de derecho penal mexicano*, p. 734). Em sentido contrário, admitindo a tentativa: Mario Petrone, *Reato abituale*, p. 67;

f) *contravenções penais*, pois a Lei das Contravenções Penais diz ser não punível a tentativa (art. 4.º). Cuida-se de política criminal do Estado, uma vez que as contravenções são consideradas *delitos menores*, deixando de ser relevante para o direito penal a singela tentativa;

g) *delitos condicionados*, pois submetidos, para a sua concretização, à superveniência de uma condição. Exemplo: o crime de induzimento, instigação ou auxílio ao suicídio (art. 122, CP) somente se configura se houver lesão grave ou morte da vítima, conforme previsto no preceito sancionador, de modo que não há possibilidade de haver tentativa;

h) *crimes de atentado* (delitos de empreendimento), cuja tentativa é punida com pena autônoma ou igual à do crime consumado (vide o exemplo do art. 352 do Código Penal: "Evadir-se ou tentar evadir-se..."). Logo, fugir ou tentar fugir empregando violência contra a pessoa é crime consumado. Impossível, pois, falar-se em *tentativa* de *tentar fugir*, pois estaríamos cuidando de mera preparação ou cogitação;

i) *crimes permanentes na forma omissiva*, pois não há *iter criminis* possível de diferenciar a preparação da execução. Exemplo: quando um carcereiro recebe um alvará de soltura e decide não dar cumprimento, deixando preso o beneficiado, comete o delito de cárcere privado na modalidade omissiva, sem possibilidade de fracionamento. Na realidade, envolvendo uma omissão, exclui-se naturalmente a tentativa, pois unissubsistente o ato: ou faz o que lhe é exigido ou deixa de fazer, consumando o delito;

j) *crimes que punem somente os atos preparatórios de outros*: quando o tipo penal é constituído de atos formadores da fase preparatória de outro delito, é natural que não admita tentativa, pois seria ilógico punir a "tentativa de dar início à preparação de outro delito". Como já exposto, os atos preparatórios normalmente não são punidos, a menos que estejam expressamente previstos como tipos autônomos. E, quando isso ocorre, é a exceção idealizada pelo legislador, que, por sua vez, não admite tentativa, ou seja, deixa-se fora do contexto penal a "exceção da exceção". Exemplos: arts. 253 (fabrico, fornecimento, aquisição, posse ou transporte de explosivos ou gás tóxico, ou asfixiante) e 277 (substância destinada à falsificação).

No sentido que defendemos, conferir a lição de Roberto Reynoso D'Avila: "Quando a lei excepcionalmente erige em tipos delitivos condutas humanas que ontologicamente não são outra coisa que verdadeiros atos preparatórios ou de tentativa, é conceitualmente impossível ampliar a base típica desses delitos, pois todos os atos anteriores aos que se refere dita base carecem de natureza executiva" (*Teoría general del delito*, p. 306). Permitimo-nos acrescentar outros argumentos. Quando atos preparatórios de um determinado crime são tipificados à parte, como exceção à regra do art. 14, II, do CP, não deve ele admitir tentativa. Como exemplo já referido, mencionemos o art. 253 (fabrico, fornecimento, aquisição, posse ou transporte de explosivos ou gás tóxico, ou asfixiante), que é preparação do crime previsto no art. 251 (explosão). Registre-se, no entanto, que ambos estão no mesmo capítulo, voltados à proteção do mesmo bem jurídico, que é a incolumidade pública. Por isso, a tentativa de prática do delito preparatório, excepcionalmente tipificado (como o art. 253), não pode comportar tentativa, que seria uma ampliação indevida, quase beirando a cogitação, esta, sim, sempre impunível.

Por sua vez, há atos preparatórios de crimes que possuem tipicidade própria, totalmente independente do delito para o qual possam tender, constituindo, pois, crime completo. Estes admitem tentativa. Ex.: o crime de porte ilegal de arma, ainda que seja preparação para outro delito (homicídio, roubo etc.) pode comportar tentativa (embora, no exemplo ofertado, de difícil configuração). Em contrário, admitindo tentativa para os delitos que punem atos preparatórios: Zaffaroni e Pierangeli (*Da tentativa*, p. 15-16);

k) *crimes, cujo tipo penal é formado por condutas extremamente abrangentes*, impossibilitando, na prática, a existência de atos executórios dissociados da consumação. Exemplo disso é o crime de loteamento clandestino ou desautorizado: "Dar início, *de qualquer modo*, ou efetuar loteamento ou desmembramento do solo para fins urbanos sem autorização do órgão público competente (...)" (art. 50, I, Lei 6.766/1979, grifo nosso). Nessa linha está o trabalho de Paulo Amador Thomas Alves da Cunha Bueno (*Crimes na lei do parcelamento do solo urbano*, p. 92).

Mencione-se, ainda, a lição de David Teixeira de Azevedo, ao cuidar do delito de loteamento clandestino: "Retroage o legislador a tutela jurídica para momento anterior ao da realização mesma do loteamento, de modo a incriminar, nesta hipótese, o ato de início de execução como se crime consumado fora. O legislador equipara, neste tipo penal, os atos executórios primeiros de 'dar início' à modalidade consumada de 'efetuar' loteamento. É suficiente, por isso, 'dar início' a loteamento, ou seja, praticar atos direcionados à realização do loteamento, atos que por sua natureza e qualidade se insiram como execução preliminar do loteamento. Esses atos assim encaminhados como início de execução de um loteamento hão de ser unívocos, reveladores da intencionalidade e materialmente mesmo capazes de corporificar ações hábeis à feitura do loteamento" (O crime de loteamento clandestino. *Atualidades no direito e processo penal*, p. 17).

2.9 Critério para a diminuição da pena na tentativa

O juiz deve levar em consideração apenas e tão somente o *iter criminis* percorrido, ou seja, tanto maior será a diminuição, que varia de um a dois terços (art. 14, parágrafo único, CP), quanto mais distante ficar o agente da consumação, bem como tanto menor será a diminuição quanto mais se aproximar o agente da consumação do delito.

Não se leva em conta qualquer circunstância – objetiva ou subjetiva –, tais como crueldade no cometimento do delito ou péssimos antecedentes do agente. Trata-se de uma causa de diminuição obrigatória, tendo em vista que se leva em conta o perigo que o bem jurídico sofreu, sempre diferente na tentativa se confrontado com o crime consumado. Criticando a punição mais branda da tentativa, confira-se a lição de Moniz de Aragão: "E essa doutrina absurda e imoral, repugnante aos sentimentos naturais de justiça e senso moral do comum dos homens honestos, está consignada nos dispositivos legais do nosso código criminal, modelado, como é, pelo espírito da escola clássica. Relativamente à punibilidade, já dissemos, o mesmo critério se observa: o crime consumado é punido com mais rigor do que a tentativa, não obstante em ambos os casos a intenção delituosa ser a mesma igualmente perversa" (*As três escolas penais*: clássica, antropológica e crítica – Estudo comparativo, p. 134).

Há, no entanto, exceção à regra da diminuição obrigatória da pena, prevista no ordenamento pátrio: "Pune-se a tentativa com a pena correspondente ao crime, diminuída de um a dois terços, *podendo o juiz, no caso de excepcional gravidade*, aplicar a pena do crime consumado" (art. 30, parágrafo único, do Código Penal Militar, com grifo nosso).

2.10 Distinção entre tentativa perfeita e tentativa imperfeita

Perfeita (acabada, frustrada ou crime falho) é a hipótese que se configura quando o agente faz tudo o que pode para chegar à consumação do crime, mas não sobrevém o resultado típico, pois é interrompido por obstáculo exterior à sua vontade. Exemplo: o agente desfere inúmeros tiros certeiros na vítima e, acreditando que morreu, afasta-se do local. Ocorre que, socorrido por terceiros, o ofendido salva-se. Trata-se de tentativa que merece menor diminuição da pena.

Imperfeita (inacabada) é a situação gerada quando o agente, não conseguindo praticar tudo o que almejava para alcançar a consumação, é interrompido, de maneira inequívoca e indesejada, por causas estranhas à sua vontade. Exemplo: pretendendo dar fim à vida da vítima a tiros, começa a descarregar sua arma, quando, antes de findar os atos executórios, pois crente que o ofendido ainda está vivo, é barrado pela ação de terceiros. Pode merecer diminuição maior da sua pena, pois a fase executória do *iter criminis*, nesse caso, apenas começou.

2.11 Diferença entre crime falho e tentativa falha

O primeiro é a denominada *tentativa perfeita*, conforme já expusemos, enquanto o segundo é a tentativa que se constitui com base em impedimento íntimo do agente, que acredita não poder prosseguir na execução, embora pudesse.

Note-se que, nesta hipótese, inexiste interferência de elemento externo, nascendo o bloqueio para a continuação do percurso criminoso na mente do próprio agente. Não se trata de desistência voluntária, pois esta demanda a cessação dos atos executórios por *vontade livre* do autor. Exemplo: o agente aponta arma para a vítima e terceiro o convence de que o revólver está descarregado. Ele abaixa a arma, convicto de que *falhou* o seu plano. Trata-se de tentativa e não de desistência voluntária. O agente não vê outra alternativa a não ser baixar a arma (Roxin, *Problemas fundamentais de direito penal*, p. 339).

3. DESISTÊNCIA VOLUNTÁRIA E ARREPENDIMENTO EFICAZ

3.1 Conceito de desistência voluntária

Trata-se da desistência no prosseguimento dos atos executórios do crime, feita de modo voluntário, respondendo o agente somente pelo que já praticou. "O abandono é voluntário quando ocorre independentemente de impedimentos obrigatórios; é voluntario quando o autor diz a si mesmo: não quero, mas posso; não voluntário, quando diz a si mesmo: não posso, mas quero" (Frank, citado por Welzel, *Derecho penal alemán*, p. 235).

3.1.1 Desistência momentânea

É hipótese consistente para determinar a desistência voluntária, pois houve *voluntariedade* na conduta, embora possa não haver espontaneidade (veremos a distinção em tópico a seguir). Se o agente desiste de prosseguir na execução do delito, porque achou que o momento era inconveniente, pretendendo continuar em outra época, deve ser beneficiado pela excludente. É o pensamento majoritário. Na lição de Hungria: "Mesmo no caso em que o agente desiste da atividade executiva com o desígnio de repeti-la em outra ocasião (desistência da consumação, sem abandono total do propósito criminoso), há desistência voluntária" (*Comentários ao Código Penal*, v. I, t. II, p. 98).

Há diferença, no entanto, entre *adiamento* da execução e *pausa* na execução, isto é, quando o agente suspende a execução, aguardando momento mais propício para concluir o delito, com nítida proximidade de nexo temporal. Ex.: o ladrão, que havia iniciado o arrombamento de uma janela, para a atividade e espera a passagem do vigia noturno pela rua, a fim de dar prosseguimento no intento de praticar o furto. Se for surpreendido, durante a *pausa*, haverá tentativa de furto.

Em contrário, não aceitando a hipótese de desistência momentânea, ressalte-se da posição de Costa e Silva: "Não existe desistência, quando o agente suspende a execução com o pensamento de continuá-la depois, em ocasião propícia. Assim também quando deixa apenas de repetir o ato. *A* desfecha em *B* com o intuito de matá-lo, um tiro de seu revólver. A bala não fere o alvo: perde-se no espaço. Dispondo ainda de mais projéteis em sua arma, deixa *A* de deflagrá-los. Segundo algumas opiniões, há na hipótese uma desistência, que torna a tentativa impunível. Temos como mais jurídica a solução contrária. O tiro que falhou representa uma tentativa perfeita ou acabada. A inação, consistente na abstenção de novos tiros, não corresponde à exigência legal de voluntário impedimento do resultado. Nem *de lege ferenda* as aludidas opiniões se justificam. Elas criam uma situação de favor para o indivíduo que cautelosamente carrega todo o cilindro de seu revólver. O que dispõe só de uma bala, incorre em tentativa punível. O que dispõe de várias, não. É palpável o absurdo" (*Código Penal*, p. 92-93).

3.1.2 O problema da execução retomada

Cuida-se da hipótese de pretender o autor realizar o crime através de um determinado método, considerado infalível, que, no entanto, não dá certo. Ele poderia prosseguir de maneira diversa, retomando a execução, mas *renuncia* à continuidade.

Para parte da doutrina, cuida-se da denominada tentativa falha, devendo haver punição. Estaria inserido o agente na denominada *teoria do ato isolado*, ou seja, cada ato parcial que, antes da execução, o agente considerava suficiente para atingir o resultado serve para fundamentar uma tentativa acabada e falha, caso não venha a atingir o seu fim.

Mas, para outros, com os quais concordamos, trata-se de desistência voluntária. Roxin, nessa ótica, diz que posicionamento contrário, além de caminhar em sentido oposto ao da lei, não convence sob o ponto de vista da política criminal de *premiar* aquele que, de uma forma ou de outra, desde que fruto da sua vontade, cesse os atos executórios antes da consumação (*Problemas de direito penal*, p. 356-357). Afinal, completa ele, não se pode aceitar uma teoria cuja consequência seria, no caso de tentativa de homicídio, tornar a morte da vítima mais vantajosa do que poupá-la, pois há a possibilidade de ficar impune, caso o crime se consume (*Problemas de direito penal*, p. 359). E criticando aqueles que sustentam a punibilidade da conduta do agente, no caso da execução retomada, conferir o magistério de Zaffaroni e Pierangeli: "Se, durante a execução, o autor se cientificar de que a força é insuficiente e decidir pelo emprego de uma força maior do que aquela que, em princípio, pensava usar, nada fará mais do que seguir em frente com a mesma tentativa. Nenhuma importância terá o fato de o agente decidir matar com um único golpe e, comprovando não ser ele suficiente para produzir a morte, desferir-lhe mais cinco, com os quais consegue o seu objetivo, porquanto não haverá, em tal hipótese, um concurso de tentativa de homicídio com homicídio consumado. (...) Sendo assim, não vemos por que razão se há de considerar que a tentativa está fracassada quando o agente pode lograr o seu objetivo mediante uma variação não significativa do plano original, modificando a forma de execução do delito" (*Da tentativa*, p. 93-94).

3.2 Conceito de arrependimento eficaz

Trata-se da desistência que ocorre entre o término dos atos executórios e a consumação. O agente, nesse caso, já fez tudo o que podia para atingir o resultado, mas resolve interferir para evitar a sua concretização. Exemplo: o autor ministra veneno a B; os atos executórios estão concluídos; se nada fizer para impedir o resultado, a vítima morrerá. Por isso, o autor deve agir, aplicando o antídoto para fazer cessar os efeitos do que ele mesmo causou.

Exige a norma do art. 15 do Código Penal que o arrependimento do agente seja realmente *eficaz*, ou seja, capaz de impedir o resultado. Não se aplica o benefício previsto neste artigo caso o autor dos atos executórios, embora arrependido, não consiga evitar que o resultado se produza, por qualquer causa. Exemplificando: se o agente dá veneno, pretendendo matar a vítima, mas antes que esta morra, arrepende-se e resolve ministrar o antídoto; se o ofendido não se salvar (seja porque o antídoto falhou ou mesmo porque a vítima não quis ingeri-lo), responderá por homicídio consumado.

Confira-se a lição de Magalhães Noronha: "A responsabilidade perdura, a nosso ver, mesmo que outra causa concorra. Ainda na hipótese em questão, se, apresentado o antídoto, a vítima recusar-se a tomá-lo, por achar-se desgostosa da vida e querer consumar seus dias, não há isenção de pena ao agente, pois seu arrependimento *não teve eficácia*. A recusa da vítima não rompe o nexo causal entre a ministração do tóxico e a morte (por mais miraculosa fosse essa vontade, não teria o condão de fazer *aparecer veneno* nas vísceras do sujeito passivo). Por outro lado, é patente ser essa vontade uma *concausa* (não ter o observado o regime médico-higiênico reclamado por seu estado)" (*Direito penal*, v. 1, p. 131).

3.3 Natureza jurídica

Há pelo menos três correntes debatendo o tema:

a) *causa de exclusão da tipicidade (Frederico Marques, Heleno* Fragoso, Basileu Garcia): o tipo penal da tentativa é formado com a utilização do art. 14, II, do Código Penal, que prevê o início da execução e a não consumação por circunstâncias *alheias* à vontade do agente. Daí por que, se a desistência for voluntária, não há que se falar em causa *alheia* à vontade, afastando-se a tipicidade da conduta.

O agente, segundo a regra do art. 15, responde somente pelo que já praticou. Exemplo: se estava tentando matar A e desiste, já tendo alvejado a vítima, responderá unicamente pelas lesões corporais causadas. Nas palavras de Frederico Marques: "Não tem sentido dizer que a tentativa já foi perpetrada e por isso não pode haver efeito *ex tunc* do arrependimento ou da desistência. (...) Os atos de execução, quando o delito não se consuma, de *per si*, são atividade atípica. Não fosse a norma de extensão sobre o *conatus*, e todo o processo executivo, em tais casos, seria irrelevante para o Direito Penal. Ora, se do próprio conteúdo dessa norma que possibilita a adequação típica indireta, tira-se a ilação de que a tentativa só existirá se a consumação não ocorrer por motivos alheios à vontade do agente, é mais que evidente que não há adequação típica quando a não consumação decorre de ato voluntário do autor dos atos executivos do delito" (*Tratado de direito penal*, v. II, p. 387);

b) *causa de exclusão da culpabilidade* (Roxin, Welzel): tendo em vista que o agente desistiu de prosseguir no crime idealizado, não deve mais sofrer juízo de reprovação social, resultando no afastamento da sua culpabilidade quanto ao delito principal, porém respondendo pelo que já concretizou;

c) *causa pessoal de exclusão da punibilidade* (Zaffaroni, Pierangeli, Roberto Reynoso D'Avila, Aníbal Bruno, Paulo José da Costa Júnior, Magalhães Noronha, Hungria): afasta-se, no caso, a punibilidade do agente, mas não a tipicidade ou a culpabilidade. Se o agente, exemplificando, estava atirando contra A para matá-lo, cada tiro que desferia e errava, por si só, configurava uma tentativa de homicídio, de modo que, ao cessar os atos executórios, afasta a possibilidade de ser punido, embora não se possa apagar uma tipicidade já existente. Trata-se de um *prêmio* pela desistência do agente. Não se pode suprimir retroativamente a tipicidade.

Explicam Zaffaroni e Pierangeli: "A principal objeção que se pode formular contra o argumento daqueles que pretendem ver na desistência uma atipicidade, seja objetiva, seja subjetiva, encontra-se na impossibilidade de ter a desistência a virtualidade e tornar atípica uma conduta que antes era típica. Se o começo de execução é objetiva e subjetivamente típico, não se compreende como um ato posterior possa eliminar o que já se apresentou como proibido, situação que muito se assemelha à do consentimento subsequente" (*Da tentativa*, p. 87).

Esta última corrente é, em nosso entender, a mais adequada. Aliás, a opção pela excludente pessoal de punibilidade produz reflexos concretos, como ocorre no contexto do concurso de pessoas. Imagine-se a hipótese de um homicídio encomendado. O mandante efetua o pagamento, embora, no momento da execução, o agente-executor desista voluntariamente de prosseguir. Assim, não responderia este por tentativa de homicídio, mas somente pelo que já praticou, enquanto o mandante, que não desistiu de prosseguir, seria punido por tentativa de homicídio. Em idêntica visão: Welzel (*Derecho penal alemán*, p. 235).

3.4 Distinção entre voluntariedade e espontaneidade

No contexto do direito penal, há diferença entre *voluntário* e *espontâneo*. Agir *voluntariamente* significa atuar *livremente*, sem qualquer coação. Agir *espontaneamente* quer dizer uma vontade *sincera*, fruto do mais íntimo desejo do agente. Exemplo: se A trabalha como médico, mas seu sonho é ser engenheiro, embora todo dia siga sua rotina, indo ao consultório e ao hospital *voluntariamente*, não o faz com espontaneidade. Porém, se algum dia, abandona a medicina, estuda engenharia e passa a trabalhar nessa profissão, sua rotina passará a ser exercida de maneira voluntária e espontânea.

No caso da desistência e do arrependimento eficaz, exige-se apenas *voluntariedade*, mas não *espontaneidade*. Se o agente deixar de prosseguir na trajetória criminosa porque se *arrependeu* do que vinha fazendo, terá agido de modo voluntário e espontâneo, embora não seja necessário este último requisito para configurar a excludente.

3.5 Diferença entre desistência ou arrependimento e tentativa

Nas duas primeiras hipóteses, o agente, voluntariamente, não mais deseja chegar ao resultado, cessando a sua atividade executória (desistência voluntária) ou agindo para impedir a consumação (arrependimento eficaz), enquanto na terceira hipótese o agente quer atingir o resultado, embora seja impedido por fatores estranhos à sua vontade.

Denomina-se *tentativa qualificada* a situação que envolve os fatos puníveis já consumados quando há a desistência de prosseguir na execução do crime ou ocorre arrependimento eficaz (cf. Roberto Reynoso D'Avila, *Teoría general del delito*, p. 313; Welzel, *Derecho penal alemán*, p. 235). Exemplo: pretendendo matar o ofendido, o agente lhe desfere dois tiros, um dos quais acerta o alvo, gerando lesão leve. Desiste de prosseguir e responde por lesão corporal. É a tentativa qualificada na terminologia de parcela da doutrina.

4. ARREPENDIMENTO POSTERIOR

4.1 Conceito

Trata-se da reparação do dano causado ou da restituição da coisa subtraída nos delitos cometidos sem violência ou grave ameaça, desde que por ato voluntário do agente, até o recebimento da denúncia ou da queixa (art. 16, CP). Chama-se arrependimento "posterior" para diferençá-lo do eficaz. Quer dizer que ocorre *posteriormente* à consumação do delito.

4.2 Natureza jurídica

É causa pessoal de redução da pena, que pode variar de um a dois terços. Aliás, sua inserção no contexto da teoria do crime foi indevida, merecendo situar-se no capítulo pertinente à aplicação da pena.

4.3 Requisitos para a aplicação

São os seguintes:

a) *ocorrência de crimes sem violência ou grave ameaça à pessoa*. Entretanto, a violência há de ser dolosa, pois é admissível a aplicação da causa de redução de pena, caso o delito, produzindo efeitos patrimoniais, tenha sido praticado com violência culposa. Assim é a hipótese de haver lesões culposas, passíveis de reparação completa. Ensina Dante Busana: "O arrependimento posterior (art. 16, CP) alcança também os crimes não patrimoniais em que a devolução da coisa ou o ressarcimento do dano seja possível, ainda que culposos e contra a pessoa. Neste último caso, a violência que atinge o sujeito passivo não é querida pelo agente, o que impede afirmar tenha sido o delito *cometido*, isto é, praticado, realizado, perpetrado, *com violência*, pois esta aparece no resultado e não na conduta" (cf. Waléria Garcelan Loma Garcia, *Arrependimento posterior*, p. 105).

No caso de violência presumida, já que os casos retratados em lei demonstram ser a violência fruto da inibição da vontade da vítima, não há possibilidade de aplicação da redução de pena prevista pelo arrependimento posterior. Aliás, acrescente-se que o universo dos crimes onde se fala em violência presumida é composto por delitos dolosos, cuja violência contra a pessoa, ainda que na forma ficta, termina ocorrendo como decorrência natural da vontade do agente – diferentemente da violência culposa, que é involuntária –, bem como são eles crimes não patrimoniais e sem efeitos patrimoniais (vide o campo dos delitos contra a liberdade sexual), logo incabível qualquer reparação do dano.

Ressaltemos, ainda, que a violência presumida é uma forma de violência própria, isto é, presume-se que a vítima, não podendo consentir validamente, foi fisicamente forçada.

A denominada violência imprópria – forma de redução da capacidade de resistência da vítima por meios indiretos, como ministrando droga para sedar quem se pretende roubar – também não autoriza a aplicação do benefício do arrependimento posterior. Na essência, adjetivar a violência como *imprópria*, em nosso entendimento, não é correto. Quando alguém reduz a capacidade de resistência da vítima por meios físicos indiretos encaixa-se justamente na hipótese prevista no art. 217-A, § 1.º, parte final, do CP ("por qualquer outra causa, não pode oferecer resistência"). É violência contra a pessoa do mesmo modo que a física exercida de maneira direta. Tanto é verdade o que se sustenta que a utilização da denominada violência imprópria provoca o surgimento do roubo e não do furto, em caso de subtração por tal meio. Logo, é crime violento;

b) *reparação do dano ou restituição da coisa*. Deve ser feita de modo integral. Sendo parcial, não se pode aplicar o benefício ao agente. Entretanto, é preciso ressaltar que a verificação da completude do reparo ou da restituição deve ficar a cargo da vítima, salvo em casos excepcionais. Exemplificando: se o agente furta o veículo do ofendido, devolvendo-o sem as calotas, é possível que a vítima se dê por satisfeita, podendo-se considerar concretizado o arrependimento posterior. Entretanto, se o agente devolvesse somente os pneus do veículo, ainda que a vítima concordasse, seria uma forma de burlar o texto legal, não o aceitando o juiz.

Adotando posicionamento diverso, Paulo José da Costa Jr. diz que é possível que a reparação do dano não seja integral, correspondendo, então, a uma menor diminuição da pena do que ocorreria se fosse completa (*Comentários ao Código Penal*, 7. ed., p. 61).

Assim também é o magistério de Waléria Garcelan Loma Garcia, sustentando que a reparação não precisa ser completa para haver a incidência do art. 16, pois, se assim fosse, também não poderia incidir a atenuante do art. 65, tendo em vista que os fundamentos são os mesmos (*Arrependimento posterior*, p. 89). Não nos parece que deva haver esse padrão de comparação entre a causa de diminuição de pena do art. 16 e a atenuante do art. 65, até porque esta última menciona não somente a reparação do dano, mas também a possibilidade do agente "evitar-lhe ou minorar-lhe as consequências", o que permitiria, então, falar em reparação parcial do dano;

c) *necessidade de existência de efeito patrimonial*. A causa de diminuição de pena prevista no art. 16 do Código Penal exige, para sua aplicação, que o crime seja patrimonial ou possua efeitos patrimoniais. Afinal, somente desse modo seria sustentável falar em *reparação do dano* ou *restituição da coisa*. Em uma hipótese de homicídio, por exemplo, não teria o menor cabimento aplicar o arrependimento posterior, uma vez que não há nada que possa ser restituído ou reparado. No furto, ao contrário, caso o agente devolva a coisa subtraída ou pague à vítima indenização correspondente ao seu valor, torna-se viável a diminuição da pena. Não descartamos, por certo, outras hipóteses que não sejam crimes patrimoniais, como ocorreria com o peculato doloso. Em caso de restituição da coisa ou reparação total do dano, parece-nos viável a aplicação da redução da pena.

Em sentido contrário, ensina Waléria Garcelan Loma Garcia: "Acatando a orientação de que o dispositivo aplica-se a qualquer espécie de crime, ausente a violência e a grave ameaça contra a pessoa, não podem ser afastados aqueles delitos que ensejam unicamente um dano não patrimonial e um dano moral. Assim, o crime de sedução, os crimes contra a honra, contra a inviolabilidade de correspondência, contra a inviolabilidade dos segredos, contra a propriedade imaterial, contra o sentimento religioso e contra o respeito aos mortos etc. Certo que em alguns desses crimes coexistem danos patrimoniais, não patrimoniais e morais. Trata-se de um benefício legal, e ao intérprete não compete restringir o sentido ou alcance do dispositivo em prejuízo do agente, resultando, assim, somente enfrentar e dirimir as questões da aferição do dano e a forma de sua reparação" (*Arrependimento posterior*, p. 85). Permitimo-nos discordar dessa posição, destacando que, em alguns dos exemplos citados, torna-se até mesmo impossível não somente mensurar o dano (violação de sepultura ou perturbação de cerimônia religiosa, entre outros), mas sobretudo identificar a vítima, isto é, a pessoa destinatária da indenização.

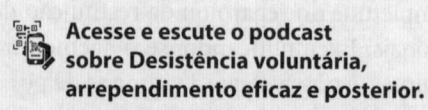

Acesse e escute o podcast sobre Desistência voluntária, arrependimento eficaz e posterior.
> http://uqr.to/1yoi1

> ### 🕭 PONTO RELEVANTE PARA DEBATE
>
> A reparação do dano moral no contexto do arrependimento posterior
>
> Não cremos que seja sustentável a aplicação da redução da pena caso o agente busque reparar apenas o dano moral provocado pelo crime.
>
> Em primeiro lugar, o dano moral é de mensuração totalmente imprecisa, nem mesmo havendo lei expressa para dispor sobre seu montante.
>
> Em segundo plano, destaquemos o fato de que há lesões que não podem comportar qualquer tipo de reparação, pelo menos que contem com benefícios penais, como ocorre com o homicídio. A vida humana não tem preço para que possa comportar reparação. Embora familiares do morto possam requerer, na esfera cível, indenização por danos morais, tal situação não deve servir de parâmetro para a aplicação da diminuição da pena.
>
> Em terceiro lugar, justamente porque a mensuração do dano moral é complexa e controversa, pode levar muito tempo até que haja uma decisão judicial definitiva sobre o tema. E antes disso, certamente, o processo criminal já deverá ter iniciado – sob pena de prescrição –, afastando a possibilidade de aplicação da causa de redução da pena. Permitir que o agente pague à vítima ou aos seus familiares (em caso de dano moral) qualquer quantia seria ainda pior, pois não se estaria verificando, concretamente, se houve reparação total do dano. O juiz não pode aceitar qualquer tipo de pagamento, pois, se o fizesse, estaria maltratando a norma penal.
>
> Em contrário, aceitando o ressarcimento do dano moral para o fim de aplicar a diminuição da pena: Waléria Garcelan Loma Garcia (*Arrependimento posterior*, p. 81).

Pode ocorrer a hipótese de o ofendido recusar-se a receber a coisa subtraída ou a correspondente reparação do dano, por variadas razões, dentre as quais destaque-se o desejo de prejudicar o agente. Nesse caso, parece-nos sensata a possibilidade de utilização da ação de consignação em pagamento para desonerá-lo. Assim que o juiz autorizar o depósito, pode-se juntar prova no inquérito, antes do recebimento da denúncia ou queixa, como exige o art. 16, e estará configurada a possibilidade de haver redução da pena em virtude do advento do arrependimento posterior. Em certos casos, não é preciso ingressar com a consignação, pois, tratando-se de devolução da coisa furtada, por exemplo, pode-se entregá-la diretamente à autoridade policial, que mandará lavrar o auto de apreensão, para posterior restituição à vítima;

d) *voluntariedade na reparação ou restituição*. Nesse caso, como já se viu, há necessidade de uma reparação ou restituição feita livremente pelo agente, mas não significando que, de fato, está arrependido pelo que fez, ou seja, não se exige espontaneidade.

Em idêntica posição, separando o ato voluntário do espontâneo, encontra-se a lição de Waléria Garcia ao definir este último: "Reveste-se da qualidade de arrependimento; é um ato que nasce unicamente da vontade do agente (autodeterminação), sem qualquer interferência externa na ideia inicial" (*Arrependimento posterior*, p. 93). Justamente para evidenciar o requisito da voluntariedade é que se exige seja a devolução ou reparação feita *pessoalmente* pelo agente. Se for por interposta pessoa, é preciso uma razão comprovada, pois pode não representar uma restituição voluntária. Imagine-se a mãe do autor do furto que, por sua conta, resolva, sem que o filho saiba, devolver a coisa subtraída. É natural não ter havido, no caso, "ato voluntário do agente". Entretanto, se o filho estiver hospitalizado, por alguma razão, poderá valer-se de terceiro para proceder à reparação do dano ou restituição da coisa;

e) *limite temporal para a reparação ou restituição que segue até o recebimento da denúncia ou queixa*. Desde o momento da consumação do crime, nasce para o agente a oportunidade de reparar o prejuízo de forma integral, mas não pode ultrapassar o ajuizamento da ação penal, que se consolida com o recebimento da denúncia ou queixa (logo, não confundir com o início da ação penal, que se dá com o oferecimento da peça acusatória). Lembremos que a reparação do dano ou a restituição da coisa *após* o recebimento da denúncia ou queixa acarretará somente a aplicação da atenuante prevista no art. 65, III, *b*, do Código Penal.

4.4 Critérios para a diminuição da pena

Devem-se levar em consideração dois fatores: a) espontaneidade do agente; b) celeridade na devolução. Quanto mais sincera e rápida for a restituição ou reparação, maior será a diminuição operada.

4.5 Análise crítica da Súmula 554 do STF

Estabelece essa Súmula que "o pagamento de cheque emitido sem provisão de fundos, após o recebimento da denúncia, não obsta ao prosseguimento da ação penal". A consequência extraída é que o pagamento do cheque sem fundo *antes* do recebimento da denúncia tem força para obstruir a ação penal. Há uma combinação com a Súmula 246 do mesmo Tribunal ("Comprovado não ter havido fraude, não se configura o crime de emissão de cheque sem fundos").

Entretanto, com o advento da Reforma Penal de 1984, introduzindo-se o arrependimento posterior, passou grande parte da doutrina a sustentar que já não tinha aplicação a Súmula 554, embora os tribunais não tenham acolhido tal proposição, sob o argumento de não se tratar de causa de arrependimento posterior, mas sim de falta de justa causa para a ação penal, por inexistência do ânimo de fraude.

Em nosso entendimento, correta está a posição que sustenta ser caso de arrependimento posterior o pagamento de cheque sem fundos, dado com ânimo de fraudar, antes do recebimento da denúncia ou da queixa. Embora os Tribunais Superiores venham aplicando as Súmulas 554 e 246, observa-se que esta última é inútil, pois é certo que para todas as hipóteses de estelionato é indispensável haver o elemento subjetivo do tipo específico, que é a vontade de fraudar, motivo pelo qual a Súmula apenas declara o óbvio.

Por outro lado, quanto à Súmula 554, nota-se que ela é aplicada indistintamente, ou seja, para qualquer situação de pagamento de cheque dado sem provisão de fundos, ainda que tenha havido a intenção de fraude. Tal postura está equivocada, pois o crime de estelionato já se encontra aperfeiçoado e, no máximo, dever-se-ia aplicar a causa de redução da pena, mas não impedir que o órgão acusatório proponha a ação penal, que é pública incondicionada. Correta a análise e a conclusão de Waléria Garcia nesse sentido: "Com as Súmulas 246 e 554, ou sem elas, haverá crime de estelionato se houver fraude, e não haverá crime quando ausente a fraude. Isto é de lei. Referidas súmulas, invocadas e aplicadas de forma distorcida, estão trazendo o descrédito ao Poder Judiciário, representando, a deturpação da ideia originária do Direito Sumular, uma séria ameaça ao Direito" (*Arrependimento posterior*, p. 143).

4.6 Incomunicabilidade da causa de diminuição da pena no concurso de pessoas

Tratando-se de causa pessoal de diminuição da pena, parece-nos que a devolução da coisa ou a reparação do dano precisa ser voluntariamente praticada por todos os coautores e partícipes para que obtenham o favor legal. Assim, o arrependimento de um não serve para beneficiar automaticamente os demais. Há posição em sentido contrário, sustentando que se trata de causa de diminuição de pena de caráter objetivo, logo, reparado o dano por um coautor, estão os demais beneficiados.

5. CRIME IMPOSSÍVEL

Acesse e escute o podcast sobre Crime impossível.
> http://uqr.to/1yoi2

5.1 Conceito e natureza jurídica

Também conhecido por tentativa inidônea, impossível, inútil, inadequada ou quase crime, é a tentativa não punível, porque o agente se vale de meios absolutamente ineficazes ou volta-se contra objetos absolutamente impróprios, tornando impossível a consumação do crime (art. 17, CP). Trata-se de uma autêntica "carência de tipo", nas palavras de Aníbal Bruno (*Sobre o tipo no direito penal*, p. 56). Exemplos: atirar, para matar, contra um cadáver (objeto absolutamente impróprio) ou atirar, para matar, com uma arma descarregada (meio absolutamente ineficaz).

Cuida-se de autêntica causa excludente da tipicidade.

5.2 Fundamento da não punição do crime impossível

Adota-se, no Brasil, a teoria objetiva, vale dizer, leva-se em conta, para punir a tentativa, o risco objetivo que o bem jurídico corre. No caso da tentativa inidônea (crime impossível), o bem jurídico não sofreu risco algum, seja porque o meio é totalmente ineficaz, seja porque o objeto é inteiramente impróprio. Daí por que não há punição.

Registre-se, ainda, que a legislação penal exige o caráter *absoluto* da ineficácia ou impropriedade, significando *zero* chance de atingir o resultado almejado. A concretização de mecanismo *relativo*, viabilizando alguma hipótese de chegar ao resultado, permite a punição por tentativa. Diga-se o mesmo no tocante a um objeto *relativamente* impróprio, que traduz a possibilidade de atingir a finalização desejada: o agente responde por tentativa.

5.3 Diferença entre a tentativa inidônea, o erro de tipo e o crime putativo

Na primeira hipótese, o agente, agindo com dolo, acredita que poderá atingir o resultado almejado, apesar de não poder (ex.: busca envenenar a vítima, mas coloca substância inofensiva na sua bebida). Na segunda, o agente não atua com dolo, pois não prevê – e não quer – o resultado, embora possa atingi-lo (ex.: pensando apenas em agradar e ser útil, a cozinheira acrescenta na refeição da patroa uma substância que lhe causa grave alergia, matando-a). Na terceira, o agente pretende cometer um delito, mas não consegue seu intento porque a conduta eleita não constitui fato típico (ex.: o agente deixa de pagar dívida, instrumentalizada por meio de nota promissória, crendo ser infração penal, quando, na realidade, não é). Esta hipótese também é denominada de *delito de alucinação* (cf. Juarez Cirino dos Santos, *Direito penal – parte geral*, p. 400).

5.4 Análise dos elementos do crime impossível

O art. 17 do Código Penal exige que o agente utilize meio *absolutamente* ineficaz ou aja contra objeto *absolutamente* impróprio. Portanto, o ideal é que a avaliação seja feita após a ocorrência do fato (*ex post factum*) e não antes (*ex ante factum*). Em tese, uma arma descarregada não é meio idôneo para matar, porém, se a vítima for cardíaca, poderá morrer pelo susto dos pretensos disparos feitos contra sua pessoa. Nesse caso, não houve crime impossível, pois o agente atingiu o resultado desejado.

Por outro lado, deve-se avaliar a impropriedade total do objeto também no caso concreto. Nesse contexto, é preciso cautela quando se tratar de impropriedade *relativa*. Exemplo: se o agente, pretendendo matar a vítima, ingressa no quarto onde julga que se encontra, desferindo vários tiros contra o leito vazio, mas o ofendido se acha no quarto ao lado, conseguindo fugir, não se trata de crime impossível, mas de tentativa de homicídio. O objeto almejado existia e podia ter sido atingido.

Outra ilustração, perfazendo o crime impossível, cuida-se do agente que, ingressando em loja de venda de celulares, toma o aparelho em suas mãos e sai correndo do local; entretanto, o referido celular está preso por um cabo de aço ao mostrador; o sujeito então é detido por segurança do estabelecimento. A viabilidade de consumação do furto é zero, pois jamais ele conseguiria retirar o aparelho, ligado a cabo de aço, da loja. Configura-se o delito impossível.

5.5 Flagrante provocado, flagrante esperado e crime impossível

Flagrante provocado ou preparado é o denominado *crime de ensaio*, ou seja, quando um terceiro provoca o agente à prática do delito, ao mesmo tempo em que age para impedir o resultado. Havendo eficácia na atuação do agente provocador, não responde pela tentativa quem a praticou. É o disposto na Súmula 145 do STF ("Não há crime quando a preparação do flagrante pela polícia torna impossível a sua consumação"). Embora a súmula faça referência somente à polícia, é natural que seja aplicável em outros casos.

Portanto, se um policial se disfarça de vítima, expondo objetos de valor para provocar um furto ou um roubo, cercado por outros agentes disfarçados, havendo ação da parte de alguém, preso imediatamente sem nada conseguir levar, evidencia-se a hipótese do crime impossível.

Outra ilustração: um delegado apresenta livro de sua propriedade para comerciante, pedindo-lhe que extraia fotocópia do exemplar inteiro, buscando caracterizar o crime de violação de direito autoral (art. 184, CP), dando-lhe voz de prisão logo após o término do serviço. Constitui, igualmente, crime impossível.

Quanto ao tráfico de entorpecentes, passando-se o policial por usuário e pretendendo comprar droga, faz com que o traficante se exponha. Recebe este voz de prisão em flagrante não pela tentativa de venda, mas pelo já consumado delito de ter consigo substância entorpecente (delito permanente).

No flagrante esperado, inexiste agente provocador, embora chegue à polícia a notícia de que um crime será praticado em determinado lugar, colocando-se de guarda. É possível que consiga prender os autores em flagrante, no momento de sua prática. Como regra, não se trata de crime impossível, tendo em vista que o delito pode consumar-se, uma vez que os agentes policiais não armaram o crime, mas simplesmente aguardaram a sua realização, que poderia acontecer de modo totalmente diverso do esperado.

Não descartamos, no entanto, que o flagrante esperado se torne delito impossível, caso a atividade policial seja de tal monta, no caso concreto, que torne absolutamente inviável a consumação da infração penal.

📌 PONTO RELEVANTE PARA DEBATE

> O furto sob vigilância como crime impossível ou tentativa punível

Trata-se de hipótese extremamente polêmica, suscitando correntes que apoiam a ocorrência de crime impossível, enquanto outras a rejeitam. Pensamos, no entanto, que há duas possibilidades nesse caso. Ilustrando:

a) o agente se encontra em um supermercado vigiado em todos os corredores por câmeras, bem como por seguranças que o acompanham o tempo todo, sem perdê-lo de vista, assim que retira da prateleira e esconde na sacola que carrega um produto qualquer. Não é razoável defender a hipótese de que, ao chegar à saída do estabelecimento, seja detido em flagrante por tentativa de furto. Qual seria a viabilidade de consumação se foi acompanhado o tempo todo por funcionários do supermercado? Nenhuma. Logo, é crime impossível;

b) o agente, ainda que visualizado por alguma câmera retirando algo da prateleira e escondendo consigo, não é acompanhado o tempo todo, propiciando que os seguranças o percam de vista. Encontrado, momentos depois, já fora do estabelecimento, é possível cuidar de tentativa de furto, pois, no caso concreto, há viabilidade para a consumação do furto.

Em suma, nessa hipótese, não há fórmula predeterminada para resolver a questão, merecendo acurada análise o caso concreto.

Mesmo assim o Superior Tribunal de Justiça editou a Súmula 567: "sistema de vigilância realizado por monitoramento eletrônico ou por existência de segurança no interior de estabelecimento comercial, por si só, não torna impossível a configuração do crime de furto". Note-se que o seu advento não resolve nada, pois aponta o que é evidente: um sistema de vigilância por si só não garante o crime impossível. Verdade. Mas, por outro lado, um determinado sistema de vigilância pode, concretamente, afastar a viabilidade de consumação; logo, delito impossível.

📄 SÍNTESE

Crime consumado: significa que todos os elementos da definição legal estão presentes.

Crime tentado: significa que, embora preenchido o elemento subjetivo, não se encontram presentes todos os elementos objetivos do tipo.

Desistência voluntária: é a desistência do agente de prosseguir nos atos executórios do crime, antes de atingir a consumação, merecendo ser punido apenas pelos atos já praticados.

Arrependimento eficaz: é a desistência ocorrida após o término dos atos executórios, obrigando o agente a desfazer o que já concretizou, de modo a impedir a ocorrência do resultado.

Arrependimento posterior: é causa de diminuição de pena, variando de um a dois terços, destinada ao agente que, após a consumação, em crimes não violentos ou com grave ameaça, patrimoniais ou de efeitos patrimoniais, repara completamente o dano ou restitui integralmente a coisa, antes do recebimento da denúncia ou queixa, por ato voluntário.

Crime impossível: é a tentativa não punível, tendo em vista que o agente vale-se de instrumento absolutamente ineficaz ou se volta contra objeto absolutamente impróprio, tornando inviável a consumação.

ESQUEMAS

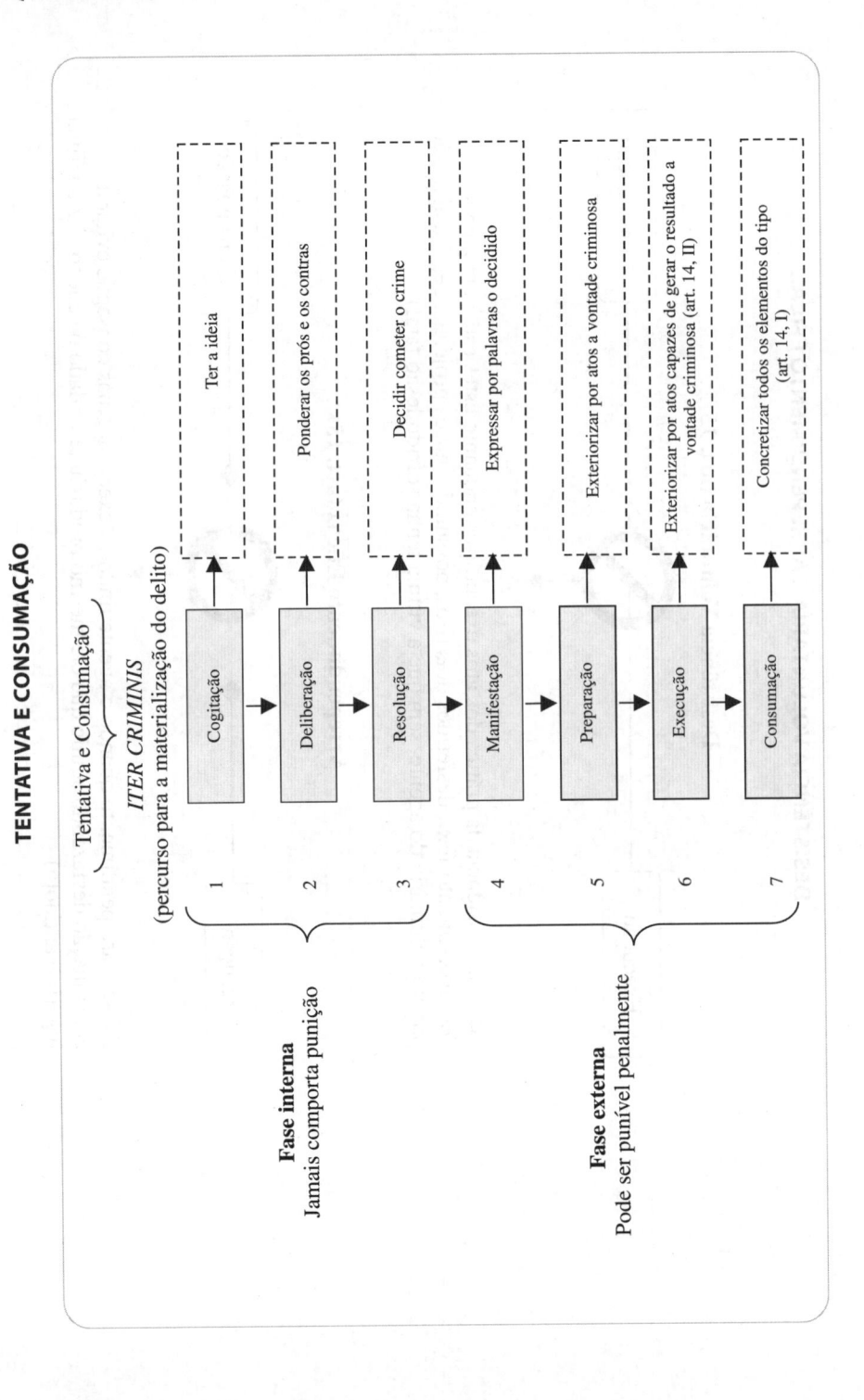

TENTATIVA E CONSUMAÇÃO

Tentativa e Consumação

ITER CRIMINIS
(percurso para a materialização do delito)

#	Etapa	Descrição
1	Cogitação	Ter a ideia
2	Deliberação	Ponderar os prós e os contras
3	Resolução	Decidir cometer o crime
4	Manifestação	Expressar por palavras o decidido
5	Preparação	Exteriorizar por atos a vontade criminosa
6	Execução	Exteriorizar por atos capazes de gerar o resultado a vontade criminosa (art. 14, II)
7	Consumação	Concretizar todos os elementos do tipo (art. 14, I)

Fase interna (etapas 1-3)
Jamais comporta punição

Fase externa (etapas 4-7)
Pode ser punível penalmente

DESISTÊNCIA VOLUNTÁRIA E ARREPENDIMENTO EFICAZ

Desistência Voluntária (art. 15)

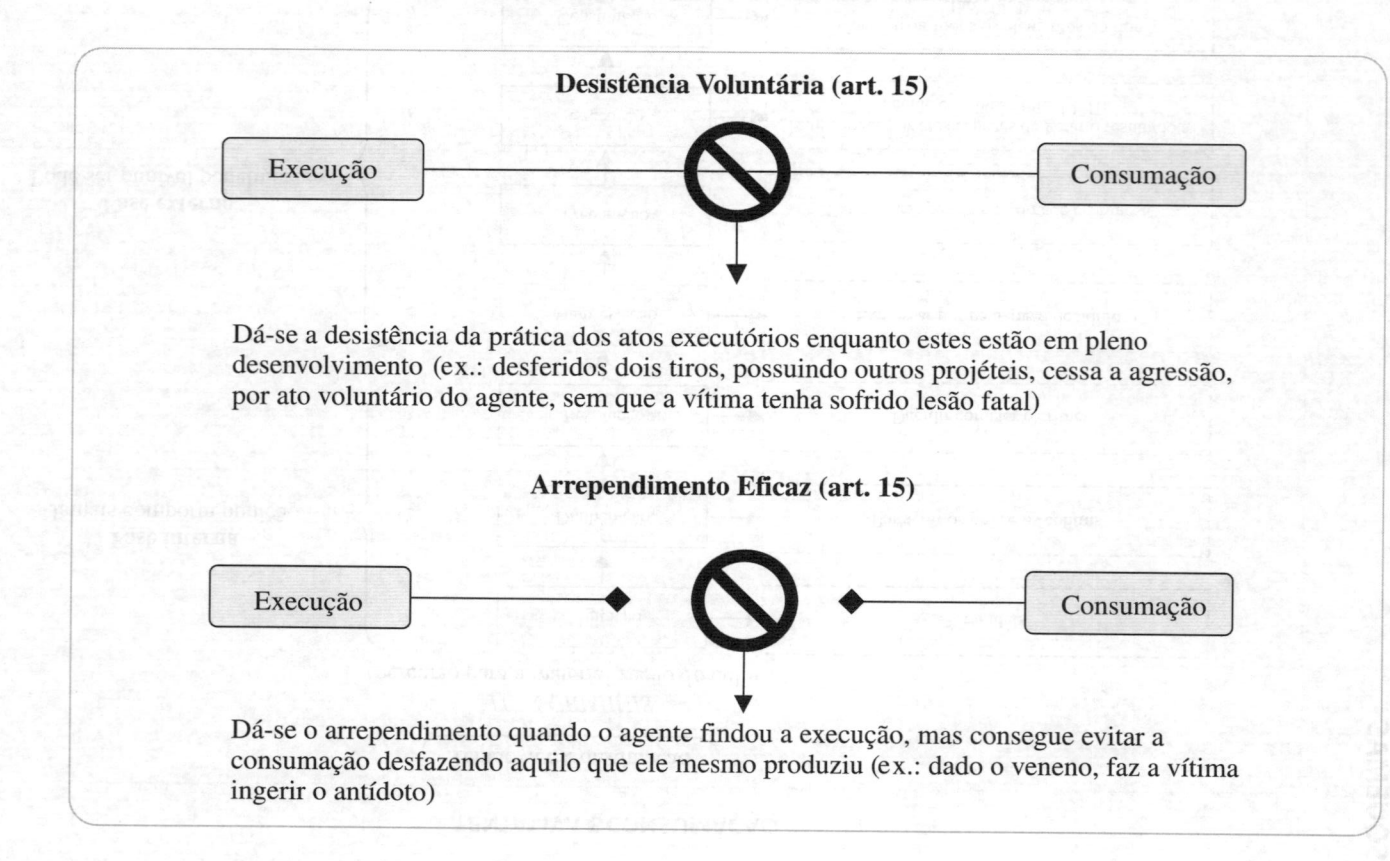

Execução 🚫→ Consumação

Dá-se a desistência da prática dos atos executórios enquanto estes estão em pleno desenvolvimento (ex.: desferidos dois tiros, possuindo outros projéteis, cessa a agressão, por ato voluntário do agente, sem que a vítima tenha sofrido lesão fatal)

Arrependimento Eficaz (art. 15)

Execução 🚫→ Consumação

Dá-se o arrependimento quando o agente findou a execução, mas consegue evitar a consumação desfazendo aquilo que ele mesmo produziu (ex.: dado o veneno, faz a vítima ingerir o antídoto)

QUADRO COMPARATIVO

Iniciados os atos executórios, pode ocorrer:

- **Tentativa:** cessa a execução, antes da consumação, por circunstâncias *alheias* à vontade do agente (art. 14, II e parágrafo único)

- **Desistência voluntária:** cessa a execução, durante seu desenvolvimento por *vontade* do agente (art. 15)

- **Arrependimento eficaz:** cessada a execução, o resultado não é atingido por *vontade* do agente, que desfaz o que havia produzido (art. 15)

- **Arrependimento posterior:** consumado o crime, nas condições do art. 16, o agente repara o dano ou restitui a coisa, merecendo diminuição de pena

- **Crime impossível:** por ineficácia absoluta do meio ou absoluta impropriedade do objeto o resultado jamais pode ocorrer (art. 17)

- **Consumação:** o resultado é atingido e o bem jurídico protegido, lesado (art. 14, I)

Capítulo XIX
Erro de Tipo e Erro de Proibição

1. CONCEITOS DE ERRO E IGNORÂNCIA

O erro é a falsa representação da realidade ou o falso conhecimento de um objetivo (trata-se de um estado positivo); a ignorância é a falta de representação da realidade ou o desconhecimento total do objeto (trata-se de um estado negativo). Erra o agente que pensa estar vendo, parado na esquina, seu amigo, quando na realidade é um estranho que ali se encontra; ignorância, por seu turno, é o estado do agente que não tem a menor ideia de quem está parado na esquina. No terreno jurídico, prevalece a *unidade* dos dois conceitos (teoria unitária). Portanto, tanto faz *errar* quanto *ignorar*, pois a consequência poderá ser a configuração do erro de tipo ou de proibição.

2. CONCEITO DE ERRO DE TIPO

É o erro que incide sobre elementos objetivos do tipo penal, abrangendo qualificadoras, causas de aumento e agravantes. O engano a respeito de um dos elementos que compõem o modelo legal de conduta proibida sempre exclui o dolo, podendo levar à punição por crime culposo (art. 20, *caput*, CP). Exemplo tradicional da doutrina: o caçador imagina que atrás de uma moita existe um animal feroz contra o qual atira, atingindo, no entanto, outro caçador que ali estava à espreita da caça, matando-o. Pretendia o atirador matar um animal e não um ser humano. Ocorreu erro sobre o elemento "alguém" do tipo penal do homicídio ("matar alguém" – art. 121, CP).

Vimos, anteriormente, que o dolo deve ser *abrangente* (envolver todos os elementos objetivos do tipo) o que não ocorreu no caso mencionado, pois a vontade de praticar a conduta típica inexistiu por completo: querer matar um animal é bem diferente de matar um ser humano. Assim, está excluído o dolo. Pode subsistir a forma culposa, como veremos a seguir.

> Acesse e escute o podcast sobre Erro de tipo.
> http://uqr.to/1yoi3

3. POSSIBILIDADE DE PUNIÇÃO POR CRIME CULPOSO

Tendo sido excluído o dolo, é preciso verificar se o erro havido não derivou da desatenção ou descuido indevido do agente. Se todos têm o dever de cuidado objetivo, até mesmo para cometer erros é imprescindível analisar se não houve infração a tal dever. Caso o agente tenha agido com descuido patente, merece ser punido pelo resultado danoso involuntário a título de culpa. No exemplo citado: se o caçador, com maior atenção e prudência, pudesse ter evitado o disparo, isso significa ter infringido o dever de cuidado objetivo, o que pode resultar na punição por crime culposo (lesão ou homicídio, conforme o caso).

4. ERRO ESCUSÁVEL E ERRO INESCUSÁVEL

Do exposto, podemos concluir que se denomina erro *escusável* (ou inevitável) aquele que, afastando o dolo, possibilita ainda a exclusão da culpa, tendo em vista que qualquer pessoa, ainda que prudente nos seus atos, teria provocado o resultado.

Por outro lado, erro *inescusável* (ou evitável) é aquele que viabiliza o afastamento do dolo, mas permite a punição por crime culposo, se houver a figura típica, uma vez que o agente não se comportou com a prudência que lhe é exigida.

5. ERRO ESSENCIAL E ERRO ACIDENTAL

Essencial é o erro que incide sobre os elementos constitutivos do tipo, vale dizer, apto a gerar o afastamento do dolo por falta de abrangência. Por outro lado, o erro é acidental quando incide sobre qualidades dos elementos constitutivos do tipo, mas que não tem o condão de afastar o dolo, pois o bem jurídico protegido continua em exposição.

Exemplo: se alguém pretende danificar coisa sua e termina atingindo coisa alheia, exclui-se o dolo; porém, pretendendo danificar o aparelho de TV de alguém, atinge o aparelho de som, cuida-se de erro acidental, uma vez que, de toda forma, destruiu coisa alheia, configurando-se o delito de dano.

6. ERRO QUANTO À PESSOA

Dispõe o art. 20, § 3.º, do Código Penal, que o "erro quanto à pessoa contra a qual o crime é praticado não isenta de pena. Não se consideram, neste caso, as condições ou qualidades da vítima, senão as da pessoa contra quem o agente queria praticar o crime".

Cuida-se de uma hipótese de erro acidental, isto é, o agente pretende matar seu inimigo *A* e, vendo uma pessoa parecida de costas, termina atingindo seu próprio irmão. Deve ser punido, sem dúvida, por homicídio. O fato de ter acertado pessoa diversa não elimina o dolo (vontade de matar *alguém*), mas deve responder, segundo o disposto em lei, como se tivesse atingido a vítima desejada. Dessa forma, no exemplo supra, não responderá por fratricídio (homicídio de irmão), mas como se tivesse matado o inimigo (podendo ser motivo fútil ou torpe). O contrário é viável igualmente. Se quisesse matar seu irmão e, por erro quanto à pessoa, terminasse atingindo pessoa estranha, responderia por fratricídio (homicídio com pena agravada).

7. ERRO DETERMINADO POR TERCEIRO

É uma hipótese de autoria mediata. Determina o art. 20, § 2.º, do Código Penal, que responde pelo erro o terceiro que o provocou. Ilustrando: se *A*, pretendendo matar *B*, durante uma caçada, instiga *C* a atirar contra uma moita, dizendo-lhe que ali se encontra o animal visado, mas sabendo que lá está, na realidade, *B*, havendo o homicídio, deverá por ele responder *A* e não *C*. Este foi o autor imediato, mas que não passou de instrumento de *A* (autor mediato) para atingir seu objetivo.

8. CONCEITO DE ERRO DE PROIBIÇÃO

É o erro incidente sobre a ilicitude do fato. O agente atua sem consciência de ilicitude, servindo, pois, de excludente de culpabilidade. O erro de proibição, até a Reforma Penal de 1984, era considerado apenas uma atenuante, na antiga redação do art. 48, III: "São circunstâncias que sempre atenuam a pena: (...) III – a ignorância ou a errada compreensão da lei penal, quando escusáveis".

Agiu bem o legislador ao incluir no rol das excludentes de culpabilidade o erro quanto à ilicitude do fato, uma vez que é possível o agente desejar praticar uma conduta típica, sem ter noção de que é proibida. Ex.: um soldado, perdido de seu pelotão, sem saber que a paz foi celebrada, mata um inimigo, acreditando ainda estar em guerra. Trata-se de um erro quanto à ilicitude do fato, uma vez que, durante o período de guerra, é lícito eliminar o inimigo.

Acesse e escute o podcast sobre Erro de proibição.
> http://uqr.to/1yoi4

9. DIFERENÇA ENTRE DESCONHECIMENTO DA LEI E ERRO QUANTO À ILICITUDE

O desconhecimento da lei, isto é, da norma escrita, não pode servir de desculpa para a prática de crimes, pois seria impossível, dentro das regras estabelecidas pelo direito codificado, impor limites à sociedade, que não possui, nem deve possuir, necessariamente, formação jurídica. Aliás, esse é o conteúdo da Lei de Introdução às normas do Direito Brasileiro: "Ninguém se escusa de cumprir a lei, alegando que não a conhece" (art. 3.º). Portanto, conhecer a norma escrita é uma presunção legal absoluta, embora o conteúdo da lei, que é o ilícito, possa ser objeto de questionamento.

A pessoa que, por falta de informação devidamente justificada, não teve acesso ao conteúdo da norma poderá alegar "erro de proibição". Frise-se que o conteúdo da lei é adquirido através da vivência em sociedade, e não pela leitura de códigos ou do *Diário Oficial*. Atualmente, no entanto, tendo em vista a imensa complexidade do sistema jurídico brasileiro, o "desconhecimento da lei" pode ser invocado pelo réu como atenuante (art. 65, II, CP).

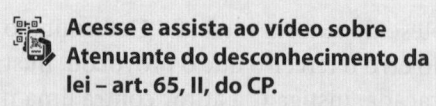

> **Acesse e assista ao vídeo sobre Atenuante do desconhecimento da lei – art. 65, II, do CP.**
> > http://uqr.to/1yoi5

Mencione-se, ainda, a lição de Cezar Roberto Bitencourt: "A *ignorantia legis* é matéria de aplicação da lei, que, por ficção jurídica, se presume conhecida por todos, enquanto o erro de proibição é matéria de culpabilidade, num aspecto inteiramente diverso. Não se trata de derrogar ou não os efeitos da lei, em função de alguém conhecê-la ou desconhecê-la. A incidência é exatamente esta: a relação que existe entre a lei, em abstrato, e o conhecimento que alguém possa ter de que seu comportamento esteja contrariando a norma legal. E é exatamente nessa relação – de um lado a norma, em abstrato, plenamente eficaz e válida para todos, e, de outro lado, o comportamento em concreto e individualizado – que se estabelecerá ou não a *consciência da ilicitude*, que é matéria de culpabilidade, e nada tem que ver com os princípios que informam a estabilidade do ordenamento jurídico" (*Erro de tipo e de proibição*, p. 84-85).

10. ERRO DE PROIBIÇÃO ESCUSÁVEL E INESCUSÁVEL

Quando o erro sobre a ilicitude do fato é impossível de ser evitado, valendo-se o ser humano da sua diligência ordinária, trata-se de uma hipótese de exclusão da culpabilidade. Ex.: um jornal de grande circulação, na esteira de grande debate anterior acerca do assunto, por engano, divulga que o novo Código Penal foi aprovado e entrou em vigor, trazendo, como causa excludente da ilicitude, a eutanásia. Um leitor, possuindo parente desenganado em leito hospitalar, apressa sua morte, crendo agir sob o manto protetor de uma causa de justificação inexistente. Trata-se de um erro escusável (inevitável), pois não lhe foi possível, a tempo, constatar a inverdade da informação recebida.

Por outro lado, o erro sobre a ilicitude do fato que não se justifica, pois, se tivesse havido um mínimo de empenho em se informar, o agente poderia ter tido conhecimento da realidade, denomina-se erro de proibição inescusável (evitável). Ex.: abstendo-se do seu dever de se manter informado, o agente deixa de tomar conhecimento de uma lei, divulgada na imprensa, que transforma em crime determinada conduta. Praticando o ilícito, não poderá ver reconhecida a excludente de culpabilidade, embora lhe sirva ela como causa de redução da pena, variando de um sexto a um terço.

A fundamental diferença entre ambos é a seguinte: o erro de proibição é considerado escusável se o agente, à época da realização da conduta, não tinha consciência *atual*, nem *potencial* da ilicitude; o erro de proibição é considerado inescusável se o agente, quando realiza a conduta, não tinha consciência *atual*, mas lhe era possível saber que se tratava de algo ilícito (art. 21, parágrafo único, CP). Ilustrando: pela primeira vez, alguém viaja ao exterior e volta com mercadoria proibida na bagagem; ao ser detido por contrabando (art. 334-A, CP), pode alegar não saber que a introdução daquela mercadoria era ilegal (faltava-lhe consciência atual da ilicitude), mas não terá condições de justificar que lhe era impossível saber disso (consciência potencial da ilicitude), uma vez que qualquer posto do aeroporto saberia dizer. Logo, se a busca pela informação é viável, não há que se falar em erro de proibição escusável.

11. DIFERENÇA ENTRE CRIME PUTATIVO E ERRO DE PROIBIÇÃO

São hipóteses inversas, pois, no crime putativo, o agente crê estar cometendo um delito (age com consciência do ilícito), mas não é crime; no erro de proibição, o agente acredita que nada faz de ilícito, quando, na realidade, trata-se de um delito.

12. CONCEITO DE DESCRIMINANTES PUTATIVAS

Descriminantes são excludentes de ilicitude; *putativo* significa imaginário, suposto, aquilo que aparenta ser verdadeiro. Portanto, as descriminantes putativas são as excludentes de ilicitude que aparentam estar presentes em uma determinada situação, quando, na realidade, não estão. Situação exemplificativa: o agente pensa estar agindo em legítima defesa, defendendo-se de um assalto, por exemplo, quando, em verdade, empreendeu desforço contra um mendigo que, aproximando-se de inopino da janela de seu veículo, pretendia apenas lhe pedir esmola.

13. DIVISÃO DAS DESCRIMINANTES PUTATIVAS

Podem ser de três espécies:

a) *erro quanto aos pressupostos fáticos de uma causa de exclusão de ilicitude*. Neste caso, o agente, como visto no exemplo supra, pensa estar em *situação* de se defender, porque o assédio do mendigo lhe representa um ataque, na verdade, inexistente. Ora, sabendo-se que a excludente de ilicitude (legítima defesa) é composta de requisitos, dentre eles a agressão injusta, o erro do agente recaiu justamente sobre esse elemento. Pensou estar diante de um ataque injusto (situação de fato), em realidade inexistente. Se fosse consistente a agressão, estaria configurada a legítima defesa; como não é, há o erro quanto à ilicitude. "Evidentemente, não é de confundir-se a legítima defesa putativa com o chamado *pretexto de legítima defesa*, em que o indivíduo age na plena consciência de que, com a sua conduta violenta, não se acha em estado de legítima defesa. E ainda mesmo que o agente proceda na *dúvida* sobre a identidade entre a sua ação e a ação autorizada *in abstrato* pela lei, já não há falar-se em legítima defesa putativa: apresenta-se, também em tal caso, um crime doloso, pois que, como diz De Marsico, *chi arrischia vuole*" (cf. Hungria, *Legítima defesa putativa*, p. 114). A ressalva exposta por Nélson Hungria vale, igualmente, para as demais hipóteses de excludentes de ilicitude (estado de necessidade, exercício regular de direito, estrito cumprimento do dever legal e consentimento do ofendido). Em nenhum caso se pode admitir o *pretexto de excludente*;

b) *erro quanto à existência de uma causa excludente de ilicitude*. Pode o agente equivocar-se quanto à existência de uma excludente de ilicitude. Renovemos o exemplo: alguém, crendo estar aprovado um novo Código Penal no Brasil, prevendo e autorizando a eutanásia, apressa a morte de um parente desenganado. Agiu em "falsa realidade", pois a excludente não existe no ordenamento jurídico, por enquanto;

c) *erro quanto aos limites de uma excludente de antijuridicidade*. É possível que o agente, conhecedor de uma excludente (legítima defesa, por exemplo), creia poder defender a sua honra, matando aquele que a conspurca. Trata-se de um flagrante excesso, portanto um erro nos limites impostos pela excludente.

14. NATUREZA JURÍDICA DAS DESCRIMINANTES PUTATIVAS

Quanto às duas últimas situações (erro quanto à existência ou quanto aos limites da excludente), é pacífica a doutrina, admitindo tratar-se de uma hipótese de erro de proibição. Entretanto, em relação à primeira situação (erro quanto aos pressupostos fáticos da excludente), não chega a doutrina a um consenso, havendo nítida divisão entre os defensores da *teoria limitada da culpabilidade*, que considera o caso um típico *erro de tipo permissivo*, permitindo a exclusão do dolo, tal como se faz com o autêntico erro de tipo, e os que adotam a *teoria extremada da culpabilidade*, que considera o caso um *erro de proibição*, logo, sem exclusão do dolo.

Cremos que, na visão atual do Código Penal, deu-se ao erro quanto aos pressupostos fáticos que compõem a excludente de ilicitude um tratamento de erro de tipo, embora seja, na essência, um erro de proibição. Inserida a hipótese no § 1.º do art. 20 (erro de tipo), bem como se delineando, claramente, que, havendo erro derivado de culpa, pune-se o agente por delito culposo, é fatal concluir que se cuidou dessa situação tal como se faz no *caput* do artigo com o erro de tipo. Assim, naquele exemplo da legítima defesa, o motorista que, crendo defender-se de um assaltante, usa de força contra o mendigo, está agindo em erro de tipo. Fica excluído o dolo, mas pode ser punido pelo que causar, de maneira inescusável, a título de culpa. Explica Juarez Cirino dos Santos: "a equiparação do *erro de tipo permissivo* ao *erro de tipo*, como característica da teoria *limitada* da culpabilidade, se baseia no argumento de que o autor quer agir conforme a norma jurídica – e, nessa medida, a representação do autor coincide com a representação do legislador, ou com o direito objetivo existente –, mas erra sobre a verdade do fato: a representação errônea da existência de situação justificante exclui o dolo, como *decisão* fundada no *conhecimento* das circunstâncias do tipo legal, mas no *desconhecimento* da inexistência da situação justificante, cuja errônea admissão significa que o autor *não sabe o que faz* – ao contrário das outras espécies de erro de proibição, em que o autor *sabe o que faz*, mas erra sobre a juridicidade do fato" (*Direito penal – parte geral*, p. 309).

A despeito de reconhecermos a posição legal, continuamos adotando a teoria extremada da culpabilidade, ou seja, vemos, nessa hipótese, um autêntico erro de proibição, que foi "tratado" como erro de tipo. O motorista que se engana e agride o mendigo certamente o faz com dolo, exatamente o mesmo dolo que há quando alguém se defende de um marginal, pretendendo lesioná-lo ou até mesmo matá-lo. Assim também o magistério de Bustos Ramírez, *Obras completas*, v. I, p. 900. O seu engano recai sobre a proibição: ele não estava autorizado a agir contra o mendigo, porque este não pretendia assaltá-lo, mas, ao contrário, pedir-lhe uma ajuda. Logo, dolo houve, embora possa ter sido afetada a sua consciência de ilicitude. E, se erro houve, o correto seria puni-lo por delito doloso com a pena reduzida. Há ordenamentos jurídicos que optam, expressamente, pela teoria extremada da culpabilidade, como ocorre no México (Jiménez Martínez, *Elementos de derecho penal mexicano*, p. 690).

A desigualdade evidente de tratamento entre as três modalidades de descriminantes putativas, em nosso entender, não deveria existir e todas elas mereceriam o mesmo acolhimento no contexto do erro de proibição. Adotar a teoria limitada da culpabilidade, onde se sustenta a exclusão do dolo, pode trazer consequências indesejáveis, enumeradas por Cezar Roberto Bitencourt: "a) um fato praticado, com erro invencível, afasta o injusto típico, não podendo ser considerado como um fato antijurídico. Nessas circunstâncias, a vítima do erro terá que suportá-lo como se se tratasse de um fato lícito, sendo inadmissível a legítima defesa; b) não seria punível a participação de alguém que, mesmo sabendo que o autor principal incorre em erro sobre os pressupostos fáticos de uma causa de justificação, contribui de alguma forma na sua execução. A punibilidade do partícipe é afastada pelo princípio da acessoriedade limitada da participação, que exige que a ação principal seja típica (afastada pela eliminação do dolo) e antijurídica; c) a tentativa não seria punível, nesses casos, pois sua configuração exige a presença do dolo. Mesmo que o erro fosse vencível, o fato ficaria impune, pois os crimes culposos não admitem tentativa" (*Erro de tipo e de proibição*, p. 93).

📄 SÍNTESE

Erro de tipo: é a falsa percepção ou a ignorância quanto a elemento constitutivo (objetivo) do tipo penal incriminador.

Erro de tipo escusável: afasta o dolo e a culpa, porque qualquer pessoa prudente nele teria incidido.

Erro de tipo inescusável: afasta o dolo, mas permite a punição por crime culposo, se houver a figura típica, uma vez que não agiu a pessoa com a natural prudência exigida por lei.

Erro de proibição: é a falsa percepção quanto à ilicitude do fato, leia-se, diz respeito ao conteúdo da norma, que se aprende no dia a dia, tomando conhecimento do que é certo e do que é errado.

Desconhecimento da lei: é a ignorância da norma escrita, algo que não se pode alegar, pois, publicada a lei no Diário Oficial, presume-se o seu conhecimento por todos.

Erro de proibição escusável: exclui a culpabilidade, pois o agente atua sem consciência atual ou potencial da ilicitude. Não se pode censurar a conduta daquele que, embora pratique um fato típico e antijurídico, não tem a menor noção de realizar algo proibido.

Erro de proibição inescusável: é crime, embora com culpabilidade atenuada, permitindo-se a redução da pena de um sexto a um terço. O autor age sem consciência atual da ilicitude, mas em condições de obtê-la (consciência potencial).

Descriminantes putativas: são excludentes de ilicitude imaginárias, permitindo a exclusão da culpabilidade, como se faz com o erro de proibição. Aquele que, imaginando-se resguardado por uma excludente qualquer, pratica um fato típico, se houver equívoco de sua parte, pode ser absolvido por erro de proibição. Há, no entanto, um tratamento legal (art. 20, § 1.º, CP) de erro de tipo quando a descriminante putativa disser respeito aos pressupostos fáticos da excludente.

ESQUEMAS

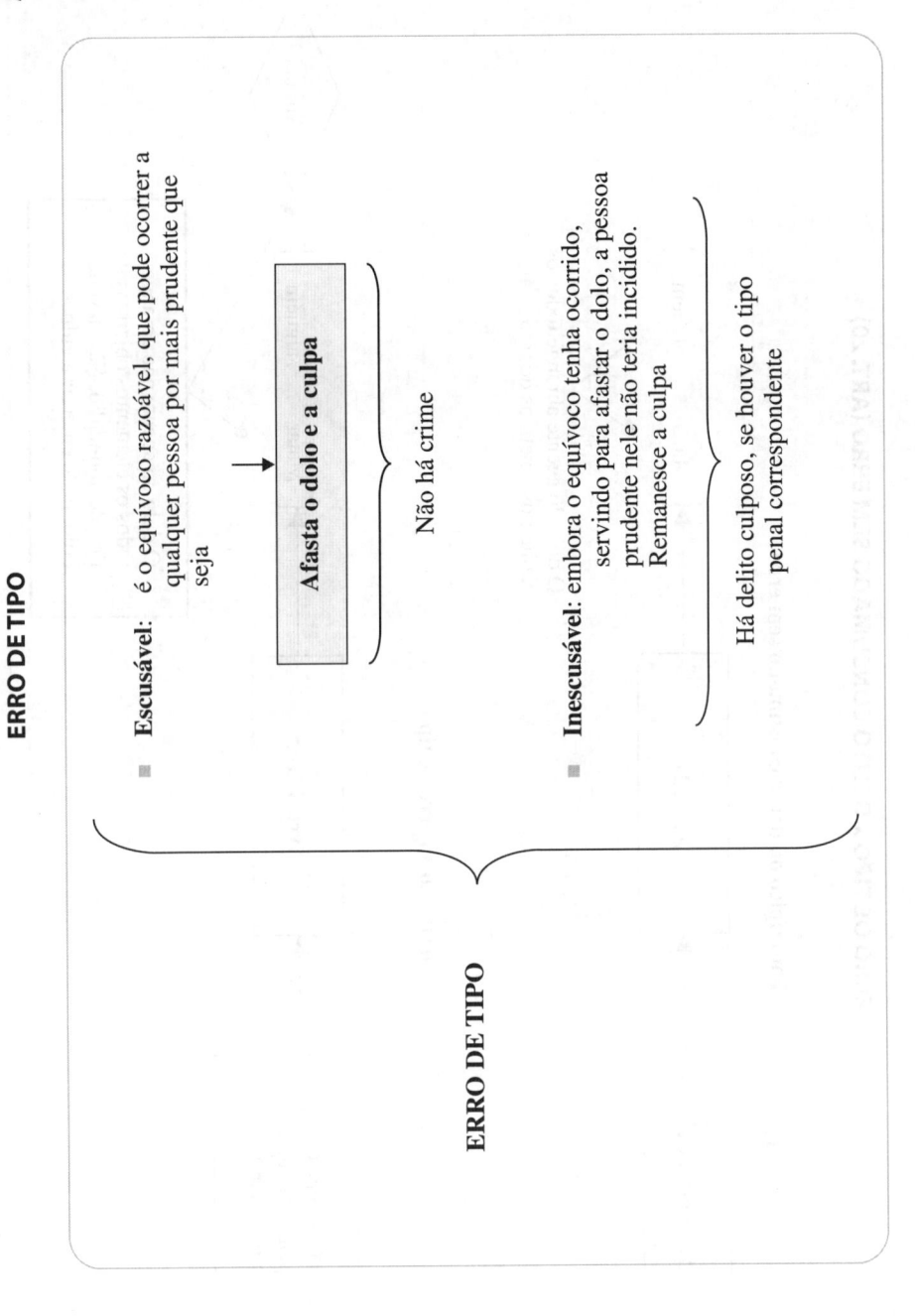

ERRO DE TIPO

- **Escusável:** é o equívoco razoável, que pode ocorrer a qualquer pessoa por mais prudente que seja → **Afasta o dolo e a culpa**

  Não há crime

- **Inescusável:** embora o equívoco tenha ocorrido, servindo para afastar o dolo, a pessoa prudente nele não teria incidido. Remanesce a culpa

  Há delito culposo, se houver o tipo penal correspondente

ERRO DE TIPO

ERRO DE TIPO x DELITO CONSUMADO SEM ERRO (ART. 20)

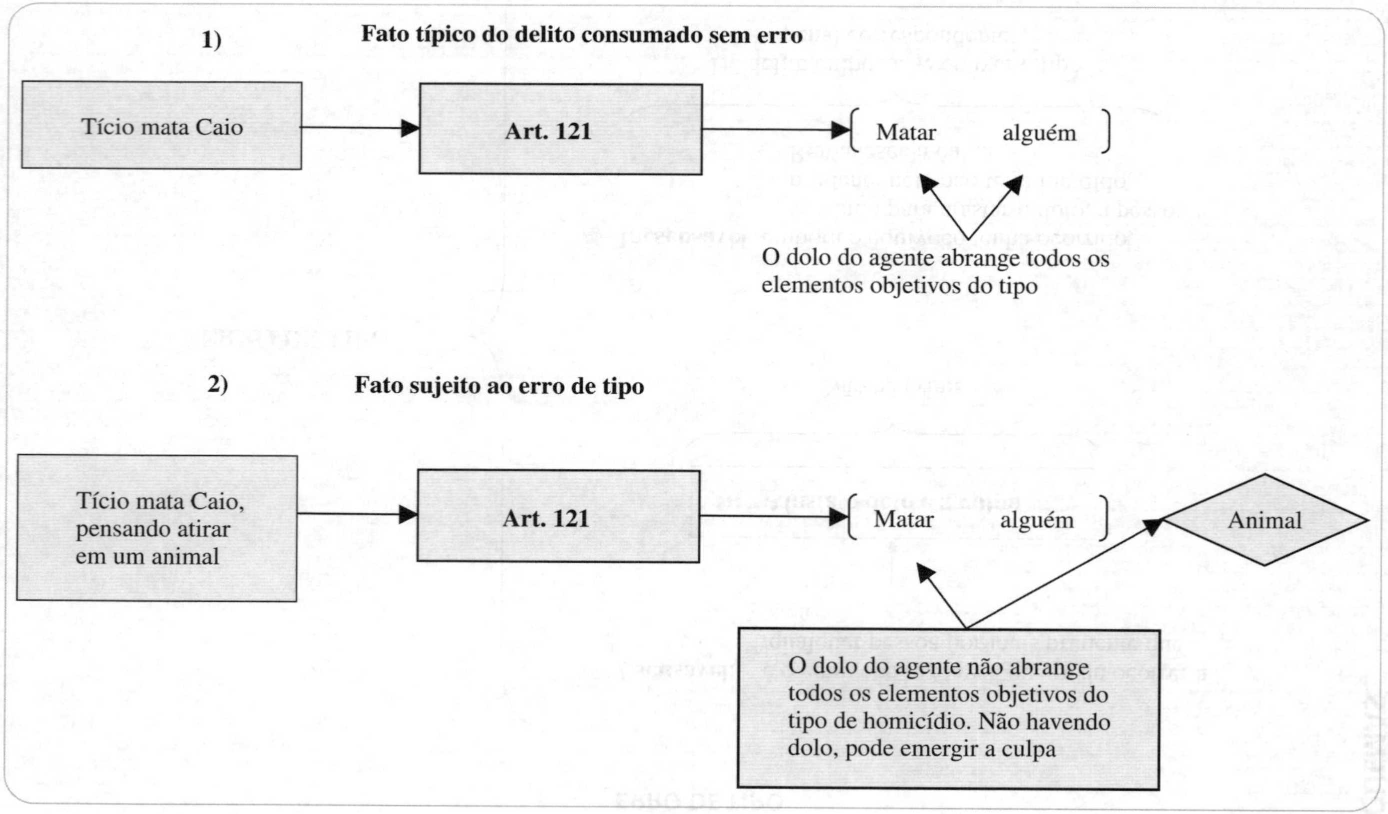

1) Fato típico do delito consumado sem erro

Tício mata Caio → Art. 121 → Matar alguém

O dolo do agente abrange todos os elementos objetivos do tipo

2) Fato sujeito ao erro de tipo

Tício mata Caio, pensando atirar em um animal → Art. 121 → Matar alguém → Animal

O dolo do agente não abrange todos os elementos objetivos do tipo de homicídio. Não havendo dolo, pode emergir a culpa

ERRO DE PROIBIÇÃO

ERRO DE PROIBIÇÃO {

- **Escusável**: o agente não tinha noção (consciência atual), nem poderia ter (consciência potencial), diante das circunstâncias fáticas, de estar praticando um ilícito penal
  1. **Teoria causalista**: não há dolo, logo, não há culpabilidade = inexiste crime
  2. **Teoria finalista**: há dolo, mas não há consciência potencial da ilicitude, logo, não há culpabilidade = inexiste crime

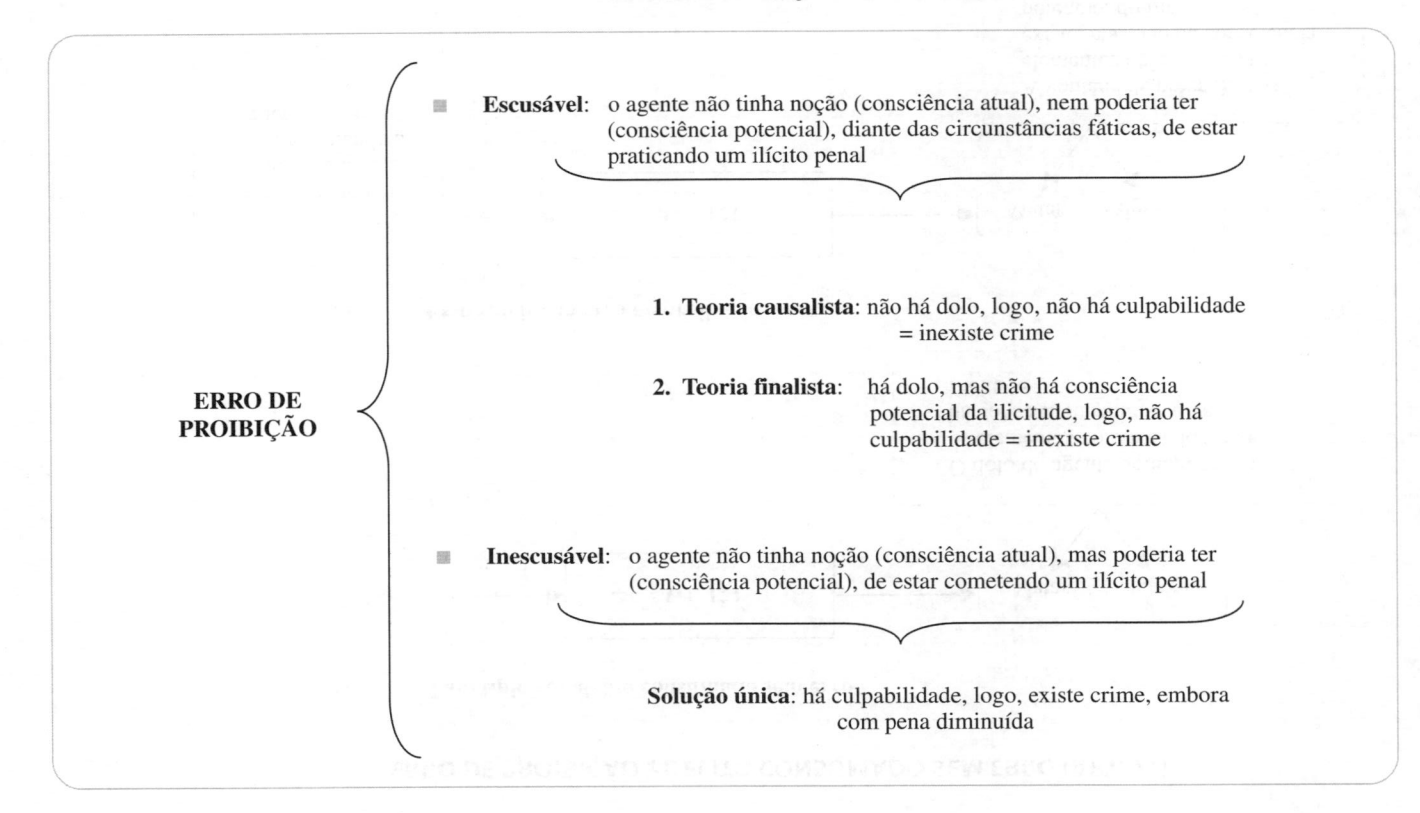

- **Inescusável**: o agente não tinha noção (consciência atual), mas poderia ter (consciência potencial), de estar cometendo um ilícito penal
  Solução única: há culpabilidade, logo, existe crime, embora com pena diminuída

ERRO DE PROIBIÇÃO x DELITO CONSUMADO SEM ERRO (ART. 21)

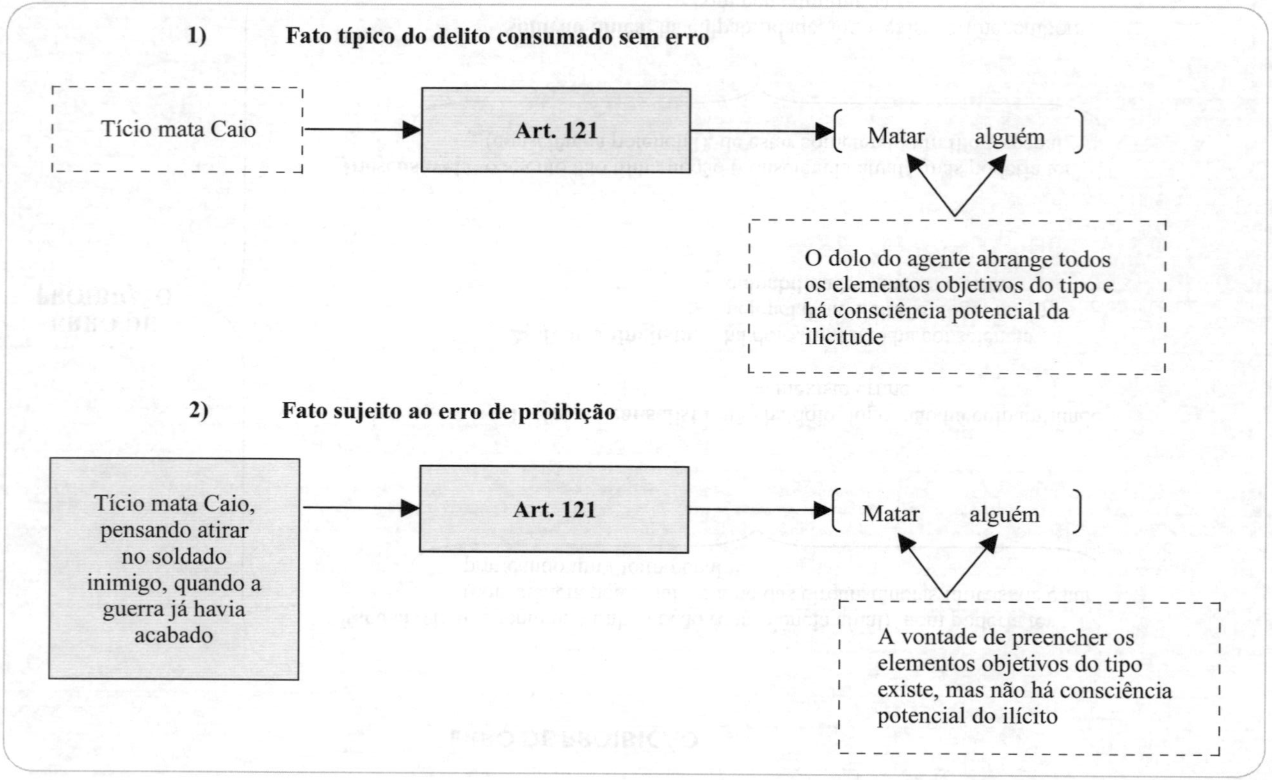

1) Fato típico do delito consumado sem erro

Tício mata Caio → Art. 121 → Matar alguém

O dolo do agente abrange todos os elementos objetivos do tipo e há consciência potencial da ilicitude

2) Fato sujeito ao erro de proibição

Tício mata Caio, pensando atirar no soldado inimigo, quando a guerra já havia acabado → Art. 121 → Matar alguém

A vontade de preencher os elementos objetivos do tipo existe, mas não há consciência potencial do ilícito

Capítulo XX
Concurso de Pessoas

Acesse e escute o podcast sobre Concurso de pessoas.
> http://uqr.to/1yoi6

1. CONCEITO DE CONCURSO DE PESSOAS

Trata-se da cooperação desenvolvida por mais de uma pessoa para o cometimento de uma infração penal. Chama-se, ainda, em sentido lato, coautoria, participação, concurso de delinquentes, concurso de agentes, cumplicidade.

2. TEORIAS DO CONCURSO DE PESSOAS

Há, primordialmente, três teorias que cuidam do assunto:

a) *teoria unitária* (monista ou monística): havendo pluralidade de agentes, com diversidade de condutas, mas provocando-se apenas um resultado, há somente um delito. Nesse caso, portanto, todos os que tomam parte na infração penal cometem idêntico crime. É a teoria adotada, como regra, pelo Código Penal (Exposição de Motivos, item 25);

b) *teoria pluralista* (cumplicidade do delito distinto ou autonomia da cumplicidade): havendo pluralidade de agentes, com diversidade de condutas, ainda que provocando somente um resultado, cada agente responde por um delito. Trata-se do chamado "delito de concurso" (vários delitos ligados por uma relação de causalidade). Como exceção, o Código Penal adota essa teoria ao disciplinar o aborto (art. 124 – "Provocar aborto em si mesma ou consentir que outrem lho provoque" – e art. 126 – "Provocar aborto com o consentimento da gestante"), fazendo com que a gestante que permita a prática do aborto em si mesma responda como incursa no art. 124 do Código Penal, enquanto o agente provocador do aborto, em lugar de ser coautor dessa infração, responda como incurso no art. 126 do mesmo Código. O mesmo se aplica no contexto da corrupção ativa e passiva (arts. 333 e 317, CP) e da bigamia (art. 235, *caput* e § 1.º, CP);

c) *teoria dualista*: havendo pluralidade de agentes, com diversidade de condutas, causando um só resultado, devem-se separar os coautores, que praticam um delito, e os partícipes, que cometem outro.

3. DISTINÇÃO ENTRE AUTORIA E PARTICIPAÇÃO

O Código Penal de 1940 equiparou os vários agentes do crime, não fazendo distinção entre o autor (*coautor* é a nomenclatura quando há mais de um autor) e o partícipe, podendo o juiz aplicar, igualmente, a pena para todos. É a denominada teoria subjetiva, ou seja, conceito extensivo de autor.

Coube à doutrina fazer a separação entre autoria e participação, além do que a Reforma Penal de 1984 terminou por reconhecer que essa distinção é correta, acolhendo-a (Exposição de Motivos, item 25: "Sem completo retorno à experiência passada, curva-se, contudo, o Projeto aos críticos dessa teoria, ao optar, na parte final do art. 29, e em seus dois parágrafos, por regras precisas que distinguem a *autoria da participação*. Distinção, aliás, reclamada com eloquência pela doutrina, em face de decisões reconhecidamente injustas").

Prevaleceu, pois, a teoria objetiva, vale dizer, o conceito restrito de autor. Autor é quem realiza a figura típica e partícipe é aquele que comete ações fora do tipo, ficando praticamente impune, não fosse a regra de extensão que o torna responsável. Atualmente, é a concepção majoritariamente adotada (Aníbal Bruno, Salgado Martins, Frederico Marques, Mirabete, René Ariel Dotti, Beatriz Vargas Ramos, Fragoso, citados por Nilo Batista, *Concurso de agentes*, p. 61). Exemplo: quem aponta o revólver, exercendo a grave ameaça, e quem subtrai os bens da vítima são coautores de roubo, enquanto o motorista do carro, que aguarda para dar fuga aos agentes, é o partícipe (os dois primeiros praticaram o tipo do art. 157; o último apenas auxiliou).

Segundo nos parece, mais adequada é a teoria objetiva, no contexto do concurso de pessoas, apenas para diferenciar o autor do partícipe. Dessa forma, o autor é aquele que pratica, de algum modo, a figura típica, enquanto ao partícipe fica reservada a posição de auxílio material ou suporte moral (onde se inclui o induzimento ou a instigação) para a concretização do crime. Consegue-se, com isso, uma nítida visão entre dois agentes distintos na realização do tipo penal – o que ingressa no modelo legal de conduta proibida e o que apoia, de fora, a sua materialização –, proporcionando uma melhor análise da culpabilidade.

É certo que o juiz pode aplicar penas iguais ao coautor e ao partícipe, bem como pode infligir pena mais severa ao partícipe, desde que seja recomendável. Exemplo disso é o partícipe que atua como mentor do delito, organizando a atividade dos executores: merece maior sanção penal, "na medida da sua culpabilidade", como estipula o art. 29 do Código Penal.

3.1 Autoria imediata e autoria mediata

Introduzida por Welzel, na concepção finalista, aponta como autor não somente quem executa, diretamente, a conduta típica, mas também quem possui o controle final do fato (Bitencourt, *Tratado de direito penal*, v. 1, p. 386; Prado, *Curso de direito penal*, v. 1, p. 396; Estefam, *Direito penal*, v. 1, p. 309). Diante disso, permite-se distinguir, no âmbito da *autoria*, o autor mediato e o autor imediato.

A autoria mediata se dá quando o agente utiliza, como instrumento para o cometimento do crime, uma pessoa não culpável, ou que tenha atuado sem dolo ou culpa. O autor mediato domina o fato e quem executa é o autor imediato.

São situações que admitem a autoria mediata: *a)* valer-se de inimputável (doente mental, criança ou embriagado). Exemplo interessante de autoria mediata é de Aníbal Bruno, fazendo referência ao agente que, em situação de imputabilidade, delibera cometer um crime, fazendo de si mesmo um instrumento para tal fim, praticando-o no estado de embriaguez, segundo o comando anterior (*Das penas*, p. 110); *b)* coação moral irresistível; *c)* obediência hierárquica; *d)* erro de tipo escusável, provocado por terceiro; *e)* erro de proibição escusável, provocado por terceiro. Exemplo: o agente utiliza um doente mental, ludibriando-o, para matar um desafeto. Portanto, quem se vale do enfermo mental é o autor mediato (tem o comando do resultado final da conduta do seu instrumento – o doente mental) e a pessoa enferma, atuando por comando de outrem, é o autor imediato, pois realiza diretamente o ato executório.

A autoria mediata pode dar-se no caso de crimes comuns ou próprios. Entre estes, há, ainda, os denominados crimes de *mão própria*, que devem ser executados, pessoalmente, pelo autor. Há quem negue a viabilidade da autoria mediata nessa hipótese. Conforme o caso, cremos admissível. Ilustrando: *F* coage (coação moral irresistível) *M* a mentir em juízo, como testemunha. Ora, a qualidade de testemunha é exclusivamente de *M* e está presente para configurar o falso testemunho, prejudicando a administração da Justiça. Entretanto, quem deve responder pelo crime é *F* (coator). *M* não é culpável (coação moral irresistível), tendo servido de instrumento para *F* alcançar seu objetivo. Além disso, *F* responde pelo crime de tortura (art. 1.º, I, *b*, da Lei 9.455/97). A atuação de *F* está longe de representar simples *participação*, pois ele age como *coator*.

Sob outro aspecto, Roxin acrescenta a viabilidade de se considerar a autoria mediata no cenário da organização criminosa, pois o líder possui o comando nítido da conduta típica. Desse modo, o chamado *homem de trás* tem poder quase absoluto sobre o executor, que está sempre disponível e pode ser facilmente substituído (*La teoría del delito en la discusión actual*, p. 532-533). Essa é a parte peculiar do *domínio do fato*. Nas palavras de Luis Greco, "a mais notória consequência da construção de Roxin, contudo, é a figura de *autoria mediata por meio de aparatos organizados de poder*" (O que é e o que não é a teoria do domínio do fato sobre a distinção entre autor e partícipe no direito penal, p. 81). E prossegue: "aquele que, servindo-se de uma organização verticalmente estruturada e apartada, dissociada da ordem jurídica, emite uma ordem cujo cumprimento é entregue a executores fungíveis, que funcionam como meras engrenagens de uma estrutura automática, não se limita a instigar, mas é verdadeiro autor mediato dos fatos realizados. Isso significa que pessoas em posições de comando em governos totalitários ou em organizações criminosas ou terroristas são autores mediatos" (O que é e o que não é a teoria do domínio do fato sobre a distinção entre autor e partícipe no direito penal, p. 71-72).

3.2 Executor de reserva

É o colaborador destacado para certificar-se do sucesso na concretização do crime, porém sem que consiga realizar ato executório efetivamente importante para a consumação. Discute-se se ele seria coautor ou partícipe. Pensamos que esta última opção é a mais adequada, uma vez que sua colaboração termina no campo moral (incentivo, instigação, apoio) sem que tenha conseguido, pelas circunstâncias, ingressar no tipo penal.

Em contrário, consulte-se Nilo Batista: "Suponha-se que *A*, munido de revólver, e *B*, munido de faca, previamente resolvidos, ataquem *C*, ao deparar com ele numa estrada; ainda a uns trinta metros, *A* dispara um tiro letal, que atinge *C* na cabeça, de tal modo que, quando *B* lhe desfecha facadas, está na verdade esfaqueando um defunto. Os partidários de um critério formal-objetivo teriam que deslocar a conduta de *B* para a área de participação, porque não realizou ele qualquer ato típico do art. 121 CP, e recorreriam a fórmulas como 'força moral cooperativa', 'acoroçoar e encorajar pela certeza de sua solidariedade' etc. Aquele que comparece ao local da realização na qualidade de 'executor de reserva' é coautor: sua desistência interferiria no *Se*, tanto quanto sua assistência determina o *Como* do fato" (*Concurso de agentes*, p. 109). Parece-nos inadequada a ideia de que o *executor de reserva* é coautor, mormente no exemplo supracitado. A eventual desistência de um partícipe pode não alterar em absolutamente nada o curso causal. Afinal, o executor principal é quem desfecha os tiros. Eventualmente, se o chamado *executor de reserva* vai até a vítima, para conferir se está morta, percebendo que se encontra viva, desferindo-lhe facadas, matando-o, torna-se coautor. Nesse caso, contudo, desfaz-se a noção do *executor de reserva*, idealizada somente para explicar a situação de quem verifica o resultado sem tomar parte ativa na execução.

4. CRITÉRIOS QUANTO À PUNIÇÃO DO PARTÍCIPE

Para que seja o partícipe punido, impera, no Brasil, a teoria da acessoriedade limitada, ou seja, é preciso apurar que o autor praticou um fato típico e antijurídico, pelo menos. Se faltar tipicidade ou ilicitude, não há cabimento em punir o partícipe.

Outras teorias existem: acessoriedade extrema, que exige, para a punição do partícipe, tenha o autor praticado um fato típico, antijurídico e culpável, bem como a acessoriedade mínima, exigindo que o autor tenha praticado apenas um fato típico. Essas duas não são satisfatórias. A primeira demanda o preenchimento dos três elementos do crime para a punição do partícipe, algo inconcebível. Imagine-se ter o executor do homicídio a idade de 17 anos, logo, inimputável; se o mandante tiver mais de 18, sendo imputável, por essa teoria ele não responderia, tendo em vista que não haveria culpabilidade, no tocante ao executor. A outra é superficial, pois somente o fato típico é insuficiente. Ilustre-se com o policial que, seguindo as ordens de seu chefe, vai prender o procurado. Caso haja resistência, com agressão ao policial e este, em legítima defesa, veja-se obrigado a matar o fugitivo, termina praticando um fato típico (homicídio), mas lícito (legítima defesa). O seu chefe, mandante da ação, poderia responder como partícipe, embora, para o executor, o ato seja considerado correto.

Eis os motivos pelos quais a teoria da acessoriedade limitada é a ideal. Se houver um injusto penal (fato típico e ilícito), o partícipe pode responder.

5. CONCURSO DE AGENTES E CRIME PLURISSUBJETIVO

O crime plurissubjetivo é aquele que, para configurar-se, exige a presença de duas ou mais pessoas (ex.: associação criminosa, rixa, bigamia, associação para o tráfico etc.), enquanto o unissubjetivo é aquele que pode ser praticado por uma só pessoa (ex.: homicídio, roubo, estupro etc.). O plurissubjetivo, justamente porque exige mais de uma pessoa para sua configuração, não demanda a aplicação da norma de extensão do art. 29 (quem concorre para o crime incide nas suas penas), pois a presença de dois ou mais autores é garantida pelo tipo penal. Exemplificando: as três ou mais pessoas que compõem uma associação criminosa são autores do delito previsto no art. 288 do Código Penal.

Por outro lado, quando o crime é unissubjetivo, mas, na prática, é cometido por dois ou mais agentes, utiliza-se a regra do art. 29 para tipificar todas as condutas, pois certamente cada um agiu de um modo, compondo a figura típica total. Em um roubo, como já se mencionou, é possível que um autor aponte o revólver, exercendo a grave ameaça, enquanto outro proceda à subtração. Ambos praticaram o tipo penal do art. 157 em concurso de pessoas, necessitando-se empregar a regra do art. 29.

Não se confunde o crime plurissubjetivo (concurso necessário) com o delito de *participação necessária*. Neste caso, há crimes que são cometidos por um só autor, embora o tipo penal exija a participação necessária de outra pessoa, que é o sujeito passivo e não é punido. Como exemplos, podem-se mencionar a corrupção de menores, o crime de usura, o favorecimento à prostituição ou outra forma de exploração sexual, o rufianismo, entre outros.

6. AS MODIFICAÇÕES INTRODUZIDAS PELA REFORMA PENAL DE 1984

6.1 Punição do coautor ou partícipe "na medida da sua culpabilidade"

Trata-se de expressão cuja meta é diferençar o coautor do partícipe, propiciando ao juiz que aplique a pena conforme o juízo de reprovação social que cada um merece, em respeito ao princípio constitucional da individualização da pena. É bem possível que um coautor mereça uma pena mais severa do que um partícipe, pois agiu de modo direto contra a vítima, embora se possa ter o contrário, como já referido acima, aplicando-se ao partícipe pena superior, justamente por conta da sua maior *culpabilidade*.

Tem-se verificado, na prática, no entanto, um relativo desprezo por essa modificação legislativa, terminando o juiz por equiparar, quase sempre, a conduta do coautor à do partícipe, alegando que, sem este, aquele poderia não ter realizado o delito. Portanto, ambos mereceriam receber idêntica pena. A generalização contém um erro lamentável, pois o partícipe, ainda que mereça punição, jamais, em algumas situações, mereceria ser igualado ao autor direto. Exemplo: um assaltante que, ao invadir uma residência, atormenta a vítima, através de atos violentos e muitas ameaças, quebrando utensílios e agindo com selvageria ímpar, precisa ser mais gravemente apenado do que o partícipe que ficou fora da casa, dentro do carro, aguardando para dar fuga. Com a devida vênia, o equívoco está em nivelar as penas pelo mínimo legal. Se ao partícipe for atribuída a pena de 5 anos e 4 meses (mínimo para o roubo com emprego de arma e concurso de duas pessoas), é de se esperar que ao agente direto, mais perigoso, seja atribuída pena mais severa, e não a mesma sanção. A equiparação é injustiça, pois não se está levando em conta a "medida da culpabilidade", determinada pelo legislador, conforme os atos que cada um tomou durante a prática da infração penal.

6.2 Participação de menor importância

Reiterando a adoção da distinção entre coautor e partícipe, pela Reforma Penal de 1984, que introduziu os §§ 1.º e 2.º no art. 29, destaca-se, agora, o preceituado especificamente no § 1.º do art. 29. É possível, como já afirmado, que o partícipe mereça, "na medida da sua culpabilidade", idêntica pena que o coautor ou até sanção mais rigorosa, embora seja, também, viável admitir e reconhecer que há participações de somenos importância. Essas receberam um tratamento especial do legislador, pois foi criada uma *causa de diminuição da pena*.

Assim, o partícipe que pouco tomou parte na prática criminosa, colaborando minimamente, deve receber a pena diminuída de um sexto a um terço, o que significa a possibilidade de romper o mínimo legal da pena prevista em abstrato. Ex.: imagine-se o partícipe que, embora tenha instigado outrem à prática do crime, arrependa-se e procure agir para impedir o resultado, ainda que não consiga. Merece ser beneficiado pela diminuição da pena.

Trata-se de outra modificação legislativa muito pouco utilizada na prática, sob o pretexto de que toda *participação* é importante para a configuração do crime. Mais uma vez, está-se generalizando a aplicação da lei, o que fere o disposto neste parágrafo. Destaque-se, por fim, que essa causa de diminuição refere-se à "participação" (ação praticada), e não à pessoa do agente, que pode ser perigoso ou reincidente, merecendo, ainda assim, a diminuição, caso tenha auxiliado em baixo grau o cometimento do delito.

6.3 Participação em crime menos grave (cooperação dolosamente distinta)

Trata-se de um benefício criado ao acusado, pois, como dizia Florian, é possível haver *desvios subjetivos* entre os coautores ou partícipes. O art. 29, § 2.º, do Código Penal utiliza o termo *concorrente* ("se algum dos concorrentes quis participar de crime menos grave, ser-lhe-á aplicada a pena deste..."), o que permite supor ser possível aplicar o disposto neste parágrafo tanto a coautores, como aos partícipes.

O agente que desejava praticar um determinado delito, sem condição de prever a concretização de crime mais grave, deve responder pelo que pretendeu fazer, não se podendo a ele imputar outra conduta, não desejada, sob pena de se estar tratando de responsabilidade objetiva, que a Reforma Penal de 1984 pretendeu combater. Exemplo: quando um sujeito coloca-se no quintal de uma casa, vigiando o local, para que outros invadam o lugar e subtraiam bens, quer auxiliar o cometimento de crime de furto. Se, dentro do domicílio, inadvertidamente, surge o dono da casa, que é morto pelos invasores, não deve o vigilante, que ficou fora da casa, responder igualmente por latrocínio. Trata-se de uma cooperação dolosamente distinta: um quis cometer o delito de furto, crendo que o dono da casa estava viajando, e, portanto, jamais haveria emprego de violência; os outros, que ingressaram no domicílio e mataram o proprietário, evoluíram na ideia criminosa sozinhos, passando do furto para o latrocínio. A cada um deve ser aplicada a pena justa.

Outro aspecto que merece destaque é a *previsibilidade do resultado mais grave* (art. 29, § 2.º, segunda parte). Justamente porque, em certos casos, é possível imaginar que algo mais sério ocorra, o legislador inseriu a regra de que, se este resultado mais grave acontecer, a pena será aumentada da metade. No exemplo dado anteriormente, se o partícipe que ficou fora da casa tivesse a possibilidade de prever que algo mais grave poderia acontecer, precisamente porque todos os que invadiram o lugar estavam armados, ainda assim receberia a pena do furto, que pretendia praticar, aumentada da metade. Tal dispositivo também vem sendo muito pouco aplicado na jurisprudência pátria.

7. REQUISITOS DO CONCURSO DE AGENTES

São os seguintes:

a) existência de dois ou mais agentes;

b) relação de causalidade material entre as condutas desenvolvidas e o resultado;

c) vínculo de natureza psicológica ligando as condutas entre si. Não há necessidade de *ajuste prévio* entre os coautores. Ex.: uma empregada, decidindo vingar-se da patroa, deixa propositadamente a porta aberta, para que entre o ladrão. Este, percebendo que alguém permitiu a entrada, vale-se da oportunidade e provoca o furto. São colaboradores a empregada e o agente direto da subtração, porque suas vontades se ligam, pretendendo o mesmo resultado, embora nem mesmo se conheçam. Nessa hipótese, pode ocorrer a denominada coautoria sucessiva. Se o ladrão estiver retirando as coisas da casa, cuja porta foi deixada aberta pela empregada, pode contar com a colaboração de outro indivíduo que, passando pelo local, resolva aderir ao fato e, também, retirar as coisas da casa (cf. Nilo Batista, *Concurso de agentes*, p. 116);

d) reconhecimento da prática da mesma infração para todos;

e) existência de fato punível. Se o crime não mais é punível, por atipicidade reconhecida, por exemplo, para um dos coautores, é lógico que abrange todos eles.

8. ALGUNS ASPECTOS DA AUTORIA MEDIATA

Como já mencionado, trata-se de uma modalidade de autoria, ocorrendo quando o agente se vale de pessoa não culpável, ou que atua sem dolo ou culpa, para executar o delito.

Vale ressaltar que nem todas as vezes que um menor de 18 anos toma parte no cometimento do injusto penal é ele instrumento do maior (configurando a autoria mediata). Podem ser coautores, vale dizer, ambos desejam e trabalham para atingir o mesmo resultado, de modo que não é o menor mero joguete do maior. Chama-se a essa modalidade de colaboração – tendo em vista que um agente é penalmente responsável e o outro não –, de "concurso impropriamente dito", "pseudoconcurso" ou "concurso aparente".

9. AUTORIA COLATERAL

Ocorre tal modalidade de colaboração, que não chega a se constituir em concurso de pessoas, quando dois agentes, desconhecendo a conduta um do outro, agem convergindo para o mesmo resultado, que, no entanto, ocorre por conta de um só dos comportamentos ou por conta dos dois comportamentos, embora sem que haja a adesão de um ao outro. Exemplo: *A* e *B*, matadores profissionais, colocam-se em um desfiladeiro, cada qual de um lado, sem que se vejam, esperando a vítima *C* passar para eliminá-la. Quando *C* aproxima-se, os dois disparam, matando-o. Responderão por homicídio em autoria colateral. Não podem ser considerados coautores, já que um não tinha a menor ideia da ação do outro (falta vínculo psicológico entre eles). Se porventura um deles atinge *C* e o outro erra, sendo possível detectar que o tiro fatal proveio da arma de *A*, este responde por homicídio consumado, enquanto *B*, somente por tentativa. Caso não se saiba de qual arma teve origem o tiro fatal, ambos respondem por tentativa (aplica-se o princípio geral do *in dubio pro reo*). Se *A* acertar *C*, matando-o instantaneamente, para depois *B* alvejá-lo igualmente, haverá homicídio consumado para *A* e crime impossível para *B*. Finalmente, caso um deles atinja *C*, matando-o instantaneamente e o outro, em seguida, acerta o cadáver, não se sabendo quem deu o tiro fatal, ambos serão absolvidos por crime impossível (aplica-se novamente o princípio do *in dubio pro reo*).

Chama-se de *autoria incerta* a hipótese ocorrida no contexto da autoria colateral, quando não se sabe qual dos autores conseguiu chegar ao resultado.

> **↯ PONTO RELEVANTE PARA DEBATE**
>
> **A coautoria e a participação em crime culposo**
>
> Admite-se, no contexto do delito culposo, a coautoria, mas não a participação. Sendo o tipo do crime culposo aberto, composto sempre de "imprudência, negligência ou imperícia", segundo o disposto no art. 18, II, do Código Penal, não é aceitável dizer que uma pessoa auxiliou, instigou ou induziu outrem a ser imprudente, sem ter sido igualmente imprudente.
>
> Portanto, quem instiga outra pessoa a tomar uma atitude imprudente está inserido no mesmo tipo penal. Exemplo: *A* instiga *B* a desenvolver velocidade incompatível em seu veículo, próximo a uma escola. Caso haja um atropelamento, respondem *A* e *B* como coautores de um crime culposo (homicídio ou lesão corporal, na forma prevista no Código de Trânsito Brasileiro).
>
> Na ótica de Nilo Batista, "a participação é conduta essencialmente *dolosa*, e deve dirigir-se à interferência num delito também *doloso*. (...) Não é pensável uma participação

culposa: tal via nos conduziria inevitavelmente a hipóteses de autoria colateral" (*Concurso de agentes*, p. 158).

Embora concordemos totalmente que a participação somente se dá em crime doloso, somos levados a afirmar que, havendo contribuição de alguém à conduta culposa de outrem, configura-se a coautoria e não uma mera autoria colateral. Esta, em nosso entendimento, demanda a contribuição para o resultado sem noção de que se está atuando em auxílio de outra pessoa. A autoria colateral, no cenário da culpa, para nós, caracteriza a denominada *culpa concorrente,* pois reservamos a expressão "autoria colateral" para o dolo.

10. CONIVÊNCIA

A conivência, por seu turno, é a participação por omissão, quando o agente não tem o dever de evitar o resultado, nem tampouco aderiu à vontade criminosa do autor. Não é punível pela lei brasileira. É o chamado *concurso absolutamente negativo*. Exemplo: um funcionário de um banco fica sabendo que colega seu está desviando dinheiro; não ocupando a função de vigia ou segurança, nem trabalhando na mesma seção, não está obrigado a denunciar o companheiro ou intervir na ação delituosa para fazê-la cessar. É o chamado *concurso absolutamente negativo.*

11. COAUTORIA E PARTICIPAÇÃO EM CRIMES OMISSIVOS PRÓPRIOS E IMPRÓPRIOS

Em nosso entendimento, é perfeitamente admissível no campo do delito omissivo próprio. Duas pessoas podem, por exemplo, caminhando pela rua, deparar-se com outra, ferida, em busca de ajuda. Associadas, uma conhecendo a conduta da outra e até havendo incentivo recíproco, resolvem ir embora. São coautoras de omissão de socorro (art. 135, CP).

Pode dar-se, ainda, no mesmo exemplo, que uma pessoa instigue, por telefone (distante do local), outra pessoa a não socorrer alguém ferido. Ingressa na figura da omissão de socorro pela participação.

Em contrário, há posição doutrinária defendendo a inviabilidade da coautoria, mas sustentando autoria colateral. Confira-se em Nilo Batista: "A exemplo da linha argumentativa perfilhada no exame dos crimes culposos, o dever de atuar a que está adstrito o autor do delito omissivo é infracionável. Por outro lado, como diz Bacigalupo, a falta de ação priva de sentido o pressuposto fundamental da coautoria, que é a divisão do trabalho (...). Quando dois médicos omitem – ainda que de comum acordo – denunciar moléstia de notificação compulsória de que tiveram ciência (art. 269, CP), temos dois autores diretos individualmente consideráveis. A inexistência do acordo (que, de resto, não possui qualquer relevância típica) deslocaria para uma autoria colateral, sem alteração substancial na hipótese. No famoso exemplo de Kaufmann, dos cinquenta nadadores que assistem passivamente ao afogamento do menino, temos cinquenta autores diretos da omissão de socorro. A solução não se altera se se transferem os casos para a omissão imprópria: pai e mãe que deixam o pequeno filho morrer à míngua de alimentação são autores diretos do homicídio; a omissão de um não 'completa' a omissão do outro; o dever de assistência não é violado em 50% por cada qual" (*Concurso de agentes*, p. 86-87).

Ora, o dever de atuar, ínsito aos tipos penais omissivos próprios, pode envolver mais de uma pessoa, o que é indiferente. Portanto, não se trata de analisar se esse dever é fracionável ou não. O importante é verificar se os agentes, associados, vinculados psicologicamente ao mesmo resultado, a este prestaram sua contribuição, ingressando no tipo penal e perfazendo o necessário à configuração da coautoria. No mesmo sentido que defendemos, encontra-se a posição de Cezar Roberto Bitencourt (*Tratado de direito penal*, v. 1, p. 398).

No tocante aos crimes omissivos impróprios (comissivos por omissão) – aqueles cuja omissão do garante é relevante penal, conforme o art. 13, § 2.º, do CP –, há possibilidade de o omitente ser autor do delito, porque se omitiu dolosamente (ex.: vendo a ocorrência de um furto, o policial não intervém de propósito, respondendo pelo crime como autor). Nesse sentido, consideramos o omitente um verdadeiro autor e não partícipe, pois não se vincula subjetivamente ao ladrão. A participação, no crime omissivo impróprio, soa-nos viável, visto ser possível que alguém incentive o policial a não agir na execução do furto, para se vingar do proprietário da coisa. O policial é o autor; o instigador, partícipe.

> ### 🌶 PONTO RELEVANTE PARA DEBATE
>
> #### A participação posterior à consumação do crime
>
> Trata-se, em nosso entendimento, de hipótese impossível. Uma vez que o crime se consuma, já não se pode falar em participação. De fato, somente pode o sujeito tomar parte daquilo que está em andamento, e não findo. O indivíduo que esconde, em sua casa, um criminoso fugitivo, logo após a consumação do crime, responde pelo delito de favorecimento pessoal (art. 348, CP). Entretanto, se ele prometeu, *antes da consumação* do crime, esconder o autor, torna-se partícipe, pois incentivou a sua prática.
>
> Há quem admita a ocorrência da denominada *coautoria sucessiva* para um crime já consumado, mas ainda não exaurido. Na realidade, invocando a doutrina de Rogério Greco, que se fundamenta em Nilo Batista, haveria dois tipos de coautoria sucessiva: a) aquela que ocorreria durante a execução do crime, mas antes da sua consumação (exemplo dado por Greco: "suponhamos que *A* perceba que seu irmão *B* está agredindo *C*. Querendo auxiliá-lo, *A* se une a *B* para que, juntos, espanquem *C*. Como o crime de lesões corporais já estava em andamento, o ingresso de *A* no fato é tido como caso de coautoria sucessiva"; *Curso de direito penal – Parte geral*, p. 436); b) aquela que se daria quando, consumada a infração, ingressaria o coautor antes do exaurimento (exemplo de Nilo Batista: "pode ocorrer a coautoria sucessiva não só até a simples consumação do delito, e sim até o seu exaurimento, que Maurach chama de 'ponto final'. Dessa forma, o agente que aderisse à empresa delituosa de extorsão (art. 158, CP) por ocasião da obtenção da indevida vantagem econômica (que está situada após a consumação, configurando mero exaurimento) seria coautor sucessivo"; *Concurso de agentes*, p. 117).
>
> Não nos parecem válidas ambas as situações. A primeira delas (ingresso de coautor quando os atos executórios já tiveram início, mas ainda não houve consumação) não passa de singela coautoria. De sucessiva não nos parece tenha nada, até porque não há utilidade

prática nessa distinção. *Sucessivo* é o que vem depois, em seguida a algo. Ora, se o crime se encontra em pleno desenvolvimento executório, ainda que alguém ingresse depois do seu início, torna-se coautor. *Sucessividade* implica na ideia de, finda a execução, atingida a consumação, alguém ingressar *em seguida* à prática da infração penal. Note-se o que acontece na chamada *legítima defesa sucessiva*, que é a reação contra o excesso na defesa. Aquele que, pretendendo defender-se de um ladrão, já o tendo dominado, parte para a agressão, autoriza o autor do furto, agora sim, *sucessivamente,* a se defender do abuso, do excesso. Encerrou-se a *legítima* defesa e começou uma agressão injustificada. Por isso se fala em legítima defesa *sucessiva* (que vem em seguida à primeira). Em consequência, enquanto o crime está em desenvolvimento, cada um que nele ingressar torna-se coautor ou partícipe e o juiz fixará a pena merecida *na medida da sua culpabilidade,* como determina o art. 29, *caput*.

A segunda hipótese (exemplo de Nilo Batista) pode ser caracterizada como coautoria sucessiva, uma vez que o crime estaria consumado quando o coautor dele tomou parte. Mas, a despeito disso, não nos parece válida essa modalidade de coautoria. O exemplo dado da extorsão é de consumação complexa, havendo três estágios: o agente constrange a vítima na primeira etapa; a vítima cede e faz o que ele quer na segunda; o agente consegue a indevida vantagem econômica na terceira. Assim, caso apenas exista a primeira, o crime está em execução (o ingresso de qualquer pessoa faz com que seja inserida na categoria de coautora ou partícipe, conforme o caso); se a segunda fase se findar, fazendo a vítima o que o agente determinou, consuma-se a infração (não há mais possibilidade, a partir daí, de ingresso de coautor ou partícipe, mas apenas de pessoas que possam favorecer a atividade criminosa, que é outra figura típica); a terceira é somente o exaurimento (qualquer atuação de terceiro indica igualmente favorecimento).

Raciocinemos com um exemplo: *A* determina a *B* que retire seu carro da concessionária, onde se encontra para uma revisão, levando-o a determinado local, sob pena de seu filho ser morto. *B*, cedendo à grave ameaça, vai ao estabelecimento comercial, retira o carro e leva ao local indicado; *A* se apossa, então, do veículo. Um terceiro somente ingressa como coautor até o momento em que *B* retira o carro da concessionária e leva ao local. Se esse terceiro é enviado por *A* para pegar o carro no lugar onde está estacionado, conduzindo-o a outro local, não se trata de *coautoria sucessiva*, mas simplesmente de favorecimento. O crime se consumou quando o ofendido cedeu ao mando do autor. Depois disso, em fase de exaurimento, não há o menor sentido em se inserir a coautoria, que é a colaboração de várias pessoas para o cometimento do crime. É mais do que certo que o delito está *cometido* quando ocorre a consumação e não por ocasião do exaurimento. *Concorrer* para o crime, como está estipulado no art. 29, *caput*, é colaborar, auxiliar, dar suporte à sua realização, leia-se, consumação. O que vem depois é o esgotamento da infração, não mais pertinente ao concurso de pessoas, havendo figuras típicas específicas para quem dá apoio ao criminoso (arts. 348, 349 e 349-A, CP). Continuamos a sustentar não haver participação ou coautoria após a consumação.

12. PARTICIPAÇÃO E CUMPLICIDADE

Há quem estabeleça diferença entre ambos, em três visões distintas:

a) cúmplice é a pessoa que presta auxílio à atividade criminosa de outrem, sem ter consciência disso. Ex.: dar carona para o bandido não sabendo que este está fugindo;

b) cúmplice é a pessoa que presta auxílio material ao agente (partícipe material), como se encontra na lição de Nilo Batista (*Concurso de agentes*, p. 186). No mesmo sentido, Juarez Cirino dos Santos (*Direito penal – parte geral*, p. 379);

c) cúmplice "é o sujeito que dolosamente *favorece* a prática de uma infração dolosa, mesmo sem o conhecimento do autor, vale dizer, dispensando um prévio ou concomitante acordo de vontades" (René Ariel Dotti, O incesto, p. 156).

Parece-nos, no entanto, melhor equiparar o conceito de cúmplice a coautor ou partícipe, indiferentemente. Assim, quem colabora para a prática do delito é cúmplice, na modalidade de coautoria ou de participação.

13. INCOMUNICABILIDADE DE DETERMINADAS CIRCUNSTÂNCIAS

São aquelas que não se transmitem aos coautores ou partícipes, pois devem ser consideradas individualmente no contexto do concurso de agentes.

Preceitua o art. 30 do Código Penal que "não se comunicam as circunstâncias e as condições de caráter pessoal, salvo quando elementares do crime".

Circunstância de caráter pessoal é a situação ou particularidade que envolve o agente, sem constituir elemento inerente à sua pessoa. Ex.: a confissão espontânea proferida por um coautor não faz parte da sua pessoa, nem tampouco se transmite, como atenuante que é, aos demais concorrentes do delito.

Condição de caráter pessoal é o modo de ser ou a qualidade inerente à pessoa humana. Ex.: menoridade ou reincidência. O coautor menor de 21 anos não transmite essa condição, que funciona como atenuante, aos demais, do mesmo modo que o partícipe, reincidente, não transfere essa condição, que é agravante, aos outros.

> **PONTO RELEVANTE PARA DEBATE**
>
> A comunicação aos coautores e partícipes das circunstâncias e condições de caráter objetivo
>
> Diz o texto legal que as situações ou qualidades que envolvem o agente precisam ser *pessoais*, nada mencionando quanto às objetivas, também passíveis de existir. Resta, pois, a dúvida: comunicam-se as circunstâncias objetivas aos coautores e partícipes?
>
> Entende a doutrina predominante, com a qual concordamos, que, afastada a aplicação da responsabilidade objetiva, deve o coautor atuar, ao menos com previsibilidade, quanto à circunstância material que não causou diretamente. Ex.: A manda B matar C, entregando-lhe, inclusive, um revólver para a tarefa. B, no entanto, resolve cumprir o mandato criminoso empregando tortura e, lentamente, dá fim à vida da vítima. Não responderá A por homicídio qualificado pela tortura, caso não tenha noção de que B poderia assim agir.
>
> Por todos, a lição de Basileu Garcia: "O texto penal não esclareceu se a comunicabilidade dessas circunstâncias se dá em todos os casos. Cumpre resolver a questão invocando-se, mais uma vez, as normas da causalidade material e psíquica. É preciso saber se a circunstância pode ser havida como materialmente causada pelo participante e se é abrangida pelo seu dolo, mesmo eventual, isto é, se, pelo menos, o participante assumiu o risco da produção daquela circunstância, cooperando para ela..." (*Instituições de direito penal*, t. I, p. 424).

13.1 Exceção quanto à elementar do crime

Elementar é um componente integrante do tipo penal incriminador. Ex.: "matar" e "alguém" são elementares do delito de homicídio. Estabelece o art. 30 que as referidas elementares se comunicam aos coautores e partícipes. Vale debater a respeito.

Há determinadas circunstâncias ou condições de caráter pessoal que são integrantes do tipo penal incriminador, de modo que, pela expressa disposição legal, nessa hipótese, transmitem-se aos demais coautores e partícipes. Ex.: se duas pessoas – uma, funcionária pública, outra, estranha à Administração – praticam a conduta de subtrair bens de uma repartição pública, cometem peculato-furto (art. 312, § 1.º, CP). A condição pessoal – ser funcionário público – é elementar do delito de peculato, motivo pelo qual se transmite ao coautor.

🔖 PONTO RELEVANTE PARA DEBATE

O concurso de pessoas no infanticídio

Trata-se de autêntica polêmica relativa à coautoria e à participação no crime de infanticídio (art. 123, CP). A mãe, por estar em estado puerperal, mata o próprio filho recém-nascido, após o parto, recebendo, pois, pena bastante atenuada em relação à que está prevista no art. 121 do Código Penal (homicídio).

Por isso, muitos autores, capitaneados por Hungria, chegaram a sustentar a incomunicabilidade dessa circunstância de caráter pessoal, afinal, o puerpério é perturbação físico-mental exclusiva da mãe. Não seria *justo*, diziam, que o coautor ou partícipe fosse favorecido, uma vez que se estaria cuidando de circunstância *personalíssima*. Nessa visão: Bento de Faria (*Código Penal brasileiro comentado*, v. IV, p. 39); Vicente Sabino (*Direito penal*, v. I, p. 274); Aníbal Bruno (*Direito penal*, t. 4, p. 151-152).

Entretanto, cumpre ressaltar que o próprio Nélson Hungria alterou seu entendimento, na 5.ª edição de sua obra: "Nas anteriores edições deste volume, sustentamos o mesmo ponto de vista, mas sem atentarmos no seguinte: a incomunicabilidade das *qualidades* e *circunstâncias pessoais*, seguindo o Código helvético (art. 26), é irrestrita (...), ao passo que perante o Código pátrio (também art. 26) [atual art. 30 do CP] é feita uma ressalva: 'Salvo quando elementares do crime'. Insere-se nesta ressalva o caso de que se trata. Assim, em face do nosso Código, mesmo os terceiros que concorrem para o infanticídio respondem pelas penas a este cominadas, e não pelas do homicídio" (*Comentários ao Código Penal*, 5. ed., v. 5, p. 266). O mesmo fez Heleno Fragoso (citação de Fernando de Almeida Pedroso, *Direito penal*, p. 559).

Restam, atualmente, alguns autores ainda sustentando a possibilidade de punir por homicídio aquele que tomou parte no infanticídio praticado pela mãe, ou mesmo quando executou o núcleo do tipo, a pedido da mãe, que não teve forças para fazê-lo sozinha. São diversos os argumentos nessa ótica, mas, em suma, todos voltados a corrigir uma injustiça promovida pela própria lei penal, que deveria ter criado uma exceção pluralística à teoria monística. Não o fez. Assim, há quem pretenda a aplicação do art. 29, § 2.º, dizendo que, se o executor matar o recém-nascido, porém com o beneplácito da mãe, esta teria querido participar de crime menos grave, isto é, aquele teria desejado cometer homicídio e a genitora, infanticídio. Olvida-se, nessa tese, que a vontade de matar é exatamente a mesma e que o infanticídio é apenas uma forma privilegiada de homicídio. Logo, tanto o estranho quanto a mãe querem "matar alguém". O delito somente se torna *unitariamente* (pela teoria adotada pelo Código Penal, que não pode ser rompida por desejo de correção de injustiça) considerado em face da *circunstância* de estar a mãe envolvida pelo estado puerperal, após o nascimento de seu filho.

É nitidamente incabível o § 2.º do art. 29, tendo em vista ser este a figura da cooperação dolosamente distinta. Aliás, não nos parece nem um pouco correta a ideia de que o dolo deve envolver o elemento "estado puerperal", pois se trata de situação de perturbação psíquica, logo, subjetiva, tanto quanto é o dolo (elemento subjetivo do crime).

Outras soluções tentam apontar para a utilização, para a mãe, do disposto no art. 26, parágrafo único, enquanto, para o executor, estranho à criança, seria reservado o homicídio. Ora, trata-se, ainda que com eufemismo, de quebra da unidade do delito. Não houve homicídio, com participação de pessoa perturbada (no caso, a mãe). A circunstância especial de perturbação da saúde mental está prevista em um tipo penal especial, que deve ser aplicado, goste-se ou não da solução, entenda-se ou não ser ela injusta. Logo, se ocorreu um infanticídio, por expressa aplicação da comunicabilidade prevista no art. 30, outra não é a solução senão ambos punidos por infanticídio.

A doutrina firmou entendimento nesse sentido, conferindo-se a partir de Paulo José da Costa Júnior: "Diante dos termos precisos do art. 30 do CP, entretanto, é inadmissível outro entendimento. A regra, aí inserida, é a de que as circunstâncias e as condições de caráter pessoal não se comunicam. E a exceção, constante da parte final do dispositivo, determina que haverão elas de comunicar-se, desde que elementares do crime. Ora, *in casu*, o estado puerperal, embora configure uma condição personalíssima, é elementar do crime. Faz parte integrante do tipo, como seu elemento essencial. Logo, comunica-se ao coautor. Aquele que emprestar sua cooperação à prática do infanticídio é infanticida, e não homicida" (*Direito penal – Curso completo*, p. 263-264).

E ainda a lição de Noronha: "Não há dúvida alguma de que o *estado puerperal* é *circunstância* (isto é, estado, condição, particularidade etc.) *pessoal* e que, sendo *elementar* do delito, comunica-se, *ex vi* do art. 30, aos copartícipes. *Só mediante texto expresso tal regra poderia ser derrogada*" (*Direito penal*, v. 2, p. 52, grifo nosso). Acrescente-se: Mirabete (*Manual de direito penal*, v. 2, p. 73); Frederico Marques (*Tratado de direito penal*, v. II, p. 176, com a ressalva que a participação do estranho deve ser acessória); Delmanto (*Código Penal comentado*, p. 247); Damásio (*Código Penal anotado*, p. 389); Fernando de Almeida Pedroso (*Direito penal*, p. 557-559); Alberto Silva Franco (*Código Penal e sua interpretação jurisprudencial*, p. 1.650); Basileu Garcia (*Instituições de direito penal*, v. I, t. I, p. 422); Esther de Figueiredo Ferraz (*A codelinquência no direito penal brasileiro*, p. 41).

Logo, tanto faz se o estranho auxilia a mãe a matar o recém-nascido, após o parto, em estado puerperal, ou se ele mesmo, a pedido da genitora, executa o delito: ambos respondem por infanticídio.

14. CASOS DE IMPUNIBILIDADE

Disciplina o art. 31 do Código Penal que "o ajuste, a determinação ou instigação e o auxílio, salvo disposição expressa em contrário, não são puníveis, se o crime não chega, pelo menos, a ser tentado".

Pretende a lei atribuir o termo *impunibilidade* ao fato, e não ao agente, pois, no caso apresentado, trata-se de causa de atipicidade. Impuníveis são o ajuste, a determinação, a instigação e o auxílio, logo, condutas atípicas. Vimos, anteriormente, que a tentativa somente se torna fato típico, portanto, passível de punição do seu autor, se há o ingresso na fase executória. Portanto, é natural que condutas anteriores, ainda que relevantes, sejam atípicas (meramente preparatórias), caso não se dê início à execução do delito.

O disposto no art. 31, diante do art. 14, II, do Código Penal, é supérfluo. Ademais, se houver disposição expressa em contrário (leia-se: existência de um tipo incriminador autônomo), é evidente que o ajuste, a determinação, a instigação e o auxílio podem ser punidos. Exemplo disso é a associação *de três ou mais pessoas para o fim específico de cometer crimes* (art. 288, CP), que constitui o delito autônomo da associação criminosa. Não fosse o estipulado no mencionado art. 288 e o ajuste entre os integrantes de um bando não seria punível, caso não tivesse começo a execução do delito arranjado.

As situações descritas no art. 31 – ajuste, determinação, instigação ou auxílio ao crime – consolidam a teoria objetiva temperada, adotada pelo Código Penal, em relação à punição da tentativa, utilizada no contexto do crime impossível. Explica Marcelo Semer: "(...) porque tanto o ajuste, determinação ou instigação quanto o crime impossível revelam uma intenção delituosa manifestada, sem que, no entanto, os atos executivos sejam iniciados – ou iniciados de forma idônea – a impunibilidade revela a opção do ordenamento pela objetividade. O objeto da ação delituosa não correu qualquer perigo. Na legislação anterior a adoção parcial da teoria sintomática previa tanto no crime impossível quanto nas hipóteses de ajuste e determinação a aplicação da medida de segurança, demonstrada a periculosidade dos agentes" (*Crime impossível e a proteção aos bens jurídicos*, p. 74-75).

Lembremos, por fim, que *ajuste* é o acordo ou o pacto celebrado entre pessoas; *determinação* é a decisão tomada para alguma finalidade; *instigação* é a sugestão ou estímulo à realização de algo e *auxílio* é a ajuda ou a assistência dada a alguém.

> ### 📄 SÍNTESE
>
> **Concurso de pessoas:** é a colaboração de mais de uma pessoa para a prática de uma infração penal, havendo vínculo psicológico entre elas.
>
> **Teoria monista (ou monística):** adotada pelo Código Penal, no art. 29: quem de qualquer modo incide para o crime incide nas penas a este cominadas. Portanto, embora existam vários cúmplices e colaboradores, há um só delito.
>
> **Autor:** é a pessoa que realiza o tipo penal, em qualquer de seus aspectos. Geralmente, também chamado de executor.
>
> **Coautor:** é o autor que, juntamente com outros, realiza o tipo penal, em qualquer de seus aspectos. É o executor com parceiros igualmente executores.
>
> **Partícipe:** é a pessoa que, auxiliando (material ou moralmente) à prática do tipo penal, neste não ingressa. O partícipe não ingressa em qualquer aspecto do tipo penal incriminador; apenas fornece ajuda material ou moral para que se realize.

Autoria mediata: trata-se do agente indireto, que se vale de pessoa não culpável (ou que age sem dolo e sem culpa) como instrumento para atingir a concretização do crime. É a pessoa que possui o domínio completo do fato em face da situação de desvantagem do autor imediato.

Autor imediato: é a pessoa que serve de instrumento ao autor mediato para realizar seu intento. Não são coautores o autor mediato (quem ordena) e o autor imediato (quem é ordenado), pois não possuem vínculo psicológico válido, em comum, para concretizar o crime. Muitas vezes, o autor imediato chega a ser vítima do autor mediato, respondendo este pelo delito.

Autoria colateral: ocorre quando duas ou mais pessoas contribuem para a materialização do delito, sem que uma saiba da colaboração da outra, como se dá no assassinato por tocaia, caso os atiradores disparem contra a vítima sem que um tenha conhecimento da ação do outro.

Autoria incerta: quando, na autoria colateral, não se sabe quem foi o efetivo causador do resultado típico. Diz-se *incerta*, por vezes, alterando o quadro punitivo se na autoria colateral não se consegue definir exatamente quem fez o que para o resultado danoso.

Capítulo XXI
Teoria Geral da Pena

1. CONCEITO, FUNÇÕES E FINALIDADES DA PENA

A pena é a sanção imposta pelo Estado, por meio de ação penal, ao criminoso como forma de reprovar e prevenir o delito. Havíamos sustentado que ela teria várias finalidades; entretanto, após a publicação da nossa obra *Criminologia*, apontamos ter a pena duas funções e três finalidades. Em primeiro lugar, deve-se diferenciar a *função* e a *finalidade* da pena. Tem-se por função a razão pela qual ela existe e a maneira como é prevista e aplicada no ambiente penal, representando o instrumento adequado para que possa atingir suas finalidades. De tal ponto de vista, a pena tem as funções retributiva e ressocializadora.

A função retributiva representa uma aflição para despertar a consciência do condenado de que agiu de maneira equivocada. A função ressocializadora indica a possibilidade de rever os seus valores, adaptando-se às normas legais, existentes em sociedade, obrigatórias a todos. Se essas funções forem bem cominadas, aplicadas e cumpridas, haverá uma ampla probabilidade de que o apenado não torne a delinquir e retome o seu convívio social. É importante destacar que a função retributiva é imposta pelo Estado obrigatoriamente, mas, quanto à reeducação, os órgãos públicos devem ofertar as oportunidades e os instrumentos para isso, como trabalho e estudo, dependendo da autodeterminação do sentenciado para revisar os seus valores e alterar o seu comportamento. Quando se menciona a função retributiva, cumpre verificar o dever estatal de impor um alerta vigoroso, não dizendo respeito à *vingança* ou ao *mal pelo mal*, embora não se possa exigir da sociedade e da vítima que não pensem desse modo.

A função retributiva da pena vem expressa em lei, como se vê no disposto no art. 59: "O juiz, atendendo à culpabilidade, aos antecedentes, à conduta social, à personalidade do agente, aos motivos, às circunstâncias e consequências do crime, bem como ao comportamento da vítima, estabelecerá, conforme seja *necessário* e *suficiente* para *reprovação* e prevenção do crime: I – as penas aplicáveis dentre as cominadas; II – a quantidade de pena aplicável, dentro dos limites previstos; III – o regime inicial de cumprimento da pena privativa de liberdade; IV – a substituição da pena privativa de liberdade aplicada, por outra espécie de pena, se cabível" (grifamos).

Além disso, não é demais citar o disposto no art. 121, § 5.º, do Código Penal, salientando ser possível ao juiz aplicar o perdão judicial, quando as consequências da infração atingirem o próprio agente de maneira *tão grave* que a sanção penal se torne *desnecessária*, evidenciando o caráter retributivo da pena. É relevante interpretar esses dispositivos como parcelas da *função* da pena. Ademais, o aspecto retributivo é um fator de estabilidade e equilíbrio no contexto da proporcionalidade entre a lesão gerada pelo delito e a sanção correspondente. Desvincular todo e qualquer lado punitivo da sanção pode produzir efeito inverso, permitindo que o Estado comine penas muito mais rigorosas do que o crime cometido, visando, por exemplo, apenas a critérios preventivos. Não se vivencia mais, em quadros democráticos, a ideia de uma pena rancorosa, representando uma nítida desforra, para impor igual ou maior sofrimento ao delinquente do que o dano produzido pela sua atitude criminosa. Fosse assim, o homicídio deveria ser punido pela morte, quiçá precedida de tortura; o estupro teria por consequência idêntica violação sexual ao agente; o roubo, cometido com violência, demandaria igual expressão, com ferimento dolorido ao autor; enfim, se no passado esse era o pensamento, na atualidade, alterou-se para funções e finalidades compatíveis com a dignidade da pessoa humana. Tanto é verdade que a Constituição Federal brasileira impõe o dever judicial de individualizar a pena (art. 5.º, XLVI), evitando-se a sanção puramente padronizada e, por isso, injusta, na medida em que as pessoas são diferentes e, ainda que cometam o mesmo crime, podem fazê-lo por motivos completamente díspares e valendo-se de meios de execução diversos.

Na sequência, a função ressocializadora: "a assistência social tem por finalidade amparar o preso e o internado e *prepará-los para o retorno à liberdade*" (art. 22, Lei de Execução Penal, grifamos). Outro destaque pode ser indicado no art. 10, *caput*, da Lei de Execução Penal: "a assistência ao preso e ao internado é dever do Estado, objetivando *prevenir* o crime e *orientar o retorno à convivência* em sociedade" (grifamos). Porém, tanto a função retributiva, que serve de alerta, quanto a meta de ressocialização, propiciando instrumentos para o apenado revisar o seu comportamento, podem não dar certo e haver reincidência. O Estado não tem um remédio definitivo e absoluto contra o crime. Não se pretende a pena milagrosa, mas somente a sanção disponível, dentro dos meios existentes a cada época da história.

Visualizando as três finalidades buscadas pela cominação, aplicação e efetivo cumprimento da pena, pode-se apontar o seguinte: a) *finalidade legitimadora do direito penal*, cujo objetivo é demonstrar à sociedade a eficiência estatal para combater o crime, além de que as normas penais devem ser respeitadas, pois constituem legítimos instrumentos punitivos, criados por lei; b) *finalidade intimidante*, representando o modo pelo qual o Estado faz a sociedade enxergar, antes do cometimento do crime, quais são as condutas penalmente intoleráveis e exatamente quais as punições para elas previstas. Há um aspecto de intimidação, dentro do quadro civilizado de toda e qualquer sociedade, que não opera somente com leis penais, mas, igualmente, com ilícitos civis, trabalhistas, tributários, processuais, ambientais, administrativos etc., acompanhados de suas sanções devidamente cominadas em leis extrapenais; c) *finalidade protetora*, simbolizando a indispensabilidade de aplicar, para crimes graves, a pena de reclusão, em regime inicial fechado, segregando o indivíduo do convívio social por um período. Nem todas as sanções penais precisam ser isolantes, consistentes em efetivo claustro, pois existem inúmeras outras penas em regime de liberdade vigiada, assistida ou fiscalizada, bem como as sanções restritivas a outros direitos diversos da liberdade e as pecuniárias.

Na tradicional visão da doutrina penal, que já chegamos a adotar, a pena teria duas finalidades básicas: retribuição e prevenção. Neste último campo da prevenção, seriam encontradas as seguintes finalidades: a) preventivo-geral positiva (legitimação do direito penal); b) preventivo-geral negativa (intimidação); c) preventivo-especial positiva (reeducação); d) preventivo-especial negativa (segregação).

2. ABOLICIONISMO PENAL E DIREITO PENAL DO INIMIGO

Há dois enfoques particularmente radicais na abordagem do fundamento e da finalidade da pena, merecedores de análise: abolicionismo penal e direito penal do inimigo.

O *abolicionismo penal*, fruto dos estudos e dos artigos de Louk Hulsman (Holanda), Thomas Mathiesen e Nils Christie (Noruega) e Sebastian Scheerer (Alemanha), é um novo método de vida, apresentando uma nova forma de pensar o Direito Penal, questionando o significado das punições e das instituições, bem como construindo outras formas de liberdade e justiça. O movimento trata da *descriminalização* (deixar de considerar infrações penais determinadas condutas) e da *despenalização* (eliminação da pena para a prática de certas condutas, embora continuem a ser consideradas delituosas) como soluções para o caos do sistema penitenciário, hoje vivenciado na grande maioria dos países.

O método atual de punição, eleito pelo Direito Penal, que privilegia o encarceramento de delinquentes, não estaria dando resultado e os índices de reincidência estariam extremamente elevados. Por isso, seria preciso buscar e testar novos experimentos no campo penal, pois é sabido que a pena privativa de liberdade não tem resolvido o problema da criminalidade. A sociedade, no fundo, segundo o pensamento abolicionista, não tem sucumbido diante do crime, como já se apregoou que aconteceria, sabendo-se que há, no contexto da Justiça Criminal, uma imensa *cifra negra*, ou seja, existe uma diferença entre os crimes *ocorridos* e os delitos *apurados* e entre os crimes *denunciados* e os delitos *processados*.

A maioria dos crimes cometidos não seria nem mesmo levada ao Judiciário, porque não descoberta a autoria ou porque não conhecida da autoridade policial a sua prática, querendo isto dizer que a sociedade teria condições de absorver os delitos cometidos sem a sua desintegração. Portanto, a descriminalização e a despenalização de várias condutas, hoje consideradas criminosas, poderiam facilitar a reeducação de muitos delinquentes, mediante outras formas de recuperação. Para isso, o *abolicionismo* recomenda, em síntese, a adoção dos seguintes princípios: a) *abolicionismo acadêmico*, ou seja, a mudança de conceitos e linguagem, evitando a construção de resposta punitiva para situações-problema; b) atendimento prioritário à vítima (melhor seria destinar dinheiro ao ofendido do que construindo prisões); c) guerra contra a pobreza; d) legalização das drogas; e) fortalecimento da esfera pública alternativa, com a liberação do poder absorvente dos meios de comunicação de massa, restauração da autoestima e da confiança dos movimentos organizados de baixo para cima, bem como a restauração do sentimento de responsabilidade dos intelectuais.

Não há dúvida de que, por ora, o *abolicionismo penal* é somente uma utopia, embora traga à reflexão importantes conceitos, valores e afirmativas, demonstrando o fracasso do sistema penal atual em vários aspectos, situação que necessita ser repensada e alterada.

Manifesta-se Luigi Ferrajoli sobre o tema: "O abolicionismo penal – independentemente dos seus intentos liberatórios e humanitários – configura-se, portanto, como uma utopia regressiva que projeta, sobre pressupostos ilusórios de uma sociedade boa ou de um Estado bom, modelos concretamente desregulados ou autorreguláveis de vigilância e/ou punição, em relação aos quais é exatamente o direito penal – com o seu complexo, difícil e precário sistema de garantias – que constitui, histórica e axiologicamente, uma alternativa progressista" (*Direito e razão*, p. 275).

O direito penal do inimigo é um modelo de direito penal, cuja finalidade é detectar e separar, dentre os cidadãos, aqueles que devem ser considerados os *inimigos* (terroristas, autores de crimes sexuais violentos, criminosos organizados, dentre outros). Estes não merecem do Estado as mesmas garantias humanas fundamentais, pois, como regra, não respeitam os direitos individuais alheios. Portanto, estariam situados *fora do sistema*, sem merecerem, por exemplo, as garantias do contraditório e da ampla defesa, podendo ser flexibilizados, inclusive, os princípios da legalidade, da anterioridade e da taxatividade. São pessoas perigosas, em guerra constante contra o Estado, razão pela qual a eles caberia a aplicação de medidas de segurança e seus atos já seriam passíveis de punição quando atingissem o estágio da preparação. Admite-se, ainda, que contra eles sejam aplicadas sanções penais desproporcionais à gravidade do fato praticado (cf. Günther Jakobs, *Derecho penal del inimigo*).

Em suma, o mais importante é manter segregados, pelo tempo que for necessário, aqueles cujo propósito é desestabilizar o Estado e ferir, de maneira inconsequente, pessoas inocentes. Na realidade, à luz do sistema penal brasileiro, essa postura seria manifestamente inconstitucional. Parece-nos que, para evitar chegarmos, um dia, a esse estágio de comportamento estatal (já em vigor nos EUA, por exemplo, em relação aos terroristas presos na base militar em Cuba), é fundamental termos instrumentos eficientes de combate à criminalidade perigosa, como a organizada, certamente existente, jamais perdendo de vista, pois desnecessário e imprudente, o amplo quadro dos direitos e garantias humanas fundamentais.

3. GARANTISMO PENAL

Trata-se de um modelo normativo de direito, que obedece a estrita legalidade, típico do Estado Democrático de Direito, voltado a minimizar a violência e maximizar a liberdade, impondo limites à função punitiva do Estado. Busca representar o equilíbrio entre os modelos do abolicionismo e do direito penal máximo.

O modelo garantista de direito penal privilegia os seguintes axiomas: a) não há pena sem crime (*nulla poena sine crimine*); b) não há crime sem lei (*nullum crimen sine lege*); c) não há lei penal sem necessidade (*nulla lex poenalis sine necessitate*); d) não há necessidade de lei penal sem lesão (*nulla necessitas sine injuria*); e) não há lesão sem conduta (*nulla injuria sine actione*); f) não há conduta sem dolo e sem culpa (*nulla actio sine culpa*); g) não há culpa sem o devido processo legal (*nulla culpa sine judicio*); h) não há processo sem acusação (*nullum judicium sine accusatione*); i) não há acusação sem prova que a fundamente (*nulla accusatio sine probatione*); j) não há prova sem ampla defesa (*nulla probatio sine defensione*) (Ferrajoli, *Direito e razão*, p. 74-75).

4. DIREITO PENAL MÁXIMO E DIREITO PENAL MÍNIMO

O direito penal máximo é um modelo de direito penal caracterizado pela excessiva severidade, pela incerteza e imprevisibilidade de suas condenações e penas, voltado à garantia de que nenhum culpado fique impune, ainda que à custa do sacrifício de algum inocente, também conhecido como "tolerância zero". Identifica-se, ainda, com o chamado *Movimento da Lei e da Ordem*, que foi (e ainda é) bandeira utilizada nos Estados Unidos por várias autoridades, agindo para *limpar* a cidade de pequenos delitos (prostituição – que naquele país é crime, vadiagem, embriaguez pública, mendicância, furtos etc.), prendendo mais indivíduos do que seria realmente necessário.

Vale-se, muitas vezes, da denominada *teoria das janelas quebradas* para atuar. Essa teoria pode ser ilustrada pelo seguinte exemplo: deixando um carro na rua, com a janela quebrada, em pouco tempo ele pode ser saqueado. Do mesmo modo, uma casa, em pacata rua, surgindo com as janelas quebradas, imediatamente, pode causar a sensação de abandono. Começaria a ser invadida por mendigos, passantes, malfeitores e criminosos. Se nada fosse feito pelas autoridades, o efeito causado ali poderia espalhar-se pela rua, moradores mudariam e o bairro começaria a ficar abandonado, com maior avanço da criminalidade. Enfim, permitindo-se a prática de infrações menores, alcança-se o universo dos crimes graves.

O direito penal mínimo busca filtrar o número de crimes existentes para otimizar a legislação punitiva, concentrando a persecução penal do Estado no encalço das mais graves infrações penais. Essas as soluções apontadas por HASSEMER e MUÑOZ na ótica do *Direito Penal mínimo*: *a)* promover uma busca de alternativas à prisão, que principalmente afeta aos setores sociais mais baixos; *b)* realizar uma investigação que possa clarear o âmbito obscuro da "criminalidade dos poderosos", vinculada a reflexões políticas sobre a igualdade da criminalização em Direito Penal; *c)* estabelecer uma política de descriminalização da criminalidade menor ou de bagatela no âmbito da criminalidade "clássica"; *d)* efetuar investigações sobre a práxis do princípio da oficialidade na persecução dos delitos, unidas à busca de funções substitutivas desejáveis político-criminalmente (*Introducción a la criminología y al derecho penal*, p. 62).

Em síntese, o direito penal máximo adota excessiva severidade, atingindo a camada mais pobre da sociedade, sem ganho real no embate à criminalidade. O direito penal mínimo parece ser a mais adequada solução, permitindo maior eficiência aos órgãos investigatórios estatais no tocante à apuração de crimes graves, além de dedicar tempo específico para os delitos de organizações criminosas e *colarinho branco*. Entretanto, seja qual for o sistema acolhido pela política criminal, torna-se indispensável que se cumpram as normas postas, sob o risco de descrédito do sistema punitivo. Um direito penal efetivo e confiável se faz por atos concretos e não pela adoção de teorias.

5. JUSTIÇA RETRIBUTIVA X JUSTIÇA RESTAURATIVA

O Direito Penal sempre se pautou pelo critério da retribuição ao mal concreto do crime com o mal concreto da pena, segundo as palavras de Hungria. A evolução das ideias e o engajamento da ciência penal em outras trilhas, mais ligadas aos direitos e garantias fundamentais, vêm permitindo a construção de um sistema de normas penais e processuais penais preocupado não somente com a punição, mas, sobretudo, com a proteção ao indivíduo em face de eventuais abusos do Estado. O cenário das punições tem, na essência, a finalidade de pacificação social, muito embora pareça, em princípio, uma contradição latente falar-se, ao mesmo tempo em *punir* e *pacificar*. Mas é exatamente assim que ainda funciona o mecanismo humano de equilíbrio entre o bem e o mal. Se, por um lado, o crime jamais deixará de existir no atual estágio da sociedade, em países ricos ou pobres, por outro, há formas humanizadas de garantir a eficiência do Estado para punir o infrator, corrigindo-o, sem humilhação, com a perspectiva de pacificação social.

O Estado chamou a si o monopólio punitivo – medida representativa, a bem da verdade, de civilidade. A partir disso, não se pode permitir que alguns firam interesses de outros sem a devida reparação. E, mais, no cenário penal, é inviável que se tolere determinadas condutas lesivas, ainda que a vítima permita (ex.: tentativa de homicídio). Há valores indisponíveis, cuja preservação interessa a todos e não somente a um ou outro indivíduo (ex.: meio ambiente). Portanto, se "A" destruir uma floresta nativa, existente na propriedade de "B", não cabe ao Estado perguntar a este último se deve ou não punir o agente infrator. O interesse é coletivo. A punição estatal, logo oficial, realizada por meio do devido processo legal, proporciona o necessário contexto de Estado Democrático de Direito, evitando-se a insatisfatória e cruel *vingança privada*.

A Justiça Retributiva sempre foi o horizonte do Direito Penal e do Processo Penal. Despreza-se, quase por completo, a avaliação da vítima do delito. Obriga-se, quase sempre, a promoção da ação penal por órgãos estatais, buscando a punição do infrator. Leva-se às últimas consequências a consideração de bens indisponíveis, a ponto de quase tudo significar ofensa a interesse coletivo. Elimina-se, na órbita penal, a conciliação, a transação e, portanto, a mediação. Em suma, volta-se a meta do Direito Penal a uma formal punição do criminoso como se outros valores inexistissem.

A denominada Justiça Restaurativa, aos poucos, instala-se no sistema jurídico-penal brasileiro, buscando a mudança do enfoque supramencionado. Começa-se a relativizar os interesses, transformando-os de *coletivos* em *individuais* típicos, logo, disponíveis.

A partir disso, ouve-se mais a vítima. Transforma-se o embate entre agressor e agredido num processo de conciliação, possivelmente, até, de perdão recíproco. Não se tem a punição do infrator como único objetivo do Estado. A ação penal passa a ser, igualmente, flexibilizada, vale dizer, nem sempre obrigatoriamente proposta. Restaura-se o estado de paz entre pessoas que convivem, embora tenha havido agressão de uma contra outra, sem necessidade do instrumento penal coercitivo e unilateralmente adotado pelo Poder Público.

Parece-nos que o estudioso do Direito Penal e Processual Penal precisa debruçar-se sobre os caminhos a seguir nesse dicotômico ambiente de *retribuição* e *restauração*. No entanto, deve fazê-lo de maneira objetiva, aberta, comunicando-se com a sociedade e, acima de tudo, propondo meios e instrumentos eficientes para se atingir resultados concretos positivos. Por vezes, nota-se a atuação legislativa vacilante e ilógica, atormentada pela mídia e pela opinião pública, sem qualquer critério científico ou, no mínimo, razoável.

A Justiça Restaurativa pode ser um ideal válido para a Política Criminal brasileira nos campos penal e processual penal, mas, sem utopias e abstendo-se o jurista (bem como o legislador que o segue) de importar mecanismos usados em países com realidades completamente diferentes da existente no Brasil.

Há crimes que merecem punição, com foco voltado mais à retribuição do que à restauração (ex.: homicídio, extorsão mediante sequestro, tráfico ilícito de drogas). Outros, sem dúvida, já admitem a possibilidade de se pensar, primordialmente, em restauração (ex.: crimes contra a propriedade, sem violência; crimes contra a honra; crimes contra a liberdade individual).

Nenhuma solução em favor desta ou daquela Justiça (retributiva ou restaurativa) pode ser absoluta. Se a retribuição, como pilar exclusivo do Direito Penal e do Processo Penal, não se mantém como ideal, não será a migração completa para a restauração que proporcionará a tão almejada situação de equilíbrio.

6. COMINAÇÃO DAS PENAS

Podem ser cominadas, abstratamente, da seguinte forma: a) *isoladamente*, quando somente uma pena é prevista ao agente (ex.: a privativa de liberdade, no crime de homicídio – art. 121, CP); b) *cumulativamente*, quando ao agente é possível aplicar mais de uma modalidade de pena (ex.: a privativa de liberdade cumulada com multa, no crime de furto – art. 155, CP); c) *alternativamente*, quando há possibilidade da opção entre duas modalidades diferentes (ex.: privativa de liberdade ou multa, no crime de ameaça – art. 147, CP).

7. PRINCÍPIOS DA PENA

Relembrando, são princípios regentes da pena os seguintes: a) princípio da *personalidade* ou da *responsabilidade pessoal*, que significa ser a pena *personalíssima*, não podendo passar da pessoa do delinquente (art. 5.º, XLV, CF); b) princípio da *legalidade*, que significa não poder a pena ser aplicada sem prévia cominação legal – *nulla poena sine praevia lege* (art. 5.º, XXXIX, CF); c) princípio da *inderrogabilidade*, que significa ser a pena inderrogável, uma vez constatada a prática da infração penal, ou seja, não pode deixar de ser aplicada (consequência da *legalidade*); d) princípio da *proporcionalidade,* que significa dever ser a pena *proporcional* ao crime, guardando equilíbrio entre a infração praticada e a sanção imposta (art. 5.º, XLVI, CF); e) princípio da *individualização da pena*, demonstrando que, para cada delinquente, o Estado-juiz deve estabelecer a pena exata e merecida, evitando-se a *pena-padrão*, nos termos estabelecidos pela Constituição (art. 5.º, XLVI, CF); f) princípio da *humanidade*, querendo dizer que o Brasil vedou a aplicação de penas insensíveis e dolorosas (art. 5.º, XLVII, CF), devendo-se respeitar a integridade física e moral do condenado (art. 5.º, XLIX, CF).

8. ESPÉCIES DE PENAS

São as seguintes: penas privativas de liberdade, penas restritivas de direitos, pena pecuniária. As penas privativas de liberdade são: *reclusão, detenção* e *prisão simples*. As duas primeiras constituem decorrência da prática de crimes e a terceira é aplicada às contravenções penais. As penas restritivas de direitos são as seguintes: prestação de serviços à comunidade ou a entidades públicas, interdição temporária de direitos, limitação de fim de semana, prestação pecuniária e perda de bens e valores. A pena pecuniária é a multa.

SÍNTESE

Pena: é a sanção do Estado, valendo-se do devido processo legal, cujas funções retributiva e ressocializadora permitem atingir as finalidades preventivas, consistentes em legitimar o Direito Penal perante a sociedade, intimidar os potenciais criminosos e segregar alguns deles, por determinado período.

Abolicionismo penal: é um movimento cuja finalidade é alterar a concepção atual do Direito Penal, demonstrando que o caminho é a descriminalização e a despenalização máximas, evitando-se encarcerar pessoas a pretexto de castigá-las ou promover a sua recuperação, tendo em vista a ineficiência das sanções penais na meta de eliminar a criminalidade.

Direito penal máximo: é um método de aplicação do Direito Penal, cuja finalidade é punir a infração mínima a fim de não se tornar algo mais grave, sem que haja maiores freios ou limites para a aplicação de penas.

Direito penal mínimo: é um modelo de eficiência, cujo alicerce se concentra em reduzir o universo de figuras típicas incriminadoras, enfocando-se as mais graves e permitindo que o Estado trabalhe de maneira mais otimizada.

Garantismo penal: é um sistema firmado na estrita legalidade, respeitando-se o devido processo legal, minimizando a violência e maximizando a liberdade, para impor limites à função punitiva do Estado.

Direito penal do inimigo: é um modelo de direito penal, cuja finalidade é detectar e separar, dentre os cidadãos, aqueles que devem ser considerados os *inimigos* (terroristas, autores de crimes sexuais violentos, criminosos organizados, dentre outros). Estes não merecem do Estado as mesmas garantias humanas fundamentais, pois, como regra, não respeitam os direitos individuais dos membros da sociedade civilizada. As punições devem ser severas e, se necessário, desproporcionais à gravidade do delito. O mais importante é segregar aqueles que estão em constante *guerra* contra o Estado.

Capítulo XXII
Penas Privativas de Liberdade

1. DIFERENÇAS ENTRE AS PENAS DE RECLUSÃO, DETENÇÃO E PRISÃO SIMPLES

Existem três espécies de penas privativas de liberdade – reclusão, detenção e prisão simples – que, na realidade, poderiam ser unificadas sob a denominação de pena de *prisão*. A pena de prisão simples é a destinada às contravenções penais, significando que não pode ser cumprida em regime fechado, comportando apenas os regimes semiaberto e aberto. Além disso, não se pode inserir o contraventor condenado no mesmo lugar onde se encontrem os criminosos.

Quanto às diferenças entre as penas de reclusão e detenção, destinadas ao crime, temos basicamente cinco: a) a reclusão é cumprida *inicialmente* nos regimes fechado, semiaberto ou aberto; a detenção somente pode ter início no regime semiaberto ou aberto (art. 33, *caput*, CP); b) a reclusão pode acarretar como *efeito da condenação* a incapacidade para o exercício do pátrio poder (atualmente, denominado, pelo Código Civil, poder familiar), tutela ou curatela, nos crimes dolosos, sujeitos a esse tipo de pena, cometidos contra outrem igualmente titular do mesmo poder familiar, filho, filha ou outro descendente ou tutelado ou curatelado (art. 92, II, CP); c) a reclusão propicia a *internação* nos casos de medida de segurança; a detenção permite a aplicação do regime de tratamento ambulatorial (art. 97, CP); d) a reclusão é cumprida *em primeiro lugar* (art. 69, *caput*, CP); e) a reclusão é prevista para crimes mais graves; a detenção é reservada para os mais leves, motivo pelo qual, no instante de criação do tipo penal incriminador, o legislador sinaliza à sociedade a gravidade do delito.

Em verdade, como já mencionamos, preconiza-se a extinção dessa diferença, o que é bastante razoável, tendo em vista que as diferenças apontadas *supra* são mínimas e, na prática, quase sempre irrelevantes. Nesse prisma, encontra-se a lição de Paulo José da Costa Júnior: "Inexistindo entre reclusão e detenção qualquer diferença ontológica, mesmo porque a lei não ofereceu nenhum critério diferenciador, parece não restar outra solução ao intérprete que assentar na insuficiência do critério quantitativo as bases da diversificação" (*Comentários ao Código Penal*, p. 146). Na realidade, na ótica do legislador de 1940, "foram criadas duas penas privativas de liberdade. Para crimes mais graves, a *reclusão*, de no máximo 30 anos, sujeitava o condenado a isolamento diurno por até três meses e, depois, trabalho em comum dentro da penitenciária ou, fora dela, em obras públicas. A *detenção*, de no máximo três anos, foi concebida para crimes de menor impacto: os detentos deveriam estar separados dos reclusos e poderiam escolher o próprio trabalho, desde que de caráter educativo. A ordem de separação nunca foi obedecida pelas autoridades brasileiras, e as diferenças práticas entre reclusão e detenção desapareceriam com o tempo, permanecendo válidas apenas as de caráter processual" (Luís Francisco Carvalho Filho, *A prisão*, p. 43).

2. REGIME PROGRESSIVO DE CUMPRIMENTO DA PENA

A individualização executória da pena é consequência natural da adoção do princípio constitucional da individualização da pena. Esta se faz, como já mencionado, em três etapas: a individualização legislativa (fixação do mínimo e do máximo para a pena em abstrato no momento de criação da norma penal), a individualização judicial (momento de concretização da sanção penal na sentença) e a individualização executória (fase de aplicação efetiva da pena em estágios). Por isso, a progressão de regime, forma de incentivo à proposta estatal de reeducação e ressocialização do sentenciado, é decorrência natural da individualização executória.

Nos termos do art. 112 da Lei de Execução Penal, "a pena privativa de liberdade será executada em forma progressiva com a transferência para regime menos rigoroso, a ser determinada pelo juiz, quando o preso tiver cumprido ao menos: I – 16% (dezesseis por cento) da pena, se o apenado for primário e o crime tiver sido cometido sem violência à pessoa ou grave ameaça; II – 20% (vinte por cento) da pena, se o apenado for reincidente em crime cometido sem violência à pessoa ou grave ameaça; III – 25% (vinte e cinco por cento) da pena, se o apenado for primário e o crime tiver sido cometido com violência à pessoa ou grave ameaça; IV – 30% (trinta por cento) da pena, se o apenado for reincidente em crime cometido com violência à pessoa ou grave ameaça; V – 40% (quarenta por cento) da pena, se o apenado for condenado pela prática de crime hediondo ou equiparado, se for primário; VI – 50% (cinquenta por cento) da pena, se o apenado for: a) condenado pela prática de crime hediondo ou equiparado, com resultado morte, se for primário, vedado o livramento condicional; b) condenado por exercer o comando, individual ou coletivo, de organização criminosa estruturada para a prática de crime hediondo ou equiparado; ou c) condenado pela prática do crime de constituição de milícia privada; VII – 60% (sessenta por cento) da pena, se o apenado for reincidente na prática de crime hediondo ou equiparado; VIII – 70% (setenta por cento) da pena, se o apenado for reincidente em crime hediondo ou equiparado com resultado morte, vedado o livramento condicional".

No *caput* do art. 112, estão previstos os períodos de cumprimento em cada regime (requisito objetivo) para, então, o sentenciado pleitear a sua progressão a regime mais favorável. Há um ponto obscuro nesse contexto: o autor de crime hediondo ou equiparado, que seja reincidente, mas não um reincidente específico (condenado, novamente, por crime hediondo ou equiparado). Observa-se, no inciso V, o prazo de 40% para apenado pela prática de delito hediondo ou equiparado, *se for primário*; no inciso VII, o prazo de 60%, caso o apenado seja reincidente na prática de crime hediondo ou equiparado. A hipótese supramencionada – autor de crime hediondo ou equiparado reincidente por outro delito qualquer (não hediondo ou equiparado): utiliza-se o prazo de 40% ou o período de 60%? Há duas posições formadas na jurisprudência: a) deve-se seguir o prazo de 60%, porque o apenado é reincidente de qualquer modo, pouco importando se cometeu novamente um crime hediondo ou equiparado ou qualquer outro, afinal, a hipótese do inciso V demanda, expressamente, a primariedade, que ele não retrata; b) deve-se contemplar o prazo de 40%, tendo em vista que o apenado, em literal interpretação do inciso, precisaria ser reincidente específico, vale dizer, cometer novamente crime hediondo ou equiparado, logo, se ele é reincidente, mas não específico, prefere-se utilizar uma opção menos gravosa, que é a prevista pelo inciso V. De nossa parte, o intuito da lei, em interpretação teleológica, pretendeu conferir o prazo de 40% a quem for primário, embora autor de crime hediondo ou equiparado; intentou colocar um prazo maior – 60% – ao apenado pelo cometimento de delito hediondo, que é reincidente (tornou a cometer crime, depois de já ter sido condenado anteriormente), embora tenha cometido o lapso de citar a reincidência na prática de delito hediondo ou equiparado. Noutros termos, quem é autor de crime hediondo ou similar e é primário pode progredir após cumprir 40% da pena em regime mais severo; porém, o apenado por delito hediondo ou equiparado, que *não é primário, mas reincidente*, não merece o período menor, mas o de 60%. Embora essa nos pareça a corrente mais adequada em função da referida interpretação teleológica, os Tribunais Superiores adotaram a primeira posição, vale dizer, usando a interpretação literal, o condenado não reincidente específico não se encaixaria no inciso VII; embora se reconheça que, também não sendo primário, não se adequa ao inciso V; assim sendo, preferiu utilizar o princípio geral de processo penal da prevalência do interesse do réu e optou pela progressão do reincidente não específico em delito hediondo ou equiparado, com base no percentual de 40%, previsto no inciso V.

No mais, prevê o § 1.º do art. 112, com a redação dada pela Lei 14.843/2024, que "em todos os casos, o apenado somente terá direito à progressão de regime se ostentar boa conduta carcerária, comprovada pelo diretor do estabelecimento, e pelos resultados do exame criminológico, respeitadas as normas que vedam a progressão". Impôs-se a realização do exame criminológico de maneira obrigatória para todos os processos de execução; o que antes era uma faculdade do juiz, conforme reiteradas decisões do STF e do STJ, pretende o legislador que se torne rotina. Parece-nos padecer esta alteração legislativa de inconstitucionalidade material, por afrontar a dignidade da pessoa humana pelas seguintes razões: a) o STF declarou o estado de coisas inconstitucional do sistema carcerário brasileiro (2023), com várias violações aos direitos individuais; b) é de conhecimento notório que o sistema penitenciário não possui recursos suficientes para elaborar, em tempo razoável, todos os exames criminológicos necessários; c) se a progressão de todos os presos em regime fechado e semiaberto for sustada, por tempo indeterminado, para aguardar a elaboração do mencionado exame, o caos carcerário se tornará mais grave, gerando ainda mais infringência à dignidade da pessoa humana. Em suma, não visualizamos constitucionalidade nessa norma.

Porém, caso o STF a considere constitucional, soa-nos coerente que somente seja aplicada a quem cometa crime após a edição da Lei 14.843/2024. Criar um requisito para a progressão integra o sistema penal, pois é um critério para apurar o merecimento, conforme indica o art. 33, § 2.º, do Código Penal. Se esse requisito se torna um obstáculo à progressão, não pode retroagir para abranger delitos cometidos antes da vigência da referida lei. A avaliação do mérito para a progressão, embora conste na Lei de Execução Penal, compõe o universo da norma penal, como vários outros dispositivos. Não se trata de simples norma processual, com aplicabilidade imediata a todos os casos, cuja execução se encontre em andamento.

Apura-se o merecimento por meio do atestado de conduta carcerária, fornecido pela direção do estabelecimento onde se encontra o preso, embora possa o magistrado requisitar a produção de exame criminológico para casos específicos, como os autores de delitos violentos contra a pessoa, com extensas penas a cumprir e faltas graves cometidas durante o cumprimento da pena. É o teor da Súmula 439 do Superior Tribunal de Justiça: "Admite-se o exame criminológico pelas peculiaridades do caso, desde que em decisão motivada".

A última parte do § 1.º ("respeitadas as normas que vedam a progressão") não tem mais eficácia, pois o STF vedou qualquer norma que impeça a progressão.

Seguindo o parâmetro geral para as decisões judiciais, o § 2.º exige que a decisão do juiz, ao determinar a progressão de regime – e, também, ao indeferir a progressão – seja devidamente fundamentada e precedida de manifestação do Ministério Público e do defensor. Igual procedimento será observado para a concessão de livramento condicional, indulto e comutação de penas.

O § 3.º estabelece particular regra para a progressão de regime para mulher gestante ou que for mãe ou responsável por crianças ou pessoas com deficiência, em requisitos cumulados: "I – não ter cometido crime com violência ou grave ameaça a pessoa; II – não ter cometido o crime contra seu filho ou dependente; III – ter cumprido ao menos 1/8 (um oitavo) da pena no regime anterior; IV – ser primária e ter bom comportamento carcerário, comprovado pelo diretor do estabelecimento; V – não ter integrado organização criminosa". O § 4.º cria regra de exceção ao benefício: "o cometimento de novo crime doloso ou falta grave implicará a revogação do benefício previsto no § 3.º deste artigo".

O § 5.º foi inserido apenas para consolidar o entendimento adotado pelo STF em relação ao tráfico de drogas com causa de diminuição de pena, denominado de *tráfico privilegiado*: "não se considera hediondo ou equiparado, para os fins deste artigo, o crime de tráfico de drogas previsto no § 4.º do art. 33 da Lei 11.343, de 23 de agosto de 2006".

O § 6.º deixa clara a regra para o sentenciado quando cometer uma falta grave durante a execução da sua pena privativa de liberdade: interrompe-se o prazo para a obtenção da progressão de regime e tem reinício a contagem do requisito objetivo, mas usando como base a pena remanescente. Exemplo: o sentenciado começa a cumprir uma pena de 9 anos; imagine-se que o seu prazo para progressão seja de 30%; ele cumpre 3 anos e pede a progressão, mas comete uma falta grave; restam 6 anos para cumprir e ele deve cumprir mais 30% desse montante para pedir nova oportunidade de progressão.

O § 7.º, incluído pela Lei 13.964/2019, foi vetado, mas o veto foi, corretamente, derrubado pelo Congresso Nacional. Esta é a atual redação: "o bom comportamento é readquirido após 1 (um) ano da ocorrência do fato, ou antes, após o cumprimento do requisito temporal exigível para a obtenção do direito". O veto apresentava a seguinte motivação: "a propositura legislativa, ao dispor que o bom comportamento, para fins de progressão de regime, é readquirido após um ano da ocorrência do fato, ou antes, após o cumprimento do requisito temporal exigível para a obtenção do direito, contraria o interesse público, tendo em vista que a concessão da progressão de regime depende da satisfação de requisitos não apenas objetivos, mas, sobretudo de aspectos subjetivos, consistindo este em bom comportamento carcerário, a ser comprovado, a partir da análise de todo o período da execução da pena, pelo diretor do estabelecimento prisional. Assim, eventual pretensão de objetivação do requisito vai de encontro à própria natureza do instituto, já preconcebida pela Lei n.º 7.210, de 1984, além de poder gerar a percepção de impunidade com relação às faltas e ocasionar, em alguns casos, o cometimento de injustiças em relação à concessão de benesses aos custodiados". O veto, nesta hipótese, não devia mesmo subsistir, pois não se sustentava pelos seus próprios fundamentos. Estabelecer um prazo objetivo, em lei federal, portanto, válida para todo o Brasil, para a reabilitação, é positivo. Isso não significa que é a concessão de imunidade ou impunidade para o preso, pois, se ele cometer outra falta grave, antes do prazo de um ano, por exemplo, acaba eliminando a sua reabilitação. Diga-se o mesmo se ele praticar falta grave, logo após o decurso de um ano. Enfim, o bom comportamento será considerado como um todo, independente do prazo objetivo fixado pelo § 7.º. Por outro lado, torna-se muito mais adequado prever a reabilitação da falta em lei do que em atos administrativos, como tem ocorrido em vários Estados, ferindo o princípio da legalidade. Confira-se o disposto na Resolução da Secretaria de Administração Penitenciária 144, de 29.06.2010, que institui o Regimento Interno Padrão das Unidades Prisionais do Estado de São Paulo, fixando os seguintes prazos para a reabilitação de faltas cometidas pelo preso: "artigo 89 – o preso em regime fechado ou em regime semiaberto tem, no âmbito administrativo, os seguintes prazos para reabilitação do comportamento, contados a partir do cumprimento da sanção imposta: I – 03 (três) meses para as faltas de natureza leve; II – 06 (seis) meses para as faltas de natureza média; III – 12 (doze) meses para as faltas de natureza grave". Ora, se o Judiciário paulista tem seguido o disposto na referida resolução, podendo outra unidade da federação seguir ato administrativo diverso, parece-nos ter sido mais sensato a derrubada do veto, uniformizando essa reabilitação na Lei de Execução Penal.

Em suma, respeitado o prazo estabelecido no *caput* do art. 112 para cada situação específica, o sentenciado pode progredir do regime fechado ao semiaberto e, depois, deste ao aberto. Naturalmente, além do requisito objetivo (tempo de cumprimento), deve ter merecimento (boa conduta carcerária, não registrando falta grave). Em casos de apenados por prática de crimes violentos, o juiz pode determinar a realização do exame criminológico para averiguar a periculosidade do sentenciado.

Quanto à concessão de livramento condicional, conforme preceitua o art. 83, parágrafo único, do Código Penal, pode ser realizado o exame criminológico, quando o delito praticado pelo sentenciado envolver violência ou grave ameaça à pessoa.

> Acesse e escute o podcast sobre Progressão de regime.
> http://uqr.to/1yoi7

PROGRESSÃO DE REGIME CONFORME LEI 13.964/2019		
Tempo já cumprido de pena (%)	Situação fática	Perfil do agente
16	Sem violência ou grave ameaça	Primário
20	Sem violência ou grave ameaça	Reincidente
25	Com violência ou grave ameaça	Primário
30	Com violência ou grave ameaça	Reincidente específico
40	Hediondo ou equiparado sem morte	Primário
50	Hediondo ou equiparado com morte	Primário
50	Condenado por comandar organização criminosa para cometer crime hediondo ou equiparado	Primário/Reincidente
50	Integrante de milícia	Primário/Reincidente
60	Hediondo ou equiparado sem morte	Reincidente específico
70	Hediondo ou equiparado com morte	Reincidente específico

3. CUMPRIMENTO DAS PENAS MAIS GRAVES EM PRIMEIRO LUGAR

As penas mais graves devem ser cumpridas em primeiro lugar, independentemente da ordem de chegada das guias de recolhimento (peça inaugural da execução penal). Embora o art. 69 do Código Penal estabeleça que as penas mais graves devem ser cumpridas em primeiro lugar, dando a entender que, primeiro, cumpre-se a reclusão e, depois, a detenção, o art. 111 da Lei de Execução Penal determina a unificação das penas privativas de liberdade para a correta fixação do regime de cumprimento de pena. É preciso lembrar que a detenção pode ser cumprida em regime fechado, quando há regressão; logo, havendo reclusão e detenção para execução, o mais indicado é unir todo o montante de penas privativas de liberdade para escolher o regime cabível.

Por outro lado, havendo penas impostas pela prática de crimes hediondos, devem estas ser cumpridas em primeiro lugar, até pelo fato de serem as que elevam o prazo para a progressão de regime, bem como estipulam prazo maior para a obtenção do livramento condicional. Passado o estágio do cumprimento da pena por delito hediondo, torna-se possível ao condenado, cumprindo o prazo do delito comum, receber os benefícios relacionados à melhoria do regime.

4. PROGRESSÃO NOS CRIMES HEDIONDOS E NO DELITO DE TORTURA

Quando a Lei 8.072/1990 foi editada, os apenados por crimes hediondos e equiparados deveriam cumprir a sua pena privativa de liberdade, integralmente, no regime fechado. Era um preceito violador do princípio constitucional da individualização da pena.

Entretanto, o Supremo Tribunal Federal considerou inconstitucional essa vedação, em fevereiro de 2006. Após, a Lei 11.464/2007 modificou a Lei 8.072/1990 para permitir a progressão, mas determinar o regime fechado *inicial* obrigatório aos delitos hediondos e equiparados. Na mesma trilha, o STF, em 2012, considerou inconstitucional vedar ao juiz escolher o regime cabível, não precisando ser, necessariamente, o fechado.

A última reforma, trazida pela Lei 13.964/2019, alterou o art. 112 da Lei de Execução Penal, impondo prazos diferenciados para cada apenado, conforme a espécie de crime cometido e dependendo da condição pessoal do sentenciado.

5. CRITÉRIOS PARA A REGRESSÃO A REGIME MAIS RIGOROSO

Há, basicamente, *duas situações* que desencadeiam essa transferência:

a) *adaptação do regime*: nos termos do art. 111 da Lei de Execução Penal, quando "houver condenação por mais de um crime, no mesmo processo ou em processos distintos, a determinação do regime de cumprimento será feita pelo resultado da soma ou unificação das penas, observada, quando for o caso, a detração ou a remição". E mais: "Sobrevindo condenação no curso da execução, somar-se-á a pena ao restante da que está sendo cumprida, para determinação do regime" (parágrafo único). Portanto, se o sujeito foi condenado a uma pena de 6 anos, em regime semiaberto, por um processo, e a 4 anos, em regime aberto, por outro, é curial que o juiz da execução penal estabeleça um regime único para o cumprimento de 10 anos de reclusão, que, aliás, demanda o regime fechado. Consultar, ainda, o disposto no art. 118, II, LEP: "sofrer condenação, por crime anterior, cuja pena, somada ao restante da pena em execução, torne incabível o regime (art. 111)";

b) *regressão por falta*: nos termos do inciso I do art. 118 da mesma Lei, o condenado pode ser regredido a regime mais rigoroso quando "praticar fato definido como crime doloso ou falta grave".

No caso de cometimento de crime doloso, é preciso, num primeiro momento, *sustar* os benefícios do regime em que se encontra (se está no aberto, será transferido, cautelarmente, para o fechado), aguardando-se a condenação com trânsito em julgado. Caso seja absolvido, restabelece-se o regime sustado; se for condenado, regride-se a regime mais severo.

6. IMPRESCINDIBILIDADE DO REGIME FECHADO

Optou o legislador por criar uma presunção absoluta de incompatibilidade de cumprimento de pena superior a oito anos em regime mais brando, impondo-se inicialmente o fechado (art. 33, § 2.º, *a*, CP). Nem sempre, no entanto, o condenado a pena superior a referido patamar é mais perigoso que outro, apenado em montantes inferiores.

Outro ponto importante é que o condenado reincidente deve iniciar o cumprimento da pena sempre no regime fechado, pouco importando o montante (ver alíneas *b* e *c* do § 2.º do art. 33 do Código Penal). E tem sido posição majoritária na doutrina e na jurisprudência não poder o réu reincidente receber outro regime, mormente quando apenado com reclusão, que não seja o fechado.

Atualmente, entretanto, está em vigor a Súmula 269 do Superior Tribunal de Justiça: "É admissível a adoção do regime prisional semiaberto aos reincidentes condenados a pena igual ou inferior a quatro anos se favoráveis as circunstâncias judiciais". Essa posição harmoniza-se com o entendimento de que penas curtas, quando cumpridas em regime fechado, somente deterioram ainda mais o caráter e a personalidade do sentenciado, produzindo mais efeitos negativos do que positivos. Por isso, o entendimento do STJ permite que o magistrado, no caso concreto, emita juízo de valor acerca das condições pessoais do réu, valendo-se das circunstâncias previstas no art. 59 do Código Penal, para inseri-lo, a despeito da reincidência, no regime semiaberto, mais condizente com penas não superiores a quatro anos.

Por outro lado, em 27 de junho de 2012, o Plenário do Supremo Tribunal Federal considerou inconstitucional a instituição do regime fechado inicial obrigatório para crimes hediondos e assemelhados (HC 111.840-ES, rel. Dias Toffoli, m.v.). Passa-se a exigir do magistrado a fundamentação para a eleição do regime inicial de cumprimento de pena a todos os delitos, sem exceção.

Aliás, abre-se margem para debater o critério da obrigatoriedade do regime fechado inicial para penas superiores a oito anos, conforme exposto no primeiro parágrafo deste tópico. Cremos possível que, em nome da individualização da pena, nos termos já aventados pelo Pretório Excelso, possa o juiz *sempre*, em qualquer caso, optar pelo regime mais adequado ao condenado, desde que apresente motivação idônea.

7. UTILIZAÇÃO DO ART. 59 DO CÓDIGO PENAL PARA FIXAÇÃO DO REGIME DE CUMPRIMENTO DA PENA

O emprego do disposto no art. 59 é múltiplo, valendo para vários momentos diferentes da individualização da pena. Assim, as circunstâncias previstas no art. 59 – culpabilidade, antecedentes, conduta social, personalidade do agente, motivos, circunstâncias e consequências do crime e comportamento da vítima – são utilizadas desde o momento de escolha do montante da pena privativa de liberdade, passando pela eleição do regime, até culminar na possibilidade de substituição da privativa de liberdade pela restritiva de direitos ou multa e outros benefícios.

8. EXIGÊNCIA DA REPARAÇÃO DO DANO OU DEVOLUÇÃO DO PRODUTO DO ILÍCITO PARA A PROGRESSÃO DE REGIME

Introduziu a Lei 10.763, de 12 de novembro de 2003, mais um empecilho à progressão de regime, demandando que o condenado por crime contra a administração pública, ainda que possua merecimento, seja obrigado a reparar previamente o dano causado ou devolver o produto do ilícito (art. 33, § 4.º, CP).

Tal reclamo pode, em nosso entender, representar uma inconstitucionalidade, se interpretado de forma absoluta. Primeiramente, deve-se ressaltar que a pena tem a finalidade tríplice de configurar uma resposta ao crime perpetrado (castigo), ser uma prevenção a novas infrações (seja na ótica positiva geral – reafirmação dos valores e da eficiência do sistema penal, seja na visão negativa geral – servir de alerta à sociedade), e valer como fator de reeducação e ressocialização (prevenção positiva especial), esta última, aliás, constante da Declaração Americana dos Direitos Humanos, subscrita pelo Brasil e em pleno vigor. Logo, não há, como função ou finalidade da pena, a meta de reparação do dano à vítima, seja ela quem for. Portanto, o condenado que esteja em regime fechado, dando mostras de plena recuperação, cumprido o período mínimo, sem o cometimento de falta grave, tem o direito de progredir.

A individualização, preceito constitucional (art. 5.º, XLVI, primeira parte), desenvolve-se em três fases, como já abordado (legislativa, judiciária e executória), razão pela qual o mais importante é verificar se o sentenciado mostra sinais de recuperação; assim sendo, quando viável sua ressocialização, a passagem para regime mais brando é direito indiscutível. É bem verdade que há exigência semelhante, por exemplo, no campo do livramento condicional ("tenha reparado, *salvo efetiva impossibilidade de fazê-lo*, o dano causado pela infração" – art. 83, IV, CP, grifamos), mas não se deve olvidar que o livramento condicional não é regime de cumprimento de pena, embora esteja inserido no universo das medidas de política criminal para permitir a redução do tempo de prisão, propiciando a concessão antecipada da liberdade. Por outro lado, no caso mencionado, pelo menos deixou claro o legislador a hipótese de não ser possível ao condenado efetuar a reparação do dano. Ora, tal previsão não se fez no parágrafo do art. 33, o que demonstraria um desnível entre o sentenciado por crime contra a administração e os demais. Portanto, o caminho ideal é exigir a reparação do dano ou a devolução do produto do ilícito, como demonstração de merecimento do sentenciado, *se ele puder realizar a reparação ou devolver o produto*.

O STF julgou constitucional esse dispositivo.

9. REGIME FECHADO

Quando inserido no regime fechado, o condenado será submetido, no início do cumprimento da pena, a exame criminológico de classificação para a individualização da execução (art. 34, *caput*, CP).

O condenado deve trabalhar durante o dia e ficar isolado durante o repouso noturno (art. 34, § 1.º, CP). O trabalho deve ser realizado dentro do estabelecimento prisional, conforme as aptidões do condenado (art. 34, § 2.º, CP). Excepcionalmente, permite-se que o trabalho ocorra em serviços ou obras públicas fora do presídio (art. 34, § 3.º, CP). Por outro lado, também em caráter excepcional, o trabalho pode desenvolver-se para entidades privadas, desde que conte com a concordância expressa do preso (art. 36, *caput*, e § 3.º, LEP).

A imposição do regime inicial fechado deve ser sempre fundamentada pelo juiz. Lembre-se que a gravidade do crime, por si só, não é motivo para estabelecer o regime fechado. A eleição do regime inicial de cumprimento da pena obedece aos mesmos critérios do art. 59, conforme determinação expressa do § 3.º do art. 33. Registre-se a edição da Súmula 718 do STF: "A opinião do julgador sobre a gravidade em abstrato do crime não constitui motivação idônea para a imposição de regime mais severo do que o permitido segundo a pena aplicada".

🌿 PONTOS RELEVANTES PARA DEBATE

A aplicação do regime fechado à pena de detenção

Há polêmica se é possível aplicar, inicialmente, o regime fechado a crimes apenados com detenção, formando-se *duas correntes*: a) é possível aplicar o *regime fechado*, quando o réu for reincidente e outras circunstâncias do art. 59 forem desfavoráveis. O § 2.º, letras b e c, do art. 33 do CP deve prevalecer sobre o *caput*; b) somente é possível aplicar o regime semiaberto, mesmo que o réu seja reincidente. O *caput* do art. 33 *prevalece* sobre o § 2.º (é a posição majoritária da doutrina e da jurisprudência). Em nosso entendimento, há uma contradição entre o *caput* e o § 2.º do art. 33, que precisa ser resolvida em favor do réu. Trata-se do princípio da prevalência do interesse do acusado, sempre que houver dúvida razoável na interpretação de duas normas conflitantes.

Aliás, o próprio legislador confirmou tal tendência ao editar a Lei 9.455/1997 (crimes de tortura), prevendo o regime inicial fechado a todos os delitos apenados com reclusão, exceto para o único crime apenado com detenção (art. 1.º, § 2.º – omissão de quem tinha o dever de agir para impedir a tortura).

A viabilidade da progressão *por salto*

O sistema progressivo de cumprimento de pena, no Brasil, prevê a possibilidade de transferência do preso do regime mais gravoso para um mais brando, desde que preenchidos os requisitos objetivos (tempo de cumprimento) e subjetivos (apuração do merecimento). Assim, iniciando o cumprimento da pena no regime fechado, após um período, com bom comportamento, pode seguir para o semiaberto. Na sequência, da mesma forma, ao aberto.

Não se tem admitido a denominada progressão *por salto*, ou seja, a passagem direta do fechado ao aberto, suprimindo o estágio no regime semiaberto. É o teor da Súmula 491 do STJ: "É inadmissível a chamada progressão *per saltum* de regime prisional". Alega-se que tal medida poderia afetar a meta de ressocialização do condenado, que, aos poucos, vivenciando as regras de cada um dos três regimes, pode atingir amadurecimento suficiente para seguir ao regime aberto. Em tese, sem dúvida, a progressão *por salto* não é ideal. Porém, é preciso considerar as condições reais do cárcere no Brasil, na atualidade. Muitos presos no regime fechado, após o cumprimento de um longo período, obtêm o deferimento judicial de seu pedido para a transferência ao semiaberto e continuam no mesmo lugar, porque inexistem vagas na colônia penal.

O erro é do Poder Executivo, que tem a responsabilidade de criar e manter os estabelecimentos penais, razão pela qual lhe cabe providenciar o número de vagas necessário a dar vazão aos presos do regime fechado, que obtiverem o direito à progressão.

Por conta disso, o STF editou a Súmula Vinculante 56: "A falta de estabelecimento penal adequado não autoriza a manutenção do condenado em regime prisional mais gravoso, devendo-se observar, nessa hipótese, os parâmetros fixados no RE 641.320/RS".

Inexistindo vaga na colônia penal, cabe ao juiz determinar a inserção do condenado em situação prisional diversa e mais favorável; o mais comum é permitir a transferência do fechado diretamente ao aberto, enquanto se aguarda a vaga. Ocorre que, em nossa visão, se o preso está no regime aberto, bem adaptado, trabalhando e cumprindo as regras, não há cabimento em retrocedê-lo ao semiaberto.

Por isso, temos sustentado a transferência do fechado ao regime aberto, até que surja vaga no semiaberto, permitindo que o juiz da execução penal avalie como está a situação do condenado no caso concreto, quando surgir a mencionada vaga. Se estiver adaptado, parece-nos que o objetivo essencial da execução penal, que é a ressocialização, foi alcançado, não existindo fundamento para transferi-lo ao regime mais severo.

Essa seria a hipótese viável de progressão *por salto*, vez que o Poder Executivo causou a situação por não providenciar as vagas necessárias no semiaberto.

9.1 Pena fixada no mínimo e regime prisional mais severo

Quando o juiz fixa a pena no mínimo legal, havendo possibilidade de estabelecer o regime semiaberto ou aberto, poderia aplicar o fechado? Há *duas posições* a esse respeito: a) quando a pena for fixada no mínimo legal, porque todas as circunstâncias do art. 59 do Código Penal são favoráveis, não há razão para estabelecer regime mais severo; b) a fixação de pena no mínimo legal não leva, necessariamente, ao estabelecimento do regime mais brando, pois os requisitos do art. 59 devem ser analisados em duas fases: primeiramente, para a fixação do montante da pena e, em segundo plano, para a escolha do regime de cumprimento.

Pensamos ser muito difícil para o magistrado separar completamente os requisitos do art. 59 em duas fases distintas, conseguindo argumentos suficientes para dar pena mínima, ao mesmo tempo em que extrai outros para estabelecer regime mais severo. Afinal, se o crime é grave – não pela simples descrição típica, mas pelos aspectos fáticos que envolve –, a pena não deveria situar-se no mínimo, atendendo-se ao disposto nos elementos "circunstâncias e consequências do crime", previstos no art. 59.

Desse modo, como regra, se as circunstâncias do art. 59 são desfavoráveis, a pena não permanecerá no mínimo, assim como o regime pode ser mais severo; se favoráveis e a pena estiver no patamar mínimo, somente em caráter excepcional, devidamente justificado pelo caso concreto, poderá haver um regime mais rigoroso. Consulte-se o disposto na Súmula 719 do STF: "A imposição do regime de cumprimento mais severo do que a pena aplicada permitir exige motivação idônea".

9.2 Local de cumprimento da pena no regime fechado

É a penitenciária, alojado o condenado em cela individual, contendo dormitório, aparelho sanitário e lavatório, com salubridade e área mínima de seis metros quadrados (arts. 87 e 88, LEP). Lamentavelmente, por falta de vagas, há muitos sentenciados cumprindo pena, sem qualquer condição de salubridade e distante dos objetivos da individualização da execução.

Esse é o específico tópico referente à mencionada falência da pena de prisão: o Executivo não cumpre a lei. Se cumprir, saberemos se a pena privativa de liberdade é – ou não – o mais adequado sistema punitivo para certas infrações penais. Aliás, nesse cenário, pode-se mencionar a existência, no Estado de São Paulo, dos Centros de Ressocialização, para cumprimento de pena no regime fechado, em condições ideais, vale dizer, seguindo os termos legais. Quem passa por esse centro, segundo pesquisas realizadas, raramente torna a delinquir. Todavia, são poucas unidades e maior parte dos condenados continua nos presídios inadequados.

O cumprimento de pena privativa de liberdade, em regime fechado, em condições degradantes e desumanas, situação encontrada em presídios brasileiros, levou a Corte Interamericana de Direitos Humanos a emitir Resolução, de 28 de novembro de 2018, determinando o cômputo em dobro do tempo de prisão dos alojados no Complexo do Curado (Recife-PE), onde há superlotação, extrema insalubridade, falta de acesso à água tratada, más condições carcerárias e precariedade no atendimento à saúde. Foram excluídos apenas os processados e condenados por crimes contra a vida, a integridade física e a dignidade sexual, que precisam ser submetidos a exame criminológico para apontar se a pena pode ser computada em dobro ou não. O Supremo Tribunal Federal determinou o cumprimento dessa Resolução (HC 208.337 MC-EXTN/PE, rel. Edson Fachin, 19.12.2022, decisão monocrática). Posteriormente, o STJ deferiu o cômputo em dobro do período de cumprimento de pena de sentenciado no Instituto Penal Plácido de Sá Carvalho (de 9 de julho de 2017 a 24 de maio de 2019), situado no Complexo Prisional de Gericinó, em Bangu/RJ, porque os alojados se encontram em condições degradantes e desumanas. Decorre a decisão da Resolução da Corte Interamericana de Direitos Humanos, de 22 de novembro de 2018 (RHC 136.961/RJ, decisão monocrática, rel. Reynaldo Soares da Fonseca, 28.04.2021).

Acesse e escute o podcast sobre Cumprimento de penas no Brasil.
> http://uqr.to/1yoi8

9.3 Regime Disciplinar Diferenciado

Introduzido pela Lei 10.792/2003, foi modificado pela Lei 13.964/2019, apresentando as seguintes características: *a)* duração máxima de 2 anos, sem prejuízo de repetição da sanção por nova falta grave de mesma espécie; *b)* recolhimento em cela individual; *c)* visitas quinzenais, de duas pessoas por vez, a serem realizadas em instalações equipadas para impedir o contato físico e a passagem de objetos, por pessoa da família ou, quando terceiro, autorizado pelo juízo, com duração de duas horas; *d)* direito de saída da cela para banho de sol por duas horas diárias podendo conviver com até quatro presos, desde que não sejam do mesmo grupo criminoso; *e)* entrevistas monitoradas, exceto com o defensor, em instalações equipadas para impedir o contato físico e a passagem de coisas, salvo expressa autorização judicial em contrário; *f)* fiscalização de conteúdo da correspondência; *g)* participação em audiências judiciais em videoconferência, de preferência, assegurando a presença do defensor no mesmo local que o preso.

O regime é válido para condenados ou presos provisórios. Podem ser incluídos no mesmo regime os presos, nacionais ou estrangeiros, provisórios ou condenados, que apresentem alto risco para a ordem e a segurança do estabelecimento penal ou aqueles que (provisórios ou condenados) estiverem envolvidos ou participarem – com fundadas suspeitas –, a qualquer título, de organizações criminosas, quadrilha ou bando [associação criminosa, com a redação dada pela Lei 12.850/2013] (art. 52, § 1.º, LEP).

Enfim, três são as hipóteses para a inclusão no RDD: *a)* quando o preso provisório ou condenado praticar fato previsto como crime doloso, conturbando a ordem e a disciplina interna do presídio onde se encontre; *b)* quando o preso provisório ou condenado representar alto risco para a ordem e à segurança do estabelecimento penal ou da sociedade; *c)* quando o preso provisório ou condenado estiver envolvido com organização criminosa, associação criminosa ou milícia, bastando fundada suspeita.

O regime disciplinar diferenciado somente poderá ser decretado pelo juiz da execução penal, desde que proposto, em requerimento pormenorizado, pelo diretor do estabelecimento penal ou por outra autoridade administrativa (por exemplo, o Secretário da Administração Penitenciária, quando houver), ouvido previamente o membro do Ministério Público e a defesa (art. 54 e parágrafos da LEP). Embora o juiz tenha o prazo máximo de 15 dias para decidir a respeito, a autoridade administrativa, em caso de urgência, pode isolar o preso preventivamente, por até dez dias, aguardando a decisão judicial (art. 60 da LEP). Os prazos, no entanto, deveriam coincidir, ou seja, se o juiz tem até 15 dias para deliberar sobre o regime disciplinar diferenciado, o ideal seria que a autoridade administrativa tivesse igualmente 15 dias para isolar o preso, quando fosse necessário. Nada impede, aliás, tudo recomenda, no entanto, que o juiz, alertado de que o preso já foi isolado, decida em dez dias, evitando-se alegação de constrangimento ilegal. O tempo de isolamento provisório será computado no período total de regime disciplinar diferenciado, como uma autêntica detração.

Observa-se a severidade inconteste do mencionado regime, infelizmente criado para atender às necessidades prementes de combate ao crime organizado e aos líderes de facções que, de dentro dos presídios brasileiros, continuam a atuar na condução dos negócios criminosos fora do cárcere, além de incitarem seus comparsas soltos à prática de atos delituosos graves de todos os tipos. Por isso, é preciso que o magistrado encarregado da execução penal tenha a sensibilidade que o cargo lhe exige para avaliar a real e efetiva necessidade de inclusão do preso no RDD, especialmente do provisório, cuja inocência pode ser constatada posteriormente.

A Lei 10.792/2003 prevê, ainda, a utilização de detectores de metais, nos estabelecimentos penais, aos quais devem submeter-se "todos que queiram ter acesso ao referido estabelecimento, ainda que exerçam qualquer cargo ou função pública" (art. 3.º). A segurança nos presídios, portanto, torna-se expressamente mais severa, devendo todos, de modo igualitário, às suas normas se sujeitar (magistrados, promotores, advogados, delegados, Secretários de Estado, Governadores etc.). O art. 4.º da mencionada Lei dispõe que os estabelecimentos penais, especialmente os que possuírem o regime disciplinar diferenciado, deverão possuir equipamento bloqueador de telecomunicação para celulares, radiotransmissores e outros meios. Espera-se que haja a devida e suficiente destinação de verba pelo Poder Executivo para tanto, a fim de que a norma não seja considerada ineficaz. Novamente, estipula-se a missão da União Federal para a construção de presídios em local distante da condenação para recolher os condenados, no interesse da segurança pública ou do próprio sentenciado (art. 86, § 1.º, LEP). Fica claro que cabe ao juiz da execução penal definir o estabelecimento prisional adequado para o cumprimento da pena ou para abrigar o preso provisório (art. 86, § 3.º, LEP).

♪ PONTO RELEVANTE PARA DEBATE

A constitucionalidade do regime disciplinar diferenciado

Em face do princípio constitucional da humanidade, sustentando ser inviável, no Brasil, a existência de penas cruéis, debate-se a admissibilidade do regime disciplinar diferenciado. Diante das características do mencionado regime, em especial, do isolamento imposto ao preso durante 22 horas por dia, situação que pode perdurar por longo tempo, há argumentos no sentido de ser essa prática uma pena cruel. Pensamos, entretanto, que não se combate o crime organizado, dentro ou fora dos presídios, com o mesmo tratamento destinado ao delinquente comum. Se todos os dispositivos do Código Penal e da Lei de Execução Penal fossem fielmente cumpridos, há muitos anos, pelo Poder Executivo, encarregado de construir, sustentar e administrar os estabelecimentos penais, certamente o crime não estaria, hoje, tão organizado, de modo que não haveria necessidade de regimes como o estabelecido pelo art. 52 da Lei de Execução Penal.

A realidade distanciou-se da lei, dando margem à estruturação do crime, em todos os níveis. Mas, pior, organizou-se a marginalidade dentro do cárcere, o que é situação inconcebível, mormente se pensarmos que o preso deve estar, no regime fechado, à noite, isolado em sua cela, bem como, durante o dia, trabalhando ou desenvolvendo atividades de lazer ou aprendizado. Diante da realidade, oposta ao ideal, criou-se o RDD. É um mal necessário, mas não se trata de uma pena cruel. Proclamar a inconstitucionalidade desse regime, fechando os olhos aos caóticos cárceres aos quais estão lançados muitos presos no Brasil, é uma contradição. Constitui situação muito pior ser inserido em uma cela coletiva, repleta de condenados perigosos, com penas elevadas, muitos deles misturados aos presos provisórios, sem qualquer regramento e completamente insalubre, do que ser colocado em cela individual, longe da violência de qualquer espécie, com mais higiene e asseio, além de não se submeter a nenhum tipo de assédio de outros criminosos. Há presídios brasileiros, onde não existe o RDD, mas presos matam outros, rebeliões são uma atividade constante, fugas ocorrem a todo o momento, a violência sexual não é contida e condenados contraem doenças gravíssimas. Pensamos ser essa situação mais séria e penosa que o regime disciplinar diferenciado.

Obviamente, poder-se-ia argumentar, que um erro não justifica outro, mas é fundamental lembrar que o erro essencial provém, primordialmente, do descaso de décadas com o sistema penitenciário, gerando e possibilitando o crescimento do crime organizado dentro dos presídios. Essa situação necessita de controle imediato. Ademais, não há direito absoluto, razão pela qual a harmonia entre direitos e garantias é fundamental. Se o preso deveria estar inserido em um regime fechado ajustado à lei, o que não é regra, mas exceção, a sociedade também tem direito à segurança pública. Por isso, o RDD tornou-se uma alternativa viável para conter o avanço da criminalidade descontrolada, constituindo meio adequado para o momento vivido pela sociedade brasileira. Em lugar de combater, idealmente, o regime disciplinar diferenciado, pensamos ser mais ajustado defender, por todas as formas possíveis, o fiel cumprimento às leis penais e de execução penal, buscando implementar, na prática, os regimes fechado, semiaberto e aberto, que, em muitos lugares, constituem meras ficções.

9.4 Trabalho externo do condenado

Somente é admissível no regime fechado, em serviços ou obras públicas realizados por órgãos da administração direta ou indireta, como regra; eventualmente, pode ser feito em entidades privadas, com a concordância do sentenciado, desde que sob vigilância. Esse trabalho será remunerado. Para ser autorizada essa modalidade de trabalho, torna-se indispensável o cumprimento de, pelo menos, um sexto da pena (arts. 36 e 37, LEP).

10. REGIME SEMIABERTO

Deve ser cumprido em colônia penal agrícola ou industrial, ou estabelecimento similar (art. 35, CP). O condenado fica sujeito ao trabalho durante o dia, podendo frequentar cursos profissionalizantes, de instrução de segundo grau ou superior. Admite-se o trabalho externo, desde que haja merecimento do condenado. Não há mais isolamento noturno.

Lembre-se, ainda, haver posição jurisprudencial indicando a inviabilidade de concessão do regime semiaberto a estrangeiro condenado no Brasil, desde que sofra processo de expulsão, devendo cumprir toda a sua pena no regime fechado para, depois, ser expulso. Em nossa visão, essa postura é equivocada. O estrangeiro deve gozar de todos os benefícios que os brasileiros, mormente em matéria penal. Por isso, não há sustentação legal válida para segurar o estrangeiro no regime fechado durante todo o cumprimento da sua pena.

Outro relevante aspecto do regime semiaberto guarda proporção com a crítica feita em tópico anterior. Em várias colônias, o Poder Executivo as deixa totalmente desprovidas de trabalho interno ou salas de estudo; não gastando verba nesse lado importante da execução penal, vários juízes têm autorizado os presos a sair para trabalhar fora, transformando a colônia penal numa autêntica Casa do Albergado (regime aberto). Eis a distorção total do sistema progressivo de cumprimento de penas, cuja culpa é nitidamente do Executivo.

10.1 Saídas temporárias e trabalho externo

O trabalho externo é admissível, em caráter excepcional. As saídas temporárias, sem fiscalização direta, somente poderão ser feitas para frequência a curso supletivo profissionalizante ou de instrução do segundo grau ou superior, na comarca do Juízo da Execução (art. 122, II, LEP). Após o advento da Lei 14.843/2024, não mais se autoriza essa saída para visita à família ou atividades que concorram para o retorno ao convívio social. Além disso, vedou-se a saída temporária e o trabalho externo, sem vigilância direta, ao sentenciado que cumpre pena por conta de crime hediondo ou com violência ou grave ameaça contra pessoa.

Quando autorizada a saída temporária, pode-se impor o uso de equipamento de monitoração eletrônica pelo condenado. Em caso de frequência a curso profissionalizante ou de ensino médio ou superior, o tempo de saída será o necessário para essas atividades discentes.

A autorização depende de comportamento adequado do sentenciado, cumprimento mínimo de um sexto da pena (se primário) ou de um quarto (se reincidente) e compatibilidade do benefício com os objetivos da pena (art. 123, LEP). Vide, ainda, a Súmula 40 do Superior Tribunal de Justiça: "Para obtenção dos benefícios de saída temporária e trabalho externo, considera-se o tempo de cumprimento da pena no regime fechado".

Revoga-se o benefício se o condenado cometer fato definido como crime doloso – não é preciso haver condenação –, for punido por falta grave, desatender as condições estabelecidas pelo juiz ou demonstrar baixo grau de aproveitamento do curso. Poderá obter novamente a saída temporária se for absolvido do crime imputado, cancelada a punição disciplinar pela falta ou demonstrar merecimento.

10.2 Situação do índio

Dispõe o art. 56, parágrafo único, da Lei 6.001/73, o seguinte: "As penas de reclusão e de detenção serão cumpridas, se possível, em regime especial de semiliberdade, no local de funcionamento do órgão federal de assistência aos índios mais próximo da habitação do condenado". Portanto, a regra geral para índios condenados, por qualquer delito, independentemente da pena, deve ser o regime semiaberto.

Em situação anômala, como um índio efetivamente perigoso, com pena de reclusão elevada, pode-se aplicar o regime fechado.

11. REGIME ABERTO

Baseia-se na autodisciplina e senso de responsabilidade do condenado (art. 36, CP), que deve recolher-se, durante o repouso noturno, à Casa do Albergado, ou estabelecimento similar, sem rigorismo de uma prisão, desenvolvendo atividades laborativas externas durante o dia. Nos dias de folga, deve ficar recolhido.

A Casa do Albergado deve ser um prédio situado em centro urbano, sem obstáculos físicos para evitar fuga, com aposentos para os presos e local adequado para cursos e palestras (arts. 93 a 95, LEP).

Infelizmente, tendo em vista a inexistência de Casas do Albergado em muitas Comarcas, consolidou-se a utilização do regime de *prisão albergue domiciliar* (PAD), originalmente destinada a condenados maiores de 70 anos, condenados acometidos de doença grave, sentenciadas com filho menor ou deficiente físico ou mental e condenada gestante (art. 117, LEP).

11.1 Hipóteses de regressão do aberto a regime mais rigoroso

Há quatro situações:

a) prática de fato definido como crime doloso. Nesse caso, o melhor a fazer é "sustar" cautelarmente o regime aberto, determinando a colocação do sentenciado em regime fechado ou semiaberto, conforme o caso, aguardando o término do processo instaurado. Se for condenado, consolida-se a regressão; sendo absolvido, o regime será retomado, respeitada a detração;

b) frustração dos fins da execução. Trata-se da hipótese de prática de falta grave, deixando de trabalhar ou até ausentando-se da Casa do Albergado durante o repouso noturno;

c) não pagamento da multa cumulativamente aplicada, podendo fazê-lo. Se o condenado se encontra no regime aberto, trabalhando, intimado a pagar a multa, deixa de efetuar o recolhimento, está obrigando o Estado a promover a execução forçada, o que é incompatível com o senso de "responsabilidade e disciplina" exigido pelo regime. Tendo em vista a posição hoje predominante de que a multa, com o trânsito em julgado, torna-se dívida de valor, sem viabilidade de se tornar prisão, não se tem aplicado esse elemento para a regressão de regime;

d) condenação por crime anteriormente praticado, mas que torne a soma das penas incompatível com o regime (ex.: cumprindo três anos de reclusão em prisão albergue domiciliar, o condenado recebe nova pena de seis anos; não poderá permanecer no regime aberto, devendo ser transferido a regime compatível com a nova pena).

11.2 Inviabilidade de fixação de penas restritivas de direitos como condição do regime aberto

Há decisões de juízes da execução penal, estabelecendo, como condição *extra* para o cumprimento do regime aberto, determinadas penas restritivas de direitos, como a prestação de serviços à comunidade.

Entretanto, esse foco é ilegal, pois inexiste autorização normativa para tanto. Sob outro aspecto, as penas alternativas foram criadas justamente para *substituir* a pena privativa de liberdade, quando preenchidos os requisitos do art. 44 do Código Penal.

Diante disso, o estabelecimento cumulativo de regime aberto, que é pena privativa de liberdade, com a restritiva de direitos é inadequado.

Nesse prisma, é o teor da Súmula 493 do STJ: "É inadmissível a fixação de pena substitutiva (art. 44, CP) como condição especial ao regime aberto".

12. DIREITOS DO PRESO

12.1 Direito à visita íntima

Trata-se de situação não prevista *expressamente* no rol dos direitos do preso do art. 41 da Lei de Execução Penal. Permite-se a "visita do cônjuge, da companheira, de parentes e amigos em dias determinados" (inciso X). A interpretação sempre foi feita no sentido de encontro familiar ou amistoso, feito às claras, nos locais designados a todos os sentenciados.

Entretanto, na prática, tem sido autorizada a *visita íntima*, com relacionamento sexual, pelo diretor do estabelecimento prisional, como forma de acalmar a população carcerária, evitar a violência sexual no seu interior e fomentar os laços familiares do preso com suas companheiras ou esposas. Tornou-se um *direito costumeiro*.

No Decreto Federal 6.049/2007, cuidando do funcionamento dos presídios federais, previu-se como existente o *direito* à visita íntima (art. 95), a despeito de ser matéria de cunho legal, relativa à execução da pena, logo, inviável de ser regulada por decreto.

Parece-nos, contudo, que a modificação introduzida no art. 41, § 2.º, da LEP, pela Lei 14.994/2024, pretendendo restringir direito do preso, quando condenado por crime contra a mulher, ao *proibir* a *visita íntima ou conjugal*, terminou por reconhecê-la, de modo explícito, embora indireto, como autêntico *direito* do preso. A partir da edição da referida lei, o juiz passa a ser o responsável, em lugar do diretor do estabelecimento, por ato motivado, a restringir o referido direito à visita íntima ou conjugal, como mencionado no § 1.º do art. 41.

12.2 Direito de cumprir a pena no local do seu domicílio

Não existe esse direito, pois vigora a regra de que a pessoa deve cumprir pena no lugar do cometimento do crime. Além disso, os Estados têm construído presídios no interior, distantes da Capital, motivo pelo qual a distribuição dos detentos é atribuição exclusiva dos órgãos da execução penal, embora seja conveniente que o condenado fique perto de sua família, o que facilita o processo de ressocialização.

Outro ponto a destacar é a construção de presídio federal, situado preferencialmente em lugar afastado do local da condenação, destinado a sentenciados perigosos, que possam colocar em risco a segurança do presídio e a da sociedade.

12.3 Disposição constitucional de proteção ao preso

Diz o art. 5.º, XLIX, da Constituição Federal, que "é assegurado aos presos o respeito à integridade física e moral". No mesmo enfoque estão os arts. 40 e 41 da Lei de Execução Penal (direitos do preso): a) alimentação suficiente e vestuário; b) atribuição de trabalho e sua remuneração; c) previdência social; d) constituição de pecúlio; e) proporcionalidade de tempo entre trabalho, descanso e recreação; f) exercício de atividades profissionais, intelectuais, artísticas e desportivas, compatíveis com sua pena; g) assistência material, jurídica, educacional, social, religiosa e à saúde; h) proteção contra qualquer tipo de sensacionalismo; i) entrevista direta com o advogado; j) visita de cônjuge, companheira, parentes e amigos, em dias determinados; k) chamamento nominal; l) igualdade de tratamento, salvo quanto às exigências da individualização da pena; m) avistar-se com o diretor do presídio; n) possibilidade de representação e petição a qualquer autoridade; o) contato com o mundo exterior por meio de correspondência escrita, da leitura e de outros meios de informação que não comprometam a moral e os bons costumes; p) recebimento de atestado de pena a cumprir, anualmente.

12.4 Direito do preso à execução provisória da pena

Tem sido posição predominante, tanto na doutrina, quanto na jurisprudência, poder o condenado a pena privativa de liberdade executá-la provisoriamente, em especial quando pretende a progressão de regime, pleiteando a passagem do fechado para o semiaberto.

A viabilidade somente estará presente quando a decisão condenatória impuser pena privativa de liberdade e o réu estiver preso, devendo assim permanecer enquanto transcorre eventual recurso.

Mesmo existindo recurso do Ministério Público para aumento da pena, estando detido provisoriamente o acusado, cabe a execução provisória da pena. Afinal, se o órgão acusatório tiver sucesso em seu apelo, provocando a elevação da pena, faz-se o recálculo dos benefícios, podendo ser o caso de regressão do condenado a regime mais rigoroso.

A pretexto de se tratar de *prisão provisória*, cautelarmente decretada durante a instrução, não se pode obstar esse direito, uma vez que, existindo eventual triunfo da defesa, por ocasião do julgamento de seu recurso, o máximo que poderá ocorrer será a sua imediata liberação – quando houver absolvição ou diminuição da pena. Lembre-se que o tempo de prisão provisória será computado como se pena cumprida fosse, em virtude da detração (art. 42, CP), o que fortalece, ainda mais, a possibilidade de se conceder ao sentenciado algum benefício, caso tenha preenchido o requisito objetivo, concernente ao tempo de prisão. Aliás, o art. 2.º, parágrafo único, da Lei de Execução Penal, prevê a possibilidade de se aplicar ao preso provisório o disposto nesta Lei, o que permite supor estar incluída a progressão.

Logicamente, esta não será automática, respeitando-se os demais requisitos para a concessão, como o merecimento. Como argumento contrário à execução provisória da pena, invoca-se o princípio constitucional da presunção de inocência. Se o réu é inocente até que a decisão condenatória se torne definitiva, não seria possível fazê-lo cumprir antecipadamente a pena. Ocorre que os direitos e garantias fundamentais, previstos na Constituição, servem para proteção do indivíduo, e não para prejudicá-lo, o que aconteceria caso fosse invocada a presunção de inocência como causa impeditiva da execução provisória.

Há Resolução do Conselho Nacional de Justiça, disciplinando a execução provisória da pena e indicando como juiz competente o da execução penal.

Finalmente, a viabilidade de existir execução provisória da pena está consolidada, conforme se pode verificar pela edição da Súmula 716 do Supremo Tribunal Federal: "Admite-se a progressão de regime de cumprimento da pena ou a aplicação imediata de regime menos severo nela determinada, antes do trânsito em julgado da sentença condenatória".

Confira-se, também, a Súmula 717 do STF: "Não impede a progressão de regime de execução da pena, fixada em sentença não transitada em julgado, o fato de o réu se encontrar em prisão especial".

13. TRABALHO DO PRESO

13.1 Distinção entre trabalho forçado e trabalho obrigatório

O trabalho faz parte da laborterapia inerente à execução da pena do condenado, que necessita de reeducação, e nada melhor do que fazê-lo por intermédio do trabalho. Constitui um dever do preso (art. 39, V, LEP).

Por outro lado, a Constituição Federal veda a pena de trabalhos forçados (art. 5.º, XLVII, *c*), o que significa não se poder exigir do preso o trabalho sob pena de castigos corporais ou psicológicos e sem qualquer benefício ou remuneração. Diz Luiz Vicente Cernicchiaro: "Extinta a escravatura, não faz sentido o trabalho gratuito, ainda que imposto pelo Estado, mesmo na execução da sentença criminal. A remuneração do trabalho está definitivamente assentada. O Direito Penal virou também a página da história. O Código Criminal do Império estatuía no art. 46: 'A pena de prisão com trabalho obrigará os réus a ocuparem-se diariamente no trabalho que lhes for designado dentro do recinto das prisões, na conformidade das sentenças e dos regulamentos policiais das mesmas prisões'. A superação do trabalho gratuito caminha paralelamente à rejeição do confisco de bens" (*Direito penal na Constituição*, p. 133).

13.2 Trabalho do preso e remição

Remição é o resgate da pena pelo trabalho ou estudo, permitindo-se o abatimento do montante da condenação, periodicamente, desde que se constate estar o preso em atividade laborativa ou estudantil. Trata-se de um benefício e um incentivo ao sentenciado.

O trabalho, segundo a Lei de Execução Penal (art. 31), é obrigatório, mas não forçado. O condenado que almejar conseguir benefícios durante o cumprimento da pena deve trabalhar e a sua recusa configura falta grave (art. 51, III, c/c art. 39, V, da Lei de Execução Penal) e, consequentemente, o impedimento à progressão de regime e ao livramento condicional.

São requisitos para o reconhecimento da remição: a) três dias de trabalho por um dia de pena ou doze horas de estudo por dia de condenação; b) apresentar *merecimento*, auferido pela inexistência de registro de faltas graves no seu prontuário; c) cumprir o mínimo de seis horas diárias (máximo de oito) de trabalho, com descanso aos domingos e feriados. É viável a concessão de horário especial de trabalho, quando o preso for designado para serviços de conservação e manutenção do presídio (art. 33, parágrafo único, da Lei de Execução Penal). No caso de estudo, há um período de quatro horas por dia; d) apresentar atestado de trabalho ou frequência a estudo fornecido pelo presídio, com presunção de veracidade; e) exercício de trabalho ou estudo reconhecido pela direção do estabelecimento prisional.

O tempo remido deve ser computado como pena cumprida para todos os efeitos (art. 128, LEP). Portanto, cada vez que o juiz declarar o abatimento da pena, devem ser refeitos todos os cálculos em relação aos benefícios penais.

Verifique-se, ainda, o conteúdo da Súmula 562 do STJ, que dispõe: "É possível a remição de parte do tempo de execução da pena quando o condenado, em regime fechado ou semiaberto, desempenha atividade laborativa, ainda que extramuros".

13.2.1 Perda dos dias remidos e falta grave

Se o sentenciado praticar falta grave, devidamente apurada e inscrita no seu prontuário, pode perder até um terço de seus dias remidos, devendo o juiz levar em conta a natureza, os motivos, as circunstâncias e as consequências do fato, bem como a pessoa do preso e seu tempo de prisão (art. 127 c.c. art. 57, LEP). A mensuração do tempo remido a ser perdido cabe ao magistrado da execução penal, com base nos dados mencionados; as faltas graves possuem diversidade suficiente para a opção pelo máximo (1/3) ou quantidade menor. Geralmente, as que decorrem de atitudes violentas do sentenciado ou participação em rebelião ou fuga são mais sérias.

Deveria ter constado expressamente o mínimo de perda, em lei, mas ficou em aberto (menciona-se uma perda de "até um terço"). Em tese, o juiz poderia determinar a redução de apenas um dia (esse é o mínimo possível para qualquer pena privativa de liberdade), o que seria incongruente, pois houve uma falta grave, que acarreta a sanção *efetiva* de perda de parcela do tempo remido. Por outro lado, impor, sempre, o máximo é injusto.

Parece-nos razoável utilizar os critérios para a fixação da pena, considerando o mínimo de 1/8 para a perda dos dias remidos, respeitado o teto estabelecido pelo art. 127.

13.2.2 Inexistência de oportunidade de trabalho e preso provisório

Não cabe a remição quando o estabelecimento prisional não ofereça oportunidade de exercer atividade laborativa ou frequência a estudo, pois a lei é clara, exigindo o efetivo trabalho ou estudo para a redenção da pena. Aceitá-la seria a consagração da *reincidência ficta*.

Porém, é fundamental repensar essa situação, uma vez que a falta de trabalho ou estudo não depende do condenado, mas constitui culpa do Estado. Os anos passam, desde a edição da Lei de Execução Penal (1984), mas a administração penitenciária não cumpre, de modo efetivo e generalizado, a sua obrigação de providenciar trabalho e estudo nas unidades prisionais. Parece-nos cabível, portanto, a remição sempre que o preso esteja disposto a trabalhar ou estudar e não puder fazer isso por falta de condições do estabelecimento penal. Em decisão promissora, o Superior Tribunal de Justiça, por unanimidade, reconheceu a viabilidade de computar a remição, mesmo sem ter o sentenciado efetivamente trabalhado, em decorrência das restrições impostas pela pandemia da covid-19 (REsp 1.953.607-SC, 3.ª Seção, rel. Ribeiro Dantas, 14.09.2022, v.u.).

Havia controvérsia em relação à aceitação do benefício da remição para presos provisórios. A Lei 12.433/2011 reparou a polêmica e estabeleceu, com clareza, tal viabilidade (art. 126, § 7.º, LEP). Aliás, andou bem, pois o direito à execução provisória da pena praticamente equiparou o condenado definitivo ao preso cautelar. Então, mais adequado que o provisório possa trabalhar ou estudar do mesmo modo que o sentenciado.

13.2.3 Remição pelo estudo

Não havia previsão legal, embora fosse expressa recomendação da jurisprudência que se pudesse conceder a remição pelo estudo. Em decisão proferida no dia 27 de junho de 2007, o Superior Tribunal de Justiça editou a Súmula 341, com o seguinte enunciado: "A frequência a curso de ensino formal é causa de remição de parte do tempo de execução de pena sob regime fechado ou semiaberto".

A Lei 12.433/2011 corrigiu essa omissão, autorizando a remição pelo estudo à razão de 12 horas de frequência escolar para um dia remido (atividade de ensino fundamental, médio, inclusive profissionalizante, ou superior, incluindo-se requalificação profissional), divididas em, pelo menos, três dias (quatro horas por dia).

Normalmente, o direito à remição envolve os presos em regime fechado ou semiaberto, pois, em regime aberto ou livramento condicional, há o *dever* de trabalho honesto. Todavia incluiu-se a viabilidade de remir pelo estudo, aumentado o benefício, admitindo-se também em regime aberto ou livramento condicional (art. 126, § 6.º, LEP).

A conclusão de ensino fundamental, médio ou superior, durante o cumprimento da pena, permite o acréscimo de 1/3 no tempo a remir (art. 126, § 5.º, LEP).

> **PONTO RELEVANTE PARA DEBATE**
>
> **A remição pelo estudo e o aproveitamento escolar**
>
> A Lei 12.433/2011 introduziu a possibilidade de remição da pena por meio do estudo do sentenciado, exigindo, pelo menos, 12 horas para cada dia de pena compensada. Demanda-se, para tanto, o atestado de frequência escolar, mas não se menciona, quando o estudo se desenvolve no interior do estabelecimento prisional, qualquer aproveitamento escolar.
>
> Paradoxalmente, quando o preso estudar fora do presídio, deverá ser comprovada a frequência e, também, o aproveitamento escolar (art. 129, § 1.º, LEP).
>
> Segundo nos parece, em qualquer hipótese, deve o juiz da execução penal exigir não somente o atestado de frequência às aulas, mas igualmente o aproveitamento escolar do condenado. Afinal, quem trabalha, em qualquer setor, deve demonstrar rendimento, sob pena de não ser considerado o seu labor; não é possível passar o dia sentado na lavanderia, por exemplo, em lugar de lavar a roupa. Por isso, de nada resolve o preso assistir aula, sem nenhuma interação ou algum rendimento escolar.
>
> Se comparecer à aula e não participar dos trabalhos, deixar de realizar testes e provas para apuração do aproveitamento, tal fato deve ser comunicado ao juiz e o atestado não deve ser validado para fim de remição.

Por tal motivo, éramos contrários à ideia de que a leitura de livros (qualquer obra) seria equivalente ao estudo, dando ensejo à remição. No entanto, temos constatado que, em vários estabelecimentos penais, essa leitura é coordenada e fiscalizada, por meio de resenhas e tempo destinado à tarefa, o que supre a lacuna existente. Quando a leitura é devidamente dirigida, por certo, constitui uma forma de estudo e é válida para remição.

O resgate da pena por atividades positivas faz parte da ressocialização do sentenciado.

14. SUPERVENIÊNCIA DE DOENÇA MENTAL

É preciso distinguir a doença mental que acomete o sentenciado, durante a execução da sua pena, da enfermidade que possui o agente no momento da conduta delituosa. A este último caso aplica-se o disposto no art. 26 do Código Penal, vale dizer, não se aplica pena, mas medida de segurança, ocorrendo a chamada *absolvição imprópria*. O juiz, apesar de absolver o réu, impõe-lhe medida de segurança (internação ou tratamento ambulatorial), que será, nos termos do art. 97, § 1.º, do Código Penal, indeterminada, como regra, até que haja a cessação da periculosidade (afinal, cometeu um injusto no estado de insanidade).

A superveniência de doença mental ao condenado, no entanto, apesar de poder levar à conversão da pena em medida de segurança, nos termos do disposto no art. 41 do Código Penal, em combinação com o art. 183 da Lei de Execução Penal, não pode ser por tempo indeterminado, respeitando-se o final da sua pena. Afinal, o sistema do duplo binário (aplicação de pena e medida de segurança) foi abolido em 1984, de forma que, se o réu foi condenado, por ter sido considerado imputável à época do crime, recebendo a reprimenda cabível, por tempo determinado, não pode ficar o resto dos seus dias submetido a uma medida de segurança penal.

Assim, terminada a sua pena, estando ele em hospital de custódia e tratamento psiquiátrico, deve ser colocado à disposição do juízo civil, caso ocorra a interdição, tal como acontece com qualquer pessoa acometida de uma enfermidade mental incurável. Por derradeiro, é preciso que se diga que, se a doença mental for curável e passageira, não há necessidade de conversão da pena em medida de segurança, mas tão somente a transferência do preso para tratamento em hospital adequado, por curto período. Assim: "O internamento ou a sujeição ao ambulatório podem constituir providência temporária. Uma vez cessada a causa determinante daquela medida o agente voltará a cumprir a pena computando-se no seu tempo o período em que esteve internado" (Miguel Reale Júnior, René Ariel Dotti, Ricardo Antunes Andreucci e Sérgio Marcos de Moraes Pitombo, *Penas e medidas de segurança no novo Código*, p. 119). Na mesma ótica, conferir a lição de Aníbal Bruno: "(...) tomada a pena, como hoje é geralmente admitida, sobretudo na sua fase executiva, como um processo recuperador do delinquente para o seu ajustamento à vida social, com este coincide o tratamento que visa à normalização do seu estado mental. Esse tratamento não se divorcia da corrente de atividades que a execução da pena faz que se exerçam sobre o sentenciado". Computar o tempo de tratamento como se fosse cumprimento da pena é "uma exigência não só de piedade e de justiça, mas de lógica do sistema. Assim, o sentenciado recolhido a hospital ou manicômio conta o tempo em que ali permanece como de execução da pena" (*Das penas*, p. 77).

15. DETRAÇÃO

É a contagem no tempo da pena privativa de liberdade e da medida de segurança do período em que ficou detido o condenado em prisão provisória, no Brasil ou no exterior, de prisão administrativa ou mesmo de internação em hospital de custódia e tratamento. Ex.: se o sentenciado foi preso provisoriamente e ficou detido por um ano até a condenação transitar em julgado, sendo apenado a seis anos de reclusão, cumprirá somente mais cinco.

15.1 Cômputo da prisão provisória na medida de segurança

O desconto deve ser feito no prazo mínimo de internação ou tratamento ambulatorial (1 a 3 anos), e não no tempo total de aplicação da medida de segurança, pois indeterminado. Assim, se o juiz fixa 2 anos de internação mínima, mas o apenado já ficou preso por um ano, preventivamente, deve ser realizado o exame de cessação de periculosidade dentro de um ano (e não em dois, como originalmente determinado).

Expõe a doutrina que "a regra da detração em relação à medida de segurança se justifica não para o fim de ser levantada a medida, como é curial, mas para o efeito de contar o tempo para a realização obrigatória do exame de averiguação de periculosidade ao termo do prazo mínimo" (Miguel Reale Júnior, René Ariel Dotti, Ricardo Antunes Andreucci e Sérgio Marcos de Moraes Pitombo. *Penas e medidas de segurança no novo Código*, p. 123).

15.2 Ligação entre a prisão provisória e a pena concreta para aplicar a detração

Há basicamente *duas correntes*: a) *deve haver ligação entre o fato criminoso, a prisão provisória decretada e a pena aplicada*; b) *não precisa haver ligação entre o fato criminoso praticado, a prisão provisória e a pena*, desde que haja absolvição, extinção da punibilidade ou redução da pena em outro processo por crime anteriormente cometido, mas prisão decretada depois. Ex.: se o réu comete um roubo, no dia 20 de março de 1990, e depois pratica um furto, pelo qual tem a prisão preventiva decretada, no dia 13 de maio de 1990, caso seja absolvido pelo furto e condenado pelo roubo, poderá computar o tempo de prisão provisória na pena do crime pelo qual foi apenado.

O que não se pode aceitar, de modo algum, é a aplicação da detração quando o fato criminoso pelo qual houve condenação tenha sido praticado posteriormente ao delito que trouxe a prisão provisória e a absolvição. Seria o indevido "crédito em conta corrente". Ex.: o sujeito pratica um roubo, pelo qual é preso em flagrante, mas é absolvido; depois comete um furto, pelo qual vem a ser condenado. Se pudesse descontar o tempo do flagrante do roubo na pena do furto, estaria criando um "crédito" contra o Estado para ser utilizado no futuro, o que é ilógico.

15.3 Detração e pena de multa

Aplica-se, por analogia *in bonam partem*, no desconto da pena de multa o tempo de prisão provisória. Assim, quem foi preso preventivamente para, ao final, ser condenado apenas à pena pecuniária não terá nada a cumprir.

É o que ocorre quando alguém é preso e denunciado por tráfico ilícito de drogas (art. 33, Lei 11.343/2006), mas, ao término da instrução, o juiz desclassifica a infração para a forma do art. 28 da mesma Lei (para consumo próprio). Inexiste pena privativa de liberdade para tal espécie de infração. Logo, para quem já ficou preso preventivamente um tempo considerável *nada mais há a cumprir*. É a aplicação da detração imprópria, em benefício do réu.

15.4 Detração e determinação do regime inicial da pena

A aplicação da detração não deveria influenciar o juiz na fixação do regime inicial de cumprimento da pena. Desse modo, por exemplo, se o agente ficasse preso por 2 anos, preventivamente, para depois ser condenado a 9 anos de reclusão (o que exigiria a fixação do regime fechado inicial), não haveria como o magistrado da condenação fazer o desconto referente à detração, a fim de considerar que tivesse ele apenas mais 7 anos para cumprir, impondo-lhe o regime semiaberto.

Porém, atualmente, confirma-se a imensa lentidão do Judiciário para dar fim ao processo criminal, acarretando ao preso cautelar diversos problemas e obstáculos, tanto assim que se criou na jurisprudência o direito à execução provisória da pena. Diante disso, soa-nos justo computar o tempo de prisão provisória, extenso e difícil para o acusado, para o fim de cálculo do regime inicial de cumprimento da pena. No exemplo supracitado, poderia ele receber o regime semiaberto, evitando-se maiores transtornos para a execução da pena.

Essa posição doutrinária terminou consagrada pela Lei 12.736/2012, que incluiu no art. 387 do Código de Processo Penal o § 2.º, nos seguintes termos: "o tempo de prisão provisória, de prisão administrativa ou de internação, no Brasil ou no estrangeiro, será computado para fins de determinação do regime inicial de pena privativa de liberdade".

15.5 Detração e suspensão condicional da pena

O desconto deve operar-se na pena privativa de liberdade fixada, se vier a ser cumprida, caso revogado o *sursis*, mas não no tempo de suspensão. Imagine-se, por exemplo, que o réu seja condenado a dois anos de reclusão, tendo ficado preso provisoriamente por seis meses. Recebe o benefício da suspensão condicional da pena pelo prazo de dois anos. Caso seja revisto o *sursis*, ao invés de cumprir dois anos, cumprirá somente um ano e seis meses. Em nada poderá interferir a prisão provisória no período de prova – afinal, se a condenação fosse de apenas um ano e seis meses, do mesmo modo caberia o *sursis* pelos mesmos dois anos.

15.6 Detração e penas alternativas previstas ao usuário de drogas

Estabelece o art. 28 da Lei 11.343/2006 as seguintes penas para o usuário de entorpecentes: a) advertência sobre os efeitos das drogas; b) prestação de serviços à comunidade; c) medida educativa de comparecimento a programa ou curso educativo.

Há muitos casos em que o réu foi preso em flagrante, indiciado e processado como incurso no art. 33, tido por traficante, mas, ao final da instrução, o juiz desclassifica a infração penal para a figura do art. 28. Ficou detido por semanas ou meses e não há, em nosso entendimento, qualquer cabimento para que cumpra as penas alternativas previstas para o usuário. Afinal, já enfrentou o pior, que é a segregação cautelar, em regime fechado, o que poderia servir de tempo detraído, caso fosse condenado a pena privativa de liberdade. Logo, por analogia *in bonam partem*, deve-se aplicar a detração no mesmo prisma, deixando de aplicar qualquer reprimenda em caso de desclassificação de tráfico para uso. Como exposto no item 15.3 *supra*, cuida-se da detração imprópria.

15.7 Detração e medidas alternativas processuais

O art. 282 do Código de Processo Penal prevê a possibilidade de substituir a prisão preventiva por medidas cautelares alternativas, descritas no art. 319 do mesmo Código. Debate-se a aplicabilidade da remição, por analogia *in bonam partem*, na pena privativa de liberdade de quem cumpriu medida cautelar diversa da prisão durante a fase de instrução do processo.

Cremos viável, desde que exista compatibilidade e correspondência entre a medida cautelar e a pena definitiva. Algumas medidas impõem limitações que não se relacionam com qualquer pena privativa de liberdade, como, por exemplo, manter distância mínima da vítima e de testemunhas durante o trâmite processual. Imposta pena de prisão, não há sentido algum em descontar o tempo de medida cautelar no *quantum* estabelecido para a pena em regime fechado, semiaberto ou aberto. Contudo, se for fixada medida de recolhimento domiciliar em período noturno e nos fins de semana para, depois, estabelecer uma pena privativa de liberdade, em regime aberto, com prisão albergue domiciliar, vale dizer, recolhimento domiciliar nos mesmos termos da cautelar, por questão de lógica, torna-se adequado aplicar a detração. Afinal, o sentenciado *adiantou* o cumprimento da sanção penal e essa é a finalidade da detração.

O Superior Tribunal de Justiça tem entendido viável a detração da cautelar de recolhimento domiciliar noturno e nos fins de semana, com ou sem monitoração eletrônica, para qualquer dos regimes (fechado, semiaberto e aberto). Entretanto, o STF adotou o entendimento de ser necessário haver correlação entre a medida cautelar imposta e a pena efetivamente aplicada. Desse modo, o recolhimento noturno e nos fins de semana equivale ao regime aberto, mas não tem qualquer relação com o regime fechado. É o que nos parece adequado: correlação entre medida cautelar e pena definitiva.

SÍNTESE

Espécies de penas privativas de liberdade: reclusão (delitos mais graves), detenção (delitos menos graves) e prisão simples (contravenções penais). Na essência, no entanto, são todas penas de prisão.

Regime fechado: deve ser cumprido em estabelecimento prisional de segurança máxima, sem possibilidade de saída temporária, com trabalho obrigatório durante o dia e isolamento no repouso noturno.

Regime semiaberto: deve ser cumprido em colônia penal agrícola ou industrial, estabelecimento de segurança média, com trabalho obrigatório durante o dia e alojamento coletivo durante a noite. Pode haver saída temporária e, eventualmente, trabalho externo e frequência a cursos profissionalizantes.

Regime aberto: deve ser cumprido em casas do albergado ou estabelecimentos similares, sem qualquer obstáculo à fuga, pois caracteriza-se pela autodisciplina e senso de responsabilidade do condenado. Este, por sua vez, deve recolher-se à casa do albergado durante o repouso noturno e nos finais de semana, quando não esteja trabalhando.

Regime de prisão albergue domiciliar: é a forma de cumprimento do regime aberto, idealizado para condenados especiais (maiores de 70 anos, mulheres grávidas ou com filhos pequenos, pessoas enfermas), com o objetivo de cumprirem a pena em seus domicílios. Entretanto, atualmente, pela falta de casa do albergado em muitas comarcas, tornou-se o regime aberto aplicado no caso concreto, independentemente dos requisitos estabelecidos na Lei de Execução Penal.

Progressão da pena: é a concretização da individualização da pena, pois o condenado tem a oportunidade de se transferir do regime mais rigoroso para o menos severo, desde que cumpra um período da pena, como regra, no anterior e demonstre merecimento.

Remição: é o resgate da pena pelo trabalho ou estudo, abatendo-se do montante da condenação os dias trabalhados ou de frequência escolar, na proporção de três dias de labor ou estudo por um dia de pena.

Detração: é o desconto na pena privativa de liberdade e na medida de segurança do tempo de prisão provisória, no Brasil ou no exterior.

Capítulo XXIII
Penas Restritivas de Direitos

1. CONCEITO DE PENAS RESTRITIVAS DE DIREITOS

São penas alternativas expressamente previstas em lei, tendo por fim evitar o encarceramento de determinados criminosos, autores de infrações penais consideradas mais leves, promovendo-lhes a recuperação através de restrições a certos direitos. É o que Nilo Batista define como um movimento denominado "fuga da pena", iniciado a partir dos anos 1970, quando se verificou, com maior evidência, o fracasso do tradicional sistema punitivo no Brasil (*Alternativas à prisão no Brasil*, p. 76).

Conceitualmente, as penas restritivas de direitos gozam de ampla aceitação doutrinária e até jurisprudencial. Na prática, o que se vê é a carência de penas alternativas efetivas. O Parlamento insiste em penas inexequíveis e contraproducentes, enfim, criou um quadro, majoritariamente, negativo de penas restritivas de direitos. É preciso reformar, com urgência, esse contexto normativo, pois a única pena alternativa com valor social, atualmente, é a prestação de serviços à comunidade.

2. NATUREZA JURÍDICA

São sanções penais autônomas e substitutivas. São substitutivas porque derivam da permuta que se faz após a aplicação, na sentença condenatória, da pena privativa de liberdade. Não há, no Código Penal, tipos incriminadores prevendo, no preceito secundário, pena restritiva de direito. Portanto, quando o juiz aplicar pena privativa de liberdade, pode substituí-la por restritiva, pelo mesmo prazo da primeira. São autônomas porque subsistem por si mesmas após a substituição. O juiz das execuções penais, diretamente, cuidará de fazer cumprir a restrição de direito, e não mais a privativa de liberdade, salvo necessidade de conversão por fatores incertos e futuros (cf. Miguel Reale Júnior, René Ariel Dotti, Ricardo Antunes Andreucci e Sérgio Marcos de Moraes Pitombo, *Penas e medidas de segurança no novo Código*, p. 138).

Apesar do mencionado caráter substitutivo da pena restritiva de direitos, atualmente já se pode encontrar exemplos de penas restritivas, com montantes próprios, aplicáveis independentemente das penas privativas de liberdade. O Código de Trânsito Brasileiro (Lei 9.503/97), no art. 292, dispõe que "a suspensão ou a proibição de se obter a permissão ou a habilitação para dirigir veículo automotor pode ser imposta isolada ou cumulativamente com outras penalidades". Em outros dispositivos, como acontece com o art. 302, prevê-se a possibilidade de aplicar pena privativa de liberdade cumulada com a restritiva de direito: "Praticar homicídio culposo na direção de veículo automotor: Penas – detenção, de dois a quatro anos, e suspensão ou proibição de se obter a permissão ou a habilitação para dirigir veículo automotor". A suspensão ou proibição de obtenção da permissão ou da habilitação, por sua vez, tem prazo diverso da pena privativa de liberdade, variando de dois meses a cinco anos (art. 293, *caput*, Lei 9.503/97).

Na Lei 11.343/2006 (Drogas) podem ser encontradas no art. 28 (destinado ao usuário) penas restritivas de direitos diretamente fixadas no preceitos sancionador, vale dizer, são aplicadas diretamente e não substituem penas privativas de liberdade. Dispõe o referido artigo que o delito de porte de drogas para consumo pessoal submeterá o agente às penas de advertência, prestação de serviços à comunidade e/ou medida educativa de comparecimento a programa ou curso educativo (estas duas últimas contando com prazos variando entre um dia a dez meses, conforme a situação). Se não forem cumpridas, as sanções poderão ser a admoestação verbal e a aplicação de multa. Logo, a pena restritiva de direitos aplicada não substitui nenhuma pena privativa de liberdade, que deixou de existir para tal delito.

3. ESPÉCIES DE PENAS RESTRITIVAS DE DIREITOS

No Código Penal (art. 43), encontramos cinco modalidades: a) prestação pecuniária; b) perda de bens e valores; c) prestação de serviços à comunidade ou a entidades públicas; d) interdição temporária de direitos; e) limitação de fim de semana.

A prestação pecuniária consiste no pagamento em dinheiro feito à vítima e seus dependentes ou a entidade pública ou privada, com destinação social, de uma importância fixada pelo juiz, não inferior a um salário mínimo nem superior a 360 salários mínimos. Pode, conforme o caso, transformar-se em prestação de outra natureza, conforme veremos no item próprio.

A perda de bens e valores consiste na transferência, em favor do Fundo Penitenciário Nacional, de bens e valores adquiridos licitamente pelo condenado, integrantes do seu patrimônio, tendo como teto o montante do prejuízo causado ou o proveito obtido pelo agente ou terceiro com a prática do crime, o que for maior.

A prestação de serviços à comunidade ou a entidades públicas é a atribuição de tarefas gratuitas ao condenado junto a entidades assistenciais, hospitais, orfanatos e outros estabelecimentos similares, em programas comunitários ou estatais. Trata-se, em nosso entender, da melhor sanção penal substitutiva da pena privativa de liberdade, pois obriga o autor de crime a reparar o dano causado através do seu trabalho, reeducando-se, enquanto cumpre pena. Nesse sentido, note-se a lição de Paul de Cant: "A ideia de fazer um delinquente executar um trabalho 'reparador' em benefício da comunidade tem sido frequentemente expressa nestes últimos anos. O fato mais admirável é que parece que Beccaria já havia pensado em uma pena dessa natureza ao escrever, no século XVIII, que 'a pena mais oportuna será somente aquela espécie de servidão que seja justa, quer dizer, a servidão temporária que põe o trabalho e a pessoa do culpado a serviço da sociedade, porque este estado de dependência total é a reparação do injusto despotismo exercido por ele em violação ao pacto social'" (*O trabalho em benefício da comunidade: uma pena de substituição?*, p. 47).

A interdição temporária de direitos consiste em impedir o exercício de determinada função ou atividade por um período determinado, como forma de punir o agente de crime relacionado à referida função ou atividade proibida, frequentar determinados lugares ou inscrever-se em concurso, avaliação ou exame públicos.

A limitação de fim de semana consiste na obrigação do condenado de permanecer, aos sábados e domingos, por cinco horas diárias, em Casa do Albergado ou lugar adequado, a fim de participar de cursos e ouvir palestras, bem como desenvolver atividades educativas.

4. REQUISITOS PARA A CONCESSÃO DAS PENAS RESTRITIVAS DE DIREITOS

São três requisitos objetivos e um subjetivo, decomposto em vários itens (art. 44, CP): *objetivos*: a) aplicação de pena privativa de liberdade não superior a quatro anos, quando se tratar de crime doloso; b) crime cometido sem violência ou grave ameaça à pessoa; c) réu não reincidente em delito doloso; *subjetivo*: condições pessoais favoráveis: d.1) culpabilidade; d.2) antecedentes; d.3) conduta social; d.4) personalidade; d.5) motivos; d.6) circunstâncias.

Quanto à duração da pena aplicada, a restrição a um montante de quatro anos somente se dá no tocante aos crimes dolosos. Os culposos não possuem limite.

Não cabe ao juiz estabelecer exceção não criada pela lei, de forma que estão excluídos todos os delitos violentos ou com grave ameaça, ainda que comportem penas de pouca duração. No caso da lesão corporal dolosa – leve, grave ou gravíssima (pouco importando se de "menor potencial ofensivo" ou não) –, para efeito de aplicação da substituição da pena, não mais tem cabimento a restritiva de direitos. O juiz, em caso de condenação, poderá conceder o *sursis* ou fixar o regime aberto para cumprimento. Há posição contrária, sustentando que, nas hipóteses de infração de menor potencial ofensivo, se cabe transação, por certo seria aplicável a substituição por pena restritiva de direitos. Pensamos de modo diverso. Se o autor desse tipo de infração merecer a transação, esta será aplicada. Não sendo o caso, é processado regularmente, vedada a substituição por restrição de direitos, restando outras medidas alternativas de política criminal.

Quanto à violência, busca a doutrina fazer diferença entre violência real, própria ou imprópria, e presumida. Sustentamos, no entanto, que a violência abrange as formas física e moral, ainda que o legislador tenha preferido separá-las, quando as menciona nas normas penais, falando sempre de uma e outra. Deveria ter mencionado apenas a palavra *violência*. Não sendo assim, quando se lê *grave ameaça* entende-se a modalidade de violência moral; quando se lê *violência*, vê-se a física.

A violência presumida, por outro lado, é forma de violência física, pois resulta da incapacidade de resistência da pessoa ofendida. Quem não consegue resistir, porque o agente se valeu de mecanismos indiretos para dobrar seu esforço (drogando a vítima, por exemplo) está fisicamente retirando o que lhe pertence. Por isso, o que se denomina de violência *imprópria* não passa da violência presumida, que é, no caso do art. 44, igualmente impeditiva da concessão de penas alternativas.

Em suma, a violência é física (com agressão direta ou indireta à integridade da vítima) ou moral (com grave ameaça), mas sempre própria. A denominada violência imprópria, que seria dobrar a capacidade de resistência por outros meios não passa de uma forma de violência presumida. Mas, esta forma de violência, porque impede o ofendido de resistir, não deixa de ser forma de violência física, embora por meios indiretos. Quem insere droga na bebida da vítima, que desmaia, verga a sua capacidade de resistir, agredindo-a de maneira indireta. A existência de qualquer delas impede a substituição por pena restritiva de direitos.

PONTOS RELEVANTES PARA DEBATE

A substituição de pena privativa de liberdade por restritiva de direitos para os delitos hediondos e equiparados

Como regra, não cabe a substituição da pena privativa de liberdade por restritiva de direitos, por falta do requisito objetivo: geralmente, a pena é superior a 4 anos ou o delito é cometido com violência ou grave ameaça à pessoa.

Todavia, a situação mais frequente liga-se ao tráfico ilícito de drogas, delito equiparado a hediondo, cuja pena mínima é de 5 anos de reclusão, mas comporta um redutor de 1/6 a 2/3 (art. 33, § 4.º). Caso aplicada essa causa de diminuição da pena, o montante pode situar-se abaixo dos quatro anos, comportando a substituição por penas alternativas, pois o delito não é violento.

Na Lei de Drogas, o art. 44, *caput*, vedava a substituição da pena privativa de liberdade por restritiva de direito, mas o STF proclamou a inconstitucionalidade dessa proibição, por ferir a individualização da pena.

Além disso, o Supremo Tribunal Federal editou a Súmula Vinculante 59: "É impositiva a fixação do regime aberto e a substituição da pena privativa de liberdade por restritiva de direitos quando reconhecida a figura do tráfico privilegiado (art. 33, § 4.º, da Lei 11.343/2006)

e ausentes vetores negativos na primeira fase da dosimetria (art. 59 do CP), observados os requisitos do art. 33, § 2.º, alínea c, e do art. 44, ambos do Código Penal".

Conclui-se, em síntese, a viabilidade, em tese, de aplicação de penas restritivas de direitos a crimes hediondos ou equiparados, desde que a pena se situe abaixo dos quatro anos e não envolva violência ou grave ameaça à pessoa. No entanto, é preciso destacar a análise subjetiva que o juiz pode fazer, prevista no art. 44, III, do CP: "a culpabilidade, os antecedentes, a conduta social e a personalidade do condenado, bem como os motivos e as circunstâncias indicarem que essa substituição seja suficiente". O importante é que, havendo negativa, ela se faça sempre de maneira motivada e não puramente discricionária.

As penas alternativas no cenário da violência doméstica e familiar

Há muito tempo se discute, no Brasil, qual a sanção merecida pelo autor da violência no lar, especialmente contra a mulher. Por certo, não é caso de se defender a aplicação de penas desproporcionais e necessariamente de prisão. Entretanto, é fundamental não banalizar a sanção, como já se fez, em particular no contexto dos Juizados Especiais Criminais, determinando ao agressor que doasse cestas básicas a uma instituição de caridade (vide o ponto para debate abaixo referido quanto a este tema).

De toda forma, o art. 44 veda a substituição da pena privativa de liberdade por restritiva de direitos quando houver violência ou grave ameaça à pessoa, justamente o quadro apresentado pela violência doméstica. Além disso, a Lei 11.340/2006 (Lei Maria da Penha) veda a aplicação da Lei 9.099/95 a tais casos de agressão a mulheres. Proíbe, inclusive, as penas meramente pecuniárias.

O STF e o STJ têm firmado o entendimento de não caber pena alternativa para qualquer delito cometido no contexto da violência doméstica e familiar. Isso não significa a condenação ao cárcere, pois existe o benefício da suspensão condicional da pena (*sursis*) para evitar tal situação, além de comportar o regime aberto. Sobre o assunto, confira-se no STJ: *Súmula 588*: "A prática de crime ou contravenção penal contra a mulher com violência ou grave ameaça no ambiente doméstico impossibilita a substituição da pena privativa de liberdade por restritiva de direitos".

Parece-nos justificado estabelecer o *sursis* quando a pena não ultrapassar dois anos, colocando o agressor em período de prova, com as obrigações constantes do § 1.º ou do § 2.º do art. 78 do Código Penal, conforme o caso.

No tocante ao requisito ligado à reincidência, restringiu-se a aplicação da pena restritiva de direitos somente ao reincidente *por crime doloso*, embora com exceção.

Há *dois requisitos* estabelecidos em lei para que o juiz opere a substituição da pena privativa de liberdade por restritiva de direitos ao condenado reincidente por crime doloso: a) ser *socialmente recomendável*, o que é de análise extremamente subjetiva, embora assim deva ser, cabendo ao magistrado, no caso concreto, verificar se a hipótese de reincidência comporta a substituição, tendo em conta a maior possibilidade de reeducação do condenado. Não é *socialmente recomendável* encarcerar um sujeito que tenha duas penas leves a cumprir, podendo ficar em liberdade, prestando serviços à comunidade, por exemplo; b) *não ter havido reincidência específica*, ou seja, não pode reiterar o *mesmo crime* (idêntico tipo penal). Os dois requisitos são cumulativos e não alternativos.

O cenário concernente aos requisitos de ordem subjetiva leva o juiz, dentro do seu prudente critério, a analisar novamente o conteúdo do art. 59 do Código Penal. Nessa avaliação, exemplificando, o magistrado pode levar em conta a diferença existente entre um autor de furto de veículos, vinculado a uma rede de desmanche de automóveis, não merecedor da substituição, e um furtador eventual, que age sozinho, aplicando a substituição, quando for o caso.

A concessão de pena alternativa para estrangeiro deve levar em conta se ele possui residência e visto de permanência no Brasil. Caso seja estrangeiro de passagem pelo país, poderia surgir a mesma polêmica que envolve o *sursis*. Nesta hipótese, como não tem vínculo com o Brasil, podendo ser expulso a qualquer tempo, não cumpriria pena alguma. Ainda que tal situação seja real, é preferível conceder a pena alternativa, quando preenchidos os requisitos do art. 44, ao estrangeiro de passagem pelo país, pois se cuida de condenação a pena não elevada, por crime menos gravoso, constituindo medida exagerada determinar o seu encarceramento quando, para o brasileiro, em igual situação, seria possível a concessão da pena restritiva de direitos.

Se o estrangeiro, beneficiado pela pena alternativa, for expulso ou retirar-se voluntariamente do Brasil, tanto melhor. Trata-se de melhor política criminal permitir que o estrangeiro, autor de crime considerado de menor importância, parta do território nacional do que mantê-lo encarcerado até que cumpra pena de curta duração.

Sob outro aspecto, a Lei 12.850/2013 introduziu a possibilidade de aplicar *a qualquer delito*, pouco importando o montante da pena, se doloso ou culposo, a pena restritiva de direitos em lugar da privativa de liberdade, quando houver delação premiada. Desse modo, no cenário do crime de organização criminosa, o colaborador, quando desvendar fatos relevantes, pode receber, como benefício, a pena alternativa (art. 4.º, *caput*).

5. MOMENTOS PARA A CONVERSÃO

O mais comum é a conversão na sentença condenatória, seguindo os parâmetros do art. 44 do Código Penal, já analisados.

Entretanto, ainda existe essa possibilidade durante a execução da pena, respeitado o disposto no art. 180 da Lei de Execução Penal: a) pena privativa de liberdade não superior a 2 anos; b) cumprimento da pena em regime aberto; c) ter cumprido pelo menos 1/4 da pena; d) antecedentes e personalidade do condenado indicarem ser conveniente a conversão.

6. EXIGÊNCIAS PARA A CONVERSÃO

Preceitua o art. 44, § 2.º, do Código Penal, que a condenação a pena privativa de liberdade igual ou inferior a um ano pode ser substituída por uma restritiva de direitos ou multa; se a condenação for superior a um ano, a substituição será por duas penas restritivas de direitos ou uma restritiva e uma multa. Essa norma não se aplica aos delitos contra o meio ambiente, previstos na Lei 9.605/98, podendo-se substituir penas superiores a um ano por apenas uma restritiva de direitos, desde que respeitado o teto de quatro anos para crimes dolosos (art. 7.º).

Esse dispositivo provocou um conflito aparente de normas, pois teria entrado em confronto com o disposto no art. 60, § 2.º, do CP, que autoriza a substituição de pena privativa de liberdade por multa, desde que o montante não supere seis meses.

Pensamos que há solução, sem o predomínio de uma norma sobre a outra. Há *duas posições*, no entanto: a) os que entendem ter o art. 44, § 2.º, por ser o mais recente (lei posterior afasta a aplicação de lei anterior – aplicação do critério da sucessividade), revogado o disposto no art. 60, § 2.º, razão pela qual a substituição é possível; b) aqueles que sustentam ser compatível a aplicação dos dois dispositivos, reservando-se à pena igual ou inferior a seis meses a possibilidade de substituição por multa (aplicando-se o art. 60, § 2.º) ou por restritiva de direitos (aplicando-se o art. 44, § 2.º), conforme o caso, bem como à pena superior a seis meses e igual ou inferior a um ano somente uma pena restritiva de direitos.

Preferimos a última posição, pois a possibilidade de harmonia é evidente: penas menos elevadas (seis meses ou inferiores) podem ser convertidas em multa ou restritiva de direitos, enquanto penas mais elevadas (mais de seis meses até um ano) podem ser substituídas por uma única pena restritiva, já que para penalidades acima de um ano é indispensável fixar duas restritivas de direito ou uma restritiva acompanhada de uma multa.

Essa interpretação, compondo as duas normas, é a mais indicada, também por outros fatores. Deve-se salientar que o art. 60 é especial em relação ao art. 44. Este último cuida da aplicação de penas restritivas de direitos, substancialmente, somente tangenciando a questão relativa à multa. Por outro lado, o título do art. 60 bem demonstra a sua inserção no capítulo relativo à aplicação da pena: "critérios especiais da pena de multa". Ora, se para a fixação da pena pecuniária deve o magistrado levar em consideração *principalmente* a situação econômica do réu e não os demais requisitos comuns às penas privativas de liberdade, é natural supor que o § 2.º do art. 60, tratando da *multa substitutiva*, deva ser considerado, em igualdade de condições, específico para essa possibilidade de substituição.

Ademais, seria ilógico conceder, por exemplo, uma pena de multa para um furto simples, cuja pena não ultrapasse um ano, podendo o juiz aplicar, igualmente, apenas uma pena de multa para o furto privilegiado (art. 155, § 2.º, CP), quando considerar de pequeno valor a coisa subtraída e primário o autor do crime. Estar-se-ia equiparando, indevidamente, situações francamente desiguais. Portanto, se a aplicação exclusiva da pena de multa foi reservada para a melhor das hipóteses de furto privilegiado, tudo leva a crer que a pena pecuniária não é compatível com delitos de sanção superior a seis meses. Parece-nos a melhor exegese a ser extraída do confronto entre os arts. 44, § 2.º, e 60, § 2.º, do Código Penal. No sentido que defendemos, checar a lição de Sérgio Salomão Shecaira e Alceu Corrêa Junior (*Teoria da pena*, p. 231): "Deve prevalecer, portanto, a interpretação no sentido da subsistência e da compatibilidade dos dois dispositivos legais, ou seja, o art. 60, § 2.º, sendo aplicável para pena de até seis meses (substituição por multa), e o art. 44, § 2.º, aplicável para pena superior a seis meses e igual ou inferior a um ano (substituição por multa ou por restritiva de direitos)".

7. RECONVERSÃO DA PENA RESTRITIVA DE DIREITOS EM PRIVATIVA DE LIBERDADE

Trata-se de um incidente na execução penal. Não cumprindo as condições impostas pelo juiz da condenação, poderá o sentenciado perder o benefício que lhe foi concedido, retornando à pena original, ou seja, voltando à privativa de liberdade. O descumprimento das condições pode ocorrer nos seguintes casos:

a) na *prestação de serviços à comunidade* e na *limitação de fim de semana*: a.1) quando o condenado não for encontrado por estar em lugar incerto e não sabido ou deixar de atender à intimação por edital; a.2) quando não comparecer, sem justo motivo, à entidade assistencial para prestar o serviço ou deixar de se recolher no fim de semana; a.3) quando o sentenciado recusar-se, sem motivo válido, a prestar o serviço que lhe foi imposto ou a participar das atividades determinadas pelo juiz; a.4) quando praticar falta grave; a.5) quando for condenado por outro crime à pena privativa de liberdade, cuja execução, não suspensa, tornar incompatível o cumprimento da restritiva de direitos (art. 181, LEP);

b) na *interdição temporária de direitos*: b.1) quando o condenado exercer o direito interditado, sem motivo justo; b.2) quando o sentenciado não for localizado para cumprir a restrição, por estar em lugar incerto e não sabido ou desatender à intimação por edital; b.3) quando sofrer condenação por crime sujeito à pena privativa de liberdade incompatível com a restrição;

c) na *prestação pecuniária* e na *perda de bens ou valores*: caso deixe de efetuar o pagamento da prestação fixada ou deixe de entregar os bens ou valores, declarados perdidos por sentença, de maneira voluntária. Ao editar a Lei 9.714/1998, criando essas duas penas no universo do Código Penal, deveriam ter sido estabelecidas, claramente, as condições para o cumprimento, para a execução e, especialmente, as consequências para o inadimplemento. Não o fazendo, é preciso aplicar a Lei de Execução Penal, no que for cabível. O Ministério Público tem legitimidade para executar as penas, devendo ser o condenado intimado a efetuar o pagamento (prestação pecuniária) ou a entregar o bem ou valor (perda de bens ou valores), nos termos do art. 164 e seguintes da referida Lei (processo para a execução da pena de multa). Se, durante o processo executivo, ficar demonstrado que o sentenciado está, deliberadamente, frustrando o cumprimento da pena restritiva de direitos, é natural que se faça a reconversão para pena privativa de liberdade.

Quando, no entanto, perceber-se que a prestação pecuniária não foi paga por absoluta impossibilidade financeira do condenado, bem como deixar de ser entregue ao Estado o bem declarado perdido por ter perecido ou estar deteriorado, ou por motivo de força maior, é preciso aplicar, por analogia, o disposto no art. 148 da Lei de Execução Penal. Vale dizer, o juiz da execução pode, entendendo cabível, aplicar outra pena restritiva de direitos.

Aliás, no específico caso da prestação pecuniária, o magistrado pode valer-se do disposto no § 2.º do art. 45 do Código Penal (substituição por prestação de outra natureza). Nesses casos fortuitos, não se deve deixar de cumprir a pena, nem tampouco convertê-la em privativa de liberdade, buscando-se, pois, suprir a lacuna deixada pelo legislador.

Em suma: inicialmente, cabe ao Ministério Público executar as penas de prestação pecuniária e perda de bens e valores, na forma do art. 164 e ss. da LEP (pena de multa); frustrando-se o pagamento por malícia do condenado, deve haver reconversão para pena privativa de liberdade; não ocorrendo o pagamento por impossibilidade financeira ou motivo de força maior, o juiz deve aplicar outra pena restritiva de direitos. Justamente por isso é que o juiz da condenação deve reservar tais penas (prestação pecuniária e perda de bens e valores) aos réus que, efetivamente, têm condições financeiras para suportá-las, sob pena de iludir a finalidade das novas penalidades.

Feita a reconversão, conforme o caso, o sentenciado cumprirá a pena privativa de liberdade pelo restante da restritiva de direitos. Exemplo: condenado a dois anos de prestação de serviços à comunidade, cumpre somente um ano. A outra metade será convertida em pena privativa de liberdade. Dispôs, ainda, o art. 44, § 4.º, do CP, que, havendo reconversão, deverá ser respeitado o saldo mínimo de trinta dias de reclusão ou detenção. Ex.: o condenado que deixar de cumprir sua pena, faltando quinze dias para findá-la, deverá cumprir o mínimo de trinta dias de pena privativa de liberdade. Não teria mesmo cabimento operar a reconversão para obrigar o sentenciado a cumprir uma semana de reclusão, que não daria nem mesmo para ser fiscalizada a contento, caso fosse fixado o regime mais brando, que é o aberto.

Quando houver nova condenação, durante o gozo de pena restritiva de direitos, a reconversão não é automática (art. 44, § 5.º, CP). É imprescindível que haja impossibilidade de cumprimento cumulativo das penas (restritiva de direitos + privativa de liberdade). Assim, se a segunda pena, apesar de privativa de liberdade, for cumprida no regime aberto, mormente na modalidade de *prisão albergue domiciliar*, nada impede que o condenado execute, concomitantemente, a restritiva de direitos, consistente em prestação de serviços à comunidade, por exemplo.

8. PECULIARIDADES NO CUMPRIMENTO DAS PENAS RESTRITIVAS DE DIREITOS

8.1 Prestação pecuniária

A aplicação dessa pena independe de consenso ou aceitação da parte beneficiária, pois seria ilógico e inaplicável o juiz, por ocasião da sentença condenatória, abrir prazo para a manifestação de quem quer que seja, a fim de saber se concorda ou discorda da substituição. Portanto, o caminho legal é a fixação de um valor variável de 1 a 360 salários mínimos a ser pago à vítima ou seus dependentes. A segunda opção, não existindo parte ofendida definida, é destinar o pagamento a entidade assistencial. No mais, a aplicação do disposto no art. 45, § 2.º, do CP (substituição por prestação de outra natureza) somente pode ser feita na execução penal, até porque depende de aceitação do beneficiário, como veremos a seguir.

Deve-se lembrar que a prestação pecuniária pode ter conotação de antecipação de indenização civil. Quando for destinada à vítima do delito ou aos seus dependentes, em futura ação de indenização civil, o valor pago será devidamente descontado, evitando-se o enriquecimento sem causa por parte do ofendido. Entretanto, se o montante for destinado integralmente a entidade pública ou privada com destinação social, a pena não tem qualquer conotação civil.

Outro fator que chama a atenção é a hipótese de ocorrer despenalização (não aplicação de pena a uma conduta considerada criminosa) quando se aplica a prestação pecuniária. Se ela for destinada ao ofendido, no mesmo patamar do dano que sofreu por causa do crime, podendo-se descontar o valor pago no juízo penal em futura indenização civil, é evidente que nenhuma pena efetivamente cumpriu o condenado. Em verdade, pagou ao ofendido o dano que causou, o que seria devido de qualquer modo, passível de ser conseguido em ação civil. Por isso, determinando o juiz penal que o pagamento em dinheiro seja realizado à vítima, antecipando uma indenização civil, está-se despenalizando a conduta, de maneira indireta. Exemplo: determina o juiz que o réu pague à vítima a prestação pecuniária de dez salários mínimos. Se o dano provocado tiver o mesmo montante (o que é de se presumir, pois se o magistrado fixar valor maior, terá a vítima lucro com o crime, algo, no mínimo, imoral), podendo-se descontar tal quantia de eventual indenização civil, não existiu pena alguma.

O advento da Lei 11.719/2008, modificando o disposto nos arts. 63, parágrafo único, e 387, IV, do Código de Processo Penal, passou a permitir que o juiz, na sentença condenatória, fixe o valor mínimo para a reparação dos danos causados pela infração penal, considerando os prejuízos sofridos pela vítima. Essa alteração teve por fim acelerar a possibilidade de ser indenizado o ofendido em virtude da prática do delito, evitando-se a espera pela finalização da ação penal para, depois, ingressar com o pedido de reparação dos danos na esfera civil. Assim sendo, torna-se ainda mais evidente não ter sentido a substituição da pena privativa de liberdade pela prestação pecuniária, quando destinada à vítima ou aos seus dependentes. Se ela tinha a pretensão de garantir uma célere indenização, estabelecida diretamente pelo juiz criminal, com a reforma do processo penal, em 2008, essa medida pode ser tomada independentemente de se tratar de pena alternativa.

O correto, portanto, é evitar a prestação pecuniária destinada ao ofendido, privilegiando-se a utilização do trâmite do processo-crime para debater a questão referente à indenização civil do dano provocado pelo crime. Essa cautela precisa ser adotada, considerando-se a jurisprudência predominante – e correta – no sentido de que é preciso assegurar o contraditório e a ampla defesa ao réu, quanto ao valor de indenização solicitado pelo órgão acusatório, bem como se é cabível a referida reparação no caso concreto.

Sem haver pedido da acusação (incluído o assistente de acusação), não pode o juiz fixar indenização civil na sentença. Essa exigência garante a viabilidade de defesa. Se o magistrado estabelecer prestação pecuniária, em valor elevado, para a reparação do dano, certamente o fará de ofício, sem que tenha havido, antes, contraditório e ampla defesa, o que se torna incabível. Em suma, com a vigência do art. 387, IV, do CPP, proporcionando a condenação do réu em valor de indenização civil pelo dano causado pelo crime, não há mais alicerce para a fixação de prestação pecuniária destinada à vítima.

Quanto à prestação de outra natureza (art. 45, § 2.º, CP), pouco esclareceu o legislador o disposto nesse parágrafo, criando uma brecha inadequada para a aplicação da lei penal. Ao estabelecer que é possível substituir a pena de prestação pecuniária por "prestação de *outra natureza*", deu origem a uma pena indeterminada, o que pode tornar-se inconstitucional, uma vez que abusiva e inadequada. Desrespeita-se o consagrado princípio da legalidade: não há pena sem lei prévia lei que a comine (art. 5.º, XXXIX, CF; art. 1.º, CP).

O juiz está autorizado a transformar a prestação em pecúnia em prestação de *outra natureza*, ou seja, não pecuniária, podendo representar a entrega de um bem ou valor (o que a confundirá com a perda de bem ou valor), equivalente ao montante da prestação (1 a 360 salários mínimos, conforme a fixação do magistrado). Sob outro aspecto, segundo informou a Exposição de Motivos da Lei 9.714/1998, pode consistir na entrega de cestas básicas ou no fornecimento de mão de obra. Ora, neste último enfoque, é natural que ela precise da concordância do beneficiário, pois é mais difícil encontrar entidades ou vítimas dispostas a receber serviços diretos por parte do condenado.

Há de existir cautela redobrada do juiz para impor tal prestação: primeiro, para não transformar uma prestação pecuniária em perda de bens ou valores; segundo, para não dar a ela um caráter de transação – algo não admitido, pois não se cuida de crime de menor potencial ofensivo –, o que poderia ocorrer caso fosse vulgarizada a prestação oferecida, como, por exemplo, "pintar uma cerca num final de semana", ou a ser utilizada por ocasião da condenação (quando se ouviria a vítima antecipadamente); terceiro, porque a prestação de outra natureza não pode ser algo abusivo, como obrigar o condenado a passar semanas cuidando de crianças num orfanato, o que fatalmente iria confundi-la com a prestação de serviços à comunidade.

Merece crítica o disposto nesse parágrafo, devendo o juiz cuidar para que a eventual substituição tenha perfeita sintonia com a prestação pecuniária, ou seja, não podendo pagar 10 salários mínimos, por exemplo, o condenado poderá ser obrigado a fornecer seus serviços profissionais em tempo e quantidade equivalentes aos 10 salários. Ilustrando: se for mecânico, ficaria obrigado a consertar veículos de um hospital público, em quantidade equivalente ao que representaria o serviço por 10 salários mínimos.

A competência para alterar o pagamento de quantia fixada em salários mínimos para prestação de outra natureza é do juízo das execuções penais. Não é admissível que o juiz da condenação, para obter a "aceitação" do beneficiário, tenha que ouvir, antes de proferir sentença, a vítima, seus dependentes ou qualquer entidade pública ou privada. Cabe ao juiz da execução penal, uma vez não paga a prestação pecuniária fixada, por absoluta impossibilidade financeira, transformá-la em prestação de "outra natureza".

Se o magistrado da condenação perceber que o réu não tem condições de arcar com esse tipo de pena, por ser pobre, deve optar por outra, dentre as previstas no Código Penal, pois não terá como fixar prestação de "outra natureza" sem ouvir, antes, o beneficiário. Ouvindo, transformará, indevidamente, sua sentença numa autêntica transação.

> **PONTO RELEVANTE PARA DEBATE**
>
> A banalização da pena de prestação pecuniária e a doação de cestas básicas
>
> Aproveitando a "sugestão" feita na Exposição de Motivos da Lei 9.714/1998, com referência à substituição da prestação pecuniária por "doação de cestas básicas", vários magistrados, especialmente dos Juizados Especiais Criminais, passaram a adotar essa pena como padrão, com a concordância do Ministério Público. Em inúmeras transações penais, o agente do delito era obrigado a doar uma (ou mais) cesta básica a uma entidade assistencial. Entretanto, a transação deve calcar-se em penas existentes e não criadas pelo juízo.
>
> A vulgarização dessa pena ofendia a legalidade, por não estar prevista em lei essa modalidade de sanção (doação de cesta básica), além de ter levado o legislador, nos casos de violência doméstica e familiar, a chegar ao cúmulo de proibir uma penalidade inexistente. Literalmente, confira-se o disposto no art. 17 da Lei 11.340/2006: "É vedada a aplicação, nos casos de violência doméstica e familiar contra a mulher, de *penas de cesta básica* ou outras de prestação pecuniária, bem como a substituição de pena que implique o pagamento isolado de multa" (grifamos).

8.2 Perda de bens ou valores

Bem é "coisa material ou imaterial que tem valor econômico e pode servir de objeto a uma relação jurídica. Nessa acepção, aplica-se melhor no plural. Para que seja objeto de uma relação jurídica será preciso que apresente os seguintes caracteres: a) idoneidade para satisfazer um interesse econômico; b) gestão econômica autônoma; c) subordinação jurídica ao seu titular ou tudo aquilo que pode ser apropriado" (Maria Helena Diniz, *Dicionário jurídico*, v. 1, p. 390). Valor é o "papel representativo de dinheiro, como cheque, letra de câmbio etc. (direito cambiário), ou preço de uma coisa (direito civil e comercial)" (Maria Helena Diniz, *Dicionário jurídico*, v. 1, p. 694).

Trata-se de uma sanção penal, de caráter confiscatório, levando à apreensão definitiva por parte do Estado de bens ou valores de origem lícita do indivíduo.

Afirma a Exposição de Motivos da Lei 9.714/1998, entretanto, não ter tal pena a conotação de confisco, porque o crime é motivo mais do que justo para essa perda, embora não se esteja discutindo a justiça ou injustiça da medida, mas apenas o ato do Estado de apoderar-se de bens ou valores do condenado, ainda que por razão justificada. Aliás, a perda dos instrumentos e produtos do crime em favor do Estado (art. 91, II, CP) também é chamada de confisco e há justa causa para tanto. A Constituição Federal expressamente previu tal modalidade de pena (art. 5.º, XLVI, *b*), de modo que se trata, sim, de um "confisco legal".

É preciso esclarecer que os instrumentos utilizados para a prática do crime, o produto do delito ou o valor auferido como proveito pela prática do fato criminoso já devem ser confiscados, como efeito da condenação (art. 91, II, CP), não sendo cabível aplicar, como pena restritiva de direitos, a perda desses objetos ou valores. A perda deve recair sobre patrimônio de origem lícita do sentenciado, justamente para ter o caráter aflitivo de pena.

Por outro lado, o limite para a imposição dessa penalidade, a fim de não se tornar abusiva e autenticamente um confisco sem causa, é o montante do prejuízo produzido (ex.: no crime de dano, o valor do bem destruído) ou do provento obtido pelo agente (ex.: no crime de furto, o valor conseguido pelo criminoso, inclusive com os lucros auferidos). Leva-se em conta o maior valor.

8.3 Prestação de serviços à comunidade ou a entidades públicas

É pena restritiva de direitos, embora com conotação de privativa de liberdade, pois o condenado fica sujeito a recolher-se em entidades públicas ou privadas, durante determinadas horas da sua semana, para atividades predeterminadas (art. 46, CP). Explica Sérgio Salomão Shecaira: "As penas restritivas de direitos molestam o exercício do direito de liberdade, sem, contudo, retirar o homem do convívio social. Eis aí a diferença da pena prisional" (*Prestação de serviços à comunidade*, p. 45).

Exige-se o piso mínimo de seis meses para a aplicação da pena de prestação de serviços à comunidade, provavelmente para incentivar o magistrado a aplicar outras modalidades de restrição de direitos, como a prestação pecuniária ou a perda de bens e valores, bem como para facilitar a fiscalização e o cumprimento. Afinal, é dificultosa a mobilização para cumprir apenas um ou dois meses de prestação de serviços, escolhendo o local, intimando-se o condenado e obtendo-se resposta da entidade a tempo de, se for o caso, reconverter a pena em caso de desatendimento.

Devem-se atribuir ao sentenciado tarefas conforme a sua aptidão, pois não se pode admitir que a pena de prestação de serviços à comunidade, por meio da reeducação pelo trabalho, transforme-se em medida humilhante ou cruel. Não há razão para se colocar um médico, por exemplo, lavando roupa num hospital, se ele poderia ali estar oferecendo seus préstimos profissionais, dando consultas.

O legislador optou por um sistema de *hora-tarefa*, devendo o condenado cumprir uma hora-tarefa por dia de condenação (art. 46, § 3.º, CP). Por isso, é preciso converter a pena em dias para se ter noção do número de horas que devem ser prestadas pelo sentenciado, inclusive porque ele pode pretender antecipar o cumprimento. Assim, há maior flexibilidade na prestação dos serviços, podendo ser fixado um cronograma de trabalho variável, tudo para não prejudicar a jornada normal de labor do condenado. Prestará, pois, sete horas por semana.

O condenado pode antecipar a finalização da sua pena, desde que o montante ultrapasse um ano, justamente porque foi aumentado para quatro anos o limite para a substituição (art. 46, § 4.º, CP). Seria exagerado obrigar o condenado a permanecer por quatro anos prestando serviços a alguma entidade, diária ou semanalmente, sem que pudesse antecipar o cumprimento.

Para não banalizar a antecipação, entretanto, prescreveu a lei que o término prematuro só possa atingir metade da pena fixada. Ex.: se o condenado recebeu 2 anos de reclusão, substituída por 2 anos de prestação de serviços à comunidade, tem a oportunidade de antecipar um ano. Portanto, durante um ano *deverá* cumprir a pena, podendo resgatar antecipadamente o outro ano. Destaque-se que a antecipação não pode ser obrigação estabelecida pelo juiz da condenação ou da execução, pois a lei é clara ao mencionar que é *facultativa*.

8.4 Interdição temporária de direitos

Proíbe-se o sentenciado de exercer cargo, função ou atividade *pública*, bem como mandato eletivo (art. 47, I, CP), que não deixa de ser um cargo público, ou de exercer profissão, atividade ou ofício, dependentes de autorização ou regulamentação do poder público, embora se encontrem na esfera privada (art. 47, II, CP). Não nos parece que essas interdições sejam úteis, pois impedem o exercício honesto da profissão do condenado. E se não souber desempenhar outra atividade? Como se sustentará durante o cumprimento da pena? Exemplo: um médico, profissional liberal, proibido por um ano de exercer a profissão, pode perder todos os pacientes e não mais se recuperar. Pensamos deva ser evitada a sua aplicação pelo magistrado. No mais, se for fixada, deve o crime guardar relação com o cargo, ofício ou atividade do acusado.

A suspensão de autorização e habilitação para dirigir veículo, desde que vinculada a crime de trânsito, prevista no art. 47, III, do Código Penal, foi derrogada. Subsiste apenas a suspensão da autorização para dirigir veículos de até cinquenta cilindradas. A habilitação é totalmente regulada pelo Código de Trânsito Brasileiro, motivo pelo qual não mais se aplica o Código Penal.

A proibição de frequentar lugares (art. 47, IV, CP) sempre foi uma condição imposta no contexto de outras penas ou benefícios da execução penal ou de leis especiais, como o livramento condicional (art. 132, § 2.º, *c*, LEP), o regime aberto (art. 115 da LEP, como condição geral), a suspensão condicional da pena (art. 78, § 2.º, *a*, CP) ou a suspensão condicional do processo (art. 89, § 1.º, II, Lei 9.099/95). Ainda assim é quase impossível a sua devida fiscalização.

Estabelecer essa proibição como pena restritiva de direitos autônoma e substitutiva da privativa de liberdade foi um passo inócuo em matéria de efetividade. Imagine-se substituir uma pena de furto qualificado de dois anos de reclusão pela proibição de frequentar bares e boates por igual prazo. Se já existe descrédito na sua efetivação como condição de pena ou benefício, não cremos deva o juiz aplicá-la como alternativa à privativa de liberdade. Quiçá no futuro, quando o sistema penitenciário e de execução penal possuir efetivos métodos de cumprimento e fiscalização de penas alternativas e benefícios legais.

A Lei 12.550/2011 instituiu outra forma de interdição de direito: proibição de inscrever-se em concurso, avaliação ou exames públicos (art. 47, V, CP). Nota-se ter ocorrido pelo advento da nova figura típica de fraudes em certames de interesse público (art. 311-A, CP). Em nossa visão, tal penalidade somente deve ser imposta em cumulação a outra pena restritiva de direitos, quando destinada a candidato interessado em tais certames. Do contrário, será mais uma pena ineficaz em matéria de punição.

8.5 Limitação de fim de semana

Deve ser cumprida em casa do albergado ou outro estabelecimento adequado, onde o sentenciado precisa permanecer, nos fins de semana, aos sábados e domingos, por 5 horas diárias. Nesse local, poderão ser ministrados cursos e palestras ou proporcionadas atividades educativas (art. 48, CP).

Não se tem notícia da existência de casa do albergado, tanto que o regime aberto é cumprido, atualmente, em prisão albergue domiciliar. Inexiste qualquer outro local para essa limitação ser aplicada, como regra.

Portanto, para que a pena não se torne completamente ineficaz, deve o magistrado evitar a sua aplicação. Cuida-se de outra impropriedade praticada pelo Poder Executivo, responsável pela implantação da casa do albergado ou lugar similar.

SÍNTESE

Penas restritivas de direitos: são penas alternativas às privativas de liberdade, com a finalidade de evitar os males do encarceramento, desde que sejam preenchidos os requisitos expressamente previstos em lei, consistindo na restrição a determinados direitos como forma de punir e ressocializar o condenado.

Prestação pecuniária: consiste no pagamento de um a trezentos e sessenta salários mínimos à vítima, seus dependentes ou entidades assistenciais. Eventualmente, havendo concordância do beneficiário, pode ser substituída por prestação de outra natureza.

Perda de bens e valores: é a transferência ao Fundo Penitenciário Nacional de bens e valores lícitos do condenado, como forma de puni-lo, evitando-se o cárcere, tendo por limite o prejuízo gerado pelo crime ou o lucro auferido.

Prestação de serviços à comunidade ou entidades públicas: é a atribuição de tarefas gratuitas ao condenado voltadas a entidades assistenciais em geral, como forma de reeducá-lo e gerando obrigação de caráter aflitivo, consistente na transformação da pena privativa de liberdade na proporção de uma hora-tarefa por dia de condenação.

Interdição temporária de direitos: é a proibição de exercício de atividades públicas ou privadas, durante determinado tempo, bem como a suspensão da autorização para dirigir certos veículos, a proibição de frequentar determinados lugares ou a proibição de se inscrever em concurso, avaliação ou exame públicos.

Limitação de fim de semana: consiste na obrigação de permanecer na casa do albergado, ou estabelecimento similar, durante cinco horas aos sábados e domingos, participando de cursos e palestras educativas.

Capítulo XXIV
Pena Pecuniária

1. CONCEITO E DESTINAÇÃO DA MULTA

É a sanção penal consistente no pagamento de uma determinada quantia em pecúnia, previamente fixada em lei, destinada ao Fundo Penitenciário (federal ou estadual).

Assim, quando a lei federal dispuser especificamente sobre o destino da multa, cabe-lhe decidir em última análise. Porém, quando nada mencionar a respeito, possibilita ao Estado a destinação da pena pecuniária para fundo de sua administração, como determina a Lei estadual 9.171/1995 (FUNPESP). Note-se, por outro lado, que pode haver regra específica, a ser respeitada. Ilustrando: o art. 29, parágrafo único, da Lei 11.343/2006, estipula, expressamente, caber a multa ao Fundo Nacional Antidrogas (FUNAD).

2. CRITÉRIOS PARA A FIXAÇÃO DA PENA DE MULTA

A individualização da pena pecuniária deve obedecer a um particular *critério bifásico*: a) firma-se, em primeiro lugar, o número de dias-multa (mínimo de 10 e máximo de 360), valendo-se do sistema trifásico previsto para as penas privativas de liberdade; b) estabelece-se, na sequência, o valor do dia-multa (piso de 1/30 do salário mínimo e teto de 5 vezes esse salário), conforme a situação econômica do réu. Avaliando, em maior profundidade a questão relativa à aplicação da pena pecuniária, observamos que nada impede – ao contrário, recomenda – utilize o julgador o mesmo critério estabelecido pelo art. 68 do Código Penal para a concretização do número de dias-multa.

Portanto, deverá levar em consideração não somente as circunstâncias judiciais (art. 59, CP), como também as agravantes e atenuantes, além das causas de aumento e diminuição da pena. Tal medida permite ao réu conhecer exatamente os passos que levaram o magistrado a chegar a determinado número de dias-multa.

Registramos, entretanto, não haver, ainda, uniformidade quanto a tal método. Determinados julgados continuam entendendo ser suficiente, para o estabelecimento do número de dias-multa, apenas a avaliação dos requisitos do art. 59 do Código Penal.

Pensamos, em suma, que a pena de multa, no tocante ao número de dias-multa, como regra, deve acompanhar o montante de acréscimo ou diminuição usado para a privativa de liberdade. Se apenas a sanção pecuniária for aplicável, o juiz segue o critério trifásico do art. 68 do CP, para, depois, estabelecer o valor do dia-multa. Ilustrando, um condenado que mereça pena privativa de liberdade acima do mínimo legal, fará com que o julgador eleve, igualmente, o número de dias-multa. Outro sentenciado, cuja pena privativa de liberdade for fixada no mínimo legal, merece a sanção pecuniária em idêntico patamar.

Não se pode esquecer o peculiar fator determinado pela lei para a fixação da pena de multa: o magistrado deve atentar *principalmente* para a situação econômica do réu (art. 60, *caput*, CP). Verificando-se que a sua situação financeira é consistente e elevada, deverá ter o valor de cada dia-multa estabelecido em valores superiores a um trigésimo do salário mínimo. Se, feito isso, continuar insuficiente, pode o juiz elevar o número de dias-multa. O mais relevante é que a sanção pecuniária tenha repercussão considerável no patrimônio do condenado. Não se compreende a razão pela qual haja, atualmente, tanto descuido para a fixação da pena de multa, tratando o julgador, por vezes, com minúcia da pena privativa de liberdade e *padronizando* a multa em "10 dias-multa, calculado cada dia no mínimo legal".

Aliás, conforme a especial hipótese, pode o julgador aumentar a multa até o triplo, se considerar que, em face da situação econômica do réu, seja o seu valor ineficaz, embora aplicado no máximo (art. 60, § 1.º, CP).

Podem existir exceções ao critério do dia-multa, desde que estabelecidas expressamente em lei. Exemplo: art. 244 do Código Penal (abandono material), que fixa a pena em salário mínimo ("detenção de 1 a 4 anos, e multa, de uma a dez vezes o maior salário mínimo vigente no País"). Quanto às leis especiais, pode-se mencionar, como exemplo, o disposto pela Lei 8.245/1991 (Lei de Locação de Imóveis Urbanos), que prevê multa equivalente ao valor de até 12 meses de aluguel atualizado (art. 43).

♩ PONTO RELEVANTE PARA DEBATE

O critério para a substituição da pena privativa de liberdade por multa

A questão já foi abordada no item 6 do Capítulo XXIII, ao qual remetemos o leitor, porém cremos interessante tornar ao tema, como ponto para debate ao estudar a pena pecuniária e sua eficiência como sanção penal substitutiva da pena privativa de liberdade.

Estabeleceu o art. 60, § 2.º, do Código Penal, ser viável a substituição da pena privativa de liberdade, aplicada em montante não superior a seis meses, por multa, observados os critérios dos incisos II e III do art. 44 do Código Penal (primariedade, culpabilidade, antecedentes, conduta social, personalidade do condenado, motivos, circunstâncias do crime).

Entretanto, o art. 44, § 2.º, do mesmo Código, estabeleceu o seguinte: "Na condenação igual ou inferior a 1 (um) ano, a substituição pode ser feita por multa ou por uma pena restritiva de direitos...".

Surgiu, então, o debate na doutrina e na jurisprudência, com duas posições:

a) o art. 44, § 2.º, cuja redação advém da Lei 9.714/98, por ser lei mais recente, revogou o disposto no art. 60, § 2.º, do Código Penal. Logo, para penas privativas de liberdade, não superiores a um ano, torna-se cabível a substituição por uma multa;

b) o art. 60, § 2.º, do Código Penal, cuidando especificamente da multa, é norma especial, afastando a aplicação de regra geral, estabelecida pelo art. 44, § 2.º. Por isso, somente para condenações a até seis meses tornar-se-ia possível a referida substituição.

Preferimos a segunda posição. De fato, a norma específica prevalece sobre a regra geral. Teremos, então, o seguinte quadro de opções para o julgador: a) se a pena privativa de liberdade não ultrapassar seis meses, pode o magistrado substituí-la por uma multa ou por uma restritiva de direitos; b) se ultrapassar seis meses, mas não um ano, o juiz pode substituí-la por uma restritiva de direitos, mas não por multa.

Há jurisprudência nos dois sentidos, sendo difícil dizer qual é a posição prevalente.

Lembre-se, ainda, que, após a edição da Lei 11.340/2006, criando mecanismos para coibir a violência doméstica e familiar contra a mulher, vedou-se, nessas hipóteses, a aplicação de penas "de cesta básica ou outras de prestação pecuniária, bem como a substituição de pena que implique o *pagamento isolado de multa*" (art. 17; grifamos).

3. O VALOR DO DIA-MULTA EM SALÁRIO MÍNIMO

Há quem sustente ser inconstitucional o estabelecimento de sanção penal valendo-se do salário mínimo como base para o cálculo, pois o art. 7.º, IV, da Constituição teria vedado a sua "vinculação para qualquer fim". Entretanto, essa não é a posição majoritária – nem acertada, em nosso entender.

É nítida a finalidade do referido inciso IV do art. 7.º: se o salário mínimo é nacionalmente unificado e deve atender às necessidades básicas de quem o recebe, além de dever ser reajustado com periodicidade, para lhe preservar o *poder aquisitivo*, é certo que a vedação para o vincular a *qualquer fim* tem o objetivo de impedir a sua utilização como índice econômico. Se operasse como indexador da economia, cada vez que houvesse um aumento salarial, os preços subiriam e de nada teria valido o aumento concedido.

Logicamente que, sendo usado somente para efeito penal, não há nenhuma possibilidade de isso ocorrer, de modo que está atendida a finalidade do constituinte. O contexto da vedação deve ser corretamente analisado, pois se está tratando dos "direitos sociais", e não dos individuais, onde estaria inserido o direito penal. Aliás, como bem salienta Vicente Greco Filho, "se pensamos em 'dia-multa', queremos, de certa forma, vincular o valor da pena a um período salarial ou de trabalho do acusado, de modo que a sanção corresponda não apenas a uma quantidade de dinheiro, mas também a uma parcela do esforço pessoal do réu" (*Tóxicos*, p. 183).

Por isso, está correta a correlação do dia-multa com o salário mínimo, ressaltando-se que o Código de Trânsito Brasileiro, lei publicada em 1997, tornou a revalidar, expressamente, a existência do art. 49, § 1.º, do Código Penal (art. 297).

4. ATUALIZAÇÃO MONETÁRIA DA MULTA

Há quem defenda ser inconstitucional a incidência de correção monetária sobre a pena de multa, pois isso seria equivalente a estabelecer uma "pena indeterminada", o que feriria o princípio da legalidade. O réu não saberia, por ocasião da prolação da sentença, o *quantum* a que estaria obrigado a pagar. Além disso, argumenta-se que, por incidir correção monetária sobre o valor fixado em salário mínimo, estaria havendo *bis in idem*, uma vez que ele é variável e a correção também – seria uma "atualização de atualização".

Tais fundamentos, com a devida vênia, não convencem. Em primeiro lugar, é preciso destacar que a correção monetária não é pena, mas uma simples atualização do valor da moeda. Não se está "aumentando" a penalidade aplicada ao réu, sem que ele saiba quanto exatamente vai pagar. Ao contrário, a sanção é fixada em dias-multa com base no salário mínimo da *época do fato*, de modo que a atualização monetária pode ser feita por qualquer pessoa, não se constituindo em algo imponderável.

Por outro lado, se o valor do salário mínimo é o vigente à época do fato, é preciso destacar que não há "atualização sobre atualização", mas uma única: a partir da data do fato em diante. Não variam, ao mesmo tempo, o salário mínimo e a correção monetária.

Quanto ao termo inicial de incidência da correção monetária, muito já debateram a doutrina e a jurisprudência acerca dessa questão, havendo as seguintes posições, quanto ao início da atualização monetária: a) a partir da data da sentença condenatória (quando se concretiza a sanção penal); b) a partir do trânsito em julgado da sentença condenatória para o réu (momento em que ela se torna imutável para quem deve pagar); c) a partir do trânsito em julgado para as partes (instante em que o título se torna passível de execução); d) a partir da citação do réu para pagamento (quando a multa se torna exigível); e) a partir dos 5 dias – utilizando a Lei 6.830/1980, art. 8.º – decorridos da citação (quando há mora); f) a partir de 10 dias após o trânsito em julgado da sentença condenatória (aplicação do art. 50, CP); g) a partir da data do cometimento da infração penal. A última é a majoritária e, em nosso entendimento, correta.

Esta última é a posição acertada, porque o valor do dia-multa, como demonstra o § 1.º do art. 49 do Código Penal, estabelecido com base no salário mínimo, leva em conta o salário vigente "ao tempo do fato". Logo, é perfeitamente natural que se atualize a multa, para que ela não decresça o seu montante, ligado à desvalorização da moeda, deixando de ter caráter aflitivo e tornando-se, até mesmo, inexequível, a partir da data do fato. Nem se diga que está havendo "retroatividade" indevida, pois a correção monetária não é pena, mas simples atualização do valor da moeda.

5. PAGAMENTO DA MULTA

Estipula o art. 50, *caput*, do Código Penal que ela deve ser paga dentro de dez dias a contar do trânsito em julgado da sentença condenatória e, conforme as circunstâncias, o juiz pode permitir que o condenado a satisfaça em parcelas mensais, sem prejuízo do seu sustento.

Se o condenado estiver preso, trabalhar e tiver remuneração, pode-se descontar uma quantia – de 1/4 a 1/10, conforme o caso – do que perceber (art. 168, I, LEP). A execução forçada, no entanto, só tem início quando ele estiver em liberdade, mesmo que em gozo de livramento condicional ou outro benefício (art. 170, LEP).

6. MULTA COMO DÍVIDA DE VALOR

A modificação no art. 51 do Código Penal, feita pela Lei 9.268/1996, passou a considerar a multa uma dívida de valor, aplicando-se-lhe as normas relativas à cobrança da dívida ativa da Fazenda Pública. A meta pretendida era evitar a conversão da multa em prisão, o que anteriormente era possível. Não se deve, com isso, deduzir que a pena de multa se transfigurou ao ponto de perder a sua identidade, ou seja, continua a ser uma sanção penal, e não civil. Tanto assim que, havendo morte do agente, não se pode estender, de forma alguma, a cobrança da multa aos seus herdeiros, respeitando-se o disposto na Constituição Federal de que "nenhuma pena passará da pessoa do condenado" (art. 5.º, XLV). Essa foi a posição adotada pelo STF, especificando que a multa continua com a sua natureza jurídica penal (Ag.reg. na progressão de regime na execução penal 16-DF, Plenário, rel. Roberto Barroso, 15.04.2015, m.v.).

A Lei 13.964/2019 modificou o art. 51, *caput*, do Código Penal, inserindo, expressamente, que a execução da multa se faz perante o juiz da execução penal, alterando a anterior posição do STJ, que previa o juízo civil para a execução. Quem deve propor a execução é o Ministério Público, seguindo o rito previsto para as ações de execução fiscal.

7. CAUSAS INTERRUPTIVAS E SUSPENSIVAS DA PRESCRIÇÃO

Suspende-se a prescrição enquanto não for localizado o devedor ou não forem encontrados bens sobre os quais possa recair a penhora (art. 40 da Lei 6.830/80). Interrompe-se a prescrição pelo despacho do juiz que ordenar a citação do devedor, pelo protesto judicial, por qualquer ato judicial que coloque em mora o devedor, por qualquer ato inequívoco, ainda que extrajudicial, importando em reconhecimento do débito pelo devedor (art. 174, parágrafo único, do Código Tributário Nacional). O *prazo prescricional* continua regido pelo art. 114 do Código Penal.

📄 SÍNTESE

Multa: é a pena pecuniária, consistente no pagamento de valor em dinheiro, variável entre 10 e 360 dias-multa, calculado cada dia de um trigésimo a cinco salários mínimos, recolhendo-se em favor do Fundo Penitenciário. Pode a multa ser aplicada juntamente com a pena privativa de liberdade ou substituindo-a.

Critério para fixação: leva-se em conta, para estabelecer o número de dias-multa, a culpabilidade; em seguida, para o valor do dia-multa, a condição econômica do réu. Como fator especial, deve-se levar em consideração, principalmente, a condição econômica, desde que seja determinante para dar à multa o seu caráter efetivamente aflitivo.

Execução: é considerada dívida de valor, para efeito de execução, mas deve ser cobrada pelo Ministério Público na Vara de Execuções Penais.

Capítulo XXV
Aplicação da Pena

Acesse e escute o podcast sobre Aplicação da pena.
> http://uqr.to/1yoi9

1. CONCEITO

É o método judicial de discricionariedade juridicamente vinculada visando à suficiência para prevenção e reprovação da infração penal. O juiz, dentro dos limites estabelecidos pelo legislador (mínimo e máximo, abstratamente, fixados para a pena), deve eleger o *quantum* ideal, valendo-se do seu livre convencimento (discricionariedade), embora com fundamentada exposição do seu raciocínio (juridicamente vinculada). Trata-se da fiel aplicação do princípio constitucional da individualização da pena, evitando-se a sua indevida padronização.

> **PONTO RELEVANTE PARA DEBATE**
>
> As razões de implementação da política da pena mínima pelo Poder Judiciário
>
> Era um costume de vários magistrados, de variados graus de jurisdição, optar, quase sempre, pela aplicação da pena mínima aos acusados em julgamento. Ignorava-se, em verdade, os fartos elementos e critérios dados pela lei penal para escolher, dentre o mínimo e o máximo cominados para cada infração penal, a pena ideal e concreta para cada réu.
>
> Não havia explicação plausível para esse comportamento generalizado do Poder Judiciário, elegendo a pena mínima como base para a aplicação das demais circunstâncias legais. Afinal, o art. 59 do Código Penal, mencionando oito elementos distintos, objetiva a aplicação da pena em parâmetros diferenciados para os réus submetidos a julgamento.
>
> Além disso, há agravantes e atenuantes a considerar; na sequência, causas de aumento e diminuição.
>
> A padronização da pena era injusta e contrária ao princípio constitucional da individualização, de modo que era preciso alterar essa conduta.
>
> Uma das razões era a jurisprudência criada (equivocada) no sentido de que, sendo a pena fixada no mínimo legal, não haveria necessidade de fundamentação. Os julgados nesse teor não tinham sentido, pois a Constituição Federal é clara ao determinar a motivação a qualquer decisão judicial.
>
> O critério ideal não seria inverter a política, passando da *pena mínima* para a *pena máxima*. Ao contrário, objetiva-se a fixação da pena *justa*, que não padronize comportamentos e não inutilize os vários elementos legais para a concretização da sanção.
>
> Essa situação alterou-se e, atualmente, tem havido uma individualização da pena de modo mais detalhado e seguindo-se os parâmetros estabelecidos pelo Código Penal. Por certo, muito há de se percorrer no *aprendizado* para buscar a pena justa, embora se tenha caminhado adiante, superando a ideia de que a pena mínima deveria ser um padrão.
>
> Cuida-se de dever do magistrado de qualquer instância *fundamentar* a aplicação da pena em *todas* as suas fases, comentando *todos* os seus elementos (circunstâncias judiciais, agravantes e atenuantes, causas de aumento e diminuição).

2. CIRCUNSTÂNCIAS JUDICIAIS

Para a correta definição da expressão, é fundamental relembrar que o crime é formado pelos elementos componentes do tipo básico (elementares); faltando um só deles, altera-se a figura típica ou não haverá delito. Exemplo: o furto (art. 155, *caput*, CP) exige, sempre, a "subtração" de "coisa", "alheia", "móvel", "para si ou para outrem". Um desses elementos que falte elimina a ocorrência do crime. Porém, possível é que o furto ocorra em circunstâncias específicas, ou seja, de particular maneira. O tipo derivado compõe-se, portanto, das circunstâncias do delito (qualificadoras, privilégios, causas de aumento e diminuição). Exemplo: provando-se que houve arrombamento para o agente atingir a coisa, qualifica-se o furto. Se afastarmos o arrombamento, continua a existir furto, embora na forma simples.

Outras circunstâncias existem a preencher o delito que não estão no tipo, mas na Parte Geral do Código Penal, como as agravantes e atenuantes. De qualquer modo, são também circunstâncias legais. Faltando, não alteram a existência do delito. Elas influem somente na aplicação da pena.

Nesse cenário, incluem-se as circunstâncias judiciais do art. 59 do Código Penal. Denominam-se *judiciais* porque estão genericamente enumeradas nesse artigo, devendo o julgador adaptá-las, conforme o seu critério, ao caso concreto. Note-se que as qualificadoras/privilégios, causas de aumento/diminuição e agravantes/atenuantes encontram-se claramente apontadas em lei. Tome-se por exemplo o motivo. No homicídio, qualifica-se o crime se houver motivo fútil. Para outros delitos, o motivo fútil funciona como agravante. Todavia, resta a indicação do motivo do crime – sem especificação – no art. 59, cabendo ao magistrado preenchê-lo, a depender dos fatos apurados concretamente.

Na realidade, as circunstâncias judiciais são residuais em relação às outras, isto é, se não encontrarmos a circunstância como qualificadora/privilégio, causa de aumento/diminuição ou como agravante/atenuante, pode o juiz inseri-la como circunstância formadora da pena-base, no contexto do referido art. 59.

Em suma, essas circunstâncias são elementos que volteiam a realização do delito, sem afetar-lhe a existência, mas que influem na fixação da pena, materializando-se conforme o caso concreto.

> Acesse e escute o podcast sobre Circunstâncias judiciais.
> http://uqr.to/1yoia

3. PENA-BASE

É a primeira eleição do *quantum* da pena feito pelo magistrado, fundado nas circunstâncias judiciais do art. 59 do Código Penal. Sobre a pena-base ele lançará, após, as agravantes e atenuantes (segunda fase) e as causas de aumento e diminuição (terceira fase), conforme dispõe o art. 68, *caput*, do Código Penal.

3.1 Critérios para a fixação da pena-base

As circunstâncias judiciais são compostas por oito fatores, divididos da seguinte forma: a culpabilidade, que representa o conjunto dos demais, acrescida dos antecedentes, da conduta social, da personalidade, dos motivos, das circunstâncias, das consequências do crime e do comportamento da vítima. Logo, se os sete elementos inseridos no quadro da culpabilidade forem favoráveis, haverá menor censurabilidade; se forem desfavoráveis, encontra-se maior censurabilidade.

Mensurar a pena-base, de maneira particularizada a cada acusado, de modo a individualizá-lo, conforme o que fez e de acordo com seus atributos próprios, é a meta fundamental do magistrado, na sentença condenatória.

São necessários critérios para a eleição do *quantum* inicial (pena-base), que deve variar entre o mínimo e o máximo cominados, em abstrato, pelo legislador, constantes dos tipos penais incriminadores.

Tal mecanismo deve erguer-se em bases sólidas e lógicas, buscando harmonia ao sistema, mas sem implicar singelos cálculos matemáticos. Então, o mais relevante é ter o magistrado um critério que seja coerente e uniforme, sempre motivado.

A maior parte da jurisprudência tem indicado, para cada elemento do art. 59 do Código Penal, o valor de 1/6, partindo-se da pena mínima. Havendo circunstâncias negativas, poder-se-ia subir a pena-base para patamares superiores, levando em conta essa cota-parte. Registre-se não ser uma aplicação singelamente aritmética ou calcada na imutabilidade dessa cota de 1/6. Pode – e deve – o julgador valer-se dos fatos encontrados nos autos do processo para mensurar adequadamente o aumento para circunstâncias judiciais negativas, assim como a diminuição para as positivas. Ilustrando, se o réu possui um antecedente criminal, pode experimentar uma elevação de 1/6 em sua pena-base; contudo, possuindo cinco antecedentes, pode o juiz estabelecer um aumento de 1/3. O mais importante é *motivar* cada passo dado no processo de aplicação da pena.

4. ELEMENTOS DO ART. 59 DO CÓDIGO PENAL

4.1 Culpabilidade

Trata-se, naturalmente, da culpabilidade em sentido lato, ou seja, a reprovação social que o crime e o autor do fato merecem. A culpabilidade em sentido estrito já foi analisada no Capítulo XVII para compor a existência do delito (onde, além da reprovação social, analisou-se a imputabilidade, a potencial consciência de ilicitude e a exigibilidade e possibilidade de agir conforme o direito).

Entretanto, volta o legislador a exigir do juiz a avaliação da censura que o crime merece – o que, aliás, demonstra que esse juízo não incide somente sobre o autor, mas também sobre o que ele cometeu –, justamente para norteá-lo na fixação da sanção penal merecida. Frisando que culpabilidade incide tanto sobre o fato, quanto sobre o seu autor, estão as lições de Miguel Reale Júnior, René Ariel Dotti, Ricardo Antunes Andreucci e Sérgio Marcos de Moraes Pitombo (*Penas e medidas de segurança no novo Código*, p. 175).

Levar em consideração um mesmo fator em diferentes estágios não é incomum: o próprio art. 59 é utilizado tanto para a fixação da pena como para a análise de uma série de benefícios penais (substituição por pena restritiva de direitos, concessão de *sursis*, concessão do regime aberto etc.).

A culpabilidade, acertadamente, substituiu as antigas expressões "intensidade do dolo" e "graus da culpa", previstas antes da Reforma Penal de 1984. Para compor o fato típico, na ótica finalista, verifica o magistrado se houve dolo ou culpa, pouco interessando se o dolo foi "intenso" ou não, se a culpa foi "grave" ou não. O elemento subjetivo, portanto, não deve servir para guiar o juiz na fixação da pena, pois, nesse contexto, o importante é a reprovabilidade gerada pelo fato delituoso.

Ainda que se pondere o crime na visão causalista, onde se insere o dolo e a culpa na culpabilidade (e não no fato típico), deve-se deixar de considerar o elemento subjetivo como fator para a graduação da pena. Lembremos que *dolo* e *culpa* representam vontades que, se forem consideradas desajustadas em extremo ("dolo intenso" ou "culpa grave"), devem ser buscadas nas manifestações de personalidade do agente. O que se pretende sustentar ser "dolo intenso" não passa de um fator ligado ao modo de ser e agir do autor da infração penal, logo, personalidade (ex.: muitas vezes, a referência a *dolo intenso* pretende apontar para o agente maquiavélico ou sádico, características de personalidade negativa). Observe-se que *dolo* é vontade de praticar a conduta típica, sem que se possa mensurar a sua *intensidade*; não fosse assim, a consideração de que certa conduta foi cometida com *pouco* dolo poderia não ser caracterizada como delito. Em vez disso, o termo *culpabilidade* espelha reprovação ou censura, esta sim perfeitamente mensurável, como maior ou menor.

Pode-se sustentar, como já mencionamos, que a culpabilidade, prevista no art. 59, é o conjunto de todos os demais fatores unidos: antecedentes + conduta social + personalidade do agente + motivos do crime + circunstâncias do delito + consequências do crime + comportamento da vítima = culpabilidade maior ou menor, conforme o caso.

> ### 🔖 PONTO RELEVANTE PARA DEBATE
>
> #### Culpabilidade do fato e culpabilidade do autor
>
> A culpabilidade é o elemento essencial, moral e ético, que serve de ligamento entre *crime* e *pena*, justamente por estar presente nos dois cenários: é imprescindível para a constatação do crime, mas também para a aplicação da pena. Em outros termos, é o fundamento e o limite da pena. Cometido o fato típico e antijurídico, para verificarmos se há *crime*, é imperioso constatar a existência de reprovabilidade do fato e de seu autor, devendo este ser imputável, agir com consciência potencial de ilicitude (para os causalistas, inclui-se, também, ter atuado com dolo ou culpa) e com exigibilidade e possibilidade de um comportamento conforme o Direito.
>
> Reconhecida a censurabilidade do injusto (fato típico e antijurídico), encontramos o *crime*, logo, impõe-se a condenação.
>
> Passa-se, a partir desse ponto, ao contexto da aplicação da pena, tornando-se à análise da culpabilidade, aliás, expressamente mencionada no art. 59 do Código Penal, para encontrar-se a justa medida da pena. Entretanto, agora, está ela despida de outros elementos específicos, significando apenas o grau de censura merecido pelo agente em face do que fez.
>
> Nesse ponto, em especial, para que não se julgue o ser humano apenas pelo que ele é ou pela sua conduta de vida, devemos voltar os olhos ao que fez. O Direito Penal, no Estado Democrático de Direito, necessita valer-se, primordialmente, da culpabilidade do fato, sem perder de vista a culpabilidade do autor, como ponto secundário de apoio. Em outras palavras, o particular modo de agir e pensar do agente, que desabrocha na análise da personalidade, traduz uma forma de censura ao fato e ao seu autor. Entretanto, tal reprovação não pode transbordar as fronteiras do fato praticado.
>
> Ninguém deve ser culpado ou ter sua pena elevada por conta de uma conduta de vida ou por eventuais características negativas de personalidade. Porém, se essa faceta negativa de sua personalidade o impulsionar ao crime, sem dúvida, o juiz deve considerá-la para mensurar a pena.

Exemplificando: o sujeito agressivo, que vive arrumando confusão e provocando pessoas que nada lhe fazem, quando efetivamente lesionar a integridade corporal de outrem, até mesmo matando alguém, precisa receber maior pena, pois a censurabilidade do que fez é mais grave. Não fosse assim, o termo *personalidade* – utilizado no Código Penal e em leis especiais, para a utilização em vários momentos – perderia a razão de ser. O mesmo sujeito agressivo, no entanto, caso cometa um estelionato, não deve ter a sua personalidade, nesse ponto, levada em conta, pois ser agressivo não se relaciona com o delito patrimonial, não violento, praticado. Se o julgador assim fizer, utilizará, primordialmente, a culpabilidade do autor, olvidando a culpabilidade do fato. No primeiro exemplo (o agressivo que lesa ou mata), se tiver sua pena aumentada, levou-se em consideração a culpabilidade do fato, ou seja, a lesão corporal ou o homicídio torna-se mais grave, possibilitando pena mais elevada, porque não soube o autor controlar esse aspecto negativo de sua personalidade (agressividade).

Evitando-se a confusão de termos, preferimos considerar que, para a aplicação da pena, o juiz deve levar em conta a *culpabilidade do fato*: analisa-se *o que foi praticado* à luz da personalidade do agente. Se algum lado negativo desta se aplicar ao crime, sua pena será aumentada. Do contrário, não. Logicamente, pode-se usar algum aspecto positivo da personalidade do agente, quando ligado ao fato praticado, para reduzir sua pena (ex.: por ser extremamente caridoso, termina por furtar, destinando todo o montante auferido a um orfanato, que se encontra em sérias dificuldades financeiras).

Caso usássemos a culpabilidade do autor, como meta principal, pouco interessaria o que foi feito. Qualquer aspecto negativo da personalidade serviria para o aumento da pena. Essa posição é injusta, pois ninguém é perfeito, apresentando um modo de agir corretíssimo, sem qualquer desvio de conduta. Portanto, se alguém comete um crime que não se relaciona a determinado aspecto negativo da sua personalidade, não deve ser julgado pelo que é, mas pelo que fez, à luz do que é.

Todos somos imperfeitos. Temos aspectos positivos e negativos de personalidade. Quando o art. 59 do Código Penal – e vários outros dispositivos em relação a outros institutos – faz incluir a análise da personalidade para a aplicação da pena quer demonstrar o seguinte: o aspecto negativo, que se torna incontrolável, impulsionando o agente ao delito, deve ser ponderado na fixação da pena. Não quer significar que todos os defeitos de conduta devem ser levados em consideração. Fosse assim e não existiria pena mínima, pois, como dissemos, ninguém (ou muito poucos) é santo.

O tema está longe de atingir um consenso. O que não se pode afirmar, em hipótese alguma, é ter o Código Penal assumido, claramente, qual o modo pelo qual se deve encarar a culpabilidade, no momento de fixação da pena. Afinal, a personalidade do agente deve ser vista à vontade pelo juiz, dissociada do fato praticado, ou deve ser encarada no contexto do crime cometido exclusivamente? A lei penal não responde a tal indagação. Preferimos sustentar a segunda opção, vale dizer, a personalidade deve ser analisada sob o enfoque da infração penal materializada. Consagra-se um direito penal condizente com o Estado Democrático de Direito, pois ninguém será julgado pelo que é, repita-se, mas pelo que fez, *em virtude* do que é.

Por derradeiro, não se deve confundir a discussão envolvendo *culpabilidade do fato* e *culpabilidade do autor* com o princípio penal da culpabilidade, que diz respeito a não poder existir crime sem ter o agente atuado com dolo ou culpa (*nullum crimen sine culpa*), ou seja, busca evitar a consagração da responsabilidade penal objetiva.

ESQUEMA

CULPABILIDADE COMO ELEMENTO DO CRIME E FUNDAMENTO DA PENA, ALÉM DE CONSTITUIR PARÂMETRO PARA O LIMITE DA PENA

LIMITE DA PENA: quanto maior a reprovação exercida pelo autor do fato, mais elevada deve ser sua pena

- antecedentes
- conduta social
- motivos do crime
- personalidade
- circunstâncias do crime
- consequência do crime
- comportamento da vítima

FUNDAMENTO DA PENA: sem esses elementos, não há crime e, consequentemente, não há viabilidade para aplicar pena

Grau de censura sobre o fato e seu autor.

AUTOR
- imputável
+
- consciente potencialmente do ilícito
+
- capaz de agir conforme as regras do Direito

CRIME = FATO TÍPICO, ILÍCITO E CULPÁVEL

POSITIVOS	NEGATIVOS
Bondade	Maldade
Calma	Agressividade (ver nota)
Paciência	Impaciência
Amabilidade	Rispidez/Hostilidade
Responsabilidade	Irresponsabilidade
Bom-humor	Mau-humor
Coragem	Covardia
Sensibilidade	Frieza
Tolerância	Intolerância (ver nota)
Honestidade	Desonestidade
Simplicidade	Soberba
Desprendimento	Inveja/Cobiça
Solidariedade	Egoísmo

Exemplos:
Matar alguém (art. 121, CP): o dolo e a culpa, quando constatados, são invariáveis
Motivo para matar alguém: os motivos (como causa e/ou objetivo) são variáveis, em hipóteses infinitas
Comparando:
"A" mata "B", por cobiça, buscando receber uma recompensa
"A" mata "B", para aliviar-lhe a dor de doença grave (ortotanásia)

motivos = diversos
dolo = idêntico

NOTAS:
a) A agressividade humana pode ser positiva ou negativa. Sob o aspecto positivo, ela divide-se em *instrumental* (gana para obter algo ou atingir algum objetivo) ou *defensiva* (proteção à vida ou outro bem). No aspecto negativo, a se ponderar para a fixação de pena, ela pode ser direta (destruição de pessoas ou coisas) ou indireta (maledicência, inveja, sadismo etc.)
b) A intolerância humana tem vários prismas. Exemplos: xenofobia, homofobia, racismo etc.

4.2 Antecedentes

Trata-se de tudo o que existiu ou aconteceu, no campo penal, ao agente antes da prática do fato criminoso, ou seja, sua vida pregressa em matéria criminal. Antes da Reforma de 1984, podia-se dizer que os antecedentes do réu abrangiam todo o passado do réu, desde as condenações porventura existentes até seu relacionamento na família ou no trabalho. Atualmente, no entanto, destacando-se a conduta social do cenário dos antecedentes, terminou sendo esvaziado este último requisito, merecendo circunscrever sua abrangência à folha de antecedentes. É o teor da Súmula 444 do STJ ("é vedada a utilização de inquéritos policiais e ações penais em curso para agravar a pena-base"). Registre-se que *antecedente criminal* só pode ser a condenação, com trânsito em julgado, anterior à prática do fato, pois é exatamente o critério para apurar a reincidência. Tanto é certo isso que se torna viável repartir condenações anteriores entre antecedentes e reincidência para a fixação da pena.

Dito isso, é perfeitamente admissível que o julgador leve em consideração os maus antecedentes *e* a reincidência, desde que não tenham, como base fática, as mesmas condenações. Nesse contexto, saliente-se o disposto na Súmula 241 do Superior Tribunal de Justiça: "A reincidência penal não pode ser considerada como circunstância agravante e, simultaneamente, como circunstância judicial". Assim, caso alguns processos signifiquem *maus antecedentes*, outros podem levar ao reconhecimento da reincidência.

Por outro lado, a prova ideal acerca dos antecedentes criminais, incluindo a reincidência, era, como regra, feita por certidão expedida pelo cartório, na qual estaria registrado o processo-crime do réu. Nesse caso, não haveria qualquer dúvida. No entanto, com o avanço do processo informatizado, o mais adequado tem sido a consulta à folha de antecedentes, cada vez mais confiável e facilmente atualizada. Nesse sentido, a Súmula 636 do STJ: "A folha de antecedentes criminais é documento suficiente a comprovar os maus antecedentes e a reincidência".

Sobre a importância dos antecedentes, além de previsão no art. 59 do Código Penal, verificam-se outras citações: arts. 44, III (penas restritivas de direitos), 71, parágrafo único (crime continuado qualificado), 77, II (suspensão condicional da pena), e 83, I (livramento condicional).

> ### 📌 PONTO RELEVANTE PARA DEBATE
>
> #### A caducidade dos maus antecedentes
>
> Diversamente da reincidência, os maus antecedentes não caducam, segundo o texto legal. O período depurador relativo à reincidência (art. 64, I, CP), de cinco anos, justifica-se porque essa circunstância acarreta vários gravames ao acusado/condenado. Eis o motivo pelo qual há um prazo para caducar.
>
> Os antecedentes criminais, para fins penais, só têm o efeito de servir de circunstância judicial (art. 59, CP), visando a mensurar a pena-base. Por outro lado, comprovada a reincidência, deve o juiz aplicar a agravante (art. 61, I, CP), que pode gerar uma elevação da pena, na segunda fase da fixação da pena, de um sexto ou mais. Quanto aos antecedentes, a sua

aplicação depende do critério do julgador, sendo de consideração facultativa. Ademais, os maus antecedentes devem ser avaliados pelo magistrado no caso concreto, justamente para que apresentem alguma conexão com o crime cometido pelo agente. Ilustrando, se o réu apresenta um antecedente antigo de lesão corporal, esse fato não merece ser considerado na fixação da pena, caso seja condenado por estelionato. Por outro lado, mesmo passados alguns anos, se o acusado foi anteriormente sentenciado por homicídio e torna a cometer um crime violento contra a pessoa, deve-se levá-lo em consideração.

Essa é a nossa posição, inclusive nos julgados do Tribunal de Justiça. Depende do caso concreto. Se o réu possui um único antecedente, já decorrendo mais de duas décadas, cometendo, agora, outro delito, a tendência é desprezar esse antecedente para não o prejudicar. Porém, aquele réu que ostenta vários antecedentes, durante inúmeros anos, não pode alegar que, a cada cinco anos, se olvide o seu passado insistentemente delituoso.

A maioria da jurisprudência desconsidera qualquer período depurador.

Finalmente, o STF definiu a questão, em julgamento ocorrido no Plenário, nos seguintes termos: "o Tribunal, por maioria, apreciando o tema 150 da repercussão geral, deu parcial provimento ao recurso extraordinário e fixou a seguinte tese: 'Não se aplica para o reconhecimento dos maus antecedentes o prazo quinquenal de prescrição da reincidência, previsto no art. 64, I, do Código Penal', nos termos do voto do Relator, vencidos os Ministros Ricardo Lewandowski, Marco Aurélio, Gilmar Mendes e Dias Toffoli (Presidente), Plenário, rel. Roberto Barroso, Sessão Virtual de 7.08.2020 a 17.08.2020" (RE 593.818-SC). Todavia, a própria Corte modulou essa conclusão para estabelecer que deve o julgador avaliar com critério o tempo decorrido entre o antecedente criminal e o fato criminoso. Isto significa que um antecedente ocorrido há décadas não deve ser levado em conta para uma condenação presente; perde o significado um registro antigo, pois o acusado deixou de delinquir por muito tempo.

4.3 Conduta social

É o papel do réu na comunidade, inserido no contexto da família, do trabalho, da escola, da vizinhança etc. O magistrado precisa conhecer a pessoa que julgará, a fim de saber se merece uma reprimenda maior ou menor, daí a importância das perguntas que devem ser dirigidas ao acusado, no interrogatório, e às testemunhas, durante a instrução.

Todo acusado possui um passado, uma vida anterior à prática do delito, merecendo ser analisada, criteriosamente, a sua conduta social, pois é um dos principais fatores de individualização da pena. Raramente, poder-se-á evidenciar dois ou mais réus com idênticas condutas sociais, ainda que sejam coautores da infração penal. Portanto, uma avaliação cuidadosa da vida pregressa da pessoa que se encontra em julgamento é fundamental.

Ilustrando, um péssimo pai e marido violento, em caso de condenação por lesões corporais graves, no cenário doméstico, merece pena superior à mínima. Sob outro aspecto, enaltecendo o lado positivo, extraído o exemplo do caso concreto, vê-se, do depoimento de testemunha, o seguinte: "E. [ré] foi pessoalmente à comunidade, procurou pela líder e eu me apresentei. Juntas fazemos o trabalho social. E. entrou nos barracos, conheceu pessoas, comeu lá na comunidade e perguntou pela necessidade que nós tínhamos. E. construiu um galpão, uma quadra com banheiros, vestiário. E. aluga um salão onde são dados cursos para jovens e adultos. E. criou uma sede social que não existia. São mais de 1000 pessoas na comunidade. A favela tem 45 anos e nunca houve um trabalho assim. Existe muita riqueza em volta da favela, mas só E. nos ajudou. (...) Para quem não tinha nada é muito importante. A atuação dela mudou a comunidade, pois a gente passa a acreditar nas pessoas, que as pessoas podem ajudar" (cf. Shecaira, Cálculo penal e dever de fundamentação, *Estudos de direito penal*, p. 23).

4.4 Personalidade

Trata-se do conjunto de caracteres exclusivos de uma pessoa, parte herdada, parte adquirida. Exemplos: agressividade, preguiça, frieza emocional, sensibilidade acentuada, emotividade, passionalidade, bondade, maldade. "A personalidade tem uma estrutura muito complexa. Na verdade, é um conjunto somatopsíquico (ou psicossomático) no qual se integra um componente morfológico, estático, que é a conformação física; um componente dinâmico-humoral ou fisiológico, que é o temperamento; e o caráter, que é a expressão psicológica do temperamento (...). Na configuração da personalidade congregam-se elementos hereditários e socioambientais, o que vale dizer que as experiências da vida contribuem para a sua evolução. Esta se faz em cinco fases bem caracterizadas: infância, juventude, estado adulto, maturidade e velhice" (Guilherme Oswaldo Arbenz, *Compêndio de medicina legal*).

É imprescindível, no entanto, haver uma análise do meio e das condições onde o agente se formou e vive, pois o bem-nascido que tende ao crime deve ser mais severamente apenado do que o miserável que tenha praticado uma infração penal para garantir sua sobrevivência.

Por outro lado, personalidade não é algo estático, mas se encontra em constante mutação. Estímulos e traumas de toda ordem agem sobre ela. Não é demais supor que alguém, após ter cumprido vários anos de pena privativa de liberdade em regime fechado, tenha alterado sobremaneira sua personalidade. O cuidado do magistrado, nesse prisma, é indispensável para realizar justiça.

Deve-se evitar o uso de expressões vagas, sem qualquer significado prático ou sem base nas provas constantes dos autos, tais como *personalidade voltada ao crime* e *personalidade deturpada*. Em alguns casos, espelha apenas os preconceitos inerentes ao julgador, que o faz perder a imparcialidade (cf. Shecaira, Cálculo penal e dever de fundamentação, *Estudos de direito penal*, p. 29).

Analisando-se a legislação penal, como um todo coerente, vê-se, em evidência, a preocupação com alguns tópicos, sempre presentes. Um deles é a personalidade do agente. É, sem dúvida, um dos mais relevantes dos fatores a compor a culpabilidade como fundamento e limite da aplicação da pena-base. Afinal, a *individualização* da pena torna-se inequívoca, levando-se em conta a personalidade, pois inexistem duas pessoas idênticas nesse atributo. Como exemplos de inserção do elemento no Código Penal, podem-se destacar os seguintes artigos: 44, III (penas restritivas de direitos), 59 (pena-base), 67 (circunstâncias preponderantes), 71, parágrafo único (crime continuado qualificado), 77, II (suspensão condicional da pena). Na Lei de Execução Penal, cuidando da relevante individualização executória da pena, introduz-se a *personalidade* nos arts.

5.º, 9.º e 180, III, da LEP. Conferindo-se o caráter preponderante, para a fixação da pena, a Lei de Drogas (Lei 11.343/2006) inseriu-a no art. 42.

> **📌 PONTO RELEVANTE PARA DEBATE**
>
> **A avaliação da personalidade do acusado pelo julgador**
>
> Há quem sustente não possa o juiz analisar, corretamente, a personalidade do réu, porque não é técnico no assunto, nem possui laudo psicológico que o informe. Desse modo, alega-se a simples indiferença a esse elemento do art. 59 do Código Penal, não se levando em consideração para o estabelecimento da pena-base.
>
> Temos defendido, há muito, em particular na obra *Individualização da pena*, ser perfeitamente compatível a avaliação da *personalidade* do réu pelo magistrado. E há várias razões para isso: a) o elemento *personalidade* encontra-se legalmente previsto não somente no art. 59 deste Código, mas em vários outros dispositivos da legislação brasileira, demonstrando o interesse efetivo do legislador nesse quadro do ser humano; b) a análise feita pelo magistrado, na sentença, é *vulgar* ou *leiga*, no sentido de não se equiparar a um laudo feito por perito psicólogo. A decisão judicial não representa um teste de personalidade, para fins de tratamento. O juiz avalia a personalidade do acusado exatamente como está autorizado a verificar o seu elemento subjetivo (dolo ou culpa). Não se alega que o magistrado é incapaz de checar a *vontade* ou o *conhecimento* do agente no tocante à conduta praticada; desse modo, é inócuo afirmar que a personalidade é algo intangível pelo julgador; c) dizer que a personalidade é um elemento eminentemente técnico significa desconhecer a realidade, pois qualquer pessoa avalia outra, quanto ao seu comportamento – positivo ou negativo; d) outro erro das opiniões contrárias à avaliação da personalidade é afirmar que ela permitiria um aumento indevido da pena; ora, a personalidade também é utilizada para reduzir a pena-base, quando positiva. Ilustrando, a personalidade positiva é capaz de ser compensada com os maus antecedentes, e isso é no mais absoluto interesse do réu.
>
> Em suma, não vemos como subsistir essa rejeição à análise da personalidade por ocasião da sentença condenatória. Nesse sentido, há diversos julgados do STF e do STJ levando em consideração a personalidade do agente para fixar a pena-base. Cremos que o Judiciário deve respeitar a lei, que prevê essa circunstância em diversos momentos da fixação da pena, do regime e dos benefícios.

4.5 Motivos do crime

São os precedentes que impulsionam o agente à ação criminosa, podendo ser uma causa antecedente ao delito ou um objetivo a ser alcançado.

"O motivo, cuja forma dinâmica é o móvel, varia de indivíduo a indivíduo, de caso a caso, segundo o interesse ou o sentimento. Tanto o dolo como a culpa se ligam à figura do crime em abstrato, ao passo que o móvel muda incessantemente dentro de cada figura concreta de crime, sem afetar a existência legal da infração. Assim, o homicídio pode ser praticado por motivos opostos, como a perversidade e a piedade (eutanásia), porém a todo homicídio corresponde o mesmo dolo (a consciência e a vontade de produzir morte)" (Roberto Lyra, *Comentários ao Código Penal*, v. 2, p. 218).

Todo crime tem um motivo, que pode ser mais ou menos nobre, mais ou menos repugnante. Lembre-se, ainda, que o motivo pode ser consciente (vingança) ou inconsciente (sadismo), além do que pode figurar como causa ou razão de ser da conduta (agir por paga para matar alguém) ou como objetivo da conduta (atuar por promessa de recompensa para matar alguém), indiferentemente. A avaliação disso faz com que o juiz exaspere ou diminua a pena-base. Ver quadro esquemático da página seguinte.

4.6 Circunstâncias do crime

São os elementos acidentais não participantes da estrutura do tipo, embora envolvendo o delito. Quando expressamente gravadas na lei, as circunstâncias são chamadas de *legais* (agravantes e atenuantes, por exemplo). Quando genericamente previstas, devendo ser formadas pela análise e pelo discernimento do juiz, são chamadas de *judiciais*. Um crime pode ser praticado, por exemplo, em local ermo, com premeditação, para dificultar a sua descoberta e a apuração do culpado, constituindo circunstância gravosa.

No entanto, quando esses elementos acidentais não fizerem parte do contexto das circunstâncias legais (causas de aumento/diminuição; agravantes/atenuantes) devem ser consideradas genéricas, leia-se, são as hipóteses que volteiam o delito e nascem da concepção do magistrado. Este elemento do art. 59 – *circunstâncias do crime* – é amplo e nitidamente residual, porque absorve qualquer situação peculiar, para elevar ou diminuir a pena-base.

4.7 Consequências do crime

Constituem o mal causado pelo crime, *transcendendo* o resultado típico. É lógico que num homicídio, por exemplo, a consequência natural é a morte de alguém e, em decorrência disso, uma pessoa pode ficar viúva ou órfã. Diferentemente, o indivíduo que assassina a esposa na frente dos filhos menores, causando-lhes um trauma sem precedentes, precisa ser mais severamente apenado, pois trata-se de uma consequência não natural do delito.

ESQUEMAS

MOTIVOS DO CRIME: PODEM SER CONSCIENTES OU INCONSCIENTES

Como *causa* da conduta delituosa
- por momento. Ex.: mediante paga
- por decorrência da personalidade. Ex.: sadismo

Como *objetivo* da conduta delituosa
- por momento. Ex.: promessa de recompensa
- por decorrência da personalidade. Ex.: visando ao recebimento de herança, em homicídio, expondo cobiça e egoísmo

MOTIVO ≠ ELEMENTO SUBJUNTIVO DO CRIME (DOLO/CULPA)

Motivo ⟶ dinâmico, variado, mutável, espelhando a riqueza dos pensamentos, desejos humanos. Havendo a prática do crime, o motivo pode ou não ser atingido ou satisfeito

Dolo ⟶ estático, concentrado, vinculado ao tipo, significando querer realizar a conduta típica. Não interessa a razão ou o objetivo, como regra

Culpa ⟶ estática, concentrada, vinculada ao tipo, significando um comportamento descuidado, que devia ter sido evitado. Não importa a razão ou o objeto da conduta para configurar-se

4.8 Comportamento da vítima

É o modo de agir da vítima que pode levar ao crime. Segundo Miguel Reale Júnior, René Ariel Dotti, Ricardo Andreucci e Sérgio Pitombo, "o comportamento da vítima constitui inovação com vistas a atender aos estudos de vitimologia, pois algumas vezes o ofendido, sem incorrer em *injusta* provocação, nem por isso deixa de acirrar ânimos; outras vezes estimula a prática do delito, devendo-se atentar, como ressalta a Exposição de Motivos, para o comportamento da vítima nos crimes contra os costumes e em especial a exploração do lenocínio, em que há por vezes uma interação e dependência da mulher para com aquele que a explora" (*Penas e medidas de segurança no novo Código*, p. 162-163).

São exemplos: o exibicionista atrai crimes contra o patrimônio; o mundano, delitos sexuais; o velhaco, que gosta de viver levando vantagem, atrai o estelionato; o agressivo, o homicídio e as lesões corporais, e assim sucessivamente. Não se quer dizer que o mundano, por exemplo, vítima de crime sexual, não esteja protegido pela lei penal, nem mesmo que o agente deva ser absolvido, porém é óbvio que, nesse caso, a pena do autor da infração penal não deve ser especialmente agravada. Como regra, leva-se em conta o comportamento da vítima para verificar a necessidade de atenuar a pena do acusado; excepcionalmente, é possível considerar esse comportamento para agravar a pena, situação que muitas vezes se mescla com a personalidade do agente (ilustrando, a pessoa calma e tranquila foge das provocações do acusado, contorna da maneira que pode, mas, mesmo assim, termina agredida; é natural levar a situação para ponderar a elevação da pena-base).

Nos casos de crimes vagos, aqueles que não possuem um sujeito passivo determinado, figurando no polo passivo, em geral, a sociedade, dificilmente se consegue avaliar o *comportamento da vítima*. Afinal, se inexiste pessoa ofendida diretamente, torna-se incompreensível levar em conta a atitude coletiva para contrapor à do réu. Exemplo disso são as infrações penais contra o meio ambiente e contra a saúde pública. Por outro lado, há certos delitos, cujo bem tutelado interessa ao Estado, constituindo este o sujeito passivo (ex.: crimes tributários). Embora tais infrações penais não possam ser denominadas vagas, visto existir o interesse direto de pessoa jurídica de direito público, torna-se complexa a avaliação do comportamento da vítima, ensejando o crime. Diz Sérgio Salomão Shecaira: "Chega a ser teratológico pensar em comportamento da vítima em crimes nos quais o sujeito passivo é o Estado" (Cálculo penal e dever de fundamentação, *Estudos de direito penal*, p. 32).

ESQUEMA

COMPORTAMENTO DA VÍTIMA

1) COMPLETAMENTE INCULPÁVEL: nada faz para provocar a situação da qual se torna vítima. Ex.: passando por um local, sofre uma lesão causada por tiro, advindo de tiroteio entre quadrilhas rivais

2) PARCIALMENTE CULPÁVEL: tem alguma contribuição sua para gerar o delito do qual é vítima

2.1) Por ignorância/imprudência: Ex.: gestante morre ao permitir que lhe façam aborto fora do hospital

2.2) Escassa culpabilidade: Ex.: entrega a senha da sua conta bancária ao noivo, que faz saque inesperado e desaparece

2.3) Voluntária: Ex.: doente em estágio terminal pede para morrer

3) COMPLETAMENTE CULPÁVEL: contribui, com sua conduta, de maneira determinante, para a realização do delito do qual se torna vítima

3.1) Provocadora: Ex.: assaltante é morto pela vítima do seu roubo

3.2) Propicia a ocorrência do delito: Ex.: há torpeza bilateral no estelionato, pois a vítima quer levar vantagem indevida

3.3) Falsa vítima (delito simulado): Ex.: acusar o namorado de estupro, quando foram relações consensuais

Notas:
a) O quadro foi extraído da nossa obra "Individualização da Pena" e fornecido, inicialmente, por Antonio Beristain
b) O juiz deve graduar a pena do réu, levando em conta a atitude da vítima, elevando a pena-base quando se tratar de ofendido completamente inocente e aproximando-se ou fixando no mínimo quando se tratar de vítima totalmente culpável (censurável)
c) A falsa vítima deve provocar a absolvição do réu e futuro processo contra quem simulou o delito

5. FIXAÇÃO DO REGIME INICIAL DE CUMPRIMENTO DA PENA

Trata-se de importante processo de individualização da pena, pois o regime faz parte da reprimenda merecida pelo acusado. Dessa forma, após ter fixado o montante da pena, é indispensável que o magistrado estabeleça o regime cabível, devendo fundamentar sempre a sua opção. Pode o magistrado, no entanto, valer-se dos mesmos fundamentos que usou para a fixação da pena acima do mínimo, não sendo necessária a repetição, a fim de justificar a imposição de regime mais severo.

Como regra, a fixação de pena-base acima do mínimo legal pode levar o julgador a estabelecer, igualmente, regime mais gravoso. Entretanto, torna-se ilógico fixar a pena-base no mínimo, alegando que todos os requisitos do art. 59 do Código Penal são favoráveis e, ao mesmo tempo, aplicar regime mais severo (ex.: se cabia o aberto, como opção mais brande, fixa-se o semiaberto). Aliás, outro fator a merecer destaque liga-se à fixação de regime mais gravoso, calcado, apenas, na gravidade abstrata do crime. Lembre-se de que quem cumpre a pena é uma pessoa determinada, possuidora de elementos próprios de personalidade e vida pregressa; pouco interessa se o delito pode ser considerado grave ou não. Exemplificando, é inadequada a fixação da pena-base de um furto no mínimo legal e o estabelecimento do regime fechado ou semiaberto para o cumprimento da pena, quando for cabível o regime aberto. Assim dispõe a Súmula 440 do Superior Tribunal de Justiça: "Fixada a pena-base no mínimo legal, é vedado o estabelecimento de regime prisional mais gravoso do que o cabível em razão da sanção imposta, com base apenas na gravidade abstrata do delito".

Para os crimes cuja pena for fixada em montante superior a oito anos, impõe-se o regime fechado inicial obrigatoriamente (art. 33, § 2.º, *a*, CP). Entretanto, se o juiz estabelecer o regime *inicial* semiaberto, sem que haja apelação por parte do Ministério Público, não pode o juiz da execução penal, posteriormente, modificar esse regime, passando o condenado ao fechado, a pretexto de se tratar de regime instituído por lei. Operará uma autêntica *reformatio in pejus*, que o Estado-acusação deixou passar, sem qualquer impugnação.

Outro ponto que se deve abordar é o pertinente à suspensão condicional da pena, que não é *regime de cumprimento de pena*, mas uma *forma* alternativa de cumpri-la. Assim, se resolver conceder o *sursis*, fica o magistrado obrigado a estabelecer o regime, pois o benefício pode não ser aceito pelo réu (ele é condicionado) ou pode ser revogado.

A fixação do regime sem fundamentação (ou de qualquer fase da pena) é causa de nulidade, pois ofende a norma constitucional que estipula o dever do juiz de motivar qualquer decisão (art. 93, IX).

6. SUBSTITUIÇÃO DA PENA PRIVATIVA DE LIBERDADE

Cuida o juiz nesse momento de verificar a possibilidade de substituir a pena privativa de liberdade por restritiva de direitos ou multa. Se conceder o *sursis*, não estará fixando um *regime* de cumprimento de pena, mas uma *forma* alternativa para cumprir a pena. Portanto, não se trata de substituição.

7. AGRAVANTES E ATENUANTES

São circunstâncias legais genéricas, previstas na Parte Geral do Código Penal, recomendando ao juiz que eleve a pena (agravantes) ou aplique-a moderadamente (atenuantes), embora fique circunscrito aos limites mínimo e máximo previstos no tipo penal incriminador. Embora conste dos arts. 61 e 65 do CP o termo *sempre* para ligar-se à agravação ou atenuação, deve-se ler, juntamente, *se possível* ou *se necessário*. Isso porque essas circunstâncias não se ligam ao tipo incriminador, tal como a qualificadora/privilégio ou causa de aumento/diminuição. Dessa forma, nem mesmo constam da peça acusatória, no caso de agravantes, além de poder o juiz reconhecer e aplicar qualquer agravante, independente de requerimento do órgão acusatório (art. 385, CPP). Por isso, o comando da lei (sempre agravará ou atenuará) significa uma recomendação, quando for viável, vale dizer, dentro da faixa cominada ao delito no tipo (mínimo e máximo).

7.1 Agravantes

O rol previsto no art. 61 do Código Penal é restrito e não pode ser ampliado. Por isso, não há possibilidade de utilização de qualquer mecanismo, inclusive analogia, para aumentar as suas hipóteses de incidência.

A reincidência (art. 61, I, CP) é aplicável aos delitos dolosos e culposos, indistintamente, o que será analisado em outro tópico.

As demais circunstâncias (art. 61, II, CP) somente encontram cenário propício para aplicação quando se tratar de crimes dolosos. É o entendimento predominante na doutrina e na jurisprudência, por absoluta incompatibilidade com o delito culposo, cujo resultado é sempre involuntário. Como se poderia chamar de fútil o crime culposo, se o agente não trabalhou diretamente pelo resultado? Como se poderia dizer ter havido homicídio culposo cruel, se o autor nada fez para torná-lo mais sofrido à vítima? Enfim, estamos com a posição que sustenta haver incompatibilidade entre o rol do inciso II e o delito culposo. Nessa ótica: Sérgio Salomão Shecaira e Alceu Corrêa Junior, *Teoria da pena*, p. 265.

Ainda assim, encontramos, embora raramente, aplicação desse inciso ao universo da culpa. Cite-se, como exemplo, o STF: "Não obstante a corrente afirmação apodíctica em contrário, além da reincidência, outras circunstâncias agravantes podem incidir na hipótese de crime culposo: assim, as atinentes ao motivo, quando referidas à valoração da conduta, a qual, também nos delitos culposos, é voluntária, independentemente da não voluntariedade do resultado: admissibilidade, no caso, da afirmação do motivo torpe – a obtenção do lucro fácil –, que, segundo o acórdão condenatório, teria induzido os agentes ao comportamento imprudente e negligente de que resultou o sinistro" (sobre o acidente do barco *Bateau Mouche*; HC 05.10.1993, 1.ª T., rel. Sepúlveda Pertence, m.v.; maioria no tocante à substituição da pena para restritiva de direitos e quanto ao regime, mas não com relação à agravante, *RT* 730/407). Não se deve utilizar essa decisão como padrão, pois o caso foi peculiar e único.

Acesse e escute o podcast sobre **Agravantes no Código Penal.**

> http://uqr.to/1yoib

7.1.1 Motivo fútil

É o motivo de mínima importância, manifestamente desproporcional à gravidade do fato e à intensidade do motivo. Ex.: matar alguém porque perdeu uma partida de sinuca ou praticar um furto simplesmente para adquirir uma roupa elegante. O fundamento da maior punição da futilidade consiste no egoísmo intolerante, na mesquinhez com que age o autor da infração penal.

Não se deve confundir motivo fútil com motivo injusto, afinal, o delito é sempre injusto.

De outro lado, é bastante polêmica a possibilidade de equiparar a *ausência de motivo* ao motivo fútil. Sustentam alguns que praticar o delito sem qualquer motivo evidencia futilidade, com o que não podemos concordar. O crime sempre tem uma motivação, de modo que desconhecer a razão que levou o agente a cometê-lo jamais deveria ser considerado *motivo fútil*. É possível que o Estado-acusação não descubra qual foi o fator determinante da ação criminosa, o que não significa *ausência de motivo*. Uma pessoa somente é capaz de cometer um delito sem qualquer fundamento se não for normal, merecendo, nesse caso, uma avaliação psicológica, com possível inimputabilidade ou semi-imputabilidade.

Por outro lado, quem comete o delito pelo mero prazer de praticá-lo está agindo com sadismo, o que não deixa de ser um motivo torpe. Ressalte-se que considerar a ausência de motivo como futilidade pode trazer sérios inconvenientes. Imagine-se o agente que tenha matado o estuprador de sua filha – circunstância que a doutrina considera *relevante valor moral* –, embora tenha fugido sem deixar rastro. Testemunhas presenciais do fato o reconhecem nas fases policial e judicial por fotografia ou porque já o conheciam de vista, mas não sabem indicar a razão do delito. Caso tenha sido denunciado por homicídio cometido por motivo fútil (pela ausência de motivo), estar-se-ia cometendo uma flagrante injustiça. Corretíssima, nesse sentido, a lição de Nélson Hungria: "Não há crime *gratuito* ou sem motivo e é no motivo que reside a significação mesma do crime. O motivo é o 'adjetivo' do elemento moral do crime. É através do 'porquê' do crime, principalmente, que se pode rastrear a personalidade do criminoso e identificar a sua maior ou menor antissociabilidade" (*Comentários ao Código Penal*, v. 5, p. 122-123).

Outra questão que merece destaque é o *ciúme*. Não se trata, para diversos penalistas, de motivo fútil, pois esse sentimento doloroso de um amor inquieto, egoísta e possessivo, apesar de injusto, não pode ser considerado ínfimo ou desprezível. Desde os primórdios da humanidade o ciúme corrói o homem e por vezes chega a configurar uma causa de diminuição da pena ou uma atenuante, quando em decorrência de "violenta emoção, provocada por ato injusto da vítima".

A *embriaguez* é, como regra, incompatível com a futilidade. O sujeito embriagado não tem noção exata do que faz, de forma que suas razões para o cometimento de uma infração penal não devem ser classificadas como fúteis. Entretanto, vigendo ainda no Brasil a responsabilidade objetiva no campo da ebriedade, não é demais supor que os atos do embriagado possam ser considerados desproporcionais ao crime praticado e, portanto, fúteis.

7.1.2 Motivo torpe

É o motivo repugnante, abjeto, vil, que demonstra sinal de depravação do espírito do agente. O fundamento da maior punição ao criminoso repousa na moral média, no sentimento ético social comum. Ex.: cometer um crime impulsionado pela ganância ou pela ambição desmedida.

Costumeiramente, sustenta-se ser torpe a *vingança*, o que não corresponde sempre à realidade. Nem toda vingança pode ser tachada de torpe. Note-se o exemplo já mencionado do pai que, por vingança, mata o estuprador de sua filha, ou mesmo do professor que agride, por vingança, o traficante que perturba as crianças de sua escola. São motivos de *relevante valor* – moral ou social –, mas nunca repugnantes. Por outro lado, é imperioso destacar a hipocrisia que ainda cerca a questão no contexto social. A moral média – espelhada em livros, revistas, contos, novelas, filmes etc. – nem sempre elege a vingança como motivo a causar asco à sociedade. Fosse assim, não existiriam tantas histórias contendo a vingança como pano de fundo, justamente praticada por aquele que foi agredido injustamente e resolve "fazer justiça pelas próprias mãos". Não se quer com isso dizer que a vingança seja motivo justo ou mesmo ideal de agir, embora não se deva desconhecer que a torpeza é a motivação vil, denotativa de repulsa social ao ato praticado; daí por que nem sempre a sociedade irá considerar torpe uma vingança. Sem falso moralismo, é preciso que o juiz tenha muita cautela antes de acolher a agravante do motivo torpe fundada na vingança. Do mesmo modo, não se deve considerar o ciúme como motivo torpe, pelas mesmas razões expostas no item anterior, onde se defendeu não constituir motivo fútil.

7.1.3 Motivação torpe específica

O agente que comete um delito para facilitar (pratica o crime para tornar mais fácil concretizar outro) ou assegurar (pratica o delito para tornar garantida a concretização de outro) a execução, a ocultação (comete a infração para que não se descubra crime antecedente), a impunidade (pratica o delito para esconder o autor de delito anterior) ou a vantagem (comete o delito para preservar a vantagem obtida por infração precedente) de outro delito demonstra especial torpeza. Quando, eventualmente, consiga o autor atingir dois resultados (ex.: comete um homicídio para esconder um estelionato), pune-se ambos utilizando a regra do concurso material.

7.1.4 Traição, emboscada, dissimulação ou outro recurso que dificulta ou torna impossível a defesa do ofendido

Trata-se da consagração da deslealdade, da perfídia, da hipocrisia no cometimento de um crime. As referências feitas pelo legislador no art. 61, II, *c*, do Código Penal, são modos específicos de agir, que merecem maior censura no momento de aplicação da pena.

A traição divide-se em material (ou objetiva), que é a atitude de golpear alguém pelas costas, e moral (ou subjetiva), significando ocultar a intenção criminosa, ao enganar a vítima. Logicamente, a traição engloba a surpresa. Como exemplo, mencionamos um caso concreto que nos foi recentemente narrado: o empregado, despedido da empresa onde trabalhava, retornou ao local do antigo serviço e pediu ao chefe do seu setor – a quem imputava o motivo de sua demissão – para ler um determinado documento que carregava consigo. A vítima não desejava fazê-lo, mas o agente insistiu bastante. Quando tomou o referido papel para ler, foi violentamente golpeada pelas costas.

Emboscada é o ato de esperar alguém passar para atacá-lo, vulgarmente conhecida por tocaia ou cilada. Não se confunde com a traição, nem com a dissimulação, pois o agente nem mesmo precisa ter contato direto com a vítima.

Dissimulação é o despistamento da vontade hostil; escondendo a vontade ilícita, o agente ganha maior proximidade da vítima. Fingindo amizade para atacar, leva vantagem e impede a defesa. Enquanto a traição é uma atitude camuflada, oculta e invisível para a vítima, a dissimulação é conduta ostensiva, aberta e visível para o ofendido, embora com intenção totalmente diversa da exposta.

Quanto ao *outro recurso*, o legislador utiliza a fórmula genérica consistente em "outro recurso que dificulte ou torne impossível a defesa" do ofendido como forma de interpretação analógica. É natural supor que todas as ações descritas *supra* são recursos que prejudicam ou impossibilitam a defesa, embora neste caso haja possibilidade de amoldar qualquer outra situação não descrita expressamente na norma penal. Trata-se de uma fórmula casuística. Há necessidade de ser uma situação análoga às que foram descritas anteriormente. Exemplo disso é o de MacBeth, que assassinou o rei Duncan, enquanto o soberano dormia. Aliás, costuma também ser um dos formatos do crime da mulher contra o companheiro ou marido violento; enquanto dorme, ateia-lhe fogo.

7.1.5 Veneno, fogo, explosivo, tortura ou outro meio insidioso ou cruel ou de que possa resultar perigo comum

São meios de cometer o crime, havendo três gêneros, com quatro espécies. Os três gêneros: a) meio insidioso, que denota estratagema, perfídia; b) crueldade, significando a imposição à vítima de sofrimento além do necessário para alcançar o resultado típico pretendido; c) perigo comum, situação que coloca em risco mais pessoas do que a visada pelo agente.

As espécies: a) emprego de veneno, podendo significar o uso de um meio insidioso ou camuflado para agir, o que acontece especialmente no homicídio, mas também pode espelhar crueldade, quando a substância provocar morte lenta e dolorosa; b) o uso de fogo, algo que tanto pode causar sofrimento exagerado à vítima, como produzir perigo a outras pessoas; c) explosivo, que, na definição de Sarrau, é "qualquer corpo capaz de se transformar rapidamente em gás à temperatura elevada" (citação de Hungria, *Comentários ao Código Penal*, p. 166), e, assim ocorrendo, apto a provocar a violenta deslocação e destruição de matérias ao seu redor, tratando-se, evidentemente, de perigo comum; d) tortura, que é o suplício imposto a alguém, constituindo evidente forma de crueldade.

7.1.6 Relações familiares

Aumenta-se a punição no caso de crime cometido contra ascendente, descendente, irmão ou cônjuge, tendo em vista a maior insensibilidade moral do agente, que viola o dever de apoio mútuo existente entre parentes e pessoas ligadas pelo matrimônio.

Nesse caso, trata-se do parentesco natural ou civil. Descartam-se, apenas, as relações de afinidade, como as figuras do *pai ou da mãe de criação* e outras correlatas. Não há necessidade de se conferir ao termo *cônjuge* uma interpretação extensiva para abranger o companheiro ou a companheira (união estável), porque essa situação pode ser perfeitamente adaptada em outras alíneas do inciso II do art. 61 (ver o tópico 7.1.7 a seguir).

7.1.7 Abuso de autoridade, relações do lar e violência contra a mulher

Nessa agravante pune-se com maior rigor a afronta aos princípios de apoio e assistência que deve haver nessas situações. O abuso de autoridade mencionado é o abuso no campo do direito privado, vale dizer, nas relações de autoridade que se criam entre tutor-tutelado, guardião-pupilo, curador-curatelado etc.

Quanto às relações domésticas, são as ligações estabelecidas entre participantes de uma mesma vida familiar, podendo haver laços de parentesco ou não. Ex.: um primo que se integre à vida da família compartilha das relações domésticas.

Coabitação, por sua vez, significa apenas viver sob o mesmo teto, mesmo que por pouco tempo. Ex.: moradores de uma pensão.

Finalmente, hospitalidade é a vinculação existente entre as pessoas durante a estada provisória na casa de alguém. Ex.: relação entre anfitrião e convidado durante uma festa.

Neste cenário, é perfeitamente admissível inserir a companheira (ou companheiro), fruto da união estável, agravando a pena de quem se prevalece de relações domésticas para o cometimento do delito.

A partir da edição da Lei 11.340/2006, acrescentou-se ao final da alínea *f* do inciso II do art. 61 do Código Penal o seguinte: "ou com violência contra a mulher na forma da lei específica". Portanto, não é toda forma de violência contra qualquer mulher, em qualquer lugar, uma circunstância válida para a configuração desta agravante. É fundamental que se dê no contexto descrito pela referida Lei 11.340/2006, que cuida dos mecanismos para coibir a violência doméstica e familiar contra a mulher.

Particularmente, a violência contra a mulher deve inserir-se, nos termos do art. 5.º da Lei específica, nas seguintes situações: a) no âmbito da unidade doméstica, que compreende o espaço de convívio permanente de pessoas, com ou sem vínculo familiar, inclusive as esporadicamente agregadas; b) no âmbito da família, que abrange a comunidade formada por indivíduos que são ou se consideram aparentados, unidos por laços naturais, por afinidade ou por vontade expressa; c) em qualquer relação íntima de afeto, na qual o agressor conviva ou tenha convivido com a ofendida, independentemente de coabitação. As relações pessoais independem da orientação sexual.

Acesse e escute o podcast sobre Violência contra a mulher.

> http://uqr.to/1yoic

7.1.8 Abuso de poder e violações de dever

O abuso de poder é justamente o abuso de uma função pública, por isso muito fácil de ser confundido com o abuso de autoridade, previsto na Lei 13.869/2019. É preciso, aliás, cautela para não haver *bis in idem*. Se o agente for punido com base na lei mencionada, não se pode aplicar esta agravante. Entretanto, quando não for o caso de aplicar o *abuso de autoridade*, é possível reconhecer o *abuso de poder*. Ex.: quando uma autoridade constrange alguém, mediante grave ameaça, a celebrar contrato de trabalho, responderá pelo crime descrito no art. 198, combinado com o art. 61, II, *g*, do Código Penal.

Melhor analisando o tema, permitimo-nos reformular a definição anterior acerca de *cargo*. Afinal, está-se no contexto do *abuso de poder*, mencionando o art. 61, II, *g*, do Código Penal, a violação de *dever*. Ora, o cargo somente pode ser o público, criado por lei, com denominação própria, número certo e remunerado pelo Estado, vinculando o servidor à Administração estatutariamente. Não vemos, hoje, sentido em mencionar *cargo em empresa particular* (inexiste contexto de *poder* e *dever*).

Por uma questão de coerência, deve-se acrescer a *função pública* (atribuição que o Estado impõe aos seus servidores para a realização de tarefas nos três Poderes, sem ocupar cargo ou emprego). Além disso, merece inclusão, também, o emprego público (posto criado por lei na estrutura hierárquica da Administração Pública, com denominação e padrão de vencimentos próprios, ocupado por servidor contratado pelo regime da CLT).

Tanto a função pública quanto o emprego público devem ser extraídos do termo *ofício*, porque assim se fazia quando o Código Penal foi editado. Entendiam-se por ofício tanto o posto público quanto o privado, conforme indica Roberto Lyra: "no conceito de *ofício* entra, quer o ofício público, quer o privado. Ofício, em tal sentido, é toda função reconhecida e disciplinada pela lei, tanto no campo de direito público, como no campo do direito privado" (*Comentários ao Código Penal*, v. II, p. 295). Segue a mesma ideia, Noronha, ao indicar cargo ou ofício como funções públicas, primordialmente (*Direito penal*, v. 1, p. 256). Em interpretação teleológica, mas também extensiva, onde se lê *ofício* é fundamental ler *função pública* ou *emprego público*, pois são as atividades que possuem deveres previstos em lei. Parece-nos que, quando Lyra aponta o ofício privado, reconhecido e disciplinado pela lei, em verdade, está indicando o que, atualmente, denomina-se por *profissão* (atividade de sustento, reconhecida e regulada pelo Estado), como apontamos a seguir.

Não se deve, por óbvio, adotar o conceito vulgar de ofício (uma atividade que demanda conhecimento específico ou habilidade), pois seriam os exemplos de pintor, padeiro, pedreiro, dona de casa etc. Esses ofícios não são regulados pelo Estado, não estão previstos em lei, razão pela qual não possuem poderes, nem deveres, para que possam ser infringidos e, em consequência, gerar um crime com agravante.

Ministério, por seu turno, é o exercício de atividade religiosa. Nesse contexto, torna-se indispensável seja uma religião reconhecida pelo Estado e pela sociedade, com um mínimo de tradição e com um *código próprio de deveres*, como há no caso da Igreja Católica, somente para exemplificar. Do contrário, valendo-se da liberdade de crença e culto, qualquer pessoa pode *criar* uma atividade religiosa inédita, sem qualquer previsão de poderes e deveres, razão pela qual se torna inviável aplicar a agravante do exercício de ministério, visto inexistir parâmetro para se aquilatar eventual abuso ou violação de dever.

No tocante à profissão, cuida-se de atividade especializada, pressupondo preparo; porém, deve-se considerar apenas as que são reguladas pelo Estado, logo, possuem deveres fixados em lei ou em estatutos reconhecidos por lei (ex.: advogados, médicos, engenheiros etc.). Não se deve utilizar o termo *profissão* no sentido vulgar, como um trabalho habitual do qual alguém retira os meios necessários para sobreviver; se assim fosse, seria equivalente ao conceito vulgar de ofício e ambos seriam, portanto, sinônimos.

A agravante em comento inicia mencionando o *abuso de poder*, passando, após, a cuidar de *violação de dever*, situações que, para a garantia de boa aplicação do Direito Penal, lastreado na legalidade, precisa ter sustentáculo em previsões feitas em lei, estabelecendo a disciplina do exercício do poder e do dever.

7.1.9 Criança, maior de sessenta anos, enfermo e mulher grávida

Com relação à definição de *criança*, para efeito de aplicação dessa agravante, há discussão doutrinária e jurisprudencial. Existem, basicamente, *três correntes*: a) a fase da criança vai até os sete anos completos, considerada a *primeira infância*; b) segue até os onze anos completos (doze anos incompletos), buscando conciliar o Código Penal com o Estatuto da Criança e do Adolescente; c) vai até os treze anos completos (quatorze anos incompletos), para aqueles que veem nas referências feitas no Código Penal uma maior proteção a quem possui essa faixa etária (ex.: art. 121, § 4.º, *in fine*; art. 217-A, *caput*, CP). Entendemos, no entanto, correta a segunda posição, que hoje já se pode considerar predominante, pois não tem sentido considerar criança, para efeito de aplicar a legislação especial (Estatuto da Criança e do Adolescente), o menor de até onze anos completos, enquanto para o fim de agravamento da pena somente levar-se em conta o indivíduo que tenha até sete anos completos. No mesmo sentido: Sérgio Salomão Shecaira e Alceu Corrêa Junior (*Teoria da pena*, p. 267); Sérgio de Oliveira Médici (*Teoria dos tipos penais*, p. 118). A terceira posição diz respeito, em nosso entendimento, com exclusividade, à faixa de aplicabilidade do consentimento válido para a relação sexual (art. 217-A, *caput*, CP) ou a uma maior tutela de proteção também ao adolescente (art. 121, § 4.º, CP). Portanto, não tem por finalidade *definir* o que venha a ser *criança*.

Quanto ao idoso, a agravante tem em vista assegurar punição mais severa ao autor de crime que demonstrou maior covardia e facilidade no cometimento da infração penal, justamente pela menor capacidade de resistência das pessoas maiores de sessenta anos, devendo, naturalmente, haver nexo lógico entre a conduta desenvolvida e o estado de fragilidade da vítima.

No tocante ao enfermo, inicialmente podemos afirmar que é a pessoa que se encontra doente, portadora de alguma moléstia ou perturbação da saúde, embora se possa dizer, ainda, que é a pessoa anormal ou imperfeita. Isto envolve o deficiente físico ou mental, como exposto linhas a seguir. Para fim de aplicação da agravante, especialmente porque o direito penal não veda a aplicação da interpretação extensiva, pode-se utilizar o termo em sentido amplo, até para fazer valer o bom senso. Quem tem as resistências diminuídas em razão de algum mal é uma pessoa enferma, contra a qual, em determinadas circunstâncias, pode-se praticar um delito mais facilmente. Por isso, justifica-se a agravação da pena.

Do mesmo modo que contra a criança, o idoso e a mulher grávida, o agente do delito mostra sua pusilanimidade e ousadia, contra a pessoa adoentada faz o mesmo. É preciso, no entanto, checar, no caso concreto, qual é a moléstia ou a perturbação que acomete a vítima, a fim de não haver injustiça. O sujeito gripado pode ser considerado enfermo, embora não o possa ser para finalidade de aplicar a agravante. Assim, quem cometer um roubo contra o indivíduo nesse estado não merece pena mais grave, visto não ser enfermidade capaz de, em regra, diminuir sua capacidade de resistência. Diferente do outro, acometido de pneumonia, preso ao leito, contra quem se pratica um furto. Estando impossibilitado de se defender a contento, configura-se a agravante.

Questão peculiar é a do deficiente. A lei não o incluiu expressamente, como o fez a Lei 9.455/97 (Lei da Tortura), dentre os protegidos por esta agravante. Mas, como diz Luiz Alberto David Araujo sobre o tema, "o conceito de deficiência reside na incapacidade do indivíduo para certas tarefas, não na falta de qualquer capacidade física ou mental. A análise isolada não poderá ser feita; pelo contrário, a deficiência deve ser sempre correlacionada a tarefa ou atividade. (...) As deficiências não se restringem, apenas, aos sentidos (visual, auditiva ou da fala), nem aos membros (locomoção ou movimentação) ou, ainda, às faculdades mentais (deficiência mental), mas também alcançam situações decorrentes das mais variadas causas (fenilcetonúria, esclerose múltipla, talassemia, problemas renais crônicos, dentre outros, inclusive AIDS). As pessoas portadoras de deficiência apresentam graus de dificuldade de integração, com uma multiplicidade de situações, que deve ser objeto de atenção rigorosa, tanto do legislador infraconstitucional, como do administrador e do juiz" (*A proteção constitucional das pessoas portadoras de deficiência*, p. 131).

Portanto, pode ser considerado enfermo o deficiente, dependendo, no entanto, do caso concreto. O superdotado – pessoa com coeficiente de inteligência acima do normal – pode ser, segundo Araújo, um sujeito com dificuldade de integração social, considerado, pois, um portador de "deficiência", visto necessitar de cuidado e tratamento especial. Esse caso trata de um deficiente que, para efeito penal, não deve ser considerado um enfermo. Por outro lado, o acometido de insuficiência renal crônica e o aidético são considerados enfermos e, ainda, portadores de deficiência. Assim, é cabível, conforme a situação concreta que se apresentar ao juiz, aplicar a agravante da enfermidade também às vítimas portadoras de deficiência física ou mental.

Finalizando, lembremos sempre que a enfermidade (abrangida a deficiência) deve ter relação com o crime praticado (quem quebrou uma perna está enfermo e, temporariamente, deficiente, mas não se pode aplicar a agravante se, realizando um negócio, for vítima de estelionato).

Em relação à mulher grávida, deve ela ser vista no mesmo prisma da maior dificuldade em se defender. Não é a simples existência da gravidez que torna o crime mais grave, sendo indispensável existir uma relação de causalidade entre o estado gravídico e o delito perpetrado. Além disso, não basta a gravidez de alguns dias, sendo necessário um estágio mais avançado, que torne a mulher presa fácil de agentes criminosos. Abre-se exceção a tal regra se a gestação, mesmo que em estágio inicial, for conhecida do agente e o crime tiver relação com a maior exposição física e emocional que a mulher sofre, como quando é vítima do delito de tortura.

7.1.10 Ofendido sob proteção da autoridade

Quem está sob proteção do Estado não deve ser atacado, agredido ou perturbado. O agente que comete o delito contra vítima em tal situação demonstra ousadia ímpar, desafiando a autoridade estatal. Por isso, merece maior reprimenda. É o caso do linchamento, quando pessoas invadem uma delegacia para de lá retirar o preso, matando-o.

7.1.11 Situação de desgraça particular ou calamidade pública

Mais uma vez o legislador pretende punir quem demonstra particular desprezo pela solidariedade e fraternidade, num autêntico sadismo moral, aproveitando-se de situações calamitosas para cometer o delito. Vale-se da fórmula genérica e depois dos exemplos específicos.

Constituem os gêneros da agravante: a) calamidade pública, que é a tragédia envolvendo muitas pessoas; b) desgraça particular do ofendido, que é a tragédia envolvendo uma pessoa ou um grupo determinado de pessoas.

Como espécies desses gêneros temos o incêndio, o naufrágio e a inundação, que podem ser ora calamidades públicas, ora desgraças particulares de alguém. Ex.: durante a inundação de um bairro, o agente resolve ingressar nas casas para furtar, enquanto os moradores buscam socorro (calamidade pública). Durante um incêndio em uma residência, o agente se aproveita para cometer um furto (desgraça particular).

7.1.12 Embriaguez preordenada

Não bastasse ser punido o crime cometido no estado de ebriedade, atingido pelo agente de forma voluntária, há maior rigor na fixação da pena quando essa embriaguez foi alcançada de maneira preordenada, planejada.

Existem pessoas que não teriam coragem de cometer um crime em estado normal, de modo que, para atingirem seu desiderato, embriagam-se e, com isso, chegam ao resultado almejado. A finalidade da maior punição é abranger pessoas que, em estado de sobriedade, não teriam agido criminosamente, bem como evitar que o agente se coloque, de propósito, em estado de inimputabilidade, podendo dele valer-se mais tarde para buscar uma exclusão de culpabilidade.

7.1.13 Agravantes em caso de crime cometido por mais de uma pessoa

É preciso considerar que houve um equívoco legislativo na redação da rubrica do art. 62, denominando-se "concurso de pessoas" o que seria somente a aplicação de agravantes concernentes a delitos cometidos com o intercurso de mais de uma pessoa, mas não necessariamente baseado no art. 29 do Código Penal.

Por isso, pode-se aplicar a agravante deste dispositivo legal ao caso da autoria mediata por coação moral irresistível, embora não seja essa situação considerada um autêntico "concurso de pessoas".

7.1.13.1 Mentor ou dirigente da atividade criminosa

Esta é a hipótese que abrange a pessoa que comanda, organiza ou favorece a prática de um delito. Naturalmente, o "cabeça" de uma associação criminosa ou o "mentor intelectual" do fato é mais perigoso que o mero executor. Este, sozinho, pode não ter condições ou coragem para o cometimento da infração penal; daí por que se pune mais gravemente quem dá força à organização da atividade delituosa.

7.1.13.2 Coação ou indução ao crime

Coagir é obrigar, enquanto induzir é dar a ideia. Tanto uma situação quanto outra tornam o coator ou indutor mais perigoso do que o mero executor. No caso da coação, é possível até que, tratando-se de coação moral irresistível, somente responda o coator (autoria mediata). Entretanto, se a coação for resistível, o coator responde por esta agravante e o coato recebe uma atenuante (art. 65, III, *c*, CP).

7.1.13.3 Instigação ou determinação para o delito

Instigar é fomentar ideia já existente, enquanto determinar é dar a ordem para que o crime seja cometido. A referida ordem pode ser de superior para subordinado, configurando para o executor uma hipótese de exclusão da culpabilidade (obediência hierárquica) ou de atenuante (art. 65, III, *c*, CP), podendo ainda ser dada a um inimputável, o que configura, outra vez, a autoria mediata, punindo mais gravemente o autor mediato.

7.1.13.4 Criminoso mercenário

Trata-se de uma hipótese de torpeza específica, ou seja, o agente que comete o crime ou dele toma parte pensando em receber algum tipo de recompensa.

7.1.14 Reincidência

Acesse e escute o podcast sobre Reincidência.
> http://uqr.to/1yoid

7.1.14.1 Conceito

É o cometimento de uma infração penal após já ter sido o agente condenado definitivamente, no Brasil ou no exterior, por crime anterior (art. 63, CP). Admite-se, ainda, porque previsto expressamente na Lei das Contravenções Penais (art. 7.º), o cometimento de contravenção penal após já ter sido o autor anteriormente condenado com trânsito em julgado por contravenção penal. Portanto, admite-se, para efeito de reincidência, o seguinte quadro: a) crime (antes) – crime (depois); b) crime (antes) – contravenção penal (depois); c) contravenção (antes) – contravenção (depois). Não se admite: contravenção (antes) – crime (depois), por falta de previsão legal.

🌿 PONTO RELEVANTE PARA DEBATE

A reincidência e o princípio constitucional da vedação da dupla punição pelo mesmo fato (*ne bis in idem*)

Sabe-se, por certo, que ninguém deve ser punido duas vezes pelo mesmo fato. Se "A" subtraiu bens de "B", torna-se evidente não poder sofrer duas condenações por furto, bastando uma. Alguns, entretanto, sustentam que levar em consideração, ilustrando, um furto anteriormente cometido por "A", pelo qual já foi condenado e cumpriu pena, com o fim de, em processo por roubo posterior, noutro cenário, portanto, ser condenado como reincidente, seria uma maneira indireta de punir alguém duas vezes pelo mesmo fato.

O raciocínio seria o seguinte: se "A" já pagou pelo delito de furto, ao ser, posteriormente, condenado por roubo, o julgador não poderia elevar a pena deste último delito, com base no anterior crime de furto. O referido aumento constituiria a punição dupla. A ideia, em nosso entendimento, peca pela simplicidade. O sistema de fixação de penas obedece a outro preceito constitucional, merecedor de integração com os demais princípios penais, que é a individualização da pena (art. 5.º, XLVI, CF).

Não deve haver pena padronizada. Cada ser humano precisa valer por si mesmo, detentor de qualidades e defeitos, tudo ponderado, quando espalhado num cenário criminoso, pelo juiz, de modo particularizado. Logo, no exemplo acima, "A" não está recebendo nova punição pelo seu anterior furto. Ao contrário, a pena do seu mais recente crime – o roubo – comporta gradação e o magistrado nada mais faz do que considerar o fato de "A", já tendo sido apenado pelo Estado, tornar a delinquir, desafiando a ordem pública e as leis vigentes. Demonstra persistência e rebeldia inaceitáveis para quem pretenda viver em sociedade.

Destarte, sofre uma punição mais severa, dentro da faixa prevista para o roubo. Não se aplica a pena deste último crime no máximo, por exemplo, lançando-se, acima disso, outra punição qualquer pelo furto anterior. Nada disso é operacionalizado.

Ademais, se a reincidência fosse considerada inaplicável, como agravante, o que se diria de todas as circunstâncias judiciais do art. 59 do Código Penal? Se alguém pode sofrer penalidade mais grave simplesmente por apresentar personalidade perversa, é mais que natural deva o reincidente experimentar sanção mais elevada. Nessa ótica encontra-se a jurisprudência majoritária.

O Supremo Tribunal Federal, debatendo esta questão, concluiu ser constitucional a aplicação da agravante da reincidência, não se considerando *bis in idem*, mas apenas parte da individualização da pena (RE 453.000-RS, rel. Marco Aurélio, 04.04.2013, v. u.).

7.1.14.2 Espécies de reincidência

São as seguintes: a) reincidência real: quando o agente comete novo delito depois de já ter efetivamente cumprido pena por crime anterior; b) reincidência ficta: quando o autor comete novo crime depois de ter sido condenado, com trânsito em julgado, mas ainda sem cumprir pena.

É nítida a distinção feita pela lei penal, no sentido de que é primário quem não é reincidente; este, por sua vez, é aquele que comete novo delito nos cinco anos depois da extinção da sua última pena. Logo, não há cabimento algum em criar-se uma situação intermediária, como o chamado *tecnicamente primário*, terminologia legalmente inexistente. Deixando de ser reincidente, após os 5 anos previstos no inciso I do art. 64 do Código Penal, torna a ser primário, embora possa ter maus antecedentes.

O cometimento de crime no dia em que transita em julgado a sentença condenatória por crime anterior não é capaz de gerar a reincidência, pois a lei é expressa ao mencionar "depois" do trânsito em julgado. No dia do trânsito, portanto, não se encaixa na hipótese legal.

A prova da reincidência se faz pela apresentação de certidão cartorária comprovando a condenação anterior. Não se deve reconhecer a reincidência por meio da análise da folha de antecedentes, que pode conter muitos erros, pois não é expedida diretamente pelo juízo da condenação.

📌 PONTO RELEVANTE PARA DEBATE

A suficiência da pena de multa para caracterizar a reincidência criminal

Parece-nos que a pena pecuniária é capaz de gerar reincidência, pois o art. 63 não faz diferença alguma, para esse efeito, acerca do tipo de pena aplicada. Portanto, basta haver condenação, pouco importando se a uma pena privativa de liberdade, restritiva de direitos ou multa. Há posição em contrário, sustentando que a multa não gera reincidência por, basicamente, duas razões: a) o art. 77, § 1.º, do Código Penal menciona que a pena de multa não impede a concessão do sursis, de modo que não é suficiente para gerar a reincidência, visto não ser cabível a suspensão condicional da pena ao reincidente (art. 77, I, CP); b) a multa é pena de pouca monta, aplicável a crimes mais leves, não sendo suficiente, portanto, para gerar efeitos tão drásticos como os previstos para o caso de reincidência; c) a multa é considerada dívida de valor, executada em juízo cível, logo, não poderia produzir nenhum efeito negativo na órbita penal.

Esses fundamentos não são capazes de afastar a reincidência, tendo em vista que a exceção aberta no art. 77, § 1.º, do Código Penal é apenas para propiciar a concessão de sursis a quem já foi condenado por crime anterior a uma pena de multa, o que não significa ter afastado o reconhecimento da reincidência. O mesmo se diga do outro argumento: ainda que a pena aplicada seja branda, é preciso considerar que houve condenação, logo, é o suficiente para o juiz levar em conta na próxima condenação que surgir. No mesmo prisma, defende Aníbal Bruno que a multa "pode ter caráter pouco aflitivo, mas impõe ao réu a qualidade de condenado e assim adverte-o para a comissão de novo crime, que lhe comunicaria a condição de reincidente, com as graves consequências daí resultantes" (*Das*

> *penas*, p. 82). Sob outro aspecto, a modificação do art. 51 do Código Penal, considerando a multa como dívida de valor, passível de execução nos moldes da dívida ativa da Fazenda Pública, teve a finalidade, apenas, de evitar a conversão da multa em prisão, mas continua a ter a natureza jurídica de sanção penal, apta a gerar reincidência.

7.1.14.3 Efeitos da reincidência

São os seguintes, dentre outros: a) existência de uma agravante que prepondera sobre outras circunstâncias legais (art. 67, CP); b) possibilidade de impedir a substituição da pena privativa de liberdade por restritiva de direitos ou multa (arts. 44, II, e 60, § 2.º, CP); c) quando por crime doloso, impedimento à obtenção do *sursis* (art. 77, I, CP); d) possibilidade de impedir o início da pena nos regimes semiaberto e aberto (art. 33, § 2.º, *b* e *c*, CP), salvo quando se tratar de detenção, porque há polêmica a esse respeito; e) motivo para aumentar o prazo de obtenção do livramento condicional (art. 83, II, CP); f) impedimento ao livramento condicional nos casos de crimes hediondos, tortura, tráfico de entorpecentes, tráfico de pessoas e terrorismo, tratando-se de reincidência específica (art. 83, V, CP); g) aumento do prazo de prescrição da pretensão executória em um terço (art. 110, CP); h) causa de interrupção do curso da prescrição (art. 117, VI, CP); i) possibilidade de revogação do *sursis* (art. 81, I, CP), do livramento condicional (art. 86, I, CP) e da reabilitação (neste caso, se não tiver sido aplicada a pena de multa, conforme art. 95, CP); j) não permissão de concessão do furto privilegiado, do estelionato privilegiado e das apropriações privilegiadas (arts. 155, § 2.º, 171, § 1.º, e 170, CP); k) impedimento aos benefícios da Lei 9.099/95 (arts. 76, § 2.º, I, e 89, *caput*); l) impedimento ao acordo de não persecução penal (art. 28-A, § 2.º, II, CPP).

Quando houver indulto (clemência do Estado a condenados em geral) em relação ao primeiro delito, nenhum efeito gera na concretização da reincidência se o agente cometer o segundo. Mas, havendo anistia (esquecimento de fatos considerados delituosos) ou *abolitio criminis* (extinguir tipo penal incriminador) quanto à primeira infração, é natural que não exista reincidência se houver uma segunda.

7.1.14.4 Caducidade da condenação anterior

Para efeito de gerar reincidência, a condenação definitiva, anteriormente aplicada, cuja pena foi extinta ou cumprida, tem o prazo de 5 anos para perder força (art. 64, I, CP). Portanto, decorrido o quinquídio, não é mais possível, caso haja o cometimento de um novo delito, surgir a reincidência. Não se trata de decair a reincidência, mas sim a condenação: afinal, quem é condenado apenas uma vez na vida não é reincidente, mas sim primário.

Caso o agente esteja em gozo de suspensão condicional da pena ou de livramento condicional, não tendo havido revogação, o prazo dos benefícios será incluído no cômputo dos 5 anos para fazer caducar a condenação anterior. Ex.: se o condenado cumpre *sursis* por 2 anos, sem revogação – ao término, o juiz declara extinta a sua pena, nos termos do art. 82 do Código Penal, e ele terá somente mais 3 anos para que essa condenação perca a força para gerar reincidência. Quanto ao livramento, se alguém, condenado a

12 anos de reclusão, vai cumprir livramento por 6 anos, é natural que essa condenação, ao término, sem ter havido revogação e declarada extinta a pena, nos termos do art. 90 do Código Penal, perca imediatamente a força para gerar reincidência.

7.1.14.5 Crimes militares próprios e impróprios

São próprios os crimes militares previstos unicamente no Código Penal Militar, portanto, praticados, com exclusividade, por militares (art. 64, II, CP). O civil, sozinho, não os pode praticar, pois não preencherá o tipo penal. Exemplos: *omissão de legalidade militar*: "Deixar o militar ou assemelhado de levar ao conhecimento do superior o motim ou revolta de cuja preparação teve notícia, ou, estando presente ao ato criminoso, não usar de todos os meios ao seu alcance para impedi-lo: Pena – reclusão, de três a cinco anos" (art. 151); *desrespeito*: "Desrespeitar superior diante de outro militar: Pena – detenção, de três meses a um ano, se o fato não constitui crime mais grave. Parágrafo único. Se o fato é praticado contra o comandante da unidade a que pertence o agente, oficial-general, oficial de dia, de serviço ou de quarto, a pena é aumentada da metade" (art. 160); *oposição à ordem de sentinela*: "Opor-se às ordens da sentinela: Pena – detenção, de seis meses a um ano, se o fato não constitui crime mais grave" (art. 164); *deserção*: "Ausentar-se o militar, sem licença, da unidade em que serve, ou do lugar em que deve permanecer, por mais de oito dias: Pena – detenção, de seis meses a dois anos; se oficial, a pena é agravada" (art. 187); *dormir em serviço*: "Dormir o militar, quando em serviço, como oficial de quarto ou de ronda, ou em situação equivalente, ou, não sendo oficial, em serviço de sentinela, vigia, plantão às máquinas, ao leme, de ronda ou em qualquer serviço de natureza semelhante: Pena – detenção, de três meses a um ano" (art. 203).

Por outro lado, os crimes militares impróprios são capazes de gerar reincidência, pois são delitos previstos igualmente no Código Penal Militar e no Código Penal comum. Exemplos: homicídio (arts. 205, CPM, e 121, CP), lesões corporais (arts. 209, CPM, e 129, CP), rixa (arts. 211, CPM, e 137, CP), estupro (arts. 232, CPM, e 213, CP), entre outros.

Se uma pessoa comete um crime militar próprio (deserção) e depois pratica um furto (art. 155, CP), não é reincidente. Mas se cometer um estupro (art. 232, CPM) e depois cometer um roubo (art. 157, CP), torna-se reincidente. Finalmente, é de se ressaltar que gera reincidência o cometimento de um crime militar próprio e de outro delito militar próprio (art. 71, CPM), pois o que a lei quer evitar é a mistura entre crime militar próprio e crime comum.

7.1.14.6 Crime político

É o que ofende interesse político do Estado, tais como integridade territorial, soberania nacional, regime representativo e democrático, Federação, Estado de Direito, a pessoa dos chefes dos poderes da União, independência, além dos crimes eleitorais (art. 64, II, CP).

Há, basicamente, três critérios para averiguar se o crime é político: a) *objetivo*, que se liga à qualidade do bem jurídico ameaçado ou ofendido (soberania do Estado, integridade territorial etc.); b) *subjetivo*, levando em conta a natureza do motivo que impele à ação, sempre de fundo político (como a melhoria das condições de vida da Nação);

c) *misto*, significando a conjunção dos dois anteriores e representando a tendência atual, pois é o que adotamos.

7.2 Atenuantes

Embora o rol do art. 65 do Código Penal seja taxativo, é válido considerar a existência da atenuante inominada do art. 66, que abre amplo leque de possibilidades de aplicação de minorantes, o que veremos oportunamente.

Utilizando o raciocínio de que as atenuantes, segundo preceito legal, devem *sempre* servir para reduzir a pena (art. 65, CP), alguns penalistas têm defendido que seria possível romper o mínimo legal quando se tratar de aplicar alguma atenuante a que faça jus o réu. Imagine-se que o condenado tenha recebido a pena-base no mínimo; quando passar para a segunda fase, reconhecendo a existência de alguma atenuante, o magistrado *deveria* reduzir, de algum modo, a pena, mesmo que seja levado a fixá-la abaixo do mínimo. Essa posição é minoritária. Aliás, parece-nos mesmo incorreta, pois as atenuantes não fazem parte do tipo penal, de modo que não têm o condão de promover a redução da pena abaixo do mínimo legal. Quando o legislador fixou, em abstrato, o mínimo e o máximo para o crime, obrigou o juiz a movimentar-se dentro desses parâmetros, sem possibilidade de ultrapassá-los, salvo quando a própria lei estabelecer causas de aumento ou de diminuição. Estas, por sua vez, fazem parte da estrutura típica do delito, de modo que o juiz nada mais faz do que seguir orientação do próprio legislador. Ex.: um homicídio tentado, cuja pena tenha sido fixada no mínimo legal (6 anos), pode ter uma redução de 1/3 a 2/3 porque a própria lei assim determina (art. 14, parágrafo único, CP), tratando-se de uma *tipicidade por extensão*. Atualmente, está em vigor a Súmula 231 do Superior Tribunal de Justiça: "A incidência da circunstância atenuante não pode conduzir à redução da pena abaixo do mínimo legal".

Em idêntico prisma, o Supremo Tribunal Federal decidiu ser inviável a fixação da pena abaixo do mínimo legal quando existirem apenas atenuantes (RE 597.270, Pleno, rel. Cezar Peluso, v.u., 26.03.2009). A decisão tomada permanece em vigor.

Acesse e escute o podcast sobre Atenuantes no Código Penal.
> http://uqr.to/1yoie

7.2.1 Menoridade relativa

A menoridade relativa é atenuante aplicável aos indivíduos menores de 21 anos na data do fato. Foi introduzida como atenuante no sistema penal a partir do Código Criminal do Império de 1830, fixando-se, desde então, como preponderante no confronto com eventuais agravantes.

Atualmente, continua sendo uma atenuante preponderante, porque ligada à personalidade do agente (o desenvolvimento da personalidade segue até os 21 anos, como regra), porém não é mais a circunstância mais importante. Se for contrastada com uma agravante igualmente preponderante, como a reincidência, ambas se compensam.

A prova da menoridade se faz por qualquer documento hábil, como preceitua a Súmula 74 do Superior Tribunal de Justiça.

A entrada em vigor do Código Civil (Lei 10.406/2002), considerando plenamente capaz o maior de 18 anos *para os atos da vida civil* em nada altera a aplicação desta atenuante, que deve continuar a ser considerada pelo magistrado na aplicação da pena. Note-se que o texto do Código Penal não faz referência a *menor*, sem especificar qualquer idade, quando então poder-se-ia supor ser o civilmente incapaz. Ao contrário, a referência é nítida quanto à idade da pessoa que possui *menos* de 21 e, obviamente, mais de 18. O mesmo critério foi utilizado para a concessão da atenuante da senilidade, quando o Código preferiu valer-se da idade certa, ao mencionar a pessoa maior de 70 anos na data da sentença. É interessante registrar que, atualmente, com a edição do Estatuto do Idoso, busca-se conceder efetiva proteção ao maior de 60 anos, o que não serve para alterar a atenuante do art. 65, I, segunda parte. Outra interpretação, afastando a aplicação da atenuante da menoridade relativa penal, comprometeria irremediavelmente o princípio da legalidade, que deve ser estreitamente respeitado, mormente quando atue em favor do réu.

Entretanto, pensamos não mais ser possível considerar a atenuante da menoridade como a mais preponderante de todas. Antes do advento do Código Civil, o menor de 21 anos era relativamente incapaz, o que não mais acontece. Assim, levamos em consideração a atenuante, no campo penal, mas não podemos certificá-la como a mais importante do rol do art. 65.

7.2.2 Senilidade

Quanto ao maior de 70 anos, trata-se de pessoa que, diante da idade cronologicamente avançada, pode sofrer alterações somáticas repercutindo no seu estado psíquico, de forma que o indivíduo deixa de ser mentalmente o que sempre foi, podendo agir irracionalmente. Nas palavras de Flavio Fortes D'Andrea, a velhice "é o período que se inicia na década dos cinquenta anos, após o indivíduo ter atingido e vivenciado aquele platô de realizações pessoais que chamamos maturidade." (...) "Se a considerarmos como um conjunto de ocorrências que representam o declínio global das funções físicas, intelectuais e emocionais, ela tende a ocorrer após os setenta anos. Em geral, só uma pessoa de mais de setenta anos possui uma série de características que a podem definir globalmente como um velho. Entre essas características podemos citar: o aspecto apergaminhado da pele, a atrofia muscular difusa, a fragilidade óssea, a canície, o desgaste e a queda dos dentes, a atrofia geral dos tecidos e órgãos, as alterações da memória, a limitação dos interesses intelectuais, a equanimidade, os sentimentos de saciedade dos impulsos etc." (*Desenvolvimento da personalidade*, p. 143).

Da mesma forma que o menor de 21 anos comete o delito colhido pela imaturidade, merecendo a atenuação da pena, o ser humano acima de 70 anos pode fazê-lo premido pelo abalo psíquico que a velhice pode trazer. Ambos merecem maior condescendência do juiz ao aplicar-lhes a sanção penal, justamente para que tenham melhores condições de ressocialização.

Alguns julgados têm admitido que, no tocante ao maior de 70, a atenuante seja aplicada também na data do reexame feito pelo tribunal. Não nos parece ser correta essa posição, pois o legislador mencionou o fator *idade* na "data da sentença", vale dizer, da decisão de 1.º grau. Se o magistrado não pôde aplicar a atenuante na ocasião da sentença, porque o réu possuía, por exemplo, 69 anos, é ilógico que no julgamento de eventual recurso o tribunal possa fazê-lo: afinal, o juiz não se equivocou na fixação da pena. Entretanto, se o magistrado de 1.º grau absolver o réu e o tribunal o condenar, pode-se considerar o acórdão como "sentença", pois foi a primeira decisão condenatória havida nos autos.

Registre-se que o Estatuto do Idoso, ao considerar pessoa idosa a que possui mais de 60 anos, não alterou este artigo, tendo em vista que a atenuante é voltada ao criminoso que atingiu a senilidade – presumida a partir dos 70 anos. Aliás, se houvesse intenção legislativa para isso, bastaria incluir o art. 65 na reforma trazida pela referida lei, passando a ser concedida atenuante a quem tivesse mais de 60 anos na data da sentença. Tal não se deu, motivo pelo qual a atenuação da pena continua valendo exclusivamente ao maior de 70 anos.

7.2.3 Desconhecimento da lei

Preceitua o art. 21 do Código Penal que "o desconhecimento da lei é inescusável", embora seja possível afastar a culpabilidade do agente que erre sobre a ilicitude do fato. A diferença entre "desconhecer a lei" e "errar quanto ao conteúdo da norma" já foi abordada quando tratamos do erro de proibição. Num país de direito codificado, como o Brasil, repleto de leis sobre todas as matérias, editadas e modificadas todos os dias, é natural que o agente obtenha pelo menos uma atenuante, ao cometer um delito desconhecendo a existência de alguma norma penal. Reserva-se esta hipótese à prática de crimes de rara ocorrência, cuja lei instituidora da figura típica data de época longínqua.

São exemplos de leis de difícil conhecimento: a Lei 5.700/71, dispondo sobre a forma e a apresentação dos símbolos nacionais, preceitua que a execução do Hino Nacional deve ser feita conforme estipulado nesta lei ("será sempre executado em andamento metronômico de uma semínima igual a 120", em "tonalidade de si bemol para a execução instrumental simples", em "canto sempre em uníssono"; "nos casos de simples execução instrumental ou vocal, o Hino Nacional será tocado ou cantado integralmente, sem repetição" etc.); do contrário, considera-se contravenção, sujeitando o infrator à pena de multa de uma a quatro vezes o maior valor de referência vigente no País, elevada ao dobro nos casos de reincidência (art. 35); a Lei 6.001/73, tratando do Estatuto do Índio, estipula constituir crime contra os índios e a cultura indígena: "I – escarnecer de cerimônia, rito, uso, costume ou tradição culturais indígenas, vilipendiá-los ou perturbar, de qualquer modo, a sua prática. Pena – detenção de um a três meses; II – utilizar o índio ou comunidade indígena como objeto de propaganda turística ou de exibição para fins lucrativos. Pena – detenção de dois a seis meses; III – propiciar, por qualquer meio, a aquisição, o uso e a disseminação de bebidas alcoólicas, nos grupos tribais ou entre índios não integrados. Pena – detenção de seis meses a dois anos" (art. 58).

7.2.4 Relevante valor social ou moral

Relevante valor é um valor importante para a vida em sociedade, tal como o patriotismo, a lealdade, a fidelidade, a inviolabilidade de intimidade e de domicílio, entre outros. Quando se tratar de relevante valor *social*, leva-se em consideração interesse não exclusivamente individual, mas de ordem geral. Exemplos tradicionais: quem aprisiona um bandido, na zona rural, por algum tempo, até que a polícia seja avisada; quem invade o domicílio do traidor da pátria para destruir objetos empregados na traição.

No caso do relevante valor *moral*, o valor em questão leva em conta interesse de ordem pessoal. Ex.: agressão contra o traficante que fornece drogas ao filho; apressar a morte de quem está sofrendo por conta de doença grave.

7.2.5 Arrependimento

O arrependimento do agente, ao executar o crime, pode conduzi-lo ao arrependimento eficaz (art. 15), ao arrependimento posterior (art. 16) ou à atenuante do arrependimento. Neste último caso, consumado o delito, não sendo cabível o arrependimento posterior, pode o agente tentar por sua espontânea vontade amenizar ou até mesmo evitar as consequências do crime.

Deve reparar o dano antes do julgamento ou agir para minorar os efeitos da infração penal logo depois de sua prática. É indispensável haver *sinceridade*, pois o legislador tratou de "*espontânea* vontade", e, como já vimos no capítulo referente à desistência voluntária, voluntariedade não se confunde com espontaneidade no contexto do direito penal. Exemplo disso: o agente repara o dano causado pelo furto antes do julgamento ou busca sustentar a família desamparada da pessoa que matou.

7.2.6 Coação resistível

A coação dá-se em três níveis. Quando é física, exclui a própria conduta (ex.: arremessar alguém contra uma vitrine não constitui, por parte do arremessado, crime de dano, pois não chegou a atuar voluntariamente); quando moral, pode ser irresistível, configurando uma causa de exclusão da culpabilidade (art. 22, CP), bem como resistível, servindo como atenuante. É possível que alguém sofra uma coação a que podia refutar, mas não o tenha feito por alguma fraqueza ou infelicidade momentânea. Ainda que não mereça uma absolvição, deve ser punido com menor rigor. Ex.: alguém furta um estabelecimento por receio de que o coator narre à sua esposa um caso extraconjugal.

7.2.7 Cumprimento de ordem superior

A ordem superior, dada no contexto das relações de direito público, onde há hierarquia, pode provocar também três consequências: se for legal, exclui a antijuridicidade do fato, por estrito cumprimento do dever legal; se for ilegal, pode ser *não manifestamente ilegal*, excluindo a culpabilidade (obediência hierárquica – art. 22, CP), ou ilegal. Neste último caso, permite-se ao juiz aplicar ao agente uma atenuante, pois é sabida a dificuldade do subordinado em evitar o cumprimento de uma ordem superior, mesmo que ilícita.

7.2.8 Violenta emoção

É sabido que a violenta emoção pode provocar o cometimento de crimes. Quando se trata de homicídio ou lesão corporal, pode servir de causa de diminuição da pena (art. 121, § 1.º, e art. 129, § 4.º, CP), embora nesses casos exija-se "domínio" de violenta emoção "logo após" injusta provocação da vítima. Tratando-se da atenuante, o legislador foi mais complacente: basta a "influência" de violenta emoção, vale dizer, um estágio mais ameno, mais brando, capaz de conduzir à perturbação do ânimo, bem como não se exige seja cometido o delito logo em seguida à provocação, cabendo um maior lapso de tempo entre a ação e a reação.

7.2.9 Confissão espontânea

Confessar, no âmbito do processo penal, é admitir contra si por quem seja suspeito ou acusado de um crime, tendo pleno discernimento, voluntária, expressa e pessoalmente, diante da autoridade competente, em ato solene e público, reduzido a termo, a prática de algum fato criminoso.

A confissão, para valer como meio de prova, precisa ser voluntária, ou seja, livremente praticada, sem qualquer coação. Entretanto, em nosso entendimento, para servir de atenuante, deve ser ainda espontânea, vale dizer, sinceramente desejada, de acordo com o íntimo do agente. Essa era a posição dominante, embora, atualmente, o STJ tenha atenuado o aspecto da *espontaneidade*, fazendo-o nos seguintes pontos: a) se o juiz levar em consideração a confissão feita pelo réu – em juízo ou fora dele –, havendo ou não retratação, na sentença condenatória, há de se aplicar a atenuante; b) mesmo sendo qualificada a confissão (quando o réu admite a autoria com o propósito de levantar excludente de ilicitude ou de culpabilidade), pode valer para efeito da atenuação, quando levada em consideração pelo julgador; c) a confissão parcial, especialmente quando usada pelo juiz, deve servir para aplicar a atenuante. É o conteúdo da Súmula 545 do STJ: "Quando a confissão for utilizada para a formação do convencimento do julgador, o réu fará jus à atenuante prevista no art. 65, III, *d*, do Código Penal". Mas o Superior Tribunal de Justiça, em nosso entendimento, com acerto amenizou a aceitação incondicional da confissão do acusado, retornando à ideia de que a confissão qualificada (feita para atrair algum benefício do acusado) não poderia prevalecer. Vide o teor da Súmula 630 do STJ: "a incidência da atenuante da confissão espontânea no crime de tráfico ilícito de entorpecentes exige o reconhecimento da traficância pelo acusado, não bastando a mera admissão da posse ou propriedade para uso próprio". Esta última súmula deve ser aplicada, quando o julgador não precisar da confissão do acusado para formar o seu convencimento quanto à traficância.

Em nossa visão, a atenuante deveria coroar a *vontade* do réu de colaborar com Justiça, sem subterfúgios ou tergiversações; por isso, a exigência do caráter espontâneo. Mas não mais se pode ignorar o fato de que a admissão de culpa do agente, quando usada pelo magistrado, para formar o seu convencimento, é elemento importante para a consideração da atenuante. Então, é preciso considerar caso a caso, a fim de não haver equívoco no tocante ao merecimento do acusado para receber essa atenuação da pena.

Além disso, por mais espontânea que tenha sido, ela perde totalmente o valor como atenuante caso haja retratação, mormente antes do julgamento. Anteriormente à Reforma Penal de 1984, exigia-se que a confissão, para valer como atenuante, fizesse referência a um crime de autoria ignorada ou atribuída a outra pessoa. Atualmente, no entanto, basta a sinceridade do agente, mesmo que ele já seja indiciado ou acusado pelo delito.

7.2.10 Influência de multidão, em meio a tumulto

Na precisa lição de Esther de Figueiredo Ferraz, "há um caso, entretanto, em que a pluralidade de agentes denuncia, ao contrário, menor periculosidade: o da multidão criminosa, a *folla delinquente*. Sob o domínio da multidão em tumulto opera-se, por assim dizer, um fenômeno de desagregação da personalidade. Os bons sentimentos humanos cedem lugar à maré invasora dos maus instintos, das tendências perversas e antissociais. Facilmente se processa e se transmite de indivíduo a indivíduo a sugestão criminosa. A ideia do delito ganha terreno nessa praça de antemão conquistada. E os piores crimes passam a ser cometidos por pessoas que, individualmente, seriam incapazes de causar o menor mal a seu semelhante. Daí a pequena periculosidade do que age sob tal influência" (*A codelinquência no direito penal brasileiro*, p. 71).

E na opinião de Aníbal Bruno: "Quando uma multidão se toma de um desses movimentos paroxísticos, inflamada pelo ódio, pela cólera, pelo desespero, forma-se por assim dizer uma alma nova, que não é a simples soma das almas que a constituem, mas sobretudo do que nelas existe de subterrâneo e primário, e esse novo espírito é que entra a influir e orientar as decisões do grupo, conduzindo-o muitas vezes a manifestações de tão inaudita violência e crueldade que espantarão mais tarde aqueles mesmos que dele faziam parte" (citação de Esther de Figueiredo Ferraz, *A codelinquência no direito penal brasileiro*, p. 82). É o sentimento de "alma coletiva", em que as reações de cada um passam a ser as da massa em tumulto (Jair Leonardo Lopes, *Curso de direito penal*, p. 220). Ex.: linchamentos, agressões praticadas por torcidas organizadas em estádios de futebol, brigas de rua, entre outros.

Trata-se de requisito essencial que o agente do crime não tenha provocado o tumulto no qual se viu envolvido, bem como não se aplica àqueles que, aproveitadores da situação de desordem, conduzem a massa.

7.2.11 Atenuante inominada

Trata-se de circunstância legal extremamente aberta, sem qualquer apego à forma, permitindo ao juiz imenso arbítrio para analisá-la e aplicá-la. Diz a lei constituir-se atenuante qualquer *circunstância relevante*, ocorrida *antes* ou *depois* do crime, mesmo que não esteja expressamente prevista em lei.

Alguns a chamam de atenuante da *clemência*, pois o magistrado pode levar em consideração a indulgência para acolhê-la. Um réu que tenha sido violentado na infância e pratique, quando adulto, um crime sexual (circunstância relevante anterior ao crime) ou um delinquente que se converta ao missionário trabalho de caridade (circunstância relevante depois de ter praticado o delito) podem servir de exemplos.

7.3 Concurso de agravantes e atenuantes

Preceitua o art. 67 do Código Penal que, no concurso de agravantes e atenuantes, a pena deve aproximar-se do limite indicado pelas circunstâncias preponderantes, considerando-se como tais as que resultam dos motivos determinantes do crime, da personalidade do agente e da reincidência.

Portanto, na segunda fase da fixação da pena, o magistrado deve fazer preponderar a agravante da reincidência, por exemplo, sobre a atenuante da confissão espontânea. Do mesmo modo, fará sobrepor a atenuante do relevante valor moral à agravante de crime praticado contra enfermo.

Poderá, no entanto, compensar, por serem ambas preponderantes, a atenuante do relevante valor social com a agravante da reincidência. Quanto à atenuante da menoridade, conforme já exposto, há entendimentos defendendo ser ela preponderante – por tradição – sobre toda e qualquer agravante. Não nos parece seja correta essa posição. Em que pese poder-se considerá-la preponderante, não nos parece cabível torná-la uma atenuante superior a qualquer outra circunstância legal. Assim, a título de exemplo, afigura-se-nos plausível compensar a menoridade com a reincidência, em vez de sobrepor uma à outra.

7.3.1 Agravantes e atenuantes específicas

Lembremo-nos de que há circunstâncias agravantes e atenuantes previstas em legislação penal especial, merecedoras de aplicação, conforme a situação concreta, independentemente da sua omissão no Código Penal.

ESQUEMA

CONFRONTO ENTRE AGRAVANTES E ATENUANTES (ART. 67, CP)

1) agravante simples X atenuante simples: anulam-se = a pena não deve sofrer alteração na 2.ª fase
2) agravante preponderante X atenuante simples: a agravante anula a atenuante = a pena deve ser elevada se possível na 2.ª fase
3) agravante simples X atenuante preponderante: a atenuante anula a agravante = a pena deve ser reduzida se possível, na 2.ª fase
4) agravante preponderante X atenuante preponderante: anulam-se = a pena não deve sofrer alteração na 2.ª fase
5) duas agravantes simples X uma atenuante preponderante: anulam-se = a pena não deve sofrer alteração na 2.ª fase
6) uma agravante preponderante X duas atenuantes simples: anulam-se = a pena não deve sofrer alteração na 2.ª fase

Notas:

a) são sugestões para garantir um equilíbrio entre as agravantes e atenuantes refletindo o prisma do art. 67 do Código Penal. Porém, não é uma operação aritmética, podendo o juiz valorar como entender mais apropriado o confronto, desde que o faça sempre, fundamentando a sua convicção

b) são preponderantes:
  * motivos determinantes do crime
  * personalidade do agente
  * reincidência

c) lembrar que a análise de personalidade é fundamental para descobrir quais agravantes ou atenuantes devem preponderar umas sobre as outras. Ex.: atuar com crueldade será uma agravante simples se houver mero acaso, porém, se advier de personalidade agressiva sádica do réu é agravante preponderante

Exemplos: a) quanto aos crimes ambientais, há um rol de atenuantes (art. 14, Lei 9.605/98) e de agravantes (art. 15, Lei 9.605/98), que abriga situações não previstas no Código Penal, como a "comunicação prévia pelo agente do perigo iminente de degradação ambiental" (atenuante) ou o cometimento do crime "à noite" (agravante); b) na Lei 6.001/73, encontra-se o disposto no art. 56, *caput*: "No caso de condenação de índio por infração penal, a pena deverá ser atenuada e na sua aplicação o Juiz atenderá também ao grau de integração do silvícola".

8. CÁLCULO DA PENA

8.1 Sistemas para a fixação da pena

Há *dois sistemas principais* para a aplicação do *quantum* da pena: a) *critério trifásico*, preconizado por Nélson Hungria; b) *critério bifásico*, defendido por Roberto Lyra.

O Código Penal optou claramente pelo primeiro, conforme se vê do art. 68, *caput*: "A pena-base será fixada atendendo-se ao critério do art. 59 deste Código; em seguida serão consideradas as circunstâncias atenuantes e agravantes; por último, as causas de diminuição e de aumento". Para Hungria, o juiz deve estabelecer a pena em três fases distintas: a primeira leva em consideração a fixação da pena-base, tomando por apoio as circunstâncias judiciais do art. 59; em seguida, o magistrado deve aplicar as circunstâncias legais (atenuantes e agravantes, dos arts. 61 a 66), para então apor as causas de diminuição e de aumento (previstas nas Partes Geral e Especial).

Lyra, por sua vez, ensina que as circunstâncias atenuantes e agravantes merecem ser analisadas em conjunto com as circunstâncias do art. 59 para a fixação da pena-base. Somente após aplicará o juiz as causas de diminuição e de aumento. A fundamentação para tal posicionamento consiste na coincidência das circunstâncias judiciais com as legais, não havendo razões sólidas para separá-las. E diz, a esse respeito, Frederico Marques: "Não nos parece que haja necessidade de separar as circunstâncias judiciais das circunstâncias legais, no juízo que o magistrado formula ao apreciar os elementos apontados no artigo 59. Em primeiro lugar, o exame em bloco das circunstâncias todas do crime é muito mais racional e, também, mais indicado para a individualização judiciária da pena. Em segundo lugar, como bem argumenta Basileu Garcia, as circunstâncias legais não estabelecem cálculo a efetuar, como sucede com as causas de aumento e diminuição de pena: 'Há a realizar, somente, a escolha de uma pena entre limites extremos'. Não há 'modificação quantitativa precisa' quando se reconhece a existência de uma agravante ou atenuante. Supérfluo seria, assim, separá-las das circunstâncias judiciais, para efeito do cálculo da pena entre o máximo e o mínimo cominados. Note-se, ao demais, que o art. 59 manda que o juiz tenha em consideração circunstâncias objetivas, e subjetivas, a gravidade do crime e a personalidade do delinquente, para escolher e fixar a pena-base. Não é muito mais aconselhável que ele tenha uma visão completa e panorâmica desses elementos, do que se basear em aspectos fragmentários que só se completarão depois num segundo exame? O diagnóstico e prognóstico sobre a personalidade do delinquente não ficará muito mais perfeito se resultar do exame em conjunto das circunstâncias legais e judiciais de caráter subjetivo?" (*Tratado de direito penal*, v. 3).

A despeito disso, como já ressaltado, prevaleceu o critério proposto por Hungria, aliás o mais detalhado para as partes conhecerem exatamente o que pensa o juiz no momento de aplicar a pena. Havendo a separação em três fases distintas, com a necessária fundamentação para cada uma delas, torna-se mais clara a fixação da sanção penal.

É imperioso destacar que cada fase exige fundamentação. Trata-se de direito de o réu acompanhar todas as etapas da individualização da sua pena. A falta de motivação pode acarretar a nulidade da sentença ou, no mínimo, a redução da reprimenda ao mínimo possível.

Na terceira fase da fixação da pena, vale-se o magistrado das causas de aumento e diminuição. Convém defini-las: são causas obrigatórias ou facultativas de aumento ou de diminuição da pena em quantidades fixadas pelo próprio legislador, porém sem estabelecer um mínimo e um máximo para a pena. Chamam-se, ainda, *qualificadoras em sentido amplo*. Exemplos de causas legais genéricas, previstas na Parte Geral do Código Penal: arts. 14, II, parágrafo único; 16; 21, parte final; 24, § 2.º; 26, parágrafo único, 28, § 2.º; 29, §§ 1.º e 2.º; 69, 70 e 71. Exemplos de causas legais específicas, previstas na Parte Especial do Código Penal: arts. 121, §§ 1.º e 4.º; 129, §§ 4.º, 7.º e 10; 155, § 1.º; 157, § 2.º; 158, § 1.º; 168, § 1.º; 171, § 1.º; 226 etc.

As causas de aumento e de diminuição, por integrarem a estrutura típica do delito, permitem a fixação da pena acima do máximo em abstrato previsto pelo legislador, como também admitem o estabelecimento da pena abaixo do mínimo. Podem ser previstas em *quantidade fixa* (ex.: art. 121, § 4.º, determinando o aumento de 1/3) ou em *quantidade variável* (ex.: art. 157, § 2.º, determinando um aumento de 1/3 até a metade).

Aproveitando o cenário do cálculo da pena, é importante definir também as qualificadoras e os privilégios. São circunstâncias legais que estão jungidas ao tipo penal incriminador, aumentando ou diminuindo a pena obrigatoriamente, dentro de um mínimo e um máximo previstos pelo legislador (exemplos de qualificadoras: homicídio qualificado, do art. 121, § 2.º; furto qualificado, do art. 155, § 4.º; quanto ao privilégio: corrupção privilegiada, do art. 317, § 2.º; explosão privilegiada, do art. 251, § 1.º; favorecimento pessoal privilegiado, do art. 348, § 1.º; dentre outros).

Por vezes, a figura privilegiada do crime vem prevista em tipo autônomo, como aconteceu no caso do homicídio. Uma forma de homicídio privilegiado é o infanticídio, inserido no art. 123.

A diferença fundamental entre a causa de aumento e a qualificadora consiste na alteração feita pelo legislador dos valores mínimo e máximo no caso desta última. Enquanto para a causa de aumento existe um aumento adicionado à pena prevista para o tipo básico (ex.: o furto noturno prevê o aumento de 1/3 sobre a pena do furto simples – de 1 a 4 anos), no caso da qualificadora o legislador altera a *faixa de fixação da pena* (ex.: o furto qualificado passa a ter penas de 2 a 8 anos). Daí por que se pode afirmar que, tecnicamente, não há roubo qualificado, mas com causa de aumento (conforme art. 157, § 2.º, CP). Entretanto, utiliza-se o termo *roubo qualificado*, porque as causas de aumento, como já mencionado, são as *qualificadoras em sentido amplo*.

8.2 Existência de duas ou mais qualificadoras

Quando um delito é qualificado, há uma mudança de faixa na aplicação da pena (ex.: um furto simples passa de 1 a 4 anos de reclusão para 2 a 8 anos, quando qualificado). Portanto, há polêmica na doutrina e na jurisprudência a respeito do que fazer quando houver duas ou mais qualificadoras para o mesmo crime.

São três as posições principais:

a) a segunda qualificadora, em diante, passa a valer como agravante ou causa de aumento (se existir correspondência), devendo ser lançada na 2.ª fase de individualização;

b) não é obrigatório qualquer tipo de aumento, pois a função da qualificadora é apenas mudar a faixa de aplicação da pena, o que já foi atingido pelo reconhecimento de uma delas;

c) a segunda qualificadora, em diante, funciona como circunstância judicial, ou seja, deve ser lançada na 1.ª fase de individualização para compor a pena-base.

Preferimos utilizar a primeira corrente, quando é possível (existência da agravante ou causa de aumento correspondente). Quando não, valemo-nos da terceira posição, lançando a 2.ª ou 3.ª qualificadora no contexto da pena-base. O que não nos parece admissível é simplesmente desprezar a sua existência somente porque uma delas já foi reconhecida e utilizada.

Há uma quarta posição, advinda, basicamente, de alguns julgados, pretendendo valer-se de analogia, ainda que *in malam partem*, para aproveitar as causas legais de aumento de um crime para outro, quando as situações são completamente diversas, no campo técnico. Buscou-se aplicar ao furto qualificado pelo concurso de duas ou mais pessoas (art. 155, § 4.º, IV, CP) a causa de aumento, prevista no § 2º, II, do art. 157 (se há o concurso de duas ou mais pessoas no roubo); tal medida implicaria utilizar o aumento de 1/3 até a metade no contexto do furto, o que seria ilegal e inconstitucional. As circunstâncias legais, definidas como qualificadoras, quando não utilizadas como tal, devem ser inseridas no campo residual, vale dizer, no cenário das agravantes ou circunstâncias judiciais, que não pertencem ao tipo penal incriminador. É o que estabelece a Súmula 442 do Superior Tribunal de Justiça: "É inadmissível aplicar, no furto qualificado, pelo concurso de agentes, a majorante do roubo".

8.3 Compensação entre circunstâncias judiciais e legais

A compensação somente pode acontecer dentro da mesma fase. Assim, quando o juiz estiver ponderando as circunstâncias judiciais, pode compensar os maus antecedentes com o motivo nobre para a prática do crime, ou então a personalidade agressiva do réu com o mesmo comportamento agressivo da vítima.

Na segunda fase, pode compensar a atenuante do arrependimento com a agravante de crime contra irmão, ou a atenuante do crime cometido sob a influência de multidão, em tumulto, com a agravante de meio de que possa resultar perigo comum.

Para a terceira fase, o sistema de compensação ganha relevo especial e será visto a seguir. É vedada, no entanto, a compensação envolvendo fases diversas. Exemplo: não pode o juiz compensar os maus antecedentes (circunstância judicial) com a confissão espontânea (circunstância legal, que configura atenuante).

8.4 Concurso entre causas de aumento e de diminuição

Todas as causas de aumento e de diminuição previstas na Parte Geral do Código Penal devem ser aplicadas, sem possibilidade de compensação.

As previstas na Parte Especial podem concorrer entre si, admitindo compensação da seguinte forma: tratando-se de duas ou mais causas de aumento ou duas ou mais causas de diminuição, o juiz pode aplicar a mais ampla delas ou todas. Ex.: no crime de incêndio (art. 250), tendo sido praticado com o intuito de obter vantagem pecuniária em proveito próprio (§ 1.º, I, com aumento de 1/3) e tendo causado lesão grave para a vítima (art. 258, com aumento de metade), o juiz pode aplicar as duas causas de aumento ou somente a mais grave. Porém, optando pela aplicação de dois aumentos, em lugar de apenas um deles, é preciso fundamentar essa escolha.

8.5 Critério para aplicação dos aumentos e das diminuições

Há, fundamentalmente, três posições a esse respeito:

1.ª) todas as causas de aumento e de diminuição devem incidir sobre a pena-base, extraída na 2.ª fase da fixação da pena. Ex.: chegando à pena de 6 anos de reclusão pela prática de um roubo (os limites do art. 157 estão fixados entre 4 e 10 anos), ao levar em conta o disposto nos arts. 59, 61 e 65, o juiz passará a considerar as eventuais causas de aumento. Imaginando-se existirem duas – atuação de duas ou mais pessoas e continuidade delitiva –, os aumentos incidirão sobre os 6 anos. Portanto, 6 mais 2 (1/3 do art. 157, § 2.º) formam 8 anos. Aumentando-se mais 1 ano, por haver continuidade delitiva (1/6 do art. 71), a pena vai para 9 anos de reclusão. O mesmo critério é usado para as causas de diminuição;

2.ª) todas as causas incidem umas sobre as outras. No mesmo exemplo: dos 6 anos encontrados na 2.ª fase, o juiz passará a considerar as causas de aumento umas sobre as outras (*juros sobre juros*). Assim, 6 anos mais 2 (1/3 do art. 157, § 2.º) vão para 8 anos; sobre os 8 soma-se 1/6, totalizando 9 anos e 4 meses de reclusão. O mesmo critério é usado para as causas de diminuição;

3.ª) as causas de aumento incidem sobre a pena extraída da 2.ª fase e as de diminuição incidem umas sobre as outras. Este último critério é uma tentativa de conciliação. Nota-se que o segundo critério faz com que, em caso de aumento, a pena fique maior, justamente porque há a incidência de uma causa sobre outra. Em compensação, o primeiro critério, quando for caso de diminuição, poderá conduzir à pena *zero*. Exemplo disso: de um montante de 6 meses, o juiz deve extrair duas causas de diminuição (ambas de metade). Ora, aplicadas as duas sobre 6 meses, o magistrado encontrará que 6 meses menos 3 meses é igual a 3; novamente subtraindo 3, chegará a zero. Logo, o réu será condenado e não terá pena a cumprir. Pode até ficar o Estado devendo a ele. No caso de duas diminuições de 2/3: 6 anos menos 4 é igual a 2; novamente subtraindo 4, vai para menos 2 anos. Tendo em vista o grave inconveniente da chamada *pena zero*, o primeiro critério não pode ser adotado na íntegra. O terceiro, por sua vez, não oferece um método seguro: para aumentar, faz-se de um modo; para diminuir, utiliza o juiz outra forma.

Parece-nos – e é majoritário esse entendimento – ser adequado o segundo: as causas de aumento e de diminuição são aplicadas umas sobre as outras. Evita-se a inoportuna *pena zero* e cria-se um método uniforme para aumentar e diminuir a pena igualitariamente. Aliás, justamente porque o segundo critério é dominante, não se admite que existam compensações entre causas de aumento e de diminuição. Quando o juiz for aplicar um aumento de 1/3 e uma diminuição de 1/3, por exemplo, não poderá compensá-los, anulando-os. Eis o motivo: se a pena extraída da 2.ª fase for de 6 anos, aplicando-se um aumento de 1/3, alcança-se a cifra de 8 anos. Em seguida, subtraindo-se 1/3, segue-se para a pena de 5 anos e 4 meses. Portanto, é incabível compensar as duas.

SÍNTESE

Aplicação da pena: é o processo judicial discricionário, mas juridicamente vinculado, de fixação do *quantum* da pena, dentro dos limites mínimo e máximo estabelecidos pelo legislador, levando-se em consideração todas as circunstâncias do crime, promovendo-se a individualização da pena.

Circunstâncias judiciais: são as circunstâncias previstas no art. 59 do Código Penal, funcionando como residuais, nascidas no caso concreto da concepção do magistrado.

Circunstâncias legais: são as circunstâncias descritas na lei penal, podendo ser genéricas, previstas na Parte Geral e aplicáveis a todos os crimes (agravantes e atenuantes), como específicas, previstas na Parte Geral e Especial, aplicáveis somente a alguns delitos (causas de aumento e diminuição).

Qualificadoras e privilégios: são circunstâncias legais que permitem a modificação dos valores mínimo e máximo da pena, em abstrato, previstos para o delito.

ESQUEMAS

FIXAÇÃO DA PENA

- LEGISLATIVA: ao elaborar o tipo penal incriminador, é o legislador o primeiro a fixar os valores mínimo e máximo para a pena, bem como os regimes e benefícios possíveis
- JUDICIAL: é o processo de concretização da pena feito pelo juiz no momento da sentença condenatória
- EXECUTÓRIA: é o processo de acompanhamento do cumprimento da pena do condenado, conduzido pelo juiz da execução criminal, podendo ser alterado o montante da pena, o regime de cumprimento e os benefícios concedidos

FASE JUDICIAL

1.ª) PRIMÁRIA: é o estabelecimento do montante da pena: usa-se o critério trifásico (próximo quadro)

2.ª) SECUNDÁRIA: estabelece-se o regime de cumprimento da pena (art. 33, § 3.º, CP)

3.ª) TERCIÁRIA: busca-se a aplicação, se viável, de benefícios penais (penas alternativas, multa substitutiva, suspensão condicional da pena)

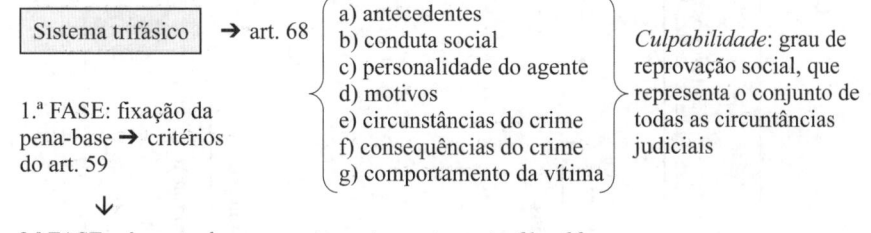

Sistema trifásico → art. 68

1.ª FASE: fixação da pena-base → critérios do art. 59

a) antecedentes
b) conduta social
c) personalidade do agente
d) motivos
e) circunstâncias do crime
f) consequências do crime
g) comportamento da vítima

Culpabilidade: grau de reprovação social, que representa o conjunto de todas as circuntâncias judiciais

↓

2.ª FASE: cômputo das agravantes e atenuantes, arts. 61 a 66

↓

3.ª FASE: cômputo das causas de aumento e de diminuição, arts. 69 a 71 (previstos na Parte Geral) + circunstâncias específicas da Parte Especial

Resultado

Observações especiais:
I) O art. 59 é utilizado como parâmetro também para a escolha do regime de cumprimento de pena (fechado, semiaberto ou aberto)
II) No mesmo prisma, vale-se o juiz das circunstância do art. 59 para resolver se cabe a substituição de pena privativa de liberdade por restritiva de direitos ou multa: art. 59, IV

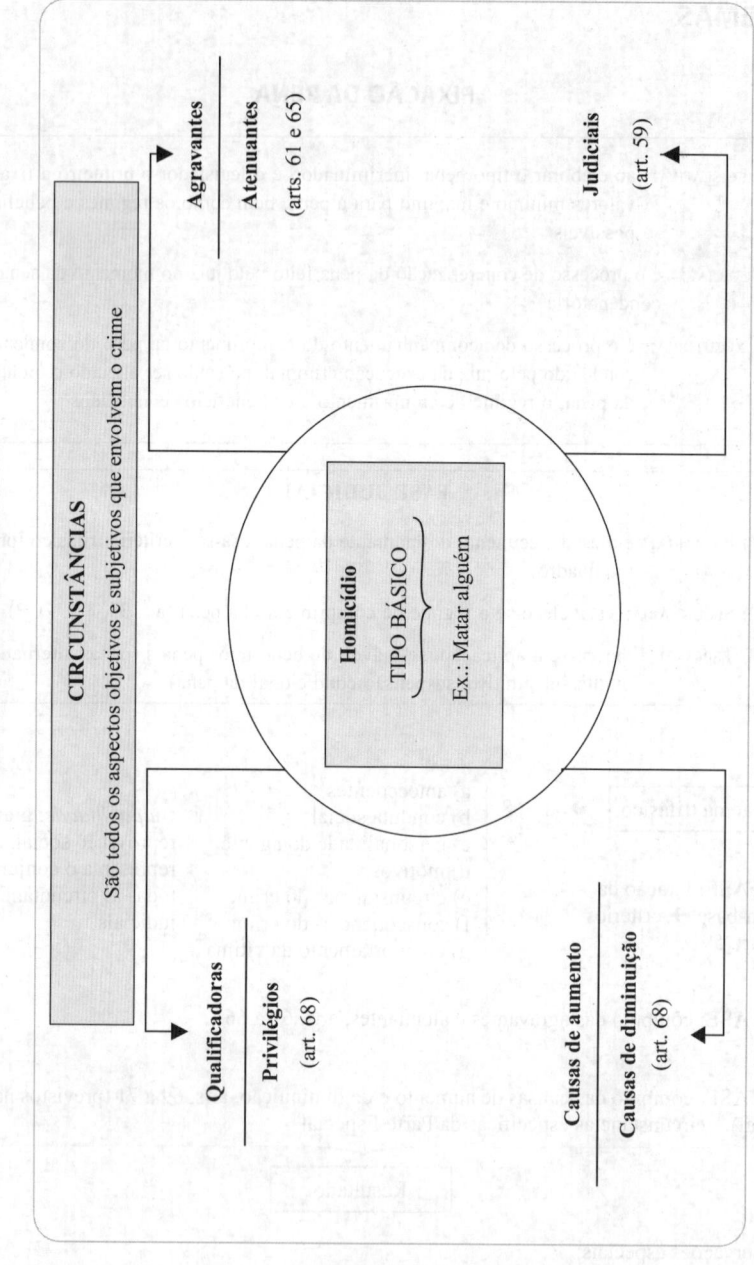

CIRCUNSTÂNCIAS DO CRIME

CIRCUNSTÂNCIAS
São todos os aspectos objetivos e subjetivos que envolvem o crime

- Agravantes
- Atenuantes
  (arts. 61 e 65)

- Judiciais
  (art. 59)

Homicídio
TIPO BÁSICO
Ex.: Matar alguém

- Qualificadoras
- Privilégios
  (art. 68)

- Causas de aumento
- Causas de diminuição
  (art. 68)

Capítulo XXVI
Concurso de Crimes

> Acesse e escute o podcast sobre Concurso de crimes.
> http://uqr.to/1yoif

1. CONCEITO E CRITÉRIO DE ANÁLISE

O concurso de crimes significa a prática de várias infrações penais por um só agente ou por um grupo de autores atuando em conjunto. Diversamente do concurso de pessoas, onde um único delito é cometido, embora por vários agentes, no caso do concurso de crimes busca-se estudar qual a pena justa para quem comete mais de um delito.

Há dois critérios para empreender essa análise: a) naturalístico: o número de resultados típicos concretizados redundará no número de crimes cometidos, devendo o agente cumprir todas as penas; b) normativo: o número de resultados típicos materializados não é determinante para sabermos qual o número de infrações penais existentes e qual o montante da pena a ser aplicada, devendo haver consulta ao texto legal. Esse é o critério utilizado pela legislação brasileira, conforme os sistemas que verificaremos a seguir.

2. SISTEMAS DO CONCURSO DE CRIMES

2.1 Sistema da acumulação material

Significa que a materialização de mais de um resultado típico implica na punição por todos eles, somando-se as penas. É o que se dá no concurso material (art. 69, CP). Entretanto, o sistema que impõe a acumulação (soma) de penas também está presente em outras hipóteses, quando expressamente recomendada a sua utilização pela lei.

É o que ocorre nos casos dos tipos penais prevendo a aplicação de determinada pena, *além* de outra, advinda da violência praticada em conjunto. Vide, como exemplo, o disposto no art. 344 do Código Penal (coação no curso do processo), estipulando a pena de 1 a 4 anos de reclusão, e multa, *além da pena correspondente à violência*. Portanto, embora por meio de uma única ação o agente tenha cometido a coação, deverá responder *também* pelo resultado gerado pela violência. O juiz utiliza a regra do concurso material (soma das penas), ainda que tenha havido uma única ação.

Outro exemplo pode ser encontrado nos delitos previstos no art. 161 (alteração de limites, usurpação de águas e esbulho possessório), conforme prevê o § 2.º ("se o agente usa de violência, incorre também na pena a esta cominada").

2.2 Sistema da exasperação da pena

É o critério que permite, quando o agente pratica mais de um crime, a fixação de somente uma das penas, mas acrescida de uma cota-parte que sirva para representar a punição por todos eles. Trata-se de um sistema benéfico ao acusado e adotado, no Brasil, nos arts. 70 (concurso formal) e 71 (crime continuado).

2.3 Sistema da absorção

Leva em consideração que, no caso de concurso de crimes, possa haver a fixação da pena com base apenas na mais grave, restando absorvidas as demais. É o que ocorre em Portugal, no tocante ao crime continuado (art. 79 do Código Penal português): "o crime continuado é punível com a pena aplicável à conduta mais grave que integra a continuação".

Não adotamos esse sistema expressamente, mas há casos em que a jurisprudência, levando em conta o critério da consunção, no conflito aparente de normas, termina por determinar que o crime mais grave, normalmente o *crime-fim*, absorve o menos grave, o denominado *crime-meio*. Evita-se, com isso, a soma de penas.

2.4 Sistema da acumulação jurídica

Leva-se em consideração não a soma das penas dos delitos cometidos (como ocorre no concurso material), nem tampouco acarreta a aplicação da pena do mais grave deles acrescida de uma cota-parte previamente estabelecida em lei (como acontece no concurso formal e no crime continuado), mas há uma média ponderada entre as várias penas previstas para os diversos crimes, impedindo que haja um excesso punitivo por meio da fixação de um teto.

Assim, o montante de pena que ultrapassar esse teto será automaticamente extinto. É o sistema adotado na Espanha (art. 76 do Código Penal espanhol). Exemplificando:

caso o agente esteja sujeito a penas diversas (5 + 4 + 4 + 3 + 2), que somam 18 anos, notando-se que a mais grave delas atinge 5 anos, a pena não poderá ultrapassar 15 (o triplo da mais grave), julgando-se extinto o montante que ultrapassar esse teto, no caso, 3 anos.

Não adotamos esse sistema no Brasil.

3. CONCURSO MATERIAL

3.1 Conceito

Quando o agente, mediante mais de uma ação ou omissão, pratica dois ou mais crimes, deve ser punido pela soma das penas privativas de liberdade em que haja incorrido, porque se adota o sistema da acumulação material nesse contexto. O concurso material pode ser *homogêneo* (prática de crimes idênticos) ou *heterogêneo* (prática de crimes não idênticos).

3.2 Critérios para a aplicação da pena

Torna-se imprescindível que o juiz, para proceder à soma das penas, individualize cada uma antes. Ex.: três tentativas de homicídio em concurso material. O magistrado deve, em primeiro lugar, aplicar a pena para cada uma delas e, no final, efetuar a adição, pois cada uma pode ter um *iter criminis* diferenciado, conduzindo a diminuições em montantes diversos.

Por outro lado, não cabe fiança ao réu se, em concurso material, as penas mínimas para os vários crimes que praticou, somadas, forem maiores do que 2 anos (Súmula 81 do STJ).

Ao crime falimentar não se aplica o concurso material, pois ele é considerado delito único (todos os atos praticados pelo falido contribuíram para a decretação da falência), salvo quando houver, também, crime comum. Nesse caso, pode tratar-se de concurso formal. Entretanto, a prática de várias figuras típicas da Lei Falimentar faz com que o órgão acusatório seja obrigado a descrever todas elas na denúncia, até porque se garante a melhor possibilidade de defesa do réu. Na aplicação da pena é que o magistrado observará o princípio da unicidade.

Denomina-se concurso material moderado o existente no Código Penal, uma vez que é limitado pelo disposto no art. 75, que prevê o máximo de cumprimento da pena em 40 anos. Portanto, apesar da soma das penas poder ser superior a esse teto, o condenado não irá cumprir mais do que quatro décadas preso. Por isso, o concurso material adotado é atenuado.

3.3 Possibilidade de cumulação de pena privativa de liberdade com restritiva de direitos

O art. 69, §§ 1.º e 2.º, do CP estabelece a viabilidade de se cumular, por ocasião da aplicação da pena, quando o juiz reconhecer o concurso material, uma pena privativa de liberdade, com suspensão condicional da pena ou mesmo regime aberto (prisão albergue domiciliar), com uma restritiva de direitos. É perfeitamente possível cumprir as condições de um *sursis*, ao mesmo tempo em que o condenado efetua o pagamento da prestação pecuniária. Não é cabível, por outro lado, a fixação de uma pena em regime fechado, ao mesmo tempo em que se estabelece outra, na mesma sentença, de prestação de serviços à comunidade.

Além disso, podem magistrados de Varas diferentes fixar duas penas de um ano de reclusão cada uma, substituindo-se ambas por restritivas de direitos (prestação de serviços à comunidade e perda de bens e valores). Logicamente, podem ser mantidas e serão cumpridas simultaneamente. Quando for o caso, podem as penas ser cumpridas sucessivamente, desde que incompatível a forma simultânea. Exemplo: duas prestações de serviço à comunidade podem ocupar o condenado de maneira exagerada se fossem cumpridas ao mesmo tempo, razão pela qual se realizam sucessivamente.

4. CONCURSO FORMAL

4.1 Conceito

Quando o agente, mediante uma única ação ou omissão, provoca dois ou mais resultados típicos, deve ser punido pela pena mais grave, ou por uma delas, se idênticas, aumentada de um sexto até a metade, por meio do sistema da exasperação. Dá-se o concurso formal *homogêneo*, quando os crimes forem idênticos e o *heterogêneo*, quando os delitos forem não idênticos.

4.2 Concurso formal perfeito e imperfeito

O art. 70 divide-se em duas partes. Na primeira, prevê-se o concurso formal perfeito, vale dizer, o agente pratica duas ou mais infrações penais por meio de uma única conduta. Exemplo: o preso subtrai, para si, trabalhando na enfermaria, morfina, quando realiza a faxina (é um concurso formal do art. 155 do CP e art. 33 da Lei de Drogas), pois a droga tem valor (e elevado) para o estabelecimento, além de ser vedado o seu uso e disseminação fora do ambiente médico. Nesse caso, o agente tem em mente uma só conduta, pouco importando quantos delitos vai praticar; por isso, recebe a pena do mais grave com o aumento determinado pelo legislador.

Entretanto, na segunda parte do art. 70 está previsto o concurso formal imperfeito: as penas devem ser aplicadas cumulativamente se a conduta única é dolosa e os delitos concorrentes resultam de desígnios autônomos. A intenção do legislador, nessa hipótese, é retirar o benefício daquele que, tendo por fim deliberado e direto atingir dois ou mais bens jurídicos, cometer os crimes com uma só ação ou omissão. Tradicional exemplo nos fornece Basileu Garcia: se o agente enfileira várias pessoas e com um único tiro, de arma potente, consegue matá-las ao mesmo tempo, não merece o concurso formal, pois agiu com desígnios autônomos. Por isso, são somadas as penas.

> ### ♦ PONTO RELEVANTE PARA DEBATE
>
> A amplitude conceitual da expressão *desígnios autônomos*
>
> Nesse contexto, é polêmica a conceituação do requisito *desígnios autônomos*, previsto para a aplicação do concurso formal imperfeito.

Duas posições se formaram:

1.ª) significa ter agido o agente com *dolo direto* no tocante aos vários crimes praticados com uma única ação. Nesse sentido: "Entendeu o legislador que, havendo desígnios autônomos, ou seja, vontade deliberadamente dirigida aos diversos fins, não se justifica a diminuição da pena, porque subsiste íntegra a culpabilidade pelos fatos diversos. A expressão *desígnio* exclui o dolo eventual" (Heleno Fragoso, *Lições de direito penal*, 4. ed., p. 349). E mais: "Para a existência do concurso formal, não é exigida, em princípio, a *unidade de desígnio* ou de *intenção* (como no Código de 1890, art. 66, § 3.º), podendo ser reconhecido até mesmo no caso de ação ou omissão culposa com pluralidade de eventos lesivos. É suficiente a unidade de ação ou omissão" (Hungria, *Concurso de infrações penais*, p. 17). Esclarece Nuria Castelló Nicás que havendo dolo direto, voltado a lesões de diversos bens jurídicos, deve-se concluir, tanto do ponto de vista da antijuridicidade como do prisma da culpabilidade, que estamos diante de vários fatos puníveis em concurso real. Porém, quando a vontade do sujeito envolve a conduta, mas não o resultado, que não é diretamente perseguido (dolo eventual), há o verdadeiro concurso formal (*El concurso de normas penales*, p. 41);

2.ª) quer dizer qualquer forma de *dolo*, seja direto ou eventual. Por isso, quando o agente atua com dolo no que se refere aos delitos concorrentes, deve ser punido com base no concurso formal imperfeito, ou seja, submete-se à soma das penas. Afinal, ao cuidar-se de dolo sempre há a inserção de vontade voltada ao resultado, de forma direta ou na modalidade de assunção de risco, o que serviria para configurar o *desígnio autônomo*.

Esclarecedora, em nosso entender, é a posição equilibrada de Basileu Garcia. O juiz deve, no caso concreto, deliberar qual a melhor forma de concurso a aplicar. A cozinheira que, pretendendo assassinar todos os membros de uma família para a qual trabalha, coloca veneno na refeição a ser servida, está praticando vários delitos com uma só ação. Merece, pois, ser punida pela *unidade de resolução* ("desígnios autônomos") com que agiu, recebendo a pena que seria cabível pela aplicação do concurso material (art. 70, 2.ª parte, CP). Entretanto, diz o mestre paulista, se alguém vai à sacada de um prédio, chamado por populares, e brada-lhes "Patifes!", estaria ofendendo a honra de um ou de todos? Qual teria sido sua intenção? Pelo plural utilizado, pode-se crer estar ofendendo mais de uma pessoa. Teria, no entanto, cabimento aplicar-lhe o concurso material, somando-se as penas, num total de 30 ou 40 injúrias? Obviamente que não. Não teve o agente "vários desígnios", almejando atingir várias pessoas determinadas, mas apenas um grupo de pessoas, de modo indefinido. Sugere então, finalizando o raciocínio, dever o magistrado, valendo-se da equidade, decidir à luz do caso concreto, tendo em vista a clara insuficiência de critérios legais, sem fechar questão em torno de o dolo dever ser *direto* ou *indireto* (*Instituições de direito penal*, t. II, p. 576). O caminho é considerar o desígnio autônomo como dolo direto.

Logicamente, altera-se totalmente o contexto se o agente colocar uma bomba num carro, desejando matar um dos ocupantes, mas tendo certeza de que, pela potência do artefato, os outros ocupantes dos veículos não sobreviverão. É caso típico de ter agido com dolo direto no tocante à vítima visada e, também, quanto aos demais passageiros. Merece ser punido pela regra do art. 70, 2.ª parte, do Código Penal.

Portanto, em síntese, no concurso formal, pode-se sustentar: a) havendo dolo quanto ao crime desejado e culpa quanto ao(s) outro(s) resultado(s) da mesma ação, trata-se de concurso formal perfeito; b) havendo dolo quanto ao delito desejado e dolo eventual no tocante ao(s) outro(s) resultado(s) da mesma ação, há concurso formal perfeito; c) havendo dolo quanto ao delito desejado e, também, em relação aos efeitos colaterais, deve haver concurso formal imperfeito. Lembramos que o dolo direto pode ser de 1.º e de 2.º graus, o que é suficiente para configurar o concurso formal na modalidade imprópria ou imperfeita.

4.3 Concurso material favorável ou benéfico

Determina o parágrafo único do art. 70 ser imperiosa a aplicação do concurso material, caso seja mais favorável do que o formal. Ex.: se o réu está respondendo por homicídio doloso e lesões culposas, em concurso formal, valendo-se da regra do art. 70, a pena mínima seria de 6 anos – pelo homicídio simples – acrescida de um sexto, diante da exasperação prevista, resultando em 7 anos de reclusão.

Se fosse aplicada a pena seguindo a regra do concurso material, a pena ficaria em 6 anos de reclusão e 2 meses de detenção. Portanto, já que o concurso formal é um benefício ao réu, deve ser aplicada a pena como se fosse concurso material. Observe-se que o concurso é formal, embora a aplicação da pena siga a regra do concurso material. É a opção do legislador pelo sistema do acúmulo material.

4.4 Concorrência de concursos

Trata-se de hipótese admissível. O agente pratica dois crimes em concurso formal e depois outros dois delitos, também em concurso formal. Entre esses dois concursos há um concurso material. De outra parte, pode haver dois concursos formais em continuidade delitiva (um homicídio doloso e um culposo + um homicídio doloso e outro culposo). Nesse caso, há divergência quanto à aplicação da pena: a) aplicam-se os dois aumentos, ou seja, do concurso formal e do crime continuado; b) aplica-se somente o aumento do delito continuado, pois é o aspecto que predomina no contexto criminoso. Esta é a melhor posição, pois o delito continuado forma uma unidade inseparável.

5. CRIME CONTINUADO

Acesse e escute o podcast sobre Crime continuado.
> http://uqr.to/1yoig

Acesse e assista ao vídeo sobre Crime continuado: art. 71 do CP.
> http://uqr.to/1yoih

5.1 Conceito

Quando o agente, mediante mais de uma ação ou omissão, pratica dois ou mais crimes da mesma espécie, em condições de tempo, lugar, maneira de execução semelhantes, cria-se uma suposição de que os subsequentes são uma continuação do primeiro, formando o crime continuado.

É a forma mais polêmica de concurso de crimes, proporcionando inúmeras divergências, desde a natureza jurídica até a conceituação de cada um dos requisitos que o compõem. Narram os penalistas que o crime continuado teve sua origem entre os anos de 1500 e 1600, em teoria elaborada pelos práticos italianos, dos quais se ressaltam os trabalhos de Prospero Farinacio e Julio Claro. Naquela época, a lei era por demais severa, impondo a aplicação da pena de morte quando houvesse a prática do terceiro furto pelo agente (*Potest pro tribus furtis quamvis minimis poena mortis imponi*). O tratamento era, sem dúvida, cruel, mormente numa época de tanta fome e desolação na Europa. Por isso, escreveu Claro: "Diz-se que o furto é único, ainda que se cometam vários em um dia ou em uma noite, em uma casa ou em várias. Do mesmo modo se o ladrão confessou ter cometido vários furtos no mesmo lugar e em momentos distintos, interpretando-se tal confissão favoravelmente ao agente, isto é, que suas ações, em momentos distintos, continuadamente, são um só furto e não vários..." (Carlos Fontán Balestra, *Tratado de derecho penal*, t. III, p. 60). E, ainda, Farinacio: "Tampouco existem vários furtos senão um só, quando alguém roubar de um só lugar e em momentos diversos, mas continuada e sucessivamente, uma ou mais coisas: ... não se pode dizer 'várias vezes' se os roubos não se derem em espécie e tempo distintos. O mesmo se pode dizer daquele que, em uma só noite e continuadamente, comete diversos roubos, em lugares distintos, ainda que de diversos objetos... a esse ladrão não se lhe pode enforcar, como se lhe enforcaria se tivesse cometido três furtos em momentos distintos e não continuados" (Balestra, *Tratado de derecho penal*, t. III, p. 61).

Na Itália, conforme lição de Pisapia, a primeira disposição legislativa a respeito do crime continuado é encontrada na Toscana pela Lei de 30 de agosto de 1795 e pela Circular de 29 de fevereiro de 1821. Diziam essas normas que se reconhece o furto continuado, mesmo em se tratando de furtos cometidos em tempo e lugar diversos, com vítimas diferentes, desde que compreendidos no prazo de 20 horas. O melhor tratamento normativo para o instituto, no entanto, foi obtido no Código Toscano de 1853, onde se vê, no art. 80, o seguinte: "Várias violações da mesma norma penal cometidas num mesmo contexto de ações ou, mesmo que em momentos diversos, com atos executórios frutos da mesma resolução criminosa, consideram-se um só delito continuado; mas a continuidade do delito acresce a pena dentro dos seus limites legais" (*Reato continuato*, p. 35).

5.2 Natureza jurídica

Há, basicamente, *duas teorias* a respeito da natureza jurídica do crime continuado: 1.ª) trata-se de uma *ficção jurídica*. O delito continuado é uma pluralidade de crimes apenas porque a lei resolveu conferir ao concurso material um tratamento especial, dando ênfase à *unidade de desígnio*. Adotam essa teoria, dentre outros, Heleno Fragoso, Manoel Pedro Pimentel, Jair Leonardo Lopes, Carrara e Manzini; 2.ª) trata-se de uma *realidade*. O crime continuado existe, porque a ação pode compor-se de vários atos, sem que isso tenha qualquer correspondência necessária com um ou mais resultados. Assim, vários atos podem dar causa a um único resultado e vice-versa. São partidários dessa corrente: Balestra, Delitala, Alimena e Zaffaroni.

O Código Penal adotou a teoria da ficção, por ter feito opção pela teoria objetiva pura, sem buscar analisar eventual unidade de desígnio do agente.

5.3 Teorias do crime continuado

O principal dos requisitos a ser debatido é o referente à *unidade de desígnio*. Seria imprescindível, para o reconhecimento do crime continuado, encontrar, no agente, *unidade de propósito*, vale dizer, uma proposta única para o cometimento das várias ações que o levaram a praticar vários resultados típicos? Para solucionar tal questão, há fundamentalmente *três teorias*:

1.ª) *subjetiva*: exige apenas unidade de desígnio para demonstrar a existência do delito continuado. É a menos utilizada pela doutrina. Por tal teoria, o delito continuado somente existiria caso o agente conseguisse demonstrar que agiu com *unidade de desígnio*, ou seja, que desde o início de sua atividade criminosa tinha um único propósito. Como isso é praticamente impossível de se fazer sem o auxílio dos elementos objetivos que compõem a continuidade delituosa, não se acolhe tal posicionamento;

2.ª) *objetiva*: não exige a prova da *unidade de desígnio*, mas única e tão somente a demonstração de requisitos objetivos, tais como a prática de crimes da mesma espécie, cometidos em semelhantes condições de lugar, tempo, modo de execução, entre outras. Sustentam-na Feuerbach, Mezger, Liszt-Schmidt, Von Hippel, Jiménez de Asúa, Antón Oneca, Eduardo Corrêa. Na doutrina nacional, Fragoso, Frederico Marques, Hungria, Delmanto, Paulo José da Costa Jr., Costa e Silva, Gustavo Junqueira e Patrícia Vanzolini, entre outros. Sobre a desnecessidade de se exigir a prova da unidade de desígnio, destaca Aníbal Bruno que "o nosso Direito positivo vigente adota uma posição objetiva, dispensando, assim, a participação de qualquer elemento subjetivo unitário, na conceituação do crime continuado, abrangedor dos vários fatos que se sucedem". O autor ressalta, no entanto, a possibilidade *excepcional* de se usar a unidade de desígnio, quando houver dificuldade de estabelecer o vínculo de continuidade entre os fatos (*Das penas*, p. 168);

3.ª) *objetivo-subjetiva*: exige-se, para a prova do crime continuado, não somente a demonstração dos requisitos objetivos, mas ainda a prova da *unidade de desígnio*. Aliás, facilita-se a evidência desta última a partir dos dados objetivos. Defendem-na Welzel, Sauer, Weber, Maurach, Bettiol, Antolisei, Alimena, Pisapia, Manzini, Florian, Balestra, Schönke-Schröder, Impallomeni, Camargo Hernández, Ricardo Nuñez, Zaffaroni. Na doutrina nacional, Roberto Lyra, Basileu Garcia, Noronha, Silva Franco, Damásio.

A corrente ideal, sem dúvida, deveria ser a terceira, tendo em vista possibilitar uma autêntica diferença entre o singelo concurso material e o crime continuado; afinal, este último exigiria a *unidade de desígnio*. Somente deveria ter direito ao reconhecimento desse benefício legal o agente criminoso que demonstrasse ao juiz o seu intuito único, o seu propósito global, vale dizer, evidenciasse que, desde o princípio, ou pelo menos durante o *iter criminis*, tinha o propósito de cometer um crime único, embora por partes. É o caso do balconista de uma loja que, pretendendo subtrair R$ 1.000,00 do seu patrão, comete vários e contínuos pequenos furtos até atingir a almejada quantia. Completamente diferente seria a situação daquele ladrão que comete furtos variados, sem qualquer rumo ou planejamento, nem tampouco objetivo único.

Entretanto, apesar disso, a lei penal adotou claramente a segunda posição, ou seja, a teoria objetiva pura. Em virtude disso, cremos que se deve seguir literalmente o disposto no art. 71 do Código Penal, pois não cabe ao juiz questionar os critérios do legislador nesse campo. Ainda que a teoria objetivo-subjetiva seja a melhor, não se pode olvidar a escolha legal. Diz a Exposição de Motivos do Código: "O critério da teoria puramente objetiva não revelou na prática maiores inconvenientes, a despeito das objeções formuladas pelos partidários da teoria objetivo-subjetiva".

Na jurisprudência, predomina o entendimento de que a *unidade de desígnio* é imprescindível para o reconhecimento do crime continuado.

5.4 Crimes da mesma espécie

Há duas posições a esse respeito:

a) são delitos da mesma espécie os que estiverem previstos no mesmo tipo penal. Nesse prisma, tanto faz sejam figuras simples ou qualificadas, dolosas ou culposas, tentadas ou consumadas. Assim estão as posições de Hungria, Frederico Marques – com a ressalva de que não precisam estar no mesmo artigo (ex.: furto e furto de coisa comum, arts. 155 e 156, CP), Damásio, Jair Leonardo Lopes – embora admitam, excepcionalmente, casos não previstos no mesmo tipo penal. É a posição predominante na jurisprudência;

b) são crimes da mesma espécie os que protegem o mesmo bem jurídico, embora previstos em tipos diferentes. É a lição de Basileu, Fragoso, Delmanto, Paulo José da Costa Jr. Assim, seriam delitos da mesma espécie o roubo e o furto, pois ambos protegem o patrimônio.

Apesar de ser amplamente majoritária na jurisprudência a primeira, com a qual concordamos, Jair Leonardo Lopes traz um importante ponto para reflexão. Imagine-se um balconista, para fazer o lanche, durante vários dias, deixa de colocar diariamente na gaveta R$ 2,00, parte das vendas realizadas. Depois disso, durante vários outros dias, aproveitando-se da ausência do patrão, tire da mesma gaveta R$ 2,00, para o mesmo fim. A primeira ação, que seria "apropriar-se", está prevista no art. 168, § 1.º, III, do Código Penal, enquanto a segunda está prevista no art. 155, § 4.º, II, do Código Penal. É justo que lhe seja considerada a existência do crime continuado, pois a aplicação do concurso material seria extremamente severa (*Curso de direito penal*, p. 226). Assim, embora o correto seja considerar crime da mesma espécie aquele que for previsto no mesmo tipo penal, em caráter excepcional, como o exemplo dado acima, nada impediria aceitar a continuidade delitiva entre furto e apropriação.

Como regra, crimes da mesma espécie pertencem ao mesmo tipo penal. Excepcionalmente, podem-se considerar os que estiverem tutelando idêntico bem jurídico, desde que os tipos sejam próximos e compatíveis.

5.5 Condições de tempo

Afirma Nélson Hungria, com inteira razão, ser necessária para a configuração do requisito temporal "uma certa continuidade no tempo", ou seja, uma determinada "periodicidade", que imponha "um certo ritmo" entre as ações sucessivas.

Não há possibilidade de se fixar, a esse respeito, indicações precisas. Apesar disso, firma a jurisprudência majoritária o entendimento de que, entre as infrações, deve mediar no máximo um mês. O juiz, por seu turno, não deve ficar limitado a esse posicionamento, embora possa tomá-lo como parâmetro. Imagine-se o agente que cometa vários delitos com intervalos regulares de dois meses entre eles. Merece o benefício do crime continuado, mesmo havendo mais de um mês entre os delitos, pois foi observado um ritmo preciso entre todos.

5.6 Condições de espaço

No mesmo prisma, defende-se como critério básico a observância de um certo ritmo nas ações do agente, vale dizer, que ele cometa seus delitos em localidades próximas, demonstrando uma certa *periodicidade* entre todas. Ex.: o agente comete furtos sempre em torno do eixo da Grande São Paulo. Dessa forma, ora está em São Paulo, ora em São Bernardo do Campo, ora em Diadema, mas sempre nessa região (São Bernardo do Campo e Diadema compõem a Grande São Paulo).

Apregoa a jurisprudência majoritária ser o mais indicado, como condição de espaço, a constatação de cidades próximas, ficando ao critério do magistrado definir o que venha a ser tal proximidade.

5.7 Formas de execução

Apesar de complexo definir o que são formas de execução semelhantes, deve o juiz levar em conta, fundamentalmente, os métodos utilizados pelo agente para o cometimento de seus crimes, que pode levá-lo a estabelecer um padrão. Esse padrão seria a semelhança apontada pela lei. Ex.: um indivíduo que sempre aplique o mesmo golpe do *bilhete premiado*, na mesma região de São Paulo, seria um típico exemplo de execução semelhante do crime de estelionato. É lógico que muitas dúvidas vão surgir. O agente que pratique um furto por arrombamento e depois seja obrigado a escalar a morada para concretizar a subtração merece a aplicação do crime continuado? Apesar de serem, aparentemente, formas de execução diferenciadas, cremos indicado aplicar a continuidade, desde que o magistrado consiga perceber que ele ora age por escalada, ora por arrombamento, demonstrando até mesmo nesse ponto um certo padrão.

Bastante discutíveis são dois pontos:

a) a variação de comparsas. Entendem alguns que essa variação não deve impedir a aplicação do crime continuado, o que nos parece ser o melhor posicionamento;

b) a variação entre autoria e participação, ou seja, ora o sujeito age como autor, ora como partícipe. Cremos ser irrelevante tal alternância para o reconhecimento do delito continuado, afinal, adotamos a teoria monística de concurso de agentes (todos que colaboram respondem apenas por uma infração penal).

5.8 Outras circunstâncias semelhantes

É lógico que estamos tratando de circunstâncias *objetivas* semelhantes, pois o critério de semelhança somente pode estar conectado aos primeiros requisitos enumerados pelo legislador, todos objetivos. No mais, qualquer tipo de componente do delito que permita demonstrar a parecença entre eles é suficiente. Ex.: obter o agente sempre do mesmo informante os dados necessários para praticar seus delitos.

> ### ⚡ PONTO RELEVANTE PARA DEBATE
>
> O benefício do crime continuado para a delinquência habitual ou profissional
>
> Se analisarmos a aplicação do crime continuado ao criminoso habitual ou profissional, que se sustenta à custa da prática de infrações penais, dentro os estreitos requisitos objetivos do art. 71 do Código Penal, nada impediria a aplicação do benefício. Afinal, justamente por viver do crime, o cometimento dos delitos deve dar-se amiúde, nos mesmos moldes de execução e dentro de circunstâncias de tempo e lugar próximas. Ocorre que, não se aplica o crime continuado ao criminoso habitual ou profissional, pois ele *não merece* o benefício. Eis outro ponto a evidenciar a política criminal aplicada pelo Judiciário.
>
> Note-se que, se fosse aplicável, mais conveniente seria ao delinquente cometer vários crimes, em sequência, tornando-se sua "profissão", do que fazê-lo vez ou outra. Não se pode pensar em diminuir o excesso punitivo de quem faz do delito um autêntico meio de ganhar a vida.
>
> A jurisprudência tem sido severa nesse ponto, não concedendo o crime continuado para casos de criminosos habituais ou profissionais.
>
> Registre-se, por derradeiro, que o crime continuado surgiu como forma de amenizar a punição daquele que, sem dar conta disso, comete vários delitos em sequência, atingindo patamares muito elevados de penalidades, caso fossem todas somadas. Não foi a finalidade do agente amenizar a situação do delinquente por profissão, consciente de que ganha a vida contrariando o ordenamento jurídico.

5.9 Critério de dosagem do aumento

No crime continuado, o único critério a ser levado em conta para dosar o aumento (1/6 a 2/3, no *caput*, e até o triplo, no parágrafo único, do art. 71) é o número de infrações praticadas. É a correta lição de Fragoso. *Lições de direito penal*, p. 352.

Sobre o aumento, confira-se a posição consolidada do Superior Tribunal de Justiça: "Súmula 659 – A fração de aumento em razão da prática de crime continuado deve ser fixada de acordo com o número de delitos cometidos, aplicando-se 1/6 pela prática de duas infrações, 1/5 para três, 1/4 para quatro, 1/3 para cinco, 1/2 para seis e 2/3 para sete ou mais infrações".

5.10 Crime continuado e inimputabilidade

Quando, durante os vários delitos que constituem o crime continuado, o agente tornar-se inimputável ou, ao contrário, iniciar a cadeia de delitos inimputável e curar-se depois, surgem possíveis duas soluções:

a) deve ser aplicada pena e medida de segurança: pena para os delitos relativos ao estado de imputabilidade e medida de segurança para os que abrangerem os praticados no estado de inimputabilidade (ex.: ao praticar quatro furtos, o agente era imputável nos dois primeiros e inimputável nos dois últimos);

b) pena ou medida de segurança: se o último delito for praticado quando imputável, aplica-se a pena; se o último for praticado quando inimputável, aplica-se medida de segurança. Tendo em vista que o Código Penal adota a teoria objetiva pura, nada impede se considere crime continuado, portanto uma unidade, quatro furtos cometidos em condições de lugar, tempo e modo de execução semelhantes, mesmo que dois deles sejam cometidos por agente imputável e os outros dois, por inimputável. Esta última, portanto, é a melhor solução.

5.11 Crimes praticados contra vítimas diferentes e bens personalíssimos

Houve época em que a jurisprudência era praticamente pacífica ao estipular não ser cabível crime continuado para crimes violentos cometidos contra vítimas diferentes e ofendendo bens personalíssimos, tais como vida ou integridade física. Aplicava-se a Súmula 605 do Supremo Tribunal Federal ("Não se admite continuidade delitiva nos crimes contra a vida"), hoje incompatível com o texto do Código Penal.

Atualmente, os acórdãos seguem tendência em sentido contrário, acolhendo o delito continuado mesmo contra vítimas diferentes e bens personalíssimos. Aliás, outra não poderia ser a solução, pois a Reforma Penal de 1984 acrescentou o parágrafo único no art. 71 do Código Penal, prevendo claramente essa possibilidade.

5.12 Ações concomitantes, contemporâneas ou simultâneas

Não podem ser havidas como continuidade delitiva, pois a lei é bastante clara ao exigir que as ações precisam ser subsequentes. Por isso, quando houver ações simultâneas, deve-se optar ou pelo delito único ou pelo concurso material, mas jamais pelo crime continuado. Ex.: alguém atira com uma das mãos em uma pessoa e coloca fogo em um prédio com a outra mão. Trata-se de concurso material.

Por outro lado, caso atire com dois revólveres, um em cada mão, contra a mesma pessoa, está praticando crime único. Outro exemplo, caracterizado pelo dolo direto de primeiro grau, configurando ação simultânea, é a conduta do matador que provoca a explosão de um avião, eliminando ao mesmo tempo várias pessoas. Deve ser punido pelo número de homicídios causados em concurso material.

5.13 Espécies de crime continuado

Há duas espécies: a) *crime continuado simples*, previsto no art. 71, *caput*, do Código Penal; b) *crime continuado qualificado ou específico*, previsto no art. 71, parágrafo único, do Código Penal.

Entende parte da doutrina que o art. 71, parágrafo único, ao prever a possibilidade de o juiz triplicar a pena, quando sentir necessidade, desde que preenchidos os requisitos de terem sido delitos dolosos, praticados com violência ou grave ameaça contra vítimas diferentes, além da culpabilidade, antecedentes, conduta social, personalidade do réu, motivos e circunstâncias do crime o indicarem, descaracterizou a continuidade delitiva. O aumento, por ser aplicado no triplo, poderia levar o crime a pena semelhante àquela aplicada no caso de concurso material.

A crítica não é razoável porque o juiz jamais poderá ultrapassar o critério do art. 69 (concurso material), sendo certo ainda que em crimes violentos, atingindo bens personalíssimos, a pena precisa ser aplicada com maior rigor. Houve, entretanto, um patente equívoco do legislador. O agente que pratique vários roubos contra a mesma pessoa receberá o aumento do *caput* do art. 71 (1/6 a 2/3) e outro, atuando contra vítimas diferentes, embora cometendo o mesmo tipo de delito, poderá receber uma pena triplicada.

5.14 Diferença entre crime continuado e delito habitual

Neste último, cada um dos episódios agrupados não é punível em si mesmo, pois pertence a uma pluralidade de atos requeridos no tipo para configurar um fato punível. No delito continuado, cada uma das condutas agrupadas reúne, por si mesma, todas as características do fato punível. Enquanto no crime habitual a pluralidade de atos é um elemento do tipo, tal como o exercício ilegal da medicina, que se realiza habitualmente, na continuidade, ao invés, cada ato é punível e o conjunto constitui um delito por obra da dependência de todos eles. Assim, três furtos podem ser um só delito, mas isso não quer dizer que cada furto não seja um delito (Balestra, *Tratado de derecho penal*, t. III, p. 63).

> **PONTO RELEVANTE PARA DEBATE**
>
> **A obrigatoriedade, ou não, da soma das multas no concurso de crimes**
>
> Preceitua o art. 72 do Código que "no concurso de crimes, as penas de multa são aplicadas distinta e integralmente".
>
> Há duas posições nesse contexto: a) em caso de concurso material, concurso formal ou crime continuado, o juiz deve aplicar todas as multas cabíveis somadas (cf. Fragoso, *Lições de direito penal*, p. 353). Ex.: quatro furtos foram praticados em continuidade delitiva. Pode o juiz estabelecer a pena de 1 ano aumentada da metade (privativa de liberdade), mas terá que somar quatro multas de, pelo menos, 10 dias-multa cada uma; b) ensina Paulo José da Costa Júnior que o art. 72 é inaplicável ao crime continuado, pois nessa hipótese "não há concurso de crimes mas crime único, e, desta forma, em paralelismo com a pena privativa de liberdade, a unificação deve atingir também a pena de multa" (*Comentários ao Código Penal*, p. 248).
>
> Segundo nos parece, a razão está com Paulo José da Costa Júnior, uma vez que, valendo-se da teoria da ficção, criou o legislador um verdadeiro crime único no caso do delito continuado. Assim, não há concurso de *crimes*, mas um só delito em continuação, motivo pelo qual a pena de multa também será única com o acréscimo legal.

6. CONCURSO DE INFRAÇÕES E EXECUÇÃO DA PENA

Segundo o disposto no art. 76 do Código Penal, "no concurso de infrações, executar-se-á primeiramente a pena mais grave".

Dispõe a lei penal que o condenado deve cumprir suas penas não somente de forma progressiva, mas a pena mais grave em primeiro lugar. Isso significa que, cumprida a pena de reclusão, deverá passar à de detenção, já que ambas não comportam o somatório, pois são de espécies diferentes.

> ### 📄 SÍNTESE
>
> **Concurso de crimes:** é a prática de várias infrações penais por um único agente ou por um grupo de agentes, avaliando-se, no caso concreto e de acordo com a lei, qual será a pena mais justa a aplicar, podendo implicar na soma de todas ou na fixação de apenas uma delas, exasperada de uma cota-parte.
>
> **Concurso material:** significa a prática de várias condutas, resultando em diversos resultados típicos, provocando a soma das penas.
>
> **Concurso formal:** significa que, por meio de uma única conduta, o agente atinge dois ou mais resultados típicos, devendo ser aplicada a pena do mais grave deles, ou qualquer delas, se idênticas, aumentadas de um sexto até a metade.
>
> **Crime continuado:** é uma ficção jurídica, em benefício do réu, significando que a prática de várias condutas, implicando em vários resultados típicos, desde que concretizem crimes da mesma espécie, em circunstâncias semelhantes de lugar, tempo e modo de execução, pode formar um só delito continuado, aplicando-se a pena do mais grave, ou se idênticas, qualquer delas, com um aumento variável, como regra, de um sexto a dois terços.

ESQUEMAS

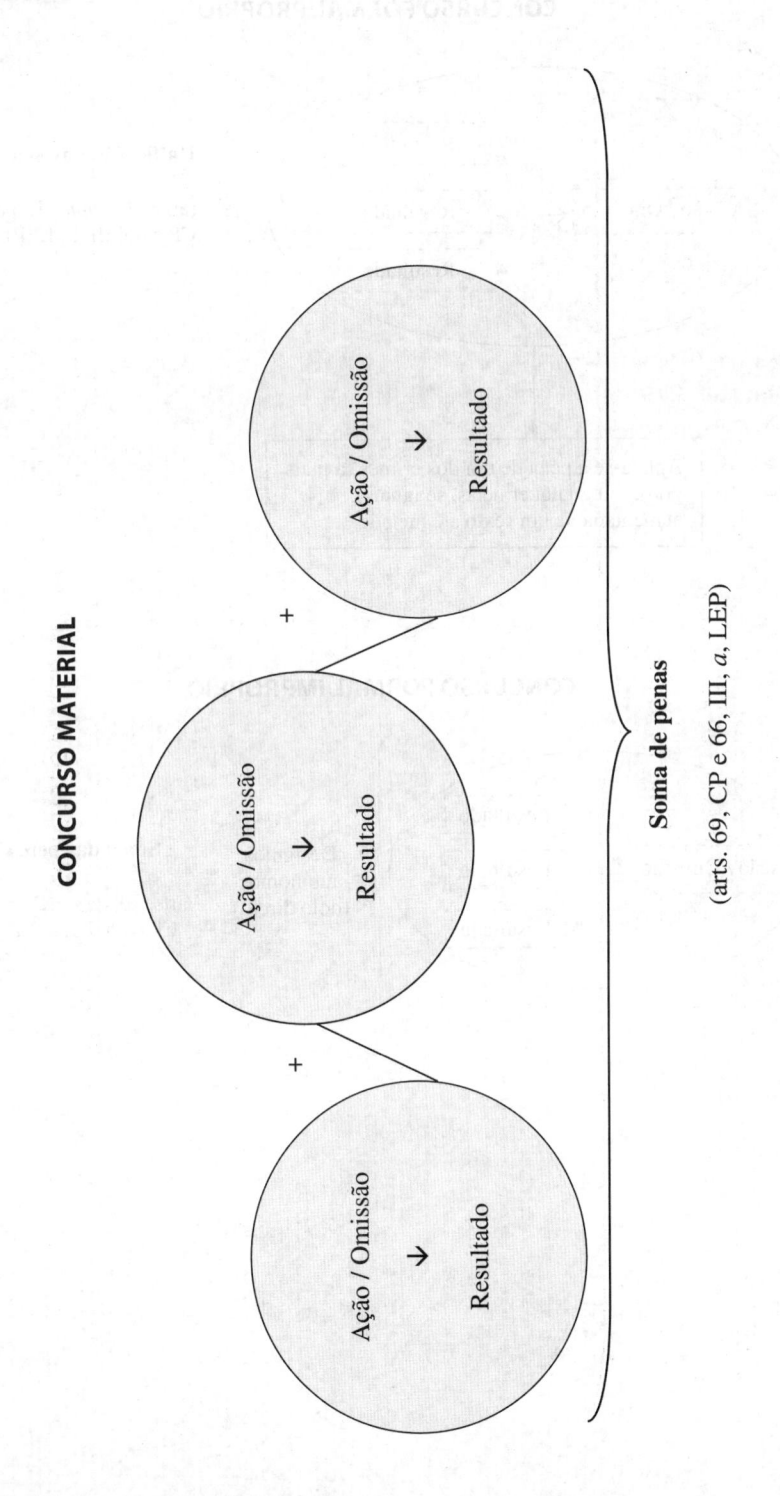

CONCURSO MATERIAL

Ação / Omissão → Resultado

\+

Ação / Omissão → Resultado

\+

Ação / Omissão → Resultado

Soma de penas

(arts. 69, CP e 66, III, *a*, LEP)

CONCURSO FORMAL PRÓPRIO

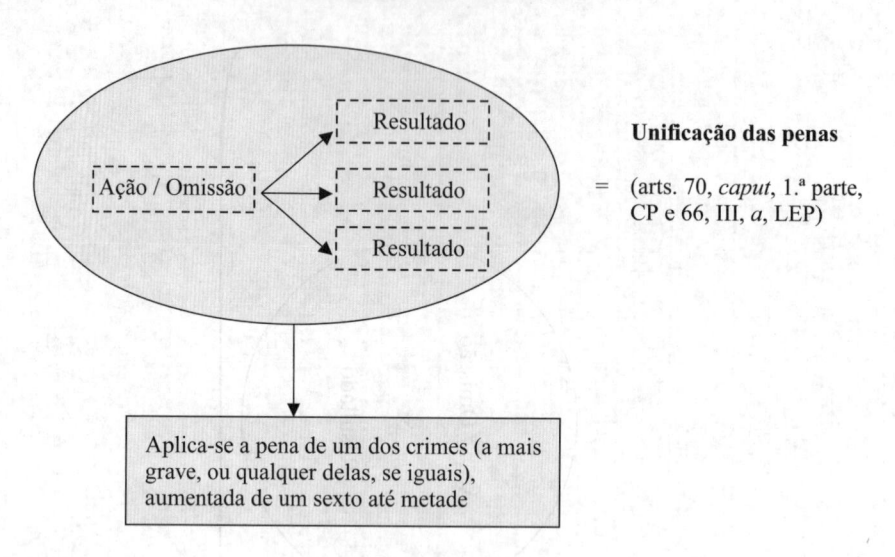

Ação / Omissão → Resultado / Resultado / Resultado

Unificação das penas

= (arts. 70, *caput*, 1.ª parte, CP e 66, III, *a*, LEP)

↓

Aplica-se a pena de um dos crimes (a mais grave, ou qualquer delas, se iguais), aumentada de um sexto até metade

CONCURSO FORMAL IMPRÓPRIO

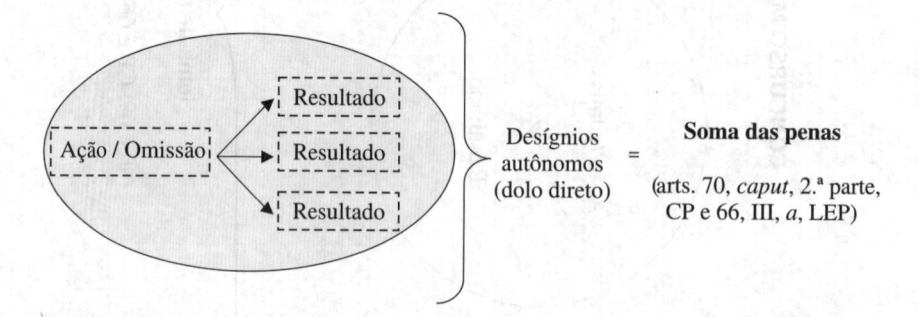

Ação / Omissão → Resultado / Resultado / Resultado

Desígnios autônomos (dolo direto) = **Soma das penas**

(arts. 70, *caput*, 2.ª parte, CP e 66, III, *a*, LEP)

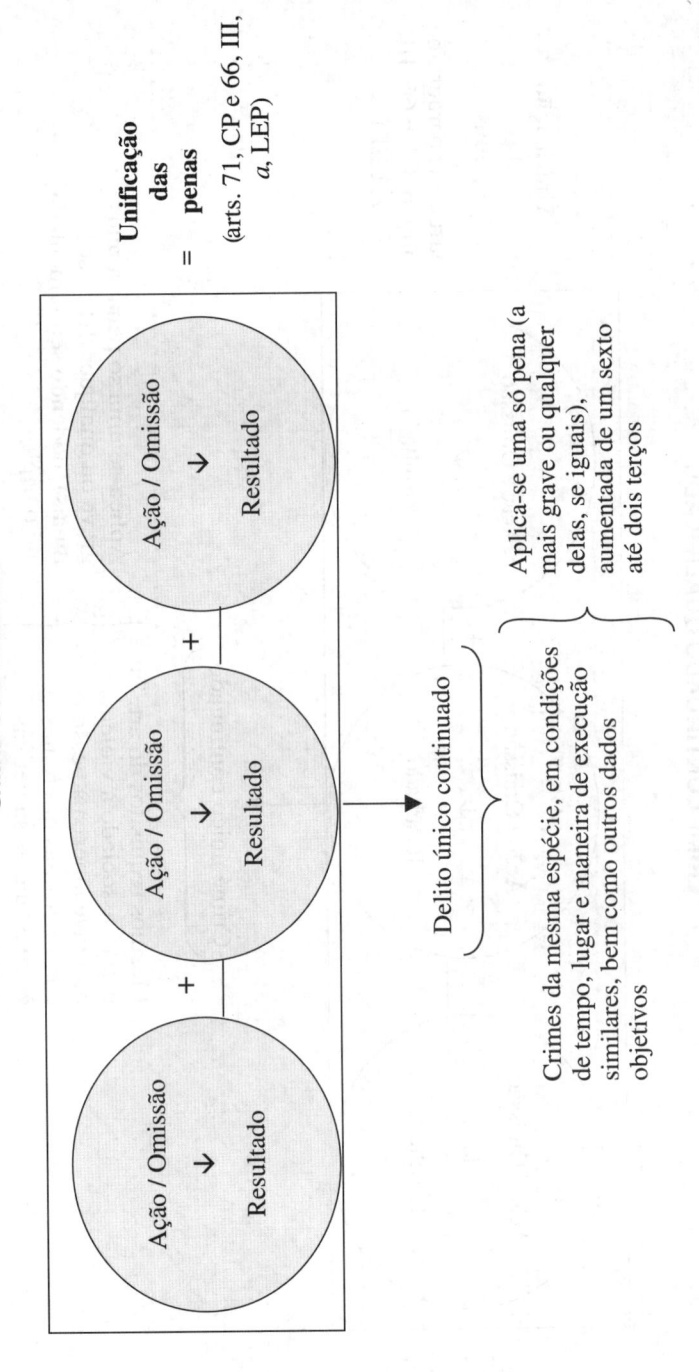

CRIME CONTINUADO

```
[ Ação/Omissão → Resultado ]  +  [ Ação/Omissão → Resultado ]  +  [ Ação/Omissão → Resultado ]
```

= **Unificação das penas** (arts. 71, CP e 66, III, *a*, LEP)

Delito único continuado

Crimes da mesma espécie, em condições de tempo, lugar e maneira de execução similares, bem como outros dados objetivos

Aplica-se uma só pena (a mais grave ou qualquer delas, se iguais), aumentada de um sexto até dois terços

CRIME CONTINUADO QUALIFICADO

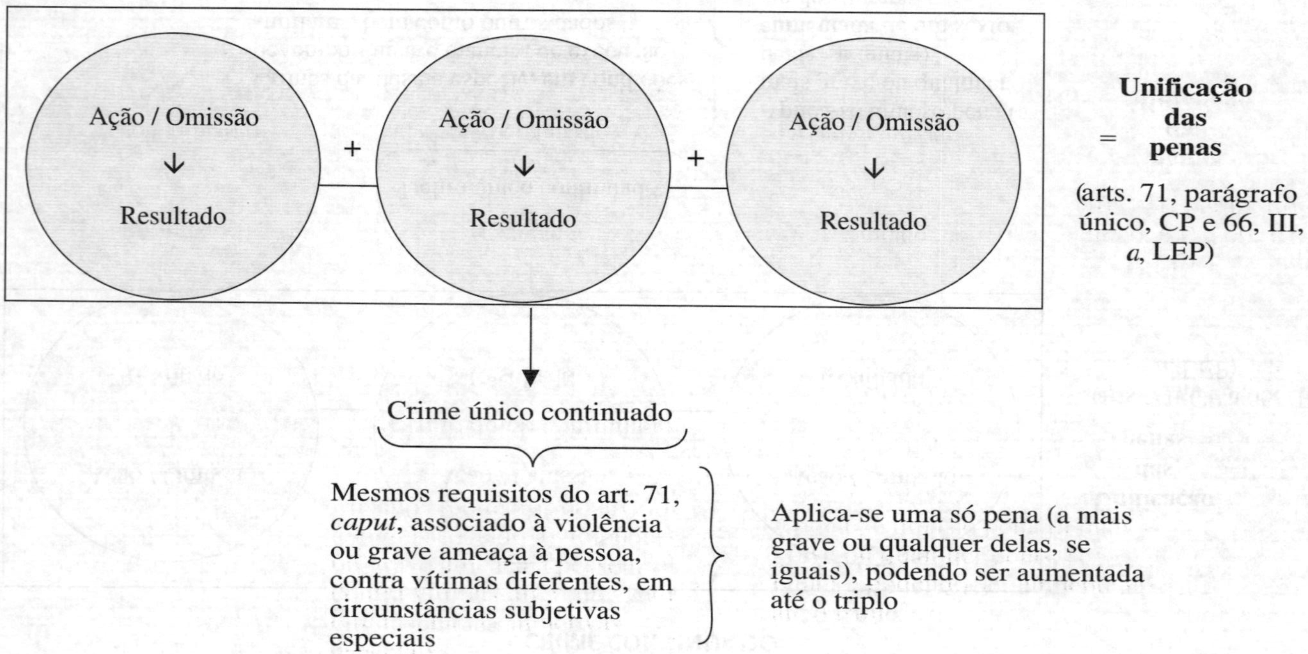

```
[Ação/Omissão → Resultado] + [Ação/Omissão → Resultado] + [Ação/Omissão → Resultado]
```

→ Crime único continuado

Mesmos requisitos do art. 71, *caput*, associado à violência ou grave ameaça à pessoa, contra vítimas diferentes, em circunstâncias subjetivas especiais

= **Unificação das penas**
(arts. 71, parágrafo único, CP e 66, III, *a*, LEP)

Aplica-se uma só pena (a mais grave ou qualquer delas, se iguais), podendo ser aumentada até o triplo

Capítulo XXVII
Erro na Execução e Resultado Diverso do Pretendido

1. CONCEITO DE ERRO NA EXECUÇÃO (*ABERRATIO ICTUS*)

É o desvio no ataque, quanto à "pessoa-objeto" do crime (cf. Paulo José Costa Jr., *O crime aberrante*, p. 26). Em lugar de atingir a pessoa visada, o agente alcança pessoa diversa, porque a agressão esquivou-se do alvo original. Não se altera, no entanto, a denominação do crime (ex.: se o agente atira em A para matar, atingindo fatalmente B, termina por cometer homicídio consumado), pois a alteração da vítima não abala a natureza do fato.

Vale ressaltar que o art. 73 do Código Penal prevê hipótese de *aproveitamento do dolo*, ou seja, quando alguém tem por objetivo ferir certa pessoa, mas, por erro na execução, lesa outro ser humano, o efeito é o mesmo. A lei penal protege qualquer indivíduo, não importando quem seja. Dessa maneira, se A quer matar B, embora termine atingido C, continua a haver homicídio. E, com razão, responderá o agente como se tivesse eliminado a vítima desejada, com todas as suas características pessoais.

2. MODALIDADES DE ERRO NA EXECUÇÃO

São duas as modalidades de erro na execução: a) aberratio *com resultado único*, chamada de *unidade simples,* prevista na 1.ª parte do art. 73; b) aberratio *com resultado duplo*, chamada de *unidade complexa*, prevista na 2.ª parte do art. 73.

No primeiro caso (unidade simples), o agente, em lugar de atingir a vítima desejada, alcança terceiro não visado. Aplica-se a regra do art. 20, § 3.º, do Código Penal, ou seja, levam-se em consideração as qualidades da vítima almejada. Assim, se a pessoa atingida e morta for o pai do agente, não responderá este por parricídio, pois o sujeito visado lhe era estranho.

Por outro lado, se a vítima virtual (não alcançada) for o pai do agente, embora tenha este matado pessoa diversa, há parricídio, respondendo com a agravante prevista no art. 61, II, *e*, do Código Penal.

Apesar de se aplicar o art. 20, § 3.º, a *aberratio ictus* não se confunde com o erro quanto à pessoa. Este caso diz respeito ao agente que erra quanto à identidade da vítima: pensa estar vendo Caio, quando na realidade trata-se de Mélvio; diante dessa confusão, termina atingindo Mélvio. O erro na execução, por sua vez, tem outra conotação: o agente está vendo, com certeza, Caio e atira nele, errando o tiro, que atinge Mélvio. Portanto, apesar de a solução ser a mesma, são duas hipóteses diversas.

No segundo caso (unidade complexa), o agente atinge não somente a vítima desejada, mas também terceiro não visado. Responde pela regra do art. 70 (concurso formal). Lembre-se de que, neste caso, vale o que já foi mencionado acerca do concurso formal ser perfeito ou imperfeito.

Há seis situações possíveis de erro na execução:

a) *A* atira em *B* para matar, mas acerta e mata *C* = homicídio doloso consumado como se fosse contra *B*;

b) *A* atira em *B* para matar e termina atingindo fatalmente *B* e *C* = homicídio doloso em concurso formal;

c) *A* atira em *B* para matar e termina ferindo *C* = tentativa de homicídio contra *B*, como se a lesão de *C* fosse praticada na vítima desejada;

d) *A* atira em *B* para matar e termina ferindo *B* e *C* = tentativa de homicídio contra *B* em concurso formal;

e) *A* atira em *B* para matar, ferindo-o, mas termina matando *C* = homicídio consumado contra *B* em concurso formal. Defendíamos, anteriormente, a punição de *A* somente por um homicídio consumado contra *B*. A lesão corporal ficaria absorvida. Alteramos nosso entendimento, inclusive para estar de acordo com a existência de responsabilidade penal objetiva no caso de *aberratio ictus*. Se há dois resultados, querendo ou não o agente atingir mais de um, deve responder por ambos. Assim, a regra do art. 73 fica bem aplicada, quando o agente atinge quem não desejava (1.ª parte), respondendo como se tivesse atingido a vítima almejada, bem como, em concurso formal (2.ª parte), quando atinge também a pessoa que pretendia. Nessa ótica, conferir Paulo José da Costa Júnior, *Comentários ao Código Penal*, 7. ed., p. 254; *Crime aberrante*, p. 28;

f) *A* atira em *B* para matar, fazendo-o, mas também fere *C* = homicídio consumado contra *B* em concurso formal.

3. RESPONSABILIDADE PENAL OBJETIVA NA *ABERRATIO ICTUS*

Diz a lei, expressamente, que o desvio no ataque pode ocorrer por *acidente* ou por *erro*, bastando, para responsabilizar o agente, a existência de nexo causal. Cuida-se, pois, de outra hipótese de responsabilidade penal objetiva constante no Código Penal (a outra se refere à embriaguez voluntária ou culposa, art. 28, II, CP).

É certo que alguns penalistas sustentam não existir possibilidade de haver responsabilidade penal sem dolo e sem culpa, de modo que o resultado não desejado pelo agente somente a ele pode ser debitado caso tenha agido, no mínimo, com culpa. Não é esta, no entanto, a previsão legal, nem a aplicação que, costumeiramente, se encontra na jurisprudência.

Vejamos a análise de um exemplo: ao desferir o tiro, alguém esbarra no braço do agente, causando o desvio no ataque (citação de Damásio, *Código Penal anotado*, p. 189). Imagine-se que o tiro, por conta disso, atinja não só a vítima visada, mas também outra pessoa que passava pelo local. Haverá concurso formal, sem que se possa falar em culpa no tocante ao segundo resultado. Como poderia o agente prever o esbarrão em seu braço? No sentido de ser apenas responsabilidade objetiva pelo segundo evento, está o posicionamento da doutrina majoritária na Itália, como ensina Delitala (*Scritti di diritto penale*, v. 1, p. 515).

No Brasil: "Sob o ângulo da responsabilidade objetiva, a diferença entre a hipótese contida na segunda parte do art. 73 e aquela descrita pelo art. 74 é bem menor. E isto porque, na sistemática do Código de 1984, para que o agente responda pela consequência não desejada, basta a mera relação de causalidade material" (Paulo José da Costa Júnior, *O crime aberrante*, p. 27). Ver, ainda, tratando especificamente da *aberratio delicti*, as lições de Boscarelli, *Compendio di diritto penale – Parte generale*, p. 169; Santaniello e Maruotti, *Manuale di diritto penale – Parte generale*, p. 401.

4. CONCEITO DE RESULTADO DIVERSO DO PRETENDIDO (*ABERRATIO CRIMINIS* OU *ABERRATIO DELICTI*)

Trata-se do desvio do crime (não da vítima), ou seja, do objeto jurídico do delito. O agente, objetivando um determinado resultado, termina atingindo resultado diverso do pretendido. Ex.: Tício, tendo por fim atingir Caio, vendedor de uma loja, atira uma pedra na sua direção. Em lugar de alcançar a vítima, termina despedaçando a vitrine do estabelecimento comercial. Portanto, em lugar de uma lesão corporal, acaba praticando um dano. O agente responde pelo resultado diverso do pretendido somente por culpa, se for previsto como delito culposo (art. 74, 1.ª parte, CP). No exemplo supracitado, Tício não responderia por crime de dano, por inexistir a figura culposa. Entretanto, se tentando quebrar a vitrine da loja, contra a qual atira uma pedra, termina atingindo uma pessoa, responderá o agente pela lesão culposa causada. Quando o agente alcançar o resultado almejado e também resultado diverso do pretendido, responderá pela regra do concurso formal (art. 74, 2.ª parte, CP).

As situações possíveis de erro quanto ao resultado são cinco:

a) *A* atira em *B* para matar e acerta no carro de *C*, danificando-o = tentativa branca de homicídio contra *B* (não há dano culposo, no Código Penal, quanto a bens de pessoas físicas). Lembremos que é possível haver dano culposo na Lei 9.605/1998, quando é atingido bem protegido por lei, em face do patrimônio histórico, por exemplo;

b) *A* atira em *B* para matar, conseguindo, mas acerta também o carro de *C* = homicídio consumado contra *B* (não há dano culposo, como já exposto, com a ressalva dos bens protegidos);

c) *A* atira no carro de *C*, mas acerta também em *B* = dano doloso + lesão culposa (em concurso formal);

d) *A* atira no carro de *C*, erra, acertando em *B* = tentativa de dano em concurso formal com lesão culposa. É a melhor posição, pois a tentativa também é um *resultado* jurídico, tanto que é punível. Há quem diga, no entanto, somente ser possível punir a lesão provocada em *B*, uma vez que a coisa não foi efetivamente danificada (era a postura que adotávamos). Não mais nos parece correta pelo fato, já mencionado, de que a tentativa de cometimento de um delito é um resultado ponderável;

e) *A* atira no carro de *C* e erra, quase atingindo *B* = tentativa de dano apenas.

> ### 📄 SÍNTESE
>
> **Erro na execução:** significa que o agente, por variadas razões, desvia-se no ataque, atingindo pessoa humana diversa da pretendida, mas respondendo como se tivesse acertado a vítima virtual.
>
> **Erro quanto ao resultado:** significa que o agente deseja atingir determinada pessoa e, por erro na execução, acerta coisa ou animal, ou pretende atingir coisa ou animal e termina acertando pessoa. Nessas situações, o resultado diverso do pretendido será punido por culpa. Caso ambos os resultados sejam atingidos, pune-se com base no concurso formal.

Capítulo XXVIII
Limite de Penas e Unificação

1. FUNDAMENTO PARA O LIMITE DAS PENAS, VISÃO CRÍTICA E SOLUÇÕES PARA A CONVERSÃO DA PENA EM MEDIDA DE SEGURANÇA DURANTE O CUMPRIMENTO

Estabelece o art. 5.º, XLVII, da Constituição Federal que "não haverá penas: a) de morte, salvo em caso de guerra declarada, nos termos do art. 84, XIX; b) de caráter perpétuo; c) de trabalhos forçados; d) de banimento; e) cruéis".

Sob tal prisma, há duas razões principais para a existência do art. 75, *caput*, do Código Penal ("O tempo de cumprimento das penas privativas de liberdade não pode ser superior a 40 (quarenta) anos"):

1.ª) tendo em vista que a Constituição proíbe, explicitamente, a pena de *caráter perpétuo*, não haveria possibilidade lógica para a aceitação da soma infinita de penas, pois conduziria o sentenciado a passar o resto da vida preso. Imagine-se a hipótese – nem um pouco irreal – do indivíduo que praticasse mais de trinta homicídios: seria condenado, infalivelmente, a uma pena que ultrapassaria 300 anos, se em concurso material. Estaria nesse caso fadado a passar toda sua existência no cárcere, não fosse a existência do limite das penas;

2.ª) levando em consideração ter a Constituição adotado o princípio da humanidade, não haveria sentido encarcerar alguém pelo resto da vida, sem qualquer esperança de um dia poder ser colocado em liberdade. Seria considerada uma medida desumana.

Assim, explicam Reale Júnior, Dotti, Andreucci e Pitombo: "Uma vez que a Constituição Federal proíbe a *prisão perpétua*, era corolário que no Código Penal se fixasse o prazo máximo do *tempo de cumprimento*. Se o condenado não obtiver o livramento condicional e perfizer trinta anos [hoje, 40 anos] cumprimento de pena, é de ser posto em liberdade. Uma das condições para preservação da identidade moral do condenado, com positivas repercussões na disciplina carcerária, está na possibilidade de vislumbrar a liberdade. Daí fixar-se um limite no tempo de cumprimento, mesmo porque o encarceramento por mais de quinze ou vinte anos destrói por completo o homem, tornando-o inadequado à vida livre" (*Penas e medidas de segurança no novo Código*).

Em que pese ser, de fato, muito rigoroso encarcerar alguém por mais de quarenta anos, não é menos verdade que o agente merecedor de penas elevadíssimas – incapacitando-o a receber os benefícios da execução penal antes dos 40 anos – destratou o ser humano, não teve o menor cuidado em preservar os direitos e os valores da sociedade em que vive nem agiu com humanidade ao fazer tantas vítimas. Não é uma questão de vingança mantê-lo no cárcere por 40 anos ou mais, mas um fator de segurança para a comunidade. Os próprios autores supracitados reconhecem que o encarcerado por mais de "quinze ou vinte anos" seria um homem inadequado à vida livre. Ora, se assim é, o sistema está sendo ilógico. Por um lado, considera o princípio da humanidade para soltar o delinquente persistente quando atingir 40 anos de cumprimento de pena, mas, por outro, não considera o número de vítimas que ele tenha atingido, nem mesmo se pessoa com perfil perigoso está capacitada à volta ao convívio social. Melhor teria sido, nesses casos extremos, a adoção de uma medida qualquer permitindo que o condenado saísse do presídio ao atingir tal limite de 40 anos (ou até antes), mas *sem extinguir a sua elevada pena*; ao contrário, poderia receber, por exemplo, um livramento condicional especial, continuando em observação e podendo retornar ao cárcere caso demonstre sua inaptidão para a vida livre.

História real que se pode mencionar – sem sucesso na recuperação, frise-se – foi a soltura do famoso "Bandido da Luz Vermelha", em São Paulo, que, em 1997, atingiu 30 anos [limite existente antes da reforma da Lei 13.964/2019] de uma pena de 326 anos e foi colocado em liberdade. Inadaptado, sem assistência do Estado e mesmo da família, terminou assassinado, embora também pudesse ter cometido, antes disso, um crime contra algum inocente. Para evitar a soltura de tais delinquentes, por vezes, o Ministério Público tem alegado que o condenado se tornou insano durante a execução da pena, merecendo, pois, a conversão da sua pena em medida de segurança. Se isso fosse feito, poderia permanecer detido indefinidamente, até que a periculosidade cessasse.

Em que pese defendermos melhor solução para os casos de criminosos com penas muito elevadas, não nos parece ser essa a solução tecnicamente correta, pois o sistema do duplo binário (aplicação de pena e medida de segurança) foi abolido na Reforma Penal de 1984, de modo que qualquer tentativa de trazê-lo de volta, mesmo que de forma camuflada, é indevida. Poderia voltar, sem dúvida, para casos excepcionais, mas respeitado o princípio da legalidade, ou seja, previsto em lei.

Se o réu foi considerado imputável à época dos seus delitos e, por conta disso, recebeu pena – e não medida de segurança –, não tem cabimento operar a transformação somente para segurá-lo preso. É verdade que o art. 183 da Lei de Execução Penal ("Quando, no curso da execução da pena privativa de liberdade, sobrevier doença mental ou perturbação da saúde mental, o juiz, de ofício, a requerimento do Ministério Público, da Defensoria Pública ou da autoridade administrativa, poderá determinar a substituição da pena por medida de segurança") prevê tal possibilidade, embora, nesse caso, deva a conversão para medida de segurança obedecer ao restante da pena fixada ou, no máximo, o limite de 40 anos, que é o teto para o cumprimento de qualquer pena no Brasil. Depois disso, é questão de saúde pública e deve ser resolvida civilmente.

E mais: se a pena foi transformada em medida de segurança e, algum tempo depois, o condenado melhorou, deve ser reconvertida à sanção original. Exemplo: alguém é condenado a 20 anos de reclusão por latrocínio. Após 5 anos adoece mentalmente. Transformada sua pena em medida de segurança, é natural que, se dois anos depois curar-se, deva retornar ao cárcere para findar o tempo restante, ou seja, 13 anos. Essa hipótese nunca nos chegou ao conhecimento, permanecendo, por ora, no campo abstrato.

A matéria, no entanto, é controversa. Enquanto posições jurisprudenciais e doutrinárias assim entendem, há opiniões em sentido contrário, sustentando que a medida de segurança se torna indefinida, ou seja, uma vez feita a conversão, somente quando cessar o estado de periculosidade pode o condenado ser liberado (Mirabete, *Execução penal*, p. 413). Ademais, nem todo condenado a penas elevadas é acometido de doença mental, justificando a referida conversão, e, ainda assim, precisaria ser controlado ao sair da prisão, porque perigoso não deixou de ser. Outro caso de condenado que atingiu os 30 anos [hoje, seria o patamar de 40 anos], mas foi mantido preso, no Estado de São Paulo, é o do também conhecido "Chico Picadinho", interditado *civilmente* pela Justiça (o Ministério Público ajuizou ação de interdição – Proc. 648/1998 –, que tramitou na 2.ª Vara Cível de Taubaté, com base no Decreto 24.559/1934, hoje já substituído por lei mais recente, contra o acusado, alegando que não pode ser colocado em liberdade, pois é detentor de personalidade psicopática de tipo complexo: em face de sua loucura furiosa, deve ser mantido em regime de internação fechada).

A solução encontrada nesse caso, pelo menos, foi tecnicamente correta, embora o lugar onde ele esteja internado não poderia ser exatamente o mesmo onde passou os últimos 40 anos da sanção penal. Se assim for, de nada adiantou substituir a pena, que foi extinta, pela internação civil. Mas, tais resultados somente demonstram de forma mais contundente a incapacidade do sistema penal para lidar com perigosos delinquentes.

Insistimos que, ainda que não fossem tais pessoas mantidas para sempre na prisão, seria preciso adotar medidas alternativas de vigilância e acompanhamento, e não simplesmente libertar quem estaria "inapto para a vida livre". Além disso, outro argumento que se pode lançar diz respeito à prisão perpétua. *Desumana* poderia ser considerada tal penalidade caso fosse aplicada, como em alguns sistemas penais alienígenas, pela prática de apenas um delito. Note-se o exemplo do Código Penal do Alabama (EUA), que define o *crime capital* como sendo a infração penal sujeita à pena de morte ou à pena de prisão perpétua, sem condicional (art. 13A-5-39). No art. 13A-5-40 são definidos os crimes sujeitos à pena de prisão perpétua. Exemplos: homicídio praticado durante um sequestro ou durante um roubo, bem como homicídio de menor de 14 anos. Assim, por um único delito, pode o réu ser condenado à morte ou à prisão perpétua.

No Brasil, inexiste tal forma de punição e esta nos parece ter sido a intenção do constituinte. Para que alguém fique preso eternamente, não houvesse o art. 75, seria preciso a prática de inúmeros delitos gravíssimos, de forma que as penas seriam mera consequência dessa persistência na senda do crime, e não uma pena única de caráter perpétuo.

Ademais, é inconteste existirem pessoas, consideradas psicopatas, completamente inadaptadas para a vida em sociedade, podendo representar elevado risco, quando em convívio sem a devida supervisão médica. Dizem Morana, Stone e Abdalla-Filho: "Quanto à possibilidade de tratamento, a maioria dos *serial killers* revela-se psicopata. Muitos enganam as pretensas vítimas e as seduzem para áreas onde elas não tenham recursos de resistência. Quando presos, eles enganam os funcionários penitenciários, bem como profissionais de saúde mental, fazendo-os pensar, após certo período de tempo, que eles 'aprenderam a lição' e que estariam prontos para serem reinseridos na sociedade. Tais decisões conduzem a erros tão graves que custam a vida de novas vítimas. A literatura está repleta de exemplos desse tipo. Além do perigo de soltar esses homens na comunidade, que já praticaram concretamente homicídio sádicos sexuais, existe a necessidade do cuidado adicional no sentido de se considerar os sentimentos do público. A soltura de homicidas com esse grau de risco de novo comportamento violento seria de difícil tolerância para a sociedade. *Uma vez que se chegou a uma conclusão de se tratar de um serial killer e identificou-se que ele é um inimigo irremediável para as pessoas, a separação permanente da comunidade pela via da prisão parece ser a única alternativa prudente* (...) Os transtornos de personalidade, sobretudo o tipo antissocial, representam verdadeiros desafios para a psiquiatria forense. Não tanto pela dificuldade em identificá-los, mas, sim, para auxiliar a Justiça sobre o lugar mais adequado desses pacientes e como tratá-los. Os pacientes que revelam comportamento psicopático e cometem homicídios seriados necessitam de atenção especial, devido à elevada probabilidade de reincidência criminal, sendo ainda necessário sensibilizar os órgãos governamentais a construir estabelecimentos apropriados para a custódia destes sujeitos" (Transtornos de personalidade, psicopatia e *serial killers*, Revista Brasileira de Psiquiatria, v. 28, p. 578-579, grifamos).

Há vários casos, no Brasil, de réus considerados assassinos seriais, julgados e condenados pela prática de inúmeros homicídios (vide as situações envolvendo os *justiceiros* ou *mercenários*), com condenações ultrapassando os 100 anos de reclusão. O limite obrigatório de 40 anos para a sua soltura pode representar um risco inaceitável para a sociedade.

Deve o legislador buscar, desde logo, soluções alternativas e imediatas, antes que vários condenados reconhecidamente perigosos deixem o cárcere, façam novas vítimas e, aí sim, pressionados pela opinião pública e pelo bom-senso, os parlamentares alterem as normas penais. E se o fizerem de maneira urgente – o que significa logo após o acontecimento de uma tragédia – não haverá tempo suficiente para a curial reflexão que as modificações do Código Penal exigem.

2. UNIFICAÇÃO DAS PENAS EM 40 ANOS

Unificar significa transformar várias coisas em uma. Portanto, unificar penas produz a consequência de converter inúmeras penas em uma única. Tal medida se adota em duas situações: a) crime continuado (procedendo-se a uma adequação típica), quando o juiz da execução penal percebe que várias condenações espelham, na realidade, uma só infração em continuidade delitiva; b) o condenado tem direito à unificação de sua pena em 40 anos, como estipula o § 1.º do art. 75, apenas e tão somente para efeito de cumprimento da pena; aliás, é esse o objeto fixado no *caput*: "O *tempo de cumprimento das penas* privativas de liberdade não pode ser superior a 30 (trinta) [hoje, 40] anos" (grifamos).

Quanto aos benefícios (progressão, livramento condicional, remição etc.), serão todos calculados sobre o total de sua condenação. É a *posição consagrada e predominante na jurisprudência* pátria, hoje pacífica no STF: Súmula 715: "A pena unificada para atender ao limite de trinta anos [hoje, 40] de cumprimento, determinado pelo art. 75 do Código Penal, não é considerada para a concessão de outros benefícios, como o livramento condicional ou regime mais favorável de execução".

3. MODO DE UNIFICAÇÃO

Para que o limite de cumprimento de penas (40 anos) não tornasse o sentenciado imune a qualquer outra condenação advinda durante a execução de sua pena, o legislador estabeleceu que, "sobrevindo condenação por fato posterior ao início do cumprimento da pena, far-se-á nova unificação, desprezando-se, para esse fim, o período de pena já cumprido" (art. 75, § 2.º, CP).

Assim, temos o seguinte: a) nova condenação por fato anterior ao início do cumprimento da pena deve ser lançada no montante total já unificado, sem qualquer alteração; b) nova condenação por fato posterior ao início do cumprimento da pena deve ser lançada na pena unificada, desprezando-se o tempo já cumprido. Se for o caso (ultrapassar 40 anos), far-se-á nova unificação. Além disso, lança-se, também, no montante total, para efeito de cálculo dos benefícios.

Exemplo da primeira situação: réu condenado a 300 anos, recebe nova pena de 20 anos por crime cometido anteriormente ao início do cumprimento da pena. Lança-se esse *quantum* no cômputo geral, totalizando agora 320 anos, sem fazer nova unificação. Se o sentenciado entrou na cadeia no dia 10 de março de 1960, sairia da prisão no dia 9 de março de 2000. Com 300 ou 320 anos, o tempo máximo de cumprimento da pena não se altera.

Exemplo da segunda situação: réu condenado a 300 anos, com pena unificada em 40, tendo cumprido 10 anos, comete novo crime no interior do presídio. Condenado a 35 anos, esse *quantum* é lançado na pena unificada, desprezando-se o tempo já cumprido: de 40 anos, cumpriu 10, período que é desprezado; portanto, aos 30 anos faltantes para terminar a pena adicionam-se os novos 35, totalizando agora 65. Deve-se fazer nova unificação, porque o montante (65) ultrapassou o limite de 40 anos. Isso significa que, tendo começado inicialmente a cumprir a pena em 10 de março de 1960, deveria sair em 9 de março de 2000; ocorre que em 1970 recebeu mais 35 anos, que, somados aos

30 restantes, tornaram-se 65, unificados novamente em 40. Sairia da cadeia, agora, somente no ano 2010. O sistema adotado pelo Código Penal é ineficaz caso o sentenciado cometa o crime logo após o início do cumprimento de sua pena. Se a pena de 300 anos, unificada em 40 (início em março de 1960 e término em março de 2000), receber nova condenação de 30 anos, por exemplo, logo no início do cumprimento da pena, por fato posterior ao início desse cumprimento, será praticamente inútil. Recebendo 30 anos em março de 1965, terminará a pena, agora, feita nova unificação, em março de 2005. Logo, por uma pena de 30 anos, o condenado cumprirá efetivamente, a mais, somente 5 anos.

Acesse e escute o podcast sobre Limite de cumprimento da pena.

> http://uqr.to/1yoii

SÍNTESE

Limite de penas: nenhum condenado cumprirá mais que quarenta anos de pena privativa de liberdade, ainda que tenha sido condenado a um montante superior, em razão das normas constitucionais que vedam a prisão de caráter perpétuo e a pena cruel.

Unificação das penas: trata-se de providência da competência do juiz da execução penal, com a finalidade de transformar várias penas em uma única. Tal se dá em caso de crime continuado ou para a aplicação do limite previsto no art. 75 do CP. Neste último caso, a unificação tem efeito somente para o tempo de prisão, mas não influi no cálculo dos benefícios da execução penal.

Capítulo XXIX
Suspensão Condicional da Pena

1. CONCEITO E ASPECTOS HISTÓRICOS

Trata-se de um instituto de política criminal, tendo por fim a suspensão da execução da pena privativa de liberdade, evitando o recolhimento ao cárcere do condenado não reincidente, cuja pena não é superior a dois anos (ou quatro, se septuagenário ou enfermo), sob determinadas condições, fixadas pelo juiz, bem como dentro de um período de prova predefinido (art. 77, CP).

Historicamente, como ensina Frederico Marques, o *sursis* nasceu no Brasil através do Decreto 4.577, de 5 de setembro de 1922, que autorizou o Poder Executivo a instituir o benefício. "Valendo-se dessa autorização legislativa, submeteu João Luiz Alves à aprovação do Presidente da República o projeto de lei que se transformou no Decreto 16.588, de 6 de setembro de 1924, o qual, segundo seus próprios dizeres, se destinava a estabelecer 'a condenação condicional em matéria penal', e isto porque, adotando o sistema belga, dentro das diretrizes gerais do continente europeu, o citado decreto declarava no art. 1.º, § 2.º, que, após o prazo da suspensão da condenação, esta seria considerada inexistente" (*Tratado de direito penal*, v. 3, p. 338).

2. NATUREZA JURÍDICA

É uma *medida de política criminal*, benéfica ao réu, para evitar a aplicação efetiva da pena privativa de liberdade, consubstanciada numa outra forma de cumprimento de pena.

É incabível dizer que o *sursis* seja pena, pois estas estão claramente enumeradas no art. 32 do Código Penal e a suspensão é medida destinada justamente a evitar a aplicação de uma delas, ou seja, a privativa de liberdade. Por outro lado, não se deve sustentar ser *apenas* um benefício, pois o *sursis* traz, sempre, condições obrigatórias, consistentes em medidas restritivas da liberdade do réu. Daí porque é mais indicado tratar o *sursis* como medida alternativa de cumprimento da pena privativa de liberdade, não deixando de ser um benefício (aliás, a própria lei fala em benefício, como se vê no art. 77, II, CP), nem tampouco uma reprimenda.

3. REQUISITOS PARA A SUA CONCESSÃO

Devemos dividi-los em objetivos, subjetivos e objetivo-subjetivo:

a) *objetivos*: a.1) aplicação de pena privativa de liberdade não superior a dois anos; a.2) condenado não reincidente em crime doloso. A reincidência em crime culposo, como se vê, não impede a suspensão condicional da pena (condenação por crime culposo seguida de condenação por crime culposo, condenação por crime culposo seguida de condenação por crime doloso e condenação por crime doloso seguida de condenação por crime culposo). Por outro lado, ainda que considerado reincidente em crime doloso, se a pena anterior for multa, permite-se a concessão do *sursis* (art. 77, § 1.º, CP). Cuida-se de exceção, uma vez que a pena aplicada foi branda, podendo-se deduzir que o crime foi igualmente de menor gravidade. Nesse sentido está a Súmula 499 do STF: "Não obsta à concessão do *sursis* condenação anterior à pena de multa";

b) *subjetivos*: b.1) culpabilidade; b.2) antecedentes; b.3) conduta social; b.4) personalidade do agente; b.5) motivos; b.6) circunstâncias do crime. Esses elementos foram analisados no contexto da aplicação da pena (Cap. XXV), para o qual remetemos o leitor. Desde logo, lembramos que a verificação desses fatores se dá em estágios (para a pena-base, para a substituição por penas restritivas de direitos, para a fixação do regime de cumprimento da pena, para a suspensão condicional da pena), devendo o juiz cuidar para analisá-los sob diferentes óticas. Portanto, a personalidade do réu pode indicar, por exemplo, a necessidade de aplicação de uma pena acima do mínimo, o que não significa ser consequência natural a negação do *sursis*, tudo a depender do caso concreto;

c) *objetivo-subjetivo*: não ser indicada ou cabível a substituição por pena restritiva de direitos. Esta modalidade de pena é considerada mais favorável ao réu, tendo em vista que, em lugar da pena privativa de liberdade, surge outra espécie mais branda de punição, motivo pelo qual o *sursis* somente será avaliado e concedido se não for possível conceder-lhe a referida substituição.

4. ESPÉCIES DE *SURSIS*

O legislador criou dois tipos de suspensão condicional da pena:

a) *simples,* consistente na aplicação das condições de prestação de serviços à comunidade ou limitação de fim de semana (art. 78, § 1.º, CP);

b) *especial*, consistente na aplicação das outras condições, previstas no art. 78, § 2.º (proibição de frequentar determinados lugares; proibição de ausentar-se da comarca onde reside, sem autorização do juiz; comparecimento pessoal e obrigatório a juízo, mensalmente, para informar e justificar suas atividades).

O *sursis* simples é mais severo do que o especial, de forma que somente se aplicará o primeiro se as condições pessoais do réu ou as circunstâncias do crime assim estejam a indicar. É tranquilo o entendimento de que as condições dos §§ 1.º e 2.º do art. 78 não podem ser aplicadas cumulativamente.

Alguns autores mencionam a existência de um terceiro tipo de *sursis* – o etário ou humanitário –, aplicável aos maiores de 70 anos e aos gravemente enfermos, que tenham sido condenados a pena privativa de liberdade não superior a 4 anos (art. 77, § 2.º, CP). Em verdade, há somente dois tipos, embora o chamado *sursis* etário ou humanitário seja apenas uma suspensão condicional da pena mais flexível. As condições a que se submete são as mesmas.

Vale ressaltar que não há mais *sursis* incondicionado. Nem mesmo na Lei de Contravenções Penais, em melhor reflexão sobre o tema. Se a lei especial apenas fixou um prazo menor para o período de prova do *sursis* (um a três anos), em momento algum mencionou ser o benefício incondicionado. Por isso, aplicam-se todas as regras do instituto, previstas na Parte Geral do Código Penal. É o que, atualmente, defendemos nos comentários à Lei das Contravenções Penais (nota 22 ao art. 11 do nosso livro *Leis penais e processuais penais comentadas* – v. 1).

> ### ✣ PONTO RELEVANTE PARA DEBATE
>
> A concessão do *sursis* como faculdade do juiz ou direito subjetivo do réu
>
> Há duas posições que se mostram aparentemente inconciliáveis: a) é faculdade, pois a própria lei menciona que o juiz *poderá* suspender a execução da pena, se preenchidos certos requisitos; b) é direito subjetivo do réu, uma vez que, preenchidos tais requisitos, o juiz não tem opção senão conceder o benefício.
>
> Essa questão, segundo nos parece, deve ser resolvida com bom senso. Na análise dos requisitos subjetivos da suspensão condicional da pena, é natural que o magistrado tenha liberdade para avaliar se cabe ou não o benefício. Não pode ser obrigado, por exemplo, a considerar positiva a personalidade do réu ou mesmo bons os seus antecedentes. Cuida-se de uma avaliação subjetiva. Por outro lado, estando todos os requisitos preenchidos e dessa forma declarados na sentença condenatória, é direito do réu obter o *sursis*. Negá-lo sem fundamento equivale a constituir um evidente abuso da discricionariedade judicial. A suspensão condicional da pena não é mero incidente da execução da pena, mas parte do processo de conhecimento, devendo sempre ser motivada. Assim, conceda ou não o benefício ao réu, deve o juiz fundamentar sua decisão (art. 93, IX, CF).

5. PONTOS CONTROVERSOS

5.1 Sursis e indulto

A compatibilidade entre ambos, mais uma vez, comporta divergência doutrinária e jurisprudencial:

a) não é compatível, pois o indulto é destinado a condenados que cumprem pena em regime carcerário, tanto que os decretos de indulto muitas vezes fazem referência a "bom comportamento carcerário". Quem está em liberdade não necessita do indulto, fruto da política criminal do Estado de esvaziamento dos presídios;

b) é compatível (hoje tranquilamente *majoritário*), pois o indulto é destinado a condenados em cumprimento de pena, sendo o *sursis* uma forma alternativa de cumprimento da pena. Nada impede, pois, que o beneficiário da suspensão condicional da pena seja beneficiado pelo decreto de indulto. Se, porventura, o decreto trouxer a exigência de "bom comportamento carcerário", pode-se interpretar, em benefício do sentenciado, "bom comportamento social".

A melhor posição é, de fato, a segunda. Aliás, cumpre ressaltar que os últimos decretos de indulto vêm explicitando ser cabível o indulto aos condenados em gozo de *sursis*.

5.2 Existência de processos em andamento

Não impede a concessão do *sursis* o fato de o réu estar respondendo, concomitantemente, a mais de um processo. Eventualmente, para a corrente que sustenta serem maus antecedentes vários processos em andamento, conforme já exposto em capítulo anterior, pode não ser cabível a suspensão condicional da pena. Nesse caso, no entanto, a vedação não se dá porque a lei proíba, mas pelo entendimento particularizado do requisito "antecedentes", do art. 77, II, do Código Penal. O correto deve ser a concessão e, posteriormente, havendo outras condenações, ser o benefício revogado, em sede de execução penal.

5.3 Réu ausente

A ausência do acusado é um direito seu, decorrência natural de dois outros: o direito ao silêncio e o direito de não produzir prova contra si mesmo. Portanto, se foi citado e resolveu não comparecer para interrogatório, nem pretende acompanhar a instrução e colheita das provas pessoalmente, só o fazendo, pois obrigatório, por meio do seu advogado, não há motivo para impedir a concessão do *sursis*.

Pode significar um obstáculo ao recebimento do benefício depois da condenação efetivada, desde que não compareça à audiência admonitória, onde deverá dizer ao magistrado se aceita ou não as condições impostas para o gozo da suspensão condicional da pena. Nessa hipótese, o *sursis* perde o efeito.

Entretanto, não pode o magistrado, simplesmente porque o acusado não quis acompanhar a instrução, negar-lhe a suspensão condicional da pena. Lembremos que o acusado tem o direito de acompanhar a produção de provas e não o dever.

5.4 Estrangeiros de passagem pelo Brasil

Era bastante controversa a possibilidade de concessão da suspensão condicional da pena aos estrangeiros em visita ao País. O principal argumento era a possibilidade de fuga do condenado estrangeiro para o seu país de origem. Entretanto, cremos estar superada essa visão restritiva da concessão de *sursis* ao estrangeiro.

Dizia o art. 1.º do Decreto-lei 4.865/1942: "É proibida a concessão da suspensão condicional da pena imposta aos estrangeiros que se encontrem no território nacional em caráter temporário...". A Lei de Migração (Lei 13.445/2017) revogou, tacitamente, o disposto pelo referido Decreto. Este é o conteúdo explícito do art. 54, § 3.º: "O processamento da expulsão em caso de crime comum não prejudicará a progressão de regime, o cumprimento da pena, a suspensão condicional do processo, a comutação da pena ou a concessão de pena alternativa, de indulto coletivo ou individual, de anistia ou de quaisquer benefícios concedidos em igualdade de condições ao nacional brasileiro".

Enfim, o estrangeiro condenado possui os mesmos direitos que o brasileiro no tocante à aplicação das regras de direito penal e execução penal. Além disso, a Lei 13.445/2017 previu a transferência de condenado para cumprir pena em outro país e, também, a transferência de execução penal. Diante disso, nada impede que o estrangeiro, condenado no Brasil, pleiteie cumprir a sua pena em seu país de origem, incluído nesse cenário o *sursis*.

Mesmo antes do advento da Lei de Migração, parecia-nos mais adequada a concessão de suspensão condicional da pena ao estrangeiro, igualando-o, em direitos, ao brasileiro. Afinal, para deferir o *sursis*, exige-se que o réu seja primário, tenha bons antecedentes, além de culpabilidade, conduta social e personalidade indicando ser o melhor caminho. Logo, autor de infração cuja gravidade é escassa.

Não tem cabimento encarcerá-lo somente por ser estrangeiro, fundando-se no temor de que poderá deixar o País. Afinal, se for embora do Brasil, diante do crime de pequena gravidade que cometeu, tanto melhor. Por outro lado, se ficar estabelecido o regime aberto (para uma pena de até 4 anos) ou mesmo, segundo o disposto na Lei 9.714/1998, se for substituída a pena privativa de liberdade pela restritiva de direitos, estar-se-ia, do mesmo modo, propiciando o não cumprimento da pena, pois o estrangeiro poderia ser expulso e não cumpriria a sanção penal imposta.

Não sendo vedados por lei nem o regime aberto, nem tampouco a substituição por pena restritiva de direitos, incabível, por uma questão de isonomia, a proibição ao *sursis*. Na Espanha, somente para ilustrar, adota-se sistema semelhante ao que defendemos, ou seja, a política criminal com relação ao estrangeiro que comete crime no país é, preferencialmente, expulsá-lo do território espanhol, em lugar de aprisioná-lo.

5.5 Compatibilidade com a fixação do regime penitenciário

Impõe-se ao juiz, segundo o disposto no art. 59, III, do Código Penal, fixar o regime de cumprimento da pena privativa de liberdade, independentemente da concessão ou não do *sursis*. Não é correto o argumento de alguns magistrados sustentando que, uma vez concedida a suspensão condicional da pena, não haveria mais necessidade de estabelecer o regime prisional, pois o condenado está em gozo de regime de pena alternativa.

Em primeiro lugar, o *sursis* não é regime de cumprimento – só existem o fechado, o semiaberto e o aberto –, mas forma alternativa de execução da pena, obrigando o magistrado a seguir o que exige o legislador no referido art. 59.

Em segundo plano, a suspensão condicional da pena é facultativa, e por isso existe a audiência admonitória (art. 160 da Lei de Execução Penal: "Transitada em julgado a sentença condenatória, o juiz a lerá ao condenado, em audiência, advertindo-o das consequências de nova infração penal e do descumprimento das condições impostas"). Tratando-se de benefício *condicionado*, é possível que o sentenciado não aceite as condições impostas, passando então a cumprir a pena no regime imposto pelo juiz.

Por outro lado, há argumentos no sentido de que a fixação do regime inicial de cumprimento da pena é irrelevante, pois, uma vez concedido o *sursis*, seria óbvia a concessão do regime aberto. Daí por que, mesmo que o magistrado omita o regime, tendo em vista que as regras para o estabelecimento do aberto são praticamente as mesmas da suspensão condicional, concedida esta, aquele seria consequência natural. Assim não pensamos. Tal como posto atualmente, o regime aberto é basicamente descumprido, pois, inexistindo Casa do Albergado, impõe-se, em substituição, como já expusemos em tópico anterior, o regime de *prisão albergue domiciliar*, ou seja, o sentenciado cumpre sua pena em casa, sem qualquer vigilância. Eis a razão de o juiz poder fixar o *sursis*, com a obrigação de prestar serviços à comunidade por um ano, tendo em mente o réu vadio, sem desejo de trabalho lícito e autor de crime contra o patrimônio, bem como, alternativamente, impor o regime semiaberto, que permite a inserção em colônia penal agrícola.

Assim, sujeitando-se à prestação de serviços à comunidade e sob prova durante dois anos, no mínimo, poderá o condenado ficar em liberdade. Não desejando permanecer nesse esquema, o melhor regime poderá ser o semiaberto. Em que pese, na maioria dos casos, ser razoável aplicar *sursis* e regime aberto, tal situação não deve constituir uma regra, pois o direito penal não é mecânico e muito menos uma ciência exata.

5.6 Sursis e *habeas corpus*

O *habeas corpus* não é meio idôneo, em regra, para discutir a concessão de suspensão condicional da pena, nem para a análise das condições estipuladas pelo juiz. É natural, no entanto, que, em casos excepcionais, a questão deva ser resolvida por meio do remédio constitucional, porque mais eficaz e célere.

Um magistrado, por exemplo, que deixe de conceder *sursis* a um réu que, evidentemente, mereça o benefício, impondo-lhe, ao contrário, regime fechado e negando-lhe o direito de recorrer em liberdade, pode dar margem ao tribunal para corrigir essa imperfeição via *habeas corpus*. Ou então, em outro exemplo, o juiz que fixa condições aberrantes, tais como permanecer amordaçado toda vez que sair à rua ou acorrentar-se a algum membro da família para ser devidamente fiscalizado, pode ter sua pena revista diretamente por meio de *habeas corpus*, já que o descumprimento da condição imposta terá íntima ligação com a revogação do benefício e a imposição de medida detentiva, afetando a liberdade de locomoção.

🖈 PONTO RELEVANTE PARA DEBATE

A possibilidade do cabimento do *sursis* para crime hediondo

Não há unanimidade na apreciação da possibilidade de concessão da suspensão condicional da pena ao autor de crime hediondo. É bem verdade que, na grande maioria dos casos de condenação por crime hediondo, a pena é bem superior a dois anos, de modo que a suspensão condicional da pena está fora do contexto.

Entretanto, há possibilidade de haver condenação na forma tentada, como, por exemplo, no caso do estupro. Sendo a pena mínima estabelecida em 6 anos, caso o juiz diminua o seu montante em 2/3, cairá para 2, comportando, pois, em tese, o benefício. Apesar de, objetivamente, ser possível a suspensão condicional, há *duas posições* a esse respeito:

a) cabe *sursis*, pois a Lei 8.072/1990 não o vedou de modo algum, não competindo ao juiz criar restrições onde o legislador não previu. Nessa ótica, conferir a Súmula 10 do Tribunal de Justiça de Minas Gerais ("A Lei 8.072/90 não veda a concessão do *sursis*"). Houve decisão do Supremo Tribunal Federal nesse sentido (cf. o nosso *Código Penal comentado*, nota 10, ao art. 77);

b) não cabe *sursis*, pois, mesmo que a referida lei nada tenha falado a respeito, tendo praticado um delito considerado hediondo, que impõe regime fechado inicial para o cumprimento da pena, seria irracional conceder o benefício.

A corrente majoritária é a primeira, embora seja da nossa preferência adotar o meio-termo. De fato, tendo cometido um crime hediondo, não é razoável tenha o réu direito a exigir *sempre* a concessão do *sursis*, embora não se lhe possa negá-lo sistematicamente. A gravidade do crime faz parte dos requisitos para a obtenção do benefício (art. 77, II, CP), de modo que, conforme o caso, o juiz pode deixar de conceder a suspensão condicional da pena para o condenado por delito hediondo. Mais adequado, portanto, é analisar caso a caso com maior rigor, concedendo *sursis* ao sentenciado que *realmente* merecer.

6. PERÍODO DE PROVA E ESCOLHA DAS CONDIÇÕES

Deve variar o período de prova em *três patamares*: a) de 2 a 4 anos, para penas que não ultrapassem 2 anos; b) de 4 a 6 anos para penas superiores a 2 anos, que não ultrapassem 4 (*sursis* etário ou para enfermo); c) de 1 a 3 anos para penas provenientes de contravenções penais.

A fixação do prazo, feita acima do mínimo permitido, deve ser devidamente justificada pelo magistrado, sob pena de ser reduzida pelo tribunal. Dessa forma, se o juiz optar pelo período de prova superior a 2 anos, deve motivar seu convencimento, esclarecendo tratar-se, por exemplo, de réu vadio, foragido e com personalidade instável, fatores não impeditivos da concessão do *sursis*, mas que demonstram, conforme o crime praticado, a necessidade de permanecer maior tempo em observação.

Quanto à eleição das condições pelo julgador, tem ele largo critério subjetivo para fazê-lo. Deve levar em consideração que as condições do art. 78, § 1.º, são mais rigorosas que as previstas no mesmo artigo, § 2.º, conforme evidenciam os requisitos exigidos para a concessão destas últimas: "se as circunstâncias do art. 59 deste Código lhe forem inteiramente favoráveis". Além disso, não se pode olvidar o disposto no art. 79 do Código Penal, autorizando o magistrado a estabelecer outras condições, embora não previstas expressamente em lei, "desde que adequadas ao fato e à situação pessoal do condenado".

Argumentam, alguns, ser inconstitucional fixar medidas restritivas de direitos como condições do *sursis* (prestação de serviços à comunidade, limitação de fim de semana, proibição de frequentar lugares determinados), porque isso seria uma dupla penalidade. Se o réu já recebeu pena privativa de liberdade, que foi suspensa, não teria cabimento eleger como condição uma outra pena. Teria, na prática, recebido duas penas pelo mesmo crime. Caso descumprisse a condição (limitação de fim de semana, por exemplo) depois de seis meses em gozo do *sursis*, teria o benefício revogado e iria cumprir a pena privativa de liberdade, configurando duas penas.

Em nosso ponto de vista, a tese não parece ter consistência, pelas seguintes razões: a) o *sursis* é facultativo, vale dizer, o condenado não é obrigado a aceitá-lo, nem tampouco suas condições. Fossem penas cumulativas e seriam obrigatórias, porque penas são inderrogáveis e não se submetem à aceitação do réu. Nesse caso, pois, elas funcionam como meras condições e podem ser rejeitadas; b) nada impede ao legislador fixar, no tipo penal incriminador, em abstrato, penas privativas de liberdade cumuladas com outras (restritivas de direitos ou multa). Notem-se os seguintes exemplos: receptação (art. 180), prevendo pena privativa de liberdade e multa; homicídio culposo no trânsito (art. 302, Lei 9.503/1997), que prevê pena privativa de liberdade e restritiva de direitos, consistente na suspensão ou proibição para dirigir. Por que não se poderia estabelecer como condição do *sursis* uma restrição de direito? Pela constitucionalidade tem sido a posição adotada tanto no Supremo Tribunal Federal quanto no Superior Tribunal de Justiça.

Quanto à duração do cumprimento das condições, indica o § 1.º do art. 78 que o condenado, no *primeiro ano do prazo*, deve prestar serviços à comunidade ou submeter-se à limitação de fim de semana. Portanto, também quando forem aplicadas as condições do § 2.º do art. 78, em lugar das primeiras, devem elas ser cumpridas apenas pelo período de um ano. O mesmo se diga quanto às condições peculiares previstas no art. 79.

Preceitua, ainda, o art. 80 do Código Penal que a suspensão da pena não se aplica às restritivas de direitos, o que é lógico. Constituindo o *sursis* uma medida de política criminal para evitar a aplicação da pena privativa de liberdade, consubstanciada numa outra forma de cumprimento de pena, é natural que ele não tenha qualquer aplicação para as penas restritivas de direitos, que já são formas alternativas para evitar o encarceramento, nem para a sanção pecuniária, que jamais resulta na possibilidade de prisão.

7. CAUSAS DE REVOGAÇÃO

7.1 Revogação obrigatória

Estabelece o art. 81 do Código Penal as seguintes:

a) condenação, com trânsito em julgado, por crime doloso. A lei fala apenas em *condenação por crime doloso*, o que, em tese, poderia ser também por multa. Entretanto, se esta penalidade não tem força de impedir a concessão do benefício, certamente não terá força para revogá-lo;

b) frustrar o condenado a execução da pena de multa, embora seja solvente, ou não efetuar a reparação do dano. Há quem defenda a impossibilidade de se revogar o *sursis* pelo não pagamento da multa, somente porque esta passou a ser considerada dívida de valor, sujeita aos trâmites impostos pela Lei 6.830/1980. Não haveria mais, em tese, viabilidade para a multa transformar-se em prisão. O argumento não é correto, pois o legislador modificou somente o art. 51 e não os demais que lidam, indiretamente, com a multa. A suspensão condicional da pena não é sanção pecuniária, de modo que frustrar o pagamento desta última, sendo o condenado solvente, continua a ser, em nosso entendimento, motivo para cassar o *sursis*. Do mesmo modo, se o sentenciado, podendo arcar com o prejuízo causado pelo delito, recusar-se a fazê-lo, o *sursis* comporta revogação. Note-se, neste último caso, que se trata de típica dívida civil. Em suma, parece-nos aplicável essa causa de revogação do *sursis*;

c) descumprir as condições de prestação de serviços à comunidade ou limitação de fim de semana. Como já comentado, o *sursis* é forma alternativa de cumprimento da sanção privativa de liberdade aplicada, razão pela qual deve ser sempre condicionado. Se o condenado aceitou as condições fixadas, não pode deixar de segui-las. Porém, quando o sentenciado não comparecer à audiência admonitória, sem justo motivo, seja ele intimado pessoalmente ou por edital, em lugar de revogação, a lei preceitua que o *sursis* fica *sem efeito* (art. 161, LEP).

7.2 Revogação facultativa

Fixa o art. 81, § 1.º, do Código Penal as seguintes:

a) descumprimento de outra condição diversa da prestação de serviços à comunidade ou da limitação de fim de semana. Se o beneficiário deixar de seguir as condições dos arts. 78, § 2.º, e 79, a suspensão condicional da pena *pode* ser revogada, ficando a decisão ao prudente critério do magistrado. O ideal é, antes de qualquer providência, buscar incentivar o condenado a cumprir as condições, tentando saber a razão pela qual vem descumprindo o pactuado;

b) condenação irrecorrível, por crime culposo ou contravenção, a pena privativa de liberdade ou restritiva de direitos. Depende do prudente critério do juiz. Se o beneficiário do *sursis* fora condenado, por exemplo, por lesão corporal grave e, posteriormente, pela contravenção de porte ilegal de arma (carregava consigo um punhal, por exemplo), pode não apresentar mérito para continuar gozando da suspensão.

Em qualquer situação de revogação, exige-se a prévia audiência do sentenciado, em homenagem aos princípios da ampla defesa e do contraditório. Tratando-se de uma forma alternativa ao cárcere, é importante ouvir, antes de qualquer medida drástica, as razões do condenado. Afinal, pode ocorrer uma justificativa razoável para não ter sido cumprido o disposto na suspensão condicional da pena.

8. PRORROGAÇÃO DO PERÍODO DE PROVA

Se o condenado for processado (deve haver recebimento de denúncia ou queixa) por outro crime ou contravenção, considera-se automaticamente prorrogado o prazo da suspensão até o julgamento definitivo (art. 81, § 2.º, CP). Se houver nova condenação, o benefício será revogado. Eventualmente, quando for facultativa a revogação, o juiz pode prorrogar o período de prova até o máximo, se este já não for o fixado (art. 81, § 3.º, CP).

É hipótese viável o cumprimento de duplo *sursis* (ou *sursis* simultâneo). Ocorreria quando o condenado recebe o benefício em dois processos distintos, de modo que as duas audiências admonitórias acontecem quase ao mesmo tempo. Tendo em vista que a única hipótese obrigatória de revogação é a condenação irrecorrível por crime doloso *durante* o prazo da suspensão, o que significa receber a condenação depois de realizada a audiência admonitória, se o sentenciado for condenado duas vezes e as audiências realizarem-se depois, nada impede que cumpra simultaneamente duas suspensões, desde que compatíveis as condições estabelecidas.

Há quem sustente, no entanto, que o gozo concomitante de *sursis* somente pode acontecer até que as duas condenações se tornem definitivas. Assim acontecendo, eles devem ser revogados. Posicionamo-nos atualmente pela possibilidade de cumprimento simultâneo de dois *sursis*. Estamos convencidos de que tal hipótese não se encaixa na lei penal como causa de revogação obrigatória ou facultativa, sendo medida salutar de política criminal.

Se houver revogação, o sentenciado vai cumprir integralmente a pena privativa de liberdade, em regime fechado, semiaberto ou aberto, conforme o caso. Deve-se ressaltar que a prorrogação do período de prova, quando o condenado está sendo processado por outro crime ou contravenção, é automática, mas não a revogação. Embora a lei estipule ser causa *obrigatória* de revogação, não se valeu do termo "considera-se", como o fez com a prorrogação, mas utilizou "será revogada", o que implica em decisão judicial.

Por outro lado, no caso de condenação por crime doloso, durante a suspensão condicional da pena, não importa a data do fato, mas sim a data da condenação definitiva, o que não deixa de ser injusto para o réu. Se ele, por exemplo, tivesse sido condenado, no mesmo processo, a duas penas de seis meses, cada uma referindo-se a um delito diferente, poderia receber o *sursis*. Entretanto, caso esteja no gozo do benefício, por condenação a uma pena de 6 meses e receber outra, também de 6 meses, terá a suspensão revogada.

9. FINALIZAÇÃO DO *SURSIS*

Cumpridas as condições e decorrido o período de prova, sem ter havido revogação, considera-se extinta a punibilidade (art. 82, CP).

Lembremos que a decisão que considera extinta a pena privativa de liberdade, uma vez expirado o prazo do *sursis*, é *declaratória*. Entretanto, a finalização do benefício não escapa da polêmica, pois é possível descobrir uma causa de revogação após o término do prazo. Seria possível revogar o *sursis*? Existem duas posições: a) aceitando a possibilidade de revogação, mesmo depois de findo o prazo, mormente quando ocorrerem hipóteses de revogação *obrigatória*; b) negando essa possibilidade, pois a lei, e não o juiz, considera extinta a pena, de modo que, sem a revogação feita no prazo, não há mais fundamento para fazê-lo a destempo.

Cremos que deve haver conciliação. O Código Penal considera prorrogado o período de prova, automaticamente, quando o condenado está respondendo por outro crime ou contravenção (art. 81, § 2.º), de modo que, nessa hipótese, havendo condenação, é natural poder o juiz revogar o *sursis*, porque não está findo o período de prova – foi ele prorrogado. Entretanto, se outras hipóteses acontecerem (frustração do pagamento da multa ou da reparação de dano; descumprimento das condições), sendo descobertas depois de expirado o prazo, não pode o juiz revogar a suspensão condicional da pena – o prazo não foi automaticamente prorrogado. O art. 82, nesse prisma, é cristalino: "considera-se extinta a pena", se não tiver havido revogação dentro do prazo.

📄 SÍNTESE

Suspensão condicional da pena: é medida de política criminal, constituindo forma alternativa de cumprimento da pena privativa de liberdade, que fica suspensa, durante determinado período, enquanto o condenado cumpre as condições estabelecidas pelo juiz em liberdade.

Espécies de *sursis*: há o simples (as condições são prestação de serviços à comunidade ou limitação de fim de semana) e o especial (as condições são: proibição de frequentar determinados lugares; proibição de ausentar-se da Comarca sem autorização do juiz; comparecimento mensal ao fórum para justificar as atividades).

Requisitos para a concessão: fixação de pena privativa de liberdade não superior a dois anos (quatro anos, se o réu for maior de 70 anos ou enfermo); não reincidente em crime doloso; condições pessoais favoráveis; ser inviável a substituição por pena restritiva de direitos.

Períodos de prova: são três possibilidades: a) dois a quatro anos, se a pena não for superior a dois; b) quatro a seis, se a pena for superior a dois e limitada a quatro; c) um a três, caso se trate de contravenção penal.

Revogação obrigatória: se o réu for condenado irrecorrivelmente por crime doloso; se frustrar o pagamento da multa, embora podendo fazê-lo, ou deixar de reparar o dano à vítima; se descumprir as condições do art. 78, § 1.º.

Revogação facultativa: se o réu descumprir qualquer outra condição (arts. 78, § 2.º, 79); se for irrecorrivelmente condenado, por crime culposo ou contravenção, a pena privativa de liberdade ou restritiva de direitos.

Capítulo XXX
Livramento Condicional

1. CONCEITO DE LIVRAMENTO CONDICIONAL E ASPECTOS HISTÓRICOS

Trata-se de um instituto de política criminal destinado a permitir a redução do tempo de prisão com a concessão antecipada e provisória da liberdade ao condenado, quando é cumprida pena privativa de liberdade, mediante o preenchimento de determinados requisitos e a aceitação de certas condições.

Teve origem na França, instituído pelo juiz Benneville, com o nome de "liberação preparatória" (1846). Ensina Frederico Marques, citando Roberto Lyra, ser o livramento a última etapa do sistema penitenciário progressivo, tendo sido idealizado na França e praticado, sobretudo, na Inglaterra, propagando-se por toda a Europa, em especial na Alemanha e na Suíça. No direito brasileiro, iniciou sua trajetória no Código Penal de 1890 (arts. 50 a 52), regulamentado pelos Decretos 16.665, de 6 de novembro de 1924, e 4.577, de 5 de setembro de 1922 (*Tratado de direito penal*, v. 3).

Convém citar parte da Exposição de Motivos do Código de 1940, ainda atual para a matéria: "O livramento condicional é restituído à sua verdadeira função. Faz ele parte de um sistema penitenciário (*sistema progressivo*) que é incompatível com as penas de curta duração. Não se trata de um benefício que se concede por simples espírito de generosidade, mas de uma medida *finalística*, entrosada, num plano de política criminal. O Decreto 24.351, de 6 de junho de 1934, tornando possível a concessão do livramento condicional aos 'condenados por uma ou mais penas de mais de um ano', cedeu a razões de *equidade,* mas, é força reconhecê-lo, desatendeu à verdadeira finalidade desse instituto. É esta a última etapa de um gradativo processo de reforma do criminoso. Pressupõe um indivíduo que se revelou *desajustado* à vida em sociedade, de modo que a pena imposta, além do seu caráter *aflitivo* (ou *retributivo*), deve ter o fim de *corrigir,* de *readaptar* o condenado. Como derradeiro período de execução da pena pelo *sistema progressivo,* o livramento condicional é a antecipação de liberdade ao sentenciado, a título precário, a fim de que se possa averiguar como ele se vai portar em contato, de novo, com o meio social. *Esse período de experiência* tem de ser relativamente longo sob pena de resultar ilusório (...)".

2. NATUREZA JURÍDICA

É medida penal restritiva, mas não privativa, da liberdade de locomoção, que se constitui em benefício ao condenado e, portanto, faz parte de seu direito subjetivo, integrando um estágio do cumprimento da pena. Não se trata de um incidente da execução, porque a própria Lei de Execução Penal não o considerou como tal (vide Título VII – Dos Incidentes de Execução: Das conversões, Do excesso ou desvio, Da anistia e do indulto).

3. REQUISITOS PARA A SUA CONCESSÃO

3.1 Objetivos

São os seguintes (art. 83, CP):

a) *fixação de pena privativa de liberdade igual ou superior a dois anos;*

b) *cumprimento de um terço,* se não for reincidente em crime doloso e tiver bons antecedentes; *metade,* se reincidente em crime doloso; *dois terços,* se autor de crime hediondo, tráfico de entorpecentes, tortura, tráfico de pessoas ou terrorismo, desde que não seja reincidente específico.

O condenado primário (em crime doloso) e com bons antecedentes faz jus ao livramento condicional, após cumprir 1/3 da pena. Houve uma lacuna lamentável no tocante ao primário que possua maus antecedentes. Não se pode incluí-lo com perfeita adequação nem no inciso I do art. 83, nem no II, que cuida do reincidente. Surgiram, então, duas posições: 1.ª) na falta de expressa previsão, deve ser adotada a posição mais favorável ao condenado, ou seja, o primário, com maus antecedentes, pode receber o livramento quando completar 1/3 da pena. São as posições de Miguel Reale Júnior e Alberto Silva Franco; 2.ª) deve-se fazer a adequação por exclusão. Não se encaixando no primeiro dispositivo, que, expressamente, exige os bons antecedentes, somente lhe resta o segundo. Assim, o primário com maus antecedentes deve cumprir metade da pena para pleitear o livramento condicional. É a posição que adotamos, pois o art. 83, I, exige "duplo requisito" e é expresso acerca da impossibilidade de concessão do livramento com 1/3 da pena a quem possua maus antecedentes.

Para os crimes hediondos (homicídio em atividade típica de grupo de extermínio ou qualificado, latrocínio, extorsão com resultado morte, extorsão mediante sequestro, inclusive na forma qualificada, estupro, inclusive na forma qualificada, estupro de vulnerável, inclusive na forma qualificada, epidemia com resultado morte, genocídio, posse ou porte ilegal de arma de fogo de uso restrito e falsificação, corrupção, adulteração ou alteração de produto destinado a fins terapêuticos ou medicinais) e equiparados (prática de tortura, tráfico de pessoas, tráfico de entorpecentes e terrorismo), previstos na Lei 8.072/1990, é necessário cumprir 2/3 da pena, salvo se for reincidente específico, que não terá direito ao livramento condicional.

Há três posições acerca da reincidência específica: a) quem torna a praticar qualquer dos crimes previstos na Lei dos Crimes Hediondos (ex.: latrocínio + tráfico de entorpecentes); b) quem torna a praticar crime da mesma natureza, ou seja, que protege o mesmo bem jurídico (ex.: extorsão mediante sequestro + latrocínio); c) quem torna a praticar o mesmo tipo penal (ex.: estupro + estupro). Neste caso, já que a lei não definiu o que vem a ser *reincidência específica*, cremos ser mais adequada a primeira posição, pois todos os delitos da Lei 8.072/1990 receberam o mesmo tratamento, de modo que a sua reiteração é igualmente perniciosa à sociedade.

Registre-se, ainda, que o cometimento de falta grave, pelo condenado, não é apto a interromper o prazo para a concessão do livramento condicional, nos termos da Súmula 441 do STJ ("A falta grave não interrompe o prazo para a obtenção de livramento condicional"). Entretanto, com a reforma introduzida pela Lei 13.964/2019, inseriu-se, como requisito, o "não cometimento de falta grave nos últimos 12 (doze) meses", a contar do pedido de livramento condicional;

c) *ter reparado o dano* causado pela infração, salvo impossibilidade de fazê-lo. É preciso que o sentenciado tenha indenizado o prejuízo causado à vítima, salvo a efetiva demonstração de que não pôde fazê-lo, em face de sua precária situação econômica. Leva-se, também, em conta o desaparecimento da vítima ou seu desinteresse pelo ressarcimento, dispensando-se esse requisito.

3.2 Subjetivos

a) *Bom comportamento durante a execução da pena*. A avaliação diz respeito à vida do sentenciado *após* a condenação. Naturalmente, esse cenário envolve o cometimento ou não de faltas graves e outras situações, que possam apontar um comportamento insatisfatório. Por exemplo, há vários julgados admitindo a prática de faltas médias e leves, previstas em normas administrativas, razão pela qual esse aspecto pode configurar um contexto de mau comportamento.

Particularmente, o cometimento de falta grave, após a reforma da Lei 13.964/2019, obedece ao critério de doze meses para que possa ser eliminada do contexto negativo do sentenciado (art. 83, III, b, CP). Portanto, para apurar o comportamento do sentenciado, há de se levar em conta outros elementos;

b) *Bom desempenho do trabalho que lhe for atribuído*, salvo nos estabelecimentos penitenciários em que não houver possibilidade de o condenado trabalhar. Assim, a ausência das atividades laborais não pode ser um impedimento à concessão do livramento, porque a responsabilidade pela lacuna é do Estado;

c) *Demonstrar aptidão para prover a própria subsistência mediante trabalho honesto*. Esse requisito vinha contido no parecer da Comissão Técnica de Classificação ou no exame criminológico, demonstrando, por meio da análise da personalidade do condenado, se ele estaria apto ou não a desempenhar, fora do presídio, uma atividade honesta. Atualmente, não mais se produz o parecer da Comissão Técnica de Classificação, de modo que somente quando realizado exame criminológico (para crimes violentos contra a pessoa) pode-se verificar esse requisito. Fora desse âmbito, torna-se impossível ao magistrado analisar esse requisito;

d) *Demonstrar, por suas condições pessoais*, que não tornará a delinquir, desde que tenha sido condenado por crime doloso, cometido com violência ou grave ameaça à pessoa. Cuida-se de um exame de personalidade, passível de ser atingido por meio de um exame criminológico. Trata-se de uma prognose – juízo de periculosidade que se projeta sobre o futuro, para prever se restaram elementos criminógenos que façam prever futuras reincidências (Altavilla, *Psicologia judiciária*, v. 2, p. 403). É a "quase certeza" de que, voltando à sociedade, não tornará a delinquir.

4. DURAÇÃO DO LIVRAMENTO

É o tempo restante da pena privativa de liberdade a ser cumprida. Exemplo: condenado a 12 anos de reclusão, o sentenciado obtém livramento condicional ao atingir 5 anos de cumprimento da pena. O tempo do benefício será de 7 anos.

5. PONTOS POLÊMICOS

5.1 Livramento condicional e *habeas corpus*

O *habeas corpus* não é meio idôneo para discutir a concessão ou não do livramento condicional, que necessita de uma série de procedimentos especiais, incompatíveis com o regime célere do remédio constitucional. Excepcionalmente, pode o tribunal conceder livramento condicional, por meio do *habeas corpus*, caso o indeferimento do juiz seja manifestamente ilegal e todos os documentos necessários para verificar o seu cabimento estejam presentes nos autos.

5.2 Livramento condicional cautelar

Trata-se de uma hipótese surgida em razão do posicionamento de alguns magistrados interessados em obter uma forma intermediária para libertar o réu, sem a necessidade de transferi-lo para o desacreditado regime aberto, na modalidade de albergue domiciliar – onde inexiste qualquer fiscalização eficaz – e não desejando aguardar, por longo período, o parecer, por vezes demorado, do Conselho Penitenciário.

Assim, concede-se o *livramento condicional cautelar*, colocando o sentenciado em liberdade, aguardando-se o referido parecer. Se for positivo, pode-se consolidar o benefício anteriormente deferido na forma antecipada por meio do poder geral de cautela do juiz; sendo negativo, pode-se revogar o benefício, fazendo o liberado retornar ao regime de que saiu.

A despeito da boa vontade dos magistrados que concedem o livramento condicional cautelar, parece-nos impossível a sua aceitação, não somente pela falta de expressa previsão legal – ferindo o caráter jurisdicional da execução, que obedece ao devido processo legal –, mas sobretudo porque a defesa discorda, em grande parte, dessa possibilidade. Se o condenado deseja obter o regime aberto, podendo fazê-lo, não cabe ao juiz vedar tal possibilidade criando uma solução mais gravosa.

5.3 Livramento condicional para estrangeiro

É controversa a possibilidade de estrangeiro obter livramento condicional. Posiciona-se, *majoritariamente,* a jurisprudência no sentido negativo. A única forma de romper essa barreira será o estrangeiro provar ter visto permanente no Brasil, endereço fixo e demonstrar, por certidão, não ter sido expulso.

Alega-se que, sem vínculo com o País e se estiver sob a perspectiva de ser expulso por causa do crime cometido, nada o obrigará a cumprir as condições do seu benefício. Por isso, o ideal é que cumpra sua pena em regime fechado para, depois, deixar o território nacional. Nesse caso, diferentemente da hipótese do *sursis* e das penas alternativas cuida-se da prática de crime grave, sujeito a regime carcerário mais severo (fechado ou semiaberto), pois do contrário não seria cabível falar em concessão de livramento condicional. Dessa forma, esse benefício torna-se inviável.

Se for concedido, espera-se que, estando em liberdade, o condenado estrangeiro, sem vínculo com o Brasil, seja expulso. Ora, se tal ocorrer, ele não cumprirá pena em seu país de origem, pois sentenças estrangeiras não são executadas para tal finalidade, o que resultará em desprestígio para o Poder Judiciário nacional. Por outro lado, cumprindo sua pena em regime carcerário, finda a condenação, deve ser expulso, sem mais nada dever à Justiça brasileira. Logicamente, torna-se fundamental excepcionar os casos de condenados provenientes do Canadá, Argentina e Chile, uma vez que tais países possuem tratado específico com o Brasil para a troca de presos, razão pela qual a sentença condenatória brasileira pode ser reconhecida nesses lugares, valendo, então, o cumprimento do livramento condicional no exterior.

6. PARECER DO CONSELHO PENITENCIÁRIO

Segundo o art. 131 da Lei de Execução Penal, é indispensável o parecer do Conselho Penitenciário. Entretanto, o juiz não fica vinculado nem ao referido parecer, nem à opinião do Ministério Público, podendo decidir de acordo com seu livre convencimento.

O mais importante, nesse contexto, é a avaliação da Comissão Técnica de Classificação (ou exame criminológico), porque se trata da visualização real do comportamento do condenado durante a execução da pena. O magistrado não acompanha o preso no seu cotidiano, de modo que está impossibilitado de desmentir o parecer da mencionada Comissão, a não ser que possua elementos concretos, o que é bastante difícil.

7. SOMA DAS PENAS PARA EFEITO DE LIVRAMENTO

É possível que o condenado possua penas fracionadas, nenhuma igual ou superior a dois anos, de modo que lhe seria impossível obter o livramento condicional, conforme disposição do art. 83, *caput*. Entretanto, pode-se realizar a soma das penas, o que é medida salutar de política criminal, para que o sentenciado possa atingir a liberdade antes do término de sua pena (art. 84, CP).

8. CONDIÇÕES DO LIVRAMENTO CONDICIONAL

8.1 Obrigatórias

São as seguintes: a) obter ocupação lícita, dentro de prazo razoável, se for apto ao trabalho. Nesse caso, o juiz deve ter redobrado bom senso, pois pessoas sem qualquer condenação têm encontrado dificuldades para arranjar um emprego, quanto mais o sentenciado em liberdade condicional; b) comunicar ao juízo sua ocupação periodicamente; c) não mudar do território da comarca do Juízo da Execução, sem prévia autorização (art. 132, § 1.º, LEP).

8.2 Facultativas

São elas: a) não mudar de residência sem comunicação ao juiz e à autoridade incumbida da observação cautelar e de proteção; b) recolher-se à habitação em horário fixado; c) não frequentar determinados lugares (art. 132, § 2.º, LEP).

9. REVOGAÇÃO DO LIVRAMENTO

9.1 Causas obrigatórias

São as seguintes (art. 86, CP):

a) cometer crime durante a vigência do benefício. O juiz pode ordenar a prisão do liberado, suspendendo o livramento, ouvidos o Ministério Público e o Conselho Penitenciário, até final decisão. Assim acontecendo, não se decreta extinta a pena enquanto não passar em julgado a sentença que deu causa à suspensão (art. 89, CP).

O crime cometido antes da liberação e após a concessão do livramento não dá margem à suspensão e revogação do benefício. A lei é clara ao determinar ser causa de revogação do livramento condicional a prática de crime *durante* a vigência do benefício. Portanto, ainda que o condenado tenha cometido o delito *após a concessão* do benefício, mas *antes* da efetiva liberação, não pode ocasionar a revogação;

b) cometer crime anterior ao benefício se a soma das penas tornar incompatível o livramento. Ex.: o réu, condenado a 10 anos, tendo cumprido 4 anos, obtém livramento condicional. Posteriormente, faltando ainda 6 anos, é condenado a 15, por outro crime, cometido antes do benefício. Sua pena total é de 25 anos, de modo que se torna incompatível receber livramento condicional tendo cumprido somente 4 anos, ou seja, menos de 1/5 da pena.

9.2 Causas facultativas

São as seguintes (art. 87, CP):

a) deixar de cumprir as condições fixadas. O juiz pode revogar o benefício ou fazer-lhe nova advertência, reiterando-lhe as condições estabelecidas ou até mesmo agravando tais condições (art. 140, parágrafo único, da LEP);

b) se houver condenação irrecorrível por crime ou contravenção a pena que não seja privativa de liberdade. A lei não faz referência à prisão simples, de modo que essa modalidade de pena não permite a revogação do benefício. Nessa hipótese, deve prevalecer o prudente critério do juiz, pois uma condenação por contravenção penal, cometida durante o prazo do livramento, pode ser grave, permitindo a revogação (porte de arma branca, por exemplo) ou não (perturbação do sossego abusando de instrumentos sonoros).

9.3 Prévia oportunidade de defesa

Para a revogação, em qualquer hipótese, é sempre indispensável ouvir antes o liberado, permitindo-lhe o direito de defesa.

9.4 Livramento insubsistente

Não é caso de revogação, mas de considerar o livramento insubsistente, quando o condenado foge do presídio após a concessão do livramento condicional, mas antes da cerimônia obrigatória determinada pelo art. 137 da Lei de Execução Penal.

10. EFEITOS DA REVOGAÇÃO

São os seguintes:

a) réu condenado por crime (e não contravenção) cometido anteriormente à concessão do livramento condicional, cujo montante da pena não permita que continue em liberdade, pode obter novo livramento, e o período em que esteve no gozo do benefício é computado como cumprimento de pena (art. 728 do CPP: "Se a revogação for motivada por infração penal anterior à vigência do livramento, computar-se-á no tempo da pena o período em que esteve solto o liberado, sendo permitida, para a concessão de novo livramento, a soma do tempo das duas penas");

b) réu condenado por crime (e não contravenção) cometido durante a vigência do livramento não pode obter novo livramento, e o tempo em que ficou em liberdade é desprezado para fins de cumprimento de pena. Em tese, poderá obter livramento condicional na segunda condenação;

c) réu perde o benefício do livramento porque descumpriu as condições impostas ou foi condenado por crime ou contravenção a pena de multa ou restritiva de direitos durante o prazo do livramento: não pode mais obter livramento quanto a esta pena e não se computa o tempo em que esteve solto como cumprimento da pena.

11. EXTINÇÃO DA PENA E PRORROGAÇÃO AUTOMÁTICA

Quando o condenado estiver respondendo a processo por crime cometido durante a vigência do benefício, prorroga-se automaticamente o período a fim de se constatar se não era o caso de revogação obrigatória (art. 86, I, CP). Por isso, conforme o caso concreto, é conveniente que o juiz suspenda o benefício. Se for condenado definitivamente, o livramento será revogado com as consequências fixadas no art. 88 do Código Penal. Entretanto, se até o seu término, não for revogado ou suspenso pelo juiz, extingue-se a pena privativa de liberdade (art. 90, CP). A decisão tem natureza declaratória, pois a própria lei estabelece que, findo o livramento, sem revogação, "considera-se extinta a pena".

Conferir, no entanto, a Súmula 617 do STJ, que dispõe: "A ausência de suspensão ou revogação do livramento condicional antes do término do período de prova enseja a extinção da punibilidade pelo integral cumprimento da pena".

> **SÍNTESE**
>
> **Livramento condicional:** é uma medida de política criminal, devidamente prevista em lei, proporcionando a antecipação da liberdade a quem esteja cumprindo pena privativa de liberdade, desde que preencha os requisitos legais.
>
> **Requisitos:** o agente precisa ter sido condenado a uma pena igual ou superior a dois anos; ter cumprido mais de um terço (não reincidente em crime doloso), metade (reincidente em crime doloso) ou dois terços (autor de crimes hediondos e equiparados), não sendo reincidente específico; ter apresentado bom comportamento carcerário; ter-se desenvolvido a contento no trabalho que lhe foi destinado; demonstrar condições de prover à própria subsistência de maneira honesta; ter reparado o dano causado pelo delito, salvo impossibilidade de fazê-lo; demonstrar que não mais tornará a delinquir, se tiver sido condenado por crime com violência ou grave ameaça à pessoa.
>
> **Revogação obrigatória:** se o condenado tornar a delinquir durante o período do benefício; se sofrer condenação por crime anterior ao benefício, mas que resulte em montante de pena incompatível com o livramento.
>
> **Revogação facultativa:** se o egresso (pessoa em livramento condicional) deixar de cumprir as condições fixadas pelo juiz; se for condenado por crime ou contravenção a pena restritiva de direitos ou multa.

Capítulo XXXI
Efeitos da Condenação

1. CONCEITO E NATUREZA JURÍDICA DOS EFEITOS DA CONDENAÇÃO

São os efeitos secundários ou acessórios da sentença. Como ensina Frederico Marques, "ao lado dos efeitos que a condenação produz como ato jurídico, consequências dela derivam como fato ou acontecimento jurídico. A sentença condenatória, de par com seus efeitos principais, tem o que alguns denominam efeitos 'reflexos e acessórios', ou efeitos indiretos, que são consequência dos efeitos principais, ou efeitos da sentença como fato jurídico".

O efeito principal da sentença condenatória é fixar a pena. Outros efeitos podem disso advir. São os secundários, que não devem ser confundidos com as antigas *penas acessórias*, extintas por ocasião da Reforma Penal de 1984.

Entretanto, é indiscutível que alguns dos chamados "efeitos da condenação" – especialmente os do art. 92 do Código Penal – ganharam ares de penas acessórias *camufladas*. Dessa opinião comunga Jair Leonardo Lopes (*Curso de direito penal*, p. 249). As extintas penas acessórias – definidas pela doutrina como "sanção especial, de natureza complementar, expressiva de restrições impostas à capacidade jurídica do condenado" (Bento de Faria, citado por Frederico Marques, *Tratado de direito penal*, v. 3) – eram as seguintes: "perda de função pública, eletiva ou de nomeação", "interdições de direitos" e "publicação da sentença" (redação anterior do art. 67 do Código Penal de 1940). Dentre as interdições de direitos estava a "incapacidade para o exercício do pátrio poder, tutela ou curatela". Ora, quem conferir a relação dos efeitos da condenação prevista no art. 92 do Código Penal atual pode notar, com clareza meridiana, que lá estão as antigas "penas acessórias", agora com o nome de "efeitos da condenação".

Dir-se-ia que as penas acessórias diferem dos efeitos da condenação porque estes, ao menos no caso do art. 92, como se vai analisar, são facultativos. Ocorre que as penas acessórias, segundo vários julgados do STF da época, também não decorriam automaticamente da sentença condenatória, merecendo ser impostas e fundamentadas pelos magistrados.

Outros poderiam dizer que a diferença se concentra no fato de as penas acessórias dependerem das principais e sua aplicação estar jungida à graduação que a sentença tenha dado à pena privativa de liberdade. Assim também muitos dos efeitos da condenação (vide, no art. 92, I, *a* e *b*, que trata do *quantum* da pena, bem como o inciso II, que menciona o tipo de pena privativa de liberdade necessário).

Na realidade, as antigas penas acessórias apenas ganharam melhor denominação jurídica. De fato, os efeitos do art. 92 são, como dizem Reale Júnior, Dotti, Andreucci e Pitombo, "sanções jurídicas, visando a consequências outras que não de caráter penal. Não guardam cunho retributivo. Estão presididos pela finalidade de prevenção, na medida em que inviabilizam a manutenção de situações que propiciam a prática do fato delituoso, assim o desestimulando" (*Penas e medidas de segurança no novo Código*, p. 259).

Nesse prisma, ao menos teoricamente, é mais apropriado falar em "efeitos da condenação" do que em "penas acessórias", além de se evitar sempre a impressão de estar o Estado conferindo ao condenado duas penalidades pelo mesmo fato – a principal e a acessória –, num abrigo ilógico para o malfadado *bis in idem*.

Apesar da alteração da nomenclatura, embora mantidas no sistema penal, não faltam críticos para sua existência. Explica Jair Leonardo Lopes que elas "não educam, nem corrigem, porque não têm mobilidade na execução; elas não estimulam, porque humilham o condenado no seio da sua família (incapacidade para o exercício do pátrio poder ou da autoridade marital), no seio da sociedade (suspensão dos direitos políticos), no meio do grupo profissional (incapacidade para a profissão ou atividade). Elas acompanham o condenado, silenciosamente, como uma sombra negra, que não o ajuda, que não lhe desperta outro sentimento senão o da própria inferioridade" (Tese de concurso: Da reabilitação no direito penal, *Curso de direito penal*, p. 250).

2. EFEITOS SECUNDÁRIOS PENAIS E EXTRAPENAIS DA SENTENÇA PENAL CONDENATÓRIA

A sentença condenatória produz efeitos secundários de duas ordens:

a) *penais*: impedir ou revogar o *sursis*, impedir ou revogar o livramento condicional ou a reabilitação, lançar o nome do réu no rol dos culpados, propiciar a reincidência etc.;

b) *extrapenais*: a atuação se dá fora do âmbito penal, subdividindo-se em *genéricos* e *específicos*, previstos nos arts. 91 e 92 do Código Penal.

3. EFEITOS GENÉRICOS

3.1 Tornar certa a obrigação de reparar o dano

Trata-se de efeito automático, que não necessita ser expressamente pronunciado pelo juiz na sentença condenatória e destina-se a formar título executivo judicial (art. 515 do CPC/2015) para a propositura da ação civil *ex delicto*.

Vale mencionar o seguinte alerta de Frederico Marques: "Se a sentença penal reconhece que o fato típico não é ilícito em virtude da ocorrência de uma das justificativas do art. 23 do Código Penal, ilicitude também não existe no Direito Civil, e isto em face do próprio artigo do Código Civil, que exclui a antijuridicidade do ato danoso quando há legítima defesa, exercício regular de um direito e o estado de necessidade (art. 160, I, II) [atual art. 188, I e II, do CC/2002]. Todavia, apesar de no estado de necessidade o ato agressivo se considerar lícito, eximido não se encontra seu autor de indenizar os prejuízos causados. Vigora aí o princípio, segundo expõe Alceu Cordeiro Fernandes, de que, 'embora lícito o ato, isto é, praticado de conformidade com o direito, cria, não obstante, para o agente a obrigação de indenizar, por isso que causa dano, diminui o patrimônio de outrem'. (...) A aplicação dos artigos 1.519 e 1.520 do Código Civil [atuais arts. 929 e 930 do CC/2002], depois de absolvido criminalmente o acusado em virtude do estado de necessidade, não significa violação do art. 65 do Código de Processo Penal. O juiz civil aceitou, como não poderia deixar de acontecer, o que reconheceu o juiz penal; todavia, mesmo em estado de necessidade, mesmo praticando um ato lícito, o causador do prejuízo deve repará-lo, porque assim o determina o Código Civil" (*Tratado de direito penal*, v. III, p. 377).

Nesse caso, a sentença penal faz nascer o título executório, sem mais discussão sobre a culpa (*an debeatur*), restando a análise do valor da indenização (*quantum debeatur*). A sentença absolutória não serve de título executivo, aplicando-se-lhe, entretanto, o disposto nos arts. 64 e 66 do Código de Processo Penal.

Quando houver anistia (clemência do Estado, por meio do esquecimento dos fatos criminosos), permanece o dever de indenização na esfera cível. No caso de prescrição da pretensão executória, mantém a sentença a sua força de título executório, o mesmo não ocorrendo com a prescrição da pretensão punitiva. Nesta situação, deve a vítima discutir, no cível, a culpa do réu.

3.2 Perda em favor do Estado de bens e valores de origem ilícita

É a hipótese do confisco, também automática, sem necessidade de ser declarada pelo juiz na sentença, largamente utilizada na Antiguidade como pena total ou parcial. Nessa época, no entanto, terminava atingindo inocentes, como a família do réu, que perdia bens licitamente adquiridos por força de uma condenação que não deveria passar da pessoa do criminoso. Era medida desumana e injusta, até que, hoje, não mais se admite o confisco atingindo terceiros não participantes do delito (art. 5.º, XLV, CF).

Os efeitos da condenação não mais se relacionam com essa modalidade de pena odiosa, porque só afetam instrumentos usados para a prática do delito ou o produto conseguido pela atividade criminosa, nada possuindo de aberrante. Os instrumentos que podem ser confiscados pelo Estado são os ilícitos, vale dizer, aqueles cujo porte, uso, detenção, fabrico ou alienação é vedado. Ex.: armas de uso exclusivo do Exército ou utilizadas sem o devido porte; documentos falsos; máquinas de fabrico de dinheiro etc.

Não cabe para instrumentos de uso e porte lícitos: cadeira, automóvel, faca de cozinha etc. Exemplo interessante é encontrado na jurisprudência, autorizando a liberação do dinheiro, na esfera penal, apreendido em tentativa de evasão de divisas (sujeito é preso em revista feita pela Polícia Federal, buscando sair do Brasil com R$ 30.000,00 em moeda nacional rumo ao Paraguai), por não se tratar de coisa ilícita.

Como exceção, pode-se mencionar o confisco especial previsto na Lei de Drogas, que recai sobre veículos, embarcações, aeronaves e quaisquer outros meios de transporte, assim como os maquinismos, utensílios, instrumentos e objetos de qualquer natureza, utilizados para a prática dos crimes definidos nesta Lei, após a sua regular apreensão. A Constituição Federal também menciona o confisco de glebas usadas para a cultura de plantas psicotrópicas, sem pagamento de qualquer tipo de indenização (art. 243).

Quanto ao produto do crime, trata-se daquilo que foi diretamente conquistado com a prática delituosa, tal como o dinheiro subtraído do banco ou a coleção de armas retirada de um colecionador. Além do produto, é possível que o delinquente converta em outros bens ou valores o que auferiu por conta do crime, dando margem ao confisco. Nesse caso, fala-se no proveito do crime. Ex.: o apartamento adquirido com o dinheiro roubado do estabelecimento bancário. O art. 91, II, CP, não fala na possibilidade de confisco no caso de contravenção penal, pois utiliza a palavra *crime* (instrumentos do crime e produto do crime), mas a *jurisprudência majoritária* prevê a possibilidade desse efeito da condenação ser usado no contexto das contravenções penais. Onde está escrito "crime" leia-se "infração penal". Trata-se, de fato, da interpretação mais sintonizada com a finalidade da norma penal.

Lembremo-nos de que, como regra, o produto do crime é objeto de apreensão. Assim ocorre quando a polícia, verificando que o agente esconde em sua casa o dinheiro levado de um banco, por exemplo, consegue mandado de busca e apreensão, invadindo o local para apropriar-se do *produto* do crime.

Entretanto, no tocante ao proveito do delito, não cabe proceder à apreensão, pois normalmente já foi convertido em bens diversos, móveis ou imóveis, que possuem aparência de coisas de origem lícita. O delinquente que, empregando o dinheiro subtraído do banco, compra imóveis e carros, por exemplo, deve ter esses bens sequestrados. Utiliza-se, então, a medida assecuratória prevista nos arts. 125 e 132 do Código de Processo Penal. E mais: não se devem confundir a apreensão do produto do crime e o sequestro do proveito do delito com outras medidas assecuratórias, que são a hipoteca legal, para tornar indisponíveis bens imóveis, e o arresto, para impedir a disposição dos bens móveis. Nessas hipóteses, tem-se por fim tomar bens do patrimônio lícito do criminoso, a fim de garantir a indenização à vítima ou ao Estado.

A Lei 12.694/2012 inseriu o § 1.º ao art. 91, nos seguintes termos: "poderá ser decretada a perda de bens ou valores equivalentes ao produto ou proveito do crime quando estes não forem encontrados ou quando se localizarem no exterior". O objetivo é contornar a ocultação de bens e valores auferidos pelo crime, seja no Brasil ou no exterior. Por isso, permite-se a tomada de bens lícitos do agente do delito como forma de compensar o patrimônio ilícito desviado.

Acrescentou, ainda, o § 2.º: "na hipótese do § 1.º, as medidas assecuratórias previstas na legislação processual poderão abranger bens ou valores equivalentes do investigado ou acusado para posterior decretação de perda".

Lembremo-nos, ainda, do conteúdo do art. 8.º da Lei 13.344/2016 (tráfico de pessoas): "o juiz, de ofício, a requerimento do Ministério Público ou mediante representação do delegado de polícia, ouvido o Ministério Público, havendo indícios suficientes de infração penal, poderá decretar medidas assecuratórias relacionadas a bens, direitos ou valores pertencentes ao investigado ou acusado, ou existentes em nome de interpostas pessoas, que sejam instrumento, produto ou proveito do crime de tráfico de pessoas, procedendo-se na forma dos arts. 125 a 144-A do Decreto-Lei n.º 3.689, de 3 de outubro de 1941 (Código de Processo Penal)".

4. EFEITOS ESPECÍFICOS

4.1 Perda de cargo, função pública ou mandato eletivo

Trata-se de efeito não automático, que precisa ser explicitado na sentença, respeitados os seguintes pressupostos:

a) nos crimes praticados com abuso de poder ou violação do dever para com a Administração Pública, quando a pena aplicada for igual ou superior a 1 ano;

b) nos demais casos, quando a pena for superior a 4 anos.

Cargo público é o cargo criado por lei, com denominação própria, número certo e remunerado pelos cofres do Estado (Estatuto dos Funcionários Públicos Civis da União), vinculando o servidor à administração estatutariamente; função pública é a atribuição que o Estado impõe aos seus servidores para realizarem serviços nos três Poderes, sem ocupar cargo ou emprego.

Há dispositivo especial na Lei 7.716/1989, que dispõe sobre o racismo, a respeito da perda do cargo para o servidor público que incidir nas penas dessa lei (art. 16: "Constitui efeito da condenação a perda do cargo ou função pública, para o servidor público, e a suspensão do funcionamento do estabelecimento particular por prazo não superior a 3 meses").

Quanto ao mandato eletivo, a Constituição Federal trata do assunto no art. 15: "É vedada a cassação de direitos políticos, cuja perda ou suspensão só se dará nos casos de: (...) III – condenação criminal transitada em julgado, enquanto durarem seus efeitos" (vide, ainda, o art. 55, IV e VI, da CF, tratando da perda do mandato por condenação criminal). Ressalte-se, no entanto, que, nesse caso – condenação criminal – cabe à Câmara dos Deputados ou ao Senado Federal, tratando-se de parlamentar federal, por meio de voto secreto e por maioria absoluta, mediante provocação da Mesa ou de partido político, garantida a ampla defesa, decidir pela perda do mandato (art. 55, § 2.º, CF).

Vale ressaltar, nesse contexto, que *emprego público* é o posto criado por lei na estrutura hierárquica da Administração Pública, com denominação e padrão de vencimentos próprios, embora seja ocupado por servidor que possui vínculo contratual, sob a regência da Consolidação das Leis do Trabalho (ex.: escrevente judiciário contratado pelo regime da CLT, antes do advento da Constituição de 1988).

Segundo nos parece, em interpretação extensiva e sistemática, deve-se envolver o ocupante de emprego público no art. 92. Afinal, se a condenação criminal permite a perda do cargo e da função, logicamente deve-se abranger o emprego público, cuja diferença única existente com o cargo é que o ocupante deste é submetido a regime estatutário, enquanto o ocupante de emprego público é submetido a regime contratual (CLT).

A aposentadoria, por outro lado, que é o direito à inatividade remunerada, não é abrangida pelo disposto no art. 92. A condenação criminal, portanto, somente afeta o servidor ativo, ocupante efetivo de cargo, emprego, função ou mandato eletivo. Caso já tenha passado à inatividade, não mais estando em exercício, não pode ser afetado por condenação criminal, ainda que esta advenha de fato cometido quando ainda estava ativo. Se for cabível, a medida de cassação da aposentadoria deve dar-se na órbita administrativa, não sendo atribuição do juiz criminal.

4.2 Efeito específico da incapacidade para o poder familiar, tutela ou curatela

Trata-se de efeito não automático e permanente, que necessita ser declarado, motivadamente, na sentença condenatória, embora independa de pedido expresso do órgão acusatório (art. 92, § 1.º, CP). É aplicável aos condenados por crimes dolosos, sujeitos à pena de reclusão, cometidos contra outrem igualmente titular do mesmo poder, contra filho, filha ou outro descendente, tutelado ou curatelado (art. 92, II, CP). A Lei 14.994/2024 acrescentou os crimes cometidos contra a mulher por razões da condição do sexo feminino, nos termos do § 1.º do art. 121-A do Código Penal (em situação de violência doméstica e familiar, bem como com discriminação e menosprezo à mulher). Consultar os comentários ao art. 121-A.

Pouco interessa, nesse caso, qual o montante da pena aplicada, importando somente se tratar de crime sujeito à pena de reclusão. Embora seja de aplicação rara, ou por esquecimento do magistrado, ou porque este se convence de sua inutilidade no campo reeducativo e pedagógico (lembremos que o efeito é permanente, podendo fomentar o descrédito do pai ou da mãe no lar em relação ao(s) filho(s), mesmo depois de cumprida a pena), o fato é que a lei civil também prevê a hipótese de perda do poder familiar em caso de condenação.

Dispõe o art. 1.638, parágrafo único, do Código Civil (com a redação dada pela Lei 13.715/2018) o seguinte: "perderá também por ato judicial o poder familiar aquele que: I – praticar contra outrem igualmente titular do mesmo poder familiar: a) homicídio, feminicídio ou lesão corporal de natureza grave ou seguida de morte, quando se tratar de crime doloso envolvendo violência doméstica e familiar ou menosprezo ou discriminação à condição de mulher; b) estupro ou outro crime contra a dignidade sexual sujeito à pena de reclusão; II – praticar contra filho, filha ou outro descendente: a) homicídio, feminicídio ou lesão corporal de natureza grave ou seguida de morte, quando se tratar de crime doloso envolvendo violência doméstica e familiar ou menosprezo ou discriminação à condição de mulher; b) estupro, estupro de vulnerável ou outro crime contra a dignidade sexual sujeito à pena de reclusão".

Sob outro aspecto, constitui forma de suspensão do poder familiar a condenação por sentença irrecorrível, em face de delito cuja pena ultrapasse dois anos de prisão (art. 1.637, parágrafo único, CC). Nesta hipótese, pouco importa se o crime é apenado com reclusão ou detenção (fala-se somente em *prisão*) ou mesmo se tem a infração penal como vítima o filho. O fundamento é a prisão efetiva, em regime incompatível com o exercício do poder familiar (ex.: aquele que está em regime fechado não tem condições de cuidar do filho). No entanto, se o genitor for condenado a regime semiaberto ou aberto, possuindo condições de criar os filhos, a suspensão se torna desnecessária.

O pai ou a mãe, quando condenado por crime sujeito a pena de reclusão, cometido contra filho (filha) ou outro descendente deve perder o poder familiar no tocante a *todos* os descendentes – e não somente quanto ao filho agredido. O tutor ou curador deve perder a tutela ou curatela no âmbito de todos os tutelados ou curatelados – e não apenas quanto à vítima do delito. Entendíamos de maneira diversa e alteramos a nossa posição. Parecia-nos injustificável que a perda do poder familiar se estendesse a todos os filhos, quando apenas um fora agredido pelo genitor. A modificação de nosso entendimento deve-se a dois aspectos fundamentais: a) houve alteração do Código Civil (art. 1.638, parágrafo único). Nesse dispositivo, o legislador sinalizou, de maneira clara, o objetivo de afastar o poder familiar do agressor do descendente e, *também*, quando lesionar o *outro detentor do poder familiar* (o pai que vitimiza a mãe ou o contrário). No cenário da violência doméstica, portanto, se o companheiro cometer feminicídio de sua companheira deve perder o poder familiar no tocante aos filhos. Do mesmo modo, se estuprar uma filha, perderá o poder familiar no concernente a todos os demais descendentes. Se a mãe matar um dos filhos, não mais exercerá o poder familiar quanto aos outros; b) a vivência em inúmeros julgamentos nos fez perceber que o desafio constante para vencer a violência doméstica e familiar demanda posições seguras e determinadas quanto ao agressor. Se o marido (companheiro, namorado, noivo) agride violentamente a sua esposa está demonstrando a sua incapacidade de lidar com a família, logo, de criar e educar seus filhos com o merecido zelo e, mais que tudo, dando o exemplo de serenidade e bom senso. O ascendente, ao estuprar um descendente vulnerável, por exemplo, emite o claríssimo sinal da sua incapacidade de exercer o poder familiar não somente em relação à vítima, mas também no tocante aos demais filhos ou netos. A tutela da dignidade humana, sobretudo no cenário familiar, leva-nos a acreditar na indispensabilidade de extensão da perda do poder familiar do agressor em relação a todos os seus descendentes.

Não há mais tempo para decisões judiciais estreitas nesse contexto. Quem é capaz de agredir, com violência ou grave ameaça, os seus próprios familiares não têm condições de exercer o papel exigido pelo poder familiar, tal como exposto na lei civil. Diante disso, não importa se a lesão é voltada a um dos filhos, tutelados ou curatelados; quem o fez, evitando-se males futuros, deve perder, totalmente, o poder familiar, a tutela ou a curatela de quem quer que seja.

Atualmente, cabe ao Judiciário zelar pela defesa incontestado da família (em particular, a tutela da mulher, como prevê a Lei Maria da Penha), tomando as mais adequadas e amplas medidas contra os agressores.

4.3 Destaque específico para crimes contra a mulher

A Lei 14.994/2024 introduziu alterações no art. 92 do Código Penal para o enfrentamento cada vez mais intenso no campo da violência contra a mulher por razões da condição do sexo feminino, nos termos do § 1.º do art. 121-A do mesmo Código. Para tanto, como efeitos automáticos da condenação por qualquer delito em violência doméstica e familiar, assim como com discriminação ou menosprezo à condição de mulher, ocorre: a) perda de cargo, função pública ou mandato eletivo (inciso I do art. 92, CP); b) perda do poder familiar, da tutela ou da curatela (inciso II do art. 92, CP); c) vedação ao sentenciado da nomeação, designação ou diplomação em qualquer cargo, função pública ou mandato eletivo entre o trânsito em julgado da condenação até o efetivo cumprimento da pena (inciso II, § 2.º, do art. 92, CP). Note-se que, neste último efeito, há o caráter temporário, enquanto nos outros a situação é definitiva.

4.4 Inabilitação para dirigir veículo advinda do art. 92, III, do CP

Trata-se de efeito não automático, que precisa ser declarado na sentença condenatória e somente pode ser utilizado quando o veículo for usado como meio para a prática de crime doloso. A nova legislação de trânsito não alterou este efeito da condenação, pois, no caso presente, o veículo é usado como instrumento de delito doloso, nada tendo a ver com os crimes culposos de trânsito. Como lembra Frederico Marques, "quem usa do automóvel, intencionalmente, para matar ou ferir alguém, não está praticando um 'delito do automóvel', mas servindo-se desse veículo para cometer um homicídio doloso, ou crime de lesão corporal também dolosa" (*Tratado de direito penal*, v. 4).

Convém mencionar, ainda, o caso verdadeiro, narrado por Basileu Garcia, de certo indivíduo que, com ódio de um guarda que várias vezes o havia multado por excesso de velocidade, vendo-o, certo dia, em serviço na rua, atropelou-o. Destaca o referido autor como o veículo pode ser, não só um meio para a prática de crimes dolosos, mas, ainda, de delitos qualificados pela insídia (citação de Almeida Júnior e Costa Júnior, *Lições de medicina legal*, p. 257).

4.5 Efeito da condenação advindo de lei especial

A Lei 13.804/2019 introduziu o art. 278-A no Código de Trânsito Brasileiro, estabelecendo que "o condutor que se utilize de veículo para a prática do crime de receptação, descaminho, contrabando, previstos nos arts. 180, 334 e 334-A do Decreto-Lei n.º 2.848, de 7 de dezembro de 1940 (Código Penal), condenado por um desses crimes em decisão judicial transitada em julgado, terá cassado seu documento de habilitação ou será proibido de obter a habilitação para dirigir veículo automotor pelo prazo de 5 (cinco) anos. § 1.º O condutor condenado poderá requerer sua reabilitação, submetendo-se a todos os exames necessários à habilitação, na forma deste Código. § 2.º No caso do condutor preso em flagrante na prática dos crimes de que trata o *caput* deste artigo, poderá o juiz, em qualquer fase da investigação ou da ação penal, se houver necessidade para a garantia da ordem pública, como medida cautelar, de ofício, ou a requerimento do Ministério Público ou ainda mediante representação da autoridade policial, decretar, em decisão motivada, a suspensão da permissão ou da habilitação para dirigir veículo automotor, ou a proibição de sua obtenção".

5. ENRIQUECIMENTO ILÍCITO

Inovando, mais uma vez, em busca do enriquecimento ilícito, advindo da prática de crime, o legislador introduziu, por meio da Lei 13.964/2019, o art. 91-A ao Código Penal, nos seguintes termos: "na hipótese de condenação por infrações às quais a lei comine pena máxima superior a 6 (seis) anos de reclusão, poderá ser decretada a perda, como produto ou proveito do crime, dos bens correspondentes à diferença entre o valor do patrimônio do condenado e aquele que seja compatível com o seu rendimento lícito". Essa é típica descrição do *enriquecimento ilícito* ou *sem causa*, vale dizer, o agente possui um patrimônio muito superior ao que seria cabível em decorrência de seus rendimentos justificados, indicando ter origem criminosa. Portanto, em lugar de criar um tipo penal específico para punir essa espécie de enriquecimento, optou-se por um novo efeito da condenação, desde que haja o respeito ao devido processo legal, durante a instrução, para apurar o cometimento de delito cuja pena máxima seja superior a seis anos de reclusão. Aproveita-se esse processo para averiguar o patrimônio do acusado.

Alguns exemplos de crimes diretamente ligados com o enriquecimento ilícito: a) *crime organizado*: "art. 2.º – Promover, constituir, financiar ou integrar, pessoalmente ou por interposta pessoa, organização criminosa. Pena: reclusão, de 3 (três) a 8 (oito) anos, e multa, sem prejuízo das penas correspondentes às demais infrações penais praticadas" (Lei 12.850/2013); b) *constituição de milícia privada*: "art. 288-A. Constituir, organizar, integrar, manter ou custear organização paramilitar, milícia particular, grupo ou esquadrão com a finalidade de praticar qualquer dos crimes previstos neste Código: Pena – reclusão, de 4 (quatro) a 8 (oito) anos" (Código Penal); c) *lavagem de capitais*: "art. 1.º Ocultar ou dissimular a natureza, origem, localização, disposição, movimentação ou propriedade de bens, direitos ou valores provenientes, direta ou indiretamente, de infração penal. Pena: reclusão, de 3 (três) a 10 (dez) anos, e multa. § 1.º Incorre na mesma pena quem, para ocultar ou dissimular a utilização de bens, direitos ou valores provenientes de infração penal: I – os converte em ativos lícitos; II – os adquire, recebe, troca, negocia, dá ou recebe em garantia, guarda, tem em depósito, movimenta ou transfere; III – importa ou exporta bens com valores não correspondentes aos verdadeiros. § 2.º Incorre, ainda, na mesma pena quem: I – utiliza, na atividade econômica ou financeira, bens, direitos ou valores provenientes de infração penal; II – participa de grupo, associação ou escritório tendo conhecimento de que sua atividade principal ou secundária é dirigida à prática de crimes previstos nesta Lei" (Lei 9.613/1998); d) *concussão e excesso de exação*: "art. 316 – Exigir, para si ou para outrem, direta ou indiretamente, ainda que fora da função ou antes de assumi-la, mas em razão dela, vantagem indevida. Pena: reclusão, de 2 (dois) a 12 (doze) anos, e multa. § 1.º – Se o funcionário exige tributo ou contribuição social que sabe ou deveria saber indevido, ou, quando devido, emprega na cobrança meio vexatório ou gravoso, que a lei não autoriza. Pena: reclusão, de 3 (três) a 8 (oito) anos, e multa. § 2.º – Se o funcionário desvia, em proveito próprio ou de outrem, o que recebeu indevidamente para recolher aos cofres públicos. Pena: reclusão, de dois a doze anos, e multa" (Código Penal); e) *corrupção passiva*: "art. 317 – Solicitar ou receber, para si ou para outrem, direta ou indiretamente, ainda que fora da função ou antes de assumi-la, mas em razão dela, vantagem indevida, ou aceitar promessa de tal vantagem. Pena: reclusão, de 2 (dois) a 12 (doze) anos, e multa" (Código Penal).

Porém, vários outros delitos, que possuam pena máxima superior a seis anos, podem ser incluídos no contexto deste artigo, como furto qualificado (art. 155, §§ 4.º, 4.º-A, 5.º, 7.º, CP), roubo (art. 157, *caput*, CP), extorsão (art. 159, *caput*, CP), extorsão mediante sequestro (art. 159, *caput*, CP), entre outros. Sob o prisma da pena máxima, até mesmo o crime de homicídio pode ser incluído no rol de delitos passíveis de apuração do enriquecimento ilícito do agente, embora seja de rara aplicação no caso concreto.

Segundo dispõe o § 1.º do art. 91-A, "para efeito da perda prevista no *caput* deste artigo, entende-se por patrimônio do condenado todos os bens: I – de sua titularidade, ou em relação aos quais ele tenha o domínio e o benefício direto ou indireto, na data da infração penal ou recebidos posteriormente; e II – transferidos a terceiros a título gratuito ou mediante contraprestação irrisória, a partir do início da atividade criminal".

Quanto ao procedimento para gerar esse efeito da condenação, estipula-se que o Ministério Público deve requerer, expressamente, quando oferecer a denúncia – supõe-se que o faça na mesma peça acusatória cuidando da imputação do delito e do patrimônio ilícito – a perda patrimonial, indicando, com clareza, a diferença do montante considerado ilícito (art. 91-A, § 3.º, CP). Com isso, o acusado poderá defender-se tanto da acusação referente à prática da infração penal quanto a respeito da alegação de enriquecimento sem causa. O § 2.º desse artigo estabelece regra óbvia ("o condenado poderá demonstrar a inexistência da incompatibilidade ou a procedência lícita do patrimônio"), embora não signifique a *inversão do ônus da prova*, que será sempre do órgão acusatório. A decisão condenatória precisa ser detalhada e esclarecer exatamente o valor da diferença apurada, com a indicação de quais bens serão perdidos (§ 4.º). Por óbvio, havendo a absolvição do réu, perde o efeito a possibilidade de confiscar o patrimônio injustificado.

De maneira inovadora, o § 5.º permite a perda dos instrumentos usados para o cometimento de delitos por organizações criminosas e milícias, *mesmo sem serem ilícitos* (como prevê, em outro sentido, o art. 91, II, *a*, CP), como se vê da sua redação: "ainda que não ponham em perigo a segurança das pessoas, a moral ou a ordem pública, nem ofereçam sério risco de ser utilizados para o cometimento de novos crimes". Os instrumentos perdidos serão destinados à União, se o crime for apurado pela Justiça Federal, ou ao Estado, caso apurado pela Justiça Estadual.

Os instrumentos utilizados para a prática de crimes por organizações criminosas e milícias deverão ser declarados perdidos em favor da União ou do Estado, dependendo da Justiça onde tramita a ação penal, ainda que não ponham em perigo a segurança das pessoas, a moral ou a ordem pública, nem ofereçam sério risco de ser utilizados para o cometimento de novos crimes.

SÍNTESE

Efeitos da condenação: são todos os efeitos provocados por uma sentença penal condenatória, dividindo-se em penais e extrapenais.

Efeitos penais: há o principal, que é a imposição de pena e o seu cumprimento, bem como os secundários, decorrências naturais do primeiro (geração de reincidência e maus antecedentes; lançamento do nome do réu no rol dos culpados; revogação de benefícios como o *sursis* ou o livramento condicional etc.).

Efeitos extrapenais: provocam consequências fora do âmbito do Direito Penal e dividem-se em genéricos, que são automáticos (formação de título executivo para ser cobrada reparação do dano na esfera cível; confisco dos produtos e instrumentos ilícitos do crime), e específicos, que devem ser expressamente declarados na sentença (perda do cargo, função ou emprego público e mandato eletivo; perda do poder familiar, tutela ou curatela; perda do direito de dirigir veículo). Lembre-se do destaque para crimes cometidos contra a mulher por razões da condição do sexo feminino, nos termos do § 1.º do art. 121-A do Código Penal, situação que gera de modo automático os efeitos dos incisos I e II do art. 92 do CP, bem como a vedação de nomeação, designação ou diplomação em qualquer cargo, função pública ou mandato eletivo entre o trânsito em julgado da condenação até o efetivo cumprimento da pena.

Enriquecimento ilícito: permite-se, quando a apuração envolver crimes cuja pena máxima é superior a seis anos de reclusão, a perda de patrimônio ilícito, visualizado pela diferença entre o valor patrimonial do sentenciado e aquele que seria compatível com o seu rendimento lícito, assegurando-se ampla defesa ao réu.

Capítulo XXXII
Reabilitação

1. CONCEITO

É a declaração judicial de reinserção do sentenciado ao gozo de determinados direitos que foram atingidos pela condenação. Ou, como ensinam Reale Júnior, Dotti, Andreucci e Pitombo, "é uma medida de Política Criminal, consistente na restauração da dignidade social e na reintegração no exercício de direitos, interesses e deveres, sacrificados pela condenação" (*Penas e medidas de segurança no novo Código*, p. 263). Antes da Reforma Penal de 1984, era causa extintiva da punibilidade (art. 108, VI, CP de 1940); atualmente é instituto autônomo que tem por fim estimular a regeneração.

Tal como foi idealizado e de acordo com o seu alcance prático, trata-se, em verdade, de instituto de pouquíssima utilidade. Suas metas principais são garantir o sigilo dos registros sobre o processo e a condenação do sentenciado, bem como proporcionar a recuperação de direitos perdidos por conta dos efeitos da condenação (art. 93, CP).

Ocorre que, no art. 202 da Lei de Execução Penal, consta que, "cumprida ou extinta a pena, não constarão da folha corrida, atestados ou certidões fornecidas por autoridade policial ou por auxiliares da Justiça, qualquer notícia ou referência à condenação, salvo para instruir processo pela prática de nova infração penal ou outros casos expressos em lei". Portanto, o sigilo já é assegurado pela referida norma, logo após o cumprimento ou extinção da pena.

Por outro lado, poder-se-ia argumentar com a recuperação de direitos perdidos em virtude dos efeitos da condenação, mas o próprio Código reduz a aplicação ao art. 92, III ("inabilitação para dirigir veículo, quando utilizado como meio para a prática de crime doloso"). Os autores da Reforma Penal de 1984 buscam justificar a importância da reabilitação dizendo que vai além do preceituado no art. 202 da LEP, pois restabelece a "dignidade, ofendida pela mancha da condenação, restaurando ao condenado o seu prestígio social" (*Penas e medidas de segurança no novo Código*, p. 268). Na realidade, nem o condenado tem interesse nessa declaração de *reinserção social*, que quase nenhum efeito prático possui, como também dificilmente o prestígio social é recuperado, pelos próprios costumes da sociedade e diante da atitude neutra e, por vezes, hostil do Estado frente ao condenado. Pode até ser que seja resgatado, mas não será por intermédio da reabilitação e sim pela nova postura adotada pelo sentenciado após o cumprimento da sua pena.

Diz, com razão, Jair Leonardo Lopes: "Nenhum condenado quererá sujeitar-se a chamar a atenção sobre a própria condenação, depois de dois anos do seu cumprimento ou depois de extinta a punibilidade, quando já vencidos os momentos mais críticos da vida do egresso da prisão, que são, exatamente, aqueles dois primeiros anos de retorno à vida em sociedade, durante os quais teria enfrentado as maiores dificuldades e talvez a própria rejeição social, se dependesse da reabilitação, e não lhe tivesse sido assegurado o sigilo da condenação por força do art. 202 da LEP. (...) Se alguém se der ao luxo de pesquisar em qualquer comarca, tribunal ou mesmo nos repertórios de jurisprudência qual o número de pedidos de reabilitação julgados, terá confirmação da total indiferença pela declaração judicial preconizada" (*Curso de direito penal*, p. 252).

Assim não parece a Tourinho Filho, que defende a utilidade do instituto, chamando a atenção para o seguinte aspecto: menciona que o art. 202 da Lei de Execução Penal assegura o sigilo dos dados referentes a condenações anteriores de maneira mais branda do que o faz a reabilitação. Para chegar a tal conclusão, refere-se à parte final do art. 202, dizendo que o sigilo pode ser rompido "para instruir processo pela prática de nova infração penal ou outros casos expressos em lei", servindo, pois, não somente para processos criminais, mas, também, para concursos públicos, inscrição na OAB e fins eleitorais. No caso de ser concedida a reabilitação, argumenta, somente o juiz poderia quebrar o sigilo instaurado, como se vê do disposto no art. 748 do Código de Processo Penal (*Código de Processo Penal comentado*, v. 2, p. 489-490).

Não nos parece tenha razão. A Lei de Execução Penal é lei mais recente, disciplinando exatamente o mesmo assunto, razão pela qual, nesse prisma, revogou o disposto no Código de Processo Penal. Portanto, reabilitado ou não, os dados constantes da folha de antecedentes do condenado serão exibidos sempre que houver requisição judicial ou para outros fins previstos em lei. Demonstre-se o nosso ponto de vista pela realidade. Não há interesse algum por parte de condenados de requerer a sua reabilitação, pois não veem vantagem alguma nisso, até porque os concursos públicos e demais órgãos do Estado, quando autorizados por lei, continuam, normalmente, a requisitar certidões de inteiro teor a respeito dos antecedentes do sentenciado, o que é perfeitamente viável.

2. COMPETÊNCIA PARA A CONCESSÃO DE REABILITAÇÃO

É do juiz da condenação, nos termos do art. 743 do CPP, nessa parte não revogado. A Lei de Execução Penal, nada tendo disposto a respeito do tema, não transferiu ao juiz da execução a competência para tratar da reabilitação. No mesmo sentido, está a posição de Carlos Frederico Coelho Nogueira (*Efeitos da condenação, reabilitação e medidas de segurança*, p. 138).

3. PRAZO E PROCEDIMENTO

Pode ser pedida 2 anos após a extinção ou término da pena, incluindo nesse período o prazo do *sursis* ou do livramento condicional, se não houver revogação (art. 94, CP). Ex.: o condenado a uma pena de um ano de reclusão recebe a suspensão condicional da pena pelo prazo de dois anos. Findo o *sursis* sem revogação, o juiz declara extinta a pena. O sentenciado pode, de imediato, pedir a reabilitação, pois decorreram os dois anos necessários. Entretanto, se não receber a suspensão condicional da pena e cumprir um ano de reclusão em regime aberto, somente após dois anos da extinção da sua pena poderá pedir a reabilitação. No primeiro caso, levou 2 anos para poder requerer o benefício; no segundo, foi obrigado a aguardar 3 anos.

Lembremo-nos de que a extinção da pena pode dar-se não somente pelo seu cumprimento, mas por qualquer outra forma: prescrição, indulto, *abolitio criminis* etc. Outra nota que merece destaque é a seguinte: caso o *sursis* ou o livramento condicional tiverem prazos maiores que 2 anos, é natural que o condenado tenha de esperar o final para requerer a reabilitação.

A reabilitação é tratada no Título IV, Capítulo II (arts. 743 a 750), do Código de Processo Penal, não estando revogados os dispositivos compatíveis com o Código Penal de 1984, até porque a Lei de Execução Penal não cuidou do tema. Dessa forma, mantém-se o art. 744 do CPP, que exige, para instruir o pedido de reabilitação, os seguintes documentos: a) certidões de antecedentes do condenado das comarcas onde residiu durante os 2 anos posteriores à extinção da pena; b) atestados de autoridades policiais ou outros documentos que mostrem ter residido nas comarcas indicadas e mantido bom comportamento; c) atestados de bom comportamento fornecidos por pessoas a cujo serviço tenha estado. O bom comportamento deve seguir durante todo o processo de reabilitação, e não somente no período de 2 anos necessário para fazer o pedido; d) outros documentos que provem sua regeneração; e) prova de ter ressarcido o dano ou não poder fazê-lo. Quanto a este requisito, há quem entenda que, não encontrada a vítima, deve a reparação do dano ser consignada em juízo, o que não é efetivamente o espírito da lei. O critério de *reparação do dano* deve ser amplo e flexível, ainda que possa abranger atualização monetária, quando for o caso. Quando o crime não causar prejuízo – o que pode ocorrer em alguns casos, *v.g.*, alguns crimes de perigo –, não há que se exigir tal requisito do condenado.

Não mais tem aplicação o art. 743 do CPP, exigindo 4 a 8 anos após a execução da pena ou da medida de segurança detentiva para ingressar com o pleito de reabilitação.

4. INDEFERIMENTO DA REABILITAÇÃO E RECURSOS

Se for indeferida a reabilitação, não há mais o prazo de dois anos para renovar o pedido, conforme previsto no art. 749 do Código de Processo Penal, nessa parte, revogado pela Reforma Penal de 1984.

Aliás, da decisão denegatória da reabilitação cabe apelação.

Por outro lado, quando o juiz a conceder, segundo o disposto no art. 746 do CPP, cabe recurso de ofício. Algumas vozes entendem revogada essa norma, sem que haja, no entanto, qualquer motivo a tanto. Outras modalidades de recurso de ofício subsistem normalmente no Código de Processo Penal, de forma que inexiste razão para a revogação no caso da reabilitação.

Vale ressaltar que a prescrição da pretensão punitiva, porque afasta o direito de punir do Estado, não permite o pedido de reabilitação. Entretanto, a prescrição da pretensão executória, que somente tem o condão de evitar a aplicação da sanção principal decorrente da decisão condenatória, permite a reabilitação.

5. REABILITAÇÃO E REINCIDÊNCIA

São institutos totalmente diferentes, embora possuam conexões: a) a reabilitação não extingue a condenação anterior para efeito de reincidência, de modo que o reabilitado, cometendo novo crime, pode tornar-se reincidente; b) a reincidência pode servir para revogar a reabilitação (art. 95, CP).

6. REABILITAÇÃO *EM PORÇÕES*

Ocorreria a reabilitação "em porções" caso o sentenciado fosse, aos poucos, se reabilitando após o cumprimento ou a extinção de cada uma de suas várias penas, o que é inadmissível. Deve, primeiramente, cumprir todas as penas e somente depois pedir a reabilitação.

SÍNTESE

Reabilitação: é a declaração judicial de reinserção social do criminoso, que pode ser requerida ao juiz da condenação, após o decurso de dois anos, contados da extinção da punibilidade, incluído nesse prazo o período do *sursis* e do livramento condicional não revogados.

Utilidade do instituto: possui uma única, que é a possibilidade de readquirir o direito de dirigir veículo, caso tenha sido aplicado, como efeito da condenação, por ter cometido crime doloso valendo-se de automóvel, a perda da habilitação.

Capítulo XXXIII
Medidas de Segurança

1. CONCEITO

Trata-se de uma forma de sanção penal, com caráter preventivo e curativo, visando a evitar que o autor de um fato havido como infração penal, inimputável ou semi-imputável, mostrando periculosidade, torne a cometer outro injusto e receba tratamento adequado. Em posição análoga ao conceito que fornecemos está o posicionamento de Pierangeli e Zaffaroni, sustentando ser a medida de segurança uma espécie de sanção penal, pois, sempre que se tira a liberdade do homem, por uma conduta por ele praticada, na verdade o que existe é uma sanção penal. Toda privação de liberdade, por mais terapêutica que seja, para quem a sofre não deixa de ter um conteúdo penoso. Assim, pouco importa o nome dado e sim o efeito gerado (*Da tentativa*, p. 29). É a postura majoritária.

Para Luiz Vicente Cernicchiaro e Assis Toledo, no entanto, em visão minoritária, a medida de segurança é instituto de caráter "puramente assistencial ou curativo", não sendo nem mesmo necessário que se submeta ao princípio da legalidade e da anterioridade (*Princípios básicos de direito penal*, p. 41). Seria medida pedagógica e terapêutica, ainda que restrinja a liberdade.

2. SISTEMAS DE APLICAÇÃO DA PENA E DA MEDIDA DE SEGURANÇA

Antes da Reforma Penal de 1984, prevalecia o sistema do *duplo binário*, vale dizer, o juiz podia aplicar pena mais medida de segurança. Quando o réu praticava delito grave e violento, sendo considerado perigoso, recebia pena e medida de segurança. Assim, terminada a pena privativa de liberdade, continuava detido até que houvesse o exame de cessação de periculosidade. Na prática, para a maioria dos sentenciados, a prisão indefinida afigurava-se profundamente injusta – afinal, na época do delito, fora considerado imputável, não havendo sentido para sofrer dupla penalidade. A designação – duplo binário – advém da expressão italiana *doppio binario*, que significa duplo trilho ou dupla via, como esclarece René Ariel Dotti (*Visão geral da medida de segurança*, p. 310).

Atualmente, prevalecendo o sistema vicariante ("que faz as vezes de outra coisa"), o juiz somente pode aplicar pena ou medida de segurança. Caso o réu seja considerado imputável à época do crime, receberá pena; se for inimputável, caberá medida de segurança. Em oposição à abolição do sistema do duplo binário, confira-se a posição de Carlos Frederico Coelho Nogueira: "Em matéria de medidas de segurança, a sociedade e cada um de nós estaremos *totalmente desprotegidos* pela nova Parte Geral do Código Penal. (...) Não poderá mais ser declarada a periculosidade de réus imputáveis, por mais selvagens e revoltantes os crimes por eles praticados. Apenas porque, mentalmente, são *sãos*. Numa época em que a sociedade clama por segurança, dilui-se a repressão de crimes comuns, incentivando-se o incremento da criminalidade violenta" (*Efeitos da condenação, reabilitação e medidas de segurança*, p. 142).

Tem-se hoje uma preocupação semelhante para os delinquentes efetivamente perigosos, sujeitos a elevadíssimos montantes de penas, que podem atingir cifras de 100, 200, 300 e até mais anos de prisão. Será ele ressocializado necessária e automaticamente ao atingir 40 anos de cumprimento da pena, devendo ser imediatamente liberado, conforme prevê o art. 75 do Código Penal? Somente a realidade irá demonstrar, no futuro, o que ocorrerá.

De qualquer forma, mesmo não sendo o caso de ressuscitar o sistema do duplo binário, é preciso, ao menos, evitar a extinção da punibilidade ao atingir o teto de 40 anos – para quem tem muito mais anos que isso; se algum benefício houver, pode-se prever a concessão de livramento condicional ao chegar ao máximo de 40 anos. O que não se pode tolerar é a incapacidade do Direito Penal de lidar com a delinquência irrecuperável.

3. ESPÉCIES DE MEDIDAS DE SEGURANÇA

Há duas: a) internação, que equivale ao regime fechado da pena privativa de liberdade, inserindo-se o sentenciado no hospital de custódia e tratamento, ou estabelecimento adequado (art. 96, I, CP); b) tratamento ambulatorial, que guarda relação com a pena restritiva de direitos, obrigando o sentenciado a comparecer, periodicamente, ao médico para acompanhamento (art. 96, II, CP).

4. EXTINÇÃO DE PUNIBILIDADE

Prevê o art. 96, parágrafo único, do Código Penal que não haverá medida de segurança se a punibilidade do réu for extinta. É natural que o advento de alguma das causas de extinção da punibilidade provoque a cessação da aplicação da medida de segurança, pois nada mais existe a punir, uma vez que se encontra finda a pretensão punitiva do Estado, ainda que na modalidade de tratamento.

Assim, como exemplo, caso ocorra a prescrição da pretensão punitiva, porque entre a data do recebimento da denúncia e a data da sentença transcorreu tempo suficiente para a prescrição da pena em abstrato, o juiz não impõe medida de segurança, ainda que apurada a insanidade mental do acusado. Deve julgar extinta a sua punibilidade. Se a medida de segurança já tiver sido imposta, mas a prescrição da pretensão punitiva só for constatada posteriormente, deve ser julgada extinta a punibilidade e, consequentemente, finda a execução da internação ou do tratamento ambulatorial.

5. PRESSUPOSTOS PARA APLICAÇÃO DA MEDIDA DE SEGURANÇA

Tratando-se, como afirmado, de uma medida restritiva de direitos ou da liberdade, portanto, uma forma de sanção penal, é imprescindível que o agente tenha praticado um injusto, vale dizer, um fato típico e antijurídico (crime, do ponto de vista *objetivo*, para a doutrina tradicional). Na lição de Baumann: "Também em outros casos a dogmática se vale da ação típica e antijurídica, mas não necessariamente culpável, por exemplo, nos pressupostos da participação no fato principal. Fala-se, neste caso, de 'fato punível objetivo', ou melhor, 'fato antijurídico'" (*Derecho penal – Conceptos fundamentales y sistema*, p. 45).

E, justamente por isso, também é indispensável haver o respeito ao devido processo legal. Deve-se assegurar ao agente, mesmo que comprovada sua inimputabilidade, o direito à ampla defesa e ao contraditório. Somente após o devido trâmite processual, com a produção de provas, poderá o juiz, constatando a prática do injusto, aplicar-lhe medida de segurança. Acrescente-se que, se alguma excludente de ilicitude estiver presente, é obrigação do juiz, a despeito de se tratar de inimputável, absolvê-lo por falta de antijuridicidade, sem aplicação de medida de segurança. Aliás, o mesmo deve ocorrer caso comprovada a insuficiência de provas, seja para a materialidade do delito, seja no tocante à autoria.

Não há mais a *medida de segurança preventiva*, prevista no art. 378 do Código de Processo Penal, considerado revogado pela maioria da doutrina. De fato, previa-se a possibilidade de o juiz aplicar medida de segurança preventiva durante a instrução, mas essa providência era um reflexo do antigo art. 80 do Código Penal de 1940, *in verbis*: "Durante o processo, o juiz pode submeter as pessoas referidas no art. 78, I (inimputáveis) e os ébrios habituais ou toxicômanos às medidas de segurança que lhe sejam aplicáveis". Revogado tal dispositivo, era natural que o direito processual penal tivesse seguido o mesmo destino.

Porém, após a edição da Lei 12.403/2011, inseriu-se no Código de Processo Penal a possibilidade de o juiz decretar a medida de internação provisória (art. 319, VII: "nas hipóteses de crimes praticados com violência ou grave ameaça, quando os peritos concluírem ser inimputável ou semi-imputável (art. 26 do Código Penal) e houver risco de reiteração").

6. SENTENÇA DE ABSOLVIÇÃO IMPRÓPRIA

A sentença que permite a aplicação da medida de segurança denomina-se *absolutória imprópria*, tendo em vista que, a despeito de considerar que o réu não cometeu delito, logo, não é criminoso, merece uma sanção penal (medida de segurança).

Dispõe o art. 386, parágrafo único, III, do CPP que, na decisão absolutória, o juiz imporá medida de segurança. Sobre o tema, há a Súmula 422 do STF: "A absolvição criminal não prejudica a medida de segurança, quando couber, ainda que importe privação da liberdade".

7. CRITÉRIO DE ESCOLHA ENTRE INTERNAÇÃO E TRATAMENTO AMBULATORIAL

Preceitua o art. 97 do Código Penal ser obrigatória a internação do inimputável que pratica fato típico e antijurídico punidos, em abstrato, com pena de reclusão. Entretanto, esse preceito é nitidamente injusto, pois padroniza a aplicação da sanção penal e não resolve o drama de muitos doentes mentais que poderiam ter suas internações evitadas. Ilustrando: se o inimputável cometer uma tentativa de homicídio, com lesões leves para a vítima, possuindo família que o abrigue e ampare, fornecendo-lhe todo o suporte para a recuperação, não há razão para interná-lo. Seria mais propícia a aplicação do tratamento ambulatorial.

Há precedentes do Superior Tribunal de Justiça, acolhendo a possibilidade de correção do erro legislativo e permitindo a aplicação de tratamento ambulatorial a autor de fato-crime apenado com reclusão.

No mesmo sentido, convém anotar a lição de Carlota Pizarro de Almeida: "Não é correto, portanto, quando se trate de portadores de anomalia psíquica, estabelecer uma correspondência entre a medida de segurança e a gravidade do fato praticado. Mas já será importante estabelecê-la em relação à perigosidade do agente: só assim se respeita o princípio da proporcionalidade (...)" (*Modelos de inimputabilidade: da teoria à prática*, p. 34).

Torna-se essencial mencionar a discordância, também, dos especialistas da área da psiquiatria forense em relação ao critério adotado pelo art. 97 do Código Penal, buscando associar a espécie de medida de segurança ao crime praticado. O correto seria a fixação de medida de internação ou de tratamento ambulatorial baseado na natureza e gravidade do transtorno psiquiátrico, segundo critérios médicos (Taborda, Chalub e Abdalla-Filho, *Psiquiatria forense*, p. 164).

8. DURAÇÃO DA MEDIDA DE SEGURANÇA

Estipula a lei que a medida de segurança se dá por prazo indeterminado. Há, porém, quem sustente ser inconstitucional o prazo *indeterminado* para a medida de segurança, pois é vedada a pena de caráter perpétuo – e a medida de segurança, como se disse, é uma *forma* de sanção penal –, além do que o imputável é beneficiado pelo limite das suas penas em 40 anos (art. 75, CP). Dizem Zaffaroni e Pierangeli: "Pelo menos é mister reconhecer-se para as medidas de segurança o limite máximo da pena correspondente ao crime cometido, ou a que foi substituída, em razão da culpabilidade diminuída" (*Manual de direito penal brasileiro – Parte geral*, p. 862).

Não nos parece assim, pois, além de a medida de segurança não ser pena, deve-se fazer uma interpretação restritiva do art. 75 do Código Penal, muitas vezes fonte de injustiças. Como já exposto em capítulo anterior, muitos condenados a vários anos de cadeia estão sendo interditados civilmente, para que não deixem a prisão, por serem perigosos, padecendo de enfermidades mentais, justamente porque atingiram o teto fixado pela lei (40 anos).

Ademais, apesar de seu caráter de sanção penal, a medida de segurança não deixa de ter o propósito curativo e terapêutico. Ora, enquanto não for devidamente curado, deve o sujeito submetido à internação permanecer em tratamento, sob custódia do Estado. Seria demasiado apego à forma transferi-lo de um hospital de custódia e tratamento criminal para outro, onde estão abrigados insanos interditados civilmente, somente porque foi atingido o teto máximo da pena correspondente ao fato criminoso praticado, como alguns sugerem, ou o teto máximo de 40 anos, previsto no art. 75, como sugerem outros.

No entanto, o STJ editou a Súmula 527 nos seguintes termos: "O tempo de duração da medida de segurança não deve ultrapassar o limite máximo da pena abstratamente cominada ao delito praticado". Cuida-se de uma posição mais liberal que a do STF, cujos julgados se baseiam no prazo máximo de 30 anos [hoje, 40 anos] para a duração da medida de segurança, nos termos do art. 75 do CP, aplicado por analogia.

9. CULPABILIDADE E PERICULOSIDADE

O inimputável não sofre juízo de culpabilidade, embora com relação a ele se possa falar em periculosidade, que, no conceito de Nélson Hungria, significa um estado mais ou menos duradouro de antissociabilidade, em nível subjetivo. Quanto mais fatos considerados como crime o inimputável comete, mais demonstra sua antissociabilidade.

A periculosidade pode ser *real* ou *presumida*. É real quando há de ser reconhecida pelo juiz, como acontece nos casos de semi-imputabilidade (art. 26, parágrafo único, CP). Para aplicar uma medida de segurança ao semi-imputável, o magistrado precisa verificar, no caso concreto, a existência de periculosidade. É presumida quando a própria lei a afirma, como ocorre nos casos de inimputabilidade (art. 26, *caput*, CP). Nesse caso, o juiz não necessita demonstrá-la, bastando concluir que o inimputável praticou um injusto (fato típico e antijurídico) para aplicar-lhe a medida de segurança.

Outrora, antes da Reforma Penal de 1984, costumava-se aplicar ao agente do crime impossível, ou no caso de ajuste, determinação, instigação e auxílio a atos preparatórios de crime (antigo art. 76, parágrafo único, CP), medida de segurança. Tal situação não persistiu no sistema penal.

10. CONVERSÃO DA PENA EM MEDIDA DE SEGURANÇA NO CURSO DA EXECUÇÃO

Preceitua o art. 183 da Lei de Execução Penal que "quando, no curso da execução da pena privativa de liberdade, sobrevier doença mental ou perturbação da saúde mental, o juiz, de ofício, a requerimento do Ministério Público, da Defensoria Pública ou da autoridade administrativa, poderá determinar a substituição da pena por medida de segurança".

É preciso distinguir duas hipóteses: a) se o condenado sofrer de doença mental, não se tratando de enfermidade duradoura, deve ser aplicado o disposto no art. 41 do Código Penal, ou seja, transfere-se o sentenciado para hospital de custódia e tratamento psiquiátrico pelo tempo suficiente à sua cura. Não se trata de conversão da pena em medida de segurança, mas tão somente de providência provisória para cuidar da doença do condenado. Estando melhor, voltará a cumprir sua pena no presídio de onde saiu; b) caso a doença mental tenha caráter duradouro, a transferência do condenado não deve ser feita como providência transitória, mas sim definitiva. Por isso, cabe ao juiz converter a pena em medida de segurança, aplicando-se o disposto no art. 97 do Código Penal.

> ### ✏ PONTO RELEVANTE PARA DEBATE
>
> **O limite temporal do cumprimento da medida de segurança advinda da conversão de pena**
>
> Há quatro correntes a respeito:
>
> a) tem duração indefinida, nos termos do disposto no art. 97, § 1.º, do Código Penal;
>
> b) tem a mesma duração da pena privativa de liberdade aplicada. O sentenciado cumpre, internado, o restante da pena aplicada;
>
> c) tem a duração máxima de 40 anos, limite fixado para a pena privativa de liberdade;
>
> d) tem a duração do máximo em abstrato previsto como pena para o delito que deu origem à medida de segurança.
>
> Parece-nos que o legislador deveria ter disciplinado melhor o disposto no art. 183 da Lei de Execução Penal, deixando *bem claro* o limite para seu cumprimento, após a conversão. Afinal, não mais sendo adotado o sistema do duplo binário (pena + medida de segurança), cabe a verificação de imputabilidade no *momento do crime*, e não depois. Caso fosse considerado inimputável à época do crime, receberia por tal fato medida de segurança, podendo cumpri-la indefinidamente. A situação ora aventada, portanto, é diferente: num primeiro caso, já que cometeu um crime no estado de imputabilidade, recebeu pena. Este é o pagamento à sociedade pelo mal praticado. Ficando doente, merece tratamento, mas não por tempo indefinido. Num segundo caso, uma vez que praticou o delito no estado de inimputabilidade, recebeu medida de segurança. Pode ficar detido até que se cure. O injusto cometido tem ligação direta com a medida de segurança aplicada, justificando-se, pois, a indeterminação do término da sanção penal. Melhor seria exigir-se a clareza da lei. Não existindo tal nitidez, parece-nos mais lógico não interpretar a lei penal em desfavor do réu.
>
> Assim, tendo em vista que na época da infração penal o réu foi considerado imputável, recebeu do Estado, por consequência disso, uma pena, fixada em montante certo. Caso tenha havido conversão, é justo que a medida de segurança aplicada respeite o limite estabelecido pela condenação, ou seja, cumprirá a medida de segurança pelo prazo máximo da pena. Terminado esse prazo, continuando doente, torna-se um caso de saúde pública, merecendo ser interditado, como aconteceria com qualquer pessoa que sofresse de enfermidade mental, mesmo sem praticar crime.
>
> Complementando, não há contradição com o que defendemos no início deste capítulo, ou seja, não ser inconstitucional a medida de segurança ter duração indefinida. O que se busca é analisar a situação do criminoso *no momento em que pratica o delito*, para evitar o duplo binário. Se era inimputável, pode receber medida de segurança por tempo indefinido, já que essa é a sanção merecida pelo que praticou. Sendo imputável, cabe-lhe a aplicação de uma pena, que não deve ser alterada no meio da execução por uma medida indeterminada. Afinal, de uma pena com limite prefixado, com trânsito em julgado, passaria o condenado a uma sanção sem limite, não nos parecendo isso correto.

11. POSSIBILIDADE DE RECONVERSÃO DA MEDIDA DE SEGURANÇA EM PENA

O caminho natural, para evitar qualquer tipo de subterfúgio, é converter a pena em medida de segurança quando o sentenciado adoecer mentalmente no cárcere. Porém, se apresentar melhora, deve tornar a cumprir sua pena, havendo, portanto, a reconversão.

Outra solução implicaria abuso. Se a pena fosse convertida em medida de segurança indefinida, ultrapassando até mesmo o teto originalmente fixado como sanção penal pelo Estado, estaríamos diante de situação prejudicial ao sentenciado, uma vez que a imputabilidade deve ser analisada no momento do crime. Se a pena fosse convertida em medida de segurança, mas, pouco tempo depois, fosse constatada a melhora do condenado, caso pudesse conseguir a sua liberdade, muitas seriam as situações injustas. Exemplo: um condenado por latrocínio a 20 anos de reclusão adoece 5 anos após; convertida sua pena em medida de segurança, ele melhora após 2 anos; é natural que volte a cumprir a pena faltante, ou seja, 13 anos. Liberdade imediata é o que não lhe cabe. O direito espanhol disciplinou tal situação expressamente, prevendo a possibilidade de haver a reconversão (art. 60, CP).

Esta é, igualmente, a posição de Taborda, Chalub e Abdalla-Filho: "Uma vez constatada a recuperação do paciente, no entanto, este deverá retornar ao presídio para continuar a cumprir a pena fixada anteriormente ao desenvolvimento do transtorno mental, sendo que o período de internação é contado como tempo de cumprimento da pena" (*Psiquiatria forense*, p. 164).

12. DETRAÇÃO E MEDIDA DE SEGURANÇA

Deve ser computado o período de prisão provisória no prazo mínimo estabelecido para a medida de segurança, como prevê o art. 42 do Código Penal. Exemplificando: se a pessoa submetida à medida de segurança ficou detida, em prisão cautelar, durante toda a instrução, resultando num total de um ano, aplicada a medida de segurança de internação pelo prazo mínimo de dois anos, transitada esta em julgado, aplica-se a detração, verificando-se que, dentro de um ano (descontado o tempo de prisão cautelar) far-se-á o exame de cessação de periculosidade.

Se o indivíduo estiver curado, pode ser imediatamente desinternado. Do contrário, continua em tratamento e novo exame ocorrerá dentro de um ano. Entretanto, a aplicação desse dispositivo precisa ser feita com equilíbrio para não frustrar o objetivo da lei, que é somente liberar o doente quando estiver curado. Isto significa que a detração não tem o condão de, uma vez aplicada, provocar a imediata soltura da pessoa submetida à internação, mas, sim, que o exame de cessação da periculosidade deve ser providenciado em menor prazo.

Criticando a possibilidade legal de aplicação da detração no prazo mínimo da medida de segurança, está a lição de Carlos Frederico Coelho Nogueira: "Onde está, então, aquela distinção, preconizada pela própria Exposição de Motivos da nova Parte Geral, entre culpabilidade e periculosidade? A prisão não decorre da culpabilidade? Por que computá-la, pois, no tempo de medida de segurança, que decorre da perigosidade, nada tendo a ver com prisão provisória ou administrativa? Praticamente, o art. 42 da nova Parte

Geral vai frustrar o período mínimo de duração das medidas de segurança, tornando-o uma falácia legal" (*Efeitos da condenação, reabilitação e medidas de segurança*, p. 145).

13. EXAME DE CESSAÇÃO DA PERICULOSIDADE

Deve ser realizada a perícia médica, para comprovar a cura da pessoa submetida à medida de segurança (ou, pelo menos, o fim da sua periculosidade), propiciando a sua desinternação ou liberação do tratamento ambulatorial, como regra, após o prazo mínimo fixado pelo juiz (de um a três anos).

Excepcionalmente, no entanto, surgindo algum fato superveniente, ainda no transcurso desse prazo, pode o juiz determinar a antecipação do exame de cessação da periculosidade (art. 176, LEP). Essa antecipação pode ser fruto de requerimento fundamentado do Ministério Público, do interessado, de seu procurador ou defensor, mas também pode ser realizada de ofício. Embora o referido art. 176 pareça indicar que a antecipação somente pode ser determinada se houver requerimento das partes interessadas, não há sentido para privar-se o juiz da execução penal dessa possibilidade, desde que chegue ao seu conhecimento fato relevante, indicativo da necessidade do exame.

Preceitua o inc. I do art. 175 da Lei de Execução Penal que a "autoridade administrativa, até um mês antes de expirar o prazo de duração mínima da medida, remeterá ao juiz minucioso relatório que o habilite a resolver sobre a revogação ou permanência da medida". Esse relatório deverá estar instruído com o laudo psiquiátrico. Em seguida, "serão ouvidos, sucessivamente, o Ministério Público e o curador ou defensor" (normalmente, este último é também o curador nomeado). Novas diligências podem ser realizadas, ainda que expirado o prazo mínimo da medida de segurança. Decide, então, o magistrado.

Vale destacar que cabe assistência de médico particular, conforme prevê o art. 43 da Lei de Execução Penal, para orientar e acompanhar o tratamento. Havendo divergência entre o profissional particular e o médico oficial, decidirá o juiz da execução.

14. CONDIÇÕES PARA A DESINTERNAÇÃO OU LIBERAÇÃO

Havendo a desinternação ou a liberação do tratamento ambulatorial, fica o agente em observação por um ano, sujeitando-se, como determina o art. 178 da Lei de Execução Penal, às condições do livramento condicional (arts. 132 e 133, LEP): a) *obrigatórias*: obter ocupação lícita; comunicar ao juiz sua ocupação, periodicamente; não mudar do território da comarca, sem autorização judicial; b) *facultativas*: não mudar de residência, sem prévia comunicação; recolher-se à habitação no horário fixado; não frequentar determinados lugares.

Durante um ano ficará o agente sob prova; caso pratique algum ato indicativo de sua periculosidade – que não precisa ser um fato típico e antijurídico –, poderá voltar à situação anterior. Normalmente, faz-se o controle através da folha de antecedentes do liberado, pois não há outra forma de acompanhamento mais eficaz.

Egresso é a denominação dada ao internado ou submetido a tratamento ambulatorial que foi liberado pelo período de um ano, a contar da saída do estabelecimento (art. 26, I, LEP).

Por outro lado, prevê o art. 184 da Lei de Execução Penal a possibilidade de o tratamento ambulatorial ser convertido em internação se o agente revelar incompatibilidade com a medida.

Questão interessante, merecedora de destaque, é a viabilidade da conversão da internação em tratamento ambulatorial, denominada *desinternação progressiva*. Prevê a lei penal que o tratamento ambulatorial pode ser convertido em internação, caso essa providência seja necessária para "fins curativos". Nada fala, no entanto, quanto à conversão da internação em tratamento ambulatorial, o que se nos afigura perfeitamente possível. Muitas vezes, o agente pode não revelar periculosidade suficiente para manter-se internado, mas ainda necessitar de um tratamento acompanhado. Assim, pode o magistrado determinar a desinternação do agente para o fim de se submeter a tratamento ambulatorial, que seria a *conversão* da internação em tratamento ambulatorial.

Não se trata de desinternação, porque cessada a periculosidade, mas de liberação para a continuidade dos cuidados médicos, sob outra forma. Essa medida torna-se particularmente importante, pois há vários casos em que os médicos sugerem a desinternação, para o bem do próprio doente, embora sem que haja a desvinculação do tratamento médico obrigatório. Ora, o art. 178 da Lei de Execução Penal é claro ao determinar que, havendo desinternação ou liberação, devem ser impostas ao apenado as condições obrigatórias e facultativas do livramento condicional (arts. 132 e 133, LEP).

Ocorre que nenhuma delas prevê a possibilidade de se fixar, como condição, a obrigação de continuar o tratamento ambulatorial, após ter sido desinternado. Dessa forma, o melhor a fazer é converter a internação em tratamento ambulatorial, pelo tempo que for necessário à recuperação, até que seja possível, verificando-se a cessação da periculosidade, haver a liberação condicional.

Exemplo: um sentenciado internado há quase 7 anos em hospital de custódia e tratamento é submetido ao exame de cessação de periculosidade. A sugestão dos peritos é a desinternação, mas com aplicação de tratamento ambulatorial. Por isso, delibera-se converter a medida de internação na mais branda, consistente em tratamento ambulatorial.

15. SUBSTITUIÇÃO DA PENA POR MEDIDA DE SEGURANÇA PARA O SEMI-IMPUTÁVEL

Embora não seja comum, é possível que o semi-imputável (art. 26, parágrafo único, do Código Penal) necessite de especial tratamento curativo, em lugar de cumprir a pena privativa de liberdade no cárcere comum. Se assim for atestado por peritos, pode o juiz converter a pena em medida de segurança (art. 98, CP). Melhor será colocá-lo no hospital, pois, ficando no presídio comum, a perturbação da saúde mental pode agravar e transformar-se em doença mental, obrigando o juiz a converter a pena em medida de segurança, embora tarde demais. Há problemas que podem ser sanados antes, motivo pelo qual autoriza-se a conversão da pena em medida de segurança com relação ao condenado que já apresenta problemas mentais.

16. INCOMPATIBILIDADE DA MEDIDA DE SEGURANÇA COM O PRESÍDIO COMUM

Se o agente for colocado em estabelecimento prisional comum, sem qualquer tratamento, cabe *habeas corpus* para fazer cessar o constrangimento, salvo quando for reconhecidamente perigoso, situação que o levará a aguardar a vaga detido em presídio comum, se for preciso. A regra, no entanto, é que o doente mental fique recolhido em estabelecimento próprio (art. 99, CP).

> ### ৳ PONTO RELEVANTE PARA DEBATE
>
> **Concorrência da medida de segurança com a Lei 10.216/2001**
>
> Essa lei dispõe sobre a proteção e os direitos das pessoas portadoras de transtornos mentais, redirecionando o modelo assistencial em saúde mental.
>
> Preceitua o art. 2.º, parágrafo único: "são direitos da pessoa portadora de transtorno mental: I – ter acesso ao melhor tratamento do sistema de saúde, consentâneo às suas necessidades; II – ser tratada com humanidade e respeito e no interesse exclusivo de beneficiar sua saúde, visando alcançar sua recuperação pela inserção na família, no trabalho e na comunidade; III – ser protegida contra qualquer forma de abuso e exploração; IV – ter garantia de sigilo nas informações prestadas; V – ter direito à presença médica, em qualquer tempo, para esclarecer a necessidade ou não de sua hospitalização involuntária; VI – ter livre acesso aos meios de comunicação disponíveis; VII – receber o maior número de informações a respeito de sua doença e de seu tratamento; VIII – ser tratada em ambiente terapêutico pelos meios menos invasivos possíveis; IX – ser tratada, preferencialmente, em serviços comunitários de saúde mental".
>
> Na sequência, o art. 4.º preceitua: "a internação, em qualquer de suas modalidades, só será indicada quando os recursos extra-hospitalares se mostrarem insuficientes. § 1.º O tratamento visará, como finalidade permanente, a reinserção social do paciente em seu meio. § 2.º O tratamento em regime de internação será estruturado de forma a oferecer assistência integral à pessoa portadora de transtornos mentais, incluindo serviços médicos, de assistência social, psicológicos, ocupacionais, de lazer, e outros. § 3.º É vedada a internação de pacientes portadores de transtornos mentais em instituições com características asilares, ou seja, aquelas desprovidas dos recursos mencionados no § 2.º e que não assegurem aos pacientes os direitos enumerados no parágrafo único do art. 2.º".
>
> No art. 6.º, parágrafo único, consta: "são considerados os seguintes tipos de internação psiquiátrica: I – internação voluntária: aquela que se dá com o consentimento do usuário; II – internação involuntária: aquela que se dá sem o consentimento do usuário e a pedido de terceiro; e III – internação compulsória: aquela determinada pela Justiça".
>
> Finalmente, o art. 9.º dispõe que "a internação compulsória é determinada, de acordo com a legislação vigente, pelo juiz competente, que levará em conta as condições de segurança do estabelecimento, quanto à salvaguarda do paciente, dos demais internados e funcionários".
>
> A Lei 10.216/2001 não revogou, nem modificou o disposto no Código Penal, no tocante aos inimputáveis (ou semi-imputáveis), autores do injusto penal, que recebem medida de segurança. Em primeiro lugar, a mencionada Lei tem caráter civil, e não penal. Destina-se a

regular as internações voluntárias, involuntárias e judiciais no âmbito cível. Em segundo, os direitos expostos nessa Lei são perfeitamente compatíveis com o escopo da Lei de Execução Penal. Quer-se a cura da pessoa sujeita à medida de segurança, devendo-se respeitar os seus direitos como paciente em tratamento, seja internado, seja em liberdade. Por outro lado, atualmente, a imposição de internação ou tratamento ambulatorial tem obedecido ao critério médico e não somente ao texto legal do art. 97 deste Código. Em suma, a Lei 10.216/2001 *concorre* com o cenário das medidas de segurança, previstas e disciplinadas no Código Penal e na Lei de Execução Penal, não havendo colidência, mas simples composição de seus dispositivos.

SÍNTESE

Medida de segurança: é uma espécie de sanção penal destinada aos inimputáveis e, excepcionalmente, aos semi-imputáveis, autores de fato típico e antijurídico, embora não possam ser considerados criminosos, por não sofrerem o juízo de culpabilidade, mas, sim, de periculosidade, devendo ser submetidos a internação ou a tratamento ambulatorial, pelo mínimo de um a três anos, sem prazo máximo definido.

Espécies de medida de segurança: são a *internação* em hospital de custódia e tratamento e *tratamento ambulatorial*, que obriga o sentenciado a comparecimento periódico ao médico para acompanhamento de sua enfermidade. O juiz deveria escolher livremente entre elas, embora a lei tenha previsto que, para infrações penais sujeitas a pena de reclusão, a internação seja obrigatória; quanto às infrações sujeitas a pena de detenção, pode ser aplicada internação ou tratamento ambulatorial.

Capítulo XXXIV
Ação Penal

1. CONCEITO DE AÇÃO PENAL

É o direito de pleitear ao Poder Judiciário a aplicação da lei penal ao caso concreto, fazendo valer o poder punitivo do Estado em face do cometimento de uma infração penal.

O monopólio de distribuição de justiça e o direito de punir pertencem, exclusivamente, ao Estado, sendo vedada, como regra, a autodefesa e a autocomposição. Há exceções, como a legítima defesa, forma de autodefesa autorizada pelo Estado, em situações emergenciais, bem como a transação, prevista na Lei 9.099/1995, forma de autocomposição nas infrações de menor potencial ofensivo.

A ação penal pode ser conceituada como o direito de agir exercido perante juízes e tribunais, invocando a prestação jurisdicional, que, na esfera criminal, é a existência da pretensão punitiva do Estado. A natureza jurídica é a mesma da ação civil, separando-se apenas em razão da matéria. O direito de ação é um direito individual, expressamente assegurado na Constituição: "a lei não excluirá da apreciação do Poder Judiciário lesão ou ameaça a direito" (art. 5.º, XXXV). O direito de punir, por seu turno, é um direito de coação indireta, pois ninguém pode ser condenado sem uma sentença judicial.

Não se deve confundir o *direito de ação* com o *direito punitivo material* do Estado, pois a pretensão de punir decorre do crime e o direito de ação precede a este, não deixando de haver, entretanto, conexão entre ambos. O Estado ingressa em juízo para obter o julgamento da pretensão punitiva e não necessariamente a condenação.

2. PRINCÍPIOS QUE REGEM A AÇÃO PENAL PÚBLICA INCONDICIONADA

Dois são os princípios que podem reger a acusação:

1.º) *obrigatoriedade*, estipulando que é indispensável a propositura da ação, quando há provas suficientes a tanto e inexistindo obstáculos para a atuação do órgão acusatório. No Brasil, quando a lei não dispuser em sentido contrário, vigora o princípio da obrigatoriedade. Provas disso: a) a autoridade policial deve agir quando sabe da ocorrência de um crime (art. 6.º, CPP); b) a omissão na comunicação de crimes, no exercício da função pública, é contravenção (art. 66, LCP); c) o arquivamento do inquérito é controlado pelo juiz (art. 28, CPP); d) há indisponibilidade da ação penal (art. 42, CPP) e do recurso interposto (art. 576, CPP);

2.º) *oportunidade*, significando que é facultativa a propositura da ação penal, quando cometido um fato delituoso. Com base nesse critério, há uma verificação discricionária da utilidade da ação, sob o ponto de vista do interesse público. Como já ressaltado, adota-se, no Brasil, o princípio da obrigatoriedade, querendo dizer que o Ministério Público é o titular da ação penal, mas não é o seu *dono*, devendo promovê-la no prazo legal. Não o fazendo, autoriza o particular a ajuizar a ação penal privada subsidiária da pública.

3. CRITÉRIO DE INICIATIVA DA AÇÃO PENAL

Estabeleceu-se no Código Penal, em lugar de fazê-lo no Código de Processo Penal, quando a ação penal é pública – incondicionada ou condicionada – ou privada. Para tanto, deve-se consultar, na Parte Especial, em cada tipo penal, o que foi previsto pela lei. Se nada vier destacado, portanto, na omissão, a ação é pública incondicionada. Caso contrário, está evidenciado no próprio artigo (ex.: ameaça – art. 147 –, onde se prevê, no § 2.º, que somente se procederá mediante representação, fora dos casos de crime contra a mulher, por razões da condição do sexo feminino; crimes contra a honra – arts. 138, 139 e 140, com a exceção do art. 140, § 2.º – onde se prevê a iniciativa mediante queixa, conforme dispõe o art. 145, CP). Em nosso entendimento, dever-se-ia cuidar de ação penal, em todos os seus aspectos, na área processual.

Lembremos que, havendo concurso de delitos, envolvendo crimes de ação pública e privada, o Ministério Público somente está autorizado a agir no tocante ao delito de ação pública incondicionada. Ex.: em um cenário onde há uma tentativa de homicídio e uma injúria, o Promotor de Justiça só pode agir no tocante ao delito de ação incondicionada (tentativa de homicídio). Pode dar-se, no entanto, o litisconsórcio ativo entre o Ministério Público e o particular, que deverá oferecer queixa-crime.

4. ESPÉCIES DE AÇÃO PENAL, QUANTO AO POLO ATIVO

Temos duas espécies, a pública e a privada, com subdivisões. A ação penal pública subdivide-se em incondicionada e condicionada.

A incondicionada é aquela cuja propositura cabe exclusivamente ao Ministério Público, sem depender da concordância do ofendido ou de qualquer outro órgão estatal (art. 100, *caput*, CP).

A condicionada depende de prévia provocação do interessado (art. 100, § 1.º, CP): a) o Ministro da Justiça, nos casos de crimes contra a honra do Presidente da República ou de chefe de governo estrangeiro e para a persecução de crimes praticados no estrangeiro contra brasileiro. A requisição é condição para a ação penal e, também, condição de procedibilidade; b) representação do ofendido, nos casos taxativamente previstos em lei. O interesse de proteger o bem jurídico atingido é primordialmente do Estado, mas é preciso também que o particular tenha interesse na punição do autor. Logo, a pretensão punitiva do Estado somente pode ser deduzida em juízo quando há a representação (forma de autorização para agir), que não dá nascimento ao direito de punir do Estado, pois este surge a partir do cometimento do delito.

A ação penal privada é a transferência do direito de acusar do Estado para o particular, pois o interesse na existência do processo e, consequentemente da punição, é *eminentemente* privado (art. 100, § 2.º, CP). Note-se que não é transferido o direito de punir, mas tão somente o direito de agir. Canuto Mendes de Almeida já questionou essa terminologia, dizendo que não pode ser *privada* uma ação que é, na essência, *pública*, pois trata do direito de punir do Estado, lidando com direitos e garantias individuais do cidadão. Frederico Marques, no entanto, faz a crítica a essa postura, dizendo que é fruto da concepção imanentista de ação (ação correspondendo ao direito material), pois toda ação é pública (mesmo a civil), já que se trata de um direito público subjetivo de caráter instrumental exercido frente ao Estado.

A ação penal privada é regida pelo princípio da *oportunidade*, tratando-se de um típico caso de *substituição processual* – do Estado pelo particular. Apesar de questionável a terminologia utilizada (ação *privada*), sob o ponto de vista da legitimidade para agir, é correta. Tanto assim que o Código Penal menciona "ação de *iniciativa* privada" (art. 100, § 2.º). Chama-se *privada* porque o interesse em jogo é mais particular do que público, e o escândalo gerado pelo processo pode ser mais prejudicial ao ofendido (*strepitus judicii*) do que se nada for feito contra o delinquente.

Subdivide-se a ação privada da seguinte forma: a) principal ou exclusiva, quando só o ofendido pode exercer (inclui-se, nesse contexto, a *personalíssima*, que somente o ofendido, pessoalmente, pode propor, conduzindo-a até o final, ou seja, não há sucessão no polo ativo por outra pessoa; caso morra a parte ofendida, antes do término da demanda, extingue-se a punibilidade do agente); b) subsidiária da pública, que é intentada pelo ofendido diante da inércia do Ministério Público (art. 29, CPP), quando deixa escoar o prazo legal sem oferecimento da denúncia. Alguns autores mencionam a existência da ação penal *adesiva*, que ocorreria quando o particular ingressasse no processo como assistente do Ministério Público (cf. Frederico Marques, *Elementos de direito processual penal*, v. I, p. 325). Em nossa visão, trata-se de mera interveniência.

Perde o direito de ajuizar ação o particular que: a) deixa ocorrer a decadência (decurso do prazo de seis meses, contado do dia em que veio a saber quem é o autor do crime); b) renuncia ao direito de queixa (ato unilateral de desistência de propositura da ação penal); c) perdoa o querelado (ato bilateral, que demanda concordância do querelado, ocorrendo durante o transcurso da ação penal); d) deixa ocorrer a peremção (sanção processual imposta ao querelante quando não proporciona o devido andamento ao feito).

Decorre do art. 48 do Código de Processo Penal ("A queixa contra qualquer dos autores do crime obrigará ao processo de todos, e o Ministério Público velará pela sua indivisibilidade") ser a ação penal privada indivisível, vale dizer, o particular não tem disponibilidade sobre a extensão subjetiva da acusação. Caso resolva propor contra um coautor, fica obrigado a ajuizá-la contra todos. Afinal, a tutela penal dirige-se a fatos, e não a pessoas, sendo indevida a escolha feita pelo ofendido.

5. AÇÃO PENAL NO CRIME COMPLEXO

Crime complexo é fruto da denominada continência, isto é, quando um tipo penal engloba outro ou outros, explícita ou implicitamente. Tratando-se de continência explícita, chama-se crime complexo (ex.: roubo = furto + lesões corporais ou ameaça). Diz o art. 101, CP que, quando um dos elementos ou das circunstâncias do crime constituir delito autônomo, pelo qual cabe ação pública incondicionada, caberá esta também para o crime complexo. Assim, tomando o mesmo exemplo suprarreferido do roubo, pode-se dizer que, se para o furto cabe ação pública incondicionada e para as lesões leves, condicionada, segundo a regra do art. 101, para o roubo a ação será sempre incondicionada.

Esse dispositivo, no entanto, conforme crítica correta feita por parte da doutrina, sempre foi considerado inútil. Afinal, todas as situações deveriam ser resolvidas apenas pela aplicação do disposto no art. 100: o crime somente é de ação pública condicionada ou privada quando a lei assim estipular. Os demais serão sempre de ação pública incondicionada, de modo que seria irrelevante o preceituado pelo art. 101.

📄 SÍNTESE

Ação penal: é o direito de requerer ao Poder Judiciário a aplicação da lei penal ao fato concreto, quando configurar infração penal, para que haja a aplicação da pena, materializando o poder punitivo estatal.

Espécies de ação penal: são duas, a pública e a privada. A primeira subdivide-se em ação pública incondicionada (o titular é o Ministério Público, que não depende da concordância do ofendido ou de qualquer outro órgão estatal para agir) e condicionada à representação do ofendido ou à requisição do Ministro da Justiça (manifestações autorizando o Ministério Público a agir). A segunda subdivide-se em exclusiva (a titularidade é somente da parte ofendida ou de seu representante legal, bem como dos seus sucessores; pode ser personalíssima, significando que a titularidade é apenas do ofendido ou seu representante legal, excluídos os sucessores, previstos no art. 31 do CPP) e subsidiária da pública (a titularidade era do Ministério Público, que deixou de propô-la no prazo legal, autorizando o ofendido a fazê-lo em seu lugar).

Critério definidor da ação penal: encontra-se no Código Penal, como regra. Se o tipo penal incriminador, ou o capítulo no qual está inserido, nada dispuser a respeito, cuida-se de ação pública incondicionada. Portanto, quando for do interesse do legislador, estabelece-se na norma penal ser a iniciativa por meio de queixa (privada) ou mediante representação ou requisição (pública condicionada).

Capítulo XXXV
Extinção da Punibilidade

1. CONCEITO DE EXTINÇÃO DA PUNIBILIDADE

É o desaparecimento da pretensão punitiva ou executória do Estado, em razão de específicos obstáculos previstos em lei. Não se deve confundir *extinção da punibilidade* com *condição objetiva de punibilidade*, *condição negativa de punibilidade* (também denominada escusa absolutória) e com *condição de procedibilidade*, embora sejam institutos interligados.

A condição objetiva de punibilidade é condição exterior à conduta delituosa, não abrangida pelo elemento subjetivo, e que, como regra, está fora do tipo penal, tornando-se um pressuposto para punir. Sua existência, no ordenamento jurídico, pauta-se por razões de utilidade em relação ao bem jurídico tutelado, fomentando expressão de política criminal. Em outras palavras, é causa extrínseca ao fato delituoso, não englobada pelo dolo do agente. Ex.: a sentença declaratória de falência é condição objetiva de punibilidade em relação aos crimes falimentares, pois não depende da vontade do agente. Este pode praticar o tipo penal previsto como delito falimentar, embora a decretação da quebra seja da alçada do juiz. É chamada, também, de *anexo do tipo* ou *suplemento do tipo*.

Nada impede, no entanto, que esteja inserida no tipo penal, embora mantenha o seu caráter refratário ao dolo do agente, isto é, não precisa por este estar envolvida. A título de exemplo, observe-se o disposto no art. 337-G do Código Penal: "patrocinar, direta ou indiretamente, interesse privado perante a Administração Pública, dando causa à instauração de licitação ou à celebração de contrato cuja invalidação vier a ser decretada pelo Poder Judiciário: Pena – reclusão, de 6 (seis) meses a 3 (três) anos, e multa" (patrocínio de contratação indevida).

A condição negativa de punibilidade (escusa absolutória) é uma escusa especial e pessoal, fundada em razões de ordem utilitária ou sentimental, que não afeta o crime, mas somente a punibilidade. Ex.: art. 181, I e II, ou art. 348, § 2.º, do Código Penal (crimes contra o patrimônio e favorecimento pessoal, respectivamente). Nesses casos, a condição de familiar do agente impede que o Estado possa puni-lo pela prática do delito perpetrado, como se dá no furto cometido por filho contra o próprio pai.

Em verdade, a extinção da punibilidade é o gênero do qual se pode extrair como espécie a *condição negativa de punibilidade*. A prescrição, por exemplo, é uma causa de extinção da punibilidade, considerada genérica, por não se prender a motivações de ordem utilitária ou sentimental de preservação de laços familiares. Cuidando, entretanto, do perdão judicial (vide o art. 121, § 5.º, CP), ingressa-se no contexto das razões de ordem utilitária ou sentimental, logo, no universo das condições negativas de punibilidade (escusas absolutórias).

Por outro lado, a condição objetiva de punibilidade vincula-se a tipos penais. Quando presente, propicia relevo ao tipo incriminador; se ausente, torna o tipo inativo. Note-se o exemplo já mencionado da sentença de falência: se decretada a quebra, podemos cuidar de crimes falimentares; caso contrário, não há interesse pela análise dos tipos incriminadores falimentares.

A condição de procedibilidade é condição ligada ao processo, que, uma vez presente, autoriza a propositura da ação. Ex.: representação do ofendido nos crimes de ação pública condicionada. Porém, ausente, pode levar à extinção da punibilidade, afinal, sem representação no prazo de seis meses, ocorrerá a decadência (art. 107, IV, CP).

2. CAUSAS GERAIS E ESPECÍFICAS

O rol do art. 107 do Código Penal, que cuida das causas de extinção da punibilidade, é meramente exemplificativo, uma vez que existem várias outras previstas na Parte Especial e, também, em leis penais especiais. Exemplos: a) o ressarcimento do dano, no peculato culposo (art. 312, § 3.º, CP); b) a morte do ofendido, no caso do art. 236 do CP ("contrair casamento, induzindo em erro essencial o outro contraente, ou ocultando-lhe impedimento que não seja casamento anterior"), pois a ação só pode ser intentada pelo contraente enganado; c) o pagamento do tributo antes do recebimento da denúncia, nos crimes de sonegação fiscal (art. 34, Lei 9.249/1995).

Dentre as que estão no art. 107, podemos dividi-las em gerais (comuns), as que se aplicam a todos os delitos (ex.: morte, prescrição etc.) e específicas (particulares), as que somente se aplicam a alguns tipos de delitos (ex.: retratação do agente nos crimes contra a honra, perdão judicial etc.).

Geralmente, ocorrendo uma dessas causas, extingue-se a possibilidade do Estado de impor uma pena ao agente, embora remanesça o crime praticado. Há duas exceções que permitem a exclusão do próprio delito: anistia e *abolitio criminis*. Quando um fato deixa de ser considerado criminoso por lei ou norma de complementação posterior (ex.:

Portaria do Ministério da Saúde nos crimes envolvendo entorpecentes) (*abolitio*) ou o Estado declara esquecê-lo (anistia), é natural que afaste a concretização do crime, por desaparecimento da tipicidade.

3. COMUNICABILIDADE DAS CAUSAS EXTINTIVAS DA PUNIBILIDADE

São causas que *se* comunicam aos coautores e partícipes, vale dizer, ocorrendo com relação a um deles, estende-se a todos: a) o perdão para quem o aceitar; b) a *abolitio criminis*; c) a decadência; d) a perempção; e) a renúncia ao direito de queixa; f) a retratação, no crime de falso testemunho.

São causas que não *se* comunicam, abrangendo apenas o coautor ou partícipe específico, que preencha o perfil destacado em lei: a) a morte do agente; b) o perdão judicial; c) a graça, o indulto e a anistia (que pode incluir ou excluir coautores, conforme o caso); d) a retratação do querelado na calúnia ou difamação (art. 143, CP); e) a prescrição (conforme o caso. Ex.: se um agente é menor de 21 anos e o outro não é, a prescrição com relação ao primeiro computa-se pela metade).

Por outro lado, vale destacar o disposto no art. 108 do Código Penal, norma penal explicativa, preceituando o seguinte: "A extinção da punibilidade de crime que é pressuposto, elemento constitutivo ou circunstância agravante de outro não se estende a este. Nos crimes conexos, a extinção da punibilidade de um deles não impede, quanto aos outros, a agravação da pena resultante da conexão".

Quer o legislador ressaltar a possibilidade de ocorrer extinção da punibilidade para um determinado crime, de algum modo interligado a outro, sem afetar este último. Ex.: não é porque o furto prescreveu, extinguindo-se a punibilidade do agente, que a punibilidade da receptação sofrerá qualquer arranhão, ou porque a ameaça deixa de ser considerada delito que o roubo será afetado.

4. MOMENTOS DE OCORRÊNCIA

Concretizando-se a causa de extinção da punibilidade antes do trânsito em julgado da sentença, atinge-se o direito de punir (*jus puniendi*) do Estado, não persistindo qualquer efeito do processo ou da sentença condenatória eventualmente proferida. Ex.: prescrição da pretensão punitiva, decadência, renúncia.

Quando a extinção da punibilidade ocorrer após o trânsito em julgado, extingue-se a pretensão executória do Estado – imposição da pena –, remanescendo, no entanto, os efeitos secundários da sentença condenatória, tais como lançamento do nome do condenado no rol dos culpados, possibilidade de gerar a reincidência e maus antecedentes, entre outros. Ex.: indulto.

5. MORTE DO AGENTE

Aplica-se a esta causa extintiva da punibilidade o princípio geral de que a morte tudo resolve (*mors omnia solvit*). A Constituição Federal cuida, também, da matéria, mencionando no art. 5.º, XLV, 1.ª parte, que a pena não deverá passar da pessoa do delinquente, embora o perdimento de bens possa atingir os sucessores nos casos legalmente previstos até o limite do patrimônio transferido. Aliás, justamente por isso é que a pena de multa, ainda que considerada uma dívida de valor, como estipula o art. 51 do Código Penal, com sua nova redação, morrendo o sentenciado antes do pagamento, deve ser extinta, jamais transmitindo-se aos herdeiros a obrigação de quitá-la. É natural que somente os efeitos genuinamente civis subsistam a cargo dos sucessores, como a reparação do dano em virtude do crime.

Exige-se a certidão de óbito – que "tem por finalidade certificar a existência da morte e registrar a sua causa, quer do ponto de vista médico, quer de eventuais aplicações jurídicas, para permitir o diagnóstico da causa jurídica do óbito: seja o homicídio, o suicídio, acidente ou a morte chamada natural" (Marco Segre) – para provar a morte, a teor do disposto no art. 62 do Código de Processo Penal.

Quanto à morte presumida por ausência (art. 6.º do Código Civil), a doutrina divide-se: alguns sustentam que, declarada a morte no campo civil, pode-se aproveitar tal decreto no contexto criminal, extinguindo-se a punibilidade (Hungria, Noronha, Fragoso, entre outros). Outros, no entanto, seguem à risca o disposto no art. 62 do Código de Processo Penal, aceitando somente a certidão de óbito para a extinção da punibilidade (Mirabete, Damásio, entre outros).

Parece-nos que a questão deve ficar restrita à expedição ou não da certidão de óbito: se esta for expedida em procedimento civil (como ocorre na situação de morte trágica, em acidente, podendo os familiares ingressar com pedido na Vara de Registros Públicos, provando a ocorrência da morte por outros meios, como retratado no art. 88 da Lei 6.015/1973), deve o juiz criminal aceitá-la para todos os fins. Entretanto, se a certidão não for expedida, considerando-se a *morte presumida* somente para efeito de administração de herança ou qualquer outro fim, não há que se falar em extinção da punibilidade. Aguarda-se, neste caso, a ocorrência da prescrição.

É válido mencionar ter a Lei 10.406/2002 (atual Código Civil) acrescentado outras hipóteses de declaração de morte presumida, como se vê no art. 7.º ("Pode ser declarada a morte presumida, sem decretação de ausência: I – se for extremamente provável a morte de quem estava em perigo de vida; II – se alguém, desaparecido em campanha ou feito prisioneiro, não for encontrado até 2 (dois) anos após o término da guerra. Parágrafo único. A declaração da morte presumida, nesses casos, somente poderá ser requerida depois de esgotadas as buscas e averiguações, devendo a sentença fixar a data provável do falecimento"). Nesses casos, diversamente da declaração de ausência, para fim de administração da herança, em que se presume a morte somente pelo fato de alguém desaparecer por certo tempo de seu domicílio, sem deixar notícia ou lugar onde possa ser encontrada, busca o juiz cível – como se faz, aliás, na Vara dos Registros Públicos em caso de morte trágica – o paradeiro de pessoas que estavam em perigo de vida, cuja morte é *extremamente* provável ou quando desapareceram em campanha ou foram feitas prisioneiras, sem que fossem encontradas até 2 anos após a guerra, fixando a sentença a provável data do falecimento. Parece-nos, pois, que, registrada a decisão, pode-se dar o mesmo efeito da certidão de óbito, declarando-se extinta a punibilidade.

> **PONTO RELEVANTE PARA DEBATE**
>
> **As possibilidades jurídicas em face do descobrimento da falsidade da certidão de óbito após a extinção da punibilidade do agente**
>
> Caso o réu apresente uma certidão falsa e obtenha, com isso, a decretação da extinção da sua punibilidade, pode haver revisão, reinaugurando-se a demanda penal? A maioria da doutrina posiciona-se, corretamente, pela negativa. Inexiste no direito brasileiro a hipótese de revisão *pro societate*, como há expressamente no Código de Processo Penal italiano (art. 69). Daí por que não se pode reabrir o processo contra o réu, sendo o caso de, no máximo, puni-lo pela falsidade. Enquanto o legislador não alterar a lei, prevendo tal possibilidade de revisão em favor da sociedade, cabe aos juízes cautela redobrada antes de declarar extinta a punibilidade do réu. Havendo a juntada de certidão de óbito nos autos, o ideal é oficiar-se ao cartório diretamente, solicitando do notário um outro documento para a devida comparação.
>
> Há decisões em contrário na jurisprudência, com base nos seguintes argumentos: a) se não houve morte, estava ausente o pressuposto da declaração de extinção da punibilidade, não podendo haver coisa julgada; b) a decisão de extinção da punibilidade é apenas interlocutória, não gerando coisa julgada material.
>
> Na realidade, aceitando-se a reabertura do processo, trata-se de uma autêntica revisão criminal em favor da sociedade, ainda que seja para reparar uma injustiça, não prevista pela lei processual penal. E mais: a decisão que julga extinta a punibilidade é, em nosso entender, terminativa, afastando a pretensão punitiva do Estado, que não deixa de ser questão de mérito (é uma sentença terminativa em sentido estrito).

6. ANISTIA

É a declaração, pelo Poder Público, de que determinados fatos se tornam impuníveis por motivo de utilidade social. O instituto da anistia volta-se a *fatos* e não a pessoas.

Pode ocorrer antes da condenação definitiva – anistia própria –, ou após o trânsito em julgado da condenação – anistia imprópria. Tem a força de extinguir a ação e a condenação, sem deixar efeitos secundários. Primordialmente, destina-se a crimes políticos, embora nada impeça a sua concessão a crimes comuns. Aliás, o próprio constituinte deixou isso bem claro ao dispor, no art. 5.º, XLIII, não caber anistia para crimes hediondos, tortura, tráfico ilícito de drogas e terrorismo, querendo dizer, em suma, que, se o Poder Público quisesse, poderia concedê-la a delitos comuns.

Pode ser condicionada ou incondicionada, vale dizer, pode ter condições a serem aceitas pelo beneficiário ou não. Se for condicionada, pode ser recusada; do contrário, não cabe recusa. De um modo ou de outro, uma vez concedida, não pode mais ser revogada.

É oportuno falar, ainda, em anistia geral ou parcial. A primeira favorece a todos os que praticaram determinado fato, indistintamente. A segunda beneficia somente alguns (ex.: os não reincidentes).

Finalmente, ela pode ser irrestrita ou limitada, conforme abranja todos os delitos relacionados ao fato criminoso principal ou exclua alguns deles.

A anistia só é concedida através de lei editada pelo Congresso Nacional. Possui efeito *ex tunc*, ou seja, apaga o crime e todos os efeitos da sentença, embora não atinja os efeitos civis. Serve, também, como já mencionado anteriormente, para extinguir a medida de segurança, nos termos do art. 96, parágrafo único, do Código Penal. Deve ser declarada a extinção da punibilidade, quando concedida a anistia, pelo juiz da execução penal. Tratada no art. 107 do Código Penal como excludente de punibilidade, na verdade, a sua natureza jurídica é de excludente de tipicidade, pois, *apagado* o fato, a consequência lógica é o afastamento da tipicidade, que é adequação do fato ao tipo penal.

7. GRAÇA OU INDULTO INDIVIDUAL

É a clemência destinada a uma pessoa determinada, não dizendo respeito a fatos criminosos. A Lei de Execução Penal passou a chamá-la, corretamente, de indulto individual (arts. 188 a 192), embora a Constituição Federal tenha entrado em contradição a esse respeito. O art. 5.º, XLIII, utiliza o termo *graça* e o art. 84, XII, refere-se tão somente a *indulto*. Portanto, diante dessa flagrante indefinição, o melhor a fazer é aceitar as duas denominações: *graça* ou *indulto individual*.

Tratando-se de um perdão concedido pelo Presidente da República, dentro da sua avaliação discricionária, não sujeita a qualquer recurso, a graça deve ser usada com parcimônia. Pode ser total ou parcial, conforme alcance todas as sanções impostas ao condenado (total) ou apenas alguns aspectos da condenação, quer reduzindo, quer substituindo a sanção originalmente aplicada (parcial). Neste último caso, não extingue a punibilidade, chamando-se *comutação*.

Pode ser provocada por petição do condenado, por iniciativa do Ministério Público, do Conselho Penitenciário ou da autoridade administrativa. Exige-se o parecer do Conselho Penitenciário, seguindo ao Ministério da Justiça. Após, delibera sobre o pedido o Presidente da República, que pode, no entanto, delegar a apreciação aos Ministros de Estado, ao Procurador-Geral da República ou ao Advogado-Geral da União (art. 84, parágrafo único, da Constituição Federal).

Assim como o indulto coletivo, pressupõe sentença condenatória com trânsito em julgado, servindo para apagar somente os efeitos executórios da condenação, mas não os secundários (reincidência, nome no rol dos culpados, obrigação de indenizar a vítima etc.). Torna possível, uma vez concedida, extinguir a medida de segurança. Conferir, ainda, o disposto na Súmula 6 do Conselho Penitenciário: "A graça, plena ou parcial, é medida de caráter excepcional, destinada a premiar atos meritórios extraordinários praticados pelo sentenciado no cumprimento de sua reprimenda ou ainda atender condições pessoais de natureza especial, bem como a corrigir equívocos na aplicação da pena ou eventuais erros judiciários. Assim, inexistindo na condenação imposta ao reeducando qualquer erro a ser reparado ou excesso na dosimetria da pena e não revelando a conduta do mesmo nada de excepcional a ser premiado, é inviável a concessão do benefício da graça".

Preceitua o art. 192 da Lei de Execução Penal que, "concedido o indulto e anexada aos autos cópia do decreto, o juiz declarará extinta a pena ou ajustará a execução aos termos do decreto, no caso de comutação", dando a entender que o magistrado poderá, conforme seu critério, decretar extinta a punibilidade. O fato é que, havendo qualquer tipo de condição no decreto presidencial, cabe a análise ao Judiciário, a fim de verificar se o beneficiário faz jus ao indulto (individual ou coletivo). Somente quando o decreto for dirigido a uma pessoa (graça), sem estabelecer qualquer condição, o juiz é obrigado a acatar, liberando o condenado. Se, porventura, o Presidente da República, pretendendo conceder graça, fizer menção a decreto anterior de indulto coletivo, transfere ao magistrado a possibilidade de, valendo-se do art. 192 da LEP, efetivar ou não o benefício.

Ilustrando, no direito medieval, "o agente que revidava uma agressão, agindo de acordo com a descriminante não era absolvido, mas a sua punibilidade era extinta pelo instituto da graça, impetrada ao soberano" (cf. Célio de Melo Almada, *Legítima defesa*, p. 40). Em outros termos, a legítima defesa não era excludente de ilicitude, mas de punibilidade, dependendo, pois, da misericórdia e senso de justiça do soberano. Note-se, assim, o seu evidente caráter de realização de justiça no caso concreto, não devendo, pois, ser banalizada a sua concessão.

8. INDULTO COLETIVO

É a clemência destinada a um grupo de sentenciados, tendo em vista a duração das penas aplicadas, podendo exigir requisitos subjetivos (tais como primariedade, comportamento carcerário, antecedentes) e objetivos (por exemplo, o cumprimento de certo montante da pena, a exclusão de certos tipos de crimes).

O indulto pode ser total, quando extingue todas as condenações do beneficiário, ou parcial, quando apenas diminui ou substitui a pena por outra mais branda. Neste último caso, não se extingue a punibilidade, chamando-se *comutação*. Controversa era a possibilidade de concessão do indulto a réu condenado, com recurso em andamento. Defendia Frederico Marques a impossibilidade, pois seria pressuposto do indulto a sentença condenatória definitiva, mas essa, atualmente, é uma questão superada. Predomina o entendimento de ser possível a concessão do indulto se já houve trânsito em julgado para a acusação. E, mesmo que seja beneficiado com o indulto, pode ainda ser o recurso do réu apreciado, no mérito, pelo tribunal. Ressalte-se, a título de exemplo, o disposto no Decreto 2.838, de 06.11.1998: "Os benefícios previstos neste Decreto são aplicáveis, ainda que: I – a sentença condenatória tenha transitado em julgado somente para a acusação, sem prejuízo do julgamento do recurso da defesa na instância superior; II – haja recurso da acusação que não vise alterar a quantidade da pena aplicada ou as condições exigidas para a concessão do indulto e da comutação" (art. 4.º).

Se o condenado estiver em gozo de *sursis* pode também ser beneficiado com o indulto. Aliás, é o que deixou bem claro o referido Decreto 2.838/1998 (art. 1.º, VII), como o fazem outros igualmente.

Por outro lado, pode haver soma de penas para aplicação do indulto. Nesse sentido já havia decisão do Supremo Tribunal Federal, agora consolidada pelos decretos dos últimos anos, que têm concedido o indulto (ilustrando, temos o Dec. 2.838/1998, art. 6.º, *caput*: "As penas correspondentes a infrações diversas devem somar-se para efeito do indulto e da comutação").

Somente pode haver recusa por parte do beneficiário caso o indulto seja condicionado. Uma vez concedido, serve para extinguir os efeitos principais da sentença condenatória, mas não os secundários, salvo se o Decreto assim o autorizar. Chama-se *indulto incidente* o referente a uma só das penas sofridas pelo condenado, em vias de cumprimento.

Ressaltemos, novamente, não produzir o decreto de indulto do Presidente da República efeito por si mesmo, devendo ser analisado pelo juiz da execução penal, que tem competência para decretar extinta a punibilidade do condenado, se for o caso. Aliás, os decretos presidenciais contêm condições objetivas e subjetivas, que necessitam de avaliação judicial, ouvindo-se o Ministério Público.

Anote-se o conteúdo da Súmula 631 do STJ: "o indulto extingue os efeitos primários da condenação (pretensão executória), mas não atinge os efeitos secundários, penais ou extrapenais". Quer dizer que o condenado, beneficiário do indulto, mesmo que tenha a sua pena integralmente perdoada, permanecerá suportando os efeitos indiretos ou secundários da condenação: registra antecedentes criminais; a condenação indultada dá margem a gerar reincidência; permite-se a execução, no cível, da indenização devida à vítima, entre outros.

> ### 🎗 PONTO RELEVANTE PARA DEBATE
>
> **Indulto humanitário**
>
> Temos sustentado que o indulto (individual ou coletivo) é vedado aos condenados por crimes hediondos e equiparados. Entretanto, tratando-se de uma forma particular de *perdão*, proferido pelo Executivo, no tocante aos condenados gravemente enfermos, muitas vezes às vésperas do falecimento, pensamos deva ser destinado a qualquer sentenciado.
>
> Mesmo os que estiverem cumprindo pena pela prática de crime hediondo ou equiparado são, igualmente, tutelados pelo princípio regente da *dignidade da pessoa humana*. Cuida-se, afinal, de *indulto humanitário*.
>
> Diante disso, entre a vedação ao indulto (ou graça, como já comentamos em nota anterior), prevista na Constituição Federal, no art. 5.º, e o princípio da dignidade da pessoa humana, no art. 1.º, III, CF, este último deve preponderar.

9. *ABOLITIO CRIMINIS*

Trata-se de lei nova deixando de considerar determinada conduta como crime. Nesse caso, ocorre o fenômeno da retroatividade da lei penal benéfica. Assim acontecendo, nenhum efeito penal subsiste, mas apenas as consequências civis, conforme a situação. O art. 107 a insere no contexto das excludentes de punibilidade, mas, na realidade, sua natureza jurídica é de excludente de tipicidade, pois, desaparecendo do mundo jurídico o tipo penal, o fato não pode mais ser considerado *típico*.

10. DECADÊNCIA

Trata-se da perda do direito de ingressar com ação privada ou de representação por não ter sido exercido no prazo legal. Atinge o direito de punir do Estado indiretamente, uma vez que, não mais existindo possibilidade de se instaurar o devido processo legal, não se pode impor condenação.

A regra geral, estabelecida no art. 103 do Código Penal, é a seguinte: "Salvo disposição expressa em contrário, o ofendido decai do direito de queixa ou de representação se não o exerce dentro do prazo de 6 *(seis) meses*, contado do dia em que veio a saber quem é o autor do crime, ou, no caso do § 3.º do art. 100 deste Código, do dia em que se esgota o prazo para oferecimento da denúncia".

A exceção apontada pela lei é a seguinte: *30 dias* da homologação do laudo pericial nos crimes contra a propriedade imaterial (art. 529, *caput*, CPP). No tocante à propriedade imaterial, além dos 30 dias, após a homologação, vigem ainda os 6 meses a contar da data do fato.

O prazo flui da data em que o ofendido ou seu representante souberem da autoria do crime, sendo fatal e improrrogável. Conta-se como prazo penal (art. 10, CP). Quando a vítima é menor de 18 anos, o prazo para representar ou ingressar com queixa-crime corre somente para o representante. Após os 18 anos, naturalmente, somente a vítima pode valer-se da iniciativa da ação penal.

Há polêmica acerca do início da decadência na fase da menoridade da vítima, completando esta os 18 anos ainda no decurso do prazo. Tem ela o prazo integral de seis meses ou somente o remanescente? Exemplificando: para alguns, se o menor, com 17 anos e 10 meses for vítima de um delito de ação pública condicionada, conhecendo-se o autor do fato de imediato, ao completar 18 anos terá apenas mais quatro meses para representar, pois o prazo decadencial é um só. Outros defendem que, ao atingir 18 anos, terá o ofendido seis meses integrais para representar, pois antes o prazo não corria em relação à sua pessoa. Baseiam-se na Súmula 594 do STF: "Os direitos de queixa e de representação podem ser exercidos, independentemente, pelo ofendido ou por seu representante legal". Por isso, o ofendido deve ter seis meses, o mesmo prazo que seu representante legal possui. Esta última parece-nos ser a posição correta. Cremos que, sendo os prazos independentes, o menor deve tê-lo por inteiro, ao atingir os 18 anos. É lógico que, ocorrendo o fato criminoso muito tempo antes de ter ele atingido a maioridade, quando isto se der, é possível já ter havido prescrição.

O prazo é interrompido com a apresentação da queixa em juízo, quando se cuidar de ação privada, mesmo sem o recebimento formal pelo magistrado, ou da representação à autoridade policial ou ao membro do Ministério Público, quando se tratar de ação penal pública condicionada. A lei diz que "decai do direito" se não o "exercer" em seis meses. A propositura da ação significa o *exercício* do direito.

11. PEREMPÇÃO

Trata-se de uma sanção processual pela inércia do particular na condução da ação penal privada, impedindo-o de prosseguir na demanda. *Perempção* origina-se de *perimir*, que significa matar, destruir. É instituto aplicável apenas à ação penal privada exclusiva, e não na subsidiária da pública.

Há quatro hipóteses (art. 60 do Código de Processo Penal):

1.ª) iniciada a ação, o querelante deixa de promover o andamento do processo durante 30 dias seguidos. Ex.: deixa de pagar despesas do processo; retira os autos por mais de 30 dias sem devolver; não oferece alegações finais. Para considerar perempta a ação nesse caso, deve o juiz verificar, com cautela, o seguinte: a) se o querelante foi intimado, pessoalmente, a dar prosseguimento; b) se o motivo da paralisação não constituiu força maior; c) se a desídia foi do querelante e não de serventuário da justiça ou do próprio querelado;

2.ª) falecendo o querelante, ou ficando incapaz, não comparecem em juízo, para prosseguir no processo, dentro de 60 dias, seus sucessores, nessa ordem: cônjuge, ascendente, descendente ou irmão (art. 36, CPP);

3.ª) o querelante deixa de comparecer, sem motivo justificado, a qualquer ato do processo a que deva estar presente ou não formula pedido de condenação nas alegações finais. Basicamente, não há caso em que o querelante deva estar presente. Mas se ele e seu defensor faltam a uma audiência, por exemplo, sem justificativa, pode ocorrer a perempção;

4.ª) o querelante, pessoa jurídica que se extingue, não deixa sucessor.

Ocorre ainda a perempção em ação penal privada, no caso de morte do querelante, quando for personalíssima, como, por exemplo, no induzimento a erro essencial (art. 236, CP).

12. RENÚNCIA E PERDÃO

Renúncia é a desistência da propositura da ação penal privada. Para a maioria da doutrina, a renúncia é aplicável à ação penal subsidiária da pública, embora isso não impeça o Ministério Público de denunciar. *Perdão* é a desistência do prosseguimento da ação penal privada propriamente dita.

Nota-se, pois, como são semelhantes os dois institutos. A única grande diferença entre ambos é que a renúncia ocorre antes do ajuizamento da ação e o perdão, depois. Tanto a renúncia como o perdão podem ser expressos ou tácitos. Expressos, quando ocorrem através de declaração escrita e assinada pelo ofendido ou por seu procurador, com poderes especiais (não obrigatoriamente advogado). Tácitos, quando o querelante praticar atos incompatíveis com o desejo de processar o ofensor (art. 104, parágrafo único, 1.ª parte, e art. 106, § 1.º, CP). Ex.: reatamento de amizade, não se incluindo nisso as relações de civilidade ou profissionais.

Admite-se qualquer meio de prova para demonstrar a ocorrência da renúncia ou do perdão tácitos. Lembremos que receber indenização pelos danos causados não implica em renúncia, em regra (art. 104, parágrafo único, 2.ª parte, CP), embora na aplicação da Lei 9.099/1995 possa implicar (art. 74, parágrafo único).

É preciso salientar a indivisibilidade da ação penal: havendo renúncia no tocante a um, atinge todos os querelados (art. 49, CPP), exceto quando não conhecida a identidade de um deles. O mesmo ocorre quanto ao perdão, com a ressalva de que, nesta hipótese, concedido o perdão a um dos querelados, para que beneficie os demais, torna-se indispensável a aceitação dos demais.

No caso de dois titulares do direito de representação, a renúncia de um não afeta o direito do outro. O mesmo acontece no tocante ao perdão: a concessão feita por um dos querelantes não afeta o direito dos demais. Na hipótese do art. 31 do CPP, no entanto, o perdão concedido por um sucessor deve contar com a concordância dos demais. Afinal, se dois quiserem acionar, o juiz deve respeitar a ordem do art. 31, e não seria justo que o cônjuge ingressasse com a ação penal, para, dois dias depois, por exemplo, perdoar o querelado.

A renúncia é ato unilateral, não dependendo de aceitação da outra parte, enquanto o perdão é bilateral, necessitando ser aceito pelo querelado para produzir efeito. Esta foi uma imperfeição do legislador, pois não se deve obrigar o querelante a prosseguir na ação penal. Se ele realmente desejar, pode provocar a perempção, que não depende de aceitação. O perdão pode ser concedido e aceito até o trânsito em julgado da decisão condenatória.

É viável a ocorrência de renúncia ou de perdão procedimental ou extraprocedimentalmente. Se o ofendido manifesta sua renúncia, por petição, no inquérito policial, considera-se procedimental. Caso o faça em carta dirigida diretamente ao agressor, trata-se da figura extraprocedimental. No contexto do perdão, dá-se o mesmo. A sua concessão por petição dirigida ao juiz é considerada procedimental. Fora daí, não surgindo no processo, é extraprocedimental. Por derradeiro, vale ressaltar que a aceitação – quando se tratar de perdão – pode ocorrer no processo ou fora dele.

13. RETRATAÇÃO

É o ato pelo qual o agente reconhece o erro que cometeu e o denuncia à autoridade, retirando o que anteriormente havia dito. Pode ocorrer: 1.º) nos crimes de calúnia e difamação (art. 143, CP); 2.º) nos crimes de falso testemunho e falsa perícia (art. 342, § 2.º, CP). Nessas duas situações, a manifestação em sentido oposto é mais vantajosa para a vítima ou para o Estado. Nos delitos contra a honra, especialmente os que se voltam contra a reputação (calúnia e difamação), se o agente narrar a verdade, dizendo que havia mentido, lucra mais o ofendido; eventual condenação é menos importante. Quanto ao falso testemunho e falsa perícia, havendo a narrativa da verdade, sai ganhando a administração da Justiça, bem jurídico tutelado.

Somente pode dar-se até a sentença de 1.º grau, embora existam opiniões defendendo a possibilidade de retratação até o trânsito em julgado da decisão condenatória. Quanto ao falso testemunho e falsa perícia, a lei é clara: somente até o advento da sentença onde o falso foi cometido.

A retratação, em qualquer caso, somente tem valor quando ingressa nos autos, não dependendo de aceitação da parte contrária.

No procedimento do júri, discute-se até que ponto pode o falso ser retratado: a) até a sentença de pronúncia; b) até a decisão do Tribunal do Júri; c) até o trânsito em julgado da sentença condenatória. A melhor posição é a segunda. Não se deve acolher como momento-limite a pronúncia, pois é esta apenas uma decisão interlocutória, julgando a admissibilidade da acusação. A sentença proferida no Plenário é a que julga o mérito da causa. Entretanto, se houver impronúncia ou absolvição sumária, o prazo para retratar-se tem por limite tais decisões. Para quem admite participação nos crimes de falso testemunho e falsa perícia (delitos de mão própria), a retratação de um dos coautores pode beneficiar os demais? Há *duas posições*: a) não se comunica, pois vale a mesma regra dos crimes contra a honra: somente quem volta atrás não merece ser punido; b) comunica-se, pois a lei fala que o fato se torna "não punível". Ora, se o fato não é mais digno de punição, natural que os concorrentes não possam ser condenados caso um deles declare a verdade, retratando-se. Esta última, no caso do falso testemunho, parece ser a melhor posição. A retratação, em qualquer situação, deve ser cabal e completa.

14. PERDÃO JUDICIAL

É a clemência do Estado para determinadas situações expressamente previstas em lei, quando não se aplica a pena prevista para determinados crimes, ao serem preenchidos certos requisitos objetivos e subjetivos que envolvem a infração penal. Trata-se de uma autêntica *escusa absolutória*, que não pode ser recusada pelo réu.

Quanto à natureza jurídica do perdão judicial, parecia-nos configurar uma decisão condenatória, com a perspectiva de que somente se perdoa quem é culpado. Entretanto, convencemo-nos da natureza declaratória de extinção da punibilidade, sem gerar qualquer consequência a quem se beneficiou. Observa-se o caminho percorrido para atingir essa decisão, muito semelhante à extinção da punibilidade, pela prescrição da pretensão punitiva, que, também, não gera qualquer efeito secundário. Quando o juiz prolata a decisão concessiva do perdão, não se ingressa em qualquer dispositivo condenatório impositivo de pena, para, depois disso, conceder a clemência. Em lugar disso, o magistrado julga extinta a punibilidade tanto ao final da investigação policial, antes mesmo do recebimento de denúncia ou queixa, ou após a instrução, considerando ser desnecessária a punição do agente, vale dizer, a pena é desnecessária, situação devidamente autorizada em lei.

O julgador está *declarando* inexistir pretensão punitiva por parte do Estado e, com isso, não se pode acolher a natureza jurídica de uma sentença condenatória. Não havendo condenação, resta unicamente a declaração da extinção da punibilidade. Nesse sentido, encontra-se a Súmula 18 do Superior Tribunal de Justiça: "A sentença concessiva do perdão judicial é declaratória da extinção da punibilidade, não subsistindo qualquer efeito condenatório".

Finalmente, a previsão feita pelo art. 120 do Código Penal, no sentido de que a sentença concessiva do perdão judicial não será considerada para efeito de reincidência, apenas indica, a título de ratificação, para não pairar dúvida, que essa decisão não produz *antecedente criminal*. Aliás, mesmo inexistente o art. 120, a conclusão seria a mesma, pois não houve condenação alguma. Impossível gerar reincidência, nos precisos termos do art. 63 do Código Penal.

São situações que ensejam o perdão judicial, como exemplos, na Parte Especial do Código Penal: a) homicídio culposo (art. 121, § 5.º); b) lesão corporal culposa (art. 129, § 8.º); c) injúria (art. 140, § 1.º, I e II); d) outras fraudes (art. 176, parágrafo único);

e) receptação culposa (art. 180, § 5.º); f) parto suposto, supressão ou alteração de direito inerente ao estado civil de recém-nascido (art. 242, parágrafo único); g) subtração de incapazes (art. 249, § 2.º); h) apropriação indébita previdenciária (art. 168-A, § 3.º); i) sonegação de contribuição previdenciária (art. 337-A, § 2.º). Na legislação penal especial, temos: a) Lei de Contravenções Penais (arts. 8.º e 39, § 2.º, Dec.-lei 3.688/1941); b) Código Eleitoral (art. 326, § 1.º, Lei 4.737/1965); c) Lei dos Crimes Ambientais (art. 29, § 2.º, Lei 9.605/1998); d) Lei de Lavagem de Dinheiro (art. 1.º, § 5.º, Lei 9.613/1998); e) Lei de Proteção à Vítima e à Testemunha (art. 13, Lei 9.807/1999).

15. PRESCRIÇÃO

> Acesse e escute o podcast sobre Prescrição – Partes 1 e 2.
> http://uqr.to/1yoij

15.1 Conceito e teorias justificadoras

É a perda do direito de punir do Estado pelo não exercício em determinado lapso de tempo. Não há mais interesse estatal na repressão do crime, tendo em vista o decurso do tempo e porque o infrator não reincide, readaptando-se à vida social.

Há duas maneiras de se computar a prescrição: a) pela pena em abstrato (*in abstracto*); b) pela pena em concreto (*in concreto*). No primeiro caso, não tendo ainda havido condenação, inexiste pena determinada e definitiva para servir de base ao juiz ao cálculo da prescrição. Portanto, utiliza-se a pena máxima em abstrato prevista para o delito (art. 109, CP). Se houver a incidência de causa de aumento, aplica-se à pena máxima o máximo do aumento (busca-se o limite que o juiz teria para fixá-la e não a pena justa); se houver a incidência de causa de diminuição, aplica-se o mínimo. No segundo caso, já tendo havido condenação com trânsito em julgado, ao menos para a acusação, a pena tornou-se concreta e passa a servir de base de cálculo para a prescrição (art. 110, CP). Nesse sentido, conferir o disposto na Súmula 146 do STF: "A prescrição da ação penal regula-se pela pena concretizada na sentença, quando não há recurso da acusação".

Há várias teses fundamentando a existência da prescrição em diversos ordenamentos jurídicos, inclusive no nosso. Podemos enumerar as seguintes:

a) teoria do esquecimento: baseia-se no fato de que, após o decurso de certo tempo, que varia conforme a gravidade do delito, a lembrança do crime apaga-se da mente da sociedade, não mais existindo o temor causado pela sua prática, deixando, pois, de haver motivo para a punição;

b) teoria da expiação moral: funda-se na ideia de que, com o decurso do tempo, o criminoso sofre a expectativa de ser, a qualquer tempo, descoberto, processado e punido, o que já lhe serve de aflição, sendo desnecessária a aplicação da pena;

c) teoria da emenda do delinquente: tem por base o fato de que o decurso do tempo traz, por si só, mudança de comportamento, presumindo-se a sua regeneração e demonstrando a desnecessidade da pena;

d) teoria da dispersão das provas: lastreia-se na ideia de que o decurso do tempo provoca a perda das provas, tornando quase impossível realizar um julgamento justo muito tempo depois da consumação do delito. Haveria maior possibilidade de ocorrência de erro judiciário;

e) teoria psicológica: funda-se na ideia de que, com o decurso do tempo, o criminoso altera o seu modo de ser e de pensar, tornando-se pessoa diversa daquela que cometeu a infração penal, motivando a não aplicação da pena. Em verdade, todas as teorias, em conjunto, explicam a razão de existência da prescrição, que não deixa de ser medida benéfica e positiva, diante da inércia do Estado em sua tarefa de investigação e apuração do crime.

15.2 Prazos para o cálculo da prescrição

Regula-se pelo disposto no art. 109 do Código Penal, nos seguintes patamares:

a) em 20 anos, se o máximo da pena for superior a 12;

b) em 16 anos, se o máximo da pena for superior a 8 e não exceder 12;

c) em 12 anos, se o máximo da pena for superior a 4 e não exceder 8;

d) em 8 anos, se o máximo da pena for superior a 2 e não exceder 4;

e) em 4 anos, se o máximo da pena for igual ou superior a 1 e não exceder 2;

f) em 3 anos, se o máximo da pena for inferior a 1 ano.

Os prazos previstos nesse artigo servem ao cálculo da prescrição da pretensão punitiva e da executória. Por outro lado, lembremos que as penas restritivas de direitos, que são substitutivas das privativas de liberdade, prescrevem no mesmo prazo das substituídas (art. 109, parágrafo único, CP). Ex.: condenado a um ano de reclusão, o juiz substitui a pena por um ano de prestação de serviços à comunidade. Essa pena prescreve em quatro anos. Se, eventualmente, a pena restritiva de direitos tiver autonomia, como a suspensão da habilitação, cujo prazo varia de 2 meses a 5 anos, conforme previsto no Código de Trânsito Brasileiro, basta inserir o valor exato fixado pelo juiz concretamente e teremos o montante da sua prescrição. Enquanto não for estabelecido, prevalece o prazo máximo, que é de 5 anos.

Somente não se dá prescrição em dois tipos de crimes: racismo e terrorismo, porque há expressa previsão constitucional (art. 5.º, XLII e XLIV).

Ressaltemos que os prazos prescricionais têm a natureza penal, contando-se o dia do começo, não se suspendendo nas férias, fins de semana e feriados e sendo improrrogável.

Há duas variações nos prazos do art. 109, para mais e para menos: a) corta-se pela metade quando o réu for menor de 21 anos à época do fato ou maior de 70 na data da sentença (art. 115, CP); b) aumenta-se de um terço quando o condenado for reincidente, envolvendo apenas a pretensão executória do Estado (art. 110, *caput, in fine*, CP). Dispõe a Súmula 220 do Superior Tribunal de Justiça: "A reincidência não influi no prazo da prescrição da pretensão punitiva".

Esse aumento de um terço é inaplicável ao prazo da pretensão executória da pena de multa, quando esta é a única prevista ou a única aplicada, tendo em vista que o disposto no art. 110, *caput*, parte final, do Código Penal, é taxativo, tratando apenas da elevação dos prazos do art. 109. Ora, quando a multa é a única pena cominada ou aplicada, seu prazo de prescrição é específico e vem disposto no art. 114, I.

Lembre-se que a Lei 12.234, de 5 de maio de 2010, publicada no Diário Oficial no dia 6 de maio do mesmo ano, alterou o disposto pelo art. 109, VI, do Código Penal, ampliando para três anos o prazo de prescrição para crimes cujo máximo da pena é inferior a um ano. Trata-se de lei penal mais rigorosa; por isso, somente pode ser aplicada para crimes cometidos a partir do dia 6 de maio de 2010. As infrações penais cometidas antes dessa data continuam regidas pelo prazo anterior, ou seja, dois anos, para crimes cuja pena máxima é inferior a um ano.

> ### 🖈 PONTO RELEVANTE PARA DEBATE
>
> **A prescrição da medida de segurança**
>
> Quando a medida de segurança é aplicada ao inimputável, há *três posições* a respeito:
>
> a) só se aplica a prescrição da pretensão punitiva, porque para a executória exige-se fixação de pena, o que não acontece no caso de medida de segurança. Portanto, antes da decisão, é possível haver prescrição; depois, não;
>
> b) aplicam-se ambas as prescrições (pretensão punitiva e pretensão executória). No caso da executória, porque não há pena e sim medida de segurança, calcula-se a prescrição pela pena máxima em abstrato fixada ao crime;
>
> c) aplica-se, normalmente, a prescrição da pretensão punitiva, quando antes da decisão; após, diante do silêncio da lei, o melhor a fazer é verificar, antes de efetivar a medida de segurança de internação ao foragido, se o seu estado permanece o mesmo, ou seja, se continua perigoso e doente. Caso tenha superado a doença e a periculosidade, não mais se cumpre a medida de segurança. Ex.: o juiz aplica um ano de internação a alguém que está foragido. Encontrado dois anos depois, ao invés de executar a medida, é melhor verificar se continua doente e perigoso. Não mais permanecendo nesse estado, a medida de segurança deve ser extinta. Do contrário, pode ser cumprida e o indivíduo será internado.
>
> Embora, tecnicamente, a melhor posição, em nosso entendimento seja a segunda, podemos considerar a terceira em casos especiais, em face do seu caráter utilitário. Afinal, já existe decisão demonstrativa da enfermidade e da periculosidade, podendo-se, então, executá-la sem necessidade de ingresso na área cível. Quanto ao semi-imputável, leva-se em conta a pena fixada e depois convertida em internação (art. 98 do CP) para o cálculo da prescrição executória. A prescrição da pretensão punitiva ocorre normalmente, como nos demais casos.

Quanto à pena de multa, os prazos prescricionais estão descritos no art. 114 do Código Penal. Prescreve em dois anos a multa, quando for a única cominada ou aplicada (art. 114, I). Prescreve no mesmo prazo estabelecido para a pena privativa de liberdade quando a multa for alternativa ou cumulativamente cominada ou cumulativamente aplicada (art. 114, II).

Exemplos: se o juiz aplica apenas multa na sentença condenatória, substituindo uma pena privativa de liberdade de três meses de detenção pela pena pecuniária, o Estado tem dois anos para cobrá-la. Por outro lado, se o juiz fixa a pena de 1 ano de reclusão e multa de 10 dias-multa, para a cobrança da multa o Estado passa a ter quatro anos, que é o prazo previsto para a pena privativa de liberdade.

15.3 Prescrição como matéria de ordem pública

Tendo em vista que a prescrição é considerada matéria de ordem pública, deve ser decretada de ofício ou sob provocação das partes, inclusive em ações de impugnação (*habeas corpus*, revisão criminal e mandado de segurança) ou através dos recursos em geral.

Trata-se, pois, de matéria preliminar, ou seja, impede a análise do mérito. É a posição majoritária de todos os tribunais. Assim já dizia a Súmula 241 do extinto Tribunal Federal de Recursos: "A extinção da punibilidade pela prescrição da pretensão punitiva prejudica o exame do mérito da apelação criminal". A consequência disso é que o tribunal, percebendo a ocorrência da prescrição da pretensão punitiva, não julga o mérito, vale dizer, não acolhe ou rejeita a imputação, ainda que a defesa assim requeira.

Essa posição não deixa de representar certa injustiça, pois o réu, condenado em primeira instância, crendo-se inocente e pleiteando ao tribunal que assim o reconheça, havendo prescrição, não terá seu pedido analisado. Continuará o registro na folha de antecedentes de ter havido condenação em primeiro grau, embora com prescrição em segundo grau, o que difere, logicamente, de uma absolvição por inexistência do fato, por exemplo, concretizada no tribunal, muito mais favorável ao acusado, inclusive no campo moral.

> **♣ PONTO RELEVANTE PARA DEBATE**
>
> **A influência da detração no cálculo prescricional**
>
> Sustentam alguns a possibilidade de descontar o prazo da prisão provisória no cálculo da prescrição, tal como se faz na pena definitiva, valendo a analogia por razões de equidade. Seria o seguinte: se o réu foi condenado a 1 ano e 6 meses – cujo prazo prescricional é de 4 anos –, tendo sido preso provisoriamente por 8 meses, restam 10 meses de prisão – cujo prazo prescricional é de 3 anos. Portanto, se o réu fugir antes do trânsito em julgado da sentença condenatória, deve ser preso em, no máximo, 3 anos. Após, estará prescrita a pretensão executória do Estado.
>
> Uma segunda posição – a mais correta, em nosso entender – defende a impossibilidade de confundir institutos diversos. A detração, prevista no art. 42 do Código Penal, serve apenas para descontar na pena definitiva o prazo de prisão provisória, enquanto a prescrição tem outra finalidade. Se foi o réu condenado a 1 ano e 6 meses, apesar de ter sido preso por 8 meses, o prazo prescricional é de 4 anos, já que a detração não vai influenciar no cálculo da prescrição.

15.4 Modalidades de prescrição

Temos as seguintes:

a) *prescrição da pena em abstrato*: é a perda da pretensão punitiva do Estado, levando-se em conta a pena máxima em abstrato cominada para o crime. É utilizada enquanto o Estado não dispõe da pena concreta, aquela efetivamente aplicada pelo juiz, sem mais recurso da acusação;

b) *prescrição da pena em concreto*: é a perda da pretensão punitiva ou executória do Estado, levando-se em conta o montante da pena fixado na sentença, com, pelo menos, o trânsito em julgado para a acusação. Concretizando-se a pena para o Estado-acusação já é suficiente para esse tipo de cálculo, afinal, havendo recurso da defesa o montante da sanção penal jamais será superior, podendo baixar, o que é benéfico ao acusado (não existe, no sistema processual brasileiro, a possibilidade de haver reforma da pena, para maior, quando somente o réu recorre);

Subdivide-se em:

b.1) *prescrição da pretensão punitiva*: é a perda do direito de punir, levando-se em consideração prazos anteriores ao trânsito em julgado definitivo, isto é, para ambas as partes.

Subdivide-se em:

b.1.1) *prescrição retroativa*: é a perda do direito de punir do Estado, considerando-se a pena concreta estabelecida pelo juiz, com trânsito em julgado para a acusação, bem como levando-se em conta prazo anterior à própria sentença (entre a data do recebimento da denúncia ou queixa e a data da sentença, como regra. Há outros lapsos previstos especificamente para o procedimento do júri, que veremos depois);

b.1.2) *prescrição intercorrente* (subsequente ou superveniente): é a perda do direito de punir do Estado, levando-se em consideração a pena concreta, com trânsito em julgado para a acusação, ou improvido seu recurso, cujo lapso para a contagem tem início na data da sentença e segue até o trânsito em julgado desta para a defesa;

b.2) *prescrição da pretensão executória*: é a perda do direito de aplicar efetivamente a pena, tendo em vista a pena em concreto, com trânsito em julgado para as partes, mas com o lapso percorrido entre a data do trânsito em julgado da decisão condenatória para a acusação e o início do cumprimento da pena ou a ocorrência de reincidência.

Com exemplos, busquemos tornar claro o quadro das modalidades de prescrição:

1.º) cometida uma infração penal (veremos abaixo o início do prazo prescricional, que chamaremos de *data do fato*), tem início imediatamente a contagem da prescrição. Como não há pena concretizada, valemo-nos do máximo em abstrato previsto para o crime. Se cuidarmos de um furto simples, o máximo é de 4 anos, logo o prazo prescricional que teremos em vista é de 8 anos. Se entre a data do fato e a do recebimento da denúncia ou queixa tal lapso de 8 anos não foi atingido, não há que se falar em prescrição em abstrato;

2.º) atingindo a sentença condenatória, fixada a pena em 1 ano de reclusão, transitando em julgado para a acusação, teremos a pena em concreto;

3.º) a primeira providência é contar, novamente, o lapso prescricional retroativamente (entre a data da sentença e a do recebimento da denúncia ou queixa, como regra). Se ocorrer a prescrição, estamos lidando com a perda da pretensão punitiva, pois o Estado não conseguiu concretizar a sanção antes de se completar o lapso previsto em lei. Não importa que estejamos contando para trás, já que, antes, não tínhamos a pena concreta e lidávamos com a imaginária pena máxima;

4.º) caso a prescrição retroativa não tenha ocorrido, resta tomar a pena em concreto e calcular quanto tempo levará para haver o trânsito em julgado para a defesa (somente assim pode o Estado efetivamente aplicar a pena). Desse modo, começa-se da data da sentença condenatória, com trânsito em julgado para a acusação ou se esta recorrer e perder (nesse caso, seu recurso não teve o resultado de alterar a pena concreta, devendo ser desconsiderado. Ademais, se o órgão acusatório obtiver triunfo no seu recurso, mas não disser respeito a aumento considerável de pena, de modo a alterar a faixa prescricional anterior, continua a haver a prescrição intercorrente). Segue-se a contagem até o trânsito em julgado para a defesa, como já afirmamos. Esse é o tempo para os órgãos judiciários apreciarem o recurso da defesa, o que se configura justo, uma vez que a investigação tem um prazo, o processo tem outro, merecendo o recurso ter o seu. Demorando demais a julgar em definitivo o caso, perde o Estado o direito de punir. Lembremos que, com o advento da Lei 11.596/2007, acresceu-se, no inciso IV, do art. 117, CP, mais uma causa de interrupção da prescrição: o acórdão condenatório recorrível. O STF, em julgamento no Plenário, fixou o entendimento de que o acórdão condenatório recorrível é tanto o que confirma a decisão condenatória de primeiro grau quanto o acórdão que primeiramente condena o acusado, depois de ele ter sido absolvido em instância inferior;

5.º) se, ainda assim, a prescrição não se deu, é possível calcular-se, a partir daqui, a possibilidade de perda do direito de executar a pena. Iniciamos a contagem da data do trânsito em julgado da sentença condenatória para a acusação e seguimos até o início do cumprimento da pena ou se houver reincidência. A primeira interrupção é lógica, pois o Estado começou a fazer valer a penalidade aplicada. A segunda causa possível de interrupção decorre justamente das teorias da prescrição, muitas delas apontando para a emenda do criminoso e para o esquecimento da sociedade. Se ele delinquir novamente, reincidindo, é natural que não se tenha corrigido, nem a sociedade pode esquecer, tornando-se viável o afastamento da prescrição e a execução da pena anterior.

15.5 Termos iniciais da prescrição

Devemos dividir o início do prazo prescricional em dois âmbitos: da pretensão punitiva e da pretensão executória. O primeiro é disciplinado no art. 111 do Código Penal; o segundo, no art. 112.

Primeiramente, analisemos os marcos iniciais da prescrição da pretensão punitiva do Estado:

a) data em que o crime se consumou (art. 111, I). De acordo com a classificação dos crimes, deve-se verificar qual a data da consumação: materiais, no dia em que houve o resultado naturalístico; formais e de mera conduta, na data da atividade; omissivos próprios, na data do comportamento negativo; omissivos impróprios, no dia do resultado naturalístico; qualificados pelo resultado (incluindo os preterdolosos), na data do resultado naturalístico; culposos, na data do resultado naturalístico. Nos crimes continuados, vale a data da consumação de cada delito que o compõe. Quanto aos delitos habituais, embora com formato próprio, deve-se contar a prescrição como se faz no crime permanente, por analogia. Tem início a prescrição da data da cessação da habitualidade. Esta pode ser considerada encerrada tanto pela finalização das atitudes do agente, quanto no instante em que há o ajuizamento de ação penal contra o autor do delito.

Quando houver dúvida quanto à data da consumação, deve-se decidir sempre em favor do réu. Ilustrando, se um homicídio é cometido há muito tempo e quando se descobre o cadáver já não há condições de se apontar exatamente o dia em que houve o crime. A perícia pode indicar aproximadamente a época da morte. Se o fizer, por exemplo, mencionando ter sido entre janeiro e junho de determinado ano, deve-se computar a prescrição a partir do dia 1.º de janeiro e não do dia 30 de junho. E se qualquer outro delito tiver sido cometido, ilustrando ainda, no ano de 1999, sem se poder precisar o dia ou o mês, computa-se a prescrição a partir de 1.º de janeiro de 1999, e não de 31 de dezembro desse ano.

Por vezes, pode emergir a data da consumação por meio de depoimentos testemunhais, não se sabendo ao certo qual o dia exato, por exemplo, de uma apropriação indébita. O juiz forma a sua convicção pelo depoimento mais convincente, em confronto com as demais provas. Se for inviável, pois cada testemunha aponta um dia diverso, utiliza-se a data mais favorável ao réu. É a prevalência do interesse do acusado atuando como princípio geral de direito penal e processo penal;

b) no caso de tentativa, da data em que cessou a atividade executória (art. 111, II). Não há polêmica nessa hipótese, pois o Estado já está em condições de investigar e denunciar o agente, a partir do momento do seu último ato executório, antes de ser interrompido, contra sua vontade, por terceiros;

c) nos delitos permanentes, da data em que cessou a permanência (art. 111, III). Embora o crime permanente esteja consumado a partir de uma única ação (ex.: sequestrar pessoa, privando-a da sua liberdade), o fato é que a subsequente omissão do agente (ex.: não soltar a vítima, após a privação da liberdade) permite a continuidade da consumação, pois a liberdade continua a ser cerceada. Dessa maneira, para não haver dúvida a respeito do início da prescrição, estipulou o legislador que, enquanto não cessada a permanência (leia-se, a consumação), não tem início a prescrição. Eventualmente, em caso de não haver cessação da permanência (ex.: a vítima do sequestro não mais é localizada), começa-se a contar a prescrição a partir do início do inquérito ou do processo pelo Estado;

d) nos crimes de bigamia e nos de falsificação ou alteração de assentamento do registro civil, da data em que o fato se tornou conhecido (art. 111, IV). Nesses delitos, a prescrição corre da data em que o fato se tornou conhecido da autoridade competente para apurar e punir o infrator. O conhecimento da autoridade pode dar-se de modo presumido, quando o fato adquire notoriedade (pelo uso aparente do documento falso, por exemplo), ou de modo formal (apresentando-se a *notitia criminis*). A primeira posição é majoritária;

e) nos crimes contra a dignidade sexual ou que envolvam violência contra a criança e o adolescente, previstos no Código Penal ou em legislação especial, da data em que a vítima completar 18 anos, salvo se a esse tempo já houver sido proposta a ação penal (art. 111, V). Destina-se a coibir a impunidade gerada por delitos sexuais ou violentos cometidos no seio familiar ou em ambiente privado, quando a vítima se sente compelida a ocultar o que sofre. Por isso, se for molestada ou agredida pelo genitor, por exemplo, tem a possibilidade de denunciá-lo ao completar 18 anos. É certo que as provas podem ficar prejudicadas pelo decurso do tempo, mas, pelo menos, abre-se a possibilidade de apuração, evitando-se o decurso do prazo prescricional. Excetua-se a situação em que a ação penal contra o autor do crime já teve início, pois não teria sentido obstar a prescrição, quando o Estado já apura o crime.

Em seguida, temos os marcos iniciais da prescrição da pretensão executória:

a) no Código Penal, consta ser o dia em que transita em julgado a sentença condenatória para a acusação (art. 112, I, 1.ª parte). Porém, o início da prescrição da pretensão executória contra o Estado a partir do momento 'em que há o trânsito em julgado da decisão somente para a acusação é inconcebível, pois, ainda que se quisesse, não haveria viabilidade para a execução da pena, devendo-se aguardar o trânsito em julgado para a defesa. Ora, se não houve desinteresse do Estado, nem inépcia, para fazer o condenado cumprir a pena, não deveria estar transcorrendo a prescrição da pretensão executória. Esta é a nítida previsão legal; no entanto, a questão foi apreciada e decidida pelo Plenário do Supremo Tribunal Federal, no sentido de que o início da prescrição da pretensão executória somente pode começar a partir do momento em que a condenação transitar em julgado para as partes, tendo em vista significar o instante autorizado para fazer valer a sanção aplicada. No STJ, as Turmas Criminais pacificaram, também, o entendimento de que a prescrição da pretensão executória somente tem início com o trânsito em julgado para ambas as partes;

b) do dia em que transita em julgado a decisão que revoga a suspensão condicional da pena ou o livramento condicional (art. 112, I, 2.ª parte). Uma vez revogado o *sursis* ou o livramento condicional, determinada a prisão, é natural que tenha início o prazo prescricional, pois o Estado tem um tempo certo para executar a pena. Há decisões, no entanto, que, preferindo não revogar o benefício, antes de ouvir o condenado, "sustam" o livramento condicional, por exemplo, até que ocorra a prisão. Dessa forma, somente após ser ouvido o sentenciado, revoga-se o benefício, caso as justificativas que apresente não sejam satisfatórias. Tal postura é correta, por um lado, mas não se pode deixar de considerar que a prescrição tem início no instante em que houve a "sustação" do livramento, pois o Estado não deve ter tempo indefinido para prender o condenado.

Outro ponto a merecer destaque refere-se ao *sursis*. Sabemos que, após a concessão do benefício, feita na sentença condenatória, somente se pode considerar o condenado em gozo do benefício, após a audiência admonitória, prevista no art. 160 da Lei de Execução Penal ("transitada em julgado a sentença condenatória, o juiz lerá ao condenado, em audiência, advertindo-o das consequências de nova infração penal e do descumprimento das condições impostas"). O prazo fixado para a suspensão condicional da pena somente começa a correr a partir da aceitação das condições impostas e lidas pelo magistrado nessa audiência (art. 158, *caput*, LEP). Por isso, caso o sentenciado não aceite o benefício, porque é condicionado – ou deixe de comparecer à audiência –, deve o juiz torná-lo *sem efeito*. A revogação somente ocorre se o *sursis* for aceito e, posteriormente, o condenado descumprir as condições. Portanto, caso seja considerado *sem efeito*, o início da prescrição remonta à data do trânsito em julgado da sentença condenatória para a acusação;

c) do dia em que se interrompe a execução, exceto quando o tempo de interrupção deva computar-se como cumprimento de pena (art. 112, II). Ocorre quando o condenado deixa de cumprir a pena que lhe foi imposta, porque foge do presídio ou colônia penal, abandona o regime aberto ou deixa de seguir as restrições de direitos. Excepcionalmente, ainda que interrompida a execução, o período da interrupção pode ser computado como cumprimento de pena: é o que acontece quando o condenado adoece mentalmente, sendo transferido para hospital de custódia e tratamento (art. 41, CP).

Aliás, quando houver fuga ou for revogado o livramento, a prescrição regula-se pelo tempo que resta da pena (art. 113, CP). O dispositivo prevê que "pena cumprida é pena extinta", de modo que não se pode computar, para o cálculo prescricional, a pena total do sentenciado, mas tão somente o tempo restante. Ex.: se foi condenado a 13 anos de reclusão, cujo prazo prescricional se dá em 20 anos, caso tenha cumprido 6 anos, ocasião em que fugiu, deverá ser recapturado em 12 anos (prazo prescricional dos 7 anos que faltam), e não em 20.

15.6 Causas suspensivas ou impeditivas da prescrição

Denomina-se suspensão da prescrição a paralisação do seu curso, sem perda do tempo já computado. Portanto, se, recebida a denúncia, após seis meses de trâmite processual, ocorre a suspensão do processo por conta de uma questão prejudicial a ser solucionada na esfera cível, *congela-se* a prescrição nesse patamar, tornando a correr a partir de seis meses quando o feito voltar a andar.

O Código Penal prevê apenas três hipóteses de impedimento: a) enquanto não for resolvida, em outro processo, questão prejudicial de que dependa o reconhecimento da existência do crime (art. 116, I); b) enquanto o agente cumpre pena no exterior (art. 116, II); c) na pendência de embargos de declaração ou de recursos aos Tribunais Superiores, quando inadmissíveis (art. 116, III); d) enquanto não cumprido ou não rescindido o acordo de não persecução penal (art. 116, IV); e) depois de passada em julgado a sentença condenatória, durante o tempo em que o condenado estiver preso por outro motivo (art. 116, parágrafo único).

As questões prejudiciais estão previstas nos arts. 92 e 93 do Código de Processo Penal. São obrigatórias, isto é, levam necessariamente à suspensão do feito criminal, enquanto não se decide a questão em outro processo, quando disserem respeito ao estado das pessoas (art. 92, CPP). São facultativas, podendo levar à suspensão do processo criminal, até que se solucione questão em outro feito, quando disserem respeito a qualquer outro tema (art. 93, CPP).

Lembremo-nos de que a questão prejudicial precisa estar conectada à prova da *existência* do crime e não de meras circunstâncias que o volteiam. Ex.: se alguém estiver sendo processado por bigamia, embora, no foro cível, esteja tramitando ação de anulação de um dos casamentos, deve o magistrado suspender o feito criminal até a resolução da questão prejudicial. Note-se que, nessa hipótese está-se discutindo a *existência* do delito de bigamia. Por outro lado, se alguém está sendo processado por tentativa de homicídio, havendo a desconfiança de ser a vítima irmã do acusado, não se suspende o feito para aguardar eventual processo cível que apure tal parentesco. Afinal, diz respeito a uma circunstância do crime (agravante de delito cometido contra irmão) e não quanto à existência.

A introdução da causa suspensiva do inciso III tem por finalidade impedir a interposição de embargos de declaração ou de recursos aos Tribunais Superiores (Especial ou Extraordinário), nitidamente protelatórios. Assim, quando eles forem admitidos, a prescrição corre normalmente; porém, se inadmitidos, a prescrição fica suspensa. Portanto, não mais terá importância prática protelar o término do processo, alcançando-se o trânsito em julgado da decisão condenatória, ao menos no que concerne à geração da prescrição.

A inserção da causa suspensiva do inciso IV liga-se ao instituto criado pela Lei 13.964/2019 no art. 28-A do CPP, consistente no *acordo de não persecução penal. In verbis*: "não sendo caso de arquivamento e tendo o investigado confessado formal e circunstancialmente a prática de infração penal sem violência ou grave ameaça e com pena mínima inferior a 4 (quatro) anos, o Ministério Público poderá propor acordo de não persecução penal, desde que necessário e suficiente para reprovação e prevenção do crime, mediante as seguintes condições ajustadas cumulativa e alternativamente: I – reparar o dano ou restituir a coisa à vítima, exceto na impossibilidade de fazê-lo; II – renunciar voluntariamente a bens e direitos indicados pelo Ministério Público como instrumentos, produto ou proveito do crime; III – prestar serviço à comunidade ou a entidades públicas por período correspondente à pena mínima cominada ao delito diminuída de um a dois terços, em local a ser indicado pelo juízo da execução, na forma do art. 46 do Decreto-Lei 2.848, de 7 de dezembro de 1940 (Código Penal); IV – pagar prestação pecuniária, a ser estipulada nos termos do art. 45 do Decreto-Lei 2.848, de 7 de dezembro de 1940 (Código Penal), a entidade pública ou de interesse social, a ser indicada pelo juízo da execução, que tenha, preferencialmente, como função proteger bens jurídicos iguais ou semelhantes aos aparentemente lesados pelo delito; ou V – cumprir, por prazo determinado, outra condição indicada pelo Ministério Público, desde que proporcional e compatível com a infração penal imputada".

As outras duas situações decorrem da lógica impossibilidade de fazer valer a sanção penal. Se o acusado está preso no estrangeiro, distante da jurisdição brasileira, é preciso aguardar a sua soltura; se está preso por outro motivo, igualmente deve-se esperar que termine a pena ou prisão provisória para que se possa executar a outra pena aplicada.

Há outras causas impeditivas da prescrição:

a) se for suspenso processo contra parlamentar, atento à imunidade processual (art. 53, § 5.º, CF);

b) durante o período de cumprimento da suspensão condicional do processo (art. 89, § 6.º, Lei 9.099/1995);

c) enquanto o processo está suspenso em virtude da citação por edital do réu (art. 366, CPP);

d) enquanto se cumpre carta rogatória (art. 368, CPP).

> **♪ PONTO RELEVANTE PARA DEBATE**
>
> O limite temporal da suspensão da prescrição em face da suspensão do processo pela citação ficta do art. 366 do CPP
>
> Seguindo fielmente o estabelecido em lei (art. 366, CPP), não há um prazo-limite para a suspensão da prescrição, de modo que se poderia considerar o processo paralisado, indefinidamente, até que fosse o réu encontrado. Entretanto, assim fazendo, estaríamos, em verdade, criando outra causa de imprescritibilidade, o que não foi autorizado pela Constituição Federal.
>
> Dessa forma, o ideal é encontrar uma solução para o impasse. Têm a doutrina e a jurisprudência adotado a seguinte postura: o processo fica suspenso pelo prazo máximo em abstrato previsto para o crime, conforme o previsto no art. 109; em seguida, retoma-se o curso da prescrição, calculado pelo máximo da pena em abstrato previsto para o delito. Por isso, um processo por homicídio, por exemplo, ficaria paralisado por 20 anos. Depois, teria início a prescrição, que levaria outros 20 anos.
>
> Essa tese encontra respaldo, hoje, na Súmula 415 do STJ: "O período de suspensão do prazo prescricional é regulado pelo máximo da pena cominada". O STF, no RE 600.851-DF, em 18 de março de 2021, fixou a seguinte tese: "Em caso de inatividade processual decorrente de citação por edital, ressalvados os crimes previstos na Constituição Federal como imprescritíveis, é constitucional limitar o período de suspensão do prazo prescricional ao tempo de prescrição da pena máxima em abstrato cominada ao crime, a despeito de o processo permanecer suspenso".

15.7 Causas interruptivas da prescrição

Diversamente das causas suspensivas ou impeditivas da prescrição, as interruptivas *zeram* todo o período já decorrido, começando novamente a fluir (art. 117, § 2.º, CP). Ex.: praticada a infração penal tem início o prazo prescricional; caso tenha decorrido o período de dois anos e seis meses até o momento do recebimento da denúncia ou da queixa, volta-se à estaca zero, retomando-se o seu cômputo até a próxima causa de interrupção.

São causas interruptivas da prescrição da pretensão punitiva:

a) *recebimento da denúncia ou da queixa* (art. 117, I, CP). O recebimento pode dar-se em 1.ª ou 2.ª instância (neste último caso se houver provimento do recurso da acusação contra a rejeição do juiz), afinal, havendo pura rejeição da denúncia ou da queixa não se interrompe o prazo prescricional. E se o recebimento ocorrer em 2.ª instância, prescinde-se do trânsito em julgado e não se leva em conta a interposição de embargos infringentes para a interrupção ter efeito.

O mesmo ocorre se o recebimento da peça acusatória for anulado posteriormente, pois atos nulos não podem produzir efeitos, especialmente negativos em relação ao réu. Assim também o ensinamento de Antonio Rodrigues Porto: "Entendemos que, sempre que seja declarada nulidade processual, deixará de ter eficácia interruptiva a decisão atingida pela anulação; o ato nulo é como se não tivesse existido" (*Da prescrição penal*, p. 72).

Não se deve considerar, para efeito de interrupção da prescrição, a data constante da decisão de recebimento da denúncia ou da queixa, mas, sim, a de publicação do ato em cartório. Esta última confere publicidade ao ato e evita qualquer tipo de equívoco ou dubiedade.

Outro aspecto a ser considerado é a decisão de recebimento prolatada por juiz incompetente. Ainda que anulada essa decisão de recebimento da denúncia ou da queixa dada por juiz incompetente, somente se considera interrompida a prescrição caso se cuide de incompetência relativa. Entretanto, tratando-se de incompetência absoluta, a decisão não tem força para interromper o prazo prescricional. No mesmo sentido: Antonio Rodrigues Porto (*Da prescrição penal*, p. 68);

b) *pronúncia* (art. 117, II, CP). No procedimento do júri, antes de se levar o caso a julgamento pelo Tribunal Popular, há uma instrução prévia, conduzida por juiz togado, que, ao final, considerando provados a existência do crime e os indícios suficientes de autoria, deve pronunciar o réu. A pronúncia é uma decisão interlocutória mista, que põe fim à fase de formação da culpa e, considerando admissível a acusação, inaugura a fase de julgamento do mérito.

Havendo desclassificação da infração penal pelo Tribunal do Júri, posteriormente (ex.: de tentativa de homicídio para lesões dolosas), a decisão de pronúncia continua sendo marco interruptivo da prescrição. Nesse sentido está a Súmula 191 do STJ: "A pronúncia é causa interruptiva da prescrição, ainda que o Tribunal do Júri venha a desclassificar o crime".

A impronúncia e a absolvição sumária, por seu turno, não têm o condão de interromper a prescrição;

c) *decisão confirmatória da pronúncia* (art. 117, III, CP). Cuida-se da decisão do tribunal que, julgando recurso oferecido pelo réu contra a pronúncia, confirma esta última. Pode-se incluir nesta situação a hipótese de o tribunal pronunciar o réu, anteriormente impronunciado ou absolvido sumariamente pelo juiz. A razão de duas causas interruptivas, no procedimento do júri, explica-se pela complexidade e pela longa duração que ele normalmente apresenta;

d) *publicação da sentença ou acórdão condenatórios recorríveis* (art. 117, IV, CP). No caso da sentença, computa-se a partir da publicação nas mãos do escrivão, segundo art. 389 do CPP. Tratando-se de acórdão, vale, como publicação, o dia da sessão de julgamento pela Câmara ou Turma, pois é o momento em que se torna *pública* a decisão tomada pelo Tribunal. A sentença que impõe medida de segurança não serve para interromper a prescrição, afinal, não passa de uma sentença absolutória (embora denominada *imprópria*).

Quanto ao acórdão *confirmatório* da decisão condenatória, o STF, em sessão plenária, decidiu que vale para interromper a prescrição, equivalendo, pois, ao acórdão condenatório.

No tocante ao *acórdão absolutório*, não serve para interromper a prescrição. Se o juiz de primeiro grau condenar o réu, mas o Tribunal o absolver, esta última decisão é imprestável para servir de marco interruptivo.

Quanto ao acórdão que agrava a pena, em face da decisão do STF, aceitando o simples acórdão confirmatório da sentença para interromper a prescrição, por óbvio o julgado que aumenta a pena também serve para o mesmo fim.

São causas interruptivas da prescrição da pretensão executória:

a) *início ou continuação do cumprimento da pena* (art. 117, V, CP). Condenado definitivamente, com trânsito em julgado para as partes, expede-se mandado de prisão quanto à pena privativa de liberdade ou mandado de intimação no tocante às restritivas de direitos. Preso ou dando início à restrição do direito, o Estado faz valer a sanção penal, de modo que está interrompida a prescrição. Se o condenado fugir da prisão ou deixar de cumprir a restrição imposta, reinicia-se o cômputo do prazo prescricional, a ser novamente interrompido com a *continuação* do cumprimento da pena;

b) *reincidência* (art. 117, VI, CP). Nos termos do art. 63 do Código Penal, torna-se reincidente quem comete novo crime após já ter sido condenado, com trânsito em julgado, no Brasil ou no exterior, por crime anterior. Discute-se, entretanto, exatamente em qual momento pode-se considerar interrompida a prescrição.

> ♣ **PONTO RELEVANTE PARA DEBATE**
>
> A interrupção da prescrição pela prática de novo crime: contagem do dia dos fatos ou da data do trânsito em julgado
>
> Há quem sustente que, pelo princípio da presunção de inocência, somente a data da condenação com trânsito em julgado, pela prática do segundo delito, pode fazer o juiz reconhecer a existência da reincidência. Esta última posição não é a correta, em nosso entendimento, pois a lei é clara ao mencionar apenas "reincidência", que é o cometimento de outro crime depois de já ter sido condenado.
>
> Ora, ainda que se dependa da condenação definitiva para se ter certeza do marco interruptivo, este se dá muito antes do trânsito em julgado da segunda condenação. Confira-se o magistério de Antonio Rodrigues Porto: "o réu será considerado reincidente quando passar em julgado a condenação pelo segundo crime; mas o momento da interrupção da prescrição, relativamente à condenação anterior, é o dia da prática do novo crime, e não a data da respectiva sentença. A eficácia desta retroage, para esse efeito, à data em que se verificou o segundo delito" (*Da prescrição penal*, p. 89).
>
> Essa posição é a mais acertada, uma vez que a reincidência não se verifica por força da sentença condenatória, mas pela prática do novo crime depois de já ter sido condenado anteriormente. A decisão judicial apenas vai *declarar* que o acusado é reincidente, mas não vai constituí-lo como tal.

15.7.1 Comunicabilidade das causas interruptivas

Quando houver o recebimento da denúncia ou da queixa, a pronúncia, a decisão confirmatória da pronúncia ou a sentença ou acórdão condenatórios recorríveis, com relação a um dos coautores (ou partícipes) de um delito, a interrupção se comunica a todos (art. 117, I a IV e § 1.º, CP).

Significa que o Estado manifestou a tempo o seu interesse punitivo, valendo com relação a todos os autores da infração penal. Entretanto, as causas dos incisos V e VI do art. 117 do Código Penal são pessoais, vale dizer, se vários corréus são condenados e um deles foge, é óbvio que a prescrição da pretensão executória só envolve a sua pessoa, e não a dos demais, que cumprem pena. Dá-se o mesmo com a reincidência: se todos estão foragidos, é possível que um deles se torne reincidente, mas não os demais.

O aditamento à denúncia ou queixa para incluir coautores ou partícipes serve para interromper a prescrição no tocante a todos, inclusive com relação àquele que já estava sendo processado. Não é a solução mais justa, embora seja a fiel aplicação do disposto no art. 117, § 1.º, I.

Se houver aditamento à denúncia ou queixa para incluir crime conexo, o recebimento implicará na interrupção da prescrição com relação a todos os crimes, inclusive no tocante àqueles já constantes da peça acusatória original. Isso significa que, a título de ilustração, se o réu estiver respondendo por furto, já tendo decorrido seis meses da data do recebimento da denúncia, caso haja aditamento para incluir delito conexo, como a receptação, haverá a interrupção, novamente, do prazo prescricional do delito de furto. Mais uma vez, deve-se ressaltar que, embora não seja a solução ideal, é a exata aplicação do disposto nesse artigo.

16. A PRESCRIÇÃO NO CONTEXTO DO CONCURSO DE CRIMES

Dispõe o art. 119 do Código Penal que "no caso de concurso de crimes, a extinção da punibilidade incidirá sobre a pena de cada um, isoladamente".

Apesar de serem somadas (concurso material) ou unificadas (concurso formal ou crime continuado) as penas para efeito de cumprimento, quando se tratar do cálculo da prescrição, deve-se tomar, isoladamente, cada delito.

Exemplo: se o réu é condenado à pena total de 13 anos de reclusão (12 por um homicídio qualificado e 1 pela prática de furto simples), verificando o juiz que, entre a data do recebimento da denúncia e a data da sentença, transcorreram 5 anos, deve reconhecer a ocorrência da prescrição da pretensão punitiva do furto (prescrição retroativa), mantendo, somente, a pena relativa ao homicídio. Se o cálculo da prescrição fosse feito em conjunto, a pena de 13 anos iria prescrever em 20; porém, separando-se, o homicídio prescreve em 16 e o furto em 4.

Outra ilustração: havendo um concurso formal, cuja pena foi fixada em quatro anos, inicialmente, com um acréscimo da metade, resultando em seis anos, a prescrição não se dará em 12 anos (art. 109, III), mas em 8 (art. 109, IV). Levam-se em conta os quatro anos, desprezando-se o acréscimo, que é decorrência do(s) outro(s) crime(s).

Melhor esclarecendo, para a fiel aplicação do disposto no art. 119, temos o seguinte:

a) concurso material: várias condutas resultam em vários crimes, devendo ocorrer a soma das penas na sentença. Quando estivermos lidando com a prescrição da pena em abstrato, não há qualquer problema, pois as várias infrações estão descritas separadamente na denúncia, razão pela qual devemos avaliar a data de cada uma delas, aplicando-se os marcos interruptivos da prescrição, sempre isoladamente. Ex.: descreve o Ministério Público a prática de um furto simples, no dia 10 de março de 2000; um estelionato, no dia 20 de abril de 2000; um furto qualificado, no dia 5 de dezembro de 2000, em concurso material. Temos três datas iniciais distintas para o cálculo da prescrição, computando-se até o recebimento da denúncia ou queixa. Por outro lado, quando, na sentença, o juiz condenar o réu por todas as infrações, poderá fixar uma pena de quatro anos de reclusão (1 ano por furto simples + 1 ano por estelionato + 2 anos por furto qualificado). Entretanto, não se lança o montante de 4 anos na tabela do art. 109 para o cálculo da prescrição retroativa ou da intercorrente e, sim, o prazo individual de cada uma. Assim fazendo, o furto e o estelionato têm por prescrição o prazo de 4 anos, enquanto o furto qualificado, o prazo de 8 anos;

b) concurso formal: significa a prática de uma só conduta, provocando dois ou mais crimes, devendo-se aplicar a pena do mais grave deles, acrescida de um sexto até a metade. Quando se calcular a prescrição em abstrato, não há problema, pois todas as infrações cometidas – embora através de uma única ação ou omissão – estão devidamente descritas na denúncia. Toma-se a data em que ocorreram e calcula-se individualmente a prescrição até o recebimento da denúncia ou da queixa e, depois, até a sentença condenatória. Quando o juiz aplicar a pena, para que se respeite o disposto no art. 119, é preciso desprezar o aumento lançado em virtude do concurso formal. Esse procedimento evita que levemos em conta, para o cálculo prescricional, um somatório de penas, afinal, o aumento deveu-se à existência de mais de uma infração penal. Ex.: condenado por furto qualificado e lesão grave, em concurso formal, a uma pena de dois anos e quatro meses de reclusão; computa-se para o cálculo da prescrição apenas os dois anos, desprezando-se os quatro meses, advindos do outro delito. Logo, a prescrição se dá em quatro anos e não em oito;

c) crime continuado: é a prática de várias condutas, levando a vários resultados, embora um delito possa ser considerado a continuação de outro, por serem da mesma espécie e em face de circunstâncias de tempo, lugar e modo de execução. O juiz deve aplicar a pena de um deles (o mais grave), acrescida de um sexto até dois terços. Como se mencionou para o concurso formal, quanto à prescrição da pena em abstrato, não há problema, pois cada infração penal está descrita separadamente na denúncia, bastando tomar a data da consumação de cada uma e calcular os marcos interruptivos (data do recebimento da denúncia ou queixa, data da sentença etc.). Quando houver condenação, a pena concreta será a de um dos delitos (dois anos, por exemplo), acrescida da metade (em razão dos demais), chegando a três anos. O prazo prescricional seria de oito anos, considerados os três anos; ocorre que, seguindo o disposto no art. 119, deve-se desprezar o aumento (resultado dos demais delitos) e levar em conta somente os dois anos, motivo pelo qual a prescrição se dá em quatro.

Anote-se, nesse contexto, o disposto pela Súmula 497 do STF: "Quando se tratar de crime continuado, a prescrição regula-se pela pena imposta na sentença, não se computando o acréscimo decorrente da continuação".

17. PRESCRIÇÃO EM LEIS ESPECIAIS

Devem-se respeitar os prazos especiais previstos para a prescrição em extravagantes, de acordo com o princípio da especialidade (art. 12, CP).

18. PRESCRIÇÃO E PERDÃO JUDICIAL

Para quem considera a sentença concessiva do perdão judicial de natureza condenatória, é possível considerar a prescrição da pretensão punitiva do Estado, de modo a não deixar nenhum resquício no passado do réu. Lembremos ser a posição, hoje, minoritária, em face da Súmula 18 do STJ.

Há três posições a respeito: a) o prazo da prescrição ocorre em 2 anos, que é o mínimo previsto para qualquer delito; b) o prazo da prescrição deve ser calculado pelo mínimo da pena que poderia ser aplicado, em abstrato, ao crime; c) o prazo da prescrição deve ser calculado pelo máximo da pena que poderia ser aplicado, em abstrato, ao crime.

Parece-nos a terceira posição a ideal, equiparando-se aos demais delitos, ou seja, enquanto não há pena concreta aplicada, regula-se a prescrição pelo máximo em abstrato previsto para o crime.

> ### 📄 SÍNTESE
>
> **Extinção da punibilidade:** é o desaparecimento da pretensão punitiva ou executória do Estado em razão de determinados obstáculos, previstos em lei, por razões de política criminal. O rol do art. 107 do Código Penal é apenas exemplificativo, existindo várias outras causas em normas da Parte Especial e das leis penais especiais.
>
> **Momentos de ocorrência:** se a causa de extinção da punibilidade se der *antes* do trânsito em julgado da sentença condenatória, afeta a pretensão punitiva do Estado (afasta a pena e todos os seus efeitos secundários); se a causa ocorrer *depois* do trânsito em julgado, afeta a pretensão executória do Estado (afasta a pena, mas mantém todos os efeitos secundários).
>
> **Morte do agente:** significa que a morte tudo resolve, não tendo mais sentido o prosseguimento do processo, pois a pena não pode passar da pessoa do delinquente.
>
> **Anistia:** é a clemência do Estado, voltada ao esquecimento de *fatos* considerados criminosos, concedida pelo Poder Legislativo, por meio de lei.
>
> **Indulto coletivo:** é a clemência do Estado, voltada aos condenados, concedida pelo Presidente da República, por decreto, tendo por finalidade perdoar o restante da pena ou parte dela, com vista, em regra, à política de esvaziamento do cárcere.
>
> **Indulto individual (graça):** é a clemência do Estado, voltada a um condenado determinado, concedida pelo Presidente da República, por decreto, tendo por finalidade perdoar o restante da pena ou parte dela, levando em consideração o mérito pessoal do sentenciado ou um possível erro judiciário.

Abolitio criminis: significa que o Estado, por lei, deixa de considerar crime determinada conduta, possibilitando a aplicação retroativa dos benefícios da lei nova, abrangendo réus processados e condenados. Quanto àqueles que já cumpriram pena, o efeito da *abolitio criminis* é apagar o registro da condenação da folha de antecedentes.

Decadência: é a perda do direito de ingressar com ação penal privada em face do decurso de tempo, normalmente estipulado em seis meses, contados da data em que o ofendido souber quem é o autor do crime. Pode dar-se decadência igualmente quanto ao direito de representar, no contexto da ação pública condicionada.

Perempção: é a perda do direito de prosseguir na ação penal privada, tendo em vista o descaso com que o querelante a conduz.

Renúncia ao direito de queixa: significa a desistência do ofendido de dar início à ação penal contra o agressor, nos delitos de ação privada. É ato unilateral, não dependente da concordância do autor da infração penal.

Perdão: significa a desistência do ofendido de prosseguir na ação penal privada. É ato bilateral, dependente da concordância do autor da infração penal.

Retratação: é o ato de desdizer-se, voltar atrás e narrar outra versão dos fatos, que pode representar benefício à vítima ou ao Estado. Admite-se retratação nos crimes de calúnia ou difamação, bem como no falso testemunho ou falsa perícia.

Perdão judicial: é a clemência do Estado, concedida pelo juiz, levando em consideração as hipóteses expressamente previstas em lei.

Prescrição: é a perda do direito do Estado de punir ou executar a pena em razão do decurso do tempo, tornando inútil a aplicação da sanção penal, seja porque a sociedade esqueceu-se do fato, seja porque o criminoso, de algum modo, modificou seu comportamento ou expiou sua culpa.

Prescrição da pena em abstrato: trata-se da consideração da pena máxima prevista abstratamente para o delito em relação ao cálculo da prescrição, enquanto não se obtém a pena concreta fixada na sentença.

Prescrição da pena em concreto: leva-se em conta a pena fixada pelo juiz, com trânsito em julgado, pelo menos, para a acusação, para o cálculo a prescrição retroativa ou intercorrente, bem como para a prescrição da pretensão executória.

Prescrição da pretensão punitiva: é a perda do direito de punir do Estado, não remanescendo a pena, nem os seus efeitos secundários. Ocorre antes do trânsito em julgado de sentença condenatória.

Prescrição da pretensão executória: é a perda do direito de executar a sanção penal, não subsistindo a pena, mas somente os seus efeitos secundários. Ocorre depois do trânsito em julgado da sentença condenatória.

Prescrição retroativa: é a prescrição da pretensão punitiva do Estado, com base na pena concreta, tomando por base o prazo anterior à própria sentença condenatória, tendo por termo inicial o recebimento da denúncia ou queixa.

Prescrição intercorrente: é a prescrição da pretensão punitiva do Estado, com base na pena concreta, tomando por base o período que medeia a sentença condenatória, com trânsito em julgado para a acusação (ou se improvido seu recurso), e o trânsito em julgado para defesa.

ESQUEMAS

FORMAS DE CLEMÊNCIA DO ESTADO

	ANISTIA	INDULTO COLETIVO	INDULTO INDIVIDUAL OU GRAÇA	PERDÃO JUDICIAL
CONCESSÃO:	Congresso Nacional	Pres. da República	Pres. da República	Juiz de Direito ou Tribunal
MEIO:	lei	decreto	decreto	decisão, sentença ou acórdão
ABRANGÊNCIA:	fatos considerados criminosos	condenados em número indeterminado	condenado específico	indiciado ou réu
FORMAS E CONDIÇÕES:	condicionada ou incondicionada geral ou parcial irrestrita ou limitada	condicionado ou incondicionado total ou parcial	condicionado ou incondicionado total ou parcial	incondicionado e total
NATUREZA JURÍDICA:	excludente de tipicidade	excludente de punibilidade	excludente de punibilidade	excludente de punibilidade
PARTICULARIDADES:	a) Pode ocorrer antes de condenação definitiva (anistia própria) ou depois (anistia imprópria) b) possui efeito "ex tunc" e agrega ação e condenação, bem como elimina registros na folha de antecedentes c) destina-se, principalmente, a crimes políticos d) não cabe a crimes hediondos e equiparados Ver a nota 12 do art. 107 do CP Comentado ou v. item 6, Cap. XXXV do Manual de Direito Penal	a) Podem ocorrer antes da condenação, desde que haja, pelo menos, trânsito em julgado para a acusação, ou depois (forma mais comum) b) depende da vontade discricionária da Pres. da República, que ora o concede para garantir um mero esvaziamento de cárceres, ora por entender ser instrumento de política criminal para incentivar o bom comportamento dos condenados c) São vedados a crimes hediondos e equiparados. Há polêmica doutrinária quanto ao indulto coletivo d) Quando perdoa ou desconta parte da pena total, chama-se comutação v. as notas 13 a 18 ao art. 107 do CP Comentado ou v. os itens 7 e 8, Cap. XXXV, do Manual de Direito Penal	a) O Judiciário deve respeitar os requisitos impostos por lei para conceder o perdão. Inexiste possibilidade de ampliação de clemência, nem por analogia b) O rol das hipóteses de perdão é extenso e há dispositivos tanto na parte especial quanto na legislação penal especial Ver as notas 29 a 30-A ao art. 107 do CP Comentado ou v. item 14, Cap. XXXV do Manual de Direito Penal	

TABELA DE PRAZOS PRESCRICIONAIS

Penas (em abstrato ou em concreto)	Prazo	Exceção 1: réu menor de 21 anos na data do fato ou maior de 70 anos na data da sentença – art. 115	Exceção 2: réu reincidente no caso de prescrição da pretensão executória da pena – art. 110, *caput*, parte final e Súm. 220 do STJ (aumento de 1/3)	
A) inferior a 1 ano	3 anos	1 ano e 6 meses	4 anos	2 anos
B) 1 a 2 anos	4 anos	2 anos	5 anos e 4 meses	2 anos e 8 meses
C) mais de 2 anos até 4 anos	8 anos	4 anos	10 anos e 8 meses	5 anos e 4 meses
D) mais de 4 anos até 8 anos	12 anos	6 anos	16 anos	8 anos
E) mais de 8 anos até 12 anos	16 anos	8 anos	21 anos e 4 meses	10 anos e 8 meses
F) superior a 12 anos	20 anos	10 anos	26 anos e 8 meses	13 anos e 4 meses

LAPSOS PRESCRICIONAIS E CAUSAS INTERRUPTIVAS DA PRESCRIÇÃO

Pena em abstrato (máximo previsto no tipo penal incriminador) = prescrição da pretensão punitiva

Pena em concreto (fixada na sentença [ou acórdão] condenatória com trânsito em julgado para a acusação ou improvido seu recurso) = prescrição da pretensão executória

```
         a        b         c          d   d1      e            f
    1 ────── 2 ────── 3 ────── 4 ────── ▲ ────── 5 ────── 6
                                     Art. 112, I
```

DATA DO FATO	Recebimento da denúncia ou queixa	Pronúncia	Decisão confirmatória de pronúncia	Publicação da sentença ou acórdão condenatórios recorríveis	Início do cumprimento da pena	Reincidência
Termo inicial da prescrição	Art. 117, I	Art. 117, II	Art. 117, III	Art. 117, IV	Art. 117, V	Art. 117, VI
Art. 111						

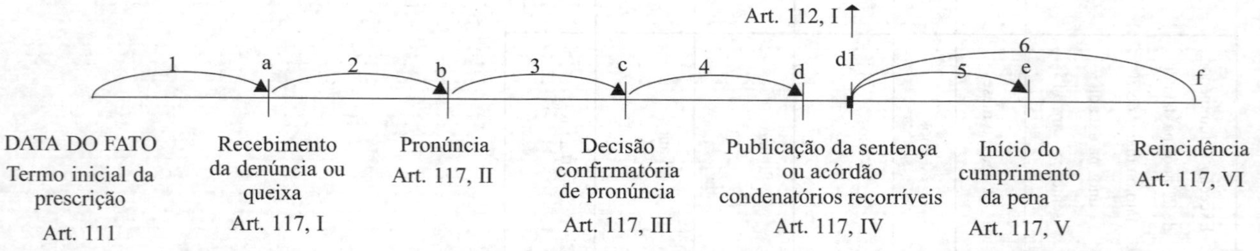

a, b, c, d, e, f = causas interruptivas de prescrição, lembrando que as causas apontadas nas letras "b" e "c" somente ocorrem no procedimento do júri
1, 2, 3, 4 = lapsos prescricionais que levam em conta a pena em abstrato (máximo previsto no tipo penal incriminador)
5, 6 = lapsos prescricionais que levam em conta a pena em concreto (fixada na sentença [ou acórdão] condenatória com trânsito em julgado para a acusação ou improvido seu recurso) afetando a pretensão executória do Estado
d1 = data do trânsito em julgado da sentença (ou acórdão) condenatória para a acusação

LAPSOS PRESCRICIONAIS DA PRESCRIÇÃO RETROATIVA, LEVANDO-SE EM CONTA A PENA EM CONCRETO (ART. 110, § 1.º)

	1		2		3	
Recebimento da denúncia ou queixa. Termo inicial da prescrição – Art. 111		Pronúncia		Decisão confirmatória de pronúncia		Publicação da sentença ou acórdão condenatórios, com trânsito em julgado para a acusação ou improvido seu recurso

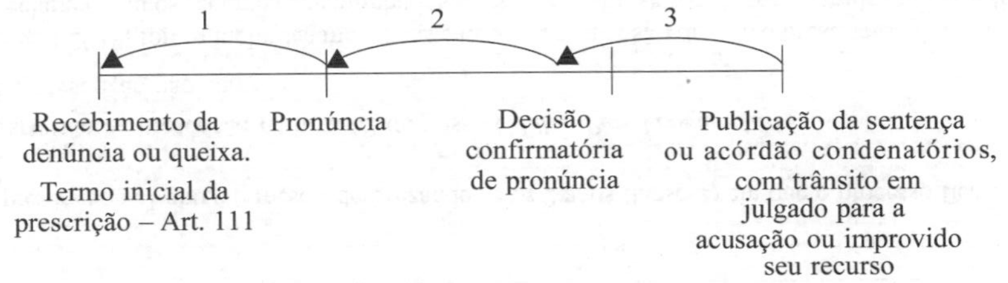

1, 2, 3 = prescrição da pretensão punitiva, verificada após tornar-se concreta a pena aplicada, computada em prazos anteriores à sentença condenatória

LAPSOS PRESCRICIONAIS DA PRESCRIÇÃO INTERCORRENTE, LEVANDO-SE EM CONTA A PENA EM CONCRETO (ART. 110, § 1.º)

prescrição intercorrente

| DATA DO FATO | Recebimento da denúncia ou queixa | Pronúncia | Decisão confirmatória de pronúncia | Publicação da sentença ou acórdão condenatórios com trânsito em julgado para a acusação ou improvido seu recurso | Data do trânsito em julgado para a defesa, ocorrida em qualquer instância superior |

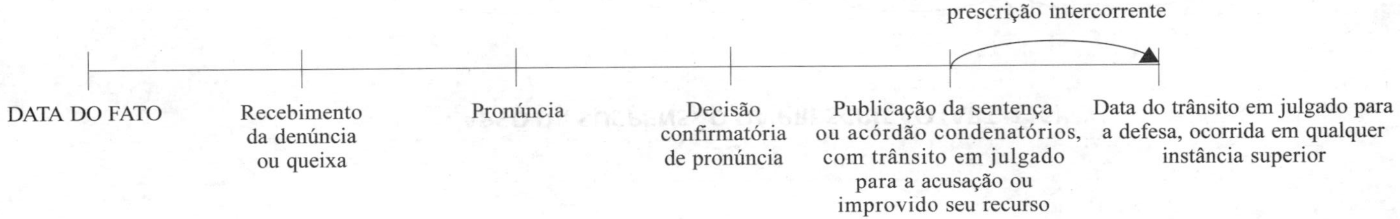

LAPSO DA SUSPENSÃO DA PRESCRIÇÃO (ART. 116)

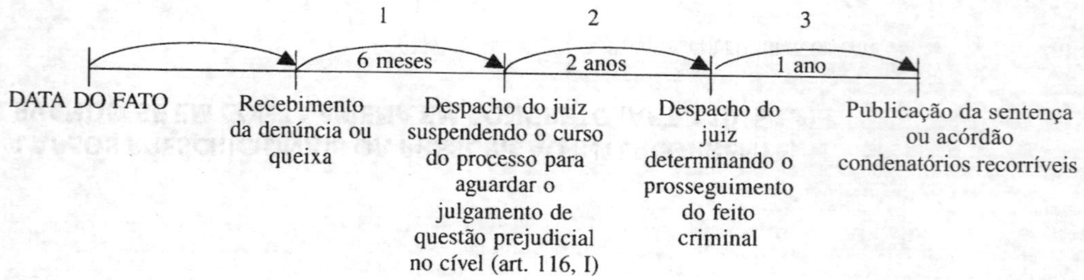

```
                          1              2            3
                      ←6 meses→     ←2 anos→      ←1 ano→
   |                      |             |             |
DATA DO FATO      Recebimento   Despacho do juiz   Despacho do juiz   Publicação da sentença
                  da denúncia   suspendendo o      determinando o     ou acórdão
                  ou queixa     curso do processo  prosseguimento     condenatórios recorríveis
                                para aguardar o    do feito
                                julgamento de      criminal
                                questão prejudicial
                                no cível (art. 116, I)
```

1 + 3 = prazo de cômputo da prescrição = 1 ano e 6 meses, desprezando-se os 2 anos (lapso 2) em que o processo ficou suspenso. Paralisa-se a contagem da prescrição

Nota: Ver outras causas de suspensão da prescrição na nota 62 do nosso *Código Penal comentado*

2 = período de tempo em que a prescrição não corre

Nota: após a edição da Lei 13.964/2019, foram incluídas mais duas causas de suspensão do prazo prescricional: a) enquanto estiver pendente de julgamento os embargos de declaração ou os recursos encaminhados ao STF ou STJ, se forem considerados inadmissíveis (art. 116, III, CP); b) enquanto não for cumprido ou não rescindido o acordo de não persecução penal, previsto pelo art. 28-A do CPP (art. 116, IV, CP).

Parte Especial

Introdução à Parte Especial

Os comentários à Parte Especial do Código Penal, que compõem este Manual, foram elaborados em projeto gráfico diferenciado, contendo os tipos penais incriminadores e suas peculiaridades.

Sabemos que o estudo da Parte Geral, onde estão inseridos os fundamentos do Direito Penal, é essencial e principal, motivo pelo qual a primeira parte da obra foi construída em diferente formato.

O estudante, ao analisar cada tipo penal da Parte Especial, encontrará todos os dados elementares de sua estrutura. Os conceitos mais detalhadamente desenvolvidos dizem respeito a particularidades do tipo, que, portanto, não se encontram na Parte Geral. Outras definições, no entanto, são encontradas na primeira parte.

Exemplificando: na elaboração da classificação do delito de homicídio (art. 121), basta mencionar que se trata de um crime "comum, material, de forma livre, comissivo (como regra), instantâneo, de dano, unissubjetivo e plurissubsistente", pois o leitor já se dedicou, em capítulo específico da primeira parte do Manual, ao estudo do tema referente à classificação dos crimes.

Otimizar o estudo da Parte Especial, com os tipos penais nela constantes, é o objetivo primordial deste novo projeto textual-gráfico e da concentração das informações.

Título I
Dos Crimes contra a Pessoa

Capítulo I
Dos Crimes contra a Vida

Homicídio

Art. 121

Sujeito ativo

Qualquer pessoa (ver Parte Geral, capítulo XII, item 3.1).

Sujeito passivo

Qualquer pessoa, com qualquer condição de vida, saúde, posição social, raça, sexo, estado civil, idade, convicção filosófica, política ou religiosa ou orientação sexual (ver Parte Geral, capítulo XII, item 3.2).

Objeto jurídico

A vida humana (ver Parte Geral, capítulo XII, item 3.3, "b").

Objeto material

A pessoa que sofreu a agressão (ver Parte Geral, capítulo XII, item 3.3, "a").

Elementos objetivos do tipo

Matar (eliminar a vida) e *alguém* (pessoa humana). Conferir o capítulo XIII, item 2.1, da Parte Geral. Lembremos que "a história do homicídio é, no fundo, a mesma história do direito penal. Com efeito, em todos os tempos e civilizações e em distintas legislações, a vida do homem foi o primeiro bem jurídico tutelado, antes que os outros, desde o ponto de vista cronológico, e mais que os restantes, tendo em conta a importância dos distintos bens" (cf. Ricardo Levene, *El delito de homicídio*, p. 17). Ainda sob o prisma histórico, vale mencionar a lição de João Bernardino Gonzaga: "A vida humana sempre encontrou proteção em todos os povos, por mais primitivos que fossem. A ordem social de qualquer comunidade lhe dispensa tutela, e em tempo algum se permitiu a indiscriminada prática de homicídios dentro de um grupo" (*O direito penal indígena. À época do descobrimento do Brasil*, p. 133). A pena, na forma simples, prevista no *caput*, é de 6 a 20 anos de reclusão.

Elemento subjetivo do crime

É o dolo ou a culpa, conforme o caso (ver o capítulo XIV da Parte Geral).

Elemento subjetivo do tipo específico

Não há (ver Parte Geral, capítulo XIII, item 2.1).

Classificação

Comum; material; de forma livre; comissivo (como regra); instantâneo; de dano; unissubjetivo; plurissubsistente. Sobre a classificação dos crimes, ver o capítulo XII, item 4, da Parte Geral.

Tentativa

Admissível.

Espécies

Doloso simples (*caput*), com pena de reclusão, de 6 a 20 anos; doloso com causa de diminuição de pena (§ 1.º), doloso qualificado (§ 2.º), com pena de reclusão, 12 a 30 anos, doloso com causa de aumento de pena (§ 4.º, parte final, § 6.º), culposo simples, com pena de detenção, de 1 a 3 anos (§ 3.º), culposo com causa de aumento de pena (§ 4.º, primeira parte).

Particularidade

Admite perdão judicial na forma culposa (§ 5.º). Se as consequências do crime atingirem o agente de forma tão contundente, a ponto de ser desnecessária a aplicação de pena, aplica-se o perdão, julgando-se extinta a punibilidade. Essas consequências podem ser físicas (ex.: deixar o agente deficiente físico ou mental) ou emocionais (ex.: dar causa à morte do próprio filho).

Momento consumativo

Ocorre com a morte encefálica, que acarreta a cessação das funções circulatória e respiratória.

Meios de execução

Por ser crime de forma livre, comporta mecanismos diretos (fortes o suficiente para, por si sós, provocarem a morte, como, por exemplo, desferir tiros de arma de fogo contra o ofendido), indiretos (dependentes de outro instrumento, como instigar um louco a matar a vítima), materiais (atingem a integridade física de forma mecânica, química ou patológica), morais (atuam através da produção de um trauma no ofendido, como a geração de um enfarte, decorrente de uma grave ofensa).

Causas de diminuição de pena (é o impropriamente denominado homicídio privilegiado; consultar o conceito de privilégio no capítulo XXV, item 8.1)

a) *relevante valor social ou moral*: relevante valor é algo importante ou de elevada qualidade (patriotismo, lealdade, fidelidade, amor paterno ou materno etc.). Na ótica *social*, esses valores envolvem interesse de ordem geral ou coletiva (matar o traidor da pátria). Na visão *moral*, os valores concentram-se em interesse particular ou específico (matar o traficante que viciou seu filho);

b) *domínio de violenta emoção logo em seguida a injusta provocação da vítima*: emoção é a excitação de um sentimento (amor, ódio, rancor). Se o agente está *dominado* (fortemente envolvido) pela *violenta* (forte ou intensa) emoção (excitação sentimental), justamente porque foi, antes, provocado *injustamente* (sem razão plausível), pode significar, como decorrência lógica, a perda do autocontrole que muitos têm quando sofrem qualquer tipo de agressão sem causa legítima. Desencadeado o descontrole, surge o homicídio.

Síntese: ambas as hipóteses levam à diminuição da pena, de um sexto a um terço, porque representam menor culpabilidade (reprovação ou censura).

Acesse e escute o podcast sobre Homicídio privilegiado.
> http://uqr.to/1yoik

Qualificadoras (geram pena de reclusão de 12 a 30 anos)

a) *motivo torpe, dentre os quais a paga ou promessa de recompensa*: torpe é atributo do que é repugnante, indecente, ignóbil, logo, provocador de excessiva repulsa à sociedade (ex.: o traficante elimina o rival para dominar o comércio de drogas em determinada região). Dentre vários outros motivos desse naipe, enumeraram-se no tipo penal dois: paga (receber prêmio) ou promessa de recompensa (ter expectativa de receber prêmio). Cuida-se, nestes últimos dois casos, de peculiar forma de homicídio cometido por mercenário;

b) *motivo fútil*: significa que a causa fomentadora da eliminação da vida alheia calcou-se em elemento insignificante se comparado ao resultado provocado. Portanto, é a flagrante desproporção entre o motivo e o resultado obtido. Ex.: matar o dono do bar porque se recusou a vender bebida fiado;

c) *emprego de meio insidioso, cruel ou que provoque perigo comum, tais como veneno, fogo, explosivo, asfixia ou tortura*: meio *insidioso* é o enganoso, constituindo o veneno típica forma de ação camuflada do agente; meio *cruel* é o gerador de sofrimento desnecessário à vítima, representado tanto por algumas espécies de veneno, que matam de modo agônico, como pelo fogo, gerador de queimaduras bastante doloridas, além da tortura (suplício extremo, que poderíamos visualizar como a forma *pura* da crueldade) e da asfixia (supressão da respiração por qualquer meio, como, exemplificando, enforcamento, esganadura e estrangulamento), constituindo sofrimento atroz; meio que provoca perigo comum é o construtor de cenário extenso o suficiente para atingir terceiros além da vítima. Tipicamente representado pela explosão de uma bomba ou artefato similar, também pode ser simbolizado pelo emprego de fogo, desde que sua expansão seja vasta e temível de se concretizar;

d) *recurso que dificulte ou torne impossível a defesa da vítima, consubstanciado, como exemplos, na traição, emboscada e dissimulação:* quando o agente aborda o ofendido de maneira inesperada, gera um contexto próprio para a aplicação desta qualificadora, pois a defesa é dificultada ou até mesmo impossível. A surpresa é normalmente aquilo que é imprevisível. Formas disso são a traição (investida do agente por trás da vítima, que nem mesmo vê o algoz), a emboscada (ficar à espreita, aguardando a passagem inocente da vítima) e a dissimulação (apresentar-se pela frente da vítima, mas ocultando sua verdadeira intenção e simulando gestos opostos à agressão iminente). Lembremos que a surpresa é o gênero que dá origem às demais espécies retratadas no inciso IV do § 2.º. Mas não é qualquer surpresa, uma vez que todo ataque tem um toque de inesperado, até para que dê certo. Cuida-se, nesse cenário, da surpresa autenticamente imprevisível, impossível de calcular, prognosticar, imaginar. Ex.: a esposa aguarda o marido dormir para matá-lo, sem que tivesse havido qualquer desentendimento sério anterior entre ambos;

e) *torpeza particular conexa a outro delito:* criou a lei uma situação de peculiar repugnância, consistente na atuação do agente com o fim de assegurar (garantia de que dê certo) a execução (desenvolvimento dos atos de realização da empreitada criminosa), ocultação (encobrimento do fato), impunidade (evitar o castigo, a punição do autor, ainda que o fato seja conhecido) ou vantagem (lucro obtido) de outro crime. Ex.: matar a pessoa que o viu cometendo um roubo anteriormente, somente para ter certeza de que não irá testemunhar;

f) *contra autoridade ou agente descrito nos arts. 142 e 144 da Constituição Federal, integrantes do sistema prisional e da Força Nacional de Segurança Pública, no exercício da função ou em decorrência dela, ou contra seu cônjuge, companheiro ou parente consanguíneo até terceiro grau, em razão dessa condição:* há muito se debatia, no Brasil, uma especial tutela aos agentes estatais, que lidam com a segurança do País. O crescimento visível do crime organizado e seus atentados contra agentes policiais, além de outros, fizeram com que houvesse o acréscimo dessa qualificadora ao homicídio (Lei 13.142/2015). Haveria desigualdade nessa previsão? A vida do agente estatal é mais relevante do que outras vidas humanas? As respostas são negativas. Trata-se desigualmente os desiguais, como se fez na inclusão do feminicídio, consagrando-se o princípio da isonomia. Quem coloca a segurança pessoal em risco, porque exerce função específica para garantia da paz social, deve merecer maior respeito, visto representar a própria figura do Estado. Há situações similares – de aumentos de pena – em outros países, quando policiais são agredidos por criminosos. Além do homicídio, foram incluídas, como crimes hediondos, a lesão gravíssima e a lesão seguida de morte contra esses agentes e seus parentes, nos termos do art. 1.º, I e I-A, da Lei 8.072/1990, com a redação dada pela Lei 13.142/2015. As vítimas em potencial estão destacadas: a) art. 142, CF: são os integrantes das Forças Armadas ("As Forças Armadas, constituídas pela Marinha, pelo Exército e pela Aeronáutica, são instituições nacionais permanentes e regulares, organizadas com base na hierarquia e na disciplina, sob a autoridade suprema do Presidente da República, e destinam-se à defesa da Pátria, à garantia dos poderes constitucionais e, por iniciativa de qualquer destes, da lei e da ordem"). Em tese, não haveria necessidade dessa previsão, pois Exército, Marinha e Aeronáutica só são acionados em casos excepcionais, especialmente de guerra externa, ingressando-se, então, no contexto do Código Penal Militar, que nada tem a ver com o Código Penal ou com a Lei dos Crimes Hediondos. No entanto, sabe-se que, no Brasil, integrantes das Forças Armadas são eventualmente convocados à atividade de segurança pública, como já ocorreu no Rio de Janeiro. Assim sendo, podem seus soldados ser vítimas de marginais, que, ferindo-os, cometem delito hediondo; b) art. 144, CF: são os integrantes das polícias ("A segurança pública, dever do Estado, direito e responsabilidade de todos, é exercida para a preservação da ordem pública e da incolumidade das pessoas e do patrimônio, através dos seguintes órgãos: I – polícia federal; II – polícia rodoviária federal; III – polícia ferroviária federal; IV – polícias civis; V – polícias militares e corpos de bombeiros militares"); c) integrantes do sistema prisional (carcereiros, agentes de segurança etc.), componentes de uma categoria de servidores sempre exposta a agressões, pois lidam diretamente com os presos provisórios e condenados; d) integrantes da Força Nacional de Segurança Pública. Naturalmente, o crime há de estar ligado ao exercício da sua função ou por causa dela, pois não teria sentido conferir um conteúdo mais grave à infração penal cometida em situações particulares, desprovidas de utilidade pública. Exemplo: se ocorrer um crime passional, cuja vítima é um delegado, não se aplica ao agente o previsto nesta Lei. Abrange-se, ainda, o cônjuge, companheiro ou parente do servidor, pois a criminalidade pode voltar-se contra entes queridos ao funcionário ligados. Entretanto, assim como no feminicídio, parece-nos tratar-se de qualificadora de natureza *objetiva*. Matar o agente policial, sabendo o agente dessa condição (dolo abrangente), configura a qualificadora. Pode ser uma morte por motivo torpe, vingando-se de uma apreensão de drogas anteriormente feita pelo policial, incidindo, então, as duas qualificadoras: uma objetiva e outra, subjetiva. Eventualmente, em troca de tiros, buscando o criminoso garantir a sua liberdade, fugindo à prisão, a morte do agente policial qualifica o homicídio, embora não se possa apontar o motivo fútil ou torpe. A agressão contra os parentes do agente estatal deve decorrer em virtude desta última condição, constituindo, igualmente, uma qualificadora objetiva. Os motivos para o homicídio do parente podem ser avaliados (fútil, torpe, para assegurar a impunidade do crime anterior etc.) independentemente disso;

g) *com emprego de arma de fogo de uso restrito ou proibido*: a Lei 13.964/2019 introduziu o inciso VIII como qualificadora do homicídio, e houve veto da Presidência da República, que, no entanto, foi derrubado pelo Congresso. Essa foi a motivação do veto: "A propositura legislativa, ao prever como qualificadora do crime de homicídio o emprego de arma de fogo de uso restrito ou proibido, sem qualquer ressalva, viola o princípio da proporcionalidade entre o tipo penal descrito e a pena cominada, além de gerar insegurança jurídica, notadamente aos agentes de segurança pública, tendo em vista que esses servidores poderão ser severamente processados ou condenados criminalmente por utilizarem suas armas, que são de uso restrito, no exercício de suas funções para defesa pessoal ou de terceiros ou, ainda, em situações extremas para a garantia da ordem pública, a exemplo de conflito armado contra facções criminosas". O veto nos parecia incongruente, porque se trata de homicídio – crime grave – que, quando praticado com arma mais potente (como as armas de fogo de uso restrito ou proibido), torna-se mais letal. Portanto, essa circunstância é mais grave e deve ser mantida como qualificadora. Note-se que a mesma situação foi incluída como causa de aumento no crime de roubo ("§ 2.º-B. Se a violência ou grave ameaça é exercida com emprego de arma de fogo de uso restrito ou proibido, aplica-se em dobro a pena prevista no *caput* deste artigo"), justamente pela maior periculosidade à vítima. A assertiva de ferir o princípio da proporcionalidade não se coaduna com a violação do bem jurídico *vida*, afinal, com o emprego de arma mais eficaz, torna-se mais fácil atingir o resultado almejado. Por outro lado, não há motivo para gerar *insegurança jurídica*, tendo em vista que os agentes de segurança pública, ao usarem suas armas de uso restrito (e não proibido, porque a eles também é vedado o uso), devem fazê-lo pelo bem da comunidade, no embate contra criminosos, e, havendo conflito armado, por certo, aguarda-se que ajam em legítima defesa, portanto, nenhum crime haverá. Contudo, se esses agentes utilizarem as potentes armas para matar, sem causa justa, cometerão um grave delito, merecendo ser apenados mais severamente. Além disso, é preciso lembrar a atuação de milícias e criminosos denominados *justiceiros*, participando de chacinas, com o emprego de armas de uso restrito ou proibido;

h) *contra menor de 14 anos:* aplicava-se à vítima menor de 14 anos a causa de aumento de 1/3, nos homicídios dolosos, prevista no § 4.º, parte final, do art. 121. A Lei 14.344/2022 incluiu a circunstância de ser a vítima menor de 14 anos como qualificadora, não podendo mais incidir a causa de aumento do § 4.º, parte final, que *não foi revogado expressamente*, de maneira *concomitante*. Se o homicídio se qualificar apenas com fulcro no inciso IX do § 2.º (vítima menor de 14 anos), torna-se inviável aplicar, também, o aumento do § 4.º. No entanto, cuida-se de entendimento majoritário na doutrina e na jurisprudência, quando se tratar de homicídio dupla ou triplamente qualificado, pode o juiz reservar uma circunstância qualificadora para alterar a faixa de fixação da pena para reclusão de 12 a 30 anos, reservando a outra (ou outras) para figurar como causa de aumento, agravante ou circunstância judicial, onde mais adequadamente se encaixar. Ora, se o homicídio é cometido por motivo torpe, meio cruel, contra vítima menor de 14 anos, torna-se viável que o juiz se valha da torpeza para utilizar a faixa de 12 a 30 anos. Na sequência, na primeira fase, estabelece a pena-base (art. 59, CP). Feito isso, na segunda fase, a qualificadora não utilizada (crueldade) ingressa como agravante (há expressa previsão no art. 61 do CP); na terceira fase, utiliza a situação de ser a vítima menor de 14 como causa de aumento de 1/3. Não há *bis in idem*, pois cada circunstância foi aplicada uma só vez, em diversas fases da aplicação da pena.

Acesse e escute o podcast sobre As qualificadoras do homicídio.

> http://uqr.to/1yoil

Causas de aumento de pena

Para o homicídio doloso, forma simples ou qualificada, são aplicáveis as seguintes causas de aumento:

a) elevação da pena, em um terço, demonstrativa da maior culpabilidade do agente, por ter agido com insensibilidade moral e covardemente, tendo por vítimas o maior de 60 anos e o menor de 14 (§ 4.º, parte final);

b) eleva-se de um terço até metade, se o crime for cometido por milícia privada, sob o pretexto de prestação de serviço de segurança, ou por grupo de extermínio (§ 6.º). A milícia é um grupo paramilitar organizado por particulares com a finalidade de segurança pública; o grupo de extermínio é uma união de pessoas voltada a eliminar seres humanos. Essa circunstância sempre foi considerada como motivação torpe, servindo para qualificar o homicídio. Torna-se causa de aumento de pena, portanto, reputada mais grave pelo legislador. É preciso cautela para não haver *bis in idem*, ou seja, não é possível qualificar pela torpeza, ao mesmo tempo em que se aplica essa causa de aumento. Entretanto, se esta causa existe, torna-se desnecessário que o órgão acusatório inclua a qualificadora do motivo torpe. A lei não fixou o número mínimo de pessoas para configurar uma milícia privada ou grupo de extermínio; por isso, pensamos ser viável o mínimo de duas pessoas, embora parte da doutrina prefira aplicar o critério da associação criminosa (art. 288, CP), ou seja, três ou mais pessoas. Quanto à parcela de aumento, parece-nos deva ser considerado o número de integrantes da milícia ou do grupo de extermínio, pois quanto mais integrantes, há maior periculosidade e merece um aumento superior a um terço;

c) em patamares diferentes, tratando-se de homicídio contra menor de 14 anos:

c.1) o aumento deve ser de 1/3 até a metade se a vítima é pessoa com deficiência ou com doença que implique o aumento de sua vulnerabilidade física ou mental (§ 2.º-B, I). A pessoa menor de 14 anos é vulnerável, tornando-se ainda mais frágil se tiver uma deficiência ou enfermidade física ou mental, demonstrando a maior covardia e insensibilidade do agente. O grau de elevação deve acompanhar a condição da vítima: se mais grave a deficiência ou doença, maior o aumento;

c.2) aumenta-se em 2/3, caso o autor seja ascendente, padrasto ou madrasta, tio, irmão, cônjuge, companheiro, tutor, curador, preceptor ou empregador da vítima ou por qualquer outro título tiver autoridade sobre ela. Cuida-se de elevação acentuada da pena, levando-se em conta a autoridade que essas pessoas podem ter em relação à vítima; em lugar de proteger, terminam matando-a, gerando maior reprovabilidade (§ 2.º-B, II);

c.3) eleva-se a pena em 2/3, se o delito for cometido em instituição de educação básica pública ou privada. O lastro dessa elevação da pena concentra-se nas situações ocorridas em escolas, onde alguém (geralmente, aluno ou ex-aluno) ingressa e desfere diversos tiros, matando a esmo vários estudantes. Cuida-se de um sintoma lamentável, frequente em outros países, advindo de *bullying* ou outras espécies de provocações contra o atirador, feitas tempos antes, para terminar vitimando inocentes. Além disso, é preciso considerar que a instituição de ensino básico abrange crianças e adolescentes, devendo contar com maior proteção e amparo e não se transformar em palco de um crime grave (§ 2.º-B, III).

Havendo a incidência de duas ou mais causas de aumento, deve-se utilizar o disposto no art. 68, parágrafo único, do Código Penal: aplicam-se todas ou somente a mais grave delas.

Forma culposa

Se o homicídio for cometido por imprudência, negligência ou imperícia, aplica-se pena de detenção de um a três anos.

Causa de aumento de pena no homicídio culposo

Prevê-se a elevação da pena em um terço se houver a inobservância de regra técnica de profissão, arte ou ofício, ou se o agente deixa de prestar imediato socorro à vítima, não procura diminuir as consequências do seu ato, ou foge para evitar a prisão em flagrante. Em análise:

a) *inobservância de regra técnica de profissão, arte ou ofício*: pensamos ser inadequada – e consequentemente inaplicável – essa modalidade de causa de aumento porque se confunde nitidamente com a própria conceituação de imperícia, que é a falta de conhecimento suficiente para exercer determinada profissão, arte ou ofício. Tem sido considerada por parte da doutrina como inaplicável, sob pena de se gerar o condenável *bis in idem* (dupla punição pelo mesmo fato). Aquele que não observa regra técnica obrigatória de sua profissão, arte ou ofício é, sem dúvida, um leviano, um imperito, o que serve para configurar a culpa, mas não para elevar a pena;

b) *omissão de socorro*: por tratar-se de crime culposo, no qual o agente não quer o resultado, é justo que seja mais severamente punido por ter demonstrado insensibilidade ao recusar-se a socorrer a vítima, pessoa que não desejou atingir. O mínimo que se espera é a prestação de solidariedade nesse momento. Pune-se a conduta leviana do agente que, provocando dano involuntário, deixa de prestar o socorro eticamente exigível;

c) *não procurar diminuir as consequências do seu ato*: novamente, lembremos que a agressão, no contexto do homicídio culposo, gerou resultado não desejado, motivo pelo qual o que se espera do agente é, ainda que não possa socorrer, por qualquer razão (ex.: está ameaçado de linchamento e deve deixar o local), precisa buscar alguma atitude solidária para amenizar o mal causado (ex.: procurando a vítima no hospital e prestando-lhe imediato auxílio financeiro ou amparo moral);

d) *fuga da prisão em flagrante*: esse motivo, segundo nosso entendimento, é inconstitucional, não merecendo aplicação. Qualquer pessoa tem o direito de evitar a sua própria prisão, como tem o direito ao silêncio e a não produzir prova contra si mesmo. Entretanto, no tocante ao art. 305 da Lei 9.503/1997, que prevê situação similar, envolvendo acidente de trânsito, o STF declarou a sua constitucionalidade. Em decorrência, há de se supor a mesma linha de raciocínio para esta causa de aumento.

Perdão judicial

Permite-se que o juiz afaste a punibilidade do crime de homicídio culposo, não aplicando a pena, se as consequências do crime atingirem o próprio agente de maneira tão grave que a sanção se torne desnecessária. O agente pode ser afetado física (sofrer lesões graves, por exemplo, de difícil cura ou tratamento, gerando dor e padecimento) ou moralmente (perda de ente querido – como filho – produzindo trauma de natureza psicológica). Ingressa, aí, a clemência do Estado. A pena, se aplicada, não poderia ser mais severa do que já foi o próprio resultado naturalístico decorrente da conduta culposamente praticada.

🔖 PONTOS RELEVANTES PARA DEBATE

A existência de homicídio simples hediondo

Não nos parece viável. Prevê a Lei 8.072/1990, no art. 1.º, I, ser hediondo o homicídio simples "quando praticado em atividade típica de grupo de extermínio, ainda que cometido por um só agente". Entretanto, a atividade típica de grupo de extermínio sempre foi considerada pela nossa jurisprudência um crime cometido por motivo torpe. O sujeito que se intitula *justiceiro* e atua por conta própria eliminando vidas humanas certamente age com desmedida indignidade. Eventualmente, costuma-se sustentar, é possível que o agente mate outra pessoa, em atividade típica de grupo de extermínio, para preservar um bairro de ignóbil traficante de drogas. Ora, se assim for, sua motivação faz nascer o relevante valor social, que serve de causa de diminuição de pena para o homicídio, aplicando-se a regra do § 1.º do art. 121, e não a figura básica do *caput*. Não se concebe haver, ao mesmo tempo, um homicídio privilegiado pela relevância social do motivo e qualificado pela torpeza, pois são ambas circunstâncias subjetivas. Dessa maneira, não vemos como aplicar ao homicídio simples a qualificação de hediondo, pois, caso atue o agente como exterminador, a tipificação será de homicídio qualificado, já que o delito certamente será considerado repugnante.

A existência de homicídio qualificado-privilegiado

Depende. Tem sido posição predominante na doutrina e na jurisprudência a admissão da forma qualificada-privilegiada, desde que exista compatibilidade lógica entre as circunstâncias. Como regra, pode-se aceitar a existência concomitante de qualificadoras objetivas com as circunstâncias legais do privilégio, que são de ordem subjetiva (motivo de relevante valor social ou moral e domínio de violenta emoção). O que não se pode acolher é a convivência pacífica das qualificadoras subjetivas com qualquer forma de privilégio, tal como seria o homicídio praticado, ao mesmo tempo, por motivo fútil e por relevante valor moral. Convivem, em regra, harmoniosamente as qualificadoras dos incisos III e IV com as causas de diminuição da pena do § 1.º. Não se afinam as qualificadoras dos incisos I, II e V com as mesmas causas. Em sentido oposto, sustentando a inviabilidade, para qualquer hipótese, de haver homicídio qualificado-privilegiado, pois, uma vez comprovado o privilégio, tem ele força para repelir qualquer qualificadora, está o ensinamento de Euclides Custódio da Silveira: "Foi propositadamente, e, a nosso ver, com acerto, que o Código fez preceder o dispositivo concernente ao privilégio ao das qualificadoras. Não admite ele o homicídio qualificado-privilegiado, por considerá-lo forma híbrida, enquanto reconhece a compossibilidade do mesmo privilégio nas lesões corporais graves, gravíssimas e seguidas de morte, onde não há realmente antagonismo algum" (*Direito penal – crimes contra a pessoa*, p. 55).

A não aceitação do homicídio qualificado-privilegiado como hediondo

Não nos parece admissível considerar um homicídio qualificado-privilegiado como hediondo, por afronta à legalidade. A Lei 8.072/1990, no art. 1.º, I, faz expressa referência apenas ao homicídio simples e ao qualificado como sendo crimes hediondos. A figura híbrida, admitida pela doutrina e pela jurisprudência, configura situação anômala, que não deve ser interpretada em desfavor do réu. Aliás, não se trata unicamente de dizer que a mencionada Lei 8.072/1990 apenas qualificou como hediondo um delito já existente (homicídio qualificado), sem qualquer nova tipificação. Sem dúvida, não houve a criação de um tipo penal novo, embora as consequências da novel qualificação invadam, nitidamente, a seara da incriminação, cortando benefícios variados, devendo respeitar o princípio da legalidade (não há crime sem lei anterior que o defina). Por isso, inexistindo qualquer referência, na Lei 8.072/1990, a respeito da causa de diminuição prevista no § 1.º do art. 121 do Código Penal, torna-se, em nosso juízo, indevida a sua qualificação como delito hediondo. Acrescente-se, ainda, o fato de que a referida causa de diminuição faz parte, sem dúvida, da tipicidade derivada, tanto assim que permite a fixação da pena abaixo do mínimo legal. Por isso, integrando o tipo penal, é indispensável que qualquer qualificação, tornando-o mais severo, passe pelo crivo da previsão expressa em lei, justamente o que não acontece no art. 1.º, da Lei dos Crimes Hediondos. E mais: não deixa de ser estranha a qualificação de *hediondo* (repugnante, vil, reles) a um delito cometido, por exemplo, por motivo de relevante valor moral ou social. Ainda que possa ser praticado com crueldade (qualificadora objetiva, que diz respeito ao modo de execução), a motivação nobre permite que se considere delito comum e não hediondo, afinal, acima de tudo, deve-se considerar os motivos (finalidade) do agente para a consecução do crime e não simplesmente seus atos.

A questão do ciúme como elemento motivador do homicídio

Sabe-se que muitos agentes, mormente em delitos passionais, alegando ciúme, matam as vítimas. Parcela da doutrina e da jurisprudência tendeu a considerar o ciúme um motivo fútil, vale dizer, desproporcional e abusivo, pretendendo a qualificação do crime. Outra parcela pendeu para a consideração de ser o ciúme um motivo torpe, logo, repugnante ou vil. Prevaleceu o entendimento de que o ciúme não é nem fútil, nem torpe. Não se trata de justificativa para matar ou, tampouco, para excluir a culpa. Porém, não pode ser considerado desproporcional, nem sórdido. Roque de Brito Alves esclarece que "cientificamente (...), seja como fenômeno ou sentimento normal, comum ou de caráter patológico, seja em suas formas impulsivas (reações primárias), afetiva ou na obsessiva, entendemos, em síntese e essencialmente, que o ciúme é uma manifestação de um profundo complexo de inferioridade de uma certa personalidade, sintoma de imaturidade afetiva e de um excessivo amor-próprio. O ciumento não se sente somente incapaz de manter o amor e o domínio sobre a pessoa amada, de vencer ou afastar qualquer possível rival como, sobretudo, sente-se ferido ou humilhado em seu amor-próprio. (...) O ciúme já na sua antiga origem etimológica grega, em sua terminologia em tal idioma, bem indicava tal estado psíquico de tormento, pois significava 'ardor', 'ferver', 'fermentar', considerando-o os gregos, como um 'amor excessivo', enquanto os romanos identificavam-no mais com o sentimento de inveja (Sokoloff). O próprio Santo Agostinho, em suas 'Confissões' proclamou que era 'flagelado pela férrea e abrasadora tortura dos ciúmes'. A sabedoria popular diz que o ciumento fica 'cego' pelo seu tormento, pelo inferno que vive pois a verdadeira realidade não existe para ele, somente a realidade que 'imagina' ilusoriamente, alucinadamente, falsamente" (*Ciúme e crime*, p. 19). Portanto, é causa passível de impulsionar alguém ao cometimento de agressões de toda ordem, inclusive homicídio.

O homicídio sem motivo

Argumentos existem a sustentar a possibilidade de se encontrar o crime de homicídio cometido pelo agente sem qualquer espécie de motivação. Seria um delito gratuito, advindo do *nada*. Para tanto, buscando justificar tal esdrúxula situação, algumas vozes se levantam para afirmar ser fútil o homicídio cometido *sem motivo*. Assim fazendo, a acusação se daria em termos de homicídio qualificado – e não simples. Por que fútil? Pelo fato de haver nítida desproporção entre o *nada* e a morte da vítima. Visualizamos, entretanto, um engano e, possivelmente, um sofisma no trato dessa questão. Por certo, considera-se motivo fútil a justificativa pífia para chegar à morte de alguém (ex.: negado uma venda fiada, para pagamento posterior, o agente mata o dono do estabelecimento – há incontestável distância entre motivo e resultado). A futilidade se caracteriza pelo contraste entre a razão da atitude do autor do crime e o resultado por ele provocado. É insignificante, vão, leviano, tirar a vida de alguém pelo simples fato de lhe ter sido negada uma venda para pagamento futuro. Porém, quando *não se descobre* o motivo, considerando-se a ausência de motivo, jamais se deve qualificar o crime como fútil; afinal, inexiste padrão de comparação entre o móvel interior do agente para a ação homicida e o resultado. Não é válido dizer, por simples suposição, que a ausência de motivo se torna mais grave do que a existência de qualquer motivo, por mais simplista que seja. Em verdade, sabe-se que o ser humano, racional e inteligente, não age por agir. Suas ações e omissões têm uma causa e um fim. São valoradas, sempre. Por vezes, pode-se até mesmo estar diante de uma valoração implícita, sombreada pelo subconsciente do agente, mas existente. O homem não atua por mero instinto, como se fosse uma tendência natural, nos padrões do mundo animal. A fuga à racionalidade, determinando uma ação *sem qualquer motivo*, somente encontraria explicação – o que não deixa de ser um motivo – na enfermidade mental. Estaria, então, o autor sujeito à medida de segurança e não à pena. Estamos convictos de que *não há crime sem motivo*. Muito menos se pode falar em homicídio imotivado. Aliás, a maioria dos homicídios é cometida com fundamento em três motivos: a) ambição ou cobiça em relação a bens materiais; b) paixão; c) orgulho ou vaidade. O restante encontra fundamento em motivos diversos, dos mais frugais aos mais relevantes. De toda sorte, todo homicídio tem um motivo, cumprindo ao Estado descobri-lo, para poder valorá-lo, subsumindo-o ao tipo penal incriminador, seja como simples, qualificado ou *privilegiado*. O desconhecimento do motivo do agente para matar a vítima circunscreve a imputação no *caput* no art. 121, vale dizer, homicídio simples. A ignorância do real móvel do crime jamais pode ser base para insculpir a acusação qualificada, calcada no motivo fútil, pois seria uma responsabilidade objetiva, fruto da ilação de terceiros, incompatível com o efetivo *querer* do autor.

A polêmica questão da eutanásia e seus desdobramentos

Há três conceitos diversos para o mesmo fenômeno: a) *eutanásia*: é o homicídio piedoso (chamado, também, homicídio médico, compassivo, caritativo ou consensual), para "abreviar, sem dor ou sofrimento, a vida de um doente, reconhecidamente incurável" (Hungria, *Ortotanásia ou eutanásia por omissão*, p. 14), que se encontra profundamente angustiado. Nesse caso, o paciente ainda não se encontra desenganado pela medicina. No sentido etimológico da palavra, quer dizer "morte suave, doce, fácil, sem dor", mas não é antecipação. Costuma-se dividi-la em *ativa* (praticar atos para matar o enfermo, que se encontra em sofrimento) e *passiva* (deixar de ministrar remédios – e/ou alimentação – ou outras intervenções, quando ainda viável fazê-lo). Há quem subdivida a eutanásia ativa em *direta* (quando o agente se dirige à execução de atos voltados a matar a vítima de grave enfermidade) e *indireta* (quando se ministra cada vez mais remédios para aliviar a dor, terminando por intoxicar o paciente ou reduzir ainda mais a sua capacidade de resistência orgânica) (Nuñez Paz, *Homicidio con-*

sentido..., p. 142-151); b) *ortotanásia*: é o homicídio piedoso omissivo, gerando a morte no tempo certo (eutanásia omissiva em sentido *lato*, eutanásia moral ou terapêutica); deixa o médico de ministrar remédios, operações ou intervenções que prolonguem, artificialmente, a vida da vítima, portadora de enfermidade incurável, em estado terminal e irremediável, já desenganada pela medicina; c) *distanásia*: morte lenta e sofrida de uma pessoa, prolongada pelos recursos que a medicina oferece. Sob o ponto de vista legal, a eutanásia constitui crime, embora se possa classificar como homicídio privilegiado (art. 121, § 1.º: relevante valor moral). Sob o ponto de vista médico, conforme o Código de Ética Médica, trata-se a ortotanásia como procedimento ético. Entende-se, no entanto, no meio jurídico mais conservador, nutrido pelos valores morais e religiosos que estão em jogo, tratar-se, também, de um homicídio privilegiado, com base no relevante valor moral. Pensamos ser um equívoco, pois a ortotanásia é a *morte no tempo certo*, sem agonia e sofrimento inúteis. O paciente está desenganado, não merecendo passar por procedimentos artificiais que prolonguem a sua dor. A realidade evidencia, todos os dias, em inúmeros hospitais, a corrente prática da ortotanásia, pois é essa a preferência dos enfermos e de seus parentes, situação acolhida pelo médico. Assim sendo, está-se diante de conduta socialmente adequada, portanto, fato atípico. Quanto à eutanásia, a situação é diferente. Se concretizada, gera a figura do homicídio, embora com causa de diminuição de pena (relevante valor moral). Portanto, para não ser criminalizada, haveria de existir lei a respeito. O máximo que se tem, tramitando no Congresso Nacional, são textos indicativos da ortotanásia como excludente de ilicitude. Ocorre que, como se mencionou, esta já é praticada e está longe das vistas dos tribunais. Se o Parlamento tiver que deliberar sobre algo ligado ao tema, que o faça no tocante à eutanásia propriamente dita, pois este é o verdadeiro debate. Contrariamente à eutanásia, levantam-se os seguintes argumentos: a) a santidade da vida humana, sob o aspecto religioso e sob o aspecto da convivência social; b) a eutanásia voluntária abriria espaço para a involuntária; c) poderia haver abuso de médicos e familiares, por interesses escusos; d) há sempre possibilidade de diagnóstico errôneo; e) há possibilidade do surgimento de novos medicamentos para combater o mal. "Cita-se, por oportuno, caso ocorrido na França, referente à filhinha de 5 anos de um médico que adoeceu gravemente a vários quilômetros de Paris. Atacada por difteria, moléstia de grande gravidade à época, cujo grau de letalidade atingia 99% de óbitos. Tendo utilizado o pai de todos os recursos possíveis e vendo avizinharem-se os sintomas precursores da morte, tais como, dispneia, cianose e os sinais de asfixia, resolve, desolado, pôr fim ao sofrimento da filha, injetando-lhe forte dose de ópio que, em poucos segundos, produziu seu efeito. Realizado o enterro, ao voltar do cemitério, triste, a imensa dor da saudade e a sensação de um cruel dever cumprido, depara-se com um telegrama a ele dirigido, cujo texto dizia: *Roux acaba de descobrir o soro antidiftérico, aplicando-o com êxito. Aguarde remessa...*" (Ana Raquel Colares dos Santos Soares, *Eutanásia*: direito de morrer ou direito de viver?, p. 151-152); e f) há sempre a possibilidade de reações orgânicas do paciente, consideradas "milagres", restabelecendo o enfermo (Hungria, *Ortotanásia ou eutanásia por omissão*, p. 16). São argumentos favoráveis ao acolhimento da eutanásia pelo Direito: a) sob o ponto de vista médico, a vida sem qualidade perde sua identidade; b) a Assembleia do Conselho da Europa, por meio da Recomendação 79/1966, estabeleceu os direitos dos doentes e moribundos, mencionando o "direito ao respeito da vontade do paciente quanto ao tratamento a ser utilizado", "o direito à sua dignidade e integridade", "o direito de informação", "o direito de cura apropriada" e "o direito de não sofrer inutilmente". No mesmo sentido: *Patient's Bill of Rights* (Estados Unidos); Carta sobre Deveres e Direitos dos Doentes (França); e Carta dos Direitos dos Enfermos (Itália). Narra-se que o fim da trajetória de Freud deveu-se à eutanásia. "No final de setembro de 1939, disse a seu médico, Max Schur: *hoje em dia, viver não é nada mais do que tortura. Não faz mais sentido* (Schur, 1972, p. 529). O médico lhe havia prometido que não o deixaria sofrer desnecessariamente. Ele ministrou três injeções de morfina nas 24 horas seguintes, cada dose maior do que a necessária para a sedação, e pôs fim aos longos anos de sofrimento de Freud" (Schultz & Schultz, *Teorias de personalidade*, p. 47). Enfim, longe de estar resolvida a questão, é preciso considerar que muitos aspectos de ordem religiosa – e até filosófica – estão envolvidos na discussão do tema. Por tal razão, dificilmente, em breve tempo, haverá solução legal para a eutanásia no Brasil. Enquanto tal não se der, resume-se o assunto a dois prismas: se alguém matar o paciente em agonia, ainda não desenganado, levando em conta esse estado, cometerá homicídio privilegiado. Diz Amadeu Ferreira que "o homicídio resultará não só da compaixão pelo sofrimento daquele a quem se vai matar, mas também pela insuportabilidade e pelo sofrimento que acarretam para o próprio homicida. A morte, muitas vezes conjunta, acaba por ser vista como a única 'saída' para tais situações" (*Homicídio privilegiado*, p. 66). Entretanto, estando desenganado pela medicina, nada mais se podendo fazer, auxiliar a morte tranquila e sem sofrimento é fato atípico, pois socialmente adequado.

Acesse e assista ao vídeo sobre Eutanásia e ortotanásia.
> http://uqr.to/1yoim

A existência de duas ou mais causas de aumento no homicídio contra menor de 14 anos

Indica-se a utilização do disposto no art. 68, parágrafo único, do Código Penal ("No concurso de causas de aumento ou de diminuição previstas na parte especial, pode o juiz limitar-se a um só aumento ou a uma só diminuição, prevalecendo, todavia, a causa que mais aumente ou diminua"). Dessa forma, é possível a coexistência de *ser a vítima menor de 14 anos*, com *deficiência*, além de ter sido morta pelo *padrasto*. Em tese, pode o julgador aplicar ambas (1/3 + 2/3) ou apenas uma delas, no caso a que mais aumente (2/3), a depender do caso concreto e das provas existentes nos autos. Ilustrando, se a vítima, por ser deficiente, estiver extremamente vulnerável e o autor do homicídio for pessoa da família muito próxima, com dever de cuidado diretamente ligado a ela, o cenário permite a aplicação das duas causas de aumento. No mais, as situações que não exijam uma particular incidência das duas causas de aumento comportam apenas o aumento mais grave (2/3). É preciso lembrar, ainda, a hipótese de ser o homicídio dupla ou triplamente qualificado, podendo-se utilizar uma qualificadora (por exemplo, motivo fútil) para alterar a faixa de fixação da pena para reclusão de 12 a 30 anos e reservar a causa de aumento (menor de 14 anos do § 4.º do art. 121 do CP) para impor a elevação de 1/3 na terceira fase de individualização. No entanto, nessa situação, coexistindo três causas de aumento (vítima menor de 14 anos, deficiente e filha do autor do homicídio), torna-se fundamental não aplicar as três, pois tornaria a sanção muito elevada. De maneira proporcional à gravidade do fato, convém ao magistrado aplicar apenas a mais grave (2/3) ou, no máximo, uma das causas de elevação de 1/3 juntamente com a de 2/3.

Feminicídio

Art. 121-A

Sujeito ativo

Como regra, é o homem, tendo em vista que a vítima é necessariamente a mulher, em situação de violência doméstica e familiar ou sofrendo discriminação ou menosprezo. Eventualmente, pode ser outra mulher, em relação homoafetiva, quando esta e a vítima vivam em ambiente doméstico e familiar (ver Parte Geral, capítulo XII, item 3.1).

Sujeito passivo

É a mulher, considerando-se as condições do sexo feminino mencionadas no § 1.º do art. 121-A (violência doméstica e familiar; menosprezo ou discriminação à mulher). É possível tratar-se de vítima transgênero, que se considera mulher. Caso esteja consolidada a situação com alteração do registro civil, nada se deve questionar, cuidando-se de mulher para todos os fins, inclusive para preencher as condições de sexo feminino do referido § 1.º. Entretanto, sem a modificação jurídica, depende do caso concreto. Respeitando-se a dignidade da pessoa humana e a opção de identidade de gênero, pode a pessoa transgênero situar-se como sujeito passivo deste delito (ver Parte Geral, capítulo XII, item 3.2).

Objeto jurídico

A vida humana, com a particular ênfase do contexto de vulnerabilidade (ver Parte Geral, capítulo XII, item 3.3, "b").

Objeto material

A mulher que sofreu a agressão (ver Parte Geral, capítulo XII, item 3.3, "a").

Elementos objetivos do tipo

Tutela-se a eliminação da vida da mulher, quando envolver as condições do sexo feminino descritas no § 1.º do art. 121-A (violência doméstica e familiar; menosprezo ou discriminação à mulher). O objetivo da criação deste específico tipo penal é enaltecer a vulnerabilidade feminina, quando envolta em cenário particular, buscando elevar a pena. Culturalmente, em várias partes do mundo, a mulher é inferiorizada sob diversos prismas, sofrendo agressões, muitas delas criminosas. Embora constitucionalmente todos sejam iguais perante a lei, há de se ponderar o destacado critério de tratar desigualmente os desiguais para atingir a efetiva isonomia, razão pela qual editou-se o tipo penal do feminicídio separado do homicídio. Desde o advento da Lei 11.340/2006 (Lei Maria da Penha), contendo normas explicativas, programáticas e impositivas, emerge a meta de tutelar, de maneira mais eficiente, a condição do sexo feminino, em particular nos relacionamentos domésticos e familiares. Cria-se uma das mais elevadas penas da legislação: reclusão, de 20 a 40 anos. A circunstância da *condição do sexo feminino* é de índole objetiva, podendo conviver com circunstâncias subjetivas, como a motivação fútil ou torpe, que passa a valer como agravante, quando estiver presente. Note-se que o feminicida não mata a mulher simplesmente porque ela é do gênero feminino. A sua motivação é variada, podendo fazê-lo por ódio, raiva, ciúme, orgulho ferido, disputa familiar, prazer, sadismo, enfim, diversas causas, que merecem a conceituação de futilidade ou torpeza. Outra razão para o destaque do feminicídio como delito autônomo foi evitar a aplicação das causas de diminuição do § 1.º do art. 121 (motivo de relevante valor social ou moral e domínio de violenta emoção logo após injusta provocação da vítima). Nada impede que se alegue a atenuante do art. 65, III, *a* ou *c*, do Código Penal, mas não terá a mesma intensidade da causa de diminuição. Conferir o capítulo XIII, item 2.1, da Parte Geral.

Elemento subjetivo do crime

É o dolo. Inexiste a forma culposa. Nos termos do art. 18, parágrafo único, do CP, a culpa deve ser expressa no tipo, do contrário, somente se pune o delito por dolo. Ilustrando, caso o marido mate a esposa, por imprudência, mesmo em discussão no lar conjugal, trata-se de homicídio culposo, nos termos do art. 121, § 3.º, do CP (ver o capítulo XIV da Parte Geral).

Elemento subjetivo do tipo específico

Não há (ver Parte Geral, capítulo XIII, item 2.1).

Classificação

Próprio; material; de forma livre; comissivo; instantâneo; de dano; unissubjetivo; plurissubsistente. Sobre a classificação dos crimes, ver o capítulo XII, item 4, da Parte Geral.

Tentativa

Admissível.

Momento consumativo

Ocorre com a morte encefálica, que acarreta a cessação das funções circulatória e respiratória.

Razões da condição do sexo feminino

Trata-se do particular cenário, onde se insere o sujeito passivo dessa versão particular do homicídio, que é o feminicídio. Aponta-se a eliminação da vida da mulher, quando imersa nas *razões da condição de sexo feminino*, vale dizer, tendo por *causas* ou *fundamentos* o *estado* do sexo feminino. A vítima se encontra em situação de vulnerabilidade composta por diversos fatores (material – força física –, social ou econômica), em sociedade predominantemente machista e patriarcal. Associa-se esse cenário de inferioridade ao âmbito doméstico e familiar, em que se verifica a hegemonia do homem, seja ele marido, companheiro ou ascendente. Além disso, é viável aliar-se essa condição ao menosprezo (desvalorização, depreciação) ou discriminação (segregação, estabelecimento de diferença) que pessoas da condição de sexo masculino aplicam às mulheres nas relações cotidianas fora do contexto doméstico e familiar, atingindo outras conjunturas (trabalho, escola, clube, associação etc.). O panorama geral do Brasil ainda reflete essa desigualdade entre os gêneros masculino e feminino, produzindo a violência abusiva e frequente de homens contra mulheres, dando ensejo à edição da Lei 11.340/2006 (Maria da Penha) e diversas outras subsequentes, até atingir a Lei 14.994/2024, que criou o art. 121-A (feminicídio), com elevada sanção, como fator de desestímulo à continuidade dessa tirania, geradora de inúmeras vítimas, que perdem a vida todos os dias. A tipificação em separado, no Código Penal, do feminicídio não será suficiente para deter a escalada de violência contra a mulher, pois há que se investir nos aspectos educativos e culturais, embora constitua uma maneira de se demonstrar a gravidade da conduta opressora do agente, merecedor de maior sanção penal. Fora desse quadro, a eliminação da vida da mulher constitui homicídio, conforme previsto no art. 121 do Código Penal.

Causas de aumento de pena

Encontram-se previstas no § 2.º do art. 121-A. Se o crime é praticado:

a) durante a gestação, nos três meses posteriores ao parto ou se a vítima é a mãe ou a responsável por criança, adolescente ou pessoa com deficiência de qualquer idade. A morte da gestante envolve, ainda, a eliminação da vida do feto. Quando ocorre nos três primeiros meses após o parto, está-se privando a criança dos cuidados essenciais de sua mãe em tão tenra idade. A terceira hipótese abrange a retirada da mãe do trato e zelo com seus filhos ou o tolhimento dos cuidados fundamentais destinados a pessoa com deficiência, tornando mais grave o feminicídio. Associe-se, ainda, a especial vulnerabilidade da vítima, quando estiver em período de gestação ou após o parto. Deve-se demonstrar que o agente sabia (dolo direto) ou devia saber (dolo eventual) dessas condições da mulher para que se possa aplicar o aumento da pena;

b) contra pessoa menor de 14 anos, maior de 60, com deficiência ou portadora de doenças degenerativas que acarretem condição limitante ou de vulnerabilidade física ou mental. Essas circunstâncias demonstram vítimas de maior vulnerabilidade física ou mental, portanto, incapazes de se defender com eficácia em relação à agressão do agente, que demonstra covardia e pusilanimidade. Enumera-se, expressamente, situações de vulnerabilidade para a pessoa ofendida: menor de 14 anos; maior de 60 anos; enfermos graves;

c) na presença física ou virtual de descendente ou de ascendente da vítima. Tem-se conhecimento de feminicídios cometidos diante de filhos ou pais da vítima, o que gera um trauma intenso, razão pela qual as *consequências do crime* são particularmente graves. O termo *presença* indica a visualização do momento em que se realiza a conduta típica (matar), podendo dar-se fisicamente (agente, vítima e filhos ou pais no mesmo ambiente real) ou de modo virtual (agente e vítima num espaço e filhos ou pais em outro, embora a visualização se faça pela comunicação proporcionada por dispositivo informático, como, por exemplo, uma chamada por celular por meio de vídeo ou na frente de um computador conectado pela internet). O modo virtual deve dar-se em tempo real. Uma gravação da cena para posterior exibição já não configura a *presença*;

d) em descumprimento das medidas protetivas de urgência previstas nos incisos I, II e III do *caput* do art. 22 da Lei 11.340/2006 (Maria da Penha). Não bastasse o cometimento do feminicídio, o fato se torna ainda mais grave quando o agente investe contra outro bem jurídico, que é a administração da justiça, ao ignorar a determinação judicial, impondo medidas de proteção à pessoa ofendida. Dispõe o art. 22: "I – suspensão da posse ou restrição do porte de armas, com comunicação ao órgão competente, nos termos da Lei 10.826, de 22 de dezembro de 2003; II – afastamento do lar, domicílio ou local de convivência com a ofendida; III – proibição de determinadas condutas, entre as quais: a) aproximação da ofendida, de seus familiares e das testemunhas, fixando o limite mínimo de distância entre estes e o agressor; b) contato com a ofendida, seus familiares e testemunhas por qualquer meio de comunicação; c) frequentação de determinados lugares a fim de preservar a integridade física e psicológica da ofendida";

e) nas circunstâncias previstas nos incisos III, IV e VIII do § 2.º do art. 121 do Código Penal. São as qualificadoras do homicídio (confira-se os comentários feitos ao art. 121, no tópico anterior).

🔖 PONTO RELEVANTE PARA DEBATE

Razões da condição do sexo feminino é de natureza objetiva ou subjetiva

Havia um debate em torno da natureza jurídica da qualificadora do feminicídio, que constava no § 2.º, VI, do art. 121 do CP, se tinha natureza objetiva ou subjetiva. Com o advento da Lei 14.994/2024, criou-se o tipo autônomo do feminicídio, levando-se três das qualificadoras objetivas do homicídio para figurar como causas de aumento no art. 121-A. Tendo em vista que as qualificadoras subjetivas (motivos fútil, torpe e garantia de outro delito) não foram incluídas no feminicídio, poder-se-ia argumentar que isto se deve ao fato de que as condições do sexo feminino seriam, também, subjetivas e, portanto, incompatíveis com a motivação mencionada. Assim não nos parece. Cuida-se de política criminal, elegendo-se as qualificadoras mais graves do homicídio – de fundo objetivo – para gerar aumento da pena, mas deixando as circunstâncias subjetivas, referentes à motivação, para serem aplicadas como agravantes, na segunda fase da aplicação da pena privativa de liberdade. É uma mensuração diferenciada, embora possam ser aplicadas todas as circunstâncias subjetivas ao feminicídio. Parece-nos relevante assinalar que *matar a mulher em razão da condição de sexo feminino* é um fato de avaliação *objetiva*, demonstrativo da covardia do agente, que se volta contra pessoa vulnerável na relação doméstica e familiar ou como gênero discriminado ou menosprezado. Além disso, pode-se matar a mulher *por motivo fútil*, por exemplo, sem que se possa alegar *bis in idem*. Nesta hipótese, seria um feminicídio (reclusão de 20 a 40 anos), com a agravante da futilidade. Outro argumento demonstra a viabilidade de se cumular vulnerabilidades, elevando a pena por graus: matar a mulher possui uma pena mais elevada (reclusão de 20 a 40 anos); caso ela seja maior de 60 anos, possibilita-se elevar em mais 1/3 até metade. Compare-se com o menor de 14 anos: matar a criança faz incidir a qualificadora do homicídio (reclusão de 12 a 30 anos); se o infante for pessoa com deficiência (ainda mais vulnerável), há um aumento de 1/3 até metade. Nas duas ilustrações, inexiste dupla apenação pelo mesmo fato.

Particularidade

Preceitua o § 3.º do art. 121-A que "comunicam-se ao coautor ou partícipe as circunstâncias pessoais elementares do crime previstas no § 1.º deste artigo". Está-se cuidando do concurso de pessoas, envolvendo coautores e partícipes, nos termos do art. 29 do Código Penal. Não seria necessário este § 3.º, pois o art. 30 do CP estabelece que as elementares (termos integrantes do tipo incriminador) do delito comunicam-se a todos os envolvidos, mesmo quando pessoais. Contudo, para evitar qualquer dúvida, fixou-se que o cometimento do feminicídio (em situação de violência doméstica ou discriminação ou menosprezo à mulher) é aplicável a quem auxiliar direta ou indiretamente o agente, que pode ser o marido, companheiro ou namorado, por exemplo. Ilustrando, se a irmã do autor segurar a vítima para que esta seja esfaqueada pelo marido, em cenário de violência doméstica, ela responderá por feminicídio, apesar de ser mulher, não ter laço afetivo com a ofendida, nem tampouco por esta nutrir menosprezo ou discriminação.

Induzimento, instigação ou auxílio a suicídio ou a automutilação

Art. 122

Sujeito ativo

Qualquer pessoa (ver Parte Geral, capítulo XII, item 3.1).

Sujeito passivo

Qualquer pessoa com um mínimo de discernimento e resistência. Do contrário, não podendo resistir ao induzimento ou instigação, cuida-se de homicídio, o que é reconhecido pelo § 7.º do art. 122 (ver Parte Geral, capítulo XII, item 3.2).

Objeto jurídico

A vida humana (ver Parte Geral, capítulo XII, item 3.3, "b"). É preciso lembrar que os jogos de automutilação têm por finalização o suicídio, razão pela qual a figura foi incluída neste artigo (crime contra a vida), e não simplesmente em um formato de lesão corporal.

Objeto material

A pessoa contra a qual se volta o agente (ver Parte Geral, capítulo XII, item 3.3, "a").

Elementos objetivos do tipo

Induzir significa dar a ideia a quem não a possui, inspirar, incutir. Portanto, nessa primeira conduta, o agente sugere ao suicida que dê fim à sua vida; *instigar* é fomentar uma ideia já existente. Trata-se, pois, do agente que estimula a ideia suicida que alguém anda manifestando; *auxiliar* é a forma mais concreta e ativa de agir, pois significa dar apoio material ao ato suicida. Ex.: o agente fornece a arma utilizada pela pessoa que se mata. Nesse caso, deve dizer respeito a um apoio meramente secundário, não podendo, jamais, o autor, a pretexto de "auxiliar" o suicida, tomar parte ativa na ação de tirar a vida, tal como aconteceria se alguém apertasse o gatilho da arma já apontada para a cabeça pelo próprio suicida. Responde, nesta hipótese, por homicídio. Suicídio é a morte voluntária, que, segundo Durkheim, "resulta, direta ou indiretamente, de um ato positivo ou negativo, realizado pela própria vítima, a qual sabia dever produzir este resultado", chamando-se, ainda, autocídio e autoquíria (cf. Odon Ramos Maranhão, *Curso básico de medicina legal*, p. 222). Conferir o capítulo XIII, item 2.1, da Parte Geral. O suicídio, do ponto de vista de quem o comete, não é penalmente punido, quando consumado, por óbvio motivo: a morte tudo resolve. Porém, não se pune aquele que atenta contra a própria vida, sem sucesso, pois inexistirão os fundamentos da pena, seja sob a ótica retributiva, seja sob o enfoque preventivo. Nesta hipótese, é preciso compreender e auxiliar o *suicida* a se recuperar e contornar esse propósito. Entretanto, a vida é um bem jurídico relevante, não se podendo dela dispor *licitamente*, tanto assim que a coação para impedir suicídio é fato atípico (art. 146, § 3.º, II, CP). Esse é o motivo justificador do tipo incriminador do art. 122 do Código Penal. No mesmo sentido, Muñoz Conde, *Derecho penal – Parte especial*, p. 63. Acrescentou-se, após a edição da Lei 13.968/2019, a situação concernente à automutilação (aleijar-se; retirar um membro do corpo; amputar-se), que, pela gravidade do ferimento gerado, pode levar à morte. Tem-se reservado o termo *mutilação* para cortes graves e destrutivos de partes do corpo humano; essa tendência adveio de um jogo mórbido (denominado *baleia azul*), que leva os participantes a praticar automutilação, até chegar ao suicídio. Por isso, na figura do *caput* do art. 122, incluiu-se o induzimento ou instigação à prática de automutilação. A pena é de reclusão, de 6 meses a 2 anos, com relação à figura prevista no *caput*.

Elemento subjetivo do crime

É o dolo, não se admitindo a forma culposa (ver o capítulo XIV da Parte Geral).

Elemento subjetivo do tipo específico

Não há (ver Parte Geral, capítulo XIII, item 2.1), como regra. Porém, no quadro da automutilação, torna-se imperioso destacar que a vontade do agente tem a particular finalidade de levar a vítima a se matar, mutilando-se, mesmo que assumindo esse risco; não fosse assim, seria incluída a mutilação no cenário da lesão corporal e não no capítulo dos crimes contra a vida.

Classificação

Comum; material nas formas dos §§ 1.º e 2.º, mas formal na figura do *caput*; instantâneo; comissivo; de dano nos formatos dos §§ 1.º e 2.º, mas de perigo, na modalidade prevista no *caput*; unissubjetivo; de forma livre; plurissubsistente. Sobre a classificação dos crimes, ver o capítulo XII, item 4, da Parte Geral.

Tentativa

Não admite, na forma *material*, dos §§ 1.º e 2.º, por ser crime condicionado (o ofendido deve automutilar-se ou tentar o suicídio sofrendo lesões graves *ou* gravíssimas ou mesmo chegar à morte). Torna-se possível na modalidade *formal*, prevista no *caput*, embora de rara comprovação.

Momento consumativo

Na forma material, ocorre quando a vítima morre (em decorrência do suicídio ou da automutilação) ou quando sofre lesões graves ou gravíssimas. Na modalidade formal, quando o induzimento ou instigação é capaz de levar alguém a tentar o suicídio ou a se automutilar, podendo, por exemplo, sofrer apenas lesões leves.

Figuras qualificadas pelo resultado

O § 1.º prevê que, se da automutilação ou da tentativa de suicídio advém lesão corporal de natureza grave ou gravíssima (art. 122, §§ 1.º e 2.º, CP), a pena é de reclusão, de 1 a 3 anos.

O § 2.º estabelece que, caso o suicídio se consume ou se da automutilação resultar morte, a pena é de reclusão, de 2 a 6 anos.

Causas de aumento de pena

A pena é duplicada (§ 3.º) quando o crime é cometido por motivo egoístico (excessivo apego a si mesmo, o que evidencia o desprezo pela vida alheia), torpe (repugnante, asqueroso, vil) ou fútil (insignificante, irrelevante, desproporcional); quando a vítima for menor (entende-se o menor de 18 e maior de 14, pois o menor de 14 não tem capacidade alguma de consentimento) ou tiver diminuída, por qualquer causa, a capacidade de resistência (quando estiver sob efeito de álcool ou outras drogas, sofrer de algum distúrbio psíquico, encontrar-se debilitada por conta de doença grave, entre outras situações similares). Conferir o item a seguir *Particularidades*.

A pena é aumentada do dobro (§ 4.º), quando a conduta de indução ou instigação for praticada por meio da rede de computadores, de rede social ou transmitida em tempo real. A potencialidade lesiva dessa conduta eleva-se sobremaneira quando o agente se vale da *internet*, pois é capaz de atingir um número imenso de vítimas ao mesmo tempo. Por outro lado, torna mais difícil a apuração do crime, pois a ocultação da fonte originária é bastante utilizada.

No § 5.º, prevê-se dobrar a pena, caso o autor seja líder, coordenador ou administrador de grupo de comunidade ou de rede virtual (ou por estes seja responsável). Isso se deve ao imenso poder de convencimento desses dirigentes que, pela força do argumento, possuem facilidade para convencer seus seguidores a tomar atitudes impensadas e radicais, em especial os mais jovens. Ademais, é preciso destacar que muitas crianças e adolescentes têm acesso desvigiado à internet por conta da irresponsabilidade dos pais ou responsáveis. Sabe-se haver criança ou jovem que tem um celular privativo ou computador em seu quarto, com acesso à Internet, *sem qualquer controle efetivo* dos pais ou responsáveis. Assim sendo, quando participam de *jogos abusivos* e terminam chegando ao suicídio, pune-se com maior rigor quem os coordena, em *sites* ou *grupos virtuais*. No entanto, seria preciso identificar nos responsáveis por esse acesso ilimitado à rede mundial de computadores, uma omissão penalmente relevante, podendo apontá-los como partícipes do crime, conforme o caso concreto.

Lembre-se do disposto pelo art. 68, parágrafo único, do Código Penal, autorizando o juiz a utilizar mais de uma causa de aumento ou somente a que mais eleve a pena, quando previstas na Parte Especial. É preciso fundamentar o uso de duas ou mais causas de aumento aplicadas ao mesmo caso.

Particularidades

Se a vítima é menor de 14 anos ou tem a sua capacidade de resistência não apenas diminuída, mas anulada, é preciso considerar efeitos mais severos para a conduta do instigador ou indutor do suicídio ou da automutilação. A pessoa com idade inferior a 14 anos já não tem capacidade para a prática sexual, conforme prevê o art. 217-A do Código Penal, indicando, igualmente, não possuir discernimento suficiente para resistir à força de argumentação de uma pessoa adulta, impulsionando-a a condutas drásticas de autolesão. Diga-se o mesmo da pessoa gravemente enferma, física ou mentalmente, sujeita a uma redução intensa de sua capacidade de raciocinar e decidir validamente sobre algo, tornando-se vítima mais facilmente atingível.

Por isso, o § 6.º estabelece que, havendo como resultado a lesão gravíssima, advinda de automutilação ou tentativa de suicídio, no tocante à vítima menor de 14 anos ou em relação a quem esteja enfermo (física ou mentalmente) sem o necessário discernimento para a prática do ato ou sem capacidade de oferecer resistência, por qualquer motivo, a pena do agente será de reclusão, de 2 a 8 anos (art. 129, § 2.º, CP). Mas há dois equívocos neste parágrafo. Desconsiderou-se o resultado *lesão grave*, que foi previsto no § 1.º, mas nesta hipótese foi eliminado, sem qualquer razão. Por outro lado, se o menor de 14 anos é quem tem a sua capacidade de discernimento ou resistência anulada por outra causa qualquer é vítima da indução ou instigação a suicídio ou a automutilação, o agente deveria responder por tentativa de homicídio, devidamente julgado perante o Tribunal do Júri. Entretanto, em função do princípio da legalidade, optou o legislador por estabelecer uma penalidade menor, apontando para a prevista para a lesão corporal gravíssima, conforme supramencionado.

No § 7.º, seguindo rumo diverso da conclusão obtida pelo § 6.º, aponta-se que o agente, ao induzir ou instigar ao suicídio ou à automutilação o menor de 14 anos ou a pessoa sem discernimento ou com a capacidade de resistência anulada, por qualquer causa, ocorrendo a morte, por conta do suicídio ou da automutilação, responderá por homicídio (art. 121, CP). Esta é a solução correta, tendo em vista a *completa* ausência de capacidade de distinguir entre o certo e o errado, seja em razão da imaturidade, seja em função de enfermidade ou deficiência mental ou outra causa.

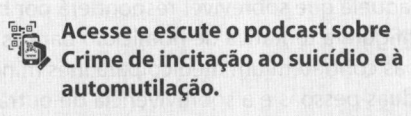

Acesse e escute o podcast sobre Crime de incitação ao suicídio e à automutilação.

> http://uqr.to/1yoin

🕭 PONTOS RELEVANTES PARA DEBATE

O auxílio por omissão

Trata-se de questão controversa na doutrina e na jurisprudência, havendo duas correntes: a) não se admite, pois a expressão contida no tipo penal menciona "prestar auxílio", implicando ação (cf. Frederico Marques, Bento de Faria, Roberto Lyra, Euclides Custódio da Silveira, Paulo José da Costa Júnior, Damásio de Jesus, entre outros); b) admite-se, desde que o agente tenha o dever jurídico de impedir o resultado (cf. Magalhães Noronha, Nélson Hungria, Ari de Azevedo Franco, Mirabete, entre outros). Preferimos esta última posição, pois o fato de o verbo do tipo ser comissivo não significa, necessariamente, estar afastada a hipótese do crime comissivo por omissão. Ora, todas as hipóteses da omissão penalmente relevante (art. 13, § 2.º, CP) demonstram que há delitos comissivos (matar, subtrair, constranger etc.) que possibilitam a punição por omissão, desde que haja o dever de impedir o resultado típico. Ex.: o pai que, sabendo da intenção suicida do filho menor, sob poder familiar, nada faz para impedir o resultado e a enfermeira que, tomando conhecimento da intenção suicida do paciente, ignora-a por completo, podem responder pela figura do auxílio, por omissão, ao suicídio. Nesse contexto, convém mencionar o exemplo dado por Muñoz Conde: o médico cria ficticiamente uma situação, podendo prever a reação da vítima, ao dizer-lhe que está com um câncer incurável, tendo pouco tempo de vida, além de que irá padecer de inúmeras dores graves. Não há insinuação direta para o cometimento do suicídio, mas, pelas condições psicológicas do paciente, presume-se qual seria sua reação. Concretizando-se o suicídio, vê-se a atuação do médico como garante, pois foi quem criou o risco para o ofendido. Deve ser punido pela figura do art. 122 do Código Penal por omissão (*Derecho penal – Parte especial*, p. 67).

A situação denominada pacto de morte

É possível que duas ou mais pessoas promovam um pacto de morte, deliberando morrer ao mesmo tempo. Várias hipóteses podem ocorrer: a) se cada uma delas ingerir veneno, *de per si*, por exemplo, aquela que sobreviver responderá por participação em suicídio, tendo por sujeito passivo a outra (ou as outras, que morreram); b) caso uma ministre o veneno para as demais, se sobreviver, responderá por homicídio consumado de todos os que morreram (e tentativa de homicídio, com relação aos que sobreviverem), tendo em vista que o delito previsto no art. 122 não admite qualquer tipo de ato executório, com relação a terceiros; c) na hipótese de cada pessoa administrar veneno a outra (*A* dá veneno a *B*, que fornece a *C*, que o ministra a *D* etc.), todas sobrevivendo. Responderá cada uma por tentativa de homicídio, tendo como sujeito passivo a pessoa a quem foi dado o tóxico; d) se cada pessoa ingerir, sozinha, o veneno, todas sobrevivendo, com lesões leves ou sem qualquer lesão, o fato é atípico, pois o crime do art. 122 é condicionado à ocorrência de lesões graves ou morte; e) na hipótese de uma pessoa administrar veneno a outra, ao mesmo tempo em que recebe a peçonha desta, aquele que sobreviver responderá por homicídio consumado; se ambos sobreviverem, configurará tentativa de homicídio para as duas, como na alternativa "c"; f) caso quatro pessoas contratem um médico para lhes ministrar o veneno, tendo por resultado a morte de duas pessoas e a sobrevivência de outras duas, estas, que ficaram vivas, sem lesões graves, responderão por participação em suicídio, tendo por sujeitos passivos as que morreram. O médico, por sua vez, responderá por dois homicídios consumados e duas tentativas de homicídio. Adaptando-se o pacto de morte à roleta russa (passar um revólver entre vários presentes, contendo uma só bala no tambor, que é girado aleatoriamente, para que a arma seja apontada por cada um na direção de seu corpo), dá-se o mesmo. Quem sobreviver, responde por participação em suicídio, tendo por vítima aquele que morreu. Finalmente, acrescente-se a hipótese, no contexto da roleta russa, do participante que der um tiro em si mesmo, sofrendo lesões graves. Caso ele sobreviva, não deve ser penalmente responsabilizado, pois o direito brasileiro não pune a autolesão. Os outros, sem dúvida, responderão por participação em suicídio.

Infanticídio

Art. 123

Sujeito ativo

A mãe do recém-nascido ou ser nascente (ver Parte Geral, capítulo XII, item 3.1).

Sujeito passivo

O recém-nascido ou ser nascente (ver Parte Geral, capítulo XII, item 3.2).

Objeto jurídico

A vida (ver Parte Geral, capítulo XII, item 3.3, "b").

Objeto material

O recém-nascido ou ser nascente (ver Parte Geral, capítulo XII, item 3.3, "a").

Elementos objetivos do tipo

O verbo *matar* é o mesmo do homicídio, razão pela qual a única diferença entre o crime de infanticídio e o homicídio é a especial situação em que se encontra o agente. Por isso, na essência, o infanticídio é um homicídio privilegiado, ou seja, um homicídio com pena atenuada. *Matar* significa eliminar a vida de outro ser humano, de modo que é preciso que o ser nascente esteja vivo quando é agredido. Estado puerperal é aquele que envolve a parturiente durante o nascimento da criança (parto normal ou cesariana). O puerpério é o período que se estende do início do parto até a volta da mulher às condições pré-gravidez e, em princípio, a maioria das parturientes passa por um momento de perturbação, que é superado em pouco tempo, sem maior conturbação psicológica. É a denominada disforia puerperal, um transtorno passageiro de humor. Não é a causa determinante do infanticídio. Entretanto, há duas hipóteses preocupantes. A primeira é a depressão pós-parto, que pode surgir até um ano depois do nascimento da criança, representando um grave estado psicológico, gerando uma falta de interesse da mãe pelo mundo ao seu redor, podendo emergir a ideia de machucar o bebê. Como regra, avaliando-se por perícia, cuida-se de enfermidade mental e, se a mãe matar a criança, insere-se no contexto do art. 26, *caput*, do Código Penal, aplicando-se medida de segurança. O estado puerperal ao qual se refere o infanticídio abrange um número reduzido de puérperas, denominando-se *psicose pós-parto* ou *psicose puerperal*. A mãe passa por momentos de perturbação, com delírios e alucinações, podendo causar dano a sim mesma e à criança. Embora não exista expressa previsão legal, o ideal é submeter a infanticida a exame pericial, para que se possa apurar, com mais precisão, a perturbação da saúde mental. Em vez de aplicar o disposto no art. 26, parágrafo único, do Código Penal, deve-se utilizar a figura específica do art. 123 do Código Penal. Outro elemento do tipo penal é o fator temporal, ou seja, a agressão deve ser cometida durante ou logo após o parto, sem fixar um período determinado, pois é uma hipótese naturalmente imprecisa. Cuida-se de mais uma razão para se realizar a perícia. A pena é de detenção, de 2 a 6 anos. Conferir o capítulo XIII, item 2.1, da Parte Geral.

Elemento subjetivo do crime

É o dolo, não se punindo a forma culposa (ver o capítulo XIV da Parte Geral).

Elemento subjetivo do tipo específico

Não há (ver Parte Geral, capítulo XIII, item 2.1).

Classificação

Próprio; instantâneo; comissivo (exige ação); material; de dano; unissubjetivo; plurissubsistente; de forma livre. Sobre a classificação dos crimes, ver o capítulo XII, item 4, da Parte Geral.

Tentativa

É admissível.

Momento consumativo

Com a morte do recém-nascido ou ser nascente.

Acesse e escute o podcast sobre Infanticídio.
> http://uqr.to/1yoio

♪ PONTO RELEVANTE PARA DEBATE

O concurso de pessoas no infanticídio

Tendo o Código Penal adotado a teoria monista (*vide* art. 29, CP), pela qual todos os que colaborarem para o cometimento de um crime incidem nas penas a este delito destinadas, no caso presente, coautores e partícipes respondem igualmente por infanticídio.

Ilustrando, a mãe, em estado puerperal, após o parto, conta com o pai da criança para, juntos, matá-la. Houve uma só morte, portanto, há de existir um só crime (é a regra da Parte Geral, art. 29). Há um conflito aparente de normas, pois seriam aplicáveis à morte do recém-nascido tanto o homicídio (matar alguém) quanto o infanticídio (matar recém-nascido após o parto e em estado puerperal). Entretanto, o impasse se resolve pelo critério da especialidade. O estado puerperal é circunstância elementar do tipo (art. 30, CP) e transmite-se ao coautor ou partícipe. Diante disso, mãe e pai devem seguir para a adequação típica do infanticídio, lei especial (art. 123) em relação à lei geral (art. 121).

Assim, embora presente a injustiça, afinal, o pai não está em estado puerperal, de acordo com princípio da legalidade, somente o legislador pode corrigir essa distorção.

Não importa se o pai mata e a mãe auxilia ou se esta mata e aquele auxilia. O estado puerperal da mãe é o fator determinante para lançar ambos no cenário do infanticídio.

A doutrina é amplamente predominante nesse sentido.

Aborto provocado pela gestante ou com seu consentimento

Art. 124

Sujeito ativo

A gestante (ver Parte Geral, capítulo XII, item 3.1).

Sujeito passivo

O feto ou embrião. Para alguns, tendo em vista que o feto ou embrião não pode ser considerado pessoa, o sujeito afetado seria a sociedade (ver Parte Geral, capítulo XII, item 3.2).

Objeto jurídico

A vida (ver Parte Geral, capítulo XII, item 3.3, "b"). Ou, em termos mais específicos, a vida do feto ou a vida dependente (cf. Muñoz Conde, *Derecho penal – Parte especial*, p. 87).

Objeto material

O feto ou embrião (ver Parte Geral, capítulo XII, item 3.3, "a").

Elementos objetivos do tipo

Aborto é a cessação da gravidez, antes do termo normal, causando a morte do feto ou embrião (de *ab ortus*, ou seja, parto sem nascimento, cuida-se de palavra latina, que expressa a ação e o efeito da interrupção do processo reprodutivo da espécie, vale dizer, da gestação, antes do término normal, com consequências eliminatórias, cf. Bernaldo de Quirós, *Derecho penal – parte especial*, p. 83). No caso do art. 124, cuida-se de duas formas: *provocar* (causar ou determinar) o aborto em si mesma (*autoaborto*) e *consentir* (aprovar, admitir, tolerar) que outra pessoa provoque o aborto (aborto com consentimento da gestante). A pena é de detenção, de 1 a 3 anos.

Suas formas são:

a) aborto natural: é a interrupção da gravidez oriunda de causas patológicas, que ocorre de maneira espontânea (não há crime);

b) aborto acidental: é a cessação da gravidez por conta de causas exteriores e traumáticas, como quedas e choques (não há crime);

c) aborto criminoso: é a interrupção forçada e voluntária da gravidez, provocando a morte do feto ou embrião;

d) aborto permitido ou legal: é a cessação da gestação, com a morte do feto ou embrião, admitida por lei. Esta forma divide-se em: d.1) aborto terapêutico ou necessário: é a interrupção da gravidez realizada por recomendação médica, a fim de salvar a vida da gestante. Trata-se de uma hipótese específica de estado de necessidade; d.2) aborto sentimental ou humanitário: é a autorização legal para interromper a gravidez quando a mulher foi vítima de estupro. Dentro da proteção à dignidade da pessoa humana, em confronto com o direito à vida (nesse caso, do feto ou embrião), optou o legislador por proteger a dignidade da mãe, que, vítima de um crime hediondo, não quer manter o produto da concepção em seu ventre, o que lhe poderá trazer sérios entraves de ordem psicológica e na sua qualidade de vida futura;

e) aborto eugênico, eugenésico ou embriopático: é a interrupção da gravidez, causando a morte do feto ou embrião, para evitar que a criança nasça com graves defeitos genéticos. Há controvérsia se há ou não crime nessas hipóteses, como se verá no art. 128;

f) aborto econômico-social: é a cessação da gestação, causando a morte do feto ou embrião, por razões econômicas ou sociais, quando a mãe não tem condições de cuidar do seu filho, seja porque não recebe assistência do Estado, seja porque possui família numerosa, ou até por política estatal. Conferir o capítulo XIII, item 2.1, da Parte Geral.

Acesse e escute o podcast sobre Aborto.
> http://uqr.to/1yoip

Elemento subjetivo do crime

É o dolo, inexistindo a forma culposa (ver o capítulo XIV da Parte Geral).

Elemento subjetivo do tipo específico

Não há (ver Parte Geral, capítulo XIII, item 2.1).

Classificação

Crime próprio; instantâneo; comissivo ou omissivo (provocar = ação; consentir = omissão, no sentido de deixar de impedir que outrem o faça); material; de dano; unissubjetivo, na primeira forma (autoaborto), mas plurissubjetivo na segunda modalidade (consentir que outrem lho provoque), mesmo que, para a punição, existam dois tipos (usa-se o art. 124 para a gestante, que consente; utiliza-se o art. 126 para quem causa o aborto); plurissubsistente; de forma livre. Sobre a classificação dos crimes, ver o capítulo XII, item 4, da Parte Geral.

Tentativa

É admissível.

Momento consumativo

Com a morte do feto ou embrião.

Particularidade

A maioria da doutrina entende constituído o início da vida intrauterina, com o que concordamos, quando ocorre a nidação, ou seja, a fixação do óvulo fecundado na parede do útero materno (cf. Muñoz Conde, *Derecho penal – Parte especial*, p. 87).

Aborto provocado por terceiro sem consentimento

Art. 125

Sujeito ativo

Qualquer pessoa (ver Parte Geral, capítulo XII, item 3.1).

Sujeito passivo

O feto ou embrião (para alguns, tendo em vista que o feto não pode ser considerado pessoa, o sujeito afetado seria a sociedade) e também a gestante (ver Parte Geral, capítulo XII, item 3.2).

Objeto jurídico

A vida e a integridade física da gestante (ver Parte Geral, capítulo XII, item 3.3, "b"). E, em termos mais específicos, a vida do feto ou a vida dependente (cf. Muñoz Conde, *Derecho penal – Parte especial*, p. 87).

Objeto material

O feto ou embrião e a gestante (ver Parte Geral, capítulo XII, item 3.3, "a").

Elementos objetivos do tipo

Provocar significa dar causa ou determinar. O objeto da conduta é a cessação da gravidez, causando a morte do feto ou embrião. Nesta figura, o elemento fundamental é a provocação do aborto *sem a aprovação* da gestante, razão pela qual a pena é mais severa: reclusão, de 3 a 10 anos. Conferir o capítulo XIII, item 2.1, da Parte Geral.

Elemento subjetivo do crime

É o dolo, inexistindo a forma culposa (ver o capítulo XIV da Parte Geral).

Elemento subjetivo do tipo específico

Não há (ver Parte Geral, capítulo XIII, item 2.1).

Classificação

Comum; instantâneo; comissivo; material; de dano; unissubjetivo; plurissubsistente; de forma livre. Sobre a classificação dos crimes, ver o capítulo XII, item 4, da Parte Geral.

Tentativa

É admissível.

Momento consumativo

Com a morte do feto ou embrião.

Particularidade

A maioria da doutrina entende constituído o início da vida intrauterina, com o que concordamos, quando ocorre a nidação, ou seja, a fixação do óvulo fecundado na parede do útero materno (cf. Muñoz Conde, *Derecho penal – Parte especial*, p. 87).

Aborto provocado por terceiro com consentimento

Art. 126

Sujeito ativo

Qualquer pessoa (ver Parte Geral, capítulo XII, item 3.1).

Sujeito passivo

O feto ou embrião. Para alguns, tendo em vista que o feto ou embrião não pode ser considerado pessoa, o sujeito afetado seria a sociedade (ver Parte Geral, capítulo XII, item 3.2).

Objeto jurídico

A vida (ver Parte Geral, capítulo XII, item 3.3, "b"). Ou, em termos mais específicos, a vida do feto ou a vida dependente (cf. Muñoz Conde, *Derecho penal – Parte especial*, p. 87).

Objeto material

O feto ou embrião (ver Parte Geral, capítulo XII, item 3.3, "a").

Elementos objetivos do tipo

Provocar significa dar causa ou determinar; *consentir* quer dizer dar aprovação, admitir, tolerar. O objeto das condutas é a cessação da gravidez, provocando a morte do feto ou embrião. Alguém causa o aborto, mas obtendo a aprovação da gestante. Este artigo é uma exceção à teoria monística (todos os coautores e partícipes respondem pelo mesmo crime quando contribuírem para o mesmo resultado típico). Se existisse somente a figura do art. 124, o terceiro que colaborasse com a gestante para a prática do aborto incidiria naquele tipo penal. Entretanto, o legislador, para punir mais severamente o terceiro que provoca o aborto, criou o art. 126, aplicando a teoria pluralística do concurso de pessoas. Conferir o capítulo XIII, item 2.1, da Parte Geral. A pena é de reclusão, de 1 a 4 anos.

Elemento subjetivo do crime

É o dolo, inexistindo a forma culposa (ver o capítulo XIV da Parte Geral).

Elemento subjetivo do tipo específico

Não há (ver Parte Geral, capítulo XIII, item 2.1).

Classificação

Comum; instantâneo; comissivo (provocar = ação); material; de dano; plurissubjetivo (o delito é provocado por uma pessoa, que causa o aborto, mas depende do consentimento da gestante), embora existam duas figuras típicas (art. 124, para punir a gestante; art. 126, para punir quem provoca o aborto); plurissubsistente; de forma livre. Sobre a classificação dos crimes, ver o capítulo XII, item 4, da Parte Geral.

Tentativa

É admissível.

Momento consumativo

Com a morte do feto ou embrião.

Qualificadoras

Dispõe o parágrafo único do art. 126 que a pena será aplicada nos termos do artigo 125 (reclusão, de 3 a 10 anos) se a gestante não é maior de 14 anos, ou é alienada ou débil mental, ou se o consentimento é obtido mediante fraude, grave ameaça ou violência. Isto porque a aprovação da gestante não é válida, por falta de discernimento para fazê-lo.

Particularidade

A maioria da doutrina entende constituído o início da vida intrauterina, com o que concordamos, quando ocorre a nidação, ou seja, a fixação do óvulo fecundado na parede do útero materno (cf. Muñoz Conde, *Derecho penal – Parte especial*, p. 87).

Formas qualificadas de aborto

Art. 127

Aplicação restrita

Somente se aplica a figura qualificada às hipóteses dos arts. 125 e 126. As consequências são:

a) aumentar de um terço a pena, se, em razão do aborto ou dos meios empregados para provocá-lo, a gestante sofre lesão corporal de natureza grave;

b) provocar a duplicação da pena, se, por qualquer dessas causas, houver a morte da gestante.

Se fosse empregado o art. 127 também ao tipo previsto no art. 124 (autoaborto), estar-se-ia punido a autolesão, o que não ocorre no direito brasileiro.

Hipóteses da figura qualificada

a) lesões graves ou morte da gestante e feto expulso vivo: tentativa de aborto qualificado;

b) aborto feito pela gestante, com lesões graves ou morte, havendo participação de outra pessoa: esta pode responder por homicídio ou lesão culposa (se previsível o resultado prejudicial à gestante) em concurso com autoaborto, já que não se aplica a figura qualificada à hipótese prevista no art. 124.

Crime qualificado pelo resultado

Trata-se de hipótese em que o resultado mais grave qualifica o originalmente desejado. O agente quer matar o feto ou embrião, embora termine causando lesões graves ou mesmo a morte da gestante. Entendem a doutrina e a jurisprudência majoritárias que as lesões e a morte só podem decorrer de culpa do agente, constituindo, pois, a forma preterdolosa do crime (dolo na conduta antecedente e culpa na subsequente). Entretanto, a despeito disso, em nosso entendimento, não há restrição legal expressa para que o resultado mais grave não possa ser envolvido pelo dolo eventual do agente. Mas, se isso ocorrer, conforme posição predominante, costuma-se dividir a infração em duas distintas (aborto + lesões corporais graves ou aborto + homicídio doloso, conforme o caso).

Excludentes de ilicitude

Art. 128

Excludentes específicas

O art. 128 cuida de duas hipóteses de excludentes de ilicitude aplicáveis somente no contexto do aborto, mas que não diferem, na essência, daquelas previstas no art. 23

do Código Penal. Autoriza-se o aborto: a) quando não há outro meio de salvar a vida da gestante (art. 128, I), que é uma modalidade especial de estado de necessidade; b) se a gravidez resulta de estupro e o aborto é precedido de consentimento da gestante ou, se for incapaz, de seu representante legal (art. 128, II), que representa uma forma especial de exercício regular de direito.

Constitucionalidade do dispositivo

Nenhum direito é absoluto, nem mesmo o direito à vida. Por isso, é admissível o aborto em circunstâncias excepcionais, para preservar a vida digna da mãe.

Sujeito que pode praticá-lo

Entende-se que somente o médico pode providenciar a cessação da gravidez nessas duas hipóteses, sem qualquer possibilidade de utilização da analogia *in bonam partem* para incluir, por exemplo, a enfermeira ou a parteira. A razão disso consiste no fato de o médico ser o único profissional habilitado a decidir, mormente na primeira situação, se a gestante pode ser salva, evitando-se o aborto ou não. Quanto ao estupro, é também o médico que pode realizar a interrupção da gravidez com segurança para a gestante. Se a enfermeira ou qualquer outra pessoa assim agir, poderá ser absolvida por estado de necessidade (causa genérica de exclusão da ilicitude) ou até mesmo por inexigibilidade de conduta diversa (causa supralegal de exclusão da culpabilidade), conforme o caso.

Aborto terapêutico

Trata-se, como já mencionado, de uma hipótese específica de estado de necessidade. Entre os dois bens que estão em conflito (vida da mãe e vida do feto ou embrião), o direito fez clara opção pela vida da mãe. Prescinde-se do consentimento da gestante neste caso (art. 128, I, CP).

Aborto humanitário ou piedoso

Em nome da dignidade da pessoa humana, no caso a da mulher que foi violentada, o direito permite que pereça a vida do feto ou embrião. São dois valores fundamentais, mas é mais indicado preservar aquele já existente (art. 128, II, CP).

Analogia *in bonam partem*

Quando a gravidez for decorrência do crime de violação sexual mediante fraude (art. 215, CP), pode-se utilizar a analogia em favor da parte para se aplicar o disposto no art. 128, II, do Código Penal. Nesta norma, autoriza-se o aborto da mulher que engravidou vítima de estupro. No passado, quando o atentado violento ao pudor (caracterizado por outras formas de atos libidinosos diversos da conjunção carnal, obtidas por meios violentos ou ameaçadores) era distinto do estupro, caso houvesse gravidez resultante disso, usava-se a autorização para o aborto concedida ao estupro, valendo-se de analogia *in bonam partem*. Ora, a mulher que engravidar por ter sido vítima do crime de violação sexual mediante fraude também pode não desejar manter a gravidez. De toda forma, foi violentada. Então, pode-se valer do disposto pelo art. 128, II, do CP para a realização do aborto.

Existência de condenação ou processo pelo delito de estupro: irrelevante

É prescindível, pois a excludente não exige a condenação do responsável pelo crime que deu origem à autorização legal. O importante é o fato e não o autor do fato. Por isso, basta o registro de um boletim de ocorrência e a apresentação do documento ao médico, que não necessita nem mesmo da autorização judicial. A abertura dada à gestante estuprada, para não ter que passar pelo Judiciário a fim de solicitar um alvará para o aborto, em nossa visão, não elimina o mínimo, que é a lavratura do boletim de ocorrência. Se ela mentir quanto ao estupro, responderá por aborto e por comunicação falsa de crime.

Consentimento da gestante

É imprescindível, pois, cuidando-se de exercício regular de direito, somente a mãe pode saber o seu grau de rejeição ao feto ou embrião. Caso decida gerar o ser, permitindo-lhe o nascimento, é direito seu. Em verdade, terá dado mostra de superior desprendimento e nenhum bem será ainda mais sacrificado, além do trauma que já sofreu em virtude da violência sexual.

Acesse e assista ao vídeo sobre Aborto legal.
> http://uqr.to/1yoiq

📌 PONTOS RELEVANTES PARA DEBATE

A autorização do aborto se o estupro decorrer de violência presumida

Há duas posições: a) autoriza o aborto sentimental, pois está claramente prevista a hipótese em lei; b) não autoriza, pois é impossível a "morte de um ser humano" em nome de uma ficção. Preferimos a primeira posição, pois em harmonia com o princípio da legalidade. Lembremos que, após a edição da Lei 12.015/2009, foi revogado o art. 224 do CP, mencionando as hipóteses de violência presumida. Entretanto, tais situações foram incorporadas em tipo penal autônomo, intitulado *estupro de vulnerável* (art. 217-A). Por isso, pode permanecer o debate, acerca da autorização para o aborto caso ocorra estupro de vulnerável, logo, sem violência ou grave ameaça. Permanecemos fiéis à primeira orientação, agora respaldados na própria titulação da lei penal, vale dizer, a relação sexual com menor de 14 anos, enfermo ou doente mental e incapaz de resistir é considerada *estupro*. Se houver gravidez, deve-se autorizar o aborto.

A autorização do aborto se o feto for portador de anencefalia

A polêmica certamente existe. Preferimos acreditar que a lei penal, ao punir o aborto, busca proteger a vida humana, porém a vida *útil* e *viável*, não exigindo que a mãe carregue em seu ventre por nove meses um feto que, logo ao nascer, dure algumas horas e finde a sua existência efêmera, por total impossibilidade de sobrevivência na medida que não possui a abóbada craniana, algo vital para a continuidade da vida fora do útero. O anencéfalo não é protegido pelo direito penal, que se volta à viabilidade do feto e não simplesmente à sua existência física. Há quem sustente que pode haver erro de diagnóstico e a anencefalia não ser comprovada posteriormente. Ora, se tal ocorrer é um erro médico grave, sujeito à indenização como outro qualquer, mas não justifica a proibição para *todas* as gestantes que, *efetivamente*, possuem em seu ventre um feto completamente inviável. Não se tem notícia da existência de um ser humano vivo, sem integral calota craniana, que tenha se desenvolvido e atingido a idade adulta. Lembremos, ainda, que o Estado brasileiro é laico, permitindo, como é natural de uma autêntica democracia, a adoção e prática de qualquer culto ou crença e, inclusive, do ateísmo. Logo, ainda que alguns, por sentimentos religiosos, acreditem que faz parte da missão da gestante carregar dentro de si um feto inviável, pois o sofrimento é parcela integrante da existência humana, sendo moral e espiritualmente elevado que o faça, não se pode transformar a crença de um em mandamento para todos. Possa cada gestante, de acordo com suas livres convicções, estabelecer a melhor meta a seguir: manter a gestação do anencéfalo ou permitir o aborto. Outra posição, com a devida vênia, é lançar mão de convicção religiosa para impor a quem não a possui o fardo de gerar e parir um ser humano, que morrerá em pouco tempo, tão logo se desprenda da gestante. Conclui José Henrique Pierangeli que, "em se tratando de anencefalia, não pode a interrupção da gravidez ser considerada como aborto ou antecipação do parto, posto que falta o elemento básico, fundamental, que é a existência da vida humana. A malformação congênita do anencéfalo inviabiliza a vida extrauterina. (...) A interrupção da gravidez ou antecipação do parto, em caso de anencefalia, constituem condutas atípicas. Como se trata de conduta atípica, fica sem sentido a exigência de autorização judicial para a realização da medida médico-cirúrgica, podendo o médico atuar livremente, posto que se trata de atuação com finalidade terapêutica, que também torna sua conduta atípica" (Aspectos controvertidos nos crimes contra a vida: anencefalia, In: *Direito penal e processo penal*, p. 106).

Quanto ao tema, o STF julgou não configurar crime a interrupção da gravidez de fetos anencéfalos (ADPF 54, Pleno, rel. Marco Aurélio, 12.04.2012, m. v.).

Aborto eugênico

Algumas decisões têm autorizado abortos de fetos que tenham graves anomalias, inviabilizando, segundo a medicina atual, a sua vida futura livre de cuidados e amparo contínuos. Cremos ser razoável a invocação da tese de ser inexigível a mulher carregar por meses um ser que, logo ao nascer, morrerá. Mas não se pode dar margem a abusos, estendendo o conceito de anomalia para abranger fetos que irão constituir seres humanos defeituosos. Afinal, nessa situação, o direito não autoriza o aborto. Lamentavelmente, tem-se observado que nem todas as decisões autorizadoras do aborto ligam-se ao feto plenamente inviável. Há certas decisões, levando em conta o sofrimento dos pais de terem em gestação um feto anormal, física ou mentalmente, mas com possibilidade de viver, ainda que com características feias, autorizando o aborto para fazer cessar a angústia dos genitores. As únicas hipóteses de aborto legal são as previstas no art. 128, e não se pode dizer que interromper a gestação de um ser anômalo irá "salvar a vida da gestante". Abalos psicológicos não podem ser causa para a interrupção da gestação, mesmo porque a medicina evolui a passos largos dia após dia, o que significa que a perspectiva de cura pode alterar-se a qualquer instante. A inexigibilidade da conduta diversa é uma causa supralegal de exclusão da culpabilidade, que admitimos presente em nosso ordenamento, embora, em muitos casos, não se concretizem os seus requisitos. A disseminarmos tal conduta, nada impede, no futuro, que a eugenia – aprimoramento da raça humana – volte a imperar em nossa sociedade, permitindo que pais escolham qual tipo físico de criança desejam, provocando o aborto daquelas que, em padrões questionáveis, sejam "inviáveis". Se o direito protege, como preveem a doutrina e a jurisprudência predominantes, qualquer tipo de pessoa, mesmo a deformada ou de conformação anômala, não se compreende a razão pela qual, em alguns casos, leve-se em conta a possibilidade de a mãe optar pela morte do feto, encaixado na mesma situação. Ou seja: fetos que se constituirão em seres anômalos ou de vida relativamente *inútil*, no futuro, podem ser sacrificados de imediato; recém-nascidos defeituosos, no entanto, não podem. Qual a diferença entre eles se o que se está protegendo é a vida? Note-se a lição da doutrina, na palavra abalizada de Hungria: "É suficiente a vida; não importa o grau da capacidade de viver. Igualmente não importam, para a existência do homicídio, o sexo, a raça, a nacionalidade, a casta, a condição ou valor social da vítima. (...) O próprio *monstro* (abandonada a antiga distinção entre *ostentum* e *monstrum*) tem sua existência protegida pela lei penal" (*Comentários ao Código Penal*, v. 5, p. 37). Idem: Noronha (*Direito penal*, v. 2, p. 18); Frederico Marques (*Tratado de direito penal*, v. 4, p. 104); Mirabete (*Manual de direito penal*, v. 2, p. 47), entre muitos outros. Não concordamos, pois, com a posição, nesse campo, ostentada por alguns penalistas que sustentam haver proteção indeclinável ao ser nascido defeituoso, mas concordam com o aborto do feto que, diante de anomalias, *irá nascer* desse modo. Paulo José da Costa Júnior, por exemplo, menciona ser protegida – no campo do homicídio – qualquer vida humana, mesmo que o "recém-nascido seja um monstro, ou que a pessoa humana esteja desenganada por uma junta médica" (*Comentários ao Código Penal*, p. 358), embora depois afirme que andou bem o legislador ao permitir, no Anteprojeto de Reforma da Parte Especial do Código Penal, a possibilidade de abortamento de feto com graves e irreversíveis anomalias físicas ou mentais, pois seria inexigível obrigar os pais dessa criança anormal a "cuidarem do excepcional durante toda uma existência" (*Comentários ao Código Penal*, p. 384). A posição estaria justificada somente porque o feto tem "expectativa de vida" e o neonato já "nasceu vivo"? A anomalia pode ser a mesma e o bem jurídico "vida" também o é. Não se pode acolher a tese de que o feto, com anomalias, que irá constituir-se em ser vivo defeituoso, possa ser exterminado, enquanto, se os pais não o fizerem durante a gestação, não mais poderão assim agir quando o mesmíssimo ser defeituoso nascer. Se a vida humana deve ser protegida de qualquer modo, segundo a lei brasileira, necessita-se estender essa proteção tanto à criança nascida quanto àquela que se encontra em gestação. A curta expectativa de vida do futuro recém-nascido também não deve servir de justificativa para o aborto, uma vez que não se aceita, no Brasil, a eutanásia, vale dizer, quem padece de séria enfermidade não pode ser morto por terceiros, que terminarão praticando homicídio (ainda que possa até ser *privilegiado*). Entretanto, se os médicos atestarem que o feto é verdadeiramente inviável, vale dizer, é anencéfalo (falta-lhe calota craniana), por exemplo, não se cuida de "vida" própria, mas de um ser que sobrevive à custa do organismo materno, uma vez que a própria lei considera cessada a vida tão logo ocorra a morte encefálica (art. 3.º, Lei 9.434/1997). Assim, a ausência de viabilidade cerebral pode ser motivo mais que suficiente para a realização do aborto, que não é baseado, porém, em características defeituosas do ser em gestação e sim na sua completa inviabilidade como pessoa, com vida autônoma, fora do útero materno, como já exposto em item anterior.

Capítulo II
Das Lesões Corporais

Lesão corporal

Art. 129

Sujeito ativo

Qualquer pessoa (ver Parte Geral, capítulo XII, item 3.1).

Sujeito passivo

Qualquer pessoa, exceto em algumas situações, como ocorre com a vítima de lesão corporal grave, da qual resulta aceleração de parto (art. 129, § 1.º, IV, CP) ou aborto (art. 129, § 2.º, V, CP), necessariamente gestante (ver Parte Geral, capítulo XII, item 3.2).

Objeto jurídico

A integridade física (ver Parte Geral, capítulo XII, item 3.3, "b").

Objeto material

A pessoa que sofreu a agressão (ver Parte Geral, capítulo XII, item 3.3, "a").

Elementos objetivos do tipo

Ofender significa lesar ou fazer mal a alguém. O objeto da conduta é a integridade corporal (inteireza do corpo humano) ou a saúde (normalidade das funções orgânicas, físicas e mentais do ser humano). Lembremos que se trata de uma ofensa física voltada à integridade ou à saúde do corpo humano, não se admitindo, neste tipo penal, qualquer ofensa moral. Para a sua configuração é preciso que a vítima sofra algum dano ao seu corpo, alterando-se interna ou externamente, podendo, ainda, abranger qualquer modificação prejudicial à sua saúde, transfigurando-se determinada função orgânica ou causando-lhe abalos psíquicos comprometedores. Não é necessária a emanação de sangue ou a existência de qualquer tipo de dor. Tratando-se de saúde, não se deve levar em consideração somente a pessoa saudável, vale dizer, tornar enfermo quem não estava, mas ainda o fato de o agente ter agravado o estado de saúde de quem já se encontrava doente. É de se ressaltar, ainda, na lição de Antolisei, que a lesão pode ser cometida por mecanismos não violentos, como o caso do agente que ameaça gravemente a vítima, provocando-lhe uma séria perturbação mental, ou transmite-lhe, deliberadamente, uma doença através de um contato sexual consentido (*Manuale di diritto penale, Parte Speciale 1*, p. 76). Conferir o capítulo XIII, item 2.1, da Parte Geral. A pena é de detenção, de 3 meses a 1 ano (infração de menor potencial ofensivo e dependente de representação da vítima).

Elemento subjetivo do crime

Dolo ou culpa, conforme o caso (ver o capítulo XIV da Parte Geral).

Elemento subjetivo do tipo específico

Não há (ver Parte Geral, capítulo XIII, item 2.1).

Classificação

Comum; material; de forma livre; comissivo (como regra); instantâneo; de dano; unissubjetivo; plurissubsistente (como regra). Sobre a classificação dos crimes, ver o capítulo XII, item 4, da Parte Geral.

Tentativa

É admissível.

Espécies

Dolosa simples ou leve (*caput*), com pena de detenção, de 3 meses a 1 ano; dolosa qualificada grave (§ 1.º), com pena de reclusão, de 1 a 5 anos; dolosa qualificada gravíssima (§ 2.º), com pena de reclusão, de 2 a 8 anos; dolosa seguida de morte (§ 3.º), com pena de reclusão, de 4 a 12 anos; dolosa com causa de diminuição de pena (§ 4.º); privilegiada (§ 5.º); culposa (§ 6.º), com pena de detenção, de 2 meses a 1 ano; dolosa com causa de aumento de pena (§ 7.º), dolosa qualificada específica (§ 9.º), com pena de detenção, de 3 meses a 3 anos; dolosa com causa de aumento (§§ 10, 11 e 12).

Particularidades

A autolesão não é penalmente punida no direito brasileiro, embora seja considerada ilícita, salvo se estiver vinculada à violação de outro bem ou interesse juridicamente protegido, como ocorre quando o agente, pretendendo obter indenização ou valor de seguro, fere o próprio corpo, mutilando-se. Nessa hipótese, aplica-se o disposto no art. 171, § 2.º, V, do Código Penal, tendo em vista a proteção ao patrimônio da empresa seguradora. Outro ponto a observar é que a lesão culposa admite perdão judicial (§ 8.º).

Momento consumativo

Ocorre com a ocorrência da ofensa à integridade física ou à saúde. Como regra, exige-se laudo de exame de corpo de delito para demonstrá-la, pois é infração penal que deixa vestígio real (art. 158, CPP).

Meios de execução

Por ser crime de forma livre, comporta mecanismos diretos (fortes o suficiente para, por si sós, provocarem a lesão, como, por exemplo, desferir um violento soco no rosto da vítima), indiretos (dependentes de outro instrumento, como instigar um louco a ferir a vítima), materiais (atingem a integridade física de forma mecânica, química ou patológica), morais (atuam através da produção de um trauma no ofendido, como a geração de um enfarte, decorrente de uma grave ofensa).

Causas de diminuição de pena (redução de 1/6 a 1/3)

a) *relevante valor social ou moral*: relevante valor é algo importante ou de elevada qualidade (patriotismo, lealdade, fidelidade, amor paterno ou materno etc.). Na ótica *social*, esses valores envolvem interesse de ordem geral ou coletiva (lesionar o traidor da pátria). Na visão *moral*, os valores concentram-se em interesse particular ou específico (ferir o traficante que viciou seu filho);

b) *domínio de violenta emoção logo em seguida a injusta provocação da vítima*: emoção é a excitação de um sentimento (amor, ódio, rancor). Se o agente está *dominado* (fortemente envolvido) pela *violenta* (forte ou intensa) emoção (excitação sentimental), justamente porque foi, antes, provocado *injustamente* (sem razão plausível) pode significar, como decorrência lógica, a perda do autocontrole que todos temos ao sofrermos qualquer tipo de agressão sem causa legítima. Desencadeado o descontrole, surge a possibilidade de lesão corporal.

Síntese: ambas as hipóteses levam à diminuição da pena, de um sexto a um terço, porque representam menor culpabilidade (reprovação ou censura), cabendo a mensuração à intensidade verificada, no caso concreto, acerca da relevância do valor social ou moral e à gravidade da provocação feita pela vítima a gerar violenta emoção no agente.

Qualificadoras (geram quatro faixas diversas de fixação de pena)

1.ª faixa: lesão corporal grave, sujeitando o agente à pena de reclusão de um a cinco anos

a) *incapacidade para as ocupações habituais, por mais de 30 dias* (§ 1.º, I): deve-se compreender como tal, toda e qualquer atividade regularmente desempenhada pela vítima, e não apenas a sua ocupação laborativa. Assim, uma pessoa que não trabalha, vivendo de renda ou sustentada por outra, deixando de exercer suas habituais ocupações, sejam elas quais forem – até mesmo de simples lazer –, pode ser enquadrada nesse inciso, desde que fique incapacitada por mais de trinta dias. A única e lógica exigência é que a atividade exercida pela vítima seja lícita, pois não teria cabimento considerar presente a qualificadora no caso de um delinquente que deixasse de cometer crimes por período superior ao trintídio porque foi ferido por um comparsa. Por derradeiro, deve-se destacar que o termo *habitual* tem a conotação de atividade frequente, não se podendo reconhecer a lesão corporal grave quando a vítima ficar incapacitada para ocupações que exercia raramente (ex.: o ofendido, por conta da lesão sofrida, foi obrigado a adiar por mais de 30 dias uma viagem de lazer, algo que costumava fazer esporadicamente). É indispensável a realização de laudo pericial para atestar o comprometimento da vítima para seu mister habitual por mais de 30 dias, devendo ser elaborado tão logo decorra o trintídio – embora possa subsistir a tolerância de alguns dias. O exame complementar pode ser suprido por prova testemunhal, como expressamente prevê o art. 168, § 3.º, do Código de Processo Penal;

b) *perigo de vida* (§ 1.º, II): é a concreta possibilidade de a vítima morrer em face das lesões sofridas. Não bastam conjecturas ou hipóteses vagas e imprecisas, mas um fator real de risco inerente ao ferimento causado. Trata-se de um diagnóstico e não de um prognóstico, na palavra de Almeida Júnior, como oportunamente lembra Euclides Custódio da Silveira (*Direito penal – crimes contra a pessoa*, p. 142). Daí por que se torna praticamente indispensável o laudo pericial, sendo muito rara a sua substituição por prova testemunhal, salvo quando esta for qualificada, vale dizer, produzida pelo depoimento de especialistas, como o médico que cuidou da vítima durante a sua convalescença;

c) *debilidade permanente de membro, sentido ou função* (§ 1.º, III): trata-se de uma frouxidão duradoura no corpo ou na saúde, que se instala na vítima após a lesão corporal provocada pelo agente. Não se exige que seja uma debilidade perpétua, bastando ter longa duração. Os membros do corpo humano são os braços, as mãos, as pernas e os pés. Os dedos são apenas partes dos membros, de modo que a perda de um dos dedos se constitui em debilidade permanente da mão ou do pé. O ser humano possui cinco sentidos: visão, olfato, audição, paladar e tato. Assim, exemplificando, perder a visão num dos olhos é debilidade permanente. Por derradeiro, função é a ação própria de um órgão do corpo humano. Exemplos: função respiratória, função excretória, função circulatória. Portanto, a perda de um dos rins é debilidade permanente e não perda de função, pois se trata de órgão duplo;

d) *aceleração de parto* (§ 1.º, IV): significa antecipar o nascimento da criança antes do prazo normal previsto pela medicina. Nesse caso, é indispensável o conhecimento da gravidez pelo agente. Se, em virtude da lesão corporal praticada contra a mãe, a criança nascer morta, terá havido lesão corporal gravíssima (art. 129, § 2.º, V). Há possibilidade de haver o nascimento com vida, mas, em razão da lesão corporal sofrida pela mãe, que tenha atingido o feto, venha a morrer a criança. Opinam alguns penalistas, nos moldes apregoados por Hungria, que, nesse caso, responderia o agente por lesão corporal gravíssima, equiparando-se a situação à lesão corporal seguida de aborto (*Comentários ao Código Penal*, v. 5, p. 335). Outros, porém, sugerem que, havendo morte após o nascimento, caracteriza-se apenas a lesão corporal grave (Mirabete, *Manual de direito penal*, v. 2, p. 96). Cremos que as seguintes hipóteses podem ocorrer: a) se houve aceleração de parto e o feto nasceu com vida, morrendo, em face das lesões sofridas, dias, semanas ou meses depois, não há como falar em lesão corporal gravíssima, ou seja, cujo resultado mais grave é o aborto, pois este é um termo específico, que significa a morte do feto *antes do nascimento*. Trata-se, pois, de lesão corporal grave (aceleração de parto); b) se a lesão corporal atingiu a mãe e também o feto, mas não provocou a aceleração de parto nem o aborto, vindo a criança a morrer, depois do nascimento com vida, em virtude da lesão sofrida, não há como imputar-se ao agente lesão grave ou gravíssima, pois sua conduta, nesse prisma, não se amolda aos tipos penais do art. 129, §§ 1.º, IV, e 2.º, V. Neste último caso, quanto à lesão corporal, deverá ela ser tipificada como simples. Entretanto, ainda dentro do mesmo quadro (sem haver aceleração de parto nem aborto), caso o agente tenha visado ao feto (dolo direto ou indireto), quando agrediu a mãe, poderá responder, concomitantemente, por lesão corporal leve e tentativa de aborto sem o consentimento da gestante. Outra solução poderá aplicar ao autor da agressão tipo penal inadequado.

2.ª faixa: lesão corporal gravíssima, sujeitando o agente à pena de reclusão de dois a oito anos

a) *incapacidade permanente para o trabalho* (§ 2.º, I): trata-se da inaptidão duradoura para exercer qualquer atividade laborativa lícita. Nesse contexto, diferentemente da incapacidade para as ocupações habituais, exige-se atividade remunerada, que implique sustento, portanto, acarrete prejuízo financeiro para o ofendido. Convém ressaltar o alerta feito por Álvaro Mayrink da Costa, com o qual concordamos: "A doutrina advoga que significa *qualquer modalidade de trabalho* e não especificamente o trabalho a que a vítima se dedicava. Contudo, há necessidade de serem estabelecidas certas *restrições*, visto que não se pode exigir de um intelectual ou de um artista que se inicie na atividade de pedreiro. Fixa-se no campo do factualmente possível e não no teoricamente imaginável. Portanto, incapacidade permanente é uma diminuição efetiva da capacidade física comparada à que possuía a vítima antes do fato punível" (*Direito penal*, v. 2, t. 1, p. 231);

b) *enfermidade incurável* (§ 2.º, II): é a doença irremediável, de acordo com os recursos da medicina na época do resultado, causada na vítima. Não configura a qualificadora a simples debilidade enfrentada pelo organismo da pessoa ofendida, necessitando existir uma séria alteração na saúde. Embora a vítima não seja obrigada a submeter-se a qualquer tipo de tratamento ou cirurgia de risco para curar-se, também não se deve admitir a recusa imotivada do ofendido para tratar-se. Se há recursos suficientes para controlar a enfermidade gerada pela agressão, impedindo-a de se tornar *incurável*, é preciso que o ofendido os utilize. Não o fazendo por razões injustificáveis, não deve o agente arcar com o crime na forma agravada. Por outro lado, uma vez condenado o autor da agressão por lesão gravíssima, consistente em ter gerado ao ofendido uma enfermidade incurável, não cabe revisão criminal caso a medicina evolua, permitindo a reversão da doença. Caberia a ação revisória apenas se tivesse havido erro quanto à impossibilidade de cura no momento da condenação, ou seja, a enfermidade era passível de controle e tratamento, mas tal situação não foi percebida a tempo. Atualmente, os tribunais têm encaixado neste perfil a contaminação do vírus da AIDS (ver o ponto relevante para debate do art. 130);

c) *perda ou inutilização de membro, sentido ou função* (§ 2.º, III): perda implica destruição ou privação de algum membro (ex.: corte de um braço), sentido (ex.: aniquilamento dos olhos) ou função (ex.: ablação da bolsa escrotal, impedindo a função reprodutora); inutilização quer dizer falta de utilidade, ainda que fisicamente esteja presente o membro ou o órgão humano. Assim, inutilizar um membro seria a perda de movimento da mão ou a impotência para o coito, embora sem remoção do órgão sexual;

d) *deformidade permanente* (§ 2.º, IV): deformar significa alterar a forma original. Configura-se a lesão gravíssima quando ocorre a modificação duradoura de uma parte do corpo humano da vítima. Salienta a doutrina, no entanto, estar essa qualificadora ligada à estética. Por isso, é posição majoritária a exigência de ser a lesão visível, causadora de constrangimento ou vexame à vítima, e irreparável. Citam-se como exemplos as cicatrizes de larga extensão em regiões visíveis do corpo humano, que possam provocar reações de desagrado ou piedade (tais como as causadas pela vitriolagem, isto é, o lançamento de ácido no ofendido), ou a perda de orelhas, mutilação grave do nariz, entre outros. Somos levados a discordar dessa postura. O tipo penal não exige, em hipótese alguma, que a deformidade seja ligada à beleza física, nem tampouco seja visível. A restrição construída por parcela da doutrina e da jurisprudência é incompatível com a finalidade do artigo. Desde que o agente provoque na vítima uma alteração duradoura nas formas originais do seu corpo, é de se reputar configurada a qualificadora. Adotar-se posição contrária significaria exigir do juiz, ao analisar a lesão causada, um juízo de valor, a fim de saber se a vítima ficou ou não *deformada* conforme os critérios de estética que o magistrado possui, não se levando em conta o desagrado íntimo causado a quem efetivamente sofreu o ferimento e a alteração do corpo. Chega-se a levantar, como critério de verificação desta qualificadora, o sexo da vítima, sua condição social, sua profissão, seu modo de vida, entre outros fatores extremamente subjetivos, por vezes nitidamente discriminatórios e sem adequação típica. Uma cicatriz no rosto de uma atriz famosa seria mais relevante do que a mesma lesão produzida numa trabalhadora rural? Poderia ser, para o terceiro que não sofreu a deformidade – já que a análise desbancaria para o campo estético –, embora, para a vítima, possa ser algo muito desconfortável. Cremos, pois, pouco importar seja a deformidade visível ou não, ligada à estética ou não, passível de causar impressão vexatória ou não, exigindo-se somente seja ela duradoura, vale dizer, irreparável pelos recursos apresentados pela medicina à época do resultado. E acrescente-se possuir essa qualificadora um caráter residual, isto é, quando houver lesão passível de alterar a forma original do corpo humano, não se configurando as outras hipóteses de deformidade – debilidade ou perda de membro, sentido ou função – deve ela ser aplicada;

e) *aborto* (§ 2.º, V): é a interrupção da gravidez causando a morte do feto. Neste caso, exigem a doutrina e a jurisprudência majoritárias que o resultado qualificador (aborto) ocorra na forma culposa.

3.ª faixa: lesão corporal resultante de violência doméstica, sujeitando o agente à pena de reclusão, de dois a cinco anos.

Violência doméstica

Doméstico é termo que diz respeito à vida em família, usualmente na mesma casa, tanto assim que sempre se definiu a agravante prevista no art. 61, II, *f*, do Código Penal (crime cometido prevalecendo-se das relações domésticas), como sendo "as ligações estabelecidas entre participantes de uma mesma vida familiar, podendo haver laços de parentesco ou não". Cuida-se de uma forma de lesão qualificada, cuja finalidade seria atingir os variados e, infelizmente, numerosos casos de lesões corporais praticadas no recanto do lar, dentre integrantes de uma mesma vida familiar, onde deveria imperar a paz e jamais a agressão. A ação é pública incondicionada porque o art. 88 da Lei 9.099/1995 preceitua que dependerá de representação a ação penal relativa aos crimes de lesões corporais leves (prevista no *caput* do art. 129) e lesões culposas (constante no § 6.º do mesmo artigo). Ora, a violência doméstica, embora seja uma espécie de lesão corporal, cuja descrição típica advém do *caput*, é forma qualificada da lesão, logo, não dependente de representação da vítima. Além disso, o art. 41 da Lei 11.340/2006 é claro ao estipular que, "aos crimes praticados com violência doméstica e familiar contra a mulher, independentemente da pena prevista, não se aplica a Lei 9.099, de 26 de setembro de 1995". Na ótica que defendemos (ação pública incondicionada), encontra-se, hoje, a posição do STF. Os elementos integrantes do tipo são: ascendente, descendente, irmão, cônjuge ou companheiro (certamente abrangendo *companheira*), que é o reconhecimento da união estável para o efeito de equiparação ao cônjuge no contexto da proteção penal. A expressão *com quem conviva ou tenha convivido* tem a finalidade de ampliar a abrangência dessa espécie de violência para envolver situações de familiares que, embora não mais residam juntos, podem se reencontrar e, nesta hipótese, haver agressão. Identicamente, busca abranger casais separados, porém ainda mantendo relacionamento; alcança, também, os ex-namorados, que mantêm animosidade ou uma relação mal terminada.

A Lei 14.994/2024 elevou a sanção penal, passando de detenção, de três meses a um ano, para reclusão, de dois a cinco anos, o que se fez em boa oportunidade, afinal, a anterior faixa punitiva era insuficiente em face da gravidade da situação. A lesão corporal, em situação de violência doméstica e familiar, precisava atingir um patamar sancionatório mais elevado e condizente com a política criminal do Estado para estancar essa forma de agressão.

4.ª faixa: lesão praticada contra a mulher, por razões da condição do sexo feminino, nos termos do § 1.º do art. 121-A deste Código, com a cominação de reclusão, de dois a cinco anos.

A Lei 14.188/2021 introduziu essa qualificadora indispensável, pois a agressão contra a mulher precisava de uma pena mais elevada, afinal, permite-se a decretação de prisão cautelar, quando haja violência doméstica e familiar. Estipulou-se a lesão, por razões da condição do sexo feminino, conforme o § 1.º do art. 121-A do Código Penal. Neste dispositivo, encontra-se o seguinte: "considera-se que há razões de condição de sexo feminino quando o crime envolve: I – violência doméstica e familiar; II – menosprezo ou discriminação à condição de mulher". A agressão contra a mulher, em violência doméstica e familiar, passa a ser tipificada neste § 13, que é especial em relação ao § 9.º.

Cuida-se de qualificadora objetiva, ligando-se ao gênero da vítima, mais vulnerável e suscetível à agressão. Não se vincula à motivação do agente, que pode ter variadas causas, inclusive a motivação fútil ou torpe.

A Lei 14.994/2024 elevou a sanção penal, passando de reclusão, de um a quatro anos, para reclusão, de dois a cinco anos, modificação acertada, levando-se em consideração a política criminal estatal de maior proteção à mulher, quando vitimada em cenário de violência doméstica e familiar, assim como quando discriminada ou menosprezada. Ademais, permite-se a prisão preventiva ao agressor, medida restritiva à liberdade, que se compatibilizada apenas com sanções mais severas.

Sobre as razões da condição do sexo feminino, nos termos do § 1.º do art. 121-A do CP, consultar os comentários feitos no tópico relativo ao homicídio.

Crime preterdoloso

Trata-se de forma autenticamente preterdolosa prevista no Código Penal (§ 3.º), pois o legislador deixou nítida a exigência de dolo no antecedente (lesão corporal) e somente a forma culposa no evento subsequente (morte da vítima). Ao mencionar que a morte não pode ter sido desejada pelo agente, nem tampouco pode ele ter assumido o risco de produzi-la, está-se fixando a culpa como único elemento subjetivo possível para o resultado qualificador. Justamente por isso, neste caso, havendo dolo eventual quanto à morte da vítima, deve o agente ser punido por homicídio doloso. Ressaltemos que a tentativa, nesta hipótese, é inadmissível, pois o crime preterdoloso envolve a forma culposa e esta é totalmente incompatível com a figura da tentativa. Se o agente não quer, de modo algum, a morte da vítima, é impossível obter a forma tentada da lesão seguida de morte. Ademais, ou a morte ocorre e o crime está consumado, ou não ocorre e trata-se apenas de uma lesão corporal.

Lesão corporal privilegiada

Esta é uma hipótese de privilégio (§ 5.º), conectada ao parágrafo anterior (como se vê no inciso I), acarretando a substituição da pena privativa de liberdade pela pecuniária. Aplica-se somente à hipótese de lesão corporal leve e desde que haja relevante valor social ou moral ou o domínio de violenta emoção, logo após injusta provocação da vítima. Além da hipótese anterior, considerou o legislador a possibilidade de aplicar o privilégio quando o agressor for também agredido pela vítima. É preciso ressaltar, no entanto, que não se trata de uma situação de legítima defesa, ou seja, se o ofendido agredir o agente apenas para se defender não deve este receber o privilégio. Ao referir-se a *lesões recíprocas*, dá a norma a entender que as duas partes entraram em luta injustamente. Não teria cabimento algum conceder o privilégio ao agressor cuja vítima, para dele se desvencilhar, tenha sido obrigada a agredi-lo e não conceder o benefício ao agente quando o ofendido tenha sofrido as lesões, conseguindo soltar-se do agressor sem fazer uso da força. Ora, se a vítima está em atitude lícita (agindo em legítima defesa), não pode esta situação servir de motivação para o atacante conseguir um benefício legal considerável, que é a substituição da pena privativa de liberdade por multa. Entretanto, se ambos são igualmente culpados e agressores um do outro, pode o juiz levar tal hipótese em consideração para aplicar o privilégio.

Causas de aumento de pena

Para a lesão dolosa, na forma simples ou qualificada, aplica-se a elevação da pena de um terço, demonstrativa da maior culpabilidade do agente, por ter agido com insensibilidade moral e covardemente, tendo por vítimas o maior de 60 anos e o menor de 14.

Além disso, acrescido pela Lei 12.720/2012, incide esse aumento de um terço quando o crime for cometido por milícia privada (grupo paramilitar), sob o pretexto de prestação de serviço de segurança, ou por grupo de extermínio (§ 7.º). Por outro lado, há também o aumento de um terço previsto no § 10 (lesão praticada contra ascendente, descendente, irmão, cônjuge ou companheiro, com quem conviva ou tenha convivido, bem como se o agente prevalecer-se de relações domésticas, de coabitação ou de hospitalidade), no contexto das lesões graves (§ 1.º do art. 129), gravíssimas (§ 2.º do mesmo artigo) e qualificadas pelo resultado (§ 3.º do mesmo artigo).

Após a edição da Lei 11.340/2006, acrescentou-se o § 11 ao art. 129, nos seguintes termos: "na hipótese do § 9.º deste artigo, a pena será aumentada de 1/3 (um terço) se o crime for cometido contra pessoa portadora de deficiência".

Aproveitando o ensejo, o legislador entendeu ser cabível inserir na lei penal outra causa de aumento, embora não se ligue à Lei Maria da Penha. Configura-se a causa de aumento quando o deficiente-vítima (físico ou mental, homem ou mulher) for ascendente, descendente, irmão, cônjuge ou companheiro(a) do agressor e, também, no caso de conviver ou ter convivido com o autor da lesão, bem como quando o agente do delito prevalecer-se das relações domésticas, de coabitação ou de hospitalidade.

A Lei 13.142/2015 acresceu o § 12 ao art. 129, nos seguintes termos: "se a lesão for praticada contra autoridade ou agente descrito nos arts. 142 e 144 da Constituição Federal, integrantes do sistema prisional e da Força Nacional de Segurança Pública, no exercício da função ou em decorrência dela, ou contra seu cônjuge, companheiro ou parente consanguíneo até terceiro grau, em razão dessa condição, a pena é aumentada de um a dois terços". O objetivo é o mesmo da causa de aumento introduzida no cenário do homicídio, ou seja, conferir maior punição a quem agredir agentes de segurança do Estado, que colocam a própria vida a risco para defender a sociedade.

Forma culposa

Se a lesão for cometida por imprudência, negligência ou imperícia, aplica-se pena de detenção de dois meses a um ano.

Causa de aumento na forma culposa

Prevê-se a elevação da pena em um terço se houver a inobservância de regra técnica de profissão, arte ou ofício, ou se o agente deixa de prestar imediato socorro à vítima, não procura diminuir as consequências do seu ato, ou foge para evitar a prisão em flagrante. Em análise:

a) *inobservância de regra técnica de profissão, arte ou ofício*: pensamos ser inadequada – consequentemente inaplicável – essa modalidade de causa de aumento porque se confunde nitidamente com a própria conceituação de imperícia, que é a falta de conhecimento suficiente para exercer determinada profissão, arte ou ofício. Tem sido considerada por parte da doutrina como inaplicável, sob pena de se gerar o condenável *bis in idem* (dupla punição pelo mesmo fato). Aquele que não observa regra técnica obrigatória de sua profissão, arte ou ofício é, sem dúvida, um leviano, um imperito, o que serve para configurar a culpa, mas não para elevar a pena;

b) *omissão de socorro:* por tratar-se de crime culposo, em que o agente não quer o resultado, é justo que seja mais severamente punido por ter demonstrado insensibilidade ao recusar-se a socorrer a vítima, a quem não desejou atingir. O mínimo que se espera é a prestação de solidariedade nesse momento. Pune-se a conduta leviana do agente que, provocando dano involuntário, deixa de prestar o socorro eticamente exigível;

c) *não procurar diminuir as consequências do seu ato:* novamente, lembremos que a agressão, no contexto da lesão culposa, gerou resultado não desejado, motivo pelo qual o que se espera do agente é, ainda que não possa socorrer, por qualquer razão (ex.: está ameaçado de linchamento e deve deixar o local), precisa buscar alguma atitude solidária para amenizar o mal causado (ex.: procurando a vítima no hospital e prestando-lhe imediato auxílio financeiro ou amparo moral);

d) *fuga da prisão em flagrante:* esse motivo, segundo nosso entendimento, é inconstitucional, não merecendo aplicação. Qualquer pessoa tem o direito de evitar a sua própria prisão, como tem o direito ao silêncio e a não produzir prova contra si mesmo.

Perdão judicial

Permite-se que o juiz afaste a punibilidade do crime de lesão culposa, não aplicando pena, se as consequências do crime atingirem o próprio agente de maneira tão grave que a sanção se torne desnecessária. O agente pode ser afetado física (sofrer lesões graves, por exemplo, de difícil cura ou tratamento, gerando dor e padecimento) ou moralmente (perda de ente querido – como filho – produzindo trauma de natureza psicológica). Ingressa, aí, a clemência do Estado. A pena, se aplicada, não poderia ser mais severa do que já foi a própria natureza.

🦶 PONTO RELEVANTE PARA DEBATE

A cirurgia de mudança de sexo como lesão corporal

Cremos admissível, atualmente, não só pela evolução dos costumes, mas, sobretudo, pelo desenvolvimento da medicina, constatando a necessidade da cirurgia para a melhoria de vida do transexual. Formalmente, no entanto, não deixa de ser uma lesão corporal gravíssima, que inutiliza, permanentemente, a função sexual e, também, reprodutora. Pode-se dizer, em alguns casos, que os órgãos sexuais estavam atrofiados e não aptos à reprodução, embora existam e façam parte da constituição física do indivíduo. E justamente porque não mais são desejados, o caminho é mudá-los, por meio de intervenção médica. Pode-se absolver o médico por atipicidade material – ausência de lesão ao bem jurídico protegido, tendo em vista que o delito do art. 129, nas suas variadas formas, tem por finalidade resguardar a lesão corporal desastrosa para a vítima e não a sua melhoria ou aprimoramento físico e mental, justamente o que aconteceu com o ofendido no caso apresentado. É a tese que preferimos. Assim não entendendo o intérprete, inexistiria óbice para utilizar a causa supralegal de exclusão da ilicitude, que é o consentimento do ofendido. Portanto, havendo ou não consciência da ilicitude por parte do médico, o certo é que a vítima deu seu aval, crendo ser o melhor para sua pessoa. Assim, seu consentimento pode ser válido, pois não atentatório à moral e aos bons costumes. Por uma forma ou outra, a solução de absolvição é a mais acertada.

Convém mencionar que a Resolução do Conselho Federal de Medicina confirma a sustentação feita acima no sentido de se tratar a cirurgia de alteração sexual da pessoa classificada como transexual como conduta ética. Por isso mesmo, considera-se fato materialmente atípico, uma vez que nenhum bem jurídico protegido, nem mesmo em tese, é afetado. Em suma: autorizada a cirurgia de mudança de sexo, no campo da medicina, é fundamental possa o direito adaptar-se a essa nova postura, pois o tipo penal do art. 129 definitivamente não tem a finalidade de, protegendo a integridade física, causar o mal. Assim, ainda que formalmente se possa falar em lesão corporal no caso de mudança de sexo do transexual – pessoa que rejeita expressamente no campo psicológico o seu sexo natural –, certamente não o é materialmente, pois o bem jurídico maior é garantir o bem-estar do interessado.

Capítulo III
Da Periclitação da Vida e da Saúde

Perigo de contágio venéreo

Art. 130

Sujeito ativo

Deve ser pessoa contaminada por doença sexualmente transmissível (ver Parte Geral, capítulo XII, item 3.1).

Sujeito passivo

Qualquer pessoa (ver Parte Geral, capítulo XII, item 3.2).

Objeto jurídico

Vida e saúde (ver Parte Geral, capítulo XII, item 3.3, "b").

Objeto material

É a pessoa que mantém a relação com quem está contaminado (ver Parte Geral, capítulo XII, item 3.3, "a").

Elementos objetivos do tipo

Expor significa colocar em perigo ou deixar a descoberto. O objeto da conduta é o contágio de moléstia venérea (doença transmissível através de contato sexual). Atinge-se pela prática de relação sexual (é a união estabelecida entre duas pessoas por meio de prática sexual, constituindo expressão mais abrangente do que conjunção carnal, que se limita à cópula *pênis-vagina*. Abrange, pois, o sexo anal ou oral) ou outro ato libidinoso (qualquer ação que dá ao autor prazer e satisfação sexual). Conferir o capítulo XIII, item 2.1, da Parte Geral. A pena é de detenção, de 3 meses a 1 ano, ou multa.

Elemento subjetivo do crime

É o dolo de perigo. Excepcionalmente, incide o dolo de dano na figura qualificada (§ 1.º). A expressão "de que sabe" indica dolo direto; a expressão "deve saber" sinaliza o dolo eventual (ver o capítulo XIV da Parte Geral).

Elemento subjetivo do tipo específico

Somente na forma qualificada (§ 1.º): "se é intenção do agente transmitir a moléstia" (ver Parte Geral, capítulo XIII, item 2.1).

Classificação

Próprio; formal; de forma vinculada; comissivo; instantâneo; de perigo abstrato; unissubjetivo; plurissubsistente. Sobre a classificação dos crimes, ver o capítulo XII, item 4, da Parte Geral.

Tentativa

É admissível.

Espécies

Simples no *caput* (pena de detenção, de três meses a um ano, ou multa) e qualificada no § 1.º (pena de reclusão, de um a quatro anos, e multa).

Particularidade

É crime de ação pública condicionada à representação da vítima (§ 2.º).

Momento consumativo

Ocorre com a prática da relação sexual ou outro ato libidinoso, independentemente de resultado naturalístico.

Qualificadora

Se a intenção do agente é transmitir a moléstia. O § 1.º constitui uma exceção inserta no contexto do delito de perigo, pois cuida da hipótese em que o agente sabe estar contaminado e *quer transmitir a doença*. Nota-se, pela própria pena mais grave ser um delito formal de dano, vale dizer, pune-se a conduta de manter relação sexual ou outro ato libidinoso com a vítima, desejando o contaminado transmitir-lhe a doença, causando-lhe um dano, embora seja dispensável o resultado naturalístico (a efetiva contaminação do ofendido). Havendo ou não o contágio, responderá o agente pela figura do art. 130, § 1.º. Entretanto, justamente porque a sua vontade é transmitir a doença, caso obtenha sucesso, atingindo formas mais graves de lesão, deverá responder por lesão grave ou gravíssima e até por lesão corporal seguida de morte, conforme o caso. Se ocorrer lesão corporal leve, fica absorvida pelo delito mais grave, que é a forma descrita no art. 130, § 1.º.

Perigo de contágio de moléstia grave

Art. 131

Sujeito ativo

Deve ser pessoa contaminada por doença grave contagiosa (ver Parte Geral, capítulo XII, item 3.1).

Sujeito passivo

Qualquer pessoa (ver Parte Geral, capítulo XII, item 3.2).

Objeto jurídico

Vida e saúde (ver Parte Geral, capítulo XII, item 3.3, "b").

Objeto material

É a pessoa que sofre o contágio ou o risco de contagiar-se (ver Parte Geral, capítulo XII, item 3.3, "a").

Elementos objetivos do tipo

É a prática de qualquer ato suficiente para transmitir moléstia grave (doença séria, que inspira preciosos cuidados, sob pena de causar sequelas ponderáveis ou mesmo a morte do portador) de que está contaminado. Apesar de estar situado no capítulo referente aos crimes de perigo, o delito previsto no art. 131, da mesma forma que encontramos antes no art. 130, § 1.º, é formal e de dano, com dolo de dano. O agente pratica ato capaz de produzir o contágio de moléstia grave da qual é portador com o claro objetivo de transmitir o mal a outrem, portanto, causando-lhe dano à saúde (lesão corporal). Ocorre que situou o legislador neste capítulo tal figura delitiva apenas porque, no caso de haver o ato *capaz* de produzir o contágio, com a intenção do autor de que a moléstia se transmita, mas não ocorra a efetiva contração da enfermidade, o delito está consumado do mesmo modo. Nesse último prisma, houve o perigo de contágio, desejado pelo agente, mas não atingido. Por isso, inseriu-se a figura no capítulo dos crimes de perigo: havendo perigo de contágio, o crime está consumado; havendo o contágio, também está consumado. É uma figura mista, podendo ser tanto um delito de perigo com dolo de dano, como um crime de dano com dolo de dano. A pena é de reclusão, de um a quatro anos, e multa. Conferir o capítulo XIII, item 2.1, da Parte Geral.

Elemento subjetivo do crime

É, excepcionalmente, dolo de dano, como já exposto (ver o capítulo XIV da Parte Geral).

Elemento subjetivo do tipo específico

Está presente na forma "com o fim de transmitir a outrem" (ver Parte Geral, capítulo XIII, item 2.1).

Classificação

Próprio; formal; de forma livre; comissivo; instantâneo; de perigo ou dano (forma mista); unissubjetivo; unissubsistente ou plurissubsistente, conforme o caso. Sobre a classificação dos crimes, ver o capítulo XII, item 4, da Parte Geral.

Tentativa

É admissível na forma plurissubsistente.

Momento consumativo

Ocorre com a prática do ato capaz de transmitir a doença, independentemente de resultado naturalístico.

📌 PONTO RELEVANTE PARA DEBATE

Transmissão do vírus da AIDS

Há várias décadas, surgiu a AIDS, como enfermidade letal desconhecida. Algum tempo depois, o vírus HIV foi isolado e apontado como causa determinante da síndrome de imunodeficiência adquirida. No início, não havia remédios para combatê-la e o índice de mortalidade era imenso. Com o passar do tempo, criou-se o coquetel de drogas, apto a prolongar a vida do portador do vírus, levando-o a ter uma vida praticamente normal, como se tratasse de doença crônica. Por isso, nas décadas de 1980 e 1990, quando houvesse a transmissão proposital do vírus, indiciava-se e processava-se o autor com base em tentativa de homicídio; se porventura a vítima falecesse, por homicídio consumado.

A partir dos anos 2000, começa-se a perceber a transformação da enfermidade de letal para crônica e controlável. Não nos parece mais cabível, atualmente, a imputação de tentativa de homicídio para tal situação – e sim o perigo de contágio de moléstia grave (art. 131, CP), quando houver apenas a prática sexual. Contudo, se o vírus transmitir-se, por meio da relação sexual, gerando a síndrome, obrigando a vítima a se tratar, pode-se encaixar em lesão corporal gravíssima (art. 129, § 2.º, II, CP). Eventualmente, dependendo do caso concreto, conforme a situação de saúde da vítima, possuindo o agente conhecimento disso, a transmissão do vírus pode levá-la à morte. Se assim for, admite-se o enquadramento em tentativa de homicídio ou homicídio consumado.

Como regra, entretanto, a partir de posicionamento do STF, a transmissão do vírus da AIDS encaixa-se como lesão corporal gravíssima (produtora de enfermidade incurável).

Perigo para a vida ou saúde de outrem

Art. 132

Sujeito ativo

Qualquer pessoa (ver Parte Geral, capítulo XII, item 3.1).

Sujeito passivo

Qualquer pessoa, desde que seja determinada no caso concreto (ver Parte Geral, capítulo XII, item 3.2).

Objeto jurídico

Vida e saúde (ver Parte Geral, capítulo XII, item 3.3, "b").

Objeto material

É a pessoa que corre o risco (ver Parte Geral, capítulo XII, item 3.3, "a").

Elementos objetivos do tipo

Expor (colocar em perigo ou deixar a descoberto) a vida ou a saúde de outrem a perigo direto e iminente (risco palpável de dano voltado a pessoa determinada). A conduta do sujeito exige, para configurar este delito, a inserção de uma vítima certa numa situação de risco real – e não presumido –, experimentando uma circunstância muito próxima ao dano. Entendemos, respeitadas as doutas opiniões em contrário, que o legislador teria sido mais feliz ao usar o termo "atual", em lugar de "iminente". Afinal, o dano é iminente, mas o perigo é atual, de modo que melhor teria sido dizer "perigo direto e atual". A pena é de detenção, de três meses a um ano, "se o fato não constitui crime mais grave", demonstrando ser delito subsidiário, ou seja, somente se usa o tipo penal do art. 132 se outro, mais grave, inexistir. Conferir o capítulo XIII, item 2.1, da Parte Geral. A pena é de detenção, de 3 meses a 1 ano, se o fato não constitui crime mais grave.

Elemento subjetivo do crime

É o dolo de perigo (ver o capítulo XIV da Parte Geral).

Elemento subjetivo do tipo específico

Não há (ver Parte Geral, capítulo XIII, item 2.1).

Classificação

Comum; formal; de forma livre; comissivo; instantâneo; de perigo concreto; unissubjetivo; plurissubsistente. Sobre a classificação dos crimes, ver o capítulo XII, item 4, da Parte Geral.

Tentativa

É admissível.

Momento consumativo

Ocorre com a prática do ato capaz de expor a perigo a vida ou a saúde, independentemente de resultado naturalístico.

Causa de aumento de pena

Eleva-se de um sexto a um terço a pena, se a exposição da vida ou da saúde decorre do transporte de pessoas para a prestação de serviços em estabelecimento de qualquer natureza, em desacordo com as normas legais. Trata-se de figura acrescentada em 29 de dezembro de 1998, pela Lei 9.777, que tem por fim específico punir, mais severamente, os proprietários de veículos que promovem o transporte de trabalhadores sem lhes garantir a necessária segurança. Busca-se combater, por exemplo, o transporte clandestino dos boias-frias, maiores vítimas dessa espécie de crime de perigo.

Abandono de incapaz
Art. 133

Sujeito ativo

Deve ser guarda, protetor ou autoridade designada por lei para garantir a segurança da vítima (ver Parte Geral, capítulo XII, item 3.1).

Sujeito passivo

Pessoa de qualquer idade, desde que incapaz, colocada sob resguardo de outra (ver Parte Geral, capítulo XII, item 3.2).

Objeto jurídico

Vida e saúde (ver Parte Geral, capítulo XII, item 3.3, "b").

Objeto material

É a pessoa que sofre o abandono (ver Parte Geral, capítulo XII, item 3.3, "a").

Elementos objetivos do tipo

Abandonar (deixar só, sem a devida assistência) pessoa que está sob seu cuidado, guarda, vigilância ou autoridade, não sendo capaz de se defender dos riscos do abandono. Este não é imaterial, mas físico. Portanto, não é o caso de se enquadrar, nesta figura, por exemplo, o pai que deixa de dar alimentos ao filho menor, e sim aquele que larga a criança ao léu, sem condições de se proteger sozinha. A pena é de detenção, de seis meses a três anos. Conferir o capítulo XIII, item 2.1, da Parte Geral.

Elemento subjetivo do crime

É o dolo de perigo (ver o capítulo XIV da Parte Geral).

Elemento subjetivo do tipo específico

Não há (ver Parte Geral, capítulo XIII, item 2.1).

Classificação

Próprio; formal; de forma livre; comissivo; instantâneo de efeitos permanentes; de perigo concreto; unissubjetivo; plurissubsistente. Sobre a classificação dos crimes, ver o capítulo XII, item 4, da Parte Geral.

Tentativa

É admissível.

Momento consumativo

Ocorre com a prática do ato de abandono, independentemente de resultado naturalístico.

Formas qualificadas pelo resultado

A pena será de reclusão, de um a cinco anos, caso do abandono resulte lesão grave (§ 1.º); será de reclusão, de quatro a doze anos, se do abandono ocorrer a morte (§ 2.º). Lembremos que o resultado mais grave somente pode dar-se com culpa, pois se iniciou a ação com dolo de perigo (é o que se chama de preterdolo, isto é, dolo na conduta antecedente e culpa na conduta consequente). O dolo de perigo (no início) é incompatível com o dolo de dano (no fim) nos crimes qualificados pelo resultado.

Causas de aumento de pena

Estabelece o § 3.º que as penas são aumentadas de um terço quando o abandono ocorrer em lugar ermo (inciso I), se o agente for ascendente, descendente, cônjuge, irmão, tutor ou curador da vítima (inciso II) e se a vítima for maior de sessenta anos (inciso III).

Exposição ou abandono de recém-nascido

Art. 134

Sujeito ativo

Deve ser a mãe e, excepcionalmente, o pai, pois o tipo menciona a finalidade de ocultar *desonra própria*. Logo, somente os pais do recém-nascido poderiam ter essa intenção específica (ver Parte Geral, capítulo XII, item 3.1).

Sujeito passivo

Pessoa recém-nascida, filha do sujeito ativo (ver Parte Geral, capítulo XII, item 3.2).

Objeto jurídico

Vida e saúde (ver Parte Geral, capítulo XII, item 3.3, "b").

Objeto material

É o recém-nascido (ser humano que acabou de nascer com vida, ou seja, que finalizou o parto com vida extrauterina caracterizada pela instalação da respiração pulmonar. Entretanto, o alcance deste tipo penal seria muito estreito, caso se aceitasse somente a figura da vítima que terminou de ser expulsa com vida do útero materno. Sabe-se que nos primeiros dias ainda se pode considerar a criança uma recém-nascida, de forma que preferimos esse critério, ainda que vago, mas a ser analisado concretamente pelo magistrado) (ver Parte Geral, capítulo XII, item 3.3, "a").

Elementos objetivos do tipo

Busca a doutrina estabelecer uma diferença, provocada pelo legislador ao inserir duplo verbo nesta figura típica, entre "expor" e "abandonar" recém-nascido para ocultar desonra própria. Como vimos, se *abandonar* tem o sentido de largar ou deixar de dar assistência pessoal a alguém, *expor*, quando confrontado com o primeiro, pode ser conceituado como colocar em perigo, retirando a pessoa do seu lugar habitual para levá-la a ambiente hostil, desgrudando-se dela. Entretanto, na prática, as expressões são idênticas. A expressão *desonra própria* é o elemento subjetivo do tipo específico que também possui conteúdo normativo, ou seja, comporta valoração cultural. Na época de constituição do tipo incriminador, a mácula à reputação da mulher, que desse à luz uma criança, sendo solteira, já era suficiente para isso. No entanto, houve evolução dos costumes e, atualmente, não mais se pode considerar causa suficiente para eventual *desonra*. Outros motivos existem para a mãe abandonar o recém-nascido, como a falta de condições econômicas para criá-lo ou o abuso de drogas do qual padece. Parece-nos correto o uso da interpretação extensiva-evolutiva para incluir esses outros motivos no contexto deste delito (e não somente a desonra própria, decorrente de mancha à reputação). A pena é de detenção, de 6 meses a 2 anos. Conferir o capítulo XIII, item 2.1, da Parte Geral.

Elemento subjetivo do crime

É o dolo de perigo (ver o capítulo XIV da Parte Geral).

Elemento subjetivo do tipo específico

Para ocultar desonra própria (elemento de valoração cultural, no caso concreto) (ver Parte Geral, capítulo XIII, item 2.1).

Classificação

Próprio; formal; de forma livre; comissivo; instantâneo de efeitos permanentes; de perigo concreto; unissubjetivo; plurissubsistente. Sobre a classificação dos crimes, ver o capítulo XII, item 4, da Parte Geral.

Tentativa

É admissível.

Momento consumativo

Ocorre com a prática do ato de exposição ou abandono, independentemente de resultado naturalístico.

Formas qualificadas pelo resultado

A pena será de detenção, de um a três anos, caso do abandono resulte lesão grave (§ 1.º); será de detenção, de dois a seis anos, se do abandono ocorrer a morte (§ 2.º). Lembremos que o resultado mais grave somente pode dar-se com culpa, pois se iniciou a ação com dolo de perigo (é o que se chama de preterdolo, isto é, dolo na conduta antecedente e culpa na conduta consequente). O dolo de perigo (no início) é incompatível com o dolo de dano (no fim) nos crimes qualificados pelo resultado.

Omissão de socorro

Art. 135

Sujeito ativo

Qualquer pessoa (ver Parte Geral, capítulo XII, item 3.1).

Sujeito passivo

Pessoa inválida ou ferida, ou criança abandonada ou extraviada (ver Parte Geral, capítulo XII, item 3.2).

Objeto jurídico

Vida e saúde. Alguns sustentam ser a *solidariedade humana*, mas há equívoco nisso. O que se busca tutelar é a vida e a saúde, impondo-se o dever de ser solidário. Logo, o objeto de proteção não é *a solidariedade*, que se constitui em forma eficiente de evitar o dano à vida ou à saúde do necessitado (ver Parte Geral, capítulo XII, item 3.3, "b").

Objeto material

É a pessoa inválida ou ferida em situação de desamparo ou em perigo, bem como a criança abandonada ou extraviada em risco (ver Parte Geral, capítulo XII, item 3.3, "a").

Elementos objetivos do tipo

a) *deixar* (abandonar, largar, soltar) de prestar assistência (não prestar socorro), quando possível fazê-lo sem risco pessoal, à criança (pessoa até 12 anos incompletos, conforme prevê o Estatuto da Criança e do Adolescente – art. 2.º da Lei 8.069/1990) abandonada ou extraviada, bem como à pessoa inválida (deficiente, física ou mentalmente, em decorrência da idade avançada ou de doença, não mais possuidora da capacidade de se defender) ou ferida, ao desamparo ou em grave e iminente perigo (o legislador foi infeliz ao utilizar a expressão "perigo iminente", pois o perigo interessante aos delitos previstos neste capítulo é o atual, vale dizer, o que coloca a vítima em risco iminente de dano);

b) deixar de *pedir* (solicitar, exigir, necessitar de), nesses casos, o socorro da autoridade pública. Ora, quem não comunica à autoridade uma ocorrência que demande a sua pronta interferência está, também, omitindo socorro. A ordem de utilização dos núcleos é bem clara: em primeiro lugar, podendo fazê-lo sem risco pessoal, deve o sujeito prestar socorro à vítima; não conseguindo prestar a assistência necessária ou estando em risco pessoal, deve chamar a autoridade pública. A pena é de detenção, de 1 a 6 meses, ou multa. Conferir o capítulo XIII, item 2.1, da Parte Geral.

Elemento subjetivo do crime

É o dolo de perigo (ver o capítulo XIV da Parte Geral).

Elemento subjetivo do tipo específico

Não há (ver Parte Geral, capítulo XIII, item 2.1).

Classificação

Comum; formal; de forma livre; omissivo; instantâneo; de perigo concreto; unissubjetivo; unissubsistente. Sobre a classificação dos crimes, ver o capítulo XII, item 4, da Parte Geral.

Tentativa

Não é admissível.

Momento consumativo

Ocorre com a prática da omissão, independentemente de resultado naturalístico.

Formas qualificadas pelo resultado

A pena será aumentada da metade se houver lesão grave; será triplicada se ocorrer a morte (parágrafo único). Lembremos que o resultado mais grave somente pode dar-se com culpa, pois se iniciou a ação com dolo de perigo (é o que se chama de preterdolo, isto é, dolo na conduta antecedente e culpa na conduta consequente). O dolo de perigo (no início) é incompatível com o dolo de dano (no fim) nos crimes qualificados pelo resultado.

Particularidades

Existência do elemento normativo "quando possível fazê-lo sem risco pessoal". A lei não pode exigir que uma pessoa coloque a sua segurança em risco para salvar outra de qualquer tipo de apuro. Portanto, se um indivíduo está ferido ou desamparado em um local de difícil acesso, como ocorre em escombros de desabamento, não se pode exigir de alguém que ingresse no lugar, podendo ser vítima de igual desmoronamento. Nesta situação, o caminho indicado pela própria lei, ao prever dois núcleos do tipo, é chamar o socorro da autoridade pública. Por isso, a expressão ora analisada refere-se unicamente à primeira parte do artigo. Frise-se, no entanto, que o "risco pessoal" é inerente à integridade física do indivíduo, e não se relaciona a prejuízos de ordem material ou moral. Ex.: aquele que não presta socorro a pessoa ferida porque teme estragar o estofamento do seu veículo pelo derrame de sangue não escapa à punição.

Por outro lado, se a vítima já estiver morta, desnecessária é a prestação de socorro, por configurar *crime impossível* (art. 17, CP). Alguns entendem deva haver socorro de qualquer modo, pois a maioria não é composta por médicos para ter certeza do falecimento. Se houver dúvida quanto à morte, o socorro merece ser prestado. Porém, a certeza da morte (evidenciada, por exemplo, pela separação do corpo e da cabeça) indica um objeto absolutamente impróprio, portanto, a configuração do delito impossível não punível.

> **PONTO RELEVANTE PARA DEBATE**
>
> As providências a serem tomadas quando a vítima recusa o auxílio
>
> Não se pode compreender esteja configurado o delito em toda e qualquer hipótese, pois a "solidariedade humana" *seria* irrenunciável. Em primeiro lugar, cremos não ser a solidariedade o objeto jurídico do crime de omissão de socorro, e, sim, a proteção à vida e à saúde de pessoa humana, que são bens, na maioria das vezes, irrenunciáveis. Portanto, se o caso configurar hipótese de vítima consciente e lúcida que, pretendendo buscar socorro sozinha, recusar o auxílio oferecido por terceiros, não se pode admitir a configuração do tipo penal. Seria por demais esdrúxulo fazer com que alguém constranja fisicamente uma pessoa ferida, por exemplo, a permitir seja socorrida, podendo daí resultar maiores lesões e consequências. Entretanto, se um ferido moribundo balbucia que não deseja ser socorrido, porque deseja morrer, é obrigação de quem por ele passar prestar-lhe auxílio, tendo em vista que a vida é bem irrenunciável e está em nítido perigo.

Condicionamento de atendimento médico-hospitalar emergencial

Art. 135-A

Sujeito ativo

É o encarregado do atendimento médico-hospitalar emergencial, podendo ser do corpo administrativo ou profissional da saúde (ver Parte Geral, capítulo XII, item 3.1).

Sujeito passivo

Qualquer pessoa (ver Parte Geral, capítulo XII, item 3.2).

Objeto jurídico

Vida e saúde (ver Parte Geral, capítulo XII, item 3.3, "b").

Objeto material

É a garantia exigida (cheque-caução, nota promissória ou outra) ou formulário administrativo (ver Parte Geral, capítulo XII, item 3.3, "a").

Elementos objetivos do tipo

Exigir (pedir algo de modo autoritário ou intimidativo) a entrega de título de crédito (cheque, nota promissória) ou garantia similar (depósito em conta corrente); pode-se demandar, ainda, o preenchimento de formulários administrativos (cadastro, prontuário, ficha etc.) de maneira prévia, antes de tomar qualquer providência para socorrer a vítima. *A referida exigência serve como condição para o atendimento médico-hospitalar de emergência.* A pena é de detenção, de 3 meses a 1 ano, e multa. Conferir o capítulo XIII, item 2.1, da Parte Geral.

Elemento subjetivo do crime

É o dolo de perigo (ver o capítulo XIV da Parte Geral).

Elemento subjetivo do tipo específico

Há elemento subjetivo específico, consistente na finalidade condicional de atendimento emergencial (ver Parte Geral, capítulo XIII, item 2.1).

Classificação

Próprio; formal; de perigo concreto; de forma livre; comissivo; instantâneo; unissubjetivo; unissubsistente ou plurissubsistente, conforme o caso concreto. Sobre a classificação dos crimes, ver o capítulo XII, item 4, da Parte Geral.

Tentativa

É admissível, na forma plurissubsistente.

Momento consumativo

Ocorre com a prática da exigência, independentemente de resultado naturalístico.

Formas qualificadas pelo resultado

A pena será dobrada se houver lesão grave; será triplicada, se ocorrer a morte (parágrafo único). Lembremos que o resultado mais grave somente pode dar-se com culpa, pois se iniciou a ação com dolo de perigo (é o que se chama de preterdolo, isto é, dolo na conduta antecedente e culpa na conduta consequente). O dolo de perigo (no início) é incompatível com o dolo de dano (no fim) nos crimes qualificados pelo resultado.

Particularidades

O tipo penal é de perigo concreto, sob pena de ferir em demasia o princípio da intervenção mínima. Em primeiro lugar, vale destacar ser questão passível de solução na esfera administrativa, impondo-se elevadas multas aos estabelecimentos hospitalares que exijam caução para o atendimento médico de urgência. Não havia necessidade de se partir, de pronto, ao campo penal, estabelecendo tipo incriminador. Porém, se assim foi realizado, é preciso justificar a sua existência por meio do perigo concreto, vale dizer, é fundamental que se demonstre a real situação de emergência do paciente, impossibilitando-o de ser transferido a qualquer outro hospital público, caso não tenha convênio médico, nem possa custear as despesas de forma particular. Do contrário, qualquer pessoa poderia escolher o estabelecimento hospitalar de sua preferência para ser atendida, desde que simplesmente alegasse emergência. Assim sendo, não basta aventar a situação emergencial, mas ela precisa ser devidamente demonstrada.

A lei instituidora deste tipo penal (Lei 12.653/2012) determina a afixação de cartaz nos estabelecimentos hospitalares, contendo os dizeres de alerta de constituir crime o condicionamento de garantia ao atendimento médico-hospitalar emergencial (art. 2.º). É a primeira vez que se deve, por lei, enunciar publicamente que determinada conduta é infração penal.

Maus-tratos

Art. 136

Sujeito ativo

Pessoa responsável por outra, que é mantida sob sua autoridade, guarda ou vigilância, de acordo com a lei (ver Parte Geral, capítulo XII, item 3.1).

Sujeito passivo

Pessoa que está sob autoridade, guarda ou vigilância de outra, para fim de educação, ensino, tratamento ou custódia (ver Parte Geral, capítulo XII, item 3.2).

Objeto jurídico

Vida e saúde (ver Parte Geral, capítulo XII, item 3.3, "b").

Objeto material

É a pessoa sob autoridade, guarda ou vigilância de outrem (ver Parte Geral, capítulo XII, item 3.3, "a").

Elementos objetivos do tipo

Expor (colocar em risco) a perigo a vida ou a saúde de pessoa sob sua autoridade, guarda ou vigilância, para fim de educação, ensino, tratamento ou custódia, privando-a da alimentação ou cuidados indispensáveis, sujeitando-a a trabalho excessivo ou inadequado ou, ainda, abusando dos meios de correção ou disciplina. A despeito de existir um único verbo no preceito descritivo (expor), o tipo é misto alternativo, ou seja, o agente pode praticar uma única conduta (expor a perigo a vida ou a saúde da vítima privando-a de alimentação) ou várias (privar da alimentação, privar dos cuidados indispensáveis, sujeitá-la a trabalho excessivo, sujeitá-la a trabalho inadequado, abusar dos meios de correção, abusar dos meios de disciplina), e o delito será único. É evidente que, havendo mais de uma conduta, o juiz pode levar tal situação em conta para a fixação da pena, que é de detenção, de dois meses a um ano, ou multa. Conferir o capítulo XIII, item 2.1, da Parte Geral.

Elemento subjetivo do crime

É o dolo de perigo (ver o capítulo XIV da Parte Geral).

Elemento subjetivo do tipo específico

É a vontade de maltratar a pessoa que deveria ser protegida. Sem o ânimo de maltratar, pode incidir a figura do art. 132 (ver Parte Geral, capítulo XIII, item 2.1).

Classificação

Próprio; formal; de forma vinculada; comissivo ou omissivo, conforme o caso; instantâneo (podendo ser de efeitos permanentes); de perigo concreto; unissubjetivo; plurissubsistente. Sobre a classificação dos crimes, ver o capítulo XII, item 4, da Parte Geral.

Tentativa

É admissível na forma comissiva.

Momento consumativo

Ocorre com a prática da exposição a perigo, independentemente de resultado naturalístico.

Formas qualificadas pelo resultado

A pena será de reclusão, de um a quatro anos, se houver lesão grave (§ 1.º); será de reclusão, de quatro a doze anos, se ocorrer a morte (§ 2.º). Lembremos que o resultado mais grave somente pode dar-se com culpa, pois se iniciou a ação com dolo de perigo (é o que se chama de preterdolo, isto é, dolo na conduta antecedente e culpa na conduta consequente). O dolo de perigo (no início) é incompatível com o dolo de dano (no fim) nos crimes qualificados pelo resultado.

Causa de aumento de pena

Em qualquer situação, aumenta-se a pena em um terço, se o crime é cometido contra pessoa menor de quatorze anos.

Capítulo IV
Da Rixa

Rixa

Art. 137

Sujeito ativo

Pode ser qualquer pessoa, embora, no caso peculiar da rixa, sejam, todos os envolvidos, agentes e vítimas ao mesmo tempo. Admite-se que haja, entre os contendores, para a tipificação deste delito, inimputáveis. O fato de o contendor ser ou não culpável não afasta a possibilidade real de estar havendo uma desordem generalizada com troca de agressões (ver Parte Geral, capítulo XII, item 3.1).

Sujeito passivo

Qualquer pessoa envolvida na rixa (ver Parte Geral, capítulo XII, item 3.2).

Objeto jurídico

É a incolumidade física (ver Parte Geral, capítulo XII, item 3.3, "b").

Objeto material

É a pessoa que sofre a agressão (ver Parte Geral, capítulo XII, item 3.3, "a").

Elementos objetivos do tipo

Trata-se de um tipo aberto, especialmente pelo conceito de "rixa", não fornecido pela lei, dependente, pois, da interpretação do juiz. *Participar* (associar-se ou tomar parte) de *rixa* (briga ou desordem, caracterizada pela existência de, pelo menos, três pessoas, valendo-se de agressões mútuas de ordem material, adrede preparadas ou surgidas de improviso), salvo para separar os contendores, é a descrição do art. 137. Se envolver luta entre duas pessoas trata-se de lesão corporal ou vias de fato. Acrescente-se a isso que não pode existir vítima certa, ou seja, três pessoas contra uma, pois não se está diante de confusão generalizada, vale dizer, de rixa. Portanto, havendo individualização nítida de condutas, não há mais a figura do crime do art. 137. Eventualmente, pode-se identificar o agressor que causou a morte de um dos participantes da rixa. Será processado por homicídio e também por rixa. Os demais serão processados por rixa qualificada pelo resultado morte. A pena é de detenção, de quinze dias a dois meses, ou multa. Conferir o capítulo XIII, item 2.1, da Parte Geral.

Elemento subjetivo do crime

É o dolo de perigo (ver o capítulo XIV da Parte Geral).

Elemento subjetivo do tipo específico

É a vontade específica de participar da desordem (*animus rixandi*) (ver Parte Geral, capítulo XIII, item 2.1).

Classificação

Comum; formal; de forma livre; comissivo; instantâneo; de perigo abstrato; plurissubjetivo; plurissubsistente. Sobre a classificação dos crimes, ver o capítulo XII, item 4, da Parte Geral.

Tentativa

É admissível quando a rixa for preordenada. Se nascer de improviso, torna-se inviável a forma tentada.

Momento consumativo

Ocorre com a prática dos atos de agressão desordenada, independentemente de resultado naturalístico.

Formas qualificadas pelo resultado

A pena será de detenção, de seis meses a dois anos, se houver morte ou lesão grave (parágrafo único). Lembremos que o resultado mais grave somente pode dar-se com culpa, pois iniciou-se a ação com dolo de perigo (é o que se chama de preterdolo, isto é, dolo na conduta antecedente e culpa na conduta consequente). O dolo de perigo (no início) é incompatível com o dolo de dano (no fim) nos crimes qualificados pelo resultado.

Capítulo V
Dos Crimes contra a Honra

Calúnia

Art. 138

Sujeito ativo

Qualquer pessoa (ver Parte Geral, capítulo XII, item 3.1).

Sujeito passivo

Qualquer pessoa, inclusive a jurídica, desde que, neste caso, a imputação diga respeito à prática de crime ambiental, previsto na Lei 9.605/1998 (ver Parte Geral, capítulo XII, item 3.2).

Objeto jurídico

É a honra objetiva (reputação ou imagem da pessoa diante de terceiros) (ver Parte Geral, capítulo XII, item 3.3, "b").

Objeto material

É a reputação da pessoa (ver Parte Geral, capítulo XII, item 3.3, "a").

Elementos objetivos do tipo

Caluniar é fazer uma acusação falsa, tirando a credibilidade de uma pessoa no seio social. Possui, pois, um significado particularmente ligado à difamação. Cremos que o conceito se tornou eminentemente jurídico, porque o Código Penal exige que a acusação falsa realizada diga respeito a um fato concreto definido como crime. Portanto, a redação feita no art. 138 foi propositadamente repetitiva (fala duas vezes em "atribuir": caluniar significa *atribuir* e imputar também significa *atribuir*). Melhor seria ter nomeado o delito como sendo "calúnia", descrevendo o modelo legal de conduta da seguinte forma: "Atribuir a alguém, falsamente, fato definido como crime". Isto é caluniar. Vislumbra-se, pois, que a calúnia nada mais é do que uma difamação qualificada, ou seja, uma espécie de difamação. Atinge a honra objetiva da pessoa, atribuindo-lhe o agente um fato desairoso, no caso particular, um fato falso definido como crime. Não pode haver calúnia ao se atribuir a terceiro, falsamente, a prática de contravenção, pois o tipo penal menciona unicamente *crime*. Trata-se de tipo penal incriminador, de interpretação restritiva. Nesse caso, pode-se falar em difamação. A pena é de detenção, de seis meses a dois anos, e multa. Conferir o capítulo XIII, item 2.1, da Parte Geral.

Elemento subjetivo do crime

É o dolo (ver o capítulo XIV da Parte Geral).

Elemento subjetivo do tipo específico

É a vontade específica de macular a imagem de alguém (*animus diffamandi*) (ver Parte Geral, capítulo XIII, item 2.1).

Há entendimento predominante na doutrina e na jurisprudência pela não configuração do crime contra a honra, desde que o fato ofensivo ou o insulto seja proferido fora do contexto da específica vontade de conspurcar a reputação alheia ou o amor próprio da vítima. Estariam nesse âmbito as brincadeiras, embora de mau gosto, as narrativas reputadas como simples *fofocas*, os relatórios feitos em locais de trabalho, os depoimentos prestados em juízo emitindo opiniões, dentre outros.

Classificação

Comum; formal; de forma livre; comissivo; instantâneo; unissubjetivo; unissubsistente ou plurissubsistente, conforme o caso. Sobre a classificação dos crimes, ver o capítulo XII, item 4, da Parte Geral.

Tentativa

É admissível na forma plurissubsistente.

Momento consumativo

Ocorre no momento em que a imputação falsa chega ao conhecimento de terceiros, independentemente de resultado naturalístico.

Particularidades

a) pratica, igualmente, calúnia aquele que espalha ou divulga a falsa imputação de que teve conhecimento (§ 1.º);

b) admite-se calúnia contra os mortos (§ 2.º). Aliás, o mesmo se diga quanto aos inimputáveis, que podem ser sujeitos passivos do crime de calúnia porque a lei fala em atribuir a prática de "*fato* definido como crime", e não singelamente na atribuição de "*crime*". Há figuras típicas (fatos) passíveis de serem praticadas por menores e loucos – como o homicídio, por exemplo –, embora não sejam crimes por lhes faltar indispensável elemento, que é a culpabilidade.

Exceção da verdade

Trata-se de um incidente processual, que é uma questão secundária refletida sobre o processo principal, merecendo solução antes da decisão da causa ser proferida, prevista no § 3.º. É uma forma de defesa indireta, através da qual o acusado de ter praticado calúnia pretende provar a veracidade do que alegou, demonstrando ser a pretensa vítima realmente autora de fato definido como crime. Afinal, se falou a verdade, não está preenchido o tipo penal ("imputar *falsamente* fato definido como crime").

Vedações à exceção da verdade

a) não pode o querelado ou réu ingressar com a exceção da verdade, pretendendo demonstrar a veracidade do que falou, quando o fato imputado à vítima constitua crime de ação privada e não houve condenação definitiva sobre o assunto (§ 3.º, I);

b) não se admite a exceção da verdade quando a calúnia envolver o Presidente da República ou chefe de governo estrangeiro (§ 3.º, II);

c) é natural que não possa haver exceção da verdade quando o assunto já foi debatido e julgado, em definitivo, pelo Poder Judiciário, tendo havido absolvição do ofendido (§ 3.º, III).

Difamação

Art. 139

Sujeito ativo

Qualquer pessoa (ver Parte Geral, capítulo XII, item 3.1).

Sujeito passivo

Qualquer pessoa, inclusive a jurídica, que também tem imagem a preservar. Há quem entenda, no entanto, que somente a pessoa humana pode ser sujeito passivo, já que o Título I do Código Penal destina-se à proteção de pessoas físicas. Não concordamos, pois fala-se apenas em *crimes contra a pessoa*, valendo a adaptação para a pessoa jurídica quando for o caso (ver Parte Geral, capítulo XII, item 3.2).

Objeto jurídico

É a honra objetiva (reputação ou imagem da pessoa diante de terceiros) (ver Parte Geral, capítulo XII, item 3.3, "b").

Objeto material

É a reputação da pessoa (ver Parte Geral, capítulo XII, item 3.3, "a").

Elementos objetivos do tipo

Difamar significa desacreditar publicamente uma pessoa, maculando-lhe a reputação. Nesse caso, mais uma vez, o tipo penal foi propositadamente repetitivo. Difamar já significa imputar algo desairoso a outrem, embora a descrição abstrata feita pelo legislador tenha deixado claro que, no contexto do crime do art. 139, não se trata de qualquer fato inconveniente ou negativo, mas sim de *fato ofensivo à sua reputação*. Com isso, excluiu os fatos definidos como crime – que ficaram para o tipo penal da calúnia – bem como afastou qualquer vinculação à falsidade ou veracidade dos mesmos. Assim, difamar uma pessoa implica divulgar fatos infamantes à sua honra objetiva, sejam eles verdadeiros ou falsos. A pena é de detenção, de três meses a um ano, e multa. Conferir o capítulo XIII, item 2.1, da Parte Geral.

Elemento subjetivo do crime

É o dolo (ver o capítulo XIV da Parte Geral).

Elemento subjetivo do tipo específico

É a vontade específica de macular a imagem de alguém (*animus diffamandi*) (ver Parte Geral, capítulo XIII, item 2.1).

Há entendimento predominante na doutrina e na jurisprudência pela não configuração do crime contra a honra, desde que o fato ofensivo ou o insulto seja proferido fora do contexto da específica vontade de conspurcar a reputação alheia ou o amor próprio da vítima. Estariam nesse âmbito as brincadeiras, embora de mau gosto, as narrativas reputadas como simples *fofocas*, os relatórios feitos em locais de trabalho, os depoimentos prestados em juízo emitindo opiniões, dentre outros.

Classificação

Comum; formal; de forma livre; comissivo; instantâneo; unissubjetivo; unissubsistente ou plurissubsistente, conforme o caso. Sobre a classificação dos crimes, ver o capítulo XII, item 4, da Parte Geral.

Tentativa

É admissível na forma plurissubsistente.

Momento consumativo

Ocorre no momento em que a imputação chega ao conhecimento de terceiros, independentemente de resultado naturalístico.

Exceção da verdade

Trata-se de um incidente processual, que é uma questão secundária refletida sobre o processo principal, merecendo solução antes da decisão da causa ser proferida, prevista no parágrafo único. É uma forma de defesa indireta, por meio da qual o acusado de ter praticado difamação pretende provar a veracidade do que alegou, demonstrando ser a pretensa vítima (funcionário público, no exercício da função) realmente autora do fato. Neste caso, no entanto, há uma particularidade: ao tratar do funcionário público, dizendo respeito às suas funções, é interesse do Estado apurar a veracidade do que está sendo alegado. Trata-se de finalidade maior da Administração punir funcionários de má conduta. Assim, caso alguém diga que determinado funcionário retardou seu serviço, em certa repartição, porque foi cuidar de interesses particulares, admite-se prova da verdade, embora não seja crime. É um fato de interesse do Estado apurar e, se for o caso, punir.

Injúria

Art. 140

Sujeito ativo

Qualquer pessoa (ver Parte Geral, capítulo XII, item 3.1).

Sujeito passivo

Qualquer pessoa física (a pessoa jurídica não tem autoestima ou amor-próprio). No tocante aos inimputáveis (doentes mentais e menores), é preciso distinguir a possibilidade de serem sujeitos passivos apenas no caso concreto. Uma criança em tenra idade não tem a menor noção do que venha a ser dignidade ou decoro, de modo que não pode ser sujeito passivo do crime, embora um adolescente já tenha tal sentimento e pode ser, sem dúvida, vítima de injúria, em que pese ser inimputável penalmente. O doente mental também é um caso à parte. Conforme o grau e o estágio de sua doença, pode ou não ter noção de dignidade ou decoro. Se possuir, é sujeito passivo do crime de injúria (ver Parte Geral, capítulo XII, item 3.2).

Objeto jurídico

É a honra subjetiva (autoimagem da pessoa, isto é, a avaliação que cada um tem de si mesmo) (ver Parte Geral, capítulo XII, item 3.3, "b").

Objeto material

É a autoestima (dignidade ou decoro) da pessoa, um dos aspectos da honra (ver Parte Geral, capítulo XII, item 3.3, "a").

Elementos objetivos do tipo

Injuriar significa ofender ou insultar (vulgarmente, *xingar*). No caso presente, isso não basta. É preciso que a ofensa atinja a dignidade (respeitabilidade ou amor-próprio) ou o decoro (correção moral ou compostura) de alguém. Portanto, é um insulto que macula a honra subjetiva, arranhando o conceito que a vítima faz de si mesma. A pena é de detenção, de um a seis meses, ou multa. Conferir o capítulo XIII, item 2.1, da

Parte Geral. Embora, a maneira mais comum de se praticar a injúria seja por meio de xingamentos verbais, são admitidas várias outras formas, inclusive por gestos, comportamentos ou até mesmo por omissão. Conforme o cenário, a recusa a um cumprimento pode figurar uma injúria, conduta que se dá na forma omissiva. Por outro lado, utilizar vestimenta inadequada em lugar de respeito também é conduta apta a construir a injúria. Na verdade, todas as atitudes tendentes a ferir a dignidade alheia constituem elementos válidos para a realização do crime. Para analisar os vários comportamentos humanos, no contexto da injúria, depende-se da adequação social, "restringindo-se o tipo do delito de injúria àqueles casos que excedam em muito o tolerável socialmente em cada momento histórico" (Muñoz Conde, *Derecho penal – Parte especial*, p. 271). A pena é de detenção, de 1 a 6 meses, ou multa.

Elemento subjetivo do crime

É o dolo (ver o capítulo XIV da Parte Geral).

Elemento subjetivo do tipo específico

É a vontade específica de magoar e ferir a autoimagem de alguém (*animus injuriandi*) (ver Parte Geral, capítulo XIII, item 2.1).

Há entendimento predominante na doutrina e na jurisprudência pela não configuração do crime contra a honra, desde que o fato ofensivo ou o insulto seja proferido fora do contexto da específica vontade de conspurcar a reputação alheia ou o amor próprio da vítima. Estariam nesse âmbito as brincadeiras, embora de mau gosto, as narrativas reputadas como simples *fofocas*, os relatórios feitos em locais de trabalho, os depoimentos prestados em juízo emitindo opiniões, dentre outros.

Classificação

Comum; formal; de forma livre; comissivo; instantâneo; unissubjetivo; unissubsistente ou plurissubsistente, conforme o caso. Sobre a classificação dos crimes, ver o capítulo XII, item 4, da Parte Geral.

Tentativa

É admissível na forma plurissubsistente.

Momento consumativo

Ocorre quando a imputação chega ao conhecimento do ofendido, independentemente de resultado naturalístico e da ciência de terceiros.

Exceção da verdade

Não se admite.

Perdão judicial

Pode ocorrer nas seguintes hipóteses:
a) quando o ofendido, de forma reprovável, provocou diretamente a injúria (§ 1.º, I);
b) quando houver retorsão imediata, que consista em outra injúria (§ 1.º, II).

Formas qualificadas

a) é o cometimento da injúria real, isto é, usando de violência ou vias de fato (§ 2.º). A violência implica ofensa à integridade corporal de outrem, enquanto a via de fato representa uma forma de violência que não chega a lesionar a integridade física ou a saúde de uma pessoa. Uma bofetada pode produzir um corte no lábio da vítima, configurando violência, mas pode também não deixar ferimento, representando a via de fato. É possível que o agente prefira produzir um insulto dessa forma, o que, aliás, é igualmente infamante. Neste caso, se tiver havido violência, há concurso da injúria com o delito de lesões corporais. Circunscrevendo-se, unicamente, às vias de fato, fica a contravenção absorvida pela injúria chamada *real*. A pena é de detenção, de três meses a um ano, e multa, além da pena correspondente à violência;

b) é o cometimento da injúria com base em características de pessoas vulneráveis (§ 3.º). A pena é de reclusão, de um a três anos, e multa. Torna-se mais grave a injúria quando se vale de atributos pessoais de quem integra um grupo mais frágil ou visado, como os adeptos de religiões, idosos e deficientes físicos ou mentais. Ofender a honra subjetiva de alguém, valendo-se desses elementos, significa usar paradigmas muito conhecidos e sujeitos a gerar a lesão ao amor-próprio. Entretanto, essa injúria qualificada pode ser tipificada como uma *prática racista*, quando o intuito se voltar não apenas contra a dignidade ou o decoro da vítima, mas a uma forma de discriminação e segregação de pessoas. A Lei 14.532/2023 criou o art. 2.º-A na Lei 7.716/1989, migrando os fatores referentes a raça, cor, etnia e procedência nacional, e elevando a pena, o que, por si só, não afeta o entendimento do STF no sentido de que os insultos a judeus ou homossexuais, por exemplo, podem ser manifestações racistas. A posição do Supremo Tribunal Federal reviu o conceito de *raça* e, lastreado em interpretação evolutiva, concluiu tratar-se de um grupo de pessoas vulneráveis e socialmente minoritárias, no qual foram inseridas a religião (judaísmo, conforme o julgamento do caso Ellwanger, HC 82.424-RS, Plenário, rel. para o acórdão Maurício Corrêa, 17.09.2003, m.v., *RTJ* 188/858) e a orientação sexual (ADO 26-DF, Plenário, rel. Celso de Mello, 13.06.2019, m.v.). No mesmo sentido: "Mandado de injunção julgado procedente, para (i) reconhecer a mora inconstitucional do Congresso Nacional e; (ii) aplicar, até que o Congresso Nacional venha a legislar a respeito, a Lei 7.716/89 a fim de estender a tipificação prevista para os crimes resultantes de discriminação ou preconceito de raça, cor, etnia, religião ou procedência nacional à discriminação por orientação sexual ou identidade de gênero" (MI 4.733-DF, Plenário, rel. Edson Fachin, 13.09.2019, m.v.).

A utilização da religião e da orientação sexual com o fito segregacionista foi tipificada no âmbito do termo *raça*, pelo Pretório Excelso, que agora é transferido para a Lei 7.716/1989, com pena mais elevada e ação pública incondicionada. Sob outro aspecto, em tese, pode-se utilizar a religião, a idade avançada ou a deficiência como puro xingamento, como, por exemplo, dentro de uma reunião familiar, em que não se pretende excluir ninguém, mas somente humilhar, de modo que nasce a injúria qualificada (há exemplos extraídos da jurisprudência, como "bicha espírita" e "velha safada"). O insulto proferido em público a alguém, por conta de sua religião, visando ao seu afastamento de determinado grupo, como num clube recreativo, constitui injúria racial, aplicando-se o art. 2.º-A da Lei 7.716/1989.

Há que se analisar o elemento subjetivo específico implícito na ofensa: se honra ou também segregação. Por outro lado, quando se trata de ofensa por conta da cor da pele, ingressa-se em fator mais intenso, que extravasa a meta de macular a honra para adentrar, sempre, o nefasto campo do *racismo estrutural*, que há muito tempo assola a sociedade brasileira, constituindo, por natureza, a injúria racial, agora tipificada no art. 2.º-A da Lei 7.716/1989. Em suma, a injúria qualificada do § 3.º do art. 140 pode figurar como delito contra a honra, mas é passível de tipificação na Lei 7.716/1989, tudo a depender do caso concreto.

Disposições comuns

Arts. 141 a 145

Causas de aumento da pena

Os delitos contra a honra (calúnia, difamação e injúria) sofrem o aumento de um terço se ocorrem as seguintes hipóteses (art. 141):

a) crime cometido contra o Presidente da República ou chefe de governo estrangeiro. Entendeu o legislador ser especialmente grave o ataque à honra, objetiva ou subjetiva, do representante maior de uma nação, seja ela brasileira (Presidente da República), seja estrangeira. A mácula à reputação dessas pessoas, em razão do alto cargo por elas ocupado, pode ter repercussão muito maior do que se se tratar de qualquer outro indivíduo, mesmo porque tende a ofender, em muitos casos, a própria coletividade por elas representada. Note-se que nem mesmo é permitida a exceção da verdade, nesse contexto, quando há calúnia (art. 138, § 3.º, II, CP);

b) crime cometido contra funcionário público, em razão de suas funções, ou contra os Presidentes do Senado Federal, da Câmara dos Deputados ou do Supremo Tribunal Federal. Trata-se de uma causa de aumento que leva em consideração o interesse maior da Administração. Do mesmo modo que se permite a exceção da verdade tanto no contexto da calúnia quanto no da difamação (arts. 138, § 3.º, e 139, parágrafo único, CP), a fim de se saber se o funcionário público praticou crime ou qualquer outro fato desabonador, pune-se, com maior rigor, quem o ofenda, no *exercício das suas funções*, levianamente. A Lei 14.197/2021 acrescentou neste inciso os Presidentes do Senado Federal, da Câmara dos Deputados ou do Supremo Tribunal Federal. Embora se compreenda a relevância dessas funções, para efeito de elevação da pena, na realidade, já estariam abrangidos no cenário do *funcionário público*, visto exercerem funções públicas;

c) crime cometido na presença de várias pessoas, ou por meio que facilite a divulgação da calúnia, difamação ou injúria. Tendo em vista que os delitos contra a honra afetam substancialmente a reputação e o amor-próprio da vítima, é natural punir com maior rigor o agente que se valha de meio mais propício à propagação da ofensa;

d) crime praticado contra criança, adolescente, pessoa idosa ou pessoa com deficiência, salvo quando se tratar de injúria qualificada do § 3.º do art. 140.

As Leis 10.741/2003 e 14.344/2022 incluíram as pessoas idosas (maiores de 60 anos), com deficiência (física ou mental) e as crianças e adolescentes no art. 141 para figurar como causa de aumento de pena. Quanto aos adolescentes, parece-nos cauteloso adotar o critério misto, previsto no Estatuto da Criança e do Adolescente, bem como nos Códigos Civil e Penal, vale dizer, deve ser a pessoa entre 12 anos completos e 17 anos completos. Atingindo a idade de 18, torna-se maior para fins penais e civis, além do que o ECA se aplica somente em casos excepcionais até os 20 anos completos. É preciso lembrar que a criança em tenra idade ou o deficiente com grau intenso de incapacidade pode nem mesmo compreender a ofensa, de modo que se torna crime impossível (art. 17, CP). Excluiu-se a injúria *qualificada* (art. 140, § 3.º, CP), no tocante a idosos e deficientes, porque se cuida de delito mais grave e deve predominar sobre esta *causa de aumento*, sob pena de gerar o indevido *bis in idem* (dupla punição pelo mesmo fato).

Causas de aumento específicas

O art. 141, § 1.º, do Código Penal, prevê a hipótese de o agente atuar fundamentado em motivo torpe (particularmente vil, repugnante), consistente em paga (recebimento de qualquer soma em dinheiro ou outra vantagem) ou promessa de recompensa (expectativa de auferir vantagem ou dinheiro). Poderia estar figurando dentre as causas expostas nos incisos anteriores do referido art. 141, mas, tendo em vista a maior punição (dobra-se a pena), viu-se o legislador levado a destacar a causa de aumento em tópico à parte.

O art. 141, § 2.º, do Código Penal estabelece uma causa de aumento ainda mais severa (triplo da pena), quando o delito é praticado ou divulgado por meio de redes sociais, valendo-se da Internet, situação compreensível porque o fato desairoso à honra da vítima se espalha com impressionante velocidade, atingindo um número indeterminado de pessoas.

No art. 141, § 3.º, do Código Penal, prevê-se a aplicação do dobro da pena se o delito é cometido contra a mulher, por razões da condição do sexo feminino, nos termos do § 1.º do art. 121-A do CP. Trata-se de maior punição, quando se cuida de violência moral (crimes contra a honra), seguindo a política criminal iniciada pela Lei Maria da Penha. Sobre as razões da condição de sexo feminino, consultar os comentários feitos no tópico relativo ao feminicídio.

Causas de exclusão do crime

Preceitua o art. 142 do Código Penal não constituir difamação ou injúria punível as seguintes hipóteses:

a) a ofensa irrogada em juízo, na discussão da causa, pela parte ou por seu procurador. Diz respeito à imunidade auferida por quem litiga em juízo, terminando por se descontrolar, proferindo ofensas contra a parte contrária. É sabido que o calor dos debates, trazidos por uma contenda judicial, pode estimular os indivíduos envolvidos a perder o equilíbrio, exagerando nas qualificações e comentários desairosos. Exige-se, no entanto, que haja uma relação processual instaurada, além do que o autor da ofensa precisa situar-se em local próprio para o debate processual. Não teria cabimento a utilização desta excludente, por exemplo, quando o agente encontrasse a vítima, com quem mantém uma lide, em outra cidade, distante do fórum, ofendendo-a. Cremos, ainda, que a palavra "juízo" possui um significado específico, ligando-se ao exercício da jurisdição, típico do Poder Judiciário, e não a qualquer tipo de processo ou procedimento (estariam excluídos, pois, os processos administrativos, os inquéritos policiais, entre outros);

b) a opinião desfavorável da crítica literária, artística ou científica, salvo quando inequívoca a intenção de difamar ou injuriar. Esta causa de exclusão diz respeito à liberdade de expressão nos campos literário, artístico ou científico, permitindo que haja crítica acerca de livros, obras de arte ou produções científicas de toda ordem, ainda que sejam pareceres ou conceitos negativos. Ocorre que, da redação eleita pelo legislador, denota-se a fragilidade do seu conteúdo. Emitir uma opinião desfavorável em relação a livro publicado, por exemplo, com a intenção de injuriar o seu autor é situação não protegida pela excludente, conforme se vê da ressalva final: "(...) salvo quando inequívoca a intenção de injuriar ou difamar". Entretanto, se o conceito negativo emitido não contiver a intenção de ofender, seria considerado um fato lícito. Entretanto, para a concretização de um crime contra a honra é indispensável haver, além do dolo, o elemento subjetivo do tipo específico, que é justamente a especial vontade de ofender a vítima. Inexistindo tal intenção, o fato é atípico. Portanto, a excludente em questão é desnecessária. Havendo intenção de ofender na crítica literária, artística ou científica, preenchido está o tipo penal e a excludente de ilicitude (imunidade) não se aplica. Não estando presente a vontade de injuriar ou difamar, antes mesmo de se falar na excludente de antijuridicidade, é preciso considerar que o tipo penal não está configurado;

c) o conceito desfavorável emitido por funcionário público, em apreciação ou informação que preste no cumprimento de dever de ofício. Na primeira e na terceira hipóteses responde pela injúria ou pela difamação quem lhe dá publicidade. Excluiu-se a calúnia desse rol de situações, pois o interesse da Administração Pública na apuração de crimes, especialmente os que preveem ação penal pública incondicionada, afasta a possibilidade de se excluir a ilicitude no caso de ocorrência de calúnia. O funcionário público, cumprindo dever inerente ao seu ofício, pode emitir um parecer desfavorável, expondo opinião negativa a respeito de alguém, passível de macular a reputação da vítima ou ferir a sua dignidade ou o seu decoro, embora não se possa falar em ato ilícito, pois o interesse da Administração Pública deve ficar acima dos interesses individuais. Não teria sentido o funcionário deter-se nos seus comentários somente porque, em tese, alguém se sentiria ofendido, dando margem a uma ação penal por injúria ou difamação. No caso presente, mesmo que haja interesse do funcionário em injuriar ou difamar terceiro – configurando fato típico –, não será considerado ilícito caso esteja o agente no exercício do seu mister, bem como no interesse particular do Estado.

Retratação

É nitidamente uma causa de extinção da punibilidade, como demonstra o art. 107, VI, do Código Penal. Portanto, não diz respeito a qualquer dos elementos do crime – tipicidade, antijuridicidade e culpabilidade –, mas sim à punibilidade, que significa unicamente a possibilidade que o Estado possui de aplicar, concretamente, a sanção penal prevista para o delito. Nota-se, pois, que a expressão "isenção de pena" não se vincula, necessariamente, à culpabilidade, como querem fazer crer algumas opiniões. A referência expressa feita ao *querelado*, no art. 143, está a evidenciar que a retratação somente pode ocorrer quando a ação penal for privada, excluindo-se a possibilidade de se concretizar no cenário da ação penal pública. Há necessidade de o desmentido ser proferido antes da sentença de 1.º grau, não sendo cabível estender a sua aplicação até o trânsito em julgado. *Retratar-se* quer dizer voltar atrás, desdizer-se, desmentir-se. O agente reconhece que cometeu um erro e refaz as suas anteriores afirmações. Em vez de sustentar o fato desairoso, que deu margem à configuração da calúnia ou da difamação, reconhece que se equivocou e retifica o alegado. A retratação envolve somente a calúnia e a difamação porque essas figuras típicas, como já analisado, lidam com a atribuição à vítima da prática de um *fato*. Se este fato é falso e tipificado em lei como crime, trata-se da calúnia; caso se vincule a uma conduta indecorosa, verdadeira ou falsa, passível de afetar a reputação da vítima, trata-se de difamação. Ora, referindo-se à honra objetiva, aquela que diz respeito ao conceito que a sociedade faz do indivíduo, é possível haver um desmentido. Não permite a lei que exista retratação no contexto da injúria porque esta cuida da honra subjetiva, que é inerente ao amor-próprio. Neste caso, quando a vítima foi ofendida, não há desdito que possa alterar a situação concretizada. Nos casos de difamação e calúnia, no entanto, quando o agente volta atrás e narra a verdade, permite que a imagem da vítima seja restaurada diante da sociedade, proporcionando, então, a extinção da punibilidade.

A Lei 13.188/2015 inseriu o parágrafo único, nos seguintes termos: "nos casos em que o querelado tenha praticado a calúnia ou a difamação utilizando-se de meios de comunicação, a retratação dar-se-á, se assim desejar o ofendido, pelos mesmos meios em que se praticou a ofensa".

Pedido de explicações

O art. 144 do Código Penal estabelece que "se, de referências, alusões ou frases, se infere calúnia, difamação ou injúria, quem se julga ofendido pode pedir explicações em juízo. Aquele que se recusa a dá-las ou, a critério do juiz, não as dá satisfatórias, responde pela ofensa". *Inferir* significa um processo lógico de raciocínio consistente numa dedução. Quando alguém profere uma frase dúbia, pela qual, por dedução, consegue-se chegar à conclusão de que se trata de uma ofensa, tem-se o mecanismo da "inferência". Não há certeza da intenção, pois os meios utilizados são mascarados. Ex.: numa roda de pessoas, alguém diz: "Não sou eu o autor das subtrações que têm ocorrido nesta repartição". Pode ser difícil interpretar a frase. Por vezes, o seu autor quer referir-se a alguém que ali está, ofendendo-o indiretamente. Noutras ocasiões, é apenas uma coincidência, ou seja, quem falou não está com a intenção de macular a imagem de ninguém, embora tenha deixado impressão contrária. Para sanar a dúvida, faz-se o pedido de explicações. Havendo recusa a dar as explicações ou deixando de fornecê-las satisfatoriamente, fica o agente sujeito a ser processado pela prática de crime contra a honra. Esclarecendo, no entanto, o mal-entendido, livra-se de um processo criminal.

Ação penal

A expressa menção de que somente se procede "mediante queixa" demonstra que a iniciativa da ação penal cabe à vítima, por isso é *privada*, nos delitos contra a honra.

Trata-se de uma norma processual inserida no contexto do direito material, o que deveria ter sido evitado pelo legislador. O ideal seria que o Código de Processo Penal pudesse conter norma para estabelecer os critérios para se considerar a ação penal pública – condicionada ou incondicionada – ou privada.

Como exceção à regra, no caso de haver lesões corporais (mas não quando houver apenas vias de fato), a ação deve ser pública incondicionada (art. 145, CP), porque o delito de lesão corporal, à época da edição do tipo penal da injúria real, era, igualmente, de ação pública incondicionada. O interesse em jogo – integridade física, ainda que levemente afetada – era considerado indisponível. Com a edição da Lei 9.099/1995, os delitos de lesão corporal leve e de lesão corporal culposa passaram a ser de ação penal pública condicionada, dependentes de representação da vítima. Sustentávamos que a injúria real deveria seguir a regra específica do Código Penal (ação pública incondicionada), porém, a reflexão mais apurada indica-nos não ser o caminho ideal. Não há sentido para que a lesão cometida para a prática da injúria, que na forma prevista no caput do art. 140 é de ação privada, conduza a punição para a ausência de qualquer condição para apurar e processar o agente, enquanto a lesão corporal cometida de maneira independente deva ser condicionada ao interesse da pessoa ofendida. Por isso, o ideal é considerar a injúria real um delito de ação condicionada, caso haja lesão corporal simples ou vias de fato. Entretanto, cuidando-se de violência capaz de gerar lesão grave, assume a ação a forma pública incondicionada. Outra cautela deve existir no cenário da violência doméstica contra a mulher, pois se tem exigido maior rigor punitivo, nos termos da Lei 11.340/2006, fator consolidado nos tribunais, de modo que a ação deve ser pública incondicionada.

Quando o crime contra a honra for cometido contra o Presidente da República ou chefe de governo estrangeiro, bem como contra funcionário público, em razão de suas funções, a ação é pública condicionada, dependente de requisição do Ministro da Justiça, no primeiro caso, e de representação da vítima, no segundo caso (art. 145, parágrafo único, CP). Debate-se a legitimidade concomitante entre o Ministério Público e o ofendido – funcionário público – para ingressar com a ação penal, de forma que poderia caber denúncia (quando a representação fosse feita) ou queixa-crime (caso a vítima preferisse acionar o agressor por conta própria). Cremos que a lei é bem clara: já que a iniciativa da ação penal – que deveria ser sempre prevista pelo Código de Processo Penal, através de fórmulas claras e precisas – foi objeto de disposição do Código Penal, tratando, caso a caso, da legitimidade de agir, não há como se admitir a possibilidade de a ação ser, ao mesmo tempo, pública e privada. O interesse em jogo deve ser primordialmente público ou privado. Sendo público, cabe ao Ministério Público agir quando houver provocação da vítima, já que se exige representação ou requisição, conforme o caso, mas não à vítima. Do mesmo modo, quando o interesse é nitidamente particular, cabendo a propositura de queixa-crime, não se pode aceitar que o Ministério Público ingresse com a demanda. Não há razão plausível para sustentar ser a ação *pública*, de iniciativa do Promotor de Justiça, ao mesmo tempo em que pode ser *privada*. É óbvio que o direito à honra é relevante (art. 5.º, X, CF), merecendo ser protegido pelo direito penal, mas isso não conduz à conclusão de que a ação penal possa ter dupla legitimidade: do Ministério Público e da vítima.

Não se trata da *privação* do direito de queixa, pois caberia sempre a ação privada subsidiária da pública (art. 29, CPP, e art. 5.º, LIX, CF), caso o Ministério Público não agisse no prazo legal. Entretanto, pretender sustentar a *alternância* (denúncia ou queixa), com a livre escolha por parte do ofendido quando houver crime contra a honra de funcionário público, é dar um tratamento privilegiado e superior a esse delito, incompatível com a igualdade que deve existir com qualquer outro delito de ação pública condicionada. Por derradeiro, se o crime contra a honra for proferido contra funcionário público que já deixou o cargo ou não tiver a ofensa qualquer relação com suas funções, o crime é de ação privada. A posição do Supremo Tribunal Federal, no entanto, é pacífica no sentido de se admitir a legitimidade concorrente. Podem ajuizar a ação penal tanto o Ministério Público (se houver representação do ofendido) quanto a vítima.

O parágrafo único do art. 145 contempla a injúria qualificada do art. 140, § 3.º, CP, para figurar, também, no rol da ação penal pública condicionada à representação da vítima. Cuida-se de delito mais grave, mas, quando limitado à ofensa à honra, permanece ação dependente de provocação da pessoa lesada. Configurando-se visível forma de injúria racial, conforme o art. 2.º-A da Lei 7.716/1989, é de ação pública incondicionada.

Sobre o veto do Poder Executivo à causa de aumento do art. 141, § 2.º

A Lei 13.964/2019 inseriu o § 2.º a este artigo, nos seguintes termos: "se o crime é cometido ou divulgado em quaisquer modalidades das redes sociais da rede mundial de computadores, aplica-se em triplo a pena". O Poder Executivo o vetou e as razões foram as seguintes: "a propositura legislativa, ao promover o incremento da pena no triplo quando o crime for cometido ou divulgado em quaisquer modalidades das redes sociais da rede mundial de computadores, viola o princípio da proporcionalidade entre o tipo penal descrito e a pena cominada, notadamente se considerarmos a existência da legislação atual que já tutela suficientemente os interesses protegidos pelo Projeto, ao permitir o agravamento da pena em um terço na hipótese de qualquer dos crimes contra a honra ser cometido por meio que facilite a sua divulgação. Ademais a substituição da lavratura de termo circunstanciado nesses crimes, em razão da pena máxima ser superior a dois anos, pela necessária abertura de inquérito policial, ensejaria, por conseguinte, superlotação das delegacias, e, com isso, redução do tempo e da força de trabalho para se dedicar ao combate de crimes graves, tais como homicídio e latrocínio".

O motivo levantado pelo veto não se coaduna à realidade, pois a existência do aumento de um terço, previsto no art. 141, III, refere-se à prática do delito contra a honra na presença de várias pessoas ou outro meio que facilite a sua divulgação, dentro do âmbito de transmissão da ofensa em termos comuns, conhecidos muito antes do advento da Internet e das redes sociais. Noutros termos, já era considerado mais grave proferir qualquer agressão à honra diante de outras pessoas; entretanto, quando essa ofensa é inserida na rede mundial de computadores, a propagação se faz de maneira muito mais rápida e atinge um contingente imenso de pessoas, logo, a situação se torna mais lesiva ao bem jurídico tutelado da vítima. Desse modo, o aumento da pena (triplo) é proporcional ao dano. Além disso, os delitos previstos no capítulo são de ação penal privada (art. 145), como regra, razão pela qual não há como elevar o serviço policial, impedindo o resguardo à segurança pública, vale dizer, somente são apurados os que forem apurados por iniciativa da vítima. Outrossim, nenhuma estatística criminal conhecida faz um paralelo entre crimes contra a honra e delitos tão graves, como homicídio ou latrocínio, de forma que a investigação de uns não interfere em nada na apuração de outros. Pareceu-nos a postura ideal a derrubada do veto pelo Parlamento.

Capítulo VI
Dos Crimes contra a Liberdade Individual

Seção I
Dos crimes contra a liberdade pessoal

Constrangimento ilegal

Art. 146

Sujeito ativo

Qualquer pessoa (ver Parte Geral, capítulo XII, item 3.1).

Sujeito passivo

Qualquer pessoa (ver Parte Geral, capítulo XII, item 3.2).

Objeto jurídico

A liberdade individual (ver Parte Geral, capítulo XII, item 3.3, "b").

Objeto material

A pessoa que sofreu o constrangimento (ver Parte Geral, capítulo XII, item 3.3, "a").

Elementos objetivos do tipo

Constranger (forçar alguém a fazer alguma coisa ou tolher seus movimentos para que deixe de fazer) alguém, mediante violência (agressão física) ou grave ameaça (violência moral), ou depois de lhe haver reduzido, por qualquer outro meio, a capacidade de resistência (denominada violência imprópria, que, em nosso entendimento, é forma de violência como outra qualquer, pois impede que a vítima resista à agressão), a não fazer o que a lei permite (coíbe diretamente a liberdade) ou a fazer o que ela não manda (é o efetivo constrangimento a agir ilicitamente). A pena é de detenção, de três meses a um ano, ou multa. Conferir o capítulo XIII, item 2.1, da Parte Geral.

Elemento subjetivo do crime

É o dolo (ver o capítulo XIV da Parte Geral).

Elemento subjetivo do tipo específico

Não há. A despeito de opiniões em contrário, cremos que não há elemento subjetivo do tipo específico (dolo específico). As expressões "a não fazer o que a lei permite" e "a fazer o que ela não manda" constituem elementos objetivos do tipo, e não subjetivos. Não se trata do propósito especial do agente, pois o constrangimento somente é ilegal, caracterizando-se como figura típica incriminadora, caso haja a realização de algo que a lei não manda ou a não realização do que ela permite. Quando o agente deste delito pratica a conduta, não tem (e não precisa ter) a visão *especial* de estar descumprindo a lei, mas única e tão somente necessita tolher a liberdade alheia em desacordo com o determinado pelo ordenamento jurídico. Assim, basta o dolo (na visão tradicional, o dolo genérico). Defender o contrário, ou seja, exigir a necessidade de "finalidade específica" significa sustentar que o crime de constrangimento ilegal seria inteligível sem o complemento ("a não fazer o que a lei permite" ou a "fazer o que ela não manda"), o que não é verdade. Retirando-se a última parte, que seria somente um fim especial de agir, o que resta do crime? "Constranger alguém, mediante violência ou grave ameaça, ou depois de lhe haver reduzido, por qualquer outro meio, a capacidade de resistência", por si só, não quer dizer nada sem que se saiba no que consiste o constrangimento, ou seja, a situação de compressão. O dolo estaria presente numa figura genérica que, no entanto, não quer dizer nada sem o seu devido complemento? Quem iria querer constranger alguém a nada? Daí por que entendemos ser crime sujeito apenas ao dolo genérico, pois a parte final do tipo penal é apenas um elemento objetivo (normativo) do tipo (ver Parte Geral, capítulo XIII, item 2.1).

Classificação

Comum; material; de forma livre; comissivo (como regra); instantâneo; de dano; unissubjetivo; plurissubsistente. Sobre a classificação dos crimes, ver o capítulo XII, item 4, da Parte Geral.

Tentativa

É admissível.

Momento consumativo

Ocorre com a efetiva inibição da vítima a fazer ou deixar de fazer alguma coisa.

Causas de aumento de pena

Aplicam-se cumulativamente as penas (privativa de liberdade e multa), bem como em dobro, quando, para a execução do delito, reúnem-se mais de três pessoas, ou há emprego de armas (próprias – como as armas de fogo –, ou impróprias – como martelos, chaves de fenda etc.).

Particularidade

Trata-se de tipo subsidiário. Se for possível enquadrar o fato em outro, mais grave, deve-se fazê-lo (ex.: estupro, que é um constrangimento ilegal com a finalidade específica de obtenção da conjunção carnal ou outro ato libidinoso). Por outro lado, por ser um tipo secundário, havendo violência que implique lesão, o agente responderá também pelo que causar (§ 2.º).

Excludentes de tipicidade

O § 3.º estabelece duas situações que excluem a tipicidade diante da especial redação do tipo: "Não se compreendem na disposição deste artigo". Não houvesse esse dispositivo e as condutas descritas nos dois incisos poderiam ser consideradas causas de exclusão da ilicitude (estado de necessidade ou legítima defesa, conforme o caso). São as seguintes:

a) *intervenção médico-cirúrgica*, sem o consentimento do paciente ou de seu representante legal, se justificada por perigo de vida: é possível que alguém, correndo risco de vida, não queira submeter-se à intervenção cirúrgica, determinada por seu médico, seja por medo, seja por desejar morrer ou por qualquer outra razão. Entretanto, já que a vida é bem indisponível, a lei fornece autorização para que o médico promova a operação, ainda que a contragosto. Não se trata de *constrangimento ilegal*, tendo em vista a ausência de tipicidade. Como se disse, não houvesse tal dispositivo, ainda assim o médico poderia agir, embora nutrido pelo estado de necessidade, que iria excluir a antijuridicidade;

b) *coação exercida para impedir suicídio*: este ato é considerado ilícito, pois a vida, como se salientou, é protegida constitucionalmente e considerada bem indisponível. Portanto, quem tenta se matar pode ser impedido, à força, se preciso for, por outra pessoa. Essa coação será considerada *atípica*. Ainda que não houvesse tal dispositivo, qualquer um poderia impedir a tentativa de suicídio de outrem, abrigado pela legítima defesa de terceiro (lembremos que a autolesão é conduta ilícita, ainda que não punida pelo direito penal).

Intimidação sistemática (*bullying*)

Art. 146-A

Sujeito ativo

Qualquer pessoa (ver Parte Geral, capítulo XII, item 3.1).

Sujeito passivo

Qualquer pessoa (ver Parte Geral, capítulo XII, item 3.2).

Objeto jurídico

A liberdade individual (ver Parte Geral, capítulo XII, item 3.3, "b").

Objeto material

A pessoa que sofreu a intimidação (ver Parte Geral, capítulo XII, item 3.3, "a").

Elementos objetivos do tipo

O tipo incriminador foi composto com base, quase idêntica, na descrição feita no art. 1.º, § 1.º, da Lei 13.185/2015. *Intimidar* significa amedrontar, apavorar, assustar, levando alguém a se sentir ameaçado, constrangido e cerceado em sua liberdade. O objeto da intimidação é qualquer pessoa, individualmente ou em grupo. O meio para tanto é variado: violência física ou psicológica, desde que empregada sistematicamente (repetida e organizada). Menciona-se que o delito pode ser praticado *sem motivação evidente*, demonstrando que o *bullying*, em grande parte, é concretizado por razões banais, ocultas e até ilógicas e irracionais. Os fundamentos do intimidador, muitas vezes, constituem uma expressão da sua personalidade, como preconceito, discriminação, ódio, sadismo, dentre outros, fatores a considerar quando o juiz fixar a pena-base (art. 59, CP). Além da violência física ou psicológica, o tipo indica métodos de humilhação (afronta), discriminação (segregação), bem como por ações verbais, morais, sexuais, sociais, psicológicas, físicas, materiais ou virtuais. A pena é de multa. Conferir o capítulo XIII, item 2.1, da Parte Geral.

Particularidade

O crime é subsidiário, ou seja, somente se pune se não for alcançado delito mais grave.

Elemento subjetivo do crime

É o dolo (ver o capítulo XIV da Parte Geral).

Elemento subjetivo do tipo específico

Não há (ver Parte Geral, capítulo XIII, item 2.1).

Classificação

Comum; formal; de forma livre; comissivo; habitual; unissubjetivo; unissubsistente ou plurissubsistente, conforme o caso. Sobre a classificação dos crimes, ver o capítulo XII, item 4, da Parte Geral.

Tentativa

Não se admite, pois é crime habitual.

Momento consumativo

Ocorre com a realização do ato intimidador, independentemente de qualquer resultado naturalístico.

Forma qualificada

Denomina-se *intimidação sistemática virtual (cyberbullying)* a realização da conduta por meio da rede de computadores, de rede social, de aplicativos, de jogos *on-line* ou por qualquer outro meio ou ambiente digital, ou transmitida em tempo real. Como regra, a intimidação se dá por meio da Internet, ambiente virtual, onde o agente consegue ficar camuflado, conforme a estratégia utilizada. Por isso, o *cyberbullying* foi considerado pelo Legislativo como mais gravoso e, diante disso, a pena de reclusão, de 2 a 4 anos, e multa, se a conduta não constituir crime mais grave.

> Acesse e escute o podcast sobre *Bullying* e *Cyberbullying*.
> http://uqr.to/1yoir

Ameaça

Art. 147

Sujeito ativo

Qualquer pessoa (ver Parte Geral, capítulo XII, item 3.1).

Sujeito passivo

Qualquer pessoa, desde que tenha capacidade de entendimento do anúncio do mal injusto e grave que lhe será feito (ver Parte Geral, capítulo XII, item 3.2).

Objeto jurídico

A liberdade individual (ver Parte Geral, capítulo XII, item 3.3, "b").

Objeto material

A pessoa que sofreu a ameaça (ver Parte Geral, capítulo XII, item 3.3, "a").

Elementos objetivos do tipo

Ameaçar significa procurar intimidar alguém, anunciando-lhe a ocorrência de mal futuro, ainda que próximo. Por si só, o verbo já nos fornece uma clara noção do que vem a ser o crime, embora haja o complemento, que se torna particularmente importante, visto não ser qualquer tipo de ameaça relevante para o direito penal, mas apenas a que lida com um "mal injusto e grave". Não vemos cabimento em aceitar que a ameaça diga respeito a mal atual, pois isso não passa do início da execução de um crime. Autoriza, nessa situação, a legítima defesa, sem que se permita a tipificação em delito de ameaça. Se o objeto do crime é justamente a tranquilidade de espírito da pessoa – que, de fato, não há durante uma contenda –, como se pode chamar de ameaça o anúncio de mal imediato? Durante uma discussão, alguém toma às mãos uma faca e diz que vai "furar" o oponente... Seria ameaça ou tentativa de lesão corporal? Cremos ser um ato preparatório ou executório, conforme o caso, do delito de lesão corporal (não havendo, naturalmente, a intenção homicida, que configuraria tentativa de homicídio). Lembremos que a materialização da ameaça pode dar-se pelo uso variado de palavras, escritos, gestos ou quaisquer outros meios simbólicos (ex.: desenhos, ilustrações, mensagens transmitidas por e-mail etc.). Finalmente, requer a lei haja o anúncio de mal *injusto* (ilícito ou até mesmo imoral) e *grave* (sério, verossímil e com capacidade de gerar temor). A pena é de detenção, de um a seis meses, ou multa. Conferir o capítulo XIII, item 2.1, da Parte Geral.

Elemento subjetivo do crime

É o dolo (ver o capítulo XIV da Parte Geral).

Elemento subjetivo do tipo específico

Não há (ver Parte Geral, capítulo XIII, item 2.1).

Classificação

Comum; formal; de forma livre; comissivo (como regra); instantâneo; unissubjetivo; unissubsistente ou plurissubsistente, conforme o caso. Sobre a classificação dos crimes, ver o capítulo XII, item 4, da Parte Geral.

Tentativa

É admissível apenas na forma plurissubsistente, mas de difícil configuração.

Momento consumativo

Ocorre com a realização do ato ameaçador, independentemente de qualquer resultado naturalístico.

Causa de aumento de pena

Introduzido pela Lei 14.994/2024, o § 1.º do art. 147 estabelece a aplicação da pena em dobro, se o delito é cometido contra a mulher por razões da condição do sexo feminino, conforme dispõe o § 1.º do art. 121-A do Código Penal (consultar os comentários feitos no tópico do feminicídio). A qualificadora foi corretamente instituída, embora ainda com penalidade insuficiente, tendo em vista a prática constante do crime de ameaça contra a mulher, em especial no contexto da violência doméstica e familiar. Tem ocorrido, na prática, a decretação de prisão preventiva do agente, representando medida restritiva à liberdade, em cenário de crime cuja sanção privativa de liberdade é diminuta (detenção, de um a seis meses), o que é incompatível. Portanto, mesmo aplicando o dobro da sanção (detenção, de dois meses a um ano), a imposição de prisão provisória se mostra temerária e, caso não seja rigorosamente fiscalizada, pode ultrapassar o tempo de pena efetivamente determinado na sentença condenatória, gerando uma teratologia jurídica.

Particularidade

Cuida-se de ação penal pública condicionada à representação da vítima, exceto no caso de ameaça contra a mulher, nos termos do § 1.º. Nesta hipótese, é pública incondicionada.

Perseguição

Art. 147-A

Sujeito ativo

Pode ser qualquer pessoa (ver Parte Geral, capítulo XII, item 3.1).

Sujeito passivo

Qualquer pessoa. Cuidando-se de pessoa idosa, criança, adolescente ou mulher, aplica-se a causa de aumento do § 1.º (ver Parte Geral, capítulo XII, item 3.2).

Objeto jurídico

Trata-se da liberdade pessoal, em sentido amplo, abrangendo a paz de espírito, a intimidade e a privacidade (ver Parte Geral, capítulo XII, item 3.3, "b").

Objeto material

É a pessoa que sofre a perseguição (ver Parte Geral, capítulo XII, item 3.3, "a").

Elementos objetivos do tipo

Perseguir, no contexto desta figura típica, possui vários significados, como seguir alguém insistentemente, correr atrás de alguém, atormentar uma pessoa com pedidos abusivos, importunar, causar aborrecimento e até mesmo torturar, gerando angústia ou deixando a vítima em situação aflitiva. É o conhecido delito de *stalking*, já previsto em legislação estrangeira há muito tempo, consistente na excessiva vigilância que alguém dirige a outrem, forçando encontros e contatos indesejados, simbolizando uma forma de obsessão pela pessoa perseguida até que ela ceda aos caprichos do perseguidor (*stalker*). Em linhas gerais, a perseguição pode dar-se das seguintes formas: a) ameaça à integridade física (gerar um dano à integridade corporal); b) ameaça à integridade psicológica (gerar um tormento ou uma perturbação à saúde); c) restrição à locomoção (atingir o livre direito de ir e vir); d) invadir a esfera de liberdade ou privacidade (invasão da intimidade); e) perturbar a esfera de liberdade ou privacidade (conturbar a tranquilidade individual). O tipo é misto alternativo; a prática de uma ou mais condutas descritas no tipo, contra a mesma vítima, no mesmo contexto, configura um só delito. O objeto da perseguição é *alguém*, não sendo, portanto, um crime exclusivo para proteger mulheres; qualquer ser humano pode ser perseguido. Embora o verbo *perseguir* implique repetição, o tipo traz o termo *reiteradamente*, demonstrando ser indispensável comprovar a habitualidade (conforme o caso concreto, deve-se averiguar quantas vezes houve a renovação dos atos persecutórios) para configurar o delito. A forma de perseguição pode dar-se à distância, por meio da rede mundial de computadores, o que tem sido muito comum (*cyberstalking*). A Internet propicia fácil acesso de algumas pessoas perseguidoras em relação a outras, gerando a viabilidade de acompanhar todos os passos da vítima (que, nessas situações, termina colaborando, pois posta suas realizações diárias) por meio de variados mecanismos (perfis em programas como *Facebook*, *Instagram*, *Twitter*, dentre outros, bem como enviando e-mails, mensagens por aplicativos, como *WhatsApp*, *Telegram* e similares). No contexto da perseguição, enfoca-se tanto a intimidação no campo físico quanto no psicológico, deixando bem clara a disposição do agente de se valer de todos os mecanismos possíveis para vergar a vontade da vítima, permitindo a aproximação do perseguidor. A pena prevista para a figura do *caput* é de reclusão, de seis meses a dois anos, e multa, configurando uma infração de menor potencial ofensivo. Entretanto, envolvendo a causa de aumento do § 1.º (metade), não mais se pode valer da transação. Por outro lado, se a perseguição for dirigida à mulher, por razões da condição de sexo feminino (inciso II), quando envolver o disposto pelo art. 121-A, § 1º, I (violência doméstica ou familiar), não se aplica a Lei 9.099/1995, por vedação imposta pelo art. 41 da Lei 11.340/2006. Conferir o capítulo XIII, item 2.1, da Parte Geral.

Elemento subjetivo do crime

É o dolo. Não há a forma culposa (ver o capítulo XIV da Parte Geral).

Elemento subjetivo do tipo específico

Não há (ver Parte Geral, capítulo XIII, item 2.1).

Classificação

Comum; formal; de forma livre; comissivo; habitual; unissubjetivo; plurissubsistente. Sobre a classificação dos crimes, ver o capítulo XII, item 4, da Parte Geral.

Tentativa

Não cabe por se tratar de crime habitual.

Momento consumativo

Consuma-se apenas quando comprovada a habitualidade da perseguição.

Particularidades

a) causas de aumento da pena: comina-se uma elevação fixa, no montante de metade, para as hipóteses previstas nos incisos I a III do § 1.º. No inciso I, indica-se uma vítima particular, mais frágil e acessível: (i) criança: menor de até 11 anos de idade completos (conforme previsão do Estatuto da Criança e do Adolescente); (ii) adolescente: menor de 12 a 17 anos completos (baseado no Estatuto da Criança e do Adolescente); (iii) idoso:

maior de 60 anos (conforme Estatuto do Idoso). Os traumas gerados a essas vítimas são mais graves por conta da vulnerabilidade. No inciso II, ingressa, justamente, a vítima mais frequente, que é a mulher, inserida no cenário da violência doméstica e familiar ou menosprezada ou discriminada por ser do gênero feminino. Verifica-se, igualmente, a fragilidade da vítima, como se pode observar nas pessoas elencadas no inciso I. No inciso III, envolve-se o meio utilizado, que dificulta a defesa da vítima, além de tornar mais perigoso o cenário, podendo evoluir para crimes mais graves. O concurso de duas ou mais pessoas dificulta a reação e facilita a execução. O emprego de arma (qualquer instrumento passível de lesionar, ou seja, armas próprias e impróprias) produz um quadro potencialmente danoso, pois, a qualquer momento, o que seria uma simples ameaça pode tornar-se um crime de dano.

b) sistema da acumulação material: prevê o § 2.º serem aplicáveis as penas do art. 147-A, além das correspondentes à violência (ex.: se o perseguidor lesiona a integridade física da vítima, deve responder por perseguição e lesão corporal).

c) cuida-se de ação penal pública condicionada à representação da vítima, conforme previsto no § 3.º.

Acesse e escute o podcast sobre Perseguição.
> http://uqr.to/1yois

Violência psicológica contra a mulher

Art. 147-B

Sujeito ativo

O sujeito ativo pode ser qualquer pessoa, embora, como regra, seja o homem e, particularmente, aquele que tenha uma ligação amorosa, doméstica ou familiar com a vítima (ver Parte Geral, capítulo XII, item 3.1).

Sujeito passivo

O sujeito passivo é somente a mulher de qualquer idade (ver Parte Geral, capítulo XII, item 3.2).

Objeto jurídico

Trata-se da liberdade pessoal, envolvendo a paz de espírito, a autoestima, o amor-próprio e a honra. Conforme a idade da mulher, pode abranger a sua formação moral e sexual (ver Parte Geral, capítulo XII, item 3.3, "b").

Objeto material

É a mulher que sofre a violência psicológica (ver Parte Geral, capítulo XII, item 3.3, "a").

Elementos objetivos do tipo

Causar é a conduta principal, significando a razão de ser de alguma coisa; gerar um efeito; provocar um resultado. Volta-se ao dano emocional (lesão sentimental de natureza psicológica) da mulher, prejudicando-a (qualquer tipo de transtorno ou dano) *e* perturbando-a (transtornar, gerando desequilíbrio ou tristeza), capaz de ferir seu desenvolvimento (como pessoa) ou visando a degradar (rebaixar ou infirmar a dignidade) ou controlar (dominar, exercer poder sobre alguém) suas condutas em sentido amplo (ações e comportamentos), suas crenças (credulidade em alguma coisa, geralmente voltada à religião) e suas decisões (resolução para fazer ou deixar de fazer algo). Os meios eleitos pelo agente consistem em: ameaça (intimidação), constrangimento (forçar a fazer ou deixar de fazer alguma coisa), humilhação (usar de soberba para rebaixar alguém), manipulação (pressionar alguém a fazer algo que somente interessa ao manipulador), isolamento (tornar a pessoa inacessível a terceiros), chantagem (forma de ameaça ou coação para que alguém faça o que não deseja), ridicularização (zombar de alguém, tornando-o insignificante), limitação do direito de ir e vir (cerceamento da liberdade de locomoção). A partir disso, o tipo abre o método: "ou qualquer outro meio" causador de prejuízo à saúde psicológica e autodeterminação da vítima. Define-se o tipo como misto alternativo, como regra, quando há várias condutas (verbos) indicando alternância, de modo que o cometimento de um ou de várias, no mesmo contexto, gera apenas um delito. É possível que o agente opressor cause dano emocional à mulher valendo-se de vários meios empregados de maneira concomitante ou sequencial, embora se configure delito único. Por outro lado, se as condutas desenvolvidas pelo agente forem bem separadas na linha do tempo, torna-se viável apontar um concurso de crimes, inclusive se valendo do crime continuado. A pena é de reclusão, de 6 meses a 2 anos, e multa, se a conduta não constitui crime mais grave. O crime é de menor potencial ofensivo, mas, quando concretizado no cenário da violência doméstica e familiar (onde se detecta a maioria dos casos), não se aplica a Lei 9.099/1995, nos termos do art. 41 da Lei 11.340/2006. O dano emocional, diversamente da lesão física, não deixa vestígio material, razão pela qual é dispensável o exame pericial, bastando a avaliação do caso concreto, conforme relato da vítima e de testemunhas. Conferir o capítulo XIII, item 2.1, da Parte Geral.

Elemento subjetivo do crime

É o dolo. Não há a forma culposa (ver o capítulo XIV da Parte Geral).

Elemento subjetivo do tipo específico

A conduta do agente deve voltar-se a prejudicar ou perturbar o desenvolvimento da mulher *ou* ter por alvo degradar ou controlar as ações, comportamentos, crenças e decisões da mulher (ver Parte Geral, capítulo XIII, item 2.1).

Classificação

Comum; material; de forma livre; comissivo; instantâneo; unissubjetivo; plurissubsistente. Sobre a classificação dos crimes, ver o capítulo XII, item 4, da Parte Geral.

Tentativa

Admite-se.

Momento consumativo

Assim que a conduta do agente for capaz de gerar dano emocional à mulher que a prejudique e perturbe.

Particularidade

Este delito tem o caráter subsidiário, significando que somente é aplicável se a conduta do agente não constituir crime mais grave (ex.: uma tentativa de feminicídio, por óbvio, absorve a violência psicológica contra a mulher).

Sequestro e cárcere privado

Art. 148

Sujeito ativo

Qualquer pessoa (ver Parte Geral, capítulo XII, item 3.1).

Sujeito passivo

Qualquer pessoa (ver Parte Geral, capítulo XII, item 3.2).

Objeto jurídico

A liberdade individual (ver Parte Geral, capítulo XII, item 3.3, "b").

Objeto material

A pessoa que sofreu a privação da liberdade (ver Parte Geral, capítulo XII, item 3.3, "a").

Elementos objetivos do tipo

Privar (tolher, impedir, tirar o gozo, desapossar) alguém de sua liberdade (física e não intelectual), mediante sequestro (retirar a liberdade de alguém) ou cárcere privado (prisão promovida por particular). A pena é de reclusão, de um a três anos. A privação da liberdade de alguém, mediante sequestro ou cárcere privado, exige permanência, isto é, deve perdurar no tempo por lapso razoável. Tanto assim que o crime é permanente, aquele cuja consumação se prolonga no tempo. Uma conduta instantânea de impedir que alguém faça alguma coisa que a lei lhe autoriza concretizar, segurando-a por alguns minutos, configura o delito de constrangimento ilegal. Conferir o capítulo XIII, item 2.1, da Parte Geral. A pena é de reclusão, de 1 a 3 anos.

Elemento subjetivo do crime

É o dolo (ver o capítulo XIV da Parte Geral).

Elemento subjetivo do tipo específico

Não há (ver Parte Geral, capítulo XIII, item 2.1).

Classificação

Comum; material, como regra, mas formal na modalidade qualificada do inciso V do § 1.º; de forma livre; comissivo (como regra); permanente; unissubjetivo; plurissubsistente. Sobre a classificação dos crimes, ver o capítulo XII, item 4, da Parte Geral.

Tentativa

É admissível apenas na forma plurissubsistente, mas de difícil configuração.

Momento consumativo

Ocorre com a perda da liberdade de ir e vir.

Forma qualificada

A pena passa a ser de reclusão, de dois a cinco anos, se:

a) a vítima é ascendente, descendente, cônjuge ou companheiro do agente ou maior de 60 anos (inciso I);

b) o crime é praticado mediante internação da vítima em casa de saúde ou hospital (inciso II);

c) a privação da liberdade dura mais de quinze dias (inciso III);

d) se o crime é cometido contra menor de 18 anos (inciso IV), que é considerada forma de crime hediondo;

e) se o delito é praticado com fins libidinosos (inciso V).

Naturalmente, se o agente providencia a internação da própria mãe em casa de saúde, por exemplo, há de ser considerada a presença de duas qualificadoras, produzindo efeito na aplicação da pena (incisos I e II). Quando há mais de uma qualificadora configurada para o mesmo delito, a segunda passa a valer como circunstância legal (agravante), se houver, ou como circunstância judicial (art. 59, CP). Por outro lado, a inserção do inciso V ao § 1.º ("com fins libidinosos") deve-se ao fato de ter sido revogado, pela Lei 11.106/2005, o crime de rapto (arts. 219 e 220). Por isso, privar a liberdade de alguém com finalidade libidinosa passou a ser figura típica deste artigo.

Crime qualificado pelo resultado

Havendo resultado qualificador, consistente em padecer a vítima de grave sofrimento físico ou moral, a pena será de reclusão, de dois a oito anos. Durante a privação da liberdade, pode o agente maltratar o ofendido além da conta ou colocá-lo em lugar infecto ou imundo, gerando, em consequência disso, trauma maior do que já lhe representou a perda da liberdade de ir e vir. Se houver emprego de violência contra a pessoa, entendemos deva o autor responder pelo sequestro e pela lesão causada em concurso de crimes.

Redução a condição análoga à de escravo

Art. 149

Sujeito ativo

Qualquer pessoa, embora, como regra, passe a ser o empregador e seus prepostos (ver Parte Geral, capítulo XII, item 3.1).

Sujeito passivo

Somente pode ser o empregado, em qualquer tipo de relação de trabalho. O tipo do art. 149, antes da modificação trazida pela Lei 10.803/2003, era amplo e colocava como sujeito passivo qualquer pessoa (alguém). Atualmente, no entanto, embora tenha mantido a palavra "alguém" no tipo, em todas as descrições das condutas incriminadas faz referência a "empregador" ou "trabalhador", bem como a "trabalhos forçados" ou "jornadas exaustivas". Poder-se-ia até mesmo sustentar que o crime de redução a condição análoga à de escravo ficaria mais bem situado no contexto dos crimes contra a organização do trabalho, mas a razão de se cuidar dele no Capítulo VI do Título I da Parte Especial é o envolvimento da liberdade individual de ir e vir (ver Parte Geral, capítulo XII, item 3.2).

Objeto jurídico

A liberdade individual (ver Parte Geral, capítulo XII, item 3.3, "b").

Objeto material

A pessoa que sofreu a privação da liberdade (ver Parte Geral, capítulo XII, item 3.3, "a").

Elementos objetivos do tipo

Reduzir alguém a condição análoga à de escravo era a descrição típica do art. 149, antes da modificação introduzida pela Lei 10.803/2003. Havia, pois, imensa dificuldade para aplicá-lo, pois feria o princípio constitucional da taxatividade, que impõe sejam todos os tipos bem redigidos e de maneira detalhada. Agora, passa-se a um tipo fechado, indicando-se como se materializa essa situação:

a) submeter alguém a trabalhos forçados ou a jornada exaustiva;

b) sujeitá-lo a condições degradantes de trabalho;

c) restringir, por qualquer meio, sua locomoção em razão de dívida contraída com o empregador ou preposto.

Para essas condutas, a pena é de reclusão, de dois a oito anos, e multa, além da pena correspondente à violência (se houver). Outras hipóteses podem ocorrer:

d) cerceamento do uso de qualquer meio de transporte por parte do trabalhador, com o fim de retê-lo no local de trabalho;

e) manutenção de vigilância ostensiva no local de trabalho, com o fim de retê-lo no lugar de trabalho;

f) apossamento de documentos ou objetos pessoais do trabalhador, com o fim de retê-lo no local de trabalho.

A pena é de reclusão, de 2 a 8 anos, além da pena correspondente à violência. Conferir o capítulo XIII, item 2.1, da Parte Geral.

Elemento subjetivo do crime

É o dolo (ver o capítulo XIV da Parte Geral).

Elemento subjetivo do tipo específico

Somente há nas figuras do § 1.º: "com o fim de retê-lo no local de trabalho" (ver Parte Geral, capítulo XIII, item 2.1).

Classificação

Comum; material; de forma vinculada; comissivo; permanente; de dano; unissubjetivo; plurissubsistente. Sobre a classificação dos crimes, ver o capítulo XII, item 4, da Parte Geral.

Tentativa

É admissível, mas de difícil configuração.

Momento consumativo

Ocorre com a perda da liberdade de ir e vir.

Causas de aumento de pena

A pena é aumentada de metade, se o crime é cometido:

a) contra criança (pessoa que tenha até doze anos incompletos) ou adolescente (pessoa que possua entre doze e dezoito anos) – art. 2.º da Lei 8.069/1990;

b) por motivo de preconceito de raça, cor, etnia, religião ou origem (§ 2.º). Esta última situação não deixa de ser uma forma de *racismo*, por isso é imprescritível e inafiançável, conforme prevê a Constituição Federal (art. 5.º, XLII). Dessa maneira, quem cometer o delito de redução à condição análoga à de escravo motivado por razões de preconceito de raça, cor, etnia, religião ou origem será mais severamente apenado, além de não se submeter à prescrição.

Particularidade

Convém mencionar o disposto pelo art. 243 da Constituição Federal: "as propriedades rurais e urbanas de qualquer região do País onde forem localizadas culturas ilegais de plantas psicotrópicas ou a exploração de trabalho escravo na forma da lei serão expropriadas e destinadas à reforma agrária e a programas de habitação popular, sem qualquer indenização ao proprietário e sem prejuízo de outras sanções previstas em lei, observado, no que couber, o disposto no art. 5.º. Parágrafo único. Todo e qualquer bem de valor econômico apreendido em decorrência do tráfico ilícito de entorpecentes e drogas afins e da exploração de trabalho escravo será confiscado e reverterá a fundo especial com destinação específica, na forma da lei" (redação dada pela Emenda Constitucional 81/2014).

Tráfico de pessoas

Art. 149-A

Sujeito ativo

Qualquer pessoa, embora, como regra, passe a ser o empregador e seus prepostos (ver Parte Geral, capítulo XII, item 3.1).

Sujeito passivo

Qualquer pessoa (ver Parte Geral, capítulo XII, item 3.2).

Objeto jurídico

A liberdade individual (ver Parte Geral, capítulo XII, item 3.3, "b").

Objeto material

A pessoa que sofreu a privação da liberdade (ver Parte Geral, capítulo XII, item 3.3, "a").

Elementos objetivos do tipo

Trata-se de tipo penal incriminador inédito em nossa legislação (da maneira como redigido), intitulado *tráfico de pessoas*, instituído pela Lei 13.344, de 6 de outubro de 2016. O tráfico de pessoas não se concentra apenas no campo sexual, abrangendo um contingente muito mais amplo.

As condutas identificadas são alternativas (a prática de uma ou mais de uma gera somente um delito, quando no mesmo contexto fático): *agenciar* (tratar de algo como representante de outrem); *aliciar* (seduzir ou atrair alguém para alguma coisa); *recrutar* (atrair pessoas, formando um grupo, para determinada finalidade); *transportar* (levar alguém ou alguma coisa de um lugar para outro, valendo-se de um veículo qualquer); *transferir* (levar algo ou alguém de um lugar para outro); *comprar* (adquirir algo pagando um certo preço); *alojar* (dar abrigo a alguém); *acolher* (proporcionar hospedagem). O objeto dessas condutas é a pessoa humana, sem qualquer distinção de gênero, orientação sexual, origem étnica ou social, procedência, nacionalidades, atuação profissional, raça, religião, faixa etária, situação migratória ou outro *status*, abrangendo, inclusive, a transversalidade das dimensões de gênero (transexuais e travestis), conforme espelha o art. 2.º, IV e V, da própria Lei 13.344/2016. O objetivo do agente pode ser variado: remoção de órgãos, tecidos ou partes do corpo; submissão a trabalho em condições similares à condição de escravo; submissão a qualquer espécie de servidão; adoção ilegal; exploração sexual.

A sua atividade precisa dar-se no cenário da grave ameaça (realização de mal intenso à vítima; violência moral), violência (agressão física), coação (forma de constrangimento, que se dá por violência material ou moral, incluindo nesta última a chantagem), fraude (forma de colocar outrem em erro, enganando-o, para obter qualquer vantagem) ou abuso (excesso, que precisa ser interpretado na esfera do direito; portanto, quem vai além do exercício de um direito, exagerando).

A pena é de reclusão, de 4 a 8 anos, e multa.

Particularidade

O tráfico de pessoas, nos formatos do *caput*, incisos I a V, bem como do § 1.º, inciso I, é considerado hediondo.

Elemento subjetivo do crime

É o dolo (ver o capítulo XIV da Parte Geral). Não há a forma culposa.

Elemento subjetivo do tipo específico

Exige-se o elemento subjetivo específico, consistente em atingir uma das cinco metas sugeridas pelos incisos I a V, que são alternativas, ou seja, o agente pode ter mais de uma finalidade, mas pelo menos uma delas (ver Parte Geral, capítulo XIII, item 2.1). Sem o preenchimento da vontade específica, o crime pode transformar-se em outra figura, como constrangimento ilegal (art. 146, CP), sequestro (art. 148, CP), extorsão (art. 158, CP) etc.

Classificação

Comum; formal; de forma livre; comissivo; instantâneo nas formas *agenciar, aliciar, recrutar, comprar*, mas permanente nas modalidades *transportar, transferir, alojar* e *acolher*; plurissubsistente. Sobre a classificação dos crimes, ver o capítulo XII, item 4, da Parte Geral.

Tentativa

É admissível, mas de difícil configuração.

Momento consumativo

Ocorre com a prática de qualquer das condutas previstas no tipo.

Causas de aumento de pena

A pena é aumentada de um terço até metade, se o crime é cometido:

a) por funcionário público: sobre o conceito de *funcionário público*, para fins penais, confira-se o disposto pelo art. 327 do Código Penal. Naturalmente, o tráfico de pessoas torna-se muito mais grave quando o servidor público o comete, visto que está atuando contra os interesses da própria Administração para a qual presta seu trabalho. Ademais, em muitos casos, quem pratica esse delito é um servidor encarregado da segurança pública, vale dizer, a pessoa responsável pela luta *contra* a criminalidade. É relevante anotar o seguinte: o funcionário pode estar em pleno exercício de sua função como também estar fora dela, mas valer-se disso para o cometimento do delito;

b) vítimas vulneráveis: são as que possuem a capacidade de defesa diminuída (criança, adolescente, deficiente e idoso). Além do trauma muito mais sério acarretado ao ofendido, evidencia-se uma negativa característica da personalidade do agente – a covardia. *Criança* é a pessoa humana até 11 anos completos (seguindo-se a linha do Estatuto da Criança e do Adolescente); a partir dos doze, cuida-se de *adolescente*. *Idoso* é a pessoa com mais de 60 anos (Estatuto do Idoso). *Deficiente* é a pessoa com alguma limitação física, mental, intelectual ou sensorial;

c) ter o agente relações particulares com a vítima: no mesmo sentido que a causa de aumento anterior, busca-se agravar a pena do agente que abusa da confiança nele depositada, demonstrando lados negativos de sua personalidade, tanto a covardia quanto a ingratidão. O ofendido torna-se mais vulnerável nessas hipóteses: c.1) *parentes* são as pessoas que possuem laços de consanguinidade ou quando, juridicamente, tornam-se integrantes da mesma família (como o caso do adotado); c.2) *relações domésticas* são as estabelecidas entre pessoas que comungam da mesma vida familiar, demonstrando intimidade e afeto, vivendo sob o mesmo teto (pode ser formada a relação doméstica entre amigos, entre parentes – o que já está incluído no aspecto anterior, enfim, entre quaisquer pessoas, entre casais – quando inexiste casamento); c.3) *relações de coabitação* dizem respeito aos liames estabelecidos entre pessoas que vivam sob o mesmo teto, independentemente de afeto ou intimidade (ex.: relação entre moradores de uma pensão); c.4) *relações de hospitalidade* são os laços firmados entre anfitrião e hóspede. Quem recebe uma visita, expõe a sua vida doméstica e permite a entrada em seu domicílio, motivo pelo qual anfitrião e visitante devem mútua confiança e reciprocidade; c.5) *relações de dependência econômica* constituem uma definição nova, em matéria de circunstância de aumento da pena. Significam os liames estabelecidos entre pessoas que se vinculem por meio da relação econômica: dependente (recebe ajuda financeira) e dominante (presta a ajuda financeira). Pode dar-se entre parentes ou não; c.6) *relações de autoridade* dizem respeito à autoridade civil, formando-se a partir do liame entre pessoas que se tornam dependentes de outra para conduzir a vida (ex.: tutor/tutelado; curador/curatelado; guardião/pupilo); c.7) *relações de superioridade hierárquica* constituem, também, circunstância de aumento de pena inédita, constituindo o laço firmado entre pessoas, no serviço público, demonstrativo de relação de mando e obediência. Eis o motivo pelo qual se menciona o exercício de emprego (público), cargo ou função;

d) retirada da vítima do território nacional: embora o tipo penal básico (*caput*) não construa uma diferença entre o tráfico nacional e o internacional, vê-se, por meio dessa causa de aumento que o internacional é considerado mais grave. Portanto, quando se atingir uma fase do exaurimento do delito (a retirada do território nacional não é necessária para a consumação), levando, com efetividade, a vítima para fora do País (o que torna mais difícil a sua localização, bem como o seu resgate pelas autoridades brasileiras), há o aumento da pena.

Causas de diminuição da pena

A pena será reduzida de um a dois terços nos seguintes casos (cumulativos):
a) ser o agente primário;
b) não integrar organização criminosa.

Em nosso entendimento, essa causa de diminuição é despropositada e ingressa na contramão do esforço para punir, efetivamente, o traficante de pessoas. Ser *primário* é o oposto de ser *reincidente* (tornar a praticar um crime, depois de já ter sido definitivamente condenado por delito anterior, no prazo de cinco anos). Não se menciona possuir o agente *maus antecedentes*, o que nos parece uma falha grave. O traficante de pessoas pode ter múltiplas condenações; caso pratique o crime após cinco anos da extinção de punibilidade de sua última condenação, é primário; recebe um prêmio da legislação, consistente na diminuição de sua pena como se fosse uma mera tentativa (*vide* art. 14, II, CP). Se o piso da pena (quatro anos) já é brando para a gravidade do crime, imagine-se a aplicação da causa de diminuição, que é obrigatória e não fica ao critério subjetivo do magistrado julgador.

A outra condição é não integrar organização criminosa. Esta, conforme dispõe o art. 1.º, § 1.º, da Lei 12.850/2013, significa: "considera-se organização criminosa a associação de 4 (quatro) ou mais pessoas estruturalmente ordenada e caracterizada pela divisão de tarefas, ainda que informalmente, com objetivo de obter, direta ou indiretamente, vantagem de qualquer natureza, mediante a prática de infrações penais cujas penas máximas sejam superiores a 4 (quatro) anos, ou que sejam de caráter transnacional".

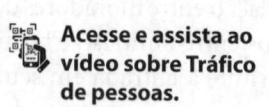

Acesse e assista ao vídeo sobre Tráfico de pessoas.
> http://uqr.to/1yoit

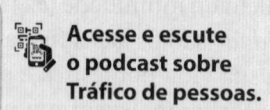

Acesse e escute o podcast sobre Tráfico de pessoas.
> http://uqr.to/1yoiu

Seção II
Dos crimes contra a inviolabilidade do domicílio

Violação de domicílio

Art. 150

Sujeito ativo

Qualquer pessoa (ver Parte Geral, capítulo XII, item 3.1).

Sujeito passivo

Qualquer pessoa, desde que tenha direito de comandar quem entra, sai ou permanece no lugar invadido (ver Parte Geral, capítulo XII, item 3.2).

Objeto jurídico

A inviolabilidade de domicílio (ver Parte Geral, capítulo XII, item 3.3, "b").

Objeto material

A casa invadida (ver Parte Geral, capítulo XII, item 3.3, "a").

Elementos objetivos do tipo

Entrar (ação de ir de fora para dentro, de penetração) ou *permanecer* (inação, ou seja, deixar de sair, fixando-se no lugar), clandestina (às ocultas, sem se deixar notar) ou astuciosamente (agir fraudulentamente, criando um subterfúgio para ingressar no lar alheio de má-fé), ou contra a vontade de quem de direito (lembre-se que as formas *clandestina* e *astuciosa* querem dizer *contrariedade a vontade* do morador) em casa alheia ou em suas dependências. A pena é de detenção, de 1 a 3 meses, ou multa. Quanto ao conceito de *casa*, o tipo penal o fornece nos §§ 4.º e 5.º, envolvendo qualquer lugar onde alguém habite, que, como regra, não é um local público. Qualquer habitação merece proteção, mesmo que seja de caráter eventual ou precário, como uma barraca de campista ou um barraco de favela. Cremos que uma casa desabitada não pode ser objeto material do delito, pois é nítida a exigência de que o lugar seja ocupado por alguém. Por outro lado, se o local é ocupado por alguém que, excepcionalmente, está ausente ou viajando, entendemos ser possível a configuração do crime de invasão de domicílio. Conferir o capítulo XIII, item 2.1, da Parte Geral.

Elemento subjetivo do crime

É o dolo (ver o capítulo XIV da Parte Geral).

Elemento subjetivo do tipo específico

Não há (ver Parte Geral, capítulo XIII, item 2.1).

Classificação

Comum; de mera conduta; de forma livre; comissivo ou omissivo, conforme o caso; instantâneo, na forma "entrar", e permanente, na forma "permanecer"; unissubjetivo; unissubsistente ou plurissubsistente, conforme o caso. Sobre a classificação dos crimes, ver o capítulo XII, item 4, da Parte Geral.

Tentativa

É admissível nas formas comissiva e plurissubsistente.

Momento consumativo

Quando a conduta (entrar ou permanecer) é praticada, independentemente de resultado naturalístico.

Forma qualificada

A pena passa a ser de detenção, de 6 meses a 2 anos, além da pena correspondente à violência, se o crime é cometido durante a noite (é o período que vai do anoitecer ao alvorecer, pouco importando o horário, bastando que o sol se ponha e depois se levante no horizonte), ou em lugar ermo (é o local afastado de centros habitados, vale dizer, trata-se de um ponto desértico, descampado), ou com emprego de violência ou de arma, bem como por duas ou mais pessoas (§ 1.º). Cuidando da violência, deve ser física e exercida contra a pessoa, não contra a coisa (como arrombamento de portas, janelas etc.). A figura qualificada menciona, em dupla, o emprego de violência ou arma, demonstrando uma referência à pessoa, e não à coisa, pois a arma, no contexto da coisa, não teria sentido. É natural supor que a violência física contra a pessoa e o uso de qualquer tipo de arma (próprias – armas de fogo, punhais, entre outras – ou impróprias – facas de cozinha, canivetes, pedaços de pau, entre outros) cause maior intimidação e perigo para a vítima, merecendo maior rigor punitivo.

Causas de exclusão da ilicitude

Preceitua o § 3.º que não constitui crime o ingresso ou a permanência em casa alheia ou em suas dependências:

a) durante o dia, observadas as formalidades legais (ver art. 293 do Código de Processo Penal), com o objetivo de efetuar prisão ou outra diligência;

b) a qualquer hora do dia ou da noite, quando algum crime (ou contravenção) está sendo cometido ou na iminência de o ser. O art. 5.º, XI, da CF é expresso ao autorizar o ingresso na casa de alguém, durante a noite, somente quando houver *flagrante delito*, o que *não* abrangeria a hipótese de *iminência de cometimento de crime*. As situações de flagrante são claras: estar cometendo a infração penal; ter acabado de cometê-la; ser perseguido, logo após o cometimento do crime, pela autoridade ou outra pessoa, em situação de presunção de autoria; ser encontrado logo depois do cometimento do delito com instrumentos, armas, objetos ou papéis que façam presumir a autoria (art. 302 do CPP). Logo, não se pode invadir o domicílio de alguém, à noite, para impedir um crime que está *prestes a ocorrer*. Entretanto, se houver vítima individualizada – o que pode não ocorrer em todos os tipos de delito (vide o caso dos crimes vagos) –, necessitando de socorro, pode valer-se o agente do dispositivo, quando invadir o domicílio a fim de *prestar socorro*, inserindo-se, portanto, na norma constitucional (art. 5.º, XI, que menciona a situação de "prestar socorro"). Fora dessa hipótese, é de se entender revogada a parte final do inciso II do § 3.º.

Norma penal explicativa

A expressão *casa*, segundo busca explicitar o § 4.º, compreende:

a) qualquer compartimento habitado (qualquer lugar, sujeito à ocupação do ser humano, é, de regra, passível de divisão);

b) aposento ocupado de habitação coletiva (hotéis, motéis, flats, pensões, "repúblicas" etc.);

c) compartimento não aberto ao público, onde alguém exerce profissão ou atividade (pode ser o camarim do artista no teatro, o escritório do advogado, o consultório do médico e até o quarto da prostituta num prostíbulo. Observe-se, ainda, que o quintal de uma casa ou a garagem externa da habitação, quando devidamente cercados, fazem parte do conceito de domicílio, penalmente protegido). As habitações coletivas, nas partes abertas ao público, não gozam da proteção do art. 150, pois admitem a entrada e a permanência de variadas pessoas, sem necessidade de prévia autorização.

Exclusão do conceito de casa

Especifica o § 5.º que não estão compreendidos nessa expressão:

a) hospedaria, estalagem ou qualquer outra habitação coletiva, enquanto aberta, salvo no tocante ao aposento ocupado;

b) taverna, casa de jogo e outras do mesmo gênero.

Seção III
Dos crimes contra a inviolabilidade de correspondência

Violação de correspondência

Art. 151

Sujeito ativo

Qualquer pessoa (ver Parte Geral, capítulo XII, item 3.1).

Sujeito passivo

Qualquer pessoa, embora devamos ressaltar que há dupla subjetividade passiva: remetente e destinatário. Aliás, se um deles autorizar o conhecimento do conteúdo da correspondência não há mais crime (ver Parte Geral, capítulo XII, item 3.2).

Objeto jurídico

A inviolabilidade de correspondência (ver Parte Geral, capítulo XII, item 3.3, "b").

Objeto material

A correspondência violada (ver Parte Geral, capítulo XII, item 3.3, "a").

Elementos objetivos do tipo

As figuras típicas previstas no *caput* e em parte do § 1.º foram substituídas pela lei que rege os serviços postais – especial e mais nova –, o que se pode constatar pela leitura do art.

40: "Devassar indevidamente o conteúdo de correspondência fechada dirigida a outrem: Pena – detenção, até 6 (seis) meses, ou pagamento não excedente a 20 (vinte) dias-multa. § 1.º Incorre nas mesmas penas quem se apossa indevidamente de correspondência alheia, embora não fechada, para sonegá-la ou destruí-la, no todo ou em parte. § 2.º As penas aumentam-se da metade se há dano para outrem". Tendo em vista que os tipos penais são praticamente idênticos, os comentários feitos servem para a Lei 6.538/78, que passou a cuidar do delito de violação de correspondência. *Devassar* significa penetrar e descobrir o conteúdo de algo; é ter vista do que está vedado. Portanto, a conduta proibida pelo tipo penal é descortinar, sem autorização legal, o conteúdo de uma correspondência, que é declarada inviolável por norma constitucional. Não significa necessariamente, embora seja o usual, abri-la, podendo-se violar o seu conteúdo por outros métodos, até singelos, como colocar a missiva contra a luz. A pena, no Código Penal, é de detenção, de um a seis meses, ou multa. Como mencionado, a Lei 6.538/78 alterou o disposto no art. 151, passando a prever uma pena de detenção de *até 6 meses* ou o pagamento de multa *não excedente a 20 dias-multa*. Não tendo o legislador fixado na lei especial a pena mínima para o crime, é preciso valer-se da regra geral: as menores penas possíveis no Código Penal são um dia de detenção ou de reclusão (art. 11, CP) e 10 dias-multa, quando se tratar de pena pecuniária (art. 49, CP). Outras formas (§ 1.º) previstas no tipo são:

a) apossar-se, indevidamente, de correspondência alheia, embora não fechada, sonegando-a ou destruindo-a, no todo ou em parte (substituída pelo art. 40, § 1.º, Lei 6.538/1978, com pena de detenção de até 6 meses, ou pagamento não excedente a 20 dias-multa);

b) divulgar, transmitir a outrem ou utilizar abusivamente, de modo indevido, comunicação telegráfica ou radioelétrica dirigida a terceiro, ou conversação telefônica entre outras pessoas (pode ser aplicada esta norma a pessoas comuns, mas a funcionários do governo, encarregados da transmissão, utiliza-se o art. 70 da Lei 4.117/1962, com pena de detenção de 1 a 2 anos). Ver as notas 105 e 106 ao art. 151 do nosso *Código Penal Comentado*;

c) impedir a comunicação ou a conversação das partes mencionadas no item anterior (pode ser aplicada esta norma a pessoas comuns, mas a funcionários do governo, encarregados da transmissão, utiliza-se a Lei 4.117/1962, com pena de detenção de 1 a 2 anos). Ver as notas 112 e 113 ao art. 151 do nosso *Código Penal Comentado*;

d) instalar ou utilizar estação ou aparelho radioelétrico, sem observar as disposições legais (substituído pelo art. 70, da Lei 4.117/1962, com pena de detenção de 1 a 2 anos).

Conferir o capítulo XIII, item 2.1, da Parte Geral.

Elemento subjetivo do crime

É o dolo (ver o capítulo XIV da Parte Geral).

Elemento subjetivo do tipo específico

Não há (ver Parte Geral, capítulo XIII, item 2.1).

Classificação

Comum; de mera conduta; de forma livre; comissivo; instantâneo; unissubjetivo; plurissubsistente. Sobre a classificação dos crimes, ver o capítulo XII, item 4, da Parte Geral.

Tentativa
É admissível.

Momento consumativo
Quando a conduta é praticada, independentemente de resultado naturalístico.

Forma qualificada
A pena passa a ser de detenção, de um a três anos, caso o agente tenha atuado com abuso de função em serviço postal, telegráfico, radioelétrico ou telefônico (§ 3.º).

Causas de aumento de pena
A pena deve ser aumentada de metade se houver dano a outrem (§ 2.º).

Violação de correspondência comercial

Art. 152

Sujeito ativo
É preciso ser sócio ou empregado da empresa (ver Parte Geral, capítulo XII, item 3.1).

Sujeito passivo
É a pessoa jurídica que mantém o estabelecimento comercial ou industrial (ver Parte Geral, capítulo XII, item 3.2).

Objeto jurídico
É a inviolabilidade de correspondência (ver Parte Geral, capítulo XII, item 3.3, "b").

Objeto material
É a correspondência violada (ver Parte Geral, capítulo XII, item 3.3, "a").

Elementos objetivos do tipo
Cuida-se de *correspondência comercial*, que é a troca de cartas, bilhetes e telegramas de natureza mercantil, ou seja, relativa à atividade de comércio (compra, venda ou troca de produtos com intuito negociável). Difere do crime de violação de correspondência, previsto no art. 151, tendo em vista a qualidade do sujeito ativo, mas não há propriamente alteração do objeto jurídico protegido, que continua sendo a inviolabilidade da correspondência, seja esta de que espécie for. *Abusar* (usar de modo inconveniente ou exorbitante) da condição de sócio ou empregado de estabelecimento comercial ou industrial para, no todo ou em parte, *desviar* (afastar a correspondência do seu destino original), *sonegar*

(ocultar ou esconder, impedindo que a correspondência seja devidamente enviada a quem de direito), *subtrair* (furtar ou fazer desaparecer a correspondência) ou *suprimir* (destruir ou eliminar, para que não chegue ao seu destino ou desapareça da empresa, para onde foi enviada) correspondência, ou *revelar* (dar conhecimento ou descortinar o conteúdo da correspondência do estabelecimento comercial ou industrial a quem seja estranho aos seus quadros ou não mereça ter acesso ao seu conteúdo) a estranho seu conteúdo. A pena é de detenção, de três meses a dois anos. Conferir o capítulo XIII, item 2.1, da Parte Geral.

Elemento subjetivo do crime

É o dolo (ver o capítulo XIV da Parte Geral).

Elemento subjetivo do tipo específico

Não há (ver Parte Geral, capítulo XIII, item 2.1).

Classificação

Próprio; formal; de forma livre; comissivo; instantâneo; unissubjetivo; unissubsistente ou plurissubsistente, conforme o caso. Sobre a classificação dos crimes, ver o capítulo XII, item 4, da Parte Geral.

Tentativa

É admissível na forma plurissubsistente.

Momento consumativo

Quando a conduta é praticada, independentemente de resultado naturalístico.

Particularidade

Trata-se de ação pública condicionada à representação da vítima.

Seção IV
Dos crimes contra a inviolabilidade dos segredos

Divulgação de segredo

Art. 153

Sujeito ativo

É o destinatário ou o possuidor legítimo da correspondência cujo conteúdo é sigiloso (ver Parte Geral, capítulo XII, item 3.1).

Sujeito passivo

É a pessoa que pode ser prejudicada pela divulgação do segredo (ver Parte Geral, capítulo XII, item 3.2).

Objeto jurídico

É a inviolabilidade da intimidade (ver Parte Geral, capítulo XII, item 3.3, "b").

Objeto material

É o documento particular ou a correspondência violada (ver Parte Geral, capítulo XII, item 3.3, "a").

Elementos objetivos do tipo

Divulgar (dar conhecimento a alguém ou tornar público), sem justa causa, conteúdo de documento particular (escrito que contém declarações de vontade ou a narrativa de qualquer fato, passível de produzir efeito no universo jurídico) ou correspondência confidencial (escrito na forma de carta, bilhete, telegrama ou e-mail, que possui destinatário e cujo conteúdo não deve ser revelado a terceiros) de que é destinatário ou detentor, e cuja divulgação possa produzir dano a terceiros. A finalidade do tipo penal é impedir que uma pessoa, legítima destinatária de uma correspondência ou de um documento, que contenha um conteúdo confidencial (segredo é o que não merece ser revelado a ninguém), possa transmiti-lo a terceiros, causando dano a alguém. É indispensável que o segredo esteja concretizado na forma escrita, e não oral. A pena é de detenção, de 1 a 6 meses, ou multa. Conferir o capítulo XIII, item 2.1, da Parte Geral.

Elemento subjetivo do crime

É o dolo (ver o capítulo XIV da Parte Geral).

Elemento subjetivo do tipo específico

Não há (ver Parte Geral, capítulo XIII, item 2.1).

Classificação

Próprio; formal; de forma livre; comissivo; instantâneo; unissubjetivo; unissubsistente ou plurissubsistente. Sobre a classificação dos crimes, ver o capítulo XII, item 4, da Parte Geral.

Tentativa

É admissível na forma plurissubsistente.

Momento consumativo

Quando a conduta é praticada, independentemente de resultado naturalístico.

Particularidade

Trata-se de ação pública condicionada à representação da vítima (§ 1.º). Entretanto, quando houver prejuízo para a Administração Pública, a ação penal é pública incondicionada (§ 2.º).

Forma qualificada

Quando a divulgação for feita, sem justa causa, em relação a informações sigilosas ou reservadas (definidas em lei), contidas ou não nos sistemas de informações ou banco de dados da Administração Pública, a pena é de detenção, de um a quatro anos, e multa. Nesse caso, o crime é comum (§ 1.º-A).

Violação do segredo profissional

Art. 154

Sujeito ativo

É a pessoa que exerce uma função de ministério, ofício ou profissão, sendo detentor de um segredo (ver Parte Geral, capítulo XII, item 3.1).

Sujeito passivo

É qualquer pessoa sujeita a sofrer um dano em razão da divulgação do segredo (ver Parte Geral, capítulo XII, item 3.2).

Objeto jurídico

É a inviolabilidade da intimidade (ver Parte Geral, capítulo XII, item 3.3, "b").

Objeto material

É o assunto transmitido em caráter sigiloso (ver Parte Geral, capítulo XII, item 3.3, "a").

Elementos objetivos do tipo

Revelar (desvendar, contar a terceiro ou delatar), sem justa causa, segredo (assunto ou fato que não deve ser divulgado, tornado público ou conhecido de pessoas não autorizadas) de que tenha ciência em razão de função (prática ou o exercício de uma atividade inerente a um cargo, que é todo emprego público ou particular), ministério (exercício de uma atividade religiosa), ofício (ocupação manual ou mecânica, que demanda habilidade, sendo útil a alguém) ou profissão (atividade especializada, que exige preparo), e cuja revelação possa produzir dano a outrem. A pena é de detenção, de três meses a um ano, ou multa. Conferir o capítulo XIII, item 2.1, da Parte Geral.

Elemento subjetivo do crime

É o dolo (ver o capítulo XIV da Parte Geral).

Elemento subjetivo do tipo específico

Não há (ver Parte Geral, capítulo XIII, item 2.1).

Classificação

Próprio; de forma livre; comissivo; instantâneo; unissubjetivo; unissubsistente ou plurissubsistente, conforme o caso. Sobre a classificação dos crimes, ver o capítulo XII, item 4, da Parte Geral.

Tentativa

É admissível na forma plurissubsistente.

Momento consumativo

Quando a conduta é praticada, independentemente de resultado naturalístico.

Particularidade

Trata-se de ação pública condicionada à representação da vítima (parágrafo único).

Violação de dispositivo informático

Arts. 154-A e 154-B

Sujeito ativo

Qualquer pessoa (ver Parte Geral, capítulo XII, item 3.1).

Sujeito passivo

Qualquer pessoa. No tocante ao sujeito passivo, o tipo, antes da Lei 14.155/2021, mencionava o *titular* do dispositivo informático, logo, apontava-se a propriedade ou posse. Na atual redação, fez-se a inserção do termo *usuário* desse dispositivo, razão pela qual passa-se a tutelar, igualmente, o detentor do aparelho (ver Parte Geral, capítulo XII, item 3.2).

Objeto jurídico

É múltiplo, envolvendo a inviolabilidade dos segredos, cuja proteção se volta à intimidade, à vida privada, à honra, à inviolabilidade de comunicação e correspondência e à livre manifestação do pensamento, sem qualquer intromissão de terceiros. Resguarda-se, também, o patrimônio da vítima, que pode ser afetado pelo agente invasor (ver Parte Geral, capítulo XII, item 3.3, "b").

Objeto material

É o dispositivo informático (ver Parte Geral, capítulo XII, item 3.3, "a").

Elementos objetivos do tipo

Invadir significa violar, transgredir, entrar à força em algum lugar, carregando o verbo nuclear do tipo um forte conteúdo normativo. Logo, a conduta do agente não é simplesmente entrar no dispositivo informático alheio, o que se pode dar por mero acidente, mas ocupar um espaço não permitido. O objeto da conduta é o dispositivo informático (qualquer mecanismo apto a concentrar informação por meio de computador ou equipamento similar). São dispositivos informáticos: computador de mesa (*desktop*), *notebook*, *tablet* (*iPad* e outros), *laptop*, bem como os smartphones, que hoje constituem verdadeiros "minicomputadores", dentre outros a surgir com idêntica finalidade. Tal dispositivo informático há de ser alheio (pertencente a terceira pessoa), elemento normativo do tipo, tal como figura no furto (art. 155, CP). Faz-se menção expressa ao estado do dispositivo no tocante à rede de computadores, incluindo, por óbvio, a internet (rede mundial de computadores): é indiferente haja conexão ou não. E está correta tal medida, pois o agente pode invadir computadores desconectados de redes, conseguindo obter dados, adulterar ou destruir informes ali constantes. Pode, ainda, instalar vulnerabilidades, que somente se manifestarão quando houver conexão futura à rede. Há finalidade específica para a conduta. Finalmente, a outra conduta é *instalar* (preparar algo para funcionar) vulnerabilidade (mecanismos aptos a gerar aberturas ou flancos em qualquer sistema). É de caráter alternativo (praticar a invasão ou a instalação constitui tipo misto alternativo, vale dizer, cometer uma ou as duas condutas implica crime único). Deve-se complementar o objeto dessa conduta, que é o dispositivo informático. Portanto, o propósito do agente é obter qualquer vantagem ilícita, tornando o dispositivo informático, como, por exemplo, o computador de alguém, acessível à violação. Nota-se que a mera instalação de vulnerabilidade (ex.: *softwares* mal-intencionados, que permitem o acesso ao conteúdo do dispositivo informático tão logo seja conectado à rede) não causa a violação, mas é nitidamente o seu preparo. Optou o legislador por equiparar a preparação e a execução em igual quilate, para fins de criminalização. Assim, o autor pode apenas instalar vulnerabilidade no dispositivo informático para que, no futuro, outrem dele se valha, como também pode, ele mesmo, utilizar o mecanismo de espionagem para a violação de dados e informes. Se o mesmo agente instalar a vulnerabilidade e, depois, invadir o dispositivo informático cometerá um só crime. Caso ele instale, mas outro invada, cada qual cometerá o seu delito distinto, ambos tipificados no art. 154-A. Se duas pessoas, mancomunadas, dividem tarefas (um instala; outro invade), trata-se de crime único, em concurso de agentes (art. 29, CP). Na redação anterior à Lei 14.155/2021, havia a expressão "mediante violação indevida de mecanismo de segurança", agora retirada. Fez bem o legislador em assim proceder, pois era um empecilho inserido no tipo penal, mas desnecessário. Afinal, indicava haver proteção somente para dispositivos informáticos que tivessem um sistema de proteção instalado; em tese, os que não possuíssem esse mecanismo de segurança ficariam ao largo da tutela deste dispositivo. A expressão *sem autorização expressa ou tácita do usuário do dispositivo* contém o elemento do injusto, que não precisaria constar do tipo penal. Afinal, por óbvio, somente se pode falar em crime quando houver ingresso em dispositivo informático alheio *sem o consentimento* deste. Mas optou o legislador por incluir na descrição típica o elemento vinculado à ilicitude. Diante disso, havendo autorização, o fato é atípico. Outro aspecto a se ressaltar foi a cautela de se apontar as modalidades de consentimento – o que não ocorre em vários outros dispositivos legais similares: pode ser expresso (visualizado facilmente por meio escrito ou falado) ou tácito (deduzido da ação do proprietário ou possuidor do dispositivo). A pena é de reclusão, de um a quatro anos, e multa. Conferir o capítulo XIII, item 2.1, da Parte Geral.

Elemento subjetivo do crime

É o dolo. Não se pune a forma culposa (ver o capítulo XIV da Parte Geral).

Elemento subjetivo do tipo específico

Há elemento subjetivo do tipo específico para as duas condutas previstas no tipo. No tocante à invasão de dispositivo informático é o fim de obter, adulterar ou destruir dados ou informações. Focaliza-se a obtenção (ter acesso a algo), a adulteração (modificação do estado original) ou a destruição (eliminação total ou parcial) de dados (elementos apropriados à utilização de algo) ou informações (conhecimentos de algo em relação a pessoa, coisa ou situação). Quanto à instalação de vulnerabilidade é a obtenção de vantagem ilícita (qualquer lucro ou proveito contrário ao ordenamento jurídico; não há necessidade de ser de natureza econômica). Pode ser, inclusive, a obtenção da invasão do dispositivo informático em momento posterior para obter dados e informações. Aliás, se houver prejuízo econômico, perfaz-se a causa de aumento do § 2.º. Ver a Parte Geral, capítulo XIII, item 2.1.

Classificação

Comum; formal; de forma livre; comissivo; instantâneo, podendo assumir a forma de instantâneo de efeitos permanentes, quando a invasão ou a instalação de vulnerabilidade perpetua-se no tempo, como rastro da conduta; unissubjetivo; plurissubsistente. Sobre a classificação dos crimes, ver o capítulo XII, item 4, da Parte Geral.

Tentativa

É admissível, na violação de dispositivo informático, porém, inaceitável no tocante à figura do § 1.º, pois se cuida da preparação do crime previsto no *caput*. Não se pune a tentativa da preparação, pois esta já é uma exceção em matéria de criminalização.

Momento consumativo

Ocorre com a prática das condutas previstas no *caput*, independentemente de resultado naturalístico.

Particularidades

a) Na mesma pena, conforme § 1.º, incorre quem produz, oferece, distribui, vende ou difunde dispositivo ou programa de computador com o intuito de permitir a prática da conduta de violação de dispositivo informático. Trata-se da punição à preparação do crime principal. Este tipo penal não possui sujeito passivo definido, pois a ação é genericamente preparatória. Por isso, ocupa este espaço a sociedade, em seu interesse de preservar a intimidade e a vida privada dos indivíduos em geral;

b) Havendo o exaurimento do delito, com algum prejuízo econômico para a vítima, aumenta-se a pena de um a dois terços (§ 2.º). O grau de elevação da pena depende do montante do prejuízo (quanto maior o dano, deverá ser aplicada uma fração mais elevada para o incremento da sanção penal);

c) Prevê-se uma forma qualificada pelo resultado, no § 3.º, se da invasão resultar a obtenção de dados de comunicações eletrônicas privadas, segredos comerciais ou industriais, informes sigilosos, conforme definido em lei específica, ou o controle remoto não autorizado do dispositivo informático invadido, com uma pena de reclusão, de dois a cinco anos, e multa;

d) Para a figura típica do § 3.º, comina-se o aumento da pena de um a dois terços, caso haja a divulgação, a comercialização ou a transmissão a outrem, sob qualquer pretexto, dos dados ou informes obtidos. A variação do aumento precisa levar em consideração a relevância do material sigiloso e o grau de potencialidade do dano a ser causado (§ 4.º);

e) Há causa de aumento de um terço até a metade se o crime for cometido contra o Presidente da República, governadores e prefeitos, Presidentes do STF, Câmara dos Deputados, Senado, Assembleia Legislativa, Câmara Legislativa do DF ou Câmara Municipal e de dirigente máximo da administração direta ou indireta, estadual, municipal ou do Distrito Federal. O montante de elevação deve guardar proporção à autoridade ou pessoa que foi violada na sua intimidade;

f) A ação penal é pública condicionada à representação da vítima, salvo quando o delito é cometido contra a administração pública direta ou indireta de qualquer dos Poderes da União, Estados, Distrito Federal ou Municípios ou contra empresas concessionárias de serviços públicos (art. 154-B);

g) Para o combate a vários tipos penais relativos à tutela das crianças e adolescentes, no cenário da dignidade sexual, a Lei 13.441/2017 introduziu os arts. 190-A a 190-E no Estatuto da Criança e do Adolescente. Entretanto, disciplina, igualmente, a infiltração de agentes para investigar o crime previsto pelo art. 154-A. O principal dos novos artigos preceitua que "a infiltração de agentes de polícia na internet com o fim de investigar os crimes previstos nos arts. 240, 241, 241-A, 241-B, 241-C e 241-D desta Lei e nos arts. 154-A, 217-A, 218, 218-A e 218-B do Decreto-Lei 2.848, de 7 de dezembro de 1940 (Código Penal), obedecerá às seguintes regras: I – será precedida de autorização judicial devidamente circunstanciada e fundamentada, que estabelecerá os limites da infiltração para obtenção de prova, ouvido o Ministério Público; II – dar-se-á mediante requerimento do Ministério Público ou representação de delegado de polícia e conterá a demonstração de sua necessidade, o alcance das tarefas dos policiais, os nomes ou apelidos das pessoas investigadas e, quando possível, os dados de conexão ou cadastrais que permitam a identificação dessas pessoas; III – não poderá exceder o prazo de 90 (noventa) dias, sem prejuízo de eventuais renovações, desde que o total não exceda a 720 (setecentos e vinte) dias e seja demonstrada sua efetiva necessidade, a critério da autoridade judicial" (art. 190-A, ECA).

Título II
Dos Crimes contra o Patrimônio

Capítulo I
Do Furto

Furto

Art. 155

Sujeito ativo

Qualquer pessoa (ver Parte Geral, capítulo XII, item 3.1).

Sujeito passivo

Qualquer pessoa. Nas palavras de Laje Ros, "pode ser sujeito passivo aquele que alugou a coisa móvel do proprietário, pode ser quem a tivesse recebido por comodato, ou por qualquer outro título, que o tivesse constituído efetivamente em detenção da coisa. (...) Tampouco se requer que o ofendido seja um possuidor, no sentido de ter a coisa sob seu poder com intenção de submetê-la ao exercício de um direito de propriedade (...). É possível, ainda, que a vítima seja o ladrão que furtou a coisa e logo alguém a tenha subtraído dele. O contrário suporia que o ladrão que furtou o anterior ladrão deveria ficar impune, tão somente porque o último ladrão não furtou o proprietário ou o legítimo detentor" (*La interpretación penal en el hurto, el robo y la extorsión*, p. 87-88). Com esta última colocação não podemos concordar. O *ladrão que rouba ladrão não tem cem anos de perdão*. Se tal situação ocorrer, o sujeito passivo é o proprietário da coisa e não o ladrão que teve o bem subtraído por ação de outro (ver Parte Geral, capítulo XII, item 3.2).

Objeto jurídico

O objeto jurídico é o patrimônio do indivíduo, que pode ser constituído de coisas de sua propriedade ou posse, desde que legítimas. A mera detenção, em nosso entender, não é protegida pelo direito penal, pois não integra o patrimônio da vítima (ver Parte Geral, capítulo XII, item 3.3, "b").

Objeto material

O objeto material é a coisa sujeita à subtração, que sofre a conduta criminosa. *Coisas abandonadas* (*res derelicta*) ou que *não pertençam a ninguém* (*res nullius*) não podem ser objeto do crime de furto, uma vez que não integram o patrimônio de outrem. *Coisas perdidas* (*res deperdita*) também não podem ser objeto de furto, pois há tipo específico para esse caso, que é a apropriação (art. 169, II, CP) (ver Parte Geral, capítulo XII, item 3.3, "a").

Elementos objetivos do tipo

Subtrair significa tirar, fazer desaparecer ou retirar. É verdade que o verbo *furtar* tem um alcance mais amplo do que *subtrair* e justamente por isso o tipo penal preferiu identificar o crime como sendo *furto* e a conduta que o concretiza como *subtrair*, seguida, é lógico, de outros importantes elementos descritivos e normativos. Assim, o simples fato de alguém tirar coisa pertencente a outra pessoa não quer dizer, automaticamente, ter havido um furto, já que se exige, ainda, o ânimo fundamental, componente da conduta de *furtar*, que é assenhorear-se do que não lhe pertence. *Coisa* é tudo aquilo que existe, podendo tratar-se de objetos inanimados ou de semoventes. No contexto dos delitos contra o patrimônio (conjunto de bens suscetíveis de apreciação econômica), cremos ser imprescindível que a coisa tenha, para seu dono ou possuidor, algum valor econômico. *Alheia* é toda coisa que pertence a outrem, seja a posse ou a propriedade. *Móvel* é a coisa que se desloca de um lugar para outro. Trata-se do sentido real, e não jurídico. Assim, ainda que determinados bens possam ser considerados imóveis pelo direito civil, como é o caso dos materiais provisoriamente separados de um prédio (art. 81, II, CC: "Não perdem o caráter de imóveis: II – os materiais provisoriamente separados de um prédio, para nele se reempregarem"), para o direito penal são considerados móveis, portanto, suscetíveis de ser objeto do delito de furto. Noutros termos, o conceito de *coisa móvel*, no delito de furto, é um *conceito funcional*, que não coincide com o conceito civil (cf. Muñoz Conde, *Derecho penal – Parte especial*, p. 357). "Ainda que o Código Civil considere que as coisas móveis postas intencionalmente pelo proprietário como acessórias de um imóvel devem ser consideradas como tais, quem se apodera delas não comete usurpação de imóvel, mas furto" (Laje Ros, *La interpretación penal en el hurto, el robo y la extorsión*, p. 111). *Equiparação à coisa móvel:* para não haver qualquer dúvida, deixou o legislador expressa a intenção de equiparar a energia elétrica ou qualquer outra que possua valor econômico à coisa móvel, de modo que constitui furto a conduta de desvio de energia de sua fonte natural (§ 3.º). Energia é a qualidade de um sistema que realiza trabalhos de variadas ordens, como elétrica, química, radiativa, genética, mecânica, entre outras. Assim, quem faz uma ligação clandestina, evitando o medidor de energia elétrica, por exemplo, está praticando furto. Nessa hipótese, realiza-se o crime na forma permanente, vale dizer, a consumação se prolonga no tempo. Enquanto o desvio estiver sendo feito, está-se consumando a subtração de energia elétrica. A pena é de reclusão, de 1 a 4 anos, e multa. Conferir o capítulo XIII, item 2.1, da Parte Geral.

Elemento subjetivo do crime

Exige-se o dolo, não existindo a forma culposa (ver o capítulo XIV da Parte Geral).

Elemento subjetivo do tipo específico

É o ânimo de apossamento definitivo, espelhado pelos termos *para si ou para outrem* (ver Parte Geral, capítulo XIII, item 2.1).

Classificação

Trata-se de crime comum; material; de forma livre; comissivo (como regra); instantâneo (embora seja permanente na forma prevista no § 3.º); de dano; unissubjetivo; plurissubsistente. Sobre a classificação dos crimes, ver o capítulo XII, item 4, da Parte Geral.

Tentativa

É admissível.

Espécies

Simples (*caput*); furto noturno (§ 1.º); privilegiado (§ 2.º); qualificado (§§ 4.º a 7.º).

Momento consumativo

Trata-se de tema polêmico e de difícil visualização na prática. Em tese, no entanto, o furto está consumado tão logo a coisa subtraída saia da esfera de proteção e disponibilidade da vítima, ingressando na do agente. É imprescindível, por tratar-se de crime material, que o bem seja tomado do ofendido, estando, ainda que por breve tempo, na posse do agente. Se houver perseguição e, em momento algum, conseguir o autor a livre disposição da coisa, trata-se de tentativa. Não se deve desprezar essa fase (posse da coisa em mãos do ladrão), sob pena de se transformar o furto em um crime formal (onde se pune unicamente a conduta e não se demanda o resultado naturalístico). No mesmo sentido, Muñoz Conde, *Derecho penal – Parte especial*, p. 359.

Esclarece Laje Ros: "o furto consiste, de um ponto de vista material, em *apoderar-se da coisa alheia que se encontra em poder de outro, que, por apoderamento, resulta desapoderado daquela coisa*. Isso implica dizer que o objeto deixou de ser detido por este e que é detido pelo ladrão. Também importa entender que o apoderamento implica que o objeto deixou de pertencer a uma esfera de custódia e incorporou-se à de quem se apoderou" (*La interpretación penal en el hurto, el robo y la extorsión*, p. 97). Há, basicamente, três teorias para fundamentar a consumação do furto: a) consuma-se com o toque do agente na coisa móvel alheia para apoderar-se dela (teoria do contato); b) concretiza-se com a remoção do bem, que se dá em dois momentos: a apreensão (*aprehensio*) e o traslado de um lugar a outro (*amotio de loco in locum*); para a consumação, requer-se que a coisa seja trasladada do lugar onde estava a outro local, somente assim se completa a subtração (*ablatio*). Há de sair da esfera de disponibilidade do dono; e c) o furto se consuma quando a coisa é transportada pelo agente ao lugar por ele pretendido (*eo loco quo destinaverat*) para colocá-la a salvo, possuindo a posse mansa e pacífica (*La interpretación penal en el hurto, el robo y la extorsión*, p. 207-208).

A mais adequada teoria, conforme sustentamos anteriormente, é a segunda, dependente da *aprehensio*, seguida da *amotio*, para que se dê a *ablatio*. Sem apreensão, remoção de um lugar a outro – fora disponibilidade da pessoa ofendida – inexiste consumação do crime.

Consultar, ainda, a respeito do tema, a nota referente ao *momento consumativo* do crime de roubo, na qual comentamos a Súmula 582 do STJ.

Causas de diminuição de pena

Difundiu-se o entendimento de ser a figura prevista no § 2.º um *furto privilegiado*. Por vezes, no entanto, pode implicar apenas uma causa de diminuição da pena. Poder-se-ia, então, falar em "privilégio em sentido amplo". A autêntica figura do privilégio haveria de representar uma nova faixa para a fixação da pena, diminuindo-se o mínimo e o máximo, em abstrato, estabelecidos pelo legislador no preceito sancionador do tipo penal. Entretanto, analisando-se a especial circunstância prevista, conclui-se significar uma causa obrigatória de diminuição da pena em limites variáveis entre um a dois terços. Por outro lado, a substituição da pena de reclusão pela de detenção e da pena privativa de liberdade pela de multa configuraria um autêntico privilégio, pois a pena em abstrato altera-se completamente para menor.

Primariedade

É o primeiro requisito para o reconhecimento do furto privilegiado. A primariedade é um conceito negativo, ou seja, significa não ser reincidente. Portanto, quem não é reincidente, é primário. A reincidência ocorre quando o réu comete novo crime, após já ter sido condenado definitivamente, no Brasil ou no exterior. Lembremos, no entanto, que a condenação anterior somente surte efeito para provocar a reincidência desde que não tenha ocorrido o lapso temporal de cinco anos entre a data do cumprimento ou da extinção da pena e o cometimento da nova infração penal. Conferir os arts. 63 e 64 do Código Penal. É preciso anotar que a lei foi bem clara ao exigir somente a primariedade para a aplicação do benefício, de modo que descabe, em nosso entendimento, clamar também pela existência de bons antecedentes.

Pequeno valor

Não se trata de conceituação pacífica na doutrina e na jurisprudência, tendo em vista que se leva em conta ora o valor do prejuízo causado à vítima, ora o valor da coisa em si. Preferimos o entendimento que privilegia, nesse caso, a interpretação literal, ou seja, deve-se ponderar unicamente o valor da coisa, pouco interessando se, para a vítima, o prejuízo foi irrelevante. Afinal, quando o legislador quer considerar o montante do prejuízo deixa isso bem claro, como o fez no caso do estelionato (art. 171, § 1.º, CP). Por isso, concordamos plenamente com a corrente majoritária que sustenta ser de pequeno valor a coisa que não ultrapassa quantia equivalente ao salário mínimo. De fato, seria por demais ousado defender a tese de que um objeto cujo valor seja superior ao do salário mínimo – auferido por grande parte da população – possa ser considerado de "pequeno valor". Por derradeiro, deve-se salientar que o "pequeno valor" precisa ser constatado à época da consumação do furto, e não quando o juiz for aplicar a pena. E mais, não se deve ponderar a vontade do agente nesse caso, isto é, se ele desejava furtar coisa de pequeno valor, mas leva algo de valor elevado, cuida-se de erro meramente acidental, que não o beneficia. O privilégio previsto no § 2.º do art. 155 é objetivo, não podendo a vítima perder quantia superior ao salário mínimo.

Aplicação dos §§ 1.º e 2.º concomitantemente

Há perfeita possibilidade. Trata-se de um concurso entre causa de aumento e causa de diminuição da pena, devendo o juiz aplicar as regras gerais para a fixação da pena. Assim, poderá aumentar de um terço a pena, por conta do furto praticado durante o repouso noturno, bem como, em seguida, compensar a elevação com a diminuição de um terço, por conta do disposto no § 2.º. Poderá, também, aumentar a pena em um terço (§ 1.º) e diminuí-la de dois terços (§ 2.º). Se preferir aplicar o privilégio, que é a substituição da pena privativa de liberdade pela multa, logicamente, o aumento do § 1.º deixará de ter importância. Enfim, conforme o caso, o § 1.º entra em sintonia com o § 2.º, cabendo a aplicação de ambos, mas pode o § 2.º suplantar o aumento do § 1.º, como já exposto.

Qualificadoras

I. As que geram a seguinte faixa de aplicação da pena: reclusão de 2 a 8 anos e multa (§ 4.º)

a) *praticar o furto com destruição ou rompimento de obstáculo à subtração da coisa* (§ 4.º, I): *destruição* é a conduta que provoca o aniquilamento ou faz desaparecer alguma coisa; *rompimento* é a conduta que estraga ou faz em pedaços alguma coisa. O rompimento parcial da coisa é suficiente para configurar a qualificadora; *obstáculo* é o embaraço, a barreira ou a armadilha montada para dificultar ou impedir o acesso a alguma coisa. A destruição ou rompimento da própria coisa furtada provoca o surgimento de duas correntes, fundamentalmente: a.1) não se aplica a qualificadora quando o agente atua contra a própria coisa. Assim, quem rompe o vidro do veículo para ter acesso ao seu interior, levando-o depois com uma "ligação direta", praticaria furto simples; a.2) aplica-se a qualificadora quando a conduta do agente se volta contra obstáculo inerente à própria coisa. No exemplo supracitado, estaria presente a qualificadora. Pensávamos ser mais adequada a primeira posição, pela fiel leitura do tipo penal. Afinal, a norma estipula ser qualificado o furto quando o autor destrói (aniquila) ou rompe (faz em pedaços) uma barreira que impede a subtração da coisa. É razoável supor, portanto, que o agente, pretendendo subtrair joias de um cofre situado numa residência, seja levado a romper ou destruir obstáculos. Arrombando uma porta ou uma janela, ingressa no recinto. Depois, torna-se necessário romper ou destruir a porta do cofre. Com isso, tem acesso às joias. É um furto qualificado pela maior audácia e poder de destruição do autor da infração penal.

No caso do ladrão que destrói o vidro de uma das janelas do carro, estaria ele, em verdade, estragando a própria coisa que pretende levar. Essa primeira impressão *cessa* quando percebemos que há coisas cujo obstáculo à sua subtração é inerente ao próprio objeto desejado. É o exemplo do veículo. O vidro de um carro não funciona exclusivamente como protetor do motorista contra chuva ou vento, mas também é um obstáculo *natural* aos que pretendem subtraí-lo. O dono, ao largar seu automóvel na rua, faz questão de trancá-lo, fechando bem os vidros, que podem, inclusive, estar conectados a alarmes e outros dispositivos de emergência. Portanto, acredita que está mais bem protegido do que se o largasse com os vidros abertos. O agente que destrói o vidro para ter acesso ao carro certamente está sendo mais audaz e causando mais danos do que aquele que encontra o veículo aberto, levando-o. Não se pode fechar os olhos para a realidade. O proprietário de um automóvel sem capota, por exemplo, pode não o deixar na rua justamente porque sabe estar sem proteção alguma, mais sujeito ao furto, portanto. Aquele que possui o veículo protegido por portas e vidros não possui a mesma desconfiança. Sabe-se, aliás, ser mais dificultosa a subtração quando o carro está devidamente fechado do que quando está aberto, sem qualquer obstáculo. Uma árvore, noutro exemplo, pode estar sujeita a furto. O seu proprietário somente não colocou a planta sob maior proteção porque acredita que ela está naturalmente preservada pelas raízes grudadas ao chão. Assim, aquele que leva a árvore, arrancando-a do solo, estragando seu vínculo natural com a terra, deve responder por furto qualificado. Nem todos os obstáculos são *externos* à coisa. Cremos, pois, mais acertada a segunda posição. E mais: não vemos necessidade alguma de a subtração consumar-se para incidir a qualificadora. O sujeito que destrói o vidro do carro, sendo surpreendido quando fazia a "ligação direta", deve responder por tentativa de furto qualificado. Deve-se analisar a qualificadora sob o prisma do ingresso do agente e não em relação à sua saída do local da subtração, ou seja, se o autor quebra uma vidraça para *sair* do lugar, não se configura a circunstância de elevação da pena. Assim também a lição de Muñoz Conde, *Derecho Penal – Parte especial*, p. 370;

b) *praticar furto com abuso de confiança, ou mediante fraude, escalada ou destreza* (§ 4.º, II): *confiança* é um sentimento interior de segurança em algo ou alguém; portanto, implica credibilidade. O *abuso* é sempre um excesso, um exagero em regra condenável. Portanto, aquele que viola a confiança, traindo-a, está abusando. A qualificadora que diz respeito ao *abuso de confiança* pressupõe a existência prévia de credibilidade, rompida por aquele que violou o sentimento de segurança anteriormente estabelecido. Ex.: uma empregada doméstica que há anos goza da mais absoluta confiança dos patrões, que lhe entregam a chave da casa e várias outras atividades pessoais (como o pagamento de contas), caso pratique um furto, incidirá na figura qualificada. Por outro lado, a empregada doméstica recém-contratada, sem gozar da confiança plena dos patrões, cometendo furto incide na figura simples. Note-se que a simples relação de emprego entre funcionário e empregador não faz nascer a *confiança* entre as partes, que é um sentimento cultivado com o passar do tempo.

A *fraude* é uma manobra enganosa destinada a iludir alguém, configurando, também, uma forma de ludibriar a confiança que se estabelece naturalmente nas relações humanas. Assim, o agente que criar uma situação especial, voltada a gerar na vítima um engano, tendo por objetivo praticar uma subtração de coisa alheia móvel, incide na figura qualificada. Ex.: o funcionário de uma companhia aérea que, no aeroporto, a pretexto de prestar auxílio a um turista desorientado, prometendo tomar conta da bagagem da vítima, enquanto esta é enviada a outro balcão de informações, subtrai bens contidos nas malas incide na figura qualificada. A fraude está caracterizada pelo desapego que o proprietário teve diante de seus bens, uma vez que acreditou na *estratégia* criada pelo referido funcionário. Crendo ter os seus pertences guardados por pessoa credenciada por companhia aérea, deixou-os sem proteção e viu-se vítima de um furto. Foi enganado, logrado, ludibriado. Nota-se, pois, que a fraude implica um modo particularizado de *abuso de confiança*. Este, por si só, exige uma relação específica de segurança concretizada entre autor e vítima, enquanto a fraude requer, apenas, um plano ardiloso que supere a vigilância da vítima, fazendo com que deixe seus bens desprotegidos, facilitando a ação criminosa. A fraude é uma "relação de confiança instantânea", formada a partir de um ardil. A *escalada* é a subida de alguém a algum lugar, valendo-se de escada ou outro meio de apoio.

Escalar implica subir ou galgar, como regra. Portanto, torna-se fundamental que o sujeito suba a algum ponto mais alto do que o seu caminho natural, ou seja, é o ingresso anormal de alguém em algum lugar, fazendo supor acesso por aclive. Ex.: subir no telhado para, removendo telhas, invadir uma casa. Por outro lado, quando o agente ingressar no imóvel por uma janela que está próxima ao solo não se configura a qualificadora, por não ter obrado ele com esforço incomum. "O autor deve vencer as defesas que resguardam as coisas, e as deve vencer mediante *esforço*, toda vez que o obstáculo seja vencido sem aquela circunstância, a agravante não poderá ser aplicada, em razão de que o obstáculo não se apresentava como defesa, mas apenas como um puro e simples ornamento. (...) É preciso saber se o ingresso ou a entrada por um lugar não destinado a isso equivale à escalada. É evidente que o ladrão, ao escalar um muro, o faz por um lugar que não está destinado à entrada. O muro é o que impede a entrada. No entanto, pode o autor do delito ter acesso por um lugar não destinado a servir de entrada e o faça sem escalada. Neste sentido, uma janela de baixa altura não tem por fim servir de entrada. O ingresso por esse lugar, sem ser por escalada, não agrava a infração, porque a razão do maior aumento da pena não se funda na entrada por um lugar não destinado a isso, mas no fato de que se deve vencer, ou superar algo que se apresenta como um obstáculo, e que tenha sido posto para dar maior proteção às coisas" (*La interpretación penal en el hurto, el robo y la extorsión* p. 196-200).

Se houver arrombamento, pode-se falar na figura do inciso I; se a janela estiver aberta, há furto simples.

Acrescentamos, no entanto, a posição de Nélson Hungria, com a qual concordávamos, mas alteramos o nosso entendimento, para incluir no contexto desta qualificadora outras possibilidades anormais de ingresso em algum lugar, através da utilização de meios artificiais não violentos ou contando com a própria agilidade. Dessa forma, poder-se-ia falar em escalada, quando o agente invade uma casa, por exemplo, por meio de uma via subterrânea, normalmente não transitável, como o túnel de um esgoto. Há de existir dificuldade contínua para a entrada no local, a ser vencida pelo agente, através do seu esforço. Finde-se, ressaltando que atos preparatórios de escalada não são puníveis, como encostar uma escada em um muro, sem, no entanto, saltá-lo (*Comentários ao Código Penal*, v. VII, p. 44). No mesmo sentido, ampliando o significado de *escalada*, para abranger todo acesso ilícito ao lugar onde está a coisa objeto do furto, encontra-se a posição de Muñoz Conde, *Derecho penal – Parte especial*, p. 370. Segundo nos parece, a entrada em determinado local por acesso não convencional somente pode causar o reconhecimento da causa de aumento da *escalada* quando o referido acesso gerar alguma forma de subida. A interpretação do verbo *escalar* não comporta outra visão, pois seria conferir-lhe significado fora de seu contexto. Quem *escala* algo não o faz para baixo, mas para cima. Se o legislador considerasse relevante – para fins de agravamento da pena – a entrada no lugar por baixo, como o túnel do esgoto, deveria ter feito constar, em vez de *escalada*, o ingresso *anormal*. Inexistente essa designação, não cabe ao intérprete provocar uma ampliação indevida do termo. Pode-se utilizar em Direito Penal a interpretação extensiva, mas somente quando há necessidade, visando a dar lógica à aplicação da norma. Nessa hipótese, não se vislumbra a indispensabilidade de extensão imprópria do termo *escalada*.

Note-se, ainda, que o foco é o *ingresso* do agente e não a saída do local onde praticou a subtração.

A *destreza* é a agilidade ímpar dos movimentos de alguém, configurando uma especial habilidade. O batedor de carteira (figura praticamente extinta diante da ousadia dos criminosos atuais) era o melhor exemplo. Por conta da agilidade de suas mãos, conseguia retirar a carteira de alguém, sem que a vítima percebesse;

c) *praticar o furto com emprego de chave falsa* (§ 4.º, inciso III): *chave falsa* é o instrumento destinado a abrir fechaduras ou fazer funcionar aparelhos. A chave original, subtraída sub-repticiamente, não provoca a configuração da qualificadora. Pode haver, nessa hipótese, conforme o caso concreto, abuso de confiança ou fraude. A mixa – ferro curvo destinado a abrir fechaduras –, segundo nos parece, pode configurar a qualificadora. Afinal, deve-se notar que se a chave é *falsa* não há de possuir o mesmo aspecto ou a mesma forma da chave original;

d) *praticar o furto em concurso de duas ou mais pessoas* (§ 4.º, inciso IV): quando mais de um agente se reúne para a prática do crime de furto é natural que se torne mais acessível a concretização do delito. Por isso, configura-se a qualificadora. O apoio prestado, seja como coautor, seja como partícipe, segundo entendemos, pode servir para configurar a figura do inciso IV. O agente que furta uma casa, enquanto o comparsa, na rua, vigia o local, está cometendo um furto qualificado. Inexiste na lei qualquer obrigatoriedade para que o concurso se dê exclusivamente na forma de coautoria (quem pratica o núcleo do tipo, *executando* o crime), podendo configurar-se na forma de participação (auxílio a quem pratica a ação de subtrair). Esta circunstância foi considerada pela lei uma qualificadora, portanto, se houver mais de uma, no contexto do furto, as demais podem ser usadas como agravantes ou mesmo como circunstâncias judiciais. Não se pode aplicar, por analogia *in malam partem* a causa de aumento do roubo (1/3 a metade), pelo concurso de duas ou mais pessoas no furto. Preceitua a Súmula 442 do STJ: "É inadmissível aplicar, no furto qualificado, pelo concurso de agentes, a majorante do roubo".

II. A que gera a seguinte faixa de aplicação da pena: reclusão de 4 a 10 anos e multa (§ 4.º-A)

Se houver emprego de explosivo ou de artefato análogo que cause perigo comum: esta circunstância qualificadora foi introduzida pela Lei 13.654/2018, com o objetivo de proporcionar um tratamento mais rigoroso à nova modalidade de furto a caixas eletrônicos, por meio da explosão do aparelho para, na sequência, haver a retirada do dinheiro. Menciona-se, no § 4.º-A, o uso de explosivo (substância inflamável, capaz de produzir explosão, isto é, um abalo seguido de forte ruído causado pelo surgimento repentino de uma energia física ou expansão de gás) ou artefato análogo (todos os produtos, que possam produzir resultado similar, tal como o engenho de dinamite, que envolve explosivo à base de nitroglicerina), seguido da causação de perigo comum (probabilidade de dano a um número indeterminado de pessoas). No tocante ao perigo envolvendo pessoas incertas, torna-se relevante verificar em qual local deu-se a explosão. Como regra, tratando-se de caixas eletrônicos, eles estão em zonas urbanas, logo, habitadas, motivo pelo qual o perigo comum se torna evidente. Mas, caso a explosão seja realizada num celeiro, para o furto de um cavalo, em fazenda não habitada no momento, não se pode aplicar esta qualificadora. Resta ao juiz utilizar o rompimento de obstáculo para a subtração da coisa.

III. A que produz a seguinte faixa de aplicação da pena: reclusão de 4 a 8 anos e multa (§ 4.º-B)

Se houver emprego de fraude, por meio de dispositivo eletrônico ou informático, conectado ou não à rede de computadores, com ou sem violação de mecanismo de segurança ou a utilização de programa malicioso, ou qualquer outro meio fraudulento análogo: insere-se essa qualificadora neste tipo penal com a mesma faixa de cominação de penas do furto de substância explosiva ou empregando explosivos para a subtração de qualquer coisa, a partir da edição da Lei 14.155/2021. Nesta figura, pune-se mais severamente quem se vale de fraude (engodo, cilada, ardil) para ludibriar a vítima e conseguir a coisa almejada, pelo uso de dispositivo eletrônico ou informático (todo aparelho apto a concentrar informação por meio de computador ou qualquer equipamento similar). Considera-se como dispositivo informático o computador de mesa (*desktop*), o computador portátil (*notebook*), tablete e o *smartphone* (celulares avançados) e inúmeros outros que são criados todos os dias, habilitados a se conectar à Internet e a redes de comunicação móvel (3G, 4G e, agora, 5G), além de todo o mais a ser inventado e implementado. Inclui-se a forma qualificada porque há um incremento evidente no número de subtrações de valores, por meio de fraude eletrônica, a partir da época em que as transações bancárias foram sendo transferidas para os dispositivos informáticos e as transferências de valores se fazem por esta via. Deixa-se claro que o aparelho pode estar conectado à internet ou não, tendo em vista haver viabilidade de se dar desvio de valores sem esse meio. Prevê-se, igualmente, a possibilidade de ocorrer a fraude com ou sem mecanismo de segurança no dispositivo eletrônico ou informático para conferir maior proteção à vítima. Finalmente, o emprego do denominado programa malicioso (*malware*) faz parte da previsão, pois instalado à distância por invasão de computadores e celulares, por hackers. Em suma, termina-se a qualificadora ampliando a abrangência do tipo: qualquer outro meio fraudulento análogo. O furto, quando praticado, por meio eletrônico ou informático, retirar valores da vítima sem que esta perceba ou consinta.

IV. A que gera a seguinte faixa de aplicação da pena: reclusão de 3 a 8 anos (§ 5.º)

Se a subtração for de veículo automotor que venha a ser transportado para outro Estado ou para o exterior: essa qualificadora proporciona o aumento da faixa de fixação da pena para reclusão de 3 a 8 anos, quando o veículo automotor for transportado para outro Estado da Federação ou para o exterior, e foi o resultado de intensa pressão exercida pelas companhias de seguro, fartas de indenizar subtrações de veículos automotores, cujo destino, na maioria das vezes, era outro Estado da Federação ou mesmo outro país. A expressão *venha a ser transportado* acabou configurando um delito material, ou seja, exige-se o resultado naturalístico previsto no tipo penal, sendo necessário que o veículo automotor efetivamente seja levado para outro Estado da Federação ou ainda a outro país. Se ficar na mesma unidade federativa, não há a incidência da qualificadora. Portanto, cremos não haver tentativa de furto qualificado se o ladrão está conduzindo o veículo para outro Estado ou país e é surpreendido pela polícia. Segundo a redação do tipo penal, trata-se de uma situação *mista*, abrangendo um crime qualificado pelo resultado (transpor as fronteiras do Estado ou do País) e uma finalidade específica de agir (ter o fim de transpor as fronteiras do Estado ou do País). O ladrão, ao subtrair o veículo automotor, pode ou não ter o fim de conduzi-lo a outro Estado brasileiro ou a outro país, embora a qualificadora só se configure quando, realmente, essa finalidade se delinear na mente do agente, além de ser, de fato, atingida. O veículo que *efetivamente vai* para outro Estado ou país torna o delito mais grave, pois dificulta sobremaneira a recuperação do bem pela vítima. Esqueceu-se o legislador da multa.

V. A que gera a seguinte faixa de aplicação da pena: reclusão de 2 a 5 anos (§ 6.º)

a) *se a subtração* for de semovente (animal) domesticável de produção (sujeito à submissão do ser humano, com a finalidade de produzir alimento), abatido (morto) ou dividido em partes (logicamente morto, mas já em pedaços) onde foi subtraído: essa qualificadora foi introduzida pela Lei 13.330/2016, visando à maior tutela dos animais de criação para fornecer alimentos à população. Evitar-se-ia, em tese, o furto de gado, galinhas de granja, porcos criados para esse fim etc. Entretanto, é preciso optar entre a qualificadora do § 4.º e a do § 6.º, desde que haja a presença de circunstância prevista concomitantemente nos três parágrafos, ilustrando, 4.º, 5.º e 6.º (imagine-se quem arromba uma porta, subtrai gado e leva em veículo igualmente subtraído para outro Estado ou país). Sendo qualificadora, há de se optar pela mais rigorosa. Neste caso particular, é a do § 5.º. Depois, a do § 4.º. Finalmente, resta a do § 6.º, que impõe a pena de reclusão, de dois a cinco anos. Olvidou o legislador a multa.

VI. A que gera a seguinte faixa de aplicação da pena: reclusão de 4 a 10 anos e multa (§ 7.º)

Se a subtração for de substâncias explosivas ou de acessórios que, conjunta ou isoladamente, possibilitem sua fabricação, montagem ou emprego: esta circunstância qualificadora se volta ao objeto da subtração, ou seja, a coisa é considerada perigosa, possibilitando a explosão, situação geradora de perigo comum. Sob outro prisma, a qualificadora do § 4.º-A enfoca o modo de execução do crime de furto, visto que o agente se vale de explosão para atingir o objeto desejado. A geração potencial de danos consideráveis a pessoas impôs, para ambas, uma faixa de pena em abstrato bastante elevada: reclusão, de 4 a 10 anos, e multa.

O objeto material desta figura qualificada é qualquer substância explosiva (elemento *inflamável, capaz de produzir explosão, isto é, um abalo seguido de forte ruído causado pelo surgimento repentino de uma energia física ou expansão de gás*). Embora neste dispositivo não se tenha mencionado artefato análogo, como consta do § 4.º-A, nada impede que se use interpretação extensiva para incluí-lo neste âmbito.

O cenário desta qualificadora prescinde da menção a perigo comum, pois não ocorre explosão, mas a subtração de coisa apta a produzir o engenho explosivo.

Preponderância da qualificadora mais grave

Há tipos penais, como o do furto (art. 155, CP), apresentando várias condutas aptas a *qualificar* o delito. Existem várias no § 4.º (incisos I a IV), além de outras nos §§ 4.º-A, 4.º-B, 5.º, 6.º e 7.º. Como compatibilizá-las, se houver a incidência de mais de uma, especialmente advindas de parágrafos diferentes? Sempre escolher uma delas – a mais grave (faixa de aplicação da pena mais elevada) – para servir de alicerce ao juiz, quando começar o processo de individualização da pena. As demais circunstâncias qualificadoras que "sobrarem", devem ser utilizadas em outras fases da aplicação da pena, em que melhor se encaixem: no art. 59 do CP (circunstâncias judiciais) ou no arts. 61 e 62 do CP (agravantes).

Exemplificando, caso o agente furte um veículo, incidindo inicialmente na figura do *caput* (furto simples) e depois leve o objeto subtraído para fora do País, a figura é qualificada (§ 5.º). Se o autor do furto rompeu obstáculo para a subtração da coisa (figura do § 4.º, I, do art. 155) e, em seguida, levou o veículo automotor para fora do Estado ou do País, incide somente a qualificadora mais grave, que é a do § 5.º. A conduta de *romper obstáculo para a subtração da coisa* ingressa, nessa hipótese, como circunstância judicial (art. 59, CP) para aumentar a pena-base. Caso o furto seja praticado durante o repouso noturno e se o veículo sair do Estado ou do País, configura-se a qualificadora do § 5.º, com a causa de aumento do § 1.º.

Outra ilustração: o agente explode uma barreira, ingressa em determinado local e subtrai um veículo, levando-o para outro Estado. Em tese, há duas qualificadoras: § 4.º-A e § 5.º. Utiliza-se a mais grave – § 4.º-A – para eleger a faixa de aplicação da pena na qual o juiz vai trabalhar para individualizar a sanção, ou seja, reclusão de quatro a dez anos e multa. No entanto, leva-se em consideração, como circunstância judicial (art. 59, CP), o fato de ter sido o veículo levado para outro Estado, elevando-se a pena-base.

Ainda: o agente explode uma barreira, ingressa em certo lugar, subtraindo outros explosivos e acessórios para a sua fabricação. Em tese, incidiu em duas qualificadoras: § 4.º-A e § 7.º. Ambas têm a mesma faixa de aplicação da pena, logo, o juiz pode optar por qualquer uma. Imagine-se que escolheu a qualificadora do § 4.º-A, com a faixa de reclusão de quatro a dez anos e multa. Quando principiar o processo de individualização da pena, para eleger a pena-base, deve considerar o fato de que a coisa furtada é explosivo ou acessórios (§ 7.º), elevando-se a referida pena-base.

Causas de aumento de pena

a) Trata-se do furto cometido durante o repouso noturno – ou simplesmente *furto noturno* –, especial circunstância que torna mais grave o delito, tendo em vista a menor vigilância que, durante a noite (período das 21 às 5 horas, conforme Lei 13.869/2019, art. 22, § 1.º, III – é o lapso temporal escolhido como horário noturno, impedindo a invasão domiciliar), as pessoas efetivamente exercem sobre os seus bens, seja porque estão repousando, seja porque há menor movimentação na comunidade, facilitando a perpetração do crime. O legislador, reconhecendo o maior gravame, impõe um aumento de um terço para a pena, em quantidade fixa e predeterminada. Essa causa de aumento pode incidir sobre qualquer qualificadora: §§ 4.º, 4.º-A, 4.º-B, 5.º, 6.º e 7.º.

Há quem defenda deva esta causa de aumento ser aplicada *somente* ao furto simples, isto é, à figura prevista no *caput*, tendo em vista a sua posição sistemática na construção do tipo penal. A pena do furto qualificado, já aumentada nas suas balizas mínima e máxima, não seria por este aumento afetada. Ademais, as circunstâncias que envolvem o furto previsto no § 4.º, por exemplo, já seriam graves o suficiente para determinar uma justa punição ao autor da infração penal. Era a nossa posição.

Mais detidamente refletindo sobre o tema, verificamos o seu desacerto no processo de fixação da pena e passamos a adotar a segunda corrente. Em redor do tipo básico (*caput*), gravitam várias circunstâncias, algumas gerando aumento de pena, outras, diminuição. As elevações são obtidas por meio de qualificadoras e causas de aumento; as diminuições, por meio de privilégios e causas de diminuição. A qualificadora, quando presente, altera a faixa de fixação abstrata da pena (no caso do furto, pode-se alterá-la para dois a oito anos e multa – conforme § 4.º, somente para ilustrar). Na concomitante presença de qualificadora do § 4.º e do § 5.º, ainda ilustrando, somente se pode eleger uma faixa para a pena, logo, escolhe-se a mais grave: de três a oito anos. A circunstância remanescente, pertencente à outra qualificadora do § 4.º (por exemplo, rompimento de obstáculo), deve ser levada em conta na aplicação da pena-base, como circunstância judicial. Entretanto, a incidência concomitante de causas de aumento e de diminuição, previstas no mesmo tipo penal, podem (e devem) ser aplicadas umas sobre as outras. Por isso, se houver furto noturno, cometido por primário, com coisa de pouco valor, pode-se fazer incidir os §§ 1.º e 2.º. Diante disso, presente apenas uma circunstância qualificadora do § 4.º (ilustrando, a escalada), além da causa de aumento de ter sido o crime cometido durante repouso noturno, prevista no § 1.º, nada impede a aplicação de ambas. O juiz parte da faixa indicada pelo § 4.º, por conta da escalada, logo, dois a oito anos; fixa a pena-base, com fruto no art. 59 do CP; verifica se há agravantes ou atenuantes (arts. 61 a 65); finalmente, insere as causas de aumento, no caso, um terço a mais, por consideração ao § 1.º. As posições, no art. 155, da causa de aumento no tipo penal e da qualificadora são completamente indiferentes, levando-se em conta o processo trifásico de aplicação da pena. Outras considerações, para não aplicar o aumento do § 1.º às formas qualificadas (§ 4.º ou 5.º), constituem pura política criminal, visando à menor apenação ao acusado, embora distante da técnica de individualização da pena. E, segundo nos parece, essa foi a decisão tomada pelo STJ, pelas suas Turmas Criminais: "4. Tese jurídica: A causa de aumento prevista no § 1.º do art. 155 do Código Penal (prática do crime de furto no período noturno) não incide no crime de furto na sua forma qualificada (§ 4.º). 5. Recurso especial parcialmente provido" (REsp 1.891.007-RJ, 3.ª S., rel. João Otávio de Noronha, 25.05.2022, *DJe* 27.06.2022).

b) Insere-se no § 4.º-C, valendo para a qualificadora do § 4.º-B, o seguinte: b.1) aumenta-se de 1/3 (um terço) a 2/3 (dois terços), se o crime é praticado mediante a utilização de servidor mantido fora do território nacional (inciso I); b.2) aumenta-se de 1/3 (um terço) ao dobro, se o crime é praticado contra idoso ou vulnerável (inciso II).

Eleva-se a pena se o servidor, de onde partem *os ataques* a dispositivos alheios são hospedados em território fora do Brasil, porque dificulta muito a investigação e a descoberta da autoria. O aumento deve basear-se no grau de dificuldade da apuração do caso (inciso I). Quanto ao inciso II, volta-se essa elevação da pena por conta de ser a pessoa ofendida uma pessoa mais frágil, de algum modo incapaz de entender exatamente o que se passa no campo da informática, como se pode apontar no tocante aos idosos – menos aptos a compreender as inovações tecnológicas – bem como a outros vulneráveis – pessoas muito jovens ou inexperientes e até mesmo algumas com retardos mentais ou outras deficiências.

Acesse e escute o podcast sobre Pontos polêmicos do furto.
> http://uqr.to/1yoiv

🔖 PONTOS RELEVANTES PARA DEBATE

A questão da casa habitada no furto noturno

Há duas posições a respeito do tema: a) é preciso que o furto ocorra em casa habitada, com os moradores nela repousando. Sob essa visão, não se tem admitido a incidência do aumento quando o furto ocorre em casa comercial; b) entende-se que a causa de aumento está presente desde que a subtração ocorra *durante o repouso noturno*, ou seja, quando as pessoas de um modo geral estão menos atentas, com menor chance de vigilância dos seus e dos bens alheios, porque anoiteceu. Esta última é a posição mais adequada. Se um imóvel é invadido durante a noite, estando ou não habitado, com ou sem moradores no seu interior repousando, o furto merece pena mais severa. Sustentar o contrário faz com que a circunstância agravante concentre-se no fato de haver maior perigo para a vítima – que está em casa dormindo – quando a subtração se realiza no mesmo local, o que não nos parece tenha sido o objetivo da lei. Afinal, o furto é um delito não violento, motivo pelo qual o gravame referente ao cometimento durante o *repouso noturno* diz respeito à falta de vigilância da vítima e de pessoas ao redor, pois se está no período da noite.

Tanto é verdade que não se aplica a causa de aumento quando o furtador invade a residência do guarda-noturno, que se encontra *repousando* durante o dia.

O furto de coisas de estimação

Entendemos não ser objeto material do crime de furto, pois é coisa sem qualquer valor econômico. Não se pode conceber seja passível de subtração, penalmente punível, por exemplo, uma caixa de fósforo vazia, desgastada, que a vítima possui somente porque lhe foi dada por uma namorada, no passado, símbolo de um amor antigo. Caso seja subtraída por alguém, cremos que a *dor moral* causada no ofendido deve ser resolvida na esfera civil, mas jamais na penal, que não se presta a esse tipo de reparação.

O furto de cadáver

Pode ser objeto material do crime de furto caso tenha valor econômico e esteja na posse legítima de alguém (ex.: subtrair o corpo pertencente a um museu, que o exibe por motivos científicos ou didáticos). Não sendo este o caso, a subtração do cadáver pode constituir crime contra o respeito aos mortos (art. 211, CP).

"Os mortos são coisas, e são suscetíveis de ser levados de um lugar a outro. No entanto, não podem ser objeto de furto porque *não são coisas alheias*, e por isso não pertencem como coisas *próprias* a pessoa alguma. Não obstante, quem se apodera do corpo de um animal morto, em posse de outrem, comete furto, porque é uma coisa alheia" (Laje Ros, *La interpretación penal en el hurto, el robo y la extorsión*, p. 115).

O furto de coisas de ínfimo valor

Podem ser objeto do crime de furto, embora se deva agir com cautela nesse contexto, em face do princípio da insignificância (*crimes de bagatela*). O direito penal não se ocupa de insignificâncias (aquilo que a própria sociedade concebe ser de somenos importância), deixando de se considerar fato típico a subtração de pequeninas coisas de valor nitidamente irrelevante. Ex.: o sujeito que leva, sem autorização, do banco, onde vai sacar uma determinada quantia em dinheiro, o clipe que está sobre o guichê do caixa, embora não lhe pertença.

Não se deve exagerar, no entanto, na aplicação do princípio da bagatela, pois o que é irrelevante para uns pode ser extremamente importante para outros. Ex.: subtrair uma galinha de quem só possui um galinheiro com quatro é um valor significativo, que necessitará ser recomposto. Por outro lado, subtrair um pintinho de uma granja imensa, com milhares de aves, pode ser insignificante, sem qualquer afetação ao patrimônio. Lembre-se que a utilização do princípio da insignificância, por se tratar de causa supralegal de exclusão da tipicidade, submete-se, naturalmente, à política criminal do Estado, na hipótese, sob a ótica do Judiciário. Logo, inexistem regras fixas para essa avaliação. Deve-se analisar cada caso individualmente.

Atualmente, o STF criou alguns requisitos para o reconhecimento do *crime de bagatela*, entre os quais o pequeno valor da coisa, não somente para a sociedade, mas igualmente sob o prisma da vítima; o reconhecimento de não ser o autor reincidente ou ter maus antecedentes, demonstrando ser delinquente habitual; a consideração do bem na ótica de seu valor a toda sociedade, como ocorre no campo da tutela de bens jurídicos relevantes (administração pública, meio ambiente, paz pública etc.). Mesmo assim, cada caso deve ser avaliado individualmente, para que se realize autêntica forma de justiça.

O furto de imagem

Inexiste viabilidade de se configurar o *furto de imagem*, pois esta não se caracteriza como *coisa*. A imagem de algo é impalpável, embora possa ser captada por uma máquina, como a fotográfica ou de filmagem. Como diz Laje Ros, "o furto deve ser furto de coisa, ou recair em uma coisa; a coisa mesma deve ser subtraída. É por isso que não cometeu furto o fotógrafo do Santo Sudário que, em 1898, em Turim, limitou-se tão somente a fotografá-lo" (*La interpretación penal en el hurto, el robo y la extorsión*, p. 100).

Eventual captação indevida da imagem pode representar uma violação de direito autoral, referente à propriedade imaterial, conforme o caso.

O furto de talão de cheques e de cartão de crédito

O valor da coisa, objeto de subtração, não deve ser analisado intrinsecamente, pois há fatores indiretos, aptos a provocar prejuízo para a vítima. É o caso do talão de cheques; se furtado, tende a levar o ofendido a solicitar a sustação das suas folhas, o que representa um custo razoável por conta de tarifa bancária. Configura, assim, o furto.

Por outro lado, o cartão de crédito, no seu formato plástico, quando subtraído, tende a ser reposto pela administradora gratuitamente, motivo pelo qual não causa prejuízo à vítima, sendo incapaz de configurar o furto.

"É suficiente que tenham *um valor*, ou *algum valor*, sem importar que esse valor traduza sempre uma estrita referência ao econômico. O valor da coisa não equivale a que ela deva ser intrinsecamente valiosa para todos" (Laje Ros, *La interpretación penal en el hurto, el robo y la extorsión*, p. 113).

O furto de uso como crime

Não há fato típico, pois inexiste o ânimo de apossamento definitivo, que seria indispensável para a configuração do furto. Se o agente retirar a coisa da posse da vítima apenas para usar por pouco tempo, devolvendo-a intacta, é de se considerar não ter havido crime. Na ótica de Laje Ros, "não furta, embora use, porque *não pode apoderar-se do que tem em seu poder*, e não pode violar a propriedade alheia porque o objeto detido não se encontra na esfera de custódia distinta da sua. (...) Por constituir propriamente furto de coisa alheia, *não pode assimilar-se ao uso ilegítimo de coisa alheia* o fato de apoderar-se da coisa, servir--se dela e logo restituí-la" (*La interpretación penal en el hurto, el robo y la extorsión*, p. 139).

Cremos ser indispensável, entretanto, para a caracterização do furto de uso, a devolução da coisa no estado original, sem perda ou destruição do todo ou de parte. Se houver a retirada de um veículo para dar uma volta, por exemplo, devolvendo-o com o para-lama batido, entendemos haver furto, pois houve perda patrimonial para a vítima. De um modo indireto, o sujeito *apropriou-se* do bem de terceiro, causando-lhe prejuízo. Lembremos que a intenção de apoderar-se implica, também, a possibilidade de dispor do que é do outro, justamente o que ocorre quando o agente trata a coisa como se sua fosse. Utilizar um automóvel para uma volta, provocando uma colisão e devolvendo-o danificado, é o modo que o autor possui de demonstrar a sua franca intenção de dispor da coisa como se não pertencesse a outrem. Além disso, é preciso haver imediata restituição, não se podendo aceitar lapsos temporais exagerados. E, por fim, torna-se indispensável que a vítima não descubra a subtração antes da devolução do bem. Se constatou que o bem de sua propriedade foi levado, registrando a ocorrência, dá-se o furto por consumado. É que, nesse cenário, novamente o agente desprezou por completo a livre disposição da coisa pelo seu dono, estando a demonstrar o seu ânimo de apossamento ilegítimo. Em síntese: admitimos o furto de uso desde que presentes os seguintes requisitos, demonstrativos da *total* ausência do ânimo de apossamento: *1.º*) rápida devolução da coisa; *2.º*) restituição integral e sem qualquer dano do objeto subtraído; *3.º*) devolução antes que a vítima perceba a subtração, dando falta do bem.

A trombada como furto ou roubo

Cremos tratar-se de roubo. A violência utilizada na trombada, por menor que seja, é voltada contra a pessoa para arrancar-lhe a bolsa, a corrente, o relógio ou qualquer outro bem que possua, de forma que configurada está a figura do art. 157. Dizer que o ato violento tem por objetivo apenas a coisa é desconhecer o significado da "trombada", que inexoravelmente provoca o toque físico ao corpo da vítima, com uso da força bruta. O furto deve prescindir de todo e qualquer tipo de violência contra a pessoa, não havendo lesão à integridade física do ofendido. Pode-se falar em furto – mas, nesse caso, não acreditamos tratar-se de "trombada" – quando o agente ludibria a vítima, retirando-lhe o bem que possui. Ex.: fingindo limpar o líquido que propositadamente derrubou na roupa do ofendido, o autor toma-lhe a carteira. Há toque físico no corpo da vítima, embora esta conduta seja típica do furto, porque não houve violência contra a pessoa.

A aplicação do privilégio (§ 2.º) à figura qualificada (§ 4.º)

Há polêmica quanto à possibilidade de aplicação do privilégio às figuras qualificadas previstas no § 4.º, prevalecendo o entendimento da impossibilidade. Assim, segundo a orientação por ora predominante, o privilégio seria útil somente às figuras do *caput* e do § 1.º, mas não ao tipo qualificado. Discordamos desse posicionamento. No caso do homicídio, o § 1.º, que é considerado o *homicídio privilegiado*, aplica-se, conforme doutrina e jurisprudência majoritárias, não somente ao *caput*, mas também ao § 2.º, que cuida das qualificadoras. Por que não fazer o mesmo com o furto? Inexistindo razão para dar tratamento desigual a situações semelhantes, em matéria de construção do tipo penal, cremos ser possível a aplicação da causa de diminuição da pena às hipóteses qualificadas do § 4.º. Este é o teor da Súmula 511 do STJ: "É possível o reconhecimento do privilégio previsto no § 2.º do art. 155 do CP nos casos de crime de furto qualificado, se estiverem presentes a primariedade do agente, o pequeno valor da coisa e a qualificadora for de ordem objetiva".

Furto sob vigilância eletrônica

Cuida-se de situação polêmica, embora não devesse. Se o sistema de vigilância eletrônica e monitorada demonstrar ser tão eficiente a ponto de se tornar impossível a consumação do furto, há de incidir a norma prevista no art. 17 do Código Penal (crime impossível).

No entanto, se a vigilância eletrônica existir, mas for passível de qualquer falha, por óbvio, o delito impossível não se configura. Deve ser punida a tentativa.

Para se constatar a situação de possibilidade ou impossibilidade de atingir a consumação, somente o caso concreto pode determinar.

Mesmo assim, o Superior Tribunal de Justiça editou a Súmula 567: "sistema de vigilância realizado por monitoramento eletrônico ou por existência de segurança no interior de estabelecimento comercial, por si só, não torna impossível a configuração do crime de furto". Note-se que o seu advento não resolve nada, pois aponta o que é evidente: um sistema de vigilância por si só não garante o crime impossível. Verdade. Mas, por outro lado, um determinado sistema de vigilância pode, concretamente, afastar a viabilidade de consumação; logo, delito impossível.

Furto de coisa comum

Art. 156

Sujeito ativo

O sujeito ativo é exclusivamente o condômino, o coerdeiro ou o sócio, conforme a situação (ver Parte Geral, capítulo XII, item 3.1).

Sujeito passivo

Só pode ser o condômino, o coerdeiro ou o sócio, acrescentando-se que deve estar na posse legítima da coisa. Nem todo condômino tem a posse do bem que lhe pertence. Por isso, quem detiver, licitamente, a coisa pode ser sujeito passivo deste crime. Se o bem furtado pertence à sociedade com personalidade jurídica, entendemos tratar-se da figura do art. 155, e não de furto de coisa comum. Afinal, o que pertence à pessoa jurídica não se confunde com os bens individuais do sócio (ver Parte Geral, capítulo XII, item 3.2).

Objeto jurídico

O patrimônio, que pode ser a propriedade ou a posse, desde que legítimas (ver Parte Geral, capítulo XII, item 3.3, "b").

Objeto material

A coisa comum (ver Parte Geral, capítulo XII, item 3.3, "a").

Elementos objetivos do tipo

Além dos elementos comuns ao furto (art. 155), podemos acrescentar a detenção legítima, que é a conservação em seu poder, conforme a lei, de alguma coisa. Assim, quando se inaugura um inventário, cabe ao inventariante administrar os bens do espólio até que a partilha seja feita. Se um dos coerdeiros resolve levar, indevidamente, para sua casa bem que pertence igualmente aos demais e está sob detenção legítima do inventariante, comete o crime previsto no art. 156. *Coisa comum* é tudo aquilo que existe, podendo tratar-se de objetos inanimados ou de semoventes. O elemento normativo do crime de furto simples, associado à coisa, é *alheia*, implicando pertencer a outra pessoa que não o agente. No caso desta figura típica, encontra-se o elemento normativo *comum*, significando algo que pertence a mais de uma pessoa, isto é, o agente subtrai alguma coisa que lhe pertence, mas também e igualmente a terceiro. Ainda que o tipo penal não tenha feito referência, é preciso interpretar que a *coisa comum* seja móvel. Não há, no Brasil, furto de coisa imóvel. A pena é de detenção, de 6 meses a 2 anos, ou multa. Conferir o capítulo XIII, item 2.1, da Parte Geral.

Elemento subjetivo do crime

É o dolo, não existindo a forma culposa (ver o capítulo XIV da Parte Geral).

Elemento subjetivo do tipo específico

Exige-se a finalidade específica de agir ("para si ou para outrem"), que é o ânimo de apossamento (ver Parte Geral, capítulo XIII, item 2.1).

Classificação

Próprio; material; de forma livre; comissivo (como regra); instantâneo; de dano; unissubjetivo; plurissubsistente. Sobre a classificação dos crimes, ver o capítulo XII, item 4, da Parte Geral.

Tentativa

É admissível.

Particularidade

Somente está legitimado a agir o Ministério Público caso haja representação de alguma vítima.

Causa específica de exclusão da ilicitude

Se a coisa comum for fungível, isto é, substituível por outra da mesma espécie, quantidade e qualidade (como o dinheiro), e o agente subtrai uma parcela que não excede a cota a que tem direito, não há fato ilícito. Realmente, não teria cabimento punir, por exemplo, o coerdeiro que tomasse para si uma quantia em dinheiro encontrada no cofre do falecido, desde que tal valor seja exatamente aquilo a que ele teria direito caso aguardasse o término do inventário. Não cometeu crime algum, pois levou o que é somente seu. Entretanto, se o agente subtrai coisa infungível (como uma obra de arte, por exemplo), não está acobertado pela excludente, tendo em vista que o objeto do furto não pode ser substituído por outro de igual espécie e qualidade. Se é único, pertence a todos, até que se decida quem vai ficar, legitimamente, com o bem.

Capítulo II
Do Roubo e da Extorsão

Roubo

Art. 157

Sujeito ativo

Qualquer pessoa (ver Parte Geral, capítulo XII, item 3.1).

Sujeito passivo

Qualquer pessoa. É preciso ressaltar que a vítima *somente* da violência, mas não da subtração, pode ser sujeito passivo. Isto se deve aos objetos jurídicos protegidos pelo roubo, que são o patrimônio, a integridade física e a liberdade do indivíduo. Ex.: um auxiliar de escritório recebe uma quantia em dinheiro para depositar no banco na conta do patrão. Se for roubado no trajeto é vítima do crime tanto quanto o dono do dinheiro (ver Parte Geral, capítulo XII, item 3.2).

Objeto jurídico

O patrimônio, a integridade física e a liberdade do indivíduo (ver Parte Geral, capítulo XII, item 3.3, "b").

Objeto material

A pessoa que tem o patrimônio subtraído, bem como aquele que for agredido ou cerceado na sua liberdade (ver Parte Geral, capítulo XII, item 3.3, "a").

Elementos objetivos do tipo

São os mesmos elementos descritos no delito de furto (art. 155), acrescentando a grave ameaça (violência moral, consistente no prenúncio de um acontecimento desagradável, com força intimidativa, desde que importante e sério), a violência (violência física, isto é, o constrangimento físico voltado à pessoa humana) ou a redução da possibilidade de resistência (violência imprópria). "É a reiteração da fórmula do furto a que se incorporam circunstâncias, de maneira tal que um roubo não pode existir sem que previamente seja furto" (Laje Ros, *La interpretación penal en el hurto, el robo y la extorsión*, p. 250-251).

Quanto à denominada *violência imprópria*, refere-se ao agente que impinge à vítima algum tipo de instrumento capaz de inviabilizar a sua defesa. Exemplo típico é a utilização de alguma droga para entorpecer o ofendido, provocando-lhe o sono ou o desmaio. Um golpe típico é o conhecido *boa noite, Cinderela*, no qual o autor coloca a substância entorpecente na bebida da potencial vítima; quando esta adormece, seus bens são subtraídos. Não se trata de furto, mas de roubo.

A pena é de reclusão, de 4 a 10 anos, e multa. Conferir o capítulo XIII, item 2.1, da Parte Geral.

Elemento subjetivo do crime

Exige-se o dolo, não existindo a forma culposa (ver o capítulo XIV da Parte Geral).

Elemento subjetivo do tipo específico

É o ânimo de apossamento definitivo, espelhado pelos termos *para si ou para outrem* (ver Parte Geral, capítulo XIII, item 2.1).

Classificação

Comum; material; de forma livre; comissivo (como regra); instantâneo; de dano; unissubjetivo; plurissubsistente. Sobre a classificação dos crimes, ver o capítulo XII, item 4, da Parte Geral.

Tentativa

É admissível.

Espécies

Simples e próprio (*caput*); impróprio (§ 1.º); com causa de aumento, também denominado de qualificado (§§ 2.º e 2.º-A); qualificado pelo resultado (§ 3.º).

Particularidade

Não se aplica o princípio da insignificância, pois é crime complexo, que protege outros bens além do patrimônio, de forma que a violência ou a grave ameaça não podem ser consideradas de menor relevância, configuradora do delito de bagatela.

Momento consumativo

Quando o agente retira o bem da esfera de disponibilidade ia da vítima. No mesmo sentido, Muñoz Conde, *Derecho penal – Parte especial*, p. 385.

O Superior Tribunal de Justiça, nesse cenário, editou a Súmula 582, preceituando: "consuma-se o crime de roubo com a inversão da posse do bem mediante emprego de violência ou grave ameaça, ainda que por breve tempo e em seguida à perseguição imediata ao agente e recuperação da coisa roubada, sendo prescindível a posse mansa e pacífica ou desvigiada".

Em verdade, a referida Súmula espelha a jurisprudência dominante, que exige, para a consumação do roubo, a perda da disponibilidade da coisa pela vítima, mesmo que por breve tempo. A menção à *inversão da posse* é significativa, indicando ter a pessoa ofendida perdido o bem da sua esfera de proteção. A parte final demonstra a desnecessidade de obtenção da posse mansa e pacífica; portanto, é preciso apreender a coisa, removendo-a de onde estava, situação demonstrativa da subtração. A única parte que pode ensejar alguma dúvida é a citação de ser prescindível a posse *desvigiada*; na realidade, demandar a *inversão da posse* já reflete ter a pessoa ofendida perdido a disponibilidade do que era seu e isso representa perder a esfera de vigilância.

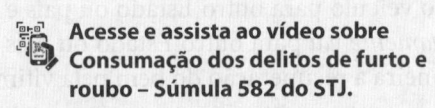

Acesse e assista ao vídeo sobre Consumação dos delitos de furto e roubo – Súmula 582 do STJ.
> http://uqr.to/1yoiw

Causas de aumento de pena do § 2.º (um terço até metade)

a) *se a violência ou ameaça é exercida com emprego de arma* (§ 2.º, I): em primeiro lugar, é necessário ressaltar ter sido revogado este inciso pela edição da Lei 13.654/2018. Em segundo, destaque-se a criação de uma outra causa de aumento de 2/3 no § 2.º-A, inciso I, no art. 157, para o agente que praticar este delito com emprego de arma de fogo. Assim, nota-se ter havido um equívoco legislativo, pois, para criar uma causa de aumento mais grave a quem age com arma de fogo, terminou-se afastando a causa de aumento, quando fosse utilizada arma branca (como faca, canivete, estilete etc.). Entretanto, mesmo após essa revogação, o julgador poderia utilizar a circunstância de utilizar arma branca como circunstância judicial, para elevar a pena-base. De todo modo, corrigiu-se esse erro, por meio da Lei 13.964/2019, inserindo o inciso VII ao § 2.º do art. 157, como se verá a seguir na alínea *g*;

b) *se há o concurso de duas ou mais pessoas* (§ 2.º, II): é sempre mais perigosa a conduta daquele que age sob a proteção ou com o auxílio de outra pessoa. Assim, o autor de roubo, atuando com um ou mais comparsas, deve responder mais gravemente pelo que fez. Entendemos, na esteira do ocorrido com o crime de furto, que basta haver o *concurso* de duas ou mais pessoas, sem necessidade de estarem todos presentes no local do crime. Afinal, não se pode esquecer da participação, moral ou material, também componente do quadro do concurso de agentes;

c) *se a vítima está em serviço de transporte de valores e o agente conhece tal circunstância* (§ 2.º, III): o roubo é mais grave quando o agente subtrai bens de quem está transportando valores pertencentes a terceiro. Essa atividade envolve, fundamentalmente, as empresas que se dedicam justamente a esse transporte, constituindo alvo identificável e atrativo aos assaltantes. Além disso, o prejuízo, nessas situações, costuma ser consideravelmente alto. Por tais causas, ocorre a maior reprovação da conduta. Exige o tipo penal que o agente *conheça* a circunstância referente ao transporte de valores de terceiros, razão pela qual não se configura a causa de aumento quando houve dolo indireto (assumir o risco de provocar o resultado);

d) *se a subtração for de veículo automotor que venha a ser transportado para outro Estado ou para o exterior* (§ 2.º, IV): essa causa de aumento foi o resultado de intensa pressão exercida pelas companhias de seguro, fartas de indenizar subtrações de veículos automotores, cujo destino, na maioria das vezes, era outro Estado da Federação ou mesmo outro país. A expressão *venha a ser transportado* acabou configurando um delito material, ou seja, exige-se o resultado naturalístico previsto no tipo penal, sendo necessário que o veículo automotor efetivamente seja levado para outro Estado da Federação ou ainda a outro país. Se ficar na mesma unidade federativa, não há a incidência da qualificadora. Portanto, cremos não haver tentativa de roubo com essa causa de aumento se o assaltante está conduzindo o veículo para outro Estado ou país e é surpreendido pela polícia. O veículo que *efetivamente vai* para outro Estado ou país torna o delito mais grave, pois dificulta sobremaneira a recuperação do bem pela vítima;

e) *se o agente mantém a vítima em seu poder, restringindo a sua liberdade* (§ 2.º, V): introduzida pela Lei 9.426/1996, teve o legislador por finalidade punir mais gravemente o autor do roubo que, além do mínimo indispensável para assegurar o produto da subtração, detém a vítima em seu poder. Entretanto, não houve interpretação pacífica desse novo dispositivo, tendo em vista que três situações podem surgir: a) o agente segura a vítima por brevíssimo tempo, o suficiente para tomar-lhe o bem almejado (ex.: disposto a tomar o veículo da vítima, o agente ingressa no automóvel unicamente para, alguns quarteirões depois, colocá-la para fora); b) o agente segura a vítima por tempo superior ao necessário ou valendo-se de forma anormal para garantir a subtração planejada (ex.: subjugando a vítima, o agente, pretendendo levar-lhe o veículo, manda que entre no porta-malas, rodando algum tempo pela cidade, até permitir que seja libertada ou o carro seja abandonado); c) o agente, além de pretender subtrair o veículo, tem a nítida finalidade de privar a liberdade do ofendido, para sustentar qualquer outro objetivo, embora na grande parte das vezes seja para subtrair-lhe outros bens. Para tanto, roda com a vítima pela cidade – na modalidade que hoje se chama de "sequestro relâmpago" – almejando conseguir saques em caixas eletrônicos, por exemplo. Na primeira hipótese, cremos não estar configurada a causa de aumento – afinal, o tipo penal fala em "manter", o que implica sempre uma duração razoável; na segunda, está a circunstância de aumento presente; na terceira, tratava-se de roubo seguido de sequestro, em concurso material. Entretanto, com o advento da Lei 11.923/2009, criando a figura específica para o sequestro relâmpago (art. 158, § 3.º, CP), não mais se utiliza do concurso de crimes, se o objetivo do agente voltar-se apenas para o sequestro da vítima, extraindo senhas para retirar dinheiro de caixas eletrônicos. No entanto, subtraindo o veículo (roubo) e, também, sequestrando a vítima para levar aos caixas eletrônicos (sequestro relâmpago) continua a suportar o concurso material. Ver os comentários ao novo tipo penal;

f) *se a subtração for de substâncias explosivas ou de acessórios que, conjunta ou isoladamente, possibilitem sua fabricação, montagem ou emprego* (§ 2.º, VI): inserida pela Lei 13.654/2018, pretende-se tratar de maneira mais rigorosa a *onda de subtração e uso de explosivos*, cuja finalidade principal é estourar caixas eletrônicos para captar o dinheiro. No entanto, acrescentar à já extensa lista de causas de aumento do § 2.º do art. 157 é uma enorme perda de espaço para, realmente, incrementar a pena. Deve o julgador elevar a pena entre 1/3 e metade, agora levando em conta a existência de *cinco* fatores; noutros termos, é muito pouco aumento para a quantidade de circunstâncias que podem envolver um roubo. Essa nova causa de exasperação da pena deveria ter recebido um tratamento específico, destacado do referido § 2.º;

g) *se a violência ou grave ameaça é exercida com emprego de arma branca* (§ 2.º, VII): retornou a causa de aumento com a edição da Lei 13.964/2019, mas, agora, estipulando, claramente, tratar-se de *arma branca* (arma que não é de fogo, como faca, canivete, estilete etc.). Denomina-se *arma própria*, a que é destinada, primordialmente, para ataque ou defesa (ex.: armas de fogo, punhal, espada, lança etc.). Logicamente, muitas outras coisas podem ser usadas como meios de defesa ou de ataque. Nesse caso, são as chamadas *armas impróprias* (ex.: uma faca de cozinha atirada contra o agressor; um martelo utilizado para matar; uma ferramenta pontiaguda servindo para intimidar). Nos termos de Laje Ros, "admitindo que o roubo se pode cometer com violência ou com intimidação às pessoas, torna-se muito difícil ao proprietário ou ao detentor defender a propriedade, ou o que tem em seu poder, quando o autor se vale de armas para cometer o delito. Isso porque anula toda possibilidade de defesa, e já resulta impossível, diante de um ladrão armado, opor qualquer tipo de resistência. Não é o mesmo à mão limpa que à mão armada" (*La interpretación penal en el hurto, el robo y la extorsión*, p. 288). Em suma, armas em geral (extraindo as *de fogo*) servem como causa de aumento, inseridas no inciso VII do § 2.º.

Causas de aumento de pena do § 2.º-A (dois terços)

a) *se a violência ou ameaça é exercida com emprego de arma de fogo (inciso I)*: a arma de fogo (arma que funciona por meio da deflagração de carga explosiva, lançando ao ar um ou mais projéteis), sem dúvida, é um instrumento mais perigoso e vulnerante para a vítima. Por isso, a elevação da pena em 2/3 é uma medida correta, em nosso entendimento.

Para a análise dessa causa de aumento, no entanto, há polêmica, fruto de duas visões a respeito do tema: a) *critério objetivo*: avalia o "emprego de arma de fogo", segundo o efetivo perigo que ela possa trazer à vítima. Logo, para essa teoria, uma arma de brinquedo, embora seja útil para constituir a grave ameaça, não presta à finalidade do aumento, que é a sua potencialidade lesiva concreta à pessoa do ofendido; b) *critério subjetivo*: analisa o "emprego de arma de fogo", conforme a força intimidativa gerada na vítima. Sob esse prisma, uma arma de brinquedo é instrumento hábil à configuração da causa de aumento, uma vez que o temor provocado no ofendido é muito maior – diminuindo a sua capacidade de resistência consideravelmente – quando é utilizada. Preferimos a teoria objetiva, ou seja, respeitando-se o princípio da legalidade, deve-se considerar *arma* exatamente aquilo que pode ser usado como instrumento de ataque ou defesa – ainda que seja imprópria (como, *v.g.*, a utilização de um machado para intimidar o ofendido). Logicamente, com muito mais razão, usada a arma de fogo, o perigo é maior à pessoa ofendida. Ao contrário, o sujeito que exerce a grave ameaça valendo-se de outros meios, como o emprego de sua própria força física, gera menor potencialidade lesiva ao ofendido, que, inclusive, pode sentir-se mais preparado a reagir.

Por isso, não podemos aquiescer na consideração de *arma de brinquedo* como se arma fosse. Ela não é instrumento de ataque ou defesa, nem próprio, nem impróprio. Logo, nesse caso, não nos parece esteja configurada a causa de aumento do roubo. Pelo exposto, a arma de brinquedo não serve para configurar a causa de aumento, uma vez que não constituem perigo efetivo à vítima. Não serve também para provocar aumento da pena-base.

Quanto à arma de fogo defeituosa ou sem munição, entendemos ser indispensável a análise do caso concreto. Caso a arma seja considerada pela perícia *absolutamente* ineficaz por causa do seu defeito, não se pode considerar ter havido maior potencialidade lesiva para a vítima (teoria objetiva do emprego de arma); logo, não se configura a causa de aumento. Se a arma for considerada *relativamente* capaz de dar disparos, cremos presente o aumento previsto. No que se refere à arma sem munição, é apenas um meio *relativamente* ineficaz, pois a qualquer momento pode o agente colocar projéteis e disparar contra a vítima. Assim, entendemos deva estar configurada a causa de aumento. Outra hipótese cuida da simulação de arma, quando o agente se vale do próprio dedo ou de um instrumento pontiagudo embaixo de suas vestes, dando a impressão de carregar um revólver. Entendemos ser meio suficiente para gerar a grave ameaça, pois a vítima normalmente não costuma blefar nesses casos, entregando os seus bens. Não cabe, no entanto, falar na causa de aumento, pois objetivamente *inexistiu* arma.

O Supremo Tribunal Federal entende ser dispensável a realização de perícia e, também, a apreensão da arma de fogo, para que se possa demonstrar a sua potencialidade lesiva. Portanto, mesmo sem laudo pericial, torna-se viável a incidência da causa de aumento de emprego de arma de fogo (HC 96.099-RS, Pleno, rel. Min. Ricardo Lewandowski, 19.2.2009, m.v.);

b) *se há destruição ou rompimento de obstáculo mediante o emprego de explosivo ou de artefato análogo que cause perigo comum (inciso II)*: *destruir* significa demolir, devastar, causar danos a alguma coisa; *romper* quer dizer abrir algo à força *ou arrombar*. As duas condutas alternativas são realizadas pelo uso de explosivo (substância inflamável, capaz de produzir explosão, isto é, um abalo seguido de forte ruído causado pelo surgimento repentino de uma energia física ou expansão de gás) ou artefato análogo (todos os produtos, que possam produzir resultado similar, tal como o engenho de dinamite, que envolve explosivo à base de nitroglicerina).

Mas somente isso não basta; é preciso gerar perigo comum, ou seja, a probabilidade de causar dano a um número indeterminado de pessoas. Como regra, a conduta retratada nesse caso ocorre em bancos ou caixas eletrônicos, que se situam em zona urbana, logo, próximo a residências ou estada de pessoas. Desse modo, é praticamente certa a aplicação dessa causa de aumento. Entretanto, pode-se argumentar com o uso de explosivos, durante um roubo, em zona rural, distante de qualquer comunidade. Seria inviável gerar perigo comum, motivo pelo qual a causa de aumento seria inaplicável.

Causa de aumento do § 2.º-B (dobro da pena)

Introduzida pela Lei 13.964/2019, "se a violência ou grave ameaça é exercida com emprego de arma de fogo de uso restrito ou proibido, aplica-se em dobro a pena prevista no *caput* deste artigo". Observa-se a maior severidade quando o roubo é cometido com emprego de arma de fogo de uso restrito ou proibido – a utilização de arma de fogo já leva ao aumento de 2/3. Essas armas são mais potentes e causam mais danos à vítima, quando efetivamente usadas.

Ao prever a aplicação do *dobro* da pena, indicando a cominação do *caput*, pode dar a entender tratar-se de uma qualificadora, mas, na essência, não se cuida disso. A qualificadora é específica e eleva a faixa de fixação da pena, aumentando concomitantemente, em abstrato, o mínimo e o máximo. A causa de aumento provoca a elevação na terceira fase da fixação do *quantum* da pena, vale dizer, depois de o julgador estabelecer a pena-base, com fundamento no art. 59 do CP, e passar pela aplicação das agravantes e atenuantes. A indicação da pena prevista no *caput* é apenas para indicar que a faixa abstrata a ser usada é a de reclusão, de 4 a 10 anos – e não outra faixa eventualmente criada no tipo penal incriminador.

Além disso, a consideração de ser uma causa de aumento permite a escolha do aumento maior, quando houver mais de um, ou de todos os aumentos incidentes ao caso, nos termos do art. 68, parágrafo único, do Código Penal. E quando o julgador optar por mais de um aumento, deve justificar (art. 93, IX, CF), sob pena de se aplicar somente um. Trata-se de posição favorável ao réu.

Crime qualificado pelo resultado lesões graves (§ 3.º, inciso I)

É uma das hipóteses de delito qualificado pelo resultado, que se configura pela presença de dolo na conduta antecedente (roubo) e dolo ou culpa na conduta subsequente (lesões corporais graves – art. 129, §§ 1.º e 2.º, CP). A pena é de reclusão, de sete a dezoito anos, e multa. As hipóteses quanto ao resultado mais grave são: a) lesão grave consumada + roubo consumado = roubo qualificado pelo resultado lesão grave; b) lesão grave consumada + tentativa de roubo = roubo qualificado pelo resultado lesão grave, dando-se a mesma solução do latrocínio (morte consumada + tentativa de roubo), conforme art. 157, § 3.º.

Crime qualificado pelo resultado morte (§ 3.º, inciso II)

Trata-se da hipótese do latrocínio, quando também se exige dolo na conduta antecedente (roubo) e dolo ou culpa na conduta subsequente (morte). É considerado crime hediondo (art. 1.º, II, Lei 8.072/1990). A pena é de reclusão, de 20 a 30 anos, e multa. Cuidou o legislador de explicitar que é preciso haver, anteriormente, *violência*, razão pela qual entendemos não estar configurada a hipótese do latrocínio se, da grave ameaça, resultar lesão grave ou morte. Há posição em sentido contrário, exigindo mero nexo de causalidade entre o roubo (com violência ou grave ameaça) e o resultado mais grave. Não se admitindo a aplicação do § 3.º quando houver grave ameaça, como defendemos, a única solução viável é o desdobramento das condutas em dois delitos em concurso: roubo + lesões graves ou roubo + homicídio. O segundo delito será punido dolosa ou culposamente, conforme o caso.

Aspectos do resultado morte

Cremos que a violência empregada para o roubo é apta a causar a morte de qualquer pessoa, e não somente da vítima. Assim, se um dos autores atira contra o ofendido, mas termina matando quem está passando pelo local, comete latrocínio. O mesmo se diga se o marginal desfere tiros contra a polícia que chega no momento do assalto ou contra a vítima, matando um outro comparsa. A violência empregada trouxe o resultado "morte", não necessariamente do ofendido, pois o direito protege a vida humana, e não somente a vida da vítima do crime patrimonial. É evidente que a morte do coautor ou de quem está passando precisa, de algum modo, estar conectada ao roubo, a fim de garantir o liame causal. Se o agente resolve matar o comparsa, durante um assalto, simplesmente porque este diverge de suas ordens, não se pode falar em latrocínio. A aplicação da teoria do erro quanto à pessoa é cabível.

Hipóteses possíveis

a) roubo consumado e homicídio tentado: tentativa de latrocínio;

b) roubo consumado e homicídio consumado: latrocínio consumado;

c) roubo tentado e homicídio tentado: tentativa de latrocínio;

d) roubo tentado e homicídio consumado: latrocínio consumado. Neste último caso, dever-se-ia falar em latrocínio tentado, pois o crime patrimonial não atingiu a concretização, embora da violência tenha resultado a morte. Entretanto, como a vida humana está acima dos interesses patrimoniais, soa mais justa a punição do agente por latrocínio consumado, até mesmo porque o tipo penal menciona "se da violência resulta morte", seja ela exercida numa tentativa ou num delito consumado anterior. É a posição esposada pela Súmula 610 do Supremo Tribunal Federal ("Há crime de latrocínio, quando o homicídio se consuma, ainda que não realize o agente a subtração de bens da vítima") e da maioria da jurisprudência.

Inviabilidade de aplicação do art. 9.º da Lei 8.072/1990

A Lei dos Crimes Hediondos estabeleceu, no referido art. 9.º, que a pena do roubo qualificado pelo resultado deve ser acrescida da metade, respeitado o limite superior de 30 anos, se a vítima estiver em qualquer das hipóteses do art. 224 do Código Penal. Esse artigo, entretanto, foi revogado pela Lei 12.015/2009, pois enumerava as pessoas até 14 anos de idade, alienadas ou débeis mentais e que não pudessem opor resistência por qualquer motivo. Era a chamada *presunção de violência*. Outros tipos penais foram criados pela referida Lei 12.015/2009, envolvendo essas pessoas mais vulneráveis a agressões sexuais. De todo modo, deixa de existir parâmetro válido para a aplicação do art. 9.º da Lei 8.072/1990, vez que a norma penal de referência (art. 224, CP) foi revogada. Em boa hora, pois se chegava ao absurdo de a pena mínima coincidir com a máxima. Assim, praticar latrocínio contra menor de 14 anos levava o juiz a fixar a pena mínima de 30 anos (20 anos + metade), que era também o máximo permitido. Em nosso entendimento, havia lesão ao princípio constitucional da individualização da pena (art. 5.º, XLVI, CF), tornando a aplicação do aumento inconstitucional. A questão está superada.

> Acesse e escute o podcast sobre
> Aspectos polêmicos do roubo.
>
> > http://uqr.to/1yoix

🌿 PONTOS RELEVANTES PARA DEBATE

O roubo de uso

O agente, para roubar – diferentemente do que ocorre com o furto –, é levado a usar violência ou grave ameaça contra a pessoa, de forma que a vítima tem imediata ciência da conduta e de que seu bem foi levado embora. Logo, ainda que possa não existir, por parte do agente, a intenção de ficar com a coisa definitivamente (ex.: quer um carro somente para praticar um assalto, pretendendo depois devolvê-lo, por exemplo), consumou-se a infração penal. Quando tratamos do *furto de uso*, defendemos a posição de que somente é possível afastar-se a tipificação do furto quando o agente devolve o bem no mesmo lugar e no mesmo estado antes mesmo de que a vítima perceba, pois, do contrário, estará afrontando nitidamente a sua possibilidade de dispor do que lhe pertence. Se o dono de um carro, pretendendo vendê-lo, resolve mostrar o bem a um interessado, não o encontrando, perde o negócio. Se, posteriormente, obtém, de volta, o veículo trazido por alguém que pretendia apenas dar uma volta com ele, trata-se de furto consumado, pois a vítima perdeu a disponibilidade do bem antes que este pudesse ter sido devolvido. Sofreu, inclusive, prejuízo. Não se deve, pois, dar uma interpretação agigantada à expressão configuradora do "elemento subjetivo do tipo específico" ("para si ou para outrem"), pretendendo dizer que pelo simples fato de o agente querer "usar" o bem por algumas horas está autorizado a fazê-lo, visto não ter agido com ânimo de apossamento definitivo. Com a devida vênia, "emprestar" o carro de outrem, sem autorização do dono, para dar umas voltas é também vontade de se apossar do bem, correndo o risco, como já mencionamos, de perdê-lo por completo (definitivamente, portanto). Quando está "usando" o automóvel, este se encontra na esfera de disponibilidade de quem não é seu proprietário, o que afeta o patrimônio alheio do mesmo modo. Logo, não há roubo de uso, além do que o crime é complexo e há outros objetos jurídicos protegidos, como a integridade física ou a liberdade do indivíduo, já feridos quando da retirada do bem.

A análise do roubo em confronto com o estado de necessidade

Embora a corrente majoritária na jurisprudência não aceite a possibilidade de se alegar estado de necessidade quando se pratica um roubo, não vemos óbice legal a tanto. É evidente que o que se pretende coibir é o abuso e a falsa alegação de necessidade. Em casos excepcionais, no entanto, cremos possível haver a excludente de ilicitude, mesmo no contexto do roubo. Destaque-se que a excludente do art. 24 do Código Penal permite que, em situação de perigo não gerada pelo autor do fato necessário, pode-se até matar. Vide o caso do náufrago que mata o outro para ficar com a boia somente para si, salvando-se. Assim, se alguém, necessitando de um carro com absoluta urgência para salvar seu pai, que está sofrendo um enfarte, por exemplo, utiliza de violência, retirando um motorista de dentro do seu veículo para dele fazer uso, pode-se perfeitamente configurar o estado de necessidade.

A existência da tentativa no roubo impróprio

Há duas posições a respeito: a) pode haver tentativa de roubo impróprio, quando o agente, apesar de ter conseguido a subtração, é detido por terceiros no instante em que pretendia usar violência ou grave ameaça; b) não é cabível. Se a subtração se concretizou, não há que se falar em tentativa de roubo impróprio: ou o agente usa violência ou grave ameaça e está consumado o roubo impróprio ou não a utiliza e mantém-se somente a figura do furto (simples ou qualificado). A polêmica é de difícil solução, embora esteja concentrada no significado a ser dado à expressão "logo depois de *subtraída a coisa*" (art. 157, § 1.º, CP). Se entendermos que tal expressão quer dizer o mesmo que *furto consumado*, naturalmente não se pode aceitar a ocorrência da tentativa de roubo impróprio, uma vez que a coisa já saiu da esfera de disponibilidade e vigilância da vítima. Não teria cabimento supor que, encontrado o autor longe do lugar da retirada do bem e ingressando em luta com o ofendido, a quem está agredindo quando é detido, está-se falando de tentativa de roubo impróprio. O que temos é um furto consumado em concurso com um crime violento contra a pessoa. Entretanto, se dermos à expressão a simples conotação de "retirada da coisa" da vítima, sem necessidade de se exigir a consumação do furto, então podemos cuidar da tentativa de roubo impróprio. O ofendido, por exemplo, vendo que sua bicicleta está sendo levada por um ladrão, vai atrás deste que, para assegurar sua impunidade ou garantir a detenção da coisa, busca agredir a pessoa que o persegue, momento em que é detido por terceiros. Existe aí uma tentativa de roubo impróprio. Esta parece-nos ser a melhor posição. No § 1.º do art. 157 não se utilizou a expressão "subtraída a coisa" com o mesmo sentido amplo e firme da "consumação do crime de furto", vale dizer, exigindo-se a posse mansa e tranquila da coisa subtraída. O método de praticar o roubo é que varia. Enquanto no *caput* o agente usa a violência ou a grave ameaça para vencer a resistência da vítima, levando-lhe os bens, no § 1.º ele faz o mesmo, embora logo após ter conseguido, sozinho, tomar a coisa almejada. Na primeira hipótese, que é a mais usual, aponta um revólver para a vítima, ameaçando-a de morte e, com isso, vencendo a sua resistência, para tomar-lhe a bicicleta. No segundo caso, toma-lhe a bicicleta e, quando pretende escapar, notando a aproximação da vítima, aponta-lhe a arma, ameaçando-a de morte. Se neste momento for preso, tentou praticar um roubo impróprio. Naturalmente, se o furto está consumado (o bem foi retirado da esfera de vigilância e disponibilidade da vítima) e o agente é encontrado, logo depois, em situação que faça presumir ser ele o autor da infração penal (art. 302, IV, CPP), ainda que possa haver flagrante pela prática do furto, caso haja o emprego de violência contra a pessoa ou grave ameaça, estamos diante de crime autônomo. E, finalmente, se o agente está subtraindo a coisa (não conseguiu fazê-lo ainda), quando a vítima se aproxima entrando em luta com o ladrão, que é preso em seguida, deve-se falar em tentativa de furto seguida de eventual crime contra a pessoa.

O critério para a elevação da pena quando houver a incidência de mais de uma causa de aumento no mesmo parágrafo com acréscimo variável (ex.: § 2.º do art. 157: aumento de 1/3 até metade)

Há quatro posições principais nesse contexto: *a)* deve haver um único aumento, baseado numa das causas constatadas. Se houver mais de uma circunstância, as demais podem ser consideradas como circunstâncias judiciais (art. 59) para estabelecer a pena-base; *b)* o aumento, que é variável (um terço até a metade), deve ser proporcional ao número de causas presentes, em consideração matemática; *c)* a existência de mais de uma causa de aumento por si só não significa a elevação necessária da pena. O juiz pode aplicar apenas o mínimo; *d)* deve haver a elevação necessária (entre um terço e metade) e suficiente para, no entendimento do julgador, punir, de modo justo, o crime, com as circunstâncias presentes, sem qualquer critério matemático fixo. A última posição é a correta e vem ganhando adeptos, inclusive nos Tribunais Superiores. Confira-se a Súmula 443 do STJ: "O aumento na terceira fase de aplicação da pena no crime de roubo circunstanciado exige fundamentação concreta, não sendo suficiente para a sua exasperação a mera indicação do número de majorantes". A presença de uma só causa de aumento pode ser tão relevante e grave que justifique o aumento de metade da pena. Por outro lado, duas causas de aumento podem ser de mínima ofensividade, no caso concreto, determinando o aumento de apenas um terço.

Extorsão

Art. 158

Sujeito ativo

Qualquer pessoa (ver Parte Geral, capítulo XII, item 3.1).

Sujeito passivo

Qualquer pessoa (ver Parte Geral, capítulo XII, item 3.2).

Objeto jurídico

O patrimônio, a integridade física e a liberdade do indivíduo (ver Parte Geral, capítulo XII, item 3.3, "b").

Objeto material

A pessoa que tem o patrimônio subtraído e / ou aquele que for agredido ou cerceado na sua liberdade (ver Parte Geral, capítulo XII, item 3.3, "a").

Elementos objetivos do tipo

Constranger (tolher a liberdade) alguém, mediante grave ameaça (violência moral, consistente no prenúncio de um acontecimento desagradável, com força intimidativa, desde que importante e sério) ou violência (violência física, isto é, o constrangimento físico voltado à pessoa humana) a fazer, tolerar que se faça ou deixar de fazer alguma coisa, com o fim de obter indevida vantagem econômica. Embora não mencionado expressamente no tipo, acrescentamos a possibilidade de se dar extorsão pela redução da possibilidade de resistência (violência imprópria). "Cria-se uma espécie de estado de necessidade, em razão de que, quando a ordem se cumpre, quer-se evitar um mal maior" (*La interpretación penal en el hurto, el robo y la extorsión*, p. 348).

A extorsão é uma variante de crime patrimonial muito semelhante ao roubo, pois também implica uma subtração violenta ou com grave ameaça a bens alheios. A diferença concentra-se no fato de a extorsão exigir a participação ativa da vítima, *fazendo* alguma coisa, *tolerando que se faça* ou *deixando de fazer* algo em virtude da ameaça ou da violência sofrida. No roubo, por outro lado, o agente atua sem a participação da vítima. Assim, como exemplos: para roubar um carro, o agente aponta o revólver e retira a vítima do seu veículo contra a vontade desta. No caso da extorsão, o autor aponta o revólver para o filho do ofendido, determinando que ele vá buscar o carro na garagem da sua residência, entregando-o em outro local predeterminado, onde se encontra um comparsa. Nota-se, pois, que na primeira situação o agente toma o veículo da vítima no ato da grave ameaça, sem que haja *ação* específica do ofendido, que simplesmente não resiste. Na segunda hipótese, a própria vítima busca o veículo, entregando-o, sob ameaça, a terceiro. E mais: no roubo a coisa desejada está à mão; na extorsão, a vantagem econômica almejada precisa ser alcançada, dependendo da colaboração da vítima. A pena é de reclusão, de 4 a 10 anos, e multa. Conferir o capítulo XIII, item 2.1, da Parte Geral.

Elemento subjetivo do crime

É o dolo (ver o capítulo XIV da Parte Geral).

Elemento subjetivo do tipo específico

É o ânimo de apossamento definitivo de patrimônio alheio, espelhado pelos termos *com o fim de obter para si ou para outrem indevida vantagem econômica* (ver Parte Geral, capítulo XIII, item 2.1).

Classificação

Comum; formal; de forma livre; comissivo (como regra); instantâneo; de dano; unissubjetivo; plurissubsistente. Sobre a classificação dos crimes, ver o capítulo XII, item 4, da Parte Geral.

Tentativa

É admissível.

Espécies

Simples (*caput*); com causa de aumento, também denominada de qualificada (§ 1.º) e qualificada pelo resultado (§ 2.º).

Momento consumativo

Em que pese defendermos ser a extorsão um crime formal (não exige o resultado naturalístico consistente na redução do patrimônio da vítima), ainda há alguns aspectos a considerar no tocante ao momento consumativo. Ocorre que há, fundamentalmente, três estágios para o cometimento da extorsão: 1.º) o agente constrange a vítima, valendo-se de violência ou grave ameaça; 2.º) a vítima age, por conta disso, fazendo, tolerando que se faça ou deixando de fazer alguma coisa; 3.º) o agente obtém a vantagem econômica almejada. Este último estágio é apenas configurador do seu objetivo ("com o intuito de..."), não sendo necessário estar presente para concretizar a extorsão. Entretanto, o simples constrangimento, sem que a vítima atue, não passa de uma tentativa. Para a consumação, portanto, cremos mais indicado atingir o segundo estágio, isto é, quando a vítima cede ao constrangimento imposto e faz ou deixa de fazer algo. Sobre o tema, conferir a Súmula 96 do STJ: "O crime de extorsão consuma-se independentemente da obtenção da vantagem indevida".

Causas de aumento de pena (um terço até metade)

a) *se a violência ou ameaça é exercida com emprego de arma* (§ 1.º): *arma* é o instrumento utilizado para defesa ou ataque. Denomina-se *arma própria*, a que é destinada, primordialmente, para ataque ou defesa (ex.: armas de fogo, punhal, espada, lança etc.). Logicamente, muitas outras coisas podem ser usadas como meios de defesa ou de ataque. Nesse caso, são as chamadas *armas impróprias* (ex.: uma cadeira atirada contra o agressor; um martelo utilizado para matar; uma ferramenta pontiaguda servindo para intimidar). O tipo penal vale-se da acepção ampla do termo, ou seja, refere-se tanto às armas próprias, quanto às impróprias, pois ambas apresentam maior perigo à incolumidade física da vítima;

b) *se há o concurso de duas ou mais pessoas* (§ 1.º): é sempre mais perigosa a conduta daquele que age sob a proteção ou com o auxílio de outra pessoa. Assim, o autor de extorsão, atuando com um ou mais comparsas, deve responder mais gravemente pelo que fez. Entendemos, na esteira do ocorrido com o crime de furto, que basta haver o *concurso* de duas ou mais pessoas, sem necessidade de estarem todos presentes no local do crime. Afinal, não se pode esquecer da participação, moral ou material, também componente do quadro do concurso de agentes.

Crime qualificado pelo resultado lesões graves

É uma das hipóteses de delito qualificado pelo resultado, que se configura pela presença de dolo na conduta antecedente (extorsão) e dolo ou culpa na conduta subsequente (lesões corporais graves, conforme previsão feita no art. 129, §§ 1.º e 2.º, CP).

Crime qualificado pelo resultado morte

Também se exige dolo na conduta antecedente (extorsão) e dolo ou culpa na conduta subsequente (morte). É considerado crime hediondo (art. 1.º, Lei 8.072/1990). Cuidou o legislador de explicitar que é preciso haver, anteriormente, *violência*, razão pela qual entendemos não estar configurada a hipótese de extorsão seguida de morte se, da grave ameaça, resultar lesão grave ou morte. Há posição em sentido contrário, exigindo mero nexo de causalidade entre a extorsão (com violência ou grave ameaça) e o resultado mais grave. Não se admitindo a aplicação do § 2.º quando houver grave ameaça, como defendemos, a única solução viável é o desdobramento das condutas em dois delitos em concurso: extorsão + lesões graves, ou extorsão + homicídio. O segundo delito será punido dolosa ou culposamente, conforme o caso.

Aspectos do resultado morte

Cremos que a violência empregada para a extorsão é apta a causar a morte de qualquer pessoa, e não somente da vítima. Assim, se um dos autores atira contra o ofendido, mas termina matando quem está passando pelo local, comete a figura qualificada pelo resultado.

Inviabilidade de aplicação do art. 9.º da Lei 8.072/1990

A Lei dos Crimes Hediondos estabeleceu, no referido art. 9.º, que a pena da extorsão qualificada pelo resultado deve ser acrescida da metade, respeitado o limite superior de 30 anos, se a vítima estiver em qualquer das hipóteses do art. 224 do Código Penal. Esse artigo, entretanto, foi revogado pela Lei 12.015/2009, pois enumerava as pessoas até 14 anos de idade, alienadas ou débeis mentais e que não pudessem opor resistência por qualquer motivo. Era a chamada *presunção de violência*. Outros tipos penais foram criados pela referida Lei 12.015/2009, envolvendo essas pessoas mais vulneráveis a agressões sexuais. De todo modo, deixa de existir parâmetro válido para a aplicação do art. 9.º da Lei 8.072/1990, vez que a norma penal de referência (art. 224, CP) foi revogada. Em boa hora, pois se chegava ao absurdo de a pena mínima coincidir com a máxima. Assim, praticar extorsão com morte contra menor de 14 anos levava o juiz a fixar a pena mínima de 30 anos (20 anos + metade), que era também o máximo permitido. Em nosso entendimento, havia lesão ao princípio constitucional da individualização da pena (art. 5.º, XLVI, CF), tornando a aplicação do aumento inconstitucional. A questão está superada.

Sequestro relâmpago

Com o advento da Lei 11.923/2009, criou-se a figura típica do sequestro relâmpago no art. 158, § 3.º, do Código Penal. Pode-se dizer que, finalmente, o legislador *quase* acertou. Desfazendo críticas contra a inovação, pensamos inexistir qualquer conflito aparente de normas ou confusão legislativa pela simples vigência do disposto no art. 157, § 2.º, V, do Código Penal ("se o agente mantém a vítima em seu poder, restringindo sua liberdade"). Já sustentávamos anteriormente, conforme se constata nos comentários a esse dispositivo, ser inaplicável a causa de aumento do art. 157, § 2.º, V, ao caso do sequestro relâmpago. Para tal situação, seria necessária a tipificação em roubo seguido de sequestro, por ausência de outra figura específica. A partir da inclusão do § 3.º ao art. 158, passa-se ao tipo preciso de extorsão, cujo constrangimento é voltado à restrição à liberdade da vítima como forma de pressão para a obtenção de vantagem econômica. Não mais se aplica o concurso de crimes (roubo + sequestro), inserindo-se o caso concreto, denominado vulgarmente de sequestro relâmpago, na figura nova. Porém, um alerta: pode haver roubo e sequestro relâmpago (extorsão), em concurso material, quando o agente, mediante violência ou grave ameaça, subtrai bem da vítima (roubo) e, depois, sequestra o ofendido para que libere senha para o caixa eletrônico (extorsão). Jamais houve confusão entre roubo e extorsão. Quando o agente ameaça a vítima portando uma arma de fogo, exigindo a entrega do automóvel, por exemplo, cuida-se de roubo. A coisa desejada, afinal, está à vista e à disposição do autor do roubo. Caso o ofendido se negue a entregar, pode sofrer violência, ceder e o agente leva o veículo do mesmo modo. Porém, no caso da extorsão, há um constrangimento, com violência ou grave ameaça, que *exige*, necessariamente, a colaboração da vítima. Sem esta colaboração, por maior que seja a violência efetivada, o autor da extorsão não obtém o almejado. Por isso, obrigar o ofendido a empreender saque em banco eletrônico é extorsão – e não roubo. Sem a participação da vítima, fornecendo a senha, a coisa objetivada (dinheiro) não é obtida. Logo, obrigar o ofendido, *restringindo-lhe* (limitar, estreitar) a liberdade, constituindo esta restrição o instrumento para exercer a grave ameaça e provocar a colaboração da vítima é exatamente a figura do art. 158, § 3.º, do Código Penal. Permanece o art. 157, § 2.º, V, do Código Penal para a hipótese mais rara de o agente desejar o carro da vítima, ilustrando, levando-a consigo por um período razoável, de modo a se certificar da inexistência de alarme ou trava eletrônica. É um roubo, com restrição limitada da liberdade, de modo a garantir a posse da coisa, que *já tem em seu abrigo*. Entretanto, rodar com a vítima pela cidade, restringindo-lhe a liberdade, como forma de obter a coisa almejada, contando com a colaboração do ofendido, insere-se na extorsão mediante restrição à liberdade. Finalmente, a nova figura também não se confunde com a extorsão mediante sequestro, tendo em vista que nesta última hipótese, a privação (destituir, tolher) da liberdade é mais que evidente, ingressando o ofendido em cárcere, até que haja a troca da vantagem como condição ou preço do resgate. Resta analisar o erro do legislador, ao não considerar, claramente, como crime hediondo a forma qualificada, com resultado lesão grave ou morte. É impossível, por analogia *in malam partem*, corrigir o equívoco. A forma eleita para transformar delitos em hediondos é a inserção no rol do art. 1.º da Lei 8.072/1990. É o critério enumerativo, como analisado na nota 2 ao art. 1.º da Lei dos Crimes Hediondos em nosso *Leis penais e processuais penais comentadas* – v. 1. Não constar desse rol elimina a infração penal do elenco dos hediondos. A falha é, pois, evidente. São hediondos o roubo com resultado morte (mas não o roubo com resultado lesão grave), a extorsão qualificada pela morte (mas não a extorsão com resultado lesão grave), a extorsão mediante sequestro, com resultado lesão grave ou morte. Não se menciona a extorsão com restrição à liberdade, mesmo que com resultado lesão grave ou morte (art. 158, § 3.º, CP). Pensamos devesse haver uniformidade, justamente em nome do princípio da proporcionalidade. Aliás, todos os crimes violentos, no cenário patrimonial, resultando lesão grave ou morte deveriam ser considerados hediondos. Enquanto tal não se dá, a nova figura do art. 158, § 3.º, do CP, está fora do contexto dos delitos hediondos. A contradição, a partir disso, é a adoção das penas previstas para as formas qualificadas da extorsão mediante sequestro, que é crime hediondo. O novo delito do sequestro relâmpago, com resultado lesão grave ou morte da vítima, tem penas compatíveis com a gravidade do fato, mas *não ingressa* no contexto da Lei 8.072/1990. É preciso providenciar a correção legislativa. As penas previstas são as seguintes: reclusão, de 6 a 12 anos e multa (forma simples); reclusão, de 16 a 24 anos (forma qualificada pelo resultado lesão grave); reclusão, de 24 a 30 anos (forma qualificada pelo resultado morte). Olvidou-se a imposição de pena de multa para as figuras qualificadas, o que constitui outro descuido.

Acesse e escute o podcast sobre Extorsão.

> http://uqr.to/1yoiy

Extorsão mediante sequestro

Art. 159

Sujeito ativo
Qualquer pessoa (ver Parte Geral, capítulo XII, item 3.1).

Sujeito passivo
Qualquer pessoa (ver Parte Geral, capítulo XII, item 3.2).

Objeto jurídico
O patrimônio e a liberdade do indivíduo (ver Parte Geral, capítulo XII, item 3.3, "b").

Objeto material
A pessoa que tem o patrimônio subtraído e / ou aquele que for cerceado na sua liberdade (ver Parte Geral, capítulo XII, item 3.3, "a").

Elementos objetivos do tipo
Sequestrar (tirar a liberdade, isolar, reter) pessoa, com o fim de obter, para si ou para outrem, qualquer vantagem, como condição ou preço do resgate. Tal fato constitui o crime previsto no art. 148, CP, quando a finalidade do agente for somente insular a vítima. Entretanto, havendo finalidade específica, consistente na obtenção de vantagem patrimonial, torna-se uma modalidade de extorsão. A pena, na forma simples, é de reclusão, de oito a quinze anos. Conferir o capítulo XIII, item 2.1, da Parte Geral.

Elemento subjetivo do crime
É o dolo (ver o capítulo XIV da Parte Geral).

Elemento subjetivo do tipo específico
É o ânimo de apossamento definitivo de patrimônio alheio ou outra vantagem, espelhado pelos termos *com o fim de obter, para si ou para outrem, qualquer vantagem, como condição ou preço do resgate* (ver Parte Geral, capítulo XIII, item 2.1).

Classificação
Comum; formal; de forma livre; comissivo (como regra); permanente; de dano; unissubjetivo; plurissubsistente. Sobre a classificação dos crimes, ver o capítulo XII, item 4, da Parte Geral.

Tentativa
É admissível.

Espécies
Simples (*caput*); qualificada (§ 1.º); qualificadas pelo resultado (§§ 2.º e 3.º) e com causa de diminuição de pena (§ 4.º).

Momento consumativo

No momento da privação da liberdade, não interessando se a vantagem almejada é obtida.

Qualificadoras (reclusão, de 12 a 20 anos)

a) *se o sequestro dura mais de 24 horas*: gera maior perigo de lesão à vítima, especialmente no campo psicológico;

b) *se o sequestrado é menor de 18 ou maior de 60 anos*: a proteção é maior às vítimas menores de 18 anos, mais frágeis e ainda em formação da personalidade, que podem sofrer abalos psicológicos gravíssimos pela privação arbitrária da sua liberdade. A Lei 8.072/1990, no art. 9.º, no entanto, fixou um aumento de metade da pena quando o ofendido for menor de 14 anos. Esse aumento deveria incidir sobre o *caput* e sobre os §§ 1.º, 2.º e 3.º, embora fosse incabível a aplicação dúplice do aumento quando se tratasse de menor de 18 anos, também menor de 14 anos. Portanto, caso a vítima seja menor de 18 e maior de 14 anos, responderá o agente por uma pena variável de 12 a 20 anos. Se fosse menor de 14 anos, deveria responder pela pena do *caput* (reclusão, de 8 a 15 anos), aumentada da metade. O *bis in idem* é vedado em direito penal (levar em conta duas vezes a mesma circunstância para agravar a pena do réu). A questão, no entanto, está superada, pois o art. 9.º da Lei 8.072/1990, determinando o aumento de metade, não mais pode ser aplicado. O art. 224 do CP, que lhe servia de referência, foi revogado pela Lei 12.015/2009;

c) *se o crime é cometido por bando ou quadrilha [atualmente, associação criminosa]*: leva-se em conta o tipo penal da figura específica prevista no art. 288 do Código Penal, de forma que é necessária a prova de que três ou mais pessoas se associaram com a finalidade específica de cometer crimes. Não se trata, neste caso, de uma mera associação eventual, pois, se assim fosse, deveria o legislador ter feito constar apenas o "concurso de mais de ... pessoas".

Crime qualificado pelo resultado lesões graves (reclusão, de 16 a 24 anos)

É uma das hipóteses de delito qualificado pelo resultado, que se configura pela presença de dolo na conduta antecedente (extorsão mediante sequestro) e dolo ou culpa na conduta subsequente (lesões corporais graves, conforme previsão feita no art. 129, §§ 1.º e 2.º, CP).

Crime qualificado pelo resultado morte (reclusão, de 24 a 30 anos)

Também se exige dolo na conduta antecedente (extorsão mediante sequestro) e dolo ou culpa na conduta subsequente (morte). É considerado crime hediondo. Neste caso, o legislador explicitou apenas que do *fato* deve ocorrer a lesão grave ou morte. Logo, cabe a inclusão não somente da violência, mas igualmente da grave ameaça.

Aspectos do resultado morte

Cremos que a violência empregada para a extorsão é apta a causar a morte de qualquer pessoa, e não somente da vítima. Assim, se um dos autores atira contra o ofendido, mas termina matando quem está passando pelo local, comete a figura qualificada pelo resultado.

Inviabilidade de aplicação do art. 9.º da Lei 8.072/1990

A Lei dos Crimes Hediondos estabeleceu, no referido art. 9.º, que a pena da extorsão mediante sequestro qualificada pelo resultado deve ser acrescida da metade, respeitado o limite superior de 30 anos, se a vítima estiver em qualquer das hipóteses do art. 224 do Código Penal. Esse artigo, entretanto, foi revogado pela Lei 12.015/2009, pois enumerava as pessoas até 14 anos de idade, alienadas ou débeis mentais e que não pudessem opor resistência por qualquer motivo. Era a chamada *presunção de violência*. Outros tipos penais foram criados pela referida Lei 12.015/2009, envolvendo essas pessoas mais vulneráveis a agressões sexuais. De todo modo, deixa de existir parâmetro válido para a aplicação do art. 9.º da Lei 8.072/1990, vez que a norma penal de referência (art. 224, CP) foi revogada. Em boa hora, pois se chegava ao absurdo de a pena mínima coincidir com a máxima. Assim, praticar extorsão mediante sequestro com morte contra menor de 14 anos levava o juiz a fixar a pena mínima de 36 anos (24 anos + metade), reduzindo-a para 30, que era também o máximo permitido. Em nosso entendimento, havia lesão ao princípio constitucional da individualização da pena (art. 5.º, XLVI, CF), tornando a aplicação do aumento inconstitucional. A questão está superada.

Causa de diminuição de pena (de um a dois terços)

Se o crime é cometido em concurso de pessoas e um dos concorrentes delata o fato à autoridade, facilitando a libertação da vítima: a Lei 8.072/1990, que instituiu os crimes hediondos, houve por bem criar, no Brasil, a delação premiada, que significa a possibilidade de se reduzir a pena do criminoso que entregar o(s) comparsa(s). É o "dedurismo" oficializado, que, apesar de moralmente criticável, deve ser incentivado em face do aumento contínuo do crime organizado. É um mal necessário, pois se trata da forma mais eficaz de se quebrar a espinha dorsal das quadrilhas, permitindo que um de seus membros possa se arrepender, entregando a atividade dos demais e proporcionando ao Estado resultados positivos no combate à criminalidade. Não se deve olvidar que a Lei 9.807/1999 (Lei de proteção a vítimas, testemunhas e réus colaboradores) instituiu nos arts. 13 e 14 hipóteses mais amplas de *delação premiada*. Com base no art. 13 da referida Lei, pode o juiz conceder perdão judicial se o acusado, primário, tiver colaborado, com eficiência, de maneira voluntária, com a investigação e o processo criminal, permitindo a identificação dos demais coautores ou partícipes, a localização da vítima, com a integridade física preservada ou a recuperação total ou parcial do produto do crime. O magistrado, para conceder o perdão, deve levar em conta a personalidade do beneficiado, a natureza, as circunstâncias, a gravidade e a repercussão social do fato criminoso. Em suma, se os requisitos do art. 13 forem preenchidos, é evidente que é mais favorável ao réu a aplicação do perdão do que a redução da pena prevista no art. 159, § 4.º, do Código Penal. Não sendo o caso, passamos ao contexto da redução da pena. O art. 14 da Lei 9.807/1999 menciona ser viável reduzir a pena de um a dois terços, se o indiciado ou acusado colaborar, voluntariamente, com a investigação policial e o processo criminal na identificação dos demais coautores ou partícipes do crime, na localização da vítima com vida e na localização total ou parcial do produto do crime. Dessa forma, parece ter substituído o disposto no art. 159, § 4.º, do Código Penal. Assim não nos parece. O disposto no art. 14 da Lei 9.807/1999 possui mais requisitos a serem preenchidos pelo autor da infração penal. Ele precisa agir *voluntariamente* (livre de qualquer coação) e deve colaborar na investigação policial *e* no processo criminal. A previsão do § 4.º do art. 159, implicando, também, a redução da pena em um a dois terços, exige apenas que o concorrente denuncie à autoridade o cometimento do delito, facilitando a libertação do sequestrado. Logo, pode prestar colaboração, ainda que involuntária, bem como não é obrigado a identificar coautores ou partícipes, nem mesmo a entregar o produto do crime. Basta a libertação do sequestrado. Parece-nos menos exigente o art. 159, § 4.º, do CP; portanto, ainda está em vigor.

> ### ♣ PONTO RELEVANTE PARA DEBATE
>
> A necessidade de a vantagem exigida como condição ou preço do resgate ser econômica
>
> Há duas posições: a) tendo em vista que o tipo penal menciona qualquer vantagem, não importa seja ela econômica ou não, devida ou indevida; b) levando-se em conta que o tipo penal é uma extorsão cometida através de um sequestro, estando no contexto dos crimes patrimoniais, ela deve ser econômica. Preferimos esta última corrente, pois o crime do art. 159 tem o mesmo *nomen juris* do anterior, ou seja, extorsão, que é nitidamente patrimonial, não só porque fala em obtenção de *vantagem econômica*, mas também pelo fato de ser crime contra o patrimônio. Ora, a extorsão mediante sequestro é a maneira de se obter a vantagem econômica, valendo-se da privação da liberdade de uma pessoa. O resgate tem um preço, que necessita da conotação patrimonial. Pode esta ser direta (ex.: exigir dinheiro para soltar a vítima) ou indireta (ex.: exigir que o professor dê nota suficiente para passar a outro estágio de curso pago como condição para soltar determinada pessoa. Lembramos que ascender no curso tem reflexo patrimonial, pois o beneficiário pagará menor quantidade de mensalidade para atingir o final), mas sempre de fundo patrimonial. Não vemos sentido algum em incluir um crime cujo resultado visado pode ser ofensivo a outros bens jurídicos, que não o patrimônio, neste cenário. Se o legislador olvidou, no tipo penal, a palavra "econômica", para designar a vantagem – erros, aliás, são bastante comuns na elaboração de leis –, não quer isso dizer que o intérprete deva ficar circunscrito à literalidade da norma. Ademais, para extrair o real significado e o alcance do tipo penal incriminador, deve-se, sempre, promover o seu confronto com os demais tipos que fazem parte do mesmo capítulo onde está situado no Código Penal. Por isso, cremos que a extorsão mediante sequestro não passa de uma extorsão, cujo objetivo é uma vantagem econômica, praticada por meio particularizado, que é a privação da liberdade da vítima. Assim também a posição de Magalhães Noronha: "O Código fala em *qualquer* vantagem, não podendo o adjetivo referir-se à *natureza* desta, pois ainda aqui, evidentemente, ela há de ser, como no art. 158, *econômica*, sob pena de não haver razão para o delito ser classificado no presente título" (*Direito penal*, v. 2, p. 279). Por outro lado, acompanhamos a posição majoritária que defende ser necessária a vantagem *indevida*, pois, caso seja devida, a pena ficaria extremamente desproporcional. Assim, havendo sequestro para obtenção de vantagem devida, é mais justo punir por sequestro em concurso com exercício arbitrário das próprias razões.

Extorsão indireta

Art. 160

Sujeito ativo

É o credor de uma dívida (ver Parte Geral, capítulo XII, item 3.1).

Sujeito passivo

É o devedor, que entrega documento ao agente (ver Parte Geral, capítulo XII, item 3.2).

Objeto jurídico

O patrimônio e a liberdade do indivíduo (ver Parte Geral, capítulo XII, item 3.3, "b").

Objeto material

É o documento utilizado pelo autor do crime (ver Parte Geral, capítulo XII, item 3.3, "a").

Elementos objetivos do tipo

Exigir (ordenar ou reclamar) ou *receber* (aceitar ou acolher), como garantia de dívida, *abusando* (exagerando da posição de superioridade na qual está inserido faticamente) da vítima, um documento passível de gerar um procedimento criminal (inquérito ou processo) contra alguém. Ex.: alguém necessita muito de um empréstimo e entrega, voluntariamente, nas mãos do credor um cheque sem suficiente provisão de fundos. O simples fato de o credor aceitar tal oferta já configura o delito, pois sabe que, no futuro, poderá apresentar o cheque e enquadrar o devedor na figura do estelionato. A pena é de reclusão, de um a três anos, e multa. Conferir o capítulo XIII, item 2.1, da Parte Geral.

Elemento subjetivo do crime

É o dolo (ver o capítulo XIV da Parte Geral).

Elemento subjetivo do tipo específico

É a finalidade de garantir uma dívida (ver Parte Geral, capítulo XIII, item 2.1).

Classificação

Próprio; formal (há quem defenda que na forma "exigir" o crime é formal e na modalidade "receber" é material, embora não concordemos com tal posição. O crime é sempre formal. O resultado naturalístico previsto no tipo penal, que não se exige seja atingido, não é o mero recebimento do documento, mas sim a possibilidade de dar causa à instauração de um procedimento criminal. Assim, em ambas as formas o delito é formal); de forma vinculada; comissivo (como regra); instantâneo; unissubjetivo; plurissubsistente. Sobre a classificação dos crimes, ver o capítulo XII, item 4, da Parte Geral.

Tentativa

É admissível.

Momento consumativo

No momento da exigência ou do recebimento do documento em garantia de dívida.

Capítulo III
Da Usurpação

Alteração de limites

Art. 161, *caput*

Sujeito ativo

É o dono do imóvel ao lado daquele que terá a linha divisória alterada (ver Parte Geral, capítulo XII, item 3.1).

Sujeito passivo

É o proprietário ou possuidor do imóvel que teve a linha demarcatória modificada (ver Parte Geral, capítulo XII, item 3.2).

Objeto jurídico

É o patrimônio (ver Parte Geral, capítulo XII, item 3.3, "b").

Objeto material

É o imóvel cujas metragens foram alteradas (ver Parte Geral, capítulo XII, item 3.3, "a").

Elementos objetivos do tipo

Suprimir (eliminar ou fazer desaparecer) ou *deslocar* (mudar do local onde se encontrava originalmente) tapume (cerca ou vedação feita com tábuas ou outro material), marco (qualquer sinal natural ou artificial) ou qualquer sinal indicativo de linha divisória (símbolo para demonstrar fronteira) para apropriar-se, no todo ou em parte, de coisa imóvel alheia. A pena é de detenção, de um a seis meses, e multa. Conferir o capítulo XIII, item 2.1, da Parte Geral.

Elemento subjetivo do crime

É o dolo (ver o capítulo XIV da Parte Geral).

Elemento subjetivo do tipo específico

É a finalidade de se apropriar de coisa alheia imóvel (ver Parte Geral, capítulo XIII, item 2.1).

Classificação

Próprio; formal; de forma vinculada; comissivo; instantâneo; unissubjetivo; plurissubsistente. Sobre a classificação dos crimes, ver o capítulo XII, item 4, da Parte Geral.

Tentativa

É admissível.

Particularidades

a) a ação é privada se a propriedade for particular e não houver emprego de violência (§ 3.º);

b) caso exista violência, o agente incorre cumulativamente na pena deste delito (§ 2.º).

Momento consumativo

Quando ocorrer a supressão ou o deslocamento da marca divisória.

Usurpação de águas

Art. 161, § 1.º, I

Sujeito ativo

Qualquer pessoa (ver Parte Geral, capítulo XII, item 3.1).

Sujeito passivo

É o proprietário ou possuidor do imóvel que tenha leito ou curso de água (ver Parte Geral, capítulo XII, item 3.2).

Objeto jurídico

É o patrimônio (ver Parte Geral, capítulo XII, item 3.3, "b").

Objeto material

É água alheia (ver Parte Geral, capítulo XII, item 3.3, "a").

Elementos objetivos do tipo

Desviar (mudar a direção ou o destino de algo) ou *represar* (deter o curso das águas), em proveito próprio ou de terceiro, águas alheias. A pena deste delito é muito menor do que a prevista para o furto, o que não deixa de ser incongruente. Se o agente subtrai uma caixa contendo uma dúzia de garrafas de água mineral comete furto, mas se desvia o curso de um rio, prejudicando a vítima, tem uma punição bem mais leve. A explicação plausível para tal situação é a possibilidade de recuperação do patrimônio pelo ofendido, situação mais fácil de ocorrer neste caso do que no furto. Tendo em vista que, no delito de usurpação de águas, trata-se de coisa imóvel, a sua localização e recuperação são facilitadas, ao passo que, no furto, há menor possibilidade de encontrar a *res furtiva*. A pena é de detenção, de um a seis meses, e multa. Conferir o capítulo XIII, item 2.1, da Parte Geral.

Elemento subjetivo do crime

É o dolo (ver o capítulo XIV da Parte Geral).

Elemento subjetivo do tipo específico

É a finalidade de se apropriar de águas alheias, para si ou para outrem (ver Parte Geral, capítulo XIII, item 2.1).

Classificação

Comum; formal; de forma livre; comissivo; instantâneo; unissubjetivo; plurissubsistente. Sobre a classificação dos crimes, ver o capítulo XII, item 4, da Parte Geral.

Tentativa

É admissível.

Particularidades

a) a ação é privada se a propriedade for particular e não houver emprego de violência (§ 3.º);

b) caso exista violência, o agente incorre cumulativamente na pena deste delito (§ 2.º).

Momento consumativo

Quando ocorrer o desvio ou a represa da água.

Esbulho possessório

Art. 161, § 1.º, II

Sujeito ativo

Qualquer pessoa (ver Parte Geral, capítulo XII, item 3.1).

Sujeito passivo

É o possuidor do imóvel (ver Parte Geral, capítulo XII, item 3.2).

Objeto jurídico

É o patrimônio, a incolumidade física e a liberdade individual (ver Parte Geral, capítulo XII, item 3.3, "b").

Objeto material

É o imóvel e a pessoa que sofreu a violência ou grave ameaça (ver Parte Geral, capítulo XII, item 3.3, "a").

Elementos objetivos do tipo

Esbulhar significa privar alguém de alguma coisa, indevidamente, valendo-se de fraude ou violência. No caso presente, tem por fim o tipo penal punir aquele que toma a posse de um imóvel de outra pessoa. Por isso, o verbo é *invadir* (entrar à força, visando à dominação), com violência ou grave ameaça à pessoa, ou mediante concurso de mais de duas pessoas (não se trata de uma circunstância qualificadora ou agravante, mas inerente ao próprio tipo básico. No caso presente, exige-se a presença física de *mais de duas pessoas*, o que, na prática, significa, também, uma invasão forçada. É muito mais difícil para o possuidor resistir ao ingresso de três ou mais pessoas do que quando o invasor é um só), terreno ou edifício alheio, para tomá-lo. A pena é de detenção, de um a seis meses, e multa. Conferir o capítulo XIII, item 2.1, da Parte Geral.

Elemento subjetivo do crime

É o dolo (ver o capítulo XIV da Parte Geral).

Elemento subjetivo do tipo específico

É a finalidade de tomar a posse de imóvel alheio (note-se que a mera turbação não é penalmente relevante como delito autônomo, mas pode ser tentativa de esbulho) (ver Parte Geral, capítulo XIII, item 2.1).

Classificação

Comum; formal; de forma livre; comissivo; instantâneo; unissubjetivo ou plurissubjetivo (conforme o caso); plurissubsistente. Sobre a classificação dos crimes, ver o capítulo XII, item 4, da Parte Geral.

Tentativa

É admissível.

Particularidades

a) a ação é privada se a propriedade for particular e não houver emprego de violência (§ 3.º);

b) caso exista violência, o agente incorre cumulativamente na pena deste delito (§ 2.º).

Momento consumativo

Quando ocorrer a invasão, independentemente de conseguir a inversão de posse.

Supressão ou alteração de marca em animais

Art. 162

Sujeito ativo

Qualquer pessoa (ver Parte Geral, capítulo XII, item 3.1).

Sujeito passivo

É o dono dos animais (ver Parte Geral, capítulo XII, item 3.2).

Objeto jurídico

É o patrimônio (ver Parte Geral, capítulo XII, item 3.3, "b").

Objeto material

É o gado ou rebanho alheio (note-se que o delito exige o coletivo, não bastando um animal) (ver Parte Geral, capítulo XII, item 3.3, "a").

Elementos objetivos do tipo

Suprimir (fazer desaparecer ou eliminar) ou *alterar* (transformar ou modificar), indevidamente (leia-se, ilicitamente), em gado ou rebanho alheio, marca (desenho, um emblema ou um escrito qualquer que serve para identificar alguma coisa ou algum trabalho) ou sinal (expediente usado, através de meios visíveis ou auditivos, para dar alerta sobre alguma coisa) indicativo de propriedade. Implica a indispensável existência de sinal ou marca previamente colocados nos animais. Se o gado ou rebanho não está marcado, aquele que o fizer não responde por esta figura típica. A pena é de detenção, de seis meses a três anos, e multa. Conferir o capítulo XIII, item 2.1, da Parte Geral.

Elemento subjetivo do crime

É o dolo (ver o capítulo XIV da Parte Geral).

Elemento subjetivo do tipo específico

Não há (ver Parte Geral, capítulo XIII, item 2.1).

Classificação

Comum; formal; de forma livre; comissivo; instantâneo; unissubjetivo; plurissubsistente. Sobre a classificação dos crimes, ver o capítulo XII, item 4, da Parte Geral.

Tentativa

É admissível.

Momento consumativo

Quando ocorrer a supressão ou alteração da marca ou sinal, independentemente de conseguir a inversão de posse dos animais.

Capítulo IV
Do Dano

Dano

Art. 163

Sujeito ativo

Qualquer pessoa (ver Parte Geral, capítulo XII, item 3.1).

Sujeito passivo

Qualquer pessoa (ver Parte Geral, capítulo XII, item 3.2).

Objeto jurídico

É o patrimônio (ver Parte Geral, capítulo XII, item 3.3, "b").

Objeto material

É a coisa que sofre a agressão do agente (ver Parte Geral, capítulo XII, item 3.3, "a").

Elementos objetivos do tipo

Destruir (arruinar, extinguir ou eliminar), *inutilizar* (tornar inútil ou imprestável alguma coisa) ou *deteriorar* (estragar ou corromper alguma coisa parcialmente) coisa alheia. Quem desaparece com coisa alheia, lamentavelmente, não pratica crime algum.

Aliamo-nos à doutrina majoritária no sentido de que *desaparecer* não significa destruir, inutilizar ou deteriorar a coisa alheia, tendo havido uma falha na lei penal. Por furto também não há razão para punir o agente, tendo em vista que não houve o ânimo de apropriação. Assim, aquele que faz sumir coisa de seu desafeto, somente para que este fique desesperado à sua procura, responderá civilmente pelo seu ato. A pena é de detenção, de um a seis meses, ou multa. Conferir o capítulo XIII, item 2.1, da Parte Geral.

Elemento subjetivo do crime

É o dolo (ver o capítulo XIV da Parte Geral).

Elemento subjetivo do tipo específico

Não há (ver Parte Geral, capítulo XIII, item 2.1).

Classificação

Comum; material; de forma livre; comissivo; instantâneo; de dano; unissubjetivo; plurissubsistente. Sobre a classificação dos crimes, ver o capítulo XII, item 4, da Parte Geral.

Tentativa

É admissível.

Momento consumativo

Quando ocorrer a efetiva destruição, inutilização ou deterioração da coisa alheia.

Formas qualificadas (pena de detenção, de seis meses a três anos, e multa)

a) se houver emprego de violência ou grave ameaça à pessoa;

b) se houver utilização de substância inflamável ou explosiva, desde que o fato não constitua crime mais grave (é o caráter subsidiário da qualificadora. Ex.: se o agente, para destruir objeto alheio, provocar uma explosão que coloque em risco terceiros, responde pelo crime do art. 251 do Código Penal);

c) se o agente se voltar contra patrimônio (dominiais, de uso comum e de uso especial) da União, de Estado, do Distrito Federal, de Município ou de autarquia, fundação pública, empresa pública, sociedade de economia mista ou empresa concessionária de serviços públicos;

d) por motivo egoístico (forma particular de torpeza) ou com prejuízo considerável para a vítima (deve ser avaliado no caso concreto).

Particularidades

a) se houver emprego de violência contra a pessoa, aplica-se cumulativamente a pena reservada a este delito;

b) as hipóteses citadas nas letras *a*, *b* e *c* do item anterior são de ação pública incondicionada. Os outros casos reclamam ação privada (art. 167, CP);

c) atualmente, pode-se falar em crime de dano, quando cometido por sabotagem informática por vírus, desde que o vírus inserido no computador alheio, por qualquer meio, afete seu funcionamento de modo relevante ou destrua algum de seus programas. Não basta mera confusão nos arquivos ou lentidão no funcionamento (Muñoz Conde, *Derecho penal – parte especial*, p. 456);

d) condenados que, ao fugirem do presídio, usam apenas os meios necessários para consumar a sua fuga, mesmo que deteriorem coisa pública, não respondem por crime de dano; nesse caso, exige-se a intenção específica de danificar o patrimônio público.

Introdução ou abandono de animais em propriedade alheia

Art. 164

Sujeito ativo

Qualquer pessoa (ver Parte Geral, capítulo XII, item 3.1).

Sujeito passivo

É o proprietário do lugar que recebe os animais (ver Parte Geral, capítulo XII, item 3.2).

Objeto jurídico

É o patrimônio (ver Parte Geral, capítulo XII, item 3.3, "b").

Objeto material

É a propriedade onde são introduzidos os animais (ver Parte Geral, capítulo XII, item 3.3, "a").

Elementos objetivos do tipo

Introduzir (fazer entrar) ou *deixar* (largar ou soltar) animais (no plural, há de ser mais de um), em propriedade alheia, sem consentimento de quem de direito. A pena é de detenção, de 15 dias a seis meses, ou multa. Conferir o capítulo XIII, item 2.1, da Parte Geral.

Elemento subjetivo do crime

É o dolo (ver o capítulo XIV da Parte Geral).

Elemento subjetivo do tipo específico

Não há (ver Parte Geral, capítulo XIII, item 2.1).

Classificação

Comum; material; de forma livre; comissivo; instantâneo (na forma "introduzir") e permanente (na forma "deixar"); de dano; unissubjetivo; plurissubsistente. Sobre a classificação dos crimes, ver o capítulo XII, item 4, da Parte Geral.

Tentativa

Não é admissível, pois o delito é condicionado ("desde que do fato resulte prejuízo").

Momento consumativo

Quando ocorrer o prejuízo efetivo, a partir da introdução dos animais na propriedade alheia.

Particularidade

É de ação privada (art. 167, CP).

Dano em coisa de valor artístico, arqueológico ou histórico

Art. 165

Sujeito ativo

Qualquer pessoa (ver Parte Geral, capítulo XII, item 3.1).

Sujeito passivo

É, principalmente, o Estado que determinou o tombamento; em segundo plano, está o proprietário da coisa (que pode ser igualmente o Estado) (ver Parte Geral, capítulo XII, item 3.2).

Objeto jurídico

É o patrimônio artístico, arqueológico ou histórico do Estado (ver Parte Geral, capítulo XII, item 3.3, "b").

Objeto material

É a coisa tombada (arrolada e registrada pelo Estado, com o objetivo de ser guardada e preservada, compondo a memória da nação, por seu especial valor artístico, arqueológico ou histórico) (ver Parte Geral, capítulo XII, item 3.3, "a").

Elementos objetivos do tipo

Ver os comentários feitos ao art. 163. Ressalte-se, no entanto, que lei especial, tratando mais amplamente deste delito, revogou, tacitamente, o art. 165 do Código Penal. Os comentários feitos neste artigo podem ser aplicados à legislação especial no que for pertinente. Ver art. 62 da Lei 9.605/1998: "Destruir, inutilizar ou deteriorar: I – bem especialmente protegido por lei, ato administrativo ou decisão judicial; II – arquivo, registro, museu, biblioteca, pinacoteca, instalação científica ou similar protegido por lei, ato administrativo ou decisão judicial: Pena – reclusão, de 1 (um) a 3 (três) anos, e multa. Parágrafo único. Se o crime for culposo, a pena é de 6 (seis) meses a 1 (um) ano de detenção, sem prejuízo da multa". Conferir o capítulo XIII, item 2.1, da Parte Geral.

Elemento subjetivo do crime

É o dolo (ver o capítulo XIV da Parte Geral).

Elemento subjetivo do tipo específico

Não há (ver Parte Geral, capítulo XIII, item 2.1).

Classificação

Comum; material; de forma livre; comissivo; instantâneo; de dano; unissubjetivo; plurissubsistente. Sobre a classificação dos crimes, ver o capítulo XII, item 4, da Parte Geral.

Tentativa

É admissível.

Momento consumativo

Quando ocorrer a destruição, inutilização ou deterioração da coisa tombada.

Alteração de local especialmente protegido

Art. 166

Sujeito ativo

Qualquer pessoa (ver Parte Geral, capítulo XII, item 3.1).

Sujeito passivo

É, principalmente, o Estado que promoveu a proteção; em segundo plano, está o proprietário da coisa (que pode ser igualmente o Estado) (ver Parte Geral, capítulo XII, item 3.2).

Objeto jurídico

É o patrimônio histórico, cultural, ecológico, paisagístico, turístico, artístico, religioso, arqueológico, etnográfico ou monumental do Estado (ver Parte Geral, capítulo XII, item 3.3, "b").

Objeto material

É o lugar protegido por lei (ver Parte Geral, capítulo XII, item 3.3, "a").

Elementos objetivos do tipo

Há lei especial que revogou, tacitamente, este delito, por disciplinar integralmente a matéria. Ver art. 63 da Lei 9.605/1998: "Alterar o aspecto ou estrutura de edificação ou local especialmente protegido por lei, ato administrativo ou decisão judicial, em razão de seu valor paisagístico, ecológico, turístico, artístico, histórico, cultural, religioso, arqueológico, etnográfico ou monumental, sem autorização da autoridade competente ou em desacordo com a concedida: Pena – reclusão, de 1 (um) a 3 (três) anos, e multa". Os comentários feitos a este tipo penal são aplicáveis à legislação especial no que for pertinente. Conferir o capítulo XIII, item 2.1, da Parte Geral.

Elemento subjetivo do crime

É o dolo, conforme o caso (ver o capítulo XIV da Parte Geral).

Elemento subjetivo do tipo específico

Não há (ver Parte Geral, capítulo XIII, item 2.1).

Classificação

Comum; material; de forma livre; comissivo; instantâneo; de dano; unissubjetivo; plurissubsistente. Sobre a classificação dos crimes, ver o capítulo XII, item 4, da Parte Geral.

Tentativa

É admissível.

Momento consumativo

Quando ocorrer a alteração do local.

Ação penal

Art. 167

Nos casos do art. 163, do n. IV do seu parágrafo e do art. 164, somente se procede mediante queixa.

Capítulo V
Da Apropriação Indébita

Apropriação indébita

Art. 168

Sujeito ativo

É a pessoa que tem a posse ou a detenção de coisa alheia (ver Parte Geral, capítulo XII, item 3.1).

Sujeito passivo

É o senhor (propriedade ou posse) da coisa dada ao sujeito ativo (ver Parte Geral, capítulo XII, item 3.2).

Objeto jurídico

É o patrimônio (ver Parte Geral, capítulo XII, item 3.3, "b").

Objeto material

É a coisa objeto de apropriação (ver Parte Geral, capítulo XII, item 3.3, "a").

Elementos objetivos do tipo

Apropriar-se significa apossar-se ou tomar como sua coisa que pertence a outra pessoa. Cremos que, neste caso, protege-se tanto a propriedade, quanto a posse, dependendo da situação concreta. Lembremos que, no tocante à *coisa alheia*, é preciso tratar-se de coisa fungível (substituível por outra da mesma espécie, qualidade e quantidade), uma vez que não pode haver apropriação quando ela for dada em empréstimo ou em depósito. Está-se transferindo o domínio. A pena é de reclusão, de um a quatro anos, e multa. Conferir o capítulo XIII, item 2.1, da Parte Geral.

Elemento subjetivo do crime

É o dolo (ver o capítulo XIV da Parte Geral).

Elemento subjetivo do tipo específico

Não há. A vontade específica de pretender apossar-se de coisa pertencente a outra pessoa está ínsita no verbo "apropriar-se". Portanto, incidindo o dolo sobre o núcleo do tipo, é isso suficiente para configurar o crime de apropriação indébita. Além disso, é preciso destacar que o dolo é sempre atual, ou seja, ocorre no momento da conduta "apropriar-se", inexistindo a figura por alguns apregoada do "dolo subsequente". Ex.: se alguém receber uma joia para guardar e usar, enquanto o proprietário dela não se utiliza, somente ocorrerá o delito de apropriação indébita no momento em que o dono pedir de volta a joia e o possuidor resolver dela apropriar-se, não mais devolvendo o que recebeu em confiança (ver Parte Geral, capítulo XIII, item 2.1).

Classificação

Próprio; material; de forma livre; comissivo; instantâneo; de dano; unissubjetivo; unissubsistente ou plurissubsistente, conforme o caso. Sobre a classificação dos crimes, ver o capítulo XII, item 4, da Parte Geral.

Tentativa

É admissível na forma plurissubsistente.

Momento consumativo

Quando ocorrer a apropriação da coisa alheia.

Causas de aumento de pena (um terço)

a) quando o agente recebeu a coisa em depósito necessário (é o depósito miserável, previsto no art. 647, II, do Código Civil, ou seja, o depósito que se efetua por ocasião de calamidade: incêndio, inundação, naufrágio ou saque);

b) quando a recebeu na qualidade de tutor, curador, administrador judicial (atual denominação do *síndico*), liquidatário, inventariante, testamenteiro ou depositário judicial (o rol é taxativo e não pode ser ampliado);

c) quando a recebeu em razão de ofício, emprego ou profissão.

Particularidade

Aplica-se a este delito o disposto no art. 155, § 2.º, CP, que cuida do furto privilegiado, envolvendo coisa de pequeno valor (art. 170, CP).

Apropriação indébita previdenciária

Art. 168-A

Sujeito ativo

É o substituto tributário, que tem o dever de recolher determinada quantia do contribuinte, repassando-a ao órgão previdenciário (ver Parte Geral, capítulo XII, item 3.1).

Sujeito passivo

É o Estado, em especial o INSS (ver Parte Geral, capítulo XII, item 3.2).

Objeto jurídico

É a seguridade social (ver Parte Geral, capítulo XII, item 3.3, "b").

Objeto material

É a contribuição previdenciária (ver Parte Geral, capítulo XII, item 3.3, "a").

Elementos objetivos do tipo

Deixar de repassar (não transferir) a contribuição previdenciária recolhida dos contribuintes, no prazo e forma legal ou convencional (trata-se de norma penal em branco, merecendo o complemento de outras leis e regulamentos. Especialmente, deve-se consultar a Lei 8.212/1991, que traz os prazos e as formas legais para o repasse ser feito). Além disso, deixar de recolher, no prazo legal, contribuição ou outra importância destinada à previdência social que tenha sido descontada de pagamento efetuado a segurados, a terceiros ou arrecadada do público (§ 1.º, I); deixar de recolher contribuições devidas à previdência social que tenham integrado despesas contábeis ou custos relativos à venda de produtos ou à prestação de serviços (§ 1.º, II); deixar de pagar benefício devido a segurado, quando as respectivas cotas ou valores já tiverem sido reembolsados à empresa pela previdência social (§ 1.º, III). A pena é de reclusão, de dois a cinco anos, e multa (checar, ainda, o disposto no art. 170, CP). Conferir o capítulo XIII, item 2.1, da Parte Geral.

Elemento subjetivo do crime

É o dolo (ver o capítulo XIV da Parte Geral).

Elemento subjetivo do tipo específico

Embora constitua tema polêmico, entendemos ser necessária a exigência da finalidade específica de fraudar a previdência, apropriando-se de quantia que não lhe pertence. Se o elemento específico for dispensável, a ação penal termina transformada em mera *ação de cobrança*, ou seja, o agente deixa de repassar à previdência o que recolheu de seus funcionários, por exemplo, por esquecimento ou porque, no momento, utilizou provisoriamente o dinheiro para outros fins, mas sem a vontade especial de desviar o montante para si em caráter definitivo, mas é processado criminalmente. O STF tem-se posicionado pela exigência somente do dolo genérico, assim como o TRF da 4.ª Região, enquanto o STJ e o TRF da 5.ª Região têm demandado o dolo específico, como regra (ver Parte Geral, capítulo XIII, item 2.1).

Classificação

Próprio; formal; de forma livre; omissivo; instantâneo; unissubjetivo; unissubsistente. Sobre a classificação dos crimes, ver o capítulo XII, item 4, da Parte Geral.

Tentativa

Não é admissível.

Momento consumativo

Quando ocorrer a omissão (deixar de repassar a quantia devida ao INSS).

Causa de extinção da punibilidade

Se o agente, espontaneamente, declara, confessa e efetua o pagamento das contribuições, importâncias ou valores e presta as informações devidas à previdência social, na forma definida em lei ou regulamento, antes do início da ação fiscal (§ 2.º).

Perdão judicial

O juiz pode deixar de aplicar a pena (ou aplicar somente a multa) se o agente for primário e de bons antecedentes, desde que (a) tenha promovido, após o início da ação fiscal e antes de oferecida a denúncia, o pagamento da contribuição social previdenciária, inclusive acessórios; (b) o valor das contribuições devidas, inclusive acessórios, seja igual ou inferior àquele estabelecido pela previdência social, administrativamente, como sendo o mínimo para o ajuizamento de suas execuções fiscais (§ 3.º).

Entretanto, houve a inclusão do § 4.º, nos seguintes termos: "a faculdade prevista no § 3.º deste artigo não se aplica aos casos de parcelamento de contribuições cujo valor, inclusive dos acessórios, seja superior àquele estabelecido, administrativamente, como sendo o mínimo para o ajuizamento de suas execuções fiscais". Quer-se evitar que o contribuinte-devedor consiga um excesso de benefícios, ou seja, conquista, na esfera administrativa, o parcelamento da sua dívida, ao mesmo tempo que pretende o perdão judicial, na esfera processual. Enquanto a dívida não estiver totalmente paga, não cabe aplicar o perdão.

Particularidade

A competência é da Justiça Federal e a ação é pública incondicionada.

Apropriação de coisa havida por erro, caso fortuito ou força da natureza

Art. 169

Sujeito ativo

Qualquer pessoa (ver Parte Geral, capítulo XII, item 3.1).

Sujeito passivo

É o proprietário ou legítimo possuidor da coisa desviada ou perdida, bem como o dono do prédio onde o tesouro for achado (ver Parte Geral, capítulo XII, item 3.2).

Objeto jurídico

É o patrimônio (ver Parte Geral, capítulo XII, item 3.3, "b").

Objeto material

É a coisa perdida ou o tesouro visado (ver Parte Geral, capítulo XII, item 3.3, "a").

Elementos objetivos do tipo

Apropriar-se significa apossar-se ou tomar como sua coisa que pertence a outra pessoa. Cremos que, neste caso, protege-se tanto a propriedade, quanto a posse, dependendo da situação concreta. Lembremos que, no tocante à *coisa alheia*, é preciso tratar-se de coisa fungível (substituível por outra da mesma espécie, qualidade e quantidade), uma vez que não pode haver apropriação quando ela for dada em empréstimo ou em depósito. Afinal, está-se transferindo o domínio. A diferença entre este tipo penal e o previsto no art. 168 é que, nesta situação, a coisa alheia não é dada ao agente do crime em confiança, mas chega às suas mãos por erro (falsa percepção da realidade), caso fortuito (evento acidental) ou força da natureza (energia física e ativa que provoca o ordenamento natural das coisas, como, por exemplo, uma tempestade). Ex.: se um entregador deixa encomenda no endereço errado, não pode aquele que a recebeu apoderar-se do que lhe foi destinado por engano. Outra parte do tipo penal (parágrafo único, I) prevê a possibilidade de se achar tesouro em prédio alheio, apropriando-se dele, no todo ou em parte. Tal se dá porque preceitua o Código Civil (art. 1.264) dever existir a divisão, em partes iguais, de tesouro encontrado por acaso, que não possua dono conhecido, com o proprietário do lugar onde ele foi achado. A última figura (parágrafo único, II) prevê a conduta de quem se apropria de coisa alheia perdida, deixando de restituí-la ao dono ou legítimo possuidor ou entregá-la à autoridade competente. No *caput*, encontramos a apropriação de coisa que chega ao autor do delito por erro ou acidente; no inciso II, a coisa estava perdida e foi encontrada pelo agente. A pena é de detenção, de um mês a um ano, ou multa (checar, ainda, o disposto no art. 170, CP). Conferir o capítulo XIII, item 2.1, da Parte Geral.

Elemento subjetivo do crime

É o dolo (ver o capítulo XIV da Parte Geral).

Elemento subjetivo do tipo específico

Não há (ver Parte Geral, capítulo XIII, item 2.1).

Classificação

Comum; material; de forma livre; comissivo ou omissivo, conforme o caso; instantâneo; de dano; unissubjetivo; unissubsistente ou plurissubsistente. Sobre a classificação dos crimes, ver o capítulo XII, item 4, da Parte Geral.

Tentativa

É admissível na forma comissiva e plurissubsistente. Não se admite no caso do parágrafo único, inciso II, que é delito condicionado.

Momento consumativo

Quando ocorrer a apropriação da coisa ou do tesouro, com a ressalva do prazo de quinze dias para a devolução feita no inciso II (ver a nota abaixo).

Particularidade

Na conduta prevista no parágrafo único, II, inseriu-se um elemento temporal, que provocou o surgimento de uma condição para o aperfeiçoamento do tipo. Assim, se alguém encontrar coisa perdida, tem o prazo de quinze dias para devolvê-la ao legítimo dono ou possuidor. Transforma-se o delito em condicionado.

Causa de diminuição de pena

Art. 170

Nos crimes previstos neste Capítulo, aplica-se o disposto no art. 155, § 2.º.

Capítulo VI
Do Estelionato e outras Fraudes

Estelionato

Art. 171

Sujeito ativo

Qualquer pessoa, na modalidade genérica do *caput*. Nas modalidades previstas no § 2.º, é preciso ser pessoa envolvida em algum negócio ou o dono, ou legítimo possuidor, de determinada coisa (ver Parte Geral, capítulo XII, item 3.1).

Sujeito passivo

Qualquer pessoa, na forma genérica do *caput*. Nas espécies descritas no § 2.º, exige-se alguém envolvido no negócio, transação ou relação contratual (ver Parte Geral, capítulo XII, item 3.2).

Objeto jurídico

É o patrimônio (ver Parte Geral, capítulo XII, item 3.3, "b").

Objeto material

É a vantagem obtida ou a coisa alheia, bem como a pessoa que incide em erro (ver Parte Geral, capítulo XII, item 3.3, "a").

Elementos objetivos do tipo

Há várias formas de cometimento de estelionato, prevendo-se a genérica no *caput*. *Obter* vantagem (benefício, ganho ou lucro) indevida *induzindo* ou *mantendo* alguém em erro. Significa conseguir um benefício ou um lucro ilícito em razão do engano provocado na vítima. Esta colabora com o agente sem perceber que está se despojando de seus pertences. *Induzir* quer dizer incutir ou persuadir e *manter* significa fazer permanecer ou conservar. Portanto, a obtenção da vantagem indevida deve-se ao fato de o agente conduzir o ofendido ao engano ou quando deixa que a vítima permaneça na situação de erro na qual se envolveu sozinha. É possível, pois, que o autor do estelionato provoque a situação de engano ou apenas dela se aproveite. De qualquer modo, comete a conduta proibida. Os métodos para colocar alguém em erro são fornecidos pelo tipo penal: artifício (astúcia ou esperteza), ardil (também é artifício ou esperteza, embora na forma de *armadilha*, cilada ou estratagema) ou outro meio fraudulento (trata-se de interpretação analógica, ou seja, após ter mencionado duas modalidades de meios enganosos, o tipo penal faz referência a qualquer outro semelhante ao artifício e ao ardil, que possa, igualmente, ludibriar a vítima). A utilização de *mecanismos grosseiros de engodo* não configura o crime, pois é exigível que o artifício, ardil ou outro meio fraudulento seja apto a ludibriar alguém. A pena é de reclusão, de um a cinco anos, e multa. Conferir o capítulo XIII, item 2.1, da Parte Geral.

Outras espécies de estelionato (§ 2.º, com idêntica pena)

a) vender, permutar, dar em pagamento, em locação ou em garantia coisa alheia como própria (inciso I);

b) vender, permutar, dar em pagamento ou em garantia coisa própria inalienável, gravada de ônus ou litigiosa, ou imóvel que prometeu vender a terceiro, mediante pagamento em prestações, silenciando sobre qualquer dessas circunstâncias (inciso II);

c) defraudar, mediante alienação não consentida pelo credor ou por outro modo, a garantia pignoratícia, quando tem a posse do objeto empenhado (inciso III);

d) defraudar substância, qualidade ou quantidade de coisa que deve entregar a alguém (inciso IV);

e) destruir, total ou parcialmente, ou ocultar coisa própria, ou lesar o próprio corpo ou a saúde, ou agravar as consequências da lesão ou doença, com o intuito de haver indenização ou valor de seguro (inciso V);

f) emitir cheque, sem suficiente provisão de fundos em poder do sacado, ou frustrar-lhe o pagamento (inciso VI).

Elemento subjetivo do crime

É o dolo (ver o capítulo XIV da Parte Geral).

Elemento subjetivo do tipo específico

É a vontade de obter lucro indevido em prejuízo alheio (ver Parte Geral, capítulo XIII, item 2.1).

Classificação

Comum (*caput*) e próprio (§ 2.º); material; de forma livre (*caput*) e forma vinculada (§ 2.º); comissivo; instantâneo (como regra), porém, conforme a conduta prevista no tipo (ex.: ocultar, do § 2.º, V) adquire o caráter de permanente; de dano; unissubjetivo; plurissubsistente. Sobre a classificação dos crimes, ver o capítulo XII, item 4, da Parte Geral.

Tentativa

É admissível.

Momento consumativo

Quando a vítima sofrer a perda patrimonial.

Figura privilegiada

Se o criminoso for primário, e de pequeno valor for o prejuízo (não pode ser superior a um salário mínimo), o juiz pode aplicar a pena nos termos do art. 155, § 2.º (substituir a reclusão por detenção, diminuí-la de um a dois terços, ou aplicar somente multa), conforme o disposto no art. 171, § 1.º, do Código Penal.

Qualificadora (§ 2.º-A)

Cuida-se da *fraude eletrônica*, estabelecendo-se uma pena de reclusão, de quatro a oito anos, e multa, caso a fraude seja cometida com a utilização de informações fornecidas pelo ofendido ou por terceiro induzido a erro por intermédio de redes sociais, contatos telefônicos ou remessa de correio eletrônico fraudulento, ou ainda qualquer outro meio fraudulento análogo.

Tratando-se de estelionato, a utilização da fraude (ardil, cilada, engano) envolve a vítima de tal forma que ela acredita estar dispondo de algum valor porque realiza um negócio promissor ou qualquer atividade de seu interesse. Por isso, a norma estabelece que a pessoa ofendida, por erro, entrega o montante sugerido pelo agente do crime. O meio utilizado é a informação fornecida pela própria vítima ou terceiro enganado, valendo-se de redes sociais, contatos feitos por telefone ou envio de e-mails fraudulentos. Amplia-se ao final, prevendo *qualquer outro mecanismo fraudulento análogo*. Esta previsão, incluída pela Lei 14.155/2021, veio de encontro ao incremento das fraudes cometidas por diversos meios eletrônicos e informáticos, gerando novos e variados mecanismos capazes de armar ciladas para ludibriar as pessoas, cada vez mais levadas a esse cenário pelas inovações tecnológicas. É preciso lembrar que as transações bancárias têm sido promovidas pela Internet e outros meios de comunicação, se a presença do cliente na agência. Vários negócios são celebrados exclusivamente por meio eletrônico e isso fez com que os estelionatários migrassem para novas modalidades de fraude.

Causas de aumento de pena

a) Aumenta-se de um terço se o delito for cometido em prejuízo de entidade de direito público ou de instituto de economia popular, assistência social ou beneficência (§ 3.º).

b) Eleva-se a pena de um terço ao dobro, caso o delito seja praticado contra idoso (maior de 60 anos) ou vulnerável (pessoas muito jovens ou inexperientes e até mesmo algumas com retardos mentais ou outras deficiências). O grau de aumento dirige-se à relevância do resultado gravoso, portanto, quanto maior o prejuízo causado à vítima, mais deve ser o aumento imposto ao agente (§ 4.º).

c) Com relação à qualificadora do § 2.º-A, pode-se aumentar a pena de um a dois terços, considerando-se a relevância do resultado gravoso, desde que o delito seja cometido por meio de servidor mantido fora do território nacional.

Eleva-se a pena se o servidor, de onde partem os *ataques* a dispositivos alheios são hospedados em território fora do Brasil, porque dificulta muito a investigação e a descoberta da autoria. O aumento deve basear-se no grau de dificuldade da apuração do caso.

Ação pública condicionada

A reforma introduzida pela Lei 13.964/2019 tornou a ação penal, que apura crime de estelionato, condicionada à representação da vítima, colocando como exceções se o sujeito passivo for "I – a Administração Pública, direta ou indireta; II – criança ou adolescente; III – pessoa com deficiência mental; ou IV – maior de 70 (setenta) anos de idade ou incapaz" (§ 5.º).

Debate-se se essa norma terá efeito retroativo, pois se cuida de norma processual penal material, ou seja, aquela que possui efeito no campo penal. Esse efeito diz respeito ao seguinte: se a vítima não representar, ocorre a decadência, gerando a extinção da punibilidade do agente. Portanto, o caminho ideal seria haver retroatividade para se avaliar, nos casos de processos ainda em andamento, se a vítima *quer* mesmo processar o acusado por estelionato. É verdade que a *vontade* do ofendido quanto a representar, para que haja persecução penal, não precisa ser formal, constando em termo específico. Pode ficar claro o seu intento pelo registro de um boletim de ocorrência ou mesmo nas suas declarações prestadas na fase policial. Entretanto, se não houver essa indicação, parece-nos deva ser colhida, enquanto o processo-crime, por estelionato – fora das exceções supramencionadas – não transitar em julgado.

A tendência, no entanto, dos Tribunais Superiores, por ora, tem sido no sentido de não permitir a retroatividade, afirmando que, sendo condição de procedibilidade, se já houver denúncia recebida, estaria consumado o ato e não mais seria necessário consultar a vítima. Entretanto, já há julgado da 2.ª Turma do STF permitindo a retroatividade, enquanto não transitar em julgado a decisão condenatória.

Acesse e escute o podcast sobre Estelionato.

> http://uqr.to/1yoiz

⚖ PONTOS RELEVANTES PARA DEBATE

A questão do trabalho espiritual (cartomancia, passes espirituais, bruxaria, macumba etc.)

Tratando-se de atividade gratuita ou paga, desde que se refira a algum tipo de credo ou religião, não se pode punir, pois a Constituição Federal assegura liberdade de crença e culto. Antes, parecia-nos que, havendo pagamento, poderia configurar-se o estelionato. Mas não. Em mais apurada reflexão, visualizamos que o pagamento de qualquer quantia, quando movida pela fé, perpetua a situação adequada ao texto constitucional, que garante liberdade de crença ou culto. Logo, inexiste crime.

O afastamento do crime pela esperteza nas atividades comerciais e a torpeza bilateral

No primeiro caso, não configura o delito de estelionato, resolvendo-se, se for o caso, na esfera civil. Tratando-se da *torpeza bilateral*, não há o afastamento do delito, pois o tipo penal não exige que a vítima tenha boas intenções. Se esta quer levar vantagem – do mesmo modo que o agente – e termina prejudicada, pode entender configurado o estelionato. Deve o juiz, na aplicação da pena, levar em conta o *comportamento da vítima* (art. 59, CP).

O concurso de crimes entre o estelionato e a falsidade

Aplica-se a Súmula 17 do Superior Tribunal de Justiça: "Quando o falso se exaure no estelionato, sem mais potencialidade lesiva, é por este absorvido". Trata-se da aplicação da regra de que o crime-fim absorve o crime-meio.

O estelionato como delito permanente quando cometido contra entidade de direito público ou instituto de economia popular, assistência social ou beneficência

Em nossa visão, o crime é sempre instantâneo, podendo, por vezes, configurar o chamado delito instantâneo de efeitos permanentes. Entretanto, há controvérsia a esse respeito. Exemplo: ocorreria o estelionato instantâneo de efeitos permanentes quando alguém falsificasse certidão de nascimento para que outrem conseguisse receber, por vários meses, do INSS um valor indevido. E, por ser crime instantâneo, geraria a possibilidade de concretização da continuidade delitiva (art. 71, CP).

Há posição jurisprudencial, no entanto, afirmando ser essa hipótese um caso de estelionato na forma permanente, quando o agente for o próprio beneficiário. Porém, se o agente for um terceiro, não beneficiário ou um servidor da entidade pública será um crime instantâneo de efeitos permanentes.

A questão do pagamento de cheque sem provisão de fundos para impedir o ajuizamento de ação penal

Preceituam duas súmulas do STF que, "comprovado não ter havido fraude, não se configura o crime de emissão de cheques sem fundos" (Súmula 246) e "o pagamento de cheque emitido sem provisão de fundos, após o recebimento da denúncia, não obsta ao prosseguimento da ação penal" (Súmula 554). Cremos ser necessário distinguir duas situações: a) o sujeito, logo que emite o título, apesar de saber não possuir fundos suficientes, imagina poder cobrir o déficit, demonstrando não ter a intenção de fraudar o tomador. Inexistindo o elemento subjetivo do tipo específico para o estelionato, não há crime. É a aplicação da Súmula 246; b) o sujeito sabe não possuir fundos suficientes, mas, ainda assim, emite o título e tem a intenção de fraudar o tomador. Quando percebe que pode ser denunciado por isso, apressa-se em pagar. Nesta hipótese, delito houve, não havendo razão plausível para afastar a ação penal. A Súmula 554, no entanto, por não distinguir as situações, acabou permitindo que o pagamento do cheque, antes do recebimento da denúncia, impeça a ação penal. Teoricamente, neste último caso, no máximo, poder-se-ia falar em causa de redução da pena (art. 16, CP).

A configuração do estelionato pelo cheque pré-datado ou dado como garantia

O título de crédito tem por característica principal ser uma ordem de pagamento à vista. Por isso, quando alguém aceita o cheque para ser apresentando futuramente, em data posterior à da emissão, está recebendo o título como mera *promessa* de pagamento. Caso não seja compensado, por falta de suficiente provisão de fundos, é apenas um ilícito civil, mas não um crime.

O cheque sem fundos emitido para pagar dívida de jogo

Não configura o crime. É inexigível judicialmente a dívida proveniente de jogo ilícito (art. 814, *caput*, Código Civil: "As dívidas de jogo ou aposta não obrigam a pagamento; mas não se pode recobrar a quantia, que voluntariamente se pagou, salvo se foi ganha por dolo, ou se o perdente é menor ou interdito"). Assim, o título emitido para pagamento de dívida não exigível; caso não seja compensado, deixa de configurar o delito, por ausência da intenção de fraudar. Não se pode lesionar o credor que não tem possibilidade jurídica de exigir o pagamento. Em sentido contrário, afirmando que a emissão de cheque sem fundos, ainda que feita para pagar dívida de jogo, é crime, está a posição de Nélson Hungria (*Comentários ao Código Penal*, v. 7, p. 250).

O cheque sem fundos emitido para pagar serviço de prostituição

Configura o crime. Adotávamos posição diversa, pela não tipificação, quando envolvesse a prostituição. Alteramos o nosso entendimento após escrevermos o livro *Prostituição, lenocínio e tráfico de pessoas. Aspectos constitucionais e penais*, que atualmente faz parte da obra *Tratado de crimes sexuais*. Percebemos que a prostituição é atividade lícita no Brasil, embora não seja regulamentada por lei. Em primeiro lugar, a prostituição individual é fato atípico. Em segundo, o Ministério do Trabalho (atual Ministério da Economia) já lhe concedeu, oficialmente, o código necessário para figurar dentre as profissões regulares, permitindo o recolhimento de contribuição previdenciária. Em terceiro, sabe-se que empresas de cartões de crédito ofertam máquinas para que profissionais do sexo aceitem cartões de crédito de seus clientes. Em quarto, não há absolutamente nenhuma linha, no Código Civil, vedando a prostituição ou considerando-a, expressamente, como ilícita. Ademais, não há mais espaço, nos tempos de hoje, para afirmar ser atividade imoral ou contrária aos *bons costumes*, pois tudo isso evoluiu, não mais simbolizando o preconceito que se tinha em face dessa atividade sexual remunerada. Finalmente, trata-se de um contrato de prestação de serviços como outro qualquer, merecendo a proteção do Direito em caso de não pagamento, mormente pela emissão de cheque sem fundos.

> **O cheque sem fundos, emitido em substituição de outro título de crédito, como causa suficiente para gerar o crime**
>
> Não configura estelionato, pois o credor aceitou um título em substituição a outro, não pago. Jamais pode alegar que foi ludibriado, uma vez que confiou no emitente do cheque, já devedor de outro título de crédito. É apenas um ilícito civil. Entretanto, se o cheque foi emitido para o *pagamento* de outro título de crédito, como uma duplicata, cremos existir o delito, pois o credor pode ser perfeitamente enganado. Crê estar recebendo o valor, dá quitação e vê frustrado o pagamento.

Estelionato digital

Art. 171-A

Sujeito ativo

Qualquer pessoa (ver Parte Geral, capítulo XII, item 3.1).

Sujeito passivo

Qualquer pessoa (ver Parte Geral, capítulo XII, item 3.2).

Objeto jurídico

É o patrimônio (ver Parte Geral, capítulo XII, item 3.3, "b").

Objeto material

Pode ser a carteira de investimento ou a operação envolvendo ativos virtuais, valores mobiliários ou outros ativos financeiros (ver Parte Geral, capítulo XII, item 3.3, "a").

Elementos objetivos do tipo

Há diversos modos de se concretizar este estelionato. *Organizar* (reunir pessoas para atingir um objetivo, compondo uma estrutura previamente iniciada, aproximar coisas ou pessoas para uma finalidade), *gerir* (administrar, comandar ou dirigir), *distribuir* (repartir algo entre várias pessoas, dividir em partes), *intermediar* (servir de contato entre partes, entremear) são os verbos constitutivos da conduta típica, cujo objeto pode ser carteira (setores ou partes de instituições financeiras, conjunto de aplicações para obtenção de lucro, apontamentos financeiros) ou *operação* (prática de um conjunto de atos aptos a atingir uma meta). Nesta última hipótese, a operação se volta a ativos virtuais (valores representados por uma moeda digital, cujo mecanismo de armazenamento e transferência se dá por meio eletrônico), *valores mobiliários* (títulos ou contratos de investimento coletivo) e outros *ativos financeiros* (algo que pode ser convertido em dinheiro, representando o patrimônio ou capital da pessoa, como o depósito bancário).

Cuida-se de tipo penal voltado a punir o *estelionato digital* ou o *criptoestelionato*, razão pela qual envolve a obtenção de uma *vantagem ilícita* (qualquer benefício, ganho ou lucro auferido de modo *indevido*, ou seja, contrário às regras do ordenamento jurídico), que, neste caso, é uma vantagem de natureza econômica, pois se cuida de crime patrimonial.

A execução do delito se dá por meio da indução da vítima em erro (falsa percepção da realidade) causado pelo emprego de artifício (astúcia, esperteza, manobra que implica engenhosidade), ardil (também é um artifício, embora na forma de *armadilha*, cilada ou estratagema) ou outro meio fraudulento (trata-se de interpretação analógica, ou seja, após ter mencionado duas modalidades de meios enganosos, o tipo penal faz referência a qualquer outro semelhante ao artifício e ao ardil, que possa, igualmente, ludibriar a vítima). A pena é de reclusão, de 4 a 8 anos, e multa. Conferir o capítulo XIII, item 2.1, da Parte Geral.

Elemento subjetivo do crime

É o dolo (ver o capítulo XIV da Parte Geral). Não existe a forma culposa.

Elemento subjetivo do tipo específico

É a vontade de obter lucro indevido, destinando-o para si ou para outrem (ver Parte Geral, capítulo XIII, item 2.1).

Classificação

Comum; material; de forma livre; comissivo; instantâneo; de dano; unissubjetivo; plurissubsistente. Sobre a classificação dos crimes, ver o capítulo XII, item 4, da Parte Geral.

Tentativa

É admissível.

Momento consumativo

Quando a vítima sofrer a perda patrimonial.

Ação pública condicionada

A reforma introduzida pela Lei 13.964/2019 tornou a ação penal, que apura crime de estelionato (art. 171, CP), condicionada à representação da vítima, colocando como exceções se o sujeito passivo for "I – a Administração Pública, direta ou indireta; II – criança ou adolescente; III – pessoa com deficiência mental; ou IV – maior de 70 (setenta) anos de idade ou incapaz" (art. 171, § 5.º, CP).

A criação do estelionato digital pela Lei 14.478/2022 não trouxe nenhuma referência à ação penal. Em interpretação literal, quando o tipo penal nada menciona nesse sentido, cuida-se de ação penal pública incondicionada. No entanto, não teria sentido lógico-sistemático considerar todas as formas de estelionato do art. 171 sujeitas às regras do § 5.º, excetuando-se o estelionato digital do art. 171-A. Lembre-se de que o estelionato cometido por meio de fraude eletrônica, com a mesma pena, é de ação pública condicionada, salvo no caso das exceções expressamente previstas. Por isso, cremos ser esta modalidade de estelionato, igualmente, sujeita ao mencionado § 5.º.

Duplicata simulada

Art. 172

Sujeito ativo

É a pessoa que expede a fatura, duplicata ou nota de venda (ver Parte Geral, capítulo XII, item 3.1).

Sujeito passivo

É o recebedor, podendo ser quem desconta a duplicata ou a pessoa contra a qual é sacada a duplicata, fatura ou nota de venda (não se incluem o avalista e o endossatário) (ver Parte Geral, capítulo XII, item 3.2).

Objeto jurídico

É o patrimônio (ver Parte Geral, capítulo XII, item 3.3, "b").

Objeto material

É a fatura, duplicata ou nota de venda (ver Parte Geral, capítulo XII, item 3.3, "a").

Elementos objetivos do tipo

Emitir (colocar em circulação) fatura, duplicata ou nota de venda não correspondente à mercadoria vendida, em quantidade ou qualidade, ou ao serviço prestado. O crime previsto no art. 172, que cuida da duplicata simulada, é infração que deixa vestígios materiais, motivo pelo qual não prescinde da apresentação do título, que constitui o elemento indispensável para a formação do corpo de delito. A situação narrada pelo tipo penal espelha uma falta de sintonia entre a venda efetivamente realizada e aquela que se estampa na fatura, duplicata ou nota de venda. Assim, pode o comerciante alterar os dados quantitativa (ex.: vende um objeto e faz inscrever ter vendido dois) ou qualitativamente (ex.: vende cobre e faz constar ter vendido ouro). O mesmo pode ser feito pelo prestador de serviços, que altera significativamente o que fez. Ocorre que, por uma imprecisão lamentável, deixou-se de constar *expressamente* no tipo que a emissão de fatura, duplicata ou nota por venda ou serviço inexistente também é crime. Mencionou-se a emissão que não corresponda à *mercadoria vendida* ou ao *serviço prestado*, como se efetivamente uma venda ou um serviço tivesse sido realizado. Não faria sentido, no entanto, punir o emitente por alterar a quantidade ou a qualidade da venda feita e não punir o comerciante que *nenhuma venda* fez, emitindo a duplicata, a fatura ou a nota assim mesmo. Portanto, é de se incluir nesse contexto a "venda inexistente" ou o "serviço não prestado". Trata-se de decorrência natural da interpretação extensiva que se pode – e deve – fazer do tipo penal. A pena é de detenção, de dois a quatro anos, e multa. Nas mesmas penas incorre quem falsifica ou adultera a escrituração do Livro de Registro de Duplicatas (parágrafo único). Conferir o capítulo XIII, item 2.1, da Parte Geral.

Elemento subjetivo do crime

É o dolo (ver o capítulo XIV da Parte Geral).

Elemento subjetivo do tipo específico

Não há (ver Parte Geral, capítulo XIII, item 2.1).

Classificação

Próprio; formal; de forma livre; comissivo; instantâneo; unissubjetivo; unissubsistente (um único ato é suficiente para fazer um título circular). Sobre a classificação dos crimes, ver o capítulo XII, item 4, da Parte Geral.

Tentativa

Não é admissível.

Momento consumativo

Quando o título entrar em circulação, independentemente de resultado danoso naturalístico.

Abuso de incapazes

Art. 173

Sujeito ativo

Qualquer pessoa (ver Parte Geral, capítulo XII, item 3.1).

Sujeito passivo

É o menor, o alienado ou o débil mental (ver Parte Geral, capítulo XII, item 3.2).

Objeto jurídico

É o patrimônio (ver Parte Geral, capítulo XII, item 3.3, "b").

Objeto material

É a pessoa enganada (ver Parte Geral, capítulo XII, item 3.3, "a").

Elementos objetivos do tipo

Abusar (exorbitar, exagerar ou utilizar de modo inconveniente) de necessidade, paixão ou inexperiência de menor (pessoa que não completou 18 anos), ou da alienação ou debilidade mental (incapaz de compreender o que faz) de outrem, em proveito próprio ou alheio, e *induzir* (dar a ideia, inspirar) qualquer dessas pessoas à prática de ato suscetível de gerar efeito jurídico prejudicial a elas. A pena é de reclusão, de dois a seis anos, e multa. Conferir o capítulo XIII, item 2.1, da Parte Geral.

Elemento subjetivo do crime

É o dolo (ver o capítulo XIV da Parte Geral).

Elemento subjetivo do tipo específico

Agir *em proveito próprio ou alheio* (ver Parte Geral, capítulo XIII, item 2.1).

Classificação

Comum; formal; de forma livre; comissivo; instantâneo; unissubjetivo; plurissubsistente. Sobre a classificação dos crimes, ver o capítulo XII, item 4, da Parte Geral.

Tentativa

É admissível.

Momento consumativo

Quando houver o induzimento da vítima, independentemente de resultado danoso naturalístico.

Induzimento à especulação

Art. 174

Sujeito ativo

Qualquer pessoa (ver Parte Geral, capítulo XII, item 3.1).

Sujeito passivo

É a pessoa inexperiente, simples ou mentalmente inferiorizada (ver Parte Geral, capítulo XII, item 3.2).

Objeto jurídico

É o patrimônio (ver Parte Geral, capítulo XII, item 3.3, "b").

Objeto material

É a pessoa ludibriada (ver Parte Geral, capítulo XII, item 3.3, "a").

Elementos objetivos do tipo

Abusar (exorbitar, exagerar ou utilizar de modo inconveniente) da inexperiência, da simplicidade ou da inferioridade mental de alguém, em proveito próprio ou alheio, e *induzir* (dar a ideia, inspirar) qualquer dessas pessoas à prática de jogo ou aposta, ou à especulação com títulos ou mercadorias, sabendo ou devendo saber que a operação é ruinosa. A pena é de reclusão, de um a três anos, e multa. Conferir o capítulo XIII, item 2.1, da Parte Geral.

Elemento subjetivo do crime

É o dolo (ver o capítulo XIV da Parte Geral).

Elemento subjetivo do tipo específico

Há duas formas de elementos subjetivos do tipo específico, que são o "agir *em proveito próprio ou alheio*" e "sabendo ou devendo saber que a operação é ruinosa". Neste último caso, cremos tratar-se de uma nítida sinalização para a ocorrência tanto do dolo direto ("sabe") como do dolo eventual ("deve saber") (ver Parte Geral, capítulo XIII, item 2.1).

Classificação

Comum; formal; de forma vinculada; comissivo; instantâneo; unissubjetivo; plurissubsistente. Sobre a classificação dos crimes, ver o capítulo XII, item 4, da Parte Geral.

Tentativa

É admissível.

Momento consumativo

Quando houver o induzimento da vítima, independentemente de resultado danoso naturalístico.

Fraude no comércio

Art. 175

Sujeito ativo

Somente o comerciante, que esteja em atividade de comércio, não se admitindo a configuração do crime quando ele atuar em relações particulares (ver Parte Geral, capítulo XII, item 3.1).

Sujeito passivo

É o consumidor ou a pessoa que adquire o produto (ver Parte Geral, capítulo XII, item 3.2).

Objeto jurídico

É o patrimônio (ver Parte Geral, capítulo XII, item 3.3, "b").

Objeto material

É a mercadoria falsificada, deteriorada ou substituída. Quanto ao objeto material, é preciso lembrar que nem toda mercadoria encaixa-se neste tipo penal, estando excluídas as que possuírem tipificação especial, como os delitos contra a saúde pública (ex.: art. 272, § 1.º-A, que cuida da venda de substância alimentícia adulterada) (ver Parte Geral, capítulo XII, item 3.3, "a").

Elementos objetivos do tipo

Enganar (induzir em erro, disfarçar ou esconder), no exercício de atividade comercial, o adquirente ou o consumidor, vendendo, como verdadeira ou perfeita, mercadoria falsificada ou deteriorada (inciso I), ou entregando uma mercadoria por outra (inciso II). Trata este tipo penal de crime de estelionato próprio do comerciante. A pena é de detenção, de seis meses a dois anos, ou multa. Embora parte da doutrina entenda que o art. 175, I, foi revogado pelo art. 7.º, III, da Lei 8.137/1990 (Crimes contra a ordem tributária, econômica e contra as relações de consumo), cremos que ele continua em vigor. O inciso I do art. 175 trata da venda de uma mercadoria falsificada como se fosse verdadeira e de uma mercadoria deteriorada como se fosse perfeita, ou seja, é uma autêntica *substituição* de uma coisa por outra, enquanto o inciso III do art. 7.º da referida lei cuida da mistura de "gêneros e mercadorias de espécies diferentes, para vendê-los ou expô-los à venda como puros", bem como da mistura de "gêneros e mercadorias de qualidades desiguais para vendê-los ou expô-los à venda por preço estabelecido para os de mais alto custo". Ora, substituir uma coisa por outra é diferente de misturar coisas. Assim, quem vendesse uma seda misturada a outro tecido menos nobre praticaria a conduta da lei especial, enquanto quem substituísse a seda pelo tecido menos nobre responderia pelo Código Penal. Ainda que sutil a diferença, cremos persistir o tipo penal do art. 175, I. Conferir o capítulo XIII, item 2.1, da Parte Geral. A pena é de detenção, de 6 meses a 2 anos, ou multa.

Elemento subjetivo do crime

É o dolo (ver o capítulo XIV da Parte Geral).

Elemento subjetivo do tipo específico

Não há (ver Parte Geral, capítulo XIII, item 2.1).

Classificação

Próprio; material; de forma livre; comissivo; instantâneo; unissubjetivo; plurissubsistente. Sobre a classificação dos crimes, ver o capítulo XII, item 4, da Parte Geral.

Tentativa

É admissível.

Momento consumativo

Quando houver o prejuízo à vítima.

Forma qualificada (§ 1.º)

Alterar (modificar ou transformar) em obra encomendada a qualidade ou o peso de metal ou *substituir* (trocar um por outro), na mesma situação, pedra verdadeira, por falsa ou por outra de menor valor, bem como *vender* (alienar por um preço) pedra falsa por verdadeira, ou como precioso, metal de outra qualidade. A pena passa a ser de reclusão, de um a cinco anos, e multa.

Figura privilegiada

Aplica-se o disposto no art. 155, § 2.º (agente primário e coisa de pequeno valor), permitindo a substituição da pena de reclusão por detenção, a diminuição de um a dois terços ou aplicação somente de multa.

Outras fraudes

Art. 176

Sujeito ativo

Qualquer pessoa (ver Parte Geral, capítulo XII, item 3.1).

Sujeito passivo

É o prestador de serviço especificado no tipo penal do art. 176 (ver Parte Geral, capítulo XII, item 3.2).

Objeto jurídico

É o patrimônio (ver Parte Geral, capítulo XII, item 3.3, "b").

Objeto material

É a pessoa que presta o serviço e deixa de receber a remuneração devida (ver Parte Geral, capítulo XII, item 3.3, "a").

Elementos objetivos do tipo

Há três crimes previstos no art. 176:

a) *tomar* refeição significa comer ou beber em restaurante, almoçando, jantando ou somente lanchando;

b) *alojar-se* em hotel quer dizer hospedar-se, sujeito ao pagamento de um preço, normalmente calculado em diárias;

c) *utilizar-se* de meio de transporte é empregar um meio de transporte pago para deslocar-se de um lugar para outro (ex.: táxi, ônibus, carro de aluguel, entre outros).

A descrição típica, ao valer-se da fórmula alternativa (tomar refeição, alojar-se em hotel *ou* utilizar-se de meio de transporte), parece indicar um tipo misto alternativo, ou seja, seria irrelevante que o agente praticasse uma ou mais condutas, pois o crime seria sempre único. Não pode ser desse modo interpretado o tipo penal do art. 176, sob pena de se favorecer, desmedidamente, a fraude. Se o agente se alojar em um hotel de determinada cidade, tomar refeição em um restaurante estranho ao hotel e valer-se de um táxi para o seu deslocamento, sem recurso para efetuar o pagamento, estará prejudicando três vítimas diferentes, portanto, três patrimônios diversos terão sido ofendidos. Assim, cremos configurados três delitos, em concurso material. Em qualquer dessas hipóteses, torna-se fundamental que o autor do crime *não disponha de recursos para efetuar o pagamento*. Portanto, se ele simplesmente não quiser pagar, por variadas razões (inclusive por discordar do preço ou da qualidade do serviço), é um problema a ser solucionado na esfera cível. A pena é de detenção, de quinze dias a dois meses, ou multa. Conferir o capítulo XIII, item 2.1, da Parte Geral.

Elemento subjetivo do crime

É o dolo (ver o capítulo XIV da Parte Geral).

Elemento subjetivo do tipo específico

É a vontade de fraudar, obtendo o serviço sem dar a contraprestação (ver Parte Geral, capítulo XIII, item 2.1).

Classificação

Comum; material; de forma livre; comissivo; instantâneo; unissubjetivo; plurissubsistente. Sobre a classificação dos crimes, ver o capítulo XII, item 4, da Parte Geral.

Tentativa

É admissível.

Momento consumativo

Quando houver o prejuízo à vítima.

Particularidades (parágrafo único)

a) é crime de ação pública condicionada à representação;

b) cabe perdão judicial, quando as *circunstâncias* assim indicarem. Considera-se que é preciso comprovar o seguinte: b1) ser diminuto o valor do prejuízo sofrido pela vítima; b2) ser o réu primário e ter bons antecedentes; b3) personalidade positivamente avaliada; b4) estar em *estado de penúria*, que significa ser pessoa pobre, mas não se confunde com o estado de necessidade, causa excludente de ilicitude. Naquele, a pessoa, embora de parcos recursos, não está em situação de extrema necessidade.

> **PONTO RELEVANTE PARA DEBATE**
>
> A questão da "pendura" para configurar o delito previsto no art. 176
>
> Por força da tradição, acadêmicos de direito costumam, como forma de comemorar a instalação dos cursos jurídicos no Brasil (11 de agosto), dar "penduras" em restaurantes, tomando refeições sem efetuar o devido pagamento. Tem entendido a jurisprudência, neste caso, não estar configurada a hipótese do art. 176, pois, na sua grande maioria, são pessoas que têm dinheiro para quitar a conta, embora não queiram fazê-lo, alegando "tradição". Tratar-se-ia, pois, de um ilícito meramente civil. Ocorre que, na atualidade, o número dos estudantes de direito aumentou sensivelmente, provocando uma pesada carga para vários comerciantes do ramo de restaurantes, até pelo fato de que alguns estabelecimentos, pela excelência dos seus serviços, são os mais procurados. Assim, conforme a situação aventada pelos estudantes, o grau do ardil utilizado (nem toda "pendura" é "diplomática", ou seja, previamente declarada ao comerciante) e, principalmente, o prejuízo causado, pode-se até situar a questão no contexto do estelionato (art. 171, *caput*). Os costumes gerados pela força da tradição não podem olvidar a mudança dos tempos e a nova realidade social e econômica que o país atravessa, pois os hábitos, de um modo geral, não são permanentes e definitivos. Portanto, cremos que o comerciante ludibriado por estudantes que não desejem simplesmente comemorar o dia 11 de agosto, através de pedidos singelos e de valor razoável, mas sim causar um prejuízo de monta, como forma de dar demonstração de poder ou esperteza nos meios acadêmicos, deve ser considerado uma vítima do crime previsto no art. 171. Não é possível sustentar-se, eternamente, uma "tradição" que somente beneficia estudantes de direito, autorizando-os a tomar refeição em restaurantes, pouco importando o montante da conta, pretendendo desconhecer que o universo das faculdades de direito é outro, assim como a situação econômica geral. É evidente que, no estelionato, busca-se o nítido intuito de fraudar, de obter vantagem indevida em prejuízo alheio, o que pode não estar presente na conduta de alguns estudantes ao comemorar a data mencionada. Entretanto, é perfeitamente possível que a intenção seja outra, menos de comemoração de uma data e mais de animação pela fraude a ser perpetrada. Assim, conforme o caso, parece-nos razoável a concretização do crime de estelionato.

Fraudes e abusos na fundação ou administração de sociedade por ações

Art. 177

Sujeito ativo

É o fundador da sociedade por ações (*caput*); o diretor, o gerente ou o fiscal da sociedade por ações (§ 1.º) ou o acionista (§ 2.º) (ver Parte Geral, capítulo XII, item 3.1).

Sujeito passivo

É qualquer pessoa que subscreva o capital (*caput*), podendo ainda ser o sócio, a sociedade anônima ou os acionistas (figuras dos §§ 1.º e 2.º) (ver Parte Geral, capítulo XII, item 3.2).

Objeto jurídico

É o patrimônio em geral (*caput*) ou o patrimônio societário (§§ 1.º e 2.º) (ver Parte Geral, capítulo XII, item 3.3, "b").

Objeto material

É o prospecto ou a comunicação que contém a afirmação falsa ou a omissão fraudulenta (*caput*); o prospecto, relatório, parecer, balanço ou comunicação ao público, as ações ou outros títulos, o empréstimo tomado à sociedade ou os bens e haveres sociais, os lucros ou dividendos fictícios, a conta ou o parecer fraudulentamente aprovado, a informação falsa prestada ou o voto negociado (§§ 1.º e 2.º) (ver Parte Geral, capítulo XII, item 3.3, "a").

Elementos objetivos do tipo

Promover (gerar, provocar ou originar) a fundação de sociedade por ações fazendo, em prospecto ou em comunicação ao público ou à assembleia, afirmação falsa sobre a constituição da sociedade, ou ocultando fraudulentamente fato a ela relativo. Trata-se do crime cometido por quem constitui uma sociedade de ações fraudulentamente, omitindo dados relevantes sobre a criação, capital, recursos técnicos que possui, enfim, sobre qualquer elemento fundamental para a detecção da real "saúde" financeira da empresa, com suas perspectivas de sucesso ou insucesso. A formação da sociedade pode dar-se de forma simultânea (a subscrição é particular e fundadores são os primeiros subscritores do seu capital, com qualquer número – Rubens Requião, *Curso de direito comercial*, v. 2, p. 105) ou sucessiva (quando os fundadores lideram a constituição da sociedade, fazendo apelo público aos subscritores do capital – Requião, *Curso de direito comercial*, v. 2, p. 105). A pena é de reclusão, de um a quatro anos, e multa, se o fato não constitui crime contra a economia popular. Outras condutas são descritas no § 1.º, incorrendo na mesma pena:

a) o diretor, o gerente ou o fiscal de sociedade por ações, que, em prospecto, relatório, parecer, balanço ou comunicação ao público ou à assembleia, faz afirmação falsa sobre as condições econômicas da sociedade, ou oculta fraudulentamente, no todo ou em parte, fato a elas relativo;

b) o diretor, o gerente ou o fiscal que promove, por qualquer artifício, falsa cotação das ações ou de outros títulos da sociedade;

c) o diretor ou o gerente que toma empréstimo à sociedade ou usa, em proveito próprio ou de terceiro, dos bens ou haveres sociais, sem prévia autorização da assembleia geral;

d) o diretor ou o gerente que compra ou vende, por conta da sociedade, ações por ela emitidas, salvo quando a lei o permite;

e) o diretor ou o gerente que, como garantia de crédito social, aceita em penhor ou em caução ações da própria sociedade;

f) o diretor ou o gerente que, na falta de balanço, em desacordo com este, ou mediante balanço falso, distribui lucros ou dividendos fictícios;

g) o diretor, o gerente ou o fiscal que, por interposta pessoa, ou conluiado com acionista, consegue a aprovação de conta ou parecer;

h) o liquidante, nos casos dos ns. I, II, III, IV, V e VII do art. 177;

i) o representante da sociedade anônima estrangeira, autorizada a funcionar no País, que pratica os atos mencionados nos ns. I e II do art. 177, ou dá falsa informação ao Governo. Todas as formas são subsidiárias, ou seja, somente são aplicáveis se não se materializar crime contra a economia popular. Conferir o capítulo XIII, item 2.1, da Parte Geral.

Elemento subjetivo do crime

É o dolo (ver o capítulo XIV da Parte Geral).

Elemento subjetivo do tipo específico

Não há. Exceções: § 1.º, III ("em proveito próprio ou de terceiro") e § 2.º ("a fim de obter vantagem para si ou para outrem") (ver Parte Geral, capítulo XIII, item 2.1).

Classificação

Próprio; formal; de forma livre; comissivo; instantâneo; unissubjetivo; plurissubsistente. Sobre a classificação dos crimes, ver o capítulo XII, item 4, da Parte Geral.

Tentativa

É admissível.

Momento consumativo

Quando a conduta típica for praticada, independentemente de resultado naturalístico.

Forma privilegiada

A pena será de detenção, de seis meses a dois anos, e multa, se o acionista, a fim de obter vantagem para si ou para outrem, negociar o voto das deliberações de assembleia geral. Nesta figura, há o elemento subjetivo específico ("a fim de obter vantagem para si ou para outrem"). Ressaltemos que a Lei 6.404/1976 (Lei das Sociedades Anônimas) não revogou este crime, embora tenha diminuído o seu alcance por permitir o *acordo de acionistas*, inclusive no tocante ao exercício do voto.

Emissão irregular de conhecimento de depósito ou *warrant*

Art. 178

Sujeito ativo

É o depositário da mercadoria, obrigado a emitir os títulos de crédito, respeitadas as normas legais (ver Parte Geral, capítulo XII, item 3.1).

Sujeito passivo

É a pessoa detentora do título (endossatário ou portador) que foi lesada pela emissão irregular (ver Parte Geral, capítulo XII, item 3.2).

Objeto jurídico

É o patrimônio (ver Parte Geral, capítulo XII, item 3.3, "b").

Objeto material

É o título de crédito emitido irregularmente (ver Parte Geral, capítulo XII, item 3.3, "a").

Elementos objetivos do tipo

Emitir significa colocar em circulação. Assim, quando os títulos de crédito referidos neste tipo penal forem endossados e passem a circular, caso haja ofensa a dispositivo legal, configura-se o crime. São, na lição de Waldemar Ferreira, os chamados "*títulos armazeneiros*, que são emitidos pelas empresas de Armazéns-Gerais e entregues ao depositante, que com eles fica habilitado a negociar as mercadorias em depósito, passando assim a circular, não as mercadorias, mas os títulos que a representam" (citação de Waldirio Bulgarelli, *Títulos de crédito*, p. 339). O conhecimento de depósito "é um título de representação e legitimação. Representa a mercadoria e legitima o seu portador como proprietário da mesma". O *warrant*, por sua vez, é um "título de crédito causal, constituindo, como pensam Hamel, Lagarde e Jauffret, uma promessa de pagamento. O subscritor, de fato, ao mesmo tempo em que se obriga a pagar certa soma em dinheiro no vencimento, confere ao beneficiário e aos seus portadores sucessivos um penhor sobre mercadorias depositadas" (Rubens Requião, *Curso de direito comercial*, v. 2, p. 456). Portanto, em regra, os títulos devem andar juntos, mas nada impede que sejam negociados separadamente (art. 15 do Decreto 1.102, de 1903). Com o conhecimento de depósito em mãos, o depositante de mercadorias em um armazém pode negociá-las livremente, bastando endossar o título. Caso queira um financiamento, no entanto, pode dar as mercadorias depositadas como garantia, de forma que endossa, nesta hipótese, o *warrant*. Trata-se de norma penal em branco, pois se necessita conhecer a legislação relativa à emissão desses títulos para saber se há regularidade ou não na sua circulação. A pena é de reclusão, de um a quatro anos, e multa. Conferir o capítulo XIII, item 2.1, da Parte Geral.

Elemento subjetivo do crime

É o dolo (ver o capítulo XIV da Parte Geral).

Elemento subjetivo do tipo específico

Não há (ver Parte Geral, capítulo XIII, item 2.1).

Classificação

Próprio; formal; de forma livre; comissivo; instantâneo; unissubjetivo; unissubsistente (cuida-se de um único ato a conduta *emitir*). Sobre a classificação dos crimes, ver o capítulo XII, item 4, da Parte Geral.

Tentativa

Não é admissível.

Momento consumativo

Quando a conduta típica for praticada, independentemente de resultado naturalístico.

Fraude à execução

Art. 179

Sujeito ativo

É o devedor (executado) (ver Parte Geral, capítulo XII, item 3.1).

Sujeito passivo

É o credor (exequente) (ver Parte Geral, capítulo XII, item 3.2).

Objeto jurídico

É o patrimônio (ver Parte Geral, capítulo XII, item 3.3, "b").

Objeto material

Tanto os bens alienados, desviados, destruídos ou danificados quanto o processo de execução (ver Parte Geral, capítulo XII, item 3.3, "a").

Elementos objetivos do tipo

Fraudar significa lesar ou enganar com o fito de obter proveito. O verbo principal chama outros, formando cinco figuras compostas: a) fraudar alienando bens; b) fraudar desviando bens; c) fraudar destruindo bens; d) fraudar danificando bens; e) fraudar simulando dívidas. Note-se, pois, estar presente a fraude, quando o devedor aliena seus bens durante um processo de execução. Porém, se restar bens suficientes para satisfazer seu débito, não se configura o crime. A pena é de detenção, de seis meses a dois anos, ou multa. Conferir o capítulo XIII, item 2.1, da Parte Geral.

Elemento subjetivo do crime

É o dolo (ver o capítulo XIV da Parte Geral).

Elemento subjetivo do tipo específico

Não há. Lembremos que o verbo *fraudar* já contém a intenção de iludir alguém, de modo que não há necessidade de nenhuma finalidade específica (ver Parte Geral, capítulo XIII, item 2.1).

Classificação

Próprio; material; de forma livre; comissivo; instantâneo; unissubjetivo; plurissubsistente (as condutas materializam-se em diversos atos). Sobre a classificação dos crimes, ver o capítulo XII, item 4, da Parte Geral.

Tentativa

É admissível.

Momento consumativo

Quando houver prejuízo para a vítima.

Particularidade

Trata-se de ação penal privada (parágrafo único). Pode ser, excepcionalmente, pública, se o crime for praticado em detrimento do patrimônio ou interesse da União, Estado e Município (art. 24, § 2.º, CPP).

Capítulo VII
Da Receptação

Receptação

Art. 180

Sujeito ativo

Qualquer pessoa (ver Parte Geral, capítulo XII, item 3.1).

Sujeito passivo

É o proprietário ou legítimo possuidor de coisa produto de crime. Exclui-se o coautor ou partícipe do delito anterior, de onde proveio a coisa, pois ele responderá somente pelo que anteriormente praticou (ex.: o partícipe do furto, encontrado com a coisa subtraída, não pode ser acusado de receptação) (ver Parte Geral, capítulo XII, item 3.2).

Objeto jurídico

É o patrimônio (ver Parte Geral, capítulo XII, item 3.3, "b").

Objeto material

É o produto do delito anterior (ver Parte Geral, capítulo XII, item 3.3, "a").

Elementos objetivos do tipo

O tipo penal do crime de receptação simples (*caput*) é formado de dois focos, constituindo duas condutas autonomamente puníveis. A primeira – denominada *receptação própria* – concretiza-se pela aplicação alternativa dos verbos *adquirir* (obter, comprar), *receber* (aceitar em pagamento ou simplesmente aceitar), *transportar* (levar de um lugar a outro), *conduzir* (tornar-se condutor, guiar) ou *ocultar* (encobrir ou disfarçar) coisa produto de crime. Nesse caso, tanto faz o autor praticar uma ou mais condutas, pois responde por crime único (ex.: aquele que adquire e transporta coisa produto de delito comete uma receptação). A segunda – denominada *receptação imprópria* – é formada pela associação de *influir* (inspirar ou insuflar) sobre alguém de boa-fé para que este *adquira* (obter ou comprar), *receba* (aceitar em pagamento ou aceitar) ou *oculte* (encobrir ou disfarçar) coisa produto de crime. Nessa hipótese, se o sujeito influir para que a vítima adquira e oculte a coisa produto de delito, cometerá uma única receptação. Ocorre que a receptação, tal como descrita no *caput* do art. 180, é um tipo misto alternativo e, ao mesmo tempo, cumulativo. Assim, adquirir, receber, transportar, conduzir ou ocultar coisa originária de crime é conduta alternativa, o mesmo ocorrendo com a influência sobre terceiro para que adquira, receba ou oculte produto de crime. Mas se o agente praticar as duas condutas fundamentais do tipo, estará cometendo dois delitos (ex.: o agente adquire coisa produto de crime e, depois, ainda influencia para que terceiro de boa-fé também o faça). A pena é de reclusão, de um a quatro anos, e multa. Conferir o capítulo XIII, item 2.1, da Parte Geral.

Elemento subjetivo do crime

É o dolo (*caput* e § 1.º) ou a culpa (§ 3.º) (ver o capítulo XIV da Parte Geral).

Elemento subjetivo do tipo específico

É a vontade de se apropriar de coisa alheia ou de fazer com que outro se aproprie. Além disso, deve-se destacar outra particularidade deste tipo penal: no contexto das duas condutas criminosas alternativas ("adquirir, receber, transportar, conduzir ou ocultar" e "influir para que terceiro a adquira, receba ou oculte") somente pode incidir o *dolo direto*, evidenciado pela expressão "que *sabe ser* produto de crime". Por outro lado, é de se frisar ser indispensável que o dolo, como urge sempre ocorrer, seja detectado concomitantemente à conduta, não se admitindo o chamado "dolo subsequente". Na figura qualificada (§ 1.º), admite-se tanto o dolo direto quanto o eventual. É certo que houve um defeito na redação do dispositivo, mencionando apenas *deve saber* (omitindo o termo *sabe*), mas pode-se suprir a deficiência com a interpretação extensiva, afinal, quem pode o mais, pode o menos. Se admitimos a receptação qualificada com dolo eventual, é mais do que natural que se possa aceitá-la, igualmente, com dolo direto. Essa é a posição predominante na jurisprudência (ver Parte Geral, capítulo XIII, item 2.1).

Classificação

Comum; material (receptação própria) e formal (receptação imprópria); de forma livre; comissivo; instantâneo, exceto na modalidade *ocultar*, que se transforma em permanente; unissubjetivo; plurissubsistente. Sobre a classificação dos crimes, ver o capítulo XII, item 4, da Parte Geral.

Tentativa

É admissível.

Momento consumativo

Quando houver prejuízo para a vítima em face do seu distanciamento da coisa que lhe foi tomada.

Forma qualificada

A pena passa a ser de reclusão, de três a oito anos, e multa, se o agente adquirir, receber, transportar, conduzir, ocultar, ter em depósito, desmontar, montar, remontar, vender, expor à venda ou de qualquer forma utilizar, em proveito próprio ou alheio, no exercício da atividade comercial ou industrial, coisa que deve saber ser produto de crime. Essa figura foi introduzida para punir mais severamente os proprietários de "desmanches" de carros (por isso, as condutas *desmontar, montar, remontar*), exigindo-se ainda o exercício de *atividade comercial ou industrial*. Lembremos que o § 2.º equipara à atividade comercial, para efeito de configuração da receptação qualificada, qualquer forma de comércio irregular ou clandestino, inclusive o exercido em residência. Abrange-se, com isso, o "desmanche" ou "ferro-velho" caseiro, sem aparência de comércio legalizado.

Causa de aumento levando em conta o sujeito passivo

A pena do *caput* será aplicada em dobro se envolver bens e instalações do patrimônio da União, de Estado, do Distrito Federal, de Município ou de autarquia, fundação pública, empresa pública, sociedade de economia mista ou empresa concessionária de serviços públicos.

Ao prever a aplicação do *dobro* da pena (art. 180, § 6.º), apontando a cominação do *caput*, pode dar a entender tratar-se de uma qualificadora, mas, na essência, não se cuida disso. Quando existente, a qualificadora é específica e eleva a faixa de fixação da pena, em abstrato, elevando concomitantemente o mínimo e o máximo (como se faz no § 1.º deste artigo). A causa de aumento, por seu turno, provoca o aumento na terceira fase da fixação do *quantum* da pena, vale dizer, depois de o julgador estabelecer a pena-base, com fundamento no art. 59 do CP, e passar pela aplicação das agravantes e atenuantes. A indicação da pena prevista no *caput* é apenas para indicar que a faixa abstrata a ser usada é a de reclusão, de 1 a 4 anos – e não outra faixa eventualmente criada no tipo penal incriminador.

Além disso, a consideração de ser uma causa de aumento permite a escolha do aumento maior, quando houver mais de um, ou de todos os aumentos incidentes ao caso, nos termos do art. 68, parágrafo único, do Código Penal. E quando o julgador optar por mais de um aumento, deve justificar, sob pena de se aplicar somente um. Trata-se de posição favorável ao réu.

Figura culposa

O tipo culposo retratado no § 3.º do art. 180 é fechado, isto é, não tem a fórmula genérica dos demais (ex.: "se o homicídio é culposo", conforme art. 121, § 3.º, CP). Preferiu o legislador especificar exatamente como se dá a receptação culposa: "adquirir ou receber coisa que, por sua natureza ou pela desproporção entre o valor e o preço, ou pela condição de quem a oferece, deve presumir-se obtida por meio criminoso". Tal situação não deixa de envolver imprudência, negligência ou imperícia, pois quem é atencioso naquilo que faz não compra produto cujo preço é bem inferior ao do mercado e a condição de quem o oferece está a indicar ser coisa obtida por meio criminoso. A pena é de detenção, de um mês a um ano, ou multa, ou ambas as penas.

Particularidades

a) A previsão feita no § 4.º é apenas uma ressalva, buscando evitar qualquer debate acerca da punição do autor da receptação, mencionando que "a receptação é punível, ainda que desconhecido ou isento de pena o autor do crime de que proveio a coisa". Logo, não tem a pretensão de definir *crime*, nem justificar o conceito analítico de delito. Com redação proveniente de 1940, tinha a finalidade de contornar possíveis argumentos de que o receptador não poderia ser punido uma vez que não se sabia quem fora o autor do furto (de onde veio a coisa produto de crime). Ou ainda, que não poderia o receptador ser punido somente pelo fato de que o autor do *fato criminoso* (furto, roubo etc.), por ser inimputável, logo, não culpável, não estaria sujeito à punição. Lembremos que a expressão "ainda que desconhecido ou isento de pena o autor do crime" deve ser lida (como sempre foi desde sua inserção no Código Penal) da seguinte forma: "Ainda que desconhecido ou isento de pena o autor do fato criminoso, isto é, típico e antijurídico".

b) A Lei 13.804/2019 introduziu o art. 278-A no Código de Trânsito Brasileiro, estabelecendo que "o condutor que se utilize de veículo para a prática do crime de receptação, descaminho, contrabando, previstos nos arts. 180, 334 e 334-A do Decreto-Lei n.º 2.848, de 7 de dezembro de 1940 (Código Penal), condenado por um desses crimes em decisão judicial transitada em julgado, terá cassado seu documento de habilitação ou será proibido de obter a habilitação para dirigir veículo automotor pelo prazo de 5 (cinco) anos. § 1.º O condutor condenado poderá requerer sua reabilitação, submetendo-se a todos os exames necessários à habilitação, na forma deste Código. § 2.º No caso do condutor preso em flagrante na prática dos crimes de que trata o *caput* deste artigo, poderá o juiz, em qualquer fase da investigação ou da ação penal, se houver necessidade para a garantia da ordem pública, como medida cautelar, de ofício, ou a requerimento do Ministério Público ou ainda mediante representação da autoridade policial, decretar, em decisão motivada, a suspensão da permissão ou da habilitação para dirigir veículo automotor, ou a proibição de sua obtenção".

Perdão judicial

No caso de receptação culposa, o juiz pode deixar de aplicar a pena, se o criminoso for primário, bem como levando-se em consideração outras circunstâncias. Fixou-as a doutrina e a jurisprudência: a) diminuto valor da coisa objeto da receptação; b) bons antecedentes; c) ter o agente atuado com culpa levíssima.

Forma privilegiada

Admite-se, ainda, a aplicação do disposto no art. 155, § 2.º, no tocante à receptação dolosa, ou seja, se o criminoso for primário e de pequeno valor a coisa (até um salário mínimo), pode o juiz substituir a reclusão por detenção, aplicar uma diminuição de um a dois terços, ou somente a multa.

> Acesse e escute o podcast sobre Receptação.
> http://uqr.to/1yoj0

Receptação de animal

Art. 180-A

Sujeito ativo

Qualquer pessoa (ver Parte Geral, capítulo XII, item 3.1).

Sujeito passivo

É o proprietário ou legítimo possuidor do semovente produto de crime. Exclui-se o coautor ou partícipe do delito anterior, de onde proveio a coisa, pois ele responderá somente pelo que anteriormente praticou (ex.: o partícipe do furto, encontrado com o animal subtraído, não pode ser acusado de receptação) (ver Parte Geral, capítulo XII, item 3.2).

Objeto jurídico

É o patrimônio (ver Parte Geral, capítulo XII, item 3.3, "b").

Objeto material

É o produto do delito anterior (ver Parte Geral, capítulo XII, item 3.3, "a").

Elementos objetivos do tipo

O tipo penal do crime de receptação de animal é formado por condutas mistas alternativas. *Adquirir* (obter, comprar), *receber* (aceitar em pagamento ou simplesmente aceitar), *transportar* (levar de um lugar a outro), *conduzir* (tornar-se condutor, guiar), *ocultar* (encobrir ou disfarçar), *ter em depósito* (manter em lugar armazenado) ou *vender* (alienar por certo preço) são as condutas previstas. O objetivo do agente é produzir uma criação ou comercializar o que já foi produzido. Pode ser animal vivo ou morto, inclusive em pedaços. A pena é de reclusão, de dois a cinco anos, e multa. Conferir o capítulo XIII, item 2.1, da Parte Geral.

Elemento subjetivo do crime

É o dolo.

É certo que houve um defeito na redação do dispositivo, mencionando apenas *deve saber* (omitindo o termo *sabe*), mas pode-se suprir a deficiência com a interpretação extensiva, afinal, quem pode o mais, pode o menos. Se admitirmos a receptação com dolo eventual, é mais do que natural que se possa aceitá-la, igualmente, com dolo direto. Essa é a posição predominante na jurisprudência (ver Parte Geral, capítulo XIII, item 2.1).

Elemento subjetivo do tipo específico

Há elemento subjetivo específico, consistente na finalidade de produção ou de comercialização (ver o capítulo XIV da Parte Geral).

Classificação

Comum; formal (não se exige a configuração do resultado naturalístico previsto no tipo: produzir ou comercializar); de forma livre; comissivo; instantâneo, exceto nas modalidades *ocultar* e *ter em depósito*, transformando-se em permanente; unissubjetivo; plurissubsistente. Sobre a classificação dos crimes, ver o capítulo XII, item 4, da Parte Geral.

Tentativa

É admissível.

Momento consumativo

Quando a conduta prevista no tipo for praticada.

Capítulo VIII
Disposições Gerais

Disposições gerais

Arts. 181 a 183-A

Imunidade penal absoluta ou impunibilidade absoluta

Imunidade é um privilégio de natureza pessoal, desfrutado por alguém em razão do cargo ou da função exercida, bem como por conta de alguma condição ou circunstância de caráter pessoal. No âmbito penal, trata-se (art. 181) de uma escusa absolutória, condição negativa de punibilidade ou causa pessoal de exclusão da pena. Assim, por razões de política criminal, levando em conta motivos de ordem utilitária e baseando-se na circunstância de existirem laços familiares ou afetivos entre os envolvidos, o legislador houve por bem afastar a punibilidade de determinadas pessoas. O crime – fato típico, antijurídico e culpável – está presente, embora não seja punível. Cuida-se de imunidade *absoluta*, porque não admite prova em contrário, nem possibilidade de se renunciar à sua incidência. Nos crimes patrimoniais, não violentos e sem grave ameaça, os cônjuges, entre si (inciso I do art. 181), os ascendentes e os descendentes, entre si (inciso II do art. 181), ainda que cometam delitos, não são punidos. Ensina Nélson Hungria que a razão dessa imunidade nasceu, no direito romano, fundada na *copropriedade familiar*. Posteriormente, vieram outros argumentos: a) evitar a cizânia entre os membros da família;

b) proteger a intimidade familiar; c) não dar cabo do prestígio auferido pela família. Um furto, por exemplo, ocorrido no seio familiar deve ser absorvido pelos próprios cônjuges ou parentes, afastando-se escândalos lesivos à sua honorabilidade (*Comentários ao Código Penal*, v. 7, p. 324). Ressalte-se que, havendo terceiro estranho à família, envolvido em qualquer dos delitos previstos neste título, figurando como sujeito passivo, deixa de haver a incidência da escusa absolutória.

Crimes que admitem a incidência da imunidade penal absoluta

Furto (art. 155), furto de coisa comum (art. 156), alteração de limites, usurpação de águas e esbulho possessório (art. 161), supressão ou alteração de marca em animais (art. 162), dano (art. 163), introdução ou abandono de animais em propriedade alheia (art. 164), apropriação indébita (art. 168), apropriação por erro, apropriação de tesouro, apropriação de coisa achada (art. 169), estelionato, disposição ou oneração fraudulenta de coisa própria, defraudação de penhor, fraude na entrega da coisa, fraude para recebimento de indenização ou valor de seguro, fraude no pagamento por meio de cheque (art. 171), duplicata simulada (art. 172), abuso de incapazes (art. 173), induzimento à especulação (art. 174), fraude no comércio (art. 175), fraude em restaurante, hotel ou meio de transporte (art. 176), fraudes e abusos na fundação ou administração de sociedade por ações (art. 177), emissão irregular de conhecimento de depósito ou *warrant* (art. 178), fraude à execução (art. 179), receptação (art. 180). Excluem-se, desde logo, os delitos de dano em coisa de valor artístico, arqueológico ou histórico (art. 165) e alteração de local especialmente protegido (art. 166) porque o sujeito passivo primordial é o Estado, bem como a apropriação indébita previdenciária (art. 168-A), cujo sujeito passivo é o INSS. Os demais crimes somente podem ser atingidos pela imunidade penal caso os sujeitos passivos sejam exclusivamente as pessoas enumeradas, taxativamente, no art. 181, sem qualquer possibilidade de ampliação.

Imunidade relativa

O art. 182 trata dessa hipótese e exige que a vítima do crime ofereça representação, legitimando o Ministério Público a agir, ingressando com ação penal, ou mesmo autorizando a mera instauração de inquérito policial pelo delegado. Trata-se, pois, de ação pública condicionada. Isto ocorre quando o crime for cometido em prejuízo de cônjuge separado judicialmente (inciso I), de irmão (inciso II) ou de tio ou sobrinho, com quem o agente coabitar (inciso III). Somente não se aplica o disposto neste artigo quando o crime contra o patrimônio já exigir, por si só, representação ou for de ação privada, sendo cabível a queixa. Há quem defenda não se tratar de imunidade alguma, mas tão somente de "alteração da espécie de ação penal, condicionando-a à *representação* do ofendido" (Cezar Roberto Bitencourt, *Código Penal anotado e legislação complementar*, p. 653).

Hipóteses de exclusão da imunidade

Estipula o art. 183 as seguintes situações:

a) se o crime é de roubo ou de extorsão, ou, em geral, quando houver emprego de grave ameaça ou violência à pessoa (inciso I). Quanto à inclusão ou não da extorsão indireta, há duas posições: a) não se inclui neste inciso (Noronha, *Direito penal*, v. 2,

p. 518); b) inclui-se (Damásio, *Código Penal anotado*, p. 647). Preferimos a segunda posição, pois, de fato, o Código fala apenas em *extorsão*, cabendo a inclusão das três formas de extorsão previstas: arts. 158, 159 e 160;

b) ao estranho que participar do crime (inciso II);

c) se o crime for praticado contra pessoa com idade igual ou superior a 60 anos (inciso III).

🞂 PONTOS RELEVANTES PARA DEBATE

O erro quanto à propriedade do objeto material para afastar a punição

Entendemos que há crime. É preciso ressaltar, mais uma vez, que o fato praticado pelo agente é típico, antijurídico e culpável, mas não punível, exatamente como ocorre com as causas extintivas da punibilidade. Portanto, se o agente acredita que o veículo furtado pertence ao seu pai, mas, em verdade, é de propriedade de estranho, deve responder pelo delito de furto. O seu erro foi de punibilidade, ou seja, acreditou que não seria sancionado, mas enganou-se, não quanto à ilicitude da conduta, mas quanto às consequências do seu ato. Cremos ser aplicável, neste caso, a lição de Assis Toledo: "Erro de punibilidade – inescusável – o agente sabe que faz algo proibido, ou devia e podia sabê-lo, mas supõe inexistir pena criminal para a conduta que realiza, desconhece a punibilidade do fato" (*Princípios básicos de direito penal*, p. 271). Não tem cabimento utilizar a imunidade para socorrer o agente quando a vítima, na realidade, não é parente seu. Ele furtou o carro de um estranho e não seria punido por exclusão da culpabilidade? O erro de proibição não nos parece aplicável a este caso, pois a imunidade penal tem por finalidade evitar a cizânia na família e as consequências nefastas que o processo pode gerar para os envolvidos, quando exclusivamente são autor e vítima as pessoas enumeradas no art. 181. O ilícito penal está concretizado, deixando de ser punido *por razões de política criminal*, que desaparecem totalmente quando o ofendido é estranho. Não há, também, erro de tipo, pois o agente sabe que a coisa subtraída é *alheia*, estando nitidamente presente o dolo. Por outro lado, defendemos a postura inversa: se o agente subtrai o carro do seu pai, pensando tratar-se do veículo de um estranho, não deve ser punido. Nessa hipótese, a vítima real é seu genitor, encaixando-se com perfeição à figura do art. 181, II. Sustentamos que a imunidade penal é de caráter objetivo e assim deve ser aplicada. Nessa visão, está a lição de Nélson Hungria: "A *pertinência* da *res* ao cônjuge ou parente deve ser apreciada *objetivamente*, nada importando a errônea *opinião* ou *suposição* do agente a respeito". O crime não deixa de ser punido por razões ontológicas, mas por mera política criminal (*Comentários ao Código Penal*, v. 7, p. 327). No mesmo sentido, confira-se a lição de Higuera Guimera: "A opinião majoritária na Alemanha e na Espanha, assim como a jurisprudência de ambos os países, considera que é irrelevante o erro sobre a punibilidade, e em nosso caso o erro sobre os pressupostos que servem de fundamento às escusas absolutórias. (...) Argumenta-se que esses casos de erro têm que ser irrelevantes porque nessas hipóteses está plenamente constituído o tipo, a antijuridicidade e a culpabilidade" (*Las excusas absolutorias*, p. 155). Há posição em sentido contrário, admitindo a aplicação do erro de proibição (Damásio, *Código Penal anotado*, p. 645).

A aplicação da imunidade a cônjuges separados e no contexto da união estável

Incide a imunidade ainda quando os cônjuges estejam separados de fato, pois o casamento não foi desfeito. Segundo a lei civil, isso somente ocorre com o advento do divórcio.

Por outro lado, defendíamos que a expressão *cônjuge* seria de interpretação restritiva, não se ampliando para companheiro(a) ou concubino(a). Mas sempre houve quem sustentasse a incidência da imunidade quando se tratasse de união estável, invocando o dispositivo constitucional que trata do tema: "Para efeito da proteção do Estado, é reconhecida a união estável entre o homem e a mulher como entidade familiar, devendo a lei facilitar sua conversão em casamento" (art. 226, § 3.º, CF). Essas são as posições de Mirabete (*Código Penal interpretado*, p. 1.192) e Damásio (*Código Penal anotado*, p. 645). Em face das posições adotadas pelos Tribunais Superiores, particularmente o STF, reconhecendo cada vez mais direitos aos companheiros, hoje estamos convencidos acerca da aplicação da imunidade no contexto da união estável. Logicamente, sem maior ampliação, em prejuízo do réu, como, por exemplo, aplicar o tipo penal da bigamia para quem mantiver mais de uma união estável.

Causa de aumento aos crimes patrimoniais

Estabelece o art. 183-A que "nos crimes de que trata este Título, quando cometidos contra as instituições financeiras e os prestadores de serviço de segurança privada, de que trata o Estatuto da Segurança Privada e da Segurança das Instituições Financeiras, as penas serão aumentadas de 1/3 (um terço) até o dobro".

O Estatuto mencionado é a Lei 14.967/2024, dispondo sobre os serviços de segurança de caráter privado, exercidos por pessoas jurídicas e físicas, em âmbito nacional, estabelecendo as regras gerais para a segurança das instituições financeiras no Brasil. A importância da segurança privada cresceu nos últimos anos, em especial, por conta da terceirização de serviços realizada por órgãos públicos transferindo a segurança de seus prédios e valores, bem como das autoridades e dos servidores públicos para agentes de segurança não vinculados à administração pública. Por conta disso, deve-se ponderar que as empresas de segurança privada possuem armas de fogo depositadas em suas sedes, além de manter valores de grande monta. Este é o motivo inspirador da geração da causa de aumento de pena. Lembre-se da causa de aumento de pena do roubo ("se a vítima está em serviço de transporte de valores e o agente conhece tal circunstância"). Uma cautela se impõe desde logo: evitar o *bis in idem* (dupla apenação pelo mesmo fato), quando houver um roubo envolvendo empresa de transporte de valores. Parece-nos deva prevalecer a causa de aumento do art. 183-A em prejuízo do art. 157, § 2.º, III, pelo princípio da sucessividade (lei mais recente afasta a mais antiga). O aumento é variável, conforme a gravidade concreta do delito, como, por exemplo, a subtração de várias armas de fogo ou apenas poucas, determinando uma elevação maior para a primeira hipótese e menor para a segunda.

Título III

Dos Crimes contra a Propriedade Imaterial

Capítulo I
Dos Crimes contra a Propriedade Intelectual

Violação de direito autoral

Art. 184

Sujeito ativo

Qualquer pessoa (ver Parte Geral, capítulo XII, item 3.1).

Sujeito passivo

É o autor de obra intelectual ou o titular do direito sobre a produção intelectual de outrem, bem como seus herdeiros e sucessores (ver Parte Geral, capítulo XII, item 3.2).

Objeto jurídico

É a propriedade intelectual (ver Parte Geral, capítulo XII, item 3.3, "b").

Objeto material

É a obra violada, devendo ser inédita ou protegida (ver Parte Geral, capítulo XII, item 3.3, "a").

Elementos objetivos do tipo

Violar (ofender ou transgredir) direitos de autor (ex.: escritor de um livro ou compositor de uma música ou letra) e os que lhe são conexos (ex.: direitos da editora de divulgar e vender exclusivamente um livro; direitos da gravadora de um CD de fazer o mesmo). O tipo é uma norma penal em branco, necessitando, pois, de vinculação com as leis que protegem o direito de autor (consultar as Leis 9.609/1998 e 9.610/1998), bem como se valendo da interpretação do juiz para que possa ter real alcance e sentido. A transgressão ao direito autoral pode dar-se de variadas formas, desde a simples reprodução não autorizada de um livro por fotocópias até a comercialização de obras originais, sem a permissão do autor. Uma das mais conhecidas formas de violação do direito de autor é o *plágio*, que significa tanto assinar como sua obra alheia, como também imitar o que outra pessoa produziu. O plágio pode dar-se de maneira total (copiar ou assinar como sua toda a obra de terceiro) ou parcial (copiar ou dar como seus apenas trechos da obra de outro autor). São condutas igualmente repugnantes, uma vez que o agente do crime se apropria sorrateiramente de criação intelectual de outrem, o que nem sempre é fácil de ser detectado pela vítima. Diversamente dos delitos patrimoniais comuns, em que o proprietário sente a falta de seu bem tão logo ele sai da sua esfera de proteção e vigilância, no caso da violação de direito de autor, torna-se complexo e dificultoso o processo de verificação do plágio, ou mesmo da simples utilização não autorizada de obra intelectual, sem a devida remuneração, na forma da lei civil, ao seu autor. Registre-se, desde logo, que a *autorização* dada no § 4.º do art. 184, para que o copista de um único exemplar de obra intelectual ou fonograma, para uso privado, escape à punição não se relaciona com o *caput*, tendo em vista que somente o disposto nos §§ 1.º, 2.º e 3.º ao copista não se aplicam. Entretanto, pode-se continuar utilizando o disposto na Lei 9.610/1998, que prevê exceções e limitações ao direito autoral, não visando punir aquele que reproduz trechos de obras, indicando a fonte, bem como o executor de fonogramas no recinto doméstico, por exemplo. No mais, também podem ser resolvidas algumas situações peculiares por outros mecanismos, como ocorre, ainda como exemplo, no caso de reprodução de um livro esgotado, para uso privado do copista, até porque o direito autoral estaria preservado, pois o exemplar está fora do comércio, o que caracterizaria fato atípico. Em outras hipóteses, pode-se levantar a tese do crime de bagatela, quando alguém copia um CD musical de um amigo para uso doméstico e exclusivo seu, sem qualquer ânimo de lucro. A pena é de detenção, de 3 meses a 1 ano, ou multa. Conferir o capítulo XIII, item 2.1, da Parte Geral.

Elemento subjetivo do crime

É o dolo (ver o capítulo XIV da Parte Geral).

Elemento subjetivo do tipo específico

Não há na figura do *caput*. Quanto às formas qualificadas dos §§ 1.º, 2.º e 3.º, exige-se o "intuito de lucro" (ver Parte Geral, capítulo XIII, item 2.1).

Classificação

Comum; formal; de forma livre; comissivo; instantâneo (mas permanente, nas formas "ocultar", "expor à venda" e "ter em depósito"); unissubjetivo; plurissubsistente. Sobre a classificação dos crimes, ver o capítulo XII, item 4, da Parte Geral.

Tentativa

É admissível.

Formas qualificadas

Estão previstas nos §§ 1.º, 2.º e 3.º. A pena será de reclusão, de dois a quatro anos, e multa, nos seguintes casos:

a) se a violação consistir em reprodução, total ou parcial, com intuito de lucro direto ou indireto, por qualquer meio ou processo, de obra intelectual, interpretação, execução ou fonograma, sem autorização expressa do autor, do artista intérprete ou executante, do produtor, conforme o caso, ou de quem os represente;

b) se houver, com intuito de lucro direto ou indireto, distribuição, venda, exposição à venda, aluguel, introdução no País, aquisição, ocultação, depósito, de original ou cópia, de obra intelectual ou fonograma reproduzido com violação do direito de autor, do direito de artista intérprete ou executante ou do direito de produtor de fonograma, ou, ainda, aluguel de original ou cópia de obra intelectual ou fonograma, sem a expressa autorização dos titulares dos direitos ou de quem os represente;

c) se a violação consistir no oferecimento ao público, mediante cabo, fibra ótica, satélite, ondas ou qualquer outro sistema que permita ao usuário realizar a seleção da obra ou produção para recebê-la em um tempo e lugar previamente determinados por quem formula a demanda, com intuito de lucro, direto ou indireto, sem autorização expressa, conforme o caso, do autor, do artista intérprete ou executante, do produtor de fonograma, ou de quem os represente.

Particularidade

O disposto no § 4.º do art. 184 pode ser considerado inútil, porque supérfluo. Note-se que, na primeira parte, menciona-se não ser aplicável o disposto nos tipos penais previstos nos §§ 1.º, 2.º e 3.º, reiterando autêntica excludente de tipicidade, às situações de exceção ou limitação de direito autoral previstas expressamente na Lei 9.610/1998. Ocorre que, ainda que nada fosse mencionado, continuaria a vigorar o disposto nesta última lei, em especial no art. 46, que traz um rol de situações excepcionais e limitativas do direito de autor. Assim, nada mudou, uma vez que se sabe que excludentes de tipicidade ou de ilicitude podem estar dispostas em leis extrapenais. Era e continua sendo justamente o caso da Lei 9.610/1998. Logo, não tem utilidade prática este dispositivo. Aliás, o parágrafo em comento menciona somente as hipóteses dos §§ 1.º, 2.º e 3.º do art. 184. E quanto ao disposto no *caput*? Não se aplicaria, também a ele, eventual exceção ou limitação encontrada na referida Lei 9.610/1998? Cremos que sim, ainda que o § 4.º não lhe faça qualquer referência. Quanto à segunda parte no artigo, observa-se que o legislador pretendeu *autorizar* a cópia de obra intelectual ou fonograma, quando feita em um só exemplar, para uso privado do copista, desde que não haja *intuito de lucro*. Ora, todos os tipos incriminadores previstos nos §§ 1.º, 2.º e 3.º, para tornarem-se aplicáveis a fatos concretos, exigem a presença do *intuito de lucro direto ou indireto*. Logo, não havendo o elemento subjetivo específico, o fato é atípico. Por isso, o disposto no § 4.º deste artigo é desnecessário.

Momento consumativo

Quando ocorrer a violação (cópia, divulgação, compra, distribuição etc.) de direito autoral ou conexo, independentemente de qualquer resultado naturalístico efetivo (perda patrimonial).

Ação penal

Privada, quando se tratar da modalidade prevista no *caput* (art. 186, I); pública incondicionada, nas formas dos §§ 1.º e 2.º (art. 186, II) e quando os delitos forem cometidos em desfavor de entidades de direito público, autarquia, empresa pública, sociedade de economia mista ou fundação instituída pelo Poder Público (art. 186, III); pública condicionada à representação da vítima, nas modalidades do § 3.º (art. 186, IV).

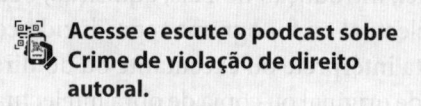

Acesse e escute o podcast sobre Crime de violação de direito autoral.

> http://uqr.to/1yoj1

Usurpação de nome ou de pseudônimo alheio

Art. 185

Artigo revogado pela Lei 10.695/2003.

Ação penal

Art. 186

Procede-se mediante queixa, nos crimes previstos no *caput* do art. 184; ação penal pública incondicionada, nos crimes previstos nos §§ 1.º e 2.º do art. 184 e nos crimes cometidos em desfavor de entidades de direito público, autarquia, empresa pública, sociedade de economia mista ou fundação instituída pelo Poder Público; e ação penal pública condicionada à representação, nos crimes previstos no § 3.º do art. 184.

Capítulo II
Dos Crimes contra o Privilégio de Invenção

Violação de privilégio de invenção

Art. 187

Artigo revogado pela Lei 9.279/1996.

Falsa atribuição de privilégio

Art. 188

Artigo revogado pela Lei 9.279/1996.

Usurpação ou indevida exploração de modelo ou desenho privilegiado

Art. 189

Artigo revogado pela Lei 9.279/1996.

Falsa declaração de depósito em modelo ou desenho

Art. 190

Artigo revogado pela Lei 9.279/1996.

Ação penal

Art. 191

Artigo revogado pela Lei 9.279/1996.

Capítulo III
Dos Crimes contra as Marcas de Indústria e Comércio

Violação do direito de marca

Art. 192

Artigo revogado pela Lei 9.279/1996.

Uso indevido de armas, brasões e distintivos públicos

Art. 193

Artigo revogado pela Lei 9.279/1996.

Marca com falsa indicação de procedência

Art. 194

Artigo revogado pela Lei 9.279/1996.

Ação penal

Art. 195

Artigo revogado pela Lei 9.279/1996.

Capítulo IV
Dos Crimes de Concorrência Desleal

Concorrência desleal

Art. 196

Artigo revogado pela Lei 9.279/1996.

Título IV
Dos Crimes contra a Organização do Trabalho

Atentado contra a liberdade de trabalho

Art. 197

Sujeito ativo

Qualquer pessoa (ver Parte Geral, capítulo XII, item 3.1).

Sujeito passivo

Qualquer pessoa, desde que na condição de trabalhador – empregado ou patrão, conforme o caso. Cremos que a pessoa jurídica não pode ser sujeito passivo deste crime, porque o tipo penal é apenas uma forma específica de cercear a liberdade da pessoa humana ao seu legítimo direito ao trabalho. Em sentido contrário há a lição de Noronha, para quem o pronome indefinido "alguém" pode compreender a pessoa jurídica, embora reconheça que o constrangimento há de recair sobre a pessoa física que a dirige (*Direito penal*, v. 3, p. 49) (ver Parte Geral, capítulo XII, item 3.2).

Objeto jurídico

É a liberdade de trabalho (ver Parte Geral, capítulo XII, item 3.3, "b").

Objeto material

É a pessoa que sofre a conduta criminosa (ver Parte Geral, capítulo XII, item 3.3, "a").

Elementos objetivos do tipo

Constranger (tolher a liberdade ou coagir) trabalhador, valendo-se de violência ou grave ameaça, para que faça o que a lei não manda ou deixe de fazer o que a lei permite. O constrangimento pode desenvolver a forma simples e também a qualificada:

a) constranger alguém a exercer ou não exercer arte, ofício, profissão ou indústria, ou a trabalhar ou não trabalhar durante certo período ou em determinados dias (inciso I). A pena é de detenção, de um mês a um ano, e multa, além da pena correspondente à violência. Lembremos que nessa hipótese o verbo *exercer* (desempenhar ou praticar) implica em habitualidade, motivo pelo qual, conjugando-se com a conduta *constranger*, gera um delito de caráter permanente. De fato, enquanto o constrangimento estiver impedindo o trabalhador de *exercer* o seu mister ou estiver atuando para que *exerça* o que *não* deseja, está-se atentando contra a liberdade de trabalho. O mesmo se diga para as demais formas de conduta: *trabalhar* também implica em habitualidade. O constrangimento exercido para impedir ou obrigar ao trabalho também é permanente. Não significa que o delito é habitual, pois o verbo principal ("constranger") não tem esse caráter, mas pode desenvolver-se na forma permanente em razão da habitualidade dos verbos secundários;

b) no tocante a abrir ou fechar estabelecimento de trabalho, voltamos à conjugação com o núcleo principal, que é constranger. Enquanto o trabalhador for obrigado a manter fechado ou aberto o seu estabelecimento, contra sua vontade, está se consumando o delito. E, finalmente, o mesmo vale para a obrigação contínua de *participar* de paralisação da atividade laborativa. A pena é de detenção, de três meses a um ano, e multa, além da pena correspondente à violência. Conferir o capítulo XIII, item 2.1, da Parte Geral.

Elemento subjetivo do crime

É o dolo (ver o capítulo XIV da Parte Geral).

Elemento subjetivo do tipo específico

Não há (ver Parte Geral, capítulo XIII, item 2.1).

Classificação

Comum; material; de forma livre; comissivo; instantâneo ou permanente, conforme o caso concreto; de dano; unissubjetivo; plurissubsistente. Sobre a classificação dos crimes, ver o capítulo XII, item 4, da Parte Geral.

Tentativa

É admissível.

Particularidade

A competência, como regra, é da Justiça Estadual, se envolver interesse individual do trabalhador; envolvendo interesse coletivo, passa a ser da Justiça Federal.

Momento consumativo

Quando se dá o constrangimento contra a liberdade de trabalho.

Atentado contra a liberdade de contrato de trabalho e boicotagem violenta

Art. 198

Sujeito ativo

Qualquer pessoa (ver Parte Geral, capítulo XII, item 3.1).

Sujeito passivo

Qualquer pessoa (ver Parte Geral, capítulo XII, item 3.2).

Objeto jurídico

É a liberdade de trabalho (ver Parte Geral, capítulo XII, item 3.3, "b").

Objeto material

É a pessoa que sofre a conduta criminosa (ver Parte Geral, capítulo XII, item 3.3, "a").

Elementos objetivos do tipo

Constranger (tolher a liberdade ou coagir) alguém, valendo-se de violência ou grave ameaça, para que celebre contrato de trabalho, ou a não fornecer a outrem, ou não adquirir de outrem, matéria-prima ou produto industrial ou agrícola. Esta última forma de prática do crime é o que se chama de *boicotagem*, colocando alguém à margem da atividade econômica. A pena é de detenção, de um mês a um ano, e multa, além da pena correspondente à violência. Conferir o capítulo XIII, item 2.1, da Parte Geral.

Elemento subjetivo do crime

É o dolo (ver o capítulo XIV da Parte Geral).

Elemento subjetivo do tipo específico

Não há (ver Parte Geral, capítulo XIII, item 2.1).

Classificação

Comum; material; de forma livre; comissivo; instantâneo ou permanente, conforme o caso concreto; de dano; unissubjetivo; plurissubsistente. Sobre a classificação dos crimes, ver o capítulo XII, item 4, da Parte Geral.

Tentativa

É admissível.

Particularidade

A competência, como regra, é da Justiça Estadual, se envolver interesse individual do trabalhador; envolvendo interesse coletivo, passa a ser da Justiça Federal.

Momento consumativo

Quando se dá o constrangimento contra a liberdade de trabalho.

Atentado contra a liberdade de associação

Art. 199

Sujeito ativo

Qualquer pessoa (ver Parte Geral, capítulo XII, item 3.1).

Sujeito passivo

Qualquer pessoa, desde que seja trabalhador ou profissional sujeito a tomar parte em sindicato ou associação (ver Parte Geral, capítulo XII, item 3.2).

Objeto jurídico

É a liberdade de associação e filiação a sindicato ou outra agremiação profissional (ver Parte Geral, capítulo XII, item 3.3, "b").

Objeto material

É a pessoa que sofre a conduta criminosa (ver Parte Geral, capítulo XII, item 3.3, "a").

Elementos objetivos do tipo

Constranger (tolher a liberdade ou coagir) alguém, valendo-se de violência ou grave ameaça, para que participe ou deixe de participar de determinado sindicato ou associação profissional. A pena é de detenção, de um mês a um ano, e multa, além da pena correspondente à violência. Conferir o capítulo XIII, item 2.1, da Parte Geral.

Elemento subjetivo do crime

É o dolo (ver o capítulo XIV da Parte Geral).

Elemento subjetivo do tipo específico

Não há (ver Parte Geral, capítulo XIII, item 2.1).

Classificação

Comum; material; de forma livre; comissivo; instantâneo ou permanente, conforme o caso concreto; de dano; unissubjetivo; plurissubsistente. Sobre a classificação dos crimes, ver o capítulo XII, item 4, da Parte Geral.

Tentativa

É admissível.

Particularidade

A competência pode ser da Justiça Estadual, se envolver interesse individual do trabalhador ou da Federal, se envolver interesse coletivo.

Momento consumativo

Quando se dá o constrangimento contra a liberdade de associação.

Paralisação de trabalho, seguida de violência ou perturbação da ordem

Art. 200

Sujeito ativo

Qualquer pessoa, desde que empregado ou empregador, pois envolve paralisação de trabalho (ver Parte Geral, capítulo XII, item 3.1).

Sujeito passivo

Qualquer pessoa (ver Parte Geral, capítulo XII, item 3.2).

Objeto jurídico

É a liberdade de trabalho (ver Parte Geral, capítulo XII, item 3.3, "b").

Objeto material

É a pessoa ou coisa que sofre a violência (ver Parte Geral, capítulo XII, item 3.3, "a").

Elementos objetivos do tipo

Participar (tomar parte ou associar-se) de suspensão ou abandono coletivo de trabalho, praticando violência contra pessoa ou contra coisa. Exige, nesse caso, a existência de uma multiplicidade de pessoas que paralisam o trabalho, pois somente se pode *tomar parte* quando há várias pessoas agrupadas (três, pelo menos) para qualquer fim (parágrafo único). Note-se que o direito de greve, por si só, não é crime. Entretanto, se houver emprego de violência, ferindo pessoas ou destruindo coisas alheias, torna-se infração penal. A pena é de detenção, de um mês a um ano, e multa, além da pena correspondente à violência. Conferir o capítulo XIII, item 2.1, da Parte Geral.

Elemento subjetivo do crime

É o dolo (ver o capítulo XIV da Parte Geral).

Elemento subjetivo do tipo específico

Não há (ver Parte Geral, capítulo XIII, item 2.1).

Classificação

Próprio; material; de forma livre; comissivo; instantâneo; de dano; plurissubjetivo; plurissubsistente. Sobre a classificação dos crimes, ver o capítulo XII, item 4, da Parte Geral.

Tentativa

É admissível.

Particularidade

A competência é da Justiça Federal, pois envolve interesse coletivo.

Momento consumativo

Quando se dá o emprego de violência.

Paralisação de trabalho de interesse coletivo

Art. 201

Sujeito ativo

Qualquer empregado ou empregador, pois envolve paralisação de trabalho (ver Parte Geral, capítulo XII, item 3.1).

Sujeito passivo

É a coletividade (ver Parte Geral, capítulo XII, item 3.2).

Objeto jurídico

É o interesse coletivo na manutenção do serviço (ver Parte Geral, capítulo XII, item 3.3, "b").

Objeto material

É o trabalho paralisado (ver Parte Geral, capítulo XII, item 3.3, "a").

Elementos objetivos do tipo

Participar (tomar parte ou associar-se) de suspensão ou abandono coletivo de trabalho, provocando a interrupção de obra pública ou serviço de interesse coletivo. O tipo não exige, expressamente, a existência de uma multiplicidade de pessoas que paralisam o trabalho, como ocorre com o art. 200, parágrafo único, mas pensamos ser a mesma situação: somente se pode *tomar parte* quando há várias pessoas agrupadas (três, pelo menos). Para compreender o alcance do art. 201, torna-se indispensável consultar a legislação ordinária, especificamente a Lei 7.783/1989. Entendemos que o direito de greve no setor não essencial é ilimitado, desde que não ocorra violência, razão pela qual não se aplica a figura típica do art. 201. Entretanto, como nos setores essenciais o direito não é ilimitado, mas controlado por lei, pode haver abuso. Nesse prisma, ainda há possibilidade de punição. A pena é de detenção, de 6 meses a 2 anos, e multa. Conferir o capítulo XIII, item 2.1, da Parte Geral.

Elemento subjetivo do crime

É o dolo (ver o capítulo XIV da Parte Geral).

Elemento subjetivo do tipo específico

É a vontade de *interromper obra pública ou serviço de interesse coletivo* (ver Parte Geral, capítulo XIII, item 2.1).

Classificação

Próprio; material; de forma livre; comissivo; instantâneo; de dano; plurissubjetivo; plurissubsistente. Sobre a classificação dos crimes, ver o capítulo XII, item 4, da Parte Geral.

Tentativa

É admissível.

Particularidade

A competência é da Justiça Federal, pois envolve interesse coletivo.

Momento consumativo

Quando ocorre o prejuízo para o serviço ou obra de interesse coletivo.

Invasão de estabelecimento industrial, comercial ou agrícola. Sabotagem

Art. 202

Sujeito ativo

Qualquer pessoa (ver Parte Geral, capítulo XII, item 3.1).

Sujeito passivo

É o proprietário do estabelecimento, em primeiro lugar; a coletividade, em segundo plano, quando se tratar de estabelecimento que cuide de serviço essencial (ver Parte Geral, capítulo XII, item 3.2).

Objetos jurídicos

São o patrimônio e a liberdade de trabalho (ver Parte Geral, capítulo XII, item 3.3, "b").

Objeto material

É o estabelecimento industrial, comercial ou agrícola ou as coisas nele existentes (ver Parte Geral, capítulo XII, item 3.3, "a").

Elementos objetivos do tipo

Invadir (entrar ou ocupar usando a força) e *ocupar* (entrar na posse) são as condutas incriminadas neste tipo, tendo por objeto um estabelecimento industrial, comercial ou agrícola. A intenção é impedir ou embaraçar o curso normal do trabalho ou danificar o estabelecimento ou as coisas nele existentes, ou delas dispor. A pena é de reclusão, de um a três anos, e multa. Conferir o capítulo XIII, item 2.1, da Parte Geral.

Elemento subjetivo do crime

É o dolo (ver o capítulo XIV da Parte Geral).

Elemento subjetivo do tipo específico

É o intuito de impedir ou embaraçar o curso do trabalho ou danificar o estabelecimento, ou coisas nele existentes (ver Parte Geral, capítulo XIII, item 2.1).

Classificação

Comum; formal; de forma livre; comissivo; instantâneo ou permanente (invadir e ocupar são condutas que se prolongam no tempo por vezes); unissubjetivo; plurissubsistente. Sobre a classificação dos crimes, ver o capítulo XII, item 4, da Parte Geral.

Tentativa

É admissível.

Particularidade

A competência é da Justiça Federal, pois envolve interesse coletivo.

Momento consumativo

Quando ocorrer a invasão ou ocupação.

Frustração de direito assegurado por lei trabalhista

Art. 203

Sujeito ativo

Qualquer pessoa (ver Parte Geral, capítulo XII, item 3.1).

Sujeito passivo

É o titular do direito frustrado ou o trabalhador prejudicado ou impedido de deixar o serviço (ver Parte Geral, capítulo XII, item 3.2).

Objetos jurídicos

São a organização e a liberdade de trabalho (ver Parte Geral, capítulo XII, item 3.3, "b").

Objetos materiais

São o direito trabalhista e o trabalhador prejudicado (ver Parte Geral, capítulo XII, item 3.3, "a").

Elementos objetivos do tipo

Frustrar (enganar ou iludir), mediante fraude ou violência, direito assegurado pela legislação do trabalho (*caput*); *obrigar ou coagir* alguém a usar mercadorias de determinado estabelecimento, para impossibilitar o desligamento do serviço em virtude de dívida (inciso I, § 1.º); *impedir* alguém de se desligar de serviços de qualquer natureza, mediante coação ou por meio de retenção de seus documentos pessoais ou contratuais (inciso II, § 1.º). A pena é de detenção, de um a dois anos, e multa, além da pena correspondente à violência. É preciso atentar para o disposto no art. 149 do Código Penal, que definiu a retenção do empregado, de qualquer modo, no lugar de trabalho como redução a condição análoga à de escravo (mais grave e mais recente); logo, este tipo penal prevalece sobre o tipo do art. 203, conforme a situação fática apresentada. Conferir o capítulo XIII, item 2.1, da Parte Geral.

Elemento subjetivo do crime

É o dolo (ver o capítulo XIV da Parte Geral).

Elemento subjetivo do tipo específico

Não há na forma do *caput*. Quanto aos incisos I e II, é a vontade de impedir o desligamento do trabalho (ver Parte Geral, capítulo XIII, item 2.1).

Classificação

Comum; material (*caput* e inciso II) e formal (inciso I); de forma livre; comissivo; instantâneo ou permanente, conforme o caso concreto; unissubjetivo; plurissubsistente. Sobre a classificação dos crimes, ver o capítulo XII, item 4, da Parte Geral.

Tentativa

É admissível.

Particularidade

A competência é da Justiça Federal, se envolver interesse coletivo; da Justiça Estadual, se disser respeito a interesse individual.

Momento consumativo

Quando ocorrer a frustração do direito ou o impedimento de deixar o serviço (*caput* e inciso II) ou quando houver a coação (inciso I).

Causa de aumento de pena

Eleva-se de um sexto a um terço se a vítima é menor de 18 anos, idosa (maior de 60 anos), gestante, indígena não integrada à civilização ou portadora de deficiência física ou mental (§ 2.º).

Frustração de lei sobre a nacionalização do trabalho

Art. 204

Sujeito ativo

Qualquer pessoa (ver Parte Geral, capítulo XII, item 3.1).

Sujeito passivo

É o Estado (ver Parte Geral, capítulo XII, item 3.2).

Objeto jurídico

É o interesse do Estado em garantir reserva de mercado para brasileiros (ver Parte Geral, capítulo XII, item 3.3, "b").

Objeto material

Os contratos irregularmente celebrados (ver Parte Geral, capítulo XII, item 3.3, "a").

Elementos objetivos do tipo

Frustrar (enganar ou iludir), mediante fraude (engodo, logro) ou violência (coação física) é o verbo cujo objeto é a obrigação legal relativa à nacionalização do trabalho. Trata-se de norma penal em branco, pois se necessita de complemento para saber quais as regras relativas à obrigatoriedade de contratação de mão de obra brasileira. A pena é de detenção, de um mês a um ano, e multa, além da pena correspondente à violência. Conferir o capítulo XIII, item 2.1, da Parte Geral.

Elemento subjetivo do crime

É o dolo (ver o capítulo XIV da Parte Geral).

Elemento subjetivo do tipo específico

Não há (ver Parte Geral, capítulo XIII, item 2.1).

Classificação

Comum; material; de forma livre; comissivo; unissubjetivo; plurissubsistente. Sobre a classificação dos crimes, ver o capítulo XII, item 4, da Parte Geral.

Tentativa

É admissível.

Particularidade

A competência é da Justiça Federal, pois o interesse é coletivo.

Momento consumativo

Quando ocorrer a frustração do direito de proteção do trabalho nacional.

Exercício de atividade com infração de decisão administrativa

Art. 205

Sujeito ativo

É a pessoa impedida de exercer a atividade (ver Parte Geral, capítulo XII, item 3.1).

Sujeito passivo

É o Estado (ver Parte Geral, capítulo XII, item 3.2).

Objeto jurídico

É o interesse do Estado em garantir o cumprimento de suas decisões (ver Parte Geral, capítulo XII, item 3.3, "b").

Objeto material

É a atividade desempenhada pelo agente (ver Parte Geral, capítulo XII, item 3.3, "a").

Elementos objetivos do tipo

Exercer (praticar, desempenhar ou cumprir, com certa habitualidade) atividade (qualquer atividade ou ocupação específica), de que está impedido por decisão administrativa. Se for fruto de decisão judicial, pode configurar o delito do art. 359 do CP. Não se costuma dizer que alguém *exerce* determinada atividade se o fez uma só vez. O exercício fornece a nítida ideia de regularidade. A pena é de detenção, de três meses a dois anos, ou multa. Conferir o capítulo XIII, item 2.1, da Parte Geral.

Elemento subjetivo do crime

É o dolo (ver o capítulo XIV da Parte Geral).

Elemento subjetivo do tipo específico

Não há (ver Parte Geral, capítulo XIII, item 2.1).

Classificação

Próprio; mera conduta; de forma livre; comissivo; habitual; unissubjetivo; plurissubsistente. Sobre a classificação dos crimes, ver o capítulo XII, item 4, da Parte Geral.

Tentativa

Não é admissível, pois é habitual.

Particularidade

A competência é da Justiça Estadual, pois não há interesse coletivo.

Momento consumativo

Quando ocorrer a configuração da habitualidade do exercício da atividade vedada.

Aliciamento para o fim de emigração

Art. 206

Sujeito ativo

Qualquer pessoa (ver Parte Geral, capítulo XII, item 3.1).

Sujeito passivo

É o Estado, em primeiro plano; a pessoa aliciada, em segundo (ver Parte Geral, capítulo XII, item 3.2).

Objeto jurídico

É o interesse do Estado em manter a mão de obra no território nacional (ver Parte Geral, capítulo XII, item 3.3, "b").

Objeto material

É a pessoa recrutada (ver Parte Geral, capítulo XII, item 3.3, "a").

Elementos objetivos do tipo

Recrutar significa angariar adeptos, embora possua também o significado de *aliciar* (atrair, seduzir ou angariar adeptos por meio de atrativos). O objeto da conduta são os trabalhadores, valendo-se de fraude, para que sigam a território estrangeiro. Melhor seria, pois, que o legislador tivesse usado o verbo *aliciar*, até para ficar em consonância com a rubrica do artigo, que é "aliciamento para o fim de emigração". A pena é de detenção, de um a três anos, e multa. Conferir o capítulo XIII, item 2.1, da Parte Geral.

Elemento subjetivo do crime
É o dolo (ver o capítulo XIV da Parte Geral).

Elemento subjetivo do tipo específico
É a finalidade de levar o trabalhador para o exterior (ver Parte Geral, capítulo XIII, item 2.1).

Classificação
Comum; formal; de forma livre; comissivo; instantâneo; unissubjetivo; plurissubsistente. Sobre a classificação dos crimes, ver o capítulo XII, item 4, da Parte Geral.

Tentativa
É admissível.

Particularidade
A competência é da Justiça Federal, pois há interesse coletivo.

Momento consumativo
Quando ocorrer o recrutamento, independentemente de resultado naturalístico.

Aliciamento de trabalhadores de um local para outro do território nacional

Art. 207

Sujeito ativo
Qualquer pessoa (ver Parte Geral, capítulo XII, item 3.1).

Sujeito passivo
É o Estado, em primeiro plano; a pessoa aliciada, em segundo (ver Parte Geral, capítulo XII, item 3.2).

Objeto jurídico
É o interesse do Estado em não deslocar a mão de obra artificialmente dentro do território nacional (ver Parte Geral, capítulo XII, item 3.3, "b").

Objeto material
É a pessoa aliciada (ver Parte Geral, capítulo XII, item 3.3, "a").

Elementos objetivos do tipo
Aliciar (atrair, seduzir ou angariar adeptos por meio de atrativos) trabalhadores para que sigam de uma a outra localidade do território nacional (*caput*); *recrutar* (angariar

adeptos) trabalhadores fora da localidade de execução do trabalho, dentro do território nacional, mediante fraude ou cobrança de qualquer quantia do trabalhador, ou, ainda, não assegurar condições do seu retorno ao local de origem (§ 1.º). A pena é de detenção, de um a três anos, e multa. Conferir o capítulo XIII, item 2.1, da Parte Geral.

Elemento subjetivo do crime

É o dolo (ver o capítulo XIV da Parte Geral).

Elemento subjetivo do tipo específico

É a finalidade de levar o trabalhador para outra localidade do território nacional (ver Parte Geral, capítulo XIII, item 2.1).

Classificação

Comum (próprio, quando o agente já recrutou e não fornece meios de retorno do trabalhador); formal; de forma livre; comissivo (omissivo, na forma mencionada de não assegurar condições de retorno); instantâneo; unissubjetivo; plurissubsistente. Sobre a classificação dos crimes, ver o capítulo XII, item 4, da Parte Geral.

Tentativa

É admissível, exceto na forma omissiva.

Particularidade

A competência é da Justiça Federal, pois há interesse coletivo.

Momento consumativo

Quando ocorrer o aliciamento ou recrutamento, independentemente de resultado naturalístico.

Causa de aumento de pena

Eleva-se a pena de um sexto a um terço se a vítima é menor de 18 anos, idosa (maior de 60), gestante, indígena ou portadora de deficiência física ou mental (§ 2.º).

Título V

Dos Crimes contra o Sentimento Religioso e contra o Respeito aos Mortos

Capítulo I
Dos Crimes contra o Sentimento Religioso

Ultraje a culto e impedimento ou perturbação de ato a ele relativo

Art. 208

Sujeito ativo

Qualquer pessoa (ver Parte Geral, capítulo XII, item 3.1).

Sujeito passivo

Qualquer pessoa (primeira parte) ou a coletividade, principalmente, mas também os que se sentirem diretamente atingidos (segunda e terceira partes) (ver Parte Geral, capítulo XII, item 3.2).

Objeto jurídico

É o sentimento religioso e a liberdade de culto e crença (ver Parte Geral, capítulo XII, item 3.3, "b").

Objeto material

É a pessoa (primeira parte), a cerimônia ou culto (segunda parte) ou ato ou objeto de culto (terceira parte) (ver Parte Geral, capítulo XII, item 3.3, "a").

Elementos objetivos do tipo

Escarnecer (zombar ou fazer troça) de alguém publicamente, por motivo de crença ou função religiosa (primeira figura); *impedir* (interromper ou obstar o prosseguimento) ou *perturbar* (estorvar ou atrapalhar) cerimônia ou prática de culto religioso (segunda figura); *vilipendiar* (humilhar, menoscabar ou desonrar) publicamente ato ou objeto de culto religioso. A pena é de detenção, de um mês a um ano, ou multa. Conferir o capítulo XIII, item 2.1, da Parte Geral.

Elemento subjetivo do crime

É o dolo (ver o capítulo XIV da Parte Geral).

Elemento subjetivo do tipo específico

É a vontade de denegrir determinada religião, investindo contra quem a segue, contra ato ou culto que a consagra ou contra objeto que a simboliza, encontrando-se implícita nas condutas típicas. Outros ânimos (ex.: brincadeira ou simples narração) excluem o crime, por atipicidade (ver Parte Geral, capítulo XIII, item 2.1).

Classificação

Comum, formal, de forma livre, comissivo, instantâneo, unissubjetivo, unissubsistente ou plurissubsistente, conforme o caso. Sobre a classificação dos crimes, ver o capítulo XII, item 4, da Parte Geral.

Tentativa

Admite-se, na forma plurissubsistente.

Particularidade

O tipo penal é cumulativo, isto é, a prática de todas as condutas nele descritas implicará a punição por três delitos em concurso.

Momento consumativo

Quando houver a prática da conduta, independentemente de resultado naturalístico.

Causas de aumento de pena

Será elevada de um terço se houver emprego de violência, respondendo, ainda, o agente pelo resultado desta (parágrafo único). Embora a lei não seja expressa, deve-se interpretar que a violência utilizada se volta à pessoa humana – e não a coisas ou animais. Afinal, essa tem sido a preocupação constante do legislador em outros tipos penais: a maior proteção ao ser humano.

Capítulo II
Dos Crimes contra o Respeito aos Mortos

Impedimento ou perturbação de cerimônia funerária

Art. 209

Sujeito ativo

Qualquer pessoa (ver Parte Geral, capítulo XII, item 3.1).

Sujeito passivo

É a coletividade, em primeiro plano; secundariamente, podem-se incluir aqueles que estiverem acompanhando o ato (ver Parte Geral, capítulo XII, item 3.2).

Objeto jurídico

É o sentimento de respeito à memória dos mortos (ver Parte Geral, capítulo XII, item 3.3, "b").

Objeto material

É o enterro ou a cerimônia funerária (ver Parte Geral, capítulo XII, item 3.3, "a").

Elementos objetivos do tipo

Impedir (interromper ou obstar o prosseguimento) ou *perturbar* (estorvar ou atrapalhar) enterro (é o ato de colocar debaixo da terra um cadáver) ou cerimônia funerária (trata-se da celebração em memória do defunto, desde o velório até o traslado do corpo à sepultura). A pena é de detenção, de um mês a um ano, ou multa. Conferir o capítulo XIII, item 2.1, da Parte Geral.

Elemento subjetivo do crime

É o dolo (ver o capítulo XIV da Parte Geral).

Elemento subjetivo do tipo específico

É a vontade de ultrajar a memória do morto, implícita no tipo. Há muitas pessoas que, em velórios ou enterros, particularmente descontroladas, podem tomar atitudes perturbadoras, das quais têm consciência (dolo), mas não o fazem com a específica intenção de menoscabar a memória do morto. Outros ânimos (ex.: brincadeira ou simples narração) excluem o crime, por atipicidade (ver Parte Geral, capítulo XIII, item 2.1).

Classificação

Comum, formal, de forma livre, comissivo, instantâneo, unissubjetivo, unissubsistente ou plurissubsistente, conforme o caso. Sobre a classificação dos crimes, ver o capítulo XII, item 4, da Parte Geral.

Tentativa

Admite-se, na forma plurissubsistente.

Particularidade

O tipo penal é alternativo, isto é, a prática das duas condutas previstas no tipo leva à configuração de um só delito.

Momento consumativo

Quando houver a prática da conduta, independentemente de resultado naturalístico.

Causas de aumento de pena

Será elevada de um terço se houver emprego de violência, respondendo, ainda, o agente pelo resultado desta (parágrafo único).

Violação de sepultura

Art. 210

Sujeito ativo

Qualquer pessoa (ver Parte Geral, capítulo XII, item 3.1).

Sujeito passivo

É a coletividade, em primeiro plano; secundariamente, pode-se incluir a família do morto (ver Parte Geral, capítulo XII, item 3.2).

Objeto jurídico

É o sentimento de respeito à memória dos mortos (ver Parte Geral, capítulo XII, item 3.3, "b").

Objeto material

É a sepultura ou urna funerária (ver Parte Geral, capítulo XII, item 3.3, "a").

Elementos objetivos do tipo

Violar (devassar ou invadir) ou *profanar* (tratar com irreverência ou macular) sepultura ou urna funerária. Reserva-se a primeira figura para quem abre a sepultura ou invade o sepulcro, enquanto a segunda serve para quem infama tal objeto. A pena é de reclusão, de um a três anos, e multa. Conferir o capítulo XIII, item 2.1, da Parte Geral.

Elemento subjetivo do crime

É o dolo (ver o capítulo XIV da Parte Geral).

Elemento subjetivo do tipo específico

É a vontade de ultrajar a memória do morto no caso da *conduta profanar*. Este verbo carrega, implicitamente, o desejo de tratar com irreverência. Quanto à violação, não se exige desígnio específico (ver Parte Geral, capítulo XIII, item 2.1).

Classificação

Comum, formal, de forma livre, comissivo, instantâneo, unissubjetivo, plurissubsistente. Sobre a classificação dos crimes, ver o capítulo XII, item 4, da Parte Geral.

Tentativa

Admite-se.

Particularidade

O tipo penal é alternativo, isto é, a prática das duas condutas previstas no tipo leva à configuração de um só delito.

Momento consumativo

Quando houver a prática da conduta, independentemente de resultado naturalístico.

Destruição, subtração ou ocultação de cadáver

Art. 211

Sujeito ativo

Qualquer pessoa (ver Parte Geral, capítulo XII, item 3.1).

Sujeito passivo

É a coletividade, em primeiro plano; secundariamente, pode-se incluir a família do morto (ver Parte Geral, capítulo XII, item 3.2).

Objeto jurídico

É o sentimento de respeito à memória dos mortos (ver Parte Geral, capítulo XII, item 3.3, "b").

Objeto material

É o cadáver ou parte dele (nesse caso, não se incluem as cinzas, nem a múmia; esta, afinal, pode ter valor econômico, configurando-se o crime de furto ou dano) (ver Parte Geral, capítulo XII, item 3.3, "a").

Elementos objetivos do tipo

Destruir (arruinar, aniquilar), *subtrair* (fazer desaparecer ou retirar) ou *ocultar* (esconder) cadáver ou parte dele. A pena é de reclusão, de um a três anos, e multa. Conferir o capítulo XIII, item 2.1, da Parte Geral.

Elemento subjetivo do crime

É o dolo (ver o capítulo XIV da Parte Geral).

Elemento subjetivo do tipo específico

Não há (ver Parte Geral, capítulo XIII, item 2.1).

Classificação

Comum, formal, de forma livre, comissivo, instantâneo (nas formas *destruir* e *subtrair*) ou permanente (na modalidade *ocultar*), unissubjetivo, plurissubsistente. Sobre a classificação dos crimes, ver o capítulo XII, item 4, da Parte Geral.

Tentativa

Admite-se.

Particularidades

a) o tipo penal é alternativo, isto é, a prática das três condutas previstas no tipo leva à configuração de um só delito;

b) considera-se, igualmente, *cadáver* o corpo do feto morto (desde que possua semblante humano), expulso do útero materno sem vida. Afinal, não se demanda, no tipo penal, a preexistência de vida para que se possam denominar os restos de ser humano como cadáver. No mesmo prisma: Antolisei, *Manuale di diritto penale – parte speciale*, II, p. 213-214.

Momento consumativo

Quando houver a prática da conduta, independentemente de resultado naturalístico.

Vilipêndio a cadáver

Art. 212

Sujeito ativo

Qualquer pessoa (ver Parte Geral, capítulo XII, item 3.1).

Sujeito passivo

É a coletividade, em primeiro plano; secundariamente, pode-se incluir a família do morto (ver Parte Geral, capítulo XII, item 3.2).

Objeto jurídico

É o sentimento de respeito à memória dos mortos (ver Parte Geral, capítulo XII, item 3.3, "b").

Objeto material

É o cadáver ou suas cinzas (ver Parte Geral, capítulo XII, item 3.3, "a").

Elementos objetivos do tipo

Vilipendiar (desprezar ou aviltar) cadáver ou suas cinzas. A conduta pode ser praticada por meio de gestos ou palavras, estas na forma escrita ou verbal. A pena é de detenção, de um a três anos, e multa. Conferir o capítulo XIII, item 2.1, da Parte Geral.

Elemento subjetivo do crime

É o dolo (ver o capítulo XIV da Parte Geral).

Elemento subjetivo do tipo específico

É a vontade de ultrajar a memória do morto (ver Parte Geral, capítulo XIII, item 2.1).

Classificação

Comum, formal, de forma livre, comissivo, instantâneo; unissubjetivo, unissubsistente ou plurissubsistente, conforme o caso. Sobre a classificação dos crimes, ver o capítulo XII, item 4, da Parte Geral.

Tentativa

Admite-se, na forma plurissubsistente.

Momento consumativo

Com a prática da conduta, independentemente de resultado naturalístico.

Título VI

Dos Crimes contra a Dignidade Sexual

Título VI

Dos Crimes contra a Dignidade Sexual

Capítulo I
Dos Crimes contra a Liberdade Sexual

Estupro

Art. 213

Sujeito ativo

Qualquer pessoa (ver Parte Geral, capítulo XII, item 3.1).

Sujeito passivo

Qualquer pessoa (ver Parte Geral, capítulo XII, item 3.2).

Objeto jurídico

A liberdade sexual da pessoa humana (ver Parte Geral, capítulo XII, item 3.3, "b").

Objeto material

A pessoa que sofre o constrangimento (ver Parte Geral, capítulo XII, item 3.3, "a").

Elementos objetivos do tipo

Constranger (tolher a liberdade, forçar ou coagir) alguém (pessoa humana), mediante o emprego de violência ou grave ameaça, à conjunção carnal (cópula entre pênis e vagina), ou à prática (forma comissiva) de outro ato libidinoso (qualquer contato que propicie a satisfação do prazer sexual, como, por exemplo, o sexo oral ou anal, ou o beijo lascivo), bem como a permitir que com ele se pratique (forma passiva) outro ato libidinoso. A Lei 12.015/2009 unificou os tipos penais dos arts. 213 e 214 em uma só figura (art. 213), tornando-o tipo misto alternativo. Portanto, a prática da conjunção carnal e/ou de outro ato libidinoso, contra a mesma vítima, no mesmo contexto, é crime único. A pena é de reclusão, de seis a dez anos. Conferir o capítulo XIII, item 2.1, da Parte Geral.

Elemento subjetivo do crime

É o dolo (ver o capítulo XIV da Parte Geral).

Elemento subjetivo do tipo específico

É a finalidade de obter a conjunção carnal ou outro ato libidinoso, satisfazendo a lascívia. Ainda que haja intuito vingativo ou outro qualquer na concretização da prática sexual, não deixa de envolver uma satisfação mórbida do prazer sexual (ver Parte Geral, capítulo XIII, item 2.1). Sobre o estupro por vingança ver *ponto relevante para debate* abaixo. É o que se pode chamar de *elemento subjetivo de tendência* (a ação segue acompanhada de determinado ânimo, que é indispensável à sua realização), tal como se dá nos delitos sexuais (cf. Bustos Ramírez, *Obras completas*, v. I, p. 834). Igualmente: Jiménez Martínez, *Elementos de derecho penal mexicano*, p. 514.

Classificação

Comum (pode ser cometido por qualquer pessoa); material (o resultado naturalístico é o efetivo constrangimento à liberdade sexual sofrido pela pessoa, com eventuais danos físicos e traumas psicológicos); de forma livre (admite-se a conjunção carnal e qualquer outro ato libidinoso); comissivo; instantâneo; unissubjetivo; plurissubsistente. Sobre a classificação dos crimes, ver o capítulo XII, item 4, da Parte Geral.

Tentativa

É admissível, embora de difícil comprovação.

Momento consumativo

Basta a introdução, ainda que incompleta, do pênis na vagina, independentemente de ejaculação ou satisfação efetiva do prazer sexual, sob um aspecto; e com a prática de qualquer ato libidinoso, independentemente de ejaculação ou satisfação efetiva do prazer sexual, em outro prisma.

Particularidade

Preceituava a Lei 8.072/1990 (art. 1.º, V, na antiga redação) ser o estupro um delito hediondo, trazendo, por consequência, todas as privações impostas pela referida lei, dentre as quais: o considerável aumento de prazo para livramento condicional, a impossibilidade de concessão de indulto, graça ou anistia, a elevação do prazo necessário para a progressão de regime, dentre outros. Havia posição considerando não serem o estupro e o atentado violento ao pudor (hoje incorporado ao estupro), na forma *simples*, delitos hediondos. Levava-se em consideração que assim não estaria previsto no art. 1.º, V e VI, da Lei 8.072/1990, tendo em vista que a menção feita – "estupro (art. 213 e sua combinação com o art. 223, *caput* e parágrafo único)" e "atentado violento ao pudor (art. 214 e sua combinação com o art. 223, *caput* e parágrafo único)" – pretenderia indicar somente os referidos crimes na forma qualificada pelo resultado como hediondos. Nunca nos pareceu correto esse entendimento, uma vez que o texto legal indicava, nitidamente, que o estupro (art. 213) *e*, também, a *sua* combinação com o art. 223, isto é, quando for qualificado pelo resultado lesão grave ou morte, são hediondos. A despeito disso, o Supremo Tribunal Federal chegou a considerar não hediondos o estupro e o atentado violento ao pudor, quando na modalidade simples. Essa posição já não prevalecia no Pretório Excelso, que tornou a considerar hediondos os mencionados delitos, seja na forma simples, seja na qualificada pelo resultado. E o mais importante: passou a considerar hediondos esses crimes também quando houver violência presumida, o que já defendíamos anteriormente. Com o advento da Lei 12.015/2009, houve nova redação ao art. 1.º, V e VI da Lei 8.072/1990, tornando claro ser hediondo tanto o estupro na forma simples quanto na qualificada, bem como o estupro de vulnerável, que era o anterior estupro com presunção de violência. Quanto aos estupros cometidos a partir de 7 de agosto de 2009, em qualquer modalidade (simples ou qualificado), são evidentemente hediondos. Porém, no tocante aos que tiverem sido cometidos antes da nova lei, pode-se, ainda, debater se são ou não hediondos, pois a Lei 12.015/2009, nesse prisma, é prejudicial ao réu e não poderia retroagir. Ressalte-se, no entanto, ser a jurisprudência do STF favorável ao entendimento de que eram hediondas as formas simples e qualificadas, logo, tudo leva a crer que nada se altere, nem antes, nem depois do advento da novel lei penal.

Qualificadora (gerando pena de reclusão, de 8 a 12 anos)

Se o crime for cometido contra vítima menor de 18 ou maior de 14 anos. Lembremos que o cometimento de estupro contra menor de 14 anos encontra-se regulado pelo art. 217-A.

Crime qualificado pelo resultado lesões graves

Se da conduta do agente, exercida com violência ou grave ameaça, resultar lesão corporal de natureza grave (são as hipóteses descritas no art. 129, §§ 1.º e 2.º, do CP) para a vítima, a pena é de reclusão, de oito a doze anos. O delito qualificado pelo resultado pode dar-se com dolo na conduta antecedente (violência sexual) e dolo ou culpa quanto ao resultado qualificador (lesão grave). Logo, são as seguintes hipóteses: a) lesão grave consumada + estupro consumado = estupro consumado qualificado pelo resultado lesão grave; b) lesão grave consumada + tentativa de estupro = estupro consumado qualificado pelo resultado lesão grave, dando-se a mesma solução do latrocínio (Súmula 610 do STF). Consultar o item "hipóteses possíveis", comentando o art. 157 (Capítulo II). O crime é hediondo (art. 1.º, V, da Lei 8.072/1990).

Crime qualificado pelo resultado *morte*

Se da conduta do agente, exercida com violência ou grave ameaça, resultar em morte da vítima, a pena é de reclusão, de 12 a 30 anos. O crime pode ser cometido com dolo na conduta antecedente (violência sexual) e dolo ou culpa quanto ao resultado qualificador (morte). Afiguram-se as seguintes hipóteses: a) estupro consumado + morte consumada = estupro consumado com resultado morte; b) estupro consumado + homicídio tentado = tentativa de estupro seguido de morte; c) estupro tentado + homicídio tentado = tentativa de estupro seguido de morte; d) estupro tentado + homicídio consumado = estupro consumado seguido de morte. Tecnicamente, dá-se uma tentativa de estupro seguido de morte, pois o delito sexual não atingiu a consumação. Porém, tem-se entendido possuir a vida humana valor tão superior à liberdade sexual que, uma vez atingida fatalmente, deve levar à forma consumada do delito qualificado pelo resultado. É o que ocorre no cenário do latrocínio, cuja base é a Súmula 610 do STF ("Há crime de latrocínio, quando o homicídio se consuma, ainda que não realize o agente a subtração de bens da vítima").

Particularidade

Deve-se considerar o estupro e suas formas qualificadas pelo resultado nos mesmos termos em que se confere tratamento ao roubo e suas formas qualificadas, afinal, na essência, são idênticas modalidades de crimes compostos por duas fases, contendo dois resultados. Assim sendo, exige-se dolo na conduta antecedente (violência ou grave ameaça gerando o constrangimento) e dolo ou culpa no tocante ao resultado qualificador (lesão grave ou morte). Justamente por existirem, como possíveis, dois resultados (constrangimento violento + lesão ou morte), previu o legislador um crime único, com penalidade própria (§§ 1.º ou 2.º do art. 213, CP). Não está autorizado o juiz a *quebrar* essa unidade, visualizado concurso material (estupro + homicídio, por exemplo), onde não existem duas ações completamente distintas. Da conduta violenta, no cenário sexual, advém a morte da vítima. Inexiste concurso de delitos, mas um crime qualificado pelo resultado. Aplica-se, literalmente, o disposto pelo art. 19 do Código Penal, vale dizer, o resultado qualificador deve ocorrer, ao menos, culposamente.

Acesse e escute o podcast sobre Crime de estupro.

> http://uqr.to/1yoj2

> **PONTOS RELEVANTES PARA DEBATE**
>
> A questão do afastamento da configuração do estupro se a ameaça for justa
>
> A posição dominante é no sentido de pouco importar a justiça da ameaça. Diz Hungria: "O agente pode ter a faculdade ou mesmo o dever de ocasionar o mal, mas não pode prevalecer-se de uma ou outro para obter a posse sexual da vítima contra a vontade desta. Não se eximiria à acusação de estupro, por exemplo, o agente de polícia que anulasse a

resistência da vítima sob ameaça de denunciar crime que saiba tenha ela praticado (art. 66, I, da Lei das Contravenções Penais), hipótese que muito difere daquela em que a mulher, para evitar a denúncia, transige amigavelmente, de sua própria iniciativa, com o ameaçante, dispondo-se à prestação de um favor em troca de outro" (*Comentários ao Código Penal*, v. 8, p. 122). Embora, em tese, seja possível concordar com tal postura, é preciso destacar que a prova desse congresso sexual forçado é das mais difíceis, não se podendo, em hipótese alguma, utilizar presunções para a condenação. Não é incomum, de fato, que possa haver transigência à ameaça que teve início com a proposta de relação sexual para evitar uma denúncia. Pode ser conveniente à pessoa, no caso supramencionado, manter a cópula, de modo a garantir a impunidade do seu crime. O simples fato de a proposta ter partido do agente policial não afasta a incidência da pronta concordância da vítima. Portanto, não se deve exigir, nesses casos, como diz Hungria, que a mulher (ou outra pessoa) deva ter a iniciativa da troca de um favor por outro, sendo suficiente que ela aquiesça à referida troca. Justamente por isso, torna-se muito difícil provar tal constrangimento à conjunção carnal (ou a outro ato libidinoso) efetuado por ameaça consistente na prática de um mal *justo*.

A perspectiva de aplicação do crime continuado, do concurso material, do concurso formal ou do crime único

Os atos sexuais violentos (conjunção carnal ou outro ato libidinoso) cometidos contra a mesma vítima no mesmo contexto configuram crime único, como exposto acima. Há um só bem jurídico lesado: a liberdade sexual da pessoa ofendida. Surge o delito continuado, quando se detecta a sucessividade das ações no tempo, podendo-se, também, captar mais de uma lesão ao bem jurídico tutelado. O crime continuado é uma ficção, criada em favor do réu, buscando uma justa aplicação da pena, quando se observa a prática de *várias* ações, separadas no tempo, mas com proximidade suficiente para se *supor* serem umas continuações das outras. Pode dar-se no contexto do estupro. O agente estupra uma mulher em determinado dia (lesão à sua liberdade sexual); retorna na semana seguinte e repete a ação, sob outro contexto (novamente fere a sua liberdade sexual). Pode-se sustentar o crime continuado. Inexiste crime único, pois a ação de constranger alguém, com violência ou grave ameaça, à prática sexual fechou-se no tempo por duas vezes distintas. Houve dois constrangimentos em datas diversas. O crime único demanda um constrangimento, cujo objeto final pode ser tanto a conjunção carnal quanto outro ato libidinoso ou ambos. O concurso material poderá ser aplicado entre estupros cometidos reiteradamente, quando os requisitos do art. 71 do Código Penal não estiverem presentes. Finalmente, o concurso formal somente tem sentido quando, no mesmo cenário, o agente constrange duas pessoas a lhe satisfazerem a libido, ao mesmo tempo. Pode-se debater se houve ou não desígnios autônomos.

O estupro cometido por vingança ou como instrumento de humilhação

Temos defendido que o estupro é um crime sexual grave, demandando o elemento subjetivo específico, consistente na satisfação da lascívia. Há posição contrária, sustentando que tal delito se perfaz somente com o dolo, sem nenhum elemento subjetivo específico, citando justamente como exemplo o estupro cometido *por vingança ou para humilhar a vítima*.

Não desconhecemos a viabilidade de um estupro ser cometido por motivação vingativa, vale dizer, o agente promove o coito anal, por exemplo, utilizando o emprego de violência, contra alguém (homem ou mulher) para mostrar seu poder, vingando-se ou humilhando outrem.

Entretanto, no caso do homem que assim age é indispensável haver ereção, algo que somente é alcançado pelo desejo, ainda que mórbido, sexual. Sob outro prisma, a mulher que se valha da violência ou grave ameaça para praticar ato libidinoso forçado com outra mulher ou homem somente para humilhar a vítima não deixa de atuar com lascívia mórbida. Utilizar o sexo como arma é um caminho escolhido por pessoas sexualmente desviadas, que, sem a menor dúvida, valem-se de uma forma específica de sadismo para fazer valer o seu secreto e íntimo prazer sexual.

Quem quer se vingar de alguém ou humilhar seu adversário, como regra, não se utiliza da prática de ato sexual algum; aliás, quer distância física da vítima nesse cenário. Pode agredi-la com qualquer tipo de arma, menos o seu próprio corpo.

Quem odeia outrem, pretende ferir essa pessoa das mais variadas maneiras, porém, sem envolvimento de qualquer contato sexual. No entanto, pretendendo vingar-se por tal mecanismo, usando como instrumento *atos de intimidade*, demonstra a sua morbidez e desvio sexual. No fundo, excita-se com o ato libidinoso de violência. Por isso, cremos estar sempre presente o elemento subjetivo específico no sentido de satisfação – mesmo que oculta – da própria lascívia.

Patrícia Easteal chega a mencionar que o "estupro não é um ato sexual. É um ato de violência que usa o sexo como arma. O estupro é motivado pela agressão e pelo desejo de exercer poder e humilhação" (*Voices of Survivors*, apud Sheila Jeffreys, *The idea of prostitution*, p. 244).

ESQUEMA

ESQUEMA COMPARATIVO

Constrangimento ilegal

CONSTRANGER ALGUÉM (núcleo principal)

Mediante violência ou grave ameaça ou outro meio (método)

- a) não fazer o que a lei permite
  ou
- b) fazer o que a lei não manda

} Alternatividade

complementos do núcleo e objetivos do agente

Estupro

CONSTRANGER ALGUÉM (núcleo principal)

Mediante violência ou grave ameaça (método)

- a) ter conjunção carnal
  ou
- b) praticar outro ato libidinoso
  ou
- c) permitir que com ele se pratique outro ato libidinoso

} Alternatividade

complementos do núcleo e objetivos do agente

Notas:

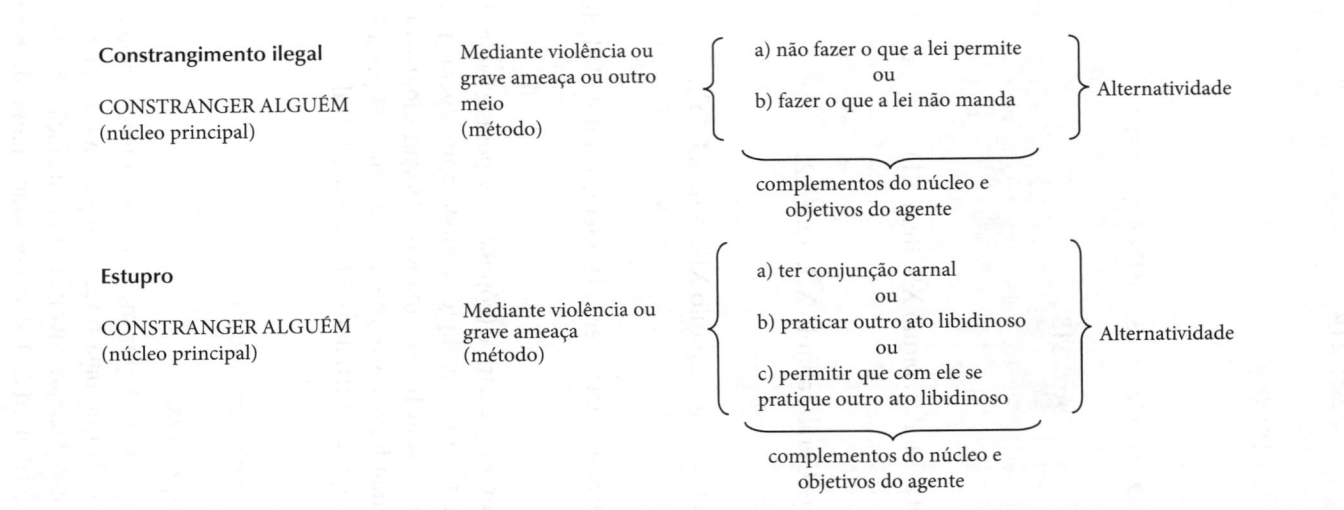

1) Há um *único* constrangimento ilegal quando o agente constrange a vítima, mediante violência, a não fazer algo permitido e a fazer algo não obrigatório.

2) Há um *único* estupro quando o agente constrange a vítima, mediante violência, a ter conjunção carnal e a praticar outro ato libidinoso.

3) Para argumentar, adotada a tese do tipo cumulativo, desprezando-se a alternatividade, se o agente constrange alguém, mediante violência, a praticar ato libidinoso (sexo oral) e a permitir que com ele se pratique outro ato libidinoso (sexo anal) seriam dois crimes em concurso material. Associando-se, no mesmo local, contra a mesma vítima, na mesma hora, uma conjunção carnal e um beijo lascivo, teríamos quatro crimes hediondos alcançando 24 anos de reclusão. Se o ousado agente desenvolvesse outros atos libidinosos, como p. ex., obrigar a vítima a masturbá-lo, seriam mais 6 anos, atingindo a pena de 30 anos de reclusão. Em suma, a prevalência da cumulatividade, nesse nível, sepultaria a tese do tipo alternativo e haveria o desrespeito aos princípios da legalidade e da proporcionalidade.

Atentado violento ao pudor

Art. 214

Artigo revogado pela Lei 12.015/2009.

Violação sexual mediante fraude

Art. 215

Sujeito ativo

Qualquer pessoa (ver Parte Geral, capítulo XII, item 3.1).

Sujeito passivo

Qualquer pessoa (ver Parte Geral, capítulo XII, item 3.2).

Objeto jurídico

A liberdade sexual (ver Parte Geral, capítulo XII, item 3.3, "b").

Objeto material

A pessoa que sofre o constrangimento (ver Parte Geral, capítulo XII, item 3.3, "a").

Elementos objetivos do tipo

Ter (obter ou conseguir) conjunção carnal (cópula entre pênis e vagina) ou *praticar* (realizar, executar) outro ato libidinoso (qualquer contato apto a gerar prazer sexual) com alguém (pessoa humana), mediante fraude (manobra, engano, logro) ou outro meio que impeça ou dificulte a livre manifestação de vontade da vítima. A pena é de reclusão, de dois a seis anos. Conferir o capítulo XIII, item 2.1, da Parte Geral.

Elemento subjetivo do crime

É o dolo (ver o capítulo XIV da Parte Geral).

Elemento subjetivo do tipo específico

É a finalidade de satisfazer a lascívia, por meio da conjunção carnal ou outro ato libidinoso, implícita no tipo. Ainda que haja intuito vingativo ou outro qualquer na concretização do ato libidinoso, não deixa de envolver uma satisfação mórbida do prazer sexual (ver Parte Geral, capítulo XIII, item 2.1). É que se pode chamar de *elemento subjetivo de tendência* (a ação segue acompanhada de determinado ânimo, que é indispensável à sua realização), tal como se dá nos delitos sexuais (cf. Bustos Ramírez, *Obras completas*, v. I, p. 834). Igualmente: Jiménez Martínez, *Elementos de derecho penal mexicano*, p. 514.

Classificação

Comum (pode ser cometido por qualquer pessoa); material (o resultado naturalístico é o efetivo constrangimento à liberdade sexual sofrido pela vítima, com eventuais danos físicos e traumas psicológicos); de forma livre (pode ser cometido por qualquer meio eleito pelo agente); comissivo; instantâneo; unissubjetivo; plurissubsistente. Sobre a classificação dos crimes, ver o capítulo XII, item 4, da Parte Geral.

Tentativa

É admissível.

Momento consumativo

Com a prática da introdução do pênis na vagina, ainda que parcial, independentemente de ejaculação ou satisfação efetiva do prazer sexual, ou com a realização de qualquer outro ato libidinoso, não se exigindo a efetiva satisfação sexual.

Forma qualificada

A pena é acrescida de multa, caso o crime seja cometido com o fim de obter vantagem econômica. Ressalte-se, entretanto, a dificuldade de se imaginar um delito sexual, cometido com emprego de fraude, visando qualquer tipo de lucro. Afinal, não se trata de atividade ligada à prostituição. Logo, de rara configuração a implementação da pena pecuniária.

Particularidades

a) nos mesmos moldes da unificação concretizada entre estupro e atentado violento ao pudor, concentrando-se ambas as condutas no tipo penal do art. 213, elaborou-se idêntica reunião de tipos penais, introduzindo parte do conteúdo do art. 216 (revogado) no art. 215. Por isso, o delito deixou de ser próprio e passou a ser comum. Tanto o homem quanto a mulher podem ser sujeito ativo ou passivo da violação sexual mediante fraude;

b) a reforma trazida pela Lei 12.015/2009 inseriu, de maneira inédita, a seguinte situação, além da fraude, no tipo do art. 215: "ou outro meio que impeça ou dificulte a livre manifestação de vontade da vítima". Não havia necessidade alguma para tal inovação, o que poderá gerar amplitude indevida ao crime do art. 215. Afinal, quem tiver relação sexual com outra pessoa, estando esta alcoolizada, mas sem perda dos sentidos ou completamente incapaz de entender o que faz, poderá, em tese, responder por violação sexual. Não se pode negar que a ingestão de bebida alcoólica, mesmo em poucas doses, retira a livre manifestação de vontade de uma pessoa. Não é demais ressaltar que o legislador resolveu proibir a direção de veículo automotor se o motorista ingerir qualquer quantidade de álcool (Lei Seca). Ora, se alguns copos de cerveja impedem a direção, por que permitiria o consentimento para o relacionamento sexual? Sem dúvida, seria absurda a ideia de pretender punir por violação sexual quem tiver contato libidinoso com pessoa levemente alcoolizada. É preciso cautela para a utilização do art. 215. Se vantagem houve com essa inovação, pode-se indicar a possibilidade de desclassificação do estupro de vulnerável, envolvendo pessoa que, por outra causa, não possa oferecer resistência (art. 217-A, § 1.º, parte final). Ter relação sexual com alguém completamente embriagado, sem sentidos, constitui estupro de vulnerável, visto ser nula a capacidade de resistência ao ato sexual. Porém, caso não fique evidenciada a completa incapacidade de resistência, pode o julgador desclassificar a infração para a forma prevista pelo art. 215 do Código Penal.

> Acesse e escute o podcast sobre Violação sexual mediante fraude.
>
> > http://uqr.to/1yoj3

Importunação sexual

Art. 215-A

Sujeito ativo

Qualquer pessoa (ver Parte Geral, capítulo XII, item 3.1).

Sujeito passivo

Qualquer pessoa (ver Parte Geral, capítulo XII, item 3.2).

Objeto jurídico

A liberdade sexual (ver Parte Geral, capítulo XII, item 3.3, "b").

Objeto material

A pessoa a quem o ato libidinoso é dirigido (ver Parte Geral, capítulo XII, item 3.3, "a").

Elementos objetivos do tipo

Praticar, que significa realizar, executar algo ou exercitar, em suas formas básicas, é o verbo principal. A realização refere-se a um *ato libidinoso* (ato voluptuoso, lascivo, apto à satisfação do prazer sexual). Para deixar claro a existência de uma vítima direta – e não algo voltado à coletividade (como é o caso da prática de ato obsceno – art. 233, CP), inseriu-se a expressão *contra alguém* (contra qualquer pessoa humana, sem distinção de gênero). Mesmo sendo desnecessário, ingressou-se com elementos pertinentes à ilicitude, moldando a expressão *sem a sua anuência* (sem autorização, sem consentimento válido). E, finalizando, o tipo penal indica a finalidade específica do ato libidinoso, que é praticamente óbvia: satisfação da própria lascívia (prazer sexual) ou de terceiro.

A conduta incriminada é a satisfação da lascívia mediante a prática de ato libidinoso. Esta última leva àquela; subordina-se à principal. Enfim, apesar de defeituoso, em nosso entendimento, o tipo penal permite a compreensão da conduta a ser punida: comete o crime de importunação sexual qualquer um que realize ato libidinoso em relação a outra pessoa (com ou sem contato físico, mas visível e identificável), satisfazendo seu prazer sexual, sem que haja concordância válida das partes envolvidas (supondo-se a anuência de adultos).

A pena é de reclusão, de 1 a 5 anos, se não constituir crime mais grave (como o estupro).

Elemento subjetivo do crime

É o dolo. Não há a forma culposa (ver o capítulo XIV da Parte Geral).

Elemento subjetivo do tipo específico

Existe o elemento subjetivo específico, consistente em *satisfazer a própria lascívia ou a de terceiro*.

Classificação

Comum (pode ser cometido por qualquer pessoa); material (o resultado naturalístico consistente na efetiva prática do ato libidinoso, visível e certo para a vítima, acarretando-se lesão à sua liberdade sexual); de forma livre (pode ser cometido por qualquer meio eleito pelo agente); comissivo; instantâneo; unissubjetivo; plurissubsistente. Sobre a classificação dos crimes, ver o capítulo XII, item 4, da Parte Geral.

Tentativa

É admissível.

Momento consumativo

Basta a prática do ato libidinoso em direção à vítima, sendo por esta notado. Atingir a satisfação da lascívia do agente não é indispensável para a consumação.

Particularidades

Em cenário sexual, pessoas acima de 14 anos podem dar consentimento válido para o contato sexual. Por outro lado, *sem o consentimento*, inúmeras condutas podem ser inseridas no contexto do novo crime: masturbar-se na frente de alguém de maneira persecutória; ejacular em alguém ou próximo à pessoa, de modo que esta se constranja; exibir o pênis a alguém de maneira persecutória; tirar a roupa diante de alguém, igualmente, de maneira persecutória, dentre outros atos envolvendo libidinagem, *desde que se comprove a finalidade específica de satisfação da lascívia*, ao mesmo tempo que *constranja* a liberdade sexual da vítima. Afinal, quem faz xixi na rua, pode até exibir o pênis, mas a sua finalidade não tem nenhum liame com prazer sexual. Diga-se o mesmo do ato de tirar a roupa: pode ter conotação artística, naturista, necessária para algo, mas sempre *desprovida* de libidinagem.

Não se pode perder de vista a viabilidade de configurar estupro de vulnerável a atitude libidinosa contra menor de 14 anos. E, também, constituir mero ato obsceno o fato de alguém exibir o pênis em via coletiva para urinar: não visa a alguém, mas pode ser visto por várias pessoas.

Atentado ao pudor mediante fraude

Art. 216

Artigo revogado pela Lei 12.015/2009.

Assédio sexual

Art. 216-A

Sujeito ativo

Somente pessoa que seja superior ou tenha ascendência, em relação de trabalho, sobre o sujeito passivo (ver Parte Geral, capítulo XII, item 3.1).

Sujeito passivo

O subordinado ou empregado de menor escalão que o do sujeito ativo (ver Parte Geral, capítulo XII, item 3.2).

Objeto jurídico

A liberdade sexual (ver Parte Geral, capítulo XII, item 3.3, "b").

Objeto material

A pessoa que sofre o constrangimento (ver Parte Geral, capítulo XII, item 3.3, "a").

Elementos objetivos do tipo

Constranger alguém com o intuito de obter vantagem ou favorecimento sexual, prevalecendo-se o agente da sua condição de superior hierárquico ou ascendência inerentes ao exercício de emprego, cargo ou função. *Constranger* tem significados variados – tolher a liberdade, impedir os movimentos, cercear, forçar, vexar, oprimir –, embora prevaleça, quando integra tipos penais incriminadores, o sentido de forçar alguém a fazer alguma coisa. No caso presente, no entanto, a construção do tipo penal não foi bem-feita. Nota-se que o verbo *constranger* exige um complemento. Constrange-se alguém *a alguma coisa*. Assim, no caso do constrangimento ilegal (art. 146, CP), força-se alguém a não fazer o que a lei permite ou a fazer o que ela não manda. No contexto dos crimes sexuais previstos nos arts. 213 e 214 do Código Penal, obriga-se a mulher a manter conjunção carnal (estupro) ou alguém a praticar ato libidinoso diverso da conjunção carnal (atentado violento ao pudor). Logo, há sentido na construção dos tipos penais, a ponto de se poder sustentar serem os delitos de estupro e atentado violento ao pudor complexos em sentido amplo, isto é, aqueles que se formam por meio da junção de um tipo incriminador com outra conduta qualquer. O estupro, por exemplo, é a união do constrangimento ilegal associado à conjunção carnal. Por isso, trata-se de um constrangimento ilegal específico, voltando-se a ofensa à liberdade sexual. O tipo penal do art. 216-A, no entanto, menciona, apenas, o verbo *constranger*, sem qualquer complementação, dando a entender que está incompleto. Afinal, a previsão "com o intuito de obter vantagem ou favorecimento sexual" é somente elemento subjetivo específico, dizendo respeito à vontade, sem qualquer ligação com a conduta retratada pelo constrangimento. Queremos crer que a única maneira viável de se compatibilizar essa redação defeituosa com o intuito legislativo, ao criar a figura criminosa do assédio sexual, é interpretar tratar-se de um constrangimento ilegal específico, assim como ocorre nos delitos de estupro e atentado violento ao pudor, com a diferença de que, no caso do assédio, não há violência ou grave ameaça. Assim, deve-se entender que a intenção do autor do assédio é forçar a vítima a fazer algo que a lei não manda ou não fazer o que ela permite, desde que ligado a vantagens e favores sexuais. Quer o agente obter, em última análise, satisfação da sua libido – por isso o favorecimento é sexual – de qualquer forma. A concessão de vantagem sexual não é, por si, ilegal, mas, ao contrário, trata-se de fruto da liberdade de qualquer pessoa. Por isso, somente quando o superior forçar o subordinado a prestar-lhe tais favores, sem a sua concordância livre e espontânea, termina *constrangendo* a vítima a fazer o que a lei não manda. Em síntese: qualquer conduta opressora, tendo por fim obrigar a parte subalterna, na relação laborativa, à prestação de qualquer favor sexual, configura o assédio sexual. Aliás, melhor teria sido descrever o crime em comento com os significados verdadeiramente pertinentes ao contexto para o qual o delito foi idealizado. *Assediar* significa "perseguir com propostas; sugerir com insistência; ser importuno ao tentar obter algo; molestar" (*Dicionário Houaiss da língua portuguesa*, p. 319). E, na mesma obra, cuida-se do *assédio sexual*, nos seguintes termos: "insistência importuna de alguém em posição privilegiada, que usa dessa vantagem para obter favores sexuais de um subalterno" (*Dicionário Houaiss da língua portuguesa*, p. 319). O que se pretendeu atingir foi o superior, na relação empregatícia, que persegue os funcionários, insistentemente, com propostas sexuais, importunando-os. Atinge-lhes a liberdade sexual. Finalmente, acrescente-se que o verbo central deve ser conjugado com a figura secundária *prevalecer-se* – levar vantagem, tirar proveito. O constrangimento associa-se à condição de tirar vantagem de alguém, em razão da condição de superior hierárquico ou ascendência no exercício de cargo, função ou emprego. Há quem distinga duas modalidades de assédio sexual: a) intercâmbio ou chantagem sexual; b) ambiental. A primeira diz respeito à forma mais comum de assédio, em que o sujeito ativo busca constranger o sujeito passivo, de forma condicionante, à obtenção de algum favor sexual, em troca de algo, no âmbito laboral. A segunda, mais rara, relaciona-se ao sujeito ativo, que cria um ambiente de trabalho hostil a determinado empregado, com quem gostaria de ter algum contato sexual, mas sem qualquer agressão direta. O contexto laboral torna-se intimidativo, ofensivo ou humilhante para o trabalhador (cf. Virginia

Arango Durling, *El delito de acoso sexual*, p. 983). A pena é de detenção, de um a dois anos. Conferir o capítulo XIII, item 2.1, da Parte Geral.

Elemento subjetivo do crime

É o dolo (ver o capítulo XIV da Parte Geral).

Elemento subjetivo do tipo específico

É a finalidade de obter vantagem ou favorecimento sexual (ver Parte Geral, capítulo XIII, item 2.1).

Classificação

Próprio; formal; de forma livre; comissivo; instantâneo; unissubjetivo; unissubsistente ou plurissubsistente, conforme o caso. Sobre a classificação dos crimes, ver o capítulo XII, item 4, da Parte Geral.

Tentativa

É admissível na forma plurissubsistente.

Momento consumativo

Com a prática do ato constrangedor, independentemente da obtenção do favor sexual.

Causa de aumento de pena

Eleva-se em até um terço a pena se a vítima é menor de 18 anos. Naturalmente, demanda-se seja também maior de 14 anos, afinal, investidas contra pessoa vulnerável, com o objetivo de ter conjunção carnal ou praticar outro ato libidinoso constitui estupro ou tentativa de estupro (art. 217-A).

Particularidade

Prevê-se o aumento, no caso do § 2.º, de *até um terço*, inovando-se nesse cenário de maneira negativa. Cabe ao legislador fixar o mínimo para toda causa de aumento e não somente o máximo. Do contrário, o magistrado pode estabelecer o aumento de um dia na pena, o que frustraria a ideia de existência de causa de aumento da pena. O erro legislativo parece-nos claro. Exemplificando, o assédio sexual cometido contra menor de 18 anos poderia ser apenado em um ano e um dia de detenção, como pena mínima. O aumento seria pífio, logo, desnecessário e inútil.

Acesse e escute o podcast sobre Assédio sexual.

> http://uqr.to/1yoj4

> ### 🔖 PONTOS RELEVANTES PARA DEBATE
>
> **A configuração do crime de assédio sexual entre professor(a) e aluno(a)**
>
> Não configura o delito, em nosso entendimento. O tipo penal foi bem claro ao estabelecer que o constrangimento necessita envolver superioridade hierárquica ou ascendência *inerentes* ao exercício de emprego, cargo ou função. Ora, o aluno não exerce emprego, cargo ou função na escola que frequenta, de modo que a relação entre professor e aluno, embora possa ser considerada de ascendência do primeiro no tocante ao segundo, não se trata de vínculo de trabalho.
>
> Porém, há decisão do Superior Tribunal de Justiça, valendo-se de interpretação teleológica, para aceitar a configuração do assédio sexual por parte do(a) professor(a) contra aluna(o), baseado no critério de ascendência do mestre em relação ao pupilo, em virtude de dar notas e promover a passagem de ano.
>
> **A configuração do crime de assédio sexual entre ministro religioso e fiel**
>
> Não se configura o crime, pelas mesmas razões já expostas na questão anterior. O padre, por exemplo, não tem relação laborativa, caracterizadora de poder de mando, estando fora da figura típica. Não deveria estar alheio a este delito, pois há possibilidade fática de existir assédio sexual nesse contexto, ainda que motivada a subserviência pela fé, visto existir o liame de ascendência de um (sacerdote) sobre outro (fiel).

Registro não autorizado da intimidade sexual

Art. 216-B

Sujeito ativo

Qualquer pessoa (ver Parte Geral, capítulo XII, item 3.1).

Sujeito passivo

Qualquer pessoa (ver Parte Geral, capítulo XII, item 3.2). Naturalmente, será um (ou mais) dos indivíduos em cena de nudez ou ato sexual ou libidinoso de caráter íntimo e privado.

Objeto jurídico

A dignidade sexual (ver Parte Geral, capítulo XII, item 3.3, "b"). Embora esteja sob o capítulo I (crimes contra a liberdade sexual), no caso presente, envolve-se a dignidade do ser humano, exposto em sua intimidade e privacidade.

Objeto material

O conteúdo com cena de nudez ou ato sexual ou libidinoso de caráter íntimo e privado (*caput*) ou a montagem em fotografia, vídeo, áudio ou qualquer outro registro (parágrafo único) (ver Parte Geral, capítulo XII, item 3.3, "a").

Elementos objetivos do tipo

As condutas previstas no *caput* do tipo incriminador são: *produzir* (criar ou gerar algo), *fotografar* (registrar na memória de máquina), *filmar* (registrar algo em filme) ou *registrar* (inscrever algo na memória de qualquer máquina). O modo pelo qual as imagens serão captadas é livre ("por qualquer meio"). O alvo do registro é o "conteúdo com cena de nudez ou ato sexual ou libidinoso de caráter íntimo e privado". A cena de nudez pode ser total ou parcial, já que o tipo não especifica. Não havia necessidade de se inserir o termo *sexual* (algo relativo aos órgãos sexuais), pois está embutido no ato libidinoso (qualquer ato envolvendo prazer ou apetite sexual ou sensual). Esse ato – sexual ou libidinoso – é de caráter amplo, abrangendo qualquer espécie de volúpia (conjunção carnal, sexo oral, sexo anal, masturbação etc.). Incluiu-se na descrição típica um elemento normativo, referente à ilicitude: "sem autorização dos participantes". Porém, havendo a referida autorização, que pode ser verbal ou por escrito, o fato se torna atípico. Vislumbra-se, no parágrafo único, um tipo incriminador, sujeito às mesmas penas. Volta-se à conduta de realizar (colocar algo em prática, criar), cujo objeto é a montagem (junção de peças ou partes de alguma coisa) em qualquer base material apta a captar e inserir imagens e sons (foto, vídeo, áudio etc.) relativa a determinada pessoa nos termos já declinados: em cena de nudez, total ou parcial; praticando ato sexual ou libidinoso, de caráter íntimo (reservado, privado). A diferença da figura prevista no parágrafo único e a do caput é a seguinte: neste último, o agente capta imagens e/ou sons da vítima; no âmbito do parágrafo único, o agente monta quadros envolvendo a vítima, valendo-se de peças separadas (ex.: une fotos, reúne filmes etc.). Geralmente, a montagem é falsa (coloca-se a vítima em cena libidinosa, juntando fotos que, isoladamente, representam outra coisa), enquanto a captação é autêntica. A pena fixada é de detenção, de seis meses a um ano, e multa. Conferir o capítulo XIII, item 2.1, da Parte Geral.

Elemento subjetivo do crime

É o dolo (ver o capítulo XIV da Parte Geral).

Elemento subjetivo do tipo específico

Não há na figura prevista no *caput*. No parágrafo único, é a finalidade de incluir pessoa em cena de nudez ou ato sexual ou libidinoso (ver Parte Geral, capítulo XIII, item 2.1).

Classificação

Comum; formal; de forma livre; comissivo; instantâneo; unissubjetivo; plurissubsistente. Sobre a classificação dos crimes, ver o capítulo XII, item 4, da Parte Geral.

Tentativa

É admissível.

Momento consumativo

Consuma-se assim que o agente executa qualquer dos verbos previstos no tipo, independentemente de qualquer resultado naturalístico, consistente na efetiva lesão à imagem da vítima.

Particularidades

a) O título dado ao crime é *registro não autorizado da intimidade sexual*, razão pela qual, associando-se aos verbos do tipo, vislumbra-se que a mera captação das imagens sensuais de alguém, sem a sua autorização, já configura o delito. Por outro lado, no tocante ao parágrafo único, a simples montagem em foto, vídeo, áudio ou outro mecanismo também é suficiente para configurar o crime – deve-se deduzir, por óbvio, que essa montagem foi realizada sem autorização dos envolvidos.

b) O crime abrange, basicamente, o bem jurídico *dignidade sexual*, envolvendo os direitos à intimidade e à privacidade, bem como à honra (todos constitucionalmente assegurados). Pode-se sustentar, ainda, que indiretamente lesa a liberdade sexual, pois é uma forma de constrangimento a quem se vê devassado em momento sensual.

c) Pode ser autor do crime um dos participantes da cena de nudez ou ato voluptuoso, quando capta imagens dos demais, *sem a autorização destes*. Pode-se dizer o mesmo no tocante a quem faz montagem de cenas de nudez ou atos de libidinagem, incluindo-se no quadro; o crime remanesce desde que os outros não tenham autorizado a referida montagem.

d) Havíamos defendido que, feito o registro não autorizado, caso houvesse a divulgação, ocorreria o exaurimento do delito, com implicação na fixação da pena. Porém, não nos parece assim deva ser considerado, tendo em vista que expor a vítima, por qualquer meio, inclusive pela Internet (situação muito grave), proporciona um dano efetivo à dignidade da pessoa ofendida, abalando sua honra, sendo perfeitamente apto a configurar o delito do art. 218-C, mais severamente apenado. Diante disso, o mero registro não autorizado configura o art. 216-B, mas a divulgação disso leva ao tipo penal do art. 218-C, que deve absorver o crime menos grave.

e) O registro não autorizado de cenas de nudez ou sexo explícito ou pornográfico envolvendo menores de 18 anos deve ser punido sob a órbita do Estatuto da Criança e do Adolescente (arts. 240, 241, 241-A, 241-B e 241-C).

Capítulo II
Dos Crimes Sexuais contra Vulnerável

Sedução

Art. 217

Artigo revogado pela Lei 11.106/2005.

Estupro de vulnerável

Art. 217-A

Sujeito ativo

Qualquer pessoa (ver Parte Geral, capítulo XII, item 3.1).

Sujeito passivo

A pessoa vulnerável (menor de 14 anos, enfermo ou deficiente mental, sem discernimento para a prática do ato, ou pessoa com incapacidade de resistência) (ver Parte Geral, capítulo XII, item 3.2).

Objeto jurídico

A proteção à liberdade sexual (ver Parte Geral, capítulo XII, item 3.3, "b").

Objeto material

A pessoa vulnerável (ver Parte Geral, capítulo XII, item 3.3, "a").

Elementos objetivos do tipo

Ter (conseguir, alcançar) *conjunção carnal* (cópula entre pênis e vagina) ou *praticar* (realizar, executar) outro *ato libidinoso* (qualquer ação relativa à obtenção de prazer sexual) com *menor de 14 anos* (incapaz de dar o consentimento sexual), com alguém *enfermo* (doente) ou *deficiente* (portador de retardo ou insuficiência) mental, que não possua o *necessário* (indispensável) *discernimento* (capacidade de distinguir e conhecer o que se passa, critério, juízo) para a prática do ato, bem como com alguém que, por outra *causa* (motivo, razão), não possa oferecer *resistência* (força de oposição contra algo). As figuras estão previstas no *caput* e no § 1.º, do art. 217-A. A pena é de reclusão, de oito a quinze anos. Conferir o capítulo XIII, item 2.1, da Parte Geral. Inseriu-se o § 5.º: "as penas previstas no *caput* e nos §§ 1.º, 3.º e 4.º deste artigo aplicam-se independentemente do consentimento da vítima ou do fato de ela ter mantido relações sexuais anteriormente ao crime". Não há mais dúvida quanto à ação ser pública incondicionada (art. 225, CP), acolhendo-se a vulnerabilidade absoluta.

Elemento subjetivo do crime

É o dolo (ver o capítulo XIV da Parte Geral).

Elemento subjetivo do tipo específico

É a busca da satisfação da lascívia, implícito no tipo (ver Parte Geral, capítulo XIII, item 2.1). É que se pode chamar de *elemento subjetivo de tendência* (a ação segue acompanhada de determinado ânimo, que é indispensável à sua realização), tal como se dá nos delitos sexuais (cf. Bustos Ramírez, *Obras completas*, v. I, p. 834). Igualmente: Jiménez Martínez, *Elementos de derecho penal mexicano*, p. 514.

Classificação

Comum; material; de forma livre; comissivo; instantâneo; unissubjetivo; plurissubsistente. Sobre a classificação dos crimes, ver o capítulo XII, item 4, da Parte Geral.

Tentativa

É admissível.

Momento consumativo

Com a conjunção carnal ou com a prática de qualquer outro ato libidinoso, independentemente de ejaculação ou satisfação efetiva do prazer sexual.

Crime qualificado pelo resultado lesões graves (art. 217-A, § 3.º)

Se da conduta do agente, exercida com violência ou grave ameaça, resultar lesão corporal de natureza grave (são as hipóteses descritas no art. 129, §§ 1.º e 2.º, do CP) para a vítima, a pena é de reclusão, de dez a vinte anos. O delito qualificado pelo resultado poder dar-se com dolo na conduta antecedente (violência sexual) e dolo ou culpa quanto ao resultado qualificador (lesão grave). Logo, são as seguintes hipóteses: a) lesão grave consumada + estupro consumado = estupro consumado qualificado pelo resultado lesão grave; b) lesão grave consumada + tentativa de estupro = estupro consumado qualificado pelo resultado lesão grave, dando-se a mesma solução do latrocínio (Súmula 610 do STF). Consultar o item "hipóteses possíveis", comentando o art. 157 (Capítulo II). O crime é hediondo (art. 1.º, V, da Lei 8.072/1990).

Crime qualificado pelo resultado morte (art. 217-A, § 4.º)

Se da conduta do agente, exercida com violência ou grave ameaça, resultar em morte da vítima, a pena é de reclusão, de 12 a 30 anos. O crime pode ser cometido com dolo na conduta antecedente (violência sexual) e dolo ou culpa quanto ao resultado qualificador (morte). Afiguram-se as seguintes hipóteses: a) estupro consumado + morte consumada = estupro consumado com resultado morte; b) estupro consumado + homicídio tentado = tentativa de estupro seguido de morte; c) estupro tentado + homicídio tentado = tentativa de estupro seguido de morte; d) estupro tentado + homicídio consumado = estupro consumado seguido de morte. Tecnicamente, dá-se uma tentativa de estupro seguido de morte, pois o delito sexual não atingiu a consumação. Porém, tem-se entendido possuir a vida humana valor tão superior à liberdade sexual que, uma vez atingida fatalmente, deve levar à forma consumada do delito qualificado pelo resultado. É o que ocorre no cenário do latrocínio, cuja base é a Súmula 610 do STF ("Há crime de latrocínio, quando o homicídio se consuma, ainda que não realize o agente a subtração de bens da vítima").

Particularidades

a) a relação sexual pode ter sido "consentida" pelo ofendido, que, após, não reclama e pode até ter apreciado. Entretanto, por regras de experiência, captadas pelo legislador, é vedada a prática sexual com tais pessoas, visto que a maioria não tem discernimento suficiente, nem condições de autorizar o ato, logo, a vulnerabilidade de suas situações indica a presunção de ter sido violenta a prática do sexo. De todo modo, são previstas as formas qualificadas pelo resultado, pois é possível ocorrer a relação sexual com efetivo emprego de violência. Nesse caso, o resultado pode atingir consequências mais graves, como as lesões ou a morte da vítima. Em suma, por ser tipo penal especial em relação ao art. 213, sempre que a prática sexual envolver menor de 14 anos, enfermo ou deficiente mental ou incapaz de resistir, tipifica-se como estupro de vulnerável, levando-se em conta o art. 217-A;

b) deve-se considerar o estupro de vulnerável e suas formas qualificadas pelo resultado nos mesmos termos em que se confere tratamento ao roubo e suas formas qualificadas, afinal, na essência, são idênticas modalidades de crimes compostos por duas fases, contendo dois resultados. Assim sendo, exige-se dolo na conduta antecedente (violência ou grave ameaça gerando o constrangimento) e dolo ou culpa no tocante ao resultado qualificador (lesão grave ou morte). Justamente por existirem, como possíveis, dois resultados (constrangimento violento + lesão ou morte), previu o legislador um crime único, com penalidade própria (§§ 3.º ou 4.º do art. 217-A, CP). Não está autorizado o juiz a *quebrar* essa unidade, visualizado concurso material (estupro + homicídio, por exemplo), onde não existem duas ações completamente distintas. Da conduta violenta, no cenário sexual, advém a morte da vítima. Inexiste concurso de delitos, mas um crime qualificado pelo resultado. Aplica-se, literalmente, o disposto pelo art. 19 do Código Penal, vale dizer, o resultado qualificador deve ocorrer, ao menos, culposamente;

c) eliminou-se o disposto no art. 224 do Código Penal, relativo à *presunção de violência*, utilizada para conferir tipicidade aos crimes de estupro e de atentado violento ao pudor, quando obtida a relação sexual com pessoa vulnerável. Ilustrando, associava-se o art. 213 com o 224, *a*, do Código Penal, para criar a figura do estupro de menor de 14 anos, *presumindo-se* ter havido violência, em razão da incapacidade de discernimento da vítima. Cremos ter sido correta a eliminação da denominada *presunção de violência*, a fim de não criar a falsa dedução de que haveria, em direito penal, presunções (ilações, probabilidades) extraídas em concreto contra os interesses do acusado. Portanto, adotou a Lei 12.015/2009 a conceituação de vulnerabilidade (estado de quem está privado da capacidade de resistência, sujeito à lesão ou despido de proteção). Há variadas formas para alguém se encontrar, em algum momento da vida, vulnerável a algo. No contexto do art. 217-A, trata-se da capacidade de compreensão e aquiescência no tocante ao ato sexual. Por isso, continua, na essência, existindo a presunção de que determinadas pessoas não têm a referida capacidade para consentir. Entretanto, inseriu-se no termo *vulnerável* o que antes se denominava singelamente de *presunção de violência*. No tocante à idade da vítima, quando menor de 14 anos, tem a jurisprudência interpretado, majoritariamente, tratar-se de vulnerabilidade absoluta, que não admite prova em contrário;

d) seguindo o prisma de união, no mesmo tipo penal, do estupro e do atentado violento ao pudor, criou-se a figura unívoca do estupro de vulnerável, já abrangendo tanto a conjunção carnal quanto a prática de qualquer outro ato libidinoso;

e) para o combate a vários tipos penais relativos à tutela das crianças e adolescentes, no cenário da dignidade sexual, a Lei 13.441/2017 introduziu os arts. 190-A a 190-E no Estatuto da Criança e do Adolescente. O principal dos novos artigos preceitua que "a infiltração de agentes de polícia na internet com o fim de investigar os crimes previstos nos arts. 240, 241, 241-A, 241-B, 241-C e 241-D desta Lei e nos arts. 154-A, 217-A, 218, 218-A e 218-B do Decreto-Lei 2.848, de 7 de dezembro de 1940 (Código Penal), obedecerá às seguintes regras: I – será precedida de autorização judicial devidamente circunstanciada e fundamentada, que estabelecerá os limites da infiltração para obtenção de prova, ouvido o Ministério Público; II – dar-se-á mediante requerimento do Ministério Público ou representação de delegado de polícia e conterá a demonstração de sua necessidade, o alcance das tarefas dos policiais, os nomes ou apelidos das pessoas investigadas e, quando possível, os dados de conexão ou cadastrais que permitam a identificação dessas pessoas; III – não poderá exceder o prazo de 90 (noventa) dias, sem prejuízo de eventuais renovações, desde que o total não exceda a 720 (setecentos e vinte) dias e seja demonstrada sua efetiva necessidade, a critério da autoridade judicial" (art. 190-A);

f) debateu-se a viabilidade de desclassificação do art. 217-A para a figura do art. 215-A (importunação sexual), com pena menor. Entretanto, havendo intenção de satisfação do prazer sexual, quando a conduta se dirigir a menor de 14 anos, não há possibilidade de desclassificar.

Acesse e escute o podcast sobre Estupro de vulnerável.

> http://uqr.to/1yoj5

> ### 📌 PONTO RELEVANTE PARA DEBATE
>
> #### Vulnerabilidade absoluta e vulnerabilidade relativa
>
> A inclusão do § 5.º ao art. 217-A possui o nítido objetivo de tornar claro o caminho escolhido pelo Parlamento, buscando colocar um fim à divergência doutrinária e jurisprudencial, no tocante à vulnerabilidade da pessoa menor de 14 anos. Elege-se a vulnerabilidade absoluta, ao deixar nítido que é punível a conjunção carnal ou ato libidinoso com menor de 14 anos *independentemente de seu consentimento* ou *do fato de ela já ter tido relações sexuais anteriormente ao crime*. Em primeiro lugar, há de se concluir que qualquer pessoa com menos de 14 anos, podendo consentir ou não, de modo válido, leia-se, mesmo compreendendo o significado e os efeitos de uma relação sexual, está proibida, por lei, de se relacionar sexualmente. Descumprido o preceito, seu(sua) parceiro(a) será punido(a) (maior de 18, estupro de vulnerável; menor de 18, ato infracional similar ao estupro de vulnerável). Cai, por força de lei, a vulnerabilidade relativa de menores de 14 anos. Associa-se a lei ao entendimento esposado pelo Superior Tribunal de Justiça (Súmula 593). A segunda parte está enfocando, primordialmente, a prostituição infantojuvenil; afinal, a norma penal refere-se, de propósito, a *relações sexuais* (no plural), pretendendo apontar para a irrelevância da experiência sexual da vítima. Essa experiência, como regra, advém da prostituição.
>
> Perdeu-se a oportunidade para equiparar os conceitos com o Estatuto da Criança e do Adolescente, ou seja, criança é a pessoa menor de 12 anos; adolescente, quem é maior de 12 anos. Logo, a idade de 14 anos deveria ser eliminada desse cenário. A tutela do direito penal, no campo dos crimes sexuais, deve ser absoluta, quando se tratar de criança (menor de 12 anos), mas deveria ser relativa ao cuidar do adolescente (maior de 12 anos).
>
> A despeito de ter a lei optado pela vulnerabilidade absoluta, há, em nossa visão, uma exceção à regra, visto que o Brasil é um país de natureza continental, com costumes e valores diferenciados em suas regiões. Sabe-se da existência de casais, em união estável, com filhos, possuindo a mãe seus 12 ou 13 anos. Formou-se uma família, cuja proteção advém da Constituição Federal, não podendo prevalecer a lei ordinária. Preceitua o art. 226, *caput*, da CF: "a família, base da sociedade, tem especial proteção do Estado". Para efeito de proteção estatal, reconhece-se a união estável. Além disso, é uma entidade familiar toda comunidade formada por qualquer dos pais e seus descendentes. No art. 227 da Constituição, confere-se particular tutela à criança e ao adolescente, garantindo-lhe, entre outros direitos, a convivência familiar. Pode-se dizer que a adolescente, que tenha tido relação sexual, dando à luz um filho, deve ser protegida, punindo-se o seu marido (imagine-se, maior de 18). No entanto, as tensões entre as normas constitucionais e entre estas e as ordinárias tornam-se evidentes. Estabelecida

a família, pela união estável, com filhos, parece-nos inconstitucional retirar o companheiro desse convívio com base em *vulnerabilidade absoluta*, reconhecida em lei ordinária. Acima de tudo, encontra-se a entidade familiar e o direito da criança nascida de conviver com seus pais, em ambiente adequado. Punir o jovem pai com uma pena mínima de 8 anos de reclusão não se coaduna com a tutela da família, base da sociedade, merecedora da proteção estatal. Diante disso, a única hipótese na qual se deve, privilegiando o texto constitucional em prol da família e da criança nascida, absolver o pai da acusação de estupro de vulnerável é esta. A supremacia do bem jurídico *entidade familiar* e do bem jurídico *prioridade de proteção à criança* são suficientes para afastar a aplicação do § 5.º do art. 217-A.

Em outro prisma, deve-se analisar o grau de enfermidade ou deficiência mental para verificar se a vulnerabilidade é absoluta ou relativa. Considerando-a relativa, está-se sinalizando para um discernimento mínimo para a relação sexual, desativando o comando existente no art. 217-A, § 1.º ("não tiver o *necessário* discernimento para a prática do ato").

Finalmente, a vulnerabilidade pode ser relativa, conforme a causa a gerar o estado de incapacidade de resistência. Geralmente, isso ocorre por conta da ingestão de álcool ou outra substância entorpecente. A completa incapacidade torna absoluta a vulnerabilidade; a pouca, mas existente, capacidade de resistir faz nascer a relativa vulnerabilidade. Em todas as situações descritas acerca da vulnerabilidade relativa, pode-se desclassificar a infração penal do art. 217-A para a figura do art. 215, e, conforme o caso, considerar a conduta atípica.

Corrupção de menores

Art. 218

Sujeito ativo

Qualquer pessoa (ver Parte Geral, capítulo XII, item 3.1).

Sujeito passivo

A pessoa menor de 14 anos (ver Parte Geral, capítulo XII, item 3.2).

Objeto jurídico

É a dignidade da pessoa humana, voltada, particularmente, à boa formação moral da criança ou adolescente (ver Parte Geral, capítulo XII, item 3.3, "b").

Objeto material

A pessoa menor de 14 anos induzida à satisfação da lascívia de outrem (ver Parte Geral, capítulo XII, item 3.3, "a").

Elementos objetivos do tipo

Induzir (dar a ideia, sugerir, persuadir) alguém menor de 14 anos a *satisfazer* (realizar, saciar) a *lascívia* (prazer sexual) de outrem. A pena é de reclusão, de dois a cinco anos. A figura criada pela Lei 12.015/2009 é desnecessária e somente trará confusão na sua aplicação. Em primeiro lugar, criou-se, na verdade, uma exceção pluralística à teoria monística, ou seja, a participação moral no estupro de vulnerável passa a ter pena mais branda. Afinal, se utilizássemos apenas o disposto no art. 29 do CP, no tocante ao induzimento de menor de 14 anos a ter relação sexual com outra pessoa, poder-se-ia tipificar na figura do art. 217-A (consumado ou tentado). No entanto, passa a existir figura autônoma, beneficiando o partícipe. Pode-se sustentar, num primeiro momento, que o verbo nuclear diz respeito somente a *induzir*, logo, quem instigar ou auxiliar poderia responder pelo art. 217-A em combinação com o art. 29 do CP. Assim não nos parece. Deve-se utilizar a analogia *in bonam partem*, para produzir resultado favorável ao réu. Aliás, seria ilógico que o indutor respondesse pela figura do art. 218, enquanto o instigador, pela figura do art. 217-A, com pena muito mais elevada. Lembremos, ademais, serem similares as condutas de induzir, instigar e auxiliar, tanto que todas são formatos de participação e não de coautoria. O tipo penal do art. 218 foi criado sem título dado pelo legislador. Entretanto, a figura é similar à prevista no art. 227 do Código Penal, merecendo idêntica rubrica, adaptada ao vulnerável. A pena é de reclusão, de dois a cinco anos. Conferir o capítulo XIII, item 2.1, da Parte Geral.

Elemento subjetivo do crime

É o dolo (ver o capítulo XIV da Parte Geral).

Elemento subjetivo do tipo específico

É a satisfação do prazer sexual de outrem (ver Parte Geral, capítulo XIII, item 2.1).

Classificação

Comum; de forma livre; comissivo; instantâneo; unissubjetivo; plurissubsistente. Sobre a classificação dos crimes, ver o capítulo XII, item 4, da Parte Geral.

Quanto à consumação do crime, havíamos sustentado que se tratava de crime material, no sentido de ser exigida a prática efetiva de algum ato sexual para atingir a consumação. No entanto, é preciso uma *retificação*, levando-se em consideração não apenas a descrição típica, mas, sobretudo, o bem jurídico visado. O crime é de corrupção de menores, tal como está indicado no título, no campo sexual. Há outra figura típica de corrupção de menores, prevista no art. 244-B da Lei 8.069/1990, cuja disposição é a seguinte: "corromper ou facilitar a corrupção de menor de 18 (dezoito) anos, com ele praticando infração penal ou induzindo-o a praticá-la: Pena - reclusão, de 1 (um) a 4 (quatro) anos". Este último é delito formal, porque basta a prática da infração penal junto com o menor de 18 e está consumado, não se exigindo prova da efetiva corrupção (degradação de caráter) do jovem. Verifique-se o teor da Súmula 500 do STJ: "A configuração do crime do art. 244-B do ECA independe da prova da efetiva corrupção do menor, por se tratar de delito formal".

Tentativa

É admissível.

Momento consumativo

Com o contato sexual entre o menor de 14 anos e terceiro.

Satisfação de lascívia mediante presença de criança ou adolescente

Art. 218-A

Sujeito ativo

Qualquer pessoa (ver Parte Geral, capítulo XII, item 3.1).

Sujeito passivo

A pessoa menor de 14 anos (ver Parte Geral, capítulo XII, item 3.2).

Objeto jurídico

É a dignidade sexual, no seu foco da boa formação moral da criança e do adolescente (ver Parte Geral, capítulo XII, item 3.3, "b").

Objeto material

A pessoa menor de 14 anos que presencia o ato sexual (ver Parte Geral, capítulo XII, item 3.3, "a").

Elementos objetivos do tipo

Praticar (realizar, executar, levar a efeito), na *presença* (à vista de alguém, diante de alguém) de menor de 14 anos, ou *induzi-lo* (sugerir, persuadir) a *presenciar* (assistir ou ver algo) *conjunção carnal* (cópula entre pênis e vagina) ou outro *ato libidinoso* (ação geradora de prazer sexual), com a finalidade de satisfazer *lascívia* (luxúria, prazer sexual) próprio ou de outrem (esta última parte integra o elemento subjetivo do tipo específico). Trata-se de tipo misto alternativo, composto de duas condutas possíveis: praticar ato sexual na presença de menor de 14 anos ou persuadir o menor a presenciar qualquer ato sexual. A realização de ambas as condutas perfaz um só delito, desde que no mesmo cenário contra idêntica vítima. O crime é inédito na legislação penal brasileira e advém de taras sexuais envolvendo menores, particularmente crianças, gerando situação merecedora de punição. O agente do crime não tem contato físico com o menor de 14 anos, sob pena de incidir na figura do estupro de vulnerável (art. 217-A), mas deseja que a vítima assista ao ato sexual. A satisfação da lascívia se dá justamente em razão da audiência existente para a prática sexual sob qualquer aspecto (conjunção carnal ou outro ato libidinoso). A pena é de reclusão, de dois a quatro anos. Conferir o capítulo XIII, item 2.1, da Parte Geral.

Elemento subjetivo do crime

É o dolo (ver o capítulo XIV da Parte Geral).

Elemento subjetivo do tipo específico

É a satisfação do prazer sexual próprio ou de outrem (ver Parte Geral, capítulo XIII, item 2.1).

Classificação

Comum; formal (torna-se dispensável, para a consumação, a efetiva satisfação da lascívia); de forma livre; comissivo; instantâneo; unissubjetivo; plurissubsistente. Sobre a classificação dos crimes, ver o capítulo XII, item 4, da Parte Geral.

Tentativa

É admissível.

Momento consumativo

Com a visualização, pelo menor de 14 anos, da prática sexual.

Particularidades

a) os termos *presença* e *presenciar* não significam proximidade física, mas realização do ato sexual à vista do menor de 14 anos. Pode se configurar o delito pela visualização da prática sexual pela Internet, por filme pornográfico ou outro meio permissivo para atingir a captação das imagens pelo menor;

b) o delito do art. 218-A não se confunde com o crime previsto pelo art. 241-D da Lei 8.069/1990 (Estatuto da Criança e do Adolescente). Nesta figura típica, o acesso da criança ao material pornográfico destina-se a convencê-la a com o agente praticar qualquer ato libidinoso. No caso do art. 218-A, a mera presença do menor durante a prática sexual é o objetivo do agente para a satisfação da sua lascívia ou do prazer de outrem;

c) embora o tipo penal descreva somente o verbo *induzir*, por interpretação extensiva, deve-se incluir a *instigação* e o *auxílio*, afinal, são similares formas de participação.

Favorecimento da prostituição ou outra forma de exploração sexual de criança ou adolescente ou de vulnerável

Art. 218-B

Sujeito ativo

Qualquer pessoa (ver Parte Geral, capítulo XII, item 3.1).

Sujeito passivo

A pessoa menor de 18 anos e maior de 14 anos (afinal, quando menor de 14 anos for envolvido em qualquer atividade sexual, configura-se o estupro de vulnerável) ou a pessoa enferma ou deficiente mental (ver Parte Geral, capítulo XII, item 3.2).

Objeto jurídico

É a dignidade sexual, voltada, particularmente, à formação moral do menor de 18 e maior de 14, bem como à autodeterminação sexual do deficiente ou enfermo mental (ver Parte Geral, capítulo XII, item 3.3, "b").

Objeto material

A pessoa menor de 18 e maior de 14, enferma ou deficiente mental inserida em qualquer forma de exploração sexual (ver Parte Geral, capítulo XII, item 3.3, "a").

Elementos objetivos do tipo

Submeter (subjugar, dominar, sujeitar), *induzir* (dar a ideia, sugerir, persuadir) ou *atrair* (seduzir, chamar a atenção de alguém para algo) pessoa menor de 18 anos ou que, por *enfermidade* (doença) ou *deficiência* (retardo) mental, não tiver o *necessário* (indispensável) *discernimento* (juízo, perspicácia, critério) para a prática do ato (só pode ser o ato sexual, pois envolve prostituição e exploração sexual). Outra forma alternativa é *facilitar* (tornar acessível, à disposição) a prostituição ou a exploração sexual com relação às mesmas vítimas, *impedir* (obstar, colocar obstáculo) ou *dificultar* (tornar complicado) o abandono dessas práticas sexuais. O tipo penal contém, em nosso entendimento, algumas falhas. A primeira já foi apontada: é preciso que a vítima seja maior de 14 anos, pois, do contrário, estar-se-ia incidindo na figura do estupro de vulnerável (consumado ou tentado, na forma de participação). Por outro lado, denomina vulnerável o menor de 18 anos, algo incompatível com o exposto pelo art. 217-A. E repete, identicamente, o enfermo e o deficiente mental, também constantes do art. 217-A. Ora, confirma-se a intenção legislativa de apontar para a existência de graus de vulnerabilidade: absoluta (não comporta prova em contrário) e relativa (comporta prova em contrário). O menor de 18 anos é relativamente vulnerável, de modo que alguém, com 17 anos, procurando a prostituição por conta própria, sem ser seduzido à atividade por qualquer pessoa, não pode ser tutelado pela lei penal. Tem pleno discernimento para a prática sexual e vê vantagem no ato do comércio do sexo. Logo, inexistentes a submissão, o induzimento, a atração por parte de terceiro, nem mesmo a facilitação, o impedimento ou a dificuldade para abandonar aquilo que ele mesmo procurou e quer para si. O fato é atípico. De outra parte, a pessoa, com 14 anos, pode ser atraída à prostituição, sem discernimento para o mundo onde ingressa, daí por que surge a vulnerabilidade comprovada e a punição faz-se merecida de quem com esse menor tenha relação sexual. No tocante aos enfermos e deficientes mentais dá-se o mesmo: não possuindo discernimento algum para o ato sexual, a vulnerabilidade é absoluta, logo, configura-se o estupro (art. 217-A); possuindo discernimento razoável, a vulnerabilidade é relativa, portanto, pode configurar-se o art. 215, sem pagamento algum para a prática sexual, ou o art. 218-B, quando houver exploração sexual. A pena é de reclusão, de quatro a dez anos. Conferir o capítulo XIII, item 2.1, da Parte Geral.

Elemento subjetivo do crime

É o dolo (ver o capítulo XIV da Parte Geral).

Elemento subjetivo do tipo específico

Somente existe na forma cumulada com pena de multa, prevista no § 1.º, do art. 218-B: "com o fim de obter vantagem econômica" (ver Parte Geral, capítulo XIII, item 2.1).

Classificação

Comum; material (torna-se indispensável, para a consumação, que ocorra a prostituição ou exploração sexual); de forma livre; comissivo; instantâneo; unissubjetivo; plurissubsistente. Sobre a classificação dos crimes, ver o capítulo XII, item 4, da Parte Geral.

Tentativa

É admissível, nas formas impedir e dificultar. Não cabe tentativa nas formas submeter, atrair, induzir ou facilitar, pois é crime condicionado. É preciso a prática da prostituição ou outra forma de exploração sexual para a consumação. Logo, a simples atração, sem chegar à prostituição é fato penalmente irrelevante.

Momento consumativo

Com a prática da prostituição ou outra forma de exploração sexual pelas vítimas.

Particularidades

a) passa-se a prever punição para o cliente da pessoa (menor de 18, enfermo ou deficiente mental) submetida, atraída, induzida à prostituição ou outra forma de exploração sexual, bem como com a pessoa que tem a exploração sexual ou prostituição facilitada, obstada ou dificultada para o abandono. É o previsto no art. 218-B, § 2.º, I, com a mesma pena de reclusão, de quatro a dez anos. Entretanto, há de se observar não somente o caráter da vulnerabilidade, que é relativa, admitindo prova em contrário no tocante ao discernimento da vítima, como também é fundamental encontrar o menor de 18 ou o enfermo ou deficiente em situação de exploração sexual por terceiro. A prostituição, em si, não é ato criminoso. Inexiste tipificação. Logo, quer-se punir, de acordo com o art. 218-B, aquele que insere o menor de 18 anos no cenário da prostituição ou outra forma de exploração sexual, facilita sua permanência ou impede ou dificulta a sua saída da atividade. Por isso, passa-se a punir o cliente do cafetão, agenciador dos menores de 18 anos, que tenha conhecimento da exploração sexual. Ele atua, na essência, como partícipe. Não há viabilidade de configuração do tipo penal do art. 218-B, § 2.º, I, quando o menor de 18 anos e maior de 14 procurar a prostituição por sua conta e mantiver relação sexual com outrem. Afinal, ele não se encontra na "situação descrita no *caput* deste artigo" (expressa menção feita no § 2.º, I, parte final). Quisesse o legislador punir a prostituição juvenil por inteiro, deveria ter construído o tipo penal de forma mais clara, sem qualquer remissão ao *caput*;

b) busca-se punir, igualmente, o proprietário, gerente ou o responsável pelo local em que se verifiquem as práticas referidas no *caput* do artigo, ou seja, onde ocorra a exploração sexual do menor de 18 anos, do enfermo ou deficiente mental. Do mesmo modo, é preciso considerar que a remissão feita ao *caput* exige a prova de que o menor de 18 anos, por exemplo, esteja submetido por terceiro à prostituição ou à exploração sexual. O menor de 18 anos, que age por conta própria, não permite a adequação típica às várias situações descritas no *caput*. Logo, o responsável pelo local onde ocorra a prostituição ou exploração sexual necessita ter conhecimento de que há submissão, atração ou induzimento à prática sexual, ou que ocorre facilitação, impedimento ou dificultação para o abandono. Do contrário, ausente o dolo, inexiste infração penal;

c) inseriu-se, em vários tipos penais, pela Lei 12.015/2009, a expressão *exploração sexual*. O art. 234-C a definia, mas foi vetado. Logo, passou a constituir elemento normativo do tipo, dependente de valoração. Em primeiro plano, deve-se considerar a sua similitude com a prostituição, pois o próprio texto legal menciona a prostituição *ou outra forma de exploração sexual*. *Explorar* significa tirar proveito de algo ou enganar alguém para obter lucro. Unindo esse verbo com a atividade sexual, visualiza-se o quadro de tirar proveito da sexualidade alheia ou enganar alguém para atingir práticas sexuais. Explora-se sexualmente outrem, a partir do momento em que este é ludibriado para qualquer relação sexual ou quando o ofendido propicia lucro a terceiro, em virtude de sua atividade sexual. A expressão *exploração sexual* difere de *violência sexual*. Logo, o estuprador não é um explorador sexual. Por outro lado, *exploração sexual* não tem o mesmo sentido de *satisfação sexual*. Portanto, a relação sexual, em busca do prazer, entre pessoa maior de 18 anos com pessoa menor de 18 anos não configura exploração sexual. Desse modo, podemos considerar crimes ligados à exploração sexual as figuras dos arts. 215, 216-A, 218-B, 227, § 2.º, parte final, e § 3.º, 228 e 229;

d) prevê-se, no caso de punição do gerente, proprietário ou responsável pelo local onde se verifique a exploração sexual, como efeito obrigatório da condenação, a cassação da licença de localização e de funcionamento do estabelecimento. Embora efeito obrigatório, o juiz precisa estabelecê-lo na sentença condenatória, propiciando a execução imediata após o trânsito em julgado. Do contrário, se omissa a decisão, parece-nos deva servir a sentença condenatória de instrumento para que, na esfera administrativa ou civil, promova-se a interdição do local. A legitimidade para tanto é, primordialmente, do Ministério Público;

e) a partir da edição da Lei 12.978/2014, este crime transformou-se em hediondo, pois foi inserido no art. 1.º, VIII, da Lei 8.072/1990. Comporta progressão de regime somente quando o agente cumpre 2/5 (se primário) e 3/5 (se reincidente) da sua pena. Não admite anistia, graça ou indulto;

f) todo o conteúdo do art. 244-A foi reproduzido pelo art. 218-B do Código Penal, inserido pela Lei 12.015/2009. Tratando-se esta de lei mais recente, o art. 218-B afastaria a aplicação do art. 244-A. Opinamos pela revogação tácita do art. 244-A. Entretanto, diante da edição da Lei 13.440/2017, alternando a pena do art. 244-A, quer-se crer tenha o legislador acreditado na mantença do mencionado art. 244-A. Valeu-se, então, do critério de lei especial afastando lei geral. O art. 244-A afastaria o art. 218-B, na parcela nele prevista. Subsistiria o referido art. 218-B quanto à conduta não tutelada pelo art. 244-A.

Divulgação de cena de estupro ou de cena de estupro de vulnerável, de cena de sexo ou de pornografia

Art. 218-C

Sujeito ativo

Qualquer pessoa (ver Parte Geral, capítulo XII, item 3.1).

Sujeito passivo

Qualquer pessoa (ver Parte Geral, capítulo XII, item 3.2).

Objeto jurídico

Dignidade sexual, mas também envolve a honra da vítima (ver Parte Geral, capítulo XII, item 3.3, "b").

Objeto material

Fotografia, vídeo ou outro registro audiovisual, contendo as cenas indicadas no tipo (ver Parte Geral, capítulo XII, item 3.3, "a").

Elementos objetivos do tipo

Oferecer (colocar à disposição de alguém; exibir); *trocar* (permutar; entregar alguma coisa para receber algo em retorno); *disponibilizar* (tornar acessível; colocar algo ao alcance de outrem); *transmitir* (passar algo a outrem; propagar); *vender* (alienar alguma coisa mediante o pagamento de determinado preço); *expor à venda* (apresentar algo para ser alienado mediante o pagamento do preço); *distribuir* (espalhar; entregar algo a diversos receptores); *publicar* (levar algo ao conhecimento do público); *divulgar* (propagar; fazer algo ser conhecido) são os verbos, espelhando ações alternativas, muitas são sinônimas, cujo objeto é a fotografia, o vídeo ou outro registro audiovisual que contenha cena de estupro ou de estupro de vulnerável ou que faça apologia ou induza a sua prática. Lembre-se de que a prática de mais de uma conduta alternativa, no mesmo contexto, representa o cometimento de um só delito do art. 218-C. A pena é de reclusão, de 1 a 5 anos, se o fato não constitui crime mais grave.

Elemento subjetivo do crime

É o dolo (ver o capítulo XIV da Parte Geral).

Elemento subjetivo do tipo específico

Não há elemento subjetivo específico, vale dizer, o agente pode divulgar fotos ou vídeos de crimes sexuais ou relacionamentos sexuais por qualquer finalidade. Poderá haver finalidade específica quando se configurar uma das causas de aumento.

Classificação

Comum (pode ser cometido por qualquer pessoa); formal (delito que se consuma mediante a prática da conduta, independentemente de haver resultado naturalístico); de forma livre (a divulgação pode ser realizada de qualquer maneira); comissivo (trata-se de crime de ação, conforme evidenciam os verbos nucleares do tipo); instantâneo (o resultado se dá de modo determinado na linha do tempo), nas formas oferecer, trocar, vender, distribuir, publicar e divulgar, porém, podem assumir o caráter permanente (o resultado arrasta-se no tempo) os modelos transmitir (cuidando-se de transmissão ininterrupta de um vídeo na internet, por exemplo); expor à venda; disponibilizar (quando se torna uma foto ou vídeo acessível, pode dar-se de maneira contínua); de dano (consuma-se com a lesão à dignidade sexual/honra de alguém); unissubjetivo (pode ser cometido por uma só pessoa); plurissubsistente (a regra é que a prática libidinosa envolva vários atos).

Tentativa

É admissível.

Momento consumativo

Com a prática de um dos verbos do tipo, pois se trata de crime formal.

Particularidades

O tipo penal foi criado com destino certo: tutelar a exposição, pela internet, de foto/vídeo de: a) estupro nas duas formas: típica (art. 213, CP) e contra vulnerável (art. 217-A, CP) ou a sua apologia (defesa, elogio, enaltecimento) ou induzimento (dar a ideia; incentivo); b) sexo, nudez ou pornografia (forma de explorar o sexo de maneira chula ou grosseira). Esses dois objetivos advieram dos vários casos concretos, acompanhados pela sociedade brasileira, nos últimos tempos. Houve quem estuprasse uma moça, inconsciente ou semi-inconsciente, colocando o vídeo dessa conduta na internet para conhecimento público. Houve, ainda, quem divulgasse foto de namorada nua ou de relação sexual mantida entre namorados, igualmente, para ciência pública em redes sociais.

Há vários outros exemplos, agora abrangidos por este novo tipo penal, que possui nove verbos, detalhados meios de execução e sete objetos. O meio de execução do crime aponta a fórmula *por qualquer meio*, o que já seria suficiente; mesmo assim, o legislador insere uma frase explicativa desnecessária: *inclusive por meio de comunicação de massa ou sistema de informática ou telemática*.

A justificativa para o surgimento desse tipo incriminador lastreia-se, objetivamente, na divulgação de dados referentes a nudez e sexo, expondo as vítimas a um grande público. Há de se destacar que a prática do estupro e sua divulgação por rede social, por exemplo, deveriam gerar dois delitos, pois lesa a liberdade sexual e a honra da vítima. Porém, o tipo se proclama expressamente subsidiário, cedendo espaço a delitos mais graves que o envolvam. Diante disso, quem comete o estupro e divulga, segundo nos parece, pratica somente estupro; a seguinte divulgação é fato posterior não punido.

Capítulo III
Do Rapto

Rapto violento ou mediante fraude

Art. 219

Artigo revogado pela Lei 11.106/2005.

Nota: Na realidade, nesta hipótese, houve uma *novatio legis in pejus*, pois o disposto no art. 219 transmudou-se para outra figura, embora mantendo a conduta típica incriminadora, consistente no art. 148, § 1.º, V, do Código Penal ("privar alguém de sua liberdade, mediante sequestro ou cárcere privado", com pena de reclusão, de 2 a 5 anos, caso o delito seja praticado para fins libidinosos).

Rapto consensual

Art. 220

Artigo revogado pela Lei 11.106/2005.

Diminuição de pena

Art. 221

Artigo revogado pela Lei 11.106/2005.

Concurso de rapto e outro crime

Art. 222

Artigo revogado pela Lei 11.106/2005.

Capítulo IV
Disposições Gerais

Formas qualificadas

Art. 223

Artigo revogado pela Lei 12.015/2009.

Presunção de violência

Art. 224

Artigo revogado pela Lei 12.015/2009.

Ação penal

Art. 225

Torna-se regra, a partir da edição da Lei 13.718/2018, ser a ação penal, em todos os delitos contra a dignidade sexual (Capítulos I e II do Título VI do Código Penal), pública incondicionada.

A opção legislativa foi drástica, vale dizer, considerar sempre a ação pública incondicionada no cenário dos delitos sexuais. Afinal, sempre se contou com a vontade da vítima em processar o agente no âmbito dessa espécie de criminalidade, visto envolver a intimidade e a honra das pessoas.

Se antes da Lei 12.015/2009 prevalecia a ação penal privada, com a ressalva estabelecida pela Súmula 608 do STF ("no crime de estupro, praticado mediante violência real, a ação penal é pública incondicionada"), agora tem-se o predomínio da ação pública incondicionada, proporcionando a atuação do Ministério Público, queira ou não a vítima.

Desse modo, o denominado "escândalo do processo" foi colocado em segundo plano. A pessoa sexualmente ofendida não pode mais *abafar* o caso, evitando especulações inconvenientes. Não andou bem o legislador ao padronizar a publicidade da ação penal. O ideal seria considerar casos violentos como ação pública incondicionada; casos sem violência, ação pública condicionada ou privada.

Aumento de pena

Art. 226

Obriga-se o magistrado a elevar a pena em um quarto, na hipótese descrita no inciso I do art. 226, bem como em metade, ocorrendo a situação descrita no inciso II, podendo, se for o caso, romper o teto fixado pelo tipo penal sancionador.

O concurso de duas ou mais pessoas está previsto no inciso I. Não se exige sejam todos coautores, podendo-se incluir nesse contexto, para a configuração da causa de aumento, os partícipes. Portanto, se duas ou mais pessoas tomaram parte na prática do delito, antes ou durante a execução, é suficiente para aplicar a elevação da pena.

Ter o agente autoridade sobre a vítima é a hipótese do art. 226, inciso II. Diz respeito à natural hegemonia que muitas dessas pessoas podem possuir sobre a parte ofendida, diminuindo a sua capacidade de resistência. Desse modo, quando o autor do delito for ascendente, padrasto ou madrasta, tio, irmão (mais velho, como regra), cônjuge, companheiro, tutor, curador, preceptor (professor ou instrutor) ou empregador da vítima, ou pessoa que, por outro título, tenha autoridade sobre a parte ofendida, está-se diante de hipótese para uma pena mais severa (metade).

Criaram-se mais duas causas específicas de elevação da pena, previstas no inciso IV, provocando aumento de 1/3 a 2/3. São as seguintes: a) *estupro coletivo:* trata-se da atuação de dois ou mais agentes contra a mesma vítima, promovendo o constrangimento, mediante violência ou grave ameaça, para o fim de praticar ato libidinoso com a pessoa ofendida (art. 213, CP). Ou, ainda, ter relação sexual com menor de 14 anos, pessoa enferma ou deficiente mental ou quem não é capaz de oferecer resistência (art. 217-A, CP). Conforme o título dado pelo legislador (estupro coletivo), são esses os dois crimes sujeitos a esta causa de aumento do inciso IV, *a.* No entanto, qualquer outro crime sexual dos Capítulos I e II, havendo duas ou mais pessoas como autoras, comporta a causa de aumento prevista no inciso I deste artigo. No mais, a elevação é variável de 1/3 a 2/3. Cremos que o aumento deve pautar-se pelo número de pessoas envolvidas. Se duas, aumento de 1/3; se muitas, elevação de 2/3; b) *estupro corretivo*: cuida-se da agressão sexual contra pessoa considerada *desviada* de seu gênero biológico (arts. 213 e 217-A). Volta-se, basicamente, à mulher homossexual ou bissexual, pansexual, transgênero, transexual, entre outros. O objetivo da violência sexual é *corrigir* o "pretenso" erro na demonstração de sua orientação sexual, ou seja, estupra-se a mulher lésbica para que ela "entenda" ser "mulher", logo, deva ter relacionamento sexual com homem. A elevação – de 1/3 a 2/3 – deve relacionar-se ao caso concreto, levando-se em consideração o grau de violência ou ameaça utilizado, o número de atos sexuais e suas espécies, tal como se deve fazer em qualquer caso de estupro (art. 213, CP).

Capítulo V
Do Lenocínio e do Tráfico de Pessoa para Fim de Prostituição ou outra Forma de Exploração Sexual

Mediação para servir a lascívia de outrem

Art. 227

Sujeito ativo

Qualquer pessoa (ver Parte Geral, capítulo XII, item 3.1).

Sujeito passivo

Qualquer pessoa, que deve colaborar com a ação do agente, embora não seja punida (ver Parte Geral, capítulo XII, item 3.2). Secundariamente, é a sociedade, pois o objeto jurídico, em tese, interessa a toda a comunidade.

Objetos jurídicos

São o regramento e a moralidade na vida sexual, porém inclui-se, ainda, a liberdade sexual na figura qualificada (§ 2.º) (ver Parte Geral, capítulo XII, item 3.3, "b").

Objeto material

É aquele que foi induzido. Embora haja posição divergente, entendemos que a pessoa prostituída não pode ser sujeito passivo deste delito. Seria autêntico abuso do direito de punir do Estado, uma vez que não há mais o que proteger a respeito da moralidade na vida sexual da (o) referida pessoa prostituída(o) (ver Parte Geral, capítulo XII, item 3.3, "a"). E, mesmo que focalizarmos a sociedade como sujeito passivo secundário, não vemos nenhum sentido em tutelar a moralidade da vida sexual de quem não mais se pauta por isso.

Elementos objetivos do tipo

Induzir (dar a ideia ou inspirar) alguém a *satisfazer a lascívia* (saciar o prazer sexual ou a sensualidade de outra pessoa, homem ou mulher, de qualquer maneira) de outrem. A pena é de reclusão, de um a três anos. Conferir o capítulo XIII, item 2.1, da Parte Geral. Esta figura típica fere o princípio da intervenção mínima, pois completamente insignificante, de modo que deveria ser simplesmente revogada. Para maiores detalhes, consultar o nosso livro *Tratado de crimes sexuais*.

Elemento subjetivo do crime

É o dolo (ver o capítulo XIV da Parte Geral).

Elemento subjetivo do tipo específico

É a satisfação da luxúria ou o prazer sexual de outrem (ver Parte Geral, capítulo XIII, item 2.1).

Classificação

Comum; material; de forma livre; comissivo; instantâneo; unissubjetivo; plurissubsistente. Sobre a classificação dos crimes, ver o capítulo XII, item 4, da Parte Geral.

Tentativa

É admissível.

Figura qualificada do § 1.º

A pena será de reclusão, de dois a cinco anos, em duas hipóteses, uma delas múltipla:

a) sendo a vítima menor de 18 anos e maior de 14, aplica-se mais severamente a pena. Lembremos que, no caso da vítima menor de 14 anos, induzida à satisfação da lascívia de outrem, por não apresentar consentimento válido, configura-se a situação de estupro de vulnerável (art. 217-A). E mais, conforme o caso concreto, o indutor pode responder por participação em estupro;

b) quando o agente é ascendente, descendente, cônjuge ou companheiro, irmão, tutor ou curador ou pessoa que cuide da educação, tratamento ou guarda da vítima, torna-se mais grave a punição, uma vez que não se admitiria tal postura justamente daqueles que deveriam zelar pela *integridade moral* da pessoa sob sua proteção.

Figura qualificada do § 2.º

A pena será de reclusão, de dois a oito anos, além da pena correspondente à violência, se o crime for cometido com emprego de violência, grave ameaça ou fraude. Esta é figura típica razoável, pois ofensiva à liberdade sexual. Não há cabimento em se admitir que alguém induza outrem à satisfação da lascívia alheia, empregando métodos violentos, ameaçadores ou fraudulentos.

Momento consumativo

Quando houver a satisfação da lascívia.

Particularidade

Se o crime for cometido com intuito de lucro, aplica-se também a pena de multa (§ 3.º).

Favorecimento da prostituição ou outra forma de exploração sexual

Art. 228

Sujeito ativo

Qualquer pessoa (ver Parte Geral, capítulo XII, item 3.1).

Sujeito passivo

Qualquer pessoa. Entendemos que, querendo-se aplicar esta figura típica, ao menos a primeira parte (induzir e atrair), deve-se afastar a possibilidade de considerar sujeito passivo a pessoa já prostituída, por total atipicidade material. Como punir, por exemplo, aquele que induz (dá a ideia) alguém à prostituição se essa pessoa já está prostituída? A "disciplinada vida sexual", objeto jurídico do tipo penal, já está nitidamente comprometida nessa hipótese, de forma que não se vê razão lógica para a punição do agente (ver Parte Geral, capítulo XII, item 3.2). Secundariamente, é a sociedade, pois o objeto jurídico, em tese, interessa a toda comunidade.

Objeto jurídico

É a moralidade sexual pública (ver Parte Geral, capítulo XII, item 3.3, "b").

Objeto material

É a pessoa que se prostitui ou é explorada em razão da conduta do agente (ver Parte Geral, capítulo XII, item 3.3, "a").

Elementos objetivos do tipo

Há multiplicidade de condutas:

a) *induzir* (inspirar ou dar a ideia) alguém à prostituição, que é o comércio *habitual* de amor sexual, ou outra forma de exploração sexual. Não se pode considerar prostituta uma pessoa porque uma única vez obteve vantagem econômica em troca de um relacionamento sexual; daí por que o crime deve ser visto como condicionado. Note-se que *induzir, atrair, facilitar, impedir* e *dificultar* não são condutas caracterizadas pela habitualidade, mas o termo *prostituição* é. Portanto, para configurar a conduta do agente, depende-se da habitualidade da conduta da vítima. A indução, por exemplo, só é penalmente relevante se a vítima efetivamente passar a se prostituir – comercializar o próprio corpo habitualmente para fazer alguma coisa. Além disso, inclui-se neste tipo a conduta de *atrair*, que significa seduzir ou chamar alguém a fazer alguma coisa;

b) *facilitar* quer dizer dar acesso mais fácil ou colocar à disposição. Trata-se de conduta de difícil configuração, visto que *facilitar* a prostituição de quem, maior de 18 anos, o faz espontaneamente, pode ser um favor em lugar de um crime. Pretender a punição de quem, sem nenhum fim lucrativo, protege a pessoa prostituída, favorecendo a sua atividade, é insensato. Não pode a sociedade desejar que as pessoas prostituídas fiquem ao desamparo e sem abrigo, porque ninguém está autorizado a facilitar a sua atividade, que pode ser, inclusive, seu trabalho habitual. Enquanto países desenvolvidos caminham para a legalização da prostituição como atividade laborativa como outra qualquer, o Brasil permanece fiel a vetustos costumes de eras passadas. Esta figura típica fere o princípio da intervenção mínima, pois completamente insignificante, de modo que deveria ser simplesmente revogada. Para maiores detalhes, consultar o nosso *Tratado de crimes sexuais*;

c) *impedir* tem o significado de colocar obstáculo ou estorvar alguém a *abandonar*, que representa largar ou deixar. Portanto, o tipo misto alternativo é composto das figuras de induzir pessoa à prostituição ou outra forma de exploração sexual, atrair pessoa à prostituição ou outra forma de exploração sexual, facilitar o ingresso de alguém na prostituição ou outra forma de exploração sexual, dificultar ou impedir pessoa de largar a prostituição ou outra forma de exploração sexual. Mais uma vez, somos levados a ressaltar que o tipo é antiquado. Dissemina-se na sociedade a prostituição, que não é punida em si, mas ainda subsiste o tipo penal que pune o indivíduo que contribui, de alguma forma, à prostituição alheia. Se a pessoa induzida, atraída, facilmente inserida ou impedida (por argumentos e não por violência, ameaça ou fraude, o que configuraria o § 2.º) de largar a prostituição é maior de 18 anos, trata-se de figura socialmente irrelevante. Cuidaria melhor o legislador de proteger apenas o menor de idade ou aquele que é vítima de atos violentos, ameaçadores ou fraudulentos, mas não a pessoa adulta que foi convencida a levar vida promíscua. Mais uma vez ressaltamos: se tal conduta fosse realmente relevante e danosa à sociedade, não se teria a proliferação de anúncios e propagandas de toda ordem nessa área, com o beneplácito das autoridades;

d) *dificultar* significa tornar mais difícil algo. A conduta foi inserida pela Lei 12.015/2009 para fazer parte do mundo da ficção, que é justamente o universo do art. 227. A criação de obstáculos para que alguém abandone a prostituição ou outra forma de exploração sexual não pode ser exercida com violência ou grave ameaça (se assim ocorrer, cuida-se da forma qualificada, prevista no § 2.º). Logo, haveria de ser com argumentos ou outras maneiras de convencimento. É evidente ser de mínima potencialidade lesiva essa conduta, de forma que o princípio da intervenção mínima deixa de ser observado, novamente, pelo legislador. A pena é de reclusão, de dois a cinco anos, e multa. Conferir o capítulo XIII, item 2.1, da Parte Geral.

Elemento subjetivo do crime

É o dolo (ver o capítulo XIV da Parte Geral).

Elemento subjetivo do tipo específico

É a vontade de enfronhar alguém na prostituição ou outra forma de exploração sexual (ver Parte Geral, capítulo XIII, item 2.1).

Classificação

Comum; material; de forma livre; comissivo; instantâneo (somente será permanente se o agente impedir, com violência ou grave ameaça, alguém a deixar a prostituição); unissubjetivo; plurissubsistente. Sobre a classificação dos crimes, ver o capítulo XII, item 4, da Parte Geral.

Tentativa

Não é admissível, pois o crime depende da efetiva ocorrência da prostituição, ou seja, cuida-se de delito condicionado, nas formas *induzir* e *atrair*. Pode ocorrer nas modalidades *facilitar*, *impedir* e *dificultar*, embora de rara configuração.

Figura qualificada do § 1.º

A pena será de reclusão, de três a oito anos, se o agente é ascendente, padrasto, madrasta, irmão, enteado, cônjuge, companheiro, tutor ou curador, preceptor ou empregador da vítima, ou por quem assumiu, por lei ou outra forma, obrigação de cuidado, proteção ou vigilância.

Figura qualificada do § 2.º

A pena será de reclusão, de quatro a dez anos, além da pena correspondente à violência, se o crime for cometido com emprego de violência, grave ameaça ou fraude. Esta é figura típica razoável, pois ofensiva à liberdade sexual. Não há cabimento em se admitir que alguém induza outrem à satisfação da lascívia alheia, empregando métodos violentos, ameaçadores ou fraudulentos.

Momento consumativo

Quando houver a efetiva prática da prostituição ou outra forma de exploração sexual, nas formas *induzir* e *atrair*. Com o ato de impedimento, facilitação ou dificultação, configuradores de obstáculos ao abandono da prostituição ou outra forma de exploração sexual.

Particularidades

a) se o crime for cometido com intuito de lucro, aplica-se também a pena de multa (§ 3.º);

b) sobre a expressão *exploração sexual*, consultar os comentários feitos ao art. 218-B.

📌 PONTO RELEVANTE PARA DEBATE

Sites de prostituição

Em primeiro lugar, temos nos manifestado *contra* essas incriminações vetustas e desatualizadas. Favorecer a prostituição significa simplesmente auxiliar uma profissão do sexo, como outra qualquer, afinal, o Direito Penal não é o defensor da moral e dos bons costumes. Deve apenas criminalizar as condutas infracionais mais graves.

> Além disso, é questionável o conceito moral e dos bons costumes em matéria de prostituição (mais detalhes em nossa obra *Tratado de crimes sexuais*).
>
> De qualquer modo, somente para ativar o debate, está previsto em lei o favorecimento à prostituição (de qualquer modo). Os *sites* que divulgam abertamente a prostituição (e se autodenominam de revistas, que colocam anúncios) não são investigados e seus proprietários, processados.
>
> O ideal é que ninguém fosse incomodado pela atividade da prostituição, desde que não houvesse violência ou grave ameaça. Mas não se pode aquiescer com o direito penal seletivo. Investe-se contra a pobreza da casa de prostituição, à vista de todos, mas se omite o Estado no que concerne aos grandes empresários do sexo nos *sites*, que enriquecem graças à prostituição.
>
> Aliás, vale destacar que já houve decisão do Superior Tribunal de Justiça, considerando lícita a prostituição no Brasil (HC 211.888-TO, 6.ª T., rel. Rogério Schietti Cruz, v.u.).

Casa de prostituição

Art. 229

Sujeito ativo

Qualquer pessoa (ver Parte Geral, capítulo XII, item 3.1).

Sujeito passivo

É a coletividade. Há quem inclua, como sujeito passivo, a pessoa que exerce a prostituição ou entrega-se à satisfação da lascívia alheia, com o que não podemos concordar. A pessoa que se prostitui não é sujeito passivo, tendo em vista que o ato em si não é considerado ilícito penal, além do que ela também está ferindo os bons costumes, ao ter vida sexualmente desregrada, de modo que não pode ser vítima de sua própria liberdade de ação. Por outro lado, alterado o tipo penal para a forma genérica (exploração sexual), pode-se incluir como sujeito passivo secundário a pessoa explorada sexualmente, desde que não se trate, como já visto acima, da prostituição (ver Parte Geral, capítulo XII, item 3.2).

Objetos jurídicos

São a moralidade sexual e os bons costumes (ver Parte Geral, capítulo XII, item 3.3, "b").

Objeto material

É o estabelecimento em que ocorra exploração sexual (ver Parte Geral, capítulo XII, item 3.3, "a").

Elementos objetivos do tipo

Manter (sustentar, fazer permanecer ou conservar), o que fornece a nítida visão de algo habitual (ou frequente), estabelecimento em que ocorra exploração sexual (lugar destinado à prática de atos libidinosos mediante contraprestação em dinheiro ou assemelhado ou cometidos com fraude ou outro artifício), com ou sem intuito de lucro ou mediação direta do proprietário ou gerente. A pena é de reclusão, de dois a cinco anos, e multa. Conferir o capítulo XIII, item 2.1, da Parte Geral. Esta figura típica fere o princípio da intervenção mínima, pois completamente insignificante, de modo que deveria ser simplesmente revogada. Para maiores detalhes, consultar o nosso *Tratado de crimes sexuais*.

Elemento subjetivo do crime

É o dolo (ver o capítulo XIV da Parte Geral).

Elemento subjetivo do tipo específico

É a vontade de satisfazer o prazer sexual alheio, implícita no tipo, podendo existir, ainda, o intuito de lucro, conforme o caso (ver Parte Geral, capítulo XIII, item 2.1).

Classificação

Comum; de forma livre; comissivo; habitual; unissubjetivo; plurissubsistente.

Havíamos defendido ser crime formal (não demanda resultado naturalístico, que seria a corrupção dos bons costumes). Entretanto, após a reforma da Lei 12.015/2009, especificou-se a existência de exploração sexual. Ora, o delito passa a ser material, dependente de um resultado claro e nítido, no sentido de se demonstrar haver exploração, em detrimento de uma pessoa. Por isso, é preciso modificar essa classificação. Provada a exploração sexual, consuma-se. Sem isso, não há concretização do delito. Sobre a classificação dos crimes, ver o capítulo XII, item 4, da Parte Geral.

Tentativa

Não é admissível, pois o crime é habitual.

Momento consumativo

Quando houver a efetiva comprovação da habitualidade na manutenção do estabelecimento em que ocorra exploração sexual.

Particularidades

a) a alteração dos termos "casa de prostituição" e "lugar destinado a encontros para fim libidinoso" para a expressão "exploração sexual", feita pela Lei 12.015/2009, em nosso entendimento, não favorece o tipo penal, que continua inadequado e, sob certos aspectos, obsoleto. A exploração sexual é o gênero do qual se extrai a prostituição. Por outro lado, torna-se necessário lembrar que a prostituição não é crime, razão pela qual poderia haver um lugar onde ela fosse desenvolvida sem qualquer obstáculo. Entretanto, o legislador brasileiro, embora não criminalize a prostituição, pretende punir quem, de alguma forma, a favorece. Não consegue enxergar que a marginalização da pessoa prostituída somente traz maiores dramas. Sem o abrigo legal, a pessoa prostituída cai na clandestinidade e é justamente nesse momento que surgem os aproveitadores. É evidente que houve, há e continuará a existir casas de prostituição de todos os moldes possíveis, com fachadas inocentes, mas onde a autêntica exploração sexual pode acontecer. Afinal, a pessoa prostituída vive na obscuridade, pois o Estado não pode puni-la, mas quer acertar outras pessoas, que forneçam qualquer auxílio à prostituição. É evidente ser necessária a punição do rufião, agressor e controlador da pessoa prostituída, atuando com violência ou grave ameaça. No entanto, se alguém mantém lugar para o exercício da prostituição, protegendo e abrigando a pessoa prostituída, menor mal causa à sociedade. Retira-se da via pública a prostituição, passando-a a abrigos controlados e fiscalizados pelo Estado. Em nossa visão, exploração sexual é expressão ligada a tirar proveito de alguém, em detrimento desta pessoa, valendo-se, primordialmente, de fraude ou ardil. Não se pode confundi-la com violência sexual, nem com satisfação sexual. Há quem enumere as seguintes formas de exploração sexual: prostituição, turismo sexual, pornografia, tráfico para fins sexuais (cf. Rogério Sanches Cunha, *Comentários à reforma criminal de 2009 e à Convenção de Viena sobre o Direito dos Tratados*, p. 68-69). Quanto à prostituição, como espécie de exploração sexual, já tecemos os comentários pertinentes. Quanto ao denominado turismo sexual, na verdade, só pode ser, igualmente, prostituição. É para essa finalidade que estrangeiros podem vir ao Brasil. Turismo sexual, sem prostituição, inexiste. Não se trata de passear pelas praias acompanhando o desfile de lindos corpos caminhando pela areia. Pornografia é atividade lícita, onde há, inclusive, o recolhimento de impostos ao Estado. Afasta-se dela os menores de 18 anos. No mais, pode ser até mesmo expressões de arte. Não há nenhuma exploração sexual nisso. Pensando-se na pessoa que participa de fotos ou filmes pornográficos, não se pode denominar de exploração, mas de trabalho lícito, com remuneração, tal como qualquer outro filme ou sessão de fotos. Quanto ao tráfico para fins sexuais, cuida-se de figura típica autônoma (art. 149-A, V). Pode ser exploração sexual, mas já há o tipo penal próprio. Enfim, a expressão *exploração sexual*, lançada ao acaso, como se, por si mesma, significasse algo, é frugal. As formas ilícitas de exploração sexual já possuem tipos próprios para a punição do agente. Desse modo, inserir, no art. 229, a mantença de estabelecimento em que ocorra exploração sexual não traz benefício algum. Pode-se imaginar as seguintes hipóteses: a) no estabelecimento ocorre prostituição (é a antiga *casa de prostituição*). Se assim for, não precisaria haver alteração alguma; b) no estabelecimento ocorrem vários crimes sexuais com fraude (violação sexual mediante fraude, por exemplo). Parece incrível que alguém crie um lugar especialmente destinado ao cometimento de crimes. Logo, a modificação não confere modernidade alguma à lei penal;

b) em qualquer estabelecimento pode ocorrer, ilustrando, prostituição: motel, hotel, quarto de pensão, cinema, boate, bar etc. Não significa, portanto, que o proprietário ou responsável por um cinema deva ser punido porque, no escuro, pessoas praticam atos libidinosos, mediante paga. Afinal, cinemas não são *destinados* a isso. O mesmo ocorre com outros lugares comerciais, de finalidade diversa do cultivo à exploração sexual. Lembre-se que o verbo *manter*, implicando em habitualidade, permaneceu. Não se pode sugerir como exemplo um lugar onde ocorra a exploração sexual do menor, pois o responsável seria partícipe do crime existente para tutelar a dignidade sexual do menor. A questão permanece em aberto. Em nossa visão, a pobreza da linguagem constante do tipo torna a aplicação do art. 229 inócua.

🔖 PONTOS RELEVANTES PARA DEBATE

A questão da análise das casas de massagem, *relax for men*, boates para encontros, motéis, *drive in*, saunas mistas, hotéis de alta rotatividade

Não configuram o tipo penal, segundo jurisprudência e doutrina majoritárias. A explicação é simples: não são lugares específicos para a prostituição, nem para encontros libidinosos, pois têm outra finalidade, como a hospedagem, o serviço de massagem ou relaxamento, a sauna, o serviço de bar etc. Logo, não são lugares, igualmente, destinados à exploração sexual. Sabe-se perfeitamente que, em muitos desses locais, há autêntica *casa de prostituição*, disfarçada com um nome mais moderno e adaptado à realidade.

A modificação inserida no tipo do art. 229, fazendo constar a expressão "exploração sexual", trouxe a viabilidade para considerar atípica a conduta de quem mantém casa de prostituição, embora inexista no local a exploração sexual. Recorde-se que prostituição não é sinônimo de exploração sexual, pois tudo depende das circunstâncias.

A inviabilidade da prisão em flagrante

O crime habitual é aquele que somente é punido em face do *estilo de vida*, espelhado pelo comportamento reiterado do agente, compondo um quadro, em tese, pernicioso à vida social. Assim, não é típica a conduta de quem, vez ou outra, mantém lugar destinado à exploração sexual, mas sim o comportamento reiterado nessa prática. A infração penal habitual deve ser analisada como um todo. Logo, não cabe prisão em flagrante. Ademais, nem mesmo admite tentativa o delito habitual, pois é impossível fracionar o *iter criminis*, vale dizer, é inaceitável considerar um fato isolado – que o legislador tratou como atípico – como fase de execução de um todo ainda não verificado. Quando, pela reiteração de condutas, houver a comprovação da *manutenção* de estabelecimento em que ocorra exploração sexual, pune-se o agente, estando consumada a infração penal. Pairando dúvida a respeito dessa *manutenção*, não se trata de fato típico.

Há quem sustente que o crime habitual, uma vez consumado, se torna permanente e, por isso, comportaria prisão em flagrante a qualquer tempo. Não vemos sentido nisso, pois nem mesmo se sabe o momento certo de consumação. Outro aspecto diz respeito à maneira de execução. O crime permanente se concretiza quando o agente faz alguma coisa – ex.: sequestra pessoa – e depois se omite – ex.: não solta quem foi posto em cativeiro. O resultado se prolonga sem a atuação do agente. No crime habitual, o agente deve agir continuamente, afinal, se cessar a sua conduta, termina a habitualidade. Então, as duas espécies de crimes – permanente e habitual – são diferentes.

Rufianismo

Art. 230

Sujeito ativo

Qualquer pessoa (ver Parte Geral, capítulo XII, item 3.1).

Sujeito passivo

É a pessoa que exerce a prostituição. Secundariamente, é a coletividade, uma vez que o delito envolve a moralidade sexual (ver Parte Geral, capítulo XII, item 3.2).

Objeto jurídico

É a moralidade sexual (ver Parte Geral, capítulo XII, item 3.3, "b").

Objeto material

É a pessoa prostituída explorada (ver Parte Geral, capítulo XII, item 3.3, "a").

Elementos objetivos do tipo

Tirar proveito (extrair lucro, vantagem ou interesse) da prostituição alheia (comércio habitual do prazer sexual promovido por alguém). As formas compostas do núcleo principal (*tirar proveito*) são:

a) *participando dos lucros* (reservando, para si, uma parte do ganho que a prostituta ou garoto de programa obtém com sua atividade);

b) *fazendo-se sustentar* (arranjando para ser mantido, provido de víveres ou amparado). Não se demanda seja essa a única fonte de renda do sujeito ativo, mas uma delas. A pena é de reclusão, de um a quatro anos, e multa. Conferir o capítulo XIII, item 2.1, da Parte Geral.

Elemento subjetivo do crime

É o dolo (ver o capítulo XIV da Parte Geral).

Elemento subjetivo do tipo específico

É a vontade de *habitualmente* tirar proveito da prostituição alheia (ver Parte Geral, capítulo XIII, item 2.1).

Classificação

Comum; material; de forma livre; comissivo; habitual; unissubjetivo; plurissubsistente. Sobre a classificação dos crimes, ver o capítulo XII, item 4, da Parte Geral.

Tentativa

Não é admissível, pois o crime é habitual.

Momento consumativo

Quando houver a efetiva comprovação da habitualidade no proveito da prostituição alheia.

Figura qualificada do § 1.º

A pena é de reclusão, de três a seis anos, e multa, se a vítima é menor de 18 e maior de 14 anos ou se o crime é cometido por ascendente, padrasto, madrasta, irmão, enteado, cônjuge, companheiro, tutor ou curador, preceptor ou empregador da vítima, ou por quem assumiu, por lei ou outra forma, obrigação de cuidado proteção ou vigilância.

Figura qualificada do § 2.º

A pena é de reclusão, de dois a oito anos, sem prejuízo da pena correspondente à violência, se houver emprego de violência, grave ameaça, fraude ou outro meio que impeça ou dificulte a livre manifestação da vontade da vítima.

> 🔖 **PONTO RELEVANTE PARA DEBATE**
>
> | A medida da intervenção mínima no crime de rufianismo
>
> Tirar proveito da prostituição alheia, participando dos lucros ou fazendo-se sustentar por quem a exerça, em princípio, é questão puramente moral, que não deveria atingir o universo do direito penal, respeitando-se o princípio da intervenção mínima, em homenagem ao Estado Democrático de Direito. Certamente, invadindo-se o campo da violência, grave ameaça ou fraude, pode-se buscar a tutela penal, tipificando-se a conduta. Fora desse contexto, cuida-se de moralismo exagerado, distante da realidade. Em vários países, legaliza-se a prostituição, permitindo-se à pessoa que a exerça maior proteção e resguardo de seus direitos. No Brasil, permanece-se atrelado a uma figura típica ultrapassada: pune-se quem tira algum proveito da prostituição alheia sem examinar se o quadro merece intervenção penal, vale dizer, o simples agenciamento da prostituição alheia pode ser altamente interessante para a pessoa prostituída, consistindo em medida natural para a repartição do lucro com quem presta o auxílio. Não fosse a questão moral, tratar-se-ia de uma prestação de serviços a quem presta serviços. Ilustrando, o agenciamento de modelos para desfilar em uma passarela provoca lucros e tanto a modelo quanto o agenciador os repartem. Qual é a diferença no tocante ao rufião e à prostituta? Para responder a essa indagação, deve-se abstrair a questão moral (prostituição é imoral) e não se leva em conta qualquer ato violento ou constrangedor (para tanto, a intervenção penal é justa). Assim fazendo, parece-nos difícil sustentar a existência do delito previsto no art. 230, *caput*, do Código Penal.

Tráfico internacional de pessoa para fim de exploração sexual

Art. 231

Revogado pela Lei 13.344/2016. Consultar o art. 149-A (tráfico de pessoas).

Tráfico interno de pessoa para fim de exploração sexual

Art. 231-A

Revogado pela Lei 13.344/2016. Consultar o art. 149-A (tráfico de pessoas).

Promoção de migração ilegal

Art. 232-A

Sujeito ativo

Qualquer pessoa (ver Parte Geral, capítulo XII, item 3.1).

Sujeito passivo

É o Estado e a pessoa eventualmente prejudicada (ver Parte Geral, capítulo XII, item 3.2).

Objeto jurídico

É o interesse estatal em regular a entrada e saída de estrangeiros e brasileiros no território nacional ou no país estrangeiro (ver Parte Geral, capítulo XII, item 3.3, "b").

Objeto material

É a entrada de estrangeiro em território nacional ou de brasileiro no estrangeiro, bem como a saída de estrangeiro do território nacional para país estrangeiro (ver Parte Geral, capítulo XII, item 3.3, "a").

Elementos objetivos do tipo

Promover significa impulsionar ou ser a causa de algo. O objeto é a entrada de estrangeiro em território nacional ou de brasileiro em país estrangeiro. Há o elemento normativo do tipo, consistente no termo *ilegal*, vale dizer, contra as regras do ordenamento jurídico brasileiro. Diante disso, se alguém dá ensejo a que outrem saia *ilegalmente* do Brasil, rumo ao exterior (primeira conduta), ou proporciona o ingresso *ilegal* de estrangeiro no Brasil (segunda conduta), pode cometer o crime de promoção de migração ilegal. Embora pareça um tipo misto alternativo por conta da partícula "ou", o correto é visualizá-lo como cumulativo. Afinal, há duas condutas bem distintas: proporcionar a entrada ilegal de estrangeiro no Brasil e dar meio para o ingresso de brasileiro, de modo ilegal, no território estrangeiro. Acompanhando a formação do tipo incriminador, há mais dois elementos: o primeiro deles cuida da *forma de execução*, que foi deixada livre ("por qualquer meio"); o segundo aponta para o fim específico do agente ("obter vantagem econômica"). Portanto, para o crime tornar-se concretizado, é essencial dar condições para que um estrangeiro ingresse ilegalmente em território nacional (por terra, ar ou mar), com a finalidade lucrativa; ou, então, proporcionar que um brasileiro entre ilegalmente em território estrangeiro (por ar, mar ou terra), com fim de obtenção de vantagem econômica. Trata-se de norma penal em branco, pois a interpretação do termo *ilegal* depende da análise das regras constantes na Lei de Migração; somente assim se poderá atingir o ambiente seguro para apontar a ilegalidade da entrada ou saída de alguém do país. Conferir o capítulo XIII, item 2.1, da Parte Geral. A pena é de reclusão, de 2 a 5 anos, e multa.

Figura do § 1.º do art. 232-A

O tipo envolve, igualmente, a saída de estrangeiro do Brasil para entrar ilegalmente em qualquer país estrangeiro. A hipótese não abordada pela nova figura típica é a promoção de saída de brasileiro do exterior para ingressar ilegalmente no Brasil. Esta situação não despertou interesse, tendo em vista o direito do brasileiro de estar em seu território; se o fizer de maneira ilegal (sem documentos apresentados no ponto correto de entrada), deve-se resolver no campo do ilícito administrativo. Não houve interesse, também, em cuidar penalmente da movimentação do apátrida e do asilado. Conferir o capítulo XIII, item 2.1, da Parte Geral.

Elemento subjetivo do crime

É o dolo (ver capítulo XIV da Parte Geral).

Elemento subjetivo do tipo específico

É finalidade de obter vantagem econômica (ver Parte Geral, capítulo XIII, item 2.1).

Classificação

Comum; formal; de forma livre; comissivo; instantâneo; unissubjetivo; plurissubsistente. Sobre a classificação dos crimes, ver capítulo XII, item 4, da Parte Geral.

Tentativa

É admissível.

Momento consumativo

Quando se promove a entrada ou saída do nacional ou estrangeiro de um local ao outro.

Causa de aumento da pena

É mais grave a promoção ilegal da migração quando envolver violência, deduzindo-se ser o estrangeiro ou brasileiro conduzido à força para o território nacional ou para o exterior. Porém, é preciso atenção para não confundir esta forma de migração com o tráfico de pessoas, tipificado pelo art. 149-A do CP. A diferença entre o tipo do art. 232-A e o previsto pelo art. 149-A é a finalidade da transferência do indivíduo de um lugar para outro. Além disso, o art. 232-A pode trazer qualquer modo de violência, não somente voltado a quem se transfere de um lugar a outro, mas contra pessoas que controlam a entrada e a saída, condutores de veículos utilizados para isso e outros envolvidos no processo de migração. A segunda causa de aumento de pena cinge-se à submissão da vítima a ser transferida de um local a outro a condições degradantes ou desumanas. Isso envolve, por exemplo, caminhões ou veículos lotados de pessoas, sem suficiente ar, alimentação, água etc. Pode abranger extensas caminhadas, passando frio ou calor, fome ou sede, bem como longo tempo de espera em lugares insalubres. Nesse enfoque, os elementos normativos *desumana* e *degradante* comportam vasta interpretação. O aumento é de um sexto a um terço, devendo ser calibrado de acordo com a gravidade da violência ou com a intensidade e duração das condições desumanas ou degradantes.

Sistema da acumulação material

O § 3.º do art. 232-A estipula que "a pena prevista para o crime será aplicada sem prejuízo das correspondentes às infrações conexas". As infrações conexas são as ligadas aos crimes decorrentes do uso de violência, bem como aos fatores de submissão das pessoas a condições desumanas e degradantes.

Capítulo VI
Do Ultraje Público ao Pudor

Ato obsceno

Art. 233

Sujeito ativo

Qualquer pessoa (ver Parte Geral, capítulo XII, item 3.1).

Sujeito passivo

É a coletividade (ver Parte Geral, capítulo XII, item 3.2).

Objeto jurídico

É a moralidade pública, com conotação sexual (ver Parte Geral, capítulo XII, item 3.3, "b").

Objeto material

É a pessoa que presencia o ato (ver Parte Geral, capítulo XII, item 3.3, "a").

Elementos objetivos do tipo

Praticar (executar, levar a efeito ou realizar, implicando em movimentação do corpo humano e não simplesmente em palavras) ato obsceno em lugar público (é o local de aberta frequência das pessoas, como ruas, praias, avenidas, entre outros), ou aberto ou exposto ao público (é o que tem entrada controlada, mas admite uma variada gama de frequentadores, como os parques, cinemas, teatros, dentre outros). A conceituação de *ato obsceno* envolve, nitidamente, uma valoração cultural, demonstrando tratar-se de elemento normativo do tipo penal. *Obsceno* é o que fere o pudor ou a vergonha (sentimento de humilhação gerado pela conduta indecorosa), tendo sentido sexual. Trata-se de conceito mutável com o passar do tempo e deveras variável, conforme a localidade. Cremos ser, diante do que a mídia divulga todos os dias em todos os lugares, conduta de difícil configuração, atualmente. Ainda assim, o movimento corpóreo voluntário (ato) que tenha por fim ofender o sentimento de recato, resguardo ou honestidade sexual de outrem pode ser classificado como *obsceno*. Ex.: a pessoa que mostra o seu órgão sexual em público para chocar e ferir o decoro de quem presencia a cena. A pena é de detenção, de três meses a um ano, ou multa. Conferir o capítulo XIII, item 2.1, da Parte Geral.

Elemento subjetivo do crime

É o dolo (ver o capítulo XIV da Parte Geral).

Elemento subjetivo do tipo específico

É a vontade particular de ofender o pudor alheio (ver Parte Geral, capítulo XIII, item 2.1).

Classificação

Comum; formal; de forma livre; comissivo; instantâneo; unissubjetivo; unissubsistente ou plurissubsistente, conforme o caso. Sobre a classificação dos crimes, ver o capítulo XII, item 4, da Parte Geral.

Tentativa

É admissível na forma plurissubsistente.

Momento consumativo

Quando a obscenidade praticada, em lugar aberto ou exposto ao público, for presenciada por terceiros.

⚑ PONTO RELEVANTE PARA DEBATE

A publicidade como elemento fundamental para a configuração da figura típica

A *publicidade* é essencial à figura típica, ou seja, se o agente pratica o ato obsceno em *lugar* público, pela sua natureza, mas completamente longe das vistas de qualquer pessoa, é crime impossível. Não tem cabimento punir-se o agente que fica nu no meio de um estádio de futebol vazio, durante a madrugada, sem que ninguém tenha visto o seu ato. Ou punir-se aquele que resolve urinar no meio de uma rua deserta, ainda que exibindo, ostensivamente, seu órgão sexual. O objeto jurídico protegido é a moralidade pública, exigindo-se potencialidade lesiva nessa conduta, pois, do contrário, trata-se de objeto absolutamente impróprio (art. 17, CP).

Escrito ou objeto obsceno
Art. 234

Sujeito ativo

Qualquer pessoa (ver Parte Geral, capítulo XII, item 3.1).

Sujeito passivo

É a coletividade (ver Parte Geral, capítulo XII, item 3.2).

Objeto jurídico

É a moralidade pública, com conotação sexual (ver Parte Geral, capítulo XII, item 3.3, "b"). Sustentamos a inaplicabilidade deste tipo penal por inconstitucionalidade. Ver o *ponto relevante para debate,* ao final.

Objeto material

É o escrito, desenho, pintura, estampa ou qualquer objeto obsceno (ver Parte Geral, capítulo XII, item 3.3, "a").

Elementos objetivos do tipo

Fazer (dar existência ou construir), *importar* (fazer ingressar no País vindo do estrangeiro), *exportar* (fazer sair do País com destino ao exterior), *adquirir* (obter ou comprar) e *ter sob sua guarda* (possuir sob sua vigilância e cuidado) são as condutas possíveis. O objeto é algo visível, considerado obsceno. Pode ser escrito (material representado por letras), desenho (representação de formas em escrita, evidenciando uma ilustração concreta ou abstrata), pintura (aplicação de tintas em uma superfície para expressar formas ou figuras, trazendo a lume uma ilustração concreta ou abstrata), estampa (ilustração impressa) ou qualquer outro objeto. Trata-se de tipo misto alternativo: a prática de uma ou mais condutas implica na realização de um só delito. A pena é de detenção, de seis meses a dois anos, ou multa (*caput*). No parágrafo único, outras figuras típicas existem:

a) *vender* (alienar por determinado preço), *distribuir* (espalhar para diferentes partes), *expor à venda ou ao público* (mostrar ou colocar a descoberto com a finalidade de vender) qualquer dos objetos referidos no artigo (inciso I);

b) *realizar* (pôr em prática ou criar), em lugar público ou acessível ao público, representação teatral, ou exibição cinematográfica de caráter obsceno, ou qualquer outro espetáculo que tenha o mesmo caráter (inciso II);

c) *realizar* (pôr em prática ou criar), em lugar público ou acessível ao público, ou pelo rádio, audição ou recitação de caráter obsceno (inciso III). Conferir o capítulo XIII, item 2.1, da Parte Geral.

Elemento subjetivo do crime

É o dolo (ver o capítulo XIV da Parte Geral).

Elemento subjetivo do tipo específico

É a vontade de comercializar, distribuir ou expor algo que possa ofender a moralidade pública no campo sexual (ver Parte Geral, capítulo XIII, item 2.1).

Classificação

Comum; formal; de forma livre; comissivo; instantâneo (permanente, na modalidade *ter sob sua guarda*; na forma *expor à venda* do inciso I do parágrafo único; na espécie *realizar* das figuras dos incisos II e III do parágrafo único); unissubjetivo; plurissubsistente. Sobre a classificação dos crimes, ver o capítulo XII, item 4, da Parte Geral.

Tentativa

É admissível.

Momento consumativo

Quando os escritos ou objetos obscenos forem, conforme as condutas previstas no tipo, expostos ao público.

> **PONTO RELEVANTE PARA DEBATE**
>
> **A inconstitucionalidade do art. 234 do Código Penal**
>
> O disposto no referido art. 234 do Código Penal, cuidando do crime de *escrito ou objeto obsceno*, parece-nos inconstitucional. Não ofende, apenas, o princípio da legalidade, por via de seu corolário, a taxatividade, diante da falta de clara definição acerca do que vem a ser algo *obsceno* (elemento normativo do tipo de vagueza nítida). Fere, sobretudo, outras normas e princípios constitucionais, como a liberdade de expressão, especialmente no formato artístico, bem como a liberdade de comunicação social, sem qualquer tipo de censura. Para conferir: "É livre a manifestação do pensamento, sendo vedado o anonimato" (art. 5.º, IV, CF); "é livre a expressão da atividade intelectual, artística, científica e de comunicação, independentemente de censura ou licença" (art. 5.º, IX, CF); "a manifestação do pensamento, a criação, a expressão e a informação, sob qualquer forma, processo ou veículo não sofrerão qualquer restrição, observado o disposto nesta Constituição" (art. 220, *caput*, CF); "é vedada toda e qualquer censura de natureza política, ideológica e artística" (art. 220, § 2.º, CF). Em suma, a Constituição Federal em ponto algum proíbe e nem mesmo menciona a *obscenidade*, mormente a que estiver voltada a aspectos de manifestação artística.

Capítulo VII
Disposições Gerais

Aumento de pena

Art. 234-A

A todos os delitos previstos no Título VI, a pena será aumentada:

a) de metade a dois terços, se do crime resulta gravidez;

b) de um a dois terços, se o agente transmite à vítima doença sexualmente transmissível de que sabe ou deveria saber ser portador, ou se a vítima é idosa ou a pessoa com deficiência.

Particularidades

a) quanto ao aumento de pena por conta da gravidez, preocupa-se o legislador, basicamente, com o delito de estupro, passível de gerar a concepção. A elevação da sanção penal tem por fim desestimular a ejaculação sem preservativo, com o risco de gravidez e, a partir disso, ocorrer um eventual aborto (art. 128, II, CP). Entretanto, se houver casamento entre o agente e a vítima, a causa de aumento torna-se desnecessária, embora a lei a tenha criado com o caráter de obrigatoriedade. Deveria ser facultativa, aplicando-se quando imprescindível e dependendo do cenário encontrado.

A elevação da pena era fixa (metade), a partir da edição da Lei 13.718/2018, estabeleceu-se um aumento variável de metade a dois terços. Ponderando-se haver a gradação do aumento, deve-se considerar a espécie do delito para optar pelo aumento maior ou menor. Havendo violência ou grave ameaça, indica-se a elevação de dois terços. Afora esse cenário, um aumento menor.

b) A transmissão de doença é outra preocupação legítima, dando ensejo ao aumento da pena. Volta-se, mais uma vez, a contatos sexuais intensos, como no caso do estupro. Lembremos que, no caso do vírus da AIDS, prevalece o entendimento de se configurar a lesão corporal gravíssima (gerar doença incurável). No entanto, havendo crime sexual, aplica-se a causa de aumento, que absorve a lesão gravíssima.

Outro ponto consiste na utilização das expressões de que sabe (dolo direto) ou deve saber (dolo eventual), não se devendo interpretar qualquer incidência da figura culposa nesse contexto (ver os comentários ao art. 130 do CP).

A Lei 13.718/2018 alterou essa causa de aumento em dois pontos: a) inseriu uma elevação variável mais acentuada (de um terço a dois terços, dependendo do tipo de enfermidade transmitida – curável a incurável); b) incluiu a vítima idosa ou pessoa com deficiência. Seja pela maior facilidade de atingir tais vítimas, seja por um impulso sexual pervertido, o agente tem buscado violações sexuais nesse cenário.

> ### ⚡ PONTO RELEVANTE PARA DEBATE
>
> | Mulher estupra homem e engravida: aplicabilidade da causa de aumento
>
> Por certo, o legislador, ao lançar a novidade da causa de aumento, prevista no art. 234-A, III, do Código Penal, pensou na situação mais provável de ser o homem o sujeito ativo do estupro (ou outra violência sexual), contando com a mulher como sujeito passivo. Nesse cenário, havendo a gravidez indesejada, proveniente de um crime, o trauma para a vítima seria muito superior, podendo acabar na prática do aborto (art. 128, II, CP). Entretanto, é viável, nos termos da atual redação do art. 213 deste Código, seja agente do delito a mulher, tendo por vítima o homem (as circunstâncias em que isso pode ocorrer não vêm ao caso). Se tal situação concretizar-se, havendo gravidez, aplicar-se-ia a causa de aumento do art. 234-A, III, do CP? Depende do ponto de vista adotado. Focando-se a circunstância de elevação da pena sob a ótica de maior proteção à mulher, que haveria de conviver com gestação indesejada, seria inaplicável, afinal, ela mesma engravidou, colocando-se em risco porque quis. Por vezes, ela pode pretender a gravidez, para obter um filho da vítima (questões de herança, pensão etc.). Entretanto, observando-se a mesma situação, sob o enfoque da gravidez, constitutiva de ser humano, a vir ao mundo motivado pela prática de um delito, trazendo consigo inúmeros problemas a serem deslindados entre os pais, pensamos deva ser aplicada a causa de aumento. Desse modo, cremos deva prevalecer o segundo ponto de vista, pois gravidez não pode ser fruto da leviandade de homem e mulher, motivo pelo qual a agente do estupro deve responder mais gravemente pelo que produziu. Sob o enfoque civil, o filho não tem culpa do que houve entre seus pais; assim sendo, terá direito à pensão alimentícia e à herança.

Sigilo processual
(rubrica inserida pelo autor)

Art. 234-B

Os processos envolvendo os crimes sexuais (Título VI) devem correr em segredo de justiça. Acompanha-se, assim, a tendência natural de se resguardar a dignidade do agente (presumido inocente até a condenação definitiva) e da vítima. Somente o juiz, o órgão acusatório e a defesa terão acesso aos autos. O segredo de justiça deve imperar desde a fase do inquérito policial, embora o art. 234-B refira-se somente aos *processos*. Trata-se de consequência lógica da ideia de resguardar as informações sobre o delito sexual ocorrido.

Publicidade e monitoramento

Art. 234-B, §§ 1.º a 3.º

A introdução do § 1.º ao art. 234-B passa a permitir o acesso público aos dados do réu, no processo, a partir da condenação em primeira instância, pelos delitos dos arts. 213, 216-B, 217-A, 218-B, 227, 228, 229 e 230 do Código Penal. Não se compreende a equiparação, para fins de divulgação a público, de estupro (arts. 213 e 217-A) e registro não autorizado da intimidade sexual (art. 216-B). Enquanto o primeiro é hediondo, o segundo é infração de menor potencial ofensivo. Há uma diferença considerável. Além disso, são incluídas as infrações penais dos arts. 227 a 230 que não se ligam a estupro ou qualquer outra forma de violência sexual, pois se referem a prostituição e exploração sexual.

Ressalte-se que, na conjuntura da prostituição, o profissionalismo, quando exercido de modo individual, é fato atípico e, em nosso entendimento, lícito. As formas não violentas de apoio à prostituição deveriam ser descriminalizadas, conforme expomos ao comentar esses delitos. Acompanhando esses argumentos, acrescente-se a raridade de processos criminais cuidando das condutas descritas nos arts. 227 a 230 do Código Penal. Mais importante, em princípio, para a tutela de vulneráveis teria sido a inclusão dos arts. 218 (corrupção de menores), 218-A (satisfação de lascívia mediante presença de criança ou adolescente) e 218-C (divulgação de cena de estupro ou de cena de estupro de vulnerável, de cena de sexo ou de pornografia). O único a envolver menor de 18 anos, que constou da relação do § 1.º mencionado, é o art. 218-B (favorecimento da prostituição ou de outra forma de exploração sexual de criança ou adolescente ou de vulnerável).

Quanto ao acesso público aos processos, após a condenação de primeiro grau, cremos ofender o princípio constitucional da presunção de inocência (art. 5.º, LVII, CF – ninguém será considerado culpado até o trânsito em julgado de sentença penal condenatória). É preciso destacar que o dano gerado em decorrência do acesso público e posterior absolvição do acusado pode ser irreparável, afinal, se uma informação dessa for lançada na internet, por exemplo, o registro pode ser definitivo, quase impossível de ser apagado. Na parte final do § 1.º, permite-se que o magistrado mantenha o sigilo, após a condenação de primeiro grau, o que, na realidade, deveria ser a regra e não a exceção.

O disposto no § 2.º confirma a viabilidade de haver a absolvição do réu em outras instâncias, quando, então, seria novamente prevalente o sigilo. Trata-se de uma confirmação de que é temerário liberar o acesso público ao processo, após a condenação de primeira instância, pois não se trata de decisão definitiva, visto estar sujeita a recurso.

Finalmente, o § 3.º estabelece o monitoramento eletrônico após a condenação em primeiro grau, situação que nos parece admissível, pois se cuida de medida cautelar, perfeitamente aplicável a várias hipóteses, conforme previsão feita pelo art. 319 do Código de Processo Penal (inciso IX). Em vez de tornar público o processo de sentenciados, torna-se mais efetiva e sigilosa a imposição de monitoração eletrônica.

Art. 234-C

(*Vetado.*)

O legislador havia definido o conteúdo da expressão "exploração sexual" da seguinte forma: "Para os fins deste Título, ocorre exploração sexual sempre que alguém for vítima dos crimes nele tipificados". Criava-se um conceito delimitado, esvaziando a referida expressão como elemento normativo do tipo, que comporta interpretação mais abrangente. Passa-se, agora, a um conceito aberto, a ser formado com o tempo, diante das manifestações doutrinárias e jurisprudenciais.

Título VII
Dos Crimes contra a Família

Título VII

Dos Crimes contra a Família

Capítulo I
Dos Crimes contra o Casamento

Acesse e escute o podcast sobre Crimes contra o casamento.
> http://uqr.to/1yoj7

Bigamia

Art. 235

Sujeito ativo

Somente pessoa casada (ver Parte Geral, capítulo XII, item 3.1).

Sujeito passivo

É, primordialmente, o Estado. Secundariamente, pode-se incluir o cônjuge do primeiro casamento. Em terceiro plano, é viável falar-se também do segundo cônjuge, desde que não saiba que se casou com pessoa impedida (ver Parte Geral, capítulo XII, item 3.2).

Objeto jurídico

É a preservação do casamento monogâmico (ver Parte Geral, capítulo XII, item 3.3, "b").

Objeto material

É o casamento (ver Parte Geral, capítulo XII, item 3.3, "a").

Elementos objetivos do tipo

Contrair casamento significa ajustar a união entre duas pessoas de sexos diferentes, devidamente habilitadas e legitimadas pela lei civil, tendo por finalidade a constituição de uma família. O matrimônio, atualmente, não é a única forma de se constituir uma família, embora continue sendo uma das principais vias. A Constituição Federal reconhece a união estável como entidade familiar, *para efeito de proteção do Estado*, o que não significa que se formem, a partir daí, os laços matrimoniais (art. 226, § 3.º, CF). Portanto, o crime de bigamia somente se dá quando o agente, já sendo casado, contrai novo *casamento*, não sendo suficiente a união estável. Bigamia é a situação da pessoa que possui dois cônjuges. Entretanto, no contexto dos crimes contra o casamento, quer espelhar a hipótese do sujeito que se casa mais de uma vez, não importando quantas. Assim, quem se casa por quatro vezes, por exemplo, é considerado bígamo, embora seja autêntico polígamo (cuida-se de interpretação extensiva do termo *bigamia*). Sob outro aspecto, atualmente, há Estados brasileiros que permitem a *celebração formal* do casamento entre duas pessoas do mesmo sexo. Logo, se uma delas se casar novamente (antes de desfazer o primeiro matrimônio), pode cometer o crime de bigamia, cujo foco é o *casamento duplo* (ou mais que dois). A pena é de reclusão, de dois a seis anos. Por outro lado, aquele que, não sendo casado, contrai matrimônio com pessoa casada, tendo conhecimento disso, é punido com reclusão ou detenção, de um a três anos. Trata-se de exceção pluralística à teoria monística do concurso de pessoas, ou seja, o legislador pretende punir com menor rigor o solteiro que se casa com pessoa casada. Se não tivesse feito a previsão do § 1.º, incidiria a regra do art. 29 e a pena seria a mesma do *caput*. Conferir o capítulo XIII, item 2.1, da Parte Geral.

Elemento subjetivo do crime

É o dolo. No caso da figura prevista no § 1.º, exige-se dolo direto ("conhecendo essa circunstância") (ver o capítulo XIV da Parte Geral).

Elemento subjetivo do tipo específico

Não há (ver Parte Geral, capítulo XIII, item 2.1).

Classificação

Próprio; material; de forma vinculada; comissivo; instantâneo de efeitos permanentes; plurissubjetivo; plurissubsistente. Sobre a classificação dos crimes, ver o capítulo XII, item 4, da Parte Geral.

Tentativa

É admissível, embora de difícil configuração. Para a celebração oficial do casamento, há uma série de requisitos e formalidades; assim, durante o transcurso de tais formalidades, antes da finalização, com a inscrição no livro próprio, é viável a interrupção dos atos, por circunstâncias alheias à vontade do(s) agente(s). No mesmo prisma: Antolisei, *Manuale di diritto penale. Parte speciale*, I, p. 469.

Particularidades

Há causa específica de exclusão da tipicidade prevista no § 2.º. Se o primeiro casamento, existente à época do crime, for posteriormente anulado, torna-se atípica a conduta do agente, que passará a manter casamento com uma só pessoa. A declaração de nulidade do primeiro casamento provoca efeito *ex tunc*, demonstrando que o agente não se casou, sendo casado. Logo, bigamia não houve.

O termo inicial da prescrição não ocorre com a consumação, mas na data em que o fato se tornou conhecido (art. 111, IV, CP). O conhecimento não precisa ser oficial, ou seja, em registro de ocorrência policial; basta que se prove tenha a comunidade, onde vive o bígamo, ciência da sua situação, mantendo dois (ou mais) casamentos ao mesmo tempo. Afinal, nessa situação, presume-se tenha a autoridade conhecimento do fato.

Momento consumativo

Quando o segundo casamento é oficialmente celebrado.

Induzimento a erro essencial e ocultação de impedimento

Art. 236

Sujeito ativo

Qualquer pessoa que se case induzindo outra em erro ou ocultando-lhe impedimento (ver Parte Geral, capítulo XII, item 3.1).

Sujeito passivo

É, primordialmente, o Estado. Secundariamente, pode-se incluir a pessoa ludibriada (ver Parte Geral, capítulo XII, item 3.2).

Objeto jurídico

É o interesse estatal na regularidade dos casamentos celebrados (ver Parte Geral, capítulo XII, item 3.3, "b").

Objeto material

É o casamento (ver Parte Geral, capítulo XII, item 3.3, "a").

Elementos objetivos do tipo

Contrair casamento significa, como já visto em comentário ao crime de bigamia, ajustar a união entre duas pessoas de sexos diferentes, devidamente habilitadas e legitimadas pela lei civil, tendo por finalidade a constituição de uma família. Neste caso, acrescentam-se as condutas de *induzir* (inspirar ou incutir) em erro e *ocultar* (esconder) impedimento. Portanto, há duas situações possíveis:

a) contrair casamento levando outra pessoa a incidir em engano fundamental. Os erros essenciais estão enumerados no art. 1.557 do Código Civil;

b) contrair casamento escondendo impedimento matrimonial. Os impedimentos estão no art. 1.521 do Código Civil. A pena é de detenção, de seis meses a dois anos. Conferir o capítulo XIII, item 2.1, da Parte Geral.

Elemento subjetivo do crime

É o dolo (ver o capítulo XIV da Parte Geral).

Elemento subjetivo do tipo específico

Não há (ver Parte Geral, capítulo XIII, item 2.1).

Classificação

Próprio; formal; de forma vinculada; comissivo; instantâneo de efeitos permanentes; plurissubjetivo; plurissubsistente. Sobre a classificação dos crimes, ver o capítulo XII, item 4, da Parte Geral.

Tentativa

Não é admissível, por ser crime condicionado, conforme abaixo exposto.

Particularidades

a) há condição objetiva de punibilidade, igualmente considerada condição de procedibilidade nesse caso. Criou o legislador uma condição para haver a punição do agente: ser o casamento anulado efetivamente. Assim, ainda que tenha sido enganado, pode ser que o agente permaneça casado, como no caso da pessoa que se casa com moça que possui defeito físico irremediável. Logo, não há punição alguma para o agente. Apesar de configurado o delito, não há punibilidade. Essa condição objetiva, que não depende do dolo do agente, é também condição de procedibilidade para o ingresso da queixa-crime. No sentido de ser condição objetiva de punibilidade: Guilherme Calmon Nogueira da Gama, *A família no Direito Penal*, p. 158; Magalhães Noronha, *Direito Penal*, v. 3, p. 303; Antolisei, *Manuale di diritto penale. Parte speciale*, I, p. 474. Considerando condição de procedibilidade: Damásio E. de Jesus, *Código Penal anotado*, p. 734;

b) a ação penal é privada personalíssima e somente pode ser intentada pelo cônjuge que se sente enganado (parágrafo único).

Momento consumativo

Quando o casamento é oficialmente celebrado.

Conhecimento prévio de impedimento

Art. 237

Sujeito ativo

Qualquer pessoa que se case impedida pela lei civil (ver Parte Geral, capítulo XII, item 3.1).

Sujeito passivo

É, primordialmente, o Estado. Secundariamente, pode-se incluir o cônjuge que não conhecia o impedimento (ver Parte Geral, capítulo XII, item 3.2).

Objeto jurídico

É o interesse estatal na regularidade dos casamentos celebrados (ver Parte Geral, capítulo XII, item 3.3, "b").

Objeto material

É o casamento (ver Parte Geral, capítulo XII, item 3.3, "a").

Elementos objetivos do tipo

Contrair casamento significa, como já visto em comentário ao crime de bigamia, ajustar a união entre duas pessoas de sexos diferentes, devidamente habilitadas e legitimadas pela lei civil, tendo por finalidade a constituição de uma família. Esta hipótese pune o agente que se casa *ciente* do impedimento matrimonial, causador de nulidade absoluta (art. 1.521, I a VII, c/c o art. 1.548, II, CC). A pena é de detenção, de três meses a um ano. Conferir o capítulo XIII, item 2.1, da Parte Geral.

Elemento subjetivo do crime

É o dolo. Exige-se a forma direta ("conhecendo a existência de impedimento") (ver o capítulo XIV da Parte Geral).

Elemento subjetivo do tipo específico

Não há (ver Parte Geral, capítulo XIII, item 2.1).

Classificação

Próprio; formal; de forma vinculada; comissivo; instantâneo de efeitos permanentes; plurissubjetivo; plurissubsistente. Sobre a classificação dos crimes, ver o capítulo XII, item 4, da Parte Geral.

Tentativa

É admissível.

Momento consumativo

Quando o casamento é oficialmente celebrado.

Simulação de autoridade para celebração de casamento

Art. 238

Sujeito ativo

Qualquer pessoa (ver Parte Geral, capítulo XII, item 3.1).

Sujeito passivo

É, primordialmente, o Estado. Secundariamente, os nubentes ludibriados (ver Parte Geral, capítulo XII, item 3.2).

Objeto jurídico

É o interesse estatal na regularidade dos casamentos celebrados (ver Parte Geral, capítulo XII, item 3.3, "b").

Objeto material

É o casamento (ver Parte Geral, capítulo XII, item 3.3, "a").

Elementos objetivos do tipo

Atribuir-se significa imputar-se ou dar a si mesmo alguma qualidade. O agente proclama-se autoridade (juiz de paz) para celebração de casamento. A pena é de detenção, de um a três anos, se o fato não constitui crime mais grave. Conferir o capítulo XIII, item 2.1, da Parte Geral.

Elemento subjetivo do crime

É o dolo (ver o capítulo XIV da Parte Geral).

Elemento subjetivo do tipo específico

Não há (ver Parte Geral, capítulo XIII, item 2.1).

Classificação

Comum; formal; de forma livre; comissivo; instantâneo; unissubjetivo; plurissubsistente. Sobre a classificação dos crimes, ver o capítulo XII, item 4, da Parte Geral.

Tentativa

É admissível.

Momento consumativo

Quando o agente se proclama autoridade para a celebração do casamento, mas independentemente da sua ocorrência.

Particularidade

O delito é expressamente subsidiário, isto é, somente se usa o art. 238 caso outro tipo mais grave não seja cometido (ex.: usurpação de função pública – art. 328, parágrafo único, do CP).

Simulação de casamento

Art. 239

Sujeito ativo

Qualquer pessoa (ver Parte Geral, capítulo XII, item 3.1).

Sujeito passivo

É, primordialmente, o Estado. Secundariamente, o sujeito enganado (ver Parte Geral, capítulo XII, item 3.2).

Objeto jurídico

É o interesse estatal na regularidade dos casamentos celebrados (ver Parte Geral, capítulo XII, item 3.3, "b").

Objeto material

É o casamento simulado (ver Parte Geral, capítulo XII, item 3.3, "a").

Elementos objetivos do tipo

Simular (fingir, disfarçar ou aparentar aquilo que não é) casamento, mediante engano de terceiro. A pena é de detenção, de um a três anos, se o fato não constitui elemento de crime mais grave. Conferir o capítulo XIII, item 2.1, da Parte Geral.

Elemento subjetivo do crime

É o dolo (ver o capítulo XIV da Parte Geral).

Elemento subjetivo do tipo específico

Não há (ver Parte Geral, capítulo XIII, item 2.1).

Classificação

Comum; formal; de forma vinculada; comissivo; instantâneo; unissubjetivo; plurissubsistente. Sobre a classificação dos crimes, ver o capítulo XII, item 4, da Parte Geral.

Tentativa

É admissível.

Momento consumativo

Quando ocorre a celebração simulada.

Particularidade

O delito é expressamente subsidiário, isto é, somente se usa o art. 239 caso outro tipo mais grave não seja cometido (ex.: violação sexual mediante fraude, art. 215 do CP).

Adultério

Art. 240

Artigo revogado pela Lei 11.106/2005.

Capítulo II
Dos Crimes contra o Estado de Filiação

Registro de nascimento inexistente

Art. 241

Sujeito ativo

Qualquer pessoa (ver Parte Geral, capítulo XII, item 3.1).

Sujeito passivo

É o Estado. Secundariamente, a pessoa prejudicada pelo registro inexistente (ver Parte Geral, capítulo XII, item 3.2).

Objeto jurídico

É o estado de filiação (ver Parte Geral, capítulo XII, item 3.3, "b").

Objeto material

É o registro civil realizado (ver Parte Geral, capítulo XII, item 3.3, "a").

Elementos objetivos do tipo

Promover significa gerar ou dar origem. O objeto é a inscrição no registro civil de nascimento não ocorrido. A pena é de reclusão, de dois a seis anos. Conferir o capítulo XIII, item 2.1, da Parte Geral.

Elemento subjetivo do crime

É o dolo (ver o capítulo XIV da Parte Geral).

Elemento subjetivo do tipo específico

Não há (ver Parte Geral, capítulo XIII, item 2.1).

Classificação

Comum; formal; de forma livre; comissivo; instantâneo; unissubjetivo; plurissubsistente. Sobre a classificação dos crimes, ver o capítulo XII, item 4, da Parte Geral.

Tentativa

É admissível.

Momento consumativo

Quando a inscrição realizar-se.

Particularidade

A prescrição somente começa a correr após o fato ter-se tornado conhecido (art. 111, IV, CP).

Parto suposto. Supressão ou alteração de direito inerente ao estado civil de recém-nascido

Art. 242

Sujeito ativo

a) só a mulher na primeira figura;
b) qualquer pessoa nas outras (ver Parte Geral, capítulo XII, item 3.1).

Sujeito passivo

É o Estado. Secundariamente, a pessoa prejudicada pela situação irregular criada (ver Parte Geral, capítulo XII, item 3.2).

Objeto jurídico

É o estado de filiação (ver Parte Geral, capítulo XII, item 3.3, "b").

Objeto material

Pode ser o recém-nascido ou o registro realizado (ver Parte Geral, capítulo XII, item 3.3, "a").

Elementos objetivos do tipo

Dar, neste tipo, tem o sentido de considerar ou atribuir; *registrar* quer dizer lançar em livro ou consignar; *ocultar* é encobrir ou esconder; *substituir* quer dizer tomar o lugar de algo ou alguém; *suprimir* significa eliminar ou fazer desaparecer; *alterar* é modificar ou transformar. O objeto protegido é o estado de filiação. Trata-se de *tipo misto cumulativo e alternativo*. São previstas três condutas diferenciadas, embora, entre elas, exista alternatividade:

a) dar parto alheio como próprio;

b) registrar como seu o filho de outrem;

c) ocultar *ou* substituir recém-nascido. Em todas incide, ainda, a consequência de suprimir ou alterar direito inerente ao estado civil. Assim, caso o agente pratique as três, responderá por três delitos. Somente no caso da última é que pode praticar uma ou as duas e cometerá um só crime (ocultar ou substituir). A pena é de reclusão, de dois a seis anos. Conferir o capítulo XIII, item 2.1, da Parte Geral.

Elemento subjetivo do crime

É o dolo (ver o capítulo XIV da Parte Geral).

Elemento subjetivo do tipo específico

É a vontade de suprimir ou alterar estado civil, implícita no tipo (ver Parte Geral, capítulo XIII, item 2.1).

Classificação

Próprio (primeira figura) ou comum (nas demais); material; de forma livre; comissivo; instantâneo (na modalidade *ocultar* é permanente); unissubjetivo; plurissubsistente. Sobre a classificação dos crimes, ver o capítulo XII, item 4, da Parte Geral.

Tentativa

É admissível.

Momento consumativo

Quando qualquer das condutas for praticada, alterando o estado de filiação.

Figura privilegiada ou perdão judicial

Praticando qualquer das condutas típicas por *motivo de reconhecida nobreza*, isto é, se a razão que levou o agente a assim agir for nitidamente elevada ou superior, pode o juiz julgar extinta a punibilidade. Nem sempre o criminoso tem má intenção, podendo querer salvar da miséria um recém-nascido, cuja mãe reconhecidamente não o quer. Assim, termina registrando, por exemplo, o filho de outra pessoa como se fosse seu.

Eventualmente, não sendo o caso de aplicar o perdão, porque o magistrado detectou outras condições pessoais desfavoráveis (ex.: maus antecedentes, reincidência, péssima conduta social), incide, então, a figura privilegiada, aplicando-se pena bem menor do que a prevista no *caput*. Lembremos que há duas opções fixadas pelo legislador ao juiz, quando houver motivo de reconhecida nobreza: aplicar o privilégio (pena de detenção, de um a dois anos) ou o perdão judicial (extinção da punibilidade), razão pela qual pode ele valer-se dos fatores pessoais do agente para essa avaliação.

Particularidade

O prazo prescricional começa a correr quando o fato se tornar conhecido da autoridade pública (art. 111, IV, CP). Esse conhecimento pode ser presumido, vale dizer, quando o fato se torna notório na comunidade onde vive o bígamo.

Sonegação de estado de filiação

Art. 243

Sujeito ativo

Qualquer pessoa (ver Parte Geral, capítulo XII, item 3.1).

Sujeito passivo

É o Estado. Secundariamente, a pessoa prejudicada pela situação irregular criada (ver Parte Geral, capítulo XII, item 3.2).

Objeto jurídico

É o estado de filiação (ver Parte Geral, capítulo XII, item 3.3, "b").

Objeto material

É a criança abandonada (ver Parte Geral, capítulo XII, item 3.3, "a").

Elementos objetivos do tipo

Deixar (largar ou abandonar) em asilo de expostos (orfanatos), ou outra instituição de assistência, filho próprio ou alheio, *ocultando-lhe* (escondendo) a filiação ou *atribuindo-lhe* (imputando ou conferindo) outra, com o fim de prejudicar direito inerente ao estado civil. A pena é de reclusão, de um a cinco anos, e multa. Conferir o capítulo XIII, item 2.1, da Parte Geral.

Elemento subjetivo do crime

É o dolo (ver o capítulo XIV da Parte Geral).

Elemento subjetivo do tipo específico

É a vontade de prejudicar direito inerente ao estado civil (ver Parte Geral, capítulo XIII, item 2.1).

Classificação

Comum; formal; de forma livre; comissivo; instantâneo; unissubjetivo; plurissubsistente. Sobre a classificação dos crimes, ver o capítulo XII, item 4, da Parte Geral.

Tentativa

É admissível.

Momento consumativo

Quando ocorrer o abandono.

Capítulo III
Dos Crimes contra a Assistência Familiar

Abandono material

Art. 244

Sujeito ativo

Na primeira e na segunda figura, pode ser o cônjuge, o pai ou a mãe, o descendente ou o devedor da pensão; na terceira, pode ser o ascendente ou o descendente (ver Parte Geral, capítulo XII, item 3.1).

Sujeito passivo

Pode ser, na ordem inversa, o cônjuge, o filho, o ascendente ou o credor de alimentos (nas primeira e segunda figuras) ou o descendente ou ascendente (na terceira figura). Secundariamente, o Estado, interessado na proteção à família (ver Parte Geral, capítulo XII, item 3.2).

Objeto jurídico

É a proteção dispensada pelo Estado à família (ver Parte Geral, capítulo XII, item 3.3, "b").

Objeto material

É a renda, pensão ou outro auxílio (ver Parte Geral, capítulo XII, item 3.3, "a").

Elementos objetivos do tipo

Deixar de prover a subsistência (não mais dar sustento para assegurar a vida ou a saúde), sem justa causa, do cônjuge, ou de filho menor de 18 anos ou inapto para o trabalho, ou de ascendente inválido ou maior de 60 anos, não lhes *proporcionando recursos* (deixando de fornecer auxílio) ou *faltando ao pagamento* (deixar de remunerar) de pensão alimentícia judicialmente acordada, fixada ou majorada, bem como *deixar de socorrer* (abandonar a defesa ou proteção) descendente ou ascendente, gravemente enfermo, também sem justa causa. É mais um tipo *misto cumulativo e alternativo*, significando que a prática de mais de uma conduta implica na punição por mais de um delito, em concurso material. São, em verdade, três condutas típicas, duas delas alternativas:

a) deixar de prover à subsistência de cônjuge, filho ou ascendente, não lhes proporcionando recursos necessários. A conduta é mista, pois a simples falta de provisão não significa o desamparo, uma vez que podem as pessoas ter recursos para manter o sustento;

b) deixar de prover à subsistência de pessoa credora de alimentos, faltando ao pagamento de pensão alimentícia, desde que judicialmente acordada. Há uma presunção de que, se foi fixada pensão alimentícia, é porque a pessoa dela necessita, de modo que, não havendo o pagamento, há falta de provisão à subsistência;

c) deixar de socorrer parente enfermo. Assim, as duas primeiras condutas são alternativas, implicando num só delito. A terceira é autônoma; se praticada juntamente com uma das duas anteriores, provoca dupla punição. Para a configuração do crime, torna-se imprescindível que a vítima fique, realmente, ao desamparo, uma vez que, se a assistência for prestada por outro familiar ou amigo, não há preenchimento do tipo penal. A pena é de detenção, de um a quatro anos, e multa, de uma a dez vezes o maior salário mínimo vigente no país. Nas mesmas penas incorre quem, sendo solvente, frustra (engana) ou elide (suprime ou elimina) – que é o verbo ideal para a conduta típica –, de qualquer forma, inclusive por abandono injustificado de emprego ou função, o pagamento de pensão alimentícia judicialmente acordada, fixada ou majorada. Conferir o capítulo XIII, item 2.1, da Parte Geral. A pena é de detenção, de 1 a 4 anos, e multa, de uma a dez vezes maior que o salário mínimo vigente no País.

Elemento subjetivo do crime

É o dolo (ver o capítulo XIV da Parte Geral).

Elemento subjetivo do tipo específico

Não há (ver Parte Geral, capítulo XIII, item 2.1).

Classificação

Próprio; formal; de forma livre; omissivo; permanente; unissubjetivo; unissubsistente. Sobre a classificação dos crimes, ver o capítulo XII, item 4, da Parte Geral.

Tentativa

Não é admissível.

Momento consumativo

Quando ocorrer a omissão no amparo devido.

Entrega de filho menor a pessoa inidônea

Art. 245

Sujeito ativo

Os pais (ver Parte Geral, capítulo XII, item 3.1).

Sujeito passivo

É o filho menor de 18 anos (ver Parte Geral, capítulo XII, item 3.2).

Objeto jurídico

É a proteção dispensada aos menores de 18 anos (ver Parte Geral, capítulo XII, item 3.3, "b").

Objeto material

É o menor (ver Parte Geral, capítulo XII, item 3.3, "a").

Elementos objetivos do tipo

Entregar (passar algo ou alguém à posse de outrem) filho menor de 18 anos a pessoa em cuja companhia saiba ou deva saber que ficará em perigo moral (é o que não é detectado pelos sentidos, referindo-se às atividades comprometedoras da boa formação moral da pessoa humana, como permitir que o menor se envolva com prostituição ou atividades criminosas) ou material (quando se pode verificar sensitivamente, como permitir que o menor se envolva com atividades de extremo risco, comprometedoras de sua integridade física). A pena é de detenção, de um a dois anos. Conferir o capítulo XIII, item 2.1, da Parte Geral.

Elemento subjetivo do crime

É o dolo direto ("saiba") ou eventual ("deve saber") (ver o capítulo XIV da Parte Geral).

Elemento subjetivo do tipo específico

Não há, exceto no tocante ao ânimo de obtenção de lucro previsto nas figuras qualificadas (§§ 1.º e 2.º) (ver Parte Geral, capítulo XIII, item 2.1).

Classificação

Próprio (comum na figura qualificada do § 2.º); formal (material na figura qualificada referente à ida do menor para o exterior); de forma livre; comissivo; instantâneo; unissubjetivo; plurissubsistente. Sobre a classificação dos crimes, ver o capítulo XII, item 4, da Parte Geral.

Tentativa

É admissível.

Momento consumativo

Quando ocorrer a entrega do menor.

Figura qualificada

A pena será de reclusão, de um a quatro anos, se o agente praticar o delito para obtenção de lucro, ou se o menor for enviado para o exterior (§ 1.º), ou se alguém auxiliar a efetivação de ato destinado ao envio da vítima ao exterior, com a intenção de obter lucro (§ 2.º).

Abandono intelectual

Art. 246

Sujeito ativo

Os pais (ver Parte Geral, capítulo XII, item 3.1).

Sujeito passivo

É o filho em idade escolar (ver Parte Geral, capítulo XII, item 3.2).

Objeto jurídico

É a educação e a instrução dos menores de 14 anos, que o Estado tem o dever de preservar (ver Parte Geral, capítulo XII, item 3.3, "b").

Objeto material

É a instrução do menor (ver Parte Geral, capítulo XII, item 3.3, "a").

Elementos objetivos do tipo

Deixar de prover (não mais providenciar alguma coisa), sem justa causa, a instrução primária (é a referente ao 1.º grau, quando se alfabetiza uma pessoa, ensinando-lhe os conceitos básicos e fundamentais da sua formação educacional) do filho em idade escolar (é o período de vida que abrange a pessoa dos quatro aos dezessete anos completos). Dispõe a Constituição Federal ser dever do Estado promover o ensino fundamental, obrigatório e gratuito, para todos os que a ele não tiverem acesso na idade própria.

A educação básica deve ser proporcionada dos quatro aos dezessete anos. O acesso ao ensino obrigatório e gratuito constitui direito público subjetivo (art. 208, I, e § 1.º). Por outro lado, a Lei 9.394/1996 estabelece as diretrizes e bases da educação nacional. Em suma, considera-se a *idade escolar* dos quatro aos dezessete anos. A pena é de detenção, de quinze dias a um mês, ou multa. Conferir o capítulo XIII, item 2.1, da Parte Geral.

Elemento subjetivo do crime

É o dolo (ver o capítulo XIV da Parte Geral).

Elemento subjetivo do tipo específico

Não há (ver Parte Geral, capítulo XIII, item 2.1).

Classificação

Próprio; formal; de forma livre; omissivo; permanente; unissubjetivo; unissubsistente. Sobre a classificação dos crimes, ver o capítulo XII, item 4, da Parte Geral.

Tentativa

Não é admissível.

Momento consumativo

Quando passar a época de matrícula do menor em idade escolar.

Abandono moral

Art. 247

Sujeito ativo

O pai, a mãe ou qualquer outra pessoa que tenha poder sobre o menor, como o tutor ou o guardião (ver Parte Geral, capítulo XII, item 3.1).

Sujeito passivo

É o menor de 18 anos (ver Parte Geral, capítulo XII, item 3.2).

Objeto jurídico

É a educação moral do menor (ver Parte Geral, capítulo XII, item 3.3, "b").

Objeto material

O menor (ver Parte Geral, capítulo XII, item 3.3, "a").

Elementos objetivos do tipo

Permitir (dar liberdade ou licença), de forma expressa ou implícita, que o menor de 18 anos, sujeito ao seu poder ou confiado à sua guarda ou vigilância: a) *frequente* (visite reiteradamente) casa de jogo ou mal-afamada; b) *conviva* (viva em contato íntimo) com pessoa viciosa ou de má vida; c) *frequente* espetáculo ofensivo à moral; d) *participe* (tome parte) de representação dessa natureza; e) *resida* (more ou viva) ou *trabalhe* (ocupe-se de alguma atividade) em casa de prostituição; f) *mendigue* (peça esmola ou amparo) ou *sirva a mendigo* (trabalhe para pedinte). A pena é de detenção, de um a três meses, ou multa. Conferir o capítulo XIII, item 2.1, da Parte Geral.

Elemento subjetivo do crime

É o dolo (ver o capítulo XIV da Parte Geral).

Elemento subjetivo do tipo específico

Não há, exceto na figura do inciso IV ("para excitar a comiseração pública") (ver Parte Geral, capítulo XIII, item 2.1).

Classificação

Próprio; formal; de forma livre; comissivo; instantâneo; unissubjetivo; unissubsistente ou plurissubsistente, conforme o caso. Sobre a classificação dos crimes, ver o capítulo XII, item 4, da Parte Geral.

Tentativa

Não é admissível na forma unissubsistente.

Momento consumativo

Quando, após a permissão, ocorrer a frequência (conduta habitual), a residência, o trabalho ou a mendicância.

Capítulo IV

Dos Crimes contra o Pátrio Poder, Tutela ou Curatela

Induzimento a fuga, entrega arbitrária ou sonegação de incapazes

Art. 248

Sujeito ativo

Qualquer pessoa (ver Parte Geral, capítulo XII, item 3.1).

Sujeito passivo

É a pessoa que detém a guarda ou exerce autoridade sobre o menor ou interdito. Secundariamente, o menor de 18 anos ou interdito (ver Parte Geral, capítulo XII, item 3.2).

Objeto jurídico

É a proteção ao poder familiar, tutela ou curatela (ver Parte Geral, capítulo XII, item 3.3, "b").

Objeto material

É o menor de 18 anos ou interdito (ver Parte Geral, capítulo XII, item 3.3, "a").

Elementos objetivos do tipo

Induzir (dar a ideia ou inspirar) menor de 18 anos, ou interdito a *fugir* (escapar ou afastar-se) do lugar em que se acha por determinação de quem sobre ele tenha autoridade, em razão de lei ou de ordem judicial; *confiar* (entregar em confiança) menor de 18 anos ou interdito, sem ordem do pai, tutor ou curador, a outrem; *deixar de entregá-lo* (reter ou segurar) o menor ou interdito a quem de direito. Trata-se de tipo misto *cumulativo e alternativo*. A primeira conduta (induzir menor ou interdito a fugir) pode ser associada à segunda, que é alternativa (confiar a outrem *ou* deixar de entregá-lo), configurando dois delitos. A pena é de detenção, de um mês a um ano, ou multa. Conferir o capítulo XIII, item 2.1, da Parte Geral.

Elemento subjetivo do crime

É o dolo (ver o capítulo XIV da Parte Geral).

Elemento subjetivo do tipo específico

Não há (ver Parte Geral, capítulo XIII, item 2.1).

Classificação

Comum; formal; de forma livre; comissivo (nas formas "induzir" e "confiar") e omissivo (na forma "deixar de entregar"); instantâneo ("induzir" e "confiar") e permanente ("deixar de entregar"); unissubjetivo; unissubsistente (na forma omissiva) ou plurissubsistente (na forma comissiva). Sobre a classificação dos crimes, ver o capítulo XII, item 4, da Parte Geral.

Tentativa

Não é admissível na forma unissubsistente.

Momento consumativo

Quando ocorrer o induzimento, a entrega ou a recusa na entrega.

Subtração de incapazes

Art. 249

Sujeito ativo

Qualquer pessoa (ver Parte Geral, capítulo XII, item 3.1).

Sujeito passivo

É a pessoa que detém a guarda ou exerce autoridade sobre o menor ou interdito. Secundariamente, o menor de 18 anos ou interdito (ver Parte Geral, capítulo XII, item 3.2).

Objeto jurídico

É a proteção ao poder familiar, tutela ou curatela (ver Parte Geral, capítulo XII, item 3.3, "b").

Objeto material

É o menor de 18 anos ou interdito (ver Parte Geral, capítulo XII, item 3.3, "a").

Elementos objetivos do tipo

Subtrair (retirar, fazer escapar ou afastar) menor de 18 anos ou interdito ao poder de quem o tem sob sua guarda em virtude de lei ou de ordem judicial. A pena é de detenção, de dois meses a dois anos, se o fato não constitui elemento de outro crime. Conferir o capítulo XIII, item 2.1, da Parte Geral.

Elemento subjetivo do crime

É o dolo (ver o capítulo XIV da Parte Geral).

Elemento subjetivo do tipo específico

Não há (ver Parte Geral, capítulo XIII, item 2.1).

Classificação

Comum; formal; de forma livre; comissivo; instantâneo; unissubjetivo; plurissubsistente. Sobre a classificação dos crimes, ver o capítulo XII, item 4, da Parte Geral.

Tentativa

É admissível.

Momento consumativo

Quando ocorrer a subtração.

Particularidades

a) há norma específica esclarecendo que o fato de ser o agente genitor ou tutor do menor ou curador do interdito não o exime de pena, caso destituído ou temporariamente privado do poder familiar, tutela, curatela ou guarda (§ 1.º);

b) é delito subsidiário, ou seja, somente se pune o agente com base no art. 249, caso não se configure crime mais grave (ex.: extorsão mediante sequestro).

Perdão judicial

Se o menor ou interdito for restituído sem sofrer maus-tratos ou privações, o juiz pode deixar de aplicar a pena (§ 2.º).

Título VIII

Dos Crimes contra a Incolumidade Pública

Título VII

Dos Crimes contra a Incolumidade Pública

Capítulo I
Dos Crimes de Perigo Comum

Incêndio

Art. 250

Sujeito ativo

Qualquer pessoa (ver Parte Geral, capítulo XII, item 3.1).

Sujeito passivo

É a sociedade. Trata-se, pois, de crime vago. É certo que pessoas determinadas podem sofrer diretamente o perigo, embora não seja indispensável identificá-las para que o agente possa ser punido (ver Parte Geral, capítulo XII, item 3.2).

Objeto jurídico

É a incolumidade pública (ver Parte Geral, capítulo XII, item 3.3, "b").

Objeto material

É a substância ou objeto incendiado (ver Parte Geral, capítulo XII, item 3.3, "a").

Elementos objetivos do tipo

Causar significa provocar, dar origem ou produzir. O objeto da conduta é incêndio. Compõe-se com *expor* (arriscar), que, em verdade, já contém o fator perigo, podendo-se dizer que "expor alguém" é colocar a pessoa em perigo. Ainda assim, complementa-se o tipo exigindo o perigo à vida, à integridade física ou ao patrimônio de outrem. Incêndio é o fogo intenso que tem forte poder de destruição e de causação de prejuízos. A pena é de reclusão, de 3 a 6 anos, e multa. Conferir o capítulo XIII, item 2.1, da Parte Geral.

Elemento subjetivo do crime

É o dolo de perigo, ou seja, a vontade de gerar um risco não tolerado a terceiros. Não se exige elemento subjetivo do tipo específico. A forma culposa é punida no § 2.º (ver o capítulo XIV da Parte Geral).

Elemento subjetivo do tipo específico

Não há, exceto na figura com causa de aumento (§ 1.º, I) (ver Parte Geral, capítulo XIII, item 2.1).

Classificação

Comum; formal; de forma livre; comissivo; instantâneo; de perigo comum concreto; unissubjetivo; unissubsistente ou plurissubsistente, conforme o delito. Sobre a classificação dos crimes, ver o capítulo XII, item 4, da Parte Geral.

Tentativa

É admissível na forma plurissubjetiva dolosa.

Momento consumativo

Quando ocorre a conduta de provocar *incêndio*, independentemente de resultado naturalístico.

Causas de aumento de pena

Configuradas as hipóteses dos incisos do § 1.º e sendo o incêndio doloso, aplica-se um aumento de um terço na pena. São as seguintes hipóteses:

a) *se o crime é cometido com intuito de obter vantagem pecuniária em proveito próprio ou alheio* (inciso I): configura-se quando há intuito especial do agente na obtenção de vantagem (ganho, lucro) pecuniária (realizável em dinheiro ou conversível em dinheiro) para seu proveito ou de terceiro. É o elemento subjetivo do tipo específico inserido como causa de aumento. Há posição sustentando não ser admissível a configuração da causa de aumento quando o agente atuar mediante paga, isto é, tendo recebido dinheiro *antes* de causar o incêndio (Delmanto, *Código Penal comentado*, p. 468). Não vemos razão, no entanto, para tal posição, uma vez que a interpretação extensiva, para buscar o real conteúdo da norma, merece ter lugar. A obtenção de vantagem pecuniária é a origem da causa de aumento, pouco importando se ela foi auferida antes ou depois da prática do delito. O objetivo da elevação da pena é o ânimo de lucro, algo que pode ocorrer tanto no caso de paga quanto no de promessa de recompensa, pois há, por parte do agente, "intuito de obter vantagem pecuniária". Aliás, se ele receber a vantagem ou não, o crime comporta o agravamento da pena do mesmo modo, razão pela qual não há de se negar que o recebimento anterior não afasta o "intuito de lucro" que move o incendiário;

b) *se o incêndio é em casa habitada ou destinada a habitação*: *casa* é o edifício destinado a servir de moradia a alguém. Estar *habitada* significa que se encontra ocupada, servindo, efetivamente, de residência a uma ou mais pessoas. Ser *destinada a habitação* quer dizer um prédio reservado para servir de morada a alguém, embora possa estar desocupado. A cautela do tipo penal, ao mencionar as duas formas ("habitada" e "destinada à habitação"), deve-se ao fato de a casa poder estar ocupada por alguém ou não. Assim, configura-se a causa de aumento ainda que seja uma residência de veraneio, desocupada, pois é destinada a habitação;

c) *se o incêndio é em edifício público ou destinado a uso público ou a obra de assistência social ou de cultura*: quando o prédio for de propriedade do Estado ou tiver destinação pública, isto é, finalidade de atender a um grande número de pessoas (exemplos: teatros, prédios comerciais em horário de expediente, estádios de futebol). Inclui-se nesta última hipótese a utilização por obra de assistência social ou cultural, porque não deixa de ser uma utilidade pública;

d) *se o incêndio é em embarcação, aeronave, comboio ou veículo de transporte coletivo*: *embarcação* é toda construção destinada a navegar sobre a água; *aeronave* é "todo aparelho manobrável em voo, que possa sustentar-se e circular no espaço aéreo, mediante reações aerodinâmicas, apto a transportar pessoas ou coisas" (art. 106, *caput*, do Código Brasileiro de Aeronáutica); *comboio* significa trem; *veículo de transporte coletivo* é qualquer meio utilizado para conduzir várias pessoas de um lugar para outro (ônibus, por exemplo);

e) *se o incêndio é em estação ferroviária ou aeródromo*: *estação ferroviária* é o local onde se processa o embarque e desembarque de passageiros ou cargas de trens; *aeródromo* é o aeroporto, isto é, área destinada a pouso e decolagem de aviões. Não abrange, obviamente, rodoviárias e portos;

f) *se o incêndio é em estaleiro, fábrica ou oficina*: *estaleiro* é o local onde se constroem ou consertam navios; *fábrica* é o estabelecimento industrial destinado à produção de bens de consumo e de produção; *oficina* é o local onde se executam consertos de um modo geral;

g) *se o incêndio é em depósito de explosivo, combustível ou inflamável*: *depósito* é o lugar onde se guarda ou armazena alguma coisa. *Explosivo* é a substância capaz de estourar; *combustível* é a substância que tem a propriedade de se consumir em chamas; *inflamável* é a substância que tem a propriedade de se converter em chamas;

h) *se o incêndio é em poço petrolífero ou galeria de mineração*: *poço petrolífero* é a cavidade funda, aberta na terra, que atinge lençol de combustível líquido natural; *galeria de mineração* é a passagem subterrânea, extensa e larga, destinada à extração de minérios;

i) *se o incêndio é em lavoura, pastagem, mata ou floresta*: *lavoura* é plantação ou terreno cultivado; *pastagem* é o terreno onde há erva para o gado comer; *mata* é o terreno onde se desenvolvem árvores silvestres; *floresta* é o terreno onde há grande quantidade de árvores unidas pelas copas.

Forma culposa

Demanda-se, neste caso, a comprovação de ter agido o incendiário com imprudência, negligência ou imperícia, infringindo o dever de cuidado objetivo, bem como tendo previsibilidade do resultado. A pena é sensivelmente menor (detenção, de seis meses a dois anos).

Explosão

Art. 251

Sujeito ativo

Qualquer pessoa (ver Parte Geral, capítulo XII, item 3.1).

Sujeito passivo

É a sociedade. Trata-se, pois, de crime vago. É certo que pessoas determinadas podem sofrer diretamente o perigo, embora não seja indispensável identificá-las para que o agente possa ser punido (ver Parte Geral, capítulo XII, item 3.2).

Objeto jurídico

É a incolumidade pública (ver Parte Geral, capítulo XII, item 3.3, "b").

Objeto material

É o engenho de dinamite ou substância análoga (ver Parte Geral, capítulo XII, item 3.3, "a").

Elementos objetivos do tipo

O verbo *expor* (arriscar), em verdade, já contém o fator perigo, ínsito no seu significado, podendo-se dizer que "expor alguém" é colocar a pessoa em perigo. Ainda assim, o tipo penal explicita que a exposição é a perigo voltado à vida, à integridade física ou ao patrimônio de alguém. As formas de concretizá-lo são por meio de explosão, arremesso e colocação de engenho de dinamite ou substância análoga. *Explosão* é o abalo seguido de forte ruído causado pelo surgimento repentino de uma energia física ou expansão de gás; *arremesso* é o efeito de atirar para longe, com força, alguma coisa; *simples colocação de engenho de dinamite ou de substância de efeitos análogos* é a aposição do engenho em algum lugar, de maneira singela, isto é, sem necessidade de preparação para detonar de aparelho ou maquinismo envolvendo explosivo à base de nitroglicerina. A pena é de reclusão, de 3 a 6 anos, e multa. Conferir o capítulo XIII, item 2.1, da Parte Geral.

Elemento subjetivo do crime

É o dolo de perigo, ou seja, a vontade de gerar um risco não tolerado a terceiros (ver o capítulo XIV da Parte Geral). Existe a forma culposa.

Elemento subjetivo do tipo específico

Não há (ver Parte Geral, capítulo XIII, item 2.1).

Classificação

Comum; formal; de forma livre; comissivo; instantâneo; de perigo comum concreto; unissubjetivo; unissubsistente ou plurissubsistente, conforme o delito. Sobre a classificação dos crimes, ver o capítulo XII, item 4, da Parte Geral.

Tentativa

É admissível na forma plurissubjetiva dolosa.

Momento consumativo

Quando ocorre a explosão, independentemente de resultado naturalístico.

Forma privilegiada

Se a substância utilizada para a explosão não é dinamite ou explosivo de efeitos análogos, a pena é de reclusão, de 1 a 4 anos, e multa, conforme prevê o § 1.º.

Causas de aumento de pena

Configurada a hipótese do § 1.º, I, do art. 250, ou se é visada ou atingida qualquer das coisas enumeradas no inciso II do mesmo parágrafo e do mesmo artigo, conforme previsto no § 2.º do art. 251.

Forma culposa

Demanda-se, neste caso, a comprovação de ter agido o incendiário com imprudência, negligência ou imperícia, infringindo o dever de cuidado objetivo, bem como tendo previsibilidade do resultado. Se a explosão envolver dinamite ou substância de efeitos análogos, a pena é de detenção, de seis meses a dois anos; nos demais casos, é de detenção, de três meses a um ano, conforme o § 3.º.

Uso de gás tóxico ou asfixiante

Art. 252

Sujeito ativo

Qualquer pessoa (ver Parte Geral, capítulo XII, item 3.1).

Sujeito passivo

É a sociedade. Trata-se, pois, de crime vago. É certo que pessoas determinadas podem sofrer diretamente o perigo, embora não seja indispensável identificá-las para que o agente possa ser punido (ver Parte Geral, capítulo XII, item 3.2).

Objeto jurídico

É a incolumidade pública (ver Parte Geral, capítulo XII, item 3.3, "b").

Objeto material

É o gás tóxico ou asfixiante (ver Parte Geral, capítulo XII, item 3.3, "a").

Elementos objetivos do tipo

Expor (arriscar), como já visto, já contém o fator perigo, ínsito no seu significado, podendo-se dizer que "expor alguém" é colocar a pessoa em perigo. Ainda assim, o tipo penal explicita que a exposição deve colocar em perigo a vida, a integridade física ou o patrimônio de alguém. A forma de concretizá-lo é a utilização de gás tóxico ou asfixiante. A pena é de reclusão, de 1 a 4 anos, e multa. Conferir o capítulo XIII, item 2.1, da Parte Geral.

Elemento subjetivo do crime

É o dolo de perigo, ou seja, a vontade de gerar um risco não tolerado a terceiros (ver o capítulo XIV da Parte Geral). Existe a forma culposa.

Elemento subjetivo do tipo específico

Não há (ver Parte Geral, capítulo XIII, item 2.1).

Classificação

Comum; formal; de forma livre; comissivo; instantâneo; de perigo comum concreto; unissubjetivo; unissubsistente ou plurissubsistente, conforme o delito. Sobre a classificação dos crimes, ver o capítulo XII, item 4, da Parte Geral.

Tentativa

É admissível na forma plurissubjetiva dolosa.

Momento consumativo

Quando ocorre a utilização do gás, independentemente de resultado naturalístico.

Forma culposa

Demanda-se, neste caso, a comprovação de ter agido o incendiário com imprudência, negligência ou imperícia, infringindo o dever de cuidado objetivo, bem como tendo previsibilidade do resultado. A pena é de detenção, de três meses a um ano.

Fabrico, fornecimento, aquisição, posse ou transporte de explosivos ou gás tóxico, ou asfixiante

Art. 253

Sujeito ativo

Qualquer pessoa (ver Parte Geral, capítulo XII, item 3.1).

Sujeito passivo

É a sociedade. Trata-se, pois, de crime vago. É certo que pessoas determinadas podem sofrer diretamente o perigo, embora não seja indispensável identificá-las para que o agente possa ser punido (ver Parte Geral, capítulo XII, item 3.2).

Objeto jurídico

É a incolumidade pública (ver Parte Geral, capítulo XII, item 3.3, "b").

Objeto material

É a substância ou engenho explosivo, gás tóxico ou asfixiante ou material destinado à sua fabricação (ver Parte Geral, capítulo XII, item 3.3, "a").

Elementos objetivos do tipo

Fabricar (construir ou manufaturar); *fornecer* (dar ou prover); *adquirir* (obter ou comprar); *possuir* (ter a posse de algo ou usufruir); *transportar* (levar de um lugar a outro ou conduzir). O objeto é substância ou engenho explosivo, gás tóxico ou asfixiante ou material destinado à sua fabricação. É tipo misto alternativo, isto é, a prática de uma ou mais condutas implica na realização de um único crime, desde que em idêntico contexto fático. A pena é de detenção, de 6 meses a 2 anos, e multa. Conferir o capítulo XIII, item 2.1, da Parte Geral.

Elemento subjetivo do crime

É o dolo de perigo, ou seja, a vontade de gerar um risco não tolerado a terceiros (ver o capítulo XIV da Parte Geral).

Elemento subjetivo do tipo específico

Não há (ver Parte Geral, capítulo XIII, item 2.1).

Classificação

Comum; formal; de forma livre; comissivo; instantâneo; de perigo comum abstrato; unissubjetivo; unissubsistente ou plurissubsistente, conforme o caso. Sobre a classificação dos crimes, ver o capítulo XII, item 4, da Parte Geral.

Tentativa

É inadmissível, pois se cuida de uma exceção, já que são punidos os atos preparatórios do crime de explosão e de uso de gás tóxico ou asfixiante.

Momento consumativo

Quando houver a fabricação, fornecimento, aquisição, posse ou transporte da substância ou engenho explosivo, gás tóxico ou asfixiante ou material destinado a sua fabricação, independentemente de resultado naturalístico.

Inundação
Art. 254

Sujeito ativo

Qualquer pessoa (ver Parte Geral, capítulo XII, item 3.1).

Sujeito passivo

É a sociedade. Trata-se, pois, de crime vago. É certo que pessoas determinadas podem sofrer diretamente o perigo, embora não seja indispensável identificá-las para que o agente possa ser punido (ver Parte Geral, capítulo XII, item 3.2).

Objeto jurídico

É a incolumidade pública (ver Parte Geral, capítulo XII, item 3.3, "b").

Objeto material

É a água liberada em grande quantidade (ver Parte Geral, capítulo XII, item 3.3, "a").

Elementos objetivos do tipo

Causar significa provocar, dar origem ou produzir. O objeto da conduta é inundação. Compõe-se com *expor* (arriscar), que, em verdade, já contém o fator perigo, podendo-se dizer que "expor alguém" é colocar a pessoa em perigo. Ainda assim, complementa-se o tipo exigindo o perigo à vida, à integridade física ou ao patrimônio de outrem. A pena é de reclusão, de 3 a 6 anos, e multa (em caso de dolo), bem como de detenção, de 6 meses a 2 anos (em caso de culpa). Conferir o capítulo XIII, item 2.1, da Parte Geral.

Elemento subjetivo do crime

É o dolo de perigo, ou seja, a vontade de gerar um risco não tolerado a terceiros (ver o capítulo XIV da Parte Geral). Existe a forma culposa.

Elemento subjetivo do tipo específico

Não há (ver Parte Geral, capítulo XIII, item 2.1).

Classificação

Comum; formal; de forma livre; comissivo; instantâneo; de perigo comum concreto; unissubjetivo; unissubsistente ou plurissubsistente, conforme o caso. Sobre a classificação dos crimes, ver o capítulo XII, item 4, da Parte Geral.

Tentativa

Admite-se na forma plurissubsistente dolosa.

Momento consumativo

Quando houver a inundação, independentemente de resultado naturalístico.

Perigo de inundação

Art. 255

Sujeito ativo

Qualquer pessoa (ver Parte Geral, capítulo XII, item 3.1).

Sujeito passivo

É a sociedade. Trata-se, pois, de crime vago. É certo que pessoas determinadas podem sofrer diretamente o perigo, embora não seja indispensável identificá-las para que o agente possa ser punido (ver Parte Geral, capítulo XII, item 3.2).

Objeto jurídico

É a incolumidade pública (ver Parte Geral, capítulo XII, item 3.3, "b").

Objeto material

É o obstáculo natural ou a obra destinada a impedir inundação (ver Parte Geral, capítulo XII, item 3.3, "a").

Elementos objetivos do tipo

Remover (mudar de um lugar para outro ou afastar), *destruir* (arruinar ou fazer desaparecer) ou *inutilizar* (tornar inútil ou invalidar) são condutas que se compõem com o verbo *expor*, que, como já dissemos, significa arriscar. Em verdade, já contém o fator perigo, podendo-se dizer que "expor alguém" é colocar a pessoa em perigo. Ainda assim, complementa-se o tipo exigindo o perigo à vida, à integridade física ou ao patrimônio de outrem. Trata-se de tipo misto alternativo, ou seja, o cometimento de uma ou mais condutas provoca a punição por um único crime, desde que no mesmo contexto fático. A pena é de reclusão, de 1 a 3 anos, e multa. Conferir o capítulo XIII, item 2.1, da Parte Geral.

Elemento subjetivo do crime

É o dolo de perigo, ou seja, a vontade de gerar um risco não tolerado a terceiros (ver o capítulo XIV da Parte Geral).

Elemento subjetivo do tipo específico

Não há (ver Parte Geral, capítulo XIII, item 2.1).

Classificação

Comum; formal; de forma livre; comissivo; instantâneo; de perigo comum concreto; unissubjetivo; unissubsistente ou plurissubsistente, conforme o caso. Sobre a classificação dos crimes, ver o capítulo XII, item 4, da Parte Geral.

Tentativa

Não se admite, pois é fase preparatória do crime de inundação.

Momento consumativo

Quando houver a remoção, destruição ou inutilização em prédio próprio ou alheio, independentemente de resultado naturalístico.

Desabamento ou desmoronamento

Art. 256

Sujeito ativo

Qualquer pessoa (ver Parte Geral, capítulo XII, item 3.1).

Sujeito passivo

É a sociedade. Trata-se, pois, de crime vago. É certo que pessoas determinadas podem sofrer diretamente o perigo, embora não seja indispensável identificá-las para que o agente possa ser punido. Excepcionalmente, pode ser a pessoa prejudicada diretamente pelo evento (ver Parte Geral, capítulo XII, item 3.2).

Objeto jurídico

É a incolumidade pública (ver Parte Geral, capítulo XII, item 3.3, "b").

Objeto material

É a construção, morro, pedreira ou semelhante (ver Parte Geral, capítulo XII, item 3.3, "a").

Elementos objetivos do tipo

Causar significa provocar, dar origem ou produzir. O objeto da conduta é desabamento ou desmoronamento. Compõe-se com *expor* (arriscar), que, em verdade, já contém o fator perigo, podendo-se dizer que "expor alguém" é colocar a pessoa em perigo. Ainda assim, complementa-se o tipo exigindo o perigo à vida, à integridade física ou ao patrimônio de outrem. *Desabar* significa ruir ou cair (refere-se a construções de um modo geral); *desmoronar* quer dizer vir abaixo ou soltar-se (refere-se a morros, pedreiras ou semelhantes). A pena é de reclusão, de 1 a 4 anos, e multa, para a modalidade dolosa, bem como de detenção, de 6 meses a 1 ano para a forma culposa. Conferir o capítulo XIII, item 2.1, da Parte Geral.

Elemento subjetivo do crime

É o dolo de perigo, ou seja, a vontade de gerar um risco não tolerado a terceiros (ver o capítulo XIV da Parte Geral). Existe a modalidade culposa.

Elemento subjetivo do tipo específico

Não há (ver Parte Geral, capítulo XIII, item 2.1).

Classificação

Comum; formal; de forma livre; comissivo; instantâneo; de perigo comum concreto; unissubjetivo; unissubsistente ou plurissubsistente, conforme o caso. Sobre a classificação dos crimes, ver o capítulo XII, item 4, da Parte Geral.

Tentativa

Admite-se na forma plurissubsistente dolosa.

Momento consumativo

Quando houver o desabamento ou desmoronamento, independentemente de resultado naturalístico.

Forma culposa

Demanda-se, neste caso, a comprovação de ter agido o agente com imprudência, negligência ou imperícia, infringindo o dever de cuidado objetivo, bem como tendo previsibilidade do resultado. A pena é sensivelmente menor (detenção, de seis meses a um ano).

Subtração, ocultação ou inutilização de material de salvamento

Art. 257

Sujeito ativo

Qualquer pessoa (ver Parte Geral, capítulo XII, item 3.1).

Sujeito passivo

É a sociedade. Trata-se, pois, de crime vago. É certo que pessoas determinadas podem sofrer diretamente o perigo, embora não seja indispensável identificá-las para que o agente possa ser punido (ver Parte Geral, capítulo XII, item 3.2).

Objeto jurídico

É a incolumidade pública (ver Parte Geral, capítulo XII, item 3.3, "b").

Objeto material

É o aparelho, material ou qualquer meio destinado a serviço de combate ao perigo, de socorro ou salvamento (ver Parte Geral, capítulo XII, item 3.3, "a").

Elementos objetivos do tipo

Subtrair (tirar ou apoderar-se), *ocultar* (esconder ou encobrir) e *inutilizar* (tornar inútil ou danificar) são as condutas que têm por objeto aparelho, material ou outro meio destinado ao serviço de combate ao perigo, de socorro ou salvamento. *Impedir* (colocar obstáculo ou embaraçar) e *dificultar* (tornar mais custoso) conjugam-se com serviço de tal natureza. É tipo misto alternativo, querendo significar que a prática de uma ou mais condutas consome-se num único crime, desde que no mesmo contexto fático. É indispensável que o instrumento seja *especificamente* voltado ao combate a perigo, à prestação de socorro ou ao salvamento ou *manifestamente* adequado ao serviço de debelação do perigo ou de salvamento, como bombas de incêndio, alarmes, extintores, salva-vidas, escadas de emergência, medicamentos etc. Acompanhamos, nesse prisma, a posição de Hungria (*Comentários ao Código Penal*, v. 9, p. 54). Conferir o capítulo XIII, item 2.1, da Parte Geral. A pena é de reclusão, de 2 a 5 anos, e multa.

Elemento subjetivo do crime

É o dolo de perigo, ou seja, a vontade de gerar um risco não tolerado a terceiros (ver o capítulo XIV da Parte Geral).

Elemento subjetivo do tipo específico

Não há (ver Parte Geral, capítulo XIII, item 2.1).

Classificação

Comum; formal; de forma livre; comissivo; instantâneo (mas permanente na forma *ocultar*); de perigo comum abstrato; unissubjetivo; unissubsistente ou plurissubsistente, conforme o caso. Sobre a classificação dos crimes, ver o capítulo XII, item 4, da Parte Geral.

Tentativa

Admite-se na forma plurissubsistente.

Momento consumativo

Quando houver a subtração, ocultação ou inutilização de meio destinado a serviço de combate ao perigo, de socorro ou salvamento, bem como no caso de impedimento ou dificuldade de serviço de tal natureza, independentemente de resultado naturalístico.

Formas qualificadas de crime de perigo comum

Art. 258

Crime qualificado pelo resultado

O dolo de perigo, na conduta antecedente, somente se compatibiliza com a culpa, na conduta consequente. Portanto, havendo inicialmente dolo de perigo, somente se aceita, quanto ao resultado qualificador, culpa. No tocante à conduta antecedente culposa, é natural que o resultado mais grave possa ser, também, imputado ao agente a título de culpa, pois inexiste incompatibilidade. Portanto, o resultado qualificador mais grave deve ser aplicado a todas as figuras típicas antecedentes (arts. 250 a 257). No caso do art. 258, prevê-se, para os delitos dolosos de perigo comum, se houver resultado qualificador consistente em lesão corporal grave, a aplicação da pena aumentada da metade (logo, o mínimo e o máximo têm aumento de metade). Quando houver morte, a pena será dobrada (o mesmo se faz quanto ao mínimo e ao máximo). Havendo, no entanto, nos delitos culposos, lesão corporal, a pena é aumentada da metade (lança-se o aumento na terceira fase); resultando morte, aplica-se a pena do homicídio culposo (detenção de um a três anos), aumentada de um terço.

Difusão de doença ou praga

Art. 259

Sujeito ativo

Qualquer pessoa (ver Parte Geral, capítulo XII, item 3.1).

Sujeito passivo

É a sociedade. Em segundo plano, alguém diretamente prejudicado pelo fato (ver Parte Geral, capítulo XII, item 3.2).

Objeto jurídico

É a incolumidade pública (ver Parte Geral, capítulo XII, item 3.3, "b").

Objeto material

É a doença ou praga (ver Parte Geral, capítulo XII, item 3.3, "a").

Elementos objetivos do tipo

Difundir significa espalhar ou disseminar, tendo por objeto doença ou praga. *Doença* é moléstia ou enfermidade; *praga* é a moléstia que ataca plantas e animais. A doença pode ser localizada e mais restritamente difundida, enquanto a praga é generalizada e largamente espalhada. A pena é de reclusão, de dois a cinco anos, e multa. Conferir o capítulo XIII, item 2.1, da Parte Geral.

Elemento subjetivo do crime

É dolo de perigo ou culpa, conforme o caso (ver o capítulo XIV da Parte Geral). Existe a forma culposa.

Elemento subjetivo do tipo específico

Não há (ver Parte Geral, capítulo XIII, item 2.1).

Classificação

Comum; formal; de forma livre; comissivo; instantâneo; de perigo comum abstrato; unissubjetivo; unissubsistente ou plurissubsistente, conforme o caso. Sobre a classificação dos crimes, ver o capítulo XII, item 4, da Parte Geral.

Tentativa

Admite-se na forma plurissubsistente dolosa.

Momento consumativo

Com a mera difusão da doença ou praga, independentemente de resultado naturalístico de dano.

Forma culposa

Pune-se o agente com pena substancialmente menor, quando agir com imprudência, negligência ou imperícia, havendo previsibilidade do resultado, que será de detenção, de um a seis meses, e multa.

Capítulo II
Dos Crimes contra a Segurança dos Meios de Comunicação e Transporte e outros Serviços Públicos

Perigo de desastre ferroviário

Art. 260

Sujeito ativo

Qualquer pessoa (ver Parte Geral, capítulo XII, item 3.1).

Sujeito passivo

É a sociedade (ver Parte Geral, capítulo XII, item 3.2).

Objeto jurídico

É a incolumidade pública, especificamente a segurança dos meios de comunicação, transportes e outros serviços públicos (ver Parte Geral, capítulo XII, item 3.3, "b").

Objeto material

É a linha férrea, material rodante ou de tração, obra de arte ou instalação, telégrafo, telefone ou radiotelegrafia, valendo considerar o disposto no § 3.º do artigo em comento: "Entende-se por estrada de ferro qualquer via de comunicação em que circulem veículos de tração mecânica, em trilhos ou por meio de cabo aéreo" (ver Parte Geral, capítulo XII, item 3.3, "a").

Elementos objetivos do tipo

O *impedimento* (impossibilidade da execução ou obstáculo) ou *perturbação* (embaraço ou dificuldade) do serviço de estrada de ferro é um tipo penal vinculado, pois se especifica, no art. 260, como deve dar-se a conduta do agente. Além disso, é tipo misto alternativo, isto é, a prática de uma ou mais condutas implica no cometimento de um único delito, desde que no mesmo contexto fático. O inciso I descreve as ações de *destruir* (arruinar ou fazer desaparecer), *danificar* (causar dano ou deteriorar) ou *desarranjar* (alterar a boa ordem ou embaraçar) linha férrea (via permanente fixa consubstanciada em trilhos, destinada à passagem de material rodante), material rodante ou de tração (veículos ferroviários, que compreendem os de tração, como as locomotivas, e os rebocados, como os carros de passageiros e vagões de carga ou de tração, obra de arte ou instalação), obra de arte (estruturas que se repetem ao longo de uma estrada ou linha férrea, tais como pontes, viadutos, túneis, muros de arrimo e outros) ou instalação (conjunto de aparelhos ou de peças que possui certa utilidade. No caso deste inciso, são os sinais da linha férrea, cabos, cancelas, entre outros). O inciso II refere-se à colocação de obstáculo (barreira ou impedimento, que pode ser de qualquer espécie) na linha. O inciso III cuida da transmissão (envio de um lugar a outro) de falso aviso (notícia que não correspondente à realidade), interrupção (provocar a suspensão da continuidade de alguma coisa) ou embaraço (causar impedimento ou perturbar) do funcionamento de telégrafo (sistema de transmissão de mensagens entre pontos diversos, por meio do envio de sinais), telefone (aparelho que serve para transmitir a palavra falada a certa distância) ou radiotelegrafia (telegrafia sem fio, por ondas eletromagnéticas). O inciso IV, generalizando, por interpretação analógica, insere a prática de outro ato de que possa resultar desastre (ex.: a conduta de quem embaraça a transmissão de uma mensagem de socorro). A pena é de reclusão, de dois a cinco anos, e multa. Conferir o capítulo XIII, item 2.1, da Parte Geral.

Elemento subjetivo do crime

É o dolo de perigo ou culpa, conforme o caso (ver o capítulo XIV da Parte Geral). Existe a forma culposa.

Elemento subjetivo do tipo específico

Não há (ver Parte Geral, capítulo XIII, item 2.1).

Classificação

Comum; formal; de forma vinculada; comissivo; instantâneo; de perigo comum concreto; unissubjetivo, plurissubsistente. Sobre a classificação dos crimes, ver o capítulo XII, item 4, da Parte Geral.

Tentativa

Admite-se, quando se tratar de delito doloso.

Momento consumativo

Com a prática das condutas descritas no tipo, independentemente de resultado naturalístico. Este, se ocorrer, pode qualificar o delito (§§ 1.º e 2.º).

Crime qualificado pelo resultado (gera pena de reclusão de 4 a 12 anos, e multa)

Se do fato resultar desastre (com ou sem morte para os passageiros).

Forma culposa

Se o agente atuar com imprudência, negligência ou imperícia, e provocar desastre, pune-se com a pena de detenção, de seis meses a dois anos.

Atentado contra a segurança de transporte marítimo, fluvial ou aéreo

Art. 261

Sujeito ativo

Qualquer pessoa (ver Parte Geral, capítulo XII, item 3.1).

Sujeito passivo

A sociedade (ver Parte Geral, capítulo XII, item 3.2).

Objeto jurídico

É a incolumidade pública, especificamente a segurança dos meios de comunicação, transportes e outros serviços públicos (ver Parte Geral, capítulo XII, item 3.3, "b").

Objeto material

É a embarcação ou aeronave (ver Parte Geral, capítulo XII, item 3.3, "a").

Elementos objetivos do tipo

Expor (arriscar) é conduta que já contém o fator perigo (causação de risco iminente de dano), podendo-se dizer que "expor alguém" é colocar a pessoa em perigo. O objeto é embarcação (construção destinada a navegar sobre a água) ou aeronave (todo aparelho manobrável em voo, que possa sustentar-se e circular no espaço aéreo, mediante reações aerodinâmicas, apto a transportar pessoas ou coisas, cf. art. 106 do Código Brasileiro de Aeronáutica). A segunda conduta é *praticar* (realizar ou concretizar) ato tendente a impedir (obstar) ou dificultar (tornar mais custosa) a navegação marítima, fluvial ou aérea (percurso realizado em embarcação por mar, rio ou ar, normalmente conduzindo algo ou alguém de um ponto a outro; não envolve a navegação lacustre, porque o art. 262 a abrange). Trata-se de tipo misto alternativo, ou seja, a realização de uma ou mais condutas implica na concretização de um único crime, desde que no mesmo contexto fático. A pena é de reclusão, de dois a cinco anos. Conferir o capítulo XIII, item 2.1, da Parte Geral.

Elemento subjetivo do crime

É o dolo de perigo ou culpa, conforme o caso (ver o capítulo XIV da Parte Geral). Existe a forma culposa.

Elemento subjetivo do tipo específico

Não há, exceto no caso do § 2.º (intuito de obter vantagem econômica para si ou para outrem) (ver Parte Geral, capítulo XIII, item 2.1).

Classificação

Comum, formal, de forma livre, comissivo, instantâneo, de perigo comum concreto, unissubjetivo, plurissubsistente. Sobre a classificação dos crimes, ver o capítulo XII, item 4, da Parte Geral.

Tentativa

Admite-se na modalidade dolosa.

Momento consumativo

Com a prática das condutas descritas no tipo, independentemente de resultado naturalístico. Este, se ocorrer, pode qualificar o delito (§ 1.º). Em caso de culpa, o resultado naturalístico acarreta penalidade mais branda em relação ao § 1.º (§ 3.º).

Crime qualificado pelo resultado (pena de reclusão de 4 a 12 anos)

Se do fato resultar naufrágio, submersão ou encalhe de embarcação ou queda ou destruição de aeronave.

Forma culposa

Se o agente atuar com imprudência, negligência ou imperícia, e provocar sinistro (desastre), pune-se com a pena de detenção, de seis meses a dois anos.

Particularidade

Insere-se a pena de multa na forma dolosa, se o agente praticar o delito com o intuito de obter vantagem econômica, para si ou para outrem (§ 2.º).

Atentado contra a segurança de outro meio de transporte

Art. 262

Sujeito ativo

Qualquer pessoa (ver Parte Geral, capítulo XII, item 3.1).

Sujeito passivo

É a sociedade (ver Parte Geral, capítulo XII, item 3.2).

Objeto jurídico

É a incolumidade pública, especificamente a segurança dos meios de comunicação, transportes e outros serviços públicos (ver Parte Geral, capítulo XII, item 3.3, "b").

Objeto material

É qualquer meio de transporte público diverso de embarcação ou aeronave (ver Parte Geral, capítulo XII, item 3.3, "a").

Elementos objetivos do tipo

Expor (arriscar) é conduta que já contém o fator perigo (causação de risco iminente de dano), podendo-se dizer que "expor alguém" é colocar a pessoa em perigo. O objeto é qualquer outro meio de transporte não previsto nas hipóteses anteriormente descritas. Há, ainda, as seguintes condutas: *impedir* (obstar ou interromper) e *dificultar* (tornar mais custoso). Trata-se de tipo misto alternativo, vale dizer, a realização de uma ou mais condutas implica no cometimento de um único crime, desde que no mesmo contexto fático. A pena é de detenção, de um a dois anos. Conferir o capítulo XIII, item 2.1, da Parte Geral.

Elemento subjetivo do crime

É o dolo de perigo ou culpa, conforme o caso (ver o capítulo XIV da Parte Geral). Existe a forma culposa.

Elemento subjetivo do tipo específico

Não há (ver Parte Geral, capítulo XIII, item 2.1).

Classificação

Comum; formal; de forma livre; comissivo; instantâneo; de perigo comum concreto; unissubjetivo; plurissubsistente. Sobre a classificação dos crimes, ver o capítulo XII, item 4, da Parte Geral.

Tentativa

Admite-se, na forma dolosa.

Momento consumativo

Com a prática das condutas descritas no tipo, independentemente de resultado naturalístico. Este, se ocorrer, pode qualificar o delito (§ 1.º). Em caso de culpa, a ocorrência do resultado naturalístico provoca pena mais branda em relação ao § 1.º (§ 2.º).

Crime qualificado pelo resultado (pena de reclusão de 2 a 5 anos)

Se do fato resultar desastre. Este resultado deve advir da culpa do agente.

Forma culposa

Se o agente atuar com imprudência, negligência ou imperícia, quanto à exposição a perigo, e provocar desastre, também com culpa, pune-se com a pena de detenção, de três meses a um ano.

Forma qualificada

Art. 263

Tipo remetido

O art. 263 faz remissão ao art. 258, significando que, se houver desastre ou sinistro, nos crimes descritos nos arts. 260, 261 e 262, resultando morte ou lesão grave, a pena terá outro acréscimo. Em caso de delito doloso, com lesão grave, a pena é aumentada da metade; se houver morte, a pena é dobrada. No caso de culpa, havendo lesão, a pena é aumentada da metade; havendo morte, a pena aplicada é a do homicídio culposo (detenção, de um a três anos), aumentada de um terço.

Arremesso de projétil

Art. 264

Sujeito ativo

Qualquer pessoa (ver Parte Geral, capítulo XII, item 3.1).

Sujeito passivo

É a sociedade (ver Parte Geral, capítulo XII, item 3.2).

Objeto jurídico

É a incolumidade pública, especificamente a segurança dos meios de comunicação, transportes e outros serviços públicos (ver Parte Geral, capítulo XII, item 3.3, "b").

Objeto material

É o projétil (ver Parte Geral, capítulo XII, item 3.3, "a").

Elementos objetivos do tipo

Arremessar (atirar com força para longe) projétil (qualquer objeto sólido que serve para ser arremessado) contra veículo destinado a transporte público (qualquer meio dotado de mecanismo, habitualmente utilizado para conduzir pessoas ou cargas de um lugar para outro, de uso comum), desde que em movimentação (tal expressão não pode ter seu significado restringido, pois o veículo parado num congestionamento está em movimentação, levando pessoas de um local a outro, embora, momentaneamente, não esteja em marcha. Assim, somente não se configura o tipo penal do art. 264 quando o veículo estiver estacionado). A pena é de detenção, de um a seis meses. Conferir o capítulo XIII, item 2.1, da Parte Geral.

Elemento subjetivo do crime

É o dolo de perigo (ver o capítulo XIV da Parte Geral).

Elemento subjetivo do tipo específico

Não há (ver Parte Geral, capítulo XIII, item 2.1).

Classificação

Comum; formal; de forma livre; comissivo; instantâneo; de perigo comum abstrato; unissubjetivo; unissubsistente ou plurissubsistente, conforme o caso. Sobre a classificação dos crimes, ver o capítulo XII, item 4, da Parte Geral.

Tentativa

Admite-se na forma plurissubsistente. Há posições em sentido contrário, sustentando ser inadmissível o fracionamento da conduta nuclear, consistente em arremessar (Delmanto, *Código Penal Comentado*, p. 483; Luiz Regis Prado, *Código Penal Anotado*, p. 816). Cremos poder haver, entretanto, em certos casos, possibilidade para a ocorrência da tentativa. Imagine-se o sujeito, seguro pelo braço pela ação de terceiro, no exato momento em que lança uma pedra contra um ônibus. O projétil pode desviar-se, pelo tranco, caindo ao solo, sem ter sido efetivamente *lançado*. Trata-se de um início de execução, pois ato idôneo e unívoco para atingir o resultado. Admitindo-a também: Paulo José da Costa Júnior, *Direito Penal – Curso completo*, p. 582.

Momento consumativo

Com o arremesso, independentemente de resultado naturalístico. Este, se ocorrer, pode qualificar o delito (parágrafo único).

Crime qualificado pelo resultado

Se do fato resultar lesão corporal (detenção, de seis meses a dois anos); se resultar morte, aplica-se a pena do homicídio culposo (detenção, de um a três anos), com aumento de um terço.

Atentado contra a segurança de serviço de utilidade pública

Art. 265

Sujeito ativo

Qualquer pessoa (ver Parte Geral, capítulo XII, item 3.1).

Sujeito passivo

É a sociedade (ver Parte Geral, capítulo XII, item 3.2).

Objeto jurídico

É a incolumidade pública, especificamente a segurança dos meios de comunicação, transportes e outros serviços públicos (ver Parte Geral, capítulo XII, item 3.3, "b").

Objeto material

É o serviço de água, luz, força, calor ou outro de utilidade pública (ver Parte Geral, capítulo XII, item 3.3, "a").

Elementos objetivos do tipo

Atentar significa perpetrar atentado ou colocar em risco, por atos executórios, alguma coisa ou alguém. O objeto é a segurança (condição daquilo que se pode confiar) ou o funcionamento (movimentação de algo com regularidade) de serviço de água, luz, força ou calor ou outro de utilidade pública. Presta o poder público à sociedade o serviço de fornecimento de água, luz, força, calor e outros, mantendo-os em rigoroso controle, para evitar quaisquer danos ("segurança") e cortes indesejáveis no abastecimento ("funcionamento"). Dessa forma, qualquer tentativa de colocar em risco a segurança ou o funcionamento encaixa-se neste tipo penal. Nota-se, por fim, que, uma vez mais, valeu-se o legislador da interpretação analógica, ou seja, forneceu exemplos de serviços de utilidade pública (luz, água, força, calor) para generalizar por meio da expressão "outro de utilidade pública", como ocorre com o gás. Neste tipo não se encaixa a telefonia, que encontra amparo no próximo artigo. A pena é de reclusão, de um a cinco anos, e multa. Conferir o capítulo XIII, item 2.1, da Parte Geral.

Elemento subjetivo do crime

É o dolo de perigo (ver o capítulo XIV da Parte Geral).

Elemento subjetivo do tipo específico

Não há (ver Parte Geral, capítulo XIII, item 2.1).

Classificação

Comum; formal; de forma livre; comissivo; instantâneo; de perigo comum abstrato; unissubjetivo; plurissubsistente. Sobre a classificação dos crimes, ver o capítulo XII, item 4, da Parte Geral.

Tentativa

Não se admite, por tratar-se de delito de atentado, ou seja, a lei já pune como crime consumado o simples início de execução. Há posição em sentido contrário, admitindo a tentativa, mas reconhecendo ser de difícil configuração (Delmanto, *Código Penal Comentado*, p. 484; Paulo José da Costa Júnior, *Direito Penal – Curso Completo*, p. 583; Luiz Regis Prado, *Código Penal Anotado*, p. 819).

Momento consumativo

Com a prática da conduta, independentemente de resultado naturalístico. Este, se ocorrer, em decorrência da conduta prevista no parágrafo único, pode provocar causa de aumento de pena.

Causa de aumento de pena

Se o dano ocorrer em virtude de subtração de material essencial ao funcionamento dos serviços, aumenta-se a pena de um terço até a metade.

Interrupção ou perturbação de serviço telegráfico, telefônico, informático, telemático ou de informação de utilidade pública

Art. 266

Sujeito ativo

Qualquer pessoa (ver Parte Geral, capítulo XII, item 3.1).

Sujeito passivo

É a sociedade (ver Parte Geral, capítulo XII, item 3.2).

Objeto jurídico

É a incolumidade pública, especificamente a segurança dos meios de comunicação, transportes e outros serviços públicos (ver Parte Geral, capítulo XII, item 3.3, "b").

Objeto material

É o serviço de telegrafia, radiotelegrafia e telefonia (ver Parte Geral, capítulo XII, item 3.3, "a").

Elementos objetivos do tipo

Interromper significa fazer cessar ou romper a continuidade; *perturbar* quer dizer causar embaraço ou atrapalhar; *impedir* tem o significado de impossibilitar a execução ou obstruir; *dificultar* significa tornar mais custoso ou colocar obstáculo. O objeto das condutas é o serviço telegráfico, radiotelegráfico ou telefônico (desempenho de atividades ligadas aos sistemas de transmissão de mensagens entre pontos diversos, por envio de sinais, de telegrafia sem fio, por ondas eletromagnéticas e de transmissão da palavra falada a certa distância). Trata-se de tipo misto alternativo, quanto às condutas "interromper" ou "perturbar", podendo o agente realizar uma ou as duas, implicando num único crime. É, também, cumulativo, pois a segunda forma de agir é diversa – "impedir ou dificultar o restabelecimento" –, embora, caso o agente cometa as duas (interrompe e impede o restabelecimento), a última delas deva ser considerada "fato posterior não punível", pois mero desdobramento da primeira. Nas mesmas penas incorre quem interrompe serviço telemático ou de informação de utilidade pública, ou impede ou dificulta-lhe o restabelecimento. A pena é de detenção, de um a três anos, e multa. Conferir o capítulo XIII, item 2.1, da Parte Geral.

Elemento subjetivo do crime

É o dolo de perigo (ver o capítulo XIV da Parte Geral).

Elemento subjetivo do tipo específico

Não há (ver Parte Geral, capítulo XIII, item 2.1).

Classificação

Comum; formal; de forma livre; comissivo; instantâneo; de perigo comum abstrato; unissubjetivo; plurissubsistente. Sobre a classificação dos crimes, ver o capítulo XII, item 4, da Parte Geral.

Tentativa

Admite-se.

Momento consumativo

Com a prática da conduta, independentemente de resultado naturalístico.

Figura qualificada

Se o crime for praticado em época de calamidade pública, a pena é aplicada em dobro.

Capítulo III
Dos Crimes contra a Saúde Pública

Epidemia

Art. 267

Sujeito ativo

Qualquer pessoa (ver Parte Geral, capítulo XII, item 3.1).

Sujeito passivo

É a sociedade (ver Parte Geral, capítulo XII, item 3.2).

Objeto jurídico

É a saúde pública (ver Parte Geral, capítulo XII, item 3.3, "b").

Objeto material

É o germe patogênico (ver Parte Geral, capítulo XII, item 3.3, "a").

Elementos objetivos do tipo

Causar (dar origem ou produzir) epidemia (doença que acomete, em curto espaço de tempo e em determinado lugar, várias pessoas), mediante a propagação (ato de espalhar ou disseminar) de germes patogênicos (micro-organismos capazes de gerar doenças, como os vírus e as bactérias, dentre outros). Diversamente: endemia (enfermidade que existe, com frequência, em determinado lugar, atingindo número indeterminado de pessoas) e pandemia (doença de caráter epidêmico que abrange várias regiões ao mesmo tempo). A pena é de reclusão, de dez a quinze anos. Conferir o capítulo XIII, item 2.1, da Parte Geral.

Elemento subjetivo do crime

É o dolo de perigo ou culpa, conforme o caso (ver o capítulo XIV da Parte Geral).

Elemento subjetivo do tipo específico

Não há (ver Parte Geral, capítulo XIII, item 2.1).

Classificação

Comum; material; de forma vinculada; comissivo; instantâneo; de perigo comum concreto; unissubjetivo; unissubsistente ou plurissubsistente, conforme o caso. Sobre a classificação dos crimes, ver o capítulo XII, item 4, da Parte Geral.

Tentativa

Admite-se na forma plurissubsistente dolosa.

Momento consumativo

Com a geração de doença atingindo várias pessoas ao mesmo tempo.

Figura qualificada pelo resultado

Se do fato resulta morte, a pena é aplicada em dobro. Neste caso, é crime hediondo (art. 1.º, VII, da Lei 8.072/1990).

Figura culposa e qualificada pelo resultado

No caso de culpa, a pena é de detenção, de um a dois anos, ou, se resultar morte, passa a ser de dois a quatro anos.

Infração de medida sanitária preventiva

Art. 268

Sujeito ativo

Qualquer pessoa (ver Parte Geral, capítulo XII, item 3.1).

Sujeito passivo

É a sociedade (ver Parte Geral, capítulo XII, item 3.2).

Objeto jurídico

É a saúde pública (ver Parte Geral, capítulo XII, item 3.3, "b").

Objeto material

É a determinação do poder público (ver Parte Geral, capítulo XII, item 3.3, "a").

Elementos objetivos do tipo

Infringir (violar ou transgredir) determinação do poder público (ordem ou resolução dos órgãos investidos de autoridade para realizar as finalidades do Estado. Trata-se de norma penal em branco, dependente de outra que venha a complementá-la, para que se conheça o seu real alcance), destinada a *impedir* (obstruir ou tornar impraticável) a introdução ou a propagação de doença contagiosa (enfermidade que se transmite de um indivíduo a outro por contato imediato ou mediato). A pena é de detenção, de um mês a um ano, e multa. Conferir o capítulo XIII, item 2.1, da Parte Geral.

Elemento subjetivo do crime

É o dolo de perigo (ver o capítulo XIV da Parte Geral).

Elemento subjetivo do tipo específico

Não há (ver Parte Geral, capítulo XIII, item 2.1).

Classificação

Comum; formal; de forma livre; comissivo; instantâneo; de perigo comum abstrato; unissubjetivo; plurissubsistente. Sobre a classificação dos crimes, ver o capítulo XII, item 4, da Parte Geral.

Tentativa

Admite-se.

Causa de aumento da pena

Se o autor do crime for funcionário da saúde pública, médico, farmacêutico, dentista ou enfermeiro, que exercem a profissão, agrava-se a pena em um terço, pois tais pessoas têm obrigação de evitar a propagação ou introdução de doenças contagiosas, pelo próprio dever inerente ao cargo ou à função que possuem. Note-se que a causa de aumento exige habitualidade na atividade profissional do médico, farmacêutico, dentista ou enfermeiro, não bastando, pois, que ostentem tais títulos.

Particularidade

A pandemia da *covid-19*, iniciada em 2020, provocou o surgimento da Lei 13.979/2020, que serve de complemento ao art. 268 do CP, para fins de aplicação, além dos atos administrativos do Ministério da Saúde e gestores de saúde das esferas estadual e municipal. Nos termos do art. 3.º da referida Lei: "para enfrentamento da emergência de saúde pública de importância internacional de que trata esta Lei, as autoridades poderão adotar, no âmbito de suas competências, entre outras, as seguintes medidas: I – isolamento; II – quarentena;

III – determinação de realização compulsória de: a) exames médicos; b) testes laboratoriais; c) coleta de amostras clínicas; d) vacinação e outras medidas profiláticas; ou e) tratamentos médicos específicos; III-A – uso obrigatório de máscaras de proteção individual; IV – estudo ou investigação epidemiológica; V – exumação, necropsia, cremação e manejo de cadáver; VI – restrição excepcional e temporária, por rodovias, portos ou aeroportos, de: a) entrada e saída do País; e b) locomoção interestadual e intermunicipal; VII – requisição de bens e serviços de pessoas naturais e jurídicas, hipótese em que será garantido o pagamento posterior de indenização justa; e VIII – autorização excepcional e temporária para a importação e distribuição de quaisquer materiais, medicamentos, equipamentos e insumos da área de saúde sujeitos à vigilância sanitária sem registro na Anvisa considerados essenciais para auxiliar no combate à pandemia do coronavírus, desde que: a) registrados por pelo menos 1 (uma) das seguintes autoridades sanitárias estrangeiras e autorizados à distribuição comercial em seus respectivos países: 1.º Food and Drug Administration (FDA); 2. European Medicines Agency (EMA); 3. Pharmaceuticals and Medical Devices Agency (PMDA); 4. National Medical Products Administration (NMPA)". Além disso, o STF firmou entendimento no sentido de que o art. 268 pode ser complementado por decisões tomadas por órgãos dos Estados e dos Municípios concorrentemente: "Nos termos da jurisprudência desta Suprema Corte a competência para proteção da saúde, seja no plano administrativo, seja no plano legislativo, é compartilhada entre a União, o Distrito Federal, os Estados e os Municípios, inclusive para impor medidas restritivas destinadas a impedir a introdução ou propagação de doença contagiosa. 2. A infração a determinações sanitárias do Estado, ainda que emanada de atos normativos estaduais, distrital ou municipais, permite seja realizada a subsunção do fato ao crime tipificado no artigo 268 do Código Penal, afastadas as alegações genéricas de inconstitucionalidade de referidas normas por violação da competência privativa da União. 3. Agravo em recurso extraordinário conhecido. Apelo extremo provido. 4. Fixada a seguinte tese: O art. 268 do Código Penal veicula norma penal em branco que pode ser complementada por atos normativos infralegais editados pelos entes federados (União, Estados, Distrito Federal e Municípios), respeitadas as respectivas esferas de atuação, sem que isso implique ofensa à competência privativa da União para legislar sobre direito penal (CF, art. 22, I)" (Repercussão Geral no Recurso Extraordinário com Agravo 1.418.846/RS, Plenário, rel. Rosa Weber, 24.03.2023, v.u.).

Omissão de notificação de doença

Art. 269

Sujeito ativo

Somente o médico (ver Parte Geral, capítulo XII, item 3.1).

Sujeito passivo

É a sociedade (ver Parte Geral, capítulo XII, item 3.2).

Objeto jurídico

É a saúde pública (ver Parte Geral, capítulo XII, item 3.3, "b").

Objeto material

É a notificação compulsória (ver Parte Geral, capítulo XII, item 3.3, "a").

Elementos objetivos do tipo

Deixar de denunciar (não delatar ou negar conhecimento sobre alguma coisa), o médico, doença de notificação compulsória (é a enfermidade cuja ciência, pelo poder público, é obrigatória. Trata-se de norma penal em branco, necessitando de complemento para ser compreendida, isto é, torna-se indispensável conhecer o rol das doenças de que o Estado deseja tomar conhecimento) à autoridade pública (é o órgão do Estado encarregado de fazer cumprir as leis ou determinações do poder público). A pena é de detenção, de seis meses a dois anos, e multa. Conferir o capítulo XIII, item 2.1, da Parte Geral.

Elemento subjetivo do crime

É o dolo de perigo (ver o capítulo XIV da Parte Geral).

Elemento subjetivo do tipo específico

Não há (ver Parte Geral, capítulo XIII, item 2.1).

Classificação

Próprio; formal (mera conduta); de forma vinculada; omissivo; instantâneo; de perigo comum abstrato; unissubjetivo; unissubsistente. Sobre a classificação dos crimes, ver o capítulo XII, item 4, da Parte Geral.

Tentativa

Não se admite.

Momento consumativo

Quando vence o prazo legal para o médico comunicar a doença à autoridade pública.

Envenenamento de água potável ou de substância alimentícia ou medicinal

Art. 270

Sujeito ativo

Qualquer pessoa (ver Parte Geral, capítulo XII, item 3.1).

Sujeito passivo

É a sociedade (ver Parte Geral, capítulo XII, item 3.2).

Objeto jurídico

É a saúde pública (ver Parte Geral, capítulo XII, item 3.3, "b").

Objeto material

É a água potável (ver Parte Geral, capítulo XII, item 3.3, "a").

Elementos objetivos do tipo

Envenenar (misturar substância que altera ou destrói as funções vitais do organismo em alguma coisa ou intoxicar) água potável (é a água boa para beber, sem risco à saúde), de uso comum ou particular (situada numa fonte, lago ou qualquer lugar de livre acesso público, portanto, de uso comum, ou mesmo em propriedade particular, sendo de uso privativo de alguém), ou substância alimentícia (é a matéria que se destina a nutrir e sustentar o organismo) ou medicinal (é a matéria voltada à cura de algum mal orgânico) destinada a consumo (destinada a ser utilizada e ingerida por um número indeterminado de pessoas). A pena é de reclusão, de dez a quinze anos. Incorre na mesma pena aquele que *entregar* a consumo (passar à posse de outra pessoa, gratuita ou onerosamente, para o fim de ser ingerida ou degustada) ou *tiver em depósito* (conservar em local seguro) a água ou substância envenenada (§ 1.º). Conferir o capítulo XIII, item 2.1, da Parte Geral.

Elemento subjetivo do crime

É o dolo de perigo ou a culpa (ver o capítulo XIV da Parte Geral). Existe a forma culposa.

Elemento subjetivo do tipo específico

Não há, exceto na modalidade "ter em depósito" do § 1.º ("para o fim de ser distribuída") (ver Parte Geral, capítulo XIII, item 2.1).

Classificação

Comum; formal; de forma livre; comissivo; instantâneo (na forma "ter em depósito" é permanente); de perigo comum abstrato; unissubjetivo; unissubsistente ou plurissubsistente, conforme o caso. Sobre a classificação dos crimes, ver o capítulo XII, item 4, da Parte Geral.

Tentativa

Admite-se na forma plurissubsistente dolosa.

Momento consumativo

Quando o envenenamento se concretizar, independentemente de atingir alguém, ou quando a água ou substância envenenada for entregue a consumo ou mantida em depósito.

Figura culposa

A pena é de detenção, de seis meses a dois anos, se o crime é culposo.

Particularidade

A Lei 8.072/1990 havia incluído o delito de envenenamento de água potável ou de substância alimentícia ou medicinal na relação dos delitos hediondos, embora, com o advento da Lei 8.930/1994, tenha sido retirado desse rol. A despeito disso, em se tratando de crime de perigo abstrato – não dependente de prova da existência efetiva do perigo, que é presumido pela lei –, possui pena excessivamente elevada. Imagine-se a conduta de alguém que envenene uma fonte de propriedade particular, com raríssimo acesso de alguém ao local: poderia ser processado pela prática de envenenamento de água potável, ainda que não tivesse havido perigo concreto para qualquer pessoa, recebendo, no mínimo, dez anos de reclusão. Fere-se, com isso, o princípio da proporcionalidade.

Corrupção ou poluição de água potável

Art. 271

Sujeito ativo

Qualquer pessoa (ver Parte Geral, capítulo XII, item 3.1).

Sujeito passivo

É a sociedade (ver Parte Geral, capítulo XII, item 3.2).

Objeto jurídico

É a saúde pública (ver Parte Geral, capítulo XII, item 3.3, "b").

Objeto material

É a água potável (ver Parte Geral, capítulo XII, item 3.3, "a").

Elementos objetivos do tipo

Corromper (adulterar ou estragar) ou *poluir* (sujar ou tornar prejudicial à saúde) água potável. Trata-se de tipo misto alternativo, de modo que a prática de uma ou das duas condutas implica num único delito, quando no mesmo contexto. A pena é de reclusão, de dois a cinco anos. Conferir o capítulo XIII, item 2.1, da Parte Geral.

Elemento subjetivo do crime

É o dolo de perigo ou a culpa, conforme a situação (ver o capítulo XIV da Parte Geral).

Elemento subjetivo do tipo específico

Não há (ver Parte Geral, capítulo XIII, item 2.1).

Classificação

Comum; formal; de forma livre; comissivo; instantâneo; de perigo comum abstrato; unissubjetivo; plurissubsistente. Sobre a classificação dos crimes, ver o capítulo XII, item 4, da Parte Geral.

Tentativa

Admite-se, na modalidade dolosa.

Momento consumativo

Quando a água potável for corrompida ou poluída, tornando-se imprópria para consumo ou nociva à saúde, independentemente de efetivo prejuízo à saúde de alguém.

Figura culposa

A pena é de detenção, de dois meses a um ano, se o crime é culposo.

Falsificação, corrupção, adulteração ou alteração de substância ou produtos alimentícios

Art. 272

Sujeito ativo

Qualquer pessoa (ver Parte Geral, capítulo XII, item 3.1).

Sujeito passivo

É a sociedade (ver Parte Geral, capítulo XII, item 3.2).

Objeto jurídico

É a saúde pública (ver Parte Geral, capítulo XII, item 3.3, "b").

Objeto material

É a substância ou produto alimentício destinado a consumo (ver Parte Geral, capítulo XII, item 3.3, "a").

Elementos objetivos do tipo

Corromper (estragar ou alterar para pior), *adulterar* (deformar ou deturpar), *falsificar* (reproduzir, através de imitação, ou contrafazer), *alterar* (transformar ou modificar) substância ou produto alimentício (é a matéria que se destina a nutrir e sustentar o organismo), destinado a consumo (é a finalidade de ser utilizada e ingerida por um número indeterminado de pessoas que o adquirem no mercado), *tornando-o nocivo à saúde* (convertendo-o em algo prejudicial às normais funções orgânicas, físicas e mentais) ou *reduzindo-lhe* (diminuindo-lhe as proporções) o valor nutritivo (é a qualidade de servir para alimentar e sustentar, própria dos alimentos). Trata-se de tipo misto alternativo, isto é, a prática de uma ou mais condutas implica na realização de um único delito, desde que no mesmo contexto fático. A pena é de reclusão, de quatro a oito anos, e multa. Incorre nas mesmas penas quem *fabrica* (manufatura ou constrói), *vende* (aliena por certo preço), *expõe à venda* (põe à vista para ser alienado), *importa* (traz de fora para dentro do país), *tem em depósito para vender* (mantém guardado até a alienação) ou, de qualquer modo, *distribui* (espalha) ou *entrega a consumo* (passa algo às mãos de terceiros para que seja ingerido ou gasto) a substância alimentícia ou o produto falsificado, corrompido ou adulterado (§ 1.º-A). Está sujeito às mesmas penas aquele que praticar as ações descritas acima em relação a bebidas, com ou sem teor alcoólico (§ 1.º). Conferir o capítulo XIII, item 2.1, da Parte Geral.

Elemento subjetivo do crime

É o dolo de perigo ou a culpa, conforme o caso (ver o capítulo XIV da Parte Geral).

Elemento subjetivo do tipo específico

Não há, exceto na modalidade "tem em depósito para vender" (§ 1.º-A) (ver Parte Geral, capítulo XIII, item 2.1).

Classificação

Comum; formal; de forma livre; comissivo; instantâneo (permanente nas formas "expor à venda" e "ter em depósito"); de perigo comum abstrato; unissubjetivo; plurissubsistente. Sobre a classificação dos crimes, ver o capítulo XII, item 4, da Parte Geral.

Tentativa

Admite-se, na modalidade dolosa.

Momento consumativo

Quando as condutas descritas no tipo (*caput*) atingirem a substância ou produto alimentício destinado a consumo, tornando-o nocivo à saúde ou reduzindo seu valor nutritivo, ainda que não prejudique a saúde de alguém. Dá-se, ainda, quando as condutas descritas no § 1.º-A forem praticadas em relação à substância alimentícia ou ao produto falsificado, corrompido ou adulterado, mesmo que inexista dano à saúde de terceiro.

Figura culposa

A pena é de detenção, de um a dois anos, e multa, se o crime é culposo.

Falsificação, corrupção, adulteração ou alteração de produto destinado a fins terapêuticos ou medicinais

Art. 273

Sujeito ativo

Qualquer pessoa (ver Parte Geral, capítulo XII, item 3.1).

Sujeito passivo

É a sociedade (ver Parte Geral, capítulo XII, item 3.2).

Objeto jurídico

É a saúde pública (ver Parte Geral, capítulo XII, item 3.3, "b").

Objeto material

É o produto falsificado, corrompido, adulterado ou alterado (ver Parte Geral, capítulo XII, item 3.3, "a").

Elementos objetivos do tipo

Falsificar (reproduzir, por meio de imitação, ou contrafazer), *corromper* (estragar ou alterar para pior), *adulterar* (deformar ou deturpar) ou *alterar* (transformar ou modificar) produto destinado a fins terapêuticos ou medicinais (é a substância voltada ao alívio ou à cura de doenças – fins terapêuticos –, bem como ao combate de males e enfermidades – fins medicinais). Trata-se de tipo misto alternativo, ou seja, a prática de uma ou mais condutas implica sempre num único delito, quando no mesmo contexto. A pena é de reclusão, de dez a quinze anos, e multa. Nas mesmas penas incorre quem *importa* (traz algo de fora para dentro do país), *vende* (aliena por certo preço), *expõe à venda* (coloca à vista com o fim de alienar a certo preço), *tem em depósito para vender* (mantém algo guardado com o fim de alienar a certo preço) ou, de qualquer forma, *distribui* (dá para várias pessoas em várias direções ou espalha) ou *entrega a consumo* (passa algo às mãos de terceiros para que seja ingerido ou gasto) o produto falsificado, corrompido, adulterado ou alterado (§ 1.º). Estas condutas podem referir-se a produtos nas seguintes condições:

a) sem registro, quando exigível, no órgão de vigilância sanitária competente (é o produto que, embora não adulterado de qualquer forma, deixou de ser devidamente inscrito no órgão governamental de controle da saúde e da higiene pública. É preciso ser *exigível* tal registro, de modo que é norma penal em branco);

b) em desacordo com a fórmula constante do registro no órgão competente (faz-se a inscrição do produto no órgão competente, embora seja ele alienado, por exemplo, com conteúdo diverso do que consta no registro. Não deixa de ser, nesse caso, uma modalidade específica de alteração do produto, além de norma penal em branco);

c) sem as características de identidade e qualidade admitidas para a sua comercialização (é o produto que não corresponde exatamente àquele que conta com autorização governamental para ser vendido ao público, seja porque mudou sua forma de apresentação, seja porque não preenche, na essência, o objetivo da vigilância sanitária. Trata-se de norma penal em branco);

d) com redução de seu valor terapêutico ou de sua atividade (o produto, tal como é conhecido, deveria apresentar certa eficácia para o combate a determinados males e doenças, deixando de manifestá-la porque foi alterado, perdendo capacidade terapêutica ou diminuindo-se o tempo de duração de seus efeitos);

e) de procedência ignorada (é o produto sem origem, sem nota e sem controle, podendo ser verdadeiro ou falso, mas dificultando, sobremaneira, a fiscalização da autoridade sanitária);

f) adquiridos de estabelecimentos sem licença da autoridade sanitária competente (compõem o universo dos produtos originários de comércio clandestino de substâncias medicinais ou terapêuticas. Tendo em vista o perigo abstrato existente na comercialização de produtos sem o controle sanitário, é natural que não se possa adquiri-los de lugares não licenciados), conforme o § 1.º-B. Conferir o capítulo XIII, item 2.1, da Parte Geral.

Norma explicativa

Preceitua o § 1.º-A que se incluem entre os produtos a que se refere o artigo os medicamentos (remédio, isto é, substância voltada à cura de males e doenças), as matérias-primas (substância bruta com que se fabrica alguma coisa). É natural que, neste caso, não se esteja falando de qualquer matéria-prima, mas sim a que serve de base para a constituição de uma substância destinada a fins terapêuticos ou medicinais. Assim, em essência, já está contida no *caput*. Mas, para evitar dissabores na interpretação, fez-se questão de mencionar tanto o medicamento – que contém o produto destinado a fins terapêuticos ou medicinais – como a matéria-prima – que serve para construir o produto destinado aos fins expostos. Pode-se, então, concluir que a matéria-prima serve ao produto destinado a fins terapêuticos ou medicinais, que, por sua vez, serve para constituir o medicamento, os insumos farmacêuticos (produtos combinados de variadas matérias-primas, com a finalidade de servirem como medicamentos), os cosméticos (produtos destinados à limpeza, conservação e maquilagem da pele), os saneantes (produtos de limpeza em geral) e os de uso em diagnóstico (são os instrumentos para a detecção ou determinação de uma doença).

Particularidade na sanção cominada

A Lei 9.677/1998 alterou substancialmente as penas deste delito, na forma dolosa, passando-as de um a três anos, e multa, para dez a quinze anos, mantendo-se a multa. Houve, ainda, a criação de novas condutas típicas, tanto no *caput* quanto nos parágrafos. Em seguida, a Lei 9.695/1998 classificou este delito como hediondo, ao incluí-lo no rol do art. 1.º da Lei 8.072/1990. Por se tratar de crime de perigo abstrato (independe da prova da ocorrência de efetivo risco para quem quer que seja), a pena é muito elevada.

🌡 PONTO RELEVANTE PARA DEBATE

A inconstitucionalidade da pena cominada ao art. 273 do Código Penal

Não há dúvida ser indispensável prever figuras típicas incriminadoras para a falsificação, corrupção, adulteração ou alteração de produto destinado a fins terapêuticos ou medicinais. Do mesmo modo, outros produtos correlatos merecem ser preservados, razão pela qual a sua falsificação também deve ser punida. Não há lesão ao princípio da intervenção mínima (e seu corolário: princípio da ofensividade) a simples tipificação feita no art. 273 e seus parágrafos. Porém, integra a intervenção estatal, no âmbito penal, a previsão de penas para os mais diversos delitos. Se houver exagero punitivo, fere-se o princípio da proporcionalidade e, por via de consequência, o próprio sentido do princípio da ofensividade. Desintegra-se, em última análise, a dignidade da pessoa humana, conturbando-se o princípio da humanidade. Afinal, constitui crueldade aplicar sanção penal desproporcional a qualquer ser humano. É inviável acolher como razoável a pena mínima de dez anos de reclusão, em regime inicial fechado, considerado crime hediondo, para condutas de perigo, quando nem mesmo potencial concreto de dano se exige. Vender um remédio sem registro no órgão de vigilância sanitária não tem, minimamente, o padrão necessário para se comparar a graves delitos de dano, como, por exemplo, o homicídio. No entanto, a pena mínima do homicídio simples é de seis anos de reclusão, enquanto a mínima do crime contra a saúde pública atinge dez anos de reclusão. Nesse prisma, a inconstitucionalidade, por afronta direta ao princípio da proporcionalidade, bem como, indiretamente, à intervenção mínima, é patente. Nesse sentido, decidiu o Superior Tribunal de Justiça, no dia 26 de fevereiro de 2015, proclamando a inconstitucionalidade do preceito secundário do art. 273, § 1.º-B, V, do Código Penal (HC 239.363, Corte Especial, rel. Sebastião Reis Júnior, m.v.). Porém, após esse julgamento, o STJ tem permitido que outros tribunais não apliquem a pena do art. 273 do Código Penal, muito elevada, substituindo-a pela pena do tráfico ilícito de drogas (art. 33, Lei 11.343/2006). O argumento é coerente, pois a aplicação da pena de reclusão, de 10 a 15 anos, e multa, para a falsificação ou outra forma de alteração de *drogas lícitas* é desproporcional; mais sentido faz a utilização da pena de reclusão, de 5 a 15 anos, e multa, destinada à utilização de *drogas ilícitas*. Se para o material ilícito, usa-se o mínimo de 5 anos, não tem cabimento valer-se o juiz do mínimo de 10 anos para material lícito, embora adulterado de algum modo. Analisando a pena do art. 273, o Supremo Tribunal Federal, apreciando o tema 1.003 de repercussão geral, fixou o seguinte entendimento: "É inconstitucional a aplicação do preceito secundário do art. 273 do Código Penal, com redação dada pela Lei n.º 9.677/1998 (reclusão, de 10 a 15 anos, e multa), à hipótese prevista no seu § 1.º-B, I, que versa sobre a importação de medicamento sem registro no órgão de vigilância sanitária. Para esta situação específica, fica repristinado o preceito secundário do art. 273, na redação originária (reclusão, de 1 a 3 anos, e multa)", vencidos os Ministros Marco Aurélio, Ricardo Lewandowski e Edson Fachin (RE 979.962, Plenário, 24.03.2021). Segundo nos parece, a pena do art. 273, para qualquer situação nele prevista, é desproporcional, devendo-se seguir o entendimento de ficar repristinada a anterior sanção de reclusão, de 1 a 3 anos, e multa.

Elemento subjetivo do crime

É o dolo de perigo ou a culpa, conforme a situação (ver o capítulo XIV da Parte Geral).

Elemento subjetivo do tipo específico

Não há, exceto na modalidade "ter em depósito para vender" (§ 1.º) (ver Parte Geral, capítulo XIII, item 2.1).

Classificação

Comum; formal; de forma livre; comissivo; instantâneo (permanente nas formas "expor à venda" e "ter em depósito"); de perigo comum abstrato; unissubjetivo; plurissubsistente. Sobre a classificação dos crimes, ver o capítulo XII, item 4, da Parte Geral.

Tentativa

Admite-se, na forma dolosa.

Momento consumativo

Quando as condutas descritas no *caput* do tipo forem praticadas em relação a produto destinado a fins terapêuticos ou medicinais, ainda que não haja dano à saúde de alguém. Pode dar-se, no caso do § 1.º, quando as condutas ali descritas envolverem o produto falsificado, corrompido, adulterado ou alterado, também sem dependência a lesão à saúde de terceiro.

Figura culposa

A pena é de detenção, de um a três anos, e multa, se o crime é culposo.

Emprego de processo proibido ou de substância não permitida

Art. 274

Sujeito ativo

Qualquer pessoa (ver Parte Geral, capítulo XII, item 3.1).

Sujeito passivo

É a sociedade (ver Parte Geral, capítulo XII, item 3.2).

Objeto jurídico

É a saúde pública (ver Parte Geral, capítulo XII, item 3.3, "b").

Objeto material

É o produto fabricado e destinado a consumo (ver Parte Geral, capítulo XII, item 3.3, "a").

Elementos objetivos do tipo

Empregar (fazer uso de algo ou aplicar), no fabrico de produto destinado a consumo (é a manufatura ou preparo de substância voltada ao gasto ou ingestão por um número indeterminado de pessoas, a ser oferecido no mercado), revestimento (é tudo aquilo que cobre uma determinada superfície, tendo por fim protegê-la ou adorná-la), gaseificação artificial (é a operação provocada por processo não natural, que tem por finalidade reduzir algo sólido ou líquido a gás ou vapor), matéria corante (é a substância voltada a colorir ou tingir alguma coisa), substância aromática (é o corpo cuja composição contém propriedades odoríferas, ou seja, de perfume agradável), antisséptica (é o corpo cuja composição contém elementos capazes de impedir a proliferação de microrganismos, por sua eliminação), conservadora (é o corpo cuja composição contém propriedades capazes de impedir ou atrasar a modificação de alimento, diante da ação de microrganismos ou enzimas) ou qualquer outra não expressamente permitida pela legislação sanitária (trata-se de interpretação analógica, ou seja, o tipo penal fornece os exemplos de substâncias ou processos que somente podem ser utilizados no fabrico de algum produto destinado a consumo quando houver autorização legal, como o revestimento, a gaseificação artificial, a matéria corante e a substância aromática, antisséptica ou conservadora, e, a partir daí, generaliza para qualquer outro igualmente não permitido, semelhante aos primeiros). É norma penal em branco, tornando-se indispensável conhecer o conteúdo da legislação referente à proteção da saúde e da higiene pública. A pena é de reclusão, de um a cinco anos, e multa. Conferir o capítulo XIII, item 2.1, da Parte Geral.

Elemento subjetivo do crime
É o dolo de perigo (ver o capítulo XIV da Parte Geral).

Elemento subjetivo do tipo específico
Não há (ver Parte Geral, capítulo XIII, item 2.1).

Classificação
Comum; formal; de forma livre; comissivo; instantâneo; de perigo comum abstrato; unissubjetivo; plurissubsistente. Sobre a classificação dos crimes, ver o capítulo XII, item 4, da Parte Geral.

Tentativa
Admite-se.

Momento consumativo
Quando houver o emprego de substância não permitida no fabrico dos produtos mencionados no tipo penal, ainda que não exista prejuízo à saúde de alguém.

Invólucro ou recipiente com falsa indicação

Art. 275

Sujeito ativo
Qualquer pessoa (ver Parte Geral, capítulo XII, item 3.1).

Sujeito passivo
É a sociedade (ver Parte Geral, capítulo XII, item 3.2).

Objeto jurídico
É a saúde pública (ver Parte Geral, capítulo XII, item 3.3, "b").

Objeto material
É o invólucro ou recipiente de produtos alimentícios, terapêuticos ou medicinais (ver Parte Geral, capítulo XII, item 3.3, "a").

Elementos objetivos do tipo
Inculcar (apontar, citar, gravar ou imprimir), em invólucro (tudo aquilo que serve para encerrar ou conter alguma coisa, como capa plástica ou de papel) ou recipiente (objeto destinado a encerrar em si substâncias líquidas ou sólidas, como frascos ou sacos plásticos) de produtos alimentícios, terapêuticos ou medicinais (são as substâncias destinadas a nutrir ou sustentar o organismo – alimentícias –, a aliviar ou curar doenças – terapêuticos –, ou a combater males e enfermidades – medicinais), a existência de substância que não se encontra em seu conteúdo ou que nele existe em quantidade menor que a mencionada. A pena é de reclusão, de um a cinco anos, e multa. Conferir o capítulo XIII, item 2.1, da Parte Geral.

Elemento subjetivo do crime
É o dolo de perigo (ver o capítulo XIV da Parte Geral).

Elemento subjetivo do tipo específico
Não há (ver Parte Geral, capítulo XIII, item 2.1).

Classificação
Comum; formal; de forma livre; comissivo; instantâneo; de perigo comum abstrato; unissubjetivo; plurissubsistente. Sobre a classificação dos crimes, ver o capítulo XII, item 4, da Parte Geral.

Tentativa
Admite-se.

Momento consumativo
Quando for gravado em invólucro ou recipiente de produtos alimentícios, terapêuticos ou medicinais, substância inexistente no seu conteúdo ou em quantidade diversa, ainda que não haja efetivo prejuízo para a saúde de alguém.

Produto ou substância nas condições dos dois artigos anteriores

Art. 276

Sujeito ativo

Qualquer pessoa (ver Parte Geral, capítulo XII, item 3.1).

Sujeito passivo

É a sociedade (ver Parte Geral, capítulo XII, item 3.2).

Objeto jurídico

É a saúde pública (ver Parte Geral, capítulo XII, item 3.3, "b").

Objeto material

É o produto nas condições determinadas pelos artigos 274 e 275 (ver Parte Geral, capítulo XII, item 3.3, "a").

Elementos objetivos do tipo

Vender (alienar por certo preço), *expor à venda* (colocar à vista com o fim de alienar a certo preço), *ter em depósito* para vender (manter algo guardado com o fim de alienar a certo preço) ou, de qualquer modo, *entregar a consumo* (passar algo às mãos de terceiros para que seja ingerido ou gasto) produto nas condições dos arts. 274 e 275. Trata-se de tipo penal remetido, passível de compreensão desde que se consulte o conteúdo dos mencionados artigos, bem como alternativo, isto é, a prática de uma ou mais condutas implica num único crime. A pena é de reclusão, de um a cinco anos, e multa. Conferir o capítulo XIII, item 2.1, da Parte Geral.

Elemento subjetivo do crime

É o dolo de perigo (ver o capítulo XIV da Parte Geral).

Elemento subjetivo do tipo específico

Não há, exceto na forma "ter em depósito *para vender*" (ver Parte Geral, capítulo XIII, item 2.1).

Classificação

Comum; formal; de forma livre; comissivo; instantâneo (permanente nas modalidades "expor à venda" e "ter em depósito"); de perigo comum abstrato; unissubjetivo; plurissubsistente. Sobre a classificação dos crimes, ver o capítulo XII, item 4, da Parte Geral.

Tentativa

Admite-se.

Momento consumativo

Quando as condutas descritas no tipo forem praticadas, ainda que não haja prejuízo à saúde de alguém.

Substância destinada à falsificação

Art. 277

Sujeito ativo

Qualquer pessoa (ver Parte Geral, capítulo XII, item 3.1).

Sujeito passivo

É a sociedade (ver Parte Geral, capítulo XII, item 3.2).

Objeto jurídico

É a saúde pública (ver Parte Geral, capítulo XII, item 3.3, "b").

Objeto material

É a substância destinada à falsificação de produtos alimentícios, terapêuticos ou medicinais (ver Parte Geral, capítulo XII, item 3.3, "a").

Elementos objetivos do tipo

Vender (alienar por certo preço), *expor à venda* (colocar à vista com o fim de alienar a certo preço), *ter em depósito* (manter algo guardado) ou *ceder* (colocar algo à disposição de alguém) substância destinada à falsificação de produtos alimentícios, terapêuticos ou medicinais. Trata-se de tipo misto alternativo, ou seja, a prática de uma ou mais condutas implica na realização de um só delito, desde que no mesmo contexto fático. A pena é de reclusão, de um a cinco anos, e multa. Conferir o capítulo XIII, item 2.1, da Parte Geral.

Elemento subjetivo do crime

É o dolo de perigo (ver o capítulo XIV da Parte Geral).

Elemento subjetivo do tipo específico

É a falsificação de produtos alimentícios, terapêuticos ou medicinais (ver Parte Geral, capítulo XIII, item 2.1).

Classificação

Comum; formal; de forma livre; comissivo; instantâneo (permanente nas modalidades "expor à venda" e "ter em depósito"); de perigo comum abstrato; unissubjetivo; plurissubsistente. Sobre a classificação dos crimes, ver o capítulo XII, item 4, da Parte Geral.

Tentativa

Não é admissível, pois se cuida de tipo penal que consagra a preparação de outros delitos (arts. 272 e 273). Lembremos que a preparação não é punível, como regra, no direito penal brasileiro. Portanto, em caráter excepcional, criou-se o tipo do art. 277 para puni-la, o que não comporta extensão. Admitir a tentativa seria o mesmo que punir a "tentativa de preparação", avançando para o campo da cogitação.

Momento consumativo

Quando as condutas descritas no tipo forem cometidas, independentemente de efetivo prejuízo à saúde de alguém.

Outras substâncias nocivas à saúde pública

Art. 278

Sujeito ativo

Qualquer pessoa (ver Parte Geral, capítulo XII, item 3.1).

Sujeito passivo

É a sociedade (ver Parte Geral, capítulo XII, item 3.2).

Objeto jurídico

É a saúde pública (ver Parte Geral, capítulo XII, item 3.3, "b").

Objeto material

É a coisa ou substância nociva à saúde (ver Parte Geral, capítulo XII, item 3.3, "a").

Elementos objetivos do tipo

Fabricar (manufaturar ou construir), *vender* (alienar por certo preço), *expor à venda* (colocar à vista com o fim de alienar a certo preço), *ter em depósito* para vender (manter algo guardado com a finalidade de alienar por certo preço) ou, de qualquer forma, *entregar* a consumo (passar algo às mãos de terceiros para que seja ingerido ou gasto) coisa ou substância nociva à saúde (é o objeto ou a matéria prejudicial às funções orgânicas, físicas e mentais do ser humano), ainda que não destinada à alimentação ou a fim medicinal. A pena é de detenção, de um a três anos, e multa. Conferir o capítulo XIII, item 2.1, da Parte Geral.

Elemento subjetivo do crime

É o dolo de perigo ou a culpa, conforme o caso (ver o capítulo XIV da Parte Geral).

Elemento subjetivo do tipo específico

Não há, exceto na modalidade "ter em depósito *para* vender" (ver Parte Geral, capítulo XIII, item 2.1).

Classificação

Comum; formal; de forma livre; comissivo; instantâneo (permanente nas modalidades "expor à venda" e "ter em depósito"); de perigo comum abstrato; unissubjetivo; plurissubsistente. Sobre a classificação dos crimes, ver o capítulo XII, item 4, da Parte Geral.

Tentativa

É admissível, na forma dolosa.

Momento consumativo

Quando as condutas descritas no tipo forem praticadas, ainda que não haja prejuízo efetivo à saúde de alguém.

Figura culposa

A pena é de detenção, de dois meses a um ano, se o crime é culposo.

Substância avariada

Art. 279

Artigo revogado pela Lei 8.137/1990.

Medicamento em desacordo com receita médica

Art. 280

Sujeito ativo

Qualquer pessoa (ver Parte Geral, capítulo XII, item 3.1).

Sujeito passivo

É a sociedade (ver Parte Geral, capítulo XII, item 3.2).

Objeto jurídico

É a saúde pública (ver Parte Geral, capítulo XII, item 3.3, "b").

Objeto material

É a substância medicinal (ver Parte Geral, capítulo XII, item 3.3, "a").

Elementos objetivos do tipo

Fornecer (prover ou pôr à disposição de alguém) substância medicinal (é a matéria voltada à cura de algum mal orgânico) em desacordo com receita médica (é a prescrição escrita feita pelo médico, devidamente identificado). A pena é de detenção, de um a três anos, ou multa. Conferir o capítulo XIII, item 2.1, da Parte Geral.

Elemento subjetivo do crime

É o dolo de perigo ou a culpa, dependendo do caso (ver o capítulo XIV da Parte Geral).

Elemento subjetivo do tipo específico

Não há (ver Parte Geral, capítulo XIII, item 2.1).

Classificação

Comum; formal; de forma livre; comissivo; instantâneo; de perigo comum abstrato; unissubjetivo; plurissubsistente. Sobre a classificação dos crimes, ver o capítulo XII, item 4, da Parte Geral.

Tentativa

É admissível, na modalidade dolosa.

Momento consumativo

Quando o fornecimento de substância medicinal, em desacordo com a receita médica, for realizado, mesmo sem prejuízo efetivo à saúde de alguém.

Figura culposa

A pena é de detenção, de dois meses a um ano, se o crime é culposo.

Comércio clandestino ou facilitação de uso de entorpecentes

Art. 281

Artigo revogado pela Lei 6.368/1976 (atual Lei 11.343/2006).

Exercício ilegal da medicina, arte dentária ou farmacêutica

Art. 282

Sujeito ativo

Pode ser qualquer pessoa, quando se refere o tipo ao exercício da profissão de médico, dentista ou farmacêutico. Entretanto, necessita ser médico, dentista ou farmacêutico quando, na segunda parte, faz referência à ultrapassagem dos limites inerentes à profissão (ver Parte Geral, capítulo XII, item 3.1).

Sujeito passivo

É a sociedade. Secundariamente, a pessoa diretamente atingida pela conduta do agente (ver Parte Geral, capítulo XII, item 3.2).

Objeto jurídico

É a saúde pública (ver Parte Geral, capítulo XII, item 3.3, "b").

Objeto material

É a profissão de médico, dentista ou farmacêutico (ver Parte Geral, capítulo XII, item 3.3, "a").

Elementos objetivos do tipo

Exercer (desempenhar algo habitualmente), ainda que a título gratuito (significa que o agente poderia exigir contraprestação pelos seus serviços profissionais, embora seja possível exercer a atividade gratuitamente, por mero capricho ou desejo), a profissão de médico, dentista ou farmacêutico, sem autorização legal ou excedendo-lhe os limites. A pena é de detenção, de seis meses a dois anos. Conferir o capítulo XIII, item 2.1, da Parte Geral.

Elemento subjetivo do crime

É o dolo de perigo (ver o capítulo XIV da Parte Geral).

Elemento subjetivo do tipo específico

Exige-se a vontade de desempenhar a atividade usualmente, como estilo de vida, já que se trata de delito habitual. Pode haver, ainda, o intuito de lucro (parágrafo único) (ver Parte Geral, capítulo XIII, item 2.1).

Classificação

Comum (na primeira parte do tipo) e próprio (na segunda parte); formal; de forma livre; comissivo; habitual; de perigo comum abstrato; unissubjetivo; plurissubsistente. Sobre a classificação dos crimes, ver o capítulo XII, item 4, da Parte Geral.

Tentativa

Não é admissível, por se tratar de crime habitual.

Momento consumativo

Quando se tornar evidente a habitualidade da conduta descrita no tipo penal, ainda que inexista prejuízo efetivo à saúde de alguém.

Particularidade

Se o crime é cometido com o fim de lucro, aplica-se também a pena de multa.

Charlatanismo

Art. 283

Sujeito ativo

Pode ser qualquer pessoa (ver Parte Geral, capítulo XII, item 3.1).

Sujeito passivo

É a sociedade (ver Parte Geral, capítulo XII, item 3.2).

Objeto jurídico

É a saúde pública (ver Parte Geral, capítulo XII, item 3.3, "b").

Objeto material

É o anúncio de cura secreta ou infalível (ver Parte Geral, capítulo XII, item 3.3, "a").

Elementos objetivos do tipo

Inculcar (apregoar ou dar a entender) ou *anunciar* (divulgar ou fazer saber) cura (é o restabelecimento da saúde de alguém, que estava enfermo) por meio secreto ou infalível. Tem-se por fim punir aquele que, sendo médico ou não, se promove à custa de métodos questionáveis e perigosos de curar pessoas, de maneira oculta ou ignorada do paciente e do poder público, além de divulgar mecanismos inverídicos de cura, visto não existir nada infalível quando se trata de cura de enfermidades. Como explica Flamínio Fávero, o "termo charlatanismo vem de charlar, do italiano *ciarlare* que quer dizer conversar. De início, parece que só isso satisfazia os charladores. Enchiam o seu tempo e dos ouvintes, mais ou menos agradavelmente, conversando apenas. É como quem diz 'conversando fiado' ou 'dando pontos sem nós'. Depois, esses charladores julgaram de bom aviso unir o útil ao agradável e, então, vendiam drogas, apregoando-as com exagero: são os 'pontos com nós'... (...) Então surge a medicina desonesta. Os homens querem, mais do que o alívio e o consolo, a cura, e por qualquer preço. E assim confiam em tudo o que sejam promessas. E estimulam mesmo essas promessas, embora saibam que, às vezes, oferecem apenas embusteirice e impostura... É o terreno propício para os charlatães que medram como os cogumelos no terreno úmido e sombrio." Em suma, charlatanismo é "inculcar ou anunciar cura por meio secreto e infalível. No segredo e na infalibilidade estão os pontos fundamentais do ilícito moral e legal, porque a medicina não pode agir por meios secretos, devendo ser franca e leal em sua atuação e também porque nunca pode pretender a infalibilidade" (*Medicina Legal*, p. 41-42). A pena é de detenção, de três meses a um ano, e multa. Conferir o capítulo XIII, item 2.1, da Parte Geral.

Elemento subjetivo do crime

É o dolo de perigo (ver o capítulo XIV da Parte Geral).

Elemento subjetivo do tipo específico

Não há (ver Parte Geral, capítulo XIII, item 2.1).

Classificação

Comum; formal; de forma livre; comissivo; instantâneo; de perigo comum abstrato; unissubjetivo; plurissubsistente. Sobre a classificação dos crimes, ver o capítulo XII, item 4, da Parte Geral.

Tentativa

É admissível.

Momento consumativo

Quando as condutas típicas forem praticadas, independentemente de prejuízo efetivo para a saúde de terceiro.

Curandeirismo

Art. 284

Sujeito ativo

Qualquer pessoa (ver Parte Geral, capítulo XII, item 3.1).

Sujeito passivo

É a sociedade. Secundariamente, a pessoa que é objeto da "cura" (ver Parte Geral, capítulo XII, item 3.2).

Objeto jurídico

É a saúde pública (ver Parte Geral, capítulo XII, item 3.3, "b").

Objeto material

É a substância prescrita, o gesto, a palavra ou outro meio empregado e o diagnóstico realizado (ver Parte Geral, capítulo XII, item 3.3, "a").

Elementos objetivos do tipo

Exercer (desempenhar uma atividade com habitualidade) o curandeirismo (é a atividade desempenhada pela pessoa que promove curas sem ter qualquer título ou habilitação para tanto, fazendo-o, geralmente, por meio de reza ou emprego de magia):

a) *prescrevendo* (indicando como remédio ou receitando), *ministrando* (fornecendo para ser ingerido ou utilizado por alguém) ou *aplicando* (empregando ou utilizando em alguém), habitualmente, qualquer substância (matéria que serve a alguma finalidade, como, por exemplo, a substância medicinal, destinada à cura de enfermidades);

b) *usando gestos, palavras ou qualquer outro meio* (gesticulando, falando ou agindo de qualquer maneira que simbolize um ritual);

c) *fazendo* (produzindo, executando, realizando) diagnósticos (é o conhecimento de uma determinada doença por meio de seus sintomas). A pena é de detenção, de seis meses a dois anos. Se o delito for cometido mediante remuneração, inclui-se a pena de multa. Conferir o capítulo XIII, item 2.1, da Parte Geral.

Elemento subjetivo do crime

É o dolo de perigo (ver o capítulo XIV da Parte Geral).

Elemento subjetivo do tipo específico

É a vontade de desempenhar a conduta *habitualmente*. Além disso, pode haver intuito de lucro, conforme previsto no parágrafo único (ver Parte Geral, capítulo XIII, item 2.1).

Classificação

Comum; formal; de forma vinculada; comissivo; habitual; de perigo comum abstrato; unissubjetivo; plurissubsistente. Sobre a classificação dos crimes, ver o capítulo XII, item 4, da Parte Geral.

Tentativa

Não é admissível, por se tratar de crime habitual.

Momento consumativo

Quando ficar demonstrada a habitualidade das condutas descritas no tipo, ainda que inexista prejuízo efetivo à saúde de alguém.

Forma qualificada

Art. 285

Tipo remetido

Para configurar a forma qualificada pelo resultado referente aos crimes contra a saúde pública, o tipo faz remissão ao art. 258, já comentado. Excepciona o art. 267, que possui regra própria a respeito do agravamento da pena pelo resultado qualificador.

Título IX
Dos Crimes contra a Paz Pública

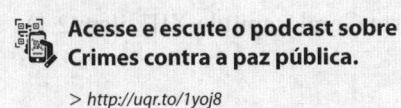

Acesse e escute o podcast sobre Crimes contra a paz pública.

> http://uqr.to/1yoj8

Incitação ao crime

Art. 286

Sujeito ativo

Qualquer pessoa (ver Parte Geral, capítulo XII, item 3.1).

Sujeito passivo

É a sociedade (ver Parte Geral, capítulo XII, item 3.2).

Objeto jurídico

É a paz pública (ver Parte Geral, capítulo XII, item 3.3, "b").

Objeto material

É a paz pública (ver Parte Geral, capítulo XII, item 3.3, "a").

Elementos objetivos do tipo

Incitar (impelir, estimular ou instigar) publicamente (lugar de uso comum ou de livre acesso a qualquer pessoa), a prática de crime. Não se admite a inclusão da contravenção penal, que é espécie de infração penal, mas não constitui crime. Por outro lado, é indispensável que o agente instigue pessoas determinadas ou indeterminadas da coletividade a praticar crimes *específicos*, pois a menção genérica não torna a conduta típica. Inexiste, nesse delito, um destinatário certo, pois a vítima é a coletividade, e quem quer que seja incitado a cometer algum tipo de delito faz nascer intranquilidade social. Há variadas formas de execução: oral, escrita, por representação teatral, em projeção cinematográfica etc. Entretanto, é preciso cautela nos dois últimos casos, a fim de não atingir a liberdade de expressão, constitucionalmente assegurada. A pena é de detenção, de três a seis meses, ou multa. Conferir o capítulo XIII, item 2.1, da Parte Geral.

Elemento subjetivo do crime

É o dolo (ver o capítulo XIV da Parte Geral). Qualquer vontade diversa da típica incitação, como, por exemplo, proferir um discurso incendiário em público, com a finalidade de exercitar a oratória, não é suficiente para configurar o delito (cf. Antolisei, *Manuale di diritto penale* – Parte speciale – II, p. 221).

Elemento subjetivo do tipo específico

Não há (ver Parte Geral, capítulo XIII, item 2.1).

Classificação

Comum; formal; de forma livre; comissivo; instantâneo; de perigo comum; unissubjetivo; unissubsistente ou plurissubsistente, conforme o caso. Sobre a classificação dos crimes, ver o capítulo XII, item 4, da Parte Geral.

Tentativa

É admissível na forma plurissubsistente.

Momento consumativo

Quando ocorrer o estímulo à prática criminosa.

Particularidades

a) Se o destinatário da instigação for único e efetivamente cometer o crime, pode o autor da incitação ser considerado partícipe (art. 29, CP). Nessa hipótese, o crime de perigo (art. 286) é absorvido pelo crime de dano cometido. Entretanto, se forem vários os destinatários da incitação e apenas um deles cometer o crime, haverá concurso formal, isto é, o agente da incitação responde pelo delito do art. 286 e também pelo crime cometido pela pessoa que praticou a infração estimulada;

b) A Lei 14.197/2021 acrescentou o parágrafo único a este tipo penal: "incorre na mesma pena quem incita, publicamente, animosidade entre as Forças Armadas, ou delas contra os poderes constitucionais, as instituições civis ou a sociedade". Em primeiro lugar, cumpre destacar que essa conduta é grave e a pena prevista é muito branda, constituindo infração de menor potencial ofensivo. De todo modo, aquele que estimula ou instiga a animosidade (hostilidade ou aversão) entre as Forças Armadas (Exército contra Marinha, Exército contra Aeronáutica, Marinha contra Aeronáutica) ou entre qualquer dessas Forças em relação aos poderes da República (Executivo, Legislativo ou Judiciário) permite a configuração do crime. Além disso, o estímulo à hostilidade de qualquer das Forças Armadas com instituições civis (*v.g.*, Ordem dos Advogados do Brasil, Organizações não governamentais de diversas finalidades, Associações de profissionais, dentre outras) ou no tocante à sociedade (o conjunto dos brasileiros, sem uma personalidade jurídica), também concretiza o crime. O que se verifica, na realidade, é um delito contra o Estado Democrático de Direito e não em relação à paz pública. Qualquer pessoa pode cometer este delito e o sujeito passivo é não somente o Estado, mas, igualmente, a sociedade, que, no contexto em que foi inserido, busca preservar a tranquilidade social e política. Cuida-se de um *crime político*, cuja competência para apurar e processar é da Justiça Federal (art. 109, IV, CF), pois o objeto jurídico não se limita à paz pública, mas à mantença de um regime democrático, que funcione sem a pressão de forças militares contra instituições civis e, também, entre elas.

Apologia de crime ou criminoso

Art. 287

Sujeito ativo

Qualquer pessoa (ver Parte Geral, capítulo XII, item 3.1).

Sujeito passivo

É a sociedade (ver Parte Geral, capítulo XII, item 3.2).

Objeto jurídico

É a paz pública (ver Parte Geral, capítulo XII, item 3.3, "b").

Objeto material

É a paz pública (ver Parte Geral, capítulo XII, item 3.3, "a").

Elementos objetivos do tipo

Fazer (produzir, executar ou dar origem), publicamente (lugar de uso comum ou de livre acesso a qualquer pessoa), apologia (louvor, elogio ou discurso de defesa) de fato criminoso (utiliza-se a expressão como sinônimo de *crime*, não se considerando a contravenção penal) ou de autor de crime (é a pessoa condenada, com trânsito em julgado, pela prática de um crime, não se incluindo a contravenção penal. Não é suficiente a mera acusação, pois o tipo não prevê apologia de pessoa acusada da prática de crime). Trata-se, na lição de Antolisei, de uma instigação indireta ao crime (cf. *Manuale di diritto penale* – parte speciale, II, p. 224). A pena é de detenção, de três a seis meses, ou multa. Conferir o capítulo XIII, item 2.1, da Parte Geral.

Elemento subjetivo do crime

É o dolo (ver o capítulo XIV da Parte Geral).

Elemento subjetivo do tipo específico

Não há (ver Parte Geral, capítulo XIII, item 2.1).

Classificação

Comum; formal; de forma livre; comissivo; instantâneo; de perigo comum; unissubjetivo; unissubsistente ou plurissubsistente, conforme o caso. Sobre a classificação dos crimes, ver o capítulo XII, item 4, da Parte Geral.

Tentativa

É admissível na forma plurissubsistente.

Momento consumativo

Quando ocorrer o elogio ao crime ou ao criminoso, em público.

🖈 PONTO RELEVANTE PARA DEBATE

Marchas, protestos, passeatas e outras manifestações

Inicia-se a abordagem do tema, apontando ser o objeto jurídico tutelado pelos crimes previstos nos arts. 286 a 288 a *paz pública*. Por isso, não se almeja ocorra a apologia (louvor, elogio) a crime ou criminoso. Situação totalmente diversa é o direito do cidadão de se manifestar, pacificamente, sobre qualquer assunto, consagrando a liberdade de expressão, prevista na Constituição Federal (art. 5.º, incisos IV, IX e XVI). Organizar uma marcha ou protesto contra a criminalização de determinada conduta ou em favor da liberação de certas proibições constitui direito fundamental, típico do Estado Democrático de Direito. Ilustrando, as manifestações e passeatas em prol da *legalização* do uso da maconha nada mais são que o uso de tal liberdade. Quer-se, oficialmente, a liberação, motivo pelo qual jamais se pode falar em *louvor ao crime*. Se as pessoas não puderem se expressar, favorável ou contrariamente a algum delito, como o Parlamento poderá sensibilizar-se a alterar a lei? A política criminal do Estado pode variar de tempos em tempos, constituindo direito de o cidadão participar dessas movimentações ideológicas. Fez-se justiça na questão da marcha pela liberação das drogas, pois o STF considerou-a direito individual – e não apologia ou incentivo a crime. O mesmo pode ocorrer, no futuro, se outras passeatas forem organizadas, em prol de outras liberações, como, por exemplo, do aborto – outra matéria controversa, que conta com diversas opiniões. Em suma, não há dolo de perturbar a paz pública nos eventos organizados para protestar contra alguma lei incriminadora ou fato criminoso.

Associação criminosa

Art. 288

Sujeito ativo

Qualquer pessoa (ver Parte Geral, capítulo XII, item 3.1).

Sujeito passivo

É a sociedade (ver Parte Geral, capítulo XII, item 3.2).

Objeto jurídico

É a paz pública (ver Parte Geral, capítulo XII, item 3.3, "b").

Objeto material

É a paz pública (ver Parte Geral, capítulo XII, item 3.3, "a").

Elementos objetivos do tipo

Associarem-se (reunir-se em sociedade, agregar-se ou unir-se) três ou mais pessoas, para o fim *específico* de cometer crimes. A Lei 12.850/2013 deu nova redação ao art. 288 do Código Penal, abolindo o antiquado título do delito (quadrilha ou bando), para adotar a nova denominação de *associação criminosa*. A alteração foi correta, pois não havia mais sentido nos termos *quadrilha* ou *bando*, que não possuíam diferença ontológica, mas somente confundiam o operador do direito. Unificou-se a terminologia, acolhendo-se a rubrica de *associação criminosa*. Inseriu-se a expressão *fim específico* apenas para sinalizar o caráter de estabilidade e durabilidade da referida associação, distinguindo-a do mero concurso de pessoas para o cometimento de um só delito. Quem se associa (pelo menos três agentes) para o fim *específico* de praticar crimes (no plural, o que demonstra a ideia de durabilidade), assim o faz de maneira permanente e indefinida, vale dizer, enquanto durar o intuito associativo dos integrantes. Além disso, é fundamental exigir-se que os associados tenham noção dos delitos a praticar. Não se configura o crime de associação criminosa se os agentes nem possuem ideia do que irão fazer. Tendo em vista a redação do tipo incriminador, somente se forma a associação para o cometimento de *crimes*, não se incluindo a contravenção penal. Em nosso entendimento, trata-se de uma falha, pois há muitas contravenções (jogo do bicho, por exemplo), que possuem autênticas associações criminosas liderando a sua prática; deveriam os associados ser punidos com base no art. 288 do CP, mas se cuida de fato atípico. A pena é de reclusão, de um a três anos. Conferir o capítulo XIII, item 2.1, da Parte Geral.

Elemento subjetivo do crime

É o dolo (ver o capítulo XIV da Parte Geral).

Elemento subjetivo do tipo específico

É a finalidade de "cometer crimes" (ver Parte Geral, capítulo XIII, item 2.1).

Classificação

Comum; formal; de forma livre; comissivo; permanente; de perigo abstrato e comum; plurissubjetivo; plurissubsistente. Sobre a classificação dos crimes, ver o capítulo XII, item 4, da Parte Geral.

Tentativa

Não é admissível, pois depende da estabilidade e permanência indispensáveis.

Momento consumativo

Quando o grupo se tornar duradouro e estável.

Causa de aumento de pena

Deve o juiz aumentar até a metade a pena aplicada (referente ao *caput*) quando a associação criminosa for armada, isto é, fizer uso de arma. Como o tipo penal não estabelece qualquer restrição, entende-se ser possível configurar a causa de aumento tanto a arma própria (instrumento destinado a servir de arma, como as armas de fogo, punhais, espadas etc.) como a imprópria (instrumento utilizado extraordinariamente como arma, embora sem ter essa finalidade, como ocorre com a faca de cozinha, pedaços de pau, entre outros). Parece-nos possível configurar a causa de aumento quando apenas um dos membros da associação está armado, desde que todos saibam e concordem com isso. E mais, cremos ser indispensável que o porte das armas se faça de modo ostensivo, o que gera maior intranquilidade e conturbação à paz pública. Além disso, eleva-se a pena até a metade se houver participação de criança ou adolescente. Como já explicitado em item anterior, tanto faz se o menor de 18 anos é usado como instrumento para o cometimento de crimes ou se integra o adolescente a associação. Merece crítica a modificação introduzida pela Lei 12.850/2013, inserindo um aumento de *até metade*. Não se estabelece um mínimo; logo, esse mínimo pode ser de um dia (art. 11, CP). Seria nítida tergiversação do propósito legal se o julgador fixar o aumento de somente um dia; portanto, é preciso bom senso para considerar o mínimo em, pelo menos, um sexto (causa de aumento mínima, utilizada em outros tipos penais).

Particularidades

a) o tipo penal não exige que todas as pessoas sejam imputáveis, de modo que se admite, para a composição do crime, a formação de associação criminosa entre maiores e menores de 18 anos (posição majoritária: Mirabete, *Manual de direito penal*, v. 3, p. 188; Delmanto, *Código Penal comentado*, p. 511; Damásio, *Código Penal anotado*, p. 818; Noronha, *Direito penal*, v. 4, p. 91-92). É o que se denomina de "concurso impróprio". Natural, ainda, argumentar que depende muito da idade dos menores, uma vez que não tem cabimento, quando eles não têm a menor noção do que estão fazendo, incluí-los na associação. Se dois maiores valem-se de uma criança de nove anos para o cometimento de furtos, não pode o grupo ser considerado uma associação criminosa, pois um deles não tem a menor compreensão do que está fazendo. É apenas uma hipótese de autoria mediata, ou seja, os maiores usam o menor para fins escusos. Mas, quando se tratar de adolescente que, não responsável penalmente, tem pleno discernimento para proceder à associação, forma-se a figura criminosa. Note-se que o ânimo associativo não depende do entendimento do caráter ilícito do fato, daí por que o adolescente já o possui, embora seja punido apenas pela Vara da Infância e Juventude, e não pela Vara Criminal. De todo modo, a Lei 12.850/2013, considerando a gravidade da participação de criança ou adolescente em associações criminosas, a que título for, incluiu específica causa de aumento de pena, no parágrafo único do art. 288, no montante de metade da pena;

b) quando a associação criminosa se formar para o fim de cometer crimes hediondos, prática da tortura, tráfico ilícito de entorpecentes e drogas afins ou terrorismo, a pena será de 3 a 6 anos de reclusão (art. 8.º, Lei 8.072/1990). Havendo delação, quando o participante ou associado denunciar à autoridade os seus integrantes, acarretando o desmantelamento, a pena será reduzida de um a dois terços (art. 8.º, parágrafo único, Lei 8.072/1990). Nessa última hipótese, entendemos cabível a causa de diminuição de pena somente quando se tratar de crimes hediondos e equiparados (tortura, tráfico e terrorismo), pois é previsão feita no parágrafo único do art. 8.º da lei específica, não podendo ser generalizado para todos os casos do art. 288. Não se deve olvidar que a Lei 9.807/1999 (Lei de proteção a vítimas, testemunhas e réus colaboradores) instituiu nos arts. 13 e 14 hipóteses mais amplas de *delação premiada*. Com base no art. 13 da referida Lei, pode o juiz conceder perdão judicial se o acusado, primário, tiver colaborado, com eficiência, de maneira voluntária, com a investigação e o processo criminal, permitindo a identificação dos demais coautores ou partícipes, a localização da vítima, com a integridade física preservada ou a recuperação total ou parcial do produto do crime. O magistrado, para conceder o perdão, deve levar em conta a personalidade do beneficiado, a natureza, as circunstâncias, a gravidade e a repercussão social do fato criminoso. Em suma, se os requisitos do art. 13 forem preenchidos, é evidente que é mais favorável ao réu a aplicação do perdão do que a redução da pena prevista no art. 8.º, parágrafo único, da Lei 8.072/1990. Não sendo o caso, passamos ao contexto da redução da pena. O art. 14 da Lei 9.807/1999 menciona ser viável reduzir a pena de um a dois terços, se o indiciado ou acusado colaborar, voluntariamente, com a investigação policial e o processo criminal na identificação dos demais coautores ou partícipes do crime, na localização da vítima com vida e na recuperação total ou parcial do produto do crime. Dessa forma, parece ter substituído o disposto no art. 8.º, parágrafo único, da Lei 8.072/1990. Assim não nos parece. O disposto no art. 14 da Lei 9.807/1999 possui requisitos diversos a serem preenchidos pelo autor da infração penal. Ele precisa agir *voluntariamente* (livre de qualquer coação) e deve colaborar na investigação policial e no processo criminal. A previsão do art. 8.º, parágrafo único, da Lei 8.072/1990, implicando, também, a redução da pena em um a dois terços, exige apenas que o concorrente denuncie à autoridade a associação criminosa, ainda que o faça de maneira involuntária (não desejada ou sob coação) e somente na investigação ou no processo criminal. Por outro lado, a Lei 8.072/1990 exige o desmantelamento da associação criminosa, sendo que a Lei 9.807/1999 somente deseja a identificação dos coautores ou partícipes, independentemente de cessação da atividade da associação criminosa. Em suma, é preciso, no caso concreto, verificar qual lei deve ser aplicada ao réu. A confusão legislativa existe e precisa ser, o mais breve possível, corrigida. Enquanto isso não ocorre, aplica-se a lei mais favorável ao acusado;

c) distingue-se a associação criminosa do mero concurso de agentes por alguns pontos principais: c.1) para o delito de associação é preciso o mínimo de três pessoas; o concurso pode dar-se com duas; c.2) no delito de associação, os agentes têm a específica finalidade de cometer crimes, não valendo para a prática de contravenção penal; o concurso de pessoas admite a prática de contravenção penal; c.3) a associação criminosa exige, para a configuração do delito, estabilidade e durabilidade da integração de seus membros; o concurso de pessoas pode formar-se para o cometimento de um só crime, sem perpetuação;

d) diferencia-se a associação criminosa do delito de organização criminosa, constante do art. 2.º, c.c. art. 1.º, § 1.º, da Lei 12.850/2013, pois a organização criminosa deve possuir, ao menos, quatro integrantes, além de exigir constituição estruturada, hierarquizada, com divisão de tarefas entre os seus membros. Além disso, a organização deve voltar-se à prática de delitos cuja pena máxima supera os quatro anos, ou sejam de caráter transnacional.

> ### 🌡 PONTOS RELEVANTES PARA DEBATE
>
> | A tipificação do delito de associação criminosa na hipótese de crime continuado
>
> O crime continuado é um benefício criado para permitir a aplicação de uma pena mais branda a quem realize mais de um delito da mesma espécie, que, pelas condições de tempo, lugar, maneira de execução e outras semelhantes, parecem ser uma continuação um do outro. É, segundo entendemos, autêntica ficção. Por isso, é plausível supor que pessoas associadas para a prática de vários roubos, por exemplo, ainda que em continuidade delitiva, possam provocar a concretização do crime previsto no art. 288. Afinal, estão agrupadas com a finalidade de cometer *crimes*, ainda que venham a ser considerados, para efeito de aplicação da pena, uma continuidade. Essa é a corrente amplamente majoritária na doutrina, ressaltando Paulo José da Costa Jr. que o mesmo se dá na Itália (*Comentários ao Código Penal*, p. 885). Há posição em sentido contrário (por todos, Delmanto, *Código Penal comentado*, p. 512, destacando seguir a precedente lição de Hungria).
>
> | A possibilidade de concurso de pessoas
>
> É controversa a aceitação do concurso de pessoas, na espécie participação, no contexto do crime de associação criminosa (plurissubjetivo). Há quem sustente a impossibilidade, pois a pessoa que dá algum tipo de auxílio para uma associação deve ser considerada integrante da mesma, isto é, coautor necessário. Assim não pensamos, pois cremos admissível supor que um sujeito, conhecedor da existência de uma determinada associação criminosa, resolva, por uma só vez, auxiliar a sua organização, cedendo aos integrantes do grupo um local para o encontro. Tornou-se partícipe, sem integrar o grupo. É o que sustentam Antolisei, Cicola, Pannaim e Esther Figueiredo Ferraz, que faz a citação dos primeiros (*A codelinquência no direito penal brasileiro*, p. 134).

> **O concurso do crime de associação criminosa com outro delito qualificado pela mesma circunstância**
>
> Cremos admissível a possibilidade de punição do agente pela associação, fato ofensivo à sociedade, tratando-se de crime de perigo abstrato e comum, juntamente com o roubo com causa de aumento, consistente na prática por duas ou mais pessoas, delito que se volta contra vítima determinada e é de dano. Inexiste *bis in idem*, pois os objetos jurídicos são diversos, bem como a essência dos delitos. Fossem ambos de perigo ou ambos de dano, poder-se-ia falar em dupla punição pelo mesmo fato.

Constituição de milícia privada

Art. 288-A

Sujeito ativo

Qualquer pessoa (ver Parte Geral, capítulo XII, item 3.1).

Sujeito passivo

É a sociedade (ver Parte Geral, capítulo XII, item 3.2).

Objeto jurídico

É a paz pública (ver Parte Geral, capítulo XII, item 3.3, "b").

Objeto material

É a paz pública (ver Parte Geral, capítulo XII, item 3.3, "a").

Elementos objetivos do tipo

Constituir (formar), *organizar* (estabelecer bases para algo), *integrar* (tomar parte), *manter* (sustentar, prover) ou *custear* (financiar) são as condutas alternativas, cujo objeto é a organização paramilitar (agrupamento de pessoas armadas, imitando a corporação militar oficial), milícia particular (grupo paramilitar, que age ao largo da lei), grupo ou esquadrão (é o agrupamento residual, envolvendo qualquer tipo de milícia). Este delito difere da associação criminosa, prevista no art. 288 do Código Penal, por dois principais motivos: a) é mais restrito quanto à sua finalidade, pois é grupo armado, semelhante ao militar, para cometer crimes previstos no Código Penal; b) não demanda um número mínimo de três participantes; logo, bastam dois indivíduos para formar um grupo paramilitar. O crime necessita da prova da durabilidade e da estabilidade, sob pena de se confundir com mero concurso de agentes. Deveria ter sido considerado crime hediondo, mas não ingressou na lista de delitos do art. 1.º da Lei 8.072/1990. A pena é de reclusão, de 4 a 8 anos. Conferir o capítulo XIII, item 2.1, da Parte Geral.

Elemento subjetivo do crime

É o dolo (ver o capítulo XIV da Parte Geral).

Elemento subjetivo do tipo específico

É a finalidade de "cometer crimes previstos no Código Penal" (ver Parte Geral, capítulo XIII, item 2.1).

Classificação

Comum; formal; de forma livre; comissivo; permanente, nas formas "constituir", "organizar", "integrar", mas habitual nas modalidades "manter" e "custear"); de perigo comum; plurissubjetivo; plurissubsistente. Sobre a classificação dos crimes, ver o capítulo XII, item 4, da Parte Geral.

Tentativa

Não é admissível, pois depende da estabilidade e permanência indispensáveis para a sua constituição. Ademais, há duas condutas com caráter de habitualidade, que não comportam, igualmente, tentativa.

Particularidade

O tipo penal foi constituído de maneira restritiva, indicando como meta da formação do grupo paramilitar apenas a prática de crimes previstos no Código Penal. Olvidou importantes delitos, que estão previstos na legislação especial, como, por exemplo, o genocídio.

Momento consumativo

Quando o grupo se tornar duradouro e estável. Ou, nos casos de *manter* e *custear*, quando se demonstrar a habitualidade.

Título X

Dos Crimes contra a Fé Pública

Capítulo I
Da Moeda Falsa

Moeda falsa

Art. 289

Sujeito ativo

Qualquer pessoa (ver Parte Geral, capítulo XII, item 3.1).

Sujeito passivo

É o Estado (ver Parte Geral, capítulo XII, item 3.2).

Objeto jurídico

É a fé pública (ver Parte Geral, capítulo XII, item 3.3, "b"). Trata-se da confiança estabelecida pela sociedade em certos símbolos ou signos, que, com o decurso do tempo, ganham determinada significação, muitas das vezes impostas pelo Estado. Esse é o papel, por exemplo, da moeda, que possui um valor econômico a ela atrelado. Os signos gozam de crédito público e são, também, meios de prova. Sem a fé pública não se poderia desenvolver a contento os negócios jurídicos em geral (cf. Muñoz Conde, *Derecho penal – parte especial*, p. 670).

Objeto material

É a moeda metálica ou papel-moeda (ver Parte Geral, capítulo XII, item 3.3, "a").

Elementos objetivos do tipo

Falsificar (reproduzir imitando ou imitar com fraude), *fabricar* (manufaturar ou cunhar) ou *alterar* (modificar ou adulterar) moeda ("valorímetro dos bens econômicos, o denominador comum a que se reduz o valor das coisas úteis", cf. Hungria, *Comentários ao Código Penal*, v. 9, p. 202-203) metálica ou papel-moeda de curso legal no país ou no estrangeiro. A pena é de reclusão, de três a doze anos, e multa. Nas mesmas penas incorre quem, por conta própria ou alheia, *importar* (trazer do exterior para dentro das fronteiras do país), *exportar* (remeter para fora do país), *adquirir* (obter ou comprar), *vender* (alienar por certo preço), *trocar* (permutar ou substituir uma coisa por outra), *ceder* (transferir a posse ou a propriedade a terceiro), *emprestar* (confiar algo a alguém, por determinado período, para ser devolvido), *guardar* (tomar conta ou vigiar) ou *introduzir* (fazer entrar) na circulação moeda falsa (é a moeda que não tem validade, por não estar em curso legal no país ou no estrangeiro). Conferir o capítulo XIII, item 2.1, da Parte Geral.

Elemento subjetivo do crime

É o dolo (ver o capítulo XIV da Parte Geral).

Elemento subjetivo do tipo específico

Não há (ver Parte Geral, capítulo XIII, item 2.1).

Classificação

Comum; formal (material, quando se tratar do verbo "vender", pois implica em recebimento de preço); de forma livre (forma vinculada no § 3.º, pois somente pode ser cometido pelo meio eleito em lei, uma vez que a fabricação e a emissão de moeda verdadeira têm processo específico); comissivo; instantâneo (permanente, quando se cuidar do verbo "guardar"); unissubjetivo; unissubsistente ou plurissubsistente, conforme o caso. Sobre a classificação dos crimes, ver o capítulo XII, item 4, da Parte Geral.

Tentativa

É admissível na forma plurissubsistente.

Momento consumativo

Quando a moeda (papel ou metal) for falsificada, fabricada ou alterada, além das outras condutas descritas no tipo, independentemente de qualquer resultado naturalístico.

Figura privilegiada

Pune-se com detenção, de seis meses a dois anos, e multa, quem, tendo *recebido* (aceitado ou tomado como pagamento) de boa-fé, como verdadeira, moeda falsa ou alterada, a *restitui* (devolve) à circulação, depois de *conhecer* (ter informação ou saber) a falsidade.

Figura qualificada

Pune-se com reclusão, de três a quinze anos, e multa, o funcionário público ou diretor, gerente ou fiscal de banco de emissão que *fabrica* (manufatura ou cunha), *emite* (põe em circulação) ou *autoriza* (dá permissão para manufaturar ou para colocar em circulação) a fabricação ou emissão de moeda com título (é o texto contido na liga metálica) ou peso (é o produto da massa de um corpo conforme a aceleração da gravidade, passível de determinação em medidas; aplica-se à moeda metálica, que possui peso determinado em lei) inferior ao determinado em lei ou de papel-moeda em quantidade superior à autorizada (há um limite para a fabricação ou emissão de papel-moeda, controlado pelo Conselho Monetário Nacional e pelo Banco Central). Nas mesmas penas incorre quem *desvia* (muda a direção ou afasta de determinado ponto) e *faz circular* (promove a propagação ou coloca em curso) moeda, cuja circulação não estava ainda autorizada.

Particularidades

a) exige-se que a reprodução imitadora seja convincente, pois se for grosseira e bem diversa da original não se configura o delito. Aliás, tratar-se-ia de crime impossível (objeto absolutamente impróprio). Entretanto, se o agente conseguir ludibriar a vítima, com uma falsificação grosseira qualquer, obtendo vantagem, pode-se, conforme a situação concreta, tipificar o crime de estelionato, de competência da Justiça Estadual (Súmula 73 do STJ: "A utilização de papel-moeda grosseiramente falsificado configura, em tese, o crime de estelionato, da competência da Justiça Estadual");

b) o crime é da competência da Justiça Federal, pois somente a União controla a emissão de moeda.

Crimes assimilados ao de moeda falsa

Art. 290

Sujeito ativo

Qualquer pessoa (ver Parte Geral, capítulo XII, item 3.1).

Sujeito passivo

É o Estado (ver Parte Geral, capítulo XII, item 3.2).

Objeto jurídico

É a fé pública (ver Parte Geral, capítulo XII, item 3.3, "b"). Trata-se da confiança estabelecida pela sociedade em certos símbolos ou signos, que, com o decurso do tempo, ganham determinada significação, muitas das vezes impostas pelo Estado. Esse é o papel, por exemplo, da moeda, que possui um valor econômico a ela atrelado. Os signos gozam de crédito público e são, também, meios de prova. Sem a fé pública não se poderia desenvolver a contento os negócios jurídicos em geral (cf. Muñoz Conde, *Derecho penal – parte especial*, p. 670).

Objeto material

É o fragmento de cédula, nota ou bilhete verdadeiro ou moeda recolhida (ver Parte Geral, capítulo XII, item 3.3, "a").

Elementos objetivos do tipo

Formar (dar forma, construir ou compor) cédula, nota ou bilhete (são termos correlatos, representativos do papel-moeda) representativo de moeda, com fragmentos (constituem a parte de um todo ou pedaço de algo partido. Portanto, pune-se a conduta do agente que ajunta pedaços de cédulas, notas ou bilhetes verdadeiros para construir uma moeda falsa, como se verdadeira fosse) de cédulas, notas ou bilhetes verdadeiros; *suprimir* (eliminar ou fazer desaparecer), em nota, cédula ou bilhete, recolhidos, para o fim de restituí-los à circulação, sinal indicativo de sua inutilização; *restituir* (devolver ao manejo público) à circulação cédula, nota ou bilhete em tais condições, ou já recolhidos para o fim de inutilização. A pena é de reclusão, de dois a oito anos, e multa. Conferir o capítulo XIII, item 2.1, da Parte Geral.

Elemento subjetivo do crime

É o dolo (ver o capítulo XIV da Parte Geral).

Elemento subjetivo do tipo específico

Quanto aos verbos "formar" e "restituir", não há. Exige-se, na modalidade "suprimir", a vontade de "restituí-los à circulação" (ver Parte Geral, capítulo XIII, item 2.1).

Classificação

Comum; formal; de forma livre; comissivo; instantâneo; unissubjetivo; unissubsistente ou plurissubsistente, conforme o caso. Sobre a classificação dos crimes, ver o capítulo XII, item 4, da Parte Geral.

Tentativa

É admissível, na forma plurissubsistente.

Momento consumativo

Quando as condutas típicas forem praticadas ("formar", "suprimir" ou "restituir"), independentemente de resultado naturalístico, consistente em efetiva perda para o Estado.

Particularidade

O crime é da competência da Justiça Federal, pois somente a União controla a emissão de moeda.

Figura qualificada

Aumenta-se a pena máxima para 12 anos de reclusão quando o crime for cometido por funcionário público, trabalhando justamente na repartição onde o dinheiro estava guardado, ou tendo acesso facilitado ao local, por conta do seu cargo. Quanto à pena de multa, não é passível de elevação, uma vez que, após a reforma penal de 1984, não mais se fala em valor nominal para a pena pecuniária, e sim em quantidade de dias-multa. Portanto, onde se lê "Cr$ 40.000", deve-se ler "multa". Ao fixar o número de dias-multa e o valor de cada um deles, deve o juiz levar em consideração que essa multa precisa ser superior àquela prevista no *caput*.

Petrechos para falsificação de moeda

Art. 291

Sujeito ativo

Qualquer pessoa (ver Parte Geral, capítulo XII, item 3.1).

Sujeito passivo

É o Estado (ver Parte Geral, capítulo XII, item 3.2).

Objeto jurídico

É a fé pública (ver Parte Geral, capítulo XII, item 3.3, "b"). Trata-se da confiança estabelecida pela sociedade em certos símbolos ou signos, que, com o decurso do tempo, ganham determinada significação, muitas das vezes impostas pelo Estado. Esse é o papel, por exemplo, da moeda, que possui um valor econômico a ela atrelado. Os signos gozam de crédito público e são, também, meios de prova. Sem a fé pública não se poderia desenvolver a contento os negócios jurídicos em geral (Muñoz Conde, *Derecho penal – parte especial*, p. 670).

Objeto material

É o maquinismo, aparelho, instrumento ou objeto que tem por finalidade a falsificação de moeda (ver Parte Geral, capítulo XII, item 3.3, "a").

Elementos objetivos do tipo

Fabricar (construir ou cunhar), *adquirir* (obter ou comprar), *fornecer* (guarnecer ou prover), a título oneroso (mediante o pagamento de certo preço) ou gratuito (sem contraprestação), *possuir* (ter a posse ou reter) ou *guardar* (vigiar ou tomar conta de algo) maquinismo (é o conjunto de peças de um aparelho ou mecanismo), aparelho (é o conjunto de mecanismos existente numa máquina), instrumento (é o objeto empregado para a execução de um trabalho) ou qualquer objeto (trata-se de interpretação analógica, lançando o tipo penal os exemplos de objetos – tudo que é manipulável ou perceptível aos sentidos –, para depois generalizar, usando a fórmula "qualquer objeto" destinado à falsificação) especialmente (pode até ser utilizado para outros fins, embora se concentre na contrafação de moeda) destinado à falsificação de moeda. A pena é de reclusão, de dois a seis anos, e multa. O tipo é misto alternativo: a prática de uma ou mais condutas implica sempre num único crime. Conferir o capítulo XIII, item 2.1, da Parte Geral.

Elemento subjetivo do crime

É o dolo (ver o capítulo XIV da Parte Geral).

Elemento subjetivo do tipo específico

Não há (ver Parte Geral, capítulo XIII, item 2.1).

Classificação

Comum; formal; de forma livre; comissivo; instantâneo (permanente nas modalidades "possuir" e "guardar"); unissubjetivo; plurissubsistente. Sobre a classificação dos crimes, ver o capítulo XII, item 4, da Parte Geral.

Tentativa

Não é admissível, pois se trata de fórmula para punir a preparação de outro crime, logo, uma exceção. A preparação não é penalmente relevante no ordenamento jurídico brasileiro, portanto, somente em casos excepcionais, como o do art. 291, é passível de punição.

Momento consumativo

Quando as condutas típicas forem praticadas, independentemente de resultado naturalístico, consistente em efetiva falsificação de moeda, com perda para o Estado.

Particularidades

a) o crime é da competência da Justiça Federal, pois somente a União controla a emissão de moeda;

b) trata-se da subsidiariedade implícita, isto é, quando um tipo envolve outro de modo tácito. O crime previsto neste tipo, como já mencionado, pode ser a fase preparatória do delito de moeda falsa, razão pela qual, se o agente fabricar um aparelho para falsificar moeda e terminar contrafazendo-a, responde unicamente pela infração principal, que é a do art. 289.

Emissão de título ao portador sem permissão legal

Art. 292

Sujeito ativo

Qualquer pessoa (ver Parte Geral, capítulo XII, item 3.1).

Sujeito passivo

É o Estado (ver Parte Geral, capítulo XII, item 3.2).

Objeto jurídico

É a fé pública (ver Parte Geral, capítulo XII, item 3.3, "b"). Trata-se da confiança estabelecida pela sociedade em certos símbolos ou signos, que, com o decurso do tempo, ganham determinada significação, muitas das vezes impostas pelo Estado. Esse é o papel, por exemplo, da moeda, que possui um valor econômico a ela atrelado. Os signos gozam de crédito público e são, também, meios de prova. Sem a fé pública não se poderia desenvolver a contento os negócios jurídicos em geral (cf. Muñoz Conde, *Derecho penal – parte especial*, p. 670).

Objeto material

É a nota, bilhete, ficha, vale ou título que contenha promessa de pagamento em dinheiro (ver Parte Geral, capítulo XII, item 3.3, "a").

Elementos objetivos do tipo

Emitir (colocar em circulação), sem permissão legal (trata-se de norma penal em branco, dependente do conhecimento das regras existentes em relação à emissão de títulos ao portador), nota (cédula ou papel onde se insere um apontamento para lembrar alguma coisa), bilhete (título de obrigação ao portador), ficha (peça de qualquer material representativa de uma quantia), vale (escrito informal, representativo de dívida) ou título (qualquer papel negociável) que contenha promessa de pagamento em dinheiro ao portador ou a que falte indicação do nome da pessoa a quem deva ser pago. Nesses papéis deve estar representada uma promessa de pagamento em dinheiro *ao portador*, isto é, sem beneficiário definido, ou quando *falte indicação* do beneficiário que receberá o dinheiro. Esclarecem Hungria e Noronha não estarem inseridos neste dispositivo legal os vales íntimos (os emitidos dentro de um estabelecimento agrícola, industrial ou comercial, de qualquer espécie, representativos de um simples lembrete para pagamento), os vales de caixa (emitidos no comércio para comprovar algum suprimento urgente ou retirada em dinheiro), os títulos representativos de algum negócio ou mercadoria (conhecimento de depósito, *warrant*, passagens de veículos, entre outros), pois não se destinam à circulação, fazendo concorrência com a moeda (respectivamente, *Comentários ao Código Penal*, v. 9, p. 233-234; *Direito Penal*, v. 4, p. 126). A pena é de detenção, de um a seis meses, ou multa. A finalidade de existência deste tipo penal é evitar que papéis não autorizados pela lei passem a ocupar, gradativamente, o lugar da moeda. Imagine-se que um empregador emita a seus funcionários vales, em lugar de efetuar o pagamento do salário em dinheiro. Se esses vales tiverem um determinado valor em dinheiro e forem inominados, ou seja, devendo ser pagos a quem os apresentar ao empresário, no futuro, torna-se evidente que podem ser negociados, entrar em circulação e substituir a moeda. Proliferando, tendo credibilidade junto ao público, nada impede que algumas pessoas passem a aceitar os referidos *vales* como substitutivos do papel-moeda, colocando em grave risco a fé pública. Pode ocorrer de, subitamente, o empresário não mais honrar o pagamento dos vales, até mesmo porque fechou sua empresa, deixando vários beneficiários sem qualquer garantia. Conferir o capítulo XIII, item 2.1, da Parte Geral.

Elemento subjetivo do crime

É o dolo (ver o capítulo XIV da Parte Geral).

Elemento subjetivo do tipo específico

Não há (ver Parte Geral, capítulo XIII, item 2.1).

Classificação

Comum; formal; de forma livre; comissivo; instantâneo; unissubjetivo; unissubsistente (há quem defenda ser plurissubsistente, com o que não concordamos, pois a conduta *emitir* indica um único ato). Sobre a classificação dos crimes, ver o capítulo XII, item 4, da Parte Geral.

Tentativa

Não é admissível.

Momento consumativo

Quando a emissão for praticada, independentemente de resultado naturalístico, consistente em efetivo prejuízo para o Estado.

Figura privilegiada

A pena é de detenção, de quinze dias a três meses, ou multa, para quem *recebe* (aceita em pagamento, toma) ou *utiliza* (emprega, faz uso) como dinheiro qualquer dos documentos referidos neste artigo.

Capítulo II
Da Falsidade de Títulos e outros Papéis Públicos

Falsificação de papéis públicos

Art. 293

Sujeito ativo

Qualquer pessoa (ver Parte Geral, capítulo XII, item 3.1).

Sujeito passivo

É o Estado (ver Parte Geral, capítulo XII, item 3.2).

Objeto jurídico

É a fé pública (ver Parte Geral, capítulo XII, item 3.3, "b"). Trata-se da confiança estabelecida pela sociedade em certos símbolos ou signos, que, com o decurso do tempo, ganham determinada significação, muitas das vezes impostas pelo Estado. Esse é o papel, por exemplo, da moeda, que possui um valor econômico a ela atrelado. Os signos gozam de crédito público e são, também, meios de prova. Sem a fé pública não se poderia desenvolver a contento os negócios jurídicos em geral (cf. Muñoz Conde, *Derecho penal – parte especial*, p. 670).

Objeto material

Pode ser selo, estampilha, papel selado, outro papel semelhante, título da dívida pública, vale postal, cautela de penhor, caderneta de depósito, talão, recibo, guia, alvará, outro documento semelhante, bilhete, passe ou conhecimento de empresa de transporte (ver Parte Geral, capítulo XII, item 3.3, "a").

Elementos objetivos do tipo

Falsificar (reproduzir, imitando, ou contrafazer) *fabricando-os* (manufaturando-os, construindo-os, cunhando-os) ou *alterando-os* (modificando-os, transformando-os), selo destinado a controle tributário (é a marca feita por carimbo, sinete, chancela ou máquina, inclusive por meio de estampilha, cuja finalidade é comprovar o pagamento de determinada quantia referente a tributo), papel selado (é a estampilha fixa) ou qualquer papel de emissão legal (todas as outras formas eventualmente criadas pela Administração para a mesma finalidade), destinado à arrecadação de tributo; papel de crédito público (são os títulos da dívida pública – Federal, Estadual ou Municipal –, que não representam moeda em curso, mas podem servir como meio de pagamento, como as apólices ou letras do Tesouro) que não seja moeda de curso legal; vale postal (é a letra de câmbio postal); cautela de penhor (é um documento público e título de crédito relativo a um penhor realizado, que pode ser resgatado pagando-se o devido bem como retirando-se a coisa apenhada), caderneta de depósito de caixa econômica (é o livrete onde se registram os depósitos feitos em estabelecimento bancário de economia popular, denominados de "caixa econômica") ou de outro estabelecimento mantido por entidade de direito público; talão (é o "documento de quitação que se destaca de adequado libreto, onde fica residualmente o denominado 'canhoto', com dizeres idênticos aos do correspondente talão", conforme Hungria, *Comentários ao Código Penal*, v. 9, p. 241), recibo (é a declaração escrita de quitação), guia (é o formulário utilizado para o pagamento de determinadas importâncias em repartições públicas), alvará (é o documento passado por autoridade administrativa ou judiciária para autorizar depósito ou arrecadação) ou qualquer outro documento (é a interpretação analógica, determinando que outros papéis, equivalentes aos primeiros exemplificados, também podem ser objeto de falsificação) relativo à arrecadação de rendas públicas ou a depósito ou caução por que o poder público seja responsável; bilhete (é o papel que serve de senha para autorizar alguém a fazer percurso em determinado veículo coletivo), passe (é o bilhete, gratuito ou oneroso, normalmente fornecido com abatimento, que dá direito ao transporte público) ou conhecimento de empresa de transporte (é o documento que "certifica a entrega de coisas para o transporte e legitima a ulterior restituição a quem o apresentar", na lição de Hungria, *Comentários ao Código Penal*, v. 9, p. 241) administrada pela União, por Estado ou por Município. A pena é de reclusão, de dois a oito anos, e multa. Nas mesmas penas incorre quem *usa* (emprega com habitualidade, serve-se de algo), *guarda* (toma conta, cuida para que fique seguro), *possui* (tem a posse ou propriedade de algo) ou *detém* (conserva em seu poder) qualquer dos papéis falsificados a que se refere este artigo; *importa* (traz algo do exterior para o território nacional), *exporta* (leva algo do território nacional para o exterior), *adquire* (obtém, consegue), *vende* (troca por certo preço), *troca* (permuta, dá uma coisa por outra), *cede* (transfere a posse ou a propriedade a outrem), *empresta* (confia o uso de algo a alguém por certo tempo, gratuitamente), *guarda* (toma conta, cuida para que fique seguro), *fornece* (abastece, provém) ou *restitui* (devolve) à circulação selo falsificado destinado a controle tributário; *importa, exporta, adquire, vende, expõe à venda* (exibe ou mostra com o intuito de vender), *mantém em depósito* (conserva em lugar próprio), *guarda, troca* (substitui por outra), *cede, empresta, fornece* (entrega), *porta* (carrega consigo) ou, de qualquer forma, *utiliza* (vale-se de algo) em proveito próprio ou alheio, no exercício de atividade comercial ou industrial, produto ou mercadoria em que tenha sido aplicado selo que se destine a controle tributário falsificado, sem selo oficial, nos casos em que a legislação tributária determina a obrigatoriedade de sua aplicação (§ 1.º). No art. 295 do CP prevê-se o aumento da pena em um sexto, caso o agente do delito seja funcionário público e cometa o crime prevalecendo-se do cargo. Conferir o capítulo XIII, item 2.1, da Parte Geral.

Elemento subjetivo do crime

É o dolo (ver o capítulo XIV da Parte Geral).

Elemento subjetivo do tipo específico

Não há, exceto na situação do § 2.º: "Com o fim de torná-los novamente utilizáveis" (ver Parte Geral, capítulo XIII, item 2.1).

Classificação

Comum (próprio no § 1.º, III); formal; de forma livre; comissivo; instantâneo (permanente nas formas "possuir"; "deter"; "manter em depósito"; "portar", "expor à venda" e "guardar"); unissubjetivo; unissubsistente ou plurissubsistente, conforme o caso. Sobre a classificação dos crimes, ver o capítulo XII, item 4, da Parte Geral.

Tentativa

É admissível na forma plurissubsistente.

Momento consumativo

Quando qualquer das condutas previstas no tipo for praticada, independentemente de resultado naturalístico, consistente em efetiva concretização de prejuízo para o Estado.

Figuras privilegiadas

A pena é de reclusão, de um a quatro anos, e multa, se o agente *suprimir* (eliminar ou fazer desaparecer), em qualquer desses papéis, quando legítimos (produzidos conforme determinação legal), com o fim de torná-los novamente utilizáveis, carimbo (é o instrumento destinado a produzir sinais ou o resultado da marca produzida) ou sinal indicativo (é qualquer marca utilizada para servir de alerta, captado pelos sentidos, possibilitando reconhecer ou conhecer alguma coisa) de sua inutilização (§ 2.º). Incorre na mesma pena quem *usa* (utiliza, tira proveito), depois de alterado, qualquer dos papéis a que se refere o parágrafo anterior (§ 3.º).

A pena é de detenção, de seis meses a dois anos, ou multa, para *quem usa* (empregar com habitualidade ou servir-se de algo) *ou restitui* (devolver) à circulação, embora recebido de boa-fé, qualquer dos papéis falsificados ou alterados, a que se refere este artigo e o seu § 2.º, depois de conhecer (ficar ciente de algo) a falsidade ou alteração (§ 4.º).

Norma de equiparação

Equipara-se a atividade comercial, para os fins de importar, exportar, adquirir, vender, expor à venda, manter em depósito, guardar, trocar, ceder, emprestar, fornecer, portar ou, de qualquer modo, utilizar em proveito próprio ou alheio, no *exercício de atividade comercial* ou *industrial*, produto ou mercadoria, qualquer forma de comércio irregular ou clandestino, inclusive o exercido em vias, praças ou outros logradouros públicos e em residências (§ 5.º). Esta norma de equiparação teve a nítida finalidade de alcançar os camelôs, que comercializam cigarros importados sem o pagamento de tributos e, logicamente, sem o selo destinado à comprovação do referido pagamento. Por isso, fala-se em atividades exercida em vias, praças ou outros logradouros públicos e em residências.

Petrechos de falsificação

Art. 294

Sujeito ativo

Qualquer pessoa (ver Parte Geral, capítulo XII, item 3.1).

Sujeito passivo

É o Estado (ver Parte Geral, capítulo XII, item 3.2).

Objeto jurídico

É a fé pública (ver Parte Geral, capítulo XII, item 3.3, "b"). Trata-se da confiança estabelecida pela sociedade em certos símbolos ou signos, que, com o decurso do tempo, ganham determinada significação, muitas das vezes impostas pelo Estado. Esse é o papel, por exemplo, da moeda, que possui um valor econômico a ela atrelado. Os signos gozam de crédito público e são, também, meios de prova. Sem a fé pública não se poderia desenvolver a contento os negócios jurídicos em geral (Muñoz Conde, *Derecho penal – parte especial*, p. 670).

Objeto material

É o objeto destinado à falsificação (ver Parte Geral, capítulo XII, item 3.3, "a").

Elementos objetivos do tipo

Fabricar (construir, criar), *adquirir* (obter, comprar), *fornecer* (abastecer ou guarnecer), *possuir* (ter a posse de algo ou reter em seu poder) ou *guardar* (vigiar ou tomar conta de algo) objeto especialmente destinado à falsificação dos papéis referidos no art. 293. A pena é de reclusão, de um a três anos, e multa. Conferir o capítulo XIII, item 2.1, da Parte Geral.

Elemento subjetivo do crime

É o dolo (ver o capítulo XIV da Parte Geral).

Elemento subjetivo do tipo específico

Não há (ver Parte Geral, capítulo XIII, item 2.1).

Classificação

Comum; formal; de forma livre; comissivo; instantâneo (permanente nas formas "possuir" e "guardar"); unissubjetivo; unissubsistente ou plurissubsistente, conforme o caso. Sobre a classificação dos crimes, ver o capítulo XII, item 4, da Parte Geral.

Tentativa

Não é, na realidade, admissível, pois este tipo representa o preparo de outro crime (art. 293, CP). Para atos preparatórios, excepcionalmente punidos, não há como sustentar a forma tentada.

Momento consumativo

Quando qualquer das condutas previstas no tipo for praticada, independentemente de resultado naturalístico, consistente em efetiva concretização da falsificação.

Particularidades

a) caso o agente adquira objeto destinado à falsificação e, em seguida, contrafaça um papel legítimo qualquer, o delito do art. 294 é absorvido pelo previsto no art. 293, pois considerado fato anterior não punível. Constitui *crime-meio* para chegar ao *crime-fim*;

b) tratando-se de objeto destinado a falsificar selos ou vales postais, aplica-se o art. 38 da Lei 6.538/1978: "Fabricar, adquirir, fornecer, ainda que gratuitamente, possuir, guardar, ou colocar em circulação objeto especialmente destinado à falsificação de selo, outra fórmula de franqueamento ou vale postal: Pena – reclusão, até 3 (três) anos, e pagamento de 5 (cinco) a 15 (quinze) dias-multa".

Causa de aumento de pena

A pena é aumentada de um sexto se o agente for funcionário público, valendo-se das facilidades permitidas pelo seu cargo ou função (art. 295, CP).

Causa de aumento de pena

Art. 295

Se o agente é funcionário público, e comete o crime prevalecendo-se do cargo, aumenta-se a pena de sexta parte.

Capítulo III
Da Falsidade Documental

Falsificação de selo ou sinal público

Art. 296

Sujeito ativo

Qualquer pessoa (ver Parte Geral, capítulo XII, item 3.1).

Sujeito passivo

É o Estado (ver Parte Geral, capítulo XII, item 3.2).

Objeto jurídico

É a fé pública (ver Parte Geral, capítulo XII, item 3.3, "b"). Trata-se da confiança estabelecida pela sociedade em certos símbolos ou signos, que, com o decurso do tempo, ganham determinada significação, muitas das vezes impostas pelo Estado. Esse é o papel, por exemplo, da moeda, que possui um valor econômico a ela atrelado. Os signos gozam de crédito público e são, também, meios de prova. Sem a fé pública não se poderia desenvolver a contento os negócios jurídicos em geral (cf. Muñoz Conde, *Derecho penal – parte especial*, p. 670).

Objeto material

É o selo ou sinal (ver Parte Geral, capítulo XII, item 3.3, "a").

Elementos objetivos do tipo

Falsificar (reproduzir com imitação, contrafazer), *fabricando-os* (manufaturando-os, construindo-os, cunhando-os) ou *alterando-os* (modificando-os, transformando-os):

a) selo público, destinado a autenticar atos oficiais da União, de Estado ou de Município. Quanto a selo público (ou sinal público), tem duplo significado. Pode ser a marca estampada sobre certos papéis, para conferir-lhes validade ou autenticidade, representando o Estado, bem como o instrumento com que se fixa no papel ou noutro local apropriado a marca supramencionada. É a peça que contém reproduzida em *negativo*, sobre superfície metálica ou de borracha, a figura que necessita ser impressa. É justamente esse instrumento que está protegido pelo tipo penal, na lição de Sylvio do Amaral (*Falsidade documental*, p. 183), e não a figura impressa. Assim se entende porque a lei pune, no § 1.º, I, quem faz uso do selo ou sinal falsificado, como crime autônomo, demonstrando referir-se ao instrumento que falsifica. Fosse *selo público* também a marca falsificada e a sua utilização não iria encaixar-se no referido § 1.º, I, mas, sim, no art. 304 (uso de documento falso);

b) selo ou sinal atribuído por lei à entidade de direito público, ou a autoridade, ou sinal público de tabelião. No tocante aos termos *selo* e *sinal*, são correlatos, significando a marca estampada sobre certos papéis, para conferir-lhes validade ou autenticidade, bem como o instrumento destinado a produzi-la. Devem estar, no caso deste inciso, devidamente previstos em lei para atribuição e uso de entidade de direito público (autarquia ou entidade paraestatal). Podem, ainda, ser atribuídos e de uso de autoridade (judiciária ou administrativa), como ocorre com as chancelas, bem como podem ser de atribuição e uso de tabelião. Para alguns, o sinal do tabelião é a "assinatura especial deste, enfeitada, que constitui a sua *marca* de tabelião e que não se confunde com a assinatura simples (esta chamada *sinal raso*)" (Delmanto, *Código Penal comentado*, p. 524). Para outros, trata-se apenas do instrumento (sinete, timbre ou cunho), que tem por finalidade imprimir a rubrica ou desenho utilizado pelo tabelião para autenticar seus atos (Sylvio do Amaral, *Falsidade documental*, p. 191). Parece-nos correto este último entendimento, até porque a lei não se preocupa em diferenciar a sua utilização em documento público ou particular, o que certamente faria se se tratasse do desenho ou da marca. E porque os tabeliães lançam assinatura de próprio punho nos documentos, sem usar qualquer instrumento, não tem aplicação, atualmente, esse dispositivo. A pena é de reclusão, de dois a seis anos, e multa. Nas mesmas penas incorre quem *faz uso* (utilizar, empregar) do selo ou sinal falsificado; *utiliza* (termo correlato a *fazer uso*), indevidamente, o selo ou sinal verdadeiro em prejuízo de outrem ou em proveito próprio ou alheio; *altera* (deturpar ou modificar), *falsifica* (reproduzir, através de imitação, ou contrafazer) ou *faz uso* (utilizar ou empregar) indevido de marcas (é o sinal que serve de alerta, captado pelos sentidos, possibilitando reconhecer ou conhecer alguma coisa; pode ser um desenho, um emblema ou uma letra especial), logotipos (é uma marca produzida por um grupo de letras ou siglas, especialmente desenhada para designar algum órgão ou empresa), siglas (é a reunião das letras iniciais de palavras essenciais, que designam algo ou alguém, isto é, são abreviaturas, como, por exemplo, "PM", designando a Polícia Militar) ou quaisquer outros símbolos utilizados ou identificadores de órgãos ou entidades da Administração Pública (vale-se o tipo da interpretação analógica, isto é, tendo fornecido os exemplos, dissemina o uso do dispositivo penal para todos os outros símbolos – aquilo que, pela sua natureza, representa algo ou alguém – que se assemelhem aos primeiros, ou seja, marcas, logotipos e siglas). Conferir o capítulo XIII, item 2.1, da Parte Geral. A pena é de reclusão, de 2 a 6 anos, e multa.

Elemento subjetivo do crime
É o dolo (ver o capítulo XIV da Parte Geral).

Elemento subjetivo do tipo específico
Não há (ver Parte Geral, capítulo XIII, item 2.1).

Classificação
Comum; formal; de forma livre; comissivo; instantâneo; unissubjetivo; plurissubsistente. Sobre a classificação dos crimes, ver o capítulo XII, item 4, da Parte Geral.

Tentativa
É admissível.

Momento consumativo
Quando qualquer das condutas previstas no tipo for praticada, independentemente de resultado naturalístico, consistente em efetiva concretização de prejuízo material para o Estado.

Causa de aumento de pena
A pena é aumentada de um sexto se o agente for funcionário público, valendo-se das facilidades permitidas pelo seu cargo ou função (§ 2.º).

Particularidade
Há muito se distinguem os termos *falsidade* e *falsificação*. O primeiro liga-se a um valor neutro, aplicável às pessoas; o segundo vincula-se às ações. A falsificação demanda a prévia existência de um documento ou de um objeto verdadeiro, que, mediante certos procedimentos, se altera ou se falsifica, tornando-o não verdadeiro. A falsidade indica, ao contrário, a afirmação de um fato ou a execução de um ato, nos quais não se expressa a verdade. As condutas de falsificação supõem uma intervenção *material* no objeto alterado, enquanto a falsidade constitui uma atitude intelectual, declarando o falso no lugar do verdadeiro (cf. Muñoz Conde, *Derecho penal – parte especial*, p. 672). No direito brasileiro, como se pode observar no Código Penal, os tipos são divididos entre *falsificações* e *falsidades*. Às primeiras, reserva-se a classe da falsidade material; às segundas, a falsidade intelectual ou ideológica.

Falsificação de documento público

Art. 297

Sujeito ativo

Qualquer pessoa (ver Parte Geral, capítulo XII, item 3.1).

Sujeito passivo

É o Estado. Secundariamente, pode ser a pessoa prejudicada pela falsificação (ver Parte Geral, capítulo XII, item 3.2).

Objeto jurídico

É a fé pública (ver Parte Geral, capítulo XII, item 3.3, "b"). Trata-se da confiança estabelecida pela sociedade em certos símbolos ou signos, que, com o decurso do tempo, ganham determinada significação, muitas das vezes impostas pelo Estado. Esse é o papel, por exemplo, da moeda, que possui um valor econômico a ela atrelado. Os signos gozam de crédito público e são, também, meios de prova. Sem a fé pública não se poderia desenvolver a contento os negócios jurídicos em geral (cf. Muñoz Conde, *Derecho penal – parte especial*, p. 670).

Objeto material

É o documento público (ver Parte Geral, capítulo XII, item 3.3, "a"). Em sentido amplo, documento é toda materialização de um dado, fato ou narração, bem como todo objeto que seja capaz de reconhecer algum dado ou uma declaração de vontade ou pensamento atribuído a uma pessoa e destinado a suportar algum negócio jurídico (cf. Muñoz Conde, *Derecho penal – parte especial*, p. 689).

Elementos objetivos do tipo

Falsificar (reproduzir, imitando), no todo ou em parte, documento público (é o escrito, revestido de certa forma, destinado a comprovar um fato, desde que emanado de funcionário público, com competência para tanto; pode provir de autoridade nacional ou estrangeira, respeitada a forma legal prevista no Brasil, abrangendo certidões, atestados, traslados, cópias autenticadas e telegramas emitidos por funcionários públicos, atendendo ao interesse público), ou *alterar* (modificar ou adulterar) documento público verdadeiro (se construir documento novo, incide na primeira figura; caso modifique um verdadeiro, já existente, é aplicável esta figura). A pena é de reclusão, de dois a seis anos, e multa. Nas mesmas penas incorre quem *insere* (introduz ou coloca) ou *faz inserir* (permite que outrem introduza ou coloque) na folha de pagamento ou em documento de informações que seja destinado a fazer prova perante a previdência social, pessoa que não possua a qualidade de segurado obrigatório; na Carteira de Trabalho e Previdência Social do empregado ou em documento que deva produzir efeito perante a previdência social, declaração falsa ou diversa da que deveria ter constado escrita; em documento contábil ou em qualquer outro documento relacionado com as obrigações da empresa perante a previdência social, declaração falsa ou diversa da que deveria ter constado (§ 3.º). Nas mesmas penas incorre, ainda, quem *omite* (deixa de inserir), nos documentos mencionados no § 3.º, nome do segurado e seus dados pessoais, a remuneração, a vigência do contrato de trabalho ou de prestação de serviços (§ 4.º). Conferir o capítulo XIII, item 2.1, da Parte Geral.

Elemento subjetivo do crime

É o dolo (ver o capítulo XIV da Parte Geral).

Elemento subjetivo do tipo específico

Não há (ver Parte Geral, capítulo XIII, item 2.1).

Classificação

Comum; formal; de forma livre; comissivo; instantâneo; unissubjetivo; plurissubsistente. Sobre a classificação dos crimes, ver o capítulo XII, item 4, da Parte Geral.

Tentativa

É admissível.

Momento consumativo

Quando qualquer das condutas previstas no tipo for praticada, independentemente de resultado naturalístico, consistente em efetiva concretização de prejuízo material para o Estado ou para o particular.

Particularidades

a) exige-se a potencialidade lesiva do documento falsificado ou alterado, pois a contrafação ou modificação grosseira, não apta a ludibriar a atenção de terceiros, é inócua para esse fim. Trata-se de crime impossível (art. 17, CP). Na lição de Shecaira, "se grosseira e visível a alteração documental, crime de falsificação não há, já que o agente responsável pelo ato não logrou êxito em tornar o material minimamente plausível e passível de ser utilizado para o fim que pretendia" (Falsidade documental grosseira e crime impossível, *Estudos de direito penal*, p. 103);

b) entendemos ser o delito de perigo abstrato, como os demais crimes de falsificação. Assim, para configurar risco de dano à fé pública, que é presumido, basta a contrafação ou modificação do documento público. Tal posição não afasta a possibilidade de haver tentativa, desde que se verifique a forma plurissubsistente de realização do delito. Lembremos que o fato de alguém manter guardado um documento que falsificou pode configurar o tipo penal, uma vez que não é impossível que, algum dia, venha ele a circular e prejudicar interesses. Há, pois, o risco de dano;

c) é necessário exame de corpo de delito (perícia) para a prova da existência do crime, pois é infração que deixa vestígios (art. 158, CPP);

d) aplica-se a Súmula 17 do Superior Tribunal de Justiça: "Quando o falso se exaure no estelionato, sem mais potencialidade lesiva, é por este absorvido". Trata-se da aplicação da regra de que o crime-fim absorve o crime-meio;

e) quando houver concurso entre falsificação e uso de documento falso, implica no reconhecimento de uma autêntica progressão criminosa, ou seja, falsifica-se algo para depois usar. Deve o sujeito responder somente pelo uso de documento falso, pois o fato antecedente não é punível. No mesmo prisma, Sylvio do Amaral, *Falsidade documental*, p. 179;

f) a falsificação de atestado ou certidão emitida por escola configura a falsidade de documento público e não o delito do art. 301 (certidão ou atestado ideológica ou materialmente falso). Este último tipo penal prevê que o atestado ou a certidão seja destinado à habilitação de alguém a obter cargo público, isenção de ônus ou serviço público ou qualquer outra vantagem semelhante, o que não é necessariamente a finalidade do atestado ou da certidão escolar. Por isso, melhor é a aplicação da figura típica genérica do art. 297. Quanto à competência para apurar o delito, é da Justiça Estadual (Súmula 104 do STJ: "Compete à Justiça Estadual o processo e julgamento dos crimes de falsificação e uso de documento falso relativo a estabelecimento particular de ensino");

g) em confronto com o art. 49 do Decreto-lei 5.452/1943 (CLT), se a falsidade gerada na Carteira de Trabalho e Previdência Social disser respeito ou produzir prejuízo no cenário dos direitos trabalhistas do empregado, aplica-se o mencionado art. 49 (ver a alínea *e* dos nossos comentários ao crime de falsidade ideológica – art. 299, nesta obra). Porém, se a referida falsidade voltar-se ao contexto da Previdência Social, aplica-se o disposto no art. 297, § 3.º, II, do CP. Afinal, cada um dos tipos penais tutela objeto jurídico diverso (direito do trabalhador *versus* direito relativo à Previdência Social);

h) há muito se distinguem os termos *falsidade* e *falsificação*. O primeiro liga-se a um valor neutro, aplicável às pessoas; o segundo vincula-se às ações. A falsificação demanda a prévia existência de um documento ou de um objeto verdadeiro, que, mediante certos procedimentos, se altera ou se falsifica, tornando-o não verdadeiro. A falsidade indica, ao contrário, a afirmação de um fato ou a execução de um ato, nos quais não se expressa a verdade. As condutas de falsificação supõem uma intervenção *material* no objeto alterado, enquanto a falsidade constitui uma atitude intelectual, declarando o falso no lugar do verdadeiro (cf. Muñoz Conde, *Derecho penal – parte especial*, p. 672). No direito brasileiro, como se pode observar no Código Penal, os tipos são divididos entre *falsificações* e *falsidades*. Às primeiras, reserva-se a classe da falsidade material; às segundas, a intelectual ou ideológica;

i) a Lei 13.254/2016 permitiu a repatriação de dinheiro enviado ilicitamente para o exterior, com a finalidade de, perdoando os criminosos, auferir lucro com elevadas quantias para os cofres públicos. Dispõe o art. 5.º dessa lei, o seguinte: "A adesão ao programa dar-se-á mediante entrega da declaração dos recursos, bens e direitos sujeitos à regularização prevista no *caput* do art. 4.º e pagamento integral do imposto previsto no art. 6.º e da multa prevista no art. 8.º desta Lei. § 1.º O cumprimento das condições previstas no *caput* antes de decisão criminal extinguirá, em relação a recursos, bens e direitos a serem regularizados nos termos desta Lei, a punibilidade dos crimes a seguir previstos, praticados até a data de adesão ao RERCT: (...) IV – nos seguintes artigos do Decreto-Lei 2.848, de 7 de dezembro de 1940 (Código Penal), quando exaurida sua potencialidade lesiva com a prática dos crimes previstos nos incisos I a III: a) 297;

b) 298; c) 299; d) 304". No inciso III, consta o art. 337-A do Decreto-Lei 2.848, de 7 de dezembro de 1940 (Código Penal).

Causa de aumento de pena

A pena é aumentada de um sexto se o agente for funcionário público, valendo-se das facilidades permitidas pelo seu cargo ou função (§ 1.º).

Norma explicativa

Para os efeitos penais, equiparam-se a documento público o emanado de entidade paraestatal, o título ao portador ou transmissível por endosso, as ações de sociedade comercial, os livros mercantis e o testamento particular (§ 2.º).

Falsificação de documento particular

Art. 298

Sujeito ativo

Qualquer pessoa (ver Parte Geral, capítulo XII, item 3.1).

Sujeito passivo

É o Estado. Secundariamente, pode ser a pessoa prejudicada pela falsificação (ver Parte Geral, capítulo XII, item 3.2).

Objeto jurídico

É a fé pública (ver Parte Geral, capítulo XII, item 3.3, "b"). Trata-se da confiança estabelecida pela sociedade em certos símbolos ou signos, que, com o decurso do tempo, ganham determinada significação, muitas das vezes impostas pelo Estado. Esse é o papel, por exemplo, da moeda, que possui um valor econômico a ela atrelado. Os signos gozam de crédito público e são, também, meios de prova. Sem a fé pública não se poderia desenvolver a contento os negócios jurídicos em geral (cf. Muñoz Conde, *Derecho penal – parte especial*, p. 670).

Objeto material

É o documento particular (ver Parte Geral, capítulo XII, item 3.3, "a"). Em sentido amplo, documento é toda materialização de um dado, fato ou narração, bem como todo objeto que seja capaz de reconhecer algum dado ou uma declaração de vontade ou pensamento atribuído a uma pessoa e destinado a suportar algum negócio jurídico (cf. Muñoz Conde, *Derecho penal – parte especial*, p. 689).

Elementos objetivos do tipo

Falsificar (reproduzir, imitando), no todo ou em parte, documento particular (é todo escrito, produzido por alguém determinado, revestido de certa forma, destinado a comprovar um fato, ainda que seja a manifestação de uma vontade). O documento particular, por exclusão, é aquele que não se enquadra na definição de público, isto é, não emanado de funcionário público ou, ainda que o seja, sem preencher as formalidades legais. Assim, o documento público, emitido por funcionário sem competência a tanto, por exemplo, pode equiparar-se ao particular, ou *alterar* (modificar ou adulterar) documento particular verdadeiro (se construir documento novo, incide na primeira figura; caso modifique um verdadeiro, já existente, é aplicável esta última figura). A pena é de reclusão, de um a cinco anos, e multa. O tipo preocupa-se com a *forma* do documento, por isso cuida da *falsidade material*. Por outro lado, exige-se a potencialidade lesiva do documento falsificado ou alterado, pois a contrafação ou modificação grosseira, não apta a ludibriar a atenção de terceiros, é inócua para esse fim. Eventualmente, pode se tratar de estelionato, quando, a despeito de grosseiramente falso, tiver trazido vantagem indevida, em prejuízo de outra pessoa, para o agente. Conferir o capítulo XIII, item 2.1, da Parte Geral.

Elemento subjetivo do crime

É o dolo (ver o capítulo XIV da Parte Geral).

Elemento subjetivo do tipo específico

Não há (ver Parte Geral, capítulo XIII, item 2.1).

Classificação

Comum; formal; de forma livre; comissivo; instantâneo; unissubjetivo; plurissubsistente. Sobre a classificação dos crimes, ver o capítulo XII, item 4, da Parte Geral.

Tentativa

É admissível.

Momento consumativo

Quando qualquer das condutas previstas no tipo for praticada, independentemente de resultado naturalístico, consistente em efetiva concretização de prejuízo material para o Estado ou para o particular.

Particularidades

a) o cheque somente deve ser considerado como documento particular quando já tiver sido apresentado ao banco e recusado por falta de fundos, visto não ser mais transmissível por endosso;

b) fotocópias sem autenticação, documentos impressos sem assinatura ou documentos anônimos não podem ser considerados documentos particulares para os efeitos deste artigo;

c) o delito é de perigo abstrato, como os demais crimes de falsificação. Assim, para configurar risco de dano à fé pública, que é presumido, basta a contrafação ou modificação do documento. Tal posição não afasta a possibilidade de haver tentativa, desde que se verifique a forma plurissubsistente de realização do delito. Lembremos que o fato de alguém manter guardado um documento que falsificou pode configurar o tipo penal, uma vez que não é impossível que, algum dia, venha ele a circular e prejudicar interesses. Há, pois, o risco de dano;

d) há muito se distinguem os termos *falsidade* e *falsificação*. O primeiro liga-se a um valor neutro, aplicável às pessoas; o segundo vincula-se às ações. A falsificação demanda a prévia existência de um documento ou de um objeto verdadeiro, que, mediante certos procedimentos, se altera ou se falsifica, tornando-o não verdadeiro. A falsidade indica, ao contrário, a afirmação de um fato ou a execução de um ato, nos quais não se expressa a verdade. As condutas de falsificação supõem uma intervenção *material* no objeto alterado, enquanto a falsidade constitui uma atitude intelectual, declarando o falso no lugar do verdadeiro (cf. Muñoz Conde, *Derecho penal – parte especial*, p. 672). No direito brasileiro, como se pode observar no Código Penal, os tipos são divididos entre *falsificações* e *falsidades*. Às primeiras, reserva-se a classe da falsidade material; às segundas, a intelectual ou ideológica;

e) equipara-se a documento particular o cartão de crédito ou débito;

f) a Lei 13.254/2016 permitiu a repatriação de dinheiro enviado ilicitamente para o exterior, com a finalidade de, perdoando os criminosos, auferir lucro com elevadas quantias para os cofres públicos. Dispõe o art. 5.º dessa lei, o seguinte: "A adesão ao programa dar-se-á mediante entrega da declaração dos recursos, bens e direitos sujeitos à regularização prevista no *caput* do art. 4.º e pagamento integral do imposto previsto no art. 6.º e da multa prevista no art. 8.º desta Lei. § 1.º O cumprimento das condições previstas no *caput* antes de decisão criminal extinguirá, em relação a recursos, bens e direitos a serem regularizados nos termos desta Lei, a punibilidade dos crimes a seguir previstos, praticados até a data de adesão ao RERCT: (...) IV – nos seguintes artigos do Decreto-Lei 2.848, de 7 de dezembro de 1940 (Código Penal), quando exaurida sua potencialidade lesiva com a prática dos crimes previstos nos incisos I a III: a) 297; b) 298; c) 299; d) 304" No inciso III, consta o art. 337-A do Decreto-Lei 2.848, de 7 de dezembro de 1940 (Código Penal).

Falsidade ideológica

Art. 299

Sujeito ativo

Qualquer pessoa (ver Parte Geral, capítulo XII, item 3.1).

Sujeito passivo

É o Estado. Secundariamente, pode ser a pessoa prejudicada pela falsificação (ver Parte Geral, capítulo XII, item 3.2).

Objeto jurídico

É a fé pública (ver Parte Geral, capítulo XII, item 3.3, "b"). Trata-se da confiança estabelecida pela sociedade em certos símbolos ou signos, que, com o decurso do tempo, ganham determinada significação, muitas das vezes impostas pelo Estado. Esse é o papel, por exemplo, da moeda, que possui um valor econômico a ela atrelado. Os signos gozam de crédito público e são, também, meios de prova. Sem a fé pública não se poderia desenvolver a contento os negócios jurídicos em geral (cf. Muñoz Conde, *Derecho penal – parte especial*, p. 670).

Objeto material

É o documento público ou particular (ver Parte Geral, capítulo XII, item 3.3, "a"). Em sentido amplo, documento é toda materialização de um dado, fato ou narração, bem como todo objeto que seja capaz de reconhecer algum dado ou uma declaração de vontade ou pensamento atribuído a uma pessoa e destinado a suportar algum negócio jurídico (cf. Muñoz Conde, *Derecho penal – parte especial*, p. 689).

Elementos objetivos do tipo

Omitir (deixar de inserir ou não mencionar), em documento público ou particular (vide definições dadas nos comentários aos arts. 297 e 298), declaração (tem variado significado: a) afirmação; b) relato; c) depoimento; d) manifestação. Ressalte-se que, havendo necessidade de comprovação – objetiva e concomitante –, pela autoridade, da autenticidade da declaração, não se configura o crime, caso ela seja falsa ou, de algum modo, dissociada da realidade que dele devia constar, ou nele *inserir* (colocar ou introduzir) ou *fazer inserir* (proporcionar que se introduza) declaração falsa ou diversa da que devia ser escrita, com o fim de prejudicar direito, criar obrigação ou alterar a verdade sobre fato juridicamente relevante. A pena é de reclusão, de um a cinco anos, e multa, se o documento é público, e reclusão, de um a três anos, e multa, se o documento é particular. Conferir o capítulo XIII, item 2.1, da Parte Geral.

Elemento subjetivo do crime

É o dolo (ver o capítulo XIV da Parte Geral).

Elemento subjetivo do tipo específico

É a vontade de "prejudicar direito, criar obrigação ou alterar a verdade sobre fato juridicamente relevante" (ver Parte Geral, capítulo XIII, item 2.1).

Classificação

Comum; formal; de forma livre; comissivo (nas formas "inserir" ou "fazer inserir") e omissivo (na modalidade "omitir"); instantâneo; unissubjetivo; unissubsistente ou plurissubsistente, conforme o caso. Sobre a classificação dos crimes, ver o capítulo XII, item 4, da Parte Geral.

Tentativa

É admissível na forma plurissubsistente, que não é a omissiva.

Momento consumativo

Quando qualquer das condutas previstas no tipo for praticada, independentemente de resultado naturalístico, consistente em efetiva concretização de prejuízo material para o Estado ou para o particular.

Particularidades

a) petição de advogado não é considerada documento, para fins penais;

b) declaração de pobreza para fim de obtenção de assistência judiciária não pode ser considerada documento para os fins deste artigo, pois é possível produzir prova a respeito do estado de miserabilidade de quem pleiteia o benefício da assistência judiciária. O juiz pode, à vista das provas colhidas, indeferir o pedido, sendo, pois, irrelevante a declaração apresentada;

c) laudo médico pode configurar a falsidade ideológica se o médico afirmar, em laudo, que o paciente tem uma doença inexistente, mas não se pode considerar como tal a sua conclusão – meramente opinativa – acerca do período necessário para repouso ou afastamento do trabalho;

d) declaração particular prestada em cartório de notas não serve para configurar o delito. Se a finalidade do declarante era produzir prova, não há cabimento em se considerar concretizada a falsidade ideológica, porque se trata de meio ilegítimo de produção de provas. Logo, não há qualquer relevância jurídica nessa declaração por não ter o potencial de "prejudicar direito, criar obrigação ou alterar a verdade sobre fato juridicamente relevante";

e) com relação à falsificação de Carteira de Trabalho e Previdência Social, deve-se aplicar a legislação específica, com as penas previstas no art. 299. Ver art. 49 do Decreto-lei 5.452/1943 (CLT): "Para os efeitos da emissão, substituição ou anotação de Carteiras de Trabalho e Previdência Social, considerar-se-á crime de falsidade, com as penalidades previstas no art. 299 do Código Penal: I – fazer, no todo ou em parte, qualquer documento falso ou alterar o verdadeiro; II – afirmar falsamente a sua própria identidade, filiação, lugar de nascimento, residência, profissão ou estado civil e beneficiários, ou atestar os de outra pessoa; III – servir-se de documentos, por qualquer forma falsificados; IV – falsificar, fabricando ou alterando, ou vender, usar ou possuir Carteiras de Trabalho e Previdência Social assim alterada; V – anotar dolosamente em Carteira de Trabalho e Previdência Social ou registro de empregado, ou confessar ou declarar em juízo, ou fora dele, data de admissão em emprego diversa da verdadeira";

f) há muito se distinguem os termos *falsidade* e *falsificação*. O primeiro liga-se a um valor neutro, aplicável às pessoas; o segundo vincula-se às ações. A falsificação demanda a prévia existência de um documento ou de um objeto verdadeiro, que, mediante certos procedimentos, se altera ou se falsifica, tornando-o não verdadeiro. A falsidade indica, ao contrário, a afirmação de um fato ou a execução de um ato, nos quais não se expressa a verdade. As condutas de falsificação supõem uma intervenção *material* no objeto alterado, enquanto a falsidade constitui uma atitude intelectual, declarando o falso no lugar do verdadeiro (cf. Muñoz Conde, *Derecho penal – parte especial*, p. 672). No direito brasileiro, como se pode observar no Código Penal, os tipos são divididos entre *falsificações* e *falsidades*. Às primeiras, reserva-se a classe da material; às segundas, a intelectual ou ideológica;

g) a Lei 13.254/2016 permitiu a repatriação de dinheiro enviado ilicitamente para o exterior, com a finalidade de, perdoando os criminosos, auferir lucro com elevadas quantias para os cofres públicos. Dispõe o art. 5.º dessa Lei, o seguinte: "A adesão ao programa dar-se-á mediante entrega da declaração dos recursos, bens e direitos sujeitos à regularização prevista no *caput* do art. 4.º e pagamento integral do imposto previsto no art. 6.º e da multa prevista no art. 8.º desta Lei. § 1.º O cumprimento das condições previstas no *caput* antes de decisão criminal extinguirá, em relação a recursos, bens e direitos a serem regularizados nos termos desta Lei, a punibilidade dos crimes a seguir previstos, praticados até a data de adesão ao RERCT: (...) IV – nos seguintes arts. do Decreto-Lei n.º 2.848, de 7 de dezembro de 1940 (Código Penal), quando exaurida sua potencialidade lesiva com a prática dos crimes previstos nos incisos I a III: a) 297; b) 298; c) 299; d) 304". No inciso III, consta o art. 337-A do Decreto-Lei 2.848, de 7 de dezembro de 1940 (Código Penal).

Causa de aumento de pena

Se o agente é funcionário público, valendo-se do cargo, para o cometimento do delito, ou se a falsificação ou alteração é de assentamento de registro civil, a pena deve ser aumentada de um sexto (parágrafo único).

> ### 🎗 PONTOS RELEVANTES PARA DEBATE
>
> #### As diferenças entre falsidade material e ideológica
>
> São, basicamente, as seguintes:
>
> a) a falsificação material altera a forma do documento, construindo um novo ou alterando o que era verdadeiro. A falsidade ideológica, por sua vez, provoca uma alteração de conteúdo, que pode ser total ou parcial. O documento, na falsificação material, é perceptivelmente falso, isto é, nota-se que não foi emitido pela autoridade competente ou pelo verdadeiro subscritor. Ex.: o falsificador obtém, numa gráfica, impressos semelhantes aos das carteiras de habilitação, preenchendo-os com os dados do interessado e fazendo nascer uma carta não emitida pelo órgão competente. Na falsidade ideológica, o documento não possui uma falsidade sensivelmente perceptível, pois é, na forma, autêntico. Assim, o sujeito, fornecendo dados falsos, consegue fazer com que o órgão de trânsito emita uma carteira de habilitação cujo conteúdo não corresponde à realidade. Imagine-se a pessoa que só tem permissão para dirigir determinado tipo de veículo e consegue, através de algum tipo de fraude, que tal categoria seja alterada na sua carteira, ampliando-a para outros veículos, o que a torna ideologicamente falsa;
>
> b) quando a falsificação for material, há dois tipos diferentes – um para os documentos públicos; outro, para os documentos particulares; quando a falsidade for ideológica, tanto os públicos, quanto os particulares, ingressam no mesmo tipo.
>
> #### A possibilidade de haver falsidade em folha de papel em branco
>
> Há três posições possíveis a adotar:
>
> "a) é crime de falsidade ideológica, se a folha foi abusivamente preenchida pelo agente, que tinha sua posse legítima;
>
> "b) se o papel estava sob a guarda do agente, ou foi obtido por meio criminoso, sendo preenchida de forma abusiva, há crime de falsidade material (arts. 297 ou 298);

"c) quando, na hipótese anterior, houver revogação do mandato ou 'tiver cessado a obrigação ou faculdade de preencher o papel', o agente também responde por falsidade material" (cf. Luiz Regis Prado e Cezar Roberto Bitencourt, *Código Penal anotado e legislação complementar*, p. 900).

Parece-nos que, havendo a entrega de folha de papel em branco, assinada por alguém, para o fim de preenchimento em outra oportunidade com termos específicos, ocorrendo a deturpação do conteúdo, é a concretização de falsidade ideológica. Logo, não se trata de falsidade material, que pressupõe a desfiguração do documento, transformando-o em algo diverso. A folha em branco é construída pelo agente do crime e quem a forneceu já sabia que o conteúdo seria formado posteriormente.

Falso reconhecimento de firma ou letra

Art. 300

Sujeito ativo

É somente o funcionário que possui, legalmente, atribuição para reconhecer a firma ou a letra (ver Parte Geral, capítulo XII, item 3.1).

Sujeito passivo

É o Estado. Secundariamente, a pessoa prejudicada pela falsificação (ver Parte Geral, capítulo XII, item 3.2).

Objeto jurídico

É a fé pública (ver Parte Geral, capítulo XII, item 3.3, "b"). Trata-se da confiança estabelecida pela sociedade em certos símbolos ou signos, que, com o decurso do tempo, ganham determinada significação, muitas das vezes impostas pelo Estado. Esse é o papel, por exemplo, da moeda, que possui um valor econômico a ela atrelado. Os signos gozam de crédito público e são, também, meios de prova. Sem a fé pública não se poderia desenvolver a contento os negócios jurídicos em geral (cf. Muñoz Conde, *Derecho penal – parte especial*, p. 670).

Objeto material

É a firma ou letra reconhecida como autêntica (ver Parte Geral, capítulo XII, item 3.3, "a").

Elementos objetivos do tipo

Reconhecer (admitir como certo ou constatar), como verdadeira (autêntica, real), firma (assinatura por extenso ou abreviada) ou letra (sinal representativo de vocábulos da linguagem escrita) de alguém, quando não o seja. O agente encarregado, legalmente, da tarefa de, por comparação, estabelecer que a assinatura colocada num documento, por exemplo, é proveniente de determinada pessoa, declara autêntica a firma que não o é. Assim, *no exercício de função pública* (conforme exige o tipo penal), termina por dar autenticidade ao que não deveria, causando sério risco à fé pública e à segurança dos negócios em geral. A pena é de reclusão, de um a cinco anos, e multa, se o documento é público; é de reclusão, de um a três anos, e multa, se o documento é particular. Conferir o capítulo XIII, item 2.1, da Parte Geral.

Elemento subjetivo do crime

É o dolo (ver Parte Geral, capítulo XIV). Não existe a forma culposa.

Elemento subjetivo do tipo específico

Não se exige (ver Parte Geral, capítulo XIII, item 2.1).

Classificação

Próprio; formal; de forma vinculada (o reconhecimento de firma ou letra tem procedimento específico para tanto); comissivo, mas, excepcionalmente comissivo por omissão; instantâneo; unissubjetivo; unissubsistente. Sobre a classificação dos crimes, consultar o capítulo XII, item 4, da Parte Geral.

Tentativa

Não é admissível, pois o crime é unissubsistente, mas há quem sustente a possibilidade, desde que se visualize na execução um formato plurissubsistente, o que não nos parece cabível. O agente reconhece a firma ou letra em um único ato.

Momento consumativo

Quando o reconhecimento for realizado, independentemente da entrega do documento a quem dele possa fazer mau uso.

Particularidade

Há muito se distinguem os termos *falsidade* e *falsificação*. O primeiro liga-se a um valor neutro, aplicável às pessoas; o segundo vincula-se às ações. A falsificação demanda a prévia existência de um documento ou de um objeto verdadeiro, que, mediante certos procedimentos, se altera ou se falsifica, tornando-o não verdadeiro. A falsidade indica, ao contrário, a afirmação de um fato ou a execução de um ato, nos quais não se expressa a verdade. As condutas de falsificação supõem uma intervenção *material* no objeto alterado, enquanto a falsidade constitui uma atitude intelectual, declarando o falso no lugar do verdadeiro (cf. Muñoz Conde, *Derecho penal – parte especial*, p. 672). No direito brasileiro, como se pode observar no Código Penal, os tipos são divididos entre *falsificações* e *falsidades*. Às primeiras, reserva-se a classe da falsidade material; às segundas, a falsidade intelectual ou ideológica.

Certidão ou atestado ideologicamente falso

Art. 301

Sujeito ativo

É o funcionário público com atribuição para expedir o atestado ou a certidão (ver Parte Geral, capítulo XII, item 3.1).

Sujeito passivo

É o Estado (ver Parte Geral, capítulo XII, item 3.2).

Objeto jurídico

É a fé pública (ver Parte Geral, capítulo XII, item 3.3, "b"). Trata-se da confiança estabelecida pela sociedade em certos símbolos ou signos, que, com o decurso do tempo, ganham determinada significação, muitas das vezes impostas pelo Estado. Esse é o papel, por exemplo, da moeda, que possui um valor econômico a ela atrelado. Os signos gozam de crédito público e são, também, meios de prova. Sem a fé pública não se poderia desenvolver a contento os negócios jurídicos em geral (cf. Muñoz Conde, *Derecho penal – parte especial*, p. 670).

Objeto material

É o atestado ou a certidão (ver Parte Geral, capítulo XII, item 3.3, "a").

Elementos objetivos do tipo

Atestar (afirmar ou demonstrar algo por escrito) ou *certificar* (afirmar a certeza de algo) falsamente, em razão de função pública, fato (é um acontecimento ou uma ocorrência) ou circunstância (é a situação, condição ou estado que envolve alguém ou algo) que habilite alguém a obter cargo público (é um posto criado na administração), isenção de ônus (dispensa do cumprimento de alguma obrigação de interesse público) ou de serviço de caráter público (é o exercício de uma função obrigatória que tenha interesse público), ou qualquer outra vantagem. Certificar é mais forte que atestar, pois representa a afirmação de algo que encontra respaldo em documento arquivado em alguma repartição do Estado e é, efetivamente, verdadeiro, estando na esfera de atribuição do funcionário público, enquanto o atestar representa uma afirmação passível de questionamento. Assim, atesta-se a idoneidade de alguém e certifica-se que a pessoa foi demitida do serviço público. *Atestar* provém do latim *testis*, ou seja, testemunhar, por isso é documento que contém o testemunho do signatário a respeito de um fato (Sylvio do Amaral, *Falsidade documental*, p. 126-127). Sustentando a mesma diferença: Hungria, *Comentários ao Código Penal*, v. 9, p. 292-293. A pena é de detenção, de dois meses a um ano. Conferir o capítulo XIII, item 2.1, da Parte Geral.

Elemento subjetivo do crime

É o dolo (ver o capítulo XIV da Parte Geral).

Elemento subjetivo do tipo específico

É a finalidade de proporcionar a alguém a obtenção de "cargo público, isenção de ônus ou de serviço de caráter público, ou qualquer outra vantagem". No § 2.º, prevê-se, ainda, o "fim de lucro" (ver Parte Geral, capítulo XIII, item 2.1).

Classificação

Próprio (comum, na figura qualificada); formal; de forma livre; comissivo; instantâneo; unissubjetivo; plurissubsistente. Sobre a classificação dos crimes, ver o capítulo XII, item 4, da Parte Geral.

Tentativa

É admissível.

Momento consumativo

Quando qualquer das condutas de "atestar", "certificar", "falsificar" ou "alterar" for praticada, independentemente de resultado naturalístico, consistente em efetiva concretização de prejuízo material para o Estado.

Forma qualificada

Falsificar (reproduzir, imitando, ou contrafazer), no todo ou em parte, atestado ou certidão, ou *alterar* (modificar ou adulterar) o teor de certidão ou atestado verdadeiro, para a prova de fato ou circunstância que habilite alguém a obter cargo público, isenção de ônus ou de serviço de caráter público, ou qualquer outra vantagem. O tipo penal preocupa-se com a *forma* do documento, por isso cuida da *falsificação material*. Por outro lado, exige-se a potencialidade lesiva do documento falsificado ou alterado, pois a contrafação ou modificação grosseira, não apta a ludibriar a atenção de terceiros, é inócua para esse fim. Eventualmente, pode se tratar de estelionato, quando, a despeito de grosseiramente falso, tiver trazido vantagem indevida ao agente, em prejuízo de outra pessoa. A pena é de detenção, de três meses a dois anos (§ 1.º). Se houver fim de lucro, aplica-se também a pena de multa (§ 2.º).

Particularidade

Há muito se distinguem os termos *falsidade* e *falsificação*. O primeiro liga-se a um valor neutro, aplicável às pessoas; o segundo vincula-se às ações. A falsificação demanda a prévia existência de um documento ou de um objeto verdadeiro, que, mediante certos procedimentos, se altera ou se falsifica, tornando-o não verdadeiro. A falsidade indica, ao contrário, a afirmação de um fato ou a execução de um ato, nos quais não se expressa a verdade. As condutas de falsificação supõem uma intervenção *material* no objeto alterado, enquanto a falsidade constitui uma atitude intelectual, declarando o falso no lugar do verdadeiro (cf. Muñoz Conde, *Derecho penal – parte especial*, p. 672). No direito brasileiro, como se pode observar no Código Penal, os tipos são divididos entre *falsificações* e *falsidades*. Às primeiras, reserva-se a classe da falsidade material; às segundas, a falsidade intelectual ou ideológica.

> ### 🦋 PONTO RELEVANTE PARA DEBATE
>
> A configuração do crime de falsificação destinando-se à obtenção de cargo público ou outra vantagem por parte do próprio agente
>
> Houve falha legislativa nesta hipótese, pois o tipo penal não contempla a possibilidade de o agente falsificar o atestado ou certidão – ou alterar o seu teor – para prova de fato ou circunstância que o habilite a obter cargo público. A jurisprudência, no entanto, vem corrigindo essa falha, interpretando o termo "alguém" como abrangente do próprio autor da falsificação ou da alteração. É a utilização da interpretação extensiva.

Falsidade de atestado médico

Art. 302

Sujeito ativo

É o médico (ver Parte Geral, capítulo XII, item 3.1).

Sujeito passivo

É o Estado. Secundariamente, a pessoa prejudicada pelo atestado falso (ver Parte Geral, capítulo XII, item 3.2).

Objeto jurídico

É a fé pública (ver Parte Geral, capítulo XII, item 3.3, "b"). Trata-se da confiança estabelecida pela sociedade em certos símbolos ou signos, que, com o decurso do tempo, ganham determinada significação, muitas das vezes impostas pelo Estado. Esse é o papel, por exemplo, da moeda, que possui um valor econômico a ela atrelado. Os signos gozam de crédito público e são, também, meios de prova. Sem a fé pública não se poderia desenvolver a contento os negócios jurídicos em geral (cf. Muñoz Conde, *Derecho penal – parte especial*, p. 670).

Objeto material

É o atestado falso (ver Parte Geral, capítulo XII, item 3.3, "a").

Elementos objetivos do tipo

Dar (ceder ou produzir) o médico, no exercício da sua profissão (não basta que o médico forneça o atestado falso, sendo indispensável fazê-lo no exercício da sua profissão; exemplificando: se o médico der um atestado de idoneidade a alguém, ainda que falso, não se configura o delito), atestado (é o documento que contém a afirmação ou a declaração acerca de algo) falso. Este atestado deve versar, segundo doutrina majoritária, sobre *fato* relevante (constatação de enfermidade, por exemplo), e não sobre opinião ou prognóstico do profissional. A pena é de detenção, de um mês a um ano. Se houver finalidade de lucro, aplica-se igualmente a multa. Conferir o capítulo XIII, item 2.1, da Parte Geral.

Elemento subjetivo do crime

É o dolo (ver o capítulo XIV da Parte Geral).

Elemento subjetivo do tipo específico

Não há (ver Parte Geral, capítulo XIII, item 2.1).

Classificação

Próprio; formal; de forma livre; comissivo; instantâneo; unissubjetivo; plurissubsistente. Sobre a classificação dos crimes, ver o capítulo XII, item 4, da Parte Geral.

Tentativa

É admissível.

Momento consumativo

Quando o atestado falso for entregue a alguém, independentemente de resultado naturalístico, consistente em efetiva concretização de prejuízo material para o Estado ou para terceiro.

Particularidade

Há muito se distinguem os termos *falsidade* e *falsificação*. O primeiro liga-se a um valor neutro, aplicável às pessoas; o segundo vincula-se às ações. A falsificação demanda a prévia existência de um documento ou de um objeto verdadeiro, que, mediante certos procedimentos, se altera ou se falsifica, tornando-o não verdadeiro. A falsidade indica, ao contrário, a afirmação de um fato ou a execução de um ato, nos quais não se expressa a verdade. As condutas de falsificação supõem uma intervenção *material* no objeto alterado, enquanto a falsidade constitui uma atitude intelectual, declarando o falso no lugar do verdadeiro (cf. Muñoz Conde, *Derecho penal – parte especial*, p. 672). No direito brasileiro, como se pode observar no Código Penal, os tipos são divididos entre *falsificações* e *falsidades*. Às primeiras, reserva-se a classe da falsidade material; às segundas, a falsidade intelectual ou ideológica.

Reprodução ou adulteração de selo ou peça filatélica

Art. 303

Sujeito ativo

Qualquer pessoa (ver Parte Geral, capítulo XII, item 3.1).

Sujeito passivo

É o Estado. Secundariamente, a pessoa prejudicada pela reprodução ou alteração (ver Parte Geral, capítulo XII, item 3.2).

Objeto jurídico

É a fé pública (ver Parte Geral, capítulo XII, item 3.3, "b"). Trata-se da confiança estabelecida pela sociedade em certos símbolos ou signos, que, com o decurso do tempo, ganham determinada significação, muitas das vezes impostas pelo Estado. Esse é o papel, por exemplo, da moeda, que possui um valor econômico a ela atrelado. Os signos gozam de crédito público e são, também, meios de prova. Sem a fé pública não se poderia desenvolver a contento os negócios jurídicos em geral (cf. Muñoz Conde, *Derecho penal – parte especial*, p. 670).

Objeto material

É o selo ou a peça filatélica (ver Parte Geral, capítulo XII, item 3.3, "a").

Elementos objetivos do tipo

Reproduzir (tornar a produzir ou repetir) ou *alterar* (modificar ou transformar) selo (é a estampilha adesiva, fixa ou estampada, destinada a comprovar o pagamento de quantia referente ao transporte de correspondências e objetos enviados pelo correio) ou peça (é o pedaço de um todo ou a parte de uma coleção) filatélica (ao mencionar a *filatelia*, está o tipo penal fazendo referência ao hábito de colecionar e estudar selos. Portanto, nesse caso, o objeto do delito é o selo ou qualquer peça, como um cartão ou um bloco comemorativo, destinada a colecionadores), que tenha valor para coleção (a importância da proteção penal é o crescente aumento do valor do selo ou da peça com o passar do tempo, tornando-se autêntica preciosidade), salvo quando a reprodução ou alteração está visivelmente anotada na face ou no verso do selo ou peça. Nesse caso, porque o reconhecimento de um selo ou peça filatélica, quanto à autenticidade, é mais complexo, necessitando de experts ou colecionadores, é maior a dificuldade da adulteração desse tipo de objeto. E são maiores as exigências no tocante à perfeição da imitação. Pequenos erros ou defeitos na reprodução podem levar ao crime impossível, por serem detectáveis com facilidade pelos especialistas, algo que, ao homem comum, pode passar despercebido (Sylvio do Amaral, *Falsidade Documental*, p. 74). A pena é de detenção, de um a três anos, e multa. Nas mesmas penas incorre quem, para fins de comércio, faz uso do selo ou da peça filatélica (parágrafo único). Atualmente, o tipo penal foi substituído pelo art. 39 da Lei 6.538/1978: "Reproduzir ou alterar selo ou peça filatélica de valor para coleção, salvo quando a reprodução ou alteração estiver visivelmente anotada na face ou no verso do selo ou peça: Pena – detenção, até 2 (dois) anos, e pagamento de 3 (três) a 10 (dez) dias-multa. Parágrafo único. Incorre nas mesmas penas quem, para fins de comércio, faz uso de selo ou peça filatélica de valor para coleção, ilegalmente reproduzidos ou alterados". Os comentários são aplicáveis ao tipo substitutivo. Conferir o capítulo XIII, item 2.1, da Parte Geral.

Elemento subjetivo do crime

É o dolo (ver o capítulo XIV da Parte Geral).

Elemento subjetivo do tipo específico

Não há (ver Parte Geral, capítulo XIII, item 2.1).

Classificação

Comum; formal; de forma livre; comissivo; instantâneo; unissubjetivo; plurissubsistente. Sobre a classificação dos crimes, ver o capítulo XII, item 4, da Parte Geral.

Tentativa

É admissível.

Momento consumativo

Quando qualquer das condutas do tipo for praticada, independentemente de resultado naturalístico, consistente em efetiva concretização de prejuízo material para o Estado ou para terceiro.

Particularidade

Há muito se distinguem os termos *falsidade* e *falsificação*. O primeiro liga-se a um valor neutro, aplicável às pessoas; o segundo vincula-se às ações. A falsificação demanda a prévia existência de um documento ou de um objeto verdadeiro, que, mediante certos procedimentos, se altera ou se falsifica, tornando-o não verdadeiro. A falsidade indica, ao contrário, a afirmação de um fato ou a execução de um ato, nos quais não se expressa a verdade. As condutas de falsificação supõem uma intervenção *material* no objeto alterado, enquanto a falsidade constitui uma atitude intelectual, declarando o falso no lugar do verdadeiro (cf. Muñoz Conde, *Derecho penal – parte especial*, p. 672). No direito brasileiro, como se pode observar no Código Penal, os tipos são divididos entre *falsificações* e *falsidades*. Às primeiras, reserva-se a classe da falsidade material; às segundas, a falsidade intelectual ou ideológica.

Uso de documento falso

Art. 304

Sujeito ativo

Qualquer pessoa (ver Parte Geral, capítulo XII, item 3.1).

Sujeito passivo

É o Estado. Secundariamente, a pessoa prejudicada pela falsificação (ver Parte Geral, capítulo XII, item 3.2).

Objeto jurídico

É a fé pública (ver Parte Geral, capítulo XII, item 3.3, "b"). Trata-se da confiança estabelecida pela sociedade em certos símbolos ou signos, que, com o decurso do tempo, ganham determinada significação, muitas das vezes impostas pelo Estado. Esse é o papel, por exemplo, da moeda, que possui um valor econômico a ela atrelado. Os signos gozam de crédito público e são, também, meios de prova. Sem a fé pública não se poderia desenvolver a contento os negócios jurídicos em geral (cf. Muñoz Conde, *Derecho penal – parte especial*, p. 670).

Objeto material

É o documento falsificado ou alterado (ver Parte Geral, capítulo XII, item 3.3, "a").

Elementos objetivos do tipo

Fazer uso (empregar, utilizar ou aplicar) de qualquer dos papéis falsificados ou alterados, a que se referem os arts. 297 a 302 (são os seguintes: documento público ou particular, papel onde constar firma ou letra falsamente reconhecida, atestado ou certidão pública ou, ainda o atestado médico). Exige-se que a utilização seja feita como se o documento fosse autêntico, além do que a situação envolvida há de ser juridicamente relevante. Trata-se de *tipo remetido*, aquele que indica outros tipos para ser integralmente compreendido. Portanto, a amplitude do conceito de "papel falsificado ou alterado" depende da verificação do conteúdo dos arts. 297 a 302. A pena é a mesma cominada à falsificação ou à alteração. Conferir o capítulo XIII, item 2.1, da Parte Geral.

Elemento subjetivo do crime

É o dolo (ver o capítulo XIV da Parte Geral).

Elemento subjetivo do tipo específico

Não há (ver Parte Geral, capítulo XIII, item 2.1).

Classificação

Comum; formal; de forma livre; comissivo; instantâneo; unissubjetivo; unissubsistente ou plurissubsistente, conforme o caso. Sobre a classificação dos crimes, ver o capítulo XII, item 4, da Parte Geral.

Tentativa

É admissível na forma plurissubsistente (há quem não admita o fracionamento do *iter criminis*, portanto, de tentativa inviável. Nesse sentido, Sylvio do Amaral, *Falsidade documental*, p. 173).

Momento consumativo

Quando for feito o uso do documento, independentemente de resultado naturalístico, consistente em efetiva concretização de prejuízo material para o Estado ou para terceiro.

Particularidades

A dúvida fundada do agente quanto à falsidade pode elidir o crime, pois, em tese, afasta o dolo, que deve ser abrangente, isto é, envolver todos os elementos objetivos do tipo. Entretanto, sendo o delito passível de punição por dolo direto ou eventual, caso o agente faça uso de documento por mera imprudência, a conduta é atípica. Mas, se o agente assume o risco de estar se valendo de documento falso, o crime está configurado.

A Lei 13.254/2016 permitiu a repatriação de dinheiro enviado ilicitamente para o exterior, com a finalidade de, perdoando os criminosos, auferir lucro com elevadas quantias para os cofres públicos. Dispõe o art. 5.º dessa Lei, o seguinte: "A adesão ao programa dar-se-á mediante entrega da declaração dos recursos, bens e direitos sujeitos à regularização prevista no *caput* do art. 4.º e pagamento integral do imposto previsto no art. 6.º e da multa prevista no art. 8.º desta Lei. § 1.º O cumprimento das condições previstas no *caput* antes de decisão criminal extinguirá, em relação a recursos, bens e direitos a serem regularizados nos termos desta Lei, a punibilidade dos crimes a seguir previstos, praticados até a data de adesão ao RERCT: (...) IV – nos seguintes artigos do Decreto-Lei 2.848, de 7 de dezembro de 1940 (Código Penal), quando exaurida sua potencialidade lesiva com a prática dos crimes previstos nos incisos I a III: a) 297; b) 298; c) 299; d) 304". No inciso III, consta o art. 337-A do Decreto-Lei 2.848, de 7 de dezembro de 1940 (Código Penal).

> ### ⚡ PONTOS RELEVANTES PARA DEBATE
>
> #### A indispensabilidade, para a configuração do crime, da apresentação espontânea do documento
>
> Cremos ser totalmente irrelevante se o agente utiliza o documento falso em ato unilateral ou se o faz porque qualquer autoridade assim exige. Há perfeita possibilidade de configuração do tipo penal quando a exibição de uma carteira de habilitação falsa, por exemplo, é feita a um policial rodoviário que exige a sua apresentação, por estar no exercício da sua função fiscalizadora. Assim é a posição majoritária da jurisprudência. Em sentido contrário, sustentando que o documento deve sair da esfera do agente por iniciativa dele mesmo: Delmanto, *Código Penal comentado*, p. 541. Ressalte-se, no entanto, que o encontro casual do documento falso em poder de alguém (como ocorre por ocasião de uma revista policial) não é suficiente para configurar o tipo penal, pois o núcleo é claro: "fazer uso".
>
> #### O concurso de delitos no caso do autor da falsificação que fizer uso do documento
>
> Conforme já expusemos anteriormente, nos comentários ao art. 297, se o agente falsificador usa o documento, o crime do art. 304 absorve o falso, por ser considerado *crime-fim*. A falsificação do documento seria *fato antecedente não punível* no contexto da progressão criminosa (consultar maiores detalhes na Parte Geral, no capítulo da *classificação dos crimes*). Há posição, embora minoritária, sustentando haver concurso material de crimes.

Supressão de documento
Art. 305

Sujeito ativo

Qualquer pessoa (ver Parte Geral, capítulo XII, item 3.1).

Sujeito passivo

É o Estado. Secundariamente, a pessoa prejudicada pela supressão (ver Parte Geral, capítulo XII, item 3.2).

Objeto jurídico

É a fé pública (ver Parte Geral, capítulo XII, item 3.3, "b"). Trata-se da confiança estabelecida pela sociedade em certos símbolos ou signos, que, com o decurso do tempo, ganham determinada significação, muitas das vezes impostas pelo Estado. Esse é o papel, por exemplo, da moeda, que possui um valor econômico a ela atrelado. Os signos gozam de crédito público e são, também, meios de prova. Sem a fé pública não se poderia desenvolver a contento os negócios jurídicos em geral (cf. Muñoz Conde, *Derecho penal – parte especial*, p. 670).

Objeto material

É o documento público ou particular (ver Parte Geral, capítulo XII, item 3.3, "a").

Elementos objetivos do tipo

Destruir (fazer desaparecer ou extinguir o documento por completo), *suprimir* (eliminar o documento como tal, ou seja, permanece o papel, mas desaparece o documento, como ocorre se for coberto de tinta) ou *ocultar* (esconder ou camuflar), em benefício próprio ou de outrem, ou em prejuízo alheio, documento público ou particular verdadeiro, de que não podia dispor. O delito está indevidamente inserido no Capítulo III, referente à falsidade documental, pois não cuida disso. Suprimir um documento não significa fabricá-lo ou alterá-lo de qualquer modo. A pena é de reclusão, de dois a seis anos, e multa, se o documento é público, e reclusão, de um a cinco anos, e multa, se o documento é particular. Conferir o capítulo XIII, item 2.1, da Parte Geral.

Elemento subjetivo do crime

É o dolo (ver o capítulo XIV da Parte Geral).

Elemento subjetivo do tipo específico

É a vontade do agente de beneficiar a si mesmo ou a outrem, bem como agir em prejuízo alheio (ver Parte Geral, capítulo XIII, item 2.1).

Classificação

Comum; formal; de forma livre; comissivo; instantâneo (permanente na modalidade "ocultar"); unissubjetivo; plurissubsistente. Sobre a classificação dos crimes, ver o capítulo XII, item 4, da Parte Geral.

Tentativa

É admissível.

Momento consumativo

Quando qualquer das condutas típicas for praticada, independentemente de resultado naturalístico, consistente em efetiva concretização de prejuízo material para o Estado ou para terceiro.

Particularidades

a) é exigida a autenticidade do documento pelo tipo penal. Protege-se a fé pública e, consequentemente, o documento público ou particular *autêntico*. Caso o agente destrua, suprima ou oculte documento *falso*, consumirá prova de um crime, podendo, em tese, haver a configuração de outro tipo penal, como, por exemplo, os arts. 337 (subtração ou inutilização de livro ou documento) e 356 (sonegação de papel ou objeto de valor probatório). Não se incluem nesse âmbito as cópias não autenticadas extraídas de documentos, nem os traslados e certidões de assentamentos. Há entendimento particular exigindo que o documento seja insubstituível em seu valor probatório, isto é, se for cópia autenticada, ainda que seja considerado documento (art. 232, parágrafo único, CPP), não o é para servir de objeto material deste delito, pois o original pode ocupar-lhe o lugar. Esta posição, segundo nos parece, é correta, desde que o original realmente exista e esteja disponível, pois, do contrário, a cópia autenticada pode ser o único meio de servir de prova de algo;

b) sobre a diferença entre supressão do documento, dano e furto, tudo está a depender do intuito do agente. Se for para fazer o documento desaparecer para não servir para a prova de algum fato relevante juridicamente, trata-se de delito contra a fé pública (art. 305); caso seja somente para causar um prejuízo para a vítima, é delito contra o patrimônio na forma de "dano" (art. 163); se for subtraído para ocultação, por ser valioso em si mesmo (como um documento histórico), trata-se de delito contra o patrimônio na modalidade "furto" (art. 155);

c) sobre a diferença entre os crimes de supressão de documento e sonegação de papel ou objeto de valor probatório, o primeiro é praticado com a finalidade de evitar que o documento sirva de prova de algum fato, por isso é crime contra a fé pública; o segundo é cometido por advogado, ou procurador judicial, que elimina documento, com valor probatório, embora não seja intuito do agente eliminá-lo como prova. Este último é um dano contra o patrimônio do Estado.

Capítulo IV
De Outras Falsidades

Falsificação do sinal empregado no contraste de metal precioso ou na fiscalização alfandegária, ou para outros fins

Art. 306

Sujeito ativo

Qualquer pessoa (ver Parte Geral, capítulo XII, item 3.1).

Sujeito passivo

É o Estado (ver Parte Geral, capítulo XII, item 3.2).

Objeto jurídico

É a fé pública (ver Parte Geral, capítulo XII, item 3.3, "b"). Trata-se da confiança estabelecida pela sociedade em certos símbolos ou signos, que, com o decurso do tempo, ganham determinada significação, muitas das vezes impostas pelo Estado. Esse é o papel, por exemplo, da moeda, que possui um valor econômico a ela atrelado. Os signos gozam de crédito público e são, também, meios de prova. Sem a fé pública não se poderia desenvolver a contento os negócios jurídicos em geral (cf. Muñoz Conde, *Derecho penal – parte especial*, p. 670).

Objeto material

É a marca ou sinal utilizado para contraste de metal precioso ou para fiscalização alfandegária (ver Parte Geral, capítulo XII, item 3.3, "a").

Elementos objetivos do tipo

Falsificar (reproduzir, imitando, ou contrafazer), *fabricando-o* (manufaturando-o, construindo-o ou cunhando-o) ou *alterando-o* (modificando-o ou transformando-o), marca ou sinal (são termos correlatos, significando aquilo que serve de alerta, captado pelos sentidos, possibilitando reconhecer ou conhecer alguma coisa) empregado pelo poder público no contraste de metal precioso (é a marca feita no metal, consistindo o seu título, isto é, a relação entre o metal fino introduzido e o total da liga, em indicador de peso e quilate) ou na fiscalização alfandegária (é a representação gráfica utilizada pela fiscalização realizada na alfândega, a fim de demonstrar que uma mercadoria foi liberada ou para outra finalidade relativa ao controle de entrada e saída de mercadorias no País), ou *usar* (empregar ou utilizar) marca ou sinal dessa natureza, falsificado por outrem. O tipo é misto alternativo, de modo que o agente pode falsificar e usar ou somente falsificar ou, ainda, somente usar, para incorrer na prática de um só delito. A pena é de reclusão, de dois a seis anos, e multa. Conferir o capítulo XIII, item 2.1, da Parte Geral.

Elemento subjetivo do crime

É o dolo (ver o capítulo XIV da Parte Geral).

Elemento subjetivo do tipo específico

Não há (ver Parte Geral, capítulo XIII, item 2.1).

Classificação

Comum; formal; de forma livre; comissivo; instantâneo; unissubjetivo; unissubsistente ou plurissubsistente, conforme o caso. Sobre a classificação dos crimes, ver o capítulo XII, item 4, da Parte Geral.

Tentativa

É admissível na forma plurissubsistente.

Momento consumativo

Quando a falsificação for praticada, independentemente de resultado naturalístico, consistente em efetiva concretização de prejuízo material para o Estado.

Figura privilegiada

A pena é de reclusão ou detenção, de um a três anos, e multa, se a marca ou sinal falsificado é o que usa a autoridade pública para o fim de fiscalização sanitária (é a vigilância exercida pelo Estado para assegurar a saúde e a higiene públicas), ou para *autenticar* (reconhecer como verdadeiro) ou *encerrar* (guardar em lugar que se fecha) determinados objetos, ou *comprovar* (auxiliar a provar ou confirmar) o cumprimento de formalidade legal.

Particularidade

Há muito se distinguem os termos *falsidade* e *falsificação*. O primeiro liga-se a um valor neutro, aplicável às pessoas; o segundo vincula-se às ações. A falsificação demanda a prévia existência de um documento ou de um objeto verdadeiro, que, mediante certos procedimentos, se altera ou se falsifica, tornando-o não verdadeiro. A falsidade indica, ao contrário, a afirmação de um fato ou a execução de um ato, nos quais não se expressa a verdade. As condutas de falsificação supõem uma intervenção *material* no objeto alterado, enquanto a falsidade constitui uma atitude intelectual, declarando o falso no lugar do verdadeiro (cf. Muñoz Conde, *Derecho penal – parte especial*, p. 672). No direito brasileiro, como se pode observar no Código Penal, os tipos são divididos entre *falsificações* e *falsidades*. Às primeiras, reserva-se a classe da falsidade material; às segundas, a falsidade intelectual ou ideológica.

Falsa identidade

Art. 307

Sujeito ativo

Qualquer pessoa (ver Parte Geral, capítulo XII, item 3.1).

Sujeito passivo

É o Estado. Secundariamente, qualquer pessoa prejudicada pela falsa atribuição (ver Parte Geral, capítulo XII, item 3.2).

Objeto jurídico

É a fé pública (ver Parte Geral, capítulo XII, item 3.3, "b"). Trata-se da confiança estabelecida pela sociedade em certos símbolos ou signos, que, com o decurso do tempo, ganham determinada significação, muitas das vezes impostas pelo Estado. Esse é o papel, por exemplo, da moeda, que possui um valor econômico a ela atrelado. Os signos gozam de crédito público e são, também, meios de prova. Sem a fé pública não se poderia desenvolver a contento os negócios jurídicos em geral (cf. Muñoz Conde, *Derecho penal – parte especial*, p. 670).

Objeto material

É a identidade (ver Parte Geral, capítulo XII, item 3.3, "a").

Elementos objetivos do tipo

Atribuir significa considerar como autor ou imputar. As condutas são: a) imputar a si mesmo identidade falsa; b) imputar a outrem identidade falsa. Não se inclui na figura típica o ato da pessoa que se omite diante da falsa identidade que outrem lhe atribui. É essencial verificar o cenário em que se dá esse fornecimento de identidade não verdadeira, a fim de não se banalizar o crime. Há lugares em que *dar um nome falso* pode configurar conduta insignificante, inapta a constituir fato típico (ex.: dar um nome falso ao ingressar num local de encontro para namoro é conduta inviável para afetar a fé pública). Conferir a Súmula 522 do STJ: "a conduta de atribuir-se falsa identidade perante autoridade policial é típica, ainda que em situação de alegada autodefesa". Observe-se que o conteúdo da referida súmula se restringe à autoridade policial, portanto, em momento formal de qualificação. A pena é de detenção, de três meses a um ano, ou multa, se o fato não constitui elemento de crime mais grave. O crime é subsidiário, isto é, somente se configura se outro, mais grave, inexistir (ex.: se o agente se atribuir falsa identidade para cometer estelionato, pune-se somente este último). Conferir o capítulo XIII, item 2.1, da Parte Geral.

Elemento subjetivo do crime

É o dolo (ver o capítulo XIV da Parte Geral).

Elemento subjetivo do tipo específico

É a vontade de "obter vantagem em proveito próprio ou alheio" ou "causar dano a outrem" (ver Parte Geral, capítulo XIII, item 2.1).

Classificação

Comum; formal; de forma livre; comissivo; instantâneo; unissubjetivo; plurissubsistente. Sobre a classificação dos crimes, ver o capítulo XII, item 4, da Parte Geral.

Tentativa

É admissível, embora rara.

Momento consumativo

Quando ocorrer a falsa atribuição, independentemente de resultado naturalístico, consistente em efetiva concretização de prejuízo material para o Estado.

Particularidades

a) *Identidade* é o conjunto de características peculiares de uma pessoa determinada, que permite reconhecê-la e individualizá-la, envolvendo o nome, a idade, o estado civil, a filiação, o sexo, entre outros dados. Não se inclui no conceito de identidade o endereço ou telefone de alguém. Considerá-la *falsa* significa que não corresponde à realidade, isto é, não permite identificar ou reconhecer determinada pessoa tal como ela é. Há polêmica no sentido de se estreitar ou alargar o conceito de *identidade*, inserindo-se ou não dados que vão além do nome, como idade, profissão, naturalidade etc. Cremos que a solução deve impor-se de acordo com a necessidade do dado identificador. Se a pessoa já está *identificada*, reconhecida individualmente, pelo nome e filiação, por exemplo, a menção falsa a outro dado, nesse caso secundário, como a profissão, não serve para configurar o delito. Entretanto, caso seja essencial obter determinado informe para individualizar a pessoa, como acontece com a idade ou a filiação, em casos de homonímia, é certo que a apresentação de dado falso pode constituir o crime do art. 307;

b) há muito se distinguem os termos *falsidade* e *falsificação*. O primeiro liga-se a um valor neutro, aplicável às pessoas; o segundo vincula-se às ações. A falsificação demanda a prévia existência de um documento ou de um objeto verdadeiro, que, mediante certos procedimentos, se altera ou se falsifica, tornando-o não verdadeiro. A falsidade indica, ao contrário, a afirmação de um fato ou a execução de um ato, nos quais não se expressa a verdade. As condutas de falsificação supõem uma intervenção *material* no objeto alterado, enquanto a falsidade constitui uma atitude intelectual, declarando o falso no lugar do verdadeiro (cf. Muñoz Conde, *Derecho penal – parte especial*, p. 672). No direito brasileiro, como se pode observar no Código Penal, os tipos são divididos entre *falsificações* e *falsidades*. Às primeiras, reserva-se a classe da falsidade material; às segundas, a falsidade intelectual ou ideológica.

> ### ⚑ PONTO RELEVANTE PARA DEBATE
>
> O afastamento da configuração do crime em caso de intenção defensiva
>
> Parece-nos não constituir infração penal a conduta do agente que se atribui falsa identidade para escapar da ação policial, evitando sua prisão. Nesta situação, considere-se apenas *dar um nome* que não é o seu, não envolvendo apresentar *documento falso*. Há distinção entre as duas condutas, visto que a primeira dá ensejo a que policiais exijam documento, meio hábil para identificação; a apresentação de documento falso constitui conduta mais grave, que não deve ser assimilada. A simples menção a um nome falso não nos parece seja suficiente para a tipificação, até pelo fato de que a vantagem – fuga à prisão – não é ilícita. Situação diversa é o momento de qualificação perante a autoridade policial ou judiciária, onde deve preponderar a certeza, com o objetivo de evitar um erro judiciário, processando-se uma pessoa em lugar de outra. O direito à não autoincriminação envolve permanecer em silêncio quanto aos fatos imputados, mas não no tocante à sua identificação. Por isso, a Súmula 522 destaca o momento específico diante da autoridade policial, salientando que a falsa identidade não integra o direito à autodefesa. Não há direito absoluto, de modo que o interesse na escorreita administração da justiça, impedindo-se que um inocente seja julgado em lugar do culpado, prevalece nesse ato.

Falsa identidade

Art. 308

Sujeito ativo

Qualquer pessoa (ver Parte Geral, capítulo XII, item 3.1).

Sujeito passivo

É o Estado. Secundariamente, qualquer pessoa prejudicada pelo mau uso do documento (ver Parte Geral, capítulo XII, item 3.2).

Objeto jurídico

É a fé pública (ver Parte Geral, capítulo XII, item 3.3, "b"). Trata-se da confiança estabelecida pela sociedade em certos símbolos ou signos, que, com o decurso do tempo, ganham determinada significação, muitas das vezes impostas pelo Estado. Esse é o papel, por exemplo, da moeda, que possui um valor econômico a ela atrelado. Os signos gozam de crédito público e são, também, meios de prova. Sem a fé pública não se poderia desenvolver a contento os negócios jurídicos em geral (cf. Muñoz Conde, *Derecho penal – parte especial*, p. 670).

Objeto material

É o documento de identificação (ver Parte Geral, capítulo XII, item 3.3, "a").

Elementos objetivos do tipo

Usar (empregar ou utilizar), como próprio (indica estar o agente passando-se por outra pessoa, embora sem atribuir-se a falsa identidade, mas única e tão somente valendo-se de documento alheio), passaporte (é o documento oficial que autoriza a pessoa a sair do País, bem como a ingressar e identificar-se em países estrangeiros), título de eleitor (é o documento que comprova a situação de eleitor do indivíduo, ou seja, a pessoa que está apta a votar, participando, democraticamente, da escolha do governo e do legislador), caderneta de reservista (é o documento que comprova a regularidade da situação de alguém diante do serviço militar obrigatório. Reservista é o indivíduo que serviu ou foi dispensado das fileiras das Forças Armadas, podendo ser convocado a qualquer momento) ou qualquer documento de identidade alheia (após terem sido mencionados os exemplos – passaporte, título de eleitor, caderneta de reservista –, ingressa a interpretação analógica, isto é, "ou qualquer documento de identidade", que serve, naturalmente, para identificar uma pessoa) ou *ceder* (pôr à disposição ou emprestar) a outrem, para que dele se utilize documento dessa natureza, próprio ou de terceiro. A pena é de detenção, de quatro meses a dois anos, e multa, se o fato não constitui elemento de crime mais grave. O crime é subsidiário, isto é, somente se configura se outro, mais grave, inexistir. Conferir o capítulo XIII, item 2.1, da Parte Geral.

Elemento subjetivo do crime

É o dolo (ver o capítulo XIV da Parte Geral).

Elemento subjetivo do tipo específico

Não há no tocante ao verbo "usar"; quanto a "ceder", é preciso que a finalidade seja a utilização por outrem (ver Parte Geral, capítulo XIII, item 2.1).

Classificação

Comum; formal; de forma livre; comissivo; instantâneo; unissubjetivo; unissubsistente ou plurissubsistente, conforme o caso. Sobre a classificação dos crimes, ver o capítulo XII, item 4, da Parte Geral.

Tentativa

É admissível na forma plurissubsistente.

Momento consumativo

Quando ocorrer o uso ou cessão, independentemente de resultado naturalístico, consistente em efetiva concretização de prejuízo material para o Estado ou terceiro.

Particularidades

a) a alteração de fotografia do documento pode constituir o crime do art. 297 – caso o intuito seja diverso da atribuição de falsa identidade – ou o delito do art. 307 – se a intenção for imputar-se falsa identidade. Nota-se, pois, que o uso de identidade alheia há de ser feito com a singela apresentação do documento, sem que contenha alteração e sem que o agente se atribua a identidade que não lhe pertence;

b) há muito se distinguem os termos *falsidade* e *falsificação*. O primeiro liga-se a um valor neutro, aplicável às pessoas; o segundo vincula-se às ações. A falsificação demanda a prévia existência de um documento ou de um objeto verdadeiro, que, mediante certos procedimentos, se altera ou se falsifica, tornando-o não verdadeiro. A falsidade indica, ao contrário, a afirmação de um fato ou a execução de um ato, nos quais não se expressa a verdade. As condutas de falsificação supõem uma intervenção *material* no objeto alterado, enquanto a falsidade constitui uma atitude intelectual, declarando o falso no lugar do verdadeiro (cf. Muñoz Conde, *Derecho penal – parte especial*, p. 672). No direito brasileiro, como se pode observar no Código Penal, os tipos são divididos entre *falsificações* e *falsidades*. Às primeiras, reserva-se a classe da material; às segundas, a intelectual ou ideológica.

Fraude de lei sobre estrangeiro

Art. 309

Sujeito ativo

Somente o estrangeiro na modalidade do *caput* ("usar"); qualquer pessoa na forma qualificada do parágrafo único ("atribuir") (ver Parte Geral, capítulo XII, item 3.1).

Sujeito passivo

É o Estado (ver Parte Geral, capítulo XII, item 3.2).

Objeto jurídico

É a fé pública, particularmente voltada ao controle do Estado sobre a imigração (ver Parte Geral, capítulo XII, item 3.3, "b"). Trata-se da confiança estabelecida pela sociedade em certos símbolos ou signos, que, com o decurso do tempo, ganham determinada significação, muitas das vezes impostas pelo Estado. Esse é o papel, por exemplo, da moeda, que possui um valor econômico a ela atrelado. Os signos gozam de crédito público e são, também, meios de prova. Sem a fé pública não se poderia desenvolver a contento os negócios jurídicos em geral (cf. Muñoz Conde, *Derecho penal – parte especial*, p. 670).

Objeto material

É o número do chassi, monobloco, motor, placa de identificação ou qualquer sinal identificador de veículo (ver Parte Geral, capítulo XII, item 3.3, "a").

Elementos objetivos do tipo

Usar (empregar ou fazer uso de algo) o estrangeiro, para *entrar* (passar de fora para dentro ou penetrar) ou *permanecer* (conservar-se ou demorar-se) no território nacional, nome (é a designação patronímica de uma pessoa) que não é o seu. A pena é de detenção, de um a três anos, e multa. Conferir o capítulo XIII, item 2.1, da Parte Geral.

Elemento subjetivo do crime

É o dolo (ver o capítulo XIV da Parte Geral).

Elemento subjetivo do tipo específico

É a vontade de ingressar e permanecer no território brasileiro (*caput*) ou a vontade de promover a entrada do estrangeiro no território nacional (parágrafo único) (ver Parte Geral, capítulo XIII, item 2.1).

Classificação

Próprio (*caput*) ou comum (parágrafo único); formal; de forma livre; comissivo; instantâneo; unissubjetivo; unissubsistente ou plurissubsistente, conforme o caso. Sobre a classificação dos crimes, ver o capítulo XII, item 4, da Parte Geral.

Tentativa

É admissível na forma plurissubsistente.

Momento consumativo

Quando ocorrer o uso ou atribuição, independentemente de resultado naturalístico, consistente em efetiva concretização de prejuízo material para o Estado.

Figura qualificada

A pena é de reclusão, de um a quatro anos, e multa, se alguém *atribuir* (imputar ou fazer recair algo em alguém) a estrangeiro falsa qualidade (é a propriedade ou condição ostentada por alguém ou por alguma coisa, que serve para individualizá-la) para promover-lhe a entrada em território nacional.

Fraude de lei sobre estrangeiro

Art. 310

Sujeito ativo

Qualquer pessoa (ver Parte Geral, capítulo XII, item 3.1).

Sujeito passivo

É o Estado (ver Parte Geral, capítulo XII, item 3.2).

Objeto jurídico

É a fé pública, particularmente voltada à ordem econômica (ver Parte Geral, capítulo XII, item 3.3, "b"). Trata-se da confiança estabelecida pela sociedade em certos símbolos ou signos, que, com o decurso do tempo, ganham determinada significação, muitas das vezes impostas pelo Estado. Esse é o papel, por exemplo, da moeda, que possui um valor econômico a ela atrelado. Os signos gozam de crédito público e são, também, meios de prova. Sem a fé pública não se poderia desenvolver a contento os negócios jurídicos em geral (cf. Muñoz Conde, *Derecho penal – parte especial*, p. 670).

Objeto material

É a ação, título ou valor (ver Parte Geral, capítulo XII, item 3.3, "a").

Elementos objetivos do tipo

Prestar-se a figurar (ser útil ou estar disposto a representar algo) como proprietário (é a pessoa que tem a propriedade de alguma coisa) ou possuidor (é aquele que tem o gozo ou o desfrute de algo) de ação (é o título representativo do capital das sociedades), título (é qualquer papel negociável) ou valor (é um papel representativo de dinheiro ou um título negociável em bolsa) pertencente a estrangeiro, nos casos em que a este é vedada por lei a propriedade ou a posse de tais bens. A pena é de detenção, de seis meses a três anos, e multa. Esclarece Hungria que este dispositivo penal atende ao "interesse de evitar burla ao objetivo constitucional de nacionalização de certas companhias ou empresas ou de certos bens (ou valores). (...) O que procura conjurar, na espécie, é o 'homem de palha', o 'testa de ferro' que se presta a dissimular a interferência capitalística de estrangeiro na vida das sociedades ou empresas em questão ou a vedada propriedade ou posse de determinados bens ou valores por parte de estrangeiro" (*Comentários ao Código Penal*, v. 9, p. 310-311). Conferir o capítulo XIII, item 2.1, da Parte Geral.

Elemento subjetivo do crime

É o dolo (ver o capítulo XIV da Parte Geral).

Elemento subjetivo do tipo específico

Há o elemento subjetivo do tipo específico, consistente na finalidade de promover a entrada do estrangeiro no País (ver Parte Geral, capítulo XIII, item 2.1).

Classificação

Comum; formal; de forma livre; comissivo; instantâneo; unissubjetivo; unissubsistente ou plurissubsistente, conforme o caso. Sobre a classificação dos crimes, ver o capítulo XII, item 4, da Parte Geral.

Tentativa

É admissível na forma plurissubsistente.

Momento consumativo

Quando houver a prática da conduta típica, independentemente de resultado naturalístico, consistente em efetiva concretização de prejuízo material para o Estado.

Adulteração de sinal identificador de veículo automotor

Art. 311

Sujeito ativo

Qualquer pessoa (ver Parte Geral, capítulo XII, item 3.1).

Sujeito passivo

É o Estado. Secundariamente, a pessoa prejudicada pela adulteração ou remarcação (ver Parte Geral, capítulo XII, item 3.2).

Objeto jurídico

É a fé pública, particularmente voltada ao interesse do Estado na proteção da propriedade e da segurança no registro de automóveis (ver Parte Geral, capítulo XII, item 3.3, "b"). Trata-se da confiança estabelecida pela sociedade em certos símbolos ou signos, que, com o decurso do tempo, ganham determinada significação, muitas das vezes impostas pelo Estado. Esse é o papel, por exemplo, da moeda, que possui um valor econômico a ela atrelado. Os signos gozam de crédito público e são, também, meios de prova. Sem a fé pública não se poderia desenvolver a contento os negócios jurídicos em geral (cf. Muñoz Conde, *Derecho penal – parte especial*, p. 670).

Objeto material

É o número do chassi, monobloco, motor, placa de identificação ou qualquer sinal identificador de veículo (ver Parte Geral, capítulo XII, item 3.3, "a").

Elementos objetivos do tipo

Adulterar quer dizer falsificar ou mudar; *remarcar* significa tornar a marcar; *suprimir* exprime eliminar, abolir ou exterminar (esta última conduta foi adicionada porque fazia falta na aplicabilidade do tipo penal a casos concretos). São as condutas alternativas (a prática de uma ou mais de uma no mesmo contexto concretiza um só delito) cujo objeto é o número de chassi (estrutura de material rígido, como aço, para suportar o veículo; o seu número funciona como a identidade do carro), monobloco (é o ajuntamento de peças, colocado em cima do chassi para formar o veículo; pode ser utilizado, também, como sinônimo de chassi), motor (mecanismo produtor da energia que movimenta o veículo), placa de identificação (cuida-se da chapa de metal onde constam letras e números para identificar, externamente, o veículo) ou qualquer sinal identificador (cláusula aberta para abranger toda espécie de identificação do veículo, como a colocação de decalque do número de chassi no vidro) de veículo (meio de transporte) automotor (movido por sua própria fonte de energia, geralmente a combustão), elétrico (movido pela fonte elétrica de energia), híbrido (movido tanto pela combustão como pela energia elétrica), de reboque (transportador de carga atrelado ao veículo motorizado), de semirreboque (além de servir de transportador, ligado a um veículo motorizado, vale-se deste para ser apoiado), de suas combinações (mesclas de ambos) e dos componentes e equipamentos instalados nos veículos. A modificação da identificação do veículo (ou similar) pode ser feita desde que *autorizada* pelo órgão competente, como o Denatran (Departamento Nacional de Trânsito) ou o Detran (Departamento Estadual de Trânsito).

A pena é de reclusão, de três a seis anos, e multa.

Incorre na mesma pena do *caput* quem *licenciar* (autorizar o veículo a circular pela via pública) ou *registrar* (inserir no banco de dados do órgão de trânsito o veículo identificado e seu proprietário) veículo remarcado ou adulterado, fornecendo indevidamente material ou informação oficial (art. 311, § 2.º, I, CP). O servidor encarregado dessas atividades pode irmanar-se com quem promove a adulteração de qualquer sinal identificador do veículo, possibilitando transferir um automóvel do seu legítimo proprietário a outrem, que pode saber ou não assumir a titularidade de um bem de origem criminosa. Essa contribuição se dá por meio do fornecimento, naturalmente indevido, de qualquer material (impressos a serem posteriormente preenchidos, por exemplo) ou informação oficial (número disponível de placa para ser usado, ilustrando).

Igualmente, aplica-se essa sanção a quem *adquirir* (comprar), *receber* (aceitar, acolher), *transportar* (levar de um lugar a outro), *ocultar* (esconder), *manter em depósito* (guardar em determinado local), *fabricar* (montar, produzir), *fornecer* (disponibilizar a terceiro) a *título oneroso ou gratuito* (com ou sem custo), *possuir* (ter consigo) ou *guardar* (ter em sua posse, vigiar) maquinismo, aparelho, instrumento ou objeto especialmente destinado à falsificação e/ou adulteração de que trata o *caput* do art. 311 (art. 311, § 2.º, II, CP). Cuida-se da punição à preparação do delito de modificação do sinal identificador de veículo. A peculiaridade dessa figura típica é não admitir tentativa, tendo em vista já constituir exceção à regra prevista no art. 14, II, do Código Penal, ou seja, punem-se somente os atos executórios. Caso se opte pela punição da preparação do delito, excepcionalmente, não se deve estender esse alcance à figura tentada. Seria um excesso pretender sancionar a *preparação da preparação*, vale dizer, a tentativa de preparação.

Aplica-se a mesma pena do *caput* do art. 311 a quem *adquirir, receber, transportar, conduzir, ocultar, manter em depósito* (ver os conceitos no parágrafo anterior), *desmontar* (separar em partes), *montar* (organizar num só corpo), *remontar* (montar novamente), *vender* (transmitir algo a título oneroso), *expor à venda* (ofertar a quem desejar comprar) ou de qualquer forma *utilizar* (usar), em proveito próprio ou alheio, veículo automotor, elétrico, híbrido, de reboque, semirreboque ou suas combinações ou partes, com número de chassi ou monobloco, placa de identificação ou qualquer sinal identificador veicular que devesse saber estar adulterado ou remarcado. Trata-se de uma forma de receptação no contexto da falsificação de sinal identificador de veículo, propiciando a punição de quem recebe coisa de origem ilícita.

Elemento subjetivo do crime

É o dolo (ver o capítulo XIV da Parte Geral).

Elemento subjetivo do tipo específico

Não há (ver Parte Geral, capítulo XIII, item 2.1).

Classificação

Comum (próprio, nas figuras dos §§ 1.º e 2.º); formal; de forma livre; comissivo; instantâneo; unissubjetivo; plurissubsistente. Sobre a classificação dos crimes, ver o capítulo XII, item 4, da Parte Geral.

Tentativa

É admissível, exceto quando se punir a preparação do crime (inciso II do § 2.º do art. 311 do CP).

Momento consumativo

Quando houver a adulteração ou remarcação, independentemente de resultado naturalístico, consistente em efetiva concretização de prejuízo material para o Estado ou para terceiro.

Causa de aumento

Eleva-se de um terço a pena, se o agente comete o crime no exercício de função pública ou em razão desta. Nessa hipótese, o crime é próprio, vale dizer, a causa de aumento exige o sujeito ativo qualificado pela função pública exigida.

Forma qualificada

Criou-se uma forma qualificada do crime, prevendo a pena de reclusão, de quatro a oito anos, e multa, para quem praticar as condutas dos incisos II e III do § 2.º do art. 311 do CP no *exercício* de atividade comercial ou industrial, por causa de maior facilidade desses profissionais para adquirir as coisas adulteradas por outros.

Norma de equiparação

No § 4.º do art. 311, iguala-se a atividade comercial, para qualificar o crime, a qualquer atividade irregular de comércio (não necessita estabelecimento formal) ou quando houver clandestinidade (ocultação), mesmo realizado em residência (cuida-se da situação de quem faz de sua casa o local da prática criminosa).

Capítulo V
Das Fraudes em Certames de Interesse Público

Fraudes em certames de interesse público

Art. 311-A

Sujeito ativo

Qualquer pessoa (ver Parte Geral, capítulo XII, item 3.1).

Sujeito passivo

É o Estado. Secundariamente, a pessoa prejudicada pela eventual anulação do certame (ver Parte Geral, capítulo XII, item 3.2).

Objeto jurídico

Segundo o texto legal, é a fé pública, pois foi inserido no Título X do Código Penal. Porém, na essência, trata-se de tutela da administração pública, nos aspectos moral e material (ver Parte Geral, capítulo XII, item 3.3, "b"). Note-se ser a fé pública a confiança estabelecida pela sociedade em certos símbolos ou signos, tal como se faz em relação à moeda ou ao documento. O delito do art. 311-A envolve *fraude*, *certame público* e, por óbvio, *administração pública*, cujo contexto mais adequado seria o Título XI.

Objeto material

Conteúdo sigiloso do certame (provas, gabaritos, questões, pontos etc.).

Elementos objetivos do tipo

Utilizar (tornar algo útil, aproveitar, fazer uso de algo, empregar com utilidade, usar) e *divulgar* (espalhar, propagar, tornar público ou conhecido) são os núcleos do tipo, previstos no *caput* do art. 311-A, tendo por objeto o *conteúdo sigiloso* de concurso, avaliação, exame, processo seletivo, em geral. O tipo é misto alternativo, podendo o agente utilizar e divulgar o conteúdo sigiloso, cometendo um só delito, desde que no mesmo cenário. O nome jurídico do delito traz o termo *fraude* (forma enganosa de contornar a atenção e a vigilância alheia), que deve fazer parte da conduta do agente. O conteúdo sigiloso relaciona-se às provas tecidas, em segredo, para assegurar idoneidade, lisura e igualdade a todos no certame. Porém, *conteúdo* é tudo o que está contido em algo, significando todas as etapas do concurso, avaliação, exame ou processo seletivo, não envolvendo somente a prova, mas também o gabarito, contendo as respostas da referida prova. Abrange, também, todos os demais pontos constituídos em segredo para garantir a igualdade de todos perante a avaliação. Exemplo: os temas do concurso podem ser sigilosos, antes de se publicar o edital, razão pela qual fazem parte do *conteúdo sigiloso* do evento. O tipo não especifica, de modo que se pode interpretar de maneira ampla o contexto do certame: desde a escolha da banca ou dos examinadores, com a seleção de pontos, divulgação do edital, período de inscrições, feitura das provas, realização destas, correção e finalização, com a publicação dos aprovados. A pena é de reclusão, de um a quatro anos, e multa. No § 1.º, há outro tipo básico, com condutas diferentes. *Permitir* significa consentir em algo, dar permissão para alguma coisa, autorizar a fazer uso de algo; *facilitar* quer dizer tornar mais fácil ou simples alguma coisa ou, também, pôr à disposição de alguém. A permissão ou a facilitação se volta ao conteúdo sigiloso do certame. O agente do crime, se tiver acesso a tais dados, deve zelar pelo seu segredo; não o fazendo, comete o delito. Outros potenciais agentes são os funcionários públicos, que serão apenados, inclusive, com a causa de aumento prevista no § 3.º do art. 311-A. O crime se dá quando o detentor do conteúdo sigiloso do certame permite ou facilita que terceiros, *não autorizados*, tenham acesso a tais informações. As condutas permitem tanto a forma comissiva quanto a omissiva, pois *permitir* e *facilitar* aceitam a versão do *não fazer*. Conferir o capítulo XIII, item 2.1, da Parte Geral.

Elemento normativo do tipo

É o termo *indevidamente*, vinculando-se à legalidade ou ilegalidade do ato. Portanto, quem utilizar ou divulgar o conteúdo sigiloso, dentro da lei, incorre em conduta atípica.

Elemento subjetivo do crime

É o dolo (ver o capítulo XIV da Parte Geral).

Elemento subjetivo do tipo específico

É *obter benefício para si*, *obter benefício a outrem* ou *comprometer a credibilidade do certame*, envoltos pelo *animus lucri faciendi*, ou seja, a intenção de defraudar (lesar alguém de modo fraudulento). No tocante ao § 1.º, entendemos presente, com elemento subjetivo específico implícito, o ânimo de defraudar (ver o capítulo XIII, item 2.1).

Classificação

Comum; formal; de forma livre; comissivo, como regra (nas formas *permitir* e *facilitar* pode dar-se no modo omissivo); instantâneo; unissubjetivo; plurissubsistente. Sobre a classificação dos crimes, ver o capítulo XII, item 4, da Parte Geral.

Tentativa

É admissível nas formas comissivas.

Momento consumativo

Quando houver a prática de qualquer das condutas típicas, independentemente de resultado naturalístico, consistente na efetiva concretização de prejuízo material ao Estado.

Crime qualificado pelo resultado

Estabeleceu-se a forma qualificada pelo resultado no § 3.º. Se da ação ou omissão resultar *dano* para a administração eleva-se a pena. Atingir o resultado danoso significa o exaurimento do delito. A pena é de reclusão, de dois a seis anos, e multa.

Causa de aumento de pena

Se o autor do delito for funcionário público, pessoa que deve zelar, em primeiro plano, pelos interesses da administração, a pena deve ser elevada em um terço.

♜ PONTO RELEVANTE PARA DEBATE

Cola eletrônica e tipificação penal

A transmissão de dados por meio eletrônico, de qualquer espécie, para quem está em prova, buscando passar as respostas às questões é uma espécie de estelionato, pois o agente frauda a lisura e imparcialidade do certame, recebendo vantagem indevida. O STF, entretanto, considerou atípica a conduta, pois não se enquadrava, com perfeição, à figura típica do estelionato, conforme previsão feita pelo art. 171 do Código Penal. Não se poderia admitir qualquer forma de analogia para prejudicar o réu. Hoje, com o advento da Lei 12.550/2011, segundo nos parece, o problema está parcialmente resolvido. Afinal, é impossível obter as respostas às perguntas se estas não forem divulgadas a terceiros, que não fazem parte do certame, em momento inadequado. Por isso, preenche-se o tipo penal incriminador. Ilustrando, o concurseiro que utiliza as questões da prova (conteúdo sigiloso para quem está fora do certame), com o fim de obter as respostas, comete o delito do art. 311-A. O elemento subjetivo específico é, igualmente, preenchido, pois o seu fim é o benefício próprio e, além disso, atua com fraude. Entretanto, se um dos candidatos deixa o recinto da prova, no prazo estipulado pela organização, de posse do exame, divulgando-o a terceiros, não pode ser acusado da figura típica prevista nesse tipo penal. Diante disso, caso o próprio candidato entre em contato com quem ainda está elaborando a prova, passando-lhe respostas, não está utilizando ou divulgando *conteúdo sigiloso* do certame, na medida em que a prova lhe foi confiada, de acordo com as regras do concurso, exame ou processo seletivo. Permanece atípica tal conduta, visto não se poder encaixar, com precisão, na figura do estelionato.

Título XI
Dos Crimes contra a Administração Pública

Capítulo I
Dos Crimes Praticados por Funcionário Público contra a Administração em Geral

Peculato

Art. 312

Sujeito ativo

É somente o funcionário público (ver Parte Geral, capítulo XII, item 3.1).

Sujeito passivo

É o Estado. Secundariamente, a entidade de direito público ou o particular prejudicado (ver Parte Geral, capítulo XII, item 3.2).

Objeto jurídico

É a administração pública, levando-se em conta seu interesse patrimonial e moral (ver Parte Geral, capítulo XII, item 3.3, "b").

Objeto material

Pode ser dinheiro, valor ou qualquer outro bem móvel (ver Parte Geral, capítulo XII, item 3.3, "a"). Nas palavras de Fernando Henrique Mendes de Almeida, "quanto ao valor econômico do bem, cumpre observar um pouco. Não se deve levar em conta unicamente o que possa ser estimado pecuniariamente. Antes, cumpre ter em atenção, também, o interesse moral. Se, por exemplo, um empregado de uma ferrovia estatizada vende a um passageiro um bilhete de viagem já utilizado, está claro que o bilhete já não tem valor. No entanto, houve peculato precisamente porque, não tendo valor o bilhete, o funcionário, ciente disto, ousou vendê-lo ao particular, considerando que tal passagem tem o mecanismo do título ao portador. Pouco importa que a ferrovia, provado o delito, não reembolse o passageiro, no exemplo aqui dado. Há o crime, apesar de o objeto não ter valor e a Administração Pública não reparar o dano econômico. Há o crime porque foi violada a confiança da Administração Pública" (*Dos crimes contra a Administração Pública*, p. 14).

Elementos objetivos do tipo

Há três figuras de peculato doloso: a) peculato-apropriação (*caput*); b) peculato-desvio (*caput*); c) peculato-furto (§ 1.º). A pena é de reclusão, de dois a doze anos, e multa. Peculato-apropriação: *apropriar-se* (tomar como propriedade sua ou apossar-se) o funcionário público de dinheiro (é a moeda em vigor, destinada a proporcionar a aquisição de bens e serviços), valor (é tudo aquilo que pode ser convertido em dinheiro, possuindo poder de compra e trazendo para alguém, mesmo que indiretamente, benefícios materiais) ou qualquer outro bem móvel, público (pertencente à administração pública) ou particular (pertencente à pessoa não integrante da administração), de que tem a posse (deve ser entendida em sentido lato, ou seja, abrange a mera detenção) em razão do cargo (o funcionário necessita fazer uso de seu cargo para obter a posse de dinheiro, valor ou outro bem móvel. Se não estiver na esfera de suas atribuições o recebimento de determinado bem, impossível se falar em peculato, configurando-se outro crime). Peculato-desvio: *desviá-lo* (alterar o seu destino ou desencaminhá-lo), em proveito próprio ou alheio. Peculato-furto: o funcionário público, embora não tendo a posse do dinheiro, valor ou bem, o *subtrai* (tira de quem tem a posse ou a propriedade), ou *concorre para que seja subtraído* (considera conduta principal o fato de o funcionário colaborar para que outrem subtraia bem da administração pública; se porventura não houvesse tal previsão, poder-se-ia indicar que o funcionário, colaborando para a subtração alheia, respondesse por furto, em concurso de pessoas, já que o executor material seria pessoa não ligada à administração), em proveito próprio ou alheio, valendo-se de facilidade que lhe proporciona a qualidade de funcionário. O termo *peculato*, desde o início, teve o significado de furto de coisa do Estado. Conforme esclarece Fernando Henrique Mendes de Almeida, "o étimo da palavra está em *pecus*, tal como em suas convizinhas pela raiz (*pecus* = gado) pecúnia, pecúlio, especular, e se reporta à época em que o gado foi havido como moeda. A palavra, como se sabe, designou, em sua evolução, a subtração da moeda, ou metal do Fisco, até que, finalmente, passou a significar furtos e apropriações indevidas, realizadas por prestadores de contas, bem como quaisquer fraudes em prejuízo da coisa pública" (*Dos crimes contra a Administração Pública*, p. 11-12). Conferir o capítulo XIII, item 2.1, da Parte Geral.

Elemento subjetivo do crime

É o dolo ou culpa, conforme o caso (ver o capítulo XIV da Parte Geral).

Elemento subjetivo do tipo específico

É a vontade de se apossar, definitivamente, do bem, em benefício próprio ou de terceiro. Entendemos que o elemento específico deve ser aplicado apenas à segunda figura ("subtrair" ou "concorrer para que seja subtraído"), uma vez que a primeira já o possui ínsito ao verbo-núcleo do tipo – apropriar-se. E, quanto à sua vontade de apossar-se do que não lhe pertence, não basta o funcionário alegar que sua intenção era restituir o que retirou da esfera de disponibilidade da administração, devendo a prova ser clara nesse prisma, a fim de se afastar o ânimo específico de aproveitamento, tornando atípico o fato (ver Parte Geral, capítulo XIII, item 2.1).

Figura culposa

Aplica-se a pena de detenção, de três meses a um ano, se o funcionário concorre culposamente para o crime de outrem. Na realidade, criou-se neste dispositivo autêntica participação culposa em *ação* dolosa alheia (note-se que não se fala em participação culposa em *crime* doloso, o que é inviável pela teoria monística adotada no concurso de pessoas). O funcionário, para ser punido, insere-se na figura do garante, prevista no art. 13, § 2.º, do Código Penal. Assim, tem ele o dever de agir, impedindo o resultado de ação delituosa de outrem. Não o fazendo, responde por peculato culposo. Exemplificando: se um vigia de prédio público se desvia de sua função de guarda, por negligência, permitindo, pois, que terceiros invadam o lugar e de lá subtraiam bens, responde por peculato culposo. O funcionário, neste caso, infringe o dever de cuidado objetivo, inerente aos crimes culposos, deixando de vigiar, como deveria, os bens da administração que estão sob sua tutela. Vale ressaltar, ainda, que esta modalidade de peculato é sempre plurissubjetiva, isto é, necessita da concorrência de pelo menos duas pessoas: o funcionário (garante) e terceiro que cometa o crime para o qual o primeiro concorre culposamente. É impossível que um só indivíduo seja autor de peculato culposo.

Classificação

Próprio; material; de forma livre; comissivo; instantâneo; unissubjetivo; plurissubsistente. Sobre a classificação dos crimes, ver o capítulo XII, item 4, da Parte Geral.

Tentativa

É admissível.

Momento consumativo

Quando houver efetivo prejuízo material para o Estado.

Perdão judicial ou causa de diminuição de pena

Se o peculato for culposo, a reparação do dano, se precede à sentença irrecorrível, extingue a punibilidade; se lhe é posterior, reduz de metade a pena imposta.

Particularidades

a) Cabe defesa preliminar ao peculato e outros delitos funcionais, quando afiançáveis. São assim considerados os delitos que não se encaixam na relação prevista no art. 323 do CPP. Aplica-se, assim, o procedimento do art. 514, *caput*, do mesmo Código: "Nos crimes afiançáveis, estando a denúncia ou queixa em devida forma, o juiz mandará autuá-la e ordenará a notificação do acusado, para responder por escrito, dentro do prazo de 15 (quinze) dias";

b) funcionário que recebe dinheiro ou outro valor de particular e aplica na própria repartição comete peculato-desvio, pois o valor foi destinado ao Estado, não sendo da esfera de atribuição do funcionário, sem autorização legal, aplicá-lo na repartição, ainda que para a melhoria do serviço público. Qualquer investimento nos prédios públicos depende de autorização e qualquer recebimento de vantagem exige a incorporação oficial ao patrimônio do Estado. Se receber valores indevidos, porque os solicitou ao particular, ingressa no contexto da corrupção passiva, ainda que os aplique na própria repartição onde trabalha.

> **PONTO RELEVANTE PARA DEBATE**
>
> **O peculato de uso e o crime previsto no art. 312**
>
> Assim como o furto, não se configura crime quando o funcionário público utiliza um bem qualquer infungível, em seu benefício ou de outrem, mas com a nítida intenção de devolver, isto é, sem que exista a vontade de se apossar do que não lhe pertence, mas está sob sua guarda. A vontade de se apropriar demonstra que a intenção precisa estar voltada à conquista definitiva do bem móvel. Portanto, inexiste crime quando o agente utiliza um veículo que lhe foi confiado para o serviço público em seu próprio benefício, isto é, para assuntos particulares. Configura-se, nessa hipótese, mero ilícito administrativo. Não se pode, ainda, falar em peculato de uso quando versar sobre dinheiro, ou seja, coisa fungível. Se o funcionário usar dinheiro que tem sob sua guarda para seu próprio benefício, pratica o delito de peculato. Ressalte-se, no entanto, que atualmente está em vigor a Lei 14.230/2021, cuidando da improbidade administrativa, razão pela qual determinadas condutas do servidor público podem não configurar crime, mas é possível figurar como infração prevista na referida lei.

Peculato mediante erro de outrem

Art. 313

Sujeito ativo

É somente o funcionário público (ver Parte Geral, capítulo XII, item 3.1). É correta a lembrança de Fernando Henrique Mendes de Almeida: "se particular entrasse no fato, evidentemente, estaríamos defronte de uma usurpação de funções públicas em forma agravada (art. 328). De qualquer forma, o que importa é verificar que o peculato por erro de outrem é praticado na base inicial de uma usurpação de atribuições" (*Dos crimes contra a Administração Pública*, p. 27).

Sujeito passivo

É o Estado. Secundariamente, a entidade de direito público ou o particular prejudicado (ver Parte Geral, capítulo XII, item 3.2).

Objeto jurídico

É a administração pública, levando-se em conta seu interesse patrimonial e moral (ver Parte Geral, capítulo XII, item 3.3, "b").

Objeto material

Pode ser dinheiro ou outra utilidade (ver Parte Geral, capítulo XII, item 3.3, "a").

Elementos objetivos do tipo

Apropriar-se (tomar algo como propriedade sua ou apossar-se) de dinheiro (é a moeda corrente oficial destinada a proporcionar a sua troca por bens e serviços) ou qualquer utilidade (é qualquer vantagem ou lucro) que, no exercício do cargo, recebeu por erro de outrem (ver comentários na nota *particularidades*, abaixo). A pena é de reclusão, de um a quatro anos, e multa. Conferir o capítulo XIII, item 2.1, da Parte Geral.

Elemento subjetivo do crime

É o dolo (ver o capítulo XIV da Parte Geral).

Elemento subjetivo do tipo específico

Não há. A vontade específica de pretender apossar-se de coisa pertencente à outra pessoa está ínsita no verbo "apropriar-se". Portanto, incidindo sobre o núcleo do tipo, o dolo é suficiente para configurar o crime de peculato-apropriação. Além disso, é preciso destacar que o dolo é atual, ou seja, ocorre no momento da conduta "apropriar-se", inexistindo a figura por alguns apregoada do "dolo subsequente". Não existe a figura culposa (ver Parte Geral, capítulo XIII, item 2.1).

Classificação

Próprio; material; de forma livre; comissivo; instantâneo; unissubjetivo; plurissubsistente. Sobre a classificação dos crimes, ver o capítulo XII, item 4, da Parte Geral.

Tentativa

É admissível.

Momento consumativo

Quando houver efetivo prejuízo material para o Estado.

Particularidades

a) cabe defesa preliminar no peculato e em outros delitos funcionais, quando afiançáveis (são assim considerados os delitos que não se encaixam na relação prevista no art. 323 do CPP). Aplica-se, assim, o procedimento do art. 514, *caput*, do mesmo Código: "Nos crimes afiançáveis, estando a denúncia ou queixa em devida forma, o juiz mandará autuá-la e ordenará a notificação do acusado, para responder por escrito, dentro do prazo de quinze dias";

b) quanto ao *erro de outrem*, devemos ressaltar que erro é a falsa percepção da realidade. Torna-se necessário que a vítima, por equivocar-se quanto à pessoa do funcionário público encarregado de receber o dinheiro ou utilidade, termine entregando o valor a quem não está autorizado a receber. Este, por sua vez, interessado em se apropriar do bem, nada comunica à pessoa prejudicada, nem tampouco à Administração. Aliás, é possível ainda que o ofendido entregue dinheiro ou outra utilidade *desnecessariamente* ao funcionário competente e este, aproveitando-se do erro, aproprie-se do montante. Se estamos diante do denominado *peculato-estelionato*, cuida-se, afinal, de uma forma de estelionato praticado por funcionário público, do mesmo modo que há o *peculato-furto*, estudado no art. 312, forma de furto cometido pelo funcionário. Qual a diferença de o erro brotar do ofendido espontaneamente e de haver a colaboração do funcionário para que tal se dê? Nenhuma. Não se pode pretender lançar o fato para o campo do estelionato puro, como sugere Hungria, na medida em que há uma apropriação de dinheiro público por um funcionário que induziu alguém em erro. E o tipo do art. 313 é especial em relação ao do art. 171. E muito menos se pode sustentar a ocorrência de concussão (art. 316), cuja prática demanda a conduta de *exigir* no *caput* e, quanto ao excesso de exação, previsto nos §§ 1.º e 2.º, cuida-se *exigência* ou *desvio* de tributo ou contribuição social – e não qualquer dinheiro ou utilidade. Enfim, a modalidade prevista no art. 313 é um estelionato cometido por funcionário público em detrimento, primordialmente, do Estado, bem como, em segundo plano, da pessoa prejudicada. O importante é que exista apropriação de dinheiro ou outra utilidade decorrente de *erro* de terceiro, pouco importando se esse equívoco nasceu espontaneamente ou foi induzido pelo agente receptor.

Inserção de dados falsos em sistema de informações

Art. 313-A

Sujeito ativo

É somente o funcionário público devidamente autorizado a lidar com o sistema informatizado ou banco de dados (ver Parte Geral, capítulo XII, item 3.1).

Sujeito passivo

É o Estado. Secundariamente, a entidade de direito público ou o particular prejudicado (ver Parte Geral, capítulo XII, item 3.2).

Objeto jurídico

É a administração pública, levando-se em conta seu interesse patrimonial e moral (ver Parte Geral, capítulo XII, item 3.3, "b").

Objeto material

São os dados falsos ou verdadeiros de sistemas informatizados ou banco de dados (ver Parte Geral, capítulo XII, item 3.3, "a").

Elementos objetivos do tipo

Inserir (introduzir ou incluir) ou *facilitar* (permitir que alguém introduza ou inclua), o funcionário autorizado, a inserção de dados falsos, *alterar* (modificar ou mudar) ou *excluir* (remover ou eliminar) indevidamente dados corretos nos sistemas informatizados (é o conjunto de elementos, materiais ou não, coordenados entre si, que funcionam como uma estrutura organizada, tendo a finalidade de armazenar e transmitir dados, através de computadores) ou bancos de dados (é a compilação organizada e inter-relacionada de informes, guardados em um meio físico, com o objetivo de servir de fonte de consulta para finalidades variadas, evitando-se a perda de informações) da Administração Pública com o fim de obter vantagem indevida (pode ser qualquer lucro, ganho, privilégio ou benefício ilícito, ou seja, contrário ao direito, ainda que ofensivo apenas aos bons costumes) para si ou para outrem ou para causar dano. Nas duas primeiras – inserir ou facilitar a inserção – visa-se o dado falso, que é a informação não correspondente à realidade. Tal conduta pode provocar, por exemplo, o pagamento de benefício previdenciário a pessoa inexistente. Nas duas últimas – alterar ou excluir – tem-se por fim o dado correto, isto é, a informação verdadeira, que é modificada ou eliminada, fazendo com que possa haver algum prejuízo para a Administração. Exemplo disso seria eliminar a informação de que algum beneficiário faleceu, fazendo com que a aposentadoria continue a ser paga normalmente. A pena é de reclusão, de dois a doze anos, e multa. Conferir o capítulo XIII, item 2.1, da Parte Geral.

Elemento subjetivo do crime

É o dolo (ver o capítulo XIV da Parte Geral).

Elemento subjetivo do tipo específico

É a finalidade de obter vantagem indevida para si ou para outrem ou para causar dano (ver Parte Geral, capítulo XIII, item 2.1).

Classificação

Próprio; formal; de forma livre; comissivo; instantâneo; unissubjetivo; plurissubsistente. Sobre a classificação dos crimes, ver o capítulo XII, item 4, da Parte Geral.

Tentativa

É admissível.

Momento consumativo

Quando houver a prática de qualquer das condutas típicas, independentemente de efetivo prejuízo para o Estado.

Modificação ou alteração não autorizada de sistema de informações

Art. 313-B

Sujeito ativo

É somente o funcionário público (ver Parte Geral, capítulo XII, item 3.1).

Sujeito passivo

É o Estado (ver Parte Geral, capítulo XII, item 3.2).

Objeto jurídico

É a administração pública, levando-se em conta seu interesse patrimonial e moral (ver Parte Geral, capítulo XII, item 3.3, "b").

Objeto material

É o sistema de informações ou o programa de informática (ver Parte Geral, capítulo XII, item 3.3, "a").

Elementos objetivos do tipo

Modificar (imprimir um novo modo, transformar de maneira determinada) ou *alterar* (mudar de forma a desorganizar, decompor o sistema original), o funcionário público, sistema de informações (é o conjunto de elementos materiais agrupados e estruturados visando ao fornecimento de dados ou instruções sobre algo; embora pelo contexto tenha-se a impressão de se tratar de meio informatizado, cremos que pode ter maior abrangência, isto é, pode ser organizado por computadores ou não) ou programa de informática (é o *software*, que permite ao computador ter utilidade, servindo a uma finalidade qualquer; trata-se de uma sequência de etapas, contendo rotinas e funções, a serem executadas pelo computador, resolvendo problemas e alcançando determinados objetivos) sem autorização ou solicitação de autoridade competente. A pena é de detenção, de três meses a dois anos, e multa. Conferir o capítulo XIII, item 2.1, da Parte Geral.

Elemento subjetivo do crime

É o dolo (ver o capítulo XIV da Parte Geral).

Elemento subjetivo do tipo específico

Não há.

Classificação

Próprio; formal; de forma livre; comissivo; instantâneo; unissubjetivo; plurissubsistente. Sobre a classificação dos crimes, ver o capítulo XII, item 4, da Parte Geral.

Tentativa

É admissível.

Momento consumativo

Quando houver a prática de qualquer das condutas típicas, independentemente de efetivo prejuízo para o Estado.

Causa de aumento de pena

As penas são aumentadas de um terço até a metade se da modificação ou alteração resulta dano para a Administração Pública ou para o administrado. Trata-se do exaurimento do crime. O delito é formal, de modo que basta a conduta (modificar ou alterar) para haver a consumação. Entretanto, o resultado naturalístico possível com tal conduta é justamente o prejuízo gerado para a Administração Pública ou para o administrado, razão pela qual, atingindo-o, o delito está exaurido, aumentando-se a pena.

Extravio, sonegação ou inutilização de livro ou documento

Art. 314

Sujeito ativo

É somente o funcionário público (ver Parte Geral, capítulo XII, item 3.1).

Sujeito passivo

É o Estado. Secundariamente, pode ser a entidade de direito público ou outra pessoa prejudicada (ver Parte Geral, capítulo XII, item 3.2).

Objeto jurídico

É a administração pública, levando-se em conta seu interesse patrimonial e moral (ver Parte Geral, capítulo XII, item 3.3, "b").

Objeto material

É o livro oficial ou outro documento (ver Parte Geral, capítulo XII, item 3.3, "a"). "Os livros oficiais de que fala a lei são: a) todos aqueles que, pelas leis e regulamentos, são guardados em arquivos da Administração Pública com a nota de que assim se devem considerar; b) todos os que, embora aparentemente possam conter fatos que, a juízo do funcionário que os guarda, não apresentam a característica de oficialidade, lhe são confiados como se o tivessem" (Fernando Henrique Mendes de Almeida, *Dos crimes contra a Administração Pública*, p. 35).

Elementos objetivos do tipo

Extraviar (fazer com que algo não chegue ao seu destino) livro oficial (é o livro criado por força de lei para registrar anotações de interesse para a administração pública) ou qualquer documento (é qualquer escrito, instrumento ou papel, de natureza pública ou privada), de que tem a guarda em razão de cargo; *sonegá-lo* (ocultá-lo ou tirá-lo às escondidas) ou *inutilizá-lo* (destruí-lo ou torná-lo inútil), total ou parcialmente. A pena é de reclusão, de um a quatro anos, se o fato não constitui crime mais grave. Conferir o capítulo XIII, item 2.1, da Parte Geral.

Elemento subjetivo do crime

É o dolo (ver o capítulo XIV da Parte Geral).

Elemento subjetivo do tipo específico

Não há (ver Parte Geral, capítulo XIII, item 2.1).

Classificação

Próprio; formal; de forma livre; comissivo (omissivo na forma "sonegar"); instantâneo; unissubjetivo; unissubsistente ou plurissubsistente, conforme o caso. Sobre a classificação dos crimes, ver o capítulo XII, item 4, da Parte Geral.

Tentativa

É admissível na forma plurissubsistente.

Momento consumativo

Quando houver a prática do extravio, independentemente de efetivo prejuízo para o Estado.

Particularidades

a) somente se aplica o art. 314 quando não houver figura típica mais grave. Se o sujeito, por exemplo, resolve destruir documento com a finalidade de obter algum benefício, incide na figura do art. 305, mais grave, sujeita à pena de reclusão de 2 a 6 anos e multa (documento público), ou reclusão de 1 a 5 anos e multa (documento particular);

b) cabe defesa preliminar no peculato e em outros delitos funcionais, quando afiançáveis (são assim considerados os delitos que não se encaixam na relação prevista no art. 323 do CPP). Aplica-se, assim, o procedimento do art. 514, *caput*, do mesmo Código: "Nos crimes afiançáveis, estando a denúncia ou queixa em devida forma, o juiz mandará autuá-la e ordenará a notificação do acusado, para responder por escrito, dentro do prazo de quinze dias".

Emprego irregular de verbas ou rendas públicas

Art. 315

Sujeito ativo

É somente o funcionário público (ver Parte Geral, capítulo XII, item 3.1).

Sujeito passivo

É o Estado. Secundariamente, pode ser a entidade de direito público ou outra pessoa prejudicada (ver Parte Geral, capítulo XII, item 3.2).

Objeto jurídico

É a administração pública, levando-se em conta seu interesse patrimonial e moral (ver Parte Geral, capítulo XII, item 3.3, "b").

Objeto material

É a verba ou a renda pública (ver Parte Geral, capítulo XII, item 3.3, "a").

Elementos objetivos do tipo

Dar (empregar ou utilizar) às verbas (é a dotação de quantia em dinheiro para o pagamento das despesas do Estado) ou rendas (é qualquer quantia em dinheiro legalmente arrecadada pelo Estado) públicas uma aplicação diversa da estabelecida em lei (é preciso que se compreenda restritivamente o significado de *lei*. Portanto, é a norma emanada do Poder Legislativo, e não estão incluídos aí meros decretos, portarias, provimentos ou outras normas em sentido amplo). A pena é de detenção, de um a três meses, ou multa. Conferir o capítulo XIII, item 2.1, da Parte Geral.

Elemento subjetivo do crime

É o dolo (ver o capítulo XIV da Parte Geral).

Elemento subjetivo do tipo específico

Não há (ver Parte Geral, capítulo XIII, item 2.1). Não importa eventual finalidade justa para o emprego irregular de verbas, nem o propósito honesto do sujeito ativo, pois o funcionário tem o dever legal de ser fiel às regras estabelecidas pela Administração para aplicar o dinheiro público.

Classificação

Próprio; material; de forma livre; comissivo; instantâneo; unissubjetivo; plurissubsistente. Sobre a classificação dos crimes, ver o capítulo XII, item 4, da Parte Geral.

Tentativa

É admissível.

Momento consumativo

Quando houver a entrega da verba ou renda de maneira irregular.

Particularidade

Cabe defesa preliminar ao peculato e outros delitos funcionais, quando afiançáveis (são assim considerados os delitos que não se encaixam na relação prevista no art. 323 do CPP). Aplica-se, assim, o procedimento do art. 514, *caput*, do mesmo Código: "Nos crimes afiançáveis, estando a denúncia ou queixa em devida forma, o juiz mandará autuá-la e ordenará a notificação do acusado, para responder por escrito, dentro do prazo de quinze dias".

Concussão

Art. 316

Sujeito ativo

É somente o funcionário público (ver Parte Geral, capítulo XII, item 3.1).

Sujeito passivo

É o Estado. Secundariamente, pode ser a entidade de direito público ou outra pessoa prejudicada (ver Parte Geral, capítulo XII, item 3.2).

Objeto jurídico

É a administração pública, levando-se em conta seu interesse patrimonial e moral (ver Parte Geral, capítulo XII, item 3.3, "b").

Objeto material

É a vantagem indevida ou o tributo ou a contribuição social (ver Parte Geral, capítulo XII, item 3.3, "a").

Elementos objetivos do tipo

Exigir (ordenar ou demandar, havendo um aspecto nitidamente impositivo na conduta), para si ou para outrem, direta (sem rodeios e pessoalmente) ou indiretamente (disfarçado ou camuflado ou por interposta pessoa), ainda que fora da função, ou antes de assumi-la, mas em razão dela, vantagem indevida (pode ser qualquer lucro, ganho, privilégio ou benefício ilícito, ou seja, contrário ao direito, ainda que ofensivo apenas aos bons costumes). A pena é de reclusão, de dois a doze anos, e multa. Conferir o capítulo XIII, item 2.1, da Parte Geral.

Elemento subjetivo do crime

É o dolo (ver o capítulo XIV da Parte Geral).

Elemento subjetivo do tipo específico

É a vontade de destinar a vantagem para si ou para outrem (*caput*) ou em proveito próprio ou alheio (§ 2.º) (ver Parte Geral, capítulo XIII, item 2.1).

Classificação

Próprio; formal (material, na modalidade "empregar na cobrança" do § 1.º); de forma livre; comissivo; instantâneo; unissubjetivo; unissubsistente ou plurissubsistente, conforme o caso. Sobre a classificação dos crimes, ver o capítulo XII, item 4, da Parte Geral.

Tentativa

É admissível na forma plurissubsistente.

Momento consumativo

Quando houver a exigência ou o efetivo recebimento, dependendo da figura típica.

Particularidade

Cabe defesa preliminar ao peculato e outros delitos funcionais, quando afiançáveis (são assim considerados os delitos que não se encaixam na relação prevista no art. 323 do CPP). Aplica-se, assim, o procedimento do art. 514, *caput*, do mesmo Código: "Nos crimes afiançáveis, estando a denúncia ou queixa em devida forma, o juiz mandará autuá-la e ordenará a notificação do acusado, para responder por escrito, dentro do prazo de quinze dias".

Figuras qualificadas

O denominado *excesso de exação* (*exação* é a cobrança pontual de impostos; portanto, o que este tipo penal tem por fim punir não é a exação em si mesma, mas o seu excesso, sabido que o abuso de direito é considerado ilícito) retrata a situação do funcionário que exige (demandar, ordenar) tributo (é "toda prestação pecuniária compulsória, em moeda ou cujo valor nela se possa exprimir, que não constitua sanção de ato ilícito, instituída em lei e cobrada mediante atividade administrativa plenamente vinculada", cf. art. 3.º do Código Tributário Nacional) ou contribuição social (é, atualmente, considerada também tributo, estando prevista nos arts. 149 e 195 da Constituição Federal), que sabe (dolo direto) ou deveria saber (dolo eventual) indevido, ou, quando devido, emprega (dar emprego ou usar) na cobrança meio vexatório (é o que causa vergonha ou ultraje) ou gravoso (é o meio oneroso ou opressor), que a lei não autoriza. A pena é de reclusão, de três a oito anos, e multa (§ 1.º do art. 316 do CP). Se o funcionário desvia (alterar o destino original), em proveito próprio ou de outrem, o que recebeu indevidamente (aceitar em pagamento sem previsão legal) para recolher aos cofres públicos, a pena é de reclusão, de dois a doze anos, e multa (§ 2.º). Trata-se de norma penal em branco, pois é preciso consultar os meios de cobrança de tributos e contribuições, instituídos em lei específica, para apurar se está havendo excesso de exação.

> ### 📌 PONTO RELEVANTE PARA DEBATE
>
> #### O momento e a possibilidade do cabimento da prisão em flagrante nos delitos de concussão
>
> Se o crime é formal, a prisão em flagrante deve ocorrer no momento da exigência, e não por ocasião do recebimento da vantagem, instante em que há somente o exaurimento do delito. Assim, se o funcionário exige uma vantagem, prometido o pagamento para o dia seguinte, não há possibilidade de se lavrar prisão em flagrante por ocasião do recebimento. O correto, uma vez que o crime está consumado, seria a decretação da prisão preventiva, quando for necessário, prendendo-se o agente no momento do recebimento, que serve para demonstrar, com maior nitidez, a concretização da concussão.

Corrupção passiva

Art. 317

Sujeito ativo

É somente o funcionário público (ver Parte Geral, capítulo XII, item 3.1).

Sujeito passivo

É o Estado. Secundariamente, pode ser a entidade de direito público ou outra pessoa prejudicada (ver Parte Geral, capítulo XII, item 3.2).

Objeto jurídico

É a administração pública, levando-se em conta seu interesse patrimonial e moral (ver Parte Geral, capítulo XII, item 3.3, "b").

Objeto material

É a vantagem indevida (ver Parte Geral, capítulo XII, item 3.3, "a").

Elementos objetivos do tipo

Solicitar (pedir ou requerer) ou *receber* (aceitar em pagamento ou simplesmente aceitar algo), para si ou para outrem, direta ou indiretamente, ainda que fora da função ou antes de assumi-la, mas em razão dela, vantagem indevida, ou aceitar promessa (consentir em receber dádiva futura) de tal vantagem (pode ser qualquer lucro, ganho, privilégio ou benefício ilícito, ou seja, contrário ao direito, ainda que ofensivo apenas aos bons costumes). A pena é de reclusão, de dois a doze anos, e multa. Classifica a doutrina como *corrupção própria* a solicitação, recebimento ou aceitação de promessa de vantagem indevida para a prática de ato ilícito, contrário aos deveres funcionais, bem como de *corrupção imprópria*, quando a prática se refere a ato lícito, inerente aos deveres impostos pelo cargo ou função. Ressalte-se, ainda, que a modalidade "receber" implica num delito necessariamente bilateral, isto é, demanda a presença de um corruptor (autor de corrupção ativa) para que o corrupto também seja punido. É natural que a não identificação do corruptor não impede a punição do corrupto, embora a absolvição do primeiro, conforme o caso (fato inexistente, por exemplo), deva implicar na absolvição do segundo. Classifica-se, ainda, a corrupção em antecedente, quando a retribuição é pedida ou aceita antes da realização do ato, e subsequente, quando o funcionário a solicita ou aceita somente após o cumprimento do ato (Antonio Pagliaro e Paulo José da Costa Júnior, *Dos crimes contra a administração pública*, p. 102). Conferir o capítulo XIII, item 2.1, da Parte Geral. Sobre o tema, ver a nossa obra *Corrupção e anticorrupção*.

Elemento subjetivo do crime

É o dolo (ver o capítulo XIV da Parte Geral).

Elemento subjetivo do tipo específico

É a vontade de praticar a conduta "para si ou para outrem" (ver Parte Geral, capítulo XIII, item 2.1).

Classificação

Próprio; formal; de forma livre; comissivo; instantâneo; unissubjetivo; unissubsistente ou plurissubsistente, conforme o caso. Sobre a classificação dos crimes, ver o capítulo XII, item 4, da Parte Geral.

Tentativa

É admissível na forma plurissubsistente. Há quem desautorize a tentativa em qualquer hipótese, cf. Antonio Pagliaro e Paulo José da Costa Júnior (*Dos crimes contra a administração pública*, p. 121). Convém mencionar a posição intermediária de Fernando Henrique Mendes de Almeida: "Entendemos, entretanto, que a tentativa da corrupção passiva, dependente como é este delito, deve existir, apenas, quando, também a corrupção ativa fica igualmente frustrada. A tentativa da solicitação não é punível, se o agente não chega a realizar a solicitação de modo a colher eco ou resistência do particular. No primeiro caso, haverá tentativa de ambos os delitos (da corrupção ativa e da corrupção passiva) se for frustrada ação de ambos os sujeitos ativos do delito. Frustrado apenas por um, por iniciativa do particular, haverá tentativa, de um lado apenas já que solicitar o indevido em razão de ofício 'já é, só por só, começo de crime'" (*Dos crimes contra a Administração Pública*, p. 67-69).

Momento consumativo

Quando houver a prática de qualquer das condutas típicas, independentemente de efetivo prejuízo para a Administração.

Particularidades

a) cabe defesa preliminar ao peculato e outros delitos funcionais, quando afiançáveis (são assim considerados os delitos que não se encaixam na relação prevista no art. 323 do CPP). Aplica-se, assim, o procedimento do art. 514 do mesmo Código: "Nos crimes afiançáveis, estando a denúncia ou queixa em devida forma, o juiz mandará autuá-la e ordenará a notificação do acusado, para responder por escrito, dentro do prazo de quinze dias";

b) o princípio da insignificância tem aplicação neste caso, ou seja, pequenos mimos ou lembranças, destinados a funcionários públicos, por exemplo, em datas comemorativas – como Natal, Páscoa etc. – configuram conduta penalmente irrelevante, não servindo para concretizar o tipo penal da corrupção passiva. "É certo que, para chegar à compreensão de que a cortesia é desinteressada, é preciso que não nos inspiremos no exemplo exagerado daquilo que, por costume (mas, evidentemente, mau costume apenas) se justifique entre altos funcionários. A regra limitativa deve ser esta: a) que o presente seja ocasional e não habitual, ou contínuo; b) que não ocorra correspondência alguma entre o seu valor econômico e o ato de ofício, isto é, que não se possa formular, em face do fato, a relação que induza o caráter retributivo" (cf. Fernando Henrique Mendes de Almeida, *Dos crimes contra a Administração Pública*, p. 84-85);

c) quanto à vantagem oferecida, não bastam meras ofertas impossíveis ou não factíveis, incapazes de gerar no funcionário público uma real cobiça ou um atentado à moralidade administrativa. É preciso que o agente ofereça algo idôneo e verossímil, de acordo com suas condições e harmônicas com o contexto vivido;

d) o Código Penal, mais uma vez, abriu exceção à teoria unitária do crime (ou monista), criando outra figura típica (art. 333) para a pessoa que corrompe o funcionário. Assim, o particular que dá a vantagem indevida, ao invés de responder como partícipe do delito de corrupção passiva, comete o crime de corrupção ativa.

Causa de aumento

A pena é aumentada de um terço, se, em razão da vantagem ou promessa, o funcionário retarda ou deixa de praticar qualquer ato de ofício ou o pratica infringindo dever funcional. É o que a doutrina classifica de *corrupção exaurida*. De fato, tendo em vista que o tipo penal é formal, isto é, consuma-se com a simples solicitação, aceitação da promessa ou recebimento de vantagem, mesmo que inexista prejuízo material para o Estado ou para o particular, quando o funcionário atinge o resultado naturalístico exaure-se (esgota-se) o crime.

Figura privilegiada

A pena é de detenção, de três meses a um ano, ou multa, se o funcionário pratica, deixa de praticar ou retarda ato de ofício, com infração de dever funcional, cedendo a pedido ou influência de outrem.

> ### ↯ PONTO RELEVANTE PARA DEBATE
>
> A ausência de menção à expressão *ato de ofício*
>
> A figura típica da corrupção ativa, prevista no art. 333 desse Código, antevê, como meta da percepção da vantagem indevida pelo funcionário público, a prática, omissão ou retardamento de *ato de ofício*. Essa expressão significa o ato inerente às típicas atividades do servidor público. A partir disso, questiona-se o porquê da diferença entre o referido art. 333 e este art. 317. Parece-nos haver, sem dúvida, proposital omissão do *ato de ofício* neste artigo.
>
> A corrupção passiva pode ter por finalidade apenas deixar o funcionário *receptivo* a futuros pedidos. Não é preciso que o corruptor entregue a vantagem ao funcionário para a prática ou omissão de ato de ofício naquele momento. Qualquer percepção de benefício inadequado pelo servidor configura lesão à moralidade administrativa, representando a concretude do crime de corrupção passiva.
>
> Por outro lado, quando se refere o art. 333 à corrupção ativa, é mais comum que o oferecimento ou a promessa de vantagem indevida pelo particular ao funcionário tenha, naquele momento, um determinado *ato de ofício*. Noutros termos, quando alguém pretende tornar o servidor *flexível e receptivo* a futuros pedidos, encaminha-lhe vantagem (solicitada ou não), cometendo o delito de corrupção passiva, como partícipe, uma vez que induziu o servidor a aceitar o indevido ou atendeu ao pedido dele. Mas, quando o agente objetiva algo certo, oferta ou promete vantagem já visando ao ato de ofício, cometendo corrupção ativa.

Facilitação de contrabando ou descaminho

Art. 318

Sujeito ativo
É somente o funcionário público (ver Parte Geral, capítulo XII, item 3.1).

Sujeito passivo
É o Estado (ver Parte Geral, capítulo XII, item 3.2).

Objeto jurídico
É a administração pública, levando-se em conta seu interesse patrimonial e moral (ver Parte Geral, capítulo XII, item 3.3, "b").

Objeto material
É a mercadoria contrabandeada ou o imposto não recolhido (ver Parte Geral, capítulo XII, item 3.3, "a").

Elementos objetivos do tipo
Facilitar (tornar mais fácil, ou seja, sem grande esforço ou custo), com infração de dever funcional (a expressão integra a conduta típica, não sendo, pois, suficiente que o funcionário facilite o contrabando ou o descaminho, mas que o faça infringindo seu dever funcional, vale dizer, deixando de cumprir os deveres previstos em lei. Exige-se que o agente tenha a função de controlar, fiscalizar e impedir a entrada de mercadoria proibida no território nacional ou garantir o pagamento de imposto devido pela referida entrada), a prática (exercício ou realização) de contrabando ou descaminho. A pena é de reclusão, de três a oito anos, e multa. Esta é outra exceção criada pelo legislador, prevendo pena mais grave para o funcionário público que *facilita* o contrabando, incidindo nesta figura típica, e sanção mais leve ao agente do contrabando ou descaminho, que incide nas figuras dos arts. 334 e 334-A. Se o funcionário público não infringe dever funcional, poderá ser coautor ou partícipe do delito de contrabando ou descaminho. Conferir o capítulo XIII, item 2.1, da Parte Geral.

Elemento subjetivo do crime
É o dolo (ver o capítulo XIV da Parte Geral).

Elemento subjetivo do tipo específico
Não há (ver Parte Geral, capítulo XIII, item 2.1).

Classificação
Próprio; formal; de forma livre; comissivo; instantâneo; unissubjetivo; unissubsistente ou plurissubsistente, conforme o caso. Sobre a classificação dos crimes, ver o capítulo XII, item 4, da Parte Geral.

Tentativa
É admissível na forma plurissubsistente.

Momento consumativo
Quando houver a prática da facilitação, independentemente de efetivo prejuízo para a Administração.

Particularidade
A competência é, em regra, da Justiça Federal, por se tratar de crime conexo ao contrabando ou descaminho, cujo interesse é da União. Porventura, quando se tratar de imposto estadual, a competência é da Justiça Estadual.

Prevaricação

Art. 319

Sujeito ativo
É somente o funcionário público (ver Parte Geral, capítulo XII, item 3.1).

Sujeito passivo
É o Estado. Secundariamente, a entidade de direito público ou a pessoa prejudicada (ver Parte Geral, capítulo XII, item 3.2).

Objeto jurídico
É a administração pública, levando-se em conta seu interesse patrimonial e moral (ver Parte Geral, capítulo XII, item 3.3, "b").

Objeto material
É o ato de ofício (ver Parte Geral, capítulo XII, item 3.3, "a").

Elementos objetivos do tipo
Retardar (atrasar ou procrastinar) ou *deixar de praticar* (desistir da execução), indevidamente (não permitido por lei, infringindo dever funcional), ato de ofício (é o ato que o funcionário público *deve* praticar, segundo seus deveres funcionais; exige, pois, estar o agente no exercício da função), ou *praticá-lo* (executá-lo ou realizá-lo) contra disposição expressa de lei (é também algo ilícito e contrário aos deveres funcionais), para satisfazer interesse (é qualquer proveito, ganho ou vantagem auferido pelo agente, não necessariamente de natureza econômica) ou sentimento pessoal (é a disposição afetiva do agente em relação a algum bem ou valor). É o que se chama de *autocorrupção própria*, já que o funcionário se deixa levar por vantagem indevida, violando deveres funcionais (cf. Antonio Pagliaro e Paulo José da Costa Júnior, *Dos crimes contra a administração*

pública, p. 134). A pena é de detenção, de três meses a um ano, e multa. Conferir o capítulo XIII, item 2.1, da Parte Geral.

Elemento subjetivo do crime

É o dolo (ver o capítulo XIV da Parte Geral).

Elemento subjetivo do tipo específico

É a vontade de "satisfazer interesse" ou "sentimento pessoal" (ver Parte Geral, capítulo XIII, item 2.1).

Classificação

Próprio; formal; de forma livre; comissivo ("retardar" e "praticar") ou omissivo (igualmente, "retardar", que pode ter a forma de abstenção, e "deixar de praticar"); instantâneo; unissubjetivo; unissubsistente ou plurissubsistente, conforme o caso. Sobre a classificação dos crimes, ver o capítulo XII, item 4, da Parte Geral.

Tentativa

É admissível na forma plurissubsistente, que só pode ser comissiva.

Momento consumativo

Quando houver a prática de qualquer das condutas previstas no tipo, independentemente de efetivo prejuízo para a Administração.

Acesse e escute o podcast sobre Prevaricação.
> http://uqr.to/1yoj9

Prevaricação em presídio

Art. 319-A

Sujeito ativo

É somente o funcionário público (ver Parte Geral, capítulo XII, item 3.1). O tipo penal foi mal redigido, pois há expressa menção ao diretor de penitenciária e/ou agente público, o que era desnecessário inteiramente. Nessas funções, são eles (diretor e qualquer outro agente), para fins penais, funcionários públicos. Outro ponto a merecer crítica é a inserção das conjunções "e/ou", configurando lamentável forma de redação (bastaria, para o caso, a referência a "ou"). Obviamente que o diretor do presídio pode responder, em concurso de pessoas, com o agente penitenciário se ambos permitirem o acesso do preso ao celular. E pode responder somente o diretor ou somente o agente penitenciário, a depender das provas que apontem a responsabilidade e o dolo de cada um deles.

Sujeito passivo

É o Estado. Secundariamente, a sociedade, que poderia ser prejudicada pelo uso do aparelho, propiciando o cometimento de novas infrações penais (ver Parte Geral, capítulo XII, item 3.2).

Objeto jurídico

É a administração pública (interesses material e moral), com particular ênfase à segurança (ver Parte Geral, capítulo XII, item 3.3, "b").

Objeto material

É o aparelho telefônico, de rádio ou similar (ver Parte Geral, capítulo XII, item 3.3, "a").

Elementos objetivos do tipo

Deixar (não considerar, omitir, desviar-se de algo) é o verbo central que se associa a cumprir seu dever de vedar (proibir algo por obrigação legal). O objeto da omissão indevida é o acesso (alcance de alguma coisa) a aparelho telefônico (de qualquer espécie – fixo ou móvel), de rádio (aparelho que recebe e emite sinais radiofônicos, por meio do qual se ouve algo, mas também se podem transmitir mensagens) ou similar (qualquer outro aparelho que a moderna tecnologia capacite à comunicação entre pessoas, como, por exemplo, o computador, apto, atualmente, a promover conversação, seja por meio do teclado, seja em viva-voz). A destinação dos mencionados aparelhos é a possibilidade de comunicação entre presos (do mesmo estabelecimento penal, em alas diferentes, ou em presídios diversos), bem como entre o preso e qualquer pessoa situada fora do ambiente carcerário, considerado pelo tipo penal como o ambiente externo. Cuida-se de norma advinda do conhecido problema de troca de mensagens frequentes entre presos de diferentes lugares, bem como entre detentos e pessoas livres, gerando o aprimoramento do crime organizado e aperfeiçoando as formas de liderança das organizações criminosas. A Lei de Execução Penal, por datar de 1984, previu apenas, como direito do preso, o "contato com o mundo exterior por meio de correspondência escrita, da leitura e de outros meios de informação que não comprometam a moral e os bons costumes" (art. 41, XV, Lei 7.210/1984). Naquela ocasião, quando não existia o aparelho de telefonia móvel (celular), ao menos no Brasil, para a utilização da população em geral, a forma de comunicação do preso com o ambiente externo se dava, fundamentalmente, por intermédio de cartas. Não se falava, ainda, em computadores pessoais, aptos a, igualmente, promover o contato entre pessoas situadas em lugares distantes uma da outra, nem tampouco em outros tipos de aparelhos de moderna tecnologia, habilitados à mesma função. Os telefones fixos existentes nos presídios eram de fácil controle por parte da direção e, para acessá-los, somente se houvesse autorização ou à força, em caso de rebelião, por exemplo. As cartas sempre foram supervisionadas, justamente para controlar a segurança do estabelecimento penal. Com o advento, em especial, do telefone celular, muitos presos passaram a gozar de um privilégio incomum: continuar a vida criminosa profissional de dentro dos estabelecimentos penais. Esse foi o objetivo da criação do novo tipo penal de prevaricação do art. 319-A. Sobre a expressão "acesso ao aparelho", não se deve interpretá-la restritivamente. Ao contrário, merece ter o seu real alcance. Portanto, se o funcionário público deixar de retirar o celular das mãos de um preso, esteja o aparelho em uso ou não, constitui o crime previsto no art. 319-A. Do mesmo modo, se ele mesmo, servidor público, fizer chegar às mãos do preso o referido aparelho. Embora o tipo penal seja omissivo (deixar de cumprir seu dever de vedar o acesso), a partir do momento em que se fornece o aparelho (atitude comissiva), está-se, logicamente, deixando de vedar o acesso ao mesmo. Em suma, o agente público deve fiscalizar, revistar, buscar e impedir que presos tenham ou usem qualquer meio de comunicação telefônico, de rádio ou similar. A famosa vista grossa, que significa fingir não ver o aparelho ou sua utilização é suficiente para, quando houver dolo, gerar o crime previsto no novo tipo penal. A pena é de detenção, de 3 meses a 1 ano. Conferir o capítulo XIII, item 2.1, da Parte Geral. Consultar, ainda, o art. 349-A.

Elemento subjetivo do crime

É o dolo. Não se pune a forma culposa, porém mereceria a previsão legal no formato culposo. Muitos funcionários públicos, em atitude claramente negligente, permitem o acesso de presos aos aparelhos telefônicos ou de comunicação em geral (ver o capítulo XIV da Parte Geral).

Elemento subjetivo do tipo específico

Não há, diversamente da outra modalidade de prevaricação, prevista no art. 319 (ver Parte Geral, capítulo XIII, item 2.1).

Classificação

É crime próprio; formal; de forma livre; omissivo (opção legislativa na redação do tipo penal); instantâneo; de perigo abstrato; unissubjetivo; unissubsistente. Sobre a classificação dos crimes, ver o capítulo XII, item 4, da Parte Geral.

Tentativa

Não admite, por se tratar de crime omissivo.

Momento consumativo

No momento do acesso do preso ao aparelho telefônico, de rádio ou similar, com a omissão do diretor ou agente público.

Condescendência criminosa

Art. 320

Sujeito ativo

É somente o funcionário público (ver Parte Geral, capítulo XII, item 3.1).

Sujeito passivo

É o Estado (ver Parte Geral, capítulo XII, item 3.2).

Objeto jurídico

É a administração pública, levando-se em conta seu interesse patrimonial e moral (ver Parte Geral, capítulo XII, item 3.3, "b").

Objeto material

É a infração não punida ou não comunicada (ver Parte Geral, capítulo XII, item 3.3, "a").

Elementos objetivos do tipo

Deixar o funcionário, por indulgência (tolerância ou benevolência), de *responsabilizar* (não imputar responsabilidade a quem cometeu uma infração, para que possa sofrer as sanções cabíveis) subordinado (é a pessoa que, numa estrutura hierárquica, deve cumprir ordens de outra pessoa, considerada o superior) que cometeu infração no exercício do cargo ou, quando lhe falte competência, *não levar* (ocultar ou esconder algo de alguém) o fato *ao conhecimento* da autoridade competente (quando o funcionário tiver por atribuição a punição de subalternos pela prática de infrações funcionais, cabe-lhe, não sendo o competente para punir, acionar outro, que tenha tal atribuição. No mínimo, exige-se que seja superior hierárquico da pessoa que cometeu a infração. Em suma, somente é agente deste crime aquele funcionário que tem competência para punir outro ou, pelo menos, que seja superior hierárquico, com o dever de comunicar a falta a quem de direito). A pena é de detenção, de quinze dias a um mês, ou multa. Conferir o capítulo XIII, item 2.1, da Parte Geral.

Elemento subjetivo do crime

É o dolo (ver o capítulo XIV da Parte Geral).

Elemento subjetivo do tipo específico

É a vontade de ser indulgente com relação a falta de terceiro, implícita no tipo (ver Parte Geral, capítulo XIII, item 2.1).

Classificação

Próprio; formal; de forma livre; omissivo; instantâneo; unissubjetivo; unissubsistente. Sobre a classificação dos crimes, ver o capítulo XII, item 4, da Parte Geral.

Tentativa

Não é admissível.

Momento consumativo

Quando houver a prática da omissão descrita no tipo, independentemente de efetivo prejuízo para a Administração.

Particularidades

a) para a configuração deste crime, não se exige que o subordinado seja sancionado pela infração cometida, nem tampouco que o superior seja obrigado a puni-lo. Quer-se levar em conta o dever funcional do superior de *apurar* a responsabilidade do subordinado pela infração, em tese, que praticou, no exercício do seu cargo;

b) a condescendência criminosa, na lição de Fernando Henrique Mendes de Almeida, tem alguns pontos a destacar: a) refere-se a uma forma de conivência, que se traduz em omissão e supõe infração a ela conectada; b) emerge de considerações relativas ao direito disciplinar administrativo; c) o conivente pode ser coautor do delito ocultado (*Dos crimes contra a Administração Pública*, p. 101).

Advocacia administrativa
Art. 321

Sujeito ativo

É somente o funcionário público (ver Parte Geral, capítulo XII, item 3.1).

Sujeito passivo

É o Estado. Secundariamente, pode ser a entidade de direito público ou terceiro prejudicado (ver Parte Geral, capítulo XII, item 3.2).

Objeto jurídico

É a administração pública, levando-se em conta seu interesse patrimonial e moral (ver Parte Geral, capítulo XII, item 3.3, "b").

Objeto material

É o interesse privado (ver Parte Geral, capítulo XII, item 3.3, "a").

Elementos objetivos do tipo

Patrocinar (proteger, beneficiar ou defender), direta ou indiretamente, interesse privado (é qualquer vantagem, ganho ou meta a ser atingida pelo particular. Esse interesse deve confrontar-se com o interesse público, isto é, aquele que é inerente à administração pública. Não significa, porém, que o interesse privado – para a caracterização do crime – há de ser ilícito ou injusto) perante a administração pública, valendo-se da qualidade de funcionário (é o prestígio junto aos colegas ou a facilidade de acesso às informações ou à troca de favores, investindo contra o interesse maior da administração de ser imparcial e isenta nas suas decisões e na sua atuação). O termo utilizado na rubrica ("advocacia") pode dar a entender tratar-se de um tipo penal voltado somente a advogados, o que não corresponde à realidade, pois está no sentido de "promoção de defesa" ou "patrocínio". Acrescente-se, ainda, que o patrocínio não exige, em contrapartida, a obtenção de qualquer ganho ou vantagem econômica. Pode significar para o agente um simples favor, o que, por si só, é fato típico. A pena é de detenção, de um a três meses, ou multa. Conferir o capítulo XIII, item 2.1, da Parte Geral.

Elemento subjetivo do crime

É o dolo (ver o capítulo XIV da Parte Geral).

Elemento subjetivo do tipo específico

Não há (ver Parte Geral, capítulo XIII, item 2.1).

Classificação

Próprio; formal; de forma livre; comissivo; instantâneo; unissubjetivo; plurissubsistente. Sobre a classificação dos crimes, ver o capítulo XII, item 4, da Parte Geral.

Tentativa

É admissível.

Momento consumativo

Quando houver a prática do patrocínio, independentemente de efetivo prejuízo para a Administração.

Forma qualificada

A pena em abstrato é aumentada para detenção, de três meses a um ano, e multa, configurando uma qualificadora, quando o interesse privado patrocinado pelo funcionário público é ilegítimo (ilícito). Nota-se, portanto, que não existe necessidade, para configurar a advocacia administrativa, de que o interesse seja, primariamente, ilícito. Somente na figura qualificada é que se exige tal qualificação. No mais, para aperfeiçoar o *caput*, basta a defesa de *qualquer* interesse privado.

Violência arbitrária

Art. 322

Revogação do art. 322 pela Lei de Abuso de Autoridade

Cremos estar, tacitamente, revogado este tipo penal pela vigência da Lei 4.898/1965, que disciplinou, integralmente, os crimes de abuso de autoridade. Assim, a violência praticada no exercício da função ou a pretexto de exercê-la deve encaixar-se em uma das figuras previstas na referida lei, não havendo mais necessidade de se utilizar o art. 322. Atualmente, a Lei 13.869/2019 revogou a Lei 4.898/1965, mas isso não significa que o art. 322 foi ressuscitado. Se havia sido revogado, como defendemos, pela Lei 4.898/1965, não mais subsiste.

Tendo em vista que há voz em sentido contrário, sustentando a manutenção do delito de violência arbitrária, faremos as notas pertinentes ao tipo penal.

Sujeito ativo
É somente o funcionário público (ver Parte Geral, capítulo XII, item 3.1).

Sujeito passivo
É o Estado. Secundariamente, a pessoa prejudicada (ver Parte Geral, capítulo XII, item 3.2).

Objeto jurídico
É a administração pública, levando-se em conta seu interesse patrimonial e moral (ver Parte Geral, capítulo XII, item 3.3, "b").

Objeto material
É a pessoa que sofre a violência (ver Parte Geral, capítulo XII, item 3.3, "a").

Elementos objetivos do tipo
Praticar (executar ou realizar) violência (é a coerção física cometida contra pessoa, não se incluindo no tipo, expressamente, a violência contra coisa), no exercício de função ou a pretexto de exercê-la. A pena é de detenção, de seis meses a três anos, além da pena correspondente à violência. Portanto, juntamente com a prática do art. 322, pune-se o delito violento contra a pessoa (lesões corporais, vias de fato, tentativa de homicídio, entre outros). Conferir o capítulo XIII, item 2.1, da Parte Geral.

Elemento subjetivo do crime
O dolo (ver o capítulo XIV da Parte Geral).

Elemento subjetivo do tipo específico
É a vontade de abusar da autoridade (ver Parte Geral, capítulo XIII, item 2.1).

Classificação
Próprio; material; de forma livre; comissivo; instantâneo; unissubjetivo; plurissubsistente. Sobre a classificação dos crimes, ver o capítulo XII, item 4, da Parte Geral.

Tentativa
É admissível.

Momento consumativo
Quando houver a prática da violência.

Abandono de função

Art. 323

Sujeito ativo

É somente o funcionário público (ver Parte Geral, capítulo XII, item 3.1).

Sujeito passivo

É o Estado (ver Parte Geral, capítulo XII, item 3.2).

Objeto jurídico

É a administração pública, levando-se em conta seu interesse patrimonial e moral (ver Parte Geral, capítulo XII, item 3.3, "b").

Objeto material

É o cargo público (ver Parte Geral, capítulo XII, item 3.3, "a").

Elementos objetivos do tipo

Abandonar (largar ou afastar-se de algo) cargo público (é o posto criado por lei na estrutura hierárquica da administração pública), fora dos casos permitidos em lei. A pena é de detenção, de quinze dias a um mês, ou multa. Objetiva-se proteger o regular funcionamento dos serviços públicos. Não se deve confundir o abandono previsto neste tipo penal, que pode configurar-se em curto espaço de tempo, com o *abandono de cargo*, estabelecido em lei específica que rege a carreira do funcionário público, normalmente demandando um prazo fixo e relativamente extenso. É o caso, apenas para ilustrar, do Estatuto dos Funcionários Públicos do Estado de São Paulo, que prevê como abandono de cargo a interrupção do exercício, por mais de 30 dias consecutivos (art. 63). Torna-se evidente que um funcionário público, fiscalizando um posto de fronteira, não precisa largar o cargo por 30 dias consecutivos para concretizar o delito. Basta que fique fora por tempo suficiente para determinar o seu descaso e o seu ânimo de se afastar da função. Conferir o capítulo XIII, item 2.1, da Parte Geral.

Elemento subjetivo do crime

É o dolo (ver o capítulo XIV da Parte Geral).

Elemento subjetivo do tipo específico

Não há (ver Parte Geral, capítulo XIII, item 2.1).

Classificação

Próprio; formal; de forma livre; omissivo; instantâneo; unissubjetivo; unissubsistente. Sobre a classificação dos crimes, ver o capítulo XII, item 4, da Parte Geral.

Tentativa

Não é admissível.

Momento consumativo

Quando houver o abandono, ainda que a administração não sofra prejuízo material efetivo.

Figura qualificada pelo resultado

A pena é de detenção, de três meses a um ano, e multa, se do fato resulta prejuízo público. O aumento tem fundamento quando, do abandono, advier prejuízo público, ou seja, qualquer transtorno ou dano aos serviços públicos. Trata-se, naturalmente, de uma perturbação *efetiva*, pois o mero abandono já é uma presunção de dano para a administração pública.

Figura qualificada

A pena é de detenção, de um a três anos, e multa, se o fato ocorre em lugar compreendido na faixa de fronteira. O dano para o Estado é significativamente maior se um posto de fiscalização, por exemplo, em zona limítrofe com outro país, for deixado acéfalo pelo funcionário público. Cremos ser aplicável esta qualificadora diretamente sobre a figura do *caput*, e não sobre o § 1.º. Assim, caso o abandono ocorra em zona fronteiriça e, ao mesmo tempo, resultar prejuízo para o serviço público, deve o juiz aplicar a pena prevista no § 2.º, levando em conta a existência da outra qualificadora (prejuízo) como circunstância judicial (art. 59) para elevar a pena-base. Preceitua o art. 1.º da Lei 6.634/1979: "É considerada área indispensável à segurança nacional a faixa interna de 150 km (cento e cinquenta quilômetros) de largura, paralela à linha divisória terrestre do território nacional, que será designada como faixa de fronteira". No mesmo sentido, art. 20, § 2.º, CF.

Exercício funcional ilegalmente antecipado ou prolongado

Art. 324

Sujeito ativo

É somente o funcionário público nomeado, antes da posse, bem como, conforme o caso, o exonerado, removido, substituído ou suspenso (ver Parte Geral, capítulo XII, item 3.1).

Sujeito passivo

É o Estado (ver Parte Geral, capítulo XII, item 3.2).

Objeto jurídico

É a administração pública, levando-se em conta seu interesse patrimonial e moral (ver Parte Geral, capítulo XII, item 3.3, "b").

Objeto material

É a função pública (ver Parte Geral, capítulo XII, item 3.3, "a").

Elementos objetivos do tipo

Entrar no exercício (iniciar o desempenho de determinada atividade) de função pública (é o conjunto de atribuições inerentes ao serviço público, embora não correspondentes a um cargo) antes de satisfeitas as exigências legais (cuida-se de norma penal em branco, pois, para cada função, há formalidades particulares para o início do exercício), ou continuar a exercê-la, sem autorização, depois de saber oficialmente que foi exonerado (é o ato que desveste o funcionário do cargo, podendo acontecer a pedido ou de ofício; apesar de não constar expressamente, deve-se fazer uma interpretação extensiva do termo *exonerar*, para que abranja também a demissão, ou seja, quando a administração, impondo uma sanção, desveste o funcionário público de seu cargo ou função), removido (é a mudança do funcionário de um posto para outro, embora mantendo o mesmo cargo), substituído (é a colocação de um funcionário em lugar de outro) ou suspenso (é a sanção disciplinar que retira o funcionário, temporariamente, do seu cargo ou de sua função). A conduta de *exercer*, quando isolada, é considerada habitual, embora, no caso presente, não se possa dizer tratar-se de delito habitual. Começar o *exercício* tem o significado de dar início a uma prática que será, pela própria natureza da função pública, habitual. Como se fala em *entrar*, e não em *exercer*, há instantaneidade na conduta. O mesmo se diga da forma *continuar* a exercê-la, quando se pressupõe já existir a habitualidade, representativa do *exercício*, que apenas é reiniciado. "Na verdade, algumas das figuras referidas no art. 324 são variantes das referidas no art. 328. Com efeito, se alguém não é funcionário, porque não adquiriu tal qualidade pela investidura, ou, porque prolongou por sua conta e risco um exercício de que foi demitido, exonerado, substituído etc., evidentemente é usurpador. (...) Há, porém, um grave inconveniente nisto: é que se, em razão dessa prorrogação ou dessa antecipação, o delinquente houver cometido outro delito, será qualificado este como de usurpador, o que prova a inadequação do art. 324, entre os delitos cometidos por funcionário público" (cf. Fernando Henrique Mendes de Almeida, *Dos crimes contra a Administração Pública*, p. 132-133). A pena é de detenção, de quinze dias a um mês, ou multa. Conferir o capítulo XIII, item 2.1, da Parte Geral.

Elemento subjetivo do crime

É o dolo (ver o capítulo XIV da Parte Geral).

Elemento subjetivo do tipo específico

Não há (ver Parte Geral, capítulo XIII, item 2.1).

Classificação

Próprio; formal; de forma livre; comissivo; instantâneo; unissubjetivo; plurissubsistente. Sobre a classificação dos crimes, ver o capítulo XII, item 4, da Parte Geral.

Tentativa

É admissível.

Momento consumativo

Quando houver o início do exercício, independentemente de prejuízo material efetivo para a administração.

Violação de sigilo funcional

Art. 325

Sujeito ativo

É somente o funcionário público, abrangendo o aposentado ou em disponibilidade (ver Parte Geral, capítulo XII, item 3.1).

Sujeito passivo

É o Estado. Secundariamente, é a pessoa prejudicada (ver Parte Geral, capítulo XII, item 3.2).

Objeto jurídico

É a administração pública, levando-se em conta seu interesse patrimonial e moral (ver Parte Geral, capítulo XII, item 3.3, "b").

Objeto material

É a informação sigilosa (ver Parte Geral, capítulo XII, item 3.3, "a").

Elementos objetivos do tipo

Revelar (fazer conhecer ou divulgar) fato de que tem ciência em razão do cargo (*fato*, isto é, qualquer acontecimento, que chega ao conhecimento do funcionário justamente por conta do cargo que exerce) e que deva permanecer em segredo (é o que deve ser mantido em sigilo, sem qualquer divulgação. Se o funcionário conta o fato sigiloso a quem dele já possui conhecimento, não se consuma a infração penal), ou facilitar-lhe a revelação (tornar sem custo ou esforço a descoberta). É um delito variante do que se ocupa o art. 154, genericamente dirigido à tutela penal da observância do princípio da inviolabilidade dos segredos (cf. Fernando Henrique Mendes de Almeida, *Dos crimes contra a Administração Pública*, p. 138). A pena é de detenção, de seis meses a dois anos, ou multa, se o fato não constitui crime mais grave. É delito subsidiário, ou seja, cede espaço à aplicação de norma penal mais severa quando esta se configurar. Nas mesmas penas incorre quem *permite* (consente ou dá liberdade para fazer alguma coisa) ou *facilita* (torna mais fácil ou eliminar obstáculos), mediante atribuição (conceder ou conferir), fornecimento (entrega, confiar a alguém) e empréstimo (confiar a alguém determinada coisa para ser devolvida) de senha (fórmula convencionada por alguém, para impedir que terceiros tenham acesso a segredos guardados) ou qualquer outra forma, o acesso de pessoas não autorizadas (são aquelas que não detêm da administração pública ou da própria lei liberdade para ingressar e tomar conhecimento de sistemas de informações ou banco de dados públicos) a sistemas de informações (é o conjunto de elementos materiais agrupados e estruturados, visando ao fornecimento de dados ou instruções sobre algo. Embora se possa ter a impressão de se tratar de meio informatizado, cremos que pode ter maior abrangência, isto é, pode ser organizado por computadores ou não) ou banco de dados (é a compilação organizada e inter-relacionada de informes, guardados em um meio físico, com o objetivo de servir de fonte de consulta para finalidades variadas, evitando-se a perda de informações) da administração pública (§ 1.º, I) ou se utiliza (valer-se de algo ou usar), indevidamente, do acesso restrito (é o ingresso limitado a determinadas pessoas no sistema de informações ou banco de dados da administração pública – § 1.º, II). Conferir o capítulo XIII, item 2.1, da Parte Geral.

Elemento subjetivo do crime

É o dolo (ver o capítulo XIV da Parte Geral).

Elemento subjetivo do tipo específico

Não há (ver Parte Geral, capítulo XIII, item 2.1).

Classificação

Próprio; formal; de forma livre; comissivo; instantâneo (excepcionalmente, conforme o caso, permanente, na modalidade do § 1.º); unissubjetivo; unissubsistente ou plurissubsistente, conforme o caso. Sobre a classificação dos crimes, ver o capítulo XII, item 4, da Parte Geral.

Tentativa

É admissível na forma plurissubsistente.

Momento consumativo

Quando houver a prática de qualquer das condutas típicas, independentemente de prejuízo material efetivo para a administração.

Figura qualificada pelo resultado

A pena é de reclusão, de dois a seis anos, e multa, se da ação ou omissão resulta dano à administração pública ou a outrem.

Violação do sigilo de proposta de concorrência

Art. 326

Artigo revogado tacitamente pela Lei 8.666/1993 (art. 94). O advento da nova Lei de Licitações (Lei 14.133/2021) não altera essa consequência, pois não há efeito repristinatório.

Funcionário público

Art. 327

Norma explicativa

Considera-se funcionário público, para os *efeitos penais*, quem, embora transitoriamente ou sem remuneração, exerce cargo, emprego ou função pública (*caput*). Considera-se equiparado, para os mesmos fins, aquele que exerce cargo, emprego ou função em entidade paraestatal, e quem trabalha para empresa prestadora de serviço contratada ou conveniada para a execução de atividade típica da administração pública (§ 1.º).

Causa de aumento

Aumenta-se a pena em um terço quando os autores dos crimes previstos no Capítulo I do Título XI da Parte Especial forem ocupantes de cargos em comissão ou de função de direção ou assessoramento de órgão da administração direta, sociedade de economia mista, empresa pública ou fundação instituída pelo poder público.

Cargo público

É o posto criado por lei na estrutura hierárquica da administração pública, com denominação e padrão de vencimentos próprios, ocupado por servidor com vínculo estatutário (ex.: cargo de delegado de polícia, de oficial de justiça, de auditor da Receita Federal etc.).

Emprego público

É o posto criado por lei na estrutura hierárquica da administração pública, com denominação e padrão de vencimentos próprios, embora seja ocupado por servidor que possui vínculo contratual, sob a regência da CLT.

Função pública

É a denominação residual, que envolve todo aquele que presta serviços para a administração, embora não seja ocupante de cargo ou emprego (ex.: servidor contratado temporariamente, sem concurso público; servidor que exerce função de chefia, embora sem a existência de cargo).

Particularidades

a) podem ser considerados funcionários públicos: vereadores, serventuários da justiça, funcionários de cartórios, peritos judiciais, contador da prefeitura, prefeito municipal, inspetor de quarteirão, leiloeiro oficial, quando auxiliar do juízo, administrador de hospital que presta atendimento a segurados da Previdência Social, funcionários do Banco do Brasil, zelador de prédio municipal, advogado do município, estudante atuando como estagiário da Defensoria Pública, militar, guarda-noturno não particular, deputados e senadores, jurados (cf. Delmanto, *Código Penal comentado*, p. 578; Damásio, *Código*

Penal anotado, p. 917-918, Fernando Henrique Mendes de Almeida, *Dos crimes contra a Administração Pública*, p. 162-164);

b) não podem ser considerados funcionários públicos: administrador judicial de massa falida, defensor dativo, administradores e médicos de hospitais privados credenciados pelo Governo, tutores e curadores, inventariantes, advogado, mesmo exercendo a função de representante classista ou remunerado por convênio público (cf. Delmanto, *Código Penal comentado*, p. 578; Damásio, *Código Penal anotado*, p. 918), dirigente sindical.

> ### ♣ PONTOS RELEVANTES PARA DEBATE
>
> | O conceito de entidade paraestatal
>
> O conceito deve ser extensivamente interpretado. É equiparada a funcionário público a pessoa que exerce cargo, emprego ou função não somente em entidade da administração indireta, como a autarquia, mas também em sociedades de economia mista, empresas públicas e fundações instituídas pelo poder público. Aliás, é o que se denota pela leitura do § 2.º. Aliás, é preciso destacar que o § 2.º desse artigo menciona ser possível o aumento da pena da terça parte quando os autores dos crimes previstos neste Capítulo forem ocupantes de cargos em comissão ou de função de direção ou assessoramento de órgão da administração direta, *sociedade de economia mista*, empresa pública ou fundação instituída pelo poder público. Ora, somente teria cabimento falar no aumento de pena para ocupantes de cargos diretivos em sociedades de economia mista se eles forem considerados funcionários públicos. Há opinião em contrário, sustentando interpretação restritiva, ou seja, somente a autarquia seria entidade paraestatal (Damásio, *Código Penal anotado*, p. 918).
>
> | A possibilidade de o conceito de funcionário público, previsto no art. 327, servir aos sujeitos ativo e passivo do crime
>
> Cremos ser exclusivamente o sujeito ativo dos crimes que pode ser equiparado nos termos do § 1.º, não havendo cabimento para estender-se o alcance dessa norma ao sujeito passivo. Trata-se, afinal, de artigo que encerra o capítulo dos delitos cometidos por *funcionário público*. Assim: Delmanto (*Código Penal comentado*, p. 578); Damásio (*Código Penal anotado*, p. 919). Em idêntico prisma, equiparando o parlamentar ao funcionário público para fins penais, permitindo então que o Ministério Público ingresse com ação penal em caso de crime contra a honra, há precedente do STF.

Capítulo II
Dos Crimes Praticados por Particular contra a Administração em Geral

Usurpação de função pública

Art. 328

Sujeito ativo

Qualquer pessoa, inclusive o funcionário público, quando atue completamente fora da sua área de atribuições (ver Parte Geral, capítulo XII, item 3.1).

Sujeito passivo

É o Estado (ver Parte Geral, capítulo XII, item 3.2).

Objeto jurídico

É a administração pública, levando-se em conta seu interesse patrimonial e moral (ver Parte Geral, capítulo XII, item 3.3, "b").

Objeto material

É a função pública (ver Parte Geral, capítulo XII, item 3.3, "a").

Elementos objetivos do tipo

Usurpar (alcançar sem direito ou com fraude) o exercício de função pública (é o conjunto de atribuições inerentes ao serviço público, que não correspondem a um cargo ou emprego. Ex.: funcionário contratado pela administração para um serviço temporário). A pena é de detenção, de três meses a dois anos, e multa. Conferir o capítulo XIII, item 2.1, da Parte Geral.

Elemento subjetivo do crime

É o dolo (ver o capítulo XIV da Parte Geral).

Elemento subjetivo do tipo específico

Não há. Note-se que ínsito ao verbo – *usurpar* – já está o desejo de tomar conta do que não é seu de direito, de modo que não há necessidade de se falar em elemento subjetivo específico (ver Parte Geral, capítulo XIII, item 2.1).

Classificação

Comum; formal; de forma livre; comissivo; instantâneo; unissubjetivo; plurissubsistente. Sobre a classificação dos crimes, ver o capítulo XII, item 4, da Parte Geral.

Tentativa

É admissível.

Momento consumativo

Quando houver a prática da usurpação, independentemente de prejuízo material efetivo para a administração.

Figura qualificada pelo resultado

A pena é de reclusão, de dois a cinco anos, e multa, se do fato resulta vantagem ao agente. "A lei, é certo, não falou em 'vantagem indevida'. Aliás, seria desnecessário fazê-lo, pois é óbvio que se alguém se arroga qualidade, ofício, ou estado que não lhe diz respeito, toda e qualquer vantagem direta ou indireta, em gênero, ou em espécie, que venha a tirar do fato, é *indevida*, porque decorre de uma fonte indevida: a fraude ou artifício que levou outro particular a dar-lhe e a origem de tal vantagem num fato que na origem e na sucessão contém vício irremovível" (cf. Fernando Henrique Mendes de Almeida, *Dos crimes contra a Administração Pública*, p. 171).

Resistência

Art. 329

Sujeito ativo

Qualquer pessoa (ver Parte Geral, capítulo XII, item 3.1), inclusive o funcionário público. "Se, porém, alguém comete a ação em que importa o fato, sendo embora funcionário, entender-se-á que, no caso, se equipara ao particular, pois não será considerada, logicamente, a sua qualidade eventual de funcionário para eximi-lo da responsabilidade que lhe cabe por um crime que cometeu, não na sua qualidade de funcionário, mas como qualquer particular" (Fernando Henrique Mendes de Almeida, *Dos crimes contra a Administração Pública*, p. 176).

Sujeito passivo

É o Estado. Secundariamente, o funcionário ou outra pessoa que sofreu a violência ou ameaça. Lembremos que esta outra pessoa precisa estar acompanhada do funcionário público, encarregado da realização do ato legal, a quem presta auxílio (ver Parte Geral, capítulo XII, item 3.2).

Objeto jurídico

É a administração pública, levando-se em conta seu interesse patrimonial e moral (ver Parte Geral, capítulo XII, item 3.3, "b").

Objeto material

É a pessoa agredida ou ameaçada (ver Parte Geral, capítulo XII, item 3.3, "a").

Elementos objetivos do tipo

Opor-se (colocar obstáculo) à execução de ato legal (é o ato lícito; o conceito de legalidade do ato não se confunde com justiça, pois contra ato *injusto*, mas legal, não é admissível a oposição), mediante violência ou ameaça a funcionário competente para *executá-lo* (fazê-lo cumprir) ou a quem lhe esteja *prestando auxílio* (dando apoio). A pena é de detenção, de dois meses a dois anos. Além disso, aplica-se cumulativamente a sanção resultante da violência (§ 2.º). Conferir o capítulo XIII, item 2.1, da Parte Geral.

Elemento subjetivo do crime

É o dolo (ver o capítulo XIV da Parte Geral).

Elemento subjetivo do tipo específico

É a vontade de não permitir a realização do ato legal (ver Parte Geral, capítulo XIII, item 2.1).

Classificação

Comum; formal; de forma livre; comissivo; instantâneo; unissubjetivo; plurissubsistente. Sobre a classificação dos crimes, ver o capítulo XII, item 4, da Parte Geral.

Tentativa

É admissível.

Momento consumativo

Quando houver a prática da resistência ativa, independentemente de prejuízo material efetivo para a administração.

Figura qualificada pelo resultado

A pena é de reclusão, de um a três anos, se, em razão da resistência, o ato não se executa.

Particularidades

a) não exige o tipo penal seja a ameaça *grave* (séria), embora deva ser a promessa de causar um mal injusto. Não se configura o delito se a pessoa "ameaça" o funcionário de representá-lo aos superiores, uma vez que é direito de qualquer um fazê-lo. Por outro lado, é preciso que tanto a violência quanto a ameaça sejam dirigidas contra a *pessoa* do funcionário, e não contra coisas. Lembremos, ainda, que ofensas não são ameaças, de modo que podem dar azo à configuração do desacato;

b) há diferença entre resistência ativa (*vis corporalis* ou *vis compulsiva*) e resistência passiva (*vis civilis*). A ativa consiste justamente no emprego de violência ou ameaça contra o funcionário público, servindo para configurar o crime; a passiva é a oposição sem ataque ou agressão por parte da pessoa, que se pode dar de variadas maneiras: fazendo "corpo mole" para não ser preso e obrigando os policiais a carregá-lo para a viatura; não se deixar algemar, escondendo as mãos; buscar retirar o carro da garagem antes de ser penhorado; sair correndo após a voz de prisão ou ordem de parada, entre outros. É o que Hungria chama de "atitude *ghândica*" (*Comentários ao Código Penal*, v. 9. p. 411), em referência à resistência passiva e política da não violência (*satyagraha*) recomendada pelo Mahatma Gandhi, na primeira metade do século XX, na Índia, contra os ingleses, através de conduta pela qual os indianos não atacavam os dominadores do seu território, mas também não desocupavam um determinado local, quando instados pelas forças policiais a fazê-lo. Acabavam agredidos pelos próprios agentes do Império Britânico, sem que agissem da mesma forma;

c) não basta que a vítima seja funcionário público, pois exige o tipo penal tenha ele *competência* para executar o ato. Se um oficial de justiça vinculado a uma Vara de Família pretende efetuar uma penhora, referente a mandado de Vara Cível, é evidente que não é "competente" para o ato. Pode, pois, o particular recusar-se a atendê-lo. Ressalte-se que o número de funcionários contra os quais se opõe o agente não faz nascer vários delitos de resistência em concurso formal, pois o objeto jurídico protegido é a administração pública, e não o interesse individual de cada um deles.

> **PONTO RELEVANTE PARA DEBATE**
>
> O concurso entre os crimes de resistência e roubo
>
> Cremos perfeitamente possível a configuração do crime de resistência se, durante a prática de um roubo, o agente voltar-se violentamente contra agentes da polícia que pretendam prendê-lo. A violência para assegurar a posse da coisa subtraída é uma, não se podendo confundir com a outra, usada para afastar o funcionário público do exercício da sua função, ainda que no mesmo contexto. Os objetos protegidos são diversos (patrimônio, no caso de roubo, e administração pública, no caso de resistência).

> Assim, não nos parece ser a violência decorrente do roubo, que tem por fim a obtenção da coisa móvel, a mesma utilizada contra a pessoa humana (agente do Estado) – ou mera decorrência, como alguns afirmam. Ressalte-se que a violência utilizada para matar alguém normalmente não é confundida com a que for usada contra policial que pretenda prender o homicida, respondendo o agente, nesse caso, por homicídio (ou tentativa) e resistência, em concurso material. A mesma visão deveria valer para os crimes patrimoniais violentos.
>
> Entretanto, há posição em sentido contrário, defendendo que a resistência oposta pelo assaltante para evitar a prisão não constitui delito autônomo, mas somente um desdobramento da violência caracterizadora do crime patrimonial.

Desobediência

Art. 330

Sujeito ativo

Qualquer pessoa, inclusive funcionário público. Para esta última hipótese, é indispensável que ele não esteja no exercício da sua função e a ordem não guarde relação com ela. Enfim, deve agir como se fosse particular, pois, do contrário, pode caracterizar prevaricação (ver Parte Geral, capítulo XII, item 3.1).

Sujeito passivo

É o Estado (ver Parte Geral, capítulo XII, item 3.2).

Objeto jurídico

É a administração pública, levando-se em conta seu interesse patrimonial e moral (ver Parte Geral, capítulo XII, item 3.3, "b").

Objeto material

É a ordem dada (ver Parte Geral, capítulo XII, item 3.3, "a").

Elementos objetivos do tipo

Desobedecer (não ceder à autoridade ou força de alguém, resistir ou infringir) a ordem legal (comando lícito) de funcionário público. Exige-se conhecimento direto (na presença de quem emite o comando, por notificação ou outra forma inequívoca, não valendo o simples envio de ofício ou carta) por parte do funcionário ao qual se destina a ordem, sem ser por interposta pessoa, a fim de não existir punição por mero "erro de comunicação", que seria uma indevida responsabilidade penal objetiva. A pena é de detenção, de quinze dias a seis meses, e multa. Conferir o capítulo XIII, item 2.1, da Parte Geral.

Elemento subjetivo do crime

É o dolo. O engano quanto à ordem a ser cumprida (modo, lugar, forma, entre outros) exclui o dolo. O fato será atípico por não existir a forma culposa (ver o capítulo XIV da Parte Geral).

Elemento subjetivo do tipo específico

Não há. Note-se que o verbo *desobedecer* é do tipo que contém, em si mesmo, a vontade específica de contrariar ordem alheia, infringindo, violando (ver Parte Geral, capítulo XIII, item 2.1).

Classificação

Comum; formal; de forma livre; comissivo ou omissivo, conforme o caso concreto; instantâneo; unissubjetivo; unissubsistente ou plurissubsistente, conforme o caso. Sobre a classificação dos crimes, ver o capítulo XII, item 4, da Parte Geral.

Tentativa

É admissível na forma plurissubsistente.

Momento consumativo

Quando houver a desobediência, independentemente de prejuízo material efetivo para a administração.

Particularidades

a) para configurar o delito é fundamental a inexistência de outro tipo de punição. Ressalta, com pertinência, Nélson Hungria que "se, pela desobediência de tal ou qual ordem oficial, alguma lei comina determinada penalidade administrativa ou civil, não se deverá reconhecer o crime em exame, salvo se a dita lei ressalvar expressamente a cumulativa aplicação do art. 330 (ex.: a testemunha faltosa, segundo o art. 219 do Código de Processo Penal, está sujeita não só à prisão administrativa e pagamento das custas da diligência da intimação, como a 'processo penal por crime de desobediência')" (*Comentários ao Código Penal*, v. 9, p. 420). O mesmo não ocorre com a testemunha arrolada em processo civil, que, intimada, deixa de comparecer à audiência. Pode ser conduzida coercitivamente, mas não será processada por desobediência, em face da inexistência de preceito autorizador, como existe no Código de Processo Penal em relação à testemunha arrolada em processo criminal. Aliás, nesse contexto inclua-se o caso da ausência do réu, que tem o *direito* de estar presente às audiências do seu processo, mas não o dever. Logo, a sua falta já provoca consequência, que é o seu desinteresse em acompanhar a instrução com prejuízo para a autodefesa. Além do mais, conforme o caso, havendo indispensável necessidade da sua presença, pode o juiz conduzi-lo coercitivamente ao fórum ou, conforme a situação, decretar a sua prisão processual. Não pode, no entanto, determinar que seja processado por desobediência. A negativa do acusado, por outro lado, ao fornecimento de seus dados pessoais para a qualificação, algo que não está abrangido pelo direito ao silêncio, pode configurar o delito do art. 330. Portanto, havendo sanção administrativa ou processual, sem qualquer ressalva à possibilidade de punir pelo crime de desobediência, este não se configura;

b) quanto à questão referente à autoacusação, o réu pode não comparecer às audiências, mas deve fornecer seus dados pessoais para a qualificação em interrogatório. É preciso verificar que o direito ao silêncio guarda importante sintonia com a ausência do dever de se autoacusar. Outro exemplo é a inviabilidade de se obrigar alguém a fornecer material grafotécnico ou a participar de reconstituição de crime. O Estado deve obter, através do poder coercitivo que possui, as provas necessárias em outras fontes. Na realidade, muitas vezes, acaba sendo pior para o indiciado/réu não participar da reconstituição, porque sua versão não será computada, ou então deixar de fornecer material para o exame grafotécnico, que poderia excluí-lo, desde logo, das suspeitas que pesam contra sua pessoa. Por isso, é de se deixar ao seu critério, mas sem a ameaça do processo por crime de desobediência;

c) quanto à distinção do delito de desobediência e da contravenção de recusa de dados sobre a própria identidade ou qualificação, devemos ressaltar que o art. 68, *caput*, da Lei de Contravenções Penais ("recusar à autoridade, quando por esta justificadamente solicitados ou exigidos, dados ou indicações concernentes à própria identidade, estado, profissão, domicílio e residência"), aparentemente, conflita com o delito de desobediência. Assim não é. A Lei de Contravenções Penais estipulou, no art. 3.º, que, "para a existência da contravenção, basta a ação ou omissão voluntária". O dolo ou a culpa somente são exigidos quando expressamente constarem do tipo. Logo, confrontando-se o disposto nessa Lei com o Código Penal, nota-se que, havendo dolo (embutido no verbo, como já mencionado, o elemento subjetivo específico, que é a vontade de insurgir-se contra quem deu a ordem) é caso de aplicação do crime de desobediência e não simplesmente da contravenção penal. Resta a esta, para quem ainda entende possível a sua configuração livre de dolo, bastando a voluntariedade, um campo de aplicação mais restrito (ex.: pessoa que não fornece seus dados à polícia, na via pública, para evitar ser testemunha de algum delito, mas sem a intenção de transgredir ordem legal). Por outro lado, caso seja acolhida a posição tomada por doutrina majoritária, atualmente, no sentido de que para todas as contravenções penais também deve ser exigida a prova do dolo ou da culpa, torna-se inaplicável a contravenção do art. 68, tendo em vista que a intenção de violação, de afronta à ordem dada legalmente, acarreta infração penal mais grave, que é a desobediência. É também a nossa posição, incluindo-se como fundamento o princípio da intervenção mínima, associado, naturalmente, ao princípio da culpabilidade (ver a nota 387 à Lei de Contravenções Penais em nosso *Leis penais e processuais penais comentadas* – v. 1). Há nítida subsidiariedade da contravenção do art. 68 em face do disposto no art. 330 do Código Penal. Aliás, é a mesma situação que ocorre quando o sujeito atribui a si mesmo falsa identidade, com o fito de obter vantagem (note-se nesse caso que, além do dolo, há a especificidade da vontade). Havendo o referido elemento subjetivo específico, deve responder pelo art. 307 do Código Penal, e não pela contravenção penal do art. 68, parágrafo único ("(...) quem, nas mesmas circunstâncias, faz declarações inverídicas a respeito de sua identidade pessoal, estado, profissão, domicílio e residência"), que é igualmente subsidiário – a bem da verdade, nesta hipótese, explicitamente, ao mencionar: "se o fato não constitui infração penal mais grave". Finalize-se, ressaltando que o delito previsto no art. 330 tem como objeto jurídico a administração em geral, que é seriamente comprometida, quando o indiciado/réu nega a sua qualificação. Deve-se, pois, reservar a contravenção penal para casos outros, que não envolvam esse específico contexto, para quem a entende aplicável ainda;

d) quanto ao descumprimento de medidas restritivas impostas no cenário da violência doméstica, segue-se o tipo penal incriminador da Lei 11.340/2006: "art. 24-A. Descumprir decisão judicial que defere medidas protetivas de urgência previstas nesta Lei: Pena – reclusão, de 2 (dois) a 5 (cinco) anos, e multa. § 1.º A configuração do crime independe da competência civil ou criminal do juiz que deferiu as medidas. § 2.º Na hipótese de prisão em flagrante, apenas a autoridade judicial poderá conceder fiança. § 3.º O disposto neste artigo não exclui a aplicação de outras sanções cabíveis".

> **PONTO RELEVANTE PARA DEBATE**
>
> O sigilo médico e o afastamento da configuração do crime de desobediência, caso o profissional se recuse a colaborar com o Poder Judiciário
>
> Cremos, conforme o caso, poder configurar o crime de desobediência. É certo que o sigilo profissional é previsto em lei e até mesmo o Código Penal o reconhece e protege (art. 154 – violação de segredo profissional), embora nenhum direito seja absoluto. O médico deve guardar sigilo sobre o prontuário do paciente, a fim de assegurar o seu direito à intimidade, como preceitua o Código de Ética Médica (ainda assim, pode revelar fato de que tenha conhecimento em razão da profissão se houver *motivo justo, dever legal ou consentimento, por escrito, do paciente* – art. 73 da Resolução 2.217, de 27.09.2018, do Conselho Federal de Medicina). E, do mesmo modo, o gerente de um banco deve assegurar o sigilo pertinente à movimentação da conta bancária do seu cliente, com o mesmo fito de garantir a intimidade. Ocorre que, para colaborar com o Poder Judiciário, na sua tarefa de apurar lesões ou ameaças a direito, pode o sigilo ser rompido, visto não haver direito absoluto. Se pode o sigilo bancário ser quebrado por ordem do magistrado, por que não poderia o sigilo médico? Por isso, quando for indispensável para apurar um crime – como a configuração da materialidade em crimes que deixam vestígios –, é lógico que deve o médico enviar ao juiz a ficha de atendimento do paciente (por vezes, vítima do crime que está sendo apurado), a fim de se formar um juízo acerca da prova. Não fosse assim e estar-se-ia negando aplicação ao art. 5.º, XXXV, da Constituição Federal ("a lei não excluirá da apreciação do Poder Judiciário lesão ou ameaça a direito"). É evidente que o caso concreto irá determinar o melhor caminho a seguir. Se o juiz deseja informações sobre o prontuário de um paciente que faz terapia, a fim de melhor conhecer sua personalidade, pode o médico recusar-se a fornecer, embora *deva* responder ao ofício, e não simplesmente ignorá-lo. Entretanto, no caso da ficha de atendimento, onde constam lesões corporais aptas a demonstrar até mesmo a ocorrência de uma tentativa de homicídio ou de outro crime grave qualquer, não se pode assimilar o sigilo médico como razoável. A lesão causada à vítima precisa ser apurada e depende, diretamente, da colaboração do médico, de forma que o Código de Ética não será, jamais, superior à própria Constituição Federal. Registre-se o disposto, atualmente, no art. 12, § 3.º, da Lei 11.340/2006, que cuida da violência doméstica: "serão admitidos como meios de prova os laudos ou prontuários médicos fornecidos por hospitais e postos de saúde".

Desacato

Art. 331

Sujeito ativo

Qualquer pessoa. Quanto ao funcionário como sujeito ativo, entendemos, na esteira de Fragoso e Noronha (*Direito Penal*, v. 4, p. 307), poder haver desacato, pouco importando se de idêntica hierarquia, superior ou inferior. Um policial, prestando depoimento, pode desacatar o juiz, enquanto este pode desacatar o colega, em igual situação. Cremos, no entanto, ser preciso cautela na tipificação do delito, pois a intenção do agente pode não ser o desprestígio da função pública, mas o abuso do poder que detém (ver Parte Geral, capítulo XII, item 3.1).

Sujeito passivo

É o Estado. Secundariamente, o funcionário público humilhado (ver Parte Geral, capítulo XII, item 3.2).

Objeto jurídico

É a administração pública, levando-se em conta seu interesse patrimonial e moral (ver Parte Geral, capítulo XII, item 3.3, "b").

Objetos materiais

É o funcionário, mas também a sua honra (ver Parte Geral, capítulo XII, item 3.3, "a").

Elementos objetivos do tipo

Desacatar (desprezar, faltar com o respeito ou humilhar) funcionário público no exercício da função ou em razão dela (exige-se que a palavra ofensiva ou o ato injurioso seja dirigido ao funcionário que esteja exercendo suas atividades ou, ainda que ausente delas, tenha o autor levado em consideração a função pública). Pode implicar em qualquer tipo de palavra grosseira ou ato ofensivo contra a pessoa que exerce função pública, incluindo ameaças e agressões físicas. Não se concretiza o crime se houver reclamação ou crítica contra a atuação funcional de alguém. "Simples censura, ou desabafo, em termos queixosos, mas sem tom insólito, não pode constituir desacato. Nem importa que o fato não tenha tido a publicidade que o agravasse, especialmente. Importa, unicamente, que ele tenha dado, de modo a não deixar dúvida, com o objetivo de acinte e de reação indevida ao livre exercício da função pública. (...) No que toca às palavras oralmente pronunciadas, importam o tom acre e a inflexão dada à voz, quando as testemunhas possam, ao depor sobre o fato, auxiliar na prova de que a configuração do desacato é ou pode ser concluída como inegável" (Fernando Henrique Mendes de Almeida, *Dos crimes contra a Administração Pública*, p. 186). Deve constar na denúncia e na sentença quais foram exatamente as expressões utilizadas pelo agente. A pena é de detenção, de seis meses a dois anos, ou multa. Conferir o capítulo XIII, item 2.1, da Parte Geral.

Elemento subjetivo do crime

É o dolo (ver o capítulo XIV da Parte Geral).

Elemento subjetivo do tipo específico

Não há. Há posição em contrário, sustentando haver a vontade específica de desprestigiar a função pública, proferindo ou tomando postura injuriosa. Assim não cremos, pois o verbo é suficiente para essa conclusão. *Desacatar* significa, por si só, humilhar ou menosprezar, implicando algo injurioso, que tem por fim desacreditar a função pública. Entretanto, cremos correta a posição de quem, para a análise do dolo, leva em consideração as condições pessoais do agressor, como sua classe social, grau de cultura, descontrole emocional ou ira, pois, nessas hipóteses, *pode* (embora não deva ser regra geral) não se configurar a vontade de depreciar a função pública – o que está ínsito ao conceito de *desacato*, como já mencionado (ver Parte Geral, capítulo XIII, item 2.1).

Classificação

Comum; formal; de forma livre; comissivo; instantâneo; unissubjetivo; unissubsistente ou plurissubsistente, conforme o caso. Sobre a classificação dos crimes, ver o capítulo XII, item 4, da Parte Geral.

Tentativa

É admissível na forma plurissubsistente.

Momento consumativo

Quando houver o desacato, independentemente de prejuízo material efetivo para a administração.

Particularidades

a) a presença do funcionário é indispensável, pois o menoscabo necessita ter alvo certo, de forma que o funcionário público deve ouvir a palavra injuriosa ou sofrer diretamente o ato. Ainda que esteja à distância, precisa captar por seus próprios sentidos a ofensa, inclusive se for assistindo um programa de televisão (Antonio Pagliaro e Paulo José da Costa Júnior, *Dos crimes contra a administração pública*, p. 209). Se a ofensa for por escrito, caracteriza-se injúria, mas não desacato;

b) se o funcionário provoca a ofensa não configura desacato, quando o particular devolve a referida provocação, tendo em vista que não busca desprestigiar a função pública, mas dar resposta ao que julgou indevido;

c) se o funcionário público demonstra completo desinteresse pelo ato ofensivo proferido pelo agressor, não há que se falar em crime, pois a função pública não chegou a ser desprestigiada. É o que pode acontecer, quando um delegado, percebendo que alguém está completamente histérico, em virtude de algum acidente ou porque é vítima de um delito, releva eventuais palavras ofensivas que essa pessoa lhe dirige. Não se pode considerar fato típico, desde que o prestígio da administração tenha permanecido inabalável. Mas, caso o funcionário seja efetivamente humilhado, no exercício da sua função, a sua concordância é irrelevante, pois o crime é de ação pública incondicionada.

Tráfico de influência

Art. 332

Sujeito ativo
Qualquer pessoa, inclusive funcionário público (ver Parte Geral, capítulo XII, item 3.1).

Sujeito passivo
É o Estado (ver Parte Geral, capítulo XII, item 3.2).

Objeto jurídico
É a administração pública, levando-se em conta seu interesse patrimonial e moral (ver Parte Geral, capítulo XII, item 3.3, "b").

Objeto material
É a vantagem (ver Parte Geral, capítulo XII, item 3.3, "a").

Elementos objetivos do tipo
Solicitar (pedir ou rogar), *exigir* (ordenar ou reclamar), *cobrar* (exigir o cumprimento de algo) ou *obter* (alcançar ou conseguir), para si ou para outrem, vantagem (qualquer ganho ou lucro para o agente, lícito ou ilícito) ou promessa de vantagem (obrigar-se a, no futuro, entregar algum ganho a alguém), a pretexto de *influir* (inspirar ou incutir) em ato (pode ser lícito ou ilícito, pois o tipo penal não discrimina; deve ser futuro, e não passado) praticado por funcionário público no exercício da função. A pena é de reclusão, de dois a cinco anos, e multa. Conferir o capítulo XIII, item 2.1, da Parte Geral.

Elemento subjetivo do crime
É o dolo (ver o capítulo XIV da Parte Geral).

Elemento subjetivo do tipo específico
É a vontade de ter para si ou destinar a outrem a vantagem ou promessa de vantagem (ver Parte Geral, capítulo XIII, item 2.1).

Classificação
Comum; formal; de forma livre; comissivo; instantâneo; unissubjetivo; unissubsistente ou plurissubsistente, conforme o caso. Sobre a classificação dos crimes, ver o capítulo XII, item 4, da Parte Geral.

Tentativa
É admissível na forma plurissubsistente.

Momento consumativo

Quando houver a solicitação, independentemente de prejuízo material efetivo para a administração.

Causa de aumento

A pena é aumentada da metade, se o agente alega ou insinua que a vantagem é também destinada ao funcionário.

Particularidades

Há de se exigir, para a configuração do tipo penal, que um *sujeito* qualquer – funcionário público ou não – solicite, exija, cobre ou obtenha de *outra pessoa* – funcionário ou não – qualquer vantagem, sob o pretexto de exercer influência em um *funcionário público* no exercício da função.

A denominada *carteirada*, quando uma autoridade invoca o seu posto para intimidar determinado servidor público a fazer algo ou deixar de fazer, a pretexto de influir em ato de seu superior hierárquico, configura o tráfico de influência. No entanto, não deixa de transparecer uma modalidade de corrupção, merecendo um tipo específico.

Corrupção ativa

Art. 333

Sujeito ativo

Qualquer pessoa (ver Parte Geral, capítulo XII, item 3.1).

Sujeito passivo

É o Estado (ver Parte Geral, capítulo XII, item 3.2).

Objeto jurídico

É a administração pública, levando-se em conta seu interesse patrimonial e moral (ver Parte Geral, capítulo XII, item 3.3, "b").

Objeto material

É a vantagem (ver Parte Geral, capítulo XII, item 3.3, "a").

Elementos objetivos do tipo

Oferecer (propor ou apresentar para que seja aceito) ou *prometer* (obrigar-se a dar algo a alguém) vantagem indevida a funcionário público, para *determiná-lo* (prescrevê-lo) a *praticar* (executar ou levar a efeito), *omitir* (não fazer) ou *retardar* (atrasar) ato de ofício (é o ato inerente às atividades do funcionário). Se alguém, exemplificando, propõe vantagem (pode ser qualquer lucro, ganho, privilégio ou benefício ilícito, ou seja, contrário ao direito, ainda que ofensivo apenas aos bons costumes) a um funcionário público, levando-o a executar um ato que é sua obrigação, comete o delito previsto neste artigo. A pena é de reclusão, de dois a doze anos, e multa. Conferir o capítulo XIII, item 2.1, da Parte Geral.

Elemento subjetivo do crime

É o dolo (ver o capítulo XIV da Parte Geral).

Elemento subjetivo do tipo específico

É a vontade de fazer o funcionário praticar, omitir ou retardar ato de ofício (ver Parte Geral, capítulo XIII, item 2.1).

Classificação

Comum; formal; de forma livre; comissivo; instantâneo; unissubjetivo; unissubsistente ou plurissubsistente, conforme o caso. Sobre a classificação dos crimes, ver o capítulo XII, item 4, da Parte Geral.

Tentativa

É admissível na forma plurissubsistente.

Momento consumativo

Quando houver o oferecimento ou a promessa, independentemente de prejuízo material efetivo para a administração.

Causa de aumento

A pena é aumentada de um terço, se, em razão da vantagem ou promessa, o funcionário, efetivamente, retarda ou omite ato de ofício, ou o pratica infringindo dever funcional.

Particularidades

a) *carteirada* é a expressão utilizada para demonstrar o ato de autoridade que, fazendo uso de sua função, exibe seu documento funcional para conseguir algum préstimo de outra autoridade ou funcionário público. Tal ato não é corrupção ativa, podendo, no máximo, conforme o caso, configurar tráfico de influência (art. 332);

b) não se exige que, para a configuração da corrupção ativa, esteja devidamente demonstrada a corrupção passiva (art. 317). Logo, não se trata de delito bilateral.

↯ PONTO RELEVANTE PARA DEBATE

A questão referente à conduta *dar*

A figura típica retratada neste art. 333 não inclui o verbo *dar* (entregar algo) e, em nosso sentir, inexiste necessidade, por duas razões básicas: a) o verbo *oferecer* significa *apresentar algo para que seja aceito*; noutras palavras, simboliza, como sinônimo, *dar*; b) somente para argumentar, considerando-se que as condutas *oferecer* e *dar* têm diverso significado, não há como negar que a *oferta* antecede a *dação*, de modo que, se o *menos* é punido, por uma questão de lógica, o *mais* também o será; assim sendo, se a simples oferta constituir ato de corrupção, torna-se indubitável que a dação concretiza, ainda mais, o referido delito.

Não fossem tais razões, é preciso considerar que, levantando-se outro argumento, *dar* uma vantagem indevida a funcionário público, no mínimo, configura participação no crime de corrupção passiva. Aliás, visualizamos dois cenários para a conduta *dar*: 1) se o agente der ao servidor uma vantagem indevida para que realize (omita ou retarde) ato de ofício, configura corrupção ativa; 2) se o agente der ao funcionário uma vantagem indevida porque este solicitou ou meramente recebeu, para qualquer outro fim (que não ato de ofício), pratica corrupção passiva (nos termos do art. 29 desse Código, quem, de qualquer forma concorre para o crime, incide nas suas penas).

Descaminho

Art. 334

Sujeito ativo

Pode ser qualquer pessoa. Se houver a participação de funcionário, pode configurar-se o tipo autônomo do art. 318 – facilitação de contrabando ou descaminho. Nas figuras do § 1.º, III e IV, é o comerciante ou industrial (ver Parte Geral, capítulo XII, item 3.1).

Sujeito passivo

É o Estado (ver Parte Geral, capítulo XII, item 3.2).

Objeto jurídico

É a administração pública, levando-se em conta seu interesse patrimonial e moral (ver Parte Geral, capítulo XII, item 3.3, "b").

Objeto material

É o direito ou o imposto devido (ver Parte Geral, capítulo XII, item 3.3, "a").

Elementos objetivos do tipo

Antes do advento da Lei 13.008/2014, o descaminho figurava, junto com o contrabando, no mesmo tipo penal; portanto, ambos possuíam a mesma pena – reclusão, de 1 a 4 anos. Pretendendo elevar a sanção do contrabando, os delitos foram separados, passando-se o contrabando para o art. 334-A, com pena de reclusão de 2 a 5 anos. *Iludir* (enganar ou frustrar) é a conduta cujo objeto é o pagamento de direito ou imposto. É o denominado *contrabando impróprio*. Cuida-se de norma penal em branco, pois a obrigação de pagar qualquer espécie de tributo ou similar deve constar de lei específica, que complementa esta norma incriminadora. Somente se sabe se houve descaminho consultando-se a lei impositiva do dever de pagar. Há dois modos de cometimento do descaminho, podendo a fraude ao pagamento de direito ou imposto ser total (completa, isto é, sem o pagamento de qualquer valor) ou parcial (pagando-se quantia inferior à devida). Tal situação, no entanto, deve ser levada em consideração para a fixação da pena. Se o agente ludibria o Estado completamente, sem nada pagar, merece pena maior do que aquele que paga ao menos uma parte do devido. Sobre o objeto do descaminho, *imposto* é uma espécie de tributo (prestação monetária compulsória devida ao Estado em virtude de lei – ver o art. 16 do Código Tributário Nacional), podendo haver outros pagamentos necessários para a importação ou exportação de mercadorias, como a tarifa de armazenagem ou a taxa para liberação da guia de importação. Essas tarifas e taxas inserem-se no contexto do "pagamento de direito", também mencionado no tipo. Quanto ao imposto pelo consumo de mercadoria, citado no tipo penal, na realidade, atualmente, não mais se caracteriza o referido imposto incidente sobre o consumo de bens como tal, embora persista no sistema tributário brasileiro. Podem-se considerar como impostos sobre o consumo o IPI e o ICMS. Preceitua o Código Tributário Nacional: "Art. 46. O imposto, de competência da União, sobre produtos industrializados tem como fato gerador: I – o seu desembaraço aduaneiro, quando de procedência estrangeira; II – a sua saída dos estabelecimentos a que se refere o parágrafo único do art. 51; III – a sua arrematação, quando apreendido ou abandonado e levado a leilão. Parágrafo único. Para os efeitos deste imposto, considera-se industrializado o produto que tenha sido submetido a qualquer operação que lhe modifique a natureza ou a finalidade, ou o aperfeiçoe para o consumo". Quanto ao ICMS, convém ressaltar o disposto no art. 155, IX, *a*, da Constituição Federal: "IX – incidirá também: a) sobre a entrada de bem ou mercadoria importados do exterior por pessoa física ou jurídica, ainda que não seja contribuinte habitual do imposto, qualquer que seja a sua finalidade, assim como sobre o serviço prestado no exterior, cabendo o imposto ao Estado onde estiver situado o domicílio ou o estabelecimento do destinatário da mercadoria, bem ou serviço". No § 1.º do art. 334, menciona-se incorrer na mesma pena quem pratica navegação de cabotagem [a navegação "realizada entre portos ou pontos do território brasileiro, utilizando a via marítima ou esta e as vias navegáveis interiores" (art. 2.º, IX, da Lei 9.432/1997)], sem autorização legal [necessita de complemento, feito por legislação específica, autorizando e regulando a navegação de cabotagem. Em especial, regula o transporte aquaviário no território nacional a Lei 9.432/1997. Ver, ainda, o disposto no art. 178 da Constituição Federal e na seguinte legislação: Decreto 24.643, de 10.07.1934 (art. 39); Lei 5.025/1966 (art. 81) e Decreto-lei 190/1967 (art. 1.º)]; quem pratica fato assimilado a descaminho, previsto em lei especial; quem vende (alienar por certo preço), expõe à venda (deixar à mostra para alienação), mantém em depósito (conservar em determinado lugar) ou, de qualquer forma, utiliza (fazer uso de algo) em proveito próprio ou alheio, no exercício de atividade comercial ou industrial, mercadoria de procedência estrangeira que introduziu (levar para dentro) clandestinamente (às ocultas) no País ou importou (trazer algo de fora do País para dentro de suas fronteiras) fraudulentamente (valendo-se de ardil, artifício ou logro) ou que sabe ser produto de introdução clandestina no território nacional ou de importação fraudulenta por parte de outrem; quem adquire recebe ou oculta, em proveito próprio ou alheio, no exercício de atividade comercial ou industrial, mercadoria de procedência estrangeira, desacompanhada de documentação legal ou acompanhada de documentos que sabe serem falsos. Conferir o capítulo XIII, item 2.1, da Parte Geral.

Norma de equiparação

Equipara-se às atividades comerciais, para os efeitos do art. 334, qualquer forma de comércio irregular ou clandestino de mercadorias estrangeiras, inclusive o exercido em residências (§ 2.º).

Elemento subjetivo do crime

É o dolo. Nas formas vender, expor à venda, manter em depósito ou utilizar em proveito próprio ou alheio mercadoria estrangeira que *sabe* ser produto de introdução clandestina ou importação fraudulenta, exige-se o dolo direto. O mesmo se dá nas modalidades adquirir, receber ou ocultar mercadoria de procedência estrangeira, desacompanhada de documentação legal ou acompanhada de documentos que *sabe* serem falsos (ver o capítulo XIV da Parte Geral).

Elemento subjetivo do tipo específico

Para quem vende, expõe à venda, mantém em depósito ou utiliza mercadoria de procedência estrangeira, introduzida clandestinamente no País ou importou fraudulentamente ou sabe ser produto de introdução clandestina no território nacional ou importação fraudulenta por outrem, bem como adquire, recebe ou oculta mercadoria estrangeira, desacompanhada de documentação legal ou de documentos que sabe serem falsos, modalidades, previstas nos incisos III e IV do § 1.º, há elemento subjetivo específico, consistente em agir em proveito próprio ou alheio (ver Parte Geral, capítulo XIII, item 2.1).

Classificação

Comum (aquele que pode ser cometido por qualquer pessoa), mas próprio (somente pode ser praticado por sujeito com qualidade específica), nas formas dos incisos III e IV do § 1.º; e formal (crime que não exige, para sua consumação, resultado naturalístico, consistente na produção de efetivo dano para a Administração Pública) na forma "iludir o pagamento". Entretanto, nesse caso, o Estado deixa de arrecadar valores importantes para a Administração Pública, o que se pode constatar faticamente. É material (delito que exige, para sua consumação, a ocorrência de resultado naturalístico, relativo a receber vantagem) nas formas "vender" e "utilizar", "adquirir", "receber" e "ocultar", mas também formal (delito que não exige resultado naturalístico) nas modalidades "expor à venda", "manter em depósito". É de forma livre (pode ser cometido por qualquer meio eleito pelo agente); comissivo ou omissivo, conforme o caso concreto; instantâneo (cuja consumação não se prolonga no tempo, dando-se em momento determinado), mas permanente (cuja consumação se arrasta no tempo) nas modalidades "expor à venda", "manter em depósito" e "ocultar"; unissubjetivo (aquele que pode ser cometido por um único sujeito); unissubsistente (praticado em um único ato) ou plurissubsistente (delito cuja ação é composta por vários atos, permitindo-se o seu fracionamento), conforme o caso concreto. Sobre a classificação dos crimes, ver o capítulo XII, item 4, da Parte Geral.

Tentativa

É admissível na forma plurissubsistente.

Momento consumativo

Quando houver a prática da conduta prevista no tipo para as modalidades formais, podendo inexistir resultado naturalístico; porém, somente quando surgir o resultado naturalístico nos formatos materiais.

Causa de aumento de pena

A pena é aplicada em dobro, se o crime de descaminho é praticado em transporte aéreo, marítimo ou fluvial (§ 3.º). De fato, quem invade o País transportado por avião, por exemplo, tem menor probabilidade de ser fiscalizado do que a pessoa que segue pela via terrestre. Deve-se ponderar, contudo, que os voos regulares de companhias aéreas estabelecidas, passando por zona alfandegária, não podem incidir neste parágrafo, uma vez que a fiscalização pode ser rígida. Refere-se o aumento, pois, aos voos clandestinos. O mesmo se dá no tocante à navegação às escondidas por mar ou rio.

Particularidades

a) pode-se aplicar, nesse contexto, o princípio da insignificância. A introdução, no território nacional, de mercadoria proibida, mas em quantidade ínfima, ou o não pagamento de pequena parcela do imposto devido configuram típicas infrações de bagatela, passíveis, conforme o caso, de punição fiscal, mas não penal. O Superior Tribunal de Justiça fixou em R$ 20 mil o valor máximo para incidência do princípio da insignificância no caso de crimes tributários federais e de descaminho (isto se deu pelo fato de o Poder Público somente ajuizar ação para cobrança de tributos, quando acima de R$ 20.000,00);

b) a competência é da Justiça Federal, pois o imposto ou direito a ser recolhido, como regra, destina-se à União, além de que, na maioria dos casos, ocorrer o delito em região alfandegária, cuja jurisdição é federal. Excepcionalmente, pode ser da Justiça Estadual (ex.: quando deixar de ser recolhido o ICMS incidente sobre importações);

c) a diferença entre "introdução clandestina" e "importação fraudulenta" consistente no seguinte: nas duas situações, há uma forma de contrabando, embora, no primeiro caso, a mercadoria ingresse no País sem passar pela zona alfandegária. Portanto, penetra no território nacional às ocultas. Na segunda situação, o agente traz a mercadoria para o País, introduzindo-a pela zona alfandegária, mas liberando-a sem o pagamento dos impostos devidos. Em ambas, na primeira figura, o próprio agente que vende, expõe à venda, mantém em depósito ou utiliza em proveito próprio ou alheio, diretamente, introduziu ou importou a mercadoria. Há, ainda, uma segunda figura, quando o agente pratica as condutas típicas valendo-se de produto introduzido ou importado por outra pessoa;

d) em confronto com a receptação, as formas previstas no inciso IV do § 1.º, tratando-se de crime específico e doloso, quando a pessoa, exercendo atividade comercial ou industrial, adquirir, receber ou ocultar mercadoria estrangeira sem documentação válida, pratica o crime de descaminho. Entretanto, se fizer o mesmo fora da atividade comercial ou industrial, bem como se agir culposamente, pode responder pelo delito previsto no art. 180 do Código Penal;

e) nos §§ 1.º e 2.º, toda vez que se menciona "no exercício de atividade comercial" ou "no exercício de atividade industrial", bem como "exercido em residência", está-se referindo ao crime habitual, aquele que necessita, para sua configuração, de condutas reiteradas no tempo, de modo a concretizar um estilo de vida. Assim, não é a pessoa que, eventualmente, adquire algo de procedência ilícita que responderá pelos delitos do § 1.º deste artigo. Quer-se punir o sujeito que, habitualmente, entrega-se ao comércio (termo que, por si só, implica habitualidade) desse tipo de mercadoria. Por isso, não configurada a conduta habitual, pode responder o autor por receptação (art. 180, CP), que é crime instantâneo, como regra;

f) a Lei 13.804/2019 introduziu o art. 278-A no Código de Trânsito Brasileiro, estabelecendo que "o condutor que se utilize de veículo para a prática do crime de receptação, descaminho, contrabando, previstos nos arts. 180, 334 e 334-A do Decreto-Lei n.º 2.848, de 7 de dezembro de 1940 (Código Penal), condenado por um desses crimes em decisão judicial transitada em julgado, terá cassado seu documento de habilitação ou será proibido de obter a habilitação para dirigir veículo automotor pelo prazo de 5 (cinco) anos. § 1.º O condutor condenado poderá requerer sua reabilitação, submetendo-se a todos os exames necessários à habilitação, na forma deste Código. § 2.º No caso do condutor preso em flagrante na prática dos crimes de que trata o *caput* deste artigo, poderá o juiz, em qualquer fase da investigação ou da ação penal, se houver necessidade para a garantia da ordem pública, como medida cautelar, de ofício, ou a requerimento do Ministério Público ou ainda mediante representação da autoridade policial, decretar, em decisão motivada, a suspensão da permissão ou da habilitação para dirigir veículo automotor, ou a proibição de sua obtenção".

Contrabando

Art. 334-A

Sujeito ativo

Qualquer pessoa, se houver a participação de funcionário, pode configurar o tipo autônomo do art. 318 – facilitação de contrabando ou descaminho. Nas figuras do § 1.º, III e IV, é o comerciante ou industrial (ver Parte Geral, capítulo XII, item 3.1).

Sujeito passivo

É o Estado (ver Parte Geral, capítulo XII, item 3.2).

Objeto jurídico

É a Administração Pública, levando-se em conta seu interesse patrimonial e moral (ver Parte Geral, capítulo XII, item 3.3, *b*).

Objeto material

É a mercadoria proibida (ver Parte Geral, capítulo XII, item 3.3, *a*).

Elementos objetivos do tipo

Importar (trazer algo de fora do País para dentro de suas fronteiras) ou *exportar* (levar algo para fora do País) mercadoria (é qualquer coisa móvel passível de comercialização) proibida (norma penal em branco, dependente de outras regras para se saber o que é lícito importar e exportar), configurando-se o *contrabando próprio*. Após a edição da Lei 13.008/2014, o contrabando desvinculou-se do descaminho. Este permanece no art. 334, com pena menor, enquanto o contrabando passa a figurar nesse artigo, com pena maior.

A pena é de reclusão, de dois a cinco anos. Conforme previsto no § 1.º desse artigo, nas mesmas penas incorre quem *pratica fato assimilado* (é o fato semelhante ao contrabando ou descaminho, previsto em legislação especial. Exemplo disso é o disposto no Decreto-lei 288/1967 (tratando da Zona Franca de Manaus): "Art. 39. Será considerado contrabando a saída de mercadorias da Zona Franca sem a autorização legal expedida pelas autoridades competentes". Portanto, a pena para quem retirar mercadorias da Zona Franca de Manaus, sem respeitar os requisitos legais, é a mesma do art. 334-A do Código Penal, por força da incidência do § 1.º, I. Nesse caso, não há proibição para importar ou exportar a mercadoria, mas constitui crime de contrabando fazê-lo de forma escondida, sem ciência do órgão estatal competente. Pode-se assegurar o controle de entrada e saída de mercadorias, sem perturbar as metas governamentais de comércio internacional. É igualmente delito a conduta de *reinserir* (introduzir novamente) em território nacional mercadoria brasileira destinada à exportação. Esta figura tem por finalidade coibir o comércio relativo a coisas exportáveis, geralmente com tributação menor, dentro das fronteiras do País. Constitui crime, ainda, a conduta de quem *vende* (aliena por certo preço), *expõe à venda* (deixa à mostra para alienação), *mantém em depósito* (conserva em determinado lugar) ou, de qualquer forma, *utiliza* (faz uso de algo) em proveito próprio ou alheio, no exercício de atividade comercial ou industrial (cuida-se de atividade habitual, desempenhada com regularidade e frequência), mercadoria proibida pela legislação brasileira. Configura delito, finalmente, a conduta de quem *adquire* (obtém ou compra), *recebe* (aceita em pagamento ou acolhe) ou *oculta* (esconde ou encobre), em proveito próprio ou alheio, no exercício de atividade comercial ou industrial, mercadoria vedada pela lei nacional. Conferir o capítulo XIII, item 2.1, da Parte Geral.

Norma de equiparação

Equipara-se às atividades comerciais, para os efeitos do art. 334-A, qualquer forma de comércio irregular ou clandestino de mercadorias estrangeiras, inclusive o exercido em residências (§ 2.º).

Elemento subjetivo do crime

É o dolo (ver o capítulo XIV da Parte Geral).

Elemento subjetivo do tipo específico

Não há (ver Parte Geral, capítulo XIII, item 2.1).

Classificação

Comum (aquele que pode ser cometido por qualquer pessoa), nas formas "importar" e "exportar", bem como nas modalidades "praticar" e "reinserir"; próprio (depende sujeito ativo qualificado) nas formas "vender", "expor à venda", "manter", "utilizar", "adquirir", "receber" e "ocultar"; formal (crime que não exige, para sua consumação, resultado naturalístico, consistente na produção de efetivo dano para a Administração Pública) nas modalidades "importar" e "exportar". Se a mercadoria é proibida de ingressar ou sair do País, o simples fato de fazê-lo consuma o crime, embora não se tenha produzido um resultado passível de modificação no mundo naturalístico. Igualmente, nas modalidades "praticar", "reinserir", "expor à venda", "manter em depósito" e "ocultar". É material (gera resultado naturalístico, portanto, visível) nas formas "vender", "utilizar", "adquirir" e "receber". É de forma livre (pode ser cometido por qualquer meio eleito pelo agente); comissivo (os verbos implicam ações); instantâneo (cuja consumação não se prolonga no tempo, dando-se em momento determinado), na importação ou exportação, quando a mercadoria for liberada, clandestinamente, na alfândega; se não passar pela via normal, assim que invadir as fronteiras do País ou traspassá-las ao sair. Igualmente, nos formatos "praticar", "reinserir", "vender", "utilizar", "adquirir" e "receber", mas permanente (a consumação se prolonga no tempo) nas formas "expor à venda", "manter em depósito" e "ocultar". É unissubjetivo (aquele que pode ser cometido por um único sujeito); unissubsistente (praticado num único ato) ou plurissubsistente (delito cuja ação é composta por vários atos, permitindo-se o seu fracionamento), conforme o caso concreto. Sobre a classificação dos crimes, ver o capítulo XII, item 4, da Parte Geral.

Tentativa

É admissível na forma plurissubsistente.

Momento consumativo

Quando houver a prática da conduta prevista no tipo, podendo inexistir resultado naturalístico (quando o delito for formal) ou quando concretizar-se efetivo prejuízo (na modalidade material).

Causa de aumento de pena

A pena é aplicada em dobro, se o crime de contrabando for praticado em transporte aéreo, marítimo ou fluvial (§ 3.º). Eleva-se a pena do agente nesse caso, tendo em vista a maior dificuldade de se detectar o ingresso ou a saída irregular das mercadorias. De fato, quem invade o País transportado por avião, por exemplo, tem menor probabilidade de ser fiscalizado do que a pessoa que segue pela via terrestre. Mas se deve ponderar que os voos regulares de companhias aéreas estabelecidas, passando por zona alfandegária, não podem incidir neste parágrafo, uma vez que a fiscalização pode ser rígida. Refere-se o aumento, pois, aos voos clandestinos. O mesmo se dá no tocante à navegação às escondidas por mar ou rio.

Particularidades

a) pode-se aplicar, nesse contexto, o princípio da insignificância. A introdução, no território nacional, de mercadoria proibida, mas em quantidade ínfima, configura típica infração de bagatela, passível, conforme o caso, de punição fiscal, mas não penal. O Superior Tribunal de Justiça fixou em R$ 20 mil o valor máximo para incidência do princípio da insignificância no caso de crimes tributários federais e de descaminho (isto se deu pelo fato de o Poder Público somente ajuizar ação para cobrança de tributos, quando acima de R$ 20.000,00);

b) a competência é da Justiça Federal, pois o controle da entrada e saída de produtos do País compete à União;

c) em confronto com a receptação, as formas previstas no inciso V do § 1.º, tratando-se de crime específico e doloso, quando a pessoa, exercendo atividade comercial ou industrial, adquirir, receber ou ocultar mercadoria proibida, pratica o crime de contrabando. Entretanto, se fizer o mesmo fora da atividade comercial ou industrial, bem como se agir culposamente, pode responder pelo delito previsto no art. 180 do Código Penal;

d) nos §§ 1.º e 2.º, toda vez que se menciona "no exercício de atividade comercial" ou "no exercício de atividade industrial", bem como "exercido em residência", está-se referindo ao crime habitual, aquele que necessita, para sua configuração, de condutas reiteradas no tempo, de modo a concretizar um estilo de vida. Assim, não é a pessoa que, eventualmente, adquire algo de procedência ilícita que responderá pelos delitos do § 1.º deste artigo. Quer-se punir o sujeito que, habitualmente, se entrega ao comércio (termo que, por si só, implica habitualidade) desse tipo de mercadoria. Por isso, não configurada a conduta habitual, pode responder o autor por receptação (art. 180, CP), que é crime instantâneo, como regra;

e) a Lei 13.804/2019 introduziu o art. 278-A no Código de Trânsito Brasileiro, estabelecendo que "o condutor que se utilize de veículo para a prática do crime de receptação, descaminho, contrabando, previstos nos arts. 180, 334 e 334-A do Decreto-Lei n.º 2.848, de 7 de dezembro de 1940 (Código Penal), condenado por um desses crimes em decisão judicial transitada em julgado, terá cassado seu documento de habilitação ou será proibido de obter a habilitação para dirigir veículo automotor pelo prazo de 5 (cinco) anos. § 1.º O condutor condenado poderá requerer sua reabilitação, submetendo-se a todos os exames necessários à habilitação, na forma deste Código. § 2.º No caso do condutor preso em flagrante na prática dos crimes de que trata o *caput* deste artigo, poderá o juiz, em qualquer fase da investigação ou da ação penal, se houver necessidade para a garantia da ordem pública, como medida cautelar, de ofício, ou a requerimento do Ministério Público ou ainda mediante representação da autoridade policial, decretar, em decisão motivada, a suspensão da permissão ou da habilitação para dirigir veículo automotor, ou a proibição de sua obtenção".

Impedimento, perturbação ou fraude de concorrência

Art. 335

Substituição deste tipo penal pela Lei 8.666/1993. Editada a nova Lei 14.133/2021 (licitações e contratos administrativos), nada se altera.

Inutilização de edital ou de sinal

Art. 336

Sujeito ativo

Qualquer pessoa (ver Parte Geral, capítulo XII, item 3.1).

Sujeito passivo

É o Estado (ver Parte Geral, capítulo XII, item 3.2).

Objeto jurídico

É a administração pública, levando-se em conta seu interesse patrimonial e moral (ver Parte Geral, capítulo XII, item 3.3, "b").

Objeto material

É o edital, o selo ou o sinal identificador ou que cerra algo (ver Parte Geral, capítulo XII, item 3.3, "a").

Elementos objetivos do tipo

Rasgar (dividir em pedaços, romper ou desfazer) ou, de qualquer forma, *inutilizar* (tornar inútil ou destruir) ou *conspurcar* (macular ou sujar) edital (é o ato escrito emanado de autoridade administrativa ou judicial para dar avisos ou intimações, devendo ser afixado em locais públicos ou de acesso ao público, bem como pela imprensa, a fim de ser conhecido por alguma pessoa determinada ou por vários interessados) afixado por ordem de funcionário público; *violar* (devassar ou profanar) ou *inutilizar* selo ou sinal (qualquer marca destinada a identificar algo) empregado, por determinação legal ou por ordem de funcionário público, para *identificar* (determinar a identidade) ou *cerrar* (fechar ou encobrir) qualquer objeto. A pena é de detenção, de um mês a um ano, ou multa. Conferir o capítulo XIII, item 2.1, da Parte Geral.

Elemento subjetivo do crime

É o dolo (ver o capítulo XIV da Parte Geral).

Elemento subjetivo do tipo específico

Não há (ver Parte Geral, capítulo XIII, item 2.1).

Classificação

Comum; formal; de forma livre; comissivo; instantâneo; unissubjetivo; plurissubsistente. Sobre a classificação dos crimes, ver o capítulo XII, item 4, da Parte Geral.

Tentativa

É admissível.

Momento consumativo

Quando houver a prática de qualquer das condutas previstas no tipo, podendo inexistir efetivo prejuízo material para a administração.

Particularidade

Transcorrido o prazo de validade do edital, não pode mais ser objeto material deste delito.

Subtração ou inutilização de livro ou documento

Art. 337

Sujeito ativo

Qualquer pessoa (ver Parte Geral, capítulo XII, item 3.1).

Sujeito passivo

É o Estado. Secundariamente, pode-se incluir a pessoa prejudicada pela subtração ou inutilização (ver Parte Geral, capítulo XII, item 3.2).

Objeto jurídico

É a administração pública, levando-se em conta seu interesse patrimonial e moral (ver Parte Geral, capítulo XII, item 3.3, "b").

Objeto material

É o livro oficial, o processo ou o documento (ver Parte Geral, capítulo XII, item 3.3, "a").

Elementos objetivos do tipo

Subtrair (retirar ou tirar às escondidas) ou *inutilizar* (invalidar ou destruir), total ou parcialmente, livro oficial (é o livro criado por força de lei para registrar anotações de interesse para a administração pública), processo (refere-se o tipo, na realidade, aos *autos*, que é o conjunto das peças componentes do processo, incluindo-se, nesse contexto, também os autos de processo findo) ou documento (qualquer escrito, instrumento ou papel, de natureza pública ou privada) confiado à custódia (entregue, em confiança, para ser guardado) de funcionário, em razão de ofício, ou de particular em serviço público (excepcionalmente, pode-se encontrar um particular atuando em função pública, como, por exemplo, o perito judicial nomeado que recebe documentos para realizar um exame). A pena é de reclusão, de dois a cinco anos, se o fato não constitui crime mais grave. Cuida-se de infração penal subsidiária, ou seja, somente se pune a conduta descrita neste tipo penal caso não se configure delito mais grave (ex.: art. 305). Conferir o capítulo XIII, item 2.1, da Parte Geral.

Elemento subjetivo do crime

É o dolo (ver o capítulo XIV da Parte Geral).

Elemento subjetivo do tipo específico

Não há (ver Parte Geral, capítulo XIII, item 2.1).

Classificação

Comum; formal; de forma livre; comissivo; instantâneo; unissubjetivo; plurissubsistente. Sobre a classificação dos crimes, ver o capítulo XII, item 4, da Parte Geral.

Tentativa

É admissível.

Momento consumativo

Quando houver a prática de qualquer das condutas previstas no tipo, podendo inexistir efetivo prejuízo material para a administração.

Sonegação de contribuição previdenciária

Art. 337-A

Sujeito ativo

Somente os administradores de empresa (ver Parte Geral, capítulo XII, item 3.1).

Sujeito passivo

É o Estado, especificamente o INSS (ver Parte Geral, capítulo XII, item 3.2).

Objeto jurídico

É a proteção à seguridade social (ver Parte Geral, capítulo XII, item 3.3, "b").

Objeto material

É a folha de pagamento, o título próprio da contabilidade da empresa, a receita, o lucro auferido, a remuneração paga ou creditada ou outro fato gerador de contribuição previdenciária (ver Parte Geral, capítulo XII, item 3.3, "a").

Elementos objetivos do tipo

Suprimir (eliminar ou fazer desaparecer) ou *reduzir* (diminuir) contribuição social previdenciária (espécie de tributo destinada à seguridade social) e qualquer acessório, mediante as seguintes condutas:

a) *omitir* (deixar de fazer ou mencionar algo) de folha de pagamento (montante total da remuneração que o empregador irá pagar aos trabalhadores colocados a seu serviço) da empresa ou de documento de informações previsto pela legislação previdenciária, segurado empregado (pessoa física que prestar serviços de natureza não eventual a empregador, sob a dependência deste e mediante salário), empresário (titular de firma individual urbana ou rural), trabalhador avulso (trabalhador, urbano ou rural sem vínculo, a diversas empresas, com intermediação do sindicato da categoria) ou trabalhador autônomo (prestador de serviços de natureza urbana ou rural, em caráter eventual, a uma ou mais empresas, sem relação de emprego) ou a este equiparado (ex.: garimpeiro, ministro de confissão religiosa) que lhe prestem serviços;

b) *deixar de lançar* mensalmente nos títulos próprios da contabilidade da empresa as quantias descontadas dos segurados ou as devidas pelo empregador (pessoa que admite, assalaria e dirige a prestação pessoal de serviço) ou pelo tomador de serviços;

c) *omitir*, total ou parcialmente, receitas (é o faturamento da empresa ou do empregador, que significa o ganho bruto das vendas de mercadorias e de serviços de qualquer natureza) ou lucros auferidos, remunerações pagas ou creditadas e demais fatos geradores de contribuições sociais previdenciárias. A pena é de reclusão, de dois a cinco anos, e multa. Conferir o capítulo XIII, item 2.1, da Parte Geral.

Elemento subjetivo do crime

É o dolo (ver o capítulo XIV da Parte Geral).

Elemento subjetivo do tipo específico

Cremos haver a exigência, como em todo delito de natureza fiscal, do elemento subjetivo específico, que é a vontade de fraudar a previdência, deixando de pagar a contribuição (ver Parte Geral, capítulo XIII, item 2.1).

Classificação

Próprio; formal; de forma livre; omissivo; instantâneo; unissubjetivo; unissubsistente. Sobre a classificação dos crimes, ver o capítulo XII, item 4, da Parte Geral.

Tentativa

Não é admissível.

Momento consumativo

Quando houver a prática de qualquer das condutas previstas no tipo, independentemente da constatação de efetivo prejuízo material imediato para o INSS.

Causas de extinção da punibilidade

Ocorre a extinção da punibilidade se o agente, espontaneamente (sem subterfúgio, com sinceridade), *declara* (demonstra à previdência o montante que deveria ser recolhido, mas não foi pela omissão de dados praticada) e *confessa* (afirma o devido) as contribuições, importâncias ou valores e presta as informações devidas à previdência social, na forma definida em lei ou regulamento, antes do início da ação fiscal (pensamos ser o início da propositura da ação para cobrar o devido em juízo; há quem defenda bastar a tomada de medida administrativa contra o devedor – § 1.º).

A Lei 13.254/2016 permitiu a repatriação de dinheiro enviado ilicitamente para o exterior, com a finalidade de, perdoando os criminosos, auferir lucro com elevadas quantias para os cofres públicos. Dispõe o art. 5.º dessa Lei, o seguinte: "A adesão ao programa dar-se-á mediante entrega da declaração dos recursos, bens e direitos sujeitos à regularização prevista no *caput* do art. 4.º e pagamento integral do imposto previsto no art. 6.º e da multa prevista no art. 8.º desta Lei. § 1.º O cumprimento das condições previstas no *caput* antes de decisão criminal extinguirá, em relação a recursos, bens e direitos a serem regularizados nos termos desta Lei, a punibilidade dos crimes a seguir previstos, praticados até a data de adesão ao RERCT: (...) IV – nos seguintes arts. do Decreto-Lei n.º 2.848, de 7 de dezembro de 1940 (Código Penal), quando exaurida sua potencialidade lesiva com a prática dos crimes previstos nos incisos I a III: a) 297; b) 298; c) 299; d) 304". No inciso III, consta o art. 337-A do Decreto-Lei n.º 2.848, de 7 de dezembro de 1940 (Código Penal).

Perdão judicial

O juiz pode deixar de aplicar a pena ou aplicar somente a de multa se o agente for primário (ver o conceito no capítulo relativo à reincidência) e de bons antecedentes (ver o conceito no capítulo da aplicação da pena, dentre as circunstâncias judiciais), desde que o valor das contribuições devidas, inclusive acessórios, seja igual ou inferior àquele estabelecido pela previdência social, administrativamente, como sendo o mínimo para o ajuizamento de suas execuções fiscais (§ 2.º). Não se deve confundir, no entanto, pequeno valor, não justificador da ação fiscal do Estado, com *valor ínfimo*. Este último permite a configuração do crime de bagatela, isto é, a aplicação do princípio da insignificância, que torna atípica a conduta de não recolher ou repassar quantia ínfima à previdência social.

Causa de diminuição da pena

Se o empregador não é pessoa jurídica e sua folha de pagamento mensal não ultrapassa R$ 4.581,79 (valor de 2016, apenas para servir de exemplo), o juiz poderá reduzir a pena de um terço até a metade ou aplicar apenas a de multa (§ 3.º). Esse valor será reajustado nas mesmas datas e nos mesmos índices do reajuste dos benefícios da previdência social (§ 4.º).

Particularidade

É crime da competência da Justiça Federal e a ação é pública incondicionada.

Capítulo II-A
Dos Crimes Praticados por Particular contra a Administração Pública Estrangeira

Corrupção ativa em transação comercial internacional

Art. 337-B

Sujeito ativo

Qualquer pessoa (ver Parte Geral, capítulo XII, item 3.1).

Sujeito passivo

É a pessoa física ou jurídica prejudicada, bem como o Estado (nacional ou estrangeiro) (ver Parte Geral, capítulo XII, item 3.2).

Objeto jurídico

É a administração pública estrangeira, nos seus aspectos moral e material (ver Parte Geral, capítulo XII, item 3.3, "b").

Objeto material

É a vantagem prometida, oferecida ou dada (ver Parte Geral, capítulo XII, item 3.3, "a").

Elementos objetivos do tipo

Prometer (obrigar-se a dar algo a alguém), *oferecer* (propor ou apresentar para que seja aceito) ou *dar* (entregar a posse de algo, passar às mãos de alguém), direta ou indiretamente, vantagem indevida (pode ser qualquer lucro, ganho, privilégio ou benefício ilícito, ou seja, contrário ao direito, ainda que ofensivo apenas aos bons costumes) a funcionário público estrangeiro, ou a terceira pessoa para *determiná-lo* (prescrever ou estabelecer) a *praticar* (executar ou levar a efeito), *omitir* (não fazer) ou *retardar* (atrasar) ato de ofício (é o ato inerente às atividades do funcionário, devendo estar na sua esfera de atribuições) relacionado à transação comercial internacional (é qualquer ajuste ou acordo relativo ao comércio concernente a duas ou mais nações, envolvendo pessoas físicas e/ou jurídicas). A pena é de reclusão, de um a oito anos, e multa. A prática das condutas previstas no tipo pode ser isolada ou cumulada, implicando um único crime. Assim, caso o sujeito prometa, ofereça e depois dê uma vantagem indevida, pratica delito único e não concurso material de infrações. Conferir o capítulo XIII, item 2.1, da Parte Geral.

Elemento subjetivo do crime

É o dolo (ver o capítulo XIV da Parte Geral).

Elemento subjetivo do tipo específico

É a vontade de fazer com que o funcionário público estrangeiro pratique, omita ou retarde ato de ofício (ver Parte Geral, capítulo XIII, item 2.1).

Classificação

Comum; formal; de forma livre; comissivo; instantâneo; unissubjetivo; unissubsistente ou plurissubsistente, conforme o caso. Sobre a classificação dos crimes, ver o capítulo XII, item 4, da Parte Geral.

Tentativa

É admissível, na forma plurissubsistente.

Momento consumativo

Quando houver a prática de qualquer das condutas previstas no tipo, independentemente da constatação de efetivo prejuízo material ao sujeito passivo.

Causa de aumento de pena

A pena é aumentada de um terço, se, em razão da vantagem ou da promessa, o funcionário estrangeiro retarda ou omite o ato de ofício, ou o pratica infringindo dever funcional (parágrafo único).

Tráfico de influência em transação comercial internacional

Art. 337-C

Sujeito ativo

Qualquer pessoa, inclusive funcionário público (ver Parte Geral, capítulo XII, item 3.1).

Sujeito passivo

É a pessoa física ou jurídica prejudicada, bem como o Estado (nacional ou estrangeiro) (ver Parte Geral, capítulo XII, item 3.2).

Objeto jurídico

É a administração pública estrangeira, nos seus aspectos moral e material (ver Parte Geral, capítulo XII, item 3.3, "b").

Objeto material

É a vantagem ou promessa de vantagem (ver Parte Geral, capítulo XII, item 3.3, "a").

Elementos objetivos do tipo

Solicitar (pedir ou rogar), *exigir* (demandar com veemência, ordenar ou reclamar), *cobrar* (exigir o cumprimento de algo) ou *obter* (alcançar ou conseguir), para si ou para outrem, direta (sem interposta pessoa, sem rodeios, de forma clara) ou indiretamente (por intermédio de interposta pessoa, de forma dissimulada, com rodeios), vantagem (é qualquer lucro, ganho, benefício ou privilégio para o agente, seja lícito ou ilícito) ou promessa de vantagem (é a obrigação de, no futuro, entregar algum benefício, ganho, privilégio ou lucro a alguém), a pretexto de *influir* (trata-se de desculpa ou justificativa para a prática das condutas previstas no tipo, não sendo necessário que o agente efetivamente assedie o funcionário para influenciá-lo a praticar ou deixar de praticar qualquer ato, nem é necessário verificar se ele tem, de fato, condições de influir em ato do funcionário) em ato praticado por funcionário público estrangeiro no exercício de suas funções, relacionado à transação comercial internacional. A pena é de reclusão, de dois a cinco anos, e multa. A prática das condutas previstas no tipo pode ser isolada ou cumulada, implicando um único crime. Assim, caso o sujeito solicite e obtenha, pratica delito único e não concurso material de infrações. Conferir o capítulo XIII, item 2.1, da Parte Geral.

Elemento subjetivo do crime

É o dolo (ver o capítulo XIV da Parte Geral).

Elemento subjetivo do tipo específico

É a vontade de obter para si ou para outrem qualquer tipo de vantagem (ver Parte Geral, capítulo XIII, item 2.1).

Classificação

Comum; formal; de forma livre; comissivo; instantâneo; unissubjetivo; unissubsistente ou plurissubsistente, conforme o caso. Sobre a classificação dos crimes, ver o capítulo XII, item 4, da Parte Geral.

Tentativa

É admissível, na forma plurissubsistente.

Momento consumativo

Quando houver a prática de qualquer das condutas previstas no tipo, independentemente da constatação de efetivo prejuízo material ao sujeito passivo.

Causa de aumento de pena

A pena é aumentada da metade, se o agente alega ou insinua que a vantagem é também destinada a funcionário público estrangeiro (parágrafo único).

Particularidades

a) deve haver pelo menos três pessoas envolvidas, ainda que virtualmente, para a concretização do tipo penal. Portanto, um sujeito qualquer – funcionário público ou não – solicita, exige, cobra ou obtém de *outra pessoa* – funcionário ou não – qualquer vantagem, com a desculpa de exercer influência em um *funcionário público estrangeiro* no exercício da função;

b) este delito somente se caracteriza caso haja, em jogo, transação comercial internacional, ou seja, qualquer contrato ou negócio comercial envolvendo o interesse de pessoas ligadas a mais de uma nação.

Funcionário público estrangeiro

Art. 337-D

Conceito de funcionário público estrangeiro

Considera-se funcionário público estrangeiro, para fins penais, quem, ainda que transitoriamente ou sem remuneração, exerce cargo, emprego ou função pública em entidades estatais ou em representações diplomáticas de país estrangeiro (*caput*). Equipara-se a ele quem exerce cargo, emprego ou função em empresas controladas, direta ou indiretamente, pelo poder público de país estrangeiro ou em organizações públicas internacionais (parágrafo único).

Cargo público

É o posto criado por lei na estrutura hierárquica da administração pública, com denominação e padrão de vencimentos próprios, ocupado por servidor com vínculo estatutário ou equivalente, conforme a legislação estrangeira (ex.: diplomata).

Emprego público

É o posto criado por lei na estrutura hierárquica da administração pública, com denominação e padrão de vencimentos próprios, embora seja ocupado por servidor que possui vínculo contratual, sob a regência da CLT (ex.: segurança de prédio público contratado pelo regime da CLT).

Função pública

É a denominação residual, que envolve todo aquele que presta serviços para a administração, embora não seja ocupante de cargo ou emprego (ex.: servidor contratado temporariamente, sem concurso público; servidor que exerce função de chefia, embora sem a existência de cargo).

Entidades estatais

São as pessoas jurídicas de direito público encarregadas de exercer as funções administrativas do Estado.

Representações diplomáticas

Trata-se do conjunto de representantes de governo estrangeiro junto a um Estado.

Empresas controladas pelo Poder Público

São as empresas públicas, denominadas estatais ou governamentais, abrangendo todas as "sociedades civis ou comerciais, de que o Estado tenha o controle acionário, abrangendo a empresa pública, a sociedade de economia mista e outras empresas que não tenham essa natureza e às quais a Constituição faz referência em vários dispositivos, como categoria à parte (arts. 71, II, 165, § 5.º, III, 173, § 1.º)" (cf. Maria Sylvia Zanella Di Pietro, *Direito administrativo*, p. 368).

Organizações públicas internacionais

São os órgãos constituídos por tratados internacionais, subscritos pelos Estados, com personalidade jurídica e objetivos próprios, tais como a ONU (Organização das Nações Unidas), a OEA (Organização dos Estados Americanos), OMS (Organização Mundial da Saúde), OIT (Organização Internacional do Trabalho), entre outras.

Capítulo II-B
Dos Crimes em Licitações e Contratos Administrativos

Contratação direta ilegal

Art. 337-E

Sujeito ativo

É o funcionário público responsável pela contratação direta (ver Parte Geral, capítulo XII, item 3.1).

Sujeito passivo

É o Estado (União, Estado-membro, Distrito Federal e Município), bem como as autarquias, empresas públicas, sociedades de economia mista, fundações públicas e outras entidades sob controle estatal direto ou indireto (ver Parte Geral, capítulo XII, item 3.2).

Objeto jurídico

É a proteção dos interesses da Administração Pública, nos seus aspectos patrimonial e moral (ver Parte Geral, capítulo XII, item 3.3, "b").

Objeto material

É o contrato celebrado de maneira direta, sem autorização legal (ver Parte Geral, capítulo XII, item 3.3, "a").

Elementos objetivos do tipo

Admitir (aceitar, estar de acordo com algo, reconhecer como possível), *possibilitar* (proporcionar que ocorra, tornar algo viável) e *dar causa* (gerar algo, permitir um acontecimento) são as condutas alternativas, cujo objeto é a *contratação direta* (na hipótese em comento, cuida-se do ajuste feito entre a Administração Pública e o particular ou outro ente administrativo, com o propósito de realizar algo de interesse público, transferindo bens ou direitos ou efetuando serviços, mediante determinada remuneração, sem licitação). Nota-se, pela atual redação do art. 337-E, a forma afirmativa de criminalização: permitir ou proporcionar a contratação direta, sem permissão legal. A aplicação deste tipo depende de complemento, por se tratar de norma penal em branco, sendo preciso conhecer quais são as hipóteses previstas em lei para autorizar a contratação direta sem licitação. Sobre as hipóteses de dispensa de licitação, consultar o art. 75 da Lei 14.133/2021.

Exemplo: "para contratação que envolva valores inferiores a R$ 100.000,00 (cem mil reais), no caso de obras e serviços de engenharia ou de serviços de manutenção de veículos automotores" (inciso I). Em relação às hipóteses de inexigibilidade de licitação, consultar o art. 74 da Lei 14.133/2021. Exemplo: "aquisição de materiais, de equipamentos ou de gêneros ou contratação de serviços que só possam ser fornecidos por produtor, empresa ou representante comercial exclusivos" (inciso I).

A pena é de reclusão, de 4 a 8 anos, e multa. Conferir o capítulo XIII, item 2.1, da Parte Geral.

Elemento subjetivo do crime

É o dolo (ver o capítulo XIV da Parte Geral).

Elemento subjetivo do tipo específico

Em nossa visão, não há elemento subjetivo específico, nem se pune a forma culposa. Porém, a maior parte da jurisprudência fixou o entendimento de que há necessidade de se apurar o elemento específico, consistente na vontade de causar prejuízo ao Erário, no tocante ao anterior art. 89 da Lei 8.666/1993 (agora substituído pelo art. 337-E). Segundo nos parece, a exigência de especial intenção de causar dano ao erário é desnecessária porque está em jogo, além do aspecto patrimonial, a moralidade da Administração. Em verdade, a realização de contratação direta em hipótese na qual se exige licitação afeta, automaticamente, esse relevante valor; portanto, mesmo que, no campo patrimonial, o poder público obtenha ganho, lesou-se a imparcialidade administrativa para contratar serviços ou comprar bens (ver Parte Geral, capítulo XIII, item 2.1).

Classificação

Próprio; formal; de forma livre; comissivo; instantâneo; unissubjetivo; plurissubsistente. Sobre a classificação dos crimes, ver o capítulo XII, item 4, da Parte Geral.

Tentativa

É admissível.

Momento consumativo

Quando houver a prática de qualquer das condutas previstas no tipo, independentemente da constatação de efetivo prejuízo material ao sujeito passivo.

Frustração do caráter competitivo de licitação

Art. 337-F

Sujeito ativo

É o participante da licitação (ver Parte Geral, capítulo XII, item 3.1).

Sujeito passivo

É o Estado (União, Estado-membro, Distrito Federal e Município), bem como as autarquias, empresas públicas, sociedades de economia mista, fundações públicas e outras entidades sob controle estatal direto ou indireto (ver Parte Geral, capítulo XII, item 3.2).

Objeto jurídico

É a proteção dos interesses da Administração Pública, nos seus aspectos patrimonial e moral (ver Parte Geral, capítulo XII, item 3.3, "b").

Objeto material

É a competição do procedimento licitatório (ver Parte Geral, capítulo XII, item 3.3, "a").

Elementos objetivos do tipo

Frustrar (malograr, não alcançar o objetivo esperado) ou *fraudar* (enganar, burlar) são as condutas mistas alternativas, cujo objeto é o caráter competitivo do procedimento licitatório. O tipo penal, após a reforma, deixou de prever *como* o agente deve praticar o delito, o que, aliás, no anterior art. 90 da Lei 8.666/1993 (agora, art. 337-F) era mesmo inócuo. Dizia que a frustração ou fraude se desse por ajuste (pacto), combinação (acordo) ou qualquer outro expediente (instrumento para alcançar determinado fim). Entretanto, não víamos sentido prático para tanto, pois o importante era eliminar a competição ou promover uma ilusória competição entre participantes da licitação por qualquer mecanismo, pouco importando ter havido ajuste ou combinação (aliás, termos sinônimos). Renovou-se, corretamente, a redação do tipo incriminador, deixando a sua prática em forma livre. Entretanto, não se alterou a sua essência. A expressão *caráter competitivo do procedimento licitatório* constitui o cenário de elementos normativos do tipo, envolvendo interpretação valorativa (não são meras descrições fáticas), nesse caso, jurídica. Deve-se analisar o que foi feito pelo agente do delito à luz do que se entende por licitação, suas finalidades, fundamentos e propósitos. Logo, constituindo a essência da licitação a promoção da justa disputa de interessados, alheios aos quadros estatais, em celebrar contrato com o Poder Público, enaltecendo-se a imparcialidade, é natural que o resultado deva ser promissor e vantajoso à Administração. Aliás, em qualquer ambiente de negócios privados, busca-se, por estímulo à competição e à livre concorrência, o melhor negócio. Se uma empresa privada ou um particular pretende adquirir um produto, por exemplo, faz, por sua conta, uma pesquisa no mercado, busca diversos orçamentos em variados fornecedores e termina atingindo o melhor preço para o bem mais qualificado. O Estado, não podendo sair em busca de um fornecedor de seu interesse, pois deve atuar com imparcialidade, precisa produzir, por intermédio da competição regrada, o mesmo resultado: conseguir o melhor produto com o mais baixo custo possível.

A pena é reclusão, de 4 a 8 anos, e multa.

Conferir o capítulo XIII, item 2.1, da Parte Geral.

Elemento subjetivo do crime

É o dolo (ver o capítulo XIV da Parte Geral).

Elemento subjetivo do tipo específico

É o intuito de obter, para si ou para outrem, vantagem decorrente da adjudicação do objeto da licitação (ver Parte Geral, capítulo XIII, item 2.1).

Classificação

Próprio; formal; de forma livre; comissivo; instantâneo; unissubjetivo; plurissubsistente. Sobre a classificação dos crimes, ver o capítulo XII, item 4, da Parte Geral.

Tentativa

É admissível.

Momento consumativo

Quando houver a prática de qualquer das condutas previstas no tipo, independentemente da constatação de efetivo prejuízo material ao sujeito passivo.

Patrocínio de contratação indevida

Art. 337-G

Sujeito ativo

É o funcionário público (ver Parte Geral, capítulo XII, item 3.1).

Sujeito passivo

É o Estado (União, Estado-membro, Distrito Federal e Município), bem como as autarquias, empresas públicas, sociedades de economia mista, fundações públicas e outras entidades sob controle estatal direto ou indireto (ver Parte Geral, capítulo XII, item 3.2).

Objeto jurídico

É a proteção dos interesses da Administração Pública, nos seus aspectos patrimonial e moral (ver Parte Geral, capítulo XII, item 3.3, "b").

Objeto material

É o interesse privado perante a Administração (ver Parte Geral, capítulo XII, item 3.3, "a").

Elementos objetivos do tipo

Patrocinar (favorecer, beneficiar) é a conduta que tem por objeto qualquer interesse privado (proveito para pessoa física ou jurídica estranha aos quadros estatais), quando colocado em confronto com a Administração, promovendo o início de procedimento licitatório ou a celebração de contrato. Guarda correspondência com o art. 321 do Código Penal (advocacia administrativa), porém, no caso do art. 337-G, diz respeito, exclusivamente, ao cenário das licitações e dos contratos administrativos. É um conflito aparente de normas (art. 321, CP *versus* art. 337-G), que se resolve com o critério da especialidade. O modo de atuação é livre, podendo ser de maneira direta, sem qualquer rodeio ou intermediário, de forma pessoal, bem como indireta, dependente da atuação de interposta pessoa ou de modo camuflado. Há duas condições objetivas de punibilidade estabelecidas neste tipo penal para que o agente possa ser punido. Em virtude do patrocínio por ele promovido, é fundamental ocorrer: a) instauração de licitação ou celebração de contrato; b) na sequência, a invalidação de um ou outro pelo Poder Judiciário. O dolo do agente envolve o patrocínio de interesse privado perante a Administração, com o fito específico de ser instaurada licitação ou celebrado um contrato. Mesmo assim, tanto a instauração da licitação como a celebração do contrato dependem de terceiros. A invalidação, igualmente, depende de outras pessoas, fora da alçada do agente. Por tal razão, são condições objetivas de punibilidade. O mesmo se dá, por comparação, no contexto dos crimes falimentares, em que a sentença, decretando a falência, é condição para a punição do agente, embora não dependa deste, mas de terceira parte, no caso, o Judiciário. A pena é de reclusão, de 6 meses a 3 anos, e multa. Conferir o capítulo XIII, item 2.1, da Parte Geral.

Elemento subjetivo do crime

É o dolo (ver o capítulo XIV da Parte Geral).

Elemento subjetivo do tipo específico

Cremos existir o elemento subjetivo específico, consistente em buscar promover a instauração de licitação ou a celebração de contrato. Aliás, não fosse assim, não haveria diferença entre este delito e o previsto no art. 321 do Código Penal (ver Parte Geral, capítulo XIII, item 2.1).

Classificação

Próprio; material; de forma livre; comissivo; instantâneo; unissubjetivo; plurissubsistente. Sobre a classificação dos crimes, ver o capítulo XII, item 4, da Parte Geral.

Tentativa

Não admite tentativa por se tratar de delito condicionado.

Momento consumativo

Consuma-se com a invalidação da licitação ou do contrato.

Modificação ou pagamento irregular em contrato administrativo

Art. 337-H

Sujeito ativo

É o funcionário público (ver Parte Geral, capítulo XII, item 3.1).

Sujeito passivo

É o Estado (União, Estado-membro, Distrito Federal e Município), bem como as autarquias, empresas públicas, sociedades de economia mista, fundações públicas e outras entidades sob controle estatal direto ou indireto (ver Parte Geral, capítulo XII, item 3.2).

Objeto jurídico

É a proteção dos interesses da Administração Pública, nos seus aspectos patrimonial e moral (ver Parte Geral, capítulo XII, item 3.3, "b").

Objeto material

É o contrato administrativo modificado ou prorrogado, bem como pode ser, ainda, o pagamento feito a contratado (ver Parte Geral, capítulo XII, item 3.3, "a").

Elementos objetivos do tipo

Admitir (aceitar), *possibilitar* (tornar viável) ou *dar causa* (fazer nascer, originar) são as condutas cujo objeto é a modificação ou vantagem relativa a contrato celebrado entre a Administração e terceiro. Neste caso, o contrato é modificado (alterado) ou confere vantagem (qualquer lucro) ao contratado (pessoa que celebra o ajuste com a Administração, após a licitação), inclusive com eventual prorrogação, *sem haver autorização legal* (norma penal em branco, a depender de complemento para se conhecer as hipóteses de prorrogação legal). A outra conduta é *pagar* (satisfazer dívida), tendo por objeto fatura (escrita unilateral do vendedor, demonstrativa das mercadorias, objeto do contrato). Pune-se, nesse caso, o desprezo à ordem cronológica para o referido pagamento, o que fere a impessoalidade e a moralidade da Administração, desde que existam vários particulares contratados, todos aguardando a quitação de parcelas de serviços por eles executados. Dessa maneira, conforme os contratados forem apresentando prova de que concluíram sua etapa de realização de obras, por exemplo, devem receber na estrita ordem cronológica de finalização dos serviços. Não teria sentido pagar o contratado X, que findou uma etapa da sua obra depois do contratado Y, que já terminou muito antes e aguarda o pagamento. O tipo é misto alternativo. Há de se buscar na Lei de Licitações e nos editais, além dos instrumentos contratuais, o complemento para este tipo penal, conhecendo-se as hipóteses legítimas de modificação contratual, incluindo prorrogação, bem como a regra de pagamento dos serviços prestados. A pena é de reclusão, de 4 a 8 anos, e multa.

Conferir o capítulo XIII, item 2.1, da Parte Geral.

Elemento subjetivo do crime

É o dolo (ver o capítulo XIV da Parte Geral).

Elemento subjetivo do tipo específico

Não há (ver Parte Geral, capítulo XIII, item 2.1).

Classificação

Próprio; formal; de forma livre; comissivo; instantâneo; unissubjetivo; plurissubsistente. Sobre a classificação dos crimes, ver o capítulo XII, item 4, da Parte Geral.

Tentativa

É admissível.

Momento consumativo

Quando houver a prática de qualquer das condutas previstas no tipo, independentemente da constatação de efetivo prejuízo material ao sujeito passivo.

Perturbação de processo licitatório

Art. 337-I

Sujeito ativo

Qualquer pessoa (ver Parte Geral, capítulo XII, item 3.1).

Sujeito passivo

É o Estado (União, Estado-membro, Distrito Federal e Município), bem como as autarquias, empresas públicas, sociedades de economia mista, fundações públicas e outras entidades sob controle estatal direto ou indireto (ver Parte Geral, capítulo XII, item 3.2).

Objeto jurídico

É a proteção dos interesses da Administração Pública, nos seus aspectos patrimonial e moral (ver Parte Geral, capítulo XII, item 3.3, "b").

Objeto material

É o ato do processo licitatório, que sofreu impedimento, perturbação ou fraude (ver Parte Geral, capítulo XII, item 3.3, "a").

Elementos objetivos do tipo

Impedir (obstruir, não deixar acontecer), *perturbar* (atrapalhar, causar embaraço) e *fraudar* (iludir, enganar) são as condutas mistas alternativas, que têm por objeto qualquer ato do processo licitatório. Quando a Administração realiza a licitação, visando à escolha de quem irá fornecer algum bem ou serviço, deve respeitar uma sucessão de atos formais e previstos em lei, desenrolando-se por várias etapas e, como regra, durante diversas semanas. Por isso, aquele que não permitir o desenvolvimento da licitação, conturbar o seu andamento ou promover alguma ação para frustrar os propósitos do certame deve responder criminalmente, com base neste tipo penal. Ilustrando, registre-se o disposto no art. 17 da Lei 14.133/2021: "O processo de licitação observará as seguintes fases, em sequência: I – preparatória; II – de divulgação do edital de licitação; III – de apresentação de propostas e lances, quando for o caso; IV – de julgamento; V – de habilitação; VI – recursal; VII – de homologação". De qualquer forma, o tipo foi redigido de forma muito aberta, lesando o princípio da taxatividade, pois as condutas são descritas de maneira vaga; a experiência auferida em diversos processos licitatórios já permitiria ao legislador especificar quais seriam as condutas criminalizadas exatamente. A pena é de reclusão, de 6 meses a 3 anos, e multa. Conferir o capítulo XIII, item 2.1, da Parte Geral.

Elemento subjetivo do crime

É o dolo (ver o capítulo XIV da Parte Geral).

Elemento subjetivo do tipo específico

Não há (ver Parte Geral, capítulo XIII, item 2.1).

Classificação

Comum; formal; de forma livre; comissivo; instantâneo; unissubjetivo; plurissubsistente. Sobre a classificação dos crimes, ver o capítulo XII, item 4, da Parte Geral.

Tentativa

É admissível.

Momento consumativo

Quando houver a prática de qualquer das condutas previstas no tipo, independentemente da constatação de efetivo prejuízo material ao sujeito passivo.

Violação de sigilo em licitação

Art. 337-J

Sujeito ativo

Qualquer pessoa. Em contrário, Paulo José da Costa Júnior sustenta que na primeira modalidade (*devassar*) o crime é próprio e somente o comete o funcionário público encarregado de guardar as propostas oferecidas até a sua abertura (*Direito penal das licitações*, p. 49). Assim não pensamos. Qualquer pessoa pode acessar os envelopes – embora mais comum, nesses casos, seja da alçada do servidor público fazê-lo –, tomando conhecimento do seu conteúdo sigiloso. E, também, qualquer pessoa pode tornar oportuno a terceiro que tenha conhecimento da proposta (ver Parte Geral, capítulo XII, item 3.1).

Sujeito passivo

É o Estado (União, Estado-membro, Distrito Federal e Município), bem como as autarquias, empresas públicas, sociedades de economia mista, fundações públicas e outras entidades sob controle estatal direto ou indireto (ver Parte Geral, capítulo XII, item 3.2).

Objeto jurídico

É a proteção dos interesses da Administração Pública, nos seus aspectos patrimonial e moral (ver Parte Geral, capítulo XII, item 3.3, "b").

Objeto material

É a proposta sigilosa (ver Parte Geral, capítulo XII, item 3.3, "a").

Elementos objetivos do tipo

Devassar (descobrir, mostrar o que estava encoberto) é a conduta, cujo objeto é o sigilo (segredo) de proposta oferecida durante a licitação. A segunda conduta é *proporcionar* (dar, tornar oportuno), cujo objeto é o ensejo (oportunidade, ocasião) de devassar o referido sigilo. Logo, o agente pode, diretamente, tomar conhecimento de proposta que deveria permanecer em segredo, como tem a possibilidade de, indiretamente, levar terceiro a devassar o sigilo esperado. Integra a natureza do procedimento licitatório a concorrência feita em sigilo, apresentando cada interessado a sua proposta em envelope lacrado, que somente será aberto em momento público e solene, para que sejam conhecidas as ofertas. Vencerá a que melhor atender aos interesses da Administração. Se as propostas fossem conhecidas, aquele que apresentasse a última oferta poderia sagrar-se vencedor, pois iria adaptá-la às demais, de maneira a superá-las. Por isso, quem descobrir a proposta sigilosa, antes do instante adequado, encaixa-se na figura prevista neste tipo penal. A pena é de detenção, de 2 a 3 anos, e multa. Conferir o capítulo XIII, item 2.1, da Parte Geral.

Elemento subjetivo do crime

É o dolo (ver o capítulo XIV da Parte Geral).

Elemento subjetivo do tipo específico

Não há (ver Parte Geral, capítulo XIII, item 2.1).

Classificação

Comum; formal; de forma livre; comissivo; instantâneo; unissubjetivo; plurissubsistente. Sobre a classificação dos crimes, ver o capítulo XII, item 4, da Parte Geral.

Tentativa

É admissível.

Momento consumativo

Quando houver a prática de qualquer das condutas previstas no tipo, independentemente da constatação de efetivo prejuízo material ao sujeito passivo.

Afastamento de licitante

Art. 337-K

Sujeito ativo

Qualquer pessoa, na figura do *caput*; e o licitante, na figura do parágrafo único (ver Parte Geral, capítulo XII, item 3.1).

Sujeito passivo

É o Estado (União, Estado-membro, Distrito Federal e Município), bem como as autarquias, empresas públicas, sociedades de economia mista, fundações públicas e outras entidades sob controle estatal direto ou indireto. Secundariamente, a pessoa agredida, ameaçada ou enganada (ver Parte Geral, capítulo XII, item 3.2).

Objeto jurídico

É a proteção dos interesses da Administração Pública, nos seus aspectos patrimonial e moral (ver Parte Geral, capítulo XII, item 3.3, "b").

Objeto material

É a pessoa licitante (ver Parte Geral, capítulo XII, item 3.3, "a").

Elementos objetivos do tipo

Afastar (impedir, tirar do caminho) ou *tentar afastar* (buscar impedir de algum modo) são as condutas mistas alternativas, cujo objeto é qualquer licitante (participante do processo de licitação). Estabelece o tipo penal como meio para isso o emprego de violência (constrangimento físico), grave ameaça (coação moral), fraude (engodo) ou oferecimento de vantagem de qualquer tipo (apresentar lucro de qualquer espécie). Não cremos correta a redação. Mesclam-se, indevidamente, situações incompatíveis, algumas já previstas em outros tipos penais incriminadores. Afastar o licitante com emprego de fraude, segundo nos parece, é passível de adequação nos artigos 337-F ou 337-I desta Lei. Se o agente atua para eliminar o caráter competitivo da licitação, incide na figura do art. 337-F. Se agir para fraudar qualquer ato licitatório, incide no tipo do art. 337-I. Enfim, desnecessário incluir, novamente, o afastamento de licitante, por meio de fraude no art. 337-K. Por outro lado, a parte final também soa estranha.

Eliminar o concorrente, no processo de licitação, oferecendo-lhe vantagem de qualquer tipo, não nos parece penalmente relevante. A Administração Pública não pode ser prejudicada se um licitante deixar o certame, tendo em vista que outro licitante lhe ofereceu algum tipo de benefício. Um negócio entre particulares, estranhos aos quadros administrativos, não fere o bem jurídico protegido pela Lei de Licitações. Se, porventura, a atitude tiver por fim eliminar a competição, ingressa a figura do art. 337-F, não sendo aplicável a prevista neste art. 337-K. Insistir na punição de alguém que afaste outrem da licitação, pelo oferecimento de vantagem, sem eliminar o caráter competitivo desta, parece-nos arbitrário e lesivo ao princípio da intervenção mínima, que envolve a indispensabilidade de ofensividade ao bem jurídico tutelado. Nessa modalidade, parece-nos a tipificação de uma espécie de corrupção, abrangendo particulares. O mesmo se pode dizer o disposto pelo parágrafo único do art. 337-K: "incorre na mesma pena quem se abstém ou desiste de licitar em razão de vantagem oferecida". A pena é de reclusão, de 3 a 5 anos, e multa, além da pena correspondente à violência. Conferir o capítulo XIII, item 2.1, da Parte Geral.

Elemento subjetivo do crime

É o dolo (ver o capítulo XIV da Parte Geral).

Elemento subjetivo do tipo específico

Não há (ver Parte Geral, capítulo XIII, item 2.1).

Classificação

Comum, na figura do *caput*, mas próprio (somente cometido pelo licitante), na modalidade do parágrafo único; formal; de forma livre; comissivo, mas omissivo na forma do parágrafo único; instantâneo; unissubjetivo, embora plurissubjetivo na modalidade do parágrafo único; plurissubsistente. Sobre a classificação dos crimes, ver o capítulo XII, item 4, da Parte Geral.

Tentativa

Não admite por se tratar de delito de atentado (iguala-se afastar ou tentar afastar licitante).

Momento consumativo

Quando houver a prática de qualquer das condutas previstas no tipo, independentemente da constatação de efetivo prejuízo material ao sujeito passivo.

Particularidade

Adota-se, para este crime, a acumulação material, ou seja, além de se considerar a violência para efeito de gerar o delito previsto no art. 337-K, exige a lei que o juiz aplique, em cumulação, a pena referente ao crime compatível com a violência praticada (lesão leve, grave ou gravíssima).

Fraude em licitação ou contrato

Art. 337-L

Sujeito ativo

É o licitante ou o contratado (ver Parte Geral, capítulo XII, item 3.1).

Sujeito passivo

É o Estado (União, Estado-membro, Distrito Federal e Município), bem como as autarquias, empresas públicas, sociedades de economia mista, fundações públicas e outras entidades sob controle estatal direto ou indireto (ver Parte Geral, capítulo XII, item 3.2).

Objeto jurídico

É a proteção dos interesses da Administração Pública, nos seus aspectos patrimonial e moral (ver Parte Geral, capítulo XII, item 3.3, "b").

Objeto material

Pode ser a mercadoria ou a prestação de serviços, bem como proposta ou execução contratual (ver Parte Geral, capítulo XII, item 3.3, "a").

Elementos objetivos do tipo

Fraudar (enganar, ludibriar, lesar por meio de engodo) é a conduta, cujo objeto é a licitação ou o contrato dela decorrente. Exige-se prejuízo para a Administração Pública e cuida-se de tipo vinculado, pois são descritas, nos incisos, as maneiras pelas quais a licitação ou o contrato pode ser frustrado. Naturalmente, as condutas previstas nos incisos I a V deste artigo são mistas alternativas, vale dizer, a prática de uma ou de mais de uma delas implica a realização de um só delito, quando no mesmo contexto. As condutas descritas nos incisos I a V dizem respeito à execução do contrato (exceto, no contexto do inciso V, a parte relativa à proposta, que é relativa à licitação). Essa fraude, conforme evidenciam as condutas descritas nos incisos, é conduta que deixa vestígios, razão pela qual nos parece essencial a realização de exame pericial para a prova da materialidade do delito. O inciso I trata de entrega de mercadoria ou prestação de serviços diversa. A *qualidade* é um atributo especial de alguma coisa, destacando-a de outras; no contexto da aquisição feita pelo poder público há de ser uma característica particularmente boa; a *quantidade* representa um número, que necessita ser especificado para ser exigido e fiscalizado por meio de medição ou contagem. Portanto, este inciso se refere ao fornecimento de mercadoria (produto adquirido) ou prestação de serviços (execução de atividade de interesse da Administração) com característica diferente daquela prevista no edital de licitação ou no contrato celebrado, voltando-se, por óbvio, para pior, vale dizer, mercadoria ou serviço inferior ao prometido pelo participante da licitação ou contratado. Além disso, pode se configurar o crime, igualmente, se, embora mantida a qualidade, o produto for entregue em número inferior ao previsto ou o serviço prestado ficar aquém do pactuado, constatando-se a ausência do preenchimento de todos os lugares para os quais foi contratado. O inciso II é o fornecimento de mercadoria falsificada, deteriorada, inservível para consumo ou com prazo de validade vencido. *Falsificada* é a mercadoria não autêntica; *deteriorada* é a mercadoria autêntica, porém estragada, imperfeita para uso; *inservível para consumo* se refere a qualquer coisa imprestável, por qualquer razão, para ser consumida, geralmente no contexto da alimentação; *prazo de validade vencido* é a situação comum nas relações de consumo, em que se vislumbra que certos produtos têm um período para serem utilizados, fora do qual pode se tornar nocivo. As duas últimas situações foram incluídas na figura típica do art. 337-L, II, da Lei 14.133/2021. Cuida-se de um crime contra as relações de consumo *às avessas*. Na realidade, se fosse o particular a vítima, encaixar-se-ia em figura própria de crime contra o consumidor. No entanto, quem recebe a mercadoria, neste caso, é a Administração Pública, merecendo, pois, o empresário-fornecedor a punição cabível pela fraude empregada. O inciso III cuida da entrega de uma mercadoria por outra. Vê-se que o Estado, ao consumir bens, também pode ser ludibriado. Assim, exemplificando, caso o fornecedor entregue cobre em lugar de ouro, é natural que haverá prejuízo para o erário, que pagou pelo metal mais precioso e recebeu o de menor valor. O inciso IV trata da alteração da substância, qualidade ou quantidade da mercadoria ou do serviço fornecido. Nota-se o Estado lesado, como se fosse autêntico consumidor de bens e serviços. No caso deste inciso, o fornecedor altera (modifica) substância, qualidade ou quantidade da mercadoria. Exemplo: obrigou-se a entregar 500 quilos de determinado produto, mas promove a remessa de apenas 450. O inciso V amplia a hipótese, prevendo qualquer meio fraudulento que torne injustamente mais onerosa para a Administração a proposta ou a execução do contrato. Esta última figura típica, que já existia na lei anterior, experimentou pouca alteração e continuou a ser aberta e lesiva ao princípio da taxatividade. Aliás, pela atual redação, tornou-se pleonástica, pois se lê: *fraudar* licitação ou contrato mediante qualquer *meio fraudulento*. O objetivo dessa fraude é tornar mais dispendiosa ou cara a proposta feita ou a execução do contrato do que originalmente previsto. Manteve-se o termo *injustamente*, que se refere a um elemento normativo do tipo, passível de valoração; noutros termos, a proposta ou o contrato até podem ficar mais onerosos, desde que se considere *justo* – algo sempre imponderável ou de avaliação questionável. Há de se examinar com muita cautela este inciso. Em princípio, o contratado pode, como exemplo, simular um motivo de força maior para demorar na entrega de certo bem adquirido, visando ao atendimento de outro cliente em primeiro lugar, para auferir maior ganho, o que seria uma fraude à contratação realizada com a Administração. Referindo-se ao anterior inciso V do art. 96 e considerando-o inconstitucional, por ferir a taxatividade e a legalidade, estava a posição de Marçal Justen Filho (*Comentários à lei de licitações e contratos administrativos*, p. 635). A pena é de reclusão, de 4 a 8 anos, e multa. Conferir o capítulo XIII, item 2.1, da Parte Geral.

Elemento subjetivo do crime

É o dolo (ver o capítulo XIV da Parte Geral).

Elemento subjetivo do tipo específico

Parece-nos existente o elemento subjetivo do tipo específico implícito, consistente no intuito de obter lucro abusivo. Extrai-se essa conclusão do disposto no tipo penal, analisando-se a expressão *em prejuízo da Administração Pública*. Logo, a contrário senso, sofrendo o erário público lesão, é natural que o fito do agente seja a obtenção de vantagem excessiva (ver Parte Geral, capítulo XIII, item 2.1).

Classificação

Próprio; material; de forma vinculada; comissivo; instantâneo; unissubjetivo; plurissubsistente. Sobre a classificação dos crimes, ver o capítulo XII, item 4, da Parte Geral.

Tentativa

É admissível.

Momento consumativo

Quando houver a prática de qualquer das condutas previstas no tipo, com a constatação de efetivo prejuízo material ao sujeito passivo.

Contratação inidônea

Art. 337-M

Sujeito ativo

É o funcionário público (ver Parte Geral, capítulo XII, item 3.1).

Sujeito passivo

É o Estado (União, Estado-membro, Distrito Federal e Município), bem como as autarquias, empresas públicas, sociedades de economia mista, fundações públicas e outras entidades sob controle estatal direto ou indireto (ver Parte Geral, capítulo XII, item 3.2).

Objeto jurídico

É a proteção dos interesses da Administração Pública, nos seus aspectos patrimonial e moral (ver Parte Geral, capítulo XII, item 3.3, "b").

Objeto material

É a empresa ou profissional inidôneo admitido no processo licitatório (*caput*). É a empresa ou profissional inidôneo admitido no processo licitatório (§ 1.º) (ver Parte Geral, capítulo XII, item 3.3, "a").

Elementos objetivos do tipo

Admitir (aceitar, acolher) a licitação é a conduta cujo objeto é a empresa ou o profissional considerado inidôneo (inadequado, inconveniente), nos termos do *caput*.

Busca-se evitar que o servidor público coloque em risco o erário, permitindo que pessoa física ou jurídica, reputada imprópria ou inconfiável, o que envolve vários aspectos, possa tomar parte da licitação, uma vez que tem potencial para prejudicar o processo ou, no futuro, não cumprir o contrato. *Celebrar* (formalizar) contrato é a conduta, cujo objeto é a empresa ou o profissional considerado inidôneo (inadequado, inconveniente), na forma prevista pelo § 1.º. Busca-se evitar que o servidor público coloque em risco o erário, permitindo que pessoa física ou jurídica, reputada inconfiável ou imprópria, o que envolve vários aspectos, possa contratar com a Administração Pública, uma vez que tem potencial para não cumprir o avençado. A reforma introduzida dividiu as infrações penais, atribuindo pena mais branda à figura do *caput* (admissão à licitação) e mais grave ao previsto pelo § 1.º (contratar com a Administração); naturalmente, por considerar potencialmente mais danoso aos interesses do poder público o contrato formalizado com pessoa inidônea do que a simples admissão ao processo licitatório. A pena é de reclusão, de 1 a 3 anos, e multa, para a figura do *caput*. É de reclusão, de 3 a 6 anos, e multa, para o previsto no § 1.º. Conferir o capítulo XIII, item 2.1, da Parte Geral.

Elemento subjetivo do crime

É o dolo (ver o capítulo XIV da Parte Geral).

Elemento subjetivo do tipo específico

Não se exige elemento subjetivo do tipo específico. Em outro prisma, sustenta Paulo José da Costa Júnior ser exigível o elemento específico representado pela vontade consciente de admitir à licitação ou de celebrar contrato com empresa ou profissional "que sabe ser idôneo" (*Direito penal das licitações*, p. 65). Não nos parece correta a interpretação dada. Em primeiro lugar, o tipo penal não se vale da expressão "que sabe ser inidôneo", mas apenas se refere a empresa ou profissional "declarado inidôneo". Logo, o dolo precisa ser, como naturalmente se exige, abrangente, envolvendo todos os elementos do tipo penal. Tal situação não o transforma em "dolo específico" (ver Parte Geral, capítulo XIII, item 2.1).

Classificação

Próprio; formal; de forma livre; comissivo; instantâneo; unissubjetivo; plurissubsistente. Sobre a classificação dos crimes, ver o capítulo XII, item 4, da Parte Geral.

Tentativa

É admissível.

Momento consumativo

Quando houver a prática de qualquer das condutas previstas no tipo, independentemente da constatação de efetivo prejuízo material ao sujeito passivo.

Particularidade

Preceitua o § 2.º do art. 337-M incidir na pena do *caput* aquele que, declarado inidôneo, tome parte na licitação; na mesma pena do § 1.º do referido artigo para quem, declarado inidôneo, contrate com a Administração Pública. É a imposição de um dever de abstenção. Se o fizer, infringe o dever de omissão previsto em lei, incidindo na figura do parágrafo único. Marçal Justen Filho reputa inconstitucional este dispositivo, argumentando ferir os princípios da isonomia e da proporcionalidade (*Comentários à lei de licitações e contratos administrativos*, p. 636). Assim não entendemos. Em primeiro lugar, o fato de não ter sido prevista a hipótese de impedimento àquele que teve o direito de participar de licitação suspenso, mas ainda não declarado inidôneo, pode ser uma falha legislativa, mas não envolve, em absoluto, lesão ao princípio da isonomia. Se o legislador olvidou determinado fato grave, não quer isto significar que deva haver impunidade a todos os demais, que sejam semelhantes e tenham sido tipificados. Por outro lado, não há nenhuma ofensa à proporcionalidade, uma vez que o Estado pode, desde que o faça legal e previamente, impor o dever de omissão a quem quer que seja. Note-se, para ilustrar, os casos de omissão penalmente relevante, previstos no art. 13, § 2.º, do Código Penal. Se determinada pessoa for considerada inidônea para contratar com a Administração, é justo que dela se aguarde a conduta ideal de se abster de tomar parte em licitações, pois, assim não fazendo, desrespeita a sanção que lhe foi aplicada, após o devido processo administrativo, buscando ludibriar, novamente, o Poder Público.

Impedimento indevido

Art. 337-N

Sujeito ativo

É o funcionário público (ver Parte Geral, capítulo XII, item 3.1).

Sujeito passivo

É o Estado (União, Estado-membro, Distrito Federal e Município), bem como as autarquias, empresas públicas, sociedades de economia mista, fundações públicas e outras entidades sob controle estatal direto ou indireto. Secundariamente, a pessoa prejudicada pela atuação do agente (ver Parte Geral, capítulo XII, item 3.2).

Objeto jurídico

É a proteção dos interesses da Administração Pública, nos seus aspectos patrimonial e moral (ver Parte Geral, capítulo XII, item 3.3, "b").

Objeto material

É a inscrição em registro ou o próprio registro cadastral (ver Parte Geral, capítulo XII, item 3.3, "a").

Elementos objetivos do tipo

Obstar (causar embaraço), *impedir* (impossibilitar, tolher) ou *dificultar* (tornar algo custoso de ser feito ou atingido) são as condutas mistas alternativas, cujo objeto é a inscrição de interessados nos registros cadastrais (arquivos mantidos pelo Poder Público para a chamada em processos de licitação). Nota-se, no entanto, a similitude entre os verbos *obstar* e *impedir*, bastando um deles para a composição do tipo, evitando-se a redundância. Exige-se que a conduta se revista de *injustiça*, o que é natural. Fosse legalmente exigível o obstáculo e o servidor nada mais faria senão cumprir seu dever. A outra conduta é *promover* (provocar, originar) a alteração (modificação), suspensão (interrupção provisória) ou cancelamento (interrupção definitiva) de registro do inscrito. Neste caso, exige-se que assim se faça *indevidamente*, o que é óbvio, afinal, se o servidor atuasse desse modo por mandamento legal ou judicial, nada teria cometido de ilegal, pois estaria no estrito cumprimento de um dever. Sobre a importância do registro cadastral, consultar o art. 78 da Lei 14.133/2021.

A pena é de reclusão, de 6 meses a 2 anos, e multa. Conferir o capítulo XIII, item 2.1, da Parte Geral.

Elemento subjetivo do crime

É o dolo (ver o capítulo XIV da Parte Geral).

Elemento subjetivo do tipo específico

Não há (ver Parte Geral, capítulo XIII, item 2.1).

Classificação

Próprio. Em outra posição, Paulo José da Costa Júnior defende que, na primeira parte (obstar, impedir ou dificultar), podem ser sujeito ativo tanto o funcionário como qualquer outra pessoa (*Direito penal das licitações*, p. 69). Não nos parece. O tipo penal é voltado a quem pode promover a inscrição ou de qualquer forma manipular o registro, logo, somente o servidor público. Se terceiro impedir alguém de ir ao órgão competente inscrever-se, não está cometendo crime contra a Administração Pública, mas contra o particular, configurando-se constrangimento ilegal; formal; de forma livre; comissivo; instantâneo; unissubjetivo; plurissubsistente. Sobre a classificação dos crimes, ver o capítulo XII, item 4, da Parte Geral.

Tentativa

É admissível.

Momento consumativo

Quando houver a prática de qualquer das condutas previstas no tipo, independentemente da constatação de efetivo prejuízo material ao sujeito passivo.

Omissão grave de dado ou de informação por projetista

Art. 337-O

Sujeito ativo

É o encarregado de fazer o levantamento cadastral ou a condição de contorno (ver Parte Geral, capítulo XII, item 3.1).

Sujeito passivo

É o Estado (União, Estado-membro, Distrito Federal e Município), bem como as autarquias, empresas públicas, sociedades de economia mista, fundações públicas e outras entidades sob controle estatal direto ou indireto. Secundariamente, a pessoa prejudicada pela atuação do agente (ver Parte Geral, capítulo XII, item 3.2).

Objeto jurídico

É a proteção dos interesses da Administração Pública, nos seus aspectos patrimonial e moral (ver Parte Geral, capítulo XII, item 3.3, "b").

Objeto material

É o levantamento cadastral ou a condição de contorno (ver Parte Geral, capítulo XII, item 3.3, "a").

Elementos objetivos do tipo

Omitir (suprimir, deixar de escrever ou dizer algo, olvidar), *modificar* (alterar, mudar) e *entregar* (dar algo a alguém, passar adiante) são os verbos deste tipo misto alternativo, significando que a prática de uma ou das três condutas, no mesmo cenário, representa crime único. O objeto da omissão, modificação ou entrega é o levantamento cadastral ou a condição de contorno, ambas em *relevante dissonância* (situação de importante desarmonia ou desacordo) com a realidade, significando, pois, algo não autêntico. Outra possibilidade é tratar do levantamento cadastral ou condição de contorno de modo a atingir uma fraude ou engodo à essência da licitação, que é a sua competitividade. Sobre o caráter competitivo da licitação, confira-se o disposto pelo art. 11 da Lei 14.133/2021.

A terceira forma de atuar representa lidar com o levantamento cadastral ou condição de contorno de modo a afastar a proposta mais vantajosa para a Administração Pública, fazendo com que esta termine selecionando alguma outra mais onerosa. A manipulação do levantamento cadastral ou condição de contorno deve se dar durante o processo de contratação para a elaboração de projeto (básico ou executivo), anteprojeto, diálogo competitivo ou, genericamente, em qualquer procedimento de interesse da Administração. Lembre-se de que os projetos são "serviços técnicos especializados de natureza predominantemente intelectual" (art. 6.º, XVIII, *a*, Lei 14.133/2021).

Sobre os conceitos de projeto básico, projeto executivo, anteprojeto e diálogo competitivo, ver o artigo 6.º, XXV, XXVI, XXIV e XLII, da Lei 14.133/2021.

A pena é de reclusão, de 6 meses a 3 anos, e multa. Conferir o capítulo XIII, item 2.1, da Parte Geral.

Elemento subjetivo do crime

É o dolo (ver o capítulo XIV da Parte Geral).

Elemento subjetivo do tipo específico

Não há (ver Parte Geral, capítulo XIII, item 2.1). Ver, ainda, o item 2 de particularidades.

Classificação

Próprio; formal; de forma livre; comissivo, nas formas modificar e entregar, mas omissivo na conduta omitir; instantâneo; unissubjetivo; unissubsistente (na forma omissiva) e plurissubsistente (nas demais formas). Sobre a classificação dos crimes, ver o capítulo XII, item 4, da Parte Geral.

Tentativa

É admissível, na forma plurissubsistente.

Momento consumativo

Quando houver a prática de qualquer das condutas previstas no tipo, independentemente da constatação de efetivo prejuízo material ao sujeito passivo.

Particularidades

1. Estabelece o § 1.º do art. 337-O uma norma penal explicativa, definindo o que significa *condição de contorno*: "informações e os levantamentos suficientes e necessários para a definição da solução de projeto e dos respectivos preços pelo licitante, incluídos sondagens, topografia, estudos de demanda, condições ambientais e demais elementos ambientais impactantes, considerados requisitos mínimos ou obrigatórios em normas técnicas que orientam a elaboração de projetos".

2. Preceitua o § 2.º do art. 337-O o seguinte: "se o crime é praticado com o fim de obter benefício, direto ou indireto, próprio ou de outrem, aplica-se em dobro a pena prevista no *caput* deste artigo". Há de se ressaltar a estranha situação prevista para o *caput* em contraste com o disposto pelo § 2.º deste artigo. Nesta última hipótese, há o fim de obter benefício (qualquer espécie e não necessariamente uma vantagem econômica) para si ou para outrem, de maneira direta (pessoal) ou indireta (por interposta pessoa), o que nos parece uma situação óbvia e lógica. O que se questiona é a omissão, alteração ou entrega de levantamento cadastral ou condição de contorno inautêntica, fraudada e apta a prejudicar a licitação e, por via de consequência, gerar prejuízo à Administração Pública *gratuitamente*, vale dizer, sem obter *nenhum benefício*. Parece até que se pretende punir uma conduta negligente do autor, logo culposa, mas representada pelo dolo (vontade de alterar a realidade, gerando potencial prejuízo ao Estado). Trata-se, afinal, de um grave desvio de conduta por parte do agente do crime, embora, na figura do *caput*, ele assim atue sem a finalidade (nem é preciso a efetiva obtenção) de alcançar um benefício (note-se: de qualquer espécie). Em suma, parece-nos que a pena desta infração penal será quase sempre aplicada em dobro, nos termos do § 2.º.

Aplicação da pena de multa

Art. 337-P

Estabelece o art. 337-P da Lei 14.133/2021 o seguinte: "a pena de multa cominada aos crimes previstos neste Capítulo seguirá a metodologia de cálculo prevista neste

Código e não poderá ser inferior a 2% (dois por cento) do valor do contrato licitado ou celebrado com contratação direta".

A reforma introduzida corrigiu um grave defeito da anterior redação do art. 99 da Lei 8.666/1993, que era assim redigido: "a pena de multa cominada nos arts. 89 a 98 desta Lei consiste no pagamento de quantia fixada na sentença e calculada em índices percentuais, cuja base corresponderá ao *valor da vantagem efetivamente obtida ou potencialmente auferível pelo agente*" (grifamos). Em diversas situações, a pena de multa se tornava inaplicável, tendo em vista não se firmar, no processo-crime, qual o montante da vantagem obtida pelo agente ou, ao menos, o potencial de ganho a ser auferido. Aliás, há delitos que nem mesmo exigem qualquer benefício ou ganho do agente (*vide* o caso do art. 337-O, *caput*, CP). Retorna a aplicação da pena pecuniária ao critério genérico do Código Penal: 10 a 360 dias-multa, calculado cada dia entre 1/30 a 5 vezes o salário mínimo. De qualquer forma, estabelece-se um piso: nunca inferior a 2% do valor do contrato licitado ou celebrado com a contratação direta (elemento mais concreto e passível de apuração). Na anterior legislação, a multa seria destinada ao erário da União, do DF, do Estado ou do Município, conforme o sujeito passivo do crime; a partir da nova redação, será recolhida ao fundo penitenciário, nos termos do art. 49, *caput*, do CP.

Capítulo III
Dos Crimes contra a Administração da Justiça

Reingresso de estrangeiro expulso

Art. 338

Sujeito ativo

Somente o estrangeiro oficialmente expulso do país (ver Parte Geral, capítulo XII, item 3.1).

Sujeito passivo

É o Estado (ver Parte Geral, capítulo XII, item 3.2).

Objeto jurídico

É a administração da justiça (ver Parte Geral, capítulo XII, item 3.3, "b").

Objeto material

É o ato oficial de expulsão do governo brasileiro (ver Parte Geral, capítulo XII, item 3.3, "a").

Elementos objetivos do tipo

Reingressar (voltar, ingressar novamente) no território nacional (todo espaço onde o Brasil exerce a sua soberania) o estrangeiro (é a pessoa que possui vínculo jurídico-

-político com outro Estado, que não o Brasil. Por exclusão, o estrangeiro é aquele que não é considerado brasileiro) que dele foi expulso (é a exclusão, por castigo, do estrangeiro que apresenta indícios sérios de periculosidade ou indesejabilidade no País). A pena é de reclusão, de um a quatro anos, sem prejuízo de nova expulsão após o cumprimento da pena. Conferir o capítulo XIII, item 2.1, da Parte Geral.

Elemento subjetivo do crime

É o dolo (ver o capítulo XIV da Parte Geral).

Elemento subjetivo do tipo específico

Não há (ver Parte Geral, capítulo XIII, item 2.1).

Classificação

Próprio (particularmente, de mão própria); formal; de forma livre; comissivo; instantâneo; unissubjetivo; plurissubsistente. Sobre a classificação dos crimes, ver o capítulo XII, item 4, da Parte Geral.

Tentativa

É admissível.

Momento consumativo

Quando houver o reingresso, podendo inexistir efetivo prejuízo material para o Estado.

Particularidades

a) dispõe o art. 54, § 3.º, da Lei 13.445/2017 o seguinte: "o processamento da expulsão em caso de crime comum não prejudicará a progressão de regime, o cumprimento da pena, a suspensão condicional do processo, a comutação da pena ou a concessão de pena alternativa, de indulto coletivo ou individual, de anistia ou de quaisquer benefícios concedidos em igualdade de condições ao nacional brasileiro". A nova Lei de Migração permite, expressamente, que, durante a execução da pena, o estrangeiro obtenha os mesmos benefícios que o brasileiro condenado. Diante disso, demonstra-se o desinteresse na expulsão enquanto o estrangeiro cumprir a pena. Após, dá-se a referida expulsão, com proibição de regresso;

b) o crime é da competência da Justiça Federal (art. 109, X, CF).

Denunciação caluniosa

Art. 339

Sujeito ativo

Qualquer pessoa (ver Parte Geral, capítulo XII, item 3.1).

Sujeito passivo

É o Estado. Secundariamente, a pessoa prejudicada pela falsa informação (ver Parte Geral, capítulo XII, item 3.2).

Objeto jurídico

É a administração da justiça (ver Parte Geral, capítulo XII, item 3.3, "b").

Objeto material

É o inquérito policial, o procedimento investigatório criminal, o processo judicial, o processo administrativo disciplinar, o inquérito civil ou a ação de improbidade administrativa indevidamente instaurados (ver Parte Geral, capítulo XII, item 3.3, "a").

Elementos objetivos do tipo

Dar causa (dar motivo ou fazer nascer algo) à instauração inquérito policial – procedimento administrativo de persecução penal do Estado, presidido pelo delegado, destinado à formação da convicção do órgão acusatório, instruindo a peça inaugural da ação penal –, não se podendo considerar os meros atos investigatórios isolados, conduzidos pela autoridade policial ou seus agentes, proporcionados pelo simples registro de ocorrência), procedimento investigatório criminal (é o procedimento instaurado pelo Ministério Público para investigação criminal independente da polícia judiciária), processo judicial (envolve não somente as ações penais – sempre de interesse público, mas também as ações civis), processo administrativo disciplinar (não mais envolve sindicâncias e outras investigações na órbita da Administração; é indispensável instauração de processo administrativo contra o servidor), inquérito civil (procedimento administrativo, presidido pelo Ministério Público com a finalidade de colher provas para eventual propositura de ação civil pública) ou ação de improbidade administrativa (ação ajuizadas para apurar atos de improbidade administrativa previstos na Lei 8.429/1992) contra alguém (pessoa determinada), *imputando-lhe* (atribuir algo a alguém) crime (para a contravenção penal há regra especial no § 2.º), infração ético-disciplinar (infrações de deveres ou proibições dos servidores públicos) ou ato ímprobo (atos constantes da Lei 8.429/1992) de que o sabe inocente. A pena é de reclusão, de dois a oito anos, e multa. Conferir o capítulo XIII, item 2.1, da Parte Geral.

Elemento subjetivo do crime

É o dolo na sua forma direta (ver o capítulo XIV da Parte Geral).

Elemento subjetivo do tipo específico

É a vontade de induzir em erro a autoridade (ver Parte Geral, capítulo XIII, item 2.1).

Classificação

Comum; formal; de forma livre; comissivo; instantâneo; unissubjetivo; plurissubsistente. Sobre a classificação dos crimes, ver o capítulo XII, item 4, da Parte Geral.

Tentativa

É admissível.

Momento consumativo

Quando houver a instauração do inquérito policial, do procedimento investigatório criminal, do processo judicial ou administrativo disciplinar, de inquérito civil ou de ação de improbidade administrativa contra alguém, ainda que não ocorra efetivo prejuízo material para o Estado ou para o denunciado.

Causa de aumento de pena

A pena é elevada de um sexto, se o agente se serve de anonimato (é a posição assumida por alguém que escreve ou transmite uma mensagem sem se identificar) ou de nome suposto (é a posição de quem escreve algo ou transmite uma mensagem adotando um nome fictício) (§ 1.º).

Causa de diminuição de pena

A pena é diminuída de metade, se a imputação é de prática de contravenção (§ 2.º). O fundamento é o desvalor da conduta, isto é, a menor potencialidade lesiva que propicia à vítima da denunciação caluniosa responder por uma contravenção penal do que por um crime.

Particularidades

a) a autoridade que age de ofício pode ser sujeito ativo do crime de denunciação caluniosa. Não se exige que somente um particular provoque a ação da autoridade para a instauração de inquérito policial, procedimento investigatório criminal, processo judicial ou administrativo ou inquérito civil, uma vez que, para assegurar o escorreito funcionamento da máquina administrativa, pode haver procedimento de ofício. Assim, exemplificando, o delegado que, sabendo inocente alguém, instaura contra ele inquérito policial; o promotor que, com igual ideia, determina a instauração de inquérito civil;

b) a Lei 14.110/2020 deixou clara a necessidade de instauração de inquérito policial (e não qualquer investigação informal); além disso, incluiu o procedimento investigatório criminal (PIC – conduzido diretamente pelo Ministério Público). Afastou a investigação administrativa e a substituiu pela instauração de processo administrativo disciplinar (logo, meras sindicâncias instauradas por conta de falsa imputação podem ficar apenas no campo da tentativa). A comunicação, segundo essa nova lei, pode ser de crime (ou contravenção penal), infração ético-disciplinar ou ato ímprobo. Portanto, o processo judicial pode ser tanto o criminal quanto o civil;

c) torna-se imprescindível, para que se julgue corretamente o crime de denunciação caluniosa, o término do inquérito, da investigação ou do processo instaurado para apurar a infração penal, a infração ético-disciplinar ou o ato ímprobo imputado, sob pena de injustiças flagrantes. Recomenda Hungria que, "conforme pacífica doutrina e jurisprudência, a decisão final no processo contra o denunciante deve aguardar o prévio reconhecimento judicial da inocência do denunciado, quando instaurado processo contra este. Trata-se de uma medida de ordem prática, e não propriamente de uma condição de existência do crime" (*Comentários ao Código Penal*, v. IX, p. 465-466). Em igual sentido: Paulo José da Costa Júnior, *Direito penal – Curso completo*, p. 734;

d) o elemento do tipo *alguém* demonstra, nitidamente, tratar-se de pessoa certa, não se podendo cometer o delito ao indicar para a autoridade policial apenas a materialidade do crime e as várias possibilidades de suspeitos;

e) se a punibilidade estiver extinta (pela prescrição, anistia, abolição da figura delitiva, dentre outros fatores) ou se ele tiver agido sob o manto de alguma excludente de ilicitude ou de culpabilidade, enfim, se o inquérito for arquivado ou houver absolvição, por tais motivos, não há crime de denunciação caluniosa. Tal se dá porque havia possibilidade concreta de ação da autoridade policial ou judiciária, justamente pela existência de fato típico (havendo autor sujeito à investigação ou processo), embora não seja ilícito, culpável ou punível. Nesse rumo está a lição de Hungria (*Comentários ao Código Penal*, v. IX, p. 462);

f) a competência para apurar a denunciação caluniosa é da Justiça Estadual ou Federal, conforme a natureza do crime que foi imputado à vítima, logo, onde será apurado, bem como em razão da qualidade do ofendido.

🔖 PONTO RELEVANTE PARA DEBATE

> A avaliação do direito à autodefesa em confronto com a denunciação caluniosa

É comum – embora possa ser imoral ou antiético – que uma pessoa acusada da prática de um delito queira livrar-se da imputação, passando a terceiro esse ônus. Ao indicar alguém para assumir o seu lugar, pretende desviar a atenção da autoridade, livrando-se da acusação. Ainda que indique terceira pessoa para tomar parte na ação penal ou na investigação por achar que ela teve alguma participação nos fatos, não se configura o crime. Não há, nessas hipóteses, elemento subjetivo do tipo específico, consistente no desejo de ver pessoa inocente ser injustamente processada, sem qualquer motivo, prejudicando a administração da justiça. A vontade específica do agente é livrar-se da sua própria imputação. Igualmente: Hungria (*Comentários ao Código Penal*, v. IX, p. 463). Entretanto, não descartamos, completamente, a possibilidade de o indiciado ou réu, pretendendo vingar-se de terceiro, utilizar o inquérito, onde já está indiciado, ou o processo que lhe foi instaurado, para delatar, maldosamente, alguém. A delação, segundo cremos, é a admissão por alguém da prática do fato criminoso do qual está sendo acusado, envolvendo outra pessoa e atribuindo-lhe algum tipo de conduta delituosa, referente à mesma imputação. Não se trata, simplesmente, de acusar outrem pela prática de um delito, buscando livrar-se da imputação, pois isso é um puro testemunho. A delação, que vem sendo admitida como meio de prova pelos tribunais pátrios, implica a assunção da autoria por parte do delator. Por isso, para ser assim considerada, é indispensável que o autor de um crime admita a autoria e indique terceiro. Essa prova pode ser suficiente para uma condenação, razão pela qual atenta diretamente contra a administração da justiça. Ademais, o indiciado ou réu não necessita assumir o crime, indicando outra pessoa para *também* responder pelo fato, como estratégia defensiva. Sua intenção, nesse caso, não é defender-se, mas prejudicar outrem, incluindo-o onde não merece, motivo pelo qual cremos poder responder por denunciação caluniosa. Afinal, configurado está o dolo direto

> e o elemento subjetivo específico. Defendendo que o réu não comete, jamais, denunciação caluniosa em seu interrogatório, pois tem o ânimo de se defender, acima de tudo, está a posição de Maluly (*Denunciação caluniosa*, p. 62).

Comunicação falsa de crime ou de contravenção

Art. 340

Sujeito ativo

Qualquer pessoa (ver Parte Geral, capítulo XII, item 3.1).

Sujeito passivo

É o Estado (ver Parte Geral, capítulo XII, item 3.2).

Objeto jurídico

É a administração da justiça (ver Parte Geral, capítulo XII, item 3.3, "b").

Objeto material

É a ação da autoridade (ver Parte Geral, capítulo XII, item 3.3, "a").

Elementos objetivos do tipo

Provocar (dar causa, gerar ou proporcionar) a ação de autoridade (o tipo menciona apenas *ação*, logo, podem o delegado, por exemplo, registrando um boletim de ocorrência, o promotor e o juiz, requisitando a instauração de inquérito policial, tomar atitudes em busca da descoberta ou investigação de uma infração penal, ainda que não oficializem seus atos, através da instauração do inquérito ou do oferecimento ou recebimento da denúncia), *comunicando-lhe* (fazendo saber ou transmitindo-lhe) a ocorrência de crime ou de contravenção que sabe não se ter verificado. A pena é de detenção, de um a seis meses, ou multa. Conferir o capítulo XIII, item 2.1, da Parte Geral.

Elemento subjetivo do crime

É o dolo na sua forma direta (ver o capítulo XIV da Parte Geral).

Elemento subjetivo do tipo específico

É a vontade de fazer a autoridade atuar sem causa (ver Parte Geral, capítulo XIII, item 2.1).

Classificação

Comum; formal; de forma livre; comissivo; instantâneo; unissubjetivo; plurissubsistente. Sobre a classificação dos crimes, ver o capítulo XII, item 4, da Parte Geral.

Tentativa
É admissível.

Momento consumativo
Quando houver a comunicação de infração penal inexistente, ainda que não ocorra efetivo prejuízo material para o Estado.

Particularidade
Cremos admissível a hipótese da tentativa inidônea (art. 17, CP) quando o agente, ainda que aja com vontade de provocar inutilmente a ação da autoridade, comunicando-lhe infração penal que sabe não se ter verificado, termina por fazer com que a autoridade policial ou judiciária encontre subsídios concretos de cometimento de outro crime. Seria indevido punir o agente por delito contra a *administração da justiça*, já que esta só teve a ganhar com a comunicação efetuada. Aliás, também se configura crime impossível quando não há mais possibilidade de ação da autoridade (anistia, abolição do crime, prescrição, entre outros).

Autoacusação falsa

Art. 341

Sujeito ativo
Qualquer pessoa (ver Parte Geral, capítulo XII, item 3.1).

Sujeito passivo
É o Estado (ver Parte Geral, capítulo XII, item 3.2).

Objeto jurídico
É a administração da justiça (ver Parte Geral, capítulo XII, item 3.3, "b").

Objeto material
É a declaração falsa (ver Parte Geral, capítulo XII, item 3.3, "a").

Elementos objetivos do tipo
Acusar-se (é a conduta do sujeito que se autoincrimina, chamando a si um crime que não praticou, seja porque inexistente, seja porque o autor foi outra pessoa), perante a autoridade (o agente do poder público que tenha atribuição para apurar a existência de crimes e sua autoria ou determinar que tal procedimento tenha início. Portanto, é a autoridade judiciária ou policial, bem como o membro do Ministério Público), de crime inexistente (não se aceita a falsa imputação de contravenção penal) ou praticado por outrem (é indispensável, para a configuração do tipo penal, que o sujeito se autoacuse da prática de crime cometido por outra pessoa, sem ter tomado parte como coautor ou

partícipe). A pena é de detenção, de três meses a dois anos, ou multa. Conferir o capítulo XIII, item 2.1, da Parte Geral.

Elemento subjetivo do crime

É o dolo (ver o capítulo XIV da Parte Geral).

Elemento subjetivo do tipo específico

É a vontade de prejudicar a administração da justiça (ver Parte Geral, capítulo XIII, item 2.1).

Classificação

Comum; formal; de forma livre; comissivo; instantâneo; unissubjetivo; plurissubsistente. Sobre a classificação dos crimes, ver o capítulo XII, item 4, da Parte Geral.

Tentativa

É admissível, embora de difícil configuração.

Momento consumativo

Quando houver a autoacusação, ainda que não ocorra efetivo prejuízo material para o Estado ou para terceiros.

> **PONTO RELEVANTE PARA DEBATE**
>
> A questão de o réu ter o amplo direito de mentir para se defender
>
> Embora, no exercício do seu direito de defesa, que é constitucionalmente assegurado – ampla defesa – e não deve ser limitado por qualquer norma ordinária, tenha o acusado o direito de mentir, negando a existência do crime, sua autoria, imputando-a a outra pessoa, invocando uma excludente qualquer, enfim, narrando inverdades, não lhe confere o ordenamento jurídico o direito de se autoacusar falsamente. Nem em nome do princípio da ampla defesa é-lhe assegurado o direito de autoacusar-se, pois também é princípio constitucional evitar, a qualquer custo, o erro judiciário (art. 5.º, LXXV). Não havendo hierarquia entre normas constitucionais, deve o sistema harmonizar-se sem necessidade de que uma norma sobrepuje outra. Assim, sob qualquer prisma, evitar a autoacusação é tipo penal perfeitamente sintonizado com a segurança almejada pelo sistema jurídico-penal. Note-se que uma confissão, mormente quando feita em juízo, tem valor probatório dos mais fortes em nosso processo penal. Aliás, possui valor maior do que o devido, pois é costume desprezar a chance de a admissão de culpa ser falsa. Ainda assim, há contundência no depoimento de uma pessoa que, sem qualquer pressão aparente, admite, perante a autoridade, a prática de um delito. Essa conduta, se fosse penalmente admissível, iria causar a provável condenação de um inocente, com a inconsequente impunidade do autêntico autor do crime. E, não havendo delito, remanesce, ainda, o inaceitável erro judiciário do Estado, algo que a Constituição ressaltou expressamente não ser suportável, tanto que assegura indenização. Diante disso, qualquer pessoa pode defender-se, quando for acusada da prática de um delito, embora não possa ficar impune caso o faça com o ânimo de chamar a si uma responsabilidade inexistente.

Falso testemunho ou falsa perícia

Art. 342

Sujeito ativo

Somente a testemunha, o perito, o contador, o tradutor ou o intérprete (ver Parte Geral, capítulo XII, item 3.1).

Sujeito passivo

É o Estado. Secundariamente, pode ser a pessoa prejudicada pela falsidade produzida (ver Parte Geral, capítulo XII, item 3.2).

Objeto jurídico

É a administração da justiça (ver Parte Geral, capítulo XII, item 3.3, "b").

Objeto material

Pode ser o depoimento, o laudo, o cálculo ou a tradução (ver Parte Geral, capítulo XII, item 3.3, "a").

Elementos objetivos do tipo

Fazer afirmação falsa (mentir ou narrar fato não correspondente à verdade), *negar a verdade* (não reconhecer a existência de algo verdadeiro ou recusar-se a admitir a realidade) ou *calar a verdade* (silenciar ou não contar a realidade dos fatos), como testemunha (é a pessoa que viu ou ouviu alguma coisa relevante e é chamada a depor sobre o assunto em investigação ou processo), perito (é a pessoa especializada em determinado assunto, preparada para dar seu parecer técnico), contador (é o especialista em fazer cálculos), tradutor (é aquele que traslada algo de uma língua para outra, fazendo-o por escrito) ou intérprete (conhecedor de uma língua, serve de ponte para que duas ou mais pessoas possam estabelecer conversação entre si), em processo judicial, ou administrativo, inquérito policial, ou em juízo arbitral. A pena é de reclusão, de dois a quatro anos, e multa (modificação da pena, para mais, introduzida pela Lei 12.850/2013). Conferir o capítulo XIII, item 2.1, da Parte Geral.

Elemento subjetivo do crime

É o dolo (ver o capítulo XIV da Parte Geral).

Elemento subjetivo do tipo específico

É a vontade de prejudicar a administração da justiça (ver Parte Geral, capítulo XIII, item 2.1).

Classificação

Próprio (particularmente, de mão própria); formal; de forma livre; comissivo ou omissivo, conforme o caso; instantâneo; unissubjetivo; unissubsistente. Sobre a classificação dos crimes, ver o capítulo XII, item 4, da Parte Geral.

Tentativa

Não é admissível.

Momento consumativo

Quando houver a prática de qualquer das condutas previstas no tipo, ainda que não ocorra efetivo prejuízo material para o Estado ou para terceiros.

Causas de aumento de pena

A pena é aumentada de um sexto a um terço, se o crime é praticado mediante suborno ou se cometido com o fim de obter prova destinada a produzir efeito em processo penal, ou em processo civil em que for parte entidade da administração pública direta ou indireta (§ 1.º).

Causa de extinção da punibilidade

Se, antes da sentença no processo em que ocorreu o ilícito, o agente se retrata ou declara a verdade, o fato deixa de ser punível (§ 2.º).

Particularidades

a) fazíamos diferença entre *negar a verdade* e *calar a verdade*; vislumbramos, no entanto, não haver diversidade substancial. Ambas as situações levam à configuração do crime de falso testemunho. Na prática, pode-se dizer que a primeira conduta leva a pessoa a contrariar a verdade, embora sem fazer afirmação (ex.: indagado pelo juiz se presenciou o acidente, como outras testemunhas afirmaram ter ocorrido, o sujeito nega), enquanto a segunda conduta faz com que a pessoa se recuse a responder (ex.: o magistrado faz perguntas à testemunha, que fica em silêncio ou fala que não responderá);

b) é essencial que o fato falso (afirmado, negado ou silenciado) seja juridicamente relevante, isto é, de alguma forma seja levado em consideração pelo delegado ou juiz para qualquer finalidade útil ao inquérito ou ao processo, pois, do contrário, tratar-se-ia de autêntica hipótese de crime impossível. Se o sujeito afirma fato falso, mas absolutamente irrelevante para o deslinde da causa, por ter-se valido de meio absolutamente ineficaz, não tem qualquer possibilidade de lesar o bem jurídico protegido, que é a escorreita administração da justiça;

c) quanto à opinião da testemunha, não configura o crime de falso, pois ela deve depor sobre fatos, e não sobre seu modo particular de pensar. Quando se indaga da testemunha sua opinião acerca de algo (como, por exemplo, a respeito da personalidade do réu), deve-se suportar uma resposta verdadeira ou falsa, valorando o magistrado da forma como achar melhor;

d) o direito de mentir da testemunha somente existe quando ela faltar com a verdade ou se calar evitando comprometer-se, vale dizer, utilizar o princípio constitucional do direito ao silêncio e de não ser obrigado a se autoacusar.

📌 PONTOS RELEVANTES PARA DEBATE

A questão da configuração do crime de falso testemunho e a indispensabilidade de se tomar o compromisso de dizer a verdade

Há duas posições:

a) não é necessário o compromisso para a configuração do crime de falso, tendo em vista que toda pessoa tem o dever de dizer a verdade em juízo, não podendo prejudicar a administração da justiça. Além do mais, a formalidade do compromisso não integra mais o crime de falso, como ocorria por ocasião do Código Penal de 1890 (cf. Bento de Faria, Hungria, Noronha, Tornaghi, Tourinho Filho, Antolisei, Manzini, Maggiore, Ranieri, Marsich, Castillo, Levene, Grieco e Cantarano e Luiz Regis Prado, que fez menção aos primeiros, *Falso testemunho e falsa perícia*, p. 94);

b) há necessidade do compromisso, pois sem ele a testemunha é mero informante, permitindo ao juiz livre valoração de seu depoimento. Como ensina Fragoso: "Em relação à testemunha é indispensável que tenha prestado o compromisso legal, pois somente neste caso surge o dever de dizer a verdade". Nessa posição, ainda, Espínola Filho, Menegale, Magalhães Drumond (menções de Luiz Regis Prado, *Falso testemunho e falsa perícia*, p. 92-93).

Cremos mais acertada a segunda posição, mesmo porque é a única que está em sintonia com as regras processuais penais. O art. 203 do CPP é expresso ao mencionar que "a testemunha fará, sob palavra de honra, a promessa de dizer a verdade do que souber e lhe for perguntado (...)". Em seguida, lê-se no art. 208: "Não se deferirá o compromisso a que alude o art. 203 aos doentes e deficientes mentais e aos menores de 14 anos, nem às pessoas a que se refere o art. 206" (neste dispositivo legal menciona-se que podem eximir-se de depor o ascendente, o descendente, o afim em linha reta, o cônjuge, ainda que separado, o irmão, o pai, a mãe e o filho adotivo do acusado). Ora, analisando-se em conjunto tais normas, tem-se o seguinte: o compromisso é o ato solene que concretiza, tornando expresso, o dever da pessoa que testemunha de dizer a verdade, sob pena de ser processada por falso testemunho. E nem se diga que é mera formalidade, cuja falta nem mesmo implica em nulidade, pois se está analisando a situação sob o prisma do sujeito ativo, e não do processo. Se a falta do compromisso vai ou não causar nulidade é irrelevante, diante da ausência propositada do alerta à pessoa que vai depor de que está *obrigada* a dizer a verdade. Aliás, somente poderia estar obrigada ou desobrigada de acordo com a lei. Por isso, quando o juiz olvidar o compromisso de pessoa que está *legalmente obrigada* a dizer a verdade, não se afasta o crime de falso. Entretanto, se, ao contrário, a ela expressamente não deferir o compromisso, deixando claro tratar-se de meras declarações, não há como punir o sujeito que mentiu. Sem o compromisso, não se pode exigir que o depoente fale a verdade, mesmo porque as pessoas que estão imunes à promessa de dizer a verdade são justamente as que não têm condições emocionais de fazê-lo ou, por conta de deficiência mental ou falta de maturidade, terminam não narrando a verdade. Como se pode exigir do pai do réu – eximido da obrigação de depor (art. 206, CPP) – que conte a verdade do que aconteceu, mesmo sabendo que o filho pode ir, graças ao seu depoimento, para a cadeia? Excepcionalmente, diz o próprio art. 206, parte final, quando por outra forma não for possível obter ou integrar a prova do fato e de suas circunstâncias, pode o magistrado determinar a inquirição dessas pessoas, *embora sem lhes deferir o compromisso* (art. 208). E por quê? Qual razão teria o legislador ao determinar para uns o compromisso e para outros, não? É evidente, para nós, que a intenção é diferenciar a testemunha do mero declarante. A testemunha tem o dever de dizer a verdade, porque compromissada, logo, sujeita às penas do crime de falso, que é a consequência jurídica do descumprimento do dever que assumiu. O declarante não possui o dever de narrar a verdade e está sendo ouvido por pura *necessidade* do juízo na busca da verdade real, embora não preste compromisso, como a lei assegura. O magistrado levará em consideração o seu depoimento com reserva, fazendo o possível para confrontá-lo com as demais provas dos autos. Não fosse assim e todos deveriam ser compromissados, sem exceção, respondendo pelo crime de falso. Entendemos, outrossim, que a obrigação de depor pode existir, mesmo para os que não forem compromissados – porque está expresso em lei (art. 206, *fine*, CPP) –, mas não com a incidência do art. 342 do Código Penal. A despeito da figura típica criada para punir o falso testemunho, como crime contra a administração da justiça, é preciso considerar que o sistema de produção de provas – alicerce da distribuição de justiça – é disciplinado pelo Código de Processo Penal, não podendo a lei penal interferir em seara alheia. Se há compromisso para alguns e não há para outros, é indispensável respeitar tal sistemática, sob pena de haver o predomínio indisfarçável do Código Penal sobre o de Processo. O mesmo se diga no tocante à vítima (art. 201), para quem também não se exige o compromisso de dizer a verdade, justamente porque é parte envolvida no fato delituoso, tendo sofrido a conduta e estando emocionalmente vinculada, em grande parte, à punição da pessoa que julga ser culpada por seu sofrimento. Tanto é verdade, que a vítima não se inclui no rol de testemunhas (está em capítulo diverso do referente às testemunhas) e não presta depoimento, mas "declarações" (art. 201, *fine*, CPP). E, arrematando, note-se o disposto no art. 210, *caput*, parte final, do CPP – "... devendo o juiz adverti-las das penas cominadas ao falso testemunho" –, que se refere, naturalmente, às *testemunhas* que prestam depoimento sob compromisso, e não aos meros declarantes (incluindo-se nestes as vítimas). Convém mencionar o raciocínio esposado por Antonio Carlos da Ponte, alegando ser dispensável o compromisso, que possui "conotação estritamente no campo valorativo das declarações da testemunha, de forma que sua dispensa serve apenas para considerar-se menos intenso seu valor probante. Em tal linha de argumentação, note-se que a Lei 8.455, de 24.08.1992, alterou diversas disposições do Código de Processo Civil de 1973, referentes à produção de prova pericial, dispensando o compromisso aos peritos e assistentes técnicos. Certamente, não é crível imaginar que, em decorrência da alteração sofrida pela lei processual civil, que deixou de exigir o competente compromisso por parte dos peritos, estes ficaram, consequentemente, à margem do tipo previsto no art. 342 do Código Penal, dirigido a testemunhas, peritos, tradutores e intérpretes, uma vez que o compromisso não integra o tipo penal" (*Falso testemunho no processo*, p. 35-36). Permitimo-nos discordar. No tocante às testemunhas, já expusemos o nosso entendimento, salientando que o compromisso não tem valor unicamente decorativo, nem formal, tanto assim que há pessoas dispensadas de depor e, se o fizerem, prestam depoimento como meros declarantes – ainda que o valor probatório da declaração possa ser superior ao do depoimento da testemunha. Quanto aos peritos, a dispensa do compromisso, formalizado no ofício judicial, não foi abolida, mas, ao contrário, foi estipulada em lei, com o fito de evitar burocracia. O art. 422 do CPC/1973 e o art. 466 do CPC/2015 mencionam que "o perito cumprirá escrupulosamente o encargo que lhe foi cometido, independentemente de termo de compromisso". Fala-se em dispensa do *termo* de compromisso, e não deste último. Logo, o compromisso é previsto em lei, abrangendo toda pessoa que se dispuser a desempenhar a função de perito. Seria como a lei estabelecer que toda pessoa, ouvida em juízo, em qualquer situação, está automaticamente obrigada a dizer a verdade. Se assim fosse, estaria fixado o compromisso legal de dizer a verdade, o que não ocorre no contexto das testemunhas. Portanto, continua o perito obrigado a não falsear seus trabalhos, porque a lei faz a determinação expressamente. Merece ser mencionado, ainda, em matéria de direito comparado, o disposto no Código Penal alemão. Com finalidade expressa de punir quem mente em juízo, há dois tipos penais: a) declaração falsa sem compromisso, destinado à pessoa que, como testemunha ou perito, esteja depondo em juízo e falte com a verdade. A pena será de 3 meses a 5 anos (§ 153); b) perjúrio, que é o autêntico falso testemunho, de quem, compromissado a dizer a verdade, mente em juízo. A pena será de, no mínimo, um ano (§ 154). Por isso, mais uma vez insistimos, o crime de falso testemunho, previsto no Código Penal brasileiro, deve ser punido unicamente quando a pessoa prestar o compromisso de dizer a verdade. Quisesse a lei abranger as duas formas e deveria ter criado as duas figuras típicas compatíveis, pois são situações nitidamente diferentes.

| O concurso de pessoas no crime de falso

Entendemos perfeitamente admissível, na modalidade de participação, o concurso de agentes. Nada impede, tecnicamente, que uma pessoa induza, instigue ou auxilie outra a mentir em juízo ou na polícia. O crime é de mão própria, é certo. Embora isso queira significar ter o autor de cometê-lo pessoalmente, nada impede tenha ele o auxílio de outrem. Há voz destoante afirmando tratar-se de exceção pluralista ao sistema monista ou unitário adotado no concurso de pessoas. Assim, teria querido o legislador punir aquele que presta falso testemunho ou produz falsa perícia (art. 342), e, em outro tipo penal, teria deliberado punir aquele que suborna testemunha ou perito (art. 343). Não nos parece seja este o caso. As exceções pluralistas à doutrina unitária do crime são específicas e não podem ser ampliadas pelo intérprete. A pessoa que mentiu deve responder pelo falso testemunho, enquanto aquele que a induziu ingressa no tipo como partícipe. Prevendo figura à parte, mas dando-lhe o destaque devido – até mesmo para que alguns não aleguem tratar-se de simples partícipe, reduzindo-lhe a pena –, quis o legislador tipificar o suborno (dar dinheiro para a testemunha mentir ou o perito falsear), no art. 343. A exceção criada é específica e não impede a incursão no art. 342 de quem é partícipe. Alguns outros argumentam ser incabível a participação porque o art. 343 pune a pessoa que suborna testemunha com a mesma pena do crime de falso testemunho. Logo, seria injusto punir o partícipe, que não suborna, com a mesma sanção daquele que alicia outro a mentir. O argumento é de *justiça por comparação*. Essa posição encontra-se superada pela modificação introduzida pela Lei 10.268/2001, que aumentou consideravelmente a pena do crime de suborno a testemunha e peritos em geral (art. 343), passando-a de 1 a 3 anos para 3 a 4 anos, mantida a multa. Logo, o partícipe do falso testemunho – aquele que induziu, instigou ou auxiliou a produção da mentira ou da falsidade – será punido com sanção bem menor que o autor do suborno da testemunha ou perito. A despeito disso, já sustentávamos, antes da reforma, ser indispensável considerar que muitos partícipes apresentam comportamento mais reprovável do que a testemunha que mentiu, merecendo, pois, exatamente a mesma sanção. Uma pessoa culta e preparada que induza outra, simples e ignorante, a prestar um depoimento falso pode apresentar comportamento muito mais daninho à sociedade do que a conduta do autor direto da mentira. Acrescente-se, ainda, que há pessoas com forte poder de argumentação que somente conseguem o seu objetivo – fazer alguém cometer o falso testemunho – justamente porque não lhe ofereceu dinheiro ou qualquer vantagem, mas o convenceu de que a justiça, naquela situação concreta, seria faltar com a verdade. Tivesse oferecido vantagem e não teria logrado êxito. Assim, nunca nos convenceu o argumento de que o suborno (art. 343) não poderia ter a mesma pena de quem convencesse outrem a mentir sem lhe dar, oferecer ou prometer dinheiro ou vantagem. Diga-se, a bem da verdade, que o desvalor da conduta é idêntico: convencer uma pessoa a mentir à autoridade, por dinheiro ou por força de argumentos escusos, tem a capacidade de ferir com igual intensidade a administração da justiça. Além disso, é preciso anotar que o lucro do agente que mente pode não ser visível, de forma que pode não estar configurado o suborno (figura do art. 343), e, ainda assim, o crime de falso é cometido (ex.: a pessoa, convencida pelo advogado do réu, embora sem qualquer promessa de vantagem imediata, mente em juízo para protegê-lo, crente de que, no futuro, poderá contar com favores do acusado ou mesmo do causídico). Logo, não vislumbramos óbice algum para a punição do partícipe no crime do art. 342. Acolhendo a tese de ser possível a participação: Antonio Carlos da Ponte, *Falso testemunho no processo*, p. 49-50; Luiz Regis Prado, *Falso testemunho e falsa perícia*, p. 121-126 e 146).

Suborno

Art. 343

Sujeito ativo

Qualquer pessoa (ver Parte Geral, capítulo XII, item 3.1).

Sujeito passivo

É o Estado. Secundariamente, pode ser a pessoa prejudicada pela falsidade produzida (ver Parte Geral, capítulo XII, item 3.2).

Objeto jurídico

É a administração da justiça (ver Parte Geral, capítulo XII, item 3.3, "b").

Objeto material

Pode ser a testemunha, perito, contador, tradutor ou intérprete (ver Parte Geral, capítulo XII, item 3.3, "a").

Elementos objetivos do tipo

Dar (presentear ou conceder), *oferecer* (propor para que seja aceito, apresentar) ou *prometer* (comprometer-se a fazer alguma coisa) dinheiro ou qualquer outra vantagem (é indispensável que a *vantagem* oferecida tenha algum valor econômico, mesmo que indireto, para o agente. Não fosse assim e seria completamente desnecessário ter a descrição típica mencionado o elemento *dinheiro* – moeda em vigor, que serve para, havendo troca, a obtenção de mercadorias e serviços –, bastando dizer *qualquer vantagem*) a testemunha (é a pessoa que viu ou ouviu alguma coisa relevante e é chamada a depor sobre o assunto em investigação ou processo), perito (é a pessoa especializada em determinado assunto, preparada para dar seu parecer técnico), contador (é o especialista em fazer cálculos), tradutor (é aquele que traslada algo de uma língua para outra, fazendo-o por escrito) ou intérprete (conhecedor de uma língua, serve de ponte para que duas ou mais pessoas possam estabelecer conversação entre si), para *fazer afirmação falsa* (mentir ou narrar fato não correspondente à verdade), *negar a verdade* (não reconhecer a existência de algo verdadeiro ou recusar-se a admitir a realidade) ou *calar a verdade* (silenciar ou não contar a realidade dos fatos) em depoimento, perícia, cálculos, tradução ou interpretação. A pena é de reclusão, de três a quatro anos, e multa.

O título *suborno* não foi conferido pelo legislador, porém trata-se de um crime de falso testemunho ou falsa perícia com suborno da parte realizadora do ato esperado. Conferir o capítulo XIII, item 2.1, da Parte Geral.

Elemento subjetivo do crime

É o dolo (ver o capítulo XIV da Parte Geral).

Elemento subjetivo do tipo específico

É a vontade de prejudicar a administração da justiça (ver Parte Geral, capítulo XIII, item 2.1).

Classificação

Comum; formal; de forma livre; comissivo; instantâneo; unissubjetivo; unissubsistente ou plurissubsistente, conforme o caso. Sobre a classificação dos crimes, ver o capítulo XII, item 4, da Parte Geral.

Tentativa

É admissível na forma plurissubsistente.

Momento consumativo

Quando houver a prática de qualquer das condutas previstas no tipo, ainda que não ocorra efetivo prejuízo material para o Estado ou para terceiros.

Causas de aumento de pena

A pena é aumentada de um sexto a um terço, se o crime é praticado com o fim de obter prova destinada a produzir efeito em processo penal, ou em processo civil em que for parte entidade da administração pública direta ou indireta (parágrafo único).

Coação no curso do processo

Art. 344

Sujeito ativo

Qualquer pessoa (ver Parte Geral, capítulo XII, item 3.1).

Sujeito passivo

É o Estado. Secundariamente, pode ser a pessoa que sofreu a violência ou grave ameaça (ver Parte Geral, capítulo XII, item 3.2).

Objeto jurídico

É a administração da justiça (ver Parte Geral, capítulo XII, item 3.3, "b").

Objeto material

É a pessoa que sofre a coação (ver Parte Geral, capítulo XII, item 3.3, "a").

Elementos objetivos do tipo

Usar (empregar ou servir-se) de violência (coação física) ou grave ameaça (séria intimidação), com o fim de favorecer interesse próprio ou alheio, contra autoridade, parte, ou qualquer outra pessoa (não somente a autoridade que conduz o processo, nem tampouco só a parte nele envolvida podem ficar expostas à coação, mas também outros sujeitos que tomem parte no feito, tais como os funcionários que promovem o andamento processual, a testemunha que vai depor, o perito que fará um laudo, o jurado, dentre outros) que funciona ou é chamada a intervir em processo judicial, policial ou administrativo, ou em juízo arbitral. A pena é de reclusão, de um a quatro anos, e multa, além da pena correspondente à violência. Havendo o emprego de violência, no lugar da grave ameaça, fica o agente responsável também pelo que causar à integridade física da pessoa, devendo responder em concurso material. Conferir o capítulo XIII, item 2.1, da Parte Geral.

Elemento subjetivo do crime

É o dolo (ver o capítulo XIV da Parte Geral).

Elemento subjetivo do tipo específico

É a finalidade de favorecer interesse próprio ou alheio em processo ou em juízo arbitral (ver Parte Geral, capítulo XIII, item 2.1).

Classificação

Comum; formal; de forma livre; comissivo; instantâneo; unissubjetivo; plurissubsistente. Sobre a classificação dos crimes, ver o capítulo XII, item 4, da Parte Geral.

Tentativa

É admissível.

Momento consumativo

Quando houver a prática de violência ou grave ameaça, ainda que não ocorra efetivo prejuízo material para o Estado ou para terceiros.

Particularidades

1. Não se exige que se trate de causar à vítima algo injusto, mas há de ser intimidação envolvendo uma conduta *ilícita* do agente, isto é, configura-se o delito quando alguém usa, contra pessoa que funcione em um processo judicial, por exemplo, de grave ameaça *justa*, para obter vantagem (imagine-se o agente que, conhecendo algum crime do magistrado, ameace denunciá-lo à polícia, o que é lícito fazer, caso não obtenha ganho de causa). Nota-se que, no caso apresentado, a conduta não é lícita, pois ninguém está autorizado a agir desse modo, buscando levar vantagem para encobrir crime alheio. Por outro lado, se a conduta disser respeito ao advogado que intimide a testemunha

relembrando-a das penas do falso testemunho caso não declare a verdade, trata-se de conduta lícita, pois é interesse da administração da justiça que tal ocorra, vale dizer, que diga a verdade do que sabe.

2. A Lei 14.245/2021 acrescentou o parágrafo único a este tipo penal, nos seguintes termos: "a pena aumenta-se de 1/3 (um terço) até a metade se o processo envolver crime contra a dignidade sexual". A modificação se deve ao propósito de proteger, com maior ênfase, a vítima de crime sexual. Entretanto, termina por abranger, também, a autoridade, a parte ou outra pessoa (como a testemunha), no cenário de apuração dos crimes contra a dignidade sexual.

Exercício arbitrário das próprias razões

Art. 345

Sujeito ativo

Qualquer pessoa (ver Parte Geral, capítulo XII, item 3.1).

Sujeito passivo

É o Estado. Secundariamente, pode ser a pessoa contra a qual se volta o agente (ver Parte Geral, capítulo XII, item 3.2).

Objeto jurídico

É a administração da justiça (ver Parte Geral, capítulo XII, item 3.3, "b").

Objeto material

É a coisa ou pessoa que sofre a conduta típica (ver Parte Geral, capítulo XII, item 3.3, "a").

Elementos objetivos do tipo

Fazer justiça pelas próprias mãos (obter, pelo próprio esforço, algo que se considere justo ou correto), para satisfazer pretensão (há de ser um interesse que possa ser satisfeito em juízo, pois não teria o menor cabimento considerar crime a atitude do agente que consegue algo incabível de ser alcançado através da atividade jurisdicional do Estado), embora legítima, salvo quando a lei o permite (a parte final do tipo penal – *salvo quando a lei o permite* – é desnecessária, pois óbvia. Se a lei permite que o agente atue dentro do exercício de um direito, torna-se evidente que não se pode considerar criminosa a conduta). É correta a sua tipificação como delito, até mesmo porque o monopólio de distribuição de justiça é estatal, não cabendo ao particular infringir tal regra de apaziguamento social. Entretanto, há uma falha na redação do tipo, lesivo ao princípio da taxatividade. A expressão utilizada – fazer justiça pelas próprias mãos – não tem detalhes suficientes para ser bem compreendida, o que dificulta a sua aplicação e a inteligência quanto ao seu conteúdo. Deveria ser aperfeiçoada. A pena é de detenção, de quinze dias a um mês, ou multa, além da pena correspondente à violência. Havendo o emprego de violência, fica o agente responsável também pelo que causar à integridade física da pessoa, devendo responder em concurso material. Conferir o capítulo XIII, item 2.1, da Parte Geral.

Elemento subjetivo do crime

É o dolo (ver o capítulo XIV da Parte Geral).

Elemento subjetivo do tipo específico

É a finalidade de satisfazer qualquer espécie de aspiração (ver Parte Geral, capítulo XIII, item 2.1).

Classificação

Comum; formal (há quem sustente ser material, de modo que só estaria consumado o crime se o agente satisfizesse a sua pretensão); de forma livre; comissivo; instantâneo; unissubjetivo; plurissubsistente. Sobre a classificação dos crimes, ver o capítulo XII, item 4, da Parte Geral.

Tentativa

É admissível.

Momento consumativo

Quando houver a prática de qualquer conduta apta a concretizar a figura típica, ainda que não ocorra a efetiva satisfação da pretensão do agente ou prejuízo efetivo para a vítima.

Particularidade

É crime de ação pública ou privada, conforme o caso concreto. Inexistindo violência, deixa o Estado a ação penal sob a iniciativa exclusiva da parte ofendida. Porém, quando o agente empregar atos violentos, torna-se público o interesse, habilitando o Ministério Público a agir (parágrafo único).

Exercício arbitrário das próprias razões

Art. 346

Sujeito ativo

É o proprietário da coisa (ver Parte Geral, capítulo XII, item 3.1).

Sujeito passivo

É o Estado. Secundariamente, pode ser a pessoa prejudicada pela conduta (ver Parte Geral, capítulo XII, item 3.2).

Objeto jurídico

É a administração da justiça (ver Parte Geral, capítulo XII, item 3.3, "b").

Objeto material

É a coisa tirada, suprimida, destruída ou danificada (ver Parte Geral, capítulo XII, item 3.3, "a").

Elementos objetivos do tipo

Tirar (arrancar ou retirar), *suprimir* (eliminar ou fazer com que desapareça), *destruir* (aniquilar) ou *danificar* (causar dano ou provocar estrago) coisa própria (objeto pertencente ao próprio sujeito ativo; pode ser coisa móvel ou imóvel), que se acha em poder de terceiro por determinação judicial ou convenção (deve estar sob a esfera de proteção e vigilância de terceiro, seja porque o juiz assim determinou, como, por exemplo, ocorre com coisa penhorada e guardada em depósito, seja porque as partes haviam acordado que dessa maneira aconteceria, como ocorreria com o automóvel alugado em poder do locatário). A pena é de detenção, de seis meses a dois anos, e multa. É tipo misto alternativo, significando que o agente pode praticar uma única conduta ou todas e o delito será um só. Conferir o capítulo XIII, item 2.1, da Parte Geral.

Elemento subjetivo do crime

É o dolo (ver o capítulo XIV da Parte Geral).

Elemento subjetivo do tipo específico

Não há (ver Parte Geral, capítulo XIII, item 2.1).

Classificação

Próprio; material; de forma livre; comissivo; instantâneo; unissubjetivo; plurissubsistente. Sobre a classificação dos crimes, ver o capítulo XII, item 4, da Parte Geral.

Tentativa

É admissível.

Momento consumativo

Quando houver a subtração, supressão, destruição ou dano à coisa que estiver em poder de terceiro.

Fraude processual

Art. 347

Sujeito ativo

Qualquer pessoa (ver Parte Geral, capítulo XII, item 3.1).

Sujeito passivo

É o Estado. Secundariamente, pode ser a pessoa prejudicada pela inovação artificiosa (ver Parte Geral, capítulo XII, item 3.2).

Objeto jurídico

É a administração da justiça (ver Parte Geral, capítulo XII, item 3.3, "b").

Objeto material

É a coisa, a pessoa ou o lugar que sofre a inovação (ver Parte Geral, capítulo XII, item 3.3, "a").

Elementos objetivos do tipo

Inovar (introduzir uma novidade capaz de gerar engano) artificiosamente (usar um recurso engenhoso, malícia ou ardil), na pendência de processo civil ou administrativo (não estão abrangidas as investigações de natureza civil e as sindicâncias), o estado de lugar, de coisa ou de pessoa, com o fim de induzir a erro o juiz ou o perito. A pena é de detenção, de três meses a dois anos, e multa. Conferir o capítulo XIII, item 2.1, da Parte Geral.

Elemento subjetivo do crime

É o dolo (ver o capítulo XIV da Parte Geral).

Elemento subjetivo do tipo específico

É a vontade de fraudar o processo, levando o juiz ou o perito a erro (ver Parte Geral, capítulo XIII, item 2.1).

Classificação

Comum; formal; de forma livre; comissivo; instantâneo; unissubjetivo; plurissubsistente. Sobre a classificação dos crimes, ver o capítulo XII, item 4, da Parte Geral.

Tentativa

É admissível.

Momento consumativo

Quando houver a inovação, ainda que não ocorra efetivo prejuízo para o Estado ou para terceiro.

Causa de aumento

As penas são aplicadas em dobro, se a inovação se destina a produzir efeito em processo penal, ainda que não iniciado. Afinal, os efeitos no processo penal são sempre mais devastadores do que no processo civil ou administrativo, tendo em vista que o erro judiciário pode levar um inocente ao cárcere ou mesmo colocar em liberdade um sujeito perigoso.

Particularidade

Cremos fazer parte do direito de autodefesa do réu a inovação de certas coisas (como a modificação das características da arma utilizada para o homicídio, por exemplo, para não ser apreendida), de determinados lugares (a arrumação da casa, lavando-se manchas de sangue, após o cometimento do delito) ou de pessoas (buscar alterar a própria feição para não ser reconhecido). O crime destina-se, portanto, àquele que não é réu, diretamente envolvido no processo, mas busca alterar o estado de coisa, lugar ou pessoa para levar a erro o magistrado ou o perito.

Favorecimento pessoal

Art. 348

Sujeito ativo

Qualquer pessoa (ver Parte Geral, capítulo XII, item 3.1).

Sujeito passivo

É o Estado (ver Parte Geral, capítulo XII, item 3.2).

Objeto jurídico

É a administração da justiça (ver Parte Geral, capítulo XII, item 3.3, "b").

Objeto material

É a autoridade enganada (ver Parte Geral, capítulo XII, item 3.3, "a").

Elementos objetivos do tipo

Auxiliar a subtrair-se (fornecer ajuda a alguém para fugir, esconder-se ou evitar a ação da autoridade que o busca) à ação de autoridade pública (pode ser o juiz, o promotor, o delegado ou qualquer outra que tenha legitimidade para buscar o procurado) autor de crime a que é cominada pena de reclusão. A pena é de detenção, de um a seis meses, e multa. Conferir o capítulo XIII, item 2.1, da Parte Geral.

Elemento subjetivo do crime

É o dolo (ver o capítulo XIV da Parte Geral).

Elemento subjetivo do tipo específico

É a vontade de ludibriar a autoridade, deixando de fazer prevalecer a correta administração da justiça (ver Parte Geral, capítulo XIII, item 2.1).

Classificação

Comum; material; de forma livre; comissivo; instantâneo; unissubjetivo; plurissubsistente. Sobre a classificação dos crimes, ver o capítulo XII, item 4, da Parte Geral.

Tentativa

É admissível.

Momento consumativo

Quando houver a efetiva ocultação do procurado da autoridade pública.

Figura privilegiada

Se ao crime não é cominada pena de reclusão, a pena é de detenção, de quinze dias a três meses, e multa.

Imunidade absoluta (escusa absolutória)

Se quem presta o auxílio é ascendente, descendente, cônjuge ou irmão do criminoso, fica isento de pena.

Particularidades

a) não são punidas as condutas de induzir ou instigar alguém a subtrair-se da ação da autoridade, podendo, no entanto, haver participação – por induzimento ou instigação – ao auxílio prestado por outrem;

b) há diferença entre o favorecimento e a participação. Para configurar-se o crime de favorecimento é indispensável que o auxílio seja prestado após o primeiro delito ter-se consumado, isto é, depois que alguém praticou o injusto, buscando esconder-se, fornece-se a ele o abrigo necessário. Se o sujeito oferecer abrigo ou qualquer tipo de ajuda antes do cometimento do crime, trata-se de participação. Além disso, é também curial destacar não ser o autor do crime de favorecimento o coautor do primeiro, pois, do contrário, estaria havendo indevida punição. Se o comparsa esconde o outro em sua casa, é natural que não responda por favorecimento, uma vez que está, identicamente, protegendo-se. É o que Hungria chama de *autofavorecimento* (*Comentários ao Código Penal*, v. 9, p. 507);

c) torna-se necessário aguardar o deslinde do processo anterior para o reconhecimento da prática do delito de favorecimento pessoal, pois, se houver absolvição, este crime deixa de existir. No entanto, após a investigação, convém ingressar com a ação penal, evitando-se o advento da prescrição. Na sequência, o juiz determina a suspensão do processo, pois presente uma circunstância prejudicial (art. 93, CPP); suspende-se, igualmente, a prescrição. Entendemos que o favorecimento está configurado na hipótese de alguém prestar auxílio a criminoso ainda não condenado, não socorrendo o argumento de que o tipo penal fala em *autor de crime*, e não em *acusado*. Ora, justamente porque se fala em autor de crime é que não se fala em *culpado*. Assim, se o agente dá abrigo em sua casa a um procurado pela polícia, ainda não condenado, pode ficar sujeito às penas do favorecimento, desde que se aguarde a condenação do favorecido. Parece-nos cauteloso instaurar-se o inquérito, aguardando-se o deslinde do processo anterior;

d) não se configura favorecimento pessoal a hipótese de o morador impedir a entrada da polícia, durante a noite, em seu domicílio, ainda que seja para capturar fugitivo. Trata-se de exercício regular de direito, garantido pela Constituição Federal, no art. 5.º, XI ("a casa é asilo inviolável do indivíduo, ninguém nela podendo penetrar sem consentimento do morador, salvo em caso de flagrante delito ou desastre, ou para prestar socorro, ou, durante o dia, por determinação judicial");

e) não podem ser considerados autores de crime, para os fins do art. 348, os inimputáveis (menores de 18 anos e mentalmente insanos) simplesmente pelo fato de mencionar o tipo a palavra *crime* acompanhada da expressão "a que é cominada pena de reclusão", que eles não podem receber, logo, estão afastados deste contexto.

Favorecimento real

Art. 349

Sujeito ativo
Qualquer pessoa (ver Parte Geral, capítulo XII, item 3.1).

Sujeito passivo
É o Estado (ver Parte Geral, capítulo XII, item 3.2).

Objeto jurídico
É a administração da justiça (ver Parte Geral, capítulo XII, item 3.3, "b").

Objeto material
É o proveito do crime (ver Parte Geral, capítulo XII, item 3.3, "a").

Elementos objetivos do tipo
Prestar auxílio (ajudar ou dar assistência) a criminoso (há de ser a pessoa que comete o crime, não se incluindo os inimputáveis, conforme já expusemos no contexto das particularidades do crime de favorecimento pessoal), fora dos casos de coautoria (leia-se também o partícipe) ou de receptação (há tipo específico para puni-lo), destinado a tornar seguro o proveito do crime (é o ganho, o lucro ou a vantagem auferida pela prática do delito; pode ser bem móvel ou imóvel, material ou moral). A pena é de detenção, de um a seis meses, e multa. Conferir o capítulo XIII, item 2.1, da Parte Geral.

Elemento subjetivo do crime
É o dolo (ver o capítulo XIV da Parte Geral).

Elemento subjetivo do tipo específico
É a vontade de tornar seguro o proveito do crime (ver Parte Geral, capítulo XIII, item 2.1).

Classificação
Comum; formal; de forma livre; comissivo; instantâneo; unissubjetivo; plurissubsistente. Sobre a classificação dos crimes, ver o capítulo XII, item 4, da Parte Geral.

Tentativa

É admissível.

Momento consumativo

Quando houver a prestação do auxílio, independentemente de ocorrer efetivo prejuízo para o Estado ou para terceiro.

Favorecimento real em presídio

Art. 349-A

Sujeito ativo

Qualquer pessoa (ver Parte Geral, capítulo XII, item 3.1).

Sujeito passivo

É o Estado. Secundariamente, a sociedade, em virtude dos crimes que podem ser cometidos por conta da comunicação entre presos e comparsas em liberdade (ver Parte Geral, capítulo XII, item 3.2).

Objeto jurídico

É a administração da justiça, com ênfase à segurança pública (ver Parte Geral, capítulo XII, item 3.3, "b").

Objeto material

É o aparelho telefônico de comunicação móvel, de rádio ou similar (ver Parte Geral, capítulo XII, item 3.3, "a").

Elementos objetivos do tipo

Ingressar (promover a entrada de algo em algum lugar), *promover* (propiciar, dar causa a algo), *intermediar* (colocar-se entre duas pessoas, servindo-lhes de ponte ou ligação), *auxiliar* (prestar ajuda ou socorro) ou *facilitar* (tornar mais fácil, favorecer) a entrada de aparelho telefônico de comunicação móvel (celular), de rádio ou similar, sem autorização legal, em estabelecimento prisional. A pena é de detenção, de 3 meses a 1 ano. Cuida-se de infração de menor potencial ofensivo, comportando transação. Note-se que a expressão "sem autorização legal" constitui elemento normativo do tipo, dependente de análise e interpretação segundo a legislação vigente. Não se trata de norma penal em branco, visto inexistir uma fonte normativa específica lidando com o assunto, tal como há no contexto das drogas ilícitas. O estabelecimento penal deve ser concebido de forma ampla, valendo para qualquer lugar onde exista o controle de entrada e saída de presos, provisórios ou condenados, em regime fechado, semiaberto ou aberto. Conferir o capítulo XIII, item 2.1, da Parte Geral.

Elemento subjetivo do crime

Não há (ver Parte Geral, capítulo XIII, item 2.1).

Elemento subjetivo do tipo específico

Não há (ver Parte Geral, capítulo XIII, item 2.1).

Classificação

Comum; formal; de forma livre; comissivo; instantâneo; unissubjetivo; plurissubsistente. Sobre a classificação dos crimes, ver o capítulo XII, item 4, da Parte Geral.

Tentativa

É admissível.

Momento consumativo

Quando houver a entrada do aparelho em estabelecimento prisional, ultrapassando o setor de fiscalização, destinado a recolher os objetos cujo ingresso é vedado no presídio.

Particularidades

a) nesse contexto, é possível a ocorrência do crime impossível, desde que o sistema de fiscalização seja tão eficiente, a ponto de tornar inviável a entrada de qualquer aparelho (ineficácia absoluta do meio). Pode-se, ainda, considerar o aparelho completamente inutilizado (impropriedade absoluta do objeto). Logicamente, o aparelho com defeito permite a configuração do delito, pois é considerado objeto relativamente impróprio. Torna-se indispensável o exame pericial para a verificação da potencialidade do aparelho (se impróprio ou não). Celulares sem crédito, com *chip* pré-pago, permitem a concretização do crime, o mesmo valendo para o celular introduzido sem bateria. São objetos relativamente impróprios;

b) para a configuração do delito não é preciso apreender o aparelho em mãos do preso. Basta que se descubra o referido aparelho dentro do presídio, contra as determinações vigentes, conseguindo-se, por certo, identificar quem promoveu o seu ingresso;

c) quanto aos equipamentos de segurança, destinados a bloquear a comunicação para telefones celulares e outros rádios transmissores com o mundo exterior, não há qualquer impedimento para a consumação do delito do art. 349-A. Não se leva nem mesmo em conta a eficácia do bloqueio, pois o tipo penal não faz referência à comunicação exterior-interior. Não se permite o ingresso do aparelho no presídio, afinal, ele pode dar margem à comunicação dos presos dentro dos muros do estabelecimento, o que é inadequado;

d) os aparelhos similares aos celulares e aos rádios devem adequar-se ao art. 60, § 1.º, da Lei 9.472/1997, a saber: "Serviço de telecomunicações é o conjunto de atividades que possibilita a oferta de telecomunicação. § 1.º Telecomunicação é a transmissão, emissão ou recepção, por fio, radioeletricidade, meios ópticos ou qualquer outro processo eletromagnético, de símbolos, caracteres, sinais, escritos, imagens, sons ou informações de qualquer natureza".

Exercício arbitrário ou abuso de poder

Art. 350

Artigo revogado pela Lei 4.898/1965 (anterior Lei de Abuso de Autoridade). Hoje, encontra-se vigente a nova Lei de Abuso de Autoridade (Lei 13.869/2019), que não alterou aquela revogação.

Fuga de pessoa presa ou submetida a medida de segurança

Art. 351

Sujeito ativo

Qualquer pessoa (ver Parte Geral, capítulo XII, item 3.1).

Sujeito passivo

É o Estado (ver Parte Geral, capítulo XII, item 3.2).

Objeto jurídico

É a administração da justiça (ver Parte Geral, capítulo XII, item 3.3, "b").

Objeto material

É a pessoa fugitiva (ver Parte Geral, capítulo XII, item 3.3, "a").

Elementos objetivos do tipo

Promover (dar causa, impulsionar ou originar) ou *facilitar* (tornar mais fácil, acessível sem grande esforço) a fuga (é a escapada ou o rápido afastamento do local onde se está detido) de pessoa legalmente presa ou submetida à medida de segurança detentiva. O fato é atípico quando se tratar de fuga de menor infrator, pois não se pode considerá-lo *preso* ou *submetido a medida de segurança*. O adolescente pode ser internado, submetido a medida socioeducativa. A pena é de detenção, de seis meses a dois anos. Se houver emprego de violência, aplica-se também a pena resultante desta (§ 2.º). Conferir o capítulo XIII, item 2.1, da Parte Geral.

Elemento subjetivo do crime

É o dolo ou culpa, conforme o caso (ver o capítulo XIV da Parte Geral).

Elemento subjetivo do tipo específico

Não há (ver Parte Geral, capítulo XIII, item 2.1).

Classificação

Comum; material; de forma livre; comissivo; instantâneo; unissubjetivo; plurissubsistente. Sobre a classificação dos crimes, ver o capítulo XII, item 4, da Parte Geral.

Tentativa

É admissível.

Momento consumativo

Quando houver a fuga da pessoa legalmente presa ou submetida à medida de segurança.

Figura qualificada

A pena é de reclusão, de dois a seis anos, se o crime é praticado a mão armada (com o emprego de qualquer tipo de arma, própria ou imprópria, como instrumento), ou por mais de uma pessoa (concurso de duas ou mais pessoas), ou mediante arrombamento (abertura forçada, rompendo-se obstáculo material) (§ 1.º).

Outra figura qualificada do § 3.º

A pena é de reclusão, de um a quatro anos, se o crime é praticado por pessoa sob cuja custódia ou guarda está o preso ou o internado. Aplica-se somente em relação ao *caput* e não à figura do § 1.º, cuja faixa de aplicação da pena é mais elevada.

Figura culposa

A pena é de detenção, de três meses a um ano, ou multa, no caso de culpa do funcionário incumbido da custódia ou guarda.

Evasão mediante violência contra pessoa

Art. 352

Sujeito ativo

Somente o preso ou a pessoa submetida à medida de segurança detentiva (ver Parte Geral, capítulo XII, item 3.1).

Sujeito passivo

É o Estado. Secundariamente, é vítima a pessoa agredida durante a fuga (ver Parte Geral, capítulo XII, item 3.2).

Objeto jurídico

É a administração da justiça e a proteção à incolumidade física (ver Parte Geral, capítulo XII, item 3.3, "b").

Objeto material

É a pessoa agredida (ver Parte Geral, capítulo XII, item 3.3, "a").

Elementos objetivos do tipo

Evadir-se (fugir ou escapar da prisão) ou *tentar evadir-se* (é a forma tentada que está equiparada à consumada) o preso ou o indivíduo submetido à medida de segurança detentiva, usando de violência contra a pessoa (é a coação física exercida contra ser humano, não se incluindo, naturalmente, a violência contra coisas, como ocorre com o detento que serra as grades da prisão, por exemplo; não se encaixa também a grave ameaça). A pena é de detenção, de três meses a um ano, além da pena resultante da violência. Conferir o capítulo XIII, item 2.1, da Parte Geral.

Elemento subjetivo do crime

É o dolo (ver o capítulo XIV da Parte Geral).

Elemento subjetivo do tipo específico

É a vontade de escapar da prisão *legal*, *valendo-se* de violência (ver Parte Geral, capítulo XIII, item 2.1).

Classificação

Próprio (especificamente, de mão própria); material; de forma livre; comissivo; instantâneo; unissubjetivo; plurissubsistente. Sobre a classificação dos crimes, ver o capítulo XII, item 4, da Parte Geral.

Tentativa

Não é admissível, pois é delito de atentado.

Momento consumativo

Quando houver o emprego de violência visando à fuga.

Particularidade

A fuga violenta exercida no momento da decretação da prisão configura o delito de resistência. Mas se o indivíduo já estiver preso legalmente e tentar fugir ou conseguir fugir mediante o emprego de violência, concretiza-se o crime do art. 352.

Arrebatamento de preso

Art. 353

Sujeito ativo

Qualquer pessoa (ver Parte Geral, capítulo XII, item 3.1).

Sujeito passivo

É o Estado. Secundariamente, o preso maltratado (ver Parte Geral, capítulo XII, item 3.2).

Objeto jurídico

É a administração da justiça e a proteção à incolumidade física (ver Parte Geral, capítulo XII, item 3.3, "b").

Objeto material

É o preso arrebatado (ver Parte Geral, capítulo XII, item 3.3, "a").

Elementos objetivos do tipo

Arrebatar (tirar com violência) preso (é somente a pessoa cuja prisão foi decretada, incluindo-se aqueles que, cautelarmente, foram detidos – prisão temporária, preventiva ou semelhante – e os que estão cumprindo pena), a fim de maltratá-lo, do poder de quem o tenha sob custódia ou guarda (é indispensável que o preso esteja custodiado ou guardado legalmente). O fato é atípico quando se tratar de arrebatamento de menor infrator, pois não se pode considerá-lo *preso*. O adolescente pode ser apenas internado, submetido a medida socioeducativa. A pena é de reclusão, de um a quatro anos, além da pena resultante da violência. Conferir o capítulo XIII, item 2.1, da Parte Geral.

Elemento subjetivo do crime

É o dolo (ver o capítulo XIV da Parte Geral).

Elemento subjetivo do tipo específico

É a vontade de maltratar o preso arrebatado (ver Parte Geral, capítulo XIII, item 2.1).

Classificação

Comum; formal; de forma livre; comissivo; instantâneo; unissubjetivo; plurissubsistente. Sobre a classificação dos crimes, ver o capítulo XII, item 4, da Parte Geral.

Tentativa

É admissível.

Momento consumativo

Quando houver o arrebatamento do preso, ainda que não seja maltratado.

Motim de presos

Art. 354

Sujeito ativo

Somente o preso (ver Parte Geral, capítulo XII, item 3.1).

Sujeito passivo

É o Estado (ver Parte Geral, capítulo XII, item 3.2).

Objeto jurídico
É a administração da justiça (ver Parte Geral, capítulo XII, item 3.3, "b").

Objeto material
É a disciplina carcerária (ver Parte Geral, capítulo XII, item 3.3, "a").

Elementos objetivos do tipo
Amotinarem-se (revoltar-se ou entrar em conflito com a ordem vigente) presos (não vale o tipo para as pessoas sujeitas à medida de segurança detentiva), perturbando a ordem ou a disciplina da prisão (o delito é de concurso necessário, embora somente se possa falar em motim ou revolta, com perturbação da ordem, quando houver mais de três presos sublevando-se). A pena é de detenção, de seis meses a dois anos, além da pena resultante da violência. Conferir o capítulo XIII, item 2.1, da Parte Geral.

Elemento subjetivo do crime
É o dolo (ver o capítulo XIV da Parte Geral).

Elemento subjetivo do tipo específico
Não há. O verbo "amotinar-se" já indica a vontade de perturbar a ordem vigente (ver Parte Geral, capítulo XIII, item 2.1).

Classificação
Próprio (aliás, de mão própria); material; de forma livre; comissivo ou omissivo, conforme o caso; permanente; plurissubjetivo; unissubsistente ou plurissubsistente, conforme o caso. Sobre a classificação dos crimes, ver o capítulo XII, item 4, da Parte Geral.

Tentativa
É admissível na forma plurissubsistente.

Momento consumativo
Quando houver o confronto com a ordem vigente, no estabelecimento penal, perturbando-a.

Particularidade
Há quem sustente devam os presos praticar efetivos atos comissivos, com violência contra pessoas e coisas, perturbando seriamente a ordem e disciplina internas da cadeia. Não cremos desse modo. O tipo fala em sublevação de presos para perturbar a ordem e a tranquilidade do presídio, o que pode dar-se, perfeitamente, na chamada "desobediência ghândica", ou seja, todos se recusam a voltar às suas celas, permanecendo horas a fio no pátio interno, causando desordem e confusão generalizada.

Patrocínio infiel. Patrocínio simultâneo ou tergiversação

Art. 355

Sujeito ativo

Somente o advogado (ver Parte Geral, capítulo XII, item 3.1).

Sujeito passivo

É o Estado. Secundariamente, a pessoa prejudicada (ver Parte Geral, capítulo XII, item 3.2).

Objeto jurídico

É a administração da justiça (ver Parte Geral, capítulo XII, item 3.3, "b").

Objeto material

É a pessoa que sofre o prejuízo ou a coisa que permite a materialização da conduta do agente (ver Parte Geral, capítulo XII, item 3.3, "a").

Elementos objetivos do tipo

Trair (ser desleal ou enganar), na qualidade de advogado ou procurador, o dever profissional (ver o Código de Ética e Disciplina da OAB – Resolução CFOAB 2/2015), *prejudicando interesse*, cujo patrocínio (existência de mandato ou nomeação feita pelo juiz para cuidar de uma causa), em juízo, lhe é confiado. A pena é de detenção, de seis meses a três anos, e multa. Nas mesmas penas incorre o advogado ou procurador judicial que *defender* (sustentar com argumentos ou prestar socorro), na mesma causa, simultânea (é o que ocorre ao mesmo tempo) ou sucessivamente (é o que vem em seguida), partes contrárias (pessoas que possuem interesses contrapostos numa relação processual, tais como ocorre entre autor e réu). Exige-se, no entanto, que o advogado ou procurador pratique algo concreto, não bastando o mero recebimento de procuração ou a nomeação feita pelo juiz. Conferir o capítulo XIII, item 2.1, da Parte Geral.

Elemento subjetivo do crime

É o dolo (ver o capítulo XIV da Parte Geral).

Elemento subjetivo do tipo específico

Não há (ver Parte Geral, capítulo XIII, item 2.1).

Classificação

Próprio; material; de forma livre; comissivo ou omissivo; conforme o caso; instantâneo; unissubjetivo; plurissubsistente. Sobre a classificação dos crimes, ver o capítulo XII, item 4, da Parte Geral.

Tentativa

É admissível na forma comissiva.

Momento consumativo

Quando houver o ato de traição, ainda que inexista prejuízo material efetivo para o Estado ou para terceiros.

Sonegação de papel ou objeto de valor probatório

Art. 356

Sujeito ativo

Somente o advogado ou procurador judicial (ver Parte Geral, capítulo XII, item 3.1).

Sujeito passivo

É o Estado. Secundariamente, a pessoa prejudicada (ver Parte Geral, capítulo XII, item 3.2).

Objeto jurídico

É a administração da justiça (ver Parte Geral, capítulo XII, item 3.3, "b").

Objeto material

São os autos, documentos ou objetos de valor probatório (ver Parte Geral, capítulo XII, item 3.3, "a").

Elementos objetivos do tipo

Inutilizar (invalidar ou destruir), total ou parcialmente, ou *deixar de restituir* (sonegar ou não devolver o que é devido) autos (é termo que designa o conjunto das peças que constituem um processo), documento (é qualquer escrito, instrumento ou papel público ou particular destinado a produzir prova em juízo) ou objeto de valor probatório (é qualquer coisa material destinada a convencer o juízo acerca da verdade de um fato), que recebeu na qualidade de advogado ou procurador. A pena é de detenção, de seis meses a três anos, e multa. Conferir o capítulo XIII, item 2.1, da Parte Geral.

Elemento subjetivo do crime

É o dolo (ver o capítulo XIV da Parte Geral).

Elemento subjetivo do tipo específico

Não há (ver Parte Geral, capítulo XIII, item 2.1).

Classificação

Próprio; material (na forma "inutilizar") e formal (na modalidade "deixar de restituir"); de forma livre; comissivo ("inutilizar") ou omissivo ("deixar de restituir");

instantâneo (permanente na forma "deixar de restituir"); unissubjetivo; plurissubsistente. Sobre a classificação dos crimes, ver o capítulo XII, item 4, da Parte Geral.

Tentativa
É admissível na forma comissiva.

Momento consumativo
Quando houver qualquer das condutas típicas, ainda que não se concretize prejuízo efetivo para o Estado e para terceiros.

Particularidades
a) a intimação pessoal do advogado ou do procurador é imprescindível para a configuração do tipo penal, pois, do contrário, pode-se estar punindo alguém por mera negligência, e o crime é doloso, não culposo;

b) a restituição dos autos, documento ou objeto antes da denúncia ser oferecida é irrelevante para a configuração do tipo penal, que tem por objeto jurídico, já lesionado, a administração da justiça. Pode o juiz levá-la em consideração como atenuante (art. 65, III, *b*, CP). Não cremos possível afirmar, sem a devida prova, que a mera devolução, antes do oferecimento da denúncia, elimina o dolo. Portanto, fixado – e ultrapassado – o prazo para a restituição, somente a prova de um motivo de força maior poderia demonstrar a ausência de dolo.

Exploração de prestígio

Art. 357

Sujeito ativo
Qualquer pessoa (ver Parte Geral, capítulo XII, item 3.1).

Sujeito passivo
É o Estado (ver Parte Geral, capítulo XII, item 3.2).

Objeto jurídico
É a administração da justiça (ver Parte Geral, capítulo XII, item 3.3, "b").

Objeto material
É o dinheiro ou a utilidade recebida ou solicitada (ver Parte Geral, capítulo XII, item 3.3, "a").

Elementos objetivos do tipo
Solicitar (pedir ou buscar) ou *receber* (aceitar em pagamento) dinheiro (é a moeda em curso oficial no País) ou qualquer outra utilidade (deve ser entendida como algo

significativo, como o é o dinheiro), *a pretexto de influir* (tendo por finalidade inspirar ou insuflar) em juiz (é a autoridade judiciária, componente do Poder Judiciário, encarregada de aplicar o direito ao caso concreto), jurado (é o juiz leigo, que funciona, exclusivamente, no Tribunal do Júri para julgar crimes dolosos contra a vida), órgão do Ministério Público (é o Promotor de Justiça, de 1.ª instância, ou o Procurador de Justiça, de 2.ª instância), funcionário da justiça (é o funcionário público que exerce suas atividades no Poder Judiciário), perito (é a pessoa especializada em determinado assunto, preparada para dar seu parecer técnico), tradutor (é aquele que traslada algo de uma língua para outra, fazendo-o por escrito), intérprete (conhecedor de uma língua, serve de ponte para que duas ou mais pessoas possam estabelecer conversação entre si) ou testemunha (é a pessoa que, sob compromisso de dizer a verdade, narra um fato juridicamente relevante). A pena é de reclusão, de um a cinco anos, e multa. Conferir o capítulo XIII, item 2.1, da Parte Geral.

Elemento subjetivo do crime

É o dolo (ver o capítulo XIV da Parte Geral).

Elemento subjetivo do tipo específico

É a finalidade de influir na ação do juiz, jurado, membro do Ministério Público, funcionário da justiça, perito, tradutor, intérprete ou testemunha (ver Parte Geral, capítulo XIII, item 2.1).

Classificação

Comum; formal; de forma livre; comissivo; instantâneo; unissubjetivo; unissubsistente ou plurissubsistente, conforme o caso. Sobre a classificação dos crimes, ver o capítulo XII, item 4, da Parte Geral.

Tentativa

É admissível na forma plurissubsistente.

Momento consumativo

Quando houver a prática de qualquer das condutas típicas, ainda que não se concretize prejuízo efetivo para o Estado e para terceiros.

Causa de aumento de pena

A pena eleva-se de um terço, se o agente *alega* (apresenta como explicação) ou *insinua* (dá a entender de modo indireto) que o dinheiro ou utilidade também se destina a qualquer das pessoas referidas neste artigo (parágrafo único). Ao valer-se dos verbos *alegar* e *insinuar*, o tipo penal deixa claro que tais pessoas não estão envolvidas no fato, mas são usadas pelo agente para a obtenção da vantagem.

Violência ou fraude em arrematação judicial

Art. 358

Sujeito ativo
Qualquer pessoa (ver Parte Geral, capítulo XII, item 3.1).

Sujeito passivo
É o Estado. Secundariamente, o terceiro prejudicado (ver Parte Geral, capítulo XII, item 3.2).

Objeto jurídico
É a administração da justiça (ver Parte Geral, capítulo XII, item 3.3, "b").

Objeto material
É a arrematação judicial ou a pessoa que desta toma parte (ver Parte Geral, capítulo XII, item 3.3, "a").

Elementos objetivos do tipo
Impedir (impossibilitar a execução ou obstruir), *perturbar* (causar embaraço ou agitar) ou *fraudar* (lesar através de engano ou ilusão) arrematação judicial (é a venda em hasta pública promovida pelo Poder Judiciário); *afastar* (pôr de lado ou tirar do caminho) ou *procurar afastar* (ter por finalidade tirar do caminho) concorrente ou licitante, por meio de violência (coação física, nesse caso, deve voltar-se contra a pessoa, e não contra coisas), grave ameaça (é a intimidação séria e grave), fraude (é o ardil promovido para enganar) ou oferecimento de vantagem (é propor qualquer favor, lucro ou ganho). A pena é de detenção, de dois meses a um ano, ou multa, além da pena correspondente à violência. Trata-se de tipo alternativo-cumulativo, isto é, se o agente praticar as condutas "impedir", ou "perturbar", ou "fraudar" arrematação judicial responde por um só crime (alternatividade), porém, caso cometa uma dessas (ex.: perturbar arrematação) e também a segunda parte do tipo (ex.: afastar, mediante fraude, licitante) pratica dois delitos em concurso material. E, valendo-se de violência, soma-se ainda a pena resultante desta. Conferir o capítulo XIII, item 2.1, da Parte Geral.

Elemento subjetivo do crime
É o dolo (ver o capítulo XIV da Parte Geral).

Elemento subjetivo do tipo específico
Não há (ver Parte Geral, capítulo XIII, item 2.1).

Classificação
Comum; formal (nas modalidades "perturbar" e "procurar afastar") e material (nas formas "impedir", "fraudar" e "afastar"); de forma livre; comissivo; instantâneo;

unissubjetivo; plurissubsistente. Sobre a classificação dos crimes, ver o capítulo XII, item 4, da Parte Geral.

Tentativa

É admissível.

Momento consumativo

Quando houver a prática de qualquer das condutas típicas, ainda que, eventualmente, não se concretize prejuízo efetivo para o Estado e para terceiros.

Desobediência à decisão judicial sobre perda ou suspensão de direito

Art. 359

Sujeito ativo

Somente a pessoa suspensa ou privada de direito por decisão judicial (ver Parte Geral, capítulo XII, item 3.1).

Sujeito passivo

É o Estado (ver Parte Geral, capítulo XII, item 3.2).

Objeto jurídico

É a administração da justiça (ver Parte Geral, capítulo XII, item 3.3, "b").

Objeto material

É a função, atividade, direito, autoridade ou múnus (ver Parte Geral, capítulo XII, item 3.3, "a").

Elementos objetivos do tipo

Exercer (desempenhar com habitualidade) função (é a prática de um serviço relativo a um cargo ou ofício), atividade (qualquer ocupação ou diligência), direito (é a faculdade de praticar um ato), autoridade (significa o poder de dar ordens e fazer respeitar decisões) ou múnus (é um encargo, como, por exemplo, ser defensor dativo), de que foi suspenso (é a cessação por um determinado período) ou privado (é o tolhimento definitivo) por decisão judicial. Há posições doutrinárias sustentando haver necessidade do trânsito em julgado da referida decisão. Assim não nos parece. Qualquer decisão proferida regularmente por magistrado, de caráter provisório ou definitivo, deve ser cumprida. Se houver alguma ilegalidade, a parte interessada pode questionar por recurso próprio, mas deixar de cumpri-la, a pretexto de ser provisória, não tem sentido. Por outro lado, argumenta-se que tal delito, previsto no art. 359 do CP, volta-se apenas a decisões criminais e, particularmente, às antigas penas acessórias, hoje substituídas pelos efeitos da condenação (art. 92, CP). Não entendemos desse modo. A lei é clara ao mencionar somente a expressão decisão judicial, sem qualquer referência à sua natureza. Pode-se, então, tratar tanto de decisão civil quanto penal. A Lei 8.429/1992 (Improbidade Administrativa) prevê, por exemplo, hipótese de afastamento do servidor, em decisão proferida por juízo civil. Logo, não mais é o magistrado da área criminal o único a proferir decisões impeditivas do exercício de cargo, função, atividade, direito, autoridade ou múnus. A pena é de detenção, de três meses a dois anos, ou multa. Conferir o capítulo XIII, item 2.1, da Parte Geral.

Elemento subjetivo do crime

É o dolo (ver o capítulo XIV da Parte Geral).

Elemento subjetivo do tipo específico

Não há (ver Parte Geral, capítulo XIII, item 2.1).

Classificação

Próprio; formal; de forma livre; comissivo; habitual; unissubjetivo; plurissubsistente. Sobre a classificação dos crimes, ver o capítulo XII, item 4, da Parte Geral.

Tentativa

Não é admissível, por se tratar de delito habitual. Há quem sustente ser crime instantâneo, ou até permanente, desprezando o significado consagrado do verbo exercer, como conduta que somente se perfaz em formato repetido, constante ou frequente (vide os artigos 282 e 284 do Código Penal).

Momento consumativo

Quando houver a prática habitual da função, atividade, direito, autoridade ou múnus, de que estava suspenso ou privado.

Particularidades

Não se pode aplicar este artigo para o condenado que infringiu a pena alternativa de interdição temporária de direitos, pois, para essa hipótese, existe solução própria, consistente na revogação do benefício concedido, com a transformação da pena em privativa de liberdade.

O mesmo critério será utilizado para quem infringir as condições da suspensão condicional do processo (art. 89, Lei 9.099/1995). Afinal, a consequência será o prosseguimento do processo criminal.

O afastamento do marido ou companheiro do lar ou a proibição de se aproximar da ofendida, medidas protetivas de urgência, previstas no art. 22, II e III, da Lei 11.340/2006, constituem ordens judiciais, que, se violadas, poderiam implicar crime de desobediência (art. 330, CP), em nossa visão. Não se configuraria, em tese, o crime do art. 359, pois não se trataria de função, atividade, autoridade ou múnus. No entanto, prevaleceu, nos tribunais, a corrente indicativa do não cabimento do delito de desobediência, pois o juiz, em caso de descumprimento de medida imposta ao homem, poderia decretar-lhe a prisão preventiva. Fomos contra essa posição, visto que prisão cautelar não é pena. O descumprimento de medida imposta pela Lei Maria da Penha precisaria gerar um crime, impondo-se, então, uma pena. A discussão perdeu o efeito em face da edição da Lei 13.641/2018, que criou o tipo penal incriminador na Lei 11.340/2006: "art. 24-A. Descumprir decisão judicial que defere medidas protetivas de urgência previstas nesta Lei: Pena – reclusão, de 2 (dois) e 5 (cinco) anos, e multa. § 1.º A configuração do crime independe da competência civil ou criminal do juiz que deferiu as medidas. § 2.º Na hipótese de prisão em flagrante, apenas a autoridade judicial poderá conceder fiança. § 3.º O disposto neste artigo não exclui a aplicação de outras sanções cabíveis".

A suspensão ou a proibição de dirigir veículos, advinda da prática de crime de trânsito (arts. 294 e 296, Lei 9.503/1997), constitui decisão judicial vedando o exercício de um direito, mas há tipo penal especial para disciplinar o caso (art. 307, Lei 9.503/1997). Não se aplica, pois, o disposto pelo art. 359 do Código Penal.

Capítulo IV
Dos Crimes contra as Finanças Públicas

Contratação de operação de crédito

Art. 359-A

Sujeito ativo

Somente o funcionário competente para ordenar, autorizar ou realizar operação de crédito (ver Parte Geral, capítulo XII, item 3.1).

Sujeito passivo

É o Estado. Secundariamente, é a sociedade, pois o abalo nas finanças públicas pode gerar sérias consequências à coletividade (ver Parte Geral, capítulo XII, item 3.2).

Objeto jurídico

É a proteção à regularidade das finanças públicas e à probidade administrativa (ver Parte Geral, capítulo XII, item 3.3, "b").

Objeto material

É a operação de crédito efetivada (ver Parte Geral, capítulo XII, item 3.3, "a").

Elementos objetivos do tipo

Ordenar (mandar que se faça ou determinar, constituindo ato mandamental), *autorizar* (dar licença a outrem para fazer ou consentir expressamente que seja feito) ou *realizar* (ato executório, implicando em tornar efetivo ou pôr em prática) operação de crédito (é o "compromisso financeiro assumido em razão de mútuo, abertura de crédito, emissão e aceite de título, aquisição financiada de bens, recebimento antecipado de valores provenientes da venda a termo de bens e serviços, arrendamento mercantil e outras operações assemelhadas, inclusive com o uso de derivativos financeiros" – art. 29, III, da Lei Complementar 101/2000), interno ou externo, sem prévia autorização legislativa. A pena é de reclusão, de um a dois anos. Nas mesmas penas incorre quem ordena, autoriza ou realiza operação de crédito, interno ou externo, com inobservância de limite, condição ou montante estabelecido em lei ou em resolução do Senado Federal (parágrafo único, inciso I); quando o montante da dívida consolidada (é o "montante total, apurado sem duplicidade, das obrigações financeiras do ente da Federação, assumidas em virtude de leis, contratos, convênios ou tratados e da realização de operações de crédito, para amortização em prazo superior a doze meses" – art. 29, I, da Lei Complementar 101/2000) ultrapassa o limite máximo autorizado por lei (parágrafo único, inciso II, do art. 359-A). O tipo é misto alternativo, razão pela qual pode a autoridade competente efetivar uma ou mais das condutas previstas no tipo penal e o crime será único. Conferir o capítulo XIII, item 2.1, da Parte Geral.

Elemento subjetivo do crime

É o dolo (ver o capítulo XIV da Parte Geral).

Elemento subjetivo do tipo específico

Não há (ver Parte Geral, capítulo XIII, item 2.1).

Classificação

Próprio; formal; de forma vinculada; comissivo; instantâneo; de perigo abstrato; unissubjetivo; unissubsistente ou plurissubsistente, conforme o caso. Sobre a classificação dos crimes, ver o capítulo XII, item 4, da Parte Geral.

Tentativa

Admite-se, na forma plurissubsistente.

Momento consumativo

Quando qualquer das condutas enumeradas no tipo for praticada, independentemente da concretização de efetivo prejuízo material para o Estado.

Particularidades

a) é fundamental ressaltar que o pedido feito ao Ministério da Fazenda (atual Ministério da Economia) para analisar a possibilidade de realização da operação de crédito não constitui, por si só, *autorização* para a efetivação da operação de crédito, ainda que irregular e em desacordo com a lei orçamentária. Entende Luiz Celso de Barros que, dada a autorização pelo Ministério da Fazenda (atual Ministério da Economia) ou entidade equivalente, quem concretiza a operação de crédito irregular não deve responder pelo delito, reservando-se a punição ao funcionário que autorizou, pertencente ao Ministério ou entidade mencionada (*Responsabilidade fiscal e criminal*, p. 142). Parece-nos, no entanto, que tudo depende do dolo e da consciência potencial de ilicitude. Se a autorização foi pleiteada, mas sabe o requerente que se trata de algo indevido, ainda que aquela seja dada, devem responder pelo delito todos os que nele tomaram parte, conscientes de que participavam de uma operação de crédito irregular e ilícita;

b) diferença entre a figura do *caput* e do parágrafo único: enquanto a figura do *caput* prevê a hipótese do agente público efetivar operação de crédito, *sem autorização legislativa*, no caso deste parágrafo, a autorização existe, mas a transação foi feita ao arrepio das condições fixadas pela Resolução do Senado, sejam elas pertinentes ao limite da operação ou em relação a qualquer outra ou, ainda, em desacordo com o limite máximo, fixado na lei, para a consolidação da dívida resultante da operação de crédito;

c) para se ter a exata noção do seu conteúdo é preciso conhecer quais são os limites, as condições e os montantes fixados em lei ou resolução do Senado, razão pela qual a figura prevista no parágrafo único é norma penal em branco, necessitando do complemento apontado.

Inscrição de despesas não empenhadas em restos a pagar

Art. 359-B

Sujeito ativo

Somente o funcionário competente para ordenar ou autorizar a inscrição de despesa (ver Parte Geral, capítulo XII, item 3.1).

Sujeito passivo

É o Estado. Secundariamente, é a sociedade, pois o abalo nas finanças públicas pode gerar sérias consequências à coletividade (ver Parte Geral, capítulo XII, item 3.2).

Objeto jurídico

É a proteção à regularidade das finanças públicas e à probidade administrativa (ver Parte Geral, capítulo XII, item 3.3, "b").

Objeto material

É a despesa empenhada (ver Parte Geral, capítulo XII, item 3.3, "a").

Elementos objetivos do tipo

Ordenar (mandar que se faça ou determinar, constituindo ato mandamental) ou *autorizar* (dar licença a outrem para fazer ou consentir expressamente que seja feito) a inscrição em restos a pagar (são as despesas empenhadas, que não foram pagas no exercício financeiro, esgotado em 31 de dezembro), de despesa que não tenha sido previamente empenhada (*empenhar*, no contexto deste artigo, significa comprometer o orçamento imputando-lhe uma despesa da administração pública a ser futuramente paga) ou que exceda limite estabelecido em lei. Em suma, busca-se evitar que o administrador deixe para o ano seguinte e, principalmente, para seu sucessor, despesas que já não constem expressamente como devidas e cujo pagamento há de se estender no tempo, especialmente se não houver recursos para o pagamento. Carlos Valder do Nascimento afirma ser despesa pública "todo emprego ou dispêndio de dinheiro para aquisição de alguma coisa ou execução de um serviço" (*Comentários à lei de responsabilidade fiscal*, p. 107). A pena é de detenção, de seis meses a dois anos. O tipo é misto alternativo, razão pela qual pode a autoridade competente efetivar uma ou mais das condutas previstas no tipo penal e o crime será único. Conferir o capítulo XIII, item 2.1, da Parte Geral.

Elemento subjetivo do crime

É o dolo (ver o capítulo XIV da Parte Geral).

Elemento subjetivo do tipo específico

Não há (ver Parte Geral, capítulo XIII, item 2.1).

Classificação

Próprio; formal; de forma vinculada; comissivo; instantâneo; de perigo abstrato; unissubjetivo; unissubsistente ou plurissubsistente, conforme o caso. Sobre a classificação dos crimes, ver o capítulo XII, item 4, da Parte Geral.

Tentativa

Admite-se, na forma plurissubsistente.

Momento consumativo

Quando qualquer das condutas enumeradas no tipo for praticada, independentemente da concretização de efetivo prejuízo material para o Estado.

Assunção de obrigação no último ano do mandato ou legislatura

Art. 359-C

Sujeito ativo

É o funcionário público competente para ordenar ou autorizar a assunção de obrigação, embora, neste caso, deva ser ocupante de cargo para o qual foi eleito. Abrange tanto o chefe de poder, que exerce função administrativa, quanto o integrante do Legislativo, incumbido de autorizar os gastos. Inclui-se, ainda, o chefe do Ministério Público e todos os outros gestores, nomeados para o exercício de um mandato, quando gozarem de autonomia administrativa e financeira para deliberar sobre gastos (ver Parte Geral, capítulo XII, item 3.1).

Sujeito passivo

É o Estado. Secundariamente, é a sociedade, pois o abalo nas finanças públicas pode gerar sérias consequências à coletividade (ver Parte Geral, capítulo XII, item 3.2).

Objeto jurídico

É a proteção à regularidade das finanças públicas e à probidade administrativa (ver Parte Geral, capítulo XII, item 3.3, "b").

Objeto material

É a obrigação assumida (ver Parte Geral, capítulo XII, item 3.3, "a").

Elementos objetivos do tipo

Ordenar (mandar que se faça ou determinar, constituindo ato mandamental) ou *autorizar* (dar licença a outrem para fazer ou consentir expressamente que seja feito) a assunção de obrigação (significa assumir a obrigatoriedade de realizar despesa, através de qualquer ato ou fato. Logo, não quer dizer unicamente empenhar despesa, nem contrair obrigação de pagamento), nos dois últimos quadrimestres do último ano do mandato ou legislatura (tem início a partir de 1.º de maio do ano final do mandato ou da legislatura), cuja despesa não possa ser paga no mesmo exercício financeiro ou, caso reste parcela a ser paga no exercício seguinte, que não tenha contrapartida suficiente de disponibilidade de caixa. Quer-se proteger a administração pública dos constantes desmandos de ocupantes de cargos de direção que, estando prestes a deixar o governo ou o parlamento, em plena época de eleição, terminam comprometendo o orçamento vindouro, assumindo obrigações de pagamentos que não farão diretamente, mas, sim, o seu sucessor. Assume-se a obrigação de pagar levianamente, como se o orçamento fosse multiplicável, conforme o desejo do administrador, o que não ocorre, havendo constante estado de inadimplência e desequilíbrio fiscal por parte de muitos órgãos públicos. Além disso, quer-se evitar que o administrador transmita despesa sua ao futuro ocupante do cargo. A pena é de reclusão, de um a quatro anos. O tipo é misto alternativo, razão pela qual pode a autoridade competente efetivar uma ou as duas condutas previstas no tipo penal e o crime será único. Conferir o capítulo XIII, item 2.1, da Parte Geral.

Elemento subjetivo do crime

É o dolo (ver o capítulo XIV da Parte Geral).

Elemento subjetivo do tipo específico

Não há (ver Parte Geral, capítulo XIII, item 2.1).

Classificação

Próprio; formal; de forma vinculada; comissivo; instantâneo; de perigo abstrato; unissubjetivo; unissubsistente ou plurissubsistente; conforme o caso. Sobre a classificação dos crimes, ver o capítulo XII, item 4, da Parte Geral.

Tentativa

Admite-se, na forma plurissubsistente.

Momento consumativo

Quando qualquer das condutas enumeradas no tipo for praticada, independentemente da concretização de efetivo prejuízo material para o Estado.

Particularidade

Para exclusão de responsabilidade, alerta Misabel Abreu Machado Derzi, tratando da norma limitadora da contração de obrigação nos dois últimos quadrimestres do mandato (art. 42, Lei Complementar 101/2000) que "o dispositivo, não obstante, não atinge as novas despesas contraídas no primeiro quadrimestre do último ano do mandato, ainda que de duração continuada superior ao exercício financeiro. Também não deverá alcançar outras despesas contraídas no final do exercício para socorrer calamidade pública ou extraordinárias para atender a urgências necessárias" (*Comentários à lei de responsabilidade fiscal*, p. 310). É preciso acrescentar, ainda, ser possível aplicar ao contexto dos crimes previstos neste Capítulo as regras gerais de exclusão da ilicitude ou da culpabilidade. Assim, pode ocorrer hipótese de estado de necessidade ou mesmo de inexigibilidade de conduta diversa, a justificar o gasto realizado ao arrepio da Lei de Responsabilidade Fiscal. A situação, embora típica, não será considerada penalmente ilícita ou culpável, conforme o caso.

Ordenação de despesa não autorizada

Art. 359-D

Sujeito ativo

É o funcionário público competente para ordenar despesa (ver Parte Geral, capítulo XII, item 3.1).

Sujeito passivo

É o Estado. Secundariamente, é a sociedade, pois o abalo nas finanças públicas pode gerar sérias consequências à coletividade (ver Parte Geral, capítulo XII, item 3.2).

Objeto jurídico

É a proteção à regularidade das finanças públicas e à probidade administrativa (ver Parte Geral, capítulo XII, item 3.3, "b").

Objeto material

É a despesa ordenada (ver Parte Geral, capítulo XII, item 3.3, "a").

Elementos objetivos do tipo

Ordenar (mandar que se faça ou determinar, constituindo ato mandamental) despesa ("todo emprego ou dispêndio de dinheiro para aquisição de alguma coisa ou execução de um serviço", cf. Carlos Valder do Nascimento. *Comentários à lei de responsabilidade fiscal*, p. 107) não autorizada por lei (trata-se de norma penal em branco, devendo consultar a Lei Complementar 101/2000 e outras regras). A pena é de reclusão, de um a quatro anos. Conferir o capítulo XIII, item 2.1, da Parte Geral.

Elemento subjetivo do crime

É o dolo (ver o capítulo XIV da Parte Geral).

Elemento subjetivo do tipo específico

Não há (ver Parte Geral, capítulo XIII, item 2.1).

Classificação

Próprio; formal; de forma vinculada; comissivo; instantâneo; de perigo abstrato; unissubjetivo; unissubsistente ou plurissubsistente, conforme o caso. Sobre a classificação dos crimes, ver o capítulo XII, item 4, da Parte Geral.

Tentativa

Admite-se, na forma plurissubsistente.

Momento consumativo

Quando a ordem de realização de despesa for dada, independentemente da concretização de efetivo prejuízo material para o Estado.

Particularidade

Eventual benefício para a Administração é irrelevante, pois o delito é de perigo abstrato, cujo prejuízo para as finanças públicas e para a probidade administrativa é presumido pelo próprio tipo penal. Logo, ainda que a Administração seja beneficiada pela liberação de verba, não prevista na lei orçamentária ou em lei específica, o crime está configurado.

Prestação de garantia graciosa

Art. 359-E

Sujeito ativo

É o funcionário público competente para prestar garantia em operação de crédito (ver Parte Geral, capítulo XII, item 3.1).

Sujeito passivo

É o Estado. Secundariamente, é a sociedade, pois o abalo nas finanças públicas pode gerar sérias consequências à coletividade (ver Parte Geral, capítulo XII, item 3.2).

Objeto jurídico

É a proteção à regularidade das finanças públicas e à probidade administrativa (ver Parte Geral, capítulo XII, item 3.3, "b").

Objeto material

É a operação de crédito desguarnecida de contragarantia (ver Parte Geral, capítulo XII, item 3.3, "a").

Elementos objetivos do tipo

Prestar garantia (significa compromissar-se a satisfazer a dívida assumida, oferecendo algum tipo de caução) em operação de crédito (é o "compromisso financeiro assumido em razão de mútuo, abertura de crédito, emissão e aceite de título, aquisição financiada de bens, recebimento antecipado de valores provenientes da venda a termo de bens e serviços, arrendamento mercantil e outras operações assemelhadas, inclusive com o uso de derivativos financeiros" – art. 29, III, da Lei Complementar 101/2000) sem que tenha sido constituída contragarantia em valor igual ou superior ao valor da garantia prestada, na forma da lei (cuida-se de norma penal em branco, devendo-se consultar a Lei Complementar 101/2000 e outras para sua complementação). Em suma, a conduta típica objetivada neste crime é impedir que o administrador apto a prestar garantia em operação de crédito possa valer-se dessa faculdade sem a devida exigência de contragarantia, o que é indispensável, para conferir segurança ao ente que assegurou o compromisso alheio. Não se admite que o funcionário preste garantia por mera liberalidade. A pena é de detenção, de três meses a um ano. Conferir o capítulo XIII, item 2.1, da Parte Geral.

Elemento subjetivo do crime

É o dolo (ver o capítulo XIV da Parte Geral).

Elemento subjetivo do tipo específico

Não há (ver Parte Geral, capítulo XIII, item 2.1).

Classificação

Próprio; formal; de forma vinculada; comissivo; instantâneo; de perigo abstrato; unissubjetivo; unissubsistente ou plurissubsistente, conforme o caso. Sobre a classificação dos crimes, ver o capítulo XII, item 4, da Parte Geral.

Tentativa

Admite-se, na forma plurissubsistente.

Momento consumativo

Quando a prestação de garantia efetivar-se, independentemente da concretização de efetivo prejuízo material para o Estado.

Não cancelamento de restos a pagar

Art. 359-F

Sujeito ativo

É o funcionário público competente para ordenar, autorizar ou promover o cancelamento de restos a pagar (ver Parte Geral, capítulo XII, item 3.1).

Sujeito passivo

É o Estado. Secundariamente, é a sociedade, pois o abalo nas finanças públicas pode gerar sérias consequências à coletividade (ver Parte Geral, capítulo XII, item 3.2).

Objeto jurídico

É a proteção à regularidade das finanças públicas e à probidade administrativa (ver Parte Geral, capítulo XII, item 3.3, "b").

Objeto material

É a inscrição de restos a pagar (ver Parte Geral, capítulo XII, item 3.3, "a").

Elementos objetivos do tipo

Deixar (abster-se) de *ordenar* (dar um comando), *autorizar* (fornecer o consentimento) ou *promover* (ser causa geradora de algo) o cancelamento do montante de restos a pagar (são as despesas empenhadas, que não foram pagas no exercício financeiro, esgotado em 31 de dezembro), inscrito em valor superior ao permitido em lei. O objetivo deste crime é complementar um anterior, previsto no art. 359-B (inscrição de despesas não empenhadas em restos a pagar). Assim, aquele que ordena ou autoriza a inscrição de despesa não autorizada por qualquer razão em restos a pagar, responde pelo art. 359-B, mas o agente administrativo que, podendo e tendo competência a tanto, toma conhecimento do que foi feito por outro e não determina o cancelamento dessa indevida inscrição, responde pelo art. 359-F. Note-se que, sendo o mesmo administrador, o crime previsto neste artigo é considerado *fato posterior não punível*, pois, se ele inscreveu o indevido, é natural que não providencie o cancelamento. A pena é de detenção, de seis meses a dois anos. Conferir o capítulo XIII, item 2.1, da Parte Geral.

Elemento subjetivo do crime

É o dolo (ver o capítulo XIV da Parte Geral).

Elemento subjetivo do tipo específico

Não há (ver Parte Geral, capítulo XIII, item 2.1).

Classificação

Próprio; formal; de forma vinculada; omissivo; instantâneo; de perigo abstrato; unissubjetivo; unissubsistente. Sobre a classificação dos crimes, ver o capítulo XII, item 4, da Parte Geral.

Tentativa

Não se admite, por ser crime omissivo e unissubsistente.

Momento consumativo

Quando a abstenção efetivar-se, independentemente da concretização de efetivo prejuízo material para o Estado.

Aumento de despesa total com pessoal no último ano do mandato ou legislatura

Art. 359-G

Sujeito ativo

É o funcionário público competente para ordenar, autorizar ou executar o ato que acarrete aumento de despesa com pessoal, embora, neste caso, deva ser ocupante de cargo para o qual foi eleito. Abrange tanto o chefe de poder, que exerce função administrativa, quanto o integrante do Legislativo, incumbido de autorizar os gastos. Inclui-se, ainda, o chefe do Ministério Público e todos os outros gestores, nomeados para o exercício de um mandato, quando gozarem de autonomia administrativa e financeira para deliberar sobre gastos. Note-se, ainda, que a figura típica abrange o *executor*, isto é, o funcionário que tenha competência para implantar, efetivamente, o aumento. Logicamente, se o competente para ordenar dá um comando, é natural supor que o funcionário encarregado de implantar o aumento o cumpra. Se ele vislumbrar manifesta ilegalidade, deve recusar-se a fazê-lo, pois ninguém é obrigado a cumprir ordens ilegais. Mas, se a ordem ou autorização for de duvidosa legalidade, pode ele valer-se da obediência hierárquica – excludente de culpabilidade. No mais, se aquiesceu à ordem ou autorização dada, é coautor (ver Parte Geral, capítulo XII, item 3.1).

Sujeito passivo

É o Estado. Secundariamente, é a sociedade, pois o abalo nas finanças públicas pode gerar sérias consequências à coletividade (ver Parte Geral, capítulo XII, item 3.2).

Objeto jurídico

É a proteção à regularidade das finanças públicas e à probidade administrativa (ver Parte Geral, capítulo XII, item 3.3, "b").

Objeto material

É o ato autorizador do aumento de despesa com pessoal (ver Parte Geral, capítulo XII, item 3.3, "a").

Elementos objetivos do tipo

Ordenar (dar um comando), *autorizar* (fornecer o consentimento) ou *executar* (realizar, ou seja, tornar efetivo) ato que acarrete aumento de despesa total com pessoal (é o "o somatório dos gastos do ente da Federação com os ativos, os inativos e os pensionistas, relativos a mandatos eletivos, cargos, funções ou empregos, civis, militares e de membros de Poder, com quaisquer espécies remuneratórias, tais como vencimentos e vantagens, fixas e variáveis, subsídios, proventos da aposentadoria, reformas e pensões, inclusive adicionais, gratificações, horas extras e vantagens pessoais de qualquer natureza, bem como encargos sociais e contribuições recolhidas pelo ente às entidades de previdência" – art. 18 da Lei Complementar 101/2000), nos 180 dias anteriores ao final do mandato ou da legislatura. Visa-se coibir as elevações indevidas de salários ou concessões de vantagens em geral, passando-se a conta ao sucessor do cargo, enquanto o prestígio de ter atendido às reivindicações dos funcionários fica com o administrador que proporcionou a elevação de vencimentos. Este crime não se relaciona com o previsto no art. 359-C, porque, na assunção de obrigação no último ano do mandato ou legislatura, está-se levando em conta despesas que não possam ser pagas no mesmo exercício, ficando a obrigação de pagamento ao sucessor, sem ter disponibilidade orçamentária para tanto. No caso do art. 359-G, o aumento de despesa com pessoal é permanente, isto é, com certeza irá atravessar o exercício, atingindo os anos vindouros. Assim acontecendo, é possível que o orçamento fique comprometido, deixando de propiciar ao administrador futuro condições para gerir, convenientemente, a máquina estatal. Note-se, ademais, que pouco interessa para a configuração do crime, previsto neste artigo, que haja suficiência de verbas para o pagamento, pois a vedação é expressa e tem por finalidade evitar os gestos de benemerência com o dinheiro público, justamente quando haverá de assumir outro administrador, com outras ideias e projetos. Além disso, muitos desses aumentos de vencimentos têm nítida conotação eleitoral, tendo por fim favorecer determinados partidos ou candidaturas, o que não está de acordo com a lisura exigida na administração pública. A pena é de reclusão, de um a quatro anos. Conferir o capítulo XIII, item 2.1, da Parte Geral.

Elemento subjetivo do crime

É o dolo (ver o capítulo XIV da Parte Geral).

Elemento subjetivo do tipo específico

Não há (ver Parte Geral, capítulo XIII, item 2.1).

Classificação

Próprio; formal; de forma vinculada; comissivo; instantâneo; de perigo abstrato; unissubjetivo; unissubsistente ou plurissubsistente, conforme o caso. Sobre a classificação dos crimes, ver o capítulo XII, item 4, da Parte Geral.

Tentativa

Admite-se, na forma plurissubsistente.

Momento consumativo

Quando qualquer das condutas típicas for praticada, independentemente da concretização de efetivo prejuízo material para o Estado.

Oferta pública ou colocação de títulos no mercado

Art. 359-H

Sujeito ativo

É o funcionário público competente para ordenar, autorizar ou promover oferta pública ou colocação no mercado financeiro de títulos da dívida pública (ver Parte Geral, capítulo XII, item 3.1).

Sujeito passivo

É o Estado. Secundariamente, é a sociedade, pois o abalo nas finanças públicas pode gerar sérias consequências à coletividade (ver Parte Geral, capítulo XII, item 3.2).

Objeto jurídico

É a proteção à regularidade das finanças públicas e à probidade administrativa (ver Parte Geral, capítulo XII, item 3.3, "b").

Objeto material

São os títulos da dívida pública (ver Parte Geral, capítulo XII, item 3.3, "a").

Elementos objetivos do tipo

Ordenar (dar um comando), *autorizar* (fornecer o consentimento, aquiescer) ou *promover* (ser causa geradora de algo) a oferta pública ou a colocação no mercado financeiro de títulos da dívida pública sem que tenham sido criados por lei ou sem que estejam registrados em sistema centralizado de liquidação e custódia. O objetivo deste crime é evitar que o funcionário competente possa inserir no mercado financeiro, de alguma forma, títulos da dívida pública, sem autorização legal para a sua criação ou sem o devido registro no órgão de fiscalização competente. Evita-se, com isso, um descontrole das finanças do Estado. Menciona o art. 29, II, da Lei de Responsabilidade Fiscal que a dívida pública mobiliária é representada por "títulos emitidos pela União, inclusive os do Banco Central do Brasil, Estados e Municípios". Na explicação de Figueiredo, Ferreira, Raposo, Braga e Nóbrega, "esses títulos são negociados em mercado através de leilões eletrônicos monitorados pelo BACEN. A LRF [Lei Complementar 101/2000] destaca os títulos emitidos pelo BACEN para efeito de caracterização da dívida mobiliária. Isso se deve a uma nova postura determinada pela lei quanto ao volume de dívida gerada pelo BACEN na execução da política monetária, que antes não se integrava ao montante da dívida mobiliária da União, resultando na falta de controle do tesouro federal sobre as emissões" (*Comentários à lei de responsabilidade fiscal*, p. 183). A pena é de reclusão, de um a quatro anos. Conferir o capítulo XIII, item 2.1, da Parte Geral.

Elemento subjetivo do crime

É o dolo (ver o capítulo XIV da Parte Geral).

Elemento subjetivo do tipo específico

Não há (ver Parte Geral, capítulo XIII, item 2.1).

Classificação

Próprio; formal; de forma vinculada; comissivo; instantâneo; de perigo abstrato; unissubjetivo; unissubsistente ou plurissubsistente, conforme o caso. Sobre a classificação dos crimes, ver o capítulo XII, item 4, da Parte Geral.

Tentativa

Admite-se, na forma plurissubsistente.

Momento consumativo

Quando qualquer das condutas típicas for praticada, independentemente da concretização de efetivo prejuízo material para o Estado.

Título XII

Dos Crimes contra o Estado Democrático de Direito

Capítulo I
Dos Crimes contra a Soberania Nacional

Atentado à soberania

Art. 359-I

Sujeito ativo

Pode ser qualquer pessoa (ver Parte Geral, capítulo XII, item 3.1).

Sujeito passivo

É o Estado. Secundariamente, a sociedade, que arca com os prejuízos de uma eventual guerra ou invasão (ver Parte Geral, capítulo XII, item 3.2).

Objeto jurídico

Trata-se, especificamente, da soberania nacional, lembrando-se do bem maior, que é tutela ao Estado Democrático de Direito (ver Parte Geral, capítulo XII, item 3.3, "b").

Objeto material

É a negociação ou a invasão (ver Parte Geral, capítulo XII, item 3.3, "a").

Elementos objetivos do tipo

A atual figura típica do art. 359-I congrega, em outros termos, os antigos artigos 8.º, 9.º e 10 da anterior Lei 7.170/1983. No *caput*, encontra-se a conduta *negociar* (debater um tema para atingir um acordo; ajustar ou contratar algo), tendo por parceiro um governo ou grupo estrangeiro (ou seus agentes), cuja finalidade é desencadear atos *típicos* (característicos, próprios) de uma guerra (conflito armado) contra o Brasil. Esses atos podem configurar manifestações de hostilidade, como rápidas invasões ao território nacional, com provocações aos agentes de segurança nacional. É atitude típica de traição à pátria. Em conduta alternativa, pode-se negociar com grupos estrangeiros a invasão a solo nacional. Outro ato peculiar de traição. A pena é de reclusão, de três a oito anos. Conferir o capítulo XIII, item 2.1, da Parte Geral.

Elemento subjetivo do crime

É o dolo. Não existe a forma culposa (ver o capítulo XIV da Parte Geral).

Elemento subjetivo do tipo específico

Há elemento subjetivo específico consistente em provocar atos típicos de guerra, quanto à primeira figura. Na negociação para invadir o território brasileiro, inexiste elemento subjetivo específico (ver Parte Geral, capítulo XIII, item 2.1).

Classificação

Comum; formal; de forma livre; comissivo; instantâneo; unissubjetivo; plurissubsistente. Sobre a classificação dos crimes, ver o capítulo XII, item 4, da Parte Geral.

Tentativa

Admite-se, na forma plurissubsistente.

Momento consumativo

Quando qualquer das condutas enumeradas no tipo for praticada, independentemente da concretização de efetivo prejuízo material para o Estado.

Particularidades

a) causa de aumento da pena: deve ser ponderada na terceira fase de aplicação da pena privativa de liberdade. A elevação deveria ter um valor fixo, pois é uma circunstância objetiva: ocorrer a declaração de guerra. Porém, há um aumento variável de metade até o dobro, podendo-se deduzir o grau de hostilidade real de nação ou grupo estrangeiro em relação ao Brasil. Havendo apenas a declaração de guerra, sem a concretização de atos, o aumento pode se dar em metade; caso os atos de guerra se efetivem, o aumento deve atingir o máximo (dobro).

b) crime qualificado: se a atuação do agente se voltar à participação de operação de guerra, cuja meta é a submissão do território nacional (ou parte dele) a domínio ou soberania estrangeira. Outro ato grave de traição à pátria. A pena passa a ser de reclusão, de quatro a doze anos (anteriormente, era delito autônomo, com pena de reclusão de quatro a vinte anos). Não se cuida de exaurimento do delito, pois a criminalização se volta apenas ao compartilhamento do agente nos atos de guerra, mesmo que não atinja resultados concretos. A pena é de reclusão, de quatro a doze anos.

Atentado à integridade nacional
Art. 359-J

Sujeito ativo

Pode ser qualquer pessoa (ver Parte Geral, capítulo XII, item 3.1).

Sujeito passivo

É o Estado. Secundariamente, a sociedade brasileira (ver Parte Geral, capítulo XII, item 3.2).

Objeto jurídico

Cuida-se da soberania nacional, incluindo a proteção ao Estado Democrático de Direito (ver Parte Geral, capítulo XII, item 3.3, "b").

Objeto material

É a pessoa ou coisa que sofre a violência ou a grave ameaça (ver Parte Geral, capítulo XII, item 3.3, "a").

Elementos objetivos do tipo

Praticar (realizar, efetivar, concretizar) é a conduta principal, voltada à violência ou grave ameaça, cuja meta é *desmembrar o território nacional para constituir país independente* (destacar parte do território, formando uma nação soberana e separada do Brasil). Na lei anterior, punia-se quem *tentava* desmembrar o território nacional, mesmo sem violência ou grave ameaça, podendo ser realizada por discursos, campanhas e atos de convencimento público. Houve caso de pessoas que tentaram liderar um movimento separatista – sem emprego de violência ou ameaça – mas eliminados desde logo por conta da tipificação do art. 11 da Lei 7.170/1983. Pela nova redação, o discurso separatista não encontra criminalização, mas somente o desenvolvimento de práticas violentas ou ameaçadoras para esse fim. Não deixa de ser estranho, pois a atividade de pessoas querendo dividir o Brasil, separar Estados e constituir um país independente não é nada democrática e deveria ser punida, independentemente do emprego de violência ou grave ameaça. Uma das razões disso é que, havendo o convencimento da população de um certo local, para o desmembramento do território nacional, o passo seguinte terminará em belicosidade, possivelmente, com violência e derramamento de sangue. O tipo presente foi abrandado, pois o anterior mencionava *tentar desmembrar* o território nacional; o atual exige que essa tentativa seja realizada – para haver criminalização – com violência ou grave ameaça. É temerário, como dissemos, pois do discurso de convencimento – sem qualquer agressividade – pode brotar de outras pessoas recursos violentos. De qualquer modo, cuida-se de um delito de atividade, sem a exigência de se atingir o resultado: desmembramento do território e formação de país independente. Ademais, se isto realmente ocorrer, nada mais se pode fazer, pois um país soberano nasceu e somente a guerra poderia submetê-lo, novamente, à soberania brasileira. Justamente por isso é que o título do delito é *atentado* à integridade nacional. A pena é de dois a seis anos, além da pena cominada à violência. Conferir o capítulo XIII, item 2.1, da Parte Geral.

Elemento subjetivo do crime

É o dolo. Não há a forma culposa (ver o capítulo XIV da Parte Geral).

Elemento subjetivo do tipo específico

Há elemento subjetivo específico, consistente em desmembrar parte do território nacional para constituir país independente. (ver Parte Geral, capítulo XIII, item 2.1).

Classificação

Comum; formal; de forma livre; comissivo; instantâneo; unissubjetivo; plurissubsistente. Sobre a classificação dos crimes, ver o capítulo XII, item 4, da Parte Geral.

Tentativa

Admite tentativa.

Momento consumativo

Basta a prática de ato violento ou intimidador voltado ao desmembramento do território.

Espionagem

Art. 359-K

Sujeito ativo

Pode ser qualquer pessoa. Tratando-se de alguém encarregado de resguardar o documento ou a informação, pode responder na forma qualificada no § 2.º. O espião é aquele que consegue ingressar em sistema protegido, retirando dali o dado secreto, para o fim de entregar a governo ou crime organizado estrangeiro, podendo ser brasileiro ou forasteiro (ver Parte Geral, capítulo XII, item 3.1).

Sujeito passivo

É o Estado. Secundariamente, a sociedade brasileira, interessada em manter as bases democráticas da República (ver Parte Geral, capítulo XII, item 3.2).

Objeto jurídico

Trata-se, especificamente, da soberania nacional, lembrando-se do bem maior, que é tutela ao Estado Democrático de Direito (ver Parte Geral, capítulo XII, item 3.3, "b").

Objeto material

São os documentos ou informes secretos ou ultrassecretos (ver Parte Geral, capítulo XII, item 3.3, "a").

Elementos objetivos do tipo

Entregar é a conduta principal, significando dar algo a alguém, que, nesta hipótese, é um governo estrangeiro, seus agentes, ou uma organização criminosa estrangeira. Envolve qualquer país estrangeiro (ou agentes do governo) ou grupo criminoso estrangeiro (na hipótese deste tipo, mencionou-se *organização criminosa* e não qualquer criminoso individual ou associado a outros). Na figura anterior (art. 13 da Lei 7.170/1983, revogada) havia maior amplitude, prevendo a entrega a qualquer grupo estrangeiro, mesmo de natureza não governamental, o que não ocorre na atual previsão. O espião deve fornecer os dados para servidores públicos estrangeiros ou integrantes do crime organizado estrangeiro. Qualquer situação fora disso não serve para caracterizar o delito, o que nos parece inadequado, afinal, se o documento é sigiloso não deveria ser remetido a ninguém, especialmente estrangeiro. O objeto da entrega é *documento* (base material disposta a armazenar dados), envolvendo, igualmente, a cópia do documento, não necessitando tratar-se do original, ou *informação* (dados, planos, assuntos ou esclarecimentos sobre o funcionamento de algo). Os mencionados dados precisam ser classificados como *secretos* ou *ultrassecretos*, nos termos da lei, portanto, abre-se uma norma penal em branco, cujo complemento se dará em legislação específica (consultar a Lei 12.527/2011 e Decreto 7.845/2012) para considerar um documento ou uma informação de natureza sigilosa (ou muito sigilosa, o que nos parece integralmente desnecessário, pois o que é secreto já envolve o ultrassecreto). Entretanto, cumpre esclarece ter o tipo adotado a classificação da documentação em secreta e ultrassecreta, porque esta última é a que impõe maior rigor, nos termos de lei específica e respectivo decreto. Além de ser transmitido o dado sigiloso exige-se que essa revelação seja potencialmente danosa a *preservação da ordem constitucional* (as estruturas do Estado Democrático de Direito, pois este é o objetivo do Título XII do Código Penal) ou a *soberania nacional* (autodeterminação do povo brasileiro, como base da República Federativa do Brasil, conforme art. 1.º, I, CF). Um elemento normativo, concernente à ilicitude, foi incluído no tipo (*em desacordo com determinação legal ou regulamentar*). Portanto, por razão evidentes, caso a entrega se der de acordo com as normas vigentes, o fato é atípico. Nota-se, portanto, constituir um delito de fundo político, cujo objetivo do agente, denominado *espião*, é minar os alicerces democráticos da nação brasileira, não envolvendo atividades empresariais de qualquer ordem, nem outros interesses econômico-financeiros ou de natureza diversa da política. A maior parte dos países, senão todos, busca guardar em absoluto sigilo alguns informes de sua própria estrutura, visando à segurança interna e externa, no que se refere à estrutura política vigente. A pena é de reclusão, de três a doze anos.

Elemento subjetivo do crime

É o dolo. Não se pune a forma culposa (ver o capítulo XIV da Parte Geral).

Elemento subjetivo do tipo específico

Não há (ver Parte Geral, capítulo XIII, item 2.1).

Classificação

Comum; formal; de forma livre; comissivo; instantâneo; unissubjetivo; de perigo; unissubsistente ou plurissubsistente, conforme o modo de execução eleito pelo agente. Sobre a classificação dos crimes, ver o capítulo XII, item 4, da Parte Geral.

Tentativa

Comporta tentativa na forma plurissubsistente.

Momento consumativo

Basta a entrega do documento ou da informação a estrangeiros.

Particularidades

a) A figura prevista no § 1.º do art. 359-K cria um tipo particular de favorecimento a quem ajuda o espião a escapar à ação da autoridade pública. Deixa bem claro que o prestador de auxílio deve conhecer a condição de *espião* do autor do delito previsto no art. 359-K, *caput*. Por isso, recebe a mesma pena elevada de reclusão de 3 a 12 anos. Note-se que a comum figura do favorecimento pessoal do art. 348 do Código Penal comina uma pena bem menor: detenção, de um a seis meses, e multa (quando o autor favorecido responde por crime apenado com reclusão) ou detenção, de quinze dias a três meses, e multa (quando ao crime do favorecido não for cominada pena de reclusão). Há dois pontos a analisar. O primeiro deles concerne ao indispensável conhecimento da situação de *espião* do criminoso; portanto, se o auxiliador favorecer um criminoso a fugir, sem ter noção específica de se tratar do delito do art. 359-K, logo, sem saber tratar-se de espião, deve responder pela figura geral do art. 348 do Código Penal. Outro ponto a ser observado diz respeito à escusa absolutória (imunidade absoluta) referente à não punição do ascendente, descendente, cônjuge ou irmão do delinquente, quando auxiliar seu ente querido a escapar da ação da autoridade. Na hipótese específica do § 1.º deste art. 359-K, inexiste essa possibilidade, em face da gravidade da infração penal.

b) No § 2.º, há uma qualificadora. Quando o agente for encarregado de resguardar o sigilo do documento, dado ou informação, como regra, servidor público, por óbvio, a revelação a governo estrangeiro ou organização criminosa estrangeira torna o delito muito mais grave, tanto que a pena se elevada para reclusão, de seis a quinze anos.

c) A figura do § 3.º prevê a facilitação para a prática dos delitos previstos no *caput* e nos §§ 1.º e 2.º. Esse favorecimento consiste em atribuir, fornecer ou emprestar uma senha (código criado para proteger o ingresso em algum lugar físico ou virtual) ou outra forma de acesso de pessoas (genericamente, a entrada em sistemas eletrônicos, atualmente, pode dar-se por meio de leitura óptica, de digitais ou dos traços faciais) não autorizadas a sistema de informações (conjunto informatizado destinado a armazenar dados). Cuida-se da criação específica de uma participação de menor importância, com pena mais brande: detenção, de um a quatro anos. Se não houvesse essa figura, o fornecedor de senha, que permita o acesso do espião a documentos sigilosos e a consecução da entrega dos dados a estrangeiros, conforme previsto no *caput*, seria um autêntico partícipe, nos termos do art. 29, *caput*, do Código Penal. Por outro lado, é viável que a senha sirva para permitir a fuga do espião. O sujeito ativo é qualquer pessoa e o passivo é o Estado. Secundariamente, a sociedade brasileira, interessada em manter as bases democráticas. É crime doloso. O objeto material é a senha e o objeto jurídico é a tutela do Estado Democrático de Direito.

d) No § 4.º, prevê-se uma excludente de ilicitude de certa forma estranha. Destina-se a quem comunicar (dar conhecimento de algo a alguém), entregar (dar algo a alguém) ou publicar (tornar algum informe ou dado de conhecimento geral da sociedade), um documento ou uma informação secreta ou ultrassecreta, com a finalidade de denunciar o cometimento de um crime ou a violação de direitos humanos, entendidos esses como os inerentes à dignidade humana, muitos dos quais estão previstos no art. 5.º da Constituição Federal, mas, também, em convenções e tratados internacionais. Entretanto, há alguns pontos a destacar. Em primeiro lugar, insere-se uma causa excludente de ilicitude no cenário de um grave delito de espionagem, que pode colocar em perigo a preservação da ordem constitucional ou a soberania nacional. Portanto, pode-se questionar essa *troca*, vale dizer, um crime revelado (nem se especifica qual) ou a exposição genérica de violação de direitos humanos (nem se especifica quais e em qual proporção). Assim sendo, torna-se uma permuta delicada e contestável, pois se pode trocar um direito individual em prejuízo do direito de muitos. Em segundo, o crime, onde se inseriu a excludente, é de espionagem, prevendo que um indivíduo entregue a governo estrangeiro ou ao crime organizado informes sigilosos do Brasil, colocando em risco valores muito relevantes (ordem constitucional e soberania nacional). Nesta hipótese, poderia o espião invadir sistemas protegidos, extrair dados, passá-los a governo estrangeiro (não se menciona nenhuma corte internacional de direitos humanos, nem mesmo a órgãos das Nações Unidas) apenas para denunciar a prática de um crime, o que nos soa ilógico.

Capítulo II
Dos Crimes contra as Instituições Democráticas

Abolição violenta do Estado Democrático de Direito

Art. 359-L

Sujeito ativo

Pode ser qualquer pessoa (ver Parte Geral, capítulo XII, item 3.1).

Sujeito passivo

É o Estado. Secundariamente, a sociedade brasileira, interessada em manter as bases democráticas da República (ver Parte Geral, capítulo XII, item 3.2).

Objeto jurídico

Cuida-se da livre atuação das instituições democráticas, o que abrange a proteção ao Estado Democrático de Direito (ver Parte Geral, capítulo XII, item 3.3, "b").

Objeto material

É o livre exercício dos poderes constitucionais (ver Parte Geral, capítulo XII, item 3.3, "a").

Elementos objetivos do tipo

Tentar significa buscar atingir algum objetivo, sem ter êxito. No caso deste tipo penal a meta do agente é abolir (eliminar, suprimir) o Estado Democrático de Direito. O meio utilizado é o emprego de violência (coerção física, força bruta) ou grave ameaça (coação moral, intimidação intensa). Além disso, a estratégia para chegar à sua meta é impedir (obstar, deter, parar) ou restringir (limitar, estreitar, delimitar) o exercício dos poderes constitucionais (Executivo, Legislativo e Judiciário). Vale para a União e para os Estados, mas não abrange o Município, que, certamente, não abala o Estado Democrático de Direito e pode ser mais facilmente controlado, por ser atividade muito localizada. O agente pode agir diretamente, valendo-se de força física ou de intimidação, mas, também, pode se utilizar de terceiras pessoas, atuando como indutor, instigador ou mandante. Desse modo, são concorrentes (art. 29, CP) tanto quem açula quanto quem comete o ato violento ou intimidador. Este tipo guarda semelhança com os anteriores delitos previstos nos artigos 16 e 18 da revogada Lei de Segurança Nacional. Por outro lado, tem como correspondente nesta lei o tipo previsto no art. 359-M (Golpe de Estado), embora nesta hipótese busque-se depor o governo legitimamente constituído, referindo-se, em particular, ao Poder Executivo. O tipo do art. 359-L tutela todos os três Poderes. Logo, é mais abrangente. É importante destacar que o delito se apresenta na forma tentada, porque, se houver triunfo na abolição do Estado Democrático de Direito, quem ocupar o poder não será, naturalmente, processado e punido. Tornou-se o novo governo e haverá outros poderes, razão pela qual a lei está correta ao prever a figura da tentativa. Entretanto, lembremos que a Constituição Federal de 1988 manifesta o seu repúdio à ação de grupos armados, civis ou militares, contra a ordem constitucional e o Estado Democrático, tornando tal conduta inafiançável e imprescritível (art. 5.º, XLIV). A pena é de reclusão, de quatro a oito anos, além da pena relativa à violência.

Elemento subjetivo do crime

É o dolo. O objetivo é romper a ordem constitucional, mas isto é exatamente o previsto no tipo, não se perquirindo qual a intenção do agente por realizar a conduta. Não se pune a forma culposa. (ver o capítulo XIV da Parte Geral).

Elemento subjetivo do tipo específico

Não há (ver Parte Geral, capítulo XIII, item 2.1).

Classificação

Comum; formal; de forma livre; comissivo; unissubjetivo; de perigo; plurissubsistente. Sobre a classificação dos crimes, ver o capítulo XII, item 4, da Parte Geral.

Tentativa

Não cabe tentativa, pois já é um delito de atentado (a simples tentativa consuma o crime). Não é possível haver *tentativa da tentativa*.

Momento consumativo

Consuma-se quando se emprega violência ou grave ameaça, impedindo ou restringindo o exercício dos poderes constitucionais.

Golpe de Estado

Art. 359-M

Sujeito ativo

Pode ser qualquer pessoa (ver Parte Geral, capítulo XII, item 3.1).

Sujeito passivo

É o Estado. Secundariamente, a sociedade brasileira, interessada em manter as bases democráticas da República (ver Parte Geral, capítulo XII, item 3.2).

Objeto jurídico

Trata-se da livre atuação das instituições democráticas, o que abrange a proteção ao Estado Democrático de Direito (ver Parte Geral, capítulo XII, item 3.3, "b").

Objeto material

Cuida-se do governo constituído (ver Parte Geral, capítulo XII, item 3.3, "a").

Elementos objetivos do tipo

Tentar significa buscar atingir algum objetivo, sem ter êxito. A meta é a *deposição* (destituição de alguém de seu cargo) do governo legitimamente constituído (o chefe do Executivo federal, eleito pelo povo). O meio utilizado é o emprego de violência (coerção física, força bruta) ou grave ameaça (coação moral, intimidação intensa). O crime prevê a forma tentada porque, se realmente o governo for deposto, ingressa-se em nova situação político-institucional, de qualquer formato, não se punindo quem passa a governar. Um *golpe de Estado*, por mais ilegítimo que seja, se triunfante, passa a ser o governo e, portanto, protegido pela força das armas. Lembremos que a Constituição Federal de 1988 manifesta o seu repúdio à ação de grupos armados, civis ou militares, contra a ordem constitucional e o Estado Democrático, tornando tal conduta inafiançável e imprescritível (art. 5.º, XLIV). A pena é de reclusão, de quatro a doze anos, além da pena correspondente à violência.

Elemento subjetivo do crime

É o dolo. O objetivo é depor o governo, exatamente o previsto no tipo. Inexiste necessidade em perquirir a intenção do agente para tal atitude. Não se pune a forma culposa (ver o capítulo XIV da Parte Geral).

Elemento subjetivo do tipo específico

Não há (ver Parte Geral, capítulo XIII, item 2.1).

Classificação

Comum; formal; de forma livre; comissivo; instantâneo; unissubjetivo; de perigo; plurissubsistente. Sobre a classificação dos crimes, ver o capítulo XII, item 4, da Parte Geral.

Tentativa

Não cabe tentativa, pois já é um delito de atentado (a simples tentativa consuma o crime). Não é possível haver *tentativa da tentativa*.

Momento consumativo

Basta empregar violência ou grave ameaça, iniciando um procedimento voltado a depor o governo.

Capítulo III
Dos Crimes contra o Funcionamento das Instituições Democráticas no Processo Eleitoral

Interrupção do processo eleitoral

Art. 359-N

Sujeito ativo

Pode ser qualquer pessoa (ver Parte Geral, capítulo XII, item 3.1).

Sujeito passivo

É o Estado. Secundariamente, a sociedade, que tem interesse na mantença do sistema democrático nacional (ver Parte Geral, capítulo XII, item 3.2).

Objeto jurídico

Trata-se do funcionamento das instituições democráticas no processo eleitoral (ver Parte Geral, capítulo XII, item 3.3, "b").

Objeto material

É a violação de mecanismos de segurança do sistema eletrônico de votação (ver Parte Geral, capítulo XII, item 3.3, "a").

Elementos objetivos do tipo

Impedir (obstruir, bloquear) e *perturbar* (causar transtorno, estorvar) são as condutas alternativas, cuja meta é a *eleição* (ato de escolha de representantes no Legislativo e no Executivo) ou a *aferição do resultado* (constatação do produto final). O mecanismo para tanto é a *violação* (rompimento) indevida dos mecanismos de segurança (aparatos para assegurar a integridade de algo), cujo objeto é o sistema eletrônico de votação, conforme fixado pela Justiça Eleitoral. O tipo penal foi construído para proteger a forma eleitoral que se usa, no Brasil, há vários anos. Os acontecimentos mais recentes, nos anos de 2020 e 2021, demonstram ataques verbais, por ora, contra o sistema eletrônico de votação, por parte de alguns grupos, com ou sem partidarismo político. O delito se volta a quem puser em ação atitudes concretas para colocar obstáculos ou inserir dificuldade para a eleição ou para a sua apuração. Esses atos consistem em invadir o mecanismo de segurança criado pela Justiça Eleitoral. A pena é de reclusão, três a seis anos, e multa.

Elemento subjetivo do crime

É o dolo. Inexiste a forma culposa (ver o capítulo XIV da Parte Geral).

Elemento subjetivo do tipo específico

Não há (ver Parte Geral, capítulo XIII, item 2.1).

Classificação

Comum; formal; de forma livre; instantâneo; unissubjetivo; de perigo; plurissubsistente. Sobre a classificação dos crimes, ver o capítulo XII, item 4, da Parte Geral.

Tentativa

É admissível.

Momento consumativo

Atinge-se a consumação quando se iniciar ato executório de impedimento ou perturbação da eleição por meio de violação de mecanismo de segurança ao sistema eletrônico de votação.

Art. 359-O. (Vetado).

Violência política

Art. 359-P

Sujeito ativo

Pode ser qualquer pessoa (ver Parte Geral, capítulo XII, item 3.1).

Sujeito passivo

É o Estado, primordialmente, que tem interesse no processo eleitoral democrático e isento. Secundariamente, a sociedade, em seu interesse no processo democrático de sufrágio. Há, também, a pessoa diretamente prejudicada pelo agente (ver Parte Geral, capítulo XII, item 3.2).

Objeto jurídico

Cuida-se do correto funcionamento das instituições democráticas eleitorais (ver Parte Geral, capítulo XII, item 3.3, "b").

Objeto material

É a pessoa discriminada (ver Parte Geral, capítulo XII, item 3.3, "a").

Elementos objetivos do tipo

As condutas alternativas são *restringir* (limitar, estreitar), *impedir* (obstar, travar) e *dificultar* (tornar algo mais complicado e custoso), voltando-se ao exercício dos direitos políticos (nesta situação, dirige-se ao direito de votar e ser votado). O meio empregado é a violência física (constrangimento físico e lesivo), sexual (constrangimento dirigido a ter qualquer ato libidinoso) ou violência psicológica (intimidação ou grave ameaça). A razão para as referidas condutas é peculiar, em contexto de infração penal política, pois se volta a *sexo, raça, cor, etnia, religião ou procedência nacional*. Intitulado o crime como *violência política*, na realidade, tem ares de um delito de pura discriminação. Pode-se apontar que o fundamento para isso pode ser o intuito de prejudicar que pessoas, integrantes de grupos minoritários ou vulneráveis (por conta de orientação sexual, cor da pele, religião e outros fatores similares) sejam obstados ou pressionados indevidamente nos seus direitos de votar e ser votado. De todo modo, de maneira inédita, inclui-se violência sexual no âmbito de violência política, algo estranho. Ilustrando, seria a utilização de um estupro para compelir alguém a não se candidatar ou a não votar. A pena é de reclusão, de três a seis anos, e multa, além da pena relativa à violência.

Elemento subjetivo do crime

É o dolo. Inexiste a forma culposa (ver o capítulo XIV da Parte Geral).

Elemento subjetivo do tipo específico

Refere-se ao intuito discriminatório (ver Parte Geral, capítulo XIII, item 2.1).

Classificação

Comum; formal; de forma livre; comissivo; instantâneo; unissubjetivo; de perigo; plurissubsistente. Sobre a classificação dos crimes, ver o capítulo XII, item 4, da Parte Geral.

Tentativa

É admissível.

Momento consumativo

Consuma-se quando houver o emprego de violência física, sexual ou psicológica, para restringir, impedir ou dificultar o exercício dos direitos políticos da vítima.

Art. 359-Q. (Vetado).

Capítulo IV
Dos Crimes contra o Funcionamento dos Serviços Essenciais

Sabotagem

Art. 359-R

Sujeito ativo

Pode ser qualquer pessoa (ver Parte Geral, capítulo XII, item 3.1).

Sujeito passivo

É o Estado. Secundariamente, a sociedade brasileira, interessada em manter as bases democráticas da República (ver Parte Geral, capítulo XII, item 3.2).

Objeto jurídico

Cuida-se, especificamente, do funcionamento dos serviços essenciais, tendo por cenário o Estado Democrático de Direito (ver Parte Geral, capítulo XII, item 3.3, "b").

Objeto material

Pode ser o meio de comunicação ao público ou o estabelecimento, instalação ou serviço destinado à defesa nacional (ver Parte Geral, capítulo XII, item 3.3, "a").

Elementos objetivos do tipo

Destruir (danificar por completo, arruinar) e *inutilizar* (tornar algo imprestável) são as condutas alternativas, que se voltam aos meios de comunicação (todos os aparatos para comunicar ao público o que se passa na política e na sociedade em geral, desde televisões, rádios, até atingir a Internet e seus amplos canais). Além disso, podem ter por alvo os estabelecimentos ou serviços (locais ou atividades) dirigidas à defesa nacional (nesta hipótese, como regra, instalações e atuações militares). A finalidade do agente, ao prejudicar os meios de comunicação e os mecanismos de defesa do Estado é justamente a eliminação do Estado Democrático de Direito. Intitula-se o crime de *sabotagem* (danificar, de propósito, alguma coisa ou um sistema). Cuida-se de um delito vinculado às atividades antidemocráticas, previstas nos artigos 359-L e 359-M. A pena é de reclusão, de dois a oito anos.

Elemento subjetivo do crime

É o dolo. Inexiste a forma culposa (ver o capítulo XIV da Parte Geral).

Elemento subjetivo do tipo específico

Há elemento subjetivo específico, consistente em eliminar o Estado Democrático de Direito (ver Parte Geral, capítulo XIII, item 2.1).

Classificação

Comum; formal; de forma livre; comissivo; instantâneo; unissubjetivo; de perigo; plurissubsistente. Sobre a classificação dos crimes, ver o capítulo XII, item 4, da Parte Geral.

Tentativa

É admissível.

Momento consumativo

Consuma-se quando houver algum ato de destruição ou inutilização de meios de comunicação, estabelecimentos, instalações ou serviços de defesa nacional.

Capítulo V
(Vetado)

Capítulo VI
Disposições Comuns

Art. 359-T

Excludente genérica de ilicitude

Prevê o art. 359-T do Código Penal o seguinte: "não constitui crime previsto neste Título a manifestação crítica aos poderes constitucionais nem a atividade jornalística ou a reivindicação de direitos e garantias constitucionais por meio de passeatas, de reuniões, de greves, de aglomerações ou de qualquer outra forma de manifestação política com propósitos sociais"

Essa previsão, voltada a todos os crimes previstos no Título XII, ficou deslocada no contexto, em razão das infrações penais que restaram, após os vetos feitos pelo Poder Executivo. Afinal, o único delito para o qual se aplicaria o disposto pelo art. 359-T era o tipo penal do art. 359-O ("promover ou financiar, pessoalmente ou por interposta pessoa, mediante uso de expediente não fornecido diretamente pelo provedor de aplicação de mensagem privada, campanha ou iniciativa para disseminar fatos que sabe inverídicos, e que sejam capazes de comprometer a higidez do processo eleitoral"). Se o veto não for derrubado, essa excludente do art. 359-T não terá aplicabilidade. Os crimes constantes do Título XII vigentes não abrangem delito de opinião, a fim de justificar o apontamento de que a manifestação crítica aos poderes constitucionais, a atividade jornalística e a reivindicação de direitos e garantias estão imunes à criminalização. Neste último caso, mesmo quando feitas por meio de passeatas, reuniões, greves, aglomerações ou outra forma de expressão política com propósitos sociais. Note-se o panorama dos crimes políticos: a) atentado à soberania, significando negociar com governo ou grupo estrangeiro a provocação de guerra contra o Brasil ou invadi-lo; ou participar de operação bélica para submeter o território nacional ao domínio estrangeiro (art. 359-I); b) atentado à integridade nacional, representando a prática de violência ou grave ameaça para desmembrar o território nacional e constituir país independente (art. 359-J); c) espionagem, que significa entregar a governo estrangeiro ou organização criminosa estrangeira dados sigilosos aptos a prejudicar a ordem constitucional ou a soberania nacional (art. 359-K); d) abolição violenta do Estado Democrático de Direito, simbolizando o uso de violência ou grave ameaça para impedir ou restringir o exercício dos poderes constitucionais (art. 359-L); e) golpe de estado, representando o uso de violência ou grave ameaça para depor o governo (art. 359-M); f) interrupção do processo eleitoral, simbolizando o impedimento ou a perturbação da eleição, violando mecanismo de segurança do sistema eletrônico de votação (art. 359-N); g) violência política, que já exprime o emprego de violência para impedir, restringir ou dificultar alguém de exercer seus direitos políticos (art. 359-P); h) sabotagem, significando a destruição ou inutilização de meio de comunicação ou serviços de defesa nacional, para abolir o Estado Democrático de Direito (art. 359-R).

Art. 359-U. (Vetado).

Artigos vetados da Lei 14.197/2021, razões do veto e comentários do autor:

a) "*Comunicação enganosa em massa.* Art. 359-O. Promover ou financiar, pessoalmente ou por interposta pessoa, mediante uso de expediente não fornecido diretamente pelo provedor de aplicação de mensagem privada, campanha ou iniciativa para disseminar fatos que sabe inverídicos, e que sejam capazes de comprometer a higidez do processo eleitoral: Pena – reclusão, de 1 (um) a 5 (cinco) anos, e multa." Razões do veto: "A proposição legislativa estabelece como tipo penal a comunicação enganosa em massa definindo-o como 'promover ou financiar, pessoalmente ou por interposta pessoa, mediante uso de expediente não fornecido diretamente pelo provedor de aplicação de mensagem privada, campanha ou iniciativa para disseminar fatos que sabe inverídicos, e que sejam capazes de comprometer a higidez do processo eleitoral', estipulando pena de reclusão, de um a cinco anos, e multa. A despeito da boa intenção do legislador, a proposição legislativa contraria o interesse público por não deixar claro qual conduta seria objeto da criminalização, se a conduta daquele que gerou a notícia ou daquele que a compartilhou (mesmo sem intenção de massificá-la), bem como enseja dúvida se o crime seria continuado ou permanente, ou mesmo se haveria um 'tribunal da verdade' para definir o que viria a ser entendido por inverídico a ponto de constituir um crime punível pelo Decreto-Lei n.º 2.848, de 7 de dezembro de 1940 – Código Penal, o que acaba por provocar enorme insegurança jurídica. Outrossim, o ambiente digital é favorável à propagação de informações verdadeiras ou falsas, cujo verbo 'promover' tende a dar discricionariedade ao intérprete na avaliação da natureza dolosa da conduta criminosa em razão da amplitude do termo. A redação genérica tem o efeito de afastar o eleitor do debate político, o que reduziria a sua capacidade de definir as suas escolhas eleitorais, inibindo o debate de ideias, limitando a concorrência de opiniões, indo de encontro ao contexto do Estado Democrático de Direito, o que enfraqueceria o processo democrático e, em última análise, a própria atuação parlamentar".

Comentário do autor: o tipo penal vetado volta-se ao combate das denominadas *fake news* (informes falsos), em ambiente bem claro: comprometimento da higidez (lisura e bom andamento) do processo eleitoral (sufrágio para a escolha, por meio do voto, dos representantes parlamentares e integrantes dos cargos do Executivo). Portanto, o dispositivo não tinha por finalidade apenas criminalizar a disseminação de qualquer informação falsa, visto que o intuito era a punição de quem promover (impulsionar, dar ênfase) ou financiar (custear, pagar algo), de maneira direta ou indireta, valendo-se de expedientes camuflados, a disseminação (espalhamento, difusão), na rede mundial de computadores, de fatos *que sabe* (dolo direto) inverídicos. Esses fatos mentirosos teriam potencial para comprometer a honestidade e transparência do pleito. Portanto, não nos parece tenha sido um tipo penal aberto em demasia e que poderia gerar qualquer cerceamento do idôneo debate democrático em torno das propostas de campanhas dos diversos partidos políticos e seus candidatos. Note-se que o texto vetado era expresso no sentido de que o agente da notícia, passando-a originalmente ou retransmitindo-a, *tem perfeita ciência* de se tratar de informe *falso*. Logo, não seria necessário um "tribunal da verdade", tendo em vista que, no cenário do Direito Penal, existem inúmeras figuras típicas incriminadoras tratando da promoção de injustificadas lesões à honra de uma pessoa (como os delitos de calúnia, difamação e injúria), assim como delitos voltados à punição de condutas discriminatórias e racistas, sem que se aufira qualquer prejuízo à segurança jurídica, visto ser atribuição do Judiciário avaliar se houve a mentira ou a pecha lesiva à honra ou a discriminação racial, conforme o caso concreto. No mesmo caminho, andou bem o Legislativo – tal como fez no caso do art. 359-O do CP – ao criminalizar a propagação proposital de *fake news* com o nítido objetivo de prejudicar algo extremamente relevante ao Estado Democrático de Direito que, no caso objeto do veto, são as eleições e seu processo de debates de ideias. Ademais, em tempos pretéritos, as *fake news* já constituíam uma realidade, inclusive em processos eleitorais, mas o seu controle, até mesmo pela justiça eleitoral, era mais fácil e rápido, pois o lançamento da notícia falsa se dava num programa de rádio ou televisão, geralmente em horário político gratuito, havendo o pronto direito de resposta. Mesmo assim, houve casos de graves prejuízos a certos candidatos, porque não se conseguiu disseminar, em tempo útil, a resposta. A Internet e seus vários meios de comunicação tornaram o espalhamento de notícias – verdadeiras ou falsas – uma opção extremamente rápida e abrangente, sendo quase impossível o eficaz direito de resposta. Portanto, a realidade demonstra a indispensabilidade de um maior controle estatal para que as informações comprovadamente inverídicas e sabidamente falsas por quem as dissemina se tornem um poderoso instrumento de causação de desordem em relação a vários aspectos da organização do Estado Democrático de Direito e de suas instituições. No contexto do sufrágio, simbolizando o fiel espelho da democracia, o estrago das *fake news* pode ser inaceitável. Por isso, parece-nos injustificado o veto.

b) "*Ação penal privada subsidiária*. Art. 359-Q. Para os crimes previstos neste Capítulo, admite-se ação privada subsidiária, de iniciativa de partido político com representação no Congresso Nacional, se o Ministério Público não atuar no prazo estabelecido em lei, oferecendo a denúncia ou ordenando o arquivamento do inquérito." Razões do veto: "A proposição legislativa estabelece a ação penal subsidiária privada definindo que 'para os crimes previstos neste Capítulo, admite-se ação privada subsidiária, de iniciativa de partido político com representação no Congresso Nacional, se o Ministério Público não atuar no prazo estabelecido em lei, oferecendo a denúncia ou ordenando o arquivamento do inquérito'. A despeito da boa intenção do legislador, a proposição legislativa contraria o interesse público, por não se mostrar razoável para o equilíbrio e a pacificação das forças políticas no Estado Democrático de Direito, o que levaria o debate da esfera política para a esfera jurídico-penal, que tende a pulverizar iniciativas para persecução penal em detrimento do adequado crivo do Ministério Público. Nesse sentido, não é atribuição de partido político intervir na persecução penal ou na atuação criminal do Estado".

Comentário do autor: nesse aspecto, parece-nos correto o veto, pois não cabe legitimar um partido político a propor ação penal contra quem quer que seja. Seria a intervenção política direta na área criminal, o que não se afigura adequado no Estado Democrático de Direito. Aliás, a Constituição Federal confere a exclusividade da ação penal ao Ministério Público, que, nesses crimes do capítulo III, pode agir de maneira não concentrada, pois depende de quem seja o agente do delito; noutros termos, inexiste um foco exclusivo na órbita de um só órgão do *Parquet*. Ademais, o texto constitucional atribui, como exceção à titularidade da ação penal do MP, à vítima do crime, nos termos do art. 5.º, LIX, a propositura da ação penal privada subsidiária da pública.

c) "Capítulo V. Dos crimes contra a cidadania. *Atentado a direito de manifestação*. Art. 359-S. Impedir, mediante violência ou grave ameaça, o livre e pacífico exercício de manifestação de partidos políticos, de movimentos sociais, de sindicatos, de órgãos de classe ou de demais grupos políticos, associativos, étnicos, raciais, culturais ou religiosos: Pena – reclusão, de 1 (um) a 4 (quatro) anos. § 1.º Se resulta lesão corporal grave: Pena – reclusão, de 2 (dois) a 8 (oito) anos. § 2.º Se resulta morte: Pena – reclusão, de 4 (quatro) a 12 (doze) anos." Razões do veto: "A proposição legislativa estabelece como tipo penal o atentado a direito de manifestação definindo-o como 'impedir, mediante violência ou grave ameaça, o livre e pacífico exercício de manifestação de partidos políticos, de movimentos sociais, de sindicatos, de órgãos de classe ou de demais grupos políticos, associativos, étnicos, raciais, culturais ou religiosos', que resultaria em pena de reclusão de um a quatro anos. Se culminar em lesão corporal grave, resultaria em pena de reclusão de dois a oito anos. Por sua vez, se resultar em morte, a reclusão seria de quatro a doze anos. A despeito da boa intenção do legislador, a proposição legislativa contraria o interesse público, ante a dificuldade de caracterizar, a *priori* e no momento da ação operacional, o que viria a ser manifestação pacífica, o que geraria grave insegurança jurídica para os agentes públicos das forças de segurança responsáveis pela manutenção da ordem. Isso poderia ocasionar uma atuação aquém do necessário para o restabelecimento da tranquilidade, e colocaria em risco a sociedade, uma vez que inviabilizaria uma atuação eficiente na contenção dos excessos em momentos de grave instabilidade, tendo em vista que manifestações inicialmente pacíficas poderiam resultar em ações violentas, que precisariam ser reprimidas pelo Estado".

Comentário do autor: em qualquer sociedade realmente democrática inexiste empecilho para toda e qualquer manifestação pacífica sobre algum tema, seja em formato de protesto, de apoio ou de sugestão à adoção de medida legislativa. Há algum tempo, o STF considerou que passeatas pela liberação do uso da maconha faziam parte do livre exercício do pensamento e não se tratava de apologia ao crime. Afinal, o que se pleiteava nessas manifestações era a alteração legislativa para que o uso fosse autorizado; não se tratava de passeata *pregando* a utilização de drogas *contra a lei*. Do mesmo modo, pode haver manifestação pela legalização do aborto, como pode haver outra pela sua total criminalização. De toda forma, mormente no campo político, as pessoas devem ter plena liberdade de se expor, manifestando o seu pensamento. O art. 5.º, XVI, da Constituição Federal é bem claro: "todos podem reunir-se pacificamente, sem armas, em locais abertos ao público, independentemente de autorização, desde que não frustrem outra reunião anteriormente convocada para o mesmo local, sendo apenas exigido prévio aviso à autoridade competente". O artigo vetado criminaliza o impedimento a direito constitucionalmente assegurado, por meio de violência ou grave ameaça. Aliás, a bem da verdade, não se trata somente de manifestação política, pois envolve movimentos sociais, sindicatos, órgãos de classe, associações, grupos étnicos, raciais, culturais e religiosos, o que pode abranger desde uma passeata LGBT até uma passeata religiosa. Por que impedi-la de modo violento ou intimidador? Inexiste razão para tanto. O fundamento dado pelo veto é paradoxal. Um primeiro argumento aponta para a *dificuldade de caracterizar* o que seria uma manifestação *pacífica*, gerando incerteza para a ação dos agentes de segurança pública. Ora, se assim for, até hoje não se entenderia o teor do próprio texto constitucional, ao mencionar ser livre a reunião *pacífica*. A contrário senso, se não se consegue vislumbrar o que é *pacífico*, distinguindo-o do que é *destrutivo, agressivo, violento* etc., logo, o art. 5.º, XVI, da CF não teria aplicabilidade. A contradição do argumento do veto se torna mais evidente quando esclarece que as "manifestações inicialmente pacíficas poderiam resultar em ações violentas, que precisariam ser reprimidas pelo Estado". Ora, então, sabe-se perfeitamente bem o que é uma manifestação *inicialmente pacífica* que termina em depredação, atos violentos e quebra-quebra. Em suma, se a própria polícia não conseguisse diferenciar um ato pacífico de um outro considerado destrutivo, a segurança pública se encontraria em precárias condições. Por isso, o veto nos soa injustificado.

d) "*Aumento de pena*. Art. 359-U. Nos crimes definidos neste Título, a pena é aumentada: I – de 1/3 (um terço), se o crime é cometido com violência ou grave ameaça exercidas com emprego de arma de fogo; II – de 1/3 (um terço), cumulada com a perda do cargo ou da função pública, se o crime é cometido por funcionário público." Razões do veto: "A proposição legislativa estabelece que, nos crimes definidos neste Título, a pena é aumentada de um terço, se o crime é cometido com violência ou grave ameaça exercidas com emprego de arma de fogo; de um terço, cumulada com a perda do cargo ou da função pública, se o crime é cometido por funcionário público. Em que pese a boa intenção do legislador, a proposição contraria interesse público, pois não se pode admitir o agravamento pela simples condição de agente público em sentido amplo, sob pena de responsabilização penal objetiva, o que é vedado".

Comentário do autor: as causas de aumento de pena foram duas, considerando-se os incisos I e II: utilizar violência ou grave ameaça com emprego de *arma de fogo* (inciso I); crime cometido por funcionário público (além da elevação, a perda do cargo ou função pública). O veto comentou apenas a parte referente ao funcionário público, alegando que o agravamento não pode se dar pela *simples condição* de agente público, pois seria responsabilidade penal objetiva, o que é vedado. Inexiste razão para vetar o uso de arma de fogo como causa de aumento, aliás, nem mesmo foi mencionado o motivo, pois é notório o maior perigo à integridade física e à vida das pessoas quando se emprega violência ou grave ameaça, utilizando essa espécie de armamento. Não fosse assim, a pena do roubo, sancionada a mudança legislativa pelo mesmo Poder Executivo, não teria atingido um aumento de 2/3 pelo emprego de arma de fogo (art. 157, § 2.º-A, I, CP) e uma elevação atingindo o dobro se a arma de fogo for de uso restrito ou proibido (art. 157, § 2.º-B, CP). Para cometer um crime contra o Estado Democrático de Direito não pode haver aumento da pena pelo emprego de arma de fogo, mas para praticar crimes patrimoniais é viável e em grau muito mais elevado: uma evidente contradição, tornando o veto sem sustentação. Outro ponto, cujo argumento jurídico é inédito: aumentar a pena do funcionário público, que agride o próprio Estado, é responsabilidade penal objetiva. Nem pode haver aumento, nem perda do posto. Nesse caso, todo o Capítulo I do Título XI do Código Penal seria *incabível*, pois leva em consideração ser o agente funcionário público em crimes contra a administração pública para prever sanções mais severas do que as cominadas ao cidadão comum. O furto tem pena de reclusão de um a quatro anos; a apropriação indébita, idem (e multa). O peculato, nas modalidades furto e apropriação, é punido pela pena de reclusão, de dois a doze anos (e multa), somente porque quem comete o delito é *funcionário público* contra a *administração pública*. Ora, é inadmissível que funcionários públicos atentem contra o Estado Democrático de Direito. Por isso, perfeitamente justificado o aumento de pena, que não tem absolutamente nada a ver com responsabilidade penal objetiva (punir alguém que age sem dolo ou culpa). A perda do cargo ou função não é novidade. O art. 92, I, *a* e *b*, do Código Penal, prevê a viabilidade da perda do cargo, função ou mandato eletivo, como efeito da condenação. Em suma, esse veto é não somente inconsistente como lacunoso.

e) "Aumento de pena. Art. 359-U (...) III – de metade, cumulada com a perda do posto e da patente ou da graduação, se o crime é cometido por militar." Razões do veto: "A proposição legislativa estabelece que, nos crimes definidos no Título 'Dos crimes contra o Estado de Direito', acrescido por esta proposição à Parte Especial do Decreto-Lei n.º 2.848, de 7 de dezembro de 1940 – Código Penal, a pena seria aumentada de metade, cumulada com a perda do posto e da patente ou da graduação, se o crime fosse cometido por militar. A despeito da boa intenção do legislador, a proposição legislativa contraria o interesse público, uma vez que viola o princípio da proporcionalidade, colocando o militar em situação mais gravosa que a de outros agentes estatais, além de representar uma tentativa de impedir as manifestações de pensamento emanadas de grupos mais conservadores. Ademais, em relação à pena acessória da perda do posto e da patente, vislumbra-se violação ao disposto nos incisos VI e VII do § 3.º do art. 142 da Constituição, que vincula a perda do posto e da patente pelo oficial das Forças Armadas a uma decisão de um tribunal militar permanente em tempos de paz, ou de tribunal especial em tempos de guerra. Dessa forma, a perda do posto e da patente não poderia constituir pena acessória a ser aplicada automaticamente, que dependesse de novo julgamento pela Justiça Militar, tendo em vista que o inciso I do *caput* do art. 98 e o art. 99 do Decreto-Lei n.º 1.001, de 21 de outubro de 1969 – Código Penal Militar, já preveem como pena acessória no caso de condenação a pena privativa de liberdade por tempo superior a dois anos para a perda do posto e patente pelo oficial."

Comentário do autor: na esteira do que já foi mencionado quanto ao aumento previsto para o funcionário público (inciso II), não há dúvida de ser muito mais grave que o militar, incumbido pela força das armas, a zelar pela segurança externa e interna do País, impedindo qualquer agressão ao Estado Democrático de Direito, constitucionalmente tutelado, seja o autor dos crimes previstos neste Título. Quem guarda, cuida; quem protege, impede lesão ao protegido. Quem tem o poder das armas possui o dever de guarnecer a democracia. Enfim, inexiste desproporcionalidade; ao contrário, está-se utilizando o princípio da isonomia, tratando desigualmente os desiguais, o que se busca empreender justamente para equilibrar a igualdade das pessoas diante da lei. Matar a mulher constitui feminicídio, uma forma qualificada de homicídio, com pena de reclusão, de doze a trinta anos. A pena leva em consideração a maior vulnerabilidade da vítima. Idêntico critério se utiliza para o estupro de vulnerável, com pena mais grave do que o estupro contra pessoa adulta. A proporcionalidade é usada para atender às situações desiguais entre as pessoas, inclusive no cenário da prática de crimes. Por outro lado, restou ininteligível a outra parte da razão do veto: "tentativa de impedir as manifestações de pensamento emanadas de grupos mais conservadores". Em primeiro lugar, seriam os militares brasileiros componentes de grupos mais conservadores? Se afirmativo, o que significaria esse *conservadorismo*? Em segundo, considerando-se a manifestação de pensamento emanadas por militares conservadores (não se está tratando de civis neste ponto da lei; cuida-se de aumento de aumento de pena para militares, autores de crimes contra o Estado Democrático de Direito), podem eles, em tese, expor opiniões nos meios próprios e dentro das regras regentes da sua instituição, sem que isso implique delito contra o Estado Democrático de Direito. Logo, não há sentido algum em considerar o aumento de pena uma meta de cercear *manifestações conservadoras*. Quanto à perda do posto e da patente, a Constituição Federal cuida somente de oficiais, no art. 142, § 3.º, VI ("o oficial só perderá o posto e a patente se for julgado indigno do oficialato ou com ele incompatível, por decisão de tribunal militar de caráter permanente, em tempo de paz, ou de tribunal especial, em tempo de guerra") e VII ("o oficial condenado na justiça comum ou militar a pena privativa de liberdade superior a dois anos, por sentença transitada em julgado, será submetido ao julgamento previsto no inciso anterior"). Observe-se que o inciso VI não cuida de crime, mas de indignidade para o oficialato. Quanto ao inciso VII, de modo claro, prevê condenação na justiça comum (justiça federal, que cuida de crimes políticos) a pena privativa de liberdade superior a dois anos, devendo, então, ser julgado por tribunal militar para perder o posto e a patente. Aliás, o Código Penal Militar já prevê a viabilidade de pena acessória de perda de posto e patente (art. 98, I), indicando condenação a pena privativa de liberdade por tempo superior a dois anos, importando a perda das condecorações (art. 99). Por *muito menos*, uma lei infraconstitucional impõe a perda do posto e patente, enquanto, para ilustrar, o cometimento do crime do art. 359-L resulta em pena de reclusão de quatro a oito anos (além da pena relativa à violência) e o delito do art. 359-M comina pena de reclusão de quatro a doze anos (além da pena relativa à violência). Com muito mais fundamento, a maior sanção deveria orientar a perda do posto, patente ou graduação. Em suma, não há razão para o veto, mesmo que se entenda que a perda, em face da condenação, precisa ser consumada em tribunal militar. O importante é haver previsão legal para tanto, o que, ademais, nem seria preciso, pois o texto constitucional é expresso nesse sentido (art. 142, § 3.º, VII).

Bibliografia

ABOSO, Gustavo Eduardo. *Derecho penal sexual*. Estudio sobre los delitos contra la integridad sexual. Montevideo-Buenos Aires: Editorial B de f, 2014.

ABRÃO, Eliane Y. *Direitos de autor e direitos conexos*. São Paulo: Editora do Brasil, 2002.

ABRÃO, Eliane Y. (Org.). Propriedade imaterial. Direitos autorais, propriedade industrial e bens de personalidade. São Paulo: Editora Senac, 2006.

ACCIOLY, Hildebrando. *Manual de direito internacional público*. Revisão Geraldo Eulálio do Nascimento e Silva. 11. ed. 11.ª tiragem. São Paulo: Saraiva, 1995.

ALEIXO, Délcio Balestero; MEIRELLES, Hely Lopes; BURLE FILHO, José Emmanuel. *Direito administrativo brasileiro*. 39. ed. São Paulo: Malheiros, 2013.

ALESSI, Giorgia. O direito penal moderno entre retribuição e reconciliação. In: DAL RI JR., Arno; SONTAG, Ricardo. *História do direito penal entre medievo e modernidade*. Belo Horizonte: Del Rey, 2011.

ALEXY, Robert. *Teoria dos direitos fundamentais*. Trad. Virgílio Afonso da Silva. 2. ed. 4.ª tiragem. São Paulo: Malheiros, 2015.

ALMADA, Célio de Melo. *Legítima defesa*. Legislação. Doutrina. Jurisprudência. Processo. São Paulo: José Bushatsky, 1958.

ALMEIDA, Carlota Pizarro de. *Modelos de inimputabilidade*: da teoria à prática. Coimbra: Almedina, 2000.

ALMEIDA, Carlota Pizarro de; D'ALMEIDA, Luís Duarte; PATRÍCIO, Rui; VILALONGA, José Manuel. *Código Penal anotado*. Coimbra: Almedina, 2003.

ALMEIDA, Fernando Henrique Mendes de. *Dos crimes contra a Administração Pública*. São Paulo: RT, 1955.

ALMEIDA JR., A.; COSTA JR., J. B. de O. *Lições de medicina legal*. 9. ed. São Paulo: Companhia Editora Nacional, 1971.

ALONSO, Carmen Salinero. *Teoría general de las circunstancias modificativas de la responsabilidad criminal y artículo 66 del Código Penal*. Granada: Editorial Comares, 2000.

ALTAVILLA, Enrico. *Psicologia judiciária*. Trad. Fernando de Miranda. 3. ed. Coimbra: Arménio Amado, 1981.

ALVES, Jamil Chaim. *Penas alternativas*: teoria e prática. Belo Horizonte: Del Rey, 2016.

ALVES, Roque de Brito. *A moderação na legítima defesa*. Recife: União Gráfica, 1957.

ALVES, Roque de Brito. *Ciúme e crime*. Recife: Fasa, 1984.

ALVES, Roque de Brito. *Crime e loucura*. Recife: Fasa, 1998.

ALVES, Roque de Brito. *Direito penal* – Parte geral. 5. ed. Recife: Editora do Autor, 2010.

AMARAL, Boanerges do. *Tudo sobre legítima defesa*. Rio de Janeiro: Jus Lex, 1964.

AMARAL, Sylvio do. *Falsidade documental*. 2. ed. São Paulo: RT, 1978.

AMERICANO, Odin. Da culpabilidade normativa. *Estudos de direito e processo penal em homenagem a Nélson Hungria*. Rio de Janeiro-São Paulo: Forense, 1962.

ANCEL, Marc. *A nova defesa social*. Rio de Janeiro: Forense, 1979.

ANDRADE, Christiano José de. *Hermenêutica jurídica no Brasil*. São Paulo: RT, 1991.

ANDRADE, Vander Ferreira de. *A dignidade da pessoa humana* – valor-fonte da ordem jurídica. Rio de Janeiro: Editora Cautela, 2007.

ANDREUCCI, Ricardo Antunes; DOTTI, René Ariel; REALE JR., Miguel; PITOMBO, Sérgio M. de Moraes. *Penas e medidas de segurança no novo Código*. 2. ed. Rio de Janeiro: Forense, 1987.

ANTOLISEI, Francesco. *Manuale di diritto penale* – Parte generale. Atual. Luigi Conti. 14. ed. Milano: Giuffrè, 1997.

ANTOLISEI, Francesco. *Manuale di diritto penale* – Parte speciale. Atual. Luigi Conti. 12. ed. Milano: Giuffrè, 1997.

ANTOLISEI, Francesco. *Manuale di diritto penale* – Parte speciale. Atual. Luigi Conti. 13. ed. Milano: Giuffrè, 1999.

ANTÓN ONECA, José. *Obras*. Buenos Aires: Rubinzal-Culzoni, 2000/2002/2003. t. I-III. (Coleção Autores de direito penal.)

ARAGÃO, Antonio Moniz Sodré de. *As três escolas penais*: clássica, antropológica e crítica – Estudo comparativo. Rio de Janeiro: Freitas Bastos, 1977.

ARANHA, Adalberto José Q. T. de Camargo. *Crimes contra a honra*. São Paulo: Saraiva, 1995.

ARANHA FILHO, Adalberto José Queiroz Telles de Camargo. *Direito penal. Crimes contra a pessoa*. 4. ed. Belo Horizonte: D'Plácido, 2022.

ARAÚJO, Cláudio Th. Leotta de; MENEZES, Marco Antônio. Em defesa do exame criminológico. *Boletim do IBCCRIM*, n. 129, p. 3, ago. 2003.

ARAÚJO, Luis Ivani de Amorim. *Curso de direito internacional público*. Rio de Janeiro: Editora Forense, 2002.

ARAÚJO, Luiz Alberto David. *A proteção constitucional das pessoas portadoras de deficiência*. Brasília: Coordenadoria Nacional para Integração da Pessoa Portadora de Deficiência-Corde, 1994.

ARAÚJO, Luiz Alberto David. *A proteção constitucional do transexual*. São Paulo: Saraiva, 2000.

ARAÚJO, Marina Pinhão Coelho. *Tipicidade penal*. Uma análise funcionalista. São Paulo: Quartier Latin, 2012.

Araújo, Marina Pinhão Coelho; Nunes Júnior, Vidal Serrano. *Curso de direito constitucional*. 3. ed. São Paulo: Saraiva, 1999.

Araújo Júnior, João Marcello de. *Delitos de trânsito*. Rio de Janeiro: Forense, 1981.

Araújo Júnior, João Marcello de. *Dos crimes contra a ordem econômica*. São Paulo: RT, 1995.

Arbenz, Guilherme Oswaldo. *Compêndio de medicina legal*. Rio de Janeiro-São Paulo: Livraria Atheneu, 1983.

Arnau, Frank. *Por que os homens matam*. Trad. Vera Coutinho. Rio de Janeiro: Civilização Brasileira, 1966.

Arostegui Moreno, José et al. *Introducción a la criminología*. 2. ed. Salamanca: Ratio Legis, 2015.

Arrieta, Andrés Martínez. Acoso sexual. *Delitos contra la libertad sexual*. Madrid: Consejo General del Poder Judicial, 1999.

Arroyo de Las Heras, Alfonso. *Manual de derecho penal* – El delito. Pamplona: Aranzadi, 1985.

Arroyo Zapatero, Luis; Ferré Olivé, Juan Carlos; García Rivas, Nicólas; Serrano Piedecasas, José Ramón; Gómez de La Torre, Ignacio Berdugo. *Lecciones de derecho penal* – Parte general. 2. ed. Madrid: La Ley, 1999.

Atencio, Graciela (Ed.). *Feminicidio*. De la categoría político-jurídica a la justicia universal. Madrid: Fibgar-Catarata, 2015.

Azevedo, André Boiani e. *Assédio sexual. Aspectos penais*. 1. ed. 6.ª tiragem. Curitiba: Juruá, 2011.

Azevedo, David Teixeira de. *Atualidades no direito e processo penal*. São Paulo: Método, 2001.

Azevedo, David Teixeira de. *Dosimetria da pena*: causas de aumento e diminuição. 1. ed. 2.ª tiragem. São Paulo: Malheiros, 2002.

Bacigalupo, Enrique. *Principios de derecho penal* – Parte general. 5. ed. Madrid: Akal, 1998.

Bacila, Carlos Roberto. *Teoria da imputação objetiva no direito penal*. 1. ed. 2.ª reimpressão. Curitiba: Juruá, 2012.

Bajo Fernández, Miguel; Feijoo Sánchez, Bernardo José; Gómez-Jara Díez, Carlos. *Tratado de responsabilidad penal de las personas jurídicas*. 2. ed. Navarra: Aranzadi-Civitas--Thomson Reuters, 2016.

Balcarce, Fabián Ignacio. *Dogmática penal y principios constitucionales*. Buenos Aires: Editorial B de f, 2014.

Balera, Wagner (Org.). *Curso de direito previdenciário*. 3. ed. São Paulo: LTr, 1996.

Baltazar Jr., José Paulo. Aspectos penais. In: Freitas, Vladimir Passos de (Org.). *Direito previdenciário* – Aspectos materiais, processuais e penais. 2. ed. Porto Alegre: Livraria do Advogado, 1999.

Baltazar Jr., José Paulo; Lima, Luciano Flores de (Org.). *Cooperação jurídica internacional em matéria penal*. Porto Alegre: Verbo Jurídico, 2010.

Barbosa, Marcelo Fortes. *Crimes contra a honra*. São Paulo: Malheiros, 1995.

Barbosa, Marcelo Fortes. Denunciação caluniosa. *Direito penal atual (estudos)*. São Paulo: Malheiros, 1996.

Barbosa, Marcelo Fortes. Do crime continuado. *Justitia* 83/149.

Barbosa, Marcelo Fortes. *Latrocínio*. 1. ed. 2.ª tiragem. São Paulo: Malheiros, 1997.

Barreto, Tobias. *Menores e loucos em direito criminal*. Campinas: Romana, 2003.

BARROS, Carmen Silvia de Moraes. *A individualização da pena na execução penal*. São Paulo: RT, 2001.

BARROS, Flávio Augusto Monteiro de. *Direito penal* – Parte geral. São Paulo: Saraiva, 1999. v. 1.

BARROS, Luiz Celso de. *Responsabilidade fiscal e criminal*. São Paulo: Edipro, 2001.

BARROSO, Luís Roberto. *Interpretação e aplicação da Constituição*. São Paulo: Saraiva, 1996.

BARROSO, Luís Roberto. Legitimidade da recusa de transfusão de sangue por testemunhas de Jeová. Dignidade humana, liberdade religiosa e escolhas existenciais. Programa de Direito Público da Universidade do Estado do Rio de Janeiro, 05.10.2010 [parecer].

BASTOS, Celso Ribeiro. *Curso de direito constitucional*. 18. ed. São Paulo: Saraiva, 1997.

BASTOS, Celso Ribeiro. *Hermenêutica e interpretação constitucional*. São Paulo: Celso Bastos Editor, 1997.

BASTOS, Celso Ribeiro; MARTINS, Ives Gandra da Silva. *Comentários à Constituição do Brasil*. São Paulo: Saraiva, 1988. v. 1.

BATISTA, Nilo. Alternativas à prisão no Brasil. *Revista da Escola do Serviço Penitenciário*, n. 4, jul.-set. 1990.

BATISTA, Nilo. *Concurso de agentes* – Uma investigação sobre os problemas da autoria e da participação no direito penal brasileiro. 2. ed. Rio de Janeiro: Lumen Juris, 2004.

BATISTA, Nilo. *Decisões criminais comentadas*. Rio de Janeiro: Liber Juris, 1976.

BATISTA, Vera Malaguti. *Introdução crítica à criminologia brasileira*. 2. ed. Rio de Janeiro: Revan, 2015.

BATTAGLINI, Giulio. *Direito penal* – Parte geral. Trad. Paulo José da Costa Jr. e Ada Pellegrini Grinover. São Paulo: Saraiva, 1964.

BAUMANN, Jürgen. *Derecho penal* – Conceptos fundamentales y sistema (introducción a la sistemática sobre la base de casos). Trad. Conrado A. Finzi. 4. ed. Buenos Aires: Depalma, 1981.

BELING, Ernst von. *A ação punível e a pena*. Trad. Maria Carbajal. São Paulo: Rideel, 2006.

BELING, Ernst von. *Esquema de derecho penal*. La doctrina del delito-tipo. Trad. Sebastian Soler. Buenos Aires: Depalma, 1944.

BENETI, Sidnei Agostinho. *Execução penal*. São Paulo: Saraiva, 1996.

BENETI, Sidnei Agostinho. Responsabilidade penal da pessoa jurídica: notas diante da primeira condenação na justiça francesa. *RT* 731/471, set. 1996.

BENFICA, Francisco Silveira; VAZ, Márcia. *Medicina legal*. 3. ed. Porto Alegre: Livraria do Advogado, 2015.

BENTHAM, Jeremy. *O panóptico*. Organização de Tomaz Tadeu da Silva. Trad. Guacira Lopes Louro, M. D. Magno e Tomaz Tadeu da Silva. Belo Horizonte: Autêntica, 2000.

BERISTAIN, Antonio. *Victimología*: nueve palabras clave. Valencia: Tirant Lo Blanch, 2000.

BERNALDO DE QUIRÓS, Constancio. *Derecho penal* (parte general). Puebla: José M. Cajica Jr., 1949. v. I e II.

BETTIOL, Giuseppe. *Diritto penale* – Parte generale. 4. ed. Palermo: G. Priulla, 1958.

BETTIOL, Giuseppe. Os princípios fundamentais do direito penal vigente. *Revista do Instituto de Pesquisas e Estudos Jurídico-Econômico-Sociais,* Instituição Toledo de Ensino, n. 4, abr.--jun. 1967.

BETTIOL, Giuseppe; BETTIOL, Rodolfo. *Istituzioni di diritto e procedura penale*. 5. ed. Padova: Cedam, 1993.

Bezerra, Jorge Luiz. *Segurança pública*. Uma perspectiva político-criminal à luz da teoria das janelas quebradas. São Paulo: Blücher Acadêmico, 2008.

Bezerra Filho, Aluízio. Crimes sexuais. Curitiba: Juruá, 2002.

Bianchini, Alice; Gomes, Luiz Flávio. *Crimes de responsabilidade fiscal* – Lei 10.028/2000: crimes contra as finanças públicas, crimes de responsabilidade fiscal de prefeitos, legislação na íntegra (Lei 10.028 e LC 101/2000). São Paulo: RT, 2001. (Série As ciências criminais no século XXI, v. 2.)

Bianchini, Alice; Gomes, Luiz Flávio. *Curso de direito penal* – Parte geral. São Paulo: JusPodivm, 2015. v. 1.

Bicudo, Márcia Regina Silveira; Coelho, Airton. Direitos conexos de empresas fonográficas. In: Abrão, Eliane Y. (Org.). Propriedade imaterial. Direitos autorais, propriedade industrial e bens de personalidade. São Paulo: Editora Senac, 2006.

Bierrenbach, Sheila. *Crimes omissivos impróprios*. 3. ed. Niterói: Impetus, 2014.

Birnbaum, Johann Michael Franz. *Sobre la necesidad de una lesión de derechos para el concepto de delito*. Trad. José Luis Guzmán Dalbora. Montevideo-Buenos Aires: Editorial B de f, 2010.

Bitencourt, Cezar Roberto. A exasperação penal nos crimes de furto, roubo e receptação. Reflexões sobre as inovações da Lei 9.426/96. *Ajuris* 72/195.

Bitencourt, Cezar Roberto. *Erro de tipo e erro de proibição* – Uma análise comparativa. 3. ed. São Paulo: Saraiva, 2003.

Bitencourt, Cezar Roberto. *Falência da pena de prisão* – causas e alternativas. 2. ed. São Paulo: Saraiva, 2001.

Bitencourt, Cezar Roberto. *Penas alternativas*. 4. ed. São Paulo: Saraiva, 2013.

Bitencourt, Cezar Roberto. *Teoria geral do delito*. Uma visão panorâmica da dogmática penal brasileira. Coimbra: Almedina, 2007.

Bitencourt, Cezar Roberto. *Tratado de direito penal* – Parte geral. 22. ed. São Paulo: Saraiva, 2016. v. 1.

Bitencourt, Cezar Roberto. *Tratado de direito penal* – Parte geral. 16. ed. São Paulo: Saraiva, 2016. v. 2.

Bitencourt, Cezar Roberto. *Tratado de direito penal* – Parte especial. 12. ed. São Paulo: Saraiva, 2016. v. 1 e 3.

Bitencourt, Cezar Roberto. *Tratado de direito penal* – Parte geral. 10. ed. São Paulo: Saraiva, 2016. v. 4 e 5.

Bitencourt, Monique von Hertwig; Ferreira, Victor José Sebem. A proibição do comércio e consumo de bebidas alcoólicas em locais públicos no dia do pleito. Disponível em: http://www.tre-sc.gov.br/sj/cjd/doutrinas/monique.htm.

Bittar, Carlos Alberto. *Contornos atuais do direito do autor*. Atualização de Eduardo Carlos Bianca Bittar. 2. ed. São Paulo: RT, 1999.

Bittar, Carlos Alberto. *Direito de autor*. Atualização de Eduardo Carlos Bianca Bittar. 4. ed. Rio de Janeiro: Forense Universitária, 2003.

Blanco Lozano, Carlos. *Derecho penal* – Parte general. Madrid: La Ley, 2003.

Blasi Netto, Frederico. *Prescrição penal* – Manual prático para entendê-la e calculá-la. São Paulo: Juarez de Oliveira, 2000.

Bleger, José. *Psicologia da conduta*. Trad. Emilia de Oliveira Diehl. 2. ed. Porto Alegre: Artes Médicas, 1989.

Boscarelli, Marco. *Compendio di diritto penale* – Parte generale. Milano: Giuffrè, 1968.

BOSCHI, José Antonio Paganella. *Das penas e seus critérios de aplicação*. 2. ed. Porto Alegre: Livraria do Advogado, 2002.

BOSCHI, José Antonio Paganella; SILVA, Odir Odilon Pinto da. *Comentários à Lei de Execução Penal*. Rio de Janeiro: Aide, 1987.

BOTTINI, Pierpaolo Cruz. *Crimes de perigo abstrato e princípio da precaução na sociedade de risco*. São Paulo: RT, 2007.

BOZOLA, Túlio Arantes. Os crimes de perigo abstrato no direito penal contemporâneo. Belo Horizonte: Del Rey, 2015.

BRACK, Karina; FAYET JÚNIOR, Ney; FAYET, Marcela. *Prescrição penal*. Temas atuais e controvertidos. Porto Alegre: Livraria do Advogado, 2007.

BRAGA, Henrique; RAPOSO, Fernando; FIGUEIREDO, Carlos Maurício; FERREIRA, Cláudio; NÓBREGA, Marcos. *Comentários à Lei de Responsabilidade Fiscal*. 2. ed. São Paulo: RT, 2001.

BRAGA JÚNIOR, Américo. *Teoria da imputação objetiva nas visões de Claus Roxin e Günther Jakobs*. Belo Horizonto: Ius Editora, 2010.

BRANCO, Vitorino Prata Castelo. *Da defesa nos crimes contra o patrimônio*. São Paulo: Sugestões Literárias, 1965.

BRANDÃO, Cláudio. *Tipicidade penal*. Dos elementos da dogmática ao giro conceitual do método entimemático. Coimbra: Almedina, 2012.

BRITO, Alexis Couto de. *Imputação objetiva*. Crimes de perigo e direito penal brasileiro. São Paulo: Atlas, 2015.

BRITO, Auriney. *Direito penal informático*. São Paulo: Saraiva, 2013.

BRUNO, Aníbal. *Crimes contra a pessoa*. 5. ed. Rio de Janeiro: Editora Rio, 1979.

BRUNO, Aníbal. *Das penas*. Rio de Janeiro: Editora Rio, 1976.

BRUNO, Aníbal. *Direito penal* – Parte especial. 2. ed. Rio de Janeiro: Forense, 1972. t. IV.

BRUNO, Aníbal. *Direito penal* – Parte geral. Rio de Janeiro: Forense, 1978. t. I, II e III.

BRUNO, Aníbal. Sobre o tipo no direito penal. *Estudos de direito e processo penal em homenagem a Nélson Hungria*. Rio de Janeiro-São Paulo: Forense, 1962.

BUENO, Paulo Amador Thomas Alves da Cunha. *Crimes na Lei do Parcelamento do Solo Urbano*. São Paulo: Lex Editora, 2006.

BUENO, Paulo Amador Thomas Alves da Cunha. *O fato típico nos delitos da Lei do Parcelamento do Solo Urbano* – Lei 6.766, de 19 de dezembro de 1979. Dissertação de mestrado. São Paulo: Pontifícia Universidade Católica de São Paulo, 2001.

BULGARELLI, Waldirio. *Títulos de crédito*. 2. ed. São Paulo: Atlas, 1982.

BURLE FILHO, José Emmanuel; ALEIXO, Délcio Balestero; MEIRELLES, Hely Lopes. *Direito administrativo brasileiro*. 39. ed. São Paulo: Malheiros, 2013.

BURRI, Juliana et al. O crime de estupro sob o prisma da Lei 12.015/2009 (arts. 213 e 217-A do Código Penal). RT 902. In: SILVA FRANCO, Alberto; NUCCI, Guilherme de Souza (Org.). *Doutrinas essenciais* – Direito penal. São Paulo: RT, 2010. v. VI.

BUSATO, Paulo César. *Direito penal*. Parte geral. 2. ed. São Paulo: Atlas, 2015. v. 1.

BUSATO, Paulo César. *Direito penal*. Parte especial. 2. ed. São Paulo: Atlas, 2016. v. 2.

BUSATO, Paulo César. *Direito penal*. Parte especial. São Paulo: Atlas, 2016. v. 3.

BUSTOS RAMÍREZ, Juan (Org.). *Prevención y teoría de la pena*. Santiago: Editorial Jurídica ConoSur, 1995.

Bustos Ramírez, Juan; Valenzuela Bejas, Manuel. *Derecho penal latinoamericano comparado*. Parte generale. Buenos Aires: Depalma, 1981. t. I.

Cabette, Eduardo Luiz Santos. *Responsabilidade penal da pessoa jurídica*. 1. ed. 4.ª tiragem. Curitiba: Juruá, 2006.

Cabral Netto, J. Recurso *ex officio*. RT 692/242, jun. 1993.

Cadoppi, Alberto; Veneziani, Paolo. *Elementi di diritto penale* – Parte generale. Padova: CEDAM, 2002.

Calabrich, Bruno; Fischer, Douglas; Pelella, Eduardo (Org.). *Garantismo penal integrado*. Questões penais e processuais, criminalidade moderna e aplicação do modelo garantista no Brasil. 3. ed. São Paulo: Atlas, 2015.

Callegari, André Luís. A imputação objetiva no direito penal. RT 764/434, jun. 1999.

Callegari, André Luís. *Imputação objetiva, lavagem de dinheiro e outros temas de direito penal*. 2. ed. Porto Alegre: Livraria do Advogado, 2004.

Callegari, André Luís. *Teoria geral do delito e da imputação objetiva*. 3. ed. São Paulo: Atlas, 2014.

Callegari, André Luís; Giacomolli, Nereu José (Coord.). *Direito penal e funcionalismo*. Trad. André Luís Callegari, Nereu José Giacomolli e Lúcia Kalil. Porto Alegre: Livraria do Advogado, 2005.

Callegari, André Luís; Pacelli, Eugênio. *Manual de direito penal* – Parte geral. São Paulo: Atlas, 2015.

Callegari, André Luís; Wermuth, Maiquel Ângelo Dezordi. *Sistema penal e política criminal*. Porto Alegre: Livraria do Advogado, 2010.

Camargo, Antonio Luis Chaves. *Culpabilidade e reprovação penal*. Tese (professor titular da cadeira de Direito Penal). São Paulo: USP, 1993.

Camargo, Antonio Luis Chaves. *Imputação objetiva e direito penal brasileiro*. São Paulo: Cultural Paulista, 2001.

Camargo, Joaquim Augusto de. *Direito penal brasileiro*. 2. ed. São Paulo: Ed. RT, 2005.

Camargo Hernandez, César. *El delito continuado*. Barcelona: Bosch Casa Editorial, 1951.

Caneiro, Margarita Beceiro. Las dimensiones de la violencia: hacia una tipología de la conducta antisocial. In: Clemente, Miguel; Espinosa, Pablo. *La mente criminal*. Madrid: Dykinson, 2001.

Canotilho, José Joaquim Gomes. *Direito constitucional*. 6. ed. Coimbra: Almedina, 1995.

Cant, Paul de. O trabalho em benefício da comunidade: uma pena em substituição? *Prestação de serviços à comunidade*. Porto Alegre: Ajuris – Associação dos Juízes do Rio Grande do Sul, 1985.

Capecce, Bruno Gabriel; Toledo, Otávio Augusto de Almeida. *Privação de liberdade*. Legislação, doutrina e jurisprudência. São Paulo: Quartier Latin, 2015.

Carnelutti, Francesco. *El problema de la pena*. Trad. Santiago Sentís Melendo. Buenos Aires: Rodamillans, 1999.

Carnelutti, Francesco. *Lecciones de derecho penal* – El delito. Buenos Aires: Editora Jurídica Europa-América, 1952.

Carrara, Francesco. *Derecho penal*. México: Editorial Pedagógica Iberoamericana, 1995.

Carrara, Francesco. *Programa do curso de direito criminal* – Parte geral. Trad. José Luiz V. de A. Franceschini e J. R. Prestes Barra. São Paulo: Saraiva, 1956. v. I.

CARRARA, Francesco. *Programa do curso de direito criminal* – Parte geral. Trad. José Luiz V. de A. Franceschini e J. R. Prestes Barra. São Paulo: Saraiva, 1957. v. II.

CARRAZZA, Roque Antonio. *Curso de direito constitucional tributário*. 14. ed. São Paulo: Malheiros, 2000.

CARVALHO, Américo A. Taipa de. *A legítima defesa* – Da fundamentação teorético-normativa e preventivo-geral e especial à redefinição dogmática. Coimbra: Coimbra Editora, 1995.

CARVALHO FILHO, Aloysio. *Comentários ao Código Penal*. 4. ed. Rio de Janeiro: Forense, 1958. v. 4.

CARVALHO FILHO, Luís Francisco. *A prisão*. São Paulo: Publifolha, 2002.

CASTIÑEIRA, Maria T. *El delito continuado*. Barcelona: Bosch, 1977.

CASTRO, Francisco José Viveiros de. *Atentados ao pudor* (Estudos sobre as aberrações do instinto sexual). 2. ed. Rio de Janeiro: Freitas Bastos, 1932.

CASTRO, Francisco José Viveiros de. *Os delitos contra a honra da mulher*. 3. ed. Rio de Janeiro: Freitas Bastos, 1936.

CASTRO, Francisco José Viveiros de. *Questões de direito penal*. Rio de Janeiro: Jacintho Ribeiro dos Santos, 1900.

CASTRO, Regina de. *Aborto*. Rio de Janeiro: Mauad, 1997.

CEREZO MIR, José. *Curso de derecho español* – Parte general. 5. ed. Madrid: Tecnos, 1998. v. 1.

CEREZO MIR, José. *Curso de derecho penal español*. 6. ed. Madrid: Tecnos, 1999. v. 2.

CEREZO MIR, José; HIRSCH, Hans Joachim; DONNA, Edgardo A. (Org.). *Hans Welzel en el pensamiento penal de la modernidad*. Buenos Aires: Rubinzal-Culzoni, 2005. (Coleção Autores de direito penal.)

CERNICCHIARO, Luiz Vicente. O princípio de legalidade: um campo de tensão. In: DAL RI JR., Arno; SONTAG, Ricardo. *História do direito penal entre medievo e modernidade*. Belo Horizonte: Del Rey, 2011.

CERNICCHIARO, Luiz Vicente; COSTA JR., Paulo José. *Direito penal na Constituição*. 3. ed. São Paulo: RT, 1995.

CERNICCHIARO, Luiz Vicente; TOLEDO, Francisco de Assis. *Princípios básicos de direito penal*. 5. ed. São Paulo: Saraiva, 1994.

CHAVES, Antonio. *Adoção*. Belo Horizonte: Del Rey, 1995.

CHAVES, Antonio. *Direito à vida e ao próprio corpo* (intersexualidade, transexualidade, transplantes). 2. ed. São Paulo: RT, 1994.

CHRISTIE, Nils. *Uma razoável quantidade de crimes*. Rio de Janeiro: Instituto Carioca de Criminologia, 2011. (Coleção Pensamento criminológico.)

CIA, Michele. *Medidas de segurança no direito penal brasileiro*: a desinternação progressiva sob uma perspectiva político-criminal. São Paulo: Editora Unesp, 2011.

CLEMENTE, Miguel; ESPINOSA, Pablo. *La mente criminal* – Teorías explicativas del delito desde la psicología jurídica. Madrid: Dykinson, 2001.

CLÈVE, Clèmerson Merlin. Contribuições previdenciárias. Não recolhimento. Art. 95, *d*, da Lei 8.212/1991. Inconstitucionalidade. *RT* 736/503, fev. 1997.

CLONINGER, Susan C. *Teorias da personalidade*. São Paulo: Martins Fontes, 1999.

COELHO, Inocêncio Mártires; MENDES, Gilmar; BRANCO, Paulo Gustavo Gonet. *Curso de direito constitucional*. 2. ed. São Paulo: Saraiva, 2008.

COELHO, Nelson. *O primeiro homicídio*. São Paulo: Edigraf, 1955.

Comparato, Fábio Konder. *A afirmação histórica dos direitos humanos*. 10. ed. 2.ª tiragem. São Paulo: Saraiva, 2016.

Contieri, Enrico. *O estado de necessidade*. São Paulo: Saraiva, 1942.

Cordoba Roda, Juan. *Culpabilidad y pena*. Barcelona: Bosch, 1977.

Correa, Pedro Ernesto. *El delito continuado*. Buenos Aires: Abeledo-Perrot, 1959.

Corrêa Junior, Alceu; Shecaira, Sérgio Salomão. *Teoria da pena*. São Paulo: RT, 2002.

Correia, Eduardo. *Direito criminal*. Coimbra: Almedina, 1993. v. 1.

Costa, Álvaro Mayrink da. *Direito penal* – Parte especial. 4. ed. Rio de Janeiro: Forense, 1994. v. 2, t. I e II.

Costa, Álvaro Mayrink da. *Exame criminológico. Doutrina e jurisprudência*. 2. ed. Rio de Janeiro: Forense, 1989.

Costa, Carlos Adalmyr Condeixa da. *Dolo no tipo* – Teoria da ação finalista no direito penal. Rio de Janeiro: Liber Juris, 1989.

Costa, Fernando José da. *O falso testemunho*. Rio de Janeiro-São Paulo: Forense Universitária, 2003.

Costa, José de Faria. *Tentativa e dolo eventual* (ou da relevância da negação em direito penal). Reimp. Coimbra: Coimbra Editora, 1996.

Costa, Mário Ottobrini; Sucena, Lílian Ottobrini Costa. A eutanásia não é o direito de matar. *RT* 263/25, set. 1957.

Costa, Pietro. O princípio de legalidade: um campo de tensão. In: Dal Ri Jr., Arno; Sontag, Ricardo. *História do direito penal entre medievo e modernidade*. Belo Horizonte: Del Rey, 2011.

Costa, Tailson Pires. *Penas alternativas* – Reeducação adequada ou estímulo à impunidade? São Paulo: Max Limonad, 1999.

Costa e Silva, A. J. da. *Código Penal* (Decreto-lei 2.848, de 7 de dezembro de 1940). São Paulo: Companhia Editora Nacional, 1943. v. 1.

Costa e Silva, A. J. da. *Comentários ao Código Penal brasileiro*. 2. ed. atual. Luiz Fernando da Costa e Silva. São Paulo: Contasa, 1967. v. I.

Costa Jr., J. B. de O.; Almeida Júnior, A. *Lições de medicina legal*. 9. ed. São Paulo: Companhia Editora Nacional, 1971.

Costa Jr., Paulo José da. *Comentários ao Código Penal*. 4. ed. São Paulo: Saraiva, 1996.

Costa Jr., Paulo José da. *Comentários ao Código Penal*. 7. ed. São Paulo: Saraiva, 2002.

Costa Jr., Paulo José da. *Direito penal* – Curso completo. São Paulo: Saraiva, 1999.

Costa Jr., Paulo José da. *Nexo causal*. 2. ed. São Paulo: Malheiros, 1996.

Costa Jr., Paulo José da. *O crime aberrante*. Belo Horizonte: Del Rey, 1996.

Costa Jr., Paulo José da; Cernicchiaro, Luiz Vicente. *Direito penal na Constituição*. 3. ed. São Paulo: RT, 1995.

Costa Netto, José Carlos. *Direito autoral no Brasil*. São Paulo: FTD, 1998.

Costa Netto, José Carlos; Pagliaro, Antonio. *Dos crimes contra a Administração Pública*. São Paulo: Malheiros, 1997.

Costa Netto, José Carlos; Queijo, Maria Elizabeth. *Comentários aos crimes do novo Código Nacional de Trânsito*. São Paulo: Saraiva, 1998.

Crespo, Eduardo Demetrio. *Prevención general e individualización judicial de la pena*. Salamanca: Ediciones Universidad de Salamanca, 1999.

Creus, Carlos. *Introducción a la nueva doctrina penal*. Santa Fé: Rubinzal-Culzoni, 1992.

Croce, Delton; Croce Jr., Delton. *Manual de medicina legal*. 8. ed. São Paulo: Saraiva, 2015.

Croce Jr., Delton; Croce, Delton. *Manual de medicina legal*. 8. ed. São Paulo: Saraiva, 2015.

Cruz, Flávio da (Coord.); Glock, José Osvaldo; Herzmann, Nélio; Tremel, Rosângela; Viccari Junior, Adauto. *Lei de Responsabilidade Fiscal comentada*. 2. ed. São Paulo: Atlas, 2001.

Cuello Contreras, Joaquín. *El nuevo derecho penal de menores*. Madrid: Civitas, 2000.

Cunha, Rogério Sanches. *Manual de direito penal*. Parte especial. 6. ed. Salvador: Juspodivm, 2014.

Cunha, Rogério Sanches. *Manual de direito penal*. Parte geral. 2. ed. Salvador: Juspodivm, 2014.

Cunha, Sérgio Sérvulo da. *Princípios constitucionais*. São Paulo: Saraiva, 2006.

D'Almeida, Luís Duarte; Patrício, Rui; Vilalonga, José Manuel; Almeida, Carlota Pizarro de. *Código Penal anotado*. Coimbra: Almedina, 2003.

D'Andrea, Flavio Fortes. *Desenvolvimento da personalidade*. 15. ed. Rio de Janeiro: Bertrand Brasil, 2001.

Del Rio, J. Raimundo. *Derecho penal* – Parte general. Santiago: Editorial Nascimento, 1935. t. II.

Delitala, Giacomo. *Scritti di diritto penale*. Milano: Giuffrè, 1976. v. 1.

Delmanto, Celso et al. *Código Penal comentado*. 5. ed. Rio de Janeiro: Renovar, 2000.

Dias, Jorge de Figueiredo. *Direito penal* – parte geral. Coimbra: Coimbra Editora. t. 1.

Dias, Jorge de Figueiredo. *Liberdade, culpa, direito penal*. 3. ed. Coimbra: Coimbra Editora, 1995.

Dias, Jorge de Figueiredo. *O problema da consciência da ilicitude em direito penal*. 5. ed. Coimbra: Coimbra Editora, 2000.

Dias, Jorge de Figueiredo. *Questões fundamentais do direito penal revisitadas*. São Paulo: RT, 1999.

Dias, Jorge de Figueiredo. *Temas básicos da doutrina penal* – Sobre os fundamentos da doutrina penal, sobre a doutrina geral do crime. Coimbra: Coimbra Editora, 2001.

Díez Ripollés, José Luis (Dir.). *Delitos contra la libertad sexual*. Madrid: Consejo General del Poder Judicial, 1999.

Díez Ripollés, José Luis. *Los elementos subjetivos del delito*. Bases metodológicas. 2. ed. Montevideo-Buenos Aires: Editorial B de f, 2007.

Diniz, Debora; Ribeiro, Diaulas Costa. Aborto por anomalia fetal. Brasília: Letras Livres, 2003.

Diniz, Maria Helena. *Conflito de normas*. 3. ed. São Paulo: Saraiva, 1998.

Diniz, Maria Helena. *Dicionário jurídico*. São Paulo: Saraiva, 1998. v. 1-4.

Dinstein, Yoram. *Guerra, agressão e legítima defesa*. Trad. Mauro Raposo de Mello. 3. ed. São Paulo: Manole, 2004.

Dip, Ricardo; Moraes Júnior, Volney Corrêa Leite de. *Crime e castigo*. Reflexões politicamente incorretas. 2. ed. Campinas: Millenium, 2002.

Dolcini, Emilio; Marinucci, Giorgio. *Corso di diritto penale*. 2. ed. Milano: Giuffrè, 1999. v. 1.

Dominguez, Humberto Barrera. *Delitos contra el patrimonio económico*. Bogotá: Temis, 1963.

Donna, Edgardo A. *La imputación objetiva*. Buenos Aires: Belgrano, 1997.

Donna, Edgardo A.; Hirsch, Hans Joachim; Cerezo Mir, José (Org.). *Hans Welzel en el pensamiento penal de la modernidad.* Buenos Aires: Rubinzal-Culzoni, 2005. (Coleção Autores de direito penal.)

Dotti, René Ariel. *Bases e alternativas para o sistema de penas.* 2. ed. São Paulo: RT, 1998.

Dotti, René Ariel. *Curso de direito penal.* Parte geral. Rio de Janeiro: Forense, 2002.

Dotti, René Ariel. *O incesto.* Curitiba: Guignone, 1976.

Dotti, René Ariel. Os atentados ao meio ambiente: responsabilidade e sanções penais. *Revista Brasileira de Ciências Criminais* 7/117.

Dotti, René Ariel. Processo penal executório. *RT* 576/309, out. 1993.

Dotti, René Ariel. Visão geral da medida de segurança. In: Shecaira, Sérgio Salomão (Org.). *Estudos criminais em homenagem a Evandro Lins e Silva* (criminalista do século). São Paulo: Método, 2001.

Dotti, René Ariel; Reale Jr., Miguel; Andreucci, Ricardo Antunes; Pitombo, Sérgio M. de Moraes. *Penas e medidas de segurança no novo Código.* 2. ed. Rio de Janeiro: Forense, 1987.

Duni, Mario. *Il perdono giudiziale.* Torino: UTET, 1941.

Durkheim, Émile. *O suicídio.* Estudo de sociologia. Trad. Andréa Stahel M. da Silva. São Paulo: Edipro, 2014.

Dutra, Mário Hoeppner. *O furto e o roubo em face do Código Penal brasileiro.* São Paulo: Max Limonad, 1955.

Enrique Edwards, Carlos. *Garantías constitucionales en materia penal.* Buenos Aires: Astrea, 1996.

Esbec Rodríguez, Enrique; Gómez-Jarabo, Gregorio. *Psicología forense y tratamiento jurídico-legal de la discapacidad.* Madrid: Edisofer, 2000.

Eser, Albin et al. *De los delitos y de las víctimas.* 2.ª reimp. Buenos Aires: Ad Hoc, 2008.

Espinosa Ceballos, Elena B. Marín de. *La reincidencia*: tratamiento dogmático y alternativas político-criminales. Granada: Comares, 1999.

Estefam, André. *Direito penal.* Parte geral. 2. ed. São Paulo: Saraiva, 2012. v. 1.

Estefam, André. *Direito penal.* Parte especial. 2. ed. São Paulo: Saraiva, 2012. v. 2.

Estefam, André. *Direito penal.* Parte especial. São Paulo: Saraiva, 2011. v. 3.

Estefam, André. *Direito penal.* Parte especial. São Paulo: Saraiva, 2011. v. 4.

Fabretti, Humberto Barrionuevo; Smanio, Gianpaolo Poggio. *Introdução ao direito penal.* Criminologia, princípios e cidadania. 4. ed. São Paulo: GEN/Atlas, 2016.

Farhat, Alfredo. *Do infanticídio.* São Paulo: RT, 1956.

Faria, Antonio Bento de. *Código Penal brasileiro comentado.* São Paulo: Record, 1961.

Faro Júnior, Luiz P. F. de. *Direito internacional público.* Rio de Janeiro: Editor Borsoi, 1965.

Fávero, Flamínio. *Medicina legal.* 7. ed. São Paulo: Martins Fontes, 1962. v. 3.

Fayet, Fabio Agne. *O delito de estupro.* Porto Alegre: Livraria do Advogado, 2011.

Fayet, Marcela; Brack, Karina; Fayet Júnior, Ney. *Prescrição penal.* Temas atuais e controvertidos. Porto Alegre: Livraria do Advogado, 2007.

Fayet Júnior, Ney. *Do crime continuado.* 7. ed. Porto Alegre: Livraria do Advogado, 2016.

Fayet Júnior, Ney; Fayet, Marcela; Brack, Karina. *Prescrição penal.* Temas atuais e controvertidos. Porto Alegre: Livraria do Advogado, 2007.

Fayet Júnior, Ney; Fayet, Marcela; Brack, Karina. *Prescrição penal*. Temas atuais e controvertidos. Porto Alegre: Livraria do Advogado, 2009. v. 2.

Fayet Júnior, Ney; Fayet, Marcela; Brack, Karina. *Prescrição penal*. Temas atuais e controvertidos. Porto Alegre: Livraria do Advogado, 2011. v. 3.

Fayet Júnior, Ney; Fayet, Marcela; Brack, Karina. *Prescrição penal*. Temas atuais e controvertidos. Porto Alegre: Livraria do Advogado, 2013. v. 4.

Fayet Júnior, Ney; Ferreira, Martha da Costa. Da imprescritibilidade. In: Fayet Júnior, Ney. *Prescrição penal*. Temas atuais e controvertidos. Porto Alegre: Livraria do Advogado, 2007. v. 3. p. 47-87.

Fedeli, Mario. *Temperamento, caráter, personalidade* – Ponto de vista médico e psicológico. Trad. José Maria de Almeida. São Paulo: Paulus, 1997.

Feijoo Sánchez, Bernardo José; Gómez-Jara Díez, Carlos; Bajo Fernández, Miguel. *Tratado de responsabilidad penal de las personas jurídicas*. 2. ed. Navarra: Aranzadi-Civitas-Thomson Reuters, 2016.

Fernandes, Antônio Scarance; Marques, Oswaldo Henrique Duek. Estupro – Enfoque vitimológico. *RT* 653/265.

Fernandes, David Augusto. *Tribunal penal internacional*: a concretização de um sonho. Rio de Janeiro: Renovar, 2006.

Fernandes, Newton; Fernandes, Valter. *Criminologia integrada*. 2. ed. São Paulo: RT, 2002.

Fernandes, Paulo Sérgio Leite. *Aborto e infanticídio*. São Paulo: Sugestões Literárias, 1972.

Fernandes, Valter; Fernandes, Newton. *Criminologia integrada*. 2. ed. São Paulo: RT, 2002.

Fernandéz, Alonso. *Las atenuantes de confesión de la infracción y reparación o disminución del daño*. Barcelona: Ed. Bosch S.A., 1999.

Fernández, Gonzalo D. *El elemento subjetivo de justificación en derecho penal*. Montevideo-Buenos Aires: Editorial B de f, 2015.

Ferrajoli, Luigi. *Direito e razão* – Teoria do garantismo penal. Trad. Ana Paula Zommer Sica, Fauzi Hassan Choukr, Juarez Tavares e Luiz Flávio Gomes. São Paulo: RT, 2002.

Ferrante, Marcelo. *Filosofía y derecho penal*. Buenos Aires: Ad Hoc, 2013.

Ferraz, Esther de Figueiredo. *A codelinquência no direito penal brasileiro*. São Paulo: José Bushatsky, 1976.

Ferraz, Esther de Figueiredo. *Os delitos qualificados pelo resultado no regime do Código Penal de 1940*. Tese (Livre-docência). São Paulo: Universidade de São Paulo, 1948.

Ferré Olivé, Juan Carlos; García Rivas, Nicolás; Serrano Piedecasas, José Ramón; Gómez De La Torre, Ignacio Berdugo; Arroyo Zapatero, Luis. *Lecciones de derecho penal* – Parte general. 2. ed. Madrid: La Ley, 1999.

Ferreira, Amadeu. *Homicídio privilegiado*. 3.ª reimp. Coimbra: Almedina, 2000.

Ferreira, Cláudio; Figueiredo, Carlos Maurício; Raposo, Fernando; Braga, Henrique; Nóbrega, Marcos. *Comentários à Lei de Responsabilidade Fiscal*. 2. ed. São Paulo: RT, 2001.

Ferreira, Cristiane Caetano Simões; Dias, Ricardo Ferreira. Abuso de autoridade: das necessárias mudanças da lei. In: Toledo, Armando (Coord.). *Direito Penal* – Reinterpretação à luz da Constituição: Questões polêmicas. São Paulo: Elsevier, 2009.

Ferreira, Ivette Senise. *O aborto legal*. Tese (Doutoramento). São Paulo: Universidade de São Paulo, 1982.

FERREIRA, Manuel Cavaleiro de. *Direito penal português* – Parte geral. 2. ed. Lisboa: Editorial Verbo, 1982. v. 1.

FERREIRA, Victor José Sebem; BITENCOURT, Monique von Hertwig. A proibição do comércio e consumo de bebidas alcoólicas em locais públicos no dia do pleito. Disponível em: http://www.tre-sc.gov.br/sj/cjd/doutrinas/monique.htm.

FERREIRA, Waldemar Martins. *História do direito brasileiro*. Rio de Janeiro-São Paulo: Livraria Freitas Bastos, 1952. t. 2.

FERREIRA FILHO, Manoel Gonçalves. *Comentários à Constituição brasileira de 1988*. 2. ed. São Paulo: Saraiva, 1997. v. 1.

FERRI, Enrico. *L'Omicida nella psicologia e nella psicopatologia criminale*. Torino: UTET, 1925.

FIGUEIREDO, Carlos Maurício; FERREIRA, Cláudio; RAPOSO, Fernando; BRAGA, Henrique; NÓBREGA, Marcos. *Comentários à Lei de Responsabilidade Fiscal*. 2. ed. São Paulo: RT, 2001.

FIORE, C. *Diritto penale* – Parte generale. Torino: UTET, 1999. v. 1.

FISCHER, Douglas. O que é garantismo (penal) integral?. In: CALABRICH; FISCHER; PELELLA. *Garantismo penal integral*. 3. ed. Porto Alegre: Livraria do Advogado, 2015.

FONTÁN BALESTRA, Carlos. *Tratado de derecho penal*. 2. ed. Buenos Aires: Abeledo-Perrot, 1992. t. III.

FÖPPEL, Gamil (Coord.). *Novos desafios do direito penal no terceiro milênio*. Estudos em homenagem ao Prof. Fernando Santana. Rio de Janeiro: Lumen Juris, 2008.

FOUCAULT, Michel. *Vigiar e punir* – Nascimento da prisão. Trad. Raquel Ramalhete. 25. ed. Petrópolis: Vozes, 2002.

FRADIMAN, James; FRAGER, Robert. *Teorias da personalidade*. São Paulo: Harbra, 2002.

FRAGOSO, Heleno Cláudio. Alternativas da pena privativa da liberdade. *Revista de Direito Penal*, Rio de Janeiro: Forense, n. 29, jan.-jul. 1980.

FRAGOSO, Heleno Cláudio. *Conduta punível*. São Paulo: Bushatsky, 1963.

FRAGOSO, Heleno Cláudio. *Lições de direito penal* – Parte especial. Rio de Janeiro: Forense, 1958. v. 1 e 2; 1959. v. 3 e 4.

FRAGOSO, Heleno Cláudio. *Lições de direito penal* – Parte geral. 15. ed. Rio de Janeiro: Forense, 1994.

FRAGOSO, Heleno Cláudio. Pressupostos do crime e condições objetivas de punibilidade. *Estudos de direito e processo penal em homenagem a Nélson Hungria*. Rio de Janeiro: Forense, 1962.

FRANÇA, Rubens Limongi. *Hermenêutica jurídica*. 7. ed. São Paulo: Saraiva, 1999.

FRANÇA, Rubens Limongi. O conceito de morte, diante do direito ao transplante e do direito hereditário. *RT* 717/ 65.

FRANCO, José Henrique Kaster. *Funções da pena e individualização*. Aspectos teóricos e práticos. Rio de Janeiro: Lumen Juris, 2013.

FREITAS, Gilberto Passos de; FREITAS, Vladimir Passos de. *Abuso de autoridade*. 5. ed. São Paulo: RT, 1993.

FREITAS, Vladimir Passos de. O crime ambiental e a pessoa jurídica. *Revista da Associação dos Magistrados Brasileiros*, n. 6, 1.º semestre 1999.

FREITAS, Vladimir Passos de (Org.). *Direito previdenciário* – Aspectos materiais, processuais e penais. 2. ed. Porto Alegre: Livraria do Advogado, 1999.

Freitas, Vladimir Passos de; Freitas, Gilberto Passos de. *Abuso de autoridade*. 5. ed. São Paulo: RT, 1993.

Freud, Sigmund. *Artigos sobre hipnotismo e sugestão* – A psicoterapia da histeria. Trad. José Luís Meurer e Christiano Monteiro Oiticica. Rio de Janeiro: Imago, 1998.

Frisch, Wolfgang; Roxin, Claus; Jakobs, Günther; Schünemann, Bernd; Köhler, Michael. *La imputación objetiva del resultado. Desarrollo, fundamentos y cuestiones abiertas*. Trad. Ivó Coca Vila. Barcelona: Atelier, 2015.

Frisch, Wolfgang; Roxin, Claus; Jakobs, Günther; Schünemann, Bernd; Köhler, Michael. *Sobre el estado de la teoría del delito* (Seminario en la Universitat Pompeu Fabra). Madrid: Civitas, 2000.

Fromm, Erich. *Anatomia da destrutividade humana*. Trad. Marco Aurélio de Moura Matos. 2. ed. Rio: Guanabara Ed., 1987.

Galeotti, Giulia. *História do aborto*. Trad. Sandra Escobar. Lisboa: Edições 70, 2007.

Gallo, Marcello. *Il concetto unitário di colpevolezza*. Milano: Giuffrè, 1951.

Galvão, Fernando. *Direito penal* – crimes contra a pessoa. São Paulo: Saraiva, 2013.

Galvão, Fernando. *Direito penal* – Parte geral. São Paulo: Saraiva.

Gama, Guilherme Calmon Nogueira. *A família no direito penal*. Rio de Janeiro-São Paulo: Renovar, 2000.

Garcia, Basileu. *Instituições de direito penal*. 5. ed. São Paulo: Max Limonad, 1980. v. 1, t. I, e 2.

García, Fernando Santa Cecilia. *Objeto de la criminologia. Delito y delinquente*.

García, Esther Romera. Teorías del aprendizaje social. In: Clemente, Miguel; Espinosa, Pablo (Coord.). *La mente criminal*. Teorías explicativas del delito desde la Psicología Jurídica. Madri: Dykinson, 2001.

Garcia, Waléria Garcelan Loma. *Arrependimento posterior*. Belo Horizonte: Del Rey, 1997.

García Arán, Mercedes. Dos crimes contra a administração pública. *Revista Forense*, nov. 1944.

García Arán, Mercedes. *Fundamentos y aplicación de penas y medidas de seguridad en el Código Penal de 1995*. Pamplona: Aranzadi, 1997.

García Arán, Mercedes; Muñoz Conde, Francisco. Crimes patrimoniais entre cônjuges e parentes. *Revista Forense*, v. 143, 1952.

García Arán, Mercedes; Muñoz Conde, Francisco. *Derecho penal* – Parte general. 3. ed. Valencia: Tirant Lo Blanch, 1998.

García Rivas, Nicólas; Serrano Piedecasas, José Ramón; Gómez de La Torre, Ignacio Berdugo; Arroyo Zapatero, Luis; Ferré Olivé, Juan Carlos. *Lecciones de derecho penal* – Parte general. 2. ed. Madrid: La Ley, 1999.

Garofalo, Rafael. *Criminologia. Estudo sobre o delito e a repressão penal*. Trad. Danielle Maria Gonzaga. Campinas: Péritas, 1997.

Gattaz, Wagner F. Violência e doença mental: fato ou ficção? *Folha de S. Paulo*, 7 nov. 1999, 3.º Caderno, p. 2.

Giacomolli, Nereu José. Função garantista do princípio da legalidade. *RT* 778/476.

Giacomolli, Nereu José; Callegari, André Luís (Coord.). *Direito penal e funcionalismo*. Trad. André Luís Callegari, Nereu José Giacomolli e Lúcia Kalil. Porto Alegre: Livraria do Advogado, 2005.

GIL GIL, Alicia. *La ausencia del elemento subjetivo de justificación*. Buenos Aires: Rubinzal-Culzoni, 2006. (Coleção Autores de direito penal.)

GIL GIL, Alicia et al. *Curso de derecho penal* – Parte general. 2. ed. Madrid: Dykinson, 2015.

GIMBERNAT ORDEIG, Enrique. *Conceito e método da ciência do direito penal*. Trad. José Carlos Gobbis Pagliuca. São Paulo: RT, 2002.

GIMBERNAT ORDEIG, Enrique. *Estudios sobre el delito de omisión*. 2. ed. Montevideo-Buenos Aires: Editorial B de f, 2013.

GIMBERNAT ORDEIG, Enrique. *La causalidad en la omisión impropia y la llamada "omisión por comisión"*. Buenos Aires: Rubinzal-Culzoni, 2003. (Coleção Autores de direito penal.)

GLINA, Sidney; REIS, José Mário; VARELLA, Drauzio. Médicos especializados. Disponível em: www.drauziovarella.com.br/entrevistas/reis_impotencia.asp; www.drauziovarella.com.br/entrevistas/eprecoce4.asp. Acesso em: 1.º dez. 2009.

GLOCK, José Osvaldo; CRUZ, Flávio da (Coord.); HERZMANN, Nélio; TREMEL, Rosângela; VICCARI JUNIOR, Adauto. *Lei de Responsabilidade Fiscal comentada*. 2. ed. São Paulo: Atlas, 2001.

GOGLIANO, Daisy. Morte encefálica. *Revista de Direito Civil,* ano 17, v. 63-64, jan.-mar. 1993.

GOGLIANO, Daisy. Pacientes terminais – Morte encefálica. *Revista do Curso de Direito da Universidade Federal de Uberlândia*, v. 23, n. 1-2, dez. 1994.

GOMES, Luiz Flávio; BIANCHINI, Alice. *Crimes de responsabilidade fiscal – Lei 10.028/2000*: crimes contra as finanças públicas, crimes de responsabilidade fiscal de prefeitos, legislação na íntegra (Lei 10.028 e LC 101/2000). São Paulo: RT, 2001. (Série As ciências criminais no século XXI, v. 2.)

GOMES, Luiz Flávio; BIANCHINI, Alice. *Curso de direito penal* – Parte geral. São Paulo: JusPodivm, 2015. v. 1.

GOMES, Luiz Flávio; MAZZUOLI, Valerio. *Comentários à Convenção Americana sobre Direitos Humanos*. São Paulo: Ed. RT, 2009.

GOMES, Mariângela Gama de Magalhães. *O princípio da proporcionalidade no direito penal*. São Paulo: RT, 2003.

GOMES JUNIOR, João Florêncio de Salles. *O crime de extorsão no direito penal brasileiro*. São Paulo: Quartier Latin, 2012.

GÓMEZ, Eusebio. *Tratado de derecho penal*. Buenos Aires: Compañia Argentina de Editores, 1939. t. I.

GÓMEZ DE LA TORRE, Ignacio Berdugo; ARROYO ZAPATERO, Luis; FERRÉ OLIVÉ, Juan Carlos; GARCÍA RIVAS, Nicólas; SERRANO PIEDECASAS, José Ramón. *Lecciones de derecho penal* – Parte general. 2. ed. Madrid: La Ley, 1999.

GÓMEZ-JARA DÍEZ, Carlos. *Fundamentos modernos de la responsabilidad penal de las personas jurídicas*. Montevideo-Buenos Aires: Editorial B de f, 2010.

GÓMEZ-JARA DÍEZ, Carlos; FEIJOO SÁNCHEZ, Bernardo José; BAJO FERNÁNDEZ, Miguel. *Tratado de responsabilidad penal de las personas jurídicas*. 2. ed. Navarra: Aranzadi-Civitas--Thomson Reuters, 2016.

GÓMEZ-JARABO, Gregorio; ESBEC RODRÍGUEZ, Enrique. *Psicología forense y tratamiento jurídico-legal de la discapacidad*. Madrid: Edisofer, 2000.

GONÇALVES, M. Maia. *Código Penal português anotado e comentado e legislação complementar*. 11. ed. Coimbra: Almedina, 1997.

GONÇALVES, Odonel Urbano. *Seguridade social comentada*. São Paulo: LTr, 1997.

GONÇALVES, Victor Eduardo Rios. *Curso de direito penal* – Parte geral. São Paulo: Saraiva, 2015.

GONZAGA, João Bernardino. Crimes comissivos por omissão. *Estudos de direito e processo penal em homenagem a Nélson Hungria*. Rio de Janeiro-São Paulo: Forense, 1962.

GONZAGA, João Bernardino. *O direito penal indígena. À época do descobrimento do Brasil*. São Paulo: Max Limonad, 1972.

GONZÁLEZ CAMPO, Eleutério; ZÁRATE CONDE, Antonio. *Derecho penal* – Parte general. Madrid: La Ley, 2015.

GONZÁLEZ CUSSAC, José L.; ORTS BERENGUER, Enrique. *Compendio de derecho penal* – Parte general. 5. ed. Valencia: Tirant lo Blanch, 2015.

GORAIEB, Elizabeth. *Tribunal penal internacional*. São Paulo: Letras Jurídicas, 2012.

GOTI, Jaime E. Malamud. *Legítima defensa y estado de necesidad*. Buenos Aires: Cooperadora de Derecho y Ciencias Sociales, 1977.

GOYENA, José Irureta. El delito de homicidio. Conferencias orales. 2. ed. Montevideo: Casa A. Barreiro y Ramos, 1928.

GRAMATICA, Filippo. *Principios de defensa social*. Olejnik, 2020.

GRAMATICA, Filippo. *Principios de derecho penal subjetivo*. Trad. Juan Del Rosal e Victor Conde. Madrid: Reus, 2003.

GRAU, Eros Roberto. *Sobre a prestação jurisdicional* – direito penal. São Paulo: Malheiros, 2010.

GRECO, Alessandra Orcesi Pedro. *A autocolocação da vítima em risco*. São Paulo: RT, 2004.

GRECO, Alessandra Orcesi Pedro; RASSI, João Daniel. *Crimes contra a dignidade sexual*. São Paulo: Atlas, 2010.

GRECO, Luís. *Um panorama da teoria da imputação objetiva*. 4. ed. São Paulo: RT, 2014.

GRECO, Luís; LEITE, Alaor. O que é e o que não é a teoria do domínio do fato sobre a distinção entre autor e partícipe no direito penal. *Revista dos Tribunais*, v. 933, p. 61-92, jul. 2013.

GRECO, Rogério. *Curso de direito penal* – Parte geral. 18. ed. Niterói: Impetus, 2016. v. 1.

GRECO, Rogério. *Curso de direito penal* – Parte especial. 13. ed. Niterói: Impetus, 2016. v. 2.

GRECO, Rogério. *Curso de direito penal* – Parte especial. 13. ed. Niterói: Impetus, 2016. v. 3.

GRECO FILHO, Vicente. *Tóxicos – Prevenção – Repressão*. 9. ed. São Paulo: Saraiva, 1993.

GRECO FILHO, Vicente. *Tutela constitucional das liberdades*. São Paulo: Saraiva, 1989.

GRISOLIA, Giovanni. *Il reato permanente*. Padova: Cedam, 1996.

GUADAGNO, Gennaro. *Manuale di diritto penale* – Parte generale. 2. ed. Roma: Casa Editrice Stamperia Nazionale, 1967.

GUERRA FILHO, Willis Santiago. Dignidade humana, princípio da proporcionalidade e teoria dos direitos fundamentais. *Tratado luso-brasileiro da dignidade humana*, 2. ed. In: MIRANDA, Jorge; SILVA, Marco. São Paulo: Quartier Latin, 2009.

GUERRERO, Hermes Vilchez. *Do excesso em legítima defesa*. Belo Horizonte: Del Rey, 1997.

GUSMÃO, Chrysolito de. *Dos crimes sexuais*. Estupro, atentado violento ao pudor, sedução e corrupção de menores. 4. ed. Rio de Janeiro-São Paulo: Freitas Bastos, 1954.

HASSEMER, Winfried. *Crítica al derecho penal de hoy*. Trad. Patricia S. Ziffer. Buenos Aires: Ad Hoc, 1995.

HASSEMER, Winfried. *Direito penal libertário*. Trad. Regina Greve. Belo Horizonte: Del Rey, 2007.

HASSEMER, Winfried; MUÑOZ CONDE, Francisco. *Introducción a la criminología y al derecho penal*. Valencia: Tirant Lo Blanch, 1989.

HEIDEGGER, Martin. *A essência da liberdade humana*: introdução à filosofia. Trad. Marco Antonio Casanova. Rio de Janeiro: Viaverita, 2012.

HERNANDEZ, César Camargo. *El delito continuado*. Barcelona: Bosch, 1951.

HERNÁNDEZ, Héctor H. *El garantismo abolicionista*. Estudio sobre la "criminología crítica". Madrid-Barcelona-Buenos Aires-São Paulo: Marcial Pons, 2013.

HERZMANN, Nélio; CRUZ, Flávio da (Coord.); GLOCK, José Osvaldo; TREMEL, Rosângela; VICCARI JUNIOR, Adauto. *Lei de Responsabilidade Fiscal comentada*. 2. ed. São Paulo: Atlas, 2001.

HIGUERA GUIMERA, Juan Felipe. *Las excusas absolutorias*. Madrid: Marcial Pons, 1993.

HIRSCH, Hans Joachim. La antijuridicidad de la agresión como presupuesto de la defensa necesaria. *Obras*. Buenos Aires: Rubinzal-Culzoni, 2001. t. III.

HIRSCH, Hans Joachim. Derecho penal material y reparación del daño. In: ESER, Albin et al. *De los delitos y de las víctimas*. 2. reimp. Buenos Aires: Ad Hoc, 2008. p. 89.

HIRSCH, Hans Joachim. Derecho penal. *Obras completas*. Trad. José Cerezo Mir e Edgardo Alberto Donna (Dirk Styma, t. IV). Buenos Aires: Rubinzal-Culzoni, 2005/2000/2003/2005/2011. t. I a V.

HIRSCH, Hans Joachim; CEREZO MIR, José; DONNA, Edgardo A. (Org.). *Hans Welzel en el pensamiento penal de la modernidad*. Buenos Aires: Rubinzal-Culzoni, 2005. (Coleção Autores de direito penal.)

HORVATH, Estevão; OLIVEIRA, Régis Fernandes de. *Manual de direito financeiro*. 3. ed. São Paulo: RT, 2000.

HUÉLAMO BUENDÍA, Antonio Jesús; POLO RODRÍGUEZ, José Javier. *La nueva ley penal del menor*. Madrid: Colex, 2000.

HUNGRIA, Nélson. *A legítima defesa putativa*. Rio de Janeiro: Livraria Jacintho, 1936.

HUNGRIA, Nélson. *Comentários ao Código Penal*. Rio de Janeiro: Forense, 1958. v. 1, t. I e II, 2, 5, 6 e 7.

HUNGRIA, Nélson. *Comentários ao Código Penal*. Rio de Janeiro: Forense, 1959. v. 3, 8 e 9.

HUNGRIA, Nélson. *Comentários ao Código Penal*. 5. ed. Rio de Janeiro: Forense, [s.d.]. v. 5.

HUNGRIA, Nélson. Concurso de infrações penais. *Revista Forense* 193/16, jan.-fev. 1961.

HUNGRIA, Nélson. Direito penal e criminologia. *Revista Brasileira de Criminologia e Direito Penal*, Guanabara: Instituto de Criminologia da Universidade do Estado da Guanabara, v. 1, p. 5, abr.-jun. 1963.

HUNGRIA, Nélson. Ortotanásia ou eutanásia por omissão. *RT* 221/14, mar. 1954.

HUNGRIA, Nélson; LYRA, Roberto. *Direito penal* – Parte geral. Rio de Janeiro: Livraria Jacintho, 1938.

IENNACO, Rodrigo. *Responsabilidade penal da pessoa jurídica*. 2. ed. Curitiba: Juruá, 2010.

ISOLDI FILHO, Carlos Alberto da Silveira. Exame criminológico, parecer da CTC e a nova Lei 10.792/2003. *Informe – Boletim do Sindicato dos Promotores e Procuradores de Justiça do Estado de Minas Gerais*, n. 21, fev. 2004.

ITAGIBA, Ivair Nogueira. *Do homicídio*. Rio: Forense, 1945.

Jaén Vallejo, Manuel (Dir.); Reyna Alfaro, Luis (Coord.). *Sistemas penales iberoamericanos. Libro Homenaje al Profesor Dr. D. Enrique Bacigalupo en su 65 Aniversario*. Lima: ARA Editores, 2003.

Jakobs, Günther. *Derecho penal del enemigo*. Trad. Manuel Cancio Meliá. Madrid: Thompson--Civitas, 2003.

Jakobs, Günther. *Derecho penal – Parte general – Fundamentos y teoría de la imputación*. Trad. Cuello Contreras e Gonzalez de Murillo. 2. ed. Madrid: Marcial Pons, 1997.

Jakobs, Günther. *Fundamentos do direito penal*. Trad. André Luís Callegari. São Paulo: RT, 2003.

Jakobs, Günther. *La imputación objetiva en derecho penal*. Trad. Manuel Cancio Meliá. Madrid: Civitas, 1999.

Jakobs, Günther. *Sobre la teoría de la pena*. Trad. Manuel Cancio Meliá. Cuadernos de Conferencias y Artículos, n. 16, Bogotá: Universidad Externado de Colombia, 2001.

Jakobs, Günther. Teoria da pena e suicídio e homicídio a pedido. Trad. M. A. R. Lopes. São Paulo: Manole, 2003. (Coleção Estudos de Direito Penal, v. 3.)

Jakobs, Günther; Frisch, Wolfgang; Roxin, Claus; Schünemann, Bernd; Köhler, Michael. *Sobre el estado de la teoría del delito* (Seminario en la Universitat Pompeu Fabra). Madrid: Civitas, 2000.

Japiassú, Carlos Eduardo Adriano; Souza, Artur de Brito Gueiros. *Curso de direito penal – Parte geral*. 2. ed. Rio de Janeiro: Forense, 2015. v. 1.

Jeffreys, Sheila. *The idea of prostitution*. Melbourne: Spinifex Press Pty, 2008.

Jescheck, Hans-Heinrich. *Tratado de derecho penal – Parte general*. Trad. Mir Puig e Muñoz Conde. Barcelona: Bosch, 1981.

Jesus, Damásio Evangelista de. In: Martins, Ives Gandra da Silva; Nascimento, Carlos Valder do (Org.). *Adendo especial aos comentários à Lei de Responsabilidade Fiscal*. São Paulo: Saraiva, 2001.

Jesus, Damásio Evangelista de. *Código Penal anotado*. 21. ed. São Paulo: Saraiva, 2012.

Jesus, Damásio Evangelista de. *Direito penal – Parte geral*. 36. ed. São Paulo: Saraiva, 2015. v. 1.

Jesus, Damásio Evangelista de. *Imputação objetiva*. São Paulo: Saraiva, 2000.

Jesus, Damásio Evangelista de. *Teoria do domínio do fato no concurso de pessoas*. 3. ed. São Paulo: Saraiva, 2009.

Jhering, Rudolf von. *A evolução do direito*. Salvador: Livraria Progresso Editora, 1950.

Jiménez de Asúa, Luis. *Lecciones de derecho penal*. México: Editorial Pedagógica Iberoamericana, 1995.

Jiménez de Asúa, Luis. *Principios de derecho penal – La ley y el delito*. Buenos Aires: Abeledo--Perrot, 1997.

Jiménez de Asúa, Luis. *Tratado de derecho penal*. 2. ed. Buenos Aires: Losada, 1950. t. II.

Junqueira, Gustavo; Vanzolini, Patrícia. *Manual de direito penal – Parte geral*. 2. ed. São Paulo: Saraiva, 2014.

Kant, Immanuel. *Fundamentação da metafísica dos costumes e outros escritos*. Trad. Leopoldo Holzbach. São Paulo: Martin Claret, 2011.

Köhler, Michael; Frisch, Wolfgang; Roxin, Claus; Jakobs, Günther; Schünemann, Bernd. *Sobre el estado de la teoría del delito* (Seminario en la Universitat Pompeu Fabra). Madrid: Civitas, 2000.

La Medica, Vincenzo. *O direito de defesa*. Trad. Fernando de Miranda. São Paulo: Saraiva, 1942.

LAFER, Celso. O STF e o racismo: o caso Ellwanger. *Folha de S. Paulo*, 30.03.2004, Tendências e Debates, p. A3.

LAFER, Celso. Racismo – o STF e o caso Ellwanger. *O Estado de S. Paulo*, 20.07.2003, Espaço Aberto, p. A2.

LAGENEST, J. P. Barruel de (Org.). *O aborto voluntário. Aspectos éticos e jurídicos.* São Paulo: Paulinas, 1983.

LAJE ROS, Cristóbal. *La interpretación penal en el hurto, el robo y la extorsión* (desviación y crisis). Córdoba: Lerner, 2013.

LEITE, Alaor; GRECO, Luís. O que é e o que não é a teoria do domínio do fato sobre a distinção entre autor e partícipe no direito penal. *Revista dos Tribunais*, v. 933, p. 61-92, jul. 2013.

LEMES, Alexandre Barbosa. *Tutela penal da previdência social.* Curitiba: Juruá, 2009.

LEONE, Giovanni. *Del reato abituale, continuato e permanente.* Napoli: Jovene, 1933.

LESCH, Heiko H. *La función de la pena.* Madrid: Dykinson, 1999.

LEVENE, Ricardo. *El delito de homicidio.* Buenos Aires: Perrot, 1955.

LEWANDOWSKI, Enrique Ricardo. A formação da doutrina dos direitos fundamentais. *Revista USP*, São Paulo, 2003.

LIMA, Carolina Alves de Souza. *Aborto e anencefalia.* Direitos fundamentais em colisão. Curitiba: Juruá, 2009.

LIMA, Carolina Alves de Souza; MARQUES, Oswaldo Henrique Duek. O princípio da humanidade das penas. In: MIRANDA, Jorge; MARQUES DA SILVA, Marco Antonio (Org.). *Tratado Luso-Brasileiro da Dignidade Humana.* 2. ed. São Paulo: Quartier Latin, 2009. v. 1.

LIMA, Luciano Flores de; BALTAZAR JÚNIOR, José Paulo (Org.). *Cooperação jurídica internacional em matéria penal.* Porto Alegre: Verbo Jurídico, 2010.

LINHARES, Marcello Jardim. *Coautoria (o concurso de pessoas do art. 29 da nova Parte Geral do Código Penal).* Direito penal aplicado. 3. ed. Rio de Janeiro: Aide, 1987.

LINHARES, Marcello Jardim. *Direito penal aplicado.* São Paulo: Sugestões Literárias, 1977.

LINHARES, Marcello Jardim. *Direito penal aplicado.* 3. ed. Rio de Janeiro: Aide, 1987.

LINHARES, Marcello Jardim. *Estrito cumprimento de dever legal.* Exercício regular de direito. Rio de Janeiro: Forense, 1983.

LINHARES, Marcello Jardim. *Legítima defesa.* 4. ed. São Paulo-Rio de Janeiro: Saraiva-Forense, 1994.

LISZT, Franz von. *Tratado de derecho penal.* Madri: Librería la Candela Murcia, 1927. t. II.

LITRENTO, Oliveiros. *Curso de direito internacional público.* Rio de Janeiro: Forense, 2003.

LOMBROSO, Cesar. *O homem delinquente* (2. ed. francesa). Trad. Maristela Bleggi Tomasini e Oscar Antonio Corbo Garcia. Porto Alegre: Ricardo Lenz Editor, 2001.

LONGFORD, Lord. *Punishment and the punished.* London: Chapmans, 1991.

LOPES, Jair Leonardo. *Curso de direito penal* – Parte geral. 2. ed. São Paulo: RT, 1996.

LÓPEZ, Lacruz. *Curso de derecho penal* – parte general. Madri: Dykinson, 2015.

LOUREIRO NETO, José da Silva. *Embriaguez delituosa.* São Paulo: Saraiva, 1990.

LUFT, Lya. Medo e preconceito. *Veja*, Ed. Abril, 10.09.2014, p. 24.

LUISI, Luiz. *Os princípios constitucionais penais.* Porto Alegre: Fabris, 1991.

LUISI, Luiz. Um novo conceito de legalidade penal. *Ajuris* Especial, p. 110-117, jul. 1999.

Luzón Cuesta, José María. *Compendio de derecho penal* – Parte especial. Madrid: Dykinson, 2015.

Luzón Peña, Diego-Manuel. *Lecciones de derecho penal* – Parte general. 3. ed. Valencia: Tirant lo Blanch, 2016.

Lyra, Roberto. *Comentários ao Código Penal*. 2. ed. Rio de Janeiro: Forense, 1955. v. 2.

Lyra, Roberto. *Criminologia*. Rio de Janeiro: Forense, 1964.

Lyra, Roberto; Hungria, Nelson. *Direito penal* – Parte geral. Rio de Janeiro: Livraria Jacintho, 1938.

Machado, Raul. *A culpa no direito penal*. 2. ed. São Paulo: [s.n.], 1951.

Maggio, Vicente de Paula Rodrigues. *Curso de direito penal* – Parte especial. São Paulo: JusPodivm, 2015. v. 2.

Maggio, Vicente de Paula Rodrigues. *Curso de direito penal* – Parte especial. São Paulo: JusPodivm, 2015. v. 3.

Maggio, Vicente de Paula Rodrigues. *Infanticídio*. São Paulo: Edipro, 2001.

Maggiore, Giuseppe. *Derecho penal*. Bogotá: Temis, 1954. v. 1.

Maluly, Jorge Assaf. *Denunciação caluniosa* – A acusação falsa de crimes ou atos de improbidade (comentários atualizados conforme a Lei 10.028, de 19.10.2000). Rio de Janeiro: Aide, 2001.

Manschreck, C. L. *A History of Christianity*: from Persecution to Uncertainty. New Jersey: Prentice-Hall, Englewood Cliffs, 1974.

Mantovani, Ferrando. *Diritto penale* – Parte speciale. Padova: Cedam, 1989.

Mantovani, Ferrando. *Los principios del derecho penal*. Trad. Martín Eduardo Botero. Lima: Ediciones Legales, 2015.

Manzini, Vincenzo. *Trattato di diritto penale italiano*. Atual. P. Nuvolone e G. D. Pisapia. 5. ed. Torino: Torinese, 1981.

Maranhão, Odon Ramos. *Curso básico de medicina legal*. 3. ed. São Paulo: RT, 1984.

Marcão, Renato; Gentil, Plínio. *Crimes contra a dignidade sexual*. Comentários ao Título VI do Código Penal. 2. ed. São Paulo: Saraiva, 2015.

Marcochi, Marcelo Amaral Colpaert. Posse de celular em presídio – Lei 11.466/2007. In: Toledo, Armando (Coord.). *Direito penal* – reinterpretação à luz da Constituição: questões polêmicas. São Paulo: Elsevier, 2009.

Margadant, Guillermo F. *Panorama de la historia universal del derecho*. 7. ed. México: Porrúa, 2007.

Marinucci, Giorgio; Dolcini, Emilio. *Corso di diritto penale*. 2. ed. Milano: Giuffrè, 1999. v. 1.

Marques, José Frederico. *Elementos de direito processual penal*. Atual. Victor Hugo Machado da Silveira. Campinas: Bookseller, 1997. v. 1 e 4.

Marques, José Frederico. Os princípios constitucionais da justiça penal. *Revista Forense* 182/20, mar.-abr. 1959.

Marques, José Frederico. *Tratado de direito penal*. Atual. Antonio Cláudio Mariz de Oliveira, Guilherme de Souza Nucci e Sérgio Eduardo Mendonça Alvarenga. Campinas: Bookseller, 1997. v. 1 e 2.

Marques, José Frederico. *Tratado de direito penal*. Atual. Antonio Cláudio Mariz de Oliveira, Guilherme de Souza Nucci e Sérgio Eduardo Mendonça Alvarenga. Campinas: Millenium, 1999. v. 3 e 4.

MARQUES, Oswaldo Henrique Duek. *A pena capital e o direito à vida*. São Paulo: Juarez de Oliveira, 2000.

MARQUES, Oswaldo Henrique Duek. Crimes culposos no novo Código de Trânsito. *Revista da Associação Paulista do Ministério Público* 14/23, jan. 1998.

MARQUES, Oswaldo Henrique Duek. *Elementos de direito processual penal*. Atual. Victor Hugo Machado da Silveira. Campinas: Bookseller, 1997. v. 1.

MARQUES, Oswaldo Henrique Duek. *Fundamentos da pena*. São Paulo: Juarez de Oliveira, 2000.

MARQUES, Oswaldo Henrique Duek; FERNANDES, Antônio Scarance. Estupro – Enfoque vitimológico. RT 653/265.

MARREY NETO, José Adriano. *Transplante de órgãos* – Disposições penais. São Paulo: Saraiva, 1995.

MARSICH, Piero. *Il delitto di falsa testimonianza*. Padova: Cedam, 1929.

MARSICO, Alfredo de. *Delitti contro il patrimonio*. Napoli: Jovene, 1951.

MARSICO, Alfredo de. *Diritto penale* – Parte generale. Napoli: Jovene, 1937.

MARTÍN, Ma. Ángeles Rueda. La teoría de la adecuación social. In: HIRSCH; CEREZO MIR; ALBERTO DONNA. *Hans Welzel en pensamiento penal de la modernidad*. Buenos Aires: Rubinzal-Culzoni, 2005. (Coleção Autores de Direito Penal.)

MARTÍNEZ, Javier Jiménez. *Elementos de derecho penal mexicano*. Cidade do México: Porruá, 2011.

MARTINEZ, Wladimir Novaes. *Os crimes previdenciários no Código Penal*. São Paulo: LTr, 2001.

MARTINEZ ESCAMILLA, Margarita. *La suspensión e intervención de las comunicaciones del preso*. Madrid: Tecnos, 2000.

MARTINS, Ives Gandra da Silva; NASCIMENTO, Carlos Valder do (Org.). *Comentários à Lei de Responsabilidade Fiscal*. São Paulo: Saraiva, 2001.

MARTINS, Ives Gandra da Silva; MARTINS, Roberto Vidal da Silva; MARTINS FILHO, Ives Gandra da Silva. *A questão do aborto*. Aspectos jurídicos fundamentais. São Paulo: Quartier Latin, 2008.

MARTINS, José Salgado. *Direito penal* – Introdução e parte geral. São Paulo: Saraiva, 1974.

MARTINS, Roberto Vidal da Silva. Aborto no direito comparado: uma reflexão crítica. Belém: Cejup, 1991.

MARTINS, Roberto Vidal da Silva; MARTINS FILHO, Ives Gandra da Silva; MARTINS, Ives Gandra da Silva. *A questão do aborto*. Aspectos jurídicos fundamentais. São Paulo: Quartier Latin, 2008.

MARTINS FILHO, Ives Gandra da Silva; MARTINS, Roberto Vidal da Silva; MARTINS, Ives Gandra da Silva. *A questão do aborto*. Aspectos jurídicos fundamentais. São Paulo: Quartier Latin, 2008.

MARUOTTI, Luigi; SANTANIELLO, Giuseppe. *Manuale di diritto penale* – Parte generale. Milano: Giuffrè, 1990.

MARX, Karl. Sobre o suicídio. Trad. Rubens Enderle e Francisco Fontanella. 1. ed. 4.ª tiragem. São Paulo: Boitempo, 2016.

MARZAGÃO JR., Laerte I. *Assédio sexual e seu tratamento no direito penal*. São Paulo: Quartier Latin, 2006.

MASSON, Cleber. *Direito penal* – Parte geral. 4. ed. Rio de Janeiro: Método, 2011. v. 1.

MASSON, Cleber. *Direito penal* – Parte especial. 9. ed. Rio de Janeiro: Método, 2016. v. 2.

MASSON, Cleber. *Direito penal* – Parte especial. 6. ed. Rio de Janeiro: Método, 2016. v. 3.

MASSUD, Leonardo. *Da pena e sua fixação*. Finalidades, circunstâncias judiciais e apontamentos para o fim do mínimo legal. São Paulo: DPJ Editora, 2009.

MATTHEWS, Roger. *Criminología realista*. Trad. Antonella Combra, Alicia A. Magurno e Mariela A. Barresi. Caba: Ediciones Didot, 2015.

MAURACH, Reinhart; ZIPF, Heinz. *Derecho penal* – Parte general. Trad. da 7. ed. Jorge Bofill Genzsch e Enrique Aimone Gibson. Buenos Aires: Astrea, 1994. v. 1 e 2.

MAXIMILIANO, Carlos. *Hermenêutica e aplicação do direito*. 19. ed. Rio de Janeiro: Forense, 2002.

MECCARELLI, Massimo. Regimes jurídicos de exceção e direito penal. In: DAL RI JR., Arno; SONTAG, Ricardo. *História do direito penal entre medievo e modernidade*. Belo Horizonte: Del Rey, 2011.

MEDICA, Vincenzo La. *O direito de defesa*. Trad. Fernando de Miranda. São Paulo: Saraiva, 1942.

MEDINA, Avelino. *Distúrbios da consciência*: coma. Rio de Janeiro: Cultura Médica, 1984.

MEHMERI, Adilson. *Noções básicas de direito penal* – Curso completo. São Paulo: Saraiva, 2000.

MEIRELLES, Hely Lopes. *Direito administrativo brasileiro*. 42. ed. São Paulo: Malheiros, 2016.

MEIRELLES, Hely Lopes. *Direito municipal brasileiro*. 7. ed. atual. por Izabel Camargo Lopes Monteiro e Yara Darcy Police Monteiro. São Paulo: Malheiros, 1994.

MEIRELLES, Hely Lopes; ALEIXO, Délcio Balestero; BURLE FILHO, José Emmanuel. *Direito administrativo brasileiro*. 39. ed. São Paulo: Malheiros, 2013.

MELLO, Celso D. de Albuquerque. *Curso de direito internacional público*. 7. ed. Rio de Janeiro: Freitas Bastos, 1982. v. 1.

MELLO, Dirceu de. *Aspectos penais do cheque*. São Paulo: RT, 1976.

MELLO, Dirceu de. Violência no mundo de hoje. *Revista Serviço Social & Sociedade*, n. 70, São Paulo: Cortez, 2002.

MELLO, J. Soares de. Da receptação. São Paulo: RT, 1937.

MENDONÇA, Yolanda. O crime de receptação. Rio de Janeiro: Livraria São José, 1973.

MENEZES, Marco Antônio; ARAÚJO, Cláudio Th. Leotta de. Em defesa do exame criminológico. *Boletim do IBCCRIM*, n. 129, p. 3, ago. 2003.

MESSINA, Salvatore Donato; SPINNATO, Giorgia. *Manuale breve diritto penale*. Milano: Giuffrè, 2015.

MESSUTI, Ana. *El tiempo como pena*. Buenos Aires: Campomanes, 2001.

MESTIERI, João. *Do delito de estupro*. São Paulo: RT, 1982.

MEZGER, Edmundo. *Tratado de derecho penal*. Madrid: Revista de Derecho Privado, 1955. t. I.

MILITELLO, Vincenzo. *Prevenzione generale e commisurazione della pena*. Milano: Giuffrè, 1982.

MILLER, Jacques-Alain. A máquina panóptica de Jeremy Bentham. In: BENTHAM, Jeremy. *O panóptico*. Organização de Tomaz Tadeu da Silva. Trad. Guacira Lopes Louro, M. D. Magno e Tomaz Tadeu da Silva. Belo Horizonte: Autêntica, 2000.

MIR PUIG, Santiago. *Curso de derecho penal español – parte generale*. Salamanca: Tecnos, [s.d.]. v. 1.

MIR PUIG, Santiago. *Derecho penal* – parte general. 10. ed. Barcelona: Reppertor, 2016.

MIR PUIG, Santiago. *Direito penal. Fundamentos e teoria do delito*. Trad. Cláudia Viana Garcia e José Carlos Nobre Porciúncula Neto. São Paulo: RT, 2007.

MIR PUIG, Santiago. *Estado, pena y delito*. Montevideo-Buenos Aires: Editorial B de f, 2013.

MIRABETE, Julio Fabbrini. *Código Penal interpretado.* São Paulo: Atlas, 1999.

MIRABETE, Julio Fabbrini. *Execução penal.* São Paulo: Atlas, 1996.

MIRABETE, Julio Fabbrini. *Manual de direito penal.* 8. ed. São Paulo: Atlas, 1994. v. 2.

MIRABETE, Julio Fabbrini. *Manual de direito penal.* 7. ed. São Paulo: Atlas, 1994. v. 3.

MIRABETE, Julio Fabbrini. *Manual de direito penal* – Parte geral. 11. ed. São Paulo: Atlas, 1996. v. 1.

MOLINA, García-Pablos de. *Criminologia.* 5. ed. São Paulo: Ed. RT, 2006.

MOLINA, García-Pablos de. *Tratado de criminologia.* Valência: Tirant lo Blanch, 2008.

MOMMSEN, Theodor. *Derecho penal romano.* Trad. Pedro Dorado Montero. Madrid: La España Moderna, 2014. t. I e II.

MONTALVO, Choclán. *Individualización judicial de la pena* – Función de la culpabilidad y la prevención en la determinación de la sanción penal. Madri: Colex, 1997.

MONTEIRO, André Vinícius et al. Os contornos normativos da proteção do vulnerável prescrita pelo Código Penal (arts. 218-A e 218-B, introduzidos pela Lei 12.015/2009). *Revista Brasileira de Ciências Criminais,* n. 86.

MONTEIRO, André Vinícius. Os contornos normativos da proteção do vulnerável prescrita pelo Código Penal (arts. 218-A e 218-B, introduzidos pela Lei 12.015/2009). In: SILVA FRANCO, Alberto; NUCCI, Guilherme de Souza (Org.). *Doutrinas essenciais* – Direito penal. São Paulo: RT, 2010. v. VI.

MONTEIRO, Antonio Lopes. *Crimes contra a Previdência Social.* São Paulo: Saraiva, 2000.

MORAES, Alexandre de. *Constituição do Brasil interpretada e legislação constitucional.* São Paulo: Atlas, 2002.

MORAES, Alexandre de. *Direito constitucional.* 7. ed. São Paulo: Atlas, 2000.

MORAES, Alexandre de. Imunidades parlamentares. *RT* 742/81, ago. 1997.

MORAES, Alexandre Rocha Almeida de. *Direito penal do inimigo* – a terceira velocidade do direito penal. Curitiba: Juruá, 2008.

MORAES, Flavio Queiroz de. *Delito de rixa.* São Paulo: Saraiva.

MORAES, Flavio Queiroz de. *Denunciação caluniosa* (problemas que suscita no Código Penal vigente). São Paulo: Saraiva, 1944.

MORAIS, Paulo Heber. Homicídio. 3. ed. Curitiba: Juruá, 1978.

MOREIRA, Virginia; SLOAN, Tod. *Personalidade, ideologia e psicopatologia crítica.* São Paulo: Escuta, 2002.

MOSSIN, Heráclito Antônio; MOSSIN, Júlio César O. G. *Prescrição em matéria criminal.* 2. ed. Leme: JH Mizuno Editora, 2015.

MUNHOZ NETO, Alcides. Causas de exclusão da culpabilidade. *Anais do Ciclo de Conferências sobre o Novo Código Penal.* São Paulo: Associação dos Advogados de São Paulo, 1972.

MUÑOZ CONDE, Francisco. *Teoria geral do delito.* Trad. Juarez Tavares e Luiz Regis Prado. Porto Alegre: Sergio Antonio Fabris Editor, 1988.

MUÑOZ CONDE, Francisco; GARCÍA ARÁN, Mercedes. *Derecho penal* – Parte especial. 12. ed. Valencia: Tirant Lo Blanch, 1999.

MUÑOZ CONDE, Francisco; GARCÍA ARÁN, Mercedes. *Derecho penal* – Parte general. 3. ed. Valencia: Tirant Lo Blanch, 1998.

Muñoz Conde, Francisco; Hassemer, Winfried. *Introducción a la criminología y al derecho penal*. Valencia: Tirant Lo Blanch, 1989.

Nahum, Marco Antonio R. *Inexigibilidade de conduta diversa*. Causa supralegal. Excludente de culpabilidade. São Paulo: RT, 2001.

Nascimento, Carlos Valder do; Martins, Ives Gandra da Silva (Org.). *Comentários à Lei de Responsabilidade Fiscal*. São Paulo: Saraiva, 2001.

Nascimento, Walter Vieira do. *A embriaguez e outras questões penais*. Doutrina, legislação, jurisprudência. 2. ed. Rio de Janeiro: Forense, 1990.

Nery Junior, Nelson. *Princípios do processo na Constituição Federal* (processo civil, penal e administrativo). 9. ed. São Paulo: RT, 2009.

Nery Junior, Nelson; Nery, Rosa Maria de Andrade. *Constituição Federal comentada*. 5. ed. São Paulo: Ed. RT, 2014.

Nicás, Nuria Castelló. *El concurso de normas penales*. Granada: Comares, 2000.

Nistal Burón, Javier; Rodríguez Magariños, Faustino Gudín. *La historia de las penas*. De Hammurabi a la cárcel electrónica. Valencia: Tirant lo Blanch, 2015.

Nóbrega, Marcos; Braga, Henrique; Raposo, Fernando; Figueiredo, Carlos Maurício; Ferreira, Cláudio. *Comentários à Lei de Responsabilidade Fiscal*. 2. ed. São Paulo: RT, 2001.

Nogueira, Carlos Frederico Coelho. Efeitos da condenação, reabilitação e medidas de segurança. *Curso sobre a reforma penal*. Coord. Damásio E. de Jesus. São Paulo: Saraiva, 1985.

Nogueira, J. C. Ataliba. *Medidas de segurança*. São Paulo: Saraiva, 1937.

Noronha, E. Magalhães. *Crimes contra os costumes*. Comentários aos arts. 213 a 226 e 108, n. VIII do Código Penal. São Paulo: Saraiva, 1943.

Noronha, E. Magalhães. *Direito penal*. 5. ed. São Paulo: Saraiva, 1968. v. 1.

Noronha, E. Magalhães. *Direito penal*. 4. ed. São Paulo: Saraiva, 1967. v. 2.

Noronha, E. Magalhães. *Direito penal*. 3. ed. São Paulo: Saraiva, 1966. v. 3.

Noronha, E. Magalhães. *Direito penal*. 3. ed. São Paulo: Saraiva, 1968. v. 4.

Noronha, E. Magalhães. *Do crime culposo*. São Paulo: Saraiva, 1957.

Noronha, E. Magalhães. Questões acerca da tentativa. *Estudos de direito e processo penal em homenagem a Nélson Hungria*. Rio de Janeiro-São Paulo: Forense, 1962.

Novoa Monreal, Eduardo. *Causalismo y finalismo en derecho penal*. 2. ed. Bogotá: Temis, 1982.

Nucci, Guilherme de Souza. *Código de Processo Penal comentado*. 23. ed. Rio de Janeiro: Forense, 2024.

Nucci, Guilherme de Souza. *Código Penal comentado*. 24. ed. Rio de Janeiro: Forense, 2024.

Nucci, Guilherme de Souza. *Código Penal Militar comentado*. 5. ed. Rio de Janeiro: Forense, 2024.

Nucci, Guilherme de Souza. *Corrupção e anticorrupção*. Rio de Janeiro: Forense, 2015.

Nucci, Guilherme de Souza. *Crimes contra a dignidade sexual*. 5. ed. Rio de Janeiro: Forense, 2014.

Nucci, Guilherme de Souza. *Direitos humanos versus segurança pública*. Rio de Janeiro: Forense, 2016.

Nucci, Guilherme de Souza. *Estatuto da Criança e do Adolescente comentado*. 5. ed. Rio de Janeiro: Forense, 2021.

Nucci, Guilherme de Souza. *Individualização da pena*. 8. ed. Rio de Janeiro: Forense, 2022.

Nucci, Guilherme de Souza. *Leis Penais e Processuais Penais comentadas*. 15. ed. Rio de Janeiro: Forense, 2023. v. 1 e 2.

Nucci, Guilherme de Souza. *Manual de direito penal*. 20. ed. Rio de Janeiro: Forense, 2024.

Nucci, Guilherme de Souza. *Organização criminosa*. 5. ed. Rio de Janeiro: Forense, 2021.

Nucci, Guilherme de Souza. *Princípios constitucionais penais e processuais penais*. 4. ed. Rio de Janeiro: Forense, 2015.

Nucci, Guilherme de Souza. *Prostituição, lenocínio e tráfico de pessoas*. 2. ed. Rio de Janeiro: Forense, 2015.

Nucci, Guilherme de Souza. *Tratado de crimes sexuais*. Rio de Janeiro: Forense, 2022.

Nunes, Clayton Alfredo. Execução penal: o cálculo para benefícios (crime comum × crime hediondo). *Boletim do IBCCRIM*, n. 83, p. 4.

Nunes Júnior, Vidal Serrano; Araújo, Luiz Alberto David. *Curso de direito constitucional*. 3. ed. São Paulo: Saraiva, 1999.

Núñez Paz, Miguel Ángel. *Homicidio consentido, eutanasia y derecho a morir con dignidad*. Madrid: Tecnos, 1999.

Oliveira, Ana Sofia Schmidt de. *A vítima e o direito penal*. São Paulo: RT, 1999.

Oliveira, Antonio Cláudio Mariz de. O direito penal e a dignidade humana – a questão criminal: discurso tradicional. *Revista do Instituto dos Advogados de São Paulo – RIASP*, v. 11, n. 21, p. 36-51, jan./jun. 2008.

Oliveira, Frederico Abrahão de. *Crimes contra a honra*. 2. ed. Porto Alegre: Sagra-DC Luzzato, 1996.

Oliveira, Guilherme Percival. *Estados afetivos e imputabilidade penal*. São Paulo: RT, 1958.

Oliveira, Regis Fernandes de. *Responsabilidade fiscal*. São Paulo: RT, 2001.

Oliveira Neto, Olavo de. *Comentários à Lei das Contravenções Penais*. São Paulo: RT, 1994.

Oliveira Neto, Olavo de; Horvath, Estêvão. *Manual de direito financeiro*. 3. ed. São Paulo: RT, 2000.

Orts Berenguer, Enrique; González Cussac, José L. *Compendio de derecho penal – parte general*. 5. ed. Valencia: Tirant lo Blanch, 2015.

Pacelli, Eugênio; Callegari, André. *Manual de direito penal – Parte geral*. São Paulo: Atlas, 2015.

Pacileo, Vincenzo; Petrini, Davide. Reati contro la persona. In: Grosso, Carlos Frederico; Padovani, Tullio; Pagliaro, Antonio. *Trattato di diritto penale*. Milano: Giuffrè, 2016. t. II.

Pacileo, Vincenzo; Petrini, Davide. Reati contro la persona. In: Grosso, Carlos Frederico; Padovani, Tullio; Pagliaro, Antonio. *Trattato di diritto penale*. Milano: Giuffrè, 2016. t. III.

Padovani, Tullio. *Diritto penale*. 5. ed. Milano: Giuffrè, 1999.

Pagliaro, Antonio. *Principi di diritto penale – Parte generale*. 8. ed. Milano: Giuffrè, 2003.

Pagliaro, Antonio; Costa Jr., Paulo José da. *Dos crimes contra a administração pública*. São Paulo: Malheiros, 1997.

Palma, João Augusto da. *Código Penal aplicado ao trabalho*. São Paulo: LTr, 2000.

Paschoal, Janaina Conceição. *Ingerência indevida*. Os crimes comissivos por omissão e o controle pela punição do não fazer. Porto Alegre: Fabris, 2011.

Passeti, Edson; Silva, Roberto Baptista Dias da (Org.). *Conversações abolicionistas* – Uma crítica do sistema penal e da sociedade punitiva. São Paulo: IBCCrim – PEPG Ciências Sociais PUC-SP, 1997.

Patrício, Rui; Vilalonga, José Manuel; Almeida, Carlota Pizarro de; D'Almeida, Luís Duarte. *Código Penal anotado*. Coimbra: Almedina, 2003.

Paulo Filho, Pedro. Grandes advogados, grandes julgamentos. Depto. Editorial OAB-SP. Disponível em: http://www.oabsp.org.br/institucional/grandes-causas/as-mortes-de-euclides-da-cunha-e-seu-filho. Acesso em: 27 jul. 2014.

Pavon Vasconcelos, Francisco. *Manual de derecho penal mexicano* – Parte generale. 2. ed. México: Porrua, 1967.

Pedro, Alessandra Orcesi. Homicídio doloso qualificado: a suficiência ou não das qualificadoras previstas no Código Penal atual. São Paulo: Polo Positivo, 2000.

Pedroso, Fernando de Almeida. *Direito penal*. Parte geral. 4. ed. São Paulo: Método, 2008. v. 1.

Pedroso, Fernando de Almeida. Homicídio, participação em suicídio, infanticídio e aborto (crimes contra a vida). Rio de Janeiro: Aide, 1995.

Peluso, Vinicius de Toledo Piza. *Introdução às ciências criminais*. São Paulo: JusPodivm, 2015.

Peñaranda Ramos, Enrique. *Estudios sobre el delito de asesinato*. Montevideo-Buenos Aires: Editorial B de f, 2014.

Penna, Antonio Gomes. *Introdução à motivação e emoção*. Rio de Janeiro: Imago, 2001.

Peristeridou, Christina. *The principle of legality in European criminal law*. Cambridge-Antwerp-Portland: Intersentia, 2015.

Perron, Walter. El reciente desarrollo de los delitos sexuales en el derecho penal alemán. *Delitos contra la libertad sexual*. Madrid: Consejo General del Poder Judicial, 1999.

Perrot, Michelle. O inspetor Bentham. In: Bentham, Jeremy. *O panóptico*. Organização de Tomaz Tadeu da Silva. Trad. Guacira Lopes Louro, M. D. Magno e Tomaz Tadeu da Silva. Belo Horizonte: Autêntica, 2000.

Pessagno, Hernán A. *El delito de desacato*. Buenos Aires: Depalma, 1952.

Petrini, Davide; Pacileo, Vincenzo. Reati contro la persona. In: Grosso, Carlos Frederico; Padovani, Tullio; Pagliaro, Antonio. *Trattato di diritto penale*. Milano: Giuffrè, 2016. t. II.

Petrini, Davide; Pacileo, Vincenzo. Reati contro la persona. In: Grosso, Carlos Frederico; Padovani, Tullio; Pagliaro, Antonio. *Trattato di diritto penale*. Milano: Giuffrè, 2016. t. III.

Petrone, Marino. *Reato abituale*. Padova: Cedam, 1999.

Pierangeli, José Henrique. *Códigos Penais do Brasil* – Evolução histórica. Bauru: Jalovi, 1980.

Pierangeli, José Henrique. Desafios dogmáticos da culpabilidade. *RT* 761/445, mar. 1999.

Pierangeli, José Henrique. *Escritos jurídico-penais*. 2. ed. São Paulo: RT, 1999.

Pierangeli, José Henrique. *O consentimento do ofendido na teoria do delito*. 2. ed. São Paulo: RT, 1995.

Pierangeli, José Henrique; Zaffaroni, Eugenio Raúl. *Manual de direito penal brasileiro* – Parte geral. 11. ed. São Paulo: RT, 2015.

Pierangeli, José Henrique; Zaffaroni, Eugenio Raúl. *Da tentativa*. 4. ed. São Paulo: RT, 1995.

Pierangeli, José Henrique; Souza, Carmo Antônio de. Crimes sexuais. 2. ed. Belo Horizonte: Del Rey, 2015.

Pietro, Maria Sylvia Zanella Di. *Direito administrativo*. 11. ed. São Paulo: Atlas, 1999.

PIMENTEL, Manoel Pedro. A crise da administração da justiça criminal. *Justitia*, n. 78, 1972.

PIMENTEL, Manoel Pedro. A culpabilidade na dogmática penal moderna. *RJTJSP* 124/19.

PIMENTEL, Manoel Pedro. *Crime continuado*. 2. ed. São Paulo: RT, 1969.

PIMENTEL, Manoel Pedro. *Crimes de mera conduta*. Tese (Livre-docência de Direito Penal). São Paulo: Faculdade de Direito da Universidade de São Paulo, 1959.

PINHEIRO, Geraldo de Faria Lemos. Breves notas sobre a embriaguez ao volante de veículos automotores. *Revista do Advogado* 53/18, out. 1998.

PINHO, Ruy Rebello. *História do direito penal brasileiro*. São Paulo: José Bushatsky Editor, 1973.

PINOTTI, José Aristodemo. Anencefalia. *Revista de cultura IMAE*, ano 5, n. 12, p. 63, jul.-dez. 2004.

PINTO FERREIRA. *Comentários à Constituição brasileira*. São Paulo: Saraiva, 1990. v. 2.

PINTO FERREIRA. *Princípios gerais do direito constitucional moderno*. 6. ed. ampl. e atual. São Paulo: Saraiva, 1983. v. 1 e 2.

PINTO FERREIRA. *Teoria geral do Estado*. 3. ed. rev. e ampl. São Paulo: Saraiva, 1975. v. 1 e 2.

PIRES, André de Oliveira. *Estado de necessidade*. Um esboço à luz do art. 24 do Código Penal brasileiro. São Paulo: Juarez de Oliveira, 2000.

PISAPIA, Domenico. *Reato continuato*. Napoli: Jovene, 1938.

PITOMBO, Antonio Sergio Altieri de Moraes. *Vinte anos, liberdade*. Duas décadas de escritos sobre advocacia, prisão e liberdade. São Paulo: Singular, 2015.

PITOMBO, Sérgio Marcos de Moraes. Breves notas sobre a novíssima execução penal das penas e das medidas de segurança. *Reforma penal*. São Paulo: Saraiva, 1985.

PITOMBO, Sérgio Marcos de Moraes. Conceito de mérito, no andamento dos regimes prisionais. *Revista Brasileira de Ciências Criminais*, n. 27, São Paulo: RT, p. 149, jul.-set. 1999.

PITOMBO, Sérgio Marcos de Moraes. Execução penal. *RT* 623/257, set. 1987.

PITOMBO, Sérgio Marcos de Moraes. Os regimes de cumprimento de pena e o exame criminológico. *RT* 583/312, maio 1984.

PITOMBO, Sérgio Marcos de Moraes; ANDREUCCI, Ricardo Antunes; DOTTI, René Ariel; REALE JR., Miguel. *Penas e medidas de segurança no novo Código*. 2. ed. Rio de Janeiro: Forense, 1987.

POLO RODRÍGUEZ, José Javier; HUÉLAMO BUENDÍA, Antonio Jesús. *La nueva ley penal del menor*. Madrid: Colex, 2000.

PONTE, Antonio Carlos da. *Falso testemunho no processo*. São Paulo: Atlas, 2000.

PONTES, Elio Monnerat Sólon de. A propósito dos atos internacionais e da prevalência das normas de direito interno dos mesmos decorrentes. *Revista Forense,* Rio de Janeiro: Forense, v. 92, n. 333, p. 75-81, jan./mar. 1996.

PORTO, Antonio Rodrigues. *Da prescrição penal*. 5. ed. São Paulo: RT, 1998.

PRADO, Luiz Regis. *Bem jurídico-penal e Constituição*. 2. ed. São Paulo: RT, 1997.

PRADO, Luiz Regis. *Curso de direito penal brasileiro*. 2. ed. São Paulo: RT, 2002. v. 2, 3 e 4.

PRADO, Luiz Regis. *Curso de direito penal brasileiro* – Parte geral. 3. ed. São Paulo: RT, 2002. v. 1.

PRADO, Luiz Regis. *Falso testemunho e falsa perícia*. 2. ed. São Paulo: RT, 1994.

PRADO, Luiz Regis. *Tratado de direito penal*. São Paulo: RT, 2014. v. 1-9.

PUNZO, Massimo. *Il problema della causalità materiale*. Padova: Cedam, 1951.

PUPPE, Ingeborg. *A distinção entre dolo e culpa*. Trad. Luís Greco. São Paulo: Manole, 2004.

QUEIJO, Maria Elizabeth; COSTA JR., Paulo José da. *Comentários aos crimes do novo Código Nacional de Trânsito*. São Paulo: Saraiva, 1998.

QUEIROZ, Narcélio de. *Teoria da actio libera in causa*. Rio de Janeiro: Livraria Jacintho, 1936.

QUEIROZ, Paulo de Souza. A teoria da imputação objetiva. *Boletim do IBCCRIM*, n. 103, p. 6, jun. 2001.

QUEIROZ, Paulo de Souza. *Curso de direito penal* – Parte geral. 8. ed. São Paulo: JusPodivm, 2012. v. 1.

QUEIROZ, Paulo de Souza. *Curso de direito penal* – Parte especial. 2. ed. São Paulo: JusPodivm, 2015.

QUEIROZ, Paulo de Souza. *Do caráter subsidiário do direito penal*. Belo Horizonte: Del Rey, 1998.

QUEIROZ, Paulo de Souza. *Direito penal* – Parte geral. 9. ed. Salvador: JusPodivm, 2013.

QUINTANO RIPOLLES, Antonio. *Tratado de la parte especial del derecho penal*. 2. ed. atual. por Carlos García Valdés. Madrid: Revista de Derecho Privado, 1977. t. II.

QUIROGA, Barja de. *Teoría de la pena*. Madri: Akal, 1991.

RADBRUCH, Gustav. *Introdução à ciência do direito*. Trad. Vera Barkow. 2. ed. São Paulo: Martins Fontes, 2010.

RAMPIONI, Roberto. *Contributo alla teoria del reato permanente*. Padova: Cedam, 1988.

RANIERI, Silvio. *Manuale di diritto penale* – Parte generale. Padova: Cedam, 1952. v. 1.

RAPOSO, Fernando; FIGUEIREDO, Carlos Maurício; FERREIRA, Cláudio; BRAGA, Henrique; NÓBREGA, Marcos. *Comentários à Lei de Responsabilidade Fiscal*. 2. ed. São Paulo: RT, 2001.

RASSI, João Daniel. *Imputação das ações neutras e o dever de solidariedade no direito penal*. São Paulo: LiberArs, 2014.

RASSI, João Daniel; GRECO, Alessandra Orcesi Pedro. *Crimes contra a dignidade sexual*. São Paulo: Atlas, 2010.

REALE JR., Miguel. A lei penal do mínimo esforço. *Folha de S. Paulo*, 30 nov. 1998.

REALE JR., Miguel. *Antijuridicidade concreta*. São Paulo: José Bushatsky, 1973.

REALE JR., Miguel. *Instituições de direito penal* – parte geral. 4. ed. Rio de Janeiro: Forense, 2013.

REALE JR., Miguel. *Parte geral do Código Penal* – Nova interpretação. São Paulo: RT, 1988.

REALE JR., Miguel. *Problemas penais concretos*. São Paulo: Malheiros, 1997.

REALE JR., Miguel. *Teoria do delito*. São Paulo: RT, 1998.

REALE JR., Miguel; DOTTI, René Ariel; ANDREUCCI, Ricardo Antunes; PITOMBO, Sérgio M. de Moraes. *Penas e medidas de segurança no novo Código*. 2. ed. Rio de Janeiro: Forense, 1987.

REIS, José Mário; VARELLA, Dráuzio; GLINA, Sidney. Médicos especializados. Disponível em: www.drauziovarella.com.br/entrevistas/reis_impotencia.asp; www.drauziovarella.com.br/entrevistas/eprecoce4.asp. Acesso em: 1.º dez. 2009.

REQUIÃO, Rubens. *Curso de direito comercial*. 13. ed. São Paulo: Saraiva, 1984. v. 2.

REYNA ALFARO, Luis (Coord.); JAÉN VALLEJO, Manuel (Dir.). *Sistemas penales iberoamericanos*. Libro Homenaje al Profesor Dr. D. Enrique Bacigalupo en su 65 Aniversario. Lima: ARA Editores, 2003.

REYNOSO DÁVILA, Roberto. *Teoría general del delito*. 2. ed. México: Porrúa, 1995.

REZEK, J. F. *Direito internacional público* – Curso elementar. 6. ed. São Paulo: Saraiva, 1996.

RIBEIRO, Diaulas Costa; DINIZ, Debora. *Aborto por anomalia fetal*. Brasília: Letras Livres, 2003.

RIBEIRO, Gláucio Vasconcelos. Infanticídio. Crime típico. Figura autônoma. Concurso de agentes. São Paulo: Pillares, 2004.

RISTORI, Roberta. *Il reato continuato*. Padova: Cedam, 1988.

ROCCO, Arturo. *El objeto del delito y de la tutela jurídica penal*. Contribución a las teorías generales del delito y de la pena. Trad. Gerónimo Seminara. Montevideo-Buenos Aires: Editorial B de f, 2013.

ROCHA, Fernando A. N. Galvão. *Direito penal, parte geral*. Rio: Impetus, 2004.

ROCHA, Maria Isabel de Matos. Transplantes de órgãos entre vivos: as mazelas da nova lei. *RT* 742/67, ago. 1997.

RODRIGUES, Anabela Miranda. *A determinação da medida da pena privativa de liberdade*. Coimbra: Coimbra Editora, 1995.

RODRÍGUEZ, Víctor Gabriel. *Livre-arbítrio e direito penal*: revisão frente aos aportes da neurociência e à evolução dogmática. Tese (Livre-docência): São Paulo: USP, 2014.

RODRÍGUEZ MAGARIÑOS, Faustino Gudín; NISTAL BURÓN, Javier. *La historia de las penas*. De Hammurabi a la cárcel electrónica. Valencia: Tirant lo Blanch, 2015.

ROIG, Rodrigo Duque Estrada. *Aplicação da pena*. Limites, princípios e novos parâmetros. 2. ed. São Paulo: Saraiva, 2015.

ROMEIRO, Jorge Alberto. A noite no direito e no processo penal. *Estudos de direito e processo penal em homenagem a Nélson Hungria*. Rio de Janeiro-São Paulo: Forense, 1962.

ROSA, Antonio José Miguel Feu. *Direito penal* – Parte geral. 1. ed. 2.ª tiragem. São Paulo: RT, 1995.

ROSA, Antonio José Miguel Feu. Do crime continuado. *RTJE* 33/3, jul.-ago. 1985.

ROSA, Fábio Bittencourt da. Crimes e seguridade social. *Revista de Informação Legislativa*, n. 130, Brasília, abr.-jun. 1996.

ROXIN, Claus. A culpabilidade como critério limitativo da pena. *Revista de Direito Penal*, n. 11-12, jul.-dez. 1973.

ROXIN, Claus. *Autoría y dominio del hecho en derecho penal*. 7. ed. Madrid-Barcelona: Marcial Pons, 2000.

ROXIN, Claus. *Derecho penal* – Parte general (Fundamentos. La estructura de la teoría del delito). Trad. Diego-Manuel Luzón Peña, Miguel Díaz y García Conlledo y Javier de Vicente Remesal. Madrid: Civitas, 1999. t. I.

ROXIN, Claus. *La evolución de la política criminal, el derecho penal y el proceso penal*. Valencia: Tirant lo Blanch, 2000.

ROXIN, Claus. *La imputación objetiva en el derecho penal*. Trad. Manuel A. Abanto Vasquez. Lima: Idemsa, 1997.

ROXIN, Claus. *La teoría del delito en la discusión actual*. Trad. Manuel Abanto Vásquez. Lima: Editora Jurídica Grijley, 2007.

ROXIN, Claus. Resolução do fato e começo da execução na tentativa. *Problemas fundamentais de direito penal*. 3. ed. Lisboa: Vega, 1998.

ROXIN, Claus. *Teoria del tipo penal* – Tipos abertos y elementos del deber jurídico. Buenos Aires: Depalma, 1979.

ROXIN, Claus; FRISCH, Wolfgang; JAKOBS, Günther; SCHÜNEMANN, Bernd; KÖHLER, Michael. *Sobre el estado de la teoría del delito* (Seminario en la Universitat Pompeu Fabra). Madrid: Civitas, 2000.

RUDÁ, Antonio Sólon. *Breve história do direito penal e da criminologia*. Rio de Janeiro: Lumen Juris, 2013.

SÁ, Alvino Augusto de. *Reincidência criminal sob o enfoque da psicologia clínica preventiva*. São Paulo: Editora Pedagógica e Universitária, 1987.

SABINO JÚNIOR, Vicente. *Direito penal* – Parte geral. São Paulo: Sugestões Literárias, 1967. v. 1 e 2.

SABINO JÚNIOR, Vicente. *Direito penal* – Parte especial. São Paulo: Sugestões Literárias, 1967. v. 3 e 4.

SALLES JÚNIOR, Romeu de Almeida. Homicídio culposo (e a Lei 4.611/1965). São Paulo: Saraiva, 1982.

SANTANIELLO, Giuseppe; MARUOTTI, Luigi. *Manuale di diritto penale* – Parte generale. Milano: Giuffrè, 1990.

SANTORO, Arturo. *Manuale di diritto penale*. Torino: Torinese, 1958.

SANTORO FILHO, Antonio Carlos. *Teoria de imputação objetiva*. Apontamentos críticos à luz do direito positivo brasileiro. São Paulo: Malheiros, 2007.

SANTOS, Antonio Furtado dos. *Direito internacional penal e direito penal internacional* – Aplicação da lei penal estrangeira pelo juiz nacional. Lisboa: Petrony, 1960.

SANTOS, Ary dos. O crime de aborto. Lisboa: Livraria Clássica Editora, 1935.

SANTOS, Christiano Jorge. *Prescrição penal e imprescritibilidade*. Rio de Janeiro: Elsevier, 2010.

SANTOS, Hugo Leonardo Rodrigues. *Estudos críticos de criminologia e direito penal*. Rio de Janeiro: Lumen Juris, 2015.

SANTOS, José Carlos Daumas. *Princípio da legalidade na execução penal*. São Paulo: Manole & Escola Paulista da Magistratura, 2005.

SANTOS, Juarez Cirino dos. *Direito penal* – parte geral. 3. ed. Curitiba: Lumen Juris, 2008.

SANTOS, Lycurgo de Castro. O princípio de legalidade no moderno direito penal. *Revista Brasileira de Ciências Criminais* n. 15/182.

SANTOS, Maria Celeste Cordeiro Leite. *Morte encefálica e a lei de transplante de órgãos*. São Paulo: Oliveira Mendes, 1998.

SALVADOR NETTO, Alamiro Velludo; SOUZA, Luciano Anderson; SILVEIRA, Renato de Mello Jorge (Coord.). *Direito penal na pós-modernidade*. Escritos em homenagem a Antonio Luis Chaves Camargo. São Paulo: Quartier Latin, 2015.

SARDINHA, Alvaro. Homicídio culposo. Rio de Janeiro: Coelho Branco Editor, 1936.

SARLET, Ingo Wolfgang. As dimensões da dignidade da pessoa: construindo uma compreensão jurídico-constitucional necessária e possível. *Revista Brasileira de Direito Constitucional – RBDC*, n. 09, jan./jun. 2007.

SARMENTO, Daniel. Legalização do aborto e Constituição. In: CAVALCANTE, Alcilene; XAVIER, Dulce (Org.). Em defesa da vida: aborto e direitos humanos. São Paulo: Católicas pelo Direito de Decidir, 2006.

SCANDELARI, Gustavo Britta. *O crime tributário de descaminho*. Porto Alegre: LexMagister, 2013.

SCHULTZ, Duane P.; SCHULTZ, Sydney Ellen. *Teorias da personalidade*. São Paulo: Thomson, 2002.

SCHÜNEMANN, Bernd. *Obras*. Trad. Edgardo Alberto Donna. Buenos Aires: Rubinzal-Culzoni, 2009. t. I e II.

Schünemann, Bernd; Frisch, Wolfgang; Roxin, Claus; Jakobs, Günther; Köhler, Michael. *Sobre el estado de la teoría del delito* (Seminario en la Universitat Pompeu Fabra). Madrid: Civitas, 2000.

Seelig, Ernst. *Manual de criminologia*. Trad. Guilherme de Oliveira. Coimbra: Arménio Amado, 1959. v. I e II.

Segre, Marco. Considerações éticas sobre o início da vida: aborto e reprodução assistida. In: Cavalcante, Alcilene; Xavier, Dulce (Org.). Em defesa da vida: aborto e direitos humanos. São Paulo: Católicas pelo Direito de Decidir, 2006.

Segre, Marco. Eutanásia: aspectos éticos e legais. *Revista da Associação Médica Brasileira* 32/141, 1986.

Semer, Marcelo. *Crime impossível e a proteção dos bens jurídicos*. São Paulo: Malheiros, 2002.

Serrano Piedecasas, José Ramón; Gómez de La Torre, Ignacio Berdugo; Arroyo Zapatero, Luis; Ferré Olivé, Juan Carlos; García Rivas, Nicólas. *Lecciones de derecho penal* – Parte general. 2. ed. Madrid: La Ley, 1999.

Shecaira, Sérgio Salomão. *Criminologia*. 6. ed. São Paulo: RT, 2014.

Shecaira, Sérgio Salomão. *Estudos de direito penal*. São Paulo: Forense, 2014. v. III.

Shecaira, Sérgio Salomão. *Prestação de serviços à comunidade*. São Paulo: Saraiva, 1993.

Shecaira, Sérgio Salomão. *Responsabilidade penal da pessoa jurídica*. 1. ed. 2.ª tiragem. São Paulo: RT, 1999.

Shecaira, Sérgio Salomão; Corrêa Junior, Alceu. *Teoria da pena*. São Paulo: RT, 2002.

Silva, Germano Marques da. *Direito penal português* – Parte geral – Teoria das penas e das medidas de segurança. Lisboa: Verbo, 1999.

Silva, Haroldo Caetano da. *Embriaguez & a teoria da* actio libera in causa. 1. ed. 2.ª tiragem. Curitiba: Juruá, 2011.

Silva, José Afonso da. *Comentário contextual à Constituição*. 9. ed. São Paulo: Malheiros, 2014.

Silva, José Afonso da. *Curso de direito constitucional positivo*. 39. ed. São Paulo: Malheiros, 2016.

Silva, José Afonso da. *Manual do vereador*. 3. ed. São Paulo: Malheiros, 1997.

Silva, M. Nelson da. *A embriaguez e o crime*. Rio de Janeiro-São Paulo: Forense, 1968.

Silva, Roberto Baptista Dias da; Passeti, Edson (Org.). *Conversações abolicionistas* – Uma crítica do sistema penal e da sociedade punitiva. São Paulo: IBCCrim – PEPG Ciências Sociais PUC-SP, 1997.

Silva Filho, Artur Marques da. *O regime jurídico da adoção estatutária*. São Paulo: RT, 1997.

Silva Franco, Alberto. Aborto por indicação eugênica. *RJTJSP* 132/9.

Silva Franco, Alberto. *Crimes hediondos*. 3. ed. São Paulo: RT, 1994.

Silva Franco, Alberto et al. *Código Penal e sua interpretação jurisprudencial*. 5. ed. São Paulo: RT, 1995.

Silva Franco, Alberto; Marrey, Adriano; Stoco, Rui. *Teoria e prática do júri*. 7. ed. rev. atual. e ampl. São Paulo: RT, 2000.

Silva Sánchez, Jesús Maria. *A expansão do direito penal. Aspectos da política criminal nas sociedades pós-industriais*. Trad. Luiz Otavio de Oliveira Rocha. São Paulo: RT, 2002.

Silva Sánchez, Jesús Maria. *Aproximación al derecho penal contemporáneo*. Barcelona: Bosch, 1992.

SILVA SÁNCHEZ, Jesús Maria (Dir.) et al. *Lecciones de derecho penal* – Parte especial. 4. ed. Barcelona: Atelier, 2015.

SILVA SÁNCHEZ, Jesús Maria. *Política criminal y nuevo derecho penal* – Libro homenaje a Claus Roxin. Barcelona: Bosch, 1997.

SILVEIRA, Alípio. A sentença indeterminada nos Estados Unidos. *Estudos de direito e processo penal em homenagem a Nélson Hungria*. Rio de Janeiro-São Paulo: Forense, 1962.

SILVEIRA, Alípio. *Hermenêutica no direito brasileiro*. São Paulo: RT, 1968. v. 1 e 2.

SILVEIRA, Euclides Custódio. *Direito penal* – Crimes contra a pessoa. 2. ed. Atual. Everardo da Cunha Luna. São Paulo: RT, 1973.

SILVEIRA, Renato de Mello Jorge. *Crimes sexuais*: bases críticas para a reforma do direito penal sexual. São Paulo: Quartier Latin, 2008.

SILVEIRA, Renato de Mello Jorge. *Direito penal supraindividual* – Interesses difusos. São Paulo: RT, 2003.

SILVEIRA, Renato de Mello Jorge; SALVADOR NETTO, Alamiro Velludo; SOUZA, Luciano Anderson (Coord.). *Direito penal na pós-modernidade*. Escritos em homenagem a Antonio Luis Chaves Camargo. São Paulo: Quartier Latin, 2015.

SIQUEIRA, Galdino. *Tratado de direito penal*. Rio de Janeiro: José Konfino, 1950. v. 1.

SISCO, Luis P. *La defensa justa* (Estudio doctrinario, legal y jurisprudencial sobre la legitima defensa). Buenos Aires: El Ateneo, 1949.

SMANIO, Gianpaolo Poggio; FABRETTI, Humberto Barrionuevo. *Introdução ao direito penal*. Criminologia, princípios e cidadania. 4. ed. São Paulo: GEN/Atlas, 2016.

SOARES, Ana Raquel Colares dos Santos. Eutanásia: direito de morrer ou direito de viver? In: GUERRA FILHO, Willis Santiago (Coord.). *Dos direitos humanos aos direitos fundamentais*. Porto Alegre: Livraria do Advogado, 1997.

SOLER, Sebastián. *Derecho penal argentino*. Buenos Aires: El Ateneo, 1940. t. I.

SOUZA, Artur de Brito Gueiros; JAPIASSÚ, Carlos Eduardo Adriano. *Curso de direito penal* – Parte geral. 2. ed. Rio de Janeiro: Forense, 2015. v. 1.

SOUZA, Carmo Antônio de; PIERANGELI, José Henrique. *Crimes sexuais*. 2. ed. Belo Horizonte: Del Rey, 2015.

SOUZA, Luciano Anderson; SILVEIRA, Renato de Mello Jorge; SALVADOR NETTO, Alamiro Velludo (Coord.). *Direito penal na pós-modernidade*. Escritos em homenagem a Antonio Luis Chaves Camargo. São Paulo: Quartier Latin, 2015.

SOUZA, Nélson Bernardes de. Ilícitos previdenciários: crimes sem pena? *RT* 730/393, ago. 1996.

SOUZA, Paulo Vinicius Sporleder de. *A criminalidade genética*. São Paulo: RT, 2001.

SOUZA, Percival de. *A prisão* – Histórias dos homens que vivem no maior presídio do mundo. 2. ed. São Paulo: Alfa-Omega, 1976.

SPINNATO, Giorgia; MESSINA, Salvatore Donato. *Manuale breve diritto penale*. Milano: Giuffrè, 2015.

STEVENSON, Oscar. Concurso aparente de normas penais. *Estudos de direito e processo penal em Homenagem a Nélson Hungria*. Rio de Janeiro-São Paulo: Forense, 1962.

STOCO, Tatiana de Oliveira. *Personalidade do agente na fixação da pena*. São Paulo: RT, 2014.

SUCENA, Lílian Ottobrini Costa; COSTA, Mário Ottobrini. A eutanásia não é o direito de matar. *RT* 263/25, set. 1957.

SUMARIVA, Paulo. *Criminologia*. Teoria e prática. 3. ed. Niterói: Impetus, 2015.

SWENSSON, Walter. A competência do juízo da execução. In: LAGRASTA NETO, Caetano; NALINI, José Renato; DIP, Ricardo Henry Marques (Coord.). *Execução penal* – Visão do TACRIM-SP. São Paulo: Oliveira Mendes, 1998.

TANGERINO, Davi de Paiva Costa. *Culpabilidade*. 2. ed. São Paulo: Saraiva, 2014.

TAQUARY, Eneida Orbage de Britto. *Tribunal penal internacional & a Emenda Constitucional 45/2004* (sistema normativo brasileiro). 1. ed. 2.ª reimp. Curitiba: Juruá, 2011.

TASSE, Adel El. *Criminologia*. São Paulo: Saraiva, 2013. (Coleção Saberes do direito.)

TAVARES, Juarez. *Teoria do injusto penal*. Belo Horizonte: Del Rey, 2000.

TAVARES, Juarez. *Teoria dos crimes omissivos*. Madrid-Barcelona-Buenos Aires-São Paulo: Marcial Pons, 2012.

TAVARES, Juarez. *Teorias do delito* – Variações e tendências. São Paulo: RT, 1980.

TELLES JÚNIOR, Goffredo. Preleção sobre o justo. *Justitia*, v. 50.

TEODORO, Frediano José Momesso. Aborto eugênico. Delito qualificado pelo preconceito ou discriminação. Curitiba: Juruá, 2008.

TERRAGNI, Marco Antonio. *El delito culposo*. Santa Fé: Rubinzal-Culzoni, 1998.

TOLEDO, Armando; BARBOSA JR., Salvador José. A nova tipificação do delito de embriaguez ao volante. In: TOLEDO, Armando (Coord.). *Direito Penal* – Reinterpretação à luz da Constituição: Questões polêmicas. São Paulo: Elsevier, 2009.

TOLEDO, Francisco de Assis et al. *Reforma penal*. São Paulo: Saraiva, 1985.

TOLEDO, Francisco de Assis. Teorias do dolo e teorias da culpabilidade. *RT* 566/271, dez. 1992.

TOLEDO, Francisco de Assis; CERNICCHIARO, Luiz Vicente. *Princípios básicos de direito penal*. 5. ed. São Paulo: Saraiva, 1994.

TOLEDO, Otávio Augusto de Almeida; CAPECCE, Bruno Gabriel. *Privação de liberdade*. Legislação, doutrina e jurisprudência. São Paulo: Quartier Latin, 2015.

TORON, Alberto Zacharias. *Inviolabilidade penal dos vereadores*. São Paulo: Saraiva, 2004.

TOURINHO FILHO, Fernando da Costa. *Código de Processo Penal comentado*. 4. ed. São Paulo: Saraiva, 1999. v. 1 e 2.

TREMEL, Rosângela; CRUZ, Flávio da (Coord.); GLOCK, José Osvaldo; HERZMANN, Nélio; VICCARI JUNIOR, Adauto. *Lei de Responsabilidade Fiscal comentada*. 2. ed. São Paulo: Atlas, 2001.

VALENZUELA BEJAS, Manuel; BUSTOS RAMÍREZ, Juan (Org.). *Derecho penal latinoamericano comparado* – Parte generale. Buenos Aires: Depalma, 1981. t. I.

VALLADÃO, Haroldo. Imunidades dos agentes diplomáticos. *RT* 434/307, dez. 1971.

VANRELL, Jorge Paulete (Coord.). *Manual de medicina legal*. Tanatologia. Leme: JH Mizuno Editora, 2016.

VARELLA, Drauzio; GLINA, Sidney; REIS, José Mário. Médicos especializados. Disponível em: www.drauziovarella.com.br/entrevistas/reis_impotencia.asp; www.drauziovarella.com.br/entrevistas/eprecoce4.asp. Acesso em: 1.º dez. 2009.

VAZ, Márcia; BENFICA, Francisco Silveira. *Medicina legal*. 3. ed. Porto Alegre: Livraria do Advogado, 2015.

VENEZIANI, Paolo. *Motivi e colpevolezza*. Torino: Giappichelli, 2000.

VENZON, Altayr. *Excessos na legítima defesa*. Porto Alegre: Fabris, 1989.

VERDÚ PASCUAL, Fernando. *El diagnóstico de la muerte.* Diligencia y caución para evitar injustificables yerros. Granada: Comares, 2015.

VERGARA, Pedro. *Da legítima defesa subjetiva.* 2. ed. Rio de Janeiro: Imprensa Nacional, 1949.

VIANA, Lourival Vilela. *Embriaguez no direito penal.* Belo Horizonte: Imprensa Oficial, 1949.

VIANNA, Rafael Ferreira. *Diálogos sobre segurança pública.* O fim do estado civilizado. Curitiba: Ithala, 2011.

VICCARI JUNIOR, Adauto; CRUZ, Flávio da (Coord.); GLOCK, José Osvaldo; HERZMANN, Nélio; TREMEL, Rosângela. *Lei de Responsabilidade Fiscal comentada.* 2. ed. São Paulo: Atlas, 2001.

VIDAL, Hélvio Simões. *Causalidade científica no direito penal.* Belo Horizonte: Mandamentos, 2004.

VILALONGA, José Manuel; ALMEIDA, Carlota Pizarro de; D'ALMEIDA, Luís Duarte; PATRÍCIO, Rui. *Código Penal anotado.* Coimbra: Almedina, 2003.

VON HIRSCH, Andrew. *Censurar y castigar.* Trad. Elena Larrauri. Madrid: Trotta, 1998.

VON LISTZ, Franz. *Tratado de derecho penal.* Trad. Luis Jiménez de Asúa. 18. ed. Madrid: Reus, 1999. t. I a III.

WELZEL, Hans. *Derecho penal alemán.* Trad. Juan Bustos Ramírez e Sergio Yáñez Pérez. 4. ed. Santiago: Editorial Jurídica de Chile, 1997.

WELZEL, Hans. *El nuevo sistema del derecho penal* – Una introducción a la doctrina de la acción finalista. Barcelona: Ariel, 1964.

WESSELS, Johannes. *Direito penal* – Parte geral – Aspectos fundamentais. Trad. Juarez Tavares. Porto Alegre: Fabris, 1976.

WILLIAMS, Lúcia Cavalcanti de Albuquerque. *Pedofilia. Identificar e prevenir.* São Paulo: Editora Brasiliense, 2012.

XAVIER, Dulce; CAVALCANTE, Alcilene (Org.). Em defesa da vida: aborto e direitos humanos. São Paulo: Católicas pelo Direito de Decidir, 2006.

ZAFFARONI, Eugenio Raúl. *Tratado de derecho penal* – Parte general. Buenos Aires: Ediar, 1988.

ZAFFARONI, Eugenio Raúl; PIERANGELI, José Henrique. *Manual de direito penal brasileiro* – Parte geral. 11. ed. São Paulo: RT, 2015.

ZAFFARONI, Eugenio Raúl; PIERANGELI, José Henrique. *Da tentativa.* 4. ed. São Paulo: RT, 1995.

ZANIOLO, Pedro Augusto. *Crimes modernos.* O impacto da tecnologia no direito. 2. ed. Curitiba: Juruá, 2012.

ZÁRATE CONDE, Antonio; GONZÁLEZ CAMPO, Eleuterio. *Derecho penal* – Parte general. Madrid: La Ley, 2015.

ZAZA, Carlo. *Le circostanze del reato.* Elementi generali e circostanze comuni. Padova: CEDAM, 2002. v. I.

ZIMMARO, Rafael Barone et al. O crime de estupro sob o prisma da Lei 12.015/2009 (arts. 213 e 217-A do Código Penal). *RT* 902.

ZIMMARO, Rafael Barone. O crime de estupro sob o prisma da Lei 12.015/2009 (arts. 213 e 217-A do Código Penal). In: FRANCO, Alberto Silva; NUCCI, Guilherme de Souza (Org.). *Doutrinas essenciais* – Direito penal. São Paulo: RT, 2010. v. VI.

ZIPF, Heinz; MAURACH, Reinhart. *Derecho penal* – Parte general. Trad. da 7. ed. por Jorge Bofill Genzsch e Enrique Aimone Gibson. Buenos Aires: Astrea, 1994. v. 1 e 2.

ZISMAN, Célia Rosenthal. *O princípio da dignidade da pessoa humana.* São Paulo: IOB Thomsom, 2005.

Apêndice
Casos Práticos

1. NEXO CAUSAL E PRETERDOLO – ARTS. 13 E 19, CP

Caso: o acusado CR, no dia 19 de junho de 2019, na Rua X, n. 100, Comarca Y, discutiu com a vítima ZM, após terem ingerido bebida alcoólica. Em determinado momento, CR afastou-se do bar onde estavam. Algum tempo depois, retornou e voltou a discutir com o ofendido contra quem desferiu um chute no peito. Ele caiu ao chão e bateu a cabeça no solo. Entretanto, levantou-se e foi para sua residência. Mais tarde, sentiu-se mal e começou a vomitar. No dia seguinte, tornou a passar mal e foi levado à Santa Casa, onde sofreu paradas respiratórias, foi transferido a outro hospital, mas acabou falecendo. O laudo necroscópico atestou que a causa da morte foi traumatismo crânio encefálico, indicando nexo causal entre a lesão e a morte.

Avaliação preliminar: a defesa ingressou com apelação, alegando não ter desferido um chute na vítima com a intenção de matá-la. Além disso, afirmou corte do nexo causal, sustentando que a agressão ocorreu em certo dia, na parte da tarde, e a vítima só foi socorrida na manhã seguinte. Assevera que o laudo não atestou lesão na região torácica do ofendido, inexistindo certeza quanto ao nexo entre o ferimento, gerado pelo chute, e a morte. Pleiteia a desclassificação para o crime de lesão corporal privilegiada (art. 129, § 4.º, CP), alegando ter sido o réu provocado e xingado pela vítima, além de ter sofrido agressão.

Fonte legal principal: **Relação de causalidade**. Art. 13. O resultado, de que depende a existência do crime, somente é imputável a quem lhe deu causa. Considera-se causa a ação ou omissão sem a qual o resultado não teria ocorrido. **Superveniência de**

causa independente. § 1.º A superveniência de causa relativamente independente exclui a imputação quando, por si só, produziu o resultado; os fatos anteriores, entretanto, imputam-se a quem os praticou.

Decisão de 1.ª instância: houve a condenação do réu ao cumprimento da pena de 4 anos de reclusão, em regime inicial aberto, pela prática de lesão corporal seguida de morte (art. 129, § 3.º, CP).

Situação jurídica: verificar se houve nexo de causalidade entre a agressão provocada pelo réu e a morte da vítima. Além disso, analisar o elemento subjetivo do crime: se houve dolo ou culpa. Outro aspecto a avaliar é a tese defensiva para desclassificação do delito para lesão corporal privilegiada. Quanto à pena, conferir se seria viável substituir a pena privativa de liberdade por restritiva de direitos.

Decisão do Tribunal: negou provimento ao apelo defensivo interposto pelo acusado, para reconhecer o nexo causal e confirmar a decisão tomada pelo juízo de primeira instância.

Fundamento do acórdão: a materialidade restou comprovada pelo laudo necroscópico, que apurou, por exame cadavérico, fratura do osso temporoparietal esquerdo, massa encefálica com edema e congestão difusa, concluindo ter a vítima falecido em decorrência de traumatismo craniano por agente contundente. O proprietário do bar onde se encontravam réu e vítima, já embriagados, acompanhou o desentendimento entre eles e viu quando o acusado chutou o peito da vítima, que caiu e bateu a cabeça contra o asfalto. Na sequência, o ofendido levantou-se e foi embora, assim como o acusado. Após duas horas, a vítima retornou ao bar, tomou uma pinga e não se queixava de dor. Outra testemunha afirmou que a esposa do ofendido lhe encaminhou vídeos em que a vítima estava passando mal, inclusive vomitando. Soube que as agressões ocorreram às 17 horas e a vítima foi socorrida às 5 horas do dia seguinte. A esposa do ofendido achou que ele passava mal por causa da bebida, embora estivesse vomitando, com a cabeça inchada. Na fase policial, o acusado narrou que a vítima, embriagada, ofendeu-o sem motivo e, quando ele saiu do bar, foi perseguido. Então, não suportou as provocações e desferiu um chute no peito do ofendido. Afirmou estar arrependido e que não desejou a morte da vítima. Não foi ouvido em juízo. Tornou-se incontroverso que o réu foi o responsável pela lesão que causou a morte da vítima. Inexistiu comprovação das supostas provocações contra o acusado, ao passo que este deu um violento chute no peito do ofendido e, depois disso, ele passou mal e morreu. A defesa não produziu prova de ter havido rompimento do nexo causal, como uma causa superveniente independente que, por si só, tivesse levado ao resultado. Por isso, a decisão do juízo de primeiro grau está correta (TJSP, Apelação 1501054-54.2019.8.26.0197, 16.ª C., rel. Marcos Alexandre Coelho Zilli, 03.08.2022, v.u.).

Trechos relevantes do acórdão (do voto do relator): "Vale recordar que, nos termos do art. 13 do Código Penal, considera-se causa a ação ou omissão sem a qual o resultado não teria ocorrido. E, conforme apurado, restou evidente que o chute desferido contra a vítima foi a causa de sua queda que, por sua vez, fez com que o ofendido batesse com a cabeça no chão, provocando o traumatismo craniano que foi a causa de sua morte. Assim, a reconstrução histórico-processual dos fatos propiciada pela instrução confirmou a responsabilidade do réu pelos fatos imputados. O acusado aplicou uma voadora contra o peito da vítima fazendo com que caísse ao solo e batesse sua cabeça. Devido à queda, o ofendido sofreu ferimento em sua cabeça e começou a passar mal após algumas horas. Todavia, devido à demora do atendimento, acabou falecendo em razão do traumatismo craniano que, por sua vez, foi provocado pelo choque de sua cabeça com o asfalto após ser golpeado pelo acusado com um chute em seu peito. A autoria mostra-se incontestável. (...) Correta a tipificação dada em sentença. O réu desferiu um chute na vítima fazendo com que caísse no chão e ferisse na cabeça, ofendendo-lhe a sua integridade corporal. Em decorrência do ferimento produzido, a vítima sofreu traumatismo craniano e acabou falecendo. Os fatos amoldam-se ao delito tipificado pelo art. 129, § 3.º, do Código Penal. O elemento subjetivo foi comprovado. O acusado, é certo, não agiu movido pelo *animus necandi*. Desejava, tão somente, ofender-lhe a integridade física mediante um chute em seu peito, fato que, por si só, não seria capaz de causar-lhe risco de morte, evidenciando o dolo da lesão corporal. Todavia, o resultado morte advindo era mais grave que o desejado. É a típica hipótese de crime preterdoloso, o qual é caracterizado pela realização de uma conduta dolosa a qual acarreta a produção de um resultado naturalístico mais grave do que o querido pelo agente. Estão presentes, dessa forma, todos os elementos objetivos e subjetivos que caracterizam a figura penal típica do delito de lesão corporal seguida de morte. A tese desclassificatória para o delito de lesão corporal privilegiada não comporta acolhimento. Para a caracterização da causa de diminuição invocada pela defesa não basta que o agente atue sob a mera influência de violenta emoção, sendo necessário que o agente fique sob o seu domínio, vale dizer, que haja uma grande alteração de seu estado de ânimo em razão de uma injusta provocação da vítima e que haja relação de imediatidade entre a provocação e a reação. Não se verifica, no caso, a caracterização do privilégio".

Acesse e veja Sugestões de Análise e Debate.
> https://uqr.to/1orp0

Acesse e veja as Respostas.
> https://uqr.to/1orp1

2. CONSENTIMENTO DO OFENDIDO (EXCLUDENTE SUPRALEGAL DE ILICITUDE)

Caso: em maio de 2020, em horário comercial, na Rua X, n. 93, na cidade de Estrela, o acusado ofendeu a integridade corporal de Z, com 16 anos de idade à época, causando-lhe as lesões corporais de natureza grave, resultante em deformidade permanente, descritas no laudo de exame de corpo de delito de fls. Na sequência, no mesmo mês e local, o acusado ofendeu a integridade corporal de E, com 15 anos de idade à época, causando-lhe as lesões corporais de natureza grave, resultante em deformidade permanente, descritas no laudo de exame de corpo de delito de fls. O réu foi procurado pelas adolescentes, para que nelas fizesse tatuagens. Uma das vítimas tatuou um nome de 13 cm. A outra tatuou um nome (6 cm) e um desenho (5 cm x 4 cm). O juízo de primeiro grau absolveu o acusado do crime de lesões corporais, com base no art. 386, III, do CPP (não constituir o fato infração penal). O Ministério Público interpôs apelação, pleiteando a condenação.

Avaliação preliminar: o Ministério Público recorreu para a condenação do acusado pela prática de lesões corporais, visto que os fatos indicam ter havido crimes.

Fonte legal principal: Lesão corporal. Art. 129. Ofender a integridade corporal ou a saúde de outrem: (...) § 2.º Se resulta: (...) IV – deformidade permanente.

Decisão de 1.ª instância: absolvição, porque o fato não constitui crime (art. 386, III, CPP).

Situação jurídica: checar se a realização de tatuagem representa uma lesão corporal gravíssima ou se configura situação atípica (atipicidade material). Sob outros aspectos, pode-se indicar, como causas para exclusão do crime, o consentimento do ofendido, a adequação social e o princípio da intervenção mínima.

Decisão do Tribunal: negou provimento ao recurso do Ministério Público, mantendo a decisão absolutória de primeira instância.

Fundamento do acórdão: considerando o princípio da intervenção mínima (o direito penal deve intervir minimamente nas relações das pessoas) e a adequação social (colocação de brincos, bem como tatuagens é consensualmente aceita pela sociedade), não há razão para condenar o acusado, embora ele não tenha obtido o consentimento do responsável legal das menores. Ademais, as vítimas disseram ao tatuador que eram maiores de 18 anos e uma delas já tinha tatuagem. Em suma, não teria havido o propósito do tatuador de lesionar a integridade física das jovens.

Trechos relevantes do acórdão (do voto do relator): "É certo que os fatos em si são incontroversos, já que a materialidade delitiva restou demonstrada no boletim de ocorrência (fls.), nas fotografias (fls.) e, sobretudo, nos laudos de exame de corpo de delito (fls.). Outrossim, a prova oral comprova que o acusado foi o responsável por realizar as tatuagens nas adolescentes, sem autorização de seus responsáveis. Com efeito, malgrado ouvida apenas em solo policial, (Z) informou que estava na Associação de Proteção ao Adolescente de (Estrela) há cerca de dois meses e que, anteriormente, residia na cidade de S/SP. Disse que, na data dos fatos, juntamente com a vítima (E), saíram da Associação sem o consentimento da responsável e se dirigiram ao Bairro I, onde fizeram as tatuagens. Relatou que (E) havia conversado com o réu, pessoa que não conhece, e combinado de fazer as tatuagens. Afirmou que o acusado não perguntou se possuíam autorização para realizar as tatuagens e que não pagou por elas. Fez a tatuagem sem o consentimento da responsável, narrando que 'eu já tenho três tatuagens, com essa são quatro, as outras eu fiz na minha cidade, todas sem o consentimento de ninguém, eu fiz por que eu quis, ninguém me falou pra fazer'. Por fim, não soube informar o nome do acusado que fez as tatuagens (fls.). No mesmo sentido, (E) relatou que, no dia dos fatos, juntamente com (Z), saiu da Associação sem o consentimento da responsável e se dirigiram ao Bairro I, onde realizaram tatuagens. Disse que pegaram carona com uma pessoa desconhecida para chegarem até o bairro I. Esclareceu que a pessoa que realizou as tatuagens era conhecida de seu ex-marido, mas que não sabe informar seu nome e/ou apelido. (...) em juízo, afirmou que mentiu ao acusado que tinha 18 anos e pediu para fazer a tatuagem. Indagada, confirmou que na fase policial disse que era menor de idade. Por fim, esclareceu que fez a tatuagem por vontade própria (termo de audiência, fls.). (D), Coordenadora da Associação de Proteção ao Adolescente de (Estrela), informou que as adolescentes (E) e (Z) deixaram a associação sem o consentimento da educadora social e retornaram tatuadas. Afirmou que é guardiã das menores e que em momento algum autorizou a realização das tatuagens (fls.). E o acusado admitiu ter realizado as tatuagens nas adolescentes. Disse que no dia dos fatos estava em sua residência quando as duas foram até o local e lhe pediram que fizesse as tatuagens. Perguntou se ambas eram menores, tendo (Z) informado que tinha 19 anos e (E), 18 anos. Disse que 'eu não sabia que elas eram menores, senão eu não tinha feito'. Afirmou que não solicitou documentos de identidade que comprovasse as idades das garotas, 'esse foi meu erro, não ter pedido os documentos delas'. (...) Asseverou que não cobrou pelas tatuagens e que não é tatuador profissional. Afirmou que não conhecia as adolescentes e que elas foram sozinhas à sua residência. Em juízo, apresentou a mesma versão, acrescentando que as adolescentes disseram que eram maiores de idade e que tinham esquecido os documentos em casa, mas, mesmo assim, realizou as tatuagens (fls.). (...) No entanto, a marca resultante da tatuagem, ainda que provoque modificação corporal, não pode ser tida como deformidade, já que se trata de um adorno corporal, mesmo que de gosto discutível. (...) Não se desconhece que tal questão possui um viés de cunho subjetivo, anotando-se que, na hipótese dos autos, a médica-perita, após realizados os exames de corpo de delito, concluiu que as lesões sofridas pelas vítimas eram de natureza leve, já que o procedimento não fora capaz de acarretar qualquer dano estético e, consequentemente, deformidade. E a credibilidade de tal exame não foi infirmada pelo remanescente da prova colhida. Aliás, em nenhum momento as menores demonstraram arrependimento, incômodo, tristeza ou dissabor com as tatuagens, sentimentos comuns em vítimas de lesão corporal de natureza grave. Ao revés, foram elas quem procuraram o acusado para fazer os adornos, sendo certo que (Z) já possuía outras três tatuagens e afirmou que 'as outras eu fiz na minha cidade, todas sem o consentimento de ninguém, eu fiz por que eu quis, ninguém falou pra fazer', circunstância que também pode ter influenciado o acusado a deixar de tomar as devidas cautelas para realizar o procedimento. (...) De outra banda, oportuno anotar que, mesmo com quinze e dezesseis anos à época dos fatos, não se pode ignorar a aquiescência das ofendidas para a realização da tatuagem. Cuidam-se de adolescentes dotadas de relativo discernimento, ao contrário da criança. Acerca do consentimento da vítima nos crimes de lesões corporais, Guilherme de Souza Nucci leciona que 'perfeitamente aplicável como causa supralegal de exclusão da ilicitude. Não se pode mais conceber o corpo humano como bem absolutamente indisponível, pois a realidade desmente a teoria. É verdade que o Estado deve zelar pela vida humana, indisponível que é, além da integridade física, embora sem jamais desconhecer que a evolução dos costumes e da própria ciência traz modificações importantes nesse cenário. Atualmente, as práticas estão a demonstrar que o ser humano dispõe, no dia a dia, de sua integridade física, colocando-se em situações de risco de propósito ou submetendo-se a lesões desejadas. Do mesmo modo, não deve o Estado imiscuir-se na vida íntima das pessoas' (*Código Penal Comentado*, Editora Forense, 2017, pg. 474). Lado outro, ainda que se discuta a inexistência de autorização dos responsáveis pelas adolescentes, não se vislumbra, *in casu*, qualquer intenção de Marcos em causar mal às vítimas (*animus laedendi*). Aliás, vale reiterar que ele foi procurado por elas para confecção dos adornos, cuja menoridade ele desconhecia, sendo sua conduta, portanto, penalmente atípica. (...) Além disso, é de se ter em conta que, atualmente, é conduta social e culturalmente aceita a perfuração de lóbulos das orelhas para a colocação de brincos ou apetrechos similares, a tatuagem estética de embelezamento etc., não podendo, portanto, tal ação ser elevada ao patamar de ofensa à objetividade jurídica tutelada pelo tipo penal previsto no art. 129, do Código Penal. Por fim, vale lembrar que as normas penais devem ser empregadas como 'ultima ratio', orientadas pelos princípios da intervenção mínima, da subsidiariedade e da fragmentariedade, incidindo apenas na medida necessária para a proteção de bens jurídicos relevantes. E, s.m.j., não se vislumbra, na hipótese, a necessidade de interferência do juízo criminal. Nesses termos, a absolvição é de ser confirmada, em observância à máxima penal do *in dubio pro reo*. Ante o exposto, pelo meu voto, nego provimento ao apelo" (TJSP, Apelação 1501089-67.2020.8.26.0168, 4.ª C. Criminal, rel. Camilo Lellis, 22.06.2023, v.u.).

Acesse e veja Sugestões de Análise e Debate.
> https://uqr.to/1orp2

Acesse e veja as Respostas.
> https://uqr.to/1orp3

3. ARREPENDIMENTO POSTERIOR – ART. 16 DO CP

Caso: o réu AA subtraiu, durante a madrugada, uma motocicleta, que se encontrava estacionada na garagem do imóvel situado na Avenida SP, n. 94, cidade de Nazaré Paulista, em prejuízo da vítima BB. Ato contínuo, o apelante seguiu conduzindo a moto até a cidade de Atibaia, deixando-a estacionada na porta da delegacia, cujas chaves arremessou por cima do muro do local, permitindo, assim, que fosse devidamente restituída à vítima. Após o devido processo, o acusado, que confessou, foi condenado e interpôs apelação, requerendo a aplicação do benefício do arrependimento posterior, não reconhecido pela sentença de 1.º grau. Nesta decisão, a juíza não levou em conta a causa de diminuição, aplicou aumento da pena por conta de reincidência e outros antecedentes criminais e porque o delito foi cometido durante o repouso noturno. Além disso, não compensou a confissão do acusado com a agravante da reincidência.

Avaliação preliminar: o recurso da defesa devolve ao tribunal o amplo conhecimento da matéria (efeito devolutivo), de modo que o juízo de 2.ª instância pode avaliar todos os aspectos fáticos. Verifica-se se houve a prática do crime e se a pena foi corretamente aplicada, independentemente do que foi pleiteado na apelação. Portanto, além da análise da aplicação do benefício do arrependimento posterior, deve-se verificar a correção da aplicação da pena.

Fonte legal principal: **Arrependimento posterior**. Art. 16. Nos crimes cometidos sem violência ou grave ameaça à pessoa, reparado o dano ou restituída a coisa, até o recebimento da denúncia ou da queixa, por ato voluntário do agente, a pena será reduzida de um a dois terços.

Decisão de 1.ª instância: houve a condenação do réu ao cumprimento da pena de reclusão de 2 anos e 4 meses, em regime inicial fechado, e pagamento de 21 dias-multa, cada dia calculado no mínimo legal, declarando-o como incurso no art. 155, § 1.º, do Código Penal.

Situação jurídica: checar se é aplicável o arrependimento posterior, com os seus requisitos (crime sem violência ou grave ameaça, restituição da coisa antes do recebimento da denúncia e reparação por ato voluntário do agente); conferir se a elevação da pena foi adequada (causa de aumento do repouso noturno, aplicação da atenuante da confissão, utilização dos maus antecedentes, aplicação da agravante da reincidência, regime de cumprimento inicial da pena adequado).

Decisão do Tribunal: deu provimento ao apelo defensivo interposto pelo acusado, para reconhecer o arrependimento posterior e reduzir sua reprimenda ao montante de 6 meses e 7 dias de reclusão, em regime inicial aberto, e pagamento de 4 dias-multa.

Fundamento do acórdão: constatou-se a consumação do delito de furto, conforme o disposto na Súmula 582 do Superior Tribunal de Justiça, ao dispor sobre o momento consumativo do crime de roubo, *in verbis*: "Consuma-se o crime de roubo com a inversão da posse do bem mediante emprego de violência ou grave ameaça, ainda que por breve tempo e em seguida à perseguição imediata ao agente e recuperação da coisa roubada, sendo prescindível a posse mansa e pacifica ou desvigiada". Foi cometido durante a noite, logo, correta a aplicação da causa de aumento do repouso noturno (art. 155, § 1.º, CP). Quanto ao arrependimento posterior, o apelante tem razão em seu pedido, porque, assim que chegou à cidade de Atibaia, foi ao distrito policial e, espontaneamente, deixou a moto estacionada em frente ao imóvel, arremessando a chave por cima do muro. É preciso lembrar que, além de voluntária (livre de qualquer coação), o que seria suficiente para esse benefício, foi igualmente espontânea (sinceramente desejada), pois a restituição da coisa ocorreu de maneira célere, merecendo a máxima diminuição (2/3). O réu registra nove condenações definitivas. Algumas foram utilizadas para preencher a circunstância judicial dos maus antecedentes (art. 59, CP). A outra foi usada para compor a agravante da reincidência. Os Tribunais Superiores admitem a partição das condenações anteriores definitivas para valorar entre antecedentes e reincidência, desde que não haja *bis in idem* (dupla valoração do mesmo antecedente). A pena-base foi elevada por conta dos maus antecedentes corretamente (o juízo sentenciante valeu-se da fração de 1/6 a mais). Entretanto, a decisão condenatória deixou de compensar a reincidência com a atenuante da confissão, pois ambas são consideradas preponderantes (conforme art. 67, CP), na medida em que a confissão espontânea demonstra fator positivo de personalidade. Atingida a pena de reclusão de 6 meses e 7 dias, embora o réu seja reincidente, não há sentido na imposição do regime fechado inicial, em face das funções e finalidades da pena, razão pela qual determinou-se o regime aberto inicial (TJSP, Apelação 1500642-84.2019.8.26.0695, 16.ª C., rel. Guilherme de Souza Nucci, 23.06.2021, v.u.).

Trechos relevantes do acórdão (do voto do relator): "Na nossa atividade judicante, notamos a carência de provas e dados para detectar quando a confissão espontânea é fruto de personalidade positiva do agente – e quando seria por outros valores. Desse modo, não se pode prejudicar o réu, buscando uma prova que, na maioria das vezes, inexiste nos autos, gerando dúvida mais que razoável acerca da origem da confissão espontânea. Por outro lado, é de se supor que, sendo espontânea, é sincera, representando, de algum modo, fiel espelho de uma personalidade íntegra no tocante à assunção dos próprios erros. Diante disso, alteramos a nossa posição, passando a admitir a compensação entre reincidência e confissão espontânea, basicamente lastreados no princípio constitucional do *in dubio pro reo*. Nesta esteira, segue o posicionamento pacífico do C. Superior Tribunal de Justiça, *in verbis*: '(...) 2. A Terceira Seção desta Corte, no exame do Recurso Especial Representativo de Controvérsia n. 1.341.370/MT, julgado em 10/4/2013, firmou o entendimento de que, por se tratar de circunstâncias igualmente preponderantes, 'é possível, na segunda fase da dosimetria da pena, a compensação da atenuante da confissão espontânea com a agravante da reincidência'. 3. No julgamento do HC n. 365.963/SP, unificou-se o posicionamento de que mesmo nas hipóteses de reincidência específica, não há óbice à compensação integral. Logo, tendo sido considerada apenas uma condenação anterior transitada em julgada na segunda etapa da dosimetria, deve-se compensá-la com a atenuante da confissão espontânea. 4. Agravo regimental a que se nega provimento (AgRg no AREsp 1648660/MT, 5.ª T., rel. Ribeiro Dantas, 23/02/2021, v.u.' (...) Por derradeiro, em que pesem as circunstâncias pessoais negativas do apelante (uma vez reincidente e possuidor de antecedentes), não se deve olvidar que uma das funções das penas é a ressocialização do sentenciado (...) Sobre esse aspecto, vale observar que a despeito do disciplinado pelo art. 33, § 2.º, 'b', do Código Penal, o próprio Supremo Tribunal Federal inaugurou importante precedente, permitindo a fixação de regime aberto mesmo aos reincidentes, com vistas à individualização e proporcionalidade das penas, em caso cuja reprimenda final restou estabelecida em 10 meses de reclusão, *in verbis*: (...) 2. Quanto ao modo de cumprimento da reprimenda penal, há quadro de constrangimento ilegal a ser corrigido. A imposição do regime inicial semiaberto parece colidir com a proporcionalidade na escolha do regime que melhor se coadune com as circunstâncias da conduta, de modo que o regime aberto melhor se amolda à espécie (cf. HC 123533, Relator(a): Roberto Barroso, Tribunal Pleno, *DJe* de 18/2/2016; e HC 119885, Relator(a): Min. Marco Aurélio, Relator(a) p/ Acórdão: Min. Alexandre de Moraes, Primeira Turma, *DJe* de 1.º/8/2018). 3. Recurso Ordinário parcialmente provido, para fixar o regime inicial aberto" (RHC 172532, 1.ª T., rel. Alexandre de Moraes, 26/10/2020, por maioria – o réu é reincidente).

Acesse e veja Sugestões de Análise e Debate.
> https://uqr.to/1orp5

Acesse e veja as Respostas.
> https://uqr.to/1orp6

4. CUMPRIMENTO DE PENA PRIVATIVA DE LIBERDADE NO BRASIL E DIREITOS HUMANOS

Caso: os presos do Complexo Penitenciário do Curado, Estado de Pernambuco, pretendem que seja reconhecido o direito à aplicação do cômputo em dobro da pena antijurídica cumprida em unidades prisionais do referido Complexo. Requerem a aplicação da Resolução da Corte Interamericana de Direitos Humanos, observando-se a avaliação criminológica prévia dos casos que forem pertinentes. O fundamento se concentra no sofrimento prolongado decorrente da violação aos direitos fundamentais, em particular pela superpopulação carcerária do Estado. Houve o deferimento para um específico paciente e os demais presos requerem a extensão dos benefícios, nos termos do art. 580 do CPP.

Avaliação preliminar: o STF passou a admitir *habeas corpus* coletivo para a defesa de direitos individuais homogêneos (ex.: HC 143.641, da relatoria do Ministro Ricardo Lewandowski, julgado pela Segunda Turma em 20.02.2018; HC 143.988, da relatoria do Ministro Edson Fachin, julgado pela Segunda Turma em 24.08.2020; HC 165.704, da relatoria do Ministro Gilmar Mendes, julgado em 20.10.2020), com viabilidade de extensão aos indivíduos em idêntica situação (art. 580, CPP).

Fonte legal: art. 26 da Convenção de Viena sobre o Direito dos Tratados, ratificada em 25.09.2009 e promulgada pelo Decreto 7.030/2009, estabelece para o Estado brasileiro a obrigação de cumprir de boa-fé os tratados internacionais que estejam em vigor. O STF já reconheceu a obrigatoriedade de cumprimento das decisões da Corte Interamericana de Direitos Humanos (ADPF 635 MC/RJ), em razão dos arts. 62.1 e 68.1 da Convenção Americana dos Direitos Humanos (ratificada pelo Brasil em 25.09.1992; promulgada pelo Decreto 678/1992 e pelo Decreto 4.463/2002).

Decisão internacional: a Corte Interamericana determinou que o Brasil computasse de maneira especial (cômputo em dobro) o cumprimento de pena no Complexo Prisional do Curado (Resolução de 28.11.2018), nos seguintes termos: a) respeito à Súmula Vinculante 56 do STF, a fim de não ingressar mais presos no Complexo do Curado; o preso de lá transferido, por decisão judicial, deve ter o seu período de pena computado em dobro enquanto ali esteve; b) no prazo de seis meses, a contar da Resolução, deve-se proceder ao cômputo em dobro de cada dia de privação da liberdade cumprido no Complexo do Curado para todas as pessoas ali alojadas, desde que não acusadas por crimes contra a vida ou integridade física, crimes sexuais ou não tenham por eles sido condenadas; c) deve-se organizar equipe criminológica, com psicólogos e assistentes sociais, pelo menos, além de outros profissionais, para avaliar o prognóstico de conduta, com base em fatores ligados à agressividade dos presos acusados ou condenados por delitos contra a vida, a integridade física e delitos sexuais. Conforme o resultado individual do exame criminológico, de acordo com o prognóstico firmado, a equipe deverá aconselhar a conveniência ou inconveniência do cômputo em dobro do tempo de privação da liberdade (ou redução em menor medida); d) a equipe criminológica deve ter profissionais e estrutura suficientes para realizar o trabalho no prazo de oito meses, a contar do início.

Situação fática: elevado índice de mortes violentas no presídio (55 entre 2008 e 2013, sendo 6 em 2013), tortura, violência sexual, tratamento degradante em decorrência da superlotação, extrema insalubridade, falta de acesso a água tratada, más condições carcerárias e precariedade no atendimento à saúde.

Situação jurídica: depois de mais de dois anos da Resolução, o Tribunal de Justiça de Pernambuco instaurou, a pedido do Ministério Público, o Incidente de Resolução de Demandas Repetitivas, sustando o efeito da contagem em dobro do tempo de prisão dos alojados no Complexo do Curado. Em síntese, negou-se eficácia ao decidido pela CIDH. Após, o Tribunal de Justiça considerou ter a Corte Internacional imposto uma espécie de remição *sui generis*, com base em superlotação. Para tanto, determinou que se cumprisse o disposto na Súmula Vinculante 56 do STF, em primeiro lugar; esgotados esses parâmetros, utilizar a contagem em dobro do tempo de prisão, excluídos os acusados ou condenados em decorrência de crimes contra a vida, a integridade física e a dignidade sexual, excluindo-se os crimes hediondos e equiparados; a referida contagem em dobro se dará a partir do ingresso do detento nesse presídio.

Decisão do STF: determinar que, em 60 dias, seja concedida a todos os presos do Complexo do Curado em Recife-PE a contagem em dobro do período de prisão, enquanto estiverem alojados nesse estabelecimento, excluídos os acusados ou condenados por crimes contra a vida, a integridade física e os sexuais, independentemente da consideração de serem hediondos ou equiparados. Nestes últimos casos, os presos devem ser avaliados por equipe criminológica, nos termos indicados pela CIDH. Deve o juízo da execução penal proferir nova decisão acerca do cômputo do período de cumprimento da pena, conforme exposto (HC 208.337 MC-EXTN/PE, rel. Edson Fachin, 19.12.2022, decisão monocrática).

Acesse e veja Sugestões de Análise e Debate.
> https://uqr.to/1orp7

Acesse e veja as Respostas.
> https://uqr.to/1orp8

5. MEDIDA DE SEGURANÇA – CRITÉRIO PARA FIXAÇÃO (ART. 97, CP)

Caso: o réu RJS, no dia 25 de junho de 2020, na Rua JR, n. 378, cidade de G., valendo-se de recurso que dificultou a defesa da vítima, com emprego de asfixia, tentou matar APC, não consumando o delito por circunstâncias alheias à sua vontade, além de ofender a integridade corporal de APP, causando-lhe lesões corporais. Constatou-se, ao longo da instrução, por laudo pericial, ser o acusado inimputável.

Avaliação preliminar: por sua defesa técnica, o acusado interpôs recurso objetivando a alteração da medida de segurança aplicada (internação) para tratamento ambulatorial.

Fonte legal principal: Imposição da medida de segurança para inimputável. Art. 97. Se o agente for inimputável, o juiz determinará sua internação (art. 26). Se, todavia, o fato previsto como crime for punível com detenção, poderá o juiz submetê-lo a tratamento ambulatorial. **Prazo.** § 1.º A internação, ou tratamento ambulatorial, será por tempo indeterminado, perdurando enquanto não for averiguada, mediante perícia médica, a cessação de periculosidade. O prazo mínimo deverá ser de 1 (um) a 3 (três) anos. **Perícia médica.** § 2.º A perícia médica realizar-se-á ao termo do prazo mínimo fixado e deverá ser repetida de ano em ano, ou a qualquer tempo, se o determinar o juiz da execução.

Decisão de 1.ª instância: o juízo de primeiro grau absolveu o réu, em decorrência do reconhecimento da inimputabilidade, impondo a medida de segurança de internação, pelo prazo mínimo de um ano, baseado no art. 97, *caput*, do CP.

Situação jurídica: avaliar se a condição de inimputável do réu, autor de crime apenado, em tese, com reclusão, bem como violento contra a pessoa, obriga a imposição de internação em hospital de custódia e tratamento.

Decisão do Tribunal: deu-se provimento ao recurso da defesa para substituir a internação por tratamento ambulatorial, pelo prazo mínimo de 1 ano.

Fundamento do acórdão: o juízo de primeira instância aplicou o disposto no art. 97, *caput*, do Código Penal, literalmente, ou seja, quando o agente for inimputável, tratando-se de fato previsto como crime apenado com reclusão, a internação é compulsória, mas, se o delito for apenado com detenção, o juiz pode aplicar internação ou tratamento ambulatorial. Entretanto, no exame de insanidade mental, a perícia considerou oportuna a submissão do réu a tratamento ambulatorial por equipe de saúde mental. Há que se respeitar o parecer médico, pois a finalidade da medida de segurança é a cura do inimputável, de forma que o disposto no art. 97, *caput*, do CP não contém a mais adequada solução para o caso. Assim sendo, a medida de segurança consistente em tratamento ambulatorial atende à sugestão feita pela perícia médica (TJSP, Apelação 1500206-86.2020.8.26.0535, 16.ª C., rel. Guilherme de Souza Nucci, 13.02.2023, v.u.).

Trechos relevantes do acórdão (do voto do relator): "Pela observação durante o exame, confrontado com o histórico, antecedentes, exame psíquico e o colhido das peças dos autos, conclui-se que não há evidências de desenvolvimento mental retardado, dependência de álcool ou drogas, entretanto, o periciado apresentava ao tempo da ação, sinais e sintomas compatíveis com os critérios diagnósticos elencados na CID-10, DSM-V, OMS, OPAS e CIF para transtorno mental, transtorno delirante persistente, atualmente em remissão devido ao efeito da medicação antipsicótica, demonstrando prejuízo das capacidades de discernimento, entendimento e determinação, sendo considerado, sob a óptica médico-legal psiquiátrica, inimputável para o delito descrito na denúncia. A medida de segurança indicada consiste em tratamento por equipe de saúde mental em regime ambulatorial, CAPS, por, pelo menos, dois anos. Como cediço, na seara da inimputabilidade e, em determinados casos, também da semi-imputabilidade, o objetivo precípuo é o tratamento médico do sujeito enfermo, visando sua cura e restauração, sendo pertinente o emprego de subsídios de ordem sanitária. A criminologia, ciência empírica e interdisciplinar, que se ocupa do estudo do crime, do infrator, da vítima, do controle social e do comportamento delitivo, busca a origem das variáveis do crime visando intervir e prevenir, com eficácia, a delinquência humana. Dessa feita, percebe-se a tamanha importância da contribuição da seara médico-psiquiátrica no processo de compreensão e ressocialização dos sentenciados, ganhando acentuado relevo no campo dos inimputáveis, cujo acompanhamento se faz vital na evolução do processo restaurativo, merecendo atenção seu parecer. Com efeito, o laudo médico pericial (fl. 145 dos autos em apenso) indica de maneira conclusiva que o recorrente é portador de doença psíquica mais especificamente transtorno delirante persistente (CID10-F22). O referido diagnóstico, inclusive à luz da individualização da pena, demanda especial atenção, assim refletida no laudo psiquiátrico. Nesse ponto, consigna-se a insuficiência do critério legal, estabelecido no art. 97 do Código Penal, para aferição da medida mais adequada ao tratamento do agente inimputável, sendo, pois, de suma importância considerar as conclusões técnicas extraídas dos laudos de avaliação do recorrente".

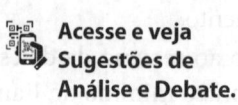

Acesse e veja Sugestões de Análise e Debate.
> https://uqr.to/1orpa

Acesse e veja as Respostas.
> https://uqr.to/1orpb

6. TRÁFICO ILÍCITO DE DROGAS E APLICAÇÃO DO REDUTOR (ART. 33, § 4.º, LEI 11.343/2006)

Caso: o acusado foi surpreendido por policiais militares, no dia 11 de janeiro de 2021, na Estrada A, Comarca de AV, trazendo consigo 9 porções de maconha, com massa líquida de 106,13 gramas. Ao fugir dos policiais, dispensou a balança; quando foi detido, a droga estava com ele. Em patrulhamento pela área rural, os policiais visualizaram a luz de uma lanterna no pasto; por conta de furto de gado na região, foram verificar e o réu, notando a aproximação da polícia, tentou evadir-se. Seguindo-o, percebeu que lançou um objeto ao solo e, depois, verificou-se ser uma balança, além de achar a droga com ele, quando afirmou que iria levar para uma pessoa do seu bairro. O acusado confirmou a posse da droga, mas asseverou ser para uso próprio.

Nota: o STF descriminalizou o porte de maconha para consumo pessoal. No entanto, se a maconha for utilizada para tráfico, continua a ser crime equiparado a hediondo. Um dos parâmetros usados para diferenciar usuário e traficante é a quantidade de 40 gramas. Até esse montante, presume-se o consumo pessoal; acima disso, presume-se o tráfico. No entanto, trata-se de presunção relativa, podendo-se sempre demonstrar o contrário. Neste caso, a quantidade superava 40 gramas e considerou-se ser tráfico.

Avaliação preliminar: a defesa interpôs recurso de apelação, pleiteando a desclassificação do crime para a figura do art. 28 da Lei de Drogas. Assim não ocorrendo, pleiteou a fixação das penas no mínimo legal, a desconsideração da reincidência e a incidência do redutor, seguido de imposição de regime mais favorável, com substituição da pena privativa de liberdade por restritivas de direitos.

Fonte legal principal: Art. 33. Importar, exportar, remeter, preparar, produzir, fabricar, adquirir, vender, expor à venda, oferecer, ter em depósito, transportar, trazer consigo, guardar, prescrever, ministrar, entregar a consumo ou fornecer drogas, ainda que gratuitamente, sem autorização ou em desacordo com determinação legal ou regulamentar: Pena – reclusão de 5 (cinco) a 15 (quinze) anos e pagamento de 500 (quinhentos) a 1.500 (mil e quinhentos) dias-multa. (...) § 4.º Nos delitos definidos no *caput* e no § 1.º deste artigo, as penas poderão ser reduzidas de um sexto a dois terços, ~~vedada a conversão em~~

penas restritivas de direitos, desde que o agente seja primário, de bons antecedentes, não se dedique às atividades criminosas nem integre organização criminosa. (A Resolução 5/2012, do Senado Federal, suspendeu a execução da expressão "vedada a conversão em penas restritivas de direitos" declarada inconstitucional pelo STF.)

Decisão de 1.ª instância: o acusado foi condenado a cumprir a pena de 6 anos, 9 meses e 20 dias de reclusão e 680 dias-multa, como incurso nas penas do art. 33, *caput*, da Lei 11.343/2006, fixando-se o regime inicial fechado, permitido o recurso em liberdade.

Situação jurídica: avaliar se o quadro fático apresentado configura tráfico ilícito de droga ou porte para consumo e em que bases se pode considerar a tipificação. Analisar, igualmente, a dosimetria ideal para a pena.

Decisão do Tribunal: deu-se provimento parcial ao apelo defensivo para reduzir as penas do réu a 1 ano e 8 meses de reclusão e 166 dias-multa, em regime aberto, bem como substituir a pena privativa de liberdade por restritivas de direitos, consistentes em prestação de serviços à comunidade – a ser especificada pelo juízo das execuções – e prestação pecuniária, fixada em um salário mínimo, destinada a entidade social, mantendo-se, no mais, a sentença, por seus próprios e jurídicos fundamentos.

Fundamento do acórdão: as circunstâncias do fato, com destaque ao volume (106,13 gramas) da droga e à forma fracionada para a venda, em porções, associada a uma balança de precisão, além do local onde foi flagrado, indicam não se tratar de mero usuário; afinal, enterrava a maconha e a retirava do pasto quando seria distribuída. Entretanto, a dosimetria da pena não foi acertada, pois excessiva. A pena-base foi elevada em 1/6 em razão da quantidade de droga, o que não se afigura razoável para um volume de pouco mais de 100 gramas. Na segunda fase, foi reconhecida a reincidência, com agravação da pena, mas a anterior condenação se deu com base no art. 28 da Lei 11.343/2006 (consumo de droga). Não é cabível a consideração da condenação por uso de entorpecente para gerar a reincidência – afinal, um delito de menor potencial ofensivo – impedindo a aplicação do redutor para o tráfico ilícito, previsto no art. 33 da lei pertinente. Essa tem sido a posição do Superior Tribunal de Justiça. Estabelecida a pena no mínimo (5 anos), afastando-se a reincidência, volta-se à análise do redutor previsto no art. 33, § 4.º. A quantidade de maconha é reduzida e o *quantum* de redução foi fixado em 2/3, resultando em 1 ano e 8 meses de reclusão e 166 dias-multa, em regime inicial aberto. Na sequência, substitui-se a pena privativa de liberdade por duas restritivas de direito, consistentes na prestação de serviços à comunidade, a ser estipulada pelo juízo das execuções criminais, e prestação pecuniária, fixada em um salário mínimo, destinada a entidade social (Apelação 1500016-20.2021.8.26.0073, 16.ª C., rel. Guilherme de Souza Nucci, 21.05.2022, v.u.).

Trechos relevantes do acórdão (do voto do relator): "Na segunda fase, conquanto atestada a condenação pretérita definitiva pelo crime de porte de droga para consumo pessoal, conforme certidão de fl. 35, adota-se o entendimento perfilhado pelos Tribunais Superiores, no sentido de que condenações definitivas pelo artigo 28, da Lei 11.343/06, não se prestam ao reconhecimento de reincidência. Nesse sentido: (...) 1. A conduta prevista no artigo 28 da Lei n. 11.343/2006 não foi descriminalizada, mas apenas despenalizada pela nova Lei de Drogas. Assim, em princípio, não tendo havido a *abolitio* *criminis*, a prática do crime descrito no artigo 28 da Lei n. 11.343/2006 tem aptidão de gerar os mesmos efeitos secundários que uma condenação por qualquer outro crime gera, como a reincidência e a revogação obrigatória da suspensão condicional do processo, como previsto no artigo 89, § 3.º, da Lei n. 9.099/1995. Todavia, importantes ponderações no âmbito desta Corte Superior têm sido feitas no que diz respeito aos efeitos que uma condenação por tal delito pode gerar (REsp 1795962/SP, Rel. Ministro Ribeiro Dantas, Quinta Turma, *DJe* 26/3/2020). 2. Em recente julgado deste Tribunal entendeu-se que 'em face dos questionamentos acerca da proporcionalidade do direito penal para o controle do consumo de drogas em prejuízo de outras medidas de natureza extrapenal relacionadas às políticas de redução de danos, eventualmente até mais severas para a contenção do consumo do que aquelas previstas atualmente, o prévio apenamento por porte de droga para consumo próprio, nos termos do artigo 28 da Lei de Drogas, não deve constituir causa geradora de reincidência' (REsp 1.672.654/SP, Rel. Ministra Maria Thereza de Assis Moura, Sexta Turma, julgado em 21/8/2018, *DJe* 30/8/2018). Outrossim, vem-se entendendo que a prévia condenação pela prática da conduta descrita no art. 28 da Lei n. 11.343/2006, justamente por não configurar a reincidência, não pode obstar, por si só, a concessão de benefícios como a incidência da causa de redução de pena prevista no § 4.º do art. 33 da mesma lei ou a substituição da pena privativa de liberdade por restritivas de direitos (REsp 1795962/SP, Rel. Ministro Ribeiro Dantas, Quinta Turma, *DJe* 26/3/2020). 3. O principal fundamento para este entendimento toma por base uma comparação entre o delito do artigo 28 da Lei de Drogas e a contravenção penal, concluindo-se que, uma vez que a contravenção penal (punível com pena de prisão simples) não configura a reincidência, revela-se desproporcional considerar, para fins de reincidência, o prévio apenamento por posse de droga para consumo próprio (que, embora seja crime, é punido apenas com advertência sobre os efeitos das drogas, prestação de serviços à comunidade e medida educativa de comparecimento a programa ou curso educativo, ou seja, medidas mais amenas) (REsp 1795962/SP, Rel. Ministro Ribeiro Dantas, Quinta Turma, *DJe* 26/3/2020). 4. Agravo regimental desprovido' (STJ, AgRg no REsp 1845722/SP, 5.ª T., rel. Joel Ilan Paciornik, julgado em 04/08/2020, v.u.)".

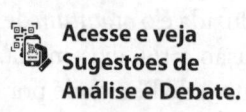

Acesse e veja Sugestões de Análise e Debate.
> https://uqr.to/1orpc

Acesse e veja as Respostas.
> https://uqr.to/1orpd

7. INDUZIMENTO, INSTIGAÇÃO E AUXÍLIO A SUICÍDIO OU AUTOMUTILAÇÃO (ART. 122, CP)

Casos: a Lei 13.968/2019 incluiu no art. 122 do Código Penal a *automutilação*, como um dos fatores geradores do suicídio, lastreado em jogos mórbidos, espalhados pela Internet, como o denominado *baleia azul*. Esses jogos impulsionam, por induzimento ou instigação, que adolescentes (e até crianças) comecem a se ferir gravemente para demonstrar coragem, enfrentando desafios, cujo objetivo é causar o suicídio. Segundo consta, o referido jogo teve origem na Rússia, espargindo-se pelo mundo. A baleia azul é encontrada nos oceanos Atlântico, Pacífico, Antártico e Índico, e chega a procurar as praias para morrer, por vontade própria. Portanto, o jogo tem 50 níveis de dificuldade, sendo o suicídio o fecho maior. Congrega um considerável número de adolescentes, mas chega a atingir alguns adultos. Entre as *tarefas* estão *escrever frases e fazer desenhos na própria pele com instrumentos cortantes, assistir a filmes de terror durante a madrugada, subir em telhados de edifícios, ouvir músicas depressivas*, até atingir a mais importante missão, que é *tirar a própria vida*. Há relatos de jovens que se suicidaram em diversas cidades brasileiras, outros se machucaram, com lesões leves e graves. No Brasil, uma pesquisa conduzida pelo Centro de Estudos sobre Tecnologias da Informação e Comunicação (CETIC) apontou que um em cada dez adolescentes, entre 11 e 17 anos, já acessou formas de se ferir na Internet. Alguns, em situações mais graves, chegaram a cometer suicídio e deixaram uma nota dizendo que a *culpa é da baleia* (disponível em: https://www1.folha.uol.com.br/colunas/claudiacollucci/2017/04/1875567-brasil-ja-registra-suicidios-e-mutilacoes-ligados-ao-jogo-baleia-azul.shtml; acesso em: 23 dez. 2019; https://brasil.estadao.com.br/noticias/geral,oito-estados-tem-suicidios-e-mutilacoes-sob-suspeita-de-ligacao-com-baleia-azul,70001745155; acesso em: 23 dez. 2019). Outro jogo é o *desafio do apagão* (*blackout challenge*), por meio do TikTok, acolhido por crianças e adolescentes, que consiste em apertar o pescoço até perder a consciência. Isso conduziu Archie Battersbee, com 12 anos, a passar pela provocação e terminar com morte cerebral. Outras mães apontaram para desafios diversos, levando a queimaduras graves, explosões e intoxicações, advindos da mesma plataforma. São provocações inadmissíveis, aptas a alcançar menores, gerando sérios danos, como o "desafio do congelamento" (queimadura feita com o bico de um desodorante aerosol perto da pele), o "desafio do soquete" (um carregador de celular fica um pouco para fora da tomada e uma moeda é lançada nos pinos expostos, gerando um monte de faíscas); o "desafio do sal e gelo" (pessoas jogam sal na pele e após cobrem com gelo, levando a uma sensação de congelamento, mas depois queima); o "desafio da noz-moscada" (pessoas ingerem uma quantidade de especiarias, elevando a frequência cardíaca, com intoxicação e convulsão); o "desafio do quebra-crânio" (a pessoa pula e outras passam a perna por baixo, fazendo a outra cair de costas no chão) (disponível em: https://revistacrescer.globo.com/Educacao-Comportamento/noticia/2022/08/caso-archie-battersbee-e-outros-fazem-pais-pedirem-para-o-tiktok-remover-os-desafios-online-do-feed-das-criancas.html; acesso em: 22 ago. 2022).

Avaliação preliminar: vários casos de induzimento ou instigação ao suicídio, praticados contra crianças e adolescentes, foram detectados em diversos locais, no Brasil e no exterior, embora não existam julgados atestando esses crimes. De maneira preventiva, o legislador brasileiro houve por bem inserir no art. 122 do Código Penal a modalidade de delito contra a vida o induzimento, instigação ou auxílio à automutilação, que pode levar ao suicídio.

Fonte legal principal: Induzimento, instigação ou auxílio a suicídio ou a automutilação. Art. 122. Induzir ou instigar alguém a suicidar-se ou a praticar automutilação ou prestar-lhe auxílio material para que o faça: Pena – reclusão, de 6 (seis) meses a 2 (dois) anos. § 1.º Se da automutilação ou da tentativa de suicídio resulta lesão corporal de natureza grave ou gravíssima, nos termos dos §§ 1.º e 2.º do art. 129 deste Código: Pena –

reclusão, de 1 (um) a 3 (três) anos. § 2.º Se o suicídio se consuma ou se da automutilação resulta morte: Pena – reclusão, de 2 (dois) a 6 (seis) anos. § 3.º A pena é duplicada: I – se o crime é praticado por motivo egoístico, torpe ou fútil; II – se a vítima é menor ou tem diminuída, por qualquer causa, a capacidade de resistência. § 4.º A pena é aumentada até o dobro se a conduta é realizada por meio da rede de computadores, de rede social ou transmitida em tempo real. § 5.º Aumenta-se a pena em metade se o agente é líder ou coordenador de grupo ou de rede virtual. § 6.º Se o crime de que trata o § 1.º deste artigo resulta em lesão corporal de natureza gravíssima e é cometido contra menor de 14 (quatorze) anos ou contra quem, por enfermidade ou deficiência mental, não tem o necessário discernimento para a prática do ato, ou que, por qualquer outra causa, não pode oferecer resistência, responde o agente pelo crime descrito no § 2.º do art. 129 deste Código. § 7.º Se o crime de que trata o § 2.º deste artigo é cometido contra menor de 14 (quatorze) anos ou contra quem não tem o necessário discernimento para a prática do ato, ou que, por qualquer outra causa, não pode oferecer resistência, responde o agente pelo crime de homicídio, nos termos do art. 121 deste Código.

Situação jurídica: checar se foi correta a inclusão da *automutilação* no contexto dos delitos contra a vida, uma vez que pode significar apenas uma lesão corporal grave ou gravíssima. Verificar se o bem jurídico tutelado é a vida ou a integridade física.

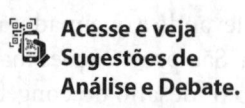

Acesse e veja Sugestões de Análise e Debate.
> https://uqr.to/1orpe

Acesse e veja as Respostas.
> https://uqr.to/1orpf

8. PERSEGUIÇÃO (ART. 147-A, CP) E DESCUMPRIMENTO DE MEDIDA PROTETIVA (ART. 24-A, LEI 11.340/2006)

Caso: o réu TS, descontente e inconformado com o término do relacionamento afetivo, que durou quase 10 meses, perseguiu, reiteradamente, sua ex-namorada FM, ameaçando sua integridade física e psicológica e perturbando a sua esfera de liberdade e tranquilidade. Em 28 de setembro de 2021, separados há duas semanas, o acusado encontra a ofendida e seu pai, cobrando uma dívida e afirmando que a cidade toda saberia quem ela era. No mesmo dia, telefonou para FM e ofendeu-a, chamando-a de ladra, golpista e vagabunda. Ela requereu medidas protetivas de urgência. Em 10 de setembro, o réu foi notificado das medidas de proteção, permanecendo em contato com a ofendida, procurando-a no seu trabalho e buscando convencê-la a reatar o namoro. Após, mandou flores e chocolates, insistindo no reatamento. Em outubro, mesmo ciente da proibição de se aproximar da vítima, aproximou-se dela e, num bar, jogou cerveja na sua cabeça. Durante a madrugada, ligou várias vezes para ela. Após, ainda em outubro, telefonou para a vítima e disse que iria pegá-la, levando a outro registro de ocorrência policial. No final de outubro, TS ligou para FM ameaçando-a de morte, ocasião em que foi à sua casa e interfonou várias vezes. Na sequência, passou mensagens por aplicativo, dizendo que a observava. Em janeiro de 2022, fez várias chamadas de telefone para a vítima, ameaçando dar-lhe um tiro.

Avaliação preliminar: houve recurso do Ministério Público pleiteando a elevação da pena-base acima de 1/6, com base em antecedentes criminais, personalidade voltada à prática de delitos e graves consequências advindas da perseguição. Na segunda fase, requereu o reconhecimento da agravante prevista no art. 61, II, "f", do CP, pois a infração penal foi praticada em cenário de violência doméstica e contra mulher. Pediu, ainda, o acréscimo de 1/6 por conta da reincidência. Finalmente, na terceira fase da dosimetria da pena, postulou a aplicação da causa de aumento do inciso II, do § 1.º, do art. 147-A, do CP, visto que a perseguição se deu no âmbito da violência de gênero, fixando-se o concurso material entre os delitos do art. 24-A da Lei 11.340/2006, bem como o acréscimo de 1/3 se for mantida a continuidade delitiva. Requereu o regime fechado inicial. O réu apresentou apelação, requerendo a absolvição por atipicidade das condutas ou por insuficiência de provas. Afirmou sofrer de problema psicológico, por estar apaixonado e não ter sabido lidar com o término do relacionamento, o que o afastava do dolo do crime de perseguição. Acrescentou não ter ficado claro o cenário das condutas configuradoras do "stalking", nem a intenção de ameaçar a vítima. Quanto ao descumprimento das medidas protetivas, ressaltou não ter agido com dolo. Ao fim, pleiteou a aplicação do princípio da consunção para que o crime de perseguição absorva os de descumprimento de medidas protetivas.

Fontes legais principais: **Perseguição.** Art. 147-A. Perseguir alguém, reiteradamente e por qualquer meio, ameaçando-lhe a integridade física ou psicológica, restringindo-lhe a capacidade de locomoção ou, de qualquer forma, invadindo ou perturbando sua esfera de liberdade ou privacidade. Pena – reclusão, de 6 (seis) meses a 2 (dois) anos, e multa. § 1.º A pena é aumentada de metade se o crime é cometido: I – contra criança, adolescente ou idoso; II – contra mulher por razões da condição de sexo feminino, nos termos do § 1.º do art. 121-A deste Código; III – mediante concurso de 2 (duas) ou mais pessoas ou com o emprego de arma. § 2.º As penas deste artigo são aplicáveis sem prejuízo das correspondentes à violência. § 3.º Somente se procede mediante representação. **Descumprimento de medida protetiva.** Art. 24-A. Descumprir decisão judicial que defere medidas protetivas de urgência previstas nesta Lei: Pena – reclusão, de 2 (dois) a 5 (cinco) anos, e multa.

Nota: na época deste caso ser julgado, a pena do art. 24-A era de detenção, de 3 meses a 2 anos.

Decisão de 1.ª instância: houve condenação do acusado, como incurso no art. 147-A, *caput*, do Código Penal, à pena de 8 (oito) meses e 5 (cinco) dias de reclusão, mais 12 (doze) dias-multa, no piso, e no art. 24-A da Lei 11.340/2006 c/c o art. 71, *caput* (cinco vezes), do referido Código, a 4 (quatro) meses e 15 (quinze) dias de detenção, estabelecido o regime intermediário e reconhecido o direito de recorrer em liberdade.

Situação jurídica: verificar se houve a configuração dos delitos de perseguição e descumprimento de medidas protetivas, incluindo a análise do dolo do agente. Quanto à dosagem das penas, é preciso avaliar se as pretensões do Ministério Público são aceitáveis ou, ao contrário, caberia a absorção sustentada pela defesa.

Decisão do Tribunal: negou provimento ao recurso do réu e deu parcial provimento ao apelo do Ministério Público para elevar as penas do acusado para 5 meses de detenção pela prática do crime previsto no art. 24-A da Lei 11.340/2006, bem como 1 ano e 7 dias de reclusão e 18 dias-multa, no mínimo legal cada dia, no tocante ao art. 147-A, § 1.º, II, do CP.

Fundamento do acórdão: a materialidade e a autoria dos crimes foram demonstradas por diversas provas, em particular pelos boletins de ocorrência registrados pela vítima, decretação das medidas protetivas de urgência, relatórios de investigação e transcrição de áudio, bem como pela prova testemunhal. Houve confissão parcial do acusado e declarações coerentes da ofendida. Esta mencionou que namoraram cerca de 9 meses e, após o fim do relacionamento, o réu passou a importuná-la, perseguindo-a e ameaçando-a. Causou-lhe intranquilidade, temor e profundo aborrecimento, pois, com insistência, procurou-a e efetuou diversas chamadas telefônicas, tirando a sua paz e interferindo na sua rotina, impedindo-a de exercer sua liberdade. Sentiu-se oprimida e angustiada e o acusado se tornava agressivo na medida em que ela se recusava a retomar o namoro. O réu chegou a ingressar no local onde a vítima trabalhava e arremessou objetos na sua direção. As conversas tiveram tom opressivo e ameaçador, a ponto de interferir na sua liberdade individual, pois, por um tempo, saía de casa somente para trabalhar. A ofendida desenvolveu depressão profunda e vivia à base de medicamento, enquanto o réu, mesmo ciente das medidas protetivas de urgência, continuava a ligar para seus telefones fixo e celular. Ela narrou detalhadamente todas as atitudes do acusado, fazendo-a procurar a polícia, o Ministério Público, o fórum e uma emissora de TV. Ao final da instrução, o réu foi interrogado e confessou parcialmente a imputação, admitindo ter tomado ciência das medidas protetivas em 10 de setembro de 2021 e efetuado várias chamadas telefônicas para a ex-namorada, embora tenha negado procurá-la presencialmente. Ligou com o intuito de reatar o namoro, mas negou qualquer ameaça. Reconheceu acompanhá-la nas redes sociais e muitas vezes ligava, mas, quando a vítima atendia, desligava. Enfim, se disse arrependido de ligar diversas vezes e que não tinha a intenção de descumprir medida protetiva. Há prova suficiente para comprovar a prática da perseguição e do descumprimento de medida protetiva. Além disso, tudo aconteceu em contexto de violência doméstica, pois havia a intenção de reatar o relacionamento amoroso. Inexiste fundamento para a absorção, pois as infrações lesaram bens jurídicos diversos. Há prova dos antecedentes criminais do réu, devendo-se manter a elevação de 1/6. Na segunda fase da dosimetria, compensou-se parcialmente a agravante da reincidência com a atenuante da confissão espontânea. No tocante à continuidade delitiva, fixa-se o aumento de 1/3, com base em critério objetivo, tendo em foco a quantidade de delitos praticados. Não se pode acolher a face negativa da personalidade, calcada em antecedentes, pois seria o mesmo que violar o princípio do *ne bis in idem* (dupla valoração pelo mesmo fato). Reconhece a causa de aumento do inciso II do § 1.º do art. 147-A do Código Penal. Mantém-se o regime semiaberto (TJSP, Apelação 1501493-85.2021.8.26.0297, 16.ª C., rel. Otávio de Almeida Toledo, 24.01.2023, v.u.).

Trechos relevantes do acórdão (do voto do relator): "O robusto conjunto probatório é, portanto, mais que suficiente para a manutenção da condenação lançada em primeira instância. Assim, do cotejo dos elementos de convicção amealhados ao longo da persecução criminal, resulta forte a prevalência da versão acusatória, fundada, basicamente, na prova oral e documental, suficiente à procedência da ação penal. (...) Conforme bem decidiu o nobre Juízo *a quo*, 'de forma reiterada, o réu, com o seu comportamento, atormentou a vítima, gerando perturbações emocionais, pânico e fobias, restringindo, outrossim, a liberdade da vítima, na medida em que passou a ter receio de sair, passando a ter medo de fazer o que antes fazia, reduzindo-se, por conseguinte, o seu espectro de liberdade'. Tratando-se de delito que reclama habitualidade no comportamento a evidenciar a infração penal denominada 'perseguição' ou 'stalking', as condutas reiteradas, tanto de procurar a ofendida na sua residência e no local de trabalho o que ocorreu duas vezes, como de realizar inúmeras chamadas telefônicas, que evidenciou, inclusive, a partir do dia 10 de setembro de 2021, o descumprimento das medidas protetivas estabelecidas em desfavor do acusado, justificam a condenação como incurso no artigo 147-A, § 1.º, inciso II, do Código Penal, assim alinhavado: 'Perseguir alguém, reiteradamente e por qualquer meio, ameaçando-lhe a integridade física ou psicológica, restringindo-lhe a capacidade de locomoção ou, de qualquer forma, invadindo ou perturbando sua esfera de liberdade ou privacidade. Pena reclusão, de 6 (seis) meses a (dois) anos, e multa'. O seu § 1.º, inciso II, prevê que a pena é aumentada de metade se o crime é cometido 'contra mulher por razões da condição de sexo feminino, nos termos do § 2.º-A do art. 121 deste Código', o qual estabelece haver 'razões de condição de sexo feminino quando o crime envolve: I – violência doméstica e familiar; II – menosprezo ou discriminação à condição de mulher'. Nessa linha, não há dúvida de que TS agiu com intuito de praticar atos persecutórios, de modo a tirar a tranquilidade da ofendida, restringindo-lhe a liberdade e prejudicando sua própria rotina. Não obstante o acusado externasse a vontade de reatar o relacionamento amoroso inconformado com o fim e sem maturidade e equilíbrio emocional para lidar com a frustração da rejeição da ex-namorada, a insistência e a reiteração das chamadas telefônicas, algumas com tom ameaçador, assim como a procura nos locais em que ela se encontrava, evidenciam, sim, comportamento que se subsume à conduta tipificada no sobredito artigo 147-A. Embora buscasse o restabelecimento do vínculo, TS se insurgia diante da recusa da ofendida e, a partir desse revés, fazia emergir sua agressividade, momento em que a esperança se transformava em ódio. Na medida em que o réu a importunava, seja com inúmeras ligações no celular e nos telefones fixos da residência e do trabalho, inclusive ao tocar insistentemente o interfone da casa ou mesmo a procurando em determinados locais, invadiu e perturbou a esfera de liberdade e privacidade de sua ex-namorada, razão da incidência da causa de aumento prevista no referido inciso II do § 1.º do artigo 147-A. No caso, tal como bem anotado pelo ilustre Procurador de Justiça oficiante, a perseguição se deu no contexto da violência doméstica e familiar contra a mulher, reação decorrente da recusa da vítima em reatar o namoro com o perseguidor".

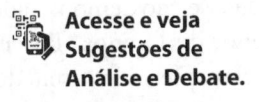

Acesse e veja Sugestões de Análise e Debate.
> https://uqr.to/1orph

Acesse e veja as Respostas.
> https://uqr.to/1orpi

9. ESTUPRO DE VULNERÁVEL (ART. 217-A, CP) E ERRO DE TIPO (ART. 20, CP)

Caso: nos dias 28 e 30 de dezembro de 2018, na Rua J, n. 453, Comarca M, o acusado teve conjunção carnal com ES, de 11 anos de idade. Eles se conheciam e mantinham contato por meio do aplicativo WhatsApp. No primeiro dia, sem autorização do pai da vítima, o réu a levou para a sua casa, onde pernoitaram e tiveram relação sexual. No segundo dia, novamente tiveram relação sexual. O laudo pericial indicou ter havido conjunção carnal. O acusado admitiu as relações sexuais com a ofendida, porém, afirmou que a conheceu pela internet e ela alegou ter 15 anos de idade. Ele explicou que a garota era "mulher formada, com peitos e bunda grandona", e sabia conversar. Antes dos encontros, a vítima, estando nua, lhe enviava fotos. Na fase policial, a vítima confirmou ter se envolvido sexualmente com o réu, de 35 anos de idade, embora o fizesse consensualmente, além de lhe ter enviado fotos suas sem roupa. Em juízo, ela se recusou a depor. O pai da ofendida asseverou que sua filha, embora com 11 anos, parecia uma moça de 16 a 18 anos e costumava dizer que tinha 15 ou 18 em *sites* de relacionamento. Diante desse quadro, o juiz considerou ter havido erro de tipo, pois o acusado se equivocou quanto à idade da vítima.

Avaliação preliminar: houve recurso do Ministério Público pleiteando a condenação por entender comprovada a imputação de estupro de vulnerável, afastando-se o erro de tipo, apenando-se o delito em continuidade delitiva.

Fontes legais principais: Erro sobre elementos do tipo. Art. 20. O erro sobre elemento constitutivo do tipo legal de crime exclui o dolo, mas permite a punição por crime culposo, se previsto em lei. **Estupro de vulnerável**. Art. 217-A. Ter conjunção carnal ou praticar outro ato libidinoso com menor de 14 (catorze) anos: Pena – reclusão, de 8 (oito) a 15 (quinze) anos.

Decisão de 1.ª instância: houve absolvição, com base no art. 386, VI, do CPP, reconhecido o erro de tipo.

Situação jurídica: verificar se houve a configuração de estupro de vulnerável e, com isso, se a absolvição por erro de tipo foi correta ou não. Conferir se o caso deixou de seguir o conteúdo da Súmula 593 do STJ. Analisar, ainda, se, considerada a hipótese de erro de tipo, seria ele escusável ou inescusável e qual a consequência de ambas as situações jurídicas.

Decisão do Tribunal: negou provimento ao recurso do Ministério Público, considerando ter havido erro de tipo e, portanto, ausência de dolo, mantendo a absolvição do acusado.

Fundamento do acórdão: cuidando-se de fatos incontroversos as relações sexuais do réu (35 anos) com a vítima (11 anos), resta a análise do erro de tipo, ou seja, se o réu sabia estar mantendo relacionamento sexual com pessoa menor de 14 anos (art. 217-A, *caput*, CP). Avaliando as provas colhidas, entendeu-se não demonstrado o dolo do agente, porque não abrangeu a elementar do tipo "menor de 14 anos". Baseou-se essa decisão, que confirmou a de primeira instância, nas declarações da vítima, do seu genitor, bem como no estudo social realizado. A ofendida narrou ter conhecido o acusado por meio do aplicativo WhatsApp e pediu que ele a pegasse na esquina próxima de sua casa para saírem juntos. Concordou em ter relações sexuais com ele, além de ter, igualmente, confirmado o envio de fotos suas sem roupas. No mesmo prisma, o réu confirmou o relacionamento sexual, afirmando ora que a vítima lhe disse ter 15 anos, ora que teria 16 ou mesmo que seria maior de idade. O pai da ofendida alegou que ela aparentava ter de 16 a 18 anos, mesmo com apenas 11 anos, e era capaz de "enganar uma pessoa". Confirmou que a filha lhe disse terem sido consensuais as relações sexuais (TJSP, Apelação 1500102-26.2019.8.26.0278, 16.ª C., rel. Leme Garcia, 22.09.2023, v.u.).

Trechos relevantes do acórdão (do voto do relator): "(...) a despeito de a prova dos autos indicar que que o acusado praticou conjunções carnais com a vítima (prova testemunhal e laudo de fls. 40/42), não há embasamento suficiente para que se possa imputar ao réu a prática do crime previsto no artigo 217-A, do Código Penal. Não se ignora que a atual jurisprudência das Cortes Superiores, nos termos da Súmula n. 593, do Egrégio Superior Tribunal de Justiça ['O crime de estupro de vulnerável se configura com a conjunção carnal ou prática de ato libidinoso com menor de 14 anos, sendo irrelevante eventual consentimento da vítima para a prática do ato, sua experiência sexual anterior ou existência de relacionamento amoroso com o agente'] presume a vulnerabilidade dos menores de 14 anos e, assim, reconhece a configuração do crime de estupro de vulnerável sempre que houver a prática de conjunção carnal ou de outro ato libidinoso com menor de 14 anos, considerando irrelevante eventual consentimento da vítima ou mesmo a existência de relacionamento amoroso com o agente. No entanto, no presente caso, o acusado afirmou que não tinha conhecimento da menoridade da vítima, cuja aparência representava uma 'mulher formada', versão corroborada pelo próprio genitor da ofendida, que esclareceu que, de fato, ela aparentava ter idade superior e poderia 'enganar uma pessoa'. Além disso, ele relatou que sua filha manteve relação sexual consentida com o acusado, revelando que não foi forçada a praticar o ato sexual com o réu (mídia digital). Ademais, quando da realização do estudo psicossocial (fls. 299/303), a vítima demonstrou que não via o ato como abuso sexual e expressou não ter interesse em prestar depoimento especial em juízo. A avaliação concluiu que 'a adolescente não apresenta crítica à experiência que vivenciou com o acusado, de maneira que verbaliza que compreende com algo bom que lhe ocorreu, sem ponderar sua pouca idade e a diferença de idade entre ela e seu 'namorado', como assim ela o nomeou à época'. Desse modo, não é possível extrair do conjunto probatório que o acusado tivesse conhecimento da idade da vítima, o que afasta o reconhecimento do dolo do acusado para a prática do crime de estupro de vulnerável".

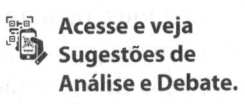

Acesse e veja Sugestões de Análise e Debate.
> https://uqr.to/1orpj

Acesse e veja as Respostas.
> https://uqr.to/1orpk

10. INFRAÇÃO DE MEDIDA SANITÁRIA PREVENTIVA (ART. 268, CP)

Caso: a ré ND foi processada com base no art. 268 do Código Penal e absolvida tanto pela primeira quanto pela segunda instância, por atipicidade, porque o complemento da norma penal em branco foi efetivado por decreto estadual e se entendeu que somente a União poderia editar o decreto disciplinando quais seriam essas medidas. O Ministério Público recorreu, alegando violação ao art. 22, I, da Constituição Federal. O STF entendeu presentes os requisitos para o recurso extraordinário, inclusive a repercussão geral, dando-lhe provimento para que a ação seja devidamente julgada quanto ao mérito nas instâncias inferiores. Adotou-se a seguinte tese: "o art. 268 do Código Penal veicula norma penal em branco que pode ser complementada por atos normativos infralegais editados pelos entes federados (União, Estados, Distrito Federal e Municípios), respeitadas as respectivas esferas de atuação, sem que isso implique ofensa à competência privativa da União para legislar sobre direito penal (CF, art. 22, I)".

Avaliação preliminar: o Ministério Público propôs recurso extraordinário, afirmando ter havido negativa de aplicação de lei federal, sob o prisma constitucional da interpretação a ser feita no tocante ao art. 22, I, da CF.

Fonte legal principal: Infração de medida sanitária preventiva. Art. 268. Infringir determinação do poder público, destinada a impedir introdução ou propagação de doença contagiosa: Pena – detenção, de um mês a um ano, e multa. Parágrafo único. A pena é aumentada de um terço, se o agente é funcionário da saúde pública ou exerce a profissão de médico, farmacêutico, dentista ou enfermeiro.

Decisão de 1.ª instância: o juízo de primeiro grau rejeitou a ação penal, afirmando atipicidade, visto que o complemento da norma penal em branco (art. 268, CP) foi feita por decreto estadual.

Situação jurídica: avaliar se a condição de se tratar de norma penal em branco, referente ao art. 268 do Código Penal, admite complementação apenas por norma advinda da União ou se comporta, igualmente, a edição de decretos pelo Estado e/ou Município.

Decisão do Tribunal: deu provimento ao recurso extraordinário para afastar a rejeição da ação penal em instâncias inferiores (por atipicidade), determinando o prosseguimento do feito para avaliar o mérito da causa.

Fundamento do acórdão: o art. 268 do Código Penal é uma norma penal em branco, a ser complementada pelo Poder Público; questiona-se no âmbito deste recurso extraordinário a competência da União, dos Estados e dos Municípios para editar ato normativo, estabelecendo normas sanitárias a serem cumpridas pelos cidadãos, enfocando a pandemia da Covid-19. A União detém competência privativa para legislar sobre direito penal (art. 22, I, CF). Estabelecida uma lei penal incriminadora em branco, torna-se preciso saber se o seu complemento poderia advir de fonte estadual ou municipal. Destaque-se a atividade concorrente dos entes federativos para, em cooperação, exercer o poder de polícia sanitário, como preceituado nos arts. 198 a 200 da Constituição Federal, inclusive porque há um Sistema Único de Saúde, que é universal e regido pela descentralização. Havendo omissão da regulação, torna-se possível adotar medidas à luz da autonomia federativa. Reafirma-se a possibilidade de governadores e prefeitos, mediante decretos, no âmbito de suas respectivas competências, disciplinarem atividades e serviços públicos essenciais. A meta é assegurar a proteção à saúde, compartilhada entre a União, o Distrito Federal, os Estados e os Municípios, inclusive para impor medidas restritivas destinadas a impedir a introdução ou propagação de doença contagiosa. Portanto, o complemento da norma do art. 268 do Código Penal pode ser editado por qualquer dos entes federativos e ter origem administrativa. Não se está analisando o conteúdo das medidas sanitárias, nem mesmo o teor da transação penal ofertada nos autos de origem, mas apenas a viabilidade do prosseguimento da ação penal obstada de início (Repercussão Geral no Recurso Extraordinário com Agravo 1.418.846/RS, Plenário, rel. Rosa Weber, 24.03.2023, m.v.).

Trechos relevantes do acórdão (do voto do relator): "(...) referendo em medida cautelar em ação direta da inconstitucionalidade. Direito constitucional. Direito à saúde. Emergência sanitária internacional. Lei 13.979 de 2020. Competência dos entes federados para legislar e adotar medidas sanitárias de combate à epidemia internacional. Hierarquia do sistema único de saúde. Competência comum. Medida cautelar parcialmente deferida. 1. A emergência internacional, reconhecida pela Organização Mundial da Saúde, não implica nem muito menos autoriza a outorga de discricionariedade sem controle ou sem contrapesos típicos do Estado Democrático de Direito. As regras constitucionais não servem apenas para proteger a liberdade individual, mas também o exercício da racionalidade coletiva, isto é, da capacidade de coordenar as ações de forma eficiente. O Estado Democrático de Direito implica o direito de examinar as razões governamentais e o direito de criticá-las. Os agentes públicos agem melhor, mesmo durante emergências, quando são obrigados a justificar suas ações. 2. O exercício da competência constitucional para as ações na área da saúde deve seguir parâmetros materiais específicos, a serem observados, por primeiro, pelas autoridades políticas. Como esses agentes públicos devem sempre justificar suas ações, é à luz delas que o controle a ser exercido pelos demais poderes tem lugar. 3. O pior erro na formulação das políticas públicas é a omissão, sobretudo para as ações essenciais exigidas pelo art. 23 da Constituição Federal. É grave que, sob o manto da competência exclusiva ou privativa, premiem-se as inações do governo federal, impedindo que Estados e Municípios, no âmbito de suas respectivas competências, implementem as políticas públicas essenciais. O Estado garantidor dos direitos fundamentais não é apenas a União, mas também os Estados e os Municípios. 4. A diretriz constitucional da hierarquização, constante do *caput* do art. 198 não significou hierarquização entre os entes federados, mas comando único, dentro de cada um deles. 5. É preciso ler as normas que integram a Lei 13.979, de 2020, como decorrendo da competência própria da União para legislar sobre vigilância epidemiológica, nos termos da Lei Geral do SUS, Lei 8.080, de 1990. O exercício da competência da União em nenhum momento diminuiu a competência própria dos demais entes da federação na realização de serviços da saúde, nem poderia, afinal, a diretriz constitucional é a de municipalizar esses serviços. 6. O direito à saúde é garantido por meio da obrigação dos Estados Partes de adotar medidas necessárias para prevenir e tratar as doenças epidêmicas e os entes públicos devem aderir às diretrizes da Organização Mundial da Saúde, não apenas por serem elas obrigatórias nos termos do Artigo 22 da Constituição da Organização Mundial da Saúde (Decreto 26.042, de 17 de dezembro de 1948), mas sobretudo porque contam com a expertise necessária para dar plena eficácia ao direito à saúde. 7. Como a finalidade da atuação dos entes federativos é comum, a solução de conflitos sobre o exercício da competência deve pautar-se pela melhor realização do direito à saúde, amparada em evidências científicas e nas recomendações da Organização

Mundial da Saúde. 8. Medida cautelar parcialmente concedida para dar interpretação conforme à Constituição ao § 9.º do art. 3.º da Lei 13.979, a fim de explicitar que, preservada a atribuição de cada esfera de governo, nos termos do inciso I do artigo 198 da Constituição, o Presidente da República poderá dispor, mediante decreto, sobre os serviços públicos e atividades essenciais" (ADI 6.341-MC-Ref/DF, Tribunal Pleno, red. p/ acordão Min. Edson Fachin, j. 15.04.2020, *DJe* 13.11.2020).

Acesse e veja Sugestões de Análise e Debate.
> https://uqr.to/1orpl

Acesse e veja as Respostas.
> https://uqr.to/1orpm

11. USO DE DOCUMENTO FALSO – FALSIDADE GROSSEIRA (ART. 304, CP)

Caso: no dia 18 de fevereiro de 2018, na rodovia SP 310, km 273, na Comarca de A, o réu TC fez uso de documento público falso, consistente em carteira de habilitação, que teria sido expedida no Paraguai. Restou apurado que ele conduzia um caminhão, quando foi abordado em fiscalização de trânsito de rotina, apresentando a referida carteira. Os policiais rodoviários constataram que ele possuía uma carteira nacional suspensa, o que levantou suspeita sobre a autenticidade do documento apresentado. O documento apreendido foi submetido a exame pericial, oficiando-se ao Consulado do Paraguai; a resposta atestou a não autenticidade documental. O acusado alegou não saber da falsidade, mas admitiu que a adquiriu em um despachante em Ponta Porã, pelo valor de R$ 1.200,00. Não fez nenhum exame teórico ou prático. Disse ter conseguido fazer o seguro do caminhão apresentando essa carteira e passou a acreditar na sua validade. Sobre a carteira nacional, afirmou ter sido cassada em razão da pontuação. Os policiais, ouvidos, disseram ter ficado em dúvida quanto à autenticidade do documento apresentado pelo réu, até porque foi confeccionado em cartolina.

Avaliação preliminar: o réu interpôs apelação, pleiteando a absolvição, em razão da atipicidade da conduta, uma vez que a falsificação do documento era grosseira; alternativamente, em razão da ausência de dolo, pois o acusado não tinha ciência da falsidade do documento.

Fontes legais principais: Crime impossível. Art. 17. Não se pune a tentativa quando, por ineficácia absoluta do meio ou por absoluta impropriedade do objeto, é impossível consumar-se o crime. **Falsificação de documento público.** Art. 297. Falsificar, no todo ou em parte, documento público, ou alterar documento público verdadeiro: Pena – reclusão, de dois a seis anos, e multa. **Uso de documento falso.** Art. 304. Fazer uso de qualquer dos papéis falsificados ou alterados, a que se referem os arts. 297 a 302: Pena – a cominada à falsificação ou à alteração.

Decisão de 1.ª instância: o juízo de primeiro grau condenou o acusado à pena de 2 anos de reclusão, em regime inicial semiaberto, e ao pagamento de 10 (dez) dias-multa, no mínimo legal, substituída a pena privativa de liberdade por duas restritivas de direitos, consistentes em prestação de serviços à comunidade ou a entidades públicas e prestação pecuniária, no valor de 1 salário mínimo, em favor de entidade pública ou privada, com destinação social, a serem especificadas na fase de execução, por incurso no art. 304 do Código Penal, deferido o direito de recorrer em liberdade.

Situação jurídica: avaliar se os fatos indicam ter ocorrido um crime contra a fé pública, consistente em uso de documento falso, ou se deve ser considerada a atipicidade da conduta.

Decisão do Tribunal: deu provimento ao apelo, para absolver TC da imputação prevista no art. 304, c/c o art. 297, ambos do Código Penal, com fundamento no art. 386, III, do Código de Processo Penal.

Fundamento do acórdão: considerou que, embora a carteira de habilitação não fosse autêntica, aguardando-se a confirmação disso por meio de informação prestada pelo diretor de trânsito da cidade paraguaia, a falsificação era grosseira, de fácil constatação. Confeccionada em cartolina, com a foto do réu grosseiramente recortada nas laterais e plastificada com informações datilografadas, sem sinal identificador, constando no verso apenas a palavra "extranjero". Confrontando-a com a carteira autêntica expedida pelo Paraguai, com sinais identificadores de segurança e código de barras, vê-se que a falsificação era incapaz de ludibriar. Os policiais desconfiaram da sua autenticidade e apreenderam o documento. Por isso, não teria havido lesão ao bem jurídico consistente na fé pública (Apelação 1500547-88.2019.8.26.0037, 10.ª C., rel. Jucimara Esther de Lima Bueno, 14.10.2022, v.u.).

Trechos relevantes do acórdão (do voto do relator): "Nesse sentido, o seguinte julgado do C. Superior Tribunal de Justiça (...) 1. A mera falsificação grosseira de documento, incapaz de ludibriar pessoa comum, afasta o delito de uso de documento falso, previsto no art. 304 do Código Penal, tendo em vista a incapacidade de ofender a fé pública e a impossibilidade de ser objeto do mencionado crime. 2. Incidência das Súmulas 7 e 83/STJ. 3. O agravo regimental não merece prosperar, porquanto as razões reunidas na insurgência são incapazes de infirmar o entendimento assentado na decisão agravada. 4. Agravo regimental improvido" (AgRg no REsp n. 1.311.566/SP, relator Ministro Sebastião Reis Júnior, Sexta Turma, julgado em 18/9/2012, *DJe* de 1/10/2012). Logo, restou evidenciado que a conduta do apelante não representou o menor risco de prejuízo à fé pública, objeto jurídico do tipo penal a ele imputado, sendo impossível, desde o início da execução delitiva, que seu ato surtisse qualquer efeito, de sorte que se trata de fato atípico".

Acesse e veja Sugestões de Análise e Debate.
> https://uqr.to/1orpn

Acesse e veja as Respostas.
> https://uqr.to/1orpp

12. DESACATO (ART. 331, CP) E EMBRIAGUEZ AO VOLANTE (LEI 9.503/1997)

Caso: o réu DFS foi acusado da prática de embriaguez ao volante (art. 306, Lei 9.503/1997) e, também, por desacato (art. 331, CP), porque no dia 30 de novembro de 2021, na Av. SP, n. 917, na cidade de M., conduziu veículo automotor, em via pública, com a sua capacidade psicomotora alterada em razão da influência de álcool. Depois de buscar confusão em um bar, estando alcoolizado, a polícia militar foi acionada. Na sequência, o réu entrou em seu carro e arrancou bruscamente, quase colidindo com a viatura policial. Quando foi abordado, saiu do automóvel chamando os policiais de "cornos", "porcos", "filhos da puta". Constatou-se que ele estava com os olhos avermelhados, fala pastosa e forte odor etílico.

Avaliação preliminar: o acusado apelou, pleiteando a absolvição por insuficiência de provas ou, subsidiariamente, postulou a redução da pena e o afastamento da suspensão de sua CNH.

Fontes legais principais: Desacato. Art. 331. Desacatar funcionário público no exercício da função ou em razão dela: Pena – detenção, de seis meses a dois anos, ou multa. **Embriaguez ao volante**. Art. 306. Conduzir veículo automotor com capacidade psicomotora alterada em razão da influência de álcool ou de outra substância psicoativa que determine dependência: Penas – detenção, de seis meses a três anos, multa e suspensão ou proibição de se obter a permissão ou a habilitação para dirigir veículo automotor. § 1.º As condutas previstas no *caput* serão constatadas por: I – concentração igual ou superior a 6 decigramas de álcool por litro de sangue ou igual ou superior a 0,3 miligrama de álcool por litro de ar alveolar; ou II – sinais que indiquem, na forma disciplinada pelo Contran, alteração da capacidade psicomotora. § 2.º A verificação do disposto neste artigo poderá ser obtida mediante teste de alcoolemia ou toxicológico, exame clínico, perícia, vídeo, prova testemunhal ou outros meios de prova em direito admitidos, observado o direito à contraprova. § 3.º O Contran disporá sobre a equivalência entre os distintos testes de alcoolemia ou toxicológicos para efeito de caracterização do crime tipificado neste artigo. § 4.º Poderá ser empregado qualquer aparelho homologado pelo Instituto Nacional de Metrologia, Qualidade e Tecnologia – INMETRO – para se determinar o previsto no *caput*.

Decisão de 1.ª instância: o juízo de primeiro grau condenou o acusado a cumprir a pena de 1 ano, 10 meses e 5 dias de detenção, fixando o regime aberto, e 12 dias-multa, além da suspensão do direito de dirigir veículo automotor pelo mesmo período da privativa de liberdade.

Situação jurídica: avaliar como se pode comprovar a embriaguez para fins criminais, bem como se, estando o agente embriagado, tem condições de desacatar, conscientemente, qualquer autoridade.

Decisão do Tribunal: deu provimento parcial ao recurso da defesa apenas para reduzir a pena.

Fundamento do acórdão: considerou-se que, sob o crivo do contraditório, formou-se prova suficiente para manter a condenação por ambos os delitos. Os policiais militares, ouvidos na fase policial e em juízo, confirmaram ter encontrado o réu embriagado ao volante, dirigindo perigosamente, quase colidindo com a viatura. Quando foi parado, desceu nervoso e apresentava nítidos sinais de embriaguez, passando a xingar os policiais. Além disso, a médica que atendeu o acusado atestou a embriaguez. O quadro probatório formado permite concluir pela configuração de ambos os delitos. Entretanto, ponderou-se ter sido muito elevada a fixação da pena, razão pela qual foi reduzida, levando-se em conta principalmente os antecedentes criminais (Apelação 1500388-38.2021.8.26.0341, 16.ª C., rel. Otávio de Almeida Toledo, 10.08.2023, v.u.).

Trechos relevantes do acórdão (do voto do relator): "(...) sob a justificativa de que DFS 'é motorista profissional, de modo que se exige conduta exemplar na direção de veículos, e, não obstante, embriagado, arrancou de forma brusca com o seu veículo pela contramão de direção, dirigiu por várias vias da cidade com velocidade incompatível, de modo a colocar em risco outros condutores e pedestres', bem como pelo fato de ele possuir antecedentes criminais (Processo n. 1500244-35.2019.8.26.0341, fls. 131), foi a pena de DFS fixada em 1 ano, 1 mês e 14 dias de detenção, e pagamento de 12 dias-multa. Ocorre que os aumentos mostraram-se um tanto severos. Entendo mais razoável o aumento de metade pela primeira circunstância mencionada pelo il. Magistrado, e de 1/6 pelos maus antecedentes, de modo a totalizar 10 meses e 15 dias de detenção, e 17 dias-multa, para o crime de embriaguez ao volante, e procedo ao aumento de 1/6 da pena do desacato em razão dos maus antecedentes, resultando em 7 meses de detenção. Referente ao desacato, presente a atenuante da confissão qualificada (artigo 65, III, 'd', do Código Penal), diminuo a reprimenda na fração de 1/6, de forma que a pena retorna ao mínimo legal. Conforme o artigo 293 do Código Brasileiro de Trânsito, 'a penalidade de suspensão ou de proibição de se obter a permissão ou a habilitação, para dirigir veículo automotor, tem a duração de dois meses a cinco anos'. Assim, partindo da pena mínima de 2 meses, procedo aos aumentos sucessivos de 1/2 pela culpabilidade acima apontada e de 1/6 pelos maus antecedentes, de modo a totalizar 3 meses e 15 dias de suspensão ou proibição de se obter a permissão ou habilitação para dirigir veículo automotor".

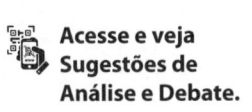

Acesse e veja Sugestões de Análise e Debate.
> https://uqr.to/1orpq

Acesse e veja as Respostas.
> https://uqr.to/1orpr

Obras do Autor

Código de Processo Penal comentado. 24. ed. Rio de Janeiro: Forense, 2025.
Código Penal comentado. 25. ed. Rio de Janeiro: Forense, 2025.
Curso de Direito Penal. Parte geral. 9. ed. Rio de Janeiro: Forense, 2025. v. 1.
Curso de Direito Penal. Parte especial. 9. ed. Rio de Janeiro: Forense, 2025. v. 2.
Curso de Direito Penal. Parte especial. 9. ed. Rio de Janeiro: Forense, 2025. v. 3.
Curso de Direito Processual Penal. 22. ed. Rio de Janeiro: Forense, 2025.
Drogas – De acordo com a Lei 11.343/2006. Rio de Janeiro: Forense, 2025.
Estatuto da Criança e do Adolescente comentado. 6. ed. Rio de Janeiro: Forense, 2025.
Manual de Direito Penal. Volume único. 21. ed. Rio de Janeiro: Forense, 2025.
Manual de Processo Penal. Volume único. 6. ed. Rio de Janeiro: Forense, 2025.
Código Penal Militar comentado. 5. ed. Rio de Janeiro: Forense, 2024.
Curso de Execução Penal. 7. ed. Rio de Janeiro: Forense, 2024.
Direito Penal. Partes geral e especial. 9. ed. São Paulo: Método, 2024. (Esquemas & Sistemas.)
Prática Forense Penal. 15. ed. Rio de Janeiro: Forense, 2024.
Processo Penal e Execução Penal. 8. ed. São Paulo: Método, 2024. (Esquemas & Sistemas.)
Tribunal do Júri. 10. ed. Rio de Janeiro: Forense, 2024.
Leis Penais e Processuais Penais comentadas. 15. ed. Rio de Janeiro: Forense, 2023. v. 1 e 2.
Habeas Corpus. 4. ed. Rio de Janeiro: Forense, 2022.
Individualização da pena. 8. ed. Rio de Janeiro: Forense, 2022.
Provas no Processo Penal. 5. ed. Rio de Janeiro: Forense, 2022.
Prisão, medidas cautelares e liberdade. 7. ed. Rio de Janeiro: Forense, 2022.
Tratado de crimes sexuais. Rio de Janeiro: Forense, 2022.
Código de Processo Penal Militar comentado. 4. ed. Rio de Janeiro: Forense, 2021.

Criminologia. Rio de Janeiro: Forense, 2021.

Organização Criminosa. 5. ed. Rio de Janeiro: Forense, 2021.

Pacote Anticrime comentado. 2. ed. Rio de Janeiro: Forense, 2021.

Execução Penal no Brasil – Estudos e reflexões. Rio de Janeiro: Forense, 2019 (coordenação e autoria).

Instituições de Direito Público e Privado. Rio de Janeiro: Forense, 2019.

Manual de Processo Penal e Execução Penal. 14. ed. Rio de Janeiro: Forense, 2017.

Direitos Humanos versus *Segurança Pública.* Rio de Janeiro: Forense, 2016.

Corrupção e anticorrupção. Rio de Janeiro: Forense, 2015.

Prostituição, lenocínio e tráfico de pessoas. 2. ed. Rio de Janeiro: Forense, 2015.

Princípios Constitucionais Penais e Processuais Penais. 4. ed. Rio de Janeiro: Forense, 2015.

Crimes contra a dignidade sexual. 5. ed. Rio de Janeiro: Forense, 2015.

Dicionário Jurídico. São Paulo: Ed. RT, 2013.

Código Penal comentado – versão compacta. 2. ed. São Paulo: Ed. RT, 2013.

Tratado Jurisprudencial e Doutrinário. Direito Penal. 2. ed. São Paulo: Ed. RT, 2012. v. I e II.

Tratado Jurisprudencial e Doutrinário. Direito Processual Penal. São Paulo: Ed. RT, 2012. v. I e II.

Doutrinas essenciais. Direito Processual Penal. Organizador, em conjunto com Maria Thereza Rocha de Assis Moura. São Paulo: Ed. RT, 2012. v. I a VI.

Doutrinas essenciais. Direito Penal. Organizador, em conjunto com Alberto Silva Franco. São Paulo: Ed. RT, 2011. v. I a IX.

Crimes de trânsito. São Paulo: Juarez de Oliveira, 1999.

Júri – Princípios Constitucionais. São Paulo: Juarez de Oliveira, 1999.

O valor da confissão como meio de prova no processo penal. Com comentários à Lei da Tortura. 2. ed. São Paulo: Ed. RT, 1999.

Tratado de Direito Penal. Frederico Marques. Atualizador, em conjunto com outros autores. Campinas: Millenium, 1999. v. 3.

Tratado de Direito Penal. Frederico Marques. Atualizador, em conjunto com outros autores. Campinas: Millenium, 1999. v. 4.

Tratado de Direito Penal. Frederico Marques. Atualizador, em conjunto com outros autores. Campinas: Bookseller, 1997. v. 1.

Tratado de Direito Penal. Frederico Marques. Atualizador, em conjunto com outros autores. Campinas: Bookseller, 1997. v. 2.

Roteiro Prático do Júri. São Paulo: Oliveira Mendes e Del Rey, 1997.